Z A665-(54)
  C

THÉATRE FRANÇAIS

AU MOYEN-AGE

IMPRIMERIE MAULDE ET RENOU,
9 et 11, rue Bailleul.

THÉATRE FRANÇAIS

AU MOYEN-AGE

PUBLIÉ

D'APRÈS LES MANUSCRITS DE LA BIBLIOTHÈQUE DU ROI

PAR MM. L. J. N. MONMERQUÉ

ET

FRANCISQUE MICHEL

(XIe—XIVe SIÈCLES)

PARIS

CHEZ H. DELLOYE ÉDITEUR
13 RUE DES FILLES-SAINT-THOMAS

ET

FIRMIN DIDOT FRÈRES IMPRIMEURS-LIBRAIRES
54 RUE JACOB

MDCCCXXXIX

PRÉFACE.

Depuis quelques années les origines du théâtre moderne ont excité en Europe une attention universelle, et parmi nos voisins, il n'est pas de peuple dont les premiers tâtonnemens dramatiques n'aient été présentés au public avec plus ou moins de secours pour les faire apprécier. Dans ce mouvement, la France, comme presque toujours, a ouvert la marche : aussi, en peu de temps les travaux de ses littérateurs et de ses bibliophiles l'ont mise en état de présenter à ses enfans et aux étrangers une couronne dramatique non moins riche et non moins brillante que celle de ses rivales (1).

Dans cet état de choses, les travaux de Beauchamps et des frères Parfaict (2) ne suffisaient plus, et cependant se consultaient toujours, faute de mieux ; les idées qu'ils exprimaient, incomplètes ou fausses, continuaient à se propager, sans que les travaux des éditeurs modernes pussent prévaloir contre elles, lorsqu'un homme qui avait mûri pendant un grand nombre d'années des études profondes sur le sujet qui nous occupe, fut appelé par le choix de M. Fauriel à les communiquer au public de la Sorbonne. Grâces soient rendues au savant professeur de littérature étrangère, à son suppléant surtout ! car, pour ne parler que de moi, M. Charles Magnin m'a appris beaucoup de choses nouvelles, et dans d'autres circonstances il a exprimé d'une manière aussi juste qu'heureuse des idées dont mes observations m'avaient apporté le germe, mais qu'une nature moins libérale m'empêchait de coordonner et de produire.

Veut-on savoir quelles étaient les notions les plus répandues, relativement à l'origine de notre ancien théâtre, avant que M. Magnin fît apparaître la vérité, dont elles usurpaient la place? Prêtons pour quelques instans une oreille patiente à ces paroles prononcées en 1832, devant un nombreux auditoire : « Si l'on voulait chercher l'origine de notre théâtre dans une époque antérieure au règne de Charles VI, c'est-à-dire à la fin du XIVe siècle, on verrait des jongleurs se promenant dans les villes, montés sur des chars, chantant des chansons grossièrement naïves, et apostrophant les passans de toutes les classes par d'injurieux quolibets...

« L'opinion la plus générale établit le berceau de la scène française dans le village de Saint-Maur-lez-Fossés, situé au-delà du bois de Vincennes. Nos arts scéniques prennent naissance auprès des cérémonies religieuses, au milieu de cette foule immense de pélerins, de pénitens et de gens de toute espèce, que la dévotion appelait dans ce village pour visiter les reliques de saint Babolein et de saint Maur, ou pour boire l'eau de la fontaine des *Miracles*, qui, disait-on, guérissait d'un grand nombre de maladies et principalement de la goutte (3). »

Comme on le voit, les travaux des le Grand d'Aussy, des Roquefort et autres savans qui se sont occupés des origines de notre littérature, étaient inconnus au discoureur que je cite; il est du nombre de ceux qui n'invoquent une autorité que lorsqu'elle a cessé d'en être une.

Maintenant, écoutons M. Charles Magnin; il est dans la chaire d'une faculté justement célèbre, et son auditoire, moins nombreux peut-être que celui *qui témoignait vivement sa satisfaction* à l'auteur des pauvretés dont je viens de citer des extraits, est aussi moins frivole et plus littéraire. Après quelques mots d'exorde, le professenr s'exprime ainsi :

« Avant, bien avant les confréries de la Passion, avant ces pieuses associations laïques, ou mi-partie de laïques, d'autres associations avaient accompli une œuvre de même nature. Un autre système avait fourni sa course et satisfait les imaginations populaires, toujours avides de plaisirs scéniques et des émotions du drame. Les Mystères, les Moralités, les Sotties, représentées par les soins des corporations de métiers ou aux frais des compagnies de judicature, sur nos places publiques et dans les salles de nos maisons de ville, sont une des formes les plus récentes de l'art théâtral, et, par conséquent, ne sauraient être considérés comme l'origine directe et véritable du théâtre tel que nous le voyons.

« On croit trop généralement que le génie dramatique, après sept ou huit cents ans de sommeil, s'est réveillé au XIIe ou XIVe siècle, un certain jour, ici plus tôt, là plus tard. Chaque historien s'épuise en efforts pour fixer l'heure où cette révolution dans les facultés humaines s'est opérée. Ce n'est pas une semblable entreprise que je vais renouveler. N'attendez pas de moi un plaidoyer en faveur de telle ou telle date plus ou moins douteuse. Je ne crois ni au réveil ni au sommeil des facultés humaines; je crois à leur continuité, surtout à leur perfectibilité et à leurs progrès... (4) »

Oui, le génie dramatique a toujours existé en France; seulement son langage, son allure, ses interprètes, étaient bien différens de ce qu'ils sont aujourd'hui. Les prêtres chrétiens, désespérant d'extirper du cœur des grands et du peuple la passion des fêtes et des représentations scéniques, songèrent de bonne heure à s'emparer de l'instinct dramatique, à le diriger vers les choses saintes et à le faire servir à augmenter l'attrait des cérémonies de l'église. En cela ils imitaient, sans s'en douter, les prêtres du paganisme, qui, dans les mêmes vues, avaient donné à l'art dramatique de l'antiquité ses premiers développemens.

M. Magnin compte trois phases diverses de progrès ou de décadence que le drame hiératique a successivement parcourues : 1º l'époque de la coexistence du polythéisme et du christianisme; 2º l'époque de l'unité catholique et du plus grand pouvoir sacerdotal; 3º l'époque de la participation des laïques aux arts exercés jusque là par le clergé seul.

La première de ces périodes s'étend du Ier au VIe siècle, et M. Magnin la nomme époque romaine; comme il ne nous reste aucun monument dramatique de cette époque où la langue romane (s'il y en avait une) ait été employée en tout ou en partie, nous n'en parlerons pas.

La seconde période s'étend du VIe au XIIe siècle, et coïncide avec le plus complet développement du génie sacerdotal. M. Magnin la nomme hiératique. C'est à cette époque qu'il faut rapporter le Mystère des Vierges sages et des Vierges folles, par lequel s'ouvre notre recueil.

« La troisième période, dit le même savant, ou l'époque des confréries, nous montre l'art dramatique échappant en partie, comme les autres arts, des mains affaiblies du sacerdoce pour passer, au XIIe siècle, dans celles des communautés laïques, pleines de cette ferveur pieuse et de cet enthousiasme de liberté, qui amenèrent trois siècles après l'entier affranchissement de la pensée et la complète sécularisation des arts... (5) » Il nous est resté de cette époque des monumens dramatiques en langue française assez considérables et d'une assez grande perfection relative pour que l'on puisse supposer sans témérité qu'elle en a produit davantage ; quoi qu'il en soit, nous avons donné ce qu'il en reste : nous voulons parler des pièces qui suivent le Miracle des Vierges sages et des Vierges folles et qui précèdent celui d'Amis et d'Amille. C'est réellement à cette époque que commence pour nous le théâtre français dans le sens que nous donnons à ce dernier mot. M. Magnin le fait remarquer en ces termes :

« Dès l'ouverture de la troisième période, nous verrons le drame ecclésiastique obligé de renoncer à la langue latine et de la remplacer par des idiomes vulgaires. Devenu peu à peu trop étendu pour conserver sa place dans les offices, le drame liturgique fut représenté les jours de fête, après le sermon. La Bibliothèque Royale possède un précieux manuscrit des premières années du xve siècle qui ne contient pas moins de quarante drames ou *miracles*, tous en l'honneur de la *Vierge*, la plupart précédés ou suivis du sermon en prose qui leur servait de prologue ou d'épilogue. Déjà, dans ce recueil, dont la composition remonte au xive siècle, plusieurs légendes laïques et chevaleresques, telles que celles de *Robert-le-Diable*, dénotent l'affaiblissement graduel et la prochaine décadence du drame hiératique (6). »

Il m'a paru nécessaire de donner ces notions préliminaires avant d'aborder l'histoire de notre travail. Sans doute j'eusse pu composer une introduction avec les matériaux que j'avais rassemblés pendant plusieurs années sur l'histoire de notre ancien théâtre, et me dispenser par là de puiser si largement dans l'œuvre d'autrui ; mais arrivé en présence du public avec des opinions que je devais à mes propres études, j'ai attendu qu'il me fût permis de les exprimer et de les soutenir devant lui. M. Magnin s'était chargé en partie du même soin ; je l'ai entendu, j'ai mêlé mes applaudissemens à ceux de la foule éclairée qui se pressait autour de lui ; et quand mon tour est venu de prendre la parole, j'ai dû y renoncer et m'en tenir aux développemens et aux conclusions de l'habile maître, qu'il eût été glorieux pour moi de trouver sommeillant. Le tribunal de la critique, on le sait, a déclaré la cause entendue.

Que me reste-t-il donc à faire? L'analyse des diverses pièces dont se compose ce recueil? Je considère ce travail comme inutile; car, à peu d'exceptions près, ou il a été fait avant moi, ou il reproduirait des biographies de saints ou de personnages dont l'histoire se trouve ailleurs. Donnerai-je des détails sur la représentation et la mise en scène des drames hiératiques ou bourgeois dans les xi-xiv^{es} siècles? Non; car je n'ai aucun moyen de répondre aux diverses questions que s'est posées le Grand d'Aussy (7), qui (cela soit dit en passant) n'a pas connu tous les détails relatifs à ce sujet, et le livre d'Émile Morice (8) est en réalité uniquement consacré à la mise en scène des mystères des xve et xvie siècles. Je terminerai donc cette préface par quelques mots qui contiendront l'histoire de mon travail.

Ayant conçu le projet de publier le Théâtre français au moyen-âge, je proposai à mon savant et respectable ami, M. Monmerqué, de vouloir bien coopérer à l'exécution de cette entreprise; et c'était justice, car faire ce travail sans l'y associer c'eût été lui ravir l'honneur qui doit lui revenir d'avoir donné le premier dans leur intégrité les pièces d'Adam de la Halle et de Jean Bodel, c'est-à-dire d'avoir ouvert la voie aux littérateurs qui sont entrés dans la carrière après lui. M. Monmerqué comptait bien participer pour la moitié à cette édition, et dans ce but il fut convenu que chacun de nous signerait son travail de ses initiales, afin que l'un ne fût pas responsable des opinions de l'autre; mais une circonstance pénible vint changer nos dispositions : M. Monmerqué tomba gravement malade et fut pendant long-temps hors d'état de se livrer à des travaux littéraires. Je fus donc obligé de prendre sa place et de continuer seul l'ouvrage : c'est ce qui explique la présence de deux noms sur le titre de ce livre et la fréquence de mes initiales dans le cours du volume.

Tous les textes de ce recueil ont été collationnés avec l'attention la plus scrupuleuse, sur les manuscrits qui les renferment; nous n'y avons rien retranché, rien ajouté, pas même des divisions, qui eussent peut-être mieux fait comprendre la marche du drame; à vrai dire, quelquefois cette opération n'est guère facile, surtout lorsque le changement de scène commence au milieu d'un vers.

Que dirai-je de la traduction que j'ai placée en regard des textes ? sans doute, elle est souvent plate et dénuée d'élégance ; mais ce que je puis assurer, c'est que j'ai fait tous mes efforts pour qu'elle fût littérale et fidèle. Que le lecteur veuille bien ne la considérer que comme un glossaire continu, et il aura parfaitement saisi l'esprit dans lequel je l'ai écrite. Je ne crois pas que l'on puisse me demander davantage.

Je ne dois point terminer cette préface sans offrir mes remercîmens les plus sincères à mon ami M. Chabaille, qui, depuis long-temps, apporte à la plupart de mes travaux le concours d'un œil exercé et d'une sagacité philologique des plus remarquables. M. Ferdinand Wolf ne saurait non plus être oublié ici : c'est à lui que je dois plusieurs des indications bibliographiques qui se trouvent dans diverses notices placées en tête des pièces de ce recueil.

FRANCISQUE MICHEL.

NOTES DE LA PRÉFACE.

(1) Voici le catalogue, aussi complet qu'il nous a été possible de le dresser, des publications relatives à l'ancien théâtre de l'Europe faites dans ce siècle-ci. Nous n'y répéterons pas les titres des pièces que nous avons citées dans le cours de notre travail,

FRANCE.

RECVEIL DE PLVSIEVRS FARCES, tant anciennes que modernes. Lesqvelles ont esté mises en meilleur ordre et langage qu'auparauant. *A Paris, chez Nicolas Rovsset*, etc. M.DC. XII, petit in-8°.

Farce novvelle et recreative, dv medecin qui guarist de toutes sortes de maladies et de plusieurs autres : Aussi fait le nés à l'enfant d'vne femme grosse, et apprend à deuiner. à quatre personnages : c'est à sçauoir Le Medecin. Le Boitevx. Le Mary. La Femme.

Farce de Colin fils de Thenot le Maire, qui revient de la guerre de Naples, et ameine vn Pelerin prisonnier pensant que ce feust vn Turc. A quatre personnages, assauoir, Thenot. La Femme. Colin. Le Pelerin.

Farce novvelle de devx Savetiers, l'vn pavvre, l'avtre riche ; Le Riche est marry de ce qu'il void le Pauure rire et se resiouyr, et perd cent escus et sa robbe, que le pauure gaigne. A trois personnages, c'est a sçauoir Le Pavvre. Le Riche. Et Le Ivge.

Farce novvelle des femmes qvi ayment mieux suiure et croire Folconduit, et vivre à leur plaisir, que d'apprendre aucune bonne science. A quatre personnages, c'est à sçauoir Le Maistre. Folconduit. Promptitude. Tardive à bien faire.

Farce novvelle de l'Antechrist, et de trois femmes, vne Bourgeoise, et deux Poissonnieres. A quatre personnages, c'est à sçauoir Hamelot, Premiere Poissonniere. Colechon, Deuxieme Poissonniere. La Bovrgeoise. L'Antechrist.

Farce ioyevse et recreative, d'vne femme qui demande les arrerages à son Mary. A cinq personnages, c'est à sçauoir. Le Mary. La Femme. La Chambriere. Le Sergent. Le Voisin.

Farce novvelle contenant le debat d'vn ieune moine, et d'vn vieil gen-d'arme, pardeuant le Dieu Cupidon, pour vne fille, fort plaisante et recreatiue. A 4. personnages, c'est à sçauoir Cvpidon. La Fille. Le Moine. Le Gend'arme.

SOTTIE A DIX PERSONNAGES. Iouée à Geneue en la Place du Molard, le Dimanche des Bordes, l'an 1523. *A Lyon, par Pierre Rigavd.* De 48 pages.

LA FARCE DE LA QUERELLE DE GAULTIER-GARGUILLE, et de Perrine sa femme. Auec la sentence de separation entre eux rendue. *A Vavgirard, par a e i o u, A l'enseigne des trois raues.* En prose, de 16 pages.

LE IEV DV PRINCE DES SOTZ ET MERE SOTTE, Ioué aux Halles de Paris, le Mardy Gras. L'an mil cinq cens et vnze (par Pierre Gringore). De 58 pages.

LE MYSTERE DU CHEUALIER QUI DONNA SA FEMME AU DYABLE, a dix personnages C'est assauoir: Dieu le Pere, Nostre Dame, Gabriel, Raphael, Le Cheualier, Sa Femme, Amaulry Escuier, Anthenor Escuier, Le Pipeur et Le Dyable. De 40 pages.

NOUUELLE MORALITÉ D'UNE PAUURE FILLE VILLAGEOISE, laquelle ayma mieux auoir la teste couppée par son pere, que d'esre violée par son Seigneur. Faicte à la louange et honneur des chastes et honnestes filles. A quatre personnages. *A Paris, chez Simon Caluarin.* De 38 pages.

Farce joyevse et recreative dv Galant qui a faict le coup, A quatre Personnages. *A Paris.* 1610. De 25 pages, plus deux pages contenant une *chanson novvelle*.

Toutes ces pièces ont été publiées par Pierre Siméon Caron, dont la collection de réimpressions a été faite à Paris, de 1798 à 1806, en onze volumes.

Le Mistere de la Saincte Hostie nouuellement imprime à Paris.

Tel est le titre d'une réimpression d'un mystère fort rare, faite à Aix, en 1817, par Auguste Pontier, libraire, et tirée à soixante-deux exemplaires seulement. Cette édition est petit in-8° et non paginée.

Moralite Nouvelle dv mauuais Riche et du Ladre. A douze personnages.

Cette réimpression d'une pièce fort rare a été faite à Aix, en 1823, par le libraire Pontier. Elle n'a été tirée qu'à soixante-sept exemplaires, dont six sur papier rose.

Farce joyeuse et récréative à trois personnages, à sçavoir : Tout, Chascun et Rien. Imprimé pour la Société des Bibliophiles français. *Paris, imprimerie de Firmin Didot*, 1828. Grand in-8° de 20 pages, plus viii et 4 pages de remarques.

Le Dialogue du Fol et du Sage, moralité du XVIe siècle. Imprimé pour la Société des Bibliophiles français. *Paris, imprimerie de A. Firmin Didot*, 1829. Grand in-8° de 44 pages, plus trois pages contenant une addition.

Cette publication et la précédente ont été faites par M. Monmerqué.

Recueil de Livrets singuliers et rares dont la réimpression peut se joindre aux réimpressions déjà publiés (*sic*) par Caron. M.D.CCC.XXIX—M.D.CCC.XXX. Petit in-8°.

On lit sur le revers du faux-titre : « Tiré à 20 exemplaires, 1 peau vélin et 1 papier vélin. »

Cette collection, assez mal publiée par M. de Montaran, fils du procureur-général de la Cour royale d'Orléans[*], et sortie des presses de Guiraudet, à Paris, contient les pièces dramatiques dont les titres suivent :

Le Cry et Proclamation publicque : pour iouer le Mystere des Actes des Apostres en la ville de Paris : faict le ieudi seiziesme iour de decembre lan mil cinq cens quarante : par le commandement du Roy nostre Sire François premier de ce nom : et Monsieur le Preuost de Paris affin de venir prendre les roolles pour iouer ledit mystere. On les vend a Paris en la rue neufue Nostre Dame : a l'enseigne Sainct Iean Baptiste, pres Saincte Geneuiefue des ardens : en la boutique de Denis Ianot. M. D. XLI. De 8 pages.

Discours facetievx des hommes qui font saller levrs femmes, a cause quelles sont trop douces, etc. A Rouen. Chez Abraham Cousturier libraire : tenant sa boutique, pres la grand porte du Palais, au Sacrifice d'Abraham 1558. De 22 pages, plus un feuillet contenant seulement le nom de l'imprimeur.

Comedie facecievse et tres plaisante du voyage de Frere Fecisti en Prouence, vers Nostradamus : Pour scauoir certaines nouuelles des clefs de Paradis et d'Enfer que le Pape auoit perdues. Imprimé a Nismes. 1599. De 34 pages.

Moralite novvelle tres frvctveuse de l'enfant de perdition qui pendit son pere et tua sa mere : et comment il se desespera. A sept personnages..... A Lyon Par Pierre Rigaud En la rue Merciere au coing de la rue Ferrandiere a l'Orloge. 1608. De 48 pages.

Farce novvelle qvi est tres bonne et tres ioyeuse, a quatre personnages, c'est a scauoir, La Mere, Iouart, Le Compere, Et l'Escolier. A Troyes chez Nicolas Oudot, 1624. De 29 pages.

Farce novvelle dv mvsnier et dv gentil-homme. a quatre personnages. C'est a spauoir l'abbe le mvsnier le gentil-homme et son page. A Troyes, chez Nicolas Oudot, 1628. De 23 pages.

Farce plaisante et recreative Svr vn trait qu'a ioué vn porteur d'eau le iour de ses nopces dans Paris. M.DC.XXXII. De 20 pages.

Tragi-comedie plaisante et facecievse Intitulée la Subtilité de Fanfreluche et Gaudichon, et comme il fut emporté par le Diable. A Rouen. chez Abraham Cousturier, etc. De 66 pages.

Farce nouvelle, tres bonne et tres ioyeuse de la Cornette a cinq personnages par Iehan d'Abundance bazochien et notaire royal de la ville de Pont Sainct Esprit. M. D. XLV. De 29 pages.

Ioyeuse farce a trois personnages D'un Curia qui trompa par finesse la femme d'un Laboureur. A Lyon, 1595. De 22 pages.

Tragi-comedie des enfans de Tvrlupin malhevrevx de naivre, etc. A Rouen, chez Abraham Cousturier, etc. De 34 pages.

Farce ioyevse et récréative de Poncette et de l'Amovrevx transy. A Lyon, par Iean Margverite. M. D. XCV. De 10 pages.

---

[*] On peut en juger par le titre général ; cependant il paraît qu'il faut l'attribuer à la plume de M. Crozet, actuellement libraire de la Bibliothèque Royale.

Farce ioyeuse et profitable a vn chacun, contenant la ruse, meschanceté et obstination d'aucunes femmes, par personnages. M. D. XCVI. De 14 pages.

Sensuyt vng beau mystere de Nostre Dame a la louege de sa tres digne Natiuité d'vne Ieune Fille la quelle se voulut habandoner a peche pour nourrir son Pere et sa Mere en leur extreme pourete et est a xxviij personnaiges dont les noms sensuyuent cy apres. On les vend a Lyon aupres Nostre Dame de Confort chez Oliuier Arnoullet. 1543. De 112 pages.

Cette pièce et les deux précédentes ont été publiées par le même, à quinze exemplaires.

LE CRY ET PROCLAMATION PUBLICQUE : pour iouer le mistere des Actes des Apostres, en la Ville de Paris :.. On les vend à Paris, en la rue neufue nostre dame : à l'enseigne sainct iehan Baptiste, pres saincte Geneuiefue des Ardens : en la bouticque de Denys Ianot. 1541. *Paris, Silvestre (imprimerie de Pinard)*, 1830. In-8°, tiré à 42 ex., sur papier de Hollande, papier de Chine et sur vélin.

DISCOVRS FACETIEVX des hommes qvi font saller leurs femmes, à cause qu'elles sont trop douces. Lequel se ioue à cinq personnages... *A Roven. Chez Abraham Cousturier* (sans date). *Paris, Silvestre (imprimerie de Pinard)*, 1830. Petit in-8°, tiré à 42 ex., sur papier de Hollande, papier de Chine et sur vélin.

LA FARCE DES THEOLOGASTRES à six personnages. Nouuellement imprime jouxte la copie. M. D. CCC. XXX. in-8°, de 34 pages.

Suivant un avis placé au verso du titre, cette édition a été tirée à soixante-quatre exemplaires, savoir : cinquante sur grand papier vélin, dix sur papier de Hollande et quatre sur papier de couleur. L'avis préliminaire est signé des initiales G. D., qui désignent M. Duplessis.

MORALITÉ NOUVELLE à deux personnages de la prinse de Calais ; c'est à sçavoir d'un Françoys et d'un Angloys. (*L'Indicateur de Calais, journal politique, littéraire et commercial.*) 2ᵉ année, n° 68, 9 janvier 1831. Feuilleton.

Tiré du manuscrit du duc de la Vallière, publié en entier chez Techener.

TRAGEDIE FRANCOISE, à huict personnages : traictant de l'amour d'vn Seruiteur enuers sa Maistresse, et de tout ce qui en aduint. Composee par M. Iean Bretog, de S. Saueur de Dyue. *A Lyon, par Noel Grandon.* 1571 (*Imprimerie de Garnier fils, à Chartres,* 1ᵉʳ avril 1831). Petit in-8° de 42 feuillets, plus un feuillet contenant une note signée par l'éditeur G. D. (G. Duplessis), et trois pages renfermant une petite pièce de vers.

Cet ouvrage a été tiré à soixante exemplaires sur divers papiers.

LYON MARCHANT SATYRE FRANCOISE. Sur la comparaison de Paris, Rohan, Lyon, Orleans, et sur les choses memorables depuys Lan mil cinq cens viṅgtquatre. Soubz Allegories, et Enigmes Par personnages mysticques iouée au College de la Trinité a Lyon. 1541. M.D. XLII. On les vend a Lyon en rue Merciere par Pierre de Tours. *Paris, Silvestre (imprimerie de Pinard)*, 1831. Petit in-8°, tiré à 42 ex., sur papier de Hollande, papier de Chine et sur vélin.

MORALITE TRESSINGULIERE ET TRESBONNE DES BLASPHEMATEURS DU NOM DE DIEU : Ou sont contenus plusieurs exemples et enseignemens Alencontre des maulx qui procedent a cause des grans iuremens et blasphemes. qui se commettent de iour en iour Et aussi que la coustume nen vault riens Et quilz finent et fineront tresmal silz ne sen abstinent. Et est ladicte moralite a dixsept personnaiges : etc. — Cy finist la Moralite tressinguliere des Blasphemateurs du nom de Dieu... Imprimee nouuellement a Paris pour Pierre Sergent libraire demourant a Paris en la rue neufue nostre dame a lenseigne sainct Nicolas. *Paris, Silvestre (imprimerie de Crapelet)*, 1831. In-4°, format d'agenda, papier de Hollande.

La réimpression, *copie figurée*, de ce volume, pour lequel il a été gravé et fondu des caractères semblables à ceux du seul exemplaire connu de cette Moralité, qui appartient à la Bibliothèque royale, a été tirée à quatre-vingt-dix exemplaires numérotés à la presse. Les frais de cette réimpression ont été faits par M. le prince d'Essling.

Poésies des XVe. et XVIe. Siècles, publiées d'après des Éditions Gothiques et des Manuscrits. *Paris, Silvestre (imprimerie de Crapelet)*, m.dccc.xxx.—m.dccc.xxxij. Grand in-8°.

Ce volume, imprimé sur deux papiers différens, n'a été tiré qu'à cent exemplaires numérotés à la presse. Entre autres pièces, il contient les suivantes :

La Farce du Munyer de qui le Deable emporte lame en enffer, par André de la Vigne;

Moralité de laueugle et du boiteux, par André de la Vigne ;

La Farce de la Pippee.

Ces pièces sont ici publiées, pour la première fois, par les soins de M. Francisque Michel, d'après les manuscrits de la Bibliothèque Royale. M. Raynouard a rendu compte de ce volume dans le *Journal des Savans*, juillet 1833, p. 385.

Comedie de seigne Peyre et seigne Ioan (en patois du Dauphiné). *A Lyon, Par Benoist Rigaud*. 1580. *Paris, Silvestre (imprimerie de Pinard)*, 1832. Petit in-8°, tiré à 42 ex., sur papier de Hollande, papier de Chine et sur vélin.

Le mystere de Griselidis marquis de saluses par personnaiges Nouuellement imprime a Paris. — Cy finist la vie de Griselidis, Nouuellement Imprimee a Paris pour Jehan Bonfons demourant en la rue neufue nostre Dame a lenseigne sainct Nicolas. (Sans date.) *Paris, Silvestre (imprimerie de Pinard)*, 1832. Petit in-4°, figure en bois.

Cet ouvrage a été tiré à 42 ex., sur papier de Hollande, papier de Chine et sur vélin.

Le Dialogue du Fol et du Sage. (*A Paris, chez Simon Caluarin*, sans date). *A Paris, chez Silvestre (imprimerie de Pinard)*, 1833. Petit in-8°, imprimé sur papier de Hollande à dix exemplaires, et sur papier de Chine à quatre exemplaires.

Réimpression, *copie figurée*, faite aux frais de M. le prince d'Essling, et tirée à quarante exemplaires numérotés à la presse.

Le laz damour diuin a viii personnages cest a scauoir Charite Jesucrist Lame Justice Verite Bonne inspiracion. Les filles de syon Les pecheurs. — Cy finist le laz damour diuin nouuellement imprime a rouen pour Thomas laisne demourant au dit lieu (sans date). *Paris, Silvestre (imprimerie de Pinard)*, 1833. Petit in-8°, tiré à 42 ex., sur papier de Hollande, papier de Chine et sur vélin.

Moralite du mauuais Riche et du Ladre, à douze personnages. *A Paris, chez Silvestre (imprimerie de Pinard)*, 1833. Petit in-8°, imprimé sur vélin, sur papier de Hollande, sur papier de Chine et sur papier de Rives.

Réimpression, *copie figurée*, faite aux frais de M. le prince d'Essling, et tirée à quarante exemplaires numérotés à la presse.

Moralité novvelle tres frvctvevse, de l'enfant de perdition, qui pendit son pere, et tua sa mere : et comment il se desespera, à sept personnages. *A Lyon, par Pierre Rigavd*, 1608. *Paris, Silvestre (imprimerie de Pinard)*, 1833. Petit in-8°, tiré à 42 ex., sur papier de Hollande, papier de Chine et sur vélin.

Le Mystère de St-Christophle, publié par la Société des Bibliophiles français. *A Paris, de l'imprimerie de Firmin Didot frères*, 1834. Grand in-8°, non paginé.

Cette réimpression a été publiée par MM. H. de Châteaugiron et Artaud.

Moralite de la vendition de Joseph filz du patriarche Jacob, comment ses freres esmeuz par enuye, s'assemblerent pour le faire mourir, *etc.* — Cy finist la Moralite de la vendition de Joseph filz du patriarche Jacob Nouuellement imprimee a Paris pour Pierre sergent Demourant en la Rue neufue nostre Dame a lenseigne sainct Nicolas. *A Paris, chez Silvestre (imprimerie de Pinard)*, 1835. In-4°, format d'agenda, papier de Hollande.

Cette réimpression, *copie figurée*, faite aux frais de M. le prince d'Essling, d'après le seul exemplaire connu, qui appartient à la Bibliothèque Royale, n'a été tiré qu'à quatre-vingt-dix exemplaires numérotés à la presse, dont quatre sur vélin.

Le mirouer et exemple Moralle des enfans ingratz pour lesqlz les peres et meres se destruisent pour les augmeter qui en la fin les descongnoissent. *Aix, de l'imprimerie de Pontier, éditeur, rue des Jardins, 14. — Mars 1836*. Petit in-8°.

Cette moralité à dix-huit personnages, composée par Tyron, se compose de 179 pages, et n'a été tirée qu'à soixante-six exemplaires sur divers papiers et sur vélin.

MYSTÈRE DE SAINT CRESPIN ET SAINT CRESPINIEN, publié pour la première fois, d'après un manuscrit conservé aux Archives du royaume, par L. Dessalles et P. Chabaille. *A Paris, chez Silvestre (imprimerie de Terzuolo), 1836*. Grand in-8° orné d'un fac simile.

Édition tirée à deux cents exemplaires numérotés à la presse, dont quinze sur papier de Hollande, neuf sur papier de Chine et un sur vélin.

Il me paraît que cet ouvrage n'a rien de commun avec celui que possède M. de Soleinne. Ce dernier n'est pas divisé en livres ni même en journées, et il finit par les vers suivans :

> Pour ce, bonnes gens, nous vous prions
> Que ayez en vos devocions
> Les benoiz corps sains devant diz,
> Qui mentenant en fierte mys
> Sont et posez reveranment;
> Et leur prion devotement
> Que après ceste mortelle vie
> Nous mestent en leur compagnie. *Amen*.

POÉSIES FRANÇOISES DE J. G. ALIONE (d'ASTI), composées de 1494 à 1520 ; publiées pour la première fois en France, avec une notice biographique et bibliographique, par J. C. Brunet. *Paris, chez Silvestre (imprimerie de Terzuolo), 1836*. Petit in-8°, orné d'un *fac simile*.

Cette édition a été tirée à cent huit exemplaires numérotés à la presse, dont dix sur papier de Hollande et trois sur papier de Chine. Elle renferme, à partir de la signature *F. i.*, deux pièces dont voici le titre :

Farsa de la dona chi se credia hauere vna roba de veluto dal franzoso alogiato in casa soa.

Farsa del franzoso alogiato a lostaria del lombardo. a tre personagij.

MORALITÉ DE MUNDUS, CARO, DEMONIA. Farce des deux Savetiers. *Paris, de l'imprimerie de Firmin Didot. M. DCCC. XXVII*. in-folio oblong, format d'agenda, de 15 feuillets.

Cette publication, dédiée à M. Van Praet, est signée en deux endroits D. de L. (Durand de Lançon).

MYSTÈRES INÉDITS DU QUINZIÈME SIÈCLE, publiés, pour la première fois,... par Achille Jubinal, d'après le mss. (*sic*) unique de la Bibliothèque Sainte-Geneviève. *Paris, Techener, etc*. M DCCC XXXVII, deux volumes in-8°.

RECUEIL DE FARCES, MORALITÉS ET SERMONS JOYEUX, publié d'après le manuscrit de la Bibliothèque Royale, par Leroux de Lincy et Francisque Michel. *Paris, Techener, 1837*. Quatre vol. in-12, tirés à soixante-seize exemplaires. Voici la table de cette collection, telle qu'elle se trouve en tête du tome 1er. Nous avons seulement rangé les pièces suivant l'ordre qu'elles occupent dans les volumes.

Tome premier.

N° 1. Monologue nouueau et fort recreatif de la Fille bastelière.
2. Sermon ioyeulx des iiij vens.
3. Sermon d'vn cartier de mouton.
4. Monologue de Memoyre tenant en sa main vng monde, *etc*.
5. Farce nouuelle a deulx personnages, c'est a sçauoir : l'Homme et la Femme ; et est la Farce de l'Arbalestre.
6. Moralité nouuelle a deulx personnages, de la prinse de Calais, *etc*.
7. Farce a deulx personnages, du viel Amoureulx et du ieune Amoureulx.
8. Farce ioyeuse a deulx personnages, c'est a sçauoir : vng Gentil-homme et son Page lequel deuyent laquès.
9. Inuitatoyre bachique : *Venite potemus*.
10. Moralité a troys personnages, c'est a sçauoir : Enuye, Estat et Simplese.
11. Farce a deulx personnages, c'est a sçauoir : deulx Gallans et vne Femme qui se nomme Sancté.
12. Farce ioyeuse a iij personnages, c'est a sçauoir : vn Aueugle et son Varlet et vne Tripiere.
13. Dyalogue de Placebo pour un homme seul.
14. Moralité a deulx personnages, c'est a sçauoir : l'Eglise et le Commun.
15. Farce nouuelle à sept personnages, c'est a sçauoir : la Reformeresse, le Sergént, le Prebstre, le Praticien, la Fille desbauchée, l'Amant verolé, et le Moynne. La Reformeresse commence ; et se nomme la *Farce des poures deables*.
16. Moral a quatre personnages, c'est a sçauoir :

l'Age d'or, l'Age d'argent, l'Age d'arain et l'Age de fer.

17. Farce a vj personnages, c'est à sçauoir : la Reformeresse, le Badin et iiij Gallans et vn Clerq.

18. Sermon ioyeulx pour rire.

19. Farce a cinq personnages, c'est a sçauoir : *Le Pelerinage de Mariage*. Le Pelerin, les troys Pelerines et le ieune Pelerin.

20. Farce a .v. personnages, c'est a sçauoir : le Cousturier et son Varlet, deulx ieunes Filles et vne Vielle.

21. Farce nouuelle a troys personnages, c'est a sçauoir : le Sourd, son Varlet et l'Yurongne.

22. Farce nouuelle a cinq personnages, c'est a sçauoir : la Mere, la Fille, le Tesmoing, l'Amoureux et l'Oficial.

23. Moralité nouuelle a troys personnages, c'est a sçauoir : l'Eglise, Noblesse et Poureté qui font la lesiue.

Tome deuxième.

Nº 24. Moralité a quatre personnages, c'est a sçauoir : le Ministre de l'Eglise, Noblesse, le Laboureur et Commun.

25. Moralité du Porteur de Pacience a cinq personnages, c'est a sçauoir : le Maistre, la Femme, le Badin, le premier Hermite, le ij^e Hermite.

26. Farce ioyeuse a cinq personnages, c'est a sçauoir : troys Galans, le Monde qu'on faict paistre, et Ordre.

27. Farce nouuelle a six personnages, c'est a sçauoir : deux Gentilz-hommes, le Mounyer, la Munyere, et les deulx femmes des deux Gentilz-hommes, abillez en damoyselles... et est la *Farce du Poulier*.

28. Farce nouuelle a cinq personnages, c'est a sçauoir : la Mere de ville, le Varlet, le Garde-pot, le Garde-nape, le Garde-cul.

29. Farce nouuelle a quatre personnages, c'est a sçauoir : mesire Jean, la Mere de Iaquet qui est badin.

30. Farce du Raporteur, a quatre personnages, c'est a sçauoir : le Badin, la Femme, le Mary et la Voyesine.

31. Farce ioyeuse a six personnages, c'est a sçauoir : Iehan de Lagny badin, messire Iehan, Tretaulde, Oliue, Perette Venez-tost et le Iuge.

32. Moral ioyeux a quatre personnages, c'est a sçauoir : le Ventre, les Iambes, le Cœur, et le Chef.

33. La Farce des Veaux, iouée deuant le Roy en son entrée a Rouen.

34. Farce de deulx Amoureux, recreatis et ioyeux.

35. Moral a cinq personnages, c'est a sçauoir : le Fidelle, le Ministre, le Suspens, Prouidence diuine, la Vierge.

36. Farce nouuelle a cinq personnages, c'est a sçauoir : troys Brus et deulx Hermites.

37. Farce nouuelle a cinq personnages, c'est a sçauoir : l'Abbeesse, seur de Bon-Cœur, seur Esplourée, seur Safrete et seur Fesue.

38. Farce ioyeuse a quatre personnages, c'est a sçauoir : le Medecin, le Badin, la Femme (la Chambriere).

39. Farce nouuelle a quatre personnages, c'est a sçauoir : troys Gallans et vn Badin.

40. Farce nouuelle a quatre personnages, c'est a sçauoir : troys Commeres et vn Vendeur de liures.

Tome troisième.

Nº 41. Moral a six personnages, c'est a sçauoir : le Lazare, Marte seur du Lazare, Iacob seruiteur du Lazare, Marye Madalaine et ses deulx Seurs.

42. Moralité a quatre personnages, c'est a sçauoir : Chascun, Plusieurs, le Temps qui court, le Monde.

43. Sermon ioyeulx de la Fille esgarée.

44. La Farce du Poulier, a quatre personnages, c'est a sçauoir : le Maistre, la Femme, l'Amoureulx et la Voysine.

45. Morallité a six personnages, c'est a sçauoir : Nature, Loi de rigueur, diuin Pouuoir, Amour, Loi de Grace, la Vierge.

46. Farce nouuelle de la Boutaille, a iij ou iiij ou a .v. personnages, c'est a sçauoir : la Mere du Badin, le Vouesin et son Filz, et la Bergere.

47. Farce nouuelle et fort ioyeuse a cinq personnages, c'est a sçauoir : les Batards de Caulx, la Mere, l'Ainé qui est Henry, le petit Colin, l'Escollier et la Fille.

48. Moral de tout le Monde, a quatre personnages, c'est a sçauoir : le premyer Compaignon, le deuxiesme et troisyesme Compaignon.

49. Farce nouuelle a quatre personnages, c'est a sçauoir : Science, son Clerq, Asnerye et son Clerq qui est Badin.

50. Farce nouuelle a quatre personnages, c'est a sçauoir : la Femme, le Badin son mary, le premyer Vouesin et le Deuxiesme.

51. Moral a cinq personnages, c'est a sçauoir : l'Homme fragille, Concupiscence, la Loy, (Foi,) Grace.

52. Farce nouuelle a iiij personnaiges, c'est a sçauoir : Lucas, sergent boiteux et borgne, le bon Payeur, et Fyne-Myne femme du sergent, et le Vert-Galant.

53. Farce nouuelle et fort ioyeuse a quatre personnages, c'est a sçauoir : *Le Retraict*, Le Mary, la Femme, Guillot et l'Amoureulx.
54. Farce ioyeuse a quatre personnages, c'est a sçauoir : Robinet badin, la Femme vefue, la Commere, et l'Oncle Michault oncle de Robinet.
55. Farce nouuelle a quatre personnages, c'est a sçauoir : l'Auantureulx et Guermouset, Guillot et Rignot.
56. Moralité a six personnages, c'est a sçauoir : Heresye, Frere Symonye, Force, Scandalle, Procès, l'Eglise.
57. Farce nouuelle a troys personnages, c'est a sçauoir : la Mere, le Filz, lequel veult estre prebstre, et l'Examynateur.
58. Monologue seul du Pelerin passant, composé par maistre Pierre Taserye.
59. Farce nouuelle a quatre personnages, c'est a sçauoir : le Trocheur de Maris, la premyere Femme, la ij^e Femme et la iij^e Femme.

Tome quatrième.

N° 60. Farce ioyeuse a quatre personnages, c'est a sçauoir : la ieune Fille, la Maryée, la Femme vefue et la Religieuse ; et sont les Malcontentes.
61. Moral a troys personnages, c'est a sçauoir : l'Affligé, Ignorance et Congnoisance.
62. Farce nouuelle de Frere Phillebert, a iiij personnages, c'est a sçauoir : frere Fillebert, la Voyesine, la Maistresse, Perrette Venez-Tost.
63. Farce moralle et ioyeuse des Sobre-sols, entremeslez avec les Syeurs d'ais, a vj personnages, c'est a sçauoir : .v. Galans et le Badin.
64. Farce ioyeuse des Langues esmoulues pour auoir parlé du drap d'or de Sainct Viuien, a vj personnages, c'est a sçauoir : l'Esmouleur, son Varlet, la premiere Femme, la deusiesme Femme, la troysiesme Femme et la quatriesme femme.
65. Farce nouuelle a .v. personnages, c'est a sçauoir : les deulx Soupiers de Monille, la Femme soupierre, l'Huissier et l'Abé.
66. Farce morale des trois Pellerins et Malice.
67. Farce moralle a quatre personnages, c'est a sçauoir : Marche-beau, Galop, Amour et Conuoytisse.
68. Farce ioyeuse a .v. personnages, c'est a sçauoir : le Maistre d'Escolle, la Mere et les troys Escolliers.
69. Farce ioyeuse a .v. personnages, c'est a sçauoir : le Bateleur, son Varlet, Binete et deulx Femes.
70. Farce nouuelle a .v. personnages, c'est a sçauoir : le Marchant de pommes et d'eulx, l'Apointcteur et Sergent et deulx Femmes.
71. Farce ioyeuse a quatre personnages, c'est a sçauoir : iij Gallans et Phlipot.
72. Farce morale a .v. personnages, c'est a sçauoir : Mestier, Marchandise, le Berger, le Temps et les Gens.
73. Farce ioyeuse a cinq personnages, c'est a sçauoir : le Sauatier, Marguet, Iaquet, Proserpine et l'Oste.
74. Remonstrance a vne compaignie de venir voir jouer Farces ou Moralitez.

BUHEZ SANTEZ NONN, ou Vie de sainte Nonne, et de son fils saint Devy (David), Archevêque de Menevie, en 519 ; mystère composé en langue bretonne antérieurement au XIIe siècle, publié d'après un manuscrit unique, avec une introduction par l'abbé Sionnet, et accompagné d'une traduction littérale de M. Legonidec, et d'un fac simile du manuscrit. *Paris, Merlin,* 1837. In-8°.

HILARII VERSUS ET LUDI. *Lutetiæ Parisiorum, apud Techener bibliopolam,* M D CCC XXXVIII. In-16, de xv-61 pages, plus un feuillet de table, à la fin.

LA DIABLERIE DE CHAUMONT, ou Recherches Historiques sur le grand pardon général de cette ville, et sur les bizarres cérémonies et représentations à personnages auxquelles cette solennité a donné lieu depuis le XVe siècle ; contenant les Mystères de la nativité, de la vie et de la mort de M. saint Jean Baptiste : par Émile Jolibois. *A Chaumont, chez Miot,* etc., 1838. In-8°, de 155 pages, plus deux feuillets de titres.

MORALITÉ DE MUNDUS, CARO, DEMONIA, à cinq personnages. Farce des deux Savetiers, à trois personnages. *A Paris, chez Silvestre,* 1838. In-4°, format d'agenda.

Cette réimpression, donnée par l'éditeur de la première, est dédiée *à la mémoire de M. Van Praet.*

LA FARCE JOYEUSE DE MARTIN BATON qui rabbat le caquet des Femmes : et est à cinq personnages, sçavoir : la 1. Commere. La 2. Commere. Martin Baton. Caquet. Silence. *A Rouen, chez Jean Oursel l'aîné rue Ecuyere, à l'imprimerie du Levant,* de quatre feuillets in-8°.

ALLEMAGNE.

« Ordnung des Passionsspiels der St. Bartholomæististsschule zu Frankfurt am Main. »

Cette pièce, qui est du quinzième siècle, se trouve insérée dans le recueil intitulé : « Frankfurtisches Archiv für œltere deutsche Literatur und Geschichte. Herausgegeben von J. C. v. Fichard, genannt Baur v. Eyseneck. » Frankfurt am Main, 1815, in-8°; t. III, p. 131-158.

« Ritus Resurrectionis Domini in Canonia Claustroneoburgensi sæculis 13, 14 et 15 observatus. » Inséré dans « Oesterreich unter Herzog Albrecht IV. Nebst einer übersicht des Justandes Oesterreichs wæhrend des 14ten Jahrhunderts. Von Franz Kurz, regul. Chorherrn und Pfarrer zu St. Florian. » Linz, 1830, in-8°; tome II, p. 425-427, Beylage n° 1.

« Christi Leiden, » — « Marien Klage, » — « St. Dorothea, » — « Osterspiel; » tels sont les titres de quatre mystères allemands des XIIIᵉ-XVᵉ siècles, publiés dans le recueil intitulé : « Fundgruben für Geschichte deutscher Sprache und Literatur. Herausgegeben von Dr. Heinrich Hoffmann. » Breslau, 1837, in-8°; t. II, p. 239-336.

Voyez ce que, dans son introduction à ces pièces, ce savant dit sur les mystères en général, morceau extrait en partie et rapporté par M. Thomas Wright, dans ses *Early Latin Mysteries.*

« Passionspiel. » Cette pièce, qui porte la date de 1437 et qui fut représentée à Vienne dans l'église de Saint-Etienne, a été publiée par J.-E Schlager, dans ses « Wiener-Skizzen aus dem Mittelalter. » *Wien*, 1836-39, in-8°; t. II, p. 16-24. Le même recueil renferme aussi, tome III, p. 201-378, un morceau intitulé : « Ueber die alte Wiener Komœdie, » où se trouvent des pièces et des extraits de pièces des XVI-XVIIIᵉ siècles.

Voyez, pour l'histoire de l'art dramatique en Allemagne, au moyen-âge, l'ouvrage de Gervinus, intitulé : « Geschichte der poetischen Nationalliteratur der Deutschen. » Frankfurt am Main, 1836, in-8°; t. II, p. 355-379.

BOHÈME.

Hrob Božij (le Sépulcre de Notre-Seigneur) dans *Starobylá Skládanie* (Collection de poésies anciennes bohémiennes), publié par M. W. Hanka; *Prague*, 1818-23, in-12; vol. III, p. 82-92. — Anzelmus (Anselme), ibid., p. 128-167. — Mastičkář, aneb Sewerín a Rubín (l'Épicier, ou Severin et Rubin, du XIIIᵉ siècle), ibid., volume supplémentaire ou 5ᵉ, p. 198-219.

ANGLETERRE.

The Pageant of the Company of Sheremen and Taylors in Coventry, etc. By Thomas Sharp. *Coventry*, 1817, in-4°, tiré à douze exemplaires.

Ancient Mysteries described, especially the English Miracle Plays. London, 1823, in-8°, avec figures; cité par M. E. Morice, p. 4 en note.

A Dissertation on the Pageants or dramatic Mysteries anciently performed at Coventry, by the trading Companies of that City, etc. By Thomas Sharp. *Coventry: published by Merridew and Son, etc.* MDCCCXXV, grand in-4°.

The Towneley Mysteries. London : J. B. Nichols and Son, Parliament Street : William Pickering, Chancery Lane. Ce titre est précédé de ce faux-titre : « The Publications of the Surtees Society, established in the year MDCCCXXXIV. (Gravure sur bois représentant les armes de Surtees). MDCCCXXXVI. Un volume in-8°.

Early Mysteries, and other Latin Poems of the twelfth and thirteenth Centuries: edited from the original Manuscripts in the British Museum, and the libraries of Oxford, Cambridge, Paris, and Vienna. By Thomas Wright, Esq. M. A. F. S. A. of Trinity College, Cambridge. *London: Nichols and Son*, 1838, in-8°.

A collection of English Miracle-Plays or Mysteries; containing ten Dramas from the Chester, Coventry, and Towneley Series, with two of latter Date. To which is prefixed, an historical Wiew of this Description of Plays. By William Marriott, Ph. Dr. *Basel : Schweighauser aud Co, and Brockhaus and Avenarius, Paris*, 1838, un volume in-8°.

KYNGE JOHAN. A Play in two Parts. By John Bale. Edited by J. Payne Collier, Esq. F.S. A. from the Ms. of the Author in the Library of his Grace the Duke of Devonshire. *London : printed for the Camden Society by John Bowyer Nichols and Son, Parliament Street*. M. DCCC. XXX. VIII. ln-4°.

PAYS-BAS.

LE JEU D'ESMORÉE, fils du roi de Sicile, drame du XIIIe siècle, traduit du flamand par E. P. Serrure. *Gand, imprimerie de D. Duvivier fils*, 1835. In-8 de 35 pages, plus un feuillet de titre.

ALTNIEDERLÆNDISCHE SCHAUBUEHNE. Abele Spelen ende Sotternien. Herausgegeben von Hoffmann von Fallersleben. *Breslau*, 1838. In-8°.

Cette collection, qui forme aussi la *Pars sexta* des *Horæ Belgicæ*, du même auteur, contient neuf pièces dramatiques. M. Hoffmann avait publié, auparavant, dans la *Pars quinta* : « *Een Spel van Lantsloot van Denemerken ende die scone Sandrijn.* »

Voyez la liste des pièces dramatiques hollandaises avant le XVIIe siècle dans l'ouvrage de Moné, intitulé : *Uebersicht der Niederlændischen Volks-Literatur ælterer Zeit.* Tübingen. 1838, in-8°, p. 354-368.

ESPAGNE.

ORIGENES DEL TEATRO ESPAÑOL, formando el tomo I°, parte 1^a y 2^a, de las *Obras de Leandro Fernandez de Moratin*, publicadas por la real Academia de la Historia. *Madrid*, 1830; republicadas en el premier vol. del Tesoro del Teatro Español.

TEATRO ESPAÑOL anterior á Lope de Vega. Por el Editor de la Floresta de Rimas antiguas castellanas. (J. N. Bölh de Faber). *Hamburgo : en la libreria de Frederico Perthes*, 1832. In-8°.

Les auteurs dont les œuvres se trouvent ici en partie, sont Juan del Encina, Gil Vicente, Bartolemé Torres Naharro et Lope de Rueda.

TESORO DEL TEATRO ESPAÑOL, desde su órigen (año de 1356) hasta nuestros dias, arreglado y dividido en cuatro partes, por Don Eugenio de Ochoa. *Paris*, 1838 ; 5 volúmenes en 8°, en dos col., con retratos.

Tomo 1°. Compuesto de la obra de Moratin. *Orígenes del Teatro Español*, con una coleccion de piezas dramáticas anteriores á Lope de Vega, obra recientemente publicada por la Academia de la Historia. Llevará al fin un Apéndice, formado por Don Eugenio de Ochoa.

Tomo 2°. Teatro escojido de Lope de Vega, con un resúmen de su vida y un exámen de sus obras.

Tomo 3°. Teatro escojido de Calderon de la Barca, con un resúmen de su vida y una introduccion sobre los diferentes géneros de sus composiciones.

Tomo 4°. Teatro escojido de Tirso de Molina, Mira de Mescua, Montalvan, Guevara, Moreto, Rojas, Alarcon, Matos Fragoso.

Tomo 5°. Teatro escojido de Diamante, La Hoz, Belmonte, Felipe IV, Leiva, Cubillo, Figueroa, Zarate, Candamo, Solis, Zamora, Cañizares, Jovellanos, Huerta, Ramon de la Cruz, Cienfuegos, Moratin, Quintana, Martinez de la Rosa, Gorostiza, Breton de los Herreros.

Voyez l'histoire de l'art dramatique en Espagne, par D. Martinez de la Rosa, dans ses *Obras Litterarias*. Paris, 1827, vol. II. Voyez aussi sur l'ancien théâtre espagnol un curieux article de M. Henri Ternaux, publié dans la *Revue française et étrangère ou nouvelle Revue Encyclopédique*, n° de janvier. t. V. n. 1, Paris, 1838, p. 64-78. Enfin, M. Philarète Chasles a donné dans le *Journal des Débats* du vendredi 23 août 1839 un feuilleton sur Bartolemé Torres Naharro. Nous ne parlons pas ici du cours de M. Fauriel, vu qu'il n'est pas encore publié.

PORTUGAL.

OBRAS DE GIL VICENTE, correctas e emendadas pelo cuidado e diligencia de J. V. Barreto Feio e J. G. Monteiro. *Hamburgo, na officina typographica de Langhoff*, 1834. Trois volumes in-8°.

Comme on le sait, Gil Vicente, sur lequel, par une singulière distraction, on a inséré deux articles dans la *Biographie Universelle*, est le premier poète dramatique du Portugal. Voyez sur cet auteur et sur la poésie dramatique portugaise au XVIe siècle, le *Résumé de l'histoire littéraire du Portugal...*, par Ferdinand Denis. Paris, Lecointe et Durey, 1826, in-18; p. 150-190.

Maintenant il ne nous reste plus à citer que le recueil suivant qui n'est pas terminé.

THÉATRE EUROPÉEN, nouvelle collection des chefs-d'œuvre des théâtres allemand, anglais, espagnol, danois, français, hollandais, italien, polonais, russe, suédois, etc. Paris, Ed. Guérin et comp., 1835, deux volumes in-8°. Une des parties de ce recueil, portant pour sous-titre : *Théâtre antérieur à la renaissance*, contient trois comédies de Hroswitha, savoir : Abraham, Callimaque et Dulcitius, traduites par M. Ch. Magnin.

(2) *Recherches sur les theatres de France, depuis l'année onze cens soixante et un, jusques à present*, par M. De Beauchamps. A Paris, chez Prault, Pere, M. DCC. XXXV, trois volumes in-8° ou un volume in-4°.

Histoire du Theatre François, depuis son origine jusqu'à present. Amsterdam et Paris, M. DCC. XXXV. — M. D. CC. XLIX, quinze volumes in-8°. Dans la préface du tome XV, p. iij et iv, on promet trois autres volumes pour terminer l'histoire du Théâtre Français jusqu'à la clôture de Pâques 1752; ils n'ont jamais paru.

Après ces ouvrages, il n'est peut-être pas inutile de mentionner celui-ci : *Essais historiques sur l'origine et les progrès de l'art dramatique en France.* A Paris, M. DCC. LXXXIV-VI, trois volumes in-18.

(3) *Séance publique de la Société libre des Beaux-Arts, tenue à l'Hôtel-de-Ville, le 25 décembre 1831, présidence de M. Cornac.* Paris, imprimerie de Poussin, 1832, in-8°; p. 32 et suiv. Cet article, qui est de M. Brès, est suivi, p. 39, de cette note non moins remarquable que le reste : « Le public a vivement témoigné sa satisfaction pour les recherches curieuses renfermées dans ce mémoire, qui a excité à plusieurs reprises l'hilarité de l'assemblée. »

Nous sommes étonné et fâché en même temps, de trouver des erreurs analogues à celles que nous venons de signaler dans un article de M. A.-H. Taillandier, ordinairement si exact et si judicieux. Voyez *les Confrères de la Passion, d'après les registres manuscrits du parlement de Paris* (Revue rétrospective, n. XXII, première série, t. IV, Paris, 1834, in-8°; p. 336-361.

(4) *Les Origines du théâtre moderne ou Histoire du génie dramatique depuis le Ier jusqu'au XVIe siècle, précédée d'une introduction contenant des études sur les origines du théâtre antique*; par M. Charles Magnin. Tome Ier. Paris, chez L. Hachette, 1838, in-8°; p. II.

Le cours entier de M. Magnin se trouve analysé leçon par leçon dans le *Journal général de l'instruction publique et des cours scientifiques et littéraires*, à partir du numéro du jeudi 4 décembre 1834, jusqu'à celui du dimanche 6 mars 1836, inclusivement.

(5) *Ibidem*, p. XX — XXIII.

(6) *Ibidem*, p. XXIII.

(7) *Fabliaux ou Contes du XIIe et du XIIIe siècle*, etc. A Paris, chez Eugène Onfroy, M. DCC. LXXXI, cinq volumes in-18, t. II, p. 152-154. — Edition de Paris, Jules Renouard, M DCCC XXIX, cinq volumes in-8°; t. II, pag. 220, 221.

(8) *Essai sur la mise en scène, depuis les mystères jusqu'au Cid*; par Emile Morice. Paris, Heideloff et Campé, 1836, in-12.

L'on peut en dire autant des *Remarques sur les jeux des mystères; faites à l'occasion de deux délibérations inédites prises par le conseil de la ville de Grenoble en 1535, relativement à un de ces jeux*; par M. Berriat-Saint-Prix. (*Mémoires et Dissertations sur les antiquités nationales et étrangères, publiés par la Société royale des Antiquaires de France.* Tome cinquième. A Paris, chez J. Smith, M. DCCC. XXIII, in-8°; p. 163-211.)

ial en Auvergne, où

THÉATRE FRANÇAIS

AU MOYEN-AGE.

LES VIERGES SAGES ET LES VIERGES FOLLES.

NOTICE.

Le premier qui ait fait mention de ce mystère, qui nous semble être du xie siècle, et le plus ancien, comme le seul dans lequel on retrouve des parties en langue vulgaire, est l'abbé Lebeuf, qui en parle ainsi : « ..... Les écrivains du xi. Siécle et des deux suivants, profitant de l'invention des Sequences et Proses de l'Eglise, firent plusieurs pièces profanes rimées. Les manuscrits de toutes les grandes bibliothèques sont pleins de ces anciennes pièces, la plûpart sur des sujets pieux. On y voit souvent des Tragédies en rimes latines. Duboulay fait mention de celle de *Sainte Catherine* à l'an 1146. On peut voir ailleurs celles de l'Abbaye de Saint Benoît. Dans celle de Saint Martial de Limoges sous le Roy Henry I. Virgile se trouve associé avec les Prophetes qui viennent à l'adoration du Messie nouveau né, et il mêle sa voix pour chanter un long *Benedicamus* rimé par lequel finit la piéce *. »

Plus tard, M. Raynouard en publia des extraits dans son *Choix des poésies originales des troubadours*, t. II, p. 139-143. Nous n'avons cru pouvoir mieux faire que de reproduire la traduction qu'il a donnée des passages en langue d'oc qui se font remarquer dans cette pièce et qui nous ont déterminés à la placer en entier à la tête de notre recueil.

Elle est tirée d'un manuscrit provenant de l'abbaye de Saint-Martial en Auvergne, où

---

* *Dissertations sur l'Histoire ecclésiastique et civile de Paris*, etc., t. II, à Paris, rue Saint-Jacques, chez Lambert et Durand, M.DCC.XLI, in-12, p. 65. Il y a en note deux renvois au Mercure de France; le second desquels est faux.

il portait le n° 100, et qui se trouve aujourd'hui dans la Bibliothèque du Roi, sous le n° 1139.

Ce manuscrit, sur vélin, de format petit in-4°, contient en tout 235 feuillets. C'est un composé de divers ouvrages écrits en différens temps, et par des mains différentes; mais il paraît que ces morceaux ont été réunis et reliés ensemble dès le commencement du XIIIe siècle, car on trouve çà et là sur les blancs des différens morceaux du manuscrit, des passages d'une autre écriture que le corps de ces morceaux, et dans laquelle on a cru reconnaître celle de Bernard Ithier, archiviste de Saint-Martial, au commencement du XIIIe siècle; cependant comme le premier fascicule de ce précieux volume contient (fol. 2-4) la prose de saint François, qui a pour auteur le pape Grégoire IX, et que ce pontife, élu le 19 mars 1227, mourut le 20 août 1241, l'on peut croire que la transcription de la prose n'a eu lieu dans ce volume, qu'après la mort de Grégoire, et qu'ainsi le manuscrit 1139 n'a été établi que dans la seconde moitié du XIIIe siècle.

La plus grande partie du manuscrit contient des morceaux de liturgie et divers chants d'église, tous accompagnés de la notation musicale. Quelques-uns de ces morceaux paraissent avoir été écrits dans le XIIIe siècle, d'autres dans le XIIe. Mais la portion la plus curieuse a été, suivant toutes les apparences, écrite dans le XIe, et même dans la première moitié du XIe siècle.

Elle commence au folio 32 du manuscrit, et va jusqu'au folio 118 inclusivement; comme le premier feuillet de cette portion ne porte rien qui indique un commencement, ni le dernier rien qui indique une fin, on doit la regarder comme un fragment de quelque autre manuscrit plus ancien.

Depuis le folio 32 jusqu'au 84 ou 85, l'écriture est certainement la même; à partir du folio 85, jusqu'à la fin, quoique très-semblable, pour la forme des caractères, à celle de la première portion du manuscrit, elle est sensiblement plus grosse; il semble toutefois que ce soit la même; c'est du moins une écriture à peu près du même temps, sauf quelques feuillets sur lesquels il se trouvait des blancs, qui ont été remplis par une main beaucoup moins ancienne.

La pièce suivante commence au folio 52 recto, et va jusqu'au folio 58, dont elle ne prend que les quatre premières lignes. La notice, qui est à la tête du manuscrit, désigne ainsi la portion du volume où se trouve la pièce en question, et cette pièce elle-même :

« Fol. 32. Varii cantus scripti XI sæculo, inter quos quidam sunt comici et epistolæ farsitæ. »

Les cinq ou six pièces qui précèdent celle dont il s'agit, semblent n'avoir avec elle aucune liaison.

Ces pièces sont :

1.° *Versus S^c. Marie*, en langue vulgaire.

2.° *Aliut versus.*

Jerusalem mirabilis,
Urbs beatior aliis,
Quam permanens obtabilis,
Gaudentibus te angelis, etc.

3.° *Versus* (1re strophe.)

Resonemus hoc natali
Quantu quodam speciali :
Deus, ortu temporali,
De secreto virginali
Processit hodie.
Cessant argumenta perfidie ;
Magnum quidem sacramentum !
Mundi factor fit ficmentum,
Sumens carnis indumentum
Ut conferat adjumentum
Humano generi ;
Cetus inde mirantur superi.

4.° *Versus* (strophe unique).

Congaudeat Ecclesia
Pro hec sacra sollempnia,
Et gaudet cum leticia,
Leta ducat tripudia ;
Ergo gaude gaudio,
Juvenilis contio,
Ac de patris solio,
Virginis in gremio
Christo Dei filio nato,
Nova puerperio facto
Gaudeat homo (*ter*).

5.° *Versus* (1ʳᵉ strophe.)

Promat chorus hodie,
O contio !
Canticum leticie,
O concio !
Psallite, concio ;
Psallat cum tripudio.

6.° *Versus.*

Senescente mundano filio
Quem fovebat mentis oblivio,
Venit sponsus, divina ratio ;
Comes ejus est restauratio ;
Digna dignis parat hospitia ;
Apta comes replet palatia,
Aulam sponsus intrat per hostia.

Suit un second couplet sur le même mètre, après quoi vient la rubrique *Oc est de mulieribus.*

Ajoutons à ces détails que, dans notre pièce, chaque ligne de texte est accompagnée d'une ligne de musique dont nous n'avons pas cru devoir donner la traduction en notation moderne, parce que, comme nous l'a assuré le bibliothécaire du Conservatoire de musique, M. Bottée de Toulmon, il serait indispensable de la faire précéder d'une introduction qui à elle seule ferait plus d'un volume in-8. Nous nous bornerons donc à indiquer cette particularité, et nous ajouterons que nous avons supprimé presque tous les *Benedicamus* de la fin, parce qu'il ne nous est pas évident qu'ils fassent partie du mystère lui-même.

Nous terminerons en renvoyant, pour ce qui concerne les pièces antérieures au XIIIᵉ siècle, aux *Remarques envoyées d'Auxerre, sur les Spectacles que les Ecclésiastiques ou les Religieux donnoient anciennement au Public hors le temps de l'Office.* (Mercure de France, décembre 1729, p. 2981-2995); à l'*Histoire littéraire de la France*, t. VII, p. 127 ; et à l'ouvrage de M. de Roquefort, intitulé : *de l'Etat de la poésie françoise dans les XIIᵉ et XIIIᵉ siècles,* p. 257 et 258.

F. M.

LES VIERGES SAGES ET LES VIERGES FOLLES.

OC EST DE MULIERIBUS.

Ubi est Christus, meus dominus et filius excelsus ? Eamus videre sepulcrum.

[ANGELUS SEPULCRI CUSTOS*.]

Quem queritis in sepulcro, o christicole, non est hic. Surrexit sicut predixerat. Ite, nuntiate discipulis ejus quia precedet vos in Galileam. Vere surrexit Dominus de sepulcro cum gloria. Alleluia.

SPONSUS.

Adest sponsus qui est Christus :
Vigilate, virgines ;
Pro adventu ejus gaudent
Et gaudebunt homines ;
Venit enim liberare
Gentium origines,
Quas per primam sibi matrem
Subjugarunt demones.

---

* Ceci n'est pas dans le manuscrit.

CECI EST DES FEMMES.

Où est le Christ, mon seigneur et fils très-haut ? Allons voir le sépulcre.

[L'ANGE GARDIEN DU SÉPULCRE.]

Celui que vous cherchez dans le sépulcre, ô chrétiens, n'est pas ici. Il est ressuscité comme il l'avait prédit. Allez, annoncez à ses disciples qu'il vous précédera en Galilée. En vérité, le Seigneur a ressuscité du tombeau avec gloire. Alleluia.

L'ÉPOUX.

Voici l'époux qui est le Christ : veillez, vierges ; pour son arrivée, les hommes se réjouissent et se réjouiront ; car il est venu délivrer le berceau des nations, que les démons avaient réduit sous leur puissance par la faute de la première mère. C'est lui que

Hic est Adam qui secundus
Perpropheta dicitur,
Per quem scelus primi Ade
A nobis diluitur.
Hic pependit ut celesti
Patrie nos redderet
Ac de parte inimici
Liberos nos traheret.
Venit sponsus qui nostrorum
Scelerum piacula
Morte lavit, atque crucis
Sustulit patibula.

le prophète appelle le second Adam, et par qui le crime du premier Adam est détruit en nous. Il a été mis en croix pour nous rendre à notre patrie céleste et nous soustraire au pouvoir du diable. Il vient, l'époux qui, par sa mort, a expié et lavé nos péchés, et a souffert le supplice de la croix.

PRUDENTES.

Oiet, virgines, aiso que vos dirum,
Aiseet presen, que vos comandarum :
Atendet un espos, Jhesu Salvaire a nom.
  Gaire no i dormet
Aisel espos que vos hor'atendet.

LES SAGES.

Écoutez, vierges, ce que vous dirons
Ceux présens, que vous commanderons :
Attendez un époux, Jésus sauveur a nom.
  Guère n'y dormit
Cet époux que vous ores attendez.

Venit en terra per los vostres pechet :
De la Virgine en Betleem fo net,
E flum Jorda lavet et luteet.
  Gaire no i dormet
Aisel espos que vos hor'atendet.

Vint en terre pour les votres péchés :
De la Vierge en Bethléem fut né,
En fleuve du Jourdain lavé et baptisé.
  Guère n'y dormit
Cet époux que vous ores attendez,

Eu fo batut, gablet e lai deniet,
Sus e la crot batut, e clau figet :
Deu monumen deso entrepauset.
  Gaire no i dormet
Aisel espos que vos hor'atendet.

Il fut battu, moqué, et là renié,
En haut sur la croix battu, en clous fiché :
Du monument dessous reposa.
  Guère n'y dormit
Cet époux que vous ores attendez.

E resors es, l'Ascriptura o dii.
Gabriels soi, en trames aici.
Atendet lo, que ja venra praici.
  Gaire no i dormet
Aisel espos que vos hor'atendet.

Et ressuscité est, l'Ecriture le dit.
Gabriel suis, moi placé ici.
Attendez-le, vu que bientôt viendra par ici.
  Guère n'y dormit
Cet époux que vous ores attendez.

FATUE.

Hos (sic), virgines, que ad vos venimus,
Negligenter oleum fundimus ;
Ad vos orare, sorores, cupimus
Ut et illas quibus nos credimus.
Dolentas ! chaitivas ! trop i avem dormit.

LES FOLLES.

Nous, vierges, qui venons vous trouver,
nous répandons l'huile avec négligence ;
nous désirons vous prier comme des sœurs
en qui nous avons confiance entière.
Dolentes ! chétives ! trop y avons dormi.

Nos, comites hujus itineris
 Et sorores ejusdem generis,
 Quamvis male contigit miseris,
 Potestis nos reddere superis.
Dolentas ! chaitivas ! trop i avem dormit.

Nous, compagnes du même voyage et sœurs de la même famille, quoiqu'il nous soit arrivé malheur, vous pouvez nous rendre au ciel.
Dolentes ! chétives ! trop y avons dormi.

 Partimini lumen lampadibus,

Donnez de la lumière à nos lampes, ayez

Pie sitis insipientibus,
Pulse ne nos simus a foribus
Cum vos sponsus vocet in sedibus.
Dolentas! chaitivas! trop i avem dormit.

PRUDENTES.
Hos (sic) precari, precamur, amplius
Desinite, sorores, otius;
Vobis enim nil erit melius
Dare preces pro hoc ulterius.

Dolentas! etc.

Ac ite nunc, ite celeriter
Ac vendentes rogate dulciter
Ut oleum vestris lampadibus
Dent equidem vobis inertibus.

Dolentas! etc.

[FATUE*]
A, misere! nos hic quid facimus?
Vigilare numquid potuimus?
Hunc laborem que (sic) nunc perferimus
Nobis nosmed contulimus.
Dolentas! etc.

Et de (sic) nobis mercator otius
Quas habeat merces, quas sotius.
Oleum nunc querere venimus,
Negligenter quod nosme fundimus.
Dolentas! etc.

[PRUDENTES*.]
De nostr'oli queret nos a doner;
No n'auret pont, alet en achapter
Deus merchaans que lai veet ester.

Dolentas! etc.

MERCATORES.
Domnas gentils, no vos covent ester
Ni lojamen aici ademorer.
Cosel queret, nou vos poem doner;
Queret lo deu chi vos pot coseler.

[Dolentas! chaitivas! etc. *.]

Alet areir a vostras saje seros,
E preiat las per Deu lo glorios,
De oleo fasen socors a vos:
Faites o tost, que ja venra l'espos.

[Dolentas! etc*.]

---

pitié de notre inexpérience, afin que nous ne soyons pas mises à la porte quand l'époux vous appellera dans ses demeures.
Dolentes! chétives! trop y avons dormi.

LES SAGES.
Cessez, nous vous en conjurons, nos sœurs, de nous prier davantage; car il ne vous servira à rien de prier plus long-temps à ce sujet.

Dolentes! etc.

Et allez maintenant, allez vite et priez doucement les marchands qu'ils vous donnent, paresseuses, de l'huile pour vos lampes.

Dolentes! etc.

[LES FOLLES.]
Ah! malheureuses que nous sommes! que faisons-nous ici? Ne pouvions-nous veiller? Nous nous sommes attiré à nous-mêmes la peine que nous souffrons maintenant.
Dolentes! etc.

Et que le marchand nous donne au plus vite l'huile qu'il aura, lui ou son compagnon. Nous venons maintenant chercher de l'huile, parce que nous avons négligemment versé la nôtre.
Dolentes! etc.

[LES SAGES.]
De notre huile demandez à nous à donner;
N'en aurez point, allez en acheter
Des marchands que là voyez être.

Dolentes! etc.

LES MARCHANDS.
Dames gentilles, ne vous convient être
Ni longuement ici demeurer.
Conseil cherchez, n'en à vous pouvons donner;
Cherchez-le de qui vous peut conseiller.

[Dolentes! chétives! etc.]

Allez arrière à vos sages sœurs,
Et priez-les par Dieu le glorieux,
Que d'huile fassent secours à vous;
Faites cela tôt, vu que bientôt viendra l'époux.

[Dolentes! chétives! etc.]

---

* Ceci manque dans le manuscrit.

[FATUE.*]
A, misere! nos ad quid venimus?
Nil est enim illuc quod querimus.
Fatatum est, et nos videbimus...
Ad nuptias numquam intrabimus.
Dolentas! etc.

Audi, sponse, voces plangentium;
Aperire fac nobis ostium;
Cum sotiis prebe remedium.

Modo veniat sponsus.

CHRISTUS.
Amen dico,
Vos ignosco,
Nam caretis lumine;
Quod qui pergunt,
Procul pergunt
Hujus aule lumine.

Alet, chaitivas! alet, malaureas!
A tot jors mais vos so penas livreas,
En esern ora seret meneias.

Modo accipiant eas demones, et precipitentur in infernum.

Omnes gentes
Congaudentes
Dent cantum leticie.
Deus homo fit,
De domo Davit
Natus hodie.

O Judei,
Verbum Dei
Qui negatis,
Hominem vestre legis
Teste regis
Audite per ordinem;
Et vos, gentes
Non credentes
Peperisse Virginem,
Vestre gentis
Documentis
Pellite caliginem.

* Ceci n'est pas dans le manuscrit.

[LES FOLLES.]
Ah! malheureuses que nous sommes! vers qui venons-nous? En effet il n'y a rien de ce que nous cherchons. Il a été prophétisé et bientôt nous verrons... Nous n'entrerons jamais aux noces.
Dolentes! etc.

Ecoute, époux, les voix des plaignans; faisnous ouvrir la porte; avec nos compagnes, donne-nous du secours.

Maintenant que l'époux vienne.

LE CHRIST.
En vérité je vous le dis, je ne vous connais pas, car vous manquez de lumière; parce que ceux qui marchent, marchent loin par la lumière de cette cour.

Allez, chétives! allez malheureuses!
A toujours désormais vous sont peines livrées,
En enfer ores serez menées.

Tantôt que les démons les prennent et qu'elles soient précipitées dans l'enfer.

Que toutes les nations se réjouissant donnent un chant d'allégresse. Dieu devient homme, né aujourd'hui de la maison de David.

O Juifs, qui niez la parole de Dieu, écoutez l'un après l'autre un homme de votre loi, témoin du roi; et vous, gentils, qui ne croyez pas que la Vierge ait enfanté, dissipez votre erreur par ce que vous enseignent les gens de votre classe.

ISRAEL.

Israel, vir lenis, inque,
De Christo nosti firme?
   Responsum.
Dux de Juda non tollitur
Donec adsit qui notetur.
Salutare Dei Verbum
Expectabunt gentes mecum.

MOYSES.

Legislator, huc propinqua,
Et de Christo prome digna.
   Responsum.
Dabit Deus vobis vatem :
Huic, ut mihi, aurem date.
Qui non audit hunc audientem
Expellitur sua gente.

ISAIAS.

Isayas, verum qui scis,
Veritatem cur non dicis?
   Responsum.
Est necesse
Virga Jesse
De radice
Provei;
Flos deinde
Surget inde,
Qui est spiritus Dei.

JEREMIAS.

Huc accede, Jeremias;
Dic de Christo prophetias.
   Responsum.
Sic est.
Hic est
Deus noster,
Sine quo non erit alter.

DANIEL.

Daniel, indica
Voce prophetica
Facta dominica.
   Responsum.
Sanctus sanctorum veniet,
Et unctio deficiet.

[ABACUC.*]

Abacuc, Regis celestis
Nunc ostende quid sis testis.
   Responsum.
Et expectavi,
Mox expavi

---

* Ceci manque au manuscrit.

ISRAEL.

Israel, homme doux, dis, connais-tu fermement quelque chose du Christ?
   Réponse.
Le chef n'est pas enlevé à Juda jusqu'à ce qu'il y en ait un qui soit remarqué. Les nations attendront avec moi le Verbe salutaire de Dieu.

MOÏSE.

Législateur, approche ici, et parle dignement du Christ.
   Réponse.
Dieu vous donnera un prophète : prêtez-lui l'oreille comme à moi. Celui qui n'écoute pas cet auditeur est chassé de sa nation.

ISAÏE.

Ysaïe, qui sais la vérité, pourquoi ne la dis-tu pas?
   Réponse.
Il est nécessaire que la verge de Jessé s'élève de la racine ; il en sortira une fleur, qui est l'esprit de Dieu.

JÉRÉMIE.

Viens ici, Jérémie ; dis des prophéties au sujet du Christ.
   Réponse.
Il en est ainsi. Celui-ci est notre Dieu. Il n'y en aura point d'autre.

DANIEL.

Daniel, indique d'une voix prophétique les faits du Seigneur.

   Réponse.
Le Saint des saints viendra, et l'onction cessera.

[ABACUC.]

Abacuc, montre à présent quel témoin tu es du Roi céleste.
   Réponse.
Et j'ai attendu, bientôt j'ai été saisi de la frayeur des merveilles, à la vue de ton œuvre, entre les corps de deux animaux.

Metu mirabilium
Opus tuum
Inter duum
Corpus animalium.
DAVID.
Dic, tu Davit, de nepote,
Causas que sunt tibi note.
Responsum.
Universus
Grex conversus
Adorabat Dominum,
Cui futurum
Serviturum
Omne genus hominum.
 Dixit Dominus Domino meo : Sede ad dextris meis.
SIMEON.
Nunc Symeon adveniat,
Qui responsum acceperat,
Qui non aberet terminum
Donec videret Dominum.
Responsum.
Nunc me dimittas, Domine,
Finire vitam in pace,
Quia mei modo cernunt oculi
Quem misisti
Hunc mundum pro salute populi.
ELISABET.
Illud, Helisabet, in medium,
De Domino profert eloquium.
Responsum.
Quid est rei
Quod me mei
Mater eri visitat?
Nam ex eo,
Ventre meo
Letus infans palpitat.
[JOANNES BAPTISTA*.]
De (sic) Babtista,
Ventris cista clausus,
Quod dedisti causa
Christo plausus?
Cui dedisti gaudium
Profert et testimonium.
Responsum.
Venit talis
Sotularis
Cujus non sum etiam

DAVID.
Dis, ô toi, David, au sujet de ton petit-fils, les causes qui te sont connues.
Réponse.
Tout le troupeau converti adorait le Seigneur, que tout le genre humain futur devait servir. Le Seigneur a dit à mon Seigneur : asseyez-vous à ma droite.

SIMÉON.
Que maintenant Siméon vienne, auquel il avait été répondu, qu'il ne mourrait pas avant d'avoir vu le Seigneur.

Réponse.
Maintenant vous me permettez, Seigneur, de finir ma vie en paix, parce que mes yeux voient à présent celui que vous avez envoyé dans ce monde, pour le salut du peuple.

ELISABETH.
Elisabeth parle ainsi du Seigneur, au milieu.
Réponse.
Qu'est-ce, que la mère de mon maître me visite? car, à cause de lui, dans mon ventre, un enfant joyeux palpite.

[JEAN-BAPTISTE.]
Dis, Baptiste, pour quelle cause, renfermé dans le ventre (de ta mère), as-tu donné des applaudissemens au Christ? Apporte ton témoignage en faveur de celui pour qui tu as manifesté de la joie.

Réponse.
Il vient un soulier tel que je ne suis pas assez bon pour oser en délier le cordon.

---
* Ces mots ne sont pas dans le manuscrit.

Tam benignus
Ut sim ausus
Solvere corrigiam.
VIRGILIUS.
Vates Moro (*sic*) gentilium,
Dea (*sic*) Christo testimonium.
Responsum.
Ecce polo,
Demissa solo
Nova progenies est.
NABUCODONOSOR.
Age! fare os laguene
Que de Christo nosti vere.
Responsum (sic).
Nabucodonosor, prophetia,
Auctorem omnium auctoriza.
Responsum.
Cum revisi
Tres quo (*sic*) misi
Viros in incendium,
Vidi justis
Inconbustis
Mixtum Dei filium.
Viros tres in ignem misi,
Quartum cerna (*sic*) prolem Dei.
SIBILLA.
Vere pande jam, Sibilla,
Que de Christo precis signa.
Responsum.
Juditii signum,
Tellus sudore madescet.
E celo rex adveniet,
Per secla futurus scilicet,
In carne presens, ut judicet orbem.
Judea incredula,
Cur manens (*sic*) adhuc inverecunda?
Incohant benedicamus.
Letabundi jubilemus;
Accurate, celebremus
Chisti natalitia
Summa letitia.
Cum gratia produxit gratanter;
Mentibus fidelibus inluxit*, etc.

---

* Jusqu'au folio 62 inclusivement se trouvent d'autres hymnes, sous la rubrique de *Benedicamus.*

VIRGILE.
Virgile, prophète des gentils, donne témoignage au Christ.
Réponse.
Voici qu'au pôle, une nouvelle race est descendue sur la terre.
NABUCHODONOSOR.
Courage! dis, la bouche à la bouteille, ce que tu sais vraiment du Christ.
Réponse.
Nabuchodonosor, par une prophétie, autorise l'auteur de toutes choses.
Réponse.
Lorsque je revis les trois hommes que j'envoyai au feu, je vis le fils de Dieu mêlé aux justes épargnés par les flammes. J'envoyai trois hommes au feu, je regarde le quatrième comme la progéniture de Dieu.
SIBYLLE.
Dis en vérité, Sibylle, ce que tu présages du Christ.
Réponse.
Signe du jugement, la terre se mouillera de sueur. Du ciel un roi viendra, c'est à savoir dans les siècles futurs. Présent en chair, il jugera le monde. Judée incrédule, pourquoi restes-tu encore sans crainte?

Ici commencent les benedicamus.
Pleins d'allégresse, réjouissons-nous; accourez; célébrons la naissance du Christ avec la plus grande joie. Il est venu avec la grâce et a brillé aux ames fidèles, etc.

LA
RÉSURRECTION DU SAUVEUR.

FRAGMENT DE MYSTÈRE.

NOTICE.

Le fragment de mystère que nous allons donner, a été publié, pour la première fois, par M. Achille Jubinal*, qui l'a fait précéder d'un avis, dont nous extrairons les passages suivans : .... « Nous n'essaierons même pas de résoudre plusieurs questions qu'on se posera naturellement à la lecture de notre fragment ; à savoir, par exemple, si l'espèce de prologue ou plutôt la description de mise en scène, dont il offre le seul modèle [aussi ancien] connu jusqu'à présent, était chose destinée à être *récitée* avant la représentation, ou si elle n'a été ajoutée à l'œuvre dramatique que lors de sa transcription, etc., etc.

« ... Toutefois, pour faciliter la compréhension de quelques vers dont il s'agit, nous prenons la liberté de rappeler l'arrangement scénique du théâtre chez nos aïeux. — D'ordinaire, lorsqu'il s'agissait de représenter un mystère, on élevait un échafaud divisé en trois parties : le ciel, l'enfer, et le monde au milieu. Les acteurs remplissaient alternativement, dans chacune d'elles, les fonctions qui leur étaient réservées ; cette disposition est même la seule manière d'expliquer la marche de nos premières pièces.

« Je dirai aussi que le fragment qu'on va lire est tiré du MS. 7268. 3. 3. A, de la Bibliothèque du Roi, qui a pour titre au dos et au catalogue : — *Bible*. M. Paulin Paris a le premier signalé l'existence de ce monument précieux dû à l'enfance de notre théâtre.

« Je ne finirai point sans dire un mot de l'âge du manuscrit, et par conséquent de celui de la pièce elle-même. Au premier coup d'œil, plusieurs caractères assez positifs avaient induit M. Paris à penser que notre mystère remontait au commencement du XIIe siècle, mais une inspection plus approfondie, ainsi que la découverte dans le

---

* *La Résurrection du Sauveur, fragment d'un mystère inédit, publié pour la première fois, avec une traduction en regard,* par Achille Jubinal, *d'après le Manuscrit unique de la Bibliothèque du Roi.* Paris, chez Techener, place du Louvre, n° 12 ; Silvestre, rue des Bons-Enfans, n° 30 ; 1834, in-8°, de 35 pages, plus le titre, derrière lequel on lit la mention suivante :

Cette pièce n'a été tirée qu'à un très petit nombre d'exemplaires, dont DIX *sur papier de Hollande,* DIX *sur papier de Chine, et* DIX *sur papier de couleur.*

volume en question de la *Passion de Hugo de Lincoln**, amenèrent cet érudit à fixer l'époque de l'écriture au siècle suivant. Il n'en sera pas moins loisible au lecteur de supposer que la composition poétique qui a dû précéder la transcription, appartient à la seconde moitié du xii° siècle. Quant à la traduction que nous avons mise en regard, nous l'avons faite aussi littérale que possible, dans l'espérance qu'elle suppléerait aux notes que nous avions l'habitude de placer à la fin de nos livraisons. »

Nous terminerons nous-même en remerciant M. Jubinal de l'empressement qu'il a mis à nous autoriser à réimprimer le texte du fragment en question, et la traduction dont il l'a accompagné. Nous y avons fait les changemens qu'elle nous a paru exiger; quant au texte, nous avons cru devoir le collationner de nouveau sur le manuscrit, et le ponctuer selon le système que nous avons suivi jusqu'ici dans nos publications.   F. M.

---

* Nous avons publié cette ballade dans le dixième volume des *Mémoires et dissertations sur les Antiquités nationales et étrangères, publiés par la Société royale des antiquaires de France*, p. 158-392, et avec des préliminaires plus étendus et des appendices, en un volume in-8°, intitulé : *Hugues de Lincoln, Recueil de Ballades anglo-normande et écossoises relatives au meurtre de cet enfant, commis par les Juifs en* mcclv. Paris, Silvestre. Londres, chez Pickering, mdcccxxxiv, in-8°. Nous avons tout lieu de croire que M. Achille Jubinal s'est trompé et qu'il a attribué à M. Paulin Paris une découverte faite ayant lui. Si nous faisons cette remarque, c'est uniquement dans le but de rétablir la vérité et nullement pour nous prévaloir d'un aussi faible avantage.

LA RÉSURRECTION DU SAUVEUR.

En ceste manère recitom
La seinte resureccion.
Primèrement apareillons
Tus les lius e les mansions :
Le crucifix primèrement,
E puis après le monument.
Une jaiole i deit aver
Pur les prisons enprisoner.
Enfer seit mis de cele part,
És mansions de l'altre part,
E puis le ciel; e as estals,
Primes Pilate od ces vassals ;
Sis u set chivaliers aura.
Cayphas en l'altre serra ;
Od lui seit la juerie,
Puis Joseph d'Arimachie.
El quart liu seit danz Nichodemus.
Chescons i ad od sei les soens.
El quint les deciples Crist.
Les treis Maries saient el sist.
Si seit purvéu que l'om face
Galilée en mi la place ;
Jemaüs uncore i seit fait,
U Jhesu-Crist fut al hostel trait ;
E cum la gent est tute asise

Récitons de cette manière la sainte résurrection. D'abord, disposons les lieux et les demeures, à savoir: premièrement le crucifix, et puis après le tombeau. Il devra aussi y avoir une geôle pour enfermer les prisonniers. L'enfer sera mis d'un côté et les maisons de l'autre, puis le ciel; et sur les gradins, avant tout, Pilate avec ses vassaux; il aura six ou sept chevaliers. Caïphe sera de l'autre côté, et avec lui la juiverie (la nation juive), puis Joseph d'Arimathie. Au quatrième lieu, on verra don Nicodème; chacun aura les siens avec soi. Cinquièmement, les disciples seront là; sixièmement, les trois Maries. On aura également soin de représenter la ville de Galilée, au milieu de la place. On fera aussi celle d'Emmaüs, où Jésus-Christ reçut l'hospitalité; et une fois tout le monde assis, quand le silence régnera de tous côtés, don Joseph d'Arimathie viendra à Pilate, et lui dira :

E la pés de tutez parz mise,
Dan Joseph cil de Arimachie
Venge à Pilate, si lui die :
JOSEPH.
Deus, qui des mains le rei Phraon
Salva Moysen e Aaaron,
I sault Pilate le mien seignur,
E dignetez lui doinst e honur !
PILATUS.
Hercules, qui occist le dragon
E destruist le viel Gerion,
Doinst à celui ben e honur
Qui saluz me dit par amur !
JOSEPH.
Sire Pilate, bénéit seies-tu !
S'aït te Deus par sa grant vertu !
Deus par la sue poissance
Te doinst vers mei bone voillance !
Ceo me doinst Deus omnipotent,
Que oïr me voilles bonèment !
PILATUS.
Dan Joseph, ben seiez-tu venuz !
Ben deiz estre de mei receuz.
Ben es de mei sanz dotance :
Si cel en quides, ceo est enfance.
Sachez ben e verraiment
Que jeo te orrai mult dulcement.
JOSEPH.
Beal sire, ne vous en peist mie
Si jo vus di del fiz Marie,
De celui qui là est pendu ;
Sachez très ben que prodom fu,
Mult par fu bien de Dampne Deu :
Ore l'avez mort vous e li Jueu ;
Si vus devez grantment duter
Que vus ne venge grant encombrer.
PILATUS.
Dan Joseph de Arimachie,
Ne leirrai que ne l' te die,
Li Jeu, par lur grant envie,
Enpristrent grant félonie.
Jo l' consenti par veisdie
Que ne perdisse ma baillie.
Encusé m'eussent en Romanie :
Tost en purraie perdre la vie.
JOSEPH.
Si tu veis que tu as mesfait,
Cri-lui merci ; si fras bon plait.
Nul ne lui crie qui ne l'ait,
Nis icels qui à mort l'ont trait ;

JOSEPH.
Que Dieu, qui sauva Moïse et Aaron des mains du roi Pharaon, sauve Pilate, mon seigneur, et lui accorde des honneurs et des dignités !
PILATE.
Qu'Hercule, qui tua le dragon et détruisit le vieux Gérion, donne biens et honneur à celui qui me salue ainsi par attachement !
JOSEPH.
Sire Pilate, béni sois-tu ! Que Dieu t'aide par sa grande vertu ; que par sa puissance il t'inspire de bonnes dispositions envers moi ! Que Dieu tout-puissant m'accorde la grâce d'être écouté de toi favorablement !
PILATE.
Don Joseph, sois le bien-venu. Tu dois être bien reçu de moi ; tu n'as pas lieu de douter de mon accueil ; si tu penses autrement, c'est un enfantillage ; sache bien et dûment que je t'écouterai avec beaucoup de douceur.
JOSEPH.
Beau sire, ne vous fâchez point si je vous parle du fils de Marie, de celui qui est là pendu. Sachez très bien qu'il fut prud'homme, il fut très bien auprès de dame Dieu (*Domini Dei*) ; vous et les Juifs, vous l'avez tantôt mis à mort ; vous devez donc grandement craindre qu'il ne vous en vienne grand malheur.
PILATE.
Don Joseph d'Arimathie, je ne laisserai pas que de te le dire, les Juifs, par leur grande haine, ont été coupables d'un grand crime ; j'y ai consenti de peur de perdre mon gouvernement ; car ils m'eussent accusé à Rome, et j'en perdrais bientôt la vie.
JOSEPH.
Si tu reconnais ton méfait, crie merci à Jésus ; tu feras un bon plaidoyer. Nul ne lui crie miséricorde sans l'obtenir, même ceux qui l'ont traîné à la mort ; mais je suis

Mès pur cel venus i sui :
Donez-mei sul le cors de lui ;
Tant vus requer, grantez-le-mei :
Si en frai ceo que faire dei.
PILATUS.
Beals amiz, qu'en volez faire ?
Quidez-vous le à vie traire ?
Il ad éu mult grant angoisse ;
Quidez-vus qu'il vivre poisse ?
JOSEPH.
Certes, bel sire Pilate, nenil
(Nepurquant tut relevra-il) ;
Mès por nostre custume tenir,
Pur amur Deu le veil enseveler.
PILATUS.
Est-il dunc transi de vie ?
JOSEPH.
Oil, bel sire, n'en dotez mie.
PILATUS.
Ceo saverum jà par nos serganz.
JOSEPH.
Apelez-les ; véez en là tanz.
PILATUS.
Levez, serganz, hastivement ;
Alez tost là ù celui pent :
Alez à cel crucified,
Saver u non s'il est devié.
— Dunt s'en alèrent dous des serganz,
Lances od sei en main portanz ;
Si unt dit à Longin le ciu
Que unt trové séant en un liu :—
UNUS MILITUM.
Longin frère, veus-tu guainner ?
LONGINUS.
Oil, bel sire, n'en dotez mie.
MILES.
Vien, si auras duzein dener
Pur le costé celui perecer.
LONGINUS.
Mult volenters od vus vendrai,
Car del gainner grant mester ai :
Povres sui, despense me faut ;
Asez demand, mès poi ne (sic) vaut.

— Quant il vendrent devant la croiz,
Une lance li mistrent ès poinz.—
UNUS MILITUM.
Pren ceste lance en ta main :
Bute ben amont e nent en vaim,
Lessez culer desqu'al pulmon ;

venu ici pour autre chose : donnez-moi seulement son corps ; je vous en supplie, accordez-le-moi : j'en ferai ce que j'en dois faire.
PILATE.
Bel ami, qu'en voulez-vous faire ? Pensez-vous le rendre à la vie ? Il a éprouvé de bien fortes angoisses ; croyez-vous qu'il puisse revivre ?
JOSEPH.
Certes, beau sire Pilate, je n'en crois rien (cependant il ressuscitera tout entier) ; mais afin de me conformer à notre usage, je veux l'ensevelir par amour de Dieu.
PILATE.
Est-il donc tout-à-fait sans vie ?
JOSEPH.
Oui, beau sire ; n'en doutez pas.
PILATE.
Nous saurons cela par nos sergens.
JOSEPH.
Appelez-les ; voyez-en là tant.
PILATE.
Sergens, levez-vous promptement. Allez tôt où pend le condamné ; allez savoir si ce crucifié vit encore ou non.

— Alors deux des sergens s'en allèrent, portant avec eux des lances à la main. Ayant rencontré Longin l'aveugle, ils lui dirent :—
UN DES SOLDATS.
Longin, frère, veux-tu gagner (de l'argent) ?
LONGIN.
Certainement, beau sire, n'en doutez pas.
LE SOLDAT.
Viens, en ce cas ; tu auras douze deniers pour percer le côté de ce crucifié.
LONGIN.
J'irai très volontiers avec vous, car j'ai grand besoin de gagner (de l'argent) : je suis pauvre, je n'ai pas de quoi dépenser ; je demande assez cependant, mais cela ne me réussit pas.

— Quand ils vinrent devant la croix, ils lui mirent une lance au poing. —
UN DES SOLDATS.
Prends cette lance en ta main : frappe bien dans le corps, et ne l'y fais pas entrer en vain. Laisse-la couler jusqu'au poumon.

Si saverum s'il est mort u non.
— Il prist la lance; ci l' feri
Al quer, dunt sanc e ewe en issi.
Si li est as mainz avalé,
Dunt il ad face muillée;
Et quant à ces oils le mist,
Dunt vit an eire e puis si dit : —

LONGINUS.
Ohi! Jesus! ohi, bel sire!
Ore ne [sai] suz ciel que dire;
Mès mult par es tu bon mire,
Quant en merci turnes ta ire.
Vers tei ai la mort deservi,
E tu m'as fait si grant merci,
Que ore vei del oils que ainz ne vi :
A vus me rend, merci vus cri.
— Dunt se culcha en affliccions,
E dit tut suef uns oreisons.
Les chivalers s'en vunt arere;
Si unt dit en ceste manère : —

UNUS MILITUM.
Bel sire prince, sachez de fi,
Jhésu-Crist est de vie transi.
Un grant miracle i avum véu.
Bel compainnon, dun ne l' veis-tu?

ALTER EX MILITIBUS.
Amdui deu le véimes-nus.

PILATUS.
Taise-us, bricons; ne dîtez plus.
— Vers dan Joseph dunc se turna ;
Ne lui fu bel qu'isi parla : —

PILATUS.
Dan Joseph, mult m'avez servi;
Prenez le cors, jo l' vus otri.

JOSEPH.
Sire, la vostre grant merci !
Mult m'est bel, si unc vus servi.
— Quant Joseph out pris le congé,
E vers Nichodem fut alé,
Pilate ad as sergans parlé.
Dist al un qu'il ad apelé : —

PILATUS.
Diva, vaissal! Trai tai en sa.
Quel miracle veis-tu de là?
Di tost comment te fut aviz
De ceo dunt ainz teiser te fiz.

MILES.
Longins li ciu, quant out nafré
Cel pendu de lance el costé,
Prist del sanc, à sez oils le mist :

Ainsi nous saurons s'il est mort ou non.
— Longin prit la lance, et frappa Jésus au cœur. Il en sortit du sang et de l'eau qui lui coulèrent sur les mains, et lui mouillèrent la face ; et quand il porta les doigts à ses yeux, il vit sur-le-champ, et puis il dit : —

LONGIN.
Ah! Jésus! ah! beau sire! En vérité, je ne sais comment m'exprimer ; mais tu es un très-bon médecin, quand tu changes ta colère en miséricorde. J'ai mérité la mort envers toi, et tu m'accordes un aussi grand bienfait que celui de me rendre les yeux dont j'étais privé avant. Ah! je me convertis à vous, je vous crie merci.
— Là-dessus il s'agenouilla en pleurant, et dit tout doucement une oraison. Les chevaliers retournèrent vers Pilate, et lui parlèrent de la sorte : —

UN DES SOLDATS.
Beau sire prince, soyez certain que Jésus est mort; nous l'avons vu faire un grand miracle. Beau compagnon, ne le vis-tu?

UN AUTRE SOLDAT.
Nous le vîmes tous deux.

PILATE.
Silence, sots ; taisez-vous.
— Pilate se tourna alors vers don Joseph, et le combla de joie en lui parlant ainsi : —

PILATE.
Don Joseph, vous m'avez bien servi ; prenez le corps de Jésus, je vous l'accorde.

JOSEPH.
Sire, grand merci ! C'est une douce récompense de mes services.
— Quand Joseph se fut retiré, et qu'il fut allé vers Nicodème, Pilate parla aux sergens. Il dit à l'un d'eux, qu'il appela : —

PILATE.
Holà, vassal ; avance ici. Quel miracle vis-tu là-bas? Dis-moi promptement comment tu avisas ce sur quoi je t'ai ordonné le silence tout à l'heure.

LE SOLDAT.
Quand Longin l'aveugle eut frappé de sa lance le côté de ce pendu, il prit du sang et le mit à ses yeux : ce fut tant mieux pour lui,

A bon' hure à son os le fist,
Car ainz fut cius e ore veit*.
N'est pas merveille c'il en lui creit.

PILATUS.

Tais, vassal! Jà nul ne l' die.
Fantosme est; ne l' créez mie.
Ore comand que Longin seit pris,
E ignelepas en chartre mis.
Alez tost, metez-le en prison,
Que ne voist prêchant tel sermon.
— Du[n]t alèrent tost à Longin,
Là ù il jut le chef enclin.—

MILES.

Çà, frère, çà! en chartre irras;
Malveil hostel huimès auras.
N'est pas veir que tu veis rien;
Mençunge est, nous le sàvum ben:
Pur ceu que creiz en un pendu
Si diz que tels oils t'ad rendu.

LONGINUS.

Mes oils m'as rendu vereiment,
E en li crei parfitement:
En lui crei-jo; n'i ad nent el,
Car il est sire e reis del ciel.

ALTER MILES.

Ainz mesparlastes e ore piz;
Pur ceo serez en prison mis.
Venez avant; tut i irrez.

car avant il était aveugle, et dès ce moment il voit. Il n'y a rien d'étonnant qu'il croie en lui.

PILATE.

Paix, vassal! Que nul ne dise cela à personne; c'est une erreur, n'en croyez rien. J'ordonne que l'on s'empare de Longin, et qu'on le détienne de ce pas. Allez vite, mettez-le en prison, qu'il n'aille pas prêcher un tel sermon.
— Ils s'en allèrent donc à Longin, là où il fut, tête baissée. —

UN SOLDAT.

Hé, camarade, hé! tu vas venir en prison; nous allons te donner un mauvais logement aujourd'hui. Il n'est pas vrai que tu vis quelque chose. C'est un mensonge, nous le savons bien: parce que tu crois en un pendu, tu dis qu'il t'a rendu tes yeux.

LONGIN.

Il m'a rendu les yeux, je vous le jure, et j'ai pleine foi en lui. Oui, je crois en lui; il n'y a rien autre chose en cela, car il est seigneur et roi du ciel.

UN AUTRE SOLDAT.

Vous avez tenu tout à l'heure de mauvais discours; maintenant c'est pis encore; pour cela vous serez mis en prison. Venez avant; tôt vous y irez.

---

* Voyez sur cette tradition, qui était populaire dans le moyen-âge, le *Roman de la Violette*, édition de M. Francisque Michel. Paris, Silvestre, 1834, in-8°, p. 247, en note; et le *Roman de Guillaume d'Orange*, Ms. 6985, folio 168, verso, col. 2, v. 25. L'on peut y ajouter ce qui suit :
Le manuscrit n° 175 du Gonville and Caius College, à Cambridge, contient des *matinmasses* sur la passion de Jésus-Christ, dans l'une desquelles on lit la légende de Longin de cette manière :

Horá noná divus JHS exspiravit.

At noon thyriede hys syde,
Longeus, a blynde knyzt
He wypyd hys eyen with the blood,
There with he hadde hys syzt.
The erthe qwook, the stones schoke,
The sunne losie here lyzt;
Dede men resen out off here graue,
That was Goddys myzt,
With an O, and an I, that on the roode vs bouzte,
For men that were in helle for synne, IHC out hem brouzt.

Dans la *Vision of Piers Plowman* (passus 18), édition de Crowley, p. 88, a, l'on trouve le récit suivant du même fait :

And ther came forth a knygh

With a kene spere ground,
Hight Longis as the letter telith,
And long had lost his sight :
Before Pilate and other people
In the place he houed.
Maugre his many teeth
He was made that time
To take his spere in his hande,
And iusten with Jesus;
For al they wer vnhardi
That houed on horse or stode,
To touch or to taste him,
Or taken downe of rode;
But thys blynde bachyler
Bare hym through the hert,
The blud sprang doun by the spere
And vnsparryd hys eine.

Voyez, sur l'origine et la véritable signification du nom de ce Longin, l'*Apologie pour Hérodote* de Henri Estienne, chap. XXIX et XXXV.
Voyez aussi *Recherches historiques sur la personne de Jésus-Christ*, etc., par un ancien bibliothécaire (M. G. Peignot). Dijon, Victor Lagier, M. DCCC. XXIX, p 72, 73, note 3.

F. M.

LONGINUS.
De ceo sui jo joius e lez.
— Quant il vindrent al gaiole,
Si lui distrent ceste parole : —
MILES.
Entre laenz; jà ne istras
Que ne perdes quanque tu as,
Les membres e la vie,
Si ne reneies le fiz Marie.
LONGINUS.
Li fiz Marie est reis e sire,
Ben le crei e ben le voil dire :
A lui comand la meie vie;
Ne me chaut que nul de vus die.
— Entre ces feiz Joseph li pruz
A Nichodem estoit venuz. —
JOSEPH.
Dan Nichodem, venez od mei;
Alum despendere nostre rei.
Ne l' refusum; tut seit-il mort,
Uncore nus fra-il grant confort.
Tanailles e martel portez
Dunt li clou serunt derivez.
Quiqunques l'aurat fait honur,
Il lui rendra, séez aseur.
Pur ceo, bels amis, car alom;
Tant d'onor, si vals, le façom
Que son cors honurablement
Façom poser en monument.
NICHODEMUS.
Sire Joseph, jo l'ai ben véu,
Que li sire que là est pendu
Voir prophete e sainz hom fu,
Plain de Deu e de grant vertu.
Il le me fist ben entendre,
Quant vins à lui pur aprendre;
Nepurquant ne l'os enprendre
Od vus aler lui despendre,
E si'n ai jo coveitise
De lui faire grant servise;
Mès jo crem tant la justise,
Ne l'os faire en nul guise;
Mès jo od vus à Pilate irrai,
De sa buche meimes l'orrai,
Plus seurement idunt le frai.
JOSEPH.
Ore venez; jo vus i merrai.
— A Pilate en vunt ambesdouz,
E dui vassals ensemble od eus,
Dunt li un portat l'ustillement,

LONGIN.
Soit ! cela me réjouit et me comble d'aise.
— Quand ils furent arrivés à la geôle, ils lui parlèrent ainsi : —
UN SOLDAT.
Entre là-dedans; tu n'en sortiras que pour perdre tout ce que tu as, c'est-à-dire les membres et la vie, à moins que tu ne renies le fils de Marie.
LONGIN.
Le fils de Marie est roi et seigneur, je le crois et je le veux dire : je lui recommande ma vie, et je prends peu de souci de ce que vous me dites.
— Durant cela, Joseph le prud'homme s'était rendu près de Nicodème. —
JOSEPH.
Don Nicodème, venez avec moi. Allons dépendre notre Seigneur; ne lui refusons pas ce service. Quand il serait mort tout entier, il ne nous en secourra pas moins. Prenez des tenailles et un marteau pour arracher les clous. Quiconque aura honoré Jésus, Jésus le lui rendra, soyez-en sûr; c'est pourquoi, bel ami, dépêchons. Faisons-lui, si tu veux, tant d'honneur, que nous fassions poser son corps honorablement dans un tombeau.
NICODÈME.
Sire Joseph, j'ai bien vu que le seigneur qui est là pendu était vraiment un prophète et un saint homme, rempli de Dieu et très-vertueux. Il me le fit bien connaître quand je vins à lui pour m'instruire; et cependant, je n'ose me risquer à aller le dépendre avec vous, malgré le désir que j'ai de lui rendre service. Mais je crains tant la justice, que je n'ose le faire en aucune façon; je préfère aller avec vous trouver Pilate, j'entendrai la permission de sa bouche, et alors j'agirai plus sûrement.

JOSEPH.
Hé bien, venez; je vous mènerai à lui.
— Tous deux s'en vont donc à Pilate, accompagnés de deux valets portant, l'un des outils, l'autre la boîte qui renferme les parfums pour l'embaumement. —

L'altre la buiste od l'oingnement.—
JOSEPH.
Sire, me covent un compaignon ;
Ne l' puis aver si par vus non.
Ditez cestui qu'il ait fiance
D'aler od mei sanz dotance.
PILATUS.
Alez (*sic*) i poez, bels amis ;
Ne vous serrad de ren le pis.
Hardiement alez avant ;
Jo vus serai partut garant.
—Quant il vindrent devant la cruis,
Joseph criat od halte voiz :—
JOSEPH.
Ohi, Jhésu le fiz Marie,
Seinte virgine dulce e pie,
Tant fist Judas grant félonie,
Et à son os grant folie,
Quant te vendi par envie
A cels qui ne t'aim[ei]ent mie !
NICHODEMUS.
L'alme de lui en est périe,
Quant sei-mesme toli la vie.
Mult par poaient estre dolenz
Chaistif Jueu, li men parenz ;
Plus sunt malurez qu'altres genz :
Ceo est si veir que tu n'i menz.
—Nichodem[us] ses ustilz prist,
E dan Joseph issi lui dist :—
JOSEPH.
Alez as piez primèrement.
NICHODEMUS.
Volenters, sire, e dulcement.
JOSEPH.
Montés as mains ; ostez les clous.
NICHODEMUS.
Sire, mult volenters, ambesdouz.
—Quant Nichodem l'out fait issi,
Dist à Joseph, qui le cors saisi :—
NICHODEMUS.
Suef le prenez entre vos braz.
JOSEPH.
Sachef (*sic*) treis ben que jo si faz.
—Dunt mistrent bel le cors aval,
E Joseph dit à son vaissal :—
JOSEPH.
Baillez-mei çà tel uinnement :
Si en oindrum cest cors présent.
—Tant cum l'oinnem[en]t lui baut,
Nichodem[us] dit tut en haut :—

JOSEPH.
Sire, j'ai besoin d'un compagnon, et je ne puis en avoir un sinon par vous. Dites à celui-ci qu'il se rassure, et vienne avec moi sans crainte.
PILATE.
Vous pouvez y aller, bel ami. Il ne vous arrivera rien de fâcheux. Allez avec hardiesse en avant ; je serai partout votre garant.
— Quand ils vinrent devant la croix, Joseph cria à haute voix : —
JOSEPH.
Ah ! Jésus, fils de Marie, vierge sainte et miséricordieuse, Judas a fait une grande trahison et une grande folie lorsqu'il te vendit par avarice à ceux qui ne t'aimaient point !
NICODÈME.
Son ame en est périe, puisqu'il s'est ôté lui-même l'existence. Les Juifs aussi, ces malheureux qui sont mes parens, peuvent déplorer leur conduite. Ils sont plus à plaindre que d'autres ; cela est aussi vrai que ce que tu dis n'est pas un mensonge.
—Nicodème prit ses outils, et Joseph lui parla ainsi : —
JOSEPH.
Allez aux pieds d'abord.
NICODÈME.
Volontiers, sire, et doucement.
JOSEPH.
Montez aux mains ; ôtez les clous.
NICODÈME.
Sire, je les ôterai volontiers tous les deux.
— Quand Nicodème l'eut exécuté, il dit à Joseph, qui a saisi le corps : —
NICODÈME.
Prenez-le doucement entre vos bras.
JOSEPH.
Apprenez que c'est ce que je fais.
— Ils descendirent alors le corps avec précaution, et Joseph dit à son vassal : —
JOSEPH.
Donnez-moi maintenant l'onguent : nous en oindrons tout ce corps.
—Pendant qu'on lui donne l'onguent, Nicodème dit tout haut :

NICHODEMUS.

Ahi! Déus omnipotent!
Ciel e terre, e ewe e vent,
Trestuz comanablement,
Sunt al ton comandement,
E tutes choses ensement,
Fors sul en terre male gent,
Qui unt cestui mis à turment,
Livrez à mort senz jugement.
Uncore i aurat vengement,
Mès tu es sire mult pacient.
Dune-nus faire dignement
A cest seint cors enter[e]ment.
— Quant le cors enoint aveient,
Sur la bère il le meteient. —

NICHODEMUS.

Sire Joseph, vus estes einznez :
Alez al chef, jo vois al piez ;
Si alum tost ensevelir.
Avez véu ù il pout gisir?

JOSEPH.

Jo ai un monument mult bel ;
De pére est fait trestut novel.
Ore i alum à dreit hure ;
Là enz aura sépulture.
— Quant il fut enterrez e la pére mise,
Caïphas, qui est levez, dit en ceste guise :—

CAÏPHAS.

Sire Pilate, oez mon conseil ;
Jo ai grant tort si jo l' vus ceil :
Li fel Jhésu-Crist, icel trichère
Qui là fu pendu come lère,
Iceo diseit en son vivant,
(Si sunt li plusur mescréant)
Qu'il al terz jur releverat (sic);
Mès mult par est fol qui ceo creit.
Le sépulture faimes guarder
Que ne l' vengent li soen embler ;
Car il le irreient partut prêchant,
E par le païs dénonciant,
Qu'il ert de mort resurs e vifs.
Si ferat mescreire les chaistifs.
S'il issi est, se sera piz.

PILATUS.

Vus ditez veir, ceo m'est avis.
— Un des serganz dunc s'esdreça,
E à Pilatus issi parla :—

QUIDAM MILES.

Si l'om me volt doner la cure,
Jeo garderai le sépulture,

NICODÈME.

Ah! Dieu tout-puissant! Le ciel et la terre, l'eau et le vent, tous vous obéissent ; il en est ainsi de toutes les autres choses, excepté seulement en ce monde les mauvaises gens qui ont traîné Jésus au supplice, et l'ont mis à mort sans jugement. Un jour la vengeance viendra ; mais tu es un seigneur très patient. Accorde-nous la grâce d'inhumer dignement ce saint corps.

— Quand ils eurent oint le corps, ils le mirent sur la bière. —

NICODÈME.

Sire Joseph, vous êtes l'aîné : allez à la tête, je vais aux pieds ; allons promptement ensevelir Jésus. Avez-vous vu où nous pouvons l'inhumer?

JOSEPH.

J'ai un très beau sépulcre de pierre tout neuf ; allons-y sur-le-champ. Nous l'ensevelirons là.

— Quand il fut enterré et la pierre mise, Caïphe, qui est levé, parle de la sorte :—

CAÏPHE.

Sire Pilate, écoutez mon avis, j'aurais grand tort si je vous le celais. Le traître Jésus, ce trompeur qui fut pendu là comme un larron, avait l'audace de dire en son vivant (ce que plusieurs ont cru à tort) qu'il ressusciterait le troisième jour ; mais celui-là est bien fou qui ajoute foi à cela. Faites garder aujourd'hui la sépulture, afin que les siens ne viennent pas enlever son corps ; car ils iraient prêcher en tous lieux et crier par tout le pays qu'il est vivant et ressuscité, Ce qui induirait les faibles en erreur. S'il en est ainsi, ce sera pis encore.

PILATE.

Vous avez raison, ce me semble.
— Là-dessus, un des sergens se leva, et parla ainsi à Pilate :—

UN CERTAIN SOLDAT.

Si l'on veut m'en donner le soin, je garderai la sépulture, et s'il arrive par hasard,

E si ceo par aventure
Que nul ne venge à icel hure
De ces amis que embler le voille,
Jà ne turnerat qu'il ne se doille:
N'averat membre que ne li toille,
Jà ne quer que prestre me soille.
— Treis des altres dunc levèrent,
E al primer si parlèrent: —

ALTER QUIDAM MILES.

Bel compain, od vus en irrum,
E le sépulcre garderum.
Nul n'i vendra qui ne prengum,
N'il ne levera que ne l' sachom.

TERCIUS.

Aloms-i tost hardiement,
Si gardum ben le monument.
Si nul venge por lui embler,
Nus le ferum grant pour aver.

QUARTUS.

Pur la fei qui dei Pilate,
Si nul venge faire barate,
Tels quinze cols li paiera
Que del primer l'esturnera.

PILATUS.

Ceo que jurez, tendrez en fei?
Que si nuls hom seit si hardi
Que puis le vespre venge ici
Espiguçer e aguaiter
Si le cors vus poissez embler,
Tut die-il que por ceo le face,
Ceo jurrez en ceste place,
Que qu'il seit, petit u grant,
(E il n'en ait des princes guarant)
Tut parmi le guié le prendrez.
Quant ert pris, à nus le merrez.
Ceo jurez léalement à tenir?
U est le rolle? faitez-le venir.
— Est-vus un prestre qui out à non Levi,
Si out escrite la lei de Moÿsi. —

LEVI.

Veez ici la lei que Moises fist,
Si cum Deus meimes à li la dist.
Les dis commandemenz i at;
Qui parjuret ert jà le tairat.

CAÏPHAS.

Ore jurez tuz sur cest escrist
De tenir quanque vus ai dist.

UNUS MILITUM.

Par la lei que ci est présent,

pendant que j'y serai, qu'un de ses amis vienne pour l'enlever, il ne retournera pas sans se plaindre; car il n'y aura pas de membre que je ne lui retranche; je ne m'inquiète d'avoir l'absolution d'un prêtre.

— Trois des autres soldats se levèrent, et parlèrent ainsi au premier: —

UN AUTRE SOLDAT.

Beau compagnon, nous nous en irons avec vous, et nous garderons le sépulcre. Nul n'y viendra que nous ne le prenions, nul ne l'enlèvera que nous ne le sachions.

UN TROISIÈME.

Allons-y tout de suite hardiment, et gardons bien le tombeau. Si quelqu'un vient pour l'enlever, nous lui ferons avoir grand'-peur.

UN QUATRIÈME.

Par la foi que je dois à Pilate, si quelqu'un vient pour faire une supercherie, je lui donnerai une telle quinzaine de coups, que du premier je l'assommerai.

PILATE.

Ce que vous jurez, l'exécuterez-vous fidèlement? Si un homme est assez hardi pour venir ici après le soleil couché, épier et guetter s'il peut vous enlever le corps, et qu'il avoue être venu pour cela, jurez-moi ici que, quel qu'il soit, petit ou grand (et qu'il n'en soit pas garanti par les princes), vous le prendrez au milieu de vous. Quand il sera pris, vous nous l'amènerez. Jurez-vous de tenir loyalement cette promesse? Où est le livre? qu'on l'apporte.

— Voici un prêtre appelé Lévi; il avait écrit la loi de Moïse. —

LÉVI.

Voici la loi qu'écrivit Moïse, telle que Dieu même la lui dicta. Elle comprend les dix commandemens. Que celui qui veut se parjurer garde le silence.

CAÏPHE.

Maintenant jurez tous sur cet écrit de tenir tout ce que je vous ai dit.

UN DES SOLDATS.

Par la loi que vous voyez là, si quelqu'un

Si nuls i venge celéement,
Jeo m'entremettrai de lui prendre,
A men païr, e à vus rendre.
ALTER.
Par la grant vertu de ceste lei,
Ceo que cist dit tendrai en fei.
TERCIUS.
Jeo tendrai, si Deu pleist,
Par la seinte lei que ici est,
Si m'at iceste l'ait.
CAÏPHAS.
Jeo l' tendrai si ben endreit de mei,
Et jo ensemble od vus irrai :
De cest mester vus saiserai ;
Granté-vus, sire, qu'il seit issi ?
PILATUS.
Sire Chaïphas, ben le vus otri.
— Dunt si cum il alèrent là,
Un par vei[e] lur demanda : —
ALIQUIS IN VIA RESPICIENS,
U en alé-us si grant alure ?
UNUS MILITUM.
Garder alum la sépulture
De Jhésu qui est enseveli,
Qui dit qu'il levrat al terz di.
ITEM QUI SUPRA.
Ad ceo Pilate comandé ?
ALTER EX MILITIBUS.
Oil, ceo sachez en vérité :
Véez ci l'evesque Caïphas,
Qui tut se vent od nus le pas,
Qui la garde nus comandra.
Ore venge qui venir voldra.
— Quant Caïphas les i out mené,
Si lur ad dit e comandé : —
CAÏPHAS.
Ore estes ci al monument ;
Gardez-le ben parfitement.
Si vus dormez e il seit pris,
Jamès ne serum bonz amiz.

vient en cachette au tombeau, je m'efforce
de le prendre, selon mon pouvoir, et de v[ous]
l'amener.
UN AUTRE.
Par la grande vertu de cette loi, j'obs[er]
verai ce que mon camarade vient de dire.
UN TROISIÈME.
Je ferai de même, s'il plaît à Dieu, par [la]
sainte loi que voici, si elle vient à mon ai[de].
CAÏPHE.
Pour ma part je saurai bien me conf[or]
mer à cela aussi, et je vous accompagner[ai].
Je vous montrerai ce que vous avez à fai[re].
Consentez-vous à cela, sire ?
PILATE.
Volontiers, sire Caïphe.
— Comme ils s'en allaient au tombea[u]
quelqu'un les interrogea pendant la route.
QUELQU'UN REGARDANT SUR LE CHEMIN.
Où allez-vous en si grande hâte ?
UN DES SOLDATS.
Nous allons garder la sépulture de Jés[us]
qui est enseveli, et qui a dit qu'il ressus[ci]
terait le troisième jour.
LE MÊME QUE CI-DESSUS.
Pilate a-t-il commandé cela ?
UN AUTRE SOLDAT.
Cela est la vérité, sachez-le. Voici [le]
grand-prêtre Caïphe qui vient avec nous [en]
ce pas, et qui nous commandera. A prése[nt]
vienne qui voudra.
— Quand Caïphe les eut mené au to[m]
beau, il éleva la voix, et leur fit ces recom[man]
mandations : —
CAÏPHE.
A présent, vous voici au tombeau ; ga[r]
dez-le avec la plus grande exactitude. [Si]
vous dormez et qu'on enlève Jésus, no[us]
ne serons jamais bons amis.

La suite de ce miracle ne nous est pas parvenue.

NOTICE

SUR ADAM DE LA HALLE,

AUTEUR DES JEUX SUIVANS.

Adam de la Halle, ou de le Hale, peut être mis au nombre des fondateurs de l'art dramatique en France. Il partage cette gloire avec Rutebeuf et Jean Bodel. Ce poète est aussi connu sous le nom d'*Adam le Bossu,* ou même simplement du *Bossu d'Arras.* Il n'était cependant pas affligé de cette difformité, et peut-être doit-il ce surnom bizarre à quelqu'un de ses parens, ou plutôt encore à la finesse de son esprit[*]; il dit lui-même dans la Chanson du roi de Sicile :

Et pour chou c'on ne soit de moi en daserie,
On m'apele *bochu,* mais je ne le sui mie[**].

Adam naquit à Arras vers 1240; maître Henri, son père, était bourgeois de cette ville alors féconde en poètes. Adam passa ses premières années à l'abbaye de Vauxcelles, située sur l'Escaut, à peu de distance de Cambrai. Il y prit l'habit des clercs et y étudia les sept arts : c'était le grand cours des études. A peine fut-il revenu chez son père, qu'il s'éprit d'un vif amour pour Marie, jolie personne, plus riche d'agrémens que des avantages de la fortune. Le père d'Adam fit de vains efforts pour le détourner de ce mariage. Le cœur du jeune homme battait d'amour pour la première fois : sourd à la voix de la raison, il demanda et il obtint la main de la jeune fille; mais à peine l'eut-il épousée, que rassasié de courtes délices et effrayé des dépenses et des embarras du ménage, ses illusions se dissipèrent, et ne voyant plus dans Marie qu'une femme ordinaire, foulant aux pieds ses devoirs d'époux, Adam abandonna celle dont il avait tant désiré la possession. On connaissait peu dans ces vieux temps les lois des convenances, dont nous sommes redevables à la politesse de nos mœurs et aux progrès de la civilisation; non content de délaisser sa femme, Adam ne craignit pas de l'immoler à la risée de ses amis, et dans sa pièce du *Mariage,* il poussa l'oubli des bienséances jusqu'à révéler des

---

[*] Les jongleurs et ménestrels étaient souvent des bossus. Voyez le fabliau *des trois Boçus*, dans le recueil de Barbasan, éd. de Méon, t. III, p. 245.

[**] *C'est du roi de Sézille*, vers 69, dans la *Collection des Chroniques nationales* de M. Buchon, t. VII, p. 25.

mystères qui ne doivent jamais être trahis; il y décrit, avec une grossière naïveté, les charmes qui l'avaient subjugué, et il en termine la peinture trop crue, par ce trait qu'on ne saurait excuser :

> Bonnes gens, ensi fui-jou pris,
> Par Amours, qui si m'eut souspris,
> Car faitures n'ot pas si beles
> Comme Amours le me fist sanler
> Et Desirs le me fist gouster
> A le grant saveur de Vaucheles.
> S'est drois que je me reconnoisse
> Tout avant que me feme engroisse
> Et que li cose plus me coust,
> Car mes fains en est apaiés *.

Ainsi, Adam sortait de l'abbaye de Vaux-celles, lorsqu'il se maria, et il projetait de quitter sa femme, pour venir continuer ses études à Paris :

> Sachiés (dit-il), je n'ai mie si chier
> Le séjour d'Arras, ne le joie
> Que l'aprendre laissier en doie :
> Puis que Diex m'a donné engien,
> Tans est que je l'atour à bien;
> J'ai chi assés me bourse escousse **.

Adam vint-il à Paris, comme il en annonçait le projet? Changea-t-il d'avis, comme semblerait l'indiquer le don de la fée Maglore?

> De l'autre qui se va vantant
> D'aler à l'école à Paris,
> Voeil qu'i soit si atruandis
> En le compaignie d'Arras,
> Et qu'il s'ouvlit entre les bras
> Se feme qui est mole et tenre,
> Et qu'il perge et hache l'aprenre
> Et meche sa voie en respit ***.

Nous ne déciderons pas cette question, sur laquelle les ouvrages du vieux poète ne nous ont rien appris. Nous ferons seulement observer que Maglore, dans le poème, est un mauvais génie qui ne donne que malédictions, tandis que les deux autres fées viennent de combler de biens le jeune Adam. Ainsi Morgue dit :

> Et de l'autre, vœil qu'il soit teus
> Que che soit li plus amoureus
> Qui soit trouvés en nul païs *.

Et Arsile ajoute :

> Aussi vœil-je qu'il soit jolis
> Et bons faiseres de canchons **.

On pourrait penser que les prédictions favorables étaient les seules qui, dans la pensée du poète, devaient se réaliser.

Arras, capitale de l'Artois, était alors le centre du luxe et des plaisirs : les tournois, les joûtes, les cours plénières, toutes les fêtes d'armes et d'amour s'y succédaient. C'était pour les trouvères un vrai lieu de délices. Adam devait avoir bien des motifs pour ne s'en pas éloigner. On en peut juger par ces vers :

> Gilles, li peres Jehans Joie,
> Au jouster n'estes mie eskieu;
> De bos avés fait maint alieu,
> Et maint biau drap d'or et de soie
> Mis en feste : las! or est coie
> La bone vile où je véoie
> Chascun d'onneur faire taskieu.
> Encor me sanle-il que je voie
> Que li airs arde et reflamboie
> De vos festes et de vo gieu ***.

Dans une chanson dont l'auteur est inconnu, le poète fait descendre Dieu le père dans la ville d'Arras, pour y apprendre l'art de faire des chansons. Nous citerons en entier cette pièce singulière. Elle montre mieux que toute autre en quelle réputation était la ville d'Arras, parmi les trouvères. Les derniers couplets semblent avoir été composés pour une réjouissance de carême-prenant : aussi serait-il difficile de les traduire convenablement.

> Arras est escole de tous biens entendre;
> Quant on veut d'Arras le plus caitif prendre,

---

* *Li Jus Adan*, vers 164.
** *Ibid.*, vers 28.
*** *Ibid.*, vers 683.

* *Li Jus Adan*, vers 660.
** *Ibid.*, vers 663.
*** *C'est li congiés Adan d'Aras*, vers 123. Recueil de Barbasan, éd. de Méon, t. I, pag. 110.

En autre païs se puet por boin vendre.
On voit les honors d'Arras si estendre,
Je vi l'autre jor le ciel là sus fendre :
Dex voloit d'Arras les motès aprendre.
Et per lidoureles vadou va du vadourenne.

Quant Diex fu malades, por lui rehaitier
A l'ostel le prince se vint acointier;
Compaignons manda por estudiier :
Pouchins, li ainsnés, ki bien set raisnier
De compleusion, d'astrenomiier ;
Je vi k'il fist Diu le couleur cangier,
Car encontre lui ne se séut aidier.
Et per lidourele, etc.

Diex a fait mander Robert de le Piere,
Car dou viel Fromont seut-il la maniere ;
Si vint Ghilebers, Phelipos, Verdière,
Et si est venus Roussiaus li taillière :
Ghilebers canta de se dame cière ;
Diex dist k'il sivra toustans leur banière.
Et per li doureles, etc.

Bretiaus s'est vantés k'à Diu s'en ira,
Plus que tout li autre l'esbaniera :
Il fist le paon, se braie avala,
Celui de Beugin trestout porkia.
Diex en eut tel joie, de ris s'escreva,
De se maladie trestous respassa.
Et per lidoureles, etc.

Or est Diex waris de se maladie.
Garès vint laiens, ce fu vilenie,
Et Baudes Becons, ki met s'estudie
En trufe et en vent et en merderie.
De leur mauvaisté Diex se regramie,
Que se grans quartaine li est renforcie.
Et per lidoureles, etc.

Puis fist Diex mander .i. grant maistre Wike :
De tous boins morsiaus seut-il le fusike ;
Il n'a sen parel dusk'en Salenike,
Ne milleur de lui avoec home rike,
Quant voit le roussole durement s'estrike.
Et per lidourele, etc. *.

Adam composa le *Jeu du Mariage* pour divertir ses amis d'Arras, vers 1262 ou 1263. Cette date semble résulter du discours de maître Henri, père d'Adam, relatif aux censures ecclésiastiques que le pape venait de renouveler contre les clercs bigames. On sait que l'irrégularité de bigamie consiste, en droit canon, à épouser des femmes veuves, ou des filles qui ont notoirement perdu leur virginité.

Et chascuns le pape encosa
Quant tant de bons clers desposa.
Nepourquant n'ira mie ensi,
Car aucun se sont aati
Des plus vaillans et des plus rikes,
Qui ont trouvées raisons frikes
Qu'il prouveront tout en apert
Que nus clers par droit ne desert
Pour mariage estre asservis ;
Ou mariages vaut trop pis
Que demourer en soignantage (*concubinage*)*.

La colère du poëte était causée par une bulle du pape Alexandre IV, adressée le 13 février 1259 (1260 N. S.), à l'archevêque de Saltzbourg. Le pape y renouvelait les anciens canons, qui interdisaient les choses saintes aux clercs concubinaires, et leur faisaient perdre tous priviléges de *clergie*. Aussi maître Henri ajoute-t-il :

Romme a bien le tierche partie
Des clers fais sers et amatis **.

Pour entendre ce passage, il faut se reporter aux principes du droit romain et du droit canon sur l'esclavage. Les clercs, nés dans la servitude, n'en sortaient pas en prenant les ordres mineurs. Ils ne les recevaient de leur évêque, qu'en justifiant du consentement de leur maître : ce qui était conforme à une décision du pape saint Léon, donnée en 443, et conçue en ces termes : *Nullus episcoporum servum alterius ad clericatus officium promovere præsumat, nisi forte eorum petitio aut voluntas accesserit, qui aliquid sibi in eo vendicant potestatis* ***. Ainsi, tant que le clerc était dans les ordres mineurs, le droit du maître était suspendu, et l'affranchissement n'intervenait qu'au moment où le clerc allait entrer dans les ordres majeurs, en recevant le sous-diaconat.

---

* Manuscrit du Roi, supplément français, n° 184, folio 797 recto.

* *Li Jus Adan,* vers 434.
** *Ibid.*, vers 455. *Amatis*, amortis, rendus de main morte.
*** *Decreti pars prima, distinct,* 54, *cap.* 1.

Ce point de discipline ou, pour nous exprimer avec plus de justesse, cette question de *propriété* a été fixée par un décret du concile de Tribur, tenu en 895 : *Nulli de servili conditione ad sacros ordines promoveantur, nisi priùs à propriis dominis legitimam libertatem consequantur, cujus libertatis charta ante ordinationem in ambone publicè legatur; et si nullus contradixerit, ritè consecrabuntur. Porrò servus non canonicè consecratus, postquam de gradu ceciderit, ejus conditionis sit cujus fuerat antè gradum* [*].

Ainsi, aux termes des canons, les clercs, nés serfs, qui, pour cause de bigamie, perdaient les priviléges de *clergie*, rentraient dans le domaine de leurs maîtres.

Le souverain pontife était mort depuis fort peu de temps; c'est encore maître Henri qui nous l'apprend :

> Li papes, qui en chou eut coupes,
> Est euereus quant il est mors;
> Jà ne fust si poissans ne fors
> C'ore ne l'eust desposé [**].

Le pape Alexandre IV mourut le 25 juin 1261, ainsi il est présumable que le *Jeu du Mariage* a été composé vers l'an 1262 ou 1263.

Cependant, cette ville d'Arras, dont les poètes du temps ont fait une si agréable description, ne tarda pas à gémir sous le poids de graves calamités. Une taille extraordinaire de vingt mille livres tournois ayant été imposée, fut répartie avec partialité. On accusa même le maire, les échevins et un abbé d'avoir levé plus de deniers qu'il n'en était demandé. Toute la ville se divisa, ce ne fut plus qu'injures, pamphlets et invectives; les poètes ne gardèrent pas le silence; ils immolèrent, dans leurs chansons satiriques, ceux que l'opinion accusait : l'un d'eux exprimait ainsi son indignation :

> De canter ne me puis tenir,
> S'est drois ke cançon face;
> Or m'en doinst Diex à cief venir,
> K'as courtois mal ne face!
> Mais por rougir le face

> Doit-on des mauvais recorder
> Por faire leur vie amender......

> Je n'ose nomer Audefroi,
> Trop est de grant lignage;
> Il fu preudom, si com je croi,
> En sen eskevinage,
> Il eut bien tesmoignage
> Par foi k'il fist le taille à point,
> Mais li abés après l'en point.

> Willaume as Paus ala souflant
> Com cil ki le set faire,
> Audefrois en ala enflant,
> Je sai trestout l'afaire;
> Taille couvint refaire,
> De coi li abés fu déçus;
> Car ses contes fu tous boçus [*].

On pourrait encore citer un grand nombre de pièces curieuses pour l'histoire d'Arras. La discorde y régnait : abbés, maire, échevins, habitans, tous s'entre-déchiraient. Fêtes et *soulas* avaient disparu; on croyait voir dans chaque trouvère l'auteur des pamphlets qui venaient chaque jour attiser le feu. Beaucoup de citoyens furent obligés de s'expatrier, peut-être même furent-ils bannis de la cité. Adam et maître Henri, son père, se retirèrent à Douai. Notre poète a consigné ses regrets dans des adieux ou *congiés*, adressés à sa ville et aux amis qu'il était forcé de quitter. On lit dans cette pièce, publiée par Barbasan, les vers suivans :

> Arras, Arras, vile de plait
> Et de haïne et de detrait,
> Qui soliés estre si nobile,
> On va disant c'on vous refait;
> Mais se Diex le bien n'i r'atrait,
> Je ne vois qui vous reconcile.
> On i aime trop crois et pile...
> Adieu de fois plus de cent mile,
> Ailleurs vois oïr l'Évangile,
> Car chi fors mentir on ne fait [**].

Voici une chanson anonyme qui peint bien la situation d'Arras à cette époque.

> E! Arras vile!
> De vos naist li ghile,

---
[*] *Decreti pars prima, distinct.* 54, *cap.* 2.
[**] *Li Jus Adan,* vers 461.

[*] Manuscrit du Roi, supplément, n° 184, fol. 197.
[**] *C'est li congiés Adan d'Aras,* vers 13, p. 106.

Dont vos estes en tel doleur.
    Tresk'en Sebile (*Sicile*)
  N'a gent si nobile
Com d'Arras, ne de tel valeur;
    Mais la ruihote
    A no cité morte,
  Ce dient li plaigneur :
Tailleur ont fait taillé vilaine à peu d'ouneur.

    Ains sains Roumacles
    Ne fist teux miracles
Come Diex fait le moïene gent.
    Troi home u.iiij.
    Voloient abatre
      Arras
Et tout sucier l'argent;
Mais Diex de gloire
  I a fait tel estoire,
  Si vos dirai comment *..... etc..

Nous insérerons encore ici une jolie chanson de notre poète, dans laquelle il peint sa douleur, tandis qu'il marche vers une terre étrangère: on pourrait conjecturer de cette pièce que les édits donnés par saint Louis, pour faire préférer la monnaie royale aux monnaies des barons, avaient aussi contribué aux troubles d'Arras, en y joignant les maux qui accompagnent toujours les changemens de monnaies**.

    A Dieu commant amouretes,
      Car je m'en vois,
    Dolans pour les douchetes,
    Fors dou douc païs d'Artois,
    Qui est si mus et destrois
    Pour che que li bourgois
    Ont esté si fourmené
    Qu'il n'i queurt drois ne lois.
    Gros tournois ont anulés
      Contes et rois,
    Justiches et prélas tant de fois
    Que mainte bele compaingne,
      Dont Arras mehaingne,
    Laissent amis et maisons et harnois
    Et fuient, chà deus, chà trois,

    Souspirant, en terre estrange *.

Il est difficile de déterminer l'époque précise de cette émigration d'une partie des habitans d'Arras, les pièces du temps ne portant aucune date. Nous présumons qu'elle a eu lieu après la composition du *Jeu du Mariage*, vers l'année 1265 on 1266 ; on ignorerait même que Douai a été l'asile choisi par notre poète, si un autre trouvère ne l'avait pas fait connaître. Voici ce que dit Baude Fastoul :

    Cuers, en cui grans anuis s'aaire,
    Droit à Douai te convient traire
    A ceus qui d'Arras sont eskiu;
    Segneur Henri di mon afaire,
    Et Adan, son fil ; puis repairé **.

L'exil d'Adam ne fut pas éternel, il revint dans sa patrie; l'époque de ce retour est incertaine. Sa trente-deuxième chanson nous le fait voir sur le chemin de sa ville natale:

    De tant com plus aproime mon païs,
    Me renovele amours plus et esprent;
    Et plus me sanle en aprochant jolis,
    Et plus li airs et plus truis douche gent...***.

Notre poète finit par s'attacher à la maison de Robert, IIe du nom, comte d'Artois, neveu de saint Louis. Ce prince, en 1282, suivit en Italie le comte d'Alençon, que Philippe-le-Hardi envoyait au secours du duc d'Anjou, roi de Naples, son oncle, et il y fut déclaré régent du royaume en 1284. Adam de la Halle accompagna ce prince, et il composa, pour le divertissement de sa cour, la jolie pastorale de Robin et Marion. C'est encore un poète du temps, qui nous fait connaître ces détails. L'auteur du *Jeu du Pèlerin* les met dans la bouche de son principal acteur.

  Par Puille m'en reving, où on tint maint concille
  D'un clerc net et soustieu, grascieus et nobile
  Et le nomper du mont. Nés fu de ceste vile;
  Maistre Adans li Bochus estoit chi apelés,

---

* Manuscrit du Roi, supplément, n° 184, folio 204 recto.

** Voyez le *Traité historique des Monnoies de France*, par Le Blanc. Amsterdam, 1672. In-4°, pag. 175.

* Observations préliminaires du Jeu Adam, dans les *Mélanges des Bibliophiles français*. Paris, 1828, page vii; MS. la Vallière, 81, fol. xxv verso, col. 2.

** *Che sont li congié Baude Fastoul d'Aras*. Rec. de Barbasan, éd. de Méon, t. I, pag. 127.

*** Notice sur Adam de la Halle, par M. Paulin Paris, dans l'*Encyclopédie catholique*, t. II, pag. 426.

Et là Adans d'Arras...
Chis clers don je vous conte
Ert amés et prisiés et honnerés dou conte
D'Artois; si vous dirai mout bien de quel aconte :
Chieus maistre Adam savoit dis et chans controuver,
Et li quens desiroit un tel home à trouver.
Quant acointiés en fu, si li ala rouver
Que il féist uns dis pour son sens esprouver.
Maistre Adans, qui en seut très bien à chief venir,
En fist un dont il doit mout très bien sousvenir,
Car biaus est à oïr et bons à retenir.
Li quoins n'en vaurroit mie .v. chens livres tenir.
Or est mors maistre Adans; Diex li fache merchi !
A se tomble ai esté : don Jhésu-Crist merchi !
Li quoins le me moustra, le soie grant merchi,
Quant jou i fui l'autre an *.

Le *Jeu du Pèlerin*, dont l'auteur est inconnu, peut être regardé comme le prologue du *Jeu de Robin et Marion*. Il contient en quelque sorte l'oraison funèbre d'Adam de la Halle. On y lit encore ces détails sur ce trouvère :

..maistre Adan, le clerc d'onneur,
Le joli, le largue donneur,
Qui ert de toutes vertus plains,
De tout le mont doit estre plains,
Car mainte bele grace avoit
Et seur tous biau diter savoit
Et s'estoit parfais en chanter.....
Savoit canchons faire,
Partures et motés entés;
De che fist-il à grant plentés,
Et balades je ne sai quantes **.

Le comte d'Artois, suivant le père Anselme***, revint de Naples en 1289. Maître Adam y était mort pendant son séjour, et sa sépulture avait été entourée des honneurs dus à un grand poète. On place ainsi la mort d'Adam de la Halle vers 1286. M. Paulin Paris a fait connaître un document qui vient corroborer cette opinion. Ce sont des vers écrits en 1288, à la fin d'un exemplaire du *Roman de Troies*, par un neveu d'Adam de la Halle, nommé Jehan Mados, qui, ainsi que son oncle, était trouvère et jongleur.

Mais cis qui c'escrit, bien saciés,
N'estoit mie trop aaissiés,
Car sans cotele et sans surcot
Estoit, par un vilain escot
Qu'il avoit perdu et paiié
Par le dé qui l'ot engignié.
Cis Jehanès Mados ot non,
Qu'on tenoit à bon compaignon ;
D'Arras estoit; bien fu connus
Ses oncles, Adans li boçus,
Qui pour revel et pour compaignie
Laissa Arras : ce fu folie,
Car il iert cremus et amés.
Quant il morut ce fu pités,
Car onques plus engignex hon
Ne morut, pour voir le set-on...
Ensi com vos oï l'avés,
Cis livres fu fais et finés
En l'an de l'Incarnation
Que Jhésus soufri passion
Quatre-vingt et mil et deus cens
Et wit; biax fu li tans et gens,
Fors tant ke ciex avoit trop froit
Qui surcot ne cote n'avoit *, etc.

Adam de la Halle tient un des premiers rangs parmi nos anciens trouvères d'Arras. Il était à la fois poète et musicien ; M. Bottée de Toulmon, très-versé dans l'histoire de la musique, a bien voulu se charger de faire connaître Adam sous ce dernier rapport **.

Le *Jeu Adam* est notre plus ancienne comédie ; tandis que le *Jeu de Robin et Marion* est la première de nos pastorales, et même le premier opéra-comique qui ait été joué en France.

Cette dernière pièce obtint dans son temps un grand succès. On pourrait croire qu'elle a donné naissance au proverbe : *Ils s'aiment comme Robin et Marion*, nous ne le pensons cependant pas. Robin et Marion, dans notre littérature romane, sont comme le type des amours tendres et naïfs du village; plusieurs pastourelles du XIIIe siècle roulent sur ces deux personnages rustiques. Il y en a une surtout qui a tant de rapport avec notre Jeu, qu'Adam de la Halle semble l'avoir mise en action. Cette jolie chanson est de Perrin d'Angecort, le dix-neuvième des poètes

---

* *Li Jus du Pèlerin*, vers 22.
** *Ibid.*, vers 81.
*** *Histoire généalogique de la maison royale de France*, t. I, pag. 383.

* Notice sur Adam de la Halle, déjà citée. Collat.
** Voyez sa notice à la suite de la nôtre.

mentionnés par le président Fauchet[*]. Perrin était attaché à Charles d'Anjou, frère de saint Louis, qui monta sur le trône de Naples. C'est aussi à Naples qu'Adam de la Halle a composé sa pièce pour les divertissemens de cette cour. N'est-il pas naturel de penser qu'il a pris un sujet connu de tout le monde, dans une chanson dont les couplets étaient sur toutes les lèvres?

La pastourelle de Perrin d'Angecort a été publiée par M. de la Borde[**] avec beaucoup d'altérations; la voici textuellement, d'après le manuscrit de Paulmy[***]:

> Au tens nouvel
> Que cil oisel
> Sont hétié et gai,
> En un boschel,
> Sanz pastorel
> Pastore trouvai,
> Où fesoit chapiau de flors
> Et chantoit un son d'amors,
> Qui mult ert jolis :
> *Li pensers trop mi guerroie*
> *De vous, douz amis* [****].
>
> Par grant revel
> Enz el praël
> Dire li alai :
> « S'il vous ert bel,
> Por vo chapel
> Vostre devendrai
> Fins et loiax à touz jorz,
> Sans jamés pensers aillors :
> Et pour ce vous proi,
> Bergeronnete,
> Fetes vostre ami de moi. »
>
> — « Sire, alez-ent,
> C'est pour noient
> Qu'estes ci assis :
> J'aim loiaument
> Robin le gent,
> Et ferai touz dis;
> S'amie sui et serai,
> Ne jà tant com je vivrai,
> Autre n'en jorra.
> *Robin m'aime, Robin m'a,*
> *Robin m'a demandée, si m'aura.* »
>
> Mult longuement
> L'alai proiant,
> Que riens n'i conquis;
> Estroitement,
> Tout en riant,
> Par les flans la pris,
> Sus l'erbe la souvinai;
> Mult en fui en grant esmai;
> Si haut a crié :
> « Bele douce mère Dé,
> Gardez-moi ma chasteé ! »
>
> Tant i luitai
> Que j'achevai
> Trestout mon desir;
> Je la trouvai
> De bon essai
> Et douce à sentir.
> Adonc si me sui tornez,
> Et quant je fui remembrez
> Si pris à chanter :
> *Par les sainz Dieu, douce Margot,*
> *Il a grant paine en bien amer* [*].

Cette jolie chanson est comme le germe du *Jeu de Robin et Marion*; elle paraît avoir été faite vers le milieu du XIIIe siècle, tandis que la pièce d'Adam de la Halle n'a été composée à Naples, que vers 1282. Le trouvère emprunte son début à la chanson de Perrin :

> Robin m'aime, Robin m'a,
> Robin m'a demandée, si m'ara.

Il nous a semblé qu'on aimerait à rapprocher de la pièce d'autres motets ou pastourelles du cycle de Robin et Marion, que nous avons retrouvés dans les Mss. du Roi et dans ceux de la bibliothèque de l'Arsenal. Ces.

---

[*] *OEuvres de Claude Fauchet.* Paris, 1610, in-4°, folio 568.

[**] *Essai sur la Musique ancienne et moderne.* Paris, 1780, in-4°, t. II, p. 151.

[***] Manuscrit de la Bibliothèque de l'Arsenal, in-folio, belles-lettres, n° 63, page 160. Ce manuscrit sur vélin est du XIVe siècle. Il a été décrit par M. Francisque Michel, dans les pièces préliminaires des *Chansons du châtelain de Coucy.* Paris, Crapelet, 1830, grand in-8°, page 9.

[****] Refrain d'une ancienne chanson. Il nous semble que ce refrain du premier couplet et celui du dernier sont les seuls empruntés d'autres chansonnettes; les refrains qui terminent les autres couplets rentrent trop dans le sujet pour ne pas faire partie intégrante du poème.

[*] Refrain d'une ancienne chanson. Il termine aussi le premier couplet d'une chanson de Raoul de Beauvais, Ms. de l'Arsenal, p. 221. F. M.

poésies suivent immédiatement cette notice.

Le succès du *Jeu de Robin et Marion* ne s'arrêta pas au xiii° siècle, il s'est perpétué dans les deux siècles suivans. On voit dans des lettres de rémission de l'an 1392, qu'on jouait chaque année cette jolie pastorale à Angers, pendant les fêtes de la Pentecôte. Voici le passage conservé par D. Carpentier :

« Jehan le Begue et cinq ou six autres es-
« coliers, ses compaignons, s'en alerent jouer
« par la ville d'Angiers, desguisiez, à un jeu
« que l'en dit Robin et Marion, ainsi qu'il
« est acoustumé de faire chascun an les foi-
« riez de Penthecouste en laditte ville d'An-
« giers par les genz du pays, tant par les es-
« coliers et filz de bourgois comme autres;
« en la compaignie duquel Jehan le Begue
« et de ses compaignons avoit une fillette des-
« guisée*. »

L'usage constaté par les lettres de grâce n'a sans doute pas été particulier à la ville d'Angers, et la pièce a dû contribuer à répandre davantage le proverbe, qui était déjà passé dans les mœurs au xiv° siècle, comme on le voit par ce passage de Jehan de Meun, dans sa continuation du *Roman de la Rose* :

> D'autre part, el sunt franches nées ;
> Loi les a condicionnées,
> Qui les oste de lor franchises
> Où Nature les avoit mises :
> Car Nature n'est pas si sote
> Qu'ele feïst nestre Marote
> Tant solement por Robichon,
> Se l'entendent i fichon,
> Ne Robichon por Mariete,
> Ne por Agnès, ne por Perrete;
> Ains nous a fait, biau filz, n'en doutes,
> Toutes pour tous et tous pour toutes,
> Chascune por chascun commune,
> Et chascun commun por chascune**.

Nous trouvons au xv° siècle une autre trace du *Jeu de Robin et Marion* dans le mystère de *la Patience de Job*. Une scène de bergers, entre *Robin* et *Marote*, (page 45 de l'édition in-16. Lyon, Jean Didier.) est une imitation évidente de notre jeu. Le mystère de Job est indiqué sous l'année 1478, dans la *Bibliothèque du Théâtre François*, publiée sous la direction du duc de la Vallière. Dresde, 1768, t. 1, p. 53.

On dit proverbialement : *être ensemble comme Robin et Marion**; on lit dans un livret de l'auteur des *Contes d'Eutrapel*, cette allusion évidente à notre jeu : « Par ce que, pos-
« sible, Marion rioit plus voluntiers à Robin,
« qu'à Gautier, dont commença la maniére
« de se battre pour la vaisselle, coustume qui
« a tousjours duré **. » Gautier est l'un des personnages du *Jeu de Robin*. Nos vieux livres français, trésors de naïveté, offriraient d'autres exemples de la popularité obtenue par les principaux personnages du *Jeu de Robin* : ainsi la Motte Messemé, l'auteur des *honnêtes Loisirs*, a dit : « ... Les actions publiques des
« femmes et des hommes avec, (car bien sou-
« vent *Robin y vaut bien Marion*) en font bien
« juger à chacun, mais il y a de petites riot-
« tes***, etc. » On pourrait multiplier ces citations ; mais nous en avons assez indiqué pour constater le proverbe.

---

* On lit les articles suivans dans le dictionnaire de Cotgrave :

« Marion : f. *Marian (a proper name for a woman.)*
« *Robin a trouvé Marion. Iacke hath met with Gill; a filthie knaue with a fulsome queane.* V. Marion.
« *Robin a trouvé Marion*. Prov. *A notorious knaue hath found a notable queane.*
« Chanson de Robin. *A merrie and extemporall song, or fashion of singing, whereto one is ever adding somewhat, or may at pleasure adde what he list*, etc. »
A Dictionarie of the French and English Tongues. Compiled by Randle Cotgrave. London, Printed by Adam Islip. *Anno* 1632, in-folio.

Ce qui précède a été rapporté par l'auteur d'un article inséré dans le *Gentleman's Magazine*, May, 1837, p. 493, et a donné lieu, p. 494, à une note très judicieuse de l'éditeur de cette revue, à laquelle nous renvoyons.   F. M.

** *Discours d'aucuns propos rustiques facecieux et de singulière recreation de maistre Leon Ladulfi* (Noel du Fail) *Champenois.* A Paris. Par Estienne Groulleau, 1554, in-16, troisième page de l'epistre.

*** *Le Passe-temps de messire François le Poulchre, seigneur de la Motte Messemé*, seconde édition. Paris, Jean Leblanc, MD. XCVII. in-8°, liv. I, pag. 54.

---

* *Glossarium novum*, t. III, col. 632, verbo *Robinetus*.

** *Roman de la Rose*, éd. de Méon, Paris, 1814, III, pag. 2, vers 14083.

Si on ne représente plus depuis long-temps le *Jeu de Robin et Marion*, il en existe au moins des souvenirs dans les villages du Hainaut. M. Arthur Dinaux nous apprend que la chanson

> Robin m'aime, Robin m'a,

est encore fréquemment dans la bouche des jeunes paysannes du Hainaut, surtout aux environs de Bavai. On y a seulement changé le nom de *Robin* en celui de *Robert*[*].

Adam de la Halle n'a pas obtenu moins de succès dans la chanson qu'au théâtre ; nous citerons les deux suivantes, dont la première ne doit pas être séparée du *Jeu Adam*: c'est encore la même inspiration :

> Chiés bien séans, ondés et fremians ;
> Plain frons, reluisans et parans ;
> Resgars atraians, vairs, humelians,
> Catillans et frians ;
> Nés par mesure au viaire afferans ;
> Bouchete rians,
> Vermeillette, à dens blans ;
> Gorge bien naissans ;
> Col reploians ;
> Pis durs et poignans ;
> Bontine soulevans ;
> Maniere avenans,
> Et plus li remanans,
> On fait tant d'encans,
> Que pris est Adans[**].

Voici une autre chanson où sont exprimés les regrets d'une amante qui éprouve les tourmens de l'absence ; elle envoie à son ami la ceinture qu'il lui avait donnée :

> Diex !
> Comment porroie
> Trouver voie
> D'aler à chelui
> Cui amiete je sui ?
> Chainturele, va-i
> En lieu de mi ;
> Car tu fus sieue aussi,
> Si m'en conquerra miex.
>
> Mais comment serai sans ti ?
> Dieus !
> Chainturele, mar vous vi ;
> Au deschaindre m'ochies ;
> De mes griétés à vous me confortoie,
> Quant je vous sentoie,
> Aï mi !
> A le saveur de mon ami.
> Nepourquant d'autres en ai,
> A cleus d'argent et de soie,
> Pour men user.
> Mais lasse ! comment porroie
> Sans cheli durer
> Qui me tient en joie ?
>
> Canchonnete, chelui proie
> Qui le m'envoya,
> Puis que jou ne puis aler là,
> Qu'il en viengne à moi,
> Chi droit,
> A jour failli,
> Pour faire tous ses boins,
> Et il m'orra,
> Quant il ert joins,
> Canter à haute vois :
> *Par chi va la mignotise,*
> *Par chi où je vois*[*].

Le *rondel* suivant est gracieux et naïf :

> Fines amouretes ai,
> Dieus ! si ne sai quant les verrai !
> Or manderai m'amiete,
> Qui est cointe et joliete,
> Et s'est si saverousete
> C'astenir ne m'en porrai.
>
> Fines amouretes ai,
> Dieus ! si ne sai quant les verrai !
>
> Et s'ele est de moi enchainte,
> Tost devenra pale et tainte ;
> S'il en est esclandele et plainte
> Deshonnerée l'arai.
>
> Fines amouretes ai,
> Dieus ! si ne sai quant les verrai !
>
> Miex vaut que je m'en astiengne,
> Et pour li joli me tiengne,
> Et que de li me souviegne,

---

[*] *Les Trouvères Cambrésiens*, par M. Arthur Dinaux, seconde édition. Valenciennes, 1834, in-8°, pag. 34.

[**] Observations préliminaires sur le Jeu Adam, déjà citées, pag. xvi.

[*] Observations préliminaires sur le Jeu Adam, pag. xvij. Les deux derniers vers sont le refrain d'une chanson qui a été citée aussi dans le *Jeu Adam*, vers 872.

Car s'onnour li garderai.

Fines amouretes ai,
Dieus! si ne sai quant les verrai*!

Les ouvrages d'Adam de la Halle sont :

1° *Li Jus Adán*, dit aussi *de la Fuellie*, ou *du Mariage*.

Cette pièce se trouve dans le manuscrit de la Bibliothèque du Roi, fonds de la Vallière, n° 81, *olim* 2736, fol. xxx recto-xxxviii verso. Le manuscrit n° 7218, ancien fonds, en contient les 174 premiers vers. Le langage y est plus moderne. On en trouve aussi le commencement dans le manuscrit du Vatican n° 1490, fonds de Christine, dont la Bibliothèque de l'Arsenal possède la copie dans le recueil de Sainte-Palaye, intitulé : *Anciennes Chansons françoises, avant 1300*, t. Ier, fol. 290.

Le *Jeu Adam* a été imprimé par nous, pour la première fois, en 1828, à trente exemplaires seulement, pour la Société des Bibliophiles français.

2° *Li Gieus de Robin et de Marion*.

Ce jeu existe dans deux manuscrits de la Bibliothèque du Roi, savoir dans celui de la Vallière, que nous venons d'indiquer, et dans le n° 7604, ancien fonds**. Nous avons suivi le manuscrit de la Vallière, en indiquant des variantes tirées du second manuscrit.

---

* Observations préliminaires sur le *Jeu Adam*, pag. xv.

** On lit dans la *Notice sur la Bibliothèque d'Aix*, par E. Rouard, Paris, chez Firmin Didot frères, 1831, in-8°, l'indication suivante, à la page 165 : « Une espèce de bergerie, intitulée *le Mariage de Robin et de Marote*, enrichie d'une foule de miniatures avec la musique notée. » Cette indication se trouve répétée dans le *Catalogus Codicum manuscriptorum* d'Haënel, page 186, colonne 4. Nous nous adressâmes, pour avoir communication de ce manuscrit, à M. Guizot, alors ministre de l'instruction publique, qui fit écrire au préfet des Bouches-du-Rhône ; mais il fut répondu que le maire d'Aix se refusait à laisser sortir le volume du dépôt dont il fait partie.

F. M

Le *Jeu de Robin et Marion* a été publié par nous, pour la première fois, en 1822, pour la Société des Bibliophiles français, au nombre de trente exemplaires seulement, avec le *Jeu du Pèlerin* qui lui sert de prologue*. Une publication faite à un si petit nombre a peu servi à faire connaître cette jolie production, car un des savans auteurs de le continuation de l'*Histoire littéraire de la France* en parlait, en 1824, comme d'un ouvrage resté manuscrit, dont il avait seulement été donné des extraits dans le recueil de le Grand d'Aussy**. La seconde édition de cette pastorale a été publiée en 1829 par M. Ant. Aug. Renouard, à la suite du second volume de la troisième édition des *Fabliaux ou contes* de le Grand.

3° *Li Congiés Adan d'Aras*.

Ce sont les adieux d'Adam à sa ville natale, quand il fut obligé de la quitter pour se retirer à Douai. Ils ont été publiés par Barbasan, et réimprimés dans l'édition de Méon. Paris, Warée, 1808, tom. I, pag. 106.

4° *C'est du Roi de Sezile*.

Ce poème, que nous appellerons la Chanson de Charles d'Anjou, roi de Naples, a été publié par M. Buchon dans sa *Collection des Chroniques nationales françaises*. Paris, Verdière, tom. VII, 1828, pag. 23.

5° Des chansons, des jeux-partis, ou tensons, des motets, des rondeaux et d'autres petites pièces, dont on pourrait faire un recueil curieux ; mais il faudrait apporter à ce choix beaucoup de recherches et de goût.

On confond quelquefois Adam de la Halle avec le roi Adenès***, trouvère du Brabant,

---

* Ce jeu ne se trouve que dans le manuscrit du fonds de la Vallière, n° 81, folio xviii verso — xxx recto.

** *Discours sur l'état des beaux-arts en France, au xiiie siècle*, par M. Amaury Duval (*Histoire littéraire de la France*, tom. XVI, Paris, 1824, pag. 278.)

*** L'erreur que nous signalons ici a été partagée par notre savant confrère, M. l'abbé de la Rue, dans ses *Essais historiques sur les Bardes*, Caen, 1834,

qui nous a laissé plusieurs romans en vers, tels que les *Enfances Ogier le Danois, Buevon de Comarchis, Berte aux grands pieds,* etc., etc. Ce dernier ouvrage a été publié par M.

_____

in-8°, tom. I, pag. 225. Son ouvrage promettait plus qu'il n'a donné ; l'auteur s'y est trop souvent laissé aller à un esprit de système aussi contraire à la vérité qu'aux vieilles gloires littéraires de notre France.

Paulin Paris *. Nous renverrons nos lecteurs à la *Lettre sur les Romans des douze pairs,* que ce savant littérateur nous a fait l'honneur de nous adresser, et qui précède le Roman de Berte. Il y est entré dans des détails sur Adenès qui sont pleins des recherches les plus curieuses.

L.-J.-N. M.

_____

* *Li Romans de Berte aus grans piés.* Paris, Techener, 1832. In-12.

APPENDICE.

CHOIX DE MOTETS ET DE PASTOURELLES DU XIIIe SIÈCLE,

DONT LE SUJET ROULE SUR LES AMOURS DE ROBIN ET DE MARION.

Premier Motet *.

A la rousée au serain
Va Maros à la fontaine;
Cil ki pour s'amour se paine
Sel et kerson et bis pain aporté ot,
Et ele comence à plain, ki iert de joie plaine
    Pour çou ke par le main maine
      Son ami mignot :
    «Mignotement l'en maine
      Robins Marot.»
        Ab insurgentibus.

Deuxième Motet **.

De la ville issoit pensant par .i. matin
Maros, si voit par devant passer Robin;
  A sa vois, k'ele ot doucete,
  Li dist en chantant :
  « Alés-moi contr'atendant,
  Je sui vostre amiete.»

Troisième Motet ***.

Par main s'est levée la belle Maros,
Ki sans amour n'est mie;
Si s'en est alée toute seule au bos,
  Nus piés et deslaichie;
Lors s'est écriée : « Mes amis mignos,
  Ki m'a en sa baillie,
  Déust ore flors coillir
  Et .i. chapelet bastir
A mes beaus chavex tenir :
  S'en fuisse plus jolie. »
Lors la coisi, s'est saillie :
« Bien viegne, fait-il, m'amie
  Ke je tant desir
    A tenir
  Sous le raim (*sous la coudrette*) ;
Mignotement la voi venir
    Celi ke j'aim. »

Quatrième Motet *.

Robins à la ville va,
  S'a Marion encontrée,
  Ki iert retornée
Pour çou ke compaignon n'a.
« Cil ki tant vous a amée,
Dist Robins, vous i menra. »
Dist cele : « On le set piechà,
  S'en douc estre blasmée ;
Nepourquant mal ait ki jà

_____

* Manuscrit du Roi, supplément, n° 184, fol. 186.
** *Ibid.,* fol. 186 verso. Anonyme.
*** *Ibid.,* fol. 187 recto. Auteur inconnu.

* Manuscrit du Roi, supplément, n° 184, fol. 188 recto. Anonyme.

Pour lour dit le laissera. »
Alés, bien amours nous conduira.
Styrps Jesse.

Cinquième Motet *.

Avoeques tel Marion
Jà pastoriaus estre vauroie,
Qu'il n'est nule si grans joie
Pour qui je changaise jà
Sa compaignie pour rien,
S'à ma volonté l'avoie,
K'avoc autrui n'ameroie
Le trésor où covient tant de tarlos,
Com .i. petitet de bien avoc Marot.
Manete.

Sixième Motet **.

L'autr'ier en mai,
Par la douçour d'esté,
Main me levai,
Et alai entre .i. bois et .i. pré :
Là ai trové Robin en grant esmai,
Et je li ai son estre demandé.
« Sire, fait-il, jà ne vous iert celé,
    Marot amai,
    Et proiai,
Mais ele m'a refusé;
S'ele ne m'aime mar vic sa beauté. »
Tanquam.

Septième Motet ***.

Pour coillir la flour en mai
    Juer m'en alai,
    Quant belle Emmelot
    En .i. pré seule trovai
    Ki son ami gai
    Contr'atendot ;
Gentement le saluai ;
Mais ele ne m'en dist mot,
Car Robin entr'oï ot
Ki chantoit d'amours .i. lai :
    « Fines amouretes ai,
    Ki ke me tiegne pour sot.
Odorenlot j'am Mahalot;
Mais sa mère n'en set mot. »
Docebit.

Huitième Motet ****.

Lonc le rieu de la fontaine
Trovai Robin esplouré,
Ki trop grant duel demenoit.

Je l'ai salué;
Mais il ne respondi mot;
    Et quant il ot
    Doucement alongé
    Alaine sospiré,
S'a dit à loi d'ome iré :
« J'ai mis mon cuer en Marot,
Diex ! et si perc ma paine (*bis*). »
Regnat.

Neuvième Motet *.

Chantés seri, Marot,
    Vos amis revient,
S'aporte .i. novel mot
De vous, car il covient
Ke je de çou chant et not
Dont plus sovent me sovient ;
Et je l'ai fait si mignot
    Ke quant on l'ot
Il demande c'on le lot.
Dont chantés, belle, mignotement,
Ke vos amis revient.
Procedam.

Première Pastourelle **.

L'autr'ier chevauchoie delez Paris ;
Trouvai pastorele gardant berbiz,
Descendi à terre, lez li m'assis,
Et ses amoretes je li requis.
Il me dist : « Biau sire, par saint Denis !
J'aim plus biau de vous et mult melz apris,
Jà tant conme il soit ne sainz ne vis
Autre n'amerai, je le vous plévis ;
Car il est et biax et cortois et senez.
Dex ! Je sui jonete et sadete, et s'aim tez
Qui jones est et sades et sages assez. »

Robin m'atendoit en un valet,
Par ennui s'assist lez un buissonet,
Q'il s'estoit levez trop matinet
Pour coillir la rose et le musguet.
S'ot jà à s'amie fet chapelet
Et à soi un autre tout nouvelet,
Et dist : « Je me muir, bele », en son sonet.
« Se plus demorez un seul petitet,
Jamès vif ne m'i trouverez ;
Très douce damoisele, vous m'ocirrez,
    Se vous voulez. »

Quant el l'oï si desconforter,
Tantost vint à li sanz demorer.
Qui lors les véist joie demener,

---

* Manuscrit du Roi, supplément, n° 184, fol. 188 verso. Anonyme.
** *Ibid.*, fol. 188 verso. Auteur inconnu.
*** *Ibid.*, fol. 192 recto. Anonyme.
**** *Ibid.*, fol. 193 recto. Anonyme.

* Manuscrit du Roi, supplément, n° 184, fol. 195 recto. Anonyme.
** Manuscrit de la Bibliothèque de l'Arsenal, belles-lettres françaises, n° 63, in-fol., p. 169 *bis*. Cette chanson est de maître Richard de Semilli, le vingt-cinquième des poètes cités par Fauchet.

Robin debruisier et Marot baler !
Lez un buissonet s'alèrent joer,
Ne sai q'il i firent, n'en qier parler ;
Mès n'i voudrent pas granment demorer,
Ainz se relevèrent pour melz noter
  Ceste pastorele :
Validoriax, lidoriax lai rele.

Je m'arestai donc iluec endroit,
Si vi la grant joie que cil fesoit,
Et le grant solaz que il démenoit
Qui onques Amors servies n'avoit,
Et dis : « Je maudi Amors orendroit
Qui tant m'ont tenu lonc-tens à destroit ;
Ge's ai plus servies q'onme qui soit,
N'onques n'en oi bien, si n'est-ce pas droit ;
  Pour ce les maudi :
Malé honte ait-il qui Amors parti
  Quant g'i ai failli ! »

De si loig con li bergiers me vit,
S'escria mult haut et si me dist :
« Alez vostre voie, por Jhésu-Crist !
Ne nos tolez pas nostre déduit.
J'ai mult plus de joie et de délit
Que li rois de France n'en a, ce cuit ;
S'il a sa richece, je la li cuit,
Et j'ai m'amiete et jor et nuit,
 Ne jà ne departiron.
Dancez, hele Marion,
Jà n'aim-je riens, se vous non *. »

  Deuxième Pastourelle **.

Je chevauchai l'autr'ier la matinée ;
Delez un bois, assez près de l'entrée,
 Gentil pastore truis ;
 Mès ne vi onques puis
 Si plaine de déduis
 Ne qui si bien m'agrée :
« Ma très doucete suer,
Vos avez tout mon cuer,
Ne vous leroie à nul fuer,
M'amor vous ai donée. »

Vers li me très, si descendi à terre
Pour li voer et por s'amor requerre ;

Tout maintenant li dis :
« Mon cuer ai en vos mis,
Si m'a vostre amor sorpris,
Plus vous aim que riens née, »
Ma très, etc.

Ele me dist : « Sire, alez vostre voie ;
Vez-ci venir Robin qui j'atendoie,
Qui est et bel et genz,
S'il venoit, sanz contens
N'en iriez pas, ce pens ;
Tost auriez mellée. »
Ma très, etc.

— « Il ne vendra, bele suer, oncor mie ;
Il est de là le bois, où il chevrie. »
Dejoste li m'assis,
Mes braz au col li mis,
Ele m'a geté un ris
Et dit qu'ele ert tuée.
Ma très, etc.

Quand j'oi tout fet de li quan q'il m'agrée,
Je la besai, à Dieu l'ai conmandée ;
Puis dist, qu'en l'ot mult haut,
Robin, qui l'en assaut :
« Dehez ait hui qui en chaut !
Ç'a fet ta demorée. »
Ma très doucete suer,
Vos, etc.

  Troisième Pastourelle *.

A une ajornée
Chevauchai l'autr'ier,
En une valée
Près de mon sentier
Pastore ai trouvée
Qui fet à proisier ;
Matin s'iert levée
Por esbanoier ;
Bele ert et senée,
Je l'ai saluée,
Plus ert colorée
Que flor de rosier.

Toute desfublée
S'assist seur l'erbier,
Crigne avoit dorée,
Cors pour enbracier,
Bien estoit mollée ;
N'i ot qu'enseignier.
Sus l'erbe en la prée

---

* Cette chanson se retrouve dans le manuscrit de la Bibliothèque du Roi, fonds de Cangé n° 65, folio 185 verso, col. 2 ; dans le manuscrit du même fonds n° 67, p. 161, col. 1 ; et dans celui de la Vallière n° 59, p. 89, col. 2.

** Manuscrit de l'Arsenal n° 63, p. 174. Cette chanson est de maître Richard de Semilli. Elle se trouve aussi dans le manuscrit du fonds de Cangé n° 65, folio 97 recto, col. 2 ; dans celui du même fonds n° 67, p. 166, col. 1 ; et dans celui de la Vallière n° 59, p. 93, col. 2.

* Manuscrit de l'Arsenal, p. 191. Cette chanson est de Jean Moniot de Paris, le trentième poète cité par Fauchet. On la retrouve aussi dans le manuscrit de la Bibliothèque du Roi, fonds de Cangé n° 65, folio 58 verso, col. 1 ; et dans celui du même fonds n° 67, p. 182, col. 1.

Lessai mon destrier.
Quant la pastorele

Me vit là venant,
Robinet apele :
« Amis, vien avant. »
Je li dis : « Suer bele,
Tesiez-vous atant ;
M'amor, damoisele,
Vous doing maintenant. »
Bele ot la maiscele,
La color nouvele ;
Je li dis : « Dancele,
M'amor vous present.

« Robin qui frestele
Est povre d'argent ;
Povre est vo cotele
Et vo garnement.
Cheval ai et sele
Tout en vo conmant,
Se vous, damoisele,
Fetes mon conmant. »

La pastore ert sage,
Si me respondi :
« Sire, en mon eage,
Tel folor n'oï ;
Ce seroit folage
Se perdoie ensi
Le mien pucelage
Pour autrui ami ;
Par cest mien visage,
Ce seroit mon damage,
Qu'à bon mariage
Auroie failli *. »

Quatrième Pastourelle **.

L'autr'ier par un matinet,
Un jor de l'autre semaine,
Chevauchai joste un boschet
Conme aventure gent maine ;
Par dejoste un jardinet,
Soz le ru d'une fontaine,
Choisi en un praëlet
Pastore qui mult ert saine
Et d'autre part Robinet
Qui grant ponée demaine ;
Pipe avoit et flajolet,
Si flajole à douce alaine ;

* Cette jolie pastourelle a bien pu donner aussi à Adam de la Halle l'idée de composer sa pièce, mais cependant moins directement que celle de Perrin d'Angecort dont il cite des passages.
** Manuscrit de l'Arsenal, pag. 193. Cette chanson est de Jean Moniot de Paris. Elle se trouve aussi dans le manuscrit du fonds de Cangé n° 67, p. 184, col. 1.

Car por Marguerot se paine,
Qui plus ert blanche que laine.
Robinet chante et frestele
Et trepe et crie et sautele,
Margot en chantant apele.

Robins estoit assez biax,
Et la pastorete bele,
Robins ert biax davadiax,
Et bele ert la pastorele,
Car blons avoit les cheviaus
Et durete la mamele ;
Robins ert biaus garçonciax,
Si s'en cointoie et revele.
Petit avoient d'aigniax,
Et grande iere la praële.
Lors fu sonez li frestiaus
Par desouz la fontenele,
Lors leur joie renouvele ;
Robins oste sa gounele.
Robinet, etc.

Onc ne vi en mon vivant
Si très bele pastorete :
Vair œil ot, bouche riant,
Biau menton, bele gorgete,
Çainturete bien séant,
Biax braz et bele mainete ;
Bele ert deriere et devant,
Biax piez et bele janbete.
Robins aloit par devant
Qui disoit en sa musete
Un sonet mult avenant
Pour l'amor la pastorete :
« Dex doint bon jor m'amiete !
Li cuers pour li me halete. »
Robinet, etc.

Tant menerent leur degraz
Li bergiers et la bergiere
Q'il chaïrent braz à braz
Entre els deus sur la feuchiere.
Quant les vi cheer en bas,
Un petit me très arrière.
Mult orent de leur solaz,
Cele l'ot chier, cil l'ot chiere ;
Je ne sai li quels fu laz,
Més chascuns fist bele chiere.
Cil est bien enamoras
Qui d'amors a joie entière,
Cil a amors droiturière.
Robinet chante, etc.

Cinquième Pastourelle *.

Au main par un ajornant
Chevauchai lez un buisson.

* Manuscrit de l'Arsenal n° 63, p. 122, col. 2. Cette chanson est de messire Thiébaut de Blazon, le

Lez l'orière d'un pendant
Bestes gardoit Robeçon ;
Quànt le vi mis l'à reson :
« Bergier, se Dex bien té dont,
Éus onc en ton vivant
Por amor ton cuer joiant ?
Car je n'en ai se mal non. »

— « Chevalier, en mon vivant
N'amai onc fors Marion,
La cortoise, la vaillant,
Qui m'a doné riche don,
Panetière de cordon,
Et prist mon fremail de plon.
Or s'en vet apercevant
Sa mère, qui l'amoit tant,
Si l'en a mise en prison. »

A poi ne se va pasmant
Li bergiers pour Marion.
Quant le vi, pitié m'en prent,
Si li dis en ma reson :
« Ne t'esmaier, bergeron ;
Jà si ne la celeront,
Qu'ele lest por nul torment
Qu'ele ne t'aint loiaument,
Se fine amour l'en semont. »

— « Sire, je sui trop dolent
Quant je voi mi compaignon
Qui vont joie demenant :
Chascuns chante sa chançon,
Et je sui seus environ,
Affublé mon chaperon ;
Si remir la joie grant
Q'il vont entour moi fesant :
Confort n'i vaut un bouton. »

— « Bergiers, qui la joie atens
D'Amors fez granz mesprison ;
Touz les max en gré en pren,
Tout sanz ire et sanz tençon.
En mult petit de seson
Rent Amors le guerredon ;
S'en sont li mal plus plesant
Qu'on en a souffert devant
Dont l'en atent guérison. »

Sixième Pastourelle*.

El mois de mai, par un matin
S'est Marion levée ;

En un boschet, lez un jardin,
S'en est la bele entrée.
Dui vallet, Guiot et Robin,
Qui lonc-tens l'ont amée,
Pour li voer, delez le bois alèrent à celée ;
Et Marion, qui s'esjoï, a Robin perceu,
Si dist ceste chançonete :
« Nus ne doit lez le bois aler
Sanz sa conpaingnete. »

Robin et Guiot ont oï
Le son de la brunete.
Cil qui plus a le cuer joli
Fet melz la paelete.
Guiot mult très grant joie ot
Quant ot la chançonete ;
Pour Marion sailli en piez, s'atempre sa musete.
Robin mult très bien oï l'ot,
Au plus tost que il onques pot
A dit en sa frestele :
« Dex ! quel amer !
Harou ! quel jouer
Fet à la pastorele ! »

Guiot a mult bien entendu
Ce que Robins frestele,
Si très grant duel en a éu
A pou q'il ne chancele ;
Mès li cuers li est revenu
Pour l'amor de la bele ;
Il a reposté sa musele,
Si secorce sa cotele ;
Un petitet ala avant
Delez Marion maintenant,
Si li a dit tout en esmai :
« Hé ! Marionnete, tant amée t'ai ! »

Iarion (sic) vit Guiot venir,
S'est autre part tornée,
Et quant Guiot la vit guenchir,
Si li dist sa pensée :
« Marion, mains fez à prisier
Que fame qui soit née
Quant pour Robinet, ce bergier
Es si asséurée. »

Quant Marion s'oï blasmer,
Li cuers li conmence à trembler ;
Si li a dit sanz nul déport :
« Sire vallet, vos avez tort,
Qui esveilliez le chien qui dort. »

Quant Guiot vit que Marion
Fesoit si male chière,

---

vingt et unième poète cité par Fauchet. Elle se retrouve dans le manuscrit du Roi, supplément français n° 184, folio 108 recto ; dans le manuscrit du fonds de Cangé n° 65, folio 61 verso, col. 2 ; dans le manuscrit du même fonds n° 67, p. 144, col. 1 ; dans le manuscrit 7222, folio 18 verso, col. 1 ; dans celui du fonds de la Vallière n° 59, p. 99, col. 1.

* Manuscrit de l'Arsenal n° 63, p. 207. Cette pastourelle est de Raoul de Beauvais, le trente-troisième des poëtes mentionnés par Fauchet. Suivant le manuscrit du fonds de Cangé n° 65, qui la contient, fol. 95 verso, col. 2, elle appartient à Jehan Erars. Le manuscrit du même fonds n° 67, qui la renferme, p. 198, col. 2, l'attribue aussi à ce dernier trouvère.

Avant sacha son chaperon,
　Si est tornez arrière.
Robin, qui s'estoit enbuschiez
　Souz une chasteignière,
Pour Marion sailli en piez,
　Si a fet chapiau d'ierre.
Marion contre lui ala,
Et Robin ij. foiz la besa,
　Puis li a dit : « Suer
　　Marion,
Vous avez mon cuer
Et j'ai vostre amor en ma prison. »

Septième Pastourelle*.

L'autr'ier par une matinet,
En nostre aler à Chinon,
Trouvai lez un praclet
Touse de bele façon :
Ele avoit le chief blondet,
Et fesoit un chapelet,
Et disoit ceste chançon
Hautement, seri et cler :
« Robeçonnet, la matinée
　Vien à moi joer. »

Robin cueilloit le musguet
Quant oï son conpaignon
Un sien petit aignelet
Ferir de son croceron,
Puis sesist son bastonet.
Cele part queurt le vallet,

Et la touse à mult haut son
Chanta, que bien fu oïe :
« Mal ait amor de vilain,
　Trop est endormie. »

Quant je vi le pastorel
Qui s'esloignoit de celi,
Cele part ving mult isnel,
De mon cheval descendi,
Puis li dis : « Touse mult bel,
Savez faire vo chapel ? »
N'onques ne m'i respondi,
Ainz chanta, ne fu pas mue :
« Je ne serai plus amiete Robin,
Il me lesse aler trop nue. »

— « Touse, mult bien de nouvel
Vous vestirai, s'à ami
Mi retenez ; grant revel
Merrons entre vous et mi.
El doi vous mettrai l'anel,
Ni garderez plus aignel ;
Ainz serez avecques mi. »
— « Sire, ensi bien le vueil ;
Or n'amerai-je més là où je sueil. »

En sospirant li besai
La bouchete et le vis cler.
Quant l'autre geu commençai,
Si commençai (sic) à plorer
Et dist : « Lasse ! que ferai ?
Or sai bien que g'en morrai. »
Més pour li reconforter
Li dis : « Douce criature,
Endurez les douz max d'amer :
Plus jonete de vos les endure. »

Huitième Pastourelle*.

L'autr'ier d'Ais à la Chapele
Reperoie en mon païs,
Dejoste une fontenele
Trouvai pastors jusqu'à sis ;
Chascuns ot sa pastorele :
Mult orent de lor délis,
Car avec aus estoit Guis
Qui lor muse et chalemele
De la muse au gros bordon.
Endure endure enduron
Endure, suer Marion.

Fouchier, Dreus et Perronnele,

---

* Manuscrit de l'Arsenal n° 63, p. 243. L'auteur est *Colars li Boteilliers*, le quarante-neuvième des poètes mentionnés par Claude Fauchet. Le manuscrit du supplément français n° 184 l'attribue à *Jehans de Noevile*. Voyez le fol. 46 verso. Elle se trouve aussi dans le manuscrit du fonds de Cangé n° 65, folio 93 recto, col. 1 ; dans le manuscrit du Roi n° 7222, folio 100 recto, col. 2. Elle y est attribuée à *Jehans de Nue[vile]* ; mais, à la table, on la donne à *Jehans Erars*. Ce dernier manuscrit donne de plus, à la fin, les deux couplets suivans :

> Lors aïtant la laissai
> Un petitet reposer,
> Et à joer commençai
> Por li le mieuz deporter ;
> Et quant en point la trovai,
> Une autre fois fait li ai ;
> Mais aine ne li vi plorer,
> Ainz me dit : « Biauz amis douz,
> Tote la joie que j'ai me vient de vos. »

> Ma pastorele, va-t'ent
> A Colart le Bouteillier,
> Quar s'il aime loiaument
> Si com il faisoit l'autr'ier,
> Il te chantera sovent.
> Si m'en passe mout briément ;
> Maiz por lui contraloier
> Ne l' dì pas, maiz por la bele.
> Hareu ! quel amer il fait la pastorele.

* Manuscrit de l'Arsenal n° 63, p. 352. Cette chanson, sans nom d'auteur, est attribuée à Gillebert de Berneville, le vingt-quatrième des poètes cités par Fauchet. Il était de Courtray, vivait en 1260, et était attaché à Henri, duc de Brabant. Cette pièce se retrouve dans le manuscrit de la Bibliothèque du Roi, fonds de Cangé n° 67, p. 341, col. 1.

Chascuns d'els s'est aatis
Q'il feront dance nouvele
En un pré vert et floris.
Chascuns aura sa cotele
D'un des envers de Senliz,
Et si en avera Guis
Qui leur muse et chalemele
De la muse au grant bourdon.
Endure, etc.

Dist Dreus: « Li cuers mi sautele
Por l'amor de Biatriz. »
Et Fouchier forment frestele
Pour s'amiete Aeliz,
Et Rogier s'amie apele,
Si l'a par le chainse prise (sic).
Par devant touz aloit Guis
Qui leur muse et chalemele
De la muse au gros bourdon.
Endure, etc.

Robins d'une flaütele
I fesoit deus sons tretiz,
Pour l'amor de Perronele
S'en estoit mult entremis :
« M'amiete est la plus bele,
Ce dist Rogier, ce m'est vis. »
Par devant touz aloit Guis
Qui leur muse et chalemele
De la muse au gros bordon.

Neuvième Pastourelle *.

Au main me chevauchoie
Lés une sapinoie,
Et truis pastor coie,
El vert gardoit sa proie (bis)
Seule sans compaignon ;
N'ot od li fors .i. gaignon
Loiet de sa coroie.
Li leus saut d'un buisson,
Se li taut .i. moton
Ançois ke nus le voie.

Cele pleure et larmoie,
Tire sa crine bloie.
Cele part tor ma voie;
Grant pitié en avoie.
Quant mirai sa faiçon,
Son vis et son menton,
Sa gorge ki blanchoie,
Lors dis à Marion
S'el laissoit Robeçon,

Son moton li rendroie ;
Ele, ki molt s'effroie,
Ne set ke faire doie ;
Dist ke se li rendoie
Son pucellaige aroie.
Lors moef à entençon
Brochant à esperon,
Au trespas d'une voie
Le leu ens el caon
K'à terre mort l'envoie.

Dixième Pastourelle *

Lés .i. pin verdoiant
Trovai l'autr'ier chantant
Pastore et som pastor :
Cele va lui baisant
Et cil li acolant
Par joie et par amor.
Tornai m'en .i. destor ;
De veoir lor doçor
Oi faim et grant talant,
Molt grant pièche de jor
Fui illoc assejor
Por veoir lor samblant.
Cele disoit : « .O. a co.»
Et Robins disoit : « Dorenlot. »

Grant pièche fui ensi,
Car forment m'abelli
Lor giens à esgarder ;
Tant ke jo départi,
Vi de li son ami
Et ens el bos entrer.
Lors euc talent d'aler
Vers li pour saluer ;
Si m'asis dalés li,
Pris le à aparler,
S'amor à demander ;
Mais mot ne respondi,
Ançois disoit : « .O. a co.»
Et Robins el bois : « Dorenlot. »

— «Tose, je vos requier,
Donés-moi .i. baisier,
Se ce non je morrai ;
Bien m'i poés laissier
Morir sans recovrier,
Se jou le baisier n'ai.
Sor sains vos juerrai,
Jà mai ne vos querrai
Ne forcheur destorbier. »
— «Vassal, et je l' ferai,
.lij. fois vos baiserai

---

* Manuscrit du Roi, supplément français n° 184, folio 85 recto. Cette pièce est attribuée à *Ghilebers de Berneville*. Elle se trouve aussi dans le manuscrit du fonds de Saint-Germain-des-Prés n° 1989, folio 74 verso.

* Manuscrit de la Bibliothèque Royale, supplément français n° 184, folio 85 verso. Elle est attribuée à *Ghilebers de Berneville* ; on la trouve aussi, mais mutilée, dans le manuscrit du Roi n° 7222, folio 99 recto, col. 1.

Por vos rasohaigier. »
Ele dist: « .O. a eo. »
Et Robins el bois : « Dorenlot. »

A cest mot plus ne dis,
Entre mes bras le pris,
Baisai-le estroitement ;
Mais au conter mespris,
Por les .iij. em pris .vi.
En riant ele dist :
« Vassal, à vo creant
Ai-ge fait largemant
Plus ke ne vos promis ?
Or vos proi boinemant
Ke me tenés covant,
Si ne me querés pis. »
Cele redist: « .O. a eo. »
Et Robins el bos: « Dorenlot. »

Li baisier par amors
Me doblèrent l'ardor,
Et plus fui destrois ;
Par desos moi la tor,
Et la tose ot pavor,
Si s'escria .iij. fois.
Robins oï la vois,
Gautelos et Guifrois
Et cist autre pastor ;
Corant issent del bois ;
Et je jabés m'en vois,
Car la force en fu lor.
Puis n'i ot .o. a ne o,
Robins ne dist puis dorenlot.

Onzième Pastourelle *.

Bergier de ville champestre
Pestre
Ses aignoiax menot,
Et n'ot
Fors un sien chienet en destre ;
Estre
Vousist par senblant
En enblant
Là où Robins flajolot,
Et ot
La voiz qui respont
Et espont
La note du dorenlot.

Quant Robins vit la pucele,
Cele
Vint à lui riant;
Atant
Acole la damoisele.

Ele
Le tret du sentier,
Car entier
Son douz cuer et son talant,
En alant
Ont fet maint trestor,
Et entor
Entr'acoler et besant.

Dist Robins : « Se je savoie
Voie
Qu'autres ne séust,
S'éust
M'amie à mengier à joie
Oie
Et gastiaus pevrez,
Abuvrez
A un grant henap de fust ;
Et fust
Li vins formentiex
Et itex
Que ma dame ne l' refust. »

Douzième Pastourelle *.

Hier main quant je chevauchoie
Pensis amoreusement,
D'autre part delez ma voie,
Près de bois et loig de gent,
Trouvai pastore au cors gent.
Seule demaine grant joie
Et queut la flor en l'arbroie
Où ceste chançon commença :
« Dex ! trop demeure ; quant vendra ?
Loig est, entr'oubliée m'a. »

Robin n'a pas entendue
La voiz que cele chantoit,
D'autre part sus la maçue
Entre ses aignoiaus dormoit :
Trop matin levez estoit ;
Longuement l'a atendue.
La touse, quant l'a véu,
A dit por lui esperir :
« Dormez, qui n'amez mie ;
J'aim, si ne puis dormir. »

Quant si avant fu venue
Qu'el ne pout plus demorer,
Je descent, si la salue ;
Ele s'en vout retorner ;
Mès je la fis demorer,
A force l'ai retenue,
Puis li dis : « Soiés ma drue :
Je vos aim sanz faintise,

---

* Manuscrit de l'Arsenal n° 63, p. 401. Elle est ici sans nom d'auteur ; on l'attribue à Robert de Reims, le vingt-neuvième des poëtes cités p Claude Fauchet.

* Manuscrit de la Bibliothèque du Roi, fonds de Cangé n° 65, folio 128 recto, col. 2. Elle est de Hilaces de Fontaines.

Je vos ai tot mon cuer doné,
    Bele très douce amie. »

Quant la tose entalentée
Vi de fere mon voloir,
Maintenant l'en ai levée
Sus le col du palefroi,
Si l'emportai en l'aunoi
Estroitement acolée,
Et ele s'est escriée
Au plus haut qu'el onques pout :
« Hé ! resveille-toi, Robin,
Car on en maine Marot ! »

Quant oi fet de la pastore
Ce que j'aloie querant;
Ma coroie et m'aumosnière
Li ai tendu maintenant,
Puis si m'en tornai. Atant
Robin vint aval la prée,
Et à Dieu l'ai conmandée.
    Dolent m'en part ;
A Dieu conmant-je mes amors
    Q'il les me gart.

Treizième Pastourelle *.

Par desous l'ombre d'un bois
Trovai pastoure à mon cois ;
Contre iver ert bien garnie,
La tousete ot les crins blois.
Quant la vi sans compaignie,
Mon chemin lais, vers li vois.
    Ae !

La touse n'ot compaignon
Fors son chien et son baston,
Pour le froit en sa chapete
Se tapist lès .i. buisson,
En sa flehute regrete
Garinet et Robeçon.
    Ae !

Quant la vi soutainement
Vers li tor et si descent,
Se li dis : « Pastoure amie,
De bon cuer à vos me rent ;
Faisons de foille courtine,
S'amerons mignotement. »
    Ae !

— « Sire, traiés-vos en là ;
Car tel plait oï-je jà.
Ne sui pas abandounée
A chascun ki dist : Vien chà.

---

* Manuscrit de la Bibliothèque du Roi, n° 184 du supplément français, folio 43 recto. Cette chanson est attribuée à *Hues de Saint-Quentin*.

Jà pour vo sele dorée
Garinés riens n'i perdra. »
    Ae !

— « Pastourele, si t'est bel,
Dame seras d'un chastel ;
Desfuble chape griséte,
S'afuble cest vair mantel,
Si sambleras la rosete
Ki s'espanist de novel. »
    Ae !

— « Sire, ci a grant promesse ;
Mais molt est fole ki prent
D'ome estrange en tel manière
Mantel vair ne garniment,
Se ne li fait sa proière
Et ses boens ne li consent. »
    Ae !

— « Pastorele, en moie foi,
Pour çou que bele te voi,
Cointe dame, noble et fière,
Se tu vels, ferai de toi ;
Laisse l'amour garçonière,
Si te tien del tout à moi. »
    Ae !

— « Sire, or pais, je vos em pri,
N'ai pas le cuer si failli ;
Que j'aim miex povre deserte
Sous la foille od mon ami
Que dame en chambre coverte :
Si n'ait-on cure de mi. »
    Ae !

Quatorzième Pastourelle *.

Er main pensis chevalçai
    Lès une sauçoie,
Pastourel chantant trouvai
    Demenant grant joie.
    Cors avoit gent
    Et avenant,
    Crins reluisans
    Et oel riant,
Si disoit : « .O. dorenlot,
    Diva ! Marot,
    Au cors mignot,
    Si mar t'amai !
    Je l'arai

---

* Par *Ernous Caupains*. Manuscrit du Roi, n° 184 du supplément français, folio 44 verso. Cette pièce se retrouve dans le manuscrit du Roi n° 7222, folio 99 verso, col. 1. Elle y est attribuée à *Baudes de la Kakerie*, tandis que, à la table, on la donne à *Jehans Erars*.

U je morrai.
L'amour de li mar l'acointai. »

Si com cil chantoit ensi
De Marot la bele,
Par aventure l'oï
Une damoisele.
Ses chans li plot,
Vers li torna,
Si l'esgarda
Et enama,
Se li dist : « Si mar t'acointai !
.O. dorlotin,
Diva ! Robin,
Mignot Robin,
Tes oex mar t'esgardai.
Se cis maus ne m'asouage je morrai. »

Que qu'ele vint à Robin,
Molt est esmarie ;
Andeus ses mains li tendi
Et merci li crie.
Que qu'ele pleure et cil s'en rit,
De tout son dit li est petit ;
Cele a dit : « .O. que ferai ?
D'amer morrai,
Já n'en vivrai
Se toi n'en ai
Que j'aim tant bien.
Trop m'ara s'amours grevé,
Se tout li mal en sont mien. »

Cele ki rien ne li vaut
Chose qu'ele face,
Ses bras estent, vers lui saut,
Par le col l'embrace ;
Vers soi l'estraint mout doucement,
Cil se desfent trop durement,
Si a dit : « .O. quel folour
Quant vostre amour
Et vostre honour
M'avés abandounée !
L'amour ki est vée
C'est la plus desirrée. »

Que qu'ele ensi Robin
Embraceet a cole,
És-vos Marot au cuer fin
Ki se tient por fole,
Huchant s'en vait : « Traï ! traï ! »
Robins l'oï,
Vers li sailli,
Se li a dit : « .O. douce suer,
Tu as mon cuer,
Ne l' jeter puer :
Je t'aim sans decevoir,
Je voi ce que je desir,
Si n'em puis joie avoir. »

Cele l'ot ki bien l'entent,
Mais el n'en a cure ;

Et Robins vers l'autre atant
Cort grant aléure ;
Mais cele ne l'atendi pas :
Eneslepas
Li gete .i. gas,
Si li dist : « .O. fols Robin,
Lai ton chemin ;
Par cest, par cest matin
Si va tes bestes garder.
Ostes, saroit dont vilains amer ?
Nenil voir, s'il aime já Diex n'i soit. »

Quant Robins s'ot ramprosner,
Si respont par ire :
« Bele, laissiés-moi ester,
Vostre vente empire.
Já m'en proiastes-vos avant,
Bien fis samblant ;
N'en oi talant,
N'encor n'en ai.
.O. Robin retornés ;
Et se volés,
M'amour arés :
Cuite vos claim atant.
Trop s'avilonist pucele
Ki d'amer va proiant. »

Cele respont sans targier :
« Faus, ton gaber laisse ;
Folie te fist quidier
Que de cuer t'amaisse.
D'amer garçon noient ne sai,
Bien te gabai
Quant t'en priai.
Or i pert .o. nepourtant
Pour ton bel chant
En oi talant ;
Mais or changié m'ai.
Vous n'i verrés mais à tel abandon,
Couart vous trouvai. »

Quinzième Pastourelle*.

Entre le bos et le plaine
Trovai de ville lontaigne
Tose de grant beauté plaine,
Ses bestes gardant ;
Cler chantoit come seraine,
Et Robins à vois autaine
Li respont ens flahutant ;
Et je por oïr lor samblant
Descendi, si entendi
Ke cele li dist tant :
« Robin, bien fust avenant
K'eussiens chapel d'un grant
De la flor premeraine. »

---

* Manuscrit de la Bibliothèque du Roi, n° 184 du supplément français, folio 78 recto. Elle est de *Jehans Bodeaus*.

A cest mot Robins l'achaine,
Ki por s'amor ert en paine :
« Marion, fait-il, amaine
 Tes bestes avant,
Ke ne passent ens l'avaine ;
Met-les ens l'erbe foraine ;
Ton chapel ferai avant;
Mais molt me feroies dolant
Se le cri de ton ami
Avoie por noiant,
Car Perrins se va vantant
Ke de çou dont me vois penant
K'il en keudra la graine. »

Seizième Pastourelle *.

Pensis com fins amourous
L'autr'ier chevauchoie,
Robin oi, qui tous sous
Demenoit grant joie.
Cele part ving, se l' saluai
Et del revel li demandai
 Dont il vient :
« Sire, fait-il, il me tient
Et boine raison i a.
Belle m'a s'amor donée
Qui mon cuer et mon cors a. »

— « Robins molt ies eurous,
Mais savoir vauroie
S'onques par nul envious
Fu t'amie en voie
K'ele se targast à toi. »
Il respont : « Sire, par ma foi !
 Voir dirai :
Lonc tans mal esté en ai;
Or ai
Pais, s'en ai cuer joiant.
Se j'aim par amors, joie en ai si grant,
Maugré en aient li mesdisant. »

— « Robin, miex t'est avenu
Que moi ne puet faire,
Que maint samblant ai éu
Douc et déboinaire ;
Et sans forfait perdu los (sic) ai,
Ne nul confort trover n'i sai ;
Si deproi toi qui joie as,
Apreng-moi coment tu as
 Confort trové.
J'ai adés loiaument amé ;
Mais me[s]cheance m'a grevé. »

— « Sire, or ai bien entendu
Trestot vostre afaire.

S'il vous est mésavenu
Par aucun contraire,
Sitost ne vous désespérés,
Mais bien et loiaument servés
 Fine amor,
Car bientost a grant dochor
 Tel dolor ramaine.
Nus n'em puet avoir grant joie
S'il n'en sueffre paine. »

— « Robin, la paine à soffrir
Ce n'est pas grevance,
Tant com hom se puet tenir
Em boine espérance ;
Mais ce k'il est tant mesdisans
Et pau de loial cuer amans
 Me fait mal ;
Que j'en quidoie une loial
 Qui traï m'a.
Teus quide avoir amie,
Qui point n'en a. »

— « Sire, on voit bien avenir
Par acostumance
Qu'eles font pour abaubir
Cruel contenance ;
Si s'en effroie li mauvais
Ki n'ose les dolerous fais
 Sostenir ;
Mais se bien poés soffrir
Ce ne po[et] longes durer.
Ne vous repentés mie
De loiaument amer. »

A Dieu comanc Robeçon ;
Mostré m'a boine raison,
 S'atendrai ;
Mais çou ke si haut pensai
Me fait doloir et plaindre ;
En si haut lieu ai mon cuer assis
Ke je n'i puis ataindre.

Sire, chi a povre ochoison.
De haut signeur guerredon
 S'atendés,
Ja certes n'i perdrez
En si boin signeur servir.
Ki bien et loiaument aime,
Sa joie ne doit faillir.

Dix-septième Pastourelle *.

Dehors Lonc-Pré el bosquet
Erroie avant-hier;

---

* Manuscrit du Roi, supplément français n° 184, folio 122 recto. Cette chanson est de *mésire Pieres de Corbie*; elle se trouve aussi dans le manuscrit de la Bibliothèque Royale n° 7222, fol 20 recto, col. 2.

* Manuscrit de l'Arsenal n° 63, p. 204. Cette chanson est de *Jehan Erars*, le trente-deuxième des poètes mentionnés par le président Fauchet. Elle se trouve aussi dans le manuscrit du fonds de Cangé n° 65, fol. 83 recto, col. 1 ; et dans le manuscrit du même fonds n° 67, p. 196, col. 1.

Là vi mener grant revel
En mi un sentier,
D'une jolie tousete,
Sage, plesant et jonete.
Dex! tant m'enbeli
Quant seule la vi!
Et la touse tout ensi
Conmence à chanter :
« Robin, qui je doi amer,
Tu pués bien trop demorer. »

Je la saluai plus bel
Que je poi raisnier,
Si li donai mon chapel
Pour moi acointier.
Quant je vi sa mamelete
Qui lieve sa cotelete,
Mes braz li tendi,
Si la très vers mi ;
Et la touse tout ensi, etc.

Je l'assis soz l'arbroisel,
Si la vi besier ;
Ele dist : « Sire dancel,
Ce n'éust mestier.
Je sui une jouvenete,
Povre de dras et nuete,
Et sachiez de fi
Que j'ai bel ami. »
Et la touse tout ensi, etc.

« Sire, j'ai ami nouvel
Tout à souhedier,
Je cuit qu'il est el vaucel
Delez cel vivier. »
Robins sone sa musete,
Dont dist à moi la tousete :
« Sire, je vos pri,
Tornez-vous de ci. »
Et la touse, etc.

« En lieu de vo pastorel,
Bele, m'aiez chier :
Ma cainture et mon anel,
A ce conmencier,
Aurez, ma douce amiete. »
Adonc la mis sus l'erbete :
Mon bon acompli,
Mie n'i failli ;
Et la touse, etc.

Dix-huitième Pastourelle *.

Pastorel
Lès un boschel
Trovai séant,
Qui por s'amiete,

Bele Mariete,
S'aloit dementant,
Car laissié l'avoit,
Si amoit
Autrui que lui com folete.

« Las ! fait-il,
Comme tient vill!
Et por noiant
Cele que j'amoie
Pluz que ne faisoie
Moi entièrement !
Or me fausse mout malement
Que si estable cuidoie.

« Saches bien
Que je n'aim rienz
Tant com faz toi
D'amor nete et pure ;
Mais par coverture
Sovent m'esbanoi
A ceus que je croi
Et je voi
Biau joer sanz mespresure.

« Bien as dit ;
Autre escondit
Ne te quier ;
Maiz mout me doutoie
Quant je te veoie
Autrui embracier,
Car sauz losengier
Entier
Ton cuer com le mien cuidoie. »

Puis s'en vait, que pluz n'i dist ;
Si s'est partis
De la pastorete,
Qui n'ert pas folete ;
Ainc de mesdit
N'i ot pluz dit,
Que bien l'a oï ses amis
Qui l'atent en sa logete.

Dix-neuvième Pastourelle *.

Lès le brueill
D'un vert fueill
Truis pastore sanz orgueill,
Chantant
Et notant un son ;
Moult ot clere la façon,
C'ainc tant bele ne connui.
Sanz autrui
Vois avant por mon anui,
Saluai-la, si li dis :
« Touse, li vostres clers vis

---

* Par *Jehans Erars*. Manuscrit du Roi n° 7222, folio 100 verso, col. 1.

* Par *Jehans Erars*. Manuscrit du Roi n° 7222, folio 101 recto, col. 2

M'a soupris
Et li chans de cuer haitié :
La bele à cui je sui,
Donez-moi vostre amistié. »
Ele s'escrie à haut cris :
« Se je chant, j'ai bel ami.
Doete est main levée,
J'ai m'amor assenée. »

— « Touse, laissiez Robin ;
 De cuer fin
 Sans engin
Vos doins m'amor et defin.
Queus est amors d'un bregier
Qui ne set fors que mengier
Et garder porciaus
 Et aigniaus ?
Belé, laissiez ses aviaus ;
Si vos tenez as damoisiaus. »
— « Sire, n'est pas avenant
 Ne séant
D'ensi s'amor otroier :
Robin le donai l'autr'ier,
Jà ne l'en ferai contraire.
Ce ne doit-on mie faire,
S'amor doner et retraire. »

— « Amie, ne vos doutez,
Que jà part n'i averez :
 Dex vos en gart !
Si faite amors pas n'avient,
Car à vos point ne se tient;
Mais moi, qui sanz trahison
 Sui vostre hom,
Devez amer par raison ;
Car je n'aim rienz se vos non. »
— « Sire, ci a lonc séjor,
C'atendu ai toute jor
 Mon pastor ;
Mais sachiez certeinement,
S'il demore longement,
Del tout a moi failli.
Amis, vostre demorée
Me fera faire autre ami. »

Vingtième Pastourelle*.

L'autre ier chevauchai mon chemin,
 Dejouste un ruissel
Truis pastore soz un pin
 Novel.
 D'un ramissel
 Ot fait chapel,
Et cote et chaperon ot
 D'un burel ;
 Frestel,

Chalemel ot,
 Si notoit
 Et chantoit
 Bien et bel,
Souvent regrete un pastorel,
Car sole gardoit son aignel.
Je m'arestai soz l'ombre d'un fraisnel,
Lez un boschel lassai mon poutrel.
 Sa vois, qui retentist el boschel,
 De s'amor m'esprent,
 Car le cors a gent,
 Le vis cler et bel.

« Lasse ! fait-ele en souspirant,
 De duel morrai :
Robins ne m'aime de néant ;
 Or maudirai
 Le tans de mai
 Et maudirai
Et foille et flor et glai.
 Mal trai,
 Si m'esmai
Porcoi ne m'aime Robins, je ne sai ;
Je l'aim de cuer vrai ;
Jà por biauté ne l' laisserai,
Jamais autrui m'amor n'otroierai ;
Trop ai le cuer vrai ;
Mès je chanterai :
 « Amé l'ai,
« Et s'il ne m'aime je l' lairai,
« Certes, je l' harrai. »
Lasse ! qu'ai-je dit ? voir, non ferai. »

Quant je l'oï si dementer
Adonc li dis : « Lessiez ester
 Cel pastorel :
Chaitis est et sera toz dis,
Jamais n'aurois de lui soulaz tant com soit vis. »
 Tant dis et pramis
Qu'entre mes bras doucement le saisis,
Sor l'erbe verdoiant la mis,
Les ex li baisai et puis le vis ;
Lors me sambla que fusse en paradis.
 De li fui espris,
 S'en pris et repris,
 Puis li dis :
 « N'aurez pis. »
 Ele jete un ris,
 Si dit : « Mes amis
 Serez mais toz dis. »

Vingt et unième Pastourelle*.

Por conforter mon corage
Qui d'amors s'esfroie,

---

* Par *Jehans Erars*. Manuscrit du Roi n° 7222, folio 101 verso, col. 2.

* Cette chanson est d'[Er]nious li [V]ielle, et se trouve dans le manuscrit de la Bibliothèque du Roi n° 7222, folio 102 verso, col. 1.

L'autre jor lès un boschage
Toz seus chevauchoie.
  Pastorele
  Gente et bele
Truis et simple et coie;
  En l'erboie
  Qui verdoie
Repaissoit sa proie;
Cors ot gent et avenant,
Bouche vermeille et oel riant,
  Noirs sorcis
  Et bien assis,
Blanc col et coloré le vis;
  Quar Nature
  Mist sa cure
En former tel enfant.
  Aeo!
Son frestel, son baston prent,
  Aeo!
  Chantoit et notoit :
« Je voi venir Emmelot
Par mi le vert bois. »

J'oï la touse qui frestele
Et demaine joie ;
Porce qu'ele est simple et bele,
  Vers li tig ma voie;
Je le dis com fins amis :
« Touse, car soiez moie. »
  La bregière,
  Qui fu fière,
  Durement s'esfroie.
Maintenant s'amor demant,
El dit que n'en fera noiant :
De Robin a fait ami
Qui li a juré et plevi
  Que sa vie
  D'autre amie
N'aura los ne cri.
  Aeo!
Robins est loiaus amis.
  Aeo!
« Traiez-vos en là.
Robins m'a de cuer amée,
Si ne l' lairai jà. »

— « Jentix touse débonaire,
Preus, sanz vilenie,
Ne m'i faites plus contraire,
Devenez m'amie.
  Cote noire,
  C'est la voire,
Ne vos donrai mie;
D'escarlate iert vermeillete,
De vert mi-partie. »
Ele dit : « Traiez arrier,
N'i vaut vostre dosnoier. »
Je la pris,
  Qui fui sonpris;
Par force soz moi la mis,
  Demanois

Le ju françois *
Li fis à mon talant.
  Aeo!
Touse, or est-il autremant.
  Aeo!
Cele crie en haut :
« Se Robins m'a mal guardée,
Mal dehait qui chaut ! »

Vingt-deuxième Pastourelle **.

Hui main par un ajornant
Chevauchai ma mule anblant ;
Trouvai gentil pastorele et avenant,
Entre ses aigniax aloit joie menant.

La pastore mult m'agrée,
Si ne sai dont ele est née
Ne de quels parenz ele est enparentée.
Onques de mes euz ne vi si bele née.

« Pastorele, pastorele,
Vois le tens qui renouvele,
Que raverdissent vergiers et toutes herbes :
Biau déduit a en vallet et en pucele. »

— « Chevalier, mult m'en est bel
Que raverdissent prael,
Si auront assez à pestre mi aignel,
Je m'irai soef dormir souz l'arbroisel. »

— « Pastorele, car sousfrez
Que nos dormons lez à lez,
Si lessiez voz aigniax pestre aval les prez ;
Vos n'i aurais jà damage où vous perdez. »

— « Chevalier, par saint Simon,
N'ai cure de conpaignon.
Par ci passent Guerinet et Robeçon,
Qui onques ne me requistrent se bien non. »

— « Pastorele, trop es dure
Qui de chevalier n'as cure ;
A .I. boutons d'or auroiz cainture,
Si me lessiez prendre proie en vo pasture. »

— « Chevalier, se Dex vos voie,

---

* Cette expression, qu'il n'est pas besoin de traduire, est remarquable. Comparez-la avec l'expression *lor françois* qu'on retrouve dans la romance de *Bele Yolans* et dans la Chanson de geste de Garin de Montglave. Voyez le *Romancero françois*, par M. Paulin Paris, p. 40 et 41.

** Manuscrit de l'Arsenal n° 63, p. 307. Anonyme. Elle a déjà été publiée par M. de Roquefort, dans son livre *de l'État de la poésie françoise dans les* XIIe *et* XIIIe *siècles*, p. 387-389. On la retrouve dans le manuscrit du fonds de Caugé n° 65, fol. 160 recto, col. 2 ; et dans le manuscrit du même fonds n° 67, p. 291, col. 2.

Puisque prendre voulez proie,
En plus haut lieu la pernez que ne seroie :
Petit gaaigneriez, et g'i perdroie. »

— « Pastorele, trop es sage
De garder ton pucelage.
Se toutes tes conpaignetes fussent si,
Plus en alast de puceles à mari. »

Vingt-troisième Pastourelle *.

L'autr'ier quant je chevauchoie
Tout droit d'Arraz vers Doai,
Une pastore trouvaie (*sic*),
Ainz plus bele n'acointai ;
Gentement la saluai :
« Bele, Dex vous dont hui joie ! »
— « Sire, Dex le vous otroie
Tout honor sanz nul délai !
Cortois estes, tant dirai. »

Je descendi en l'erboie,
Lez li soer m'en alai,
Si li dis : « Ne vos ennoie,
Bele, vostre ami serai
Ne jamès ne vos faudrai :
Robe auroiz de drap de soie,
Fermaus d'or, huves, corroies ;
Cuvrechiés, treccoirs ai,
Sollers, pains, ganz vos donrai **. »

— « Sire, ce respont la bloie,
De ce vous mercierai ;
Mès ne sai conment leroie

---

* Manuscrit de l'Arsenal n° 63, p. 347. Anonyme. Cette pièce a été publiée dans l'ouvrage de M. de Roquefort déjà cité, p. 391, 392. On la retrouve dans le manuscrit de la Bibliothèque du Roi, fonds de Cangé n° 67, p. 335, col. 1.

> Damoisele, car créez
> Mon conseil : je vous creant,
> Jamès povre ne serez ;
> Ainz auroiz à vo talent
>   Cote trainant
>   Et corroie
>   Ouvrée de soie,
>   Cloée d'argent,
>   Etc.

(Manuscrit de l'Arsenal n° 63, p. 242, col. 2 ; manuscrit du fonds de Cangé n° 65, fol. 91 recto, col. 1 ; manuscrit du même fonds n° 67, p. 236, col. 1 ; manuscrit du fonds de la Vallière n° 59, p. 138, col. 1.)

** Il nous a paru curieux de rapprocher ce passage du suivant qui appartient à une chanson du duc de Brabant, père de Marie, femme de Philippe le Hardi, et le quarante-huitième des poètes cités par le président Fauchet :

Robin, mon ami que j'ai ;
Car il m'aime, bien le sai.
Pucele sui, qu'en diroie ?
Ne sosfrir ne le porroie ;
Mès tant vos otrierai,
Jamès jor ne vos harrai.

« Biau sire, je n'oseroie,
Car por Robin le lerai.
S'il venoit ci, que diroie ?
Si m'aït Dex, je ne sai.
Vostre volenté ferai. »
Je la pris, si la souploie,
Le gieu li fis toute voie,
Onques guères n'i tarjai ;
Mès pucele la trovai.

Ele me semont et proie
Se ses couvens li tendrai ;
Je li dis que ne l' leroie
Pour tout l'avoir que je ai.
Seur mon cheval l'encharjai.
Andriu sui qui maine joie,
Ma pucelete dognoie,
Droit en Arraz l'enportai ;
Granz biens li fis et ferai.

Vingt-quatrième Pastourelle *.

Entre Godefroi et Robin
Gardoient bestes .i. chemin
Dejoste une rivière.
De là l'aige, près d'un sapin,
Desos l'ombre d'un aube espin,
Gardoit une bregière
Aigneaus ens la bruière.
De joins et de feuchière
Estoit coverte sa chabute.
A la clokete et à la muse
Aloit chantant une cançon.
Robins a entendu le son,
Si l'a dit à son compaignon ;
Et le bote
  Del coute.
« Escote,
Fols, escote.
J'oi m'amie là outre.
Or la voi,
  La voi,
Por Dieu salués-le-moi.
N'i puis merchi trover
Ens la belle cui j'aim. »

— « Beaus dos compains, dist Godefrois,
Por Ermenion sui si destrois
Ke ne sai ke je faice.
La grans jelée ne li frois

---

* Manuscrit de la Bibliothèque Royale, supplément français n° 184, folio 78 verso.

Ke j'ai enduré maintes fois
Ne la nois ne la glaice
N'ont pas tainte me faice;
Mais cele ki me laice
Mes oltraiges me doit bien nuire,
Avant-ier li brisai sa buire :
Or m'en a pris en grant desdaig.
En non Dieu, Robin, beaus compaig,
Vos chantés et je me complaig;
Vos amés joie, et je le has;
Vos ne sentés mie les maus ausi com je fas;
Vos chantés et je muir d'amer,
Ne vos est gaires de ma mort *.
Ahi! mors! mors! mors! porquoi m'ochies à tort?»

Quant Robins entent Emmelot,
 Et cele sot
 Ke Robins l'ot,
Lors resbaudist la joie.
Cele enforce son dorenlot
A la clokete et au siflot
 Pour çou ke Robins l'oie.
Tot li cors m'en effroie;
Vers li tornai ma voie,
Devant li descent ens la prée,
Puis si l'ai araisonée,
Déboinairement li dis :
« Tose, je sui li vostre amis;
Mon cuer vous otroi à tos dis,
Tenés, je vos en fas le don.
A cui donrai-jou mes amors, amie,
 S'à vos non !
En non Dieu! vos estes belle,
On vos doit bien amer,
Chi a belle pastorelle,
 S'ele avoit ami.
Doce amie, car m'amés (bis),
Jà ne proi se vos non. »

— « Sire, bien soiés-vos venus!
De par moi estes retenus :
Por vostre plaisir faire
Ne doit lons plais estre tenus :
Trop est Robins povres et nus
Et de trop povre afaire.
Provos samblés ou maire
Ki portés penne vaire.
Tose ki haut home refuse,
Vilain pastorel amuse,
A entient prent le piour.
Amors n'est onques sans doçor;
Mais cele n'a point de saveur
Dont li déduit son tost.
Ostes, saroit dont vilains amer?
 Nenil jà,
 Nenil jà,
Deaubles li aprendera.

---

* Ce vers et le précédent ont été reproduits par Gibert de Montreuil, qui les fait chanter par Florentine. Voyez le *Roman de la Violette*, p. 156.

Ostés cel vilain, ostés,
Se vilains atouche à moi,
 Nis del doi,
 Jà morrai. »
A cest mot fui en tel effroi
Ke jou laissai mon palefroi
Aler aval l'erbaige.
Robins apele Godefroi,
Or furent ensamble tout troi,
Puis dist tot son coraige :
« Sire, n'est mie saige
Povre pucelle ki s'acointe
A haut home orgellex et cointe.
Oï l'avés dire sovent :
« Ki haut monte de haut descent,
« Froit a le pié ki plus l'estent,
« Ke ses covretoirs n'a de lonc. »
 Amerai-je dont
 Se mon ami non ?
 Naie, se Dieu plaist,
 Autrui n'amerai.
 Errés, errés,
 Vos n'i dormirés
Mie entre mes bras, jalous.
Ge n'oi onques c'un ami,
 Ne jà celui
 Ne changerai;
 Jà n'oblierai
 Robin,
Cui j'ai m'amor donée.
Ostés vos mains d'autrui avoir,
Vos quidiés tot le mont valoir :
Cil est molt faus ki ce proeve
Ke tot soit siens kan k'il troeve.
Remontés, car à moi failli avés. »

Vingt-cinquième Pastourelle *.

 En une praele
 Lez .i. vergier
 Trouvai pastorele
 Lez son bergier.
 Li bergier l'apele,
 Vouloit besier;
Més ele en fesoit molt très grant dangier,
Car de cuer ne l'amoie mie;
Oncor fust-ele sa plévie,
 Si avoit-elé ami
 Autre que son mari;
Car son mari, je ne sé porqoi,
Het-ele tant qu'ele s'escrioit :

---

* Manuscrit du fonds de Cangé n° 65¹, folio 186 verso, col. 1. Cette pastourelle se retrouve aussi dans le manuscrit du même fonds n° 67, p. 325, col. 1; et dans le manuscrit du fonds de Saint-Germain n° 1989, folio 153 recto. Elle se trouve répétée dans le même volume, folio 155 verso, et contient à la fin un couplet de plus.

« Ostez-moi l'anelet du doit,
Je ne sui pas marié à droit.

« A droit ! non, fet-ele
A son bergier.
En pur sa gonele
Auroie plus chier
Robin qui frestele
Lez l'olivier
Que avoir la seignorie
D'Anjou ne de Normendie *;
Mès je (sic) j'ai failli,
Certes, ce poise mi. »
Dist la douce criature
A haute vois :
  «Honis soit
  Maris qui dure
  Plus d'un mois. »

— « Un mois ! suer doucete,
Dist li pastors;
Ceste chançonete
Mi fet iros.
Trop estes durete
De vos amors :
Je vos pris à fame,
Souviengne-vos;
Et se tele est vos pensée
Qu'à moi soiez acordée,
Dont si haez Garnier
Qui est en cel vergier. »
Et ele dit que jà
Por li ne lera
  A amer.
« Vaderali doude, s'amor
Ne m'i lesse durer. »

— « Durer ! suer doucete,
Ce dist li jalous,
Fole ennuiosete,
Qui amez-vos ? »
Se dist Joanete :
« Biau sire, vos. »
— « Tu mens voir, garsete;
Ainz as aillors mis ton cuer et ta pensée,
Moi n'aimes-tu de riens née;
Ainz aimes melz Garnier,
Qui est en cel vergier,
Que ne fas moi. Aimi !
  Aimi !
Amoretes m'ont traï. »

— « Traï ! voir, fet-ele,
Vilain chaitis ;
Traï estes-vos, je le
  Vos plévis,
Car li miens amis

Est molt melz apris,
De vos est plus biaus et plus jolis;
Si li ai m'amor donée. »
— « Ha ! fole desmesurée,
Por l'amor de Garnier
Le compérés jà chier. »
Et la touse li escrie :
« Ne me batés pas, dolereus mari,
Vos ne m'avés norrie ;
Se vos me batés, je ferai ami ;
Si doublera la folie. »

Vingt-sixième Pastourelle *.

Je me chevalchoie
Par mi un prael,
Dejoste une arbroie
Lez .i. ormissel;
Là trovai grant joie,
Pastore en l'arbroie,
En sa main frestel,
Chante .i. son novel,
Vuet que Robins l'oie.
La color rosine
Par mi la gaudine
Reluisoit tant cler.
Deus me last trover
Que l'aie sovine !

Par mi la ramée
Vers li chevalchai,
Quant je la vi seule
Si la saluai ;
Dis li : « Bele neie,
Soiez ma priveie ;
Je vos amerai,
Riche vos ferai
En vostre contrée. »

— « Avoi ! chevaliers,
De foloi parlez,
S'en moi a mesure ;
Je sui bele assez,
Ce li dist la pure.
Je n'ai de vos cure ;
Li us est fermez,
Robins a les clés
De la serréure. »

— « Bele Mariette (sic),
Près de moi te tien,
Par desoz ta cotte
Te bottrai del mien.
Bele Mariotte,
Près de moi t'acoste
Seule senz engien. »

---

* Dans Jehans de Normandie.
(Manuscrit de Saint-Germain.)

* Manuscrit de la Bibliothèque royale, fonds de Saint-Germain-des-Prés n° 1989, fol. 47 recto. Anonyme.

Et dist que bien siet
Dedanz sa biotte.

La berre est briseie,
L'us est desfermez;
Jamais de tel notte
N'orrez à parler.
Ele dist : « Par saint Blaise !
Melz valt la sosclaise
Ne facent les cleis.
Sovent i venez,
Amis, en l'erbage. »

Vingt-septième Pastourelle*.

L'autr'ier me levai au jor, (bis)
Trovai en un destor
Pastore et son pastor,
En sa main un tabor,
En l'autre mireor;
Se mire sa color,
Et chante par amor :
« Dorenleu diva !
   Eya !
   Oi çà,
   Oi là. »
Mais en pou d'ore li chanja
   Li dorenleus,
   Eyeus !
Qant uns granz leus,
Gole baée, familleus,
Se fiert entre les floz andeus.

Tot ont perdu lor déduit. (bis)
Ez-vos lo leu q'en fuit
Au bois, cui qu'il ennuit;
Et j'en oi lo bruit,
Cele part m'en vois,
   Eyois !
Tot demenois
Me mis entre lui et lo bois
   Por detenir,
   Eyr !
En son venir
Féri lo leu de tel aïr
Que la proie li fis guerpir.

Ele commence à huchier : (bis)
« Férez, frans chevaliers;
Pensez de l'esploitier,
Car por vostre luier
Aurez un douz baisier.
Revenez par nos,
   Eyous !
Robins iert cous. »
Qant je li oi l'aigniau rescous,
   N'ai rien perdu,
   Eyu !
Joianz en fu.

Robins, qui l'avoit entendu,
Par félonie a respondu.

Adonc respondi Robin, (bis)
Qui tint lo chief enclin,
Et jure saint Martin
K'ague n'est mie vin,
Ne sage paresin,
Ne poivres n'est comins,
Ne cuers de femme fins.
« Fous est qui la croit,
   Eyoit !
S'il ne la voit.
Femme fait bien que faire doit,
S'ele fait mal,
   Eyal !
Por un vassal
Qui par ci passa à cheval,
M'a guerpi cele desloial. »

Adon la levai errant (bis)
Sor mon cheval ferrant.
Ele dist en riant :
« Robin, Deus te saut !
   Eyaut !
Plorers que vaut ?
Je vois esbanoier el gaut
   Por mon délit,
   Eyt !
N'est pas petiz.
Se tu m'aimes, si com tu diz,
Pren te garde de mes berbiz. »

— « Dame, tost m'avez guerpi (bis)
Quant por vostre délit
Avés un home eslit
C'onques mais ne vos vit.
Pou se prise petit
Femme qui son cuer,
   Eyuer !
Vuet vandre à fuer.
Bien at geté lo sien a fuer
   Qui par covent,
   Eyent !
Son baisier vant.
Qui va derriers ne va devant,
Qui chainge menu et sovent. »

L'on retrouve dans le manuscrit de la Bibliothèque Royale n° 7222, qui a été mutilé, un ou plusieurs fragmens de chansons appartenant au cycle de Robin et Marion. Voyez le folio 103 recto et verso.

Enfin, on lit encore une autre pastourelle dans le traité de M. de Roquefort : *De l'état de la Poésie françoise dans les* XII° *et* XIII° *siècles*, p. 393, 394. Nous ne la reproduisons pas ici parce qu'elle a été publiée d'après une copie à laquelle nous ne nous fions point.

F. M.

---

* Manuscrit du Roi, fonds de Saint-Germain n° 1989, folio 79 verso.

NOTICE

SUR ADAM DE LA HALLE, MUSICIEN [*].

Au XIIIe siècle, la musique, tendant à sortir de l'obscurité dont son existence était environnée, ne pouvait faire un pas sans s'attacher à la poésie qui lui servait en quelque sorte de conductrice. Les musiciens étaient donc poètes : c'était par eux que le chant s'introduisait dans les châteaux, et c'était en se rappelant les rimes de la chanson du troubadour que le vassal charmait la dure condition qu'il subissait dans ces temps de troubles et de pêle-mêle politique. Les trouvères et les troubadours avaient donc un égal droit à la reconnaissance de toutes les classes de la société ; ils devaient donc se mettre en rapport avec elles. Aussi, lorsqu'on examine la musique de cette époque, les différences que l'on y remarque sont telles, qu'on ne peut les expliquer qu'en réfléchissant à la nature des intelligences diverses qui devaient l'apprécier. Naïve et souvent mélodique, dans le sens que nous attribuons à ce dernier mot, lorsqu'elle animait la chanson, c'est-à-dire lorsqu'elle présentait un air sans accompagnement, elle devenait incompréhensible lorsque le musicien voulait réunir des notes d'une exécution simultanée. En un mot, la musique à plusieurs parties que cette époque nous a léguée ne paraît être bien évidemment que le résultat d'une convention, et non celui de l'imagination et du génie. — Nous donnerons plus bas quelques-unes des raisons d'après lesquelles avait été constituée et mise en usage cette musique insupportable pour l'oreille la moins délicate ; car le sens auditif, seul juge dans une circonstance semblable, devait se trouver continuellement froissé par l'effet de semblables productions. — En examinant les compositions d'Adam de la Halle, on trouve la preuve de ce que nous avons annoncé, dans la division bien marquée de ses ouvrages en musique faite pour le peuple et en musique composée pour une classe plus élevée. Il a laissé des *jeux* parmi lesquels celui de *Robin et Marion* et celui de *la Feuillée* contiennent seuls du chant, des *chansons*, des *partures*, des *rondels* et enfin des *motets*. — Les deux *jeux* dont nous venons de parler étant faits, à n'en pas douter, pour être plus répandus que ses autres ouvrages, l'auteur a dû les présenter sous une forme qui leur permit d'être appréciés facilement par ceux qui devaient les entendre. Or, comme la musique de l'église exerçait alors une grande influence sur la composition, il choisit ceux des modes

---

[*] Cette biographie musicale d'*Adam de la Halle*, que nous devons à une obligeante communication de MM. les Directeurs de l'*Encyclopédie catholique*, est extraite de la cinquième livraison de cette publication. Nous recommandons cet ouvrage à nos lecteurs avec d'autant plus de confiance, que nous leur donnons, par cette citation, une preuve de l'exactitude apportée par les rédacteurs pour ne rien omettre de ce qui peut compléter leur immense travail. Les bureaux de l'administration sont rue de Menars, n° 5.

ecclésiastiques qui se rapprochent le plus de la tonalité indiquée par la nature. C'est, au surplus, ce que nous verrons faire de temps en temps à d'autres compositeurs de ces époques reculées ; l'instinct les poussait vers une tonalité qui n'entrait pas dans ce que l'on peut appeler leurs mœurs musicales. Pour l'acquérir, ils employaient les modes lydien et hypolydien, cinquième et sixième tons de l'église, qui correspondent à nos tons *fa* et *ut*.

Lorsque les compositions de cette époqu[e] étaient faites d'après ce système, elles avaie[nt] une véritable tonalité moderne, à moins qu[e] quelque envie de faire de la science ne pous[s]ât l'auteur à sortir de cette tonalité. — O[n] peut se convaincre de ce que nous avan[...] çons par la seule phrase de chant qui s[e] trouve dans le *Jeu de la Feuillée* : elle est vé[-] ritablement en *fa* majeur. (Ms. 2736, la Vall[...] Bibl. Roy., 81.)

Par chi va la mi-gno----ti--se, Par chi où je vois.

La presque totalité de *Robin et Marion* se trouve dans le même ton. Nous allons donder ici une courte analyse de ce petit poème d'opéra-comique. — Marion, en attendan[t] Robin, chante ce couplet :

Robins m'aime, Robins m'a ; Robins m'a de-man---dée, si m'ara.

Cette phrase assez chantante, et qui n'est pas dépourvue de naïveté, se répète trois fois. Sur ces entrefaites, sire Aubert revient du tournoi, un faucon sur le poing ; il fait des complimens à Marion, qui lui répond qu'elle aime Robin, et le prie de la laisser en paix. Alors sire Aubert, feignant un amour tendre et ardent, sort en disant qu'il va se noyer. Pour toute réponse, Marion se moque de lui. — Robin devise avec Marion, et ils chantent quelques chansons. Pendant qu'il va chercher *un ménétrier et la compagnie*, voici revenir sire Aubert, cherchant querelle à Robin, aussi de retour, sous prétexte qu'il a touché à son faucon, le roue de coups, le laisse sur la place et emmène Marion. — Entre alors Gautier, le ménétrier, qui, voyant l'enlèvement, crie après Robin pour le faire revenir à lui. Celui-ci ne sait que se plaindre, et l'on ne voit pas trop comment cela finirait, si le chevalier, lassé de la résistance de Marion, ne la laissait aller. — La société arrive et Gautier la régale, en réjouissance du retour de Marion, du commencement de la chanson la plus malpropre du moyen-âge, et ce n'est pas peu dire ; mais arrêté par l'indignation générale, il se contente de chanter ce qui suit, et termine ainsi le jeu :

Ve--nés a------près moi, Ve------nés le sen-te-le, le sen----te-le, le sen----te-le lès le bos.

Cette dernière phrase, dans le cinquième ton, transposé une quarte au grave, est aussi tout-à-fait dans notre tonalité d'*ut* majeur, laquelle, il est vrai, se rencontre assez rarement à cette époque. Lorsque les trouvères et les troubadours sortent de ces deux tona[-] lités, c'est alors qu'ils sont tout-à-fait inintelligibles à nos organes. En effet, nos sensations en tonalité sont établies sur la seule gamme, c'est-à-dire sur les seuls rapports qu'admet la nature, et nous avons repoussé à jamais les fausses conventions dont la musique des anciens avait entaché les commencemens de la nôtre. Or, le peuple, de tout temps étranger à cet empiètement de l'esprit sur le sentiment de l'oreille, dut toujours désirer des mélodies construites dans un système analogue au nôtre; celles donc qui lui étaient destinées à cette époque par les hommes que leur heureuse organisation élevait au dessus de leurs confrères, doivent encore nous plaire, et conserver, en raison de leur origine, un caractère qui leur est propre et une couleur tout-à-fait locale. — Le servantois *Glorieuse vierge Marie* est encore dans le sixième ton. Nous en garantissons la traduction d'après l'original du Ms. 2736. Nous aurions voulu le collationner sur d'autres Mss.; mais une réunion de circonstances défavorables nous en ont empêché : il est enlevé dans le Ms. 7222; le Ms. 184 présente les portées vides, et on trouve deux autres mélodies différentes de la première dans les Mss. 65 fonds Cangé et 7363.

En passant aux autres productions d'Adam de la Halle, nous voyons qu'il a composé des *partures*. Il n'y a rien de curieux et de neuf à dire sur ce point. Ce sont de véritables chansons, quant à leurs formes musicales. Le sujet de ces jeux partis est ordinairement un paradoxe amoureux débattu entre deux personnes. Par exemple, Adam prétend que *l'attente du bonheur est préférable au souvenir* : Jehan soutient le contraire, et cela en chantant chacun un ou plusieurs couplets. Un troisième, ordinairement Dragon, ou un autre, décide la question en leur donnant raison à tous les deux. — Il ne nous reste plus à analyser que les *rondels* et les *motets*, c'est-à-dire la musique à intervalles simultanés. Ces compositions étaient faites pour ceux qui se piquaient d'érudition. Il est curieux de suivre, à son début dans les morceaux de ce genre, les pas chancelans de l'harmonie moderne. On imagina, à tort ou à raison, qu'ils ne considéraient comme consonnances que la quarte, la quinte et l'octave. Aussi le moyen-âge, croyant ressusciter la musique d'Amphion et de Timothée, se précipita malheureusement dans cette fausse route, et s'obstina de par l'antiquité à conserver ces principes. L'art musical fut donc indéfiniment retardé, et l'harmonie, entachée d'une sorte de péché originel, dut supporter l'épreuve de plusieurs siècles, avant de se débarrasser des entraves apportées à son vrai développement.—Aussi voit-on dominer et se heurter dans l'harmonie d'Adam de La Halle les intervalles de quarte, de quinte et d'octave. Mais les sixtes, et surtout les tierces, se rencontrent beaucoup plus souvent dans les compositions d'Hucbald et de Guido; c'est donc déjà une amélioration. Le chant du *rondel* que nous présentons ici, est évidemment à la seconde partie.

L'harmonie du *motet* est encore plus faible. Ici, à n'en pas douter, c'est une espèce de contrepoint sur le plain-chant *seculum*. Le motet se composait de *paroles différentes*, ou, si l'on veut, exigeait pour chaque partie musicale, des paroles qui lui étaient particulières. Dans le rondel, au contraire, les *mêmes paroles* se chantaient aux différentes parties. Cette explication est du moins conforme à ce que l'on trouve dans le traité de Francon (Gerbert, *Scriptores ecclesiastici*, t. III, p. 12). Les définitions qu'il en donne se rapportent parfaitement à nos observations antérieures. J'ai indiqué dans un autre endroit [*] par quelle raison les mots *lyra*, *lyræ*, *lyris*, partout où ils se trouvent, ont été maladroitement substitués aux mots *littera*, *litteræ*, *litteris*, et présentent alors un sens inintelligible, au lieu d'une phrase très facile à comprendre. Dans le motet qui suit [**], comme dans tous les autres, le plain-chant est à la partie gravé. Il arrivait souvent qu'on le répétait une ou plusieurs fois.

---

[*] *Gazette musicale*, n° 9, 28 février 1836.
[**] Il se trouve dans le manuscrit du fonds de la Vallière n° 81, *olim* 2736, folio xxviii recto.

Est-il croyable que les deux espèces de musique que nous venons de présenter aient été le résultat des inspirations d'un même homme ? Les mélodies simples ne sont nullement dépourvues de chant ; elles présentent, il est vrai, un peu de monotonie, mais on y rencontre de la naïveté ; leur caractère même s'est conservé jusqu'à nos jours dans les villages et dans les montagnes, sous la forme de complaintes ou de chansons. Pour l'autre musique, au contraire, destinée aux gens qui se prétendaient savans, le pédantisme seul, qui l'avait sollicitée et accueillie, put, seul aussi, la soutenir avec quelque succès jusqu'au moment où elle fut renversée par l'établissement fixe de la tonalité, pour ne se relever jamais.

BOTTÉE DE TOULMON.

LI JUS ADAN,

ou

DE LA FEUILLIE.

NOMS DES PERSONNAGES.

ADANS.
RIKECE AURRIS.
HANE LI MERCIERS.
RIKIERS.
GUILLOS LI PETIS, ou GILLOT.
MAISTRE HENRIS, ou HENRIS DE LE HALE, père d'Adans.

LI FISISCIENS.
DAME DOUCE, ou LA GROSSE FEME.
RAINNELÉS.
LI MOINES.
WALÉS.
LI KEMUNS.

LI PERES AU DERVÉS.
LI DERVÉS.
CROKESOS.
MORGUE,
MAGLORE, } fées.
ARSILE,
LI OSTES.

ADANS.

Segneur, savés pour quoi j'ai mon abit cangiet ?
J'ai esté avœc feme, or revois au clergiet ;
Si avertirai chou que j'ai piecha songiet ;
Mais je vœil à vous tous avant prendre congiet.
Or ne porront pas dire aucun que j'ai antés
Que d'aler à Paris soie pour nient vantés ;
Chascuns puet revenir jà tant n'iert encantés :
Après grant maladie ensieut bien grans santés.
D'autre part je n'ai mie chi men tans si perdu
Que je n'aie à amer loiaument entendu.
Encore pert-il bien as tès quels li pos fu* ;
Si m'en vois à Paris.

Bien pert as granz murax
Les paines, les travax
Qu'orent li ancien.
A paine sont desfez,

ADAM.

Seigneurs, savez-vous pourquoi j'ai changé mon habit ? J'ai été avec femme, maintenant je reviens au clergé. Ainsi, je détournerai ce que j'ai rêvé, il y a long-temps ; mais je veux auparavant prendre congé de vous tous. A présent, aucun de ceux que j'ai hantés ne pourra dire que je me sois vanté pour rien d'aller à Paris. Chacun peut revenir, quelque fasciné qu'il ait été : grande santé vient bien après grande maladie. D'autre part je n'ai pas tellement perdu mon temps ici que je ne me soie appliqué à aimer loyalement. Il paraît bien aux tessons ce que fut le pot. Ainsi je m'en vais à Paris.

Jà ne seront refaiz
Par home crestien.
Bien pert au teest quil li pot furent,
Ce dit li Vilains.

(*De Proverbes et du Vilain*, manuscrit de la Biblio-

RIKECE AURIS.

Caitis! qu'i feras-tu?
Onques d'Arras bons clers n'issi,
Et tu le veus faire de ti !
Che seroit grans abusions.

ADANS.

N'est mie Rikiers Amions
Bons clers et soutiex en sen livre?

HANE LI MERCIERS.

Oïl, pour deus deniers le livre :
Je ne voi qu'il sache autre cose;
Mais nus reprendre ne vous ose,
Tant avés-vous muaule chief.

RIKIERS.

Cuidiés-vous qu'il venist à chief,
Biaus dous amis, de che qu'il dist?

ADANS.

Chascuns mes paroles despist,
Che me sanle, et giete molt lonc;
Mais puis que che vient au besoing,
Et que par moi m'estuet aidier,
Sachiés je n'ai mie si chier
Le séjour d'Arras, ne le joie,
Que l'aprendre laissier en doie;
Puisque Diex m'a donné engien,
Tans est que je l'atour à bien;
J'ai chi assés me bourse escouse.

GUILLOS LI PETIS.

Que devenra dont li pagousse *,
Me commere dame Maroie?

ADANS.

Biaus sire, avœc men père ert chi.

GUILLOS.

Maistres, il n'ira mie ensi
S'ele se puet metre à le voie;
Car bien sai, s'onques le connui,
Que s'ele vous i savoit hui,
Que demain iroit sans respit.

RIKECE AURIS.

Malheureux! qu'y feras-tu? Jamais bon clerc ne sortit d'Arras, et tu veux en faire un bon de toi! ce serait une grande erreur.

ADAM.

Rikiers Amions, n'est-il pas un bon clerc et subtil en son livre?

HANE LE MERCIER.

Oui, je le livre pour deux deniers: je ne vois pas qu'il sache autre chose; mais nul n'ose vous reprendre, tant vous avez la tête changeante.

RIKIERS.

Pensez-vous qu'il viendrait à bout, beau doux ami, de ce qu'il dit?

ADAM.

Chacun méprise mes paroles, ce me semble, et les rejette fort loin; mais puisque cela devient nécessaire, et qu'il me faut aider par moi-même, sachez que je n'ai pas si chers le séjour d'Arras et la joie que je doive laisser pour eux l'étude. Puisque Dieu m'a donné de l'esprit, il est temps que je le mène à bien; j'ai assez secoué ma bourse ici.

GUILLOT LE PETIT.

Que deviendra donc la payse, ma commère dame Marie?

ADAM.

Beau sire, elle sera ici avec mon père.

GUILLOT.

Maître, cela n'ira pas ainsi si elle peut se mettre en chemin; car je sais bien, si jamais je la connus, que si elle vous savait en route, elle s'y mettrait demain sans répit.

---

thèque du Roi, fonds de Saint-Germain-des-Prés 1239, *olim* n° 1830, fol. 71 recto, col. 2 et 3.)

Dans un autre manuscrit, le même proverbe est exprimé de la manière suivante :

Bien pert as fez moraus,
As fors murailz
Les peines, les travailz
K'i eurent les auncien.
A peine sount defeit,
Jà ne serount resfait

Pur houme crestien.
Bien pert el chef quels les oilz furent,
Ceo dist le *Vilain*.

(*Les Proverbes del Vilain*, manuscrit Digby n° 86, Bibliothèque Bodléienne, folio 145 recto, col. 1.)

* Ce mot, comme *page*, vient de *pagus*. On l'emploie encore en Picardie pour désigner un *garçon huilier*.

ADANS.

Et savés-vous que je ferai ?
Pour li espanir, meterai
De le moustarde seur men v...

GUILLOS.

Maistres, tout che ne vous vaut nient,
Ne li cose à che point ne tient.
Ensi n'en poés-vous aler ;
Car puis que sainte Eglise apaire
Deus gens, che n'est mie à refaire.
Garde estuet prendre à l'engrener.

ADANS.

Par foi ! tu dis à devinaille,
Aussi com par chi le me taille :
Qui s'en fust vardés à l'emprendre ?
Amours me prist en itel point
Où li amans .ij. fois se point,
S'il se veut contre li deffendre :
Car pris fu au premier boullon,
Tout droit en le varde saison,
Et en l'aspreche de jouvent,
Où li cose a plus grant saveur ;
Car nus n'i cache sen meilleur
Fors chou qui li vient à talent.
Esté faisoit bel et seri,
Douc et vert et cler et joli,
Delitaule en chans d'oiseillons,
En haut bos, près de fontenele
Courans seur maillie gravele ;
Adont me vint avisions
De cheli que j'ai à feme ore,
Qui or me sanle pale et sore*,
Rians, amoureuse et deugie ;
Or, le voi crasse, mautaillie,
Triste et tenchans.

RIKIERS.

C'est grans merveille.
Voirement estes-vous muaules
Quant faitures si delitaules
Avés si briément ouvliées :
Bien sai pour coi estes saous.

ADANS.

Pour coi ?

---

* C'est de là que vient l'expression de *hareng-sore*, pour le hareng fumé :

Il y en a de deux manières :

ADAM.

Et savez-vous ce que je ferai ? pour la punir, je mettrai de la moutarde sur mon...

GUILLOT.

Maître, tout cela ne vaut rien, et la chose ne tient pas à cela. Vous ne pouvez pas vous en aller ainsi ; car après que sainte Église a accouplé deux individus, ce n'est plus à refaire. Il faut prendre garde avant de s'engager.

ADAM.

Par ma foi ! tu parles comme un devin, à la manière dont tu me le tailles ici. Qui s'en fût gardé au commencement ? Amour me prit en ce point où l'amant se pique deux fois, s'il se veut défendre contre lui : car je fus pris au premier bouillon, justement dans la verte saison et dans la fougue de la jeunesse, où la chose a plus grande saveur ; car nul n'y cherche son mieux, mais ce qui lui vient à plaisir. Il faisait un été bel et serein, doux, vert et gai, délicieux par le chant des petits oiseaux. (J'étais) dans un bois de haute futaie, près d'une fontaine qui courait sur un gravier émaillé, lorsqu'il m'arriva une vision de celle que j'ai actuellement pour femme et qui me semble maintenant pâle et jaune. (Elle m'apparut alors) riante, amoureuse et délicate. A présent, je la vois grasse, mal taillée, triste et chicanière.

RIQUIER.

C'est grand' merveille. En vérité, vous êtes bien changeant quand vous avez oublié si tôt destraits si délicieux : je sais bien pourquoi vous êtes saoul.

ADAM.

Pourquoi ?

L'un *sor*, et l'autre est blanc.

(*La Vie de saint Harenc, gloriculs martyr*, à la suite du *Débat des deux damoyselles* Paris, Firmin Didot, 1825, pag. 64.)

RIKIERS.
Ele a fait envers vous
Trop grant marchié de ses denrées.

ADANS.
Ha! Riquier, à che ne tient point;
Mais Amors si le gent enoint,
Et chascune grasse enlumine
En fame, et fait sanler si grande,
Si c'on cuide d'une truande
Bien que che soit une roïne.
Si crin sanloient reluisant
D'or, roit et crespé et fremiant :
Or sont kéu, noir et pendic *.

RIQUIER.
Elle vous a fait trop grand marché de ses denrées.

ADAM.
Ah! Riquier, il ne tient point à cela; mais Amour fascine tellement les gens; il donne un tel éclat à chacune des grâces dans une femme, et fait sembler cette grâce si grande qu'on arrive à croire qu'un truande est une reine. Ses cheveux semblaient reluisans d'or, raides et bouclés et frémissans : maintenant ils sont plats, noirs et pendans. Aujourd'hui tout me semble changé en elle; elle avait un

---

* Dans le moyen-âge ni homme ni femme n'était réputé beau s'il n'avait les cheveux blonds, ainsi que le prouvent les passages suivans. Dans le premier, Benoît de Sainte-More, parlant de Thélégone, fils d'Ulysse, dit qu'il avait

Les bials iex vairs et le cief blont.

(*Roman de Troies*, manuscrit 7595, fol. CLIX r°, col. 2, v. 13.)

Durement li plot à véoir,
Qu'il avoit les crins beax et blons ;
A merveilles les avoit lons.

(*Du Fotcor*, v. 106. *Fabliaux et Contes*, édition de 1808, t. IV, p. 208.)

Il (Aucassin) avoit les caviax blons et menus recercelés.

(*C'est d'Aucassin et Nicolete*, id., ibid., t. I, p. 381.)

Devant ses iex encontre li rois .j. bacheler
Qui les cheveus ot blons et le visage cler.

(*Roman d'Alexandre*, manuscrit de la Bibliothèque Royale, fonds de Cangé n° 11 *bis*, fol. 5 verso, col. 1, v. 1.)

Il adouba Regnault et Alart au crin blont.

(*Roman des quatre fils d'Aimon*, recueil de M. Immanuel Bekker, p. IV, v. 245.)

Jehan Bordiax, parlant de l'armée de Charlemagne, dit :

A ce conseil se tienent et li noir et li blon.

(*Chanson de Guitechin de Saissoigne*, manuscrit de la bibliothèque de l'Arsenal, in-folio, belles-lettres françaises, n° 175, fol. 245 verso, col. 1, (v 35)

Anthylocus fu fils Nestor,
La chière ot brune et le cief sor.

(*Roman de Troies*, manuscrit de la Bibliothèque Royale n° 7595, fol. CXV verso, col. 2, v. 6.)

Un poète dit, en parlant d'Enée :

Le cors ot gent et bien mollé,
Le cief a blont recercelé.

(*Roman d'Eneas*, manuscrit du fonds de Cangé n° 27, fol. 85 verso, col. 1, vers 15.)

Moines devint, ch'en est la soume;
Par li conseil du bon preudoume,
Pour le siècle plus eslongier,
Bertauder fist et rooignier
Sen chief c'avoit blont et poli, etc.

(*D'un chevalier qui amoit une dame*, v. 248. *Fabliaux et Contes*, édition de 1808, t. I, p. 355.)

Et le contesse a Aubri regardé,
Molt le vit grant et corsu et quarré
Et avenant et des membres formé,
Gros par espaules, large par l'esbaudré,
Les piés volus et le pis bien quarré.
Blont ot le poil, menu recercelé,
Ample viare et le fron fenetré,
Les ex ot vairs et le vis coloré.
« Dex! dist la dame coiement à célé,
Com cis hom est de grant nobilité!
Lie la dame qui l'auroit à son gré.
Qui une fois en auroit l'amisté,
Miex li vauroit que .c. mars d'or pesé. »

(*Roman d'Aubri le Bourguignon*, recueil de Bekker, p. 174, col. 1.)

Les femmes qui avaient les cheveux noirs les teignaient. Un archevêque de Canterbury, saint Anselme, mort en 1109, dans son poème *De Contemptu mundi*, entre autres reproches qu'il fait à la femme de son temps, dit :

Quod natura sibi sapiens dedit, illa reformat ;
Quicquid et accepit dedecuisse putat.
Pungit acu, et fuco liventes reddit ocellos,
Sic oculorum, inquit, gratia major erit.
Est etiam teneras aures qui perforet, ut sic

Tout me sanle ore en li mué ;
Ele avoit front bien compassé,
Blanc, omni, large, fenestric :
Or le voi cresté et estroit ;
Les sourchiex par sanlant avoit
En arcant, soutiex et ligniés ,
D'un brun poil pourtrait de pinchel,
Pour le resgart faire plus bel ;
Or les voi espars et drechiés
Con s'il vœllent voler en l'air ;
Si noir œil me sanloient vais (sic)*,
Sec et fendu, prest d'acaintier,
Gros desous; deliés fauchiaus
A deus petis ploçons jumiaus,
Ouvrans et cloans à dangier,
Et regars simples, amoureus ;
Puis si descendoit entre deus

front bien régulier, blanc, uni, large, *fenêtré* :
il me paraît maintenant ridé et étroit; elle
avait, à ce qu'il me semblait, les sourcils ar-
qués, déliés et alignés, bruns et peints avec
un pinceau, pour rendre le regard plus beau;
maintenant je les vois épars et dressés comme
s'ils voulaient voler en l'air. Ses yeux noirs
me semblaient *vairs*, secs et fendus, prêts à
caresser, gros dessous ; ses paupières déliées
avec deux petits plis jumeaux, ouvrant et fer-
mant à volonté ; et son regard simple, amoureux. Puis descendait entre les deux (yeux)
le tuyau du nez bel et droit, qui lui donnait
forme et figure régulières ; il soupirait de
gaîté. Il y avait alentour blanche joue, faisant, lorsqu'elle riait, deux fossettes un peu
nuancées de rouge, et on l'apercevait des-

Aut aurum aut carus pendeat inde lapis.
Altera jejunat misere, minuitque cruorem ,
Et prorsus quare pallcat, ipsa facit.
Nam quæ non pallet sibi rustica quæque videtur ;
Hic decet, hic color est verus amantis, ait.
Hæc quoque diversis sua sordibus inficit ora.
Sed quare ; melior quæritur arte color.
Arte supercilium rarescit, rursus et arte
In minimum mammas colligit ipsa suas.
Arte quidem videas *nigros flavescere crines*,
Nititur ipsa suo membra movere loco.

(*Sancti Anselmi ex Beccensi abbate Cantuariensis
archiepiscopi Opera*, labore et studio D. Gabrie-
lis Gerberon. Lutetiæ Parisiorum, sumptibus
Ludovici Billaine, etc. M. DC. LXXV, in-folio,
p. 197, col. 2, B**.)

Les cheveux et la barbe noirs étaient si rares en
France encore à la fin du treizième siècle que Jehan,
sire de Joinville, parlant des Sarrasins, disait: « Lè-
des gent et hydeuses sont à regarder, car les cheveus des testes et des barbes sont touz noirs. » *Histoire de saint Louis*, édition de M. Francisque Michel, Paris, Béthune, 1830, in-18, p. 180. Aussi
dans le *Roman de Guillaume d'Orange*, manuscrit
de la Bibliothèque Royale n° 6985, folio 170 verso,
colonne 3, il est remarqué à propos d'un Sarrazin,
qu'il avait la barbe noire. Cependant un trouvère,
faisant le portrait de saint Pierre, peut-être d'après

une peinture byzantine, dit qu'il avait la barbe noire
et les moustaches tressées :

Barbe ot noire, grenons trechiez.

(*De saint Pierre et du Jougleor*, v. 132. *Fabliaux
et Contes*, édition de 1808, t. III, p. 286.)

* Les passages cités dans la note 1 de la page 8
du *Roman de la Violette*, édition de M. Francisque
Michel, Paris, Silvestre, 1834, in-8°, et les suivans,
déterminent suffisamment la signification de *vair* :

Les yeulx a aussi vers que faulcon n'espervier.

(*Le Livre des quatre fils Aymon*, manuscrit de la
Bibliothèque Royale n° 7182. Rec. de Bekker,
p. VII, col. 1, v. 554.)

Les oelz ot vairs comme faucons mué.

(*Roman de Girard de Vienne*, recueil de Bekker,
p. XIX, col. 1, v. 641.)

[Le destrier] Si ot la teste maigre, l'ueil plus vair d'un faucon.

(*Roman de Guitechin de Saissoigne*, manuscrit de
l'Arsenal, in-fol. B. L. F. N° 175, fol. 243
verso, col. 1, v. 2.)

Li rois est remés sengles ou bliaut gironné,
Gros fu par les espaules, grailles par le baudré,
Et ample ot le viaire gentement figuré,
Les ex vairs en la teste comme faucons mué :
Tant com du[re] li siucles n'ot homme mix formé.

(*Roman de Fierabras*, manuscrit du Roi, suppl.
franç. n° 180, fol. 213 recto, col. 2, v. 15.)

Les ex vairs et rians plus d'un faucon mué.

(Id. ibid., fol. 214 recto, col. 9, v. 31.)

** Ces vers sont attribués par M. Thomas Wright à Alexandre Neckham, mort abbé de Cirencester en 1217.
Voyez *the foreign quarterly, Review*, vol. XVI, London : 1836,
p. 397.

Li tuiaus du nés bel et droit
Qui li donnoit fourme et figure,
Compassé par art de mesure,
Et de gaieté souspiroit.
Entour avoit blanche maissele,
Faisans au rire .ij. foisseles
.J. peu nuées de vermeil,
Parans desous le cuevrekief;
Ne Diex ne venist mie à chiest (sic)
De faire un viaire pareil
Que li siens adont me sanloit.
Li bouche après se poursiévoit
Graille as cors* et grosse ou moilon,
Fresche, vermeille comme rose;
Blanque denture, jointe, close;
En après fourchelé menton,
Dont naissoit li blanche gorgete
Dusc'as espaules sans fossete,
Omni et gros en avalant;
Haterel poursiévant derrière
Sans poil blanc et gros de manière,
Seur le cote un peu reploiant;
Espaules qui point n'encruquoient,
Dont li lonc brac adevaloient,
Gros et graille où il afferoit.
Encor estoit tout che du mains,
Qui resgardoit ches b[l]anches mains,
Dont naissoient chil bel lonc doit,
A basse jointe, graile en fin,
Couvert d'un bel ongle sangin,
Près de le char omni et net.
Or verrai au moustrer devant
De le gorgete en avalant;
Et premiers au pis camuset**,
Dur et court, haut et de point bel,
Entrecloant le rivotel
D'Amours qui chiet en le fourchele;
Boutine avant et rains vautiés,

*
Moult par fu bons li orelliers,
Et por la plume fu moult ciers;
Entoiés est d'un drap de soie,
Del plus soef que jà hom voie;
As. iiij. cors ot boutonés
De .iiij. safirs roondés
Qui moult i furent bien assis,
Parmi percié à fil d'or mis.

(*Roman de Partenopex de Blois*, manuscrit de la bibliothèque de l'Arsenal n° 194, fol. 58 verso.)

** Camuset : fait en voûte, arrondi, du latin *camu-*

sous la coiffe. Non! Dieu ne viendrait pas à bout de faire un visage tel que le sien me semblait alors. La bouche venait après, mince aux coins, grosse au milieu, fraîche, vermeille comme rose; puis une denture blanche, jointe, serrée, et un menton divisé en deux où naissait une blanche gorge sans fossette jusqu'aux épaules, unie et grosse en descendant. Derrière se trouvait la nuque sans poil blanc et convenablement grosse, se reployant un peu sur la robe; et des épaules qui n'étaient point entassées, dont les longs bras descendaient, gros et minces où il fallait.

Encore était-ce moins pour qui regardait ces blanches mains dont naissaient ces beaux longs doigts, à jointure basse, et déliés au bout, couverts d'une belle ongle rose, près de la chair unis et nets. Maintenant j'en viendrai à décrire le devant en partant de la gorge, et tout d'abord j'arrive aux mamelles rondes, dures et courtes, hautes et belles de pointe, qui encloent le ruisselet d'Amour, lequel tombe dans le creux de l'estomac; puis au nombril qui est en avant et aux reins cambrés, comme les manches sculptés des couteaux de demoiselles. Sa hanche (de dame Marie était) plate, sa petite jambe ronde, son mollet gros, sa petite cheville

rus; pis camuset : petite gorge, pleine et arrondie. Un vieux poète a dit de la beauté :

Courtes tettes a d'éritage.

(*Ce sont les divisions des soixante-douze biautés qui sont en dames*, dans le nouveau Recueil de Fabliaux, publié par Méon. Paris, 1823, t. I, p. 409.)

Que manche d'ivoire entaillés
A ches coutiaus à demoisele;
Plate hanque, ronde gambete,
Gros braon, basse quevillete;
Pié vautic, haingre, à peu de char.
   En li avoit itel devise :
Si quit que desous se chemise
N'aloit pas li seurplus en dar;
Et ele perchut bien de li
Que je l'amoie miex que mi,
Si se tint vers moi fierement;
Et con plus fiere se tenoit,
Plus et plus croistre en mi faisoit
Amour et desir et talent;
Avœc se merla (sic) jalousie,
Deseperanche et derverie,
Et plus et plus fui en ardeur
Pour s'amour, et mains me connui,
Tant c'ainc puis aise je ne fui,
Si euc fait d'un maistre .i. segneur.
   Bonnes gens, ensi fui-jou pris
Par Amours, qui si m'eut souspris;
Car faitures n'ot pas si beles
Comme Amours le me fist sanler,
Et Desirs le me fist gouster
A le grant saveur de Vaucheles.
S'est drois que je me reconnoisse
Tout avant que me feme angroisse,
Et que li cose plus me coust;
Car mes fains en est apaiés.
        RIKIERS.
Maistres, se vous le me laissiés,
Ele me venroit bien à goust.
        MAISTRE ADANS.
Ne vous en mesquerroie à pieche.
Dieu proi que il ne m'en mesquieche;
N'ai mestier de plus de mehaing,
Ains vaurrai me perte rescourre,
Et pour aprendre à Paris courre.
        MAISTRE HENRIS.
A! biaus dous fiex, que je te plaing,
Quant tu as chi tant atendu,
Et pour feme ten tans perdu;
Or fai que sages, reva-t'ent.
        GUILLOS LI PETIS.
Or li donnes dont de l'argent;
Pour nient n'est-on mie à Paris.
        MAISTRES HENRIS.
Las! dolans! où seroit-il pris?
Je n'ai mais que .xxix. livres.

du pied basse, et son pied arqué et maigre, avec peu de chair.

   Telle était la description de sa beauté : je pense que sous sa chemise, le reste ne valait pas moins. Elle aperçut bien vite que je l'aimais plus que moi-même, en conséquence elle me traita avec fierté; et plus elle était fière, plus elle faisait croître en moi l'amour, le désir et la passion; à ces sentiments se mêlèrent la jalousie, le désespoir et le délire, et l'amour que je ressentais pour elle s'embrasa de plus en plus, et je perdis tout empire sur moi; en sorte que depuis je ne fus aise que lorsque de clerc je devins mari.

   Bonnes gens, ainsi fus-je pris par Amour, qui m'avait fasciné; car elle n'avait pas les traits aussi beaux qu'il me les avait fait apparaître, et Desir me fit venir l'eau à la bouche à ma sortie de Vauxelles. Il est donc convenable que j'ouvre les yeux, avant que ma femme devienne enceinte, et que la chose me coûte davantage; car ma faim est apaisée.

        RIQUIER.
Maître, si vous me la laissiez (votre femme), elle serait bien à mon goût.
        MAITRE ADAM.
Je n'ai pas de peine à vous croire. Je prie Dieu qu'il ne m'en mésavienne pas; je n'ai pas besoin de plus de chagrin, mais je veux recouvrer ce que j'ai perdu et courir à Paris pour apprendre.
        MAITRE HENRI.
A! beau doux fils, que je te plains d'avoir tant attendu ici et d'avoir perdu ton temps pour une femme. Maintenant, agis en sage, va-t'en.
        GUILLOT LE PETIT.
Or, donne-lui donc de l'argent : on ne vit pas pour rien à Paris.
        MAITRE HENRI.
Hélas! malheureux que je suis, où le prendrais-je? je n'ai plus que vingt-neuf livres.

HANE LI MERCIERS.

Pour le c.l Dieu! estes-vous ivres?

MAISTRES HENRIS.

Naie, je ne bui hui de vin!
J'ai tout mis en canebustin;
Honnis soit qui le me loa!

MAISTRE ADANS.

Quia, kia, kia, kia?
Or puis seur chou estre escoliers.

MAISTRES HENRIS.

Biaus fiex, fors estes et légiers,
Si vous aiderés à par vous;
Je sui .j. vieus hom plains de tous,
Enfers et plains de rume, et fades.

LI FISISCIENS.

Bien sai de coi estes malades,
Foi que doi vous, maistre Henri;
Bien voi vo maladie chi :
C'est uns maus c'on claime avarice.
S'il vous plaist que je vous garisce,
Coiement à mi parlerés.
Je sui maistre bien acanlés,
S'ai des gens amont et aval
Cui je garirai de cest mal;
Nomméement en ceste vile
En ai-je bien plus de .ij. mile
Où il n'a respas ne confort.
Halois en gist jà à le mort
Entre lui et Robert Cosiel,
Et ce Bietu le Faveriel.
Aussi fait trestous leur lignages.

GUILLOS LI PETIS.

Par foi! che n'iert mie damages
Se chascuns estoit mors tous frois.

LI FISISCIENS.

Aussi ai-jou deus Ermenfrois,
L'un de Paris, l'autre crespin,
Qui ne font fors traire à leur fin
De ceste cruel maladie,
Et leur enfant et leur lignie;
Mais de Haloi est-che grans hides,
Car il est de lui omicides.
S'il en muert c'ert par s'ocoison,
Car il acate mort pisson;
S'est grans merveile qu'il ne criève.

MAISTRES HENRIS.

Maistres, qu'est-che chi qui me lieve?
Vous connissiés-vous en cest mal?

LI FISISCIENS.

Preudons, as-tu point d'orinal?

HANE LE MERCIER.

Ventrebleu! êtes-vous ivre?

MAITRE HENRI.

Nenni! je n'ai pas bu de vin d'aujourd'hui.
J'ai tout mis en gage; honni soit qui me le conseilla!

MAITRE ADAM.

Quia (parce que), kia, kia, kia? Sur ce, je puis maintenant être écolier.

MAITRE HENRI.

Beau fils, vous êtes fort et léger, vous vous aiderez par vous-même. Je suis un vieil homme plein de toux, infirme et plein de rhume, et languissant.

LE MÉDECIN.

Je sais bien de quoi vous êtes malade, (par la) foi que je vous dois, maître Henri; je vois bien votre maladie : c'est un mal que l'on appelle avarice. S'il vous plaît que je vous guérisse, vous me parlerez tranquillement. Je suis un maître bien achalandé, j'ai des gens là-haut et là-bas que je guérirai de ce mal; nomément j'en ai dans cette ville plus de deux mille qui n'ont ni (espoir de) guérison ni reconfort. Halois en est déjà à l'article de la mort, lui et Robert Cosiel et ce Bietu le Faveriel. Il en est ainsi de toute leur lignée.

GUILLOT LE PETIT.

Par (ma) foi! ce ne serait pas dommage si chacun d'eux était mort tout raide.

LE MÉDECIN.

J'ai aussi deux Ermenfrois, l'un de Paris, l'autre de Crespy (en Valois), qui ne font que tirer à leur fin de cette cruelle maladie, (eux,) leurs enfans et leur lignée. Mais quant à Haloi, c'est une horreur, car il est homicide de lui-même. S'il en meurt ce sera de sa faute, car il achète du poisson mort. C'est grande merveille s'il n'en crève pas.

MAITRE HENRI.

Maître, qui est-ce qui me lève? Vous connaissez-vous à ce mal?

LE MÉDECIN.

Brave homme, n'as-tu point d'urinal?

MAISTRE HENRIS.
Oïl, maistres, vés-ent chi un.
LI FISISCIENS.
Feïs-tu orine à engun?
MAISTRE HENRIS.
Oïl.
LI FISISCIENS.
Chà dont, Diex i ait part!
Tu as le mal Saint-Liénart *,
Biaus preudons, je n'en vœil plus uir.
MAISTRES HENRIS.
Maistres, m'en estuet-il gésir?
LI FISISCIENS.
Nenil, jà pour chou n'en gerrés.
J'en ai .iij. ensi atirés
Des malades en ceste vile.
MAISTRES HENRIS.
Qui sont-il?
LI FISISCIENS.
Jehans d'Autevile,
Willaumes Wagons, et li tiers
A à non Adans li Anstiers **.
Chascuns est malades de chiaus,
Par trop plain emplir lor bouchiaus;
Et pour che as le ventre enflé si.
DOUCE DAME.
Biaus maistres, consillie-me aussi,
Et si prendés de men argent,
Car li ventres aussi me tent
Si fort que je ne puis aler.
S'ai aportée pour moustrer
A vous de .iij. lieues m'orine.
LI FISISCIENS.
Chis maus vient de gesir souvine;
Dame, ce dist chis orinaus.

MAITRE HENRI.
Oui, maître, en voici un.
LE MÉDECIN.
Fis-tu urine à jeun?
MAITRE HENRI.
Oui.
LE MÉDECIN.
Eh! bien, Dieu y ait part! Tu as le mal de Saint-Léonard. Beau *prudhomme*, je n'en veux plus rien entendre (parler).
MAITRE HENRI.
Maître, faut-il me mettre au lit?
LE MÉDECIN.
Nenni, vous ne vous aliterez pas pour cela. J'ai déjà trois malades en pareil état dans cette ville.
MAITRE HENRI.
Qui sont-ils?
LE MÉDECIN.
Jean d'Auteville, Guillaume Wagon, et le troisième a pour nom Adam le *Anstier*. Chacun d'eux est malade parce qu'ils remplissent trop leurs tonneaux (ventres); c'est pour cela que tu as le ventre si enflé.
DOUCE DAME.
Beau maître, conseillez-moi aussi, et prenez de mon argent, car le ventre aussi me tend si fort que je ne puis aller. J'ai aporté pour vous la montrer, de trois lieues mon urine.
LE MÉDECIN.
Ce mal vient de coucher sur le dos; dame, c'est ce que dit l'urinal.

---

* Mal Saint-Liénart ou Léonard : mal d'enfant. On invoquait saint Léonard pour le soulagement des femme enceintes, et pour les prisonniers. Suivant la *Légende dorée*, ce saint, qui vivait du temps de Clovis, aurait obtenu la délivrance d'une reine, surprise au milieu des forêts par les douleurs de l'enfantement; il aurait aussi brisé les chaînes de beaucoup de prisonniers, avec des circonstances extraordinaires que la crédulité du moyen-âge pouvait seule accueillir. La fête de saint Léonard tombe le 6 de novembre.

Mariages est maus liens,
Ainsinc m'aïst saint Juliens
Qui pelerins errans herberge,
Et saint Lienart qui defferge

Les prisonniers bien repentans,
Quant les voit à soi démentans.

(*Le Roman de la Rose*, édition de Méon, Paris, P. Didot, 1814, t. II, p. 216, v. 8871.)

** Fabricant de *hanstes* ou *bois de lances*.

Hé! sire Pierre li Antiers,
Ki tant avés esté entiers
De mi aider à men besoing,
Conforté m'avez volentiers.

(*Congé Baude Fastoul*, v. 49. *Fabliaux et Contes*, édition de 1808, t. I, p. 113.)

Voyez aussi vers 505 du même ouvrage : il y est question d'*Adam l'Anstiers*. Au vers 564 se trouve une femme nommée *Sarain l'Anstière*.

DOUCE DAME.

Vous en mentés, sire ribaus;
Je ne sui mie tel barnesse.
Onques pour don ne pour premesse
Tel mestier faire je ne vauc.

LI FISISCIENS.

Et j'en ferai warder ou pauc,
Pour acomplir vostre menchongne.
Rainelet, il couvient c'on oigne
Ten pauc, lieve sus .j. petit;
Mais avant esteut c'on le nit.
Fait est. Rewarde en ceste crois,
Et si di chou que tu i vois.

DOUCE DAME.

Bien vœil, certes, c'on die tout.

RAINNELÉS.

Dame, je voi chi c'on vous f....
Pour nului n'en chelerai rien.

LI FISISCIENS.

Enhenc, Dieus! je savoie bien
Comment li besoigne en aloit.
Li orine point n'en mentoit.

DOUCE DAME.

Tien, honnis soit te rouse teste!

RAINNELÉS.

Anwa! che n'est mie chi feste.

LI FISISCIENS.

Ne t'en caut, Rainelet, biaus fiex.
Dame, par amours, qui est chiex
De cui vous chel enfant avés?

DOUCE DAME.

Sire, puisque tant en savés,
Le seurplus n'en chelerai jà:
Chiex viex leres le vaegna.
Si puisse-jou estre delivre!

RIKIERS.

Que dist cele feme? est-ele yvre?
Me met-ele sus son enfant?

DOUCE DAME.

Oïl.

RIKIERS.

N'en sai ne tant ne quant;
Quant fust avenus chis afaires?

DOUCE DAME.

Par foy! il n'a encore waires;
Che fu .j. peu devant quaresme.

GUILLOS.

Ch'est trop bon à dire vo feme;
Rikier, li volés plus mander?

DOUCE DAME.

Vous en mentez, sire ribaud; je ne suis pas une femme de ce genre. Jamais ni pour don ni pour promesse je ne voulus faire un pareil métier.

LE MÉDECIN.

Et je ferai regarder au pouce, pour dévoiler votre mensonge. Rainelet, il te faut oindre ton pouce, lève-toi un peu; mais avant, il faut qu'on le nettoye. C'est fait. Regarde en cette croix, et dis ce que tu y vois.

DOUCE DAME.

Je veux bien, certes, qu'on dise tout.

RAINELET.

Dame, je vois ici qu'on vous caresse. Pour personne je n'en célerai rien.

LE MÉDECIN.

Hein! hein! Dieu! je savais bien comment la besogne allait. L'urine n'en mentait point.

DOUCE DAME.

Tien, honnie soit ta tête rousse!

RAINELET.

Anwa! ce n'est pas ici fête.

LE MÉDECIN.

Ne t'en chaille, Rainelet, beau fils. Dame, par amitié, (dites-moi) quel est celui de qui vous avez cet enfant?

DOUCE DAME.

Sire, puisque vous en savez tant, je ne cacherai pas le surplus: ce vieux larron l'engendra. Puissé-je en être débarrassée!

RIQUIER.

Que dit cette femme? est-elle ivre? met-elle son enfant sur mon compte?

DOUCE DAME.

Oui.

RIQUIER.

Je n'en sais ni peu ni prou; quand advint cette affaire?

DOUCE DAME.

Par (ma) foi! il n'y a pas encore long-temps; ce fut un peu avant carême.

GUILLOT.

C'est trop bon à dire à votre femme; Riquier, voulez-vous lui mander (quelque chose de) plus?

RIKIERS.

Ha! gentiex hom, laissiés ester,
Pour Dieu n'esmouvés mie noise,
Ele est de si malé despoise
Qu'ele croit che que point n'avient.

GUILLOS.

A di foy bien ait cui on crient;
Je tieng à sens et à vaillanche
Que les femes de le waranche
Se font cremir et resoignier.

HANE.

Li feme aussi Mahieu l'Anstier,
Qui fu feme Ernoul de le Porte,
Fait que on le crient et deporte;
Des ongles s'aïe et des dois
Vers le baillieu de Vermendois;
Mais je tieng sen baron à sage
Qui se taist.

RIKECE.

Et en che visnage
A chi aussi .ij. baisseletes,
L'une en est Margos as Pumetes,
Li autre Aëlis au Dragon;
Et l'une tenche sen baron,
Li autre .iiij. tans parole.

GUILLOS.

A! vrais Diex! aporte une estoile!
Chis a nommé deus anemis.

HANE.

Maistre, ne soiés abaubis
S'il me convient nommer le voe.

ADANS.

Ne m'en caut, mais qu'ele ne l'oe;
S'en sai-je bien d'aussi tenchans:
Li feme Henri des Argans,
Qui grate et resproe c'uns cas,
Et li feme maistre Thoumas
De Darnestal qui maint labors.

HANE.

Cestes ont .c. diables ou cors,
Se je fui onques fiex men pere.

ADANS.

Aussi a dame Eve vo mere.

HANE.

Vo feme, Adan, ne l'en doit vaires.

LI MOINES.

Segneur, me sires sains Acaires[*]

RIQUIER.

Ah! gentil homme, laissez cela; pour Dieu ne faites pas de bruit; elle est de si mauvaise aloi qu'elle croit ce qui n'arrive point.

GUILLOT.

Ah! je dis qu'il faut tenir sa foi envers qui l'on craint. Je tiens à sens et à vaillance que les femmes par leur défense se fassent craindre et respecter.

HANE.

La femme aussi de Mathieu l'Anstier, qui fut femme d'Arnoul de la Porte, fait qu'on la craint et qu'on la supporte; elle s'aide des ongles et des doigts vis-à-vis du bailli de Vermandois; mais je tiens son mari à sage qui se tait.

RIQUIER.

Et dans ce voisinage il y a aussi deux femmes: l'une d'elles est Margot aux Pommettes, et l'autre Aélis au Dragon; et l'une tence son mari, l'autre parle quatre fois autant.

GUILLOT.

A! vrai Dieu! apporte une étole! celui-ci a nommé deux diables.

HANE.

Maître, ne soyez pas étonné s'il me faut nommer la vôtre.

ADAM.

Il ne m'importe, pourvu qu'elle ne l'entende. J'en sais bien d'aussi querelleuses: la femme d'Henri des Argans, qui gratte et se hérisse comme un chat, et la femme de maître Thomas de Darnestal qui mène les travaux.

HANE.

Celles-là ont cent diables au corps, si je fus oncques le fils de mon père.

ADAM.

Dame Eve votre mère en a autant.

HANE.

Votre femme, Adam, n'est guère en reste avec elle.

LE MOINE.

Seigneurs, monseigneur saint Acaire vous

---

[*] Ce nom paraît être l'altération de celui de saint Macaire, disciple de saint Antoine, dont la vie est une des plus singulières de la *Légende dorée*.

Vous est chi venus visiter;
Si l'aprochiés tout pour ourer,
Et si mesche chascuns s'offrande,
Qu'il n'a saint de si en Irlande
Qui si beles miracles fache;
Car l'anemi de l'ome encache
Par le saint miracle devin,
Et si warist de l'esvertin
Communement et sos et sotes;
Souvent voi des plus ediotes
A Haspre, no moustier, venir,
Qui sont haitié au departir :
Car li sains est de grant mérite,
Et d'une abenguete petite
Vous poés bien faire du saint.

MAISTRE HENRIS.
Par foy! dont lo-jou c'on i maint
Walet ains qu'il voist empirant.

RIKIERS.
Or chà, sus, Walet! passe avant:
Je cuit plus sot de ti n'i a.

WALÉS.
Sains Acaires que Diex kia,
Donne-me assés de poi pilés*,
Car je sui, voi, un sot clamés;
Si sui moult lié que je vous voi,
Et si t'aport, si con je croi,
Biau nié, .j. bon froumage cras:
Tou maintenan le mengeras;
Autre feste ne te sai faire.

MAISTRE HENRIS.
Walet! foy que dois saint Acaire!
Que vauroies-tu avoir mis,
Et tu fusses mais à toudis
Si bons menestreus con tes pere?

est venu visiter ici. Approchez-vous tous pour le prier, et que chacun mette son offrande; car il n'y a saint d'ici jusqu'en Irlande qui fasse d'aussi beaux miracles : en effet il chasse le diable (hors) de l'homme par le saint miracle divin, et il guérit de la démence communément les fous et les folles; souvent je vois venir à Haspre, notre monastère, des plus idiotes qui sont guéries à leur départ; car le saint est de grand mérite et avec une petite aumône vous pouvez faire (du) bien du saint.

MAÎTRE HENRI.
Par (ma) foi! je suis d'avis alors qu'on y mène Walet avant qu'il aille en empirant.

RIQUIER.
Or çà! sus, Walet! passe avant: je crois qu'il n'y a pas plus fou que toi.

WALÉS.
Saint Acaire que Dieu ch.., donne-moi assez de pois pilés; car je suis, vois(-tu), appelé fou. Je suis très joyeux de vous voir, et je t'apporte, comme je crois, beau neveu, un bon fromage gras : tout maintenant tu le mangeras; je ne sais te faire autre fête.

MAÎTRE HENRI.
Walet! (par la) foi que tu dois à saint Acaire, que voudrais-tu avoir donné pour être toujours aussi bon ménétrier que ton père?

---

* POI PILÉS : pois écrasés, purée. Cette expression, qui semble devoir être prise dans le sens naturel dans le vers 342 du *Jeu Adam*, a diverses significations chez nos vieux écrivains. On appelait ainsi les farces et les soties à cause du mélange de folies et de choses sérieuses qui s'y rencontrait. On donnait aussi ce nom au lieu où ces pièces burlesques étaient représentées, comme dans ce passage *des Avantures du Baron de Fæneste*, liv. III, chap. 10 : « Nous estions à la comedie aux *poids pilez*, un Parisien bestu de biolet se leboit à tous coups et m'empeschoit la buë des youurs, » etc. (T. II, p. 31 de l'édition de M. DCC. XXXI.) On lit aussi dans le *Moyen de parvenir*, sous le n° XXX, t I, p. 130, de l'édition de 1757. « Vous m'avez empêché de faire le conte de madame des Manigances, que vous avez nommée *reine des pois pilés*, parce qu'à la cour elle étoit bien plus chichement habillée que les autres. » Nicolas Joubert, sieur d'Angoulevent, Prince des Sots, prenait le titre d'*archipoète des pois-pilés*. Un passage d'une lettre de Malherbe à Peiresc, du 21 mars 1607, donne le véritable sens de ce mot, qui s'était pour ainsi dire perdu comme celui de beaucoup d'expressions populaires : « C'est assez, monsieur; il faut finir mes fâcheux discours, qui sont plutôt *pois pilés*, c'est-à-dire une purée, un salmigondis, qu'une lettre. » (*Lettre de Malherbe à Peiresc*; Paris, Blaise, 1822, in-8°, p. 24.)

WALÉS.
Biau nié, aussi bon vielere
Vauroie ore estre comme il fu,
Et on m'éust ore pendu,
Ou on m'éust caupé le teste.
LI MOINES.
Par foi! voirement est chis beste,
Droit a s'il vient à saint Acaire.
Walet, baise le saintuaire
Errant pour le presse qui sourt.
WALÉS.
Baise aussi, biaus niés Walaincourt.
LI MOINES.
Ho! Walet, biaus niés, va te sir.
DAME DOUCE.
Pour Dieu, sire, voeilliés me oïr :
Chi envoient deus estrelins
Colars de Bailloel et Heuvins,
Car il ont ou saint grant fianche.
LI MOINES.
Bien les connois très k'es enfanche,
C'aloient tendre as pavillons.
Metés chi devens ches billons,
Et puis les amenés demain.
WALÉS.
Wes-chi pour Wautier Alemain,
Faites aussi prier pour lui :
Aussi est-il malades hui
Du mal qui li tient ou chervel.
HANE.
Or en faisons tout le vieel,
Pour chou c'on dit qu'il se coureche.
LI KEMUNS.
Moie?
LI MOINES.
N'est-il mais nus qui meche?
Avés-vous le saint ouvlié?
HENRIS DE LE HALE.
Et ves-chi .j. mencaut de blé
Pour Jehan le Keu, no serjant;
A saint Acaire le commant.
Piecha que il li a voué.
LI MOINES.
Frère, tu l'as bien commandé :
Et où est-il, qu'i ne vient chi?
HENRIS.
Sire, li maus l'a rengrami,
Si l'a on .j. petit coukiet;
Demain revenra chi à piet,
Se Diex plaist, et il ara miex.

WALÉS.
Beau neveu, je voudrais être à présent aussi bon joueur de vielle comme il fut, m'eût-on maintenant pendu, ou m'eût-on coupé la tête.
LE MOINE.
Par (ma) foi! celui-ci est vraiment une bête, il doit venir à saint Acaire. Walet, baise le reliquaire tout de suite à cause de la foule qui s'avance.
WALÉS.
Baise(-le) aussi, beau neveu Walaincourt.
LE MOINE.
Ho! Walet, beau neveu, va t'asseoir.
DAME DOUCE.
Pour Dieu, sire, veuillez m'entendre : Colars de Bailleul et Heuvin envoient ici deux esterlings, car ils ont grande confiance dans le saint.
LE MOINE.
Je les connais bien depuis l'enfance, qu'ils allaient tendre aux pavillons. Mettez-ici ces pièces de monnaie, et puis amenez-les demain.
WALÉS.
Voici pour Wautier Alemain, faites aussi prier pour lui : il est aussi malade aujourd'hui du mal qui lui tient au cerveau.
HANE.
Maintenant faisons toute sa volonté, pour cela qu'on dit qu'il se courrouce.
LE COMMUN.
(La) mienne?
LE MOINE.
N'y a-t-il plus personne qui mette? Avez-vous oublié le saint?
HENRI DE LA HALE.
Et voici une mesure de blé pour Jean le Keu, notre serviteur; je le recommande à saint Acaire. Voici long-temps qu'il lui a fait un vœu.
LE MOINE.
Frère, tu l'as bien recommandé : et où est-il, qu'il ne vient ici?
HENRI.
Sire, le mal l'a rendu plus malade, et on l'a un peu couché; demain il reviendra ici à pied, s'il plaît à Dieu, et il aura mieux.

LI PERES.

Or chà! levés-vous sus, biaus fiex;
Si venés le saint aourer.

LI DERVÉS.

Que c'est? me volés-vous tuer?
Fiex à putain *, leres, érites,
Créés-vous, lâches ypocrites.
Laissie-me aler, car je sui rois.

LI PERES.

A! biaus doux fiex, séés-vous cois,
Ou vous arés des enviaus.

LI DERVÉS.

Non ferai; je sui uns crapaus,
Et si ne mengue fors raines.
Escoutés : je fais les araines.
Est-che bien fait? ferai-je plus?

LI PERES.

Ha! biaus dous fiex, séés-vous jus;
Si vous metés à genoillons,
Se che non, Robers Soumillons,
Qui est nouviaus prinches du pui **,
Vous ferra.

LI DERVÉS.

Bien kie de lui :
Je sui miex prinches qu'il ne soit.
A sen pui canchon faire doit
Par droit maistre Wautiers as Paus,
Et uns autres leur paringaus,
Qui a non Thoumas de Clari :
L'autr'ier vanter les en oï.
Maistre Wautiers jà s'entremet
De chanter par mi le cornet,
Et dist qu'il sera courounés.

MAISTRE HENRIS.

Dont sera chou au ju des dés ***,
Qu'il ne quierent autre déduit.

LE PÈRE.

Or çà! levez-vous, beau fils, et venez prier le saint.

LE FOU.

Qu'est-ce? me voulez-vous tuer? Fils de p..., larrons, hérétiques, croyez-vous, lâches hypocrites. Laissez-moi aller, car je suis roi.

LE PÈRE.

Ah! beau doux fils, asseyez-vous tranquillement, ou vous aurez des *enviaus*.

LE FOU.

Non ferai(-je); je suis un crapaud, et je ne mange que des grenouilles. Ecoutez : je fais les araignées. Est-ce bien fait? ferai-je davantage?

LE PÈRE.

Ah! beau doux fils, asseyez-vous; mettez-vous à genoux, sinon Robert Soumillons, qui est nouveau prince du puy, vous frappera.

LE FOU.

Je ch.. bien de lui : je suis plus prince qu'il n'est. Maître Wautiers aux Pouces doit faire chanson par droit à son puy, et un autre leur égal, qui a nom Thomas de Clari : l'autre jour je les entendis s'en vanter. Maître Wautiers se mêle déjà de chanter dans le cornet, et dit qu'il sera couronné.

MAÎTRE HENRI.

Ce sera donc au jeu des dés, car ils ne cherchent d'autre amusement.

---

* Ce mot avait autrefois une autre acception :

Feme n'est pute s'ele n'a home tué,
Ou son enfant mordri et afolé.

(*Roman d'Ogier* par Raymbert de Paris, manuscrit de la bibliothèque de l'évêque Cosin, à Durham, marqué V. II. 17, fol. 72 verso, col. 1, v. 21.)

** Espèce d'académie ou de cour d'amour. Il y avait à Rouen le puy de l'Immaculée Conception qui existait dès le xie siècle; il y avait aussi le puy de Valenciennes. Le passage suivant semblerait indiquer que la ville d'Arras possédait une réunion de ce genre :

Beau m'est del pui que je voi restoré ;
Pour sostenir amour, joie et jovent
Fu establis et de joliété,
En ce le voil essauchier boinement.

(Chanson de Vilains d'Arras, manuscrit du Roi, supplément français, n° 184, folio 59 verso.)

*** Le passage suivant, qui est inédit, nous apprend quels étaient les jeux en usage en France dans le xiiie siècle :

Au cuer trop de duel et d'ire ai
D'une cose ke je dirai,

LI DERVÉS.
Escoutés que no vache muit;
Maintenant le vois faire prains.
LI PERES.
A! sos puans, ostés vos mains
De mes dras, que je ne vous frape.
LI DERVÉS.
Qui est chieus clers à cele cape?
LI PERES.
Biaus fiex, c'est uns Parisiens.
LI DERVÉS.
Che sanle miex uns pois baiens,
Bau!
LI PERES.
Que c'est? Taisiés pour les dames.
LI DERVÉS.
Si li sousvenoit des bigames,
Il en seroit mains orgueilleus.
RIKIERS.
Enhenc! maistre Adan, or sont .ij.;
Bien sai que ceste-chi est voë.
ADANS.
Que set-il qu'il blâme ne loe?
Point n'a conte à cose qu'il die ;
Ne bigames ne sui-je mie,
Et s'en sont-il de plus vaillans.
MAISTRE HENRIS.
Certes, li meffais fu trop grans,
Et chascuns le pape encosa
Quant tant de bons clers desposa.
Nepourquant n'ira mie ensi,
Car aucun se sont aati
Des plus vaillans et des plus rikes,
Qui ont trouvées raisons friques,
Qu'il prouveront tout en apert
Que nus clers, par droit, ne desert
Pour mariage estre asservis;
Ou mariages vaut trop pis

LE FOU.
Ecoutez que notre vache mugit; maintenant je vais la rendre pleine.
LE PÈRE.
Ah! sot puant, ôtez vos mains de mes habits, que je ne vous frappe.
LE FOU.
Quel est ce clerc avec cette cape?
LE PÈRE.
Beau fils, c'est un Parisien.
LE FOU.
Celui-ci ressemble mieux à un pois noir.
Bau!
LE PÈRE.
Qu'est-ce? Taisez-vous pour les dames.
LE FOU.
S'il lui souvenait des bigames, il en serait moins orgueilleux.
RIQUIER.
Enhenc! maître Adam, (elles) sont deux à présent; je sais bien que celle-ci est la vôtre.
ADAM.
Que sait-il de ce qu'il blâme ou loue? l'on ne tient point compte de chose qu'il dise; ni je ne suis bigame, et ils en valent davantage.
MAÎTRE HENRI.
Certes, le méfait fut trop grand, et chacun accusa le pape quand il déposa tant de bons clercs. Cependant cela n'ira pas ainsi, car quelques-uns des meilleurs et des plus riches se sont roidis; ils ont trouvé de bonnes raisons par lesquelles ils prouveront clairement que nul clerc, suivant le droit, ne mérite pour se marier d'être réduit en servitude; ou le mariage est pire que l'état de concubinage. Comment, les prélats ont l'avantage d'avoir des femmes à rechanger sans changer leur

---

Et si n'i a fors que cazées,
Les coses sont trop desghisées.
Si m'aït Dieus, li rois de France,
Par sen grant sens et par souffrance,
A tous les jus abandonés.
Li rois s'est si à çou dounés
K'il veut c'on jut à la grieske,
De çou ne li est point aeske ;
A ju d'eskès, à ju des tables :
Ces coses sont assés raisnables.
Or oiés con faites bubaues!
Li rois veut bien c'on jete as aues,
Si veut bien c'on jut au galet,

Et li viellart et li vallet
Escremir et poire faucon ;
Là doivent juer li bricon.
Tout çou ne prise-il .ij. cokilles.
Li rois veut bien c'on jut as billes,
Il a juré sen doit manel
K'il veut c'on jut au brionel.
Et à le croce par raison,
Quant li gelée est en saison.

(Manuscrit du Roi, supplément français, n° 184, fol. 214 verso, col. 2.)

Que demourer en soignantage.
Comment, ont prélas l'avantage
D'avoir femes à remuier,
Sans leur privilege cangier,
Et uns clers si pert se franquise
Par espouser en sainte Église
Fame qui ait autre baron !
Et li fil à putain laron,
Où nous devons prendre peuture,
Mainent en pechié de luxure
Et si goent de leur clergie !
Romme a bien le tierche partie
Des clers fais sers et amatis.

GUILLOS.

Plumus s'en est bien aatis,
Se se clergie ne li faut,
Qu'il r'avera che c'on li taut;
Poura metre .j. peson d'estoupes.
Li papes, qui en chou eut coupes,
Est euereux quant il est mors ;
Jà ne fust si poissans ne fors
C'ore ne l'éust desposé.
Mal li éust onques osé
Tolir previlege de clerc,
Car il li éust dit esprec
Et si éust fait l'escarbote.

HANE.

Mout est sages, s'il ne radote ;
Mais Mados et Gilles de Sains
Ne s'en atissent mie mains.
Maistres Gilles ert avocas ;
Si metera avant les cas
Pour leur previlege r'avoir,
Et dist qu'il livrera s'avoir
Se Jehans Crespins livre argent ;
Et Jehans leur a en couvent
Qu'il livrera de l'aubenaille * ;
Car mout ert dolans s'on le taille.
Chis fera du frait par tout fin.

MAISTRE HENRIS.

Mais près de mi sont doi voisin
En cité qui sont bon notaire ;
Car il s'atissent bien de faire
Pour nient tous les escris du plait ;
Car le fait tienent à trop lait,
Pour chou qu'il sont andoi bigame.

privilége, et un clerc perd ainsi sa franchise en épousant en sainte église femme qui ait autre mari ! et les fils de p..., larrons, sur lesquels nous devons prendre modèle, demeurent dans le péché de luxure et se jouent à ce point de leur caractère de clerc ! Rome a bien réduit la troisième partie des clercs à l'état de servitude et de main-morte.

GUILLOT.

Plumus s'est bien décidé, si sa science de clerc ne lui manque pas, à ravoir ce qu'on lui enlève. Il pourra mettre une charge d'étoupes. Le pape, qui en cela est coupable, est heureux d'être mort. Il n'eût pas été tellement puissant ni fort que celui-ci ne l'eût déposé. Il lui serait advenu malheur d'oser lui enlever son privilége de clerc, car il (Plumus) lui aurait dit *esprec* et aurait fait l'*escarbote*.

HANE.

Il est sage, s'il ne radote pas ; mais Mados et Gilles de Sens ne s'en roidissent pas moins. Maître Gilles était avocat ; il mettra en avant les cas pour r'avoir leur privilége, et il dit qu'il livrera son avoir si Jean Crespin donne de l'argent ; et Jean est convenu qu'il livrera de l'*aubenaille;* car il sera très fâché si on l'impose à la taille. Celui-ci fera du bruit de toute manière.

MAÎTRE HENRI.

Mais près de moi sont deux voisins en ville qui sont bons notaires, car ils se proposent bien de faire pour rien tous les écrits du procès : ils tiennent le fait pour trop laid pour cela qu'ils sont tous les deux bigames.

---

* Droit d'aubaine ; succession du seigneur aux aubains, ou étrangers, qui mouraient sur sa terre. Voyez le *Glossaire du droit françois*, d'Eusèbe de Laurière.

GUILLOS.
Qui sont-il?
MAISTRE HENRIS.
Colars Fou-se-dame,
Et s'est Gilles de Bouvignies.
Chist noteront par aaties,
Ensanle plaideront pour tous.
GUILLOS.
Enhenc! maistre Henri, et vous,
Plus d'une feme avés éue;
Et s'avoir volés leur aieue
Metre vous i couvient du voe.
MAISTRE HENRIS.
Gillot, me faites-vous le moe?
Par Dieu! je n'ai goute d'argent;
Si n'ai mie à vivre granment,
Et si n'ai mestier de plaidier,
Point ne me couvient resoignier
Les tailles pour chose que j'aie.
Il prenguent Marien le Jaie :
Aussi set-ele plais assés.
GUILLOS.
Voire, voir, assés amassés.
MAISTRE HENRIS.
Non fai, tout emporte li vins.
J'ai servi lonc tans eskievins,
Si ne vœil point estre contre aus;
Je perderoie anchois .c. saus
Que g'ississe de leur acort.
GUILLOS.
Toudis vous tenés au plus fort,
Che wardés-vous, maistre Henri.
Par foi! encore est-che bien chi
Uns des trais de le vielle danse.
LI DERVÉS.
Ahai! chis a dit comme Manse
Le Geule : je le vois tuer.
LI PERES AU DERVÉ.
A! biaus dous fiex, laissiés ester :
C'est des bigames qu'il parole.
LI DERVÉS.
Et vés me chi pour l'apostoile!
Faites-le donc avant venir.
LI MOINES.
Aimi, Dieus! qu'il fait bon oïr
Che sot-là, car il dist merveilles!
Preudons, dist-il tant de brubeilles
Quant il est en sus de le gent?
LI PERES.
Sire, il n'est onques autrement :

GUILLOT.
Qui sont-ils?
MAÎTRE HENRI.
Colars F...-sa-dame, et c'est Gilles de Bouvignies. Ceux-ci rempliront leur office de notaires avec ardeur; ensemble ils plaideront pour tous.
GUILLOT.
Enhenc! maître Henri, et vous, (vous) avez eu plus d'une femme; et si vous voulez avoir leur aide il vous faut y mettre du vôtre.
MAÎTRE HENRI.
Guillot, me faites-vous la moue? Par Dieu! je n'ai goutte d'argent. Je n'ai pas grandement à vivre, et je n'ai pas besoin de plaider, je n'ai point à craindre les tailles pour chose que j'aie. Qu'ils prennent Marie la Jaie : aussi sait-elle assez de chicane.

GUILLOT.
Vraiment, vraiment, vous amassez assez.
MAÎTRE HENRI.
Non pas, le vin emporte tout. J'ai servi long-temps échevins, je ne veux point être contre eux; je perdrais cent sous plutôt que de me brouiller avec eux.

GUILLOT.
Toujours vous tenez au plus fort, de ceci vous prenez garde, maître Henri. Par (ma) foi! encore est-ce bien ici un des traits de la vieille danse.
LE FOU.
Ahai! celui-ci a dit comme Manse la Gueule : je le vais tuer.
LE PÈRE DU FOU.
Ah! beau doux fils, laissez tomber cela : c'est des bigames qu'il parle.
LE FOU.
Et me voici pour le pape! Faites-le donc avant venir.
LE MOINE.
Ah, Dieu! qu'il fait bon entendre ce fou-là, car il dit merveilles! Prud'homme, dit-il autant de sottises quand il est hors de la présence du public?
LE PÈRE.
Sire, il n'en est jamais autrement : tou-

Toudis rede-il, ou cante, ou brait;
Et si ne set onques qu'il fait,
Encore set-il mains qu'il dist.
LI MOINES.
Combien a que li maus li prist?
LI PERES.
Par foi! sire, il a bien .ij. ans.
LI MOINES.
Et dont estes-vous?
LI PERES.
De Duisans.
Si l'ai wardé à grant meschief.
Esgardés qu'il hoche le chief!
Ses cors n'est onques à repos.
Il m'a bien brisiet .ij.c. pos,
Car je sui potiers à no vile.
LI DERVÉS.
J'ai d'Anséïs et de Marsile
Bien oï canter Hesselin.
Di-je voir, tesmoins ce tatin?
Ai-je employé bien .xxx. saus?
Il me bat tant, chis grans ribaus,
Que devenus sui uns cholés.
LI PERES.
Il ne sait qu'il [fait] li varlés,
Bien i pert quant il bat sen pere.
LI MOINES.
Biaus preudons, par l'ame te mere,
Fai bien : maine l'ent en maison;
Mais fai chi avant t'orison,
Et offre du tien, se tu l'as;
Car il est de veillier trop las,
Et demain le ramenras chi
Quant un peu il ara dormi :
Aussi ne fait-il fors rabaches.
LI DERVÉS.
Dist chiex moines que tu me baches?
LI PÈRES.
Nenil, biaus fiex. Anons-nous-ent.
Tenés, je n'ai or plus d'argent.
Biaux fiex, alons dormir .j. pau;
Si prendons congié à tous.
LI DERVÉS.
Bau!
RIQUECE AURRIS.
Qu'est-che? Seront hui mais riotes?

jours il rêve, ou chante, ou brait; et s'il ne sait pas ce qu'il fait, encore moins sait-il ce qu'il dit.
LE MOINE.
Combien y a-t-il que le mal le prit?
LE PÈRE.
Par (ma) foi! sire, il y a bien deux ans.
LE MOINE.
Et d'où êtes-vous?
LE PÈRE.
De Duisans. Je l'ai gardé à (mon) grand meschef. Regardez comme il hoche le chef! Son corps n'est jamais en repos. Il m'a bien brisé deux cents pots, car je suis potier dans notre village.
LE FOU.
J'ai d'Anséis et de Marsile bien ouï chanter Hesselin. Dis-je vrai, témoin ce *tatin*? Ai-je bien employé trente sous? Il me bat tant, ce grand ribaud, que je suis devenu un martyr.
LE PÈRE.
Il ne sait ce qu'il fait le jeune homme, il y paraît bien quand il bat son père.
LE MOINE.
Beau prud'homme, par l'ame de ta mère, fais bien : emmène-le en (ta) maison; mais fais ici avant ton oraison, et offre du tien, si tu en as; car il est de veiller trop las, et demain tu le ramèneras ici, quand un peu il aura dormi : aussi ne fait-il que rabâchages.
LE FOU.
Ce moine dit-il que tu me battes?
LE PÈRE.
Nenni, beau fils. Allons-nous-en. Tenez, je n'ai maintenant plus d'argent. Beau fils, allons dormir un peu; ainsi, prenons congé de tous.
LE FOU.
Bau!
RIQUECE AURRIS.
Qu'est-ce? Y aura-t-il aujourd'hui davan-

---

* Allusion à deux chansons de geste. La première est conservée à la Bibliothèque Royale, sous les n°* 7191, et supplément français, 540 [8], et a été analysée par M. Le Roux de Lincy, dans la *Revue française et étrangère*, t. II, p. 23-41; l'autre est la *Chanson de Roland*, que nous avons publiée chez Silvestre, en 1837, en un volume in-8°, tiré à deux cents exemplaires.

N'arons hui mais fors sos et sotes?
Sire moines, volés bien faire?
Metés en sauf vo saintuaire.
Je sai bien, se pour vous ne fust,
Que piecha chi endroit éust
Grant merveille de faërie :
Dame Morgue et se compaignie
Fust ore assise à ceste taule;
Car c'est droite coustume estaule
Qu'eles vienent en ceste nuit.

LI MOINES.

Biaus dous sires, ne vous anuit;
Puis qu'ensi est, je m'en irai;
Offrande hui mais n'i prenderai;
Mais souffrés viaus que chaiens soie,
Et que ches grans merveilles voie.
Ne's querrai, si verrai pour coi.

RIKECE.

Or vous taisiés dont trestout coi,
Je ne cuit pas qu'ele demeure;
Car il est aussi que seur l'eure
Eles sont ore ens ou chemin.

GUILLOS.

J'oi le maisnie Hielekin*,

tage de disputes? N'aurons-nous aujourd'hui que fous et folles? Sire moine, voulez-vous bien faire? mettez en sûreté votre reliquaire. Je sais bien, si ce n'était pour vous, que, il y a long-temps, il y aurait ici même grand' merveille de féerie · dame Morgue et sa compagnie seraient maintenant assises à cette table; car c'est une coutume réellement établie qu'elles viennent dans cette nuit.

LE MOINE.

Beau doux sire, ne vous fâchez pas; puisque ainsi est, je m'en irai; je n'y prendrai plus aujourd'hui d'offrande; mais souffrez donc que je sois céans, et que je voie ces grandes merveilles. Je n'y croirai qu'en les voyant.

RIKECE.

Or taisez-vous (et tenez-vous) tout coi. Je ne crois pas qu'elle tarde; car certainement sur l'heure elles sont maintenant en chemin.

GUILLOT.

J'entends la suite d'Hielekin, à mon es-

---

* Voyez, sur Hielekin, les curieuses recherches que M. Le Roux de Lincy a consignées dans *Le Livre des Légendes, introduction*. Paris, chez Silvestre, 1836, in-8°, p. 148-150 et surtout p. 240-245. Nous croyons devoir rapporter ici une curieuse tradition que nous a conservée la *Chronique de Normandie* :

Comme Charles le Quint, jadiz roy de France, et ses gens avec luy s'aparurent après leur mort au duc Richard sans-paour.

Une autre monlt (sic) merveilleuse aventure advint au duc Richard sans-paour. Vray est qu'il estoit en son chasteau de Moulineaux-sur-Saine, et une fois ainsi comme il se alloit esbatre après souper au bois, luy et ses gens ouyrent une merveilleuse noise et horrible de grant multitude de gens qui estoient ensemble, se leur sembloit, laquelle noise approchoit tousjours de eulx; et si comme le duc et ses gens ouyrent la noise aprocher ilz se resconsèrent delez ung arbre, et là le duc Richard envoia de ses gens espier que c'estoit. Et lors ung des escuiers au duc vit que ceulx qui faisoient celle noise s'estoient arrestez dessoubz ung arbre, et commença à regarder leur manière de faire et leur gouvernement, et vit que c'estoit ung roy qui avoit avec lui grant compai-

gnie de toutes gens; et les appelloit-on la Mesgnie Hennequin en commun langaige; mais c'estoit la Mesgnie Charles Quint, qui fut jadiz roy de France. Quant celuy roy et sa mesgnie qui celle noise faisoient furent partis, l'escuier vint au duc Richard et luy conta tout l'affaire et le gouvernement que il avoit veu de la mesgnie Charles Quint qui telle noise faisoient. Et continuellement venoit celle avanture en la forest de Moulineaux près du chasteau, trois fois la sepmaine. Adonc pensa le duc Richard que, s'il povoit, il sauroit quelz gens c'estoient qui sur la terre venoient faire telles assembleez sans son congié. Lors assembla de ses plus privez chevaliers jusques au nombre de cent à six vingtz des plus preux et hardiz qu'il peut finer en toute Normendie, et leur conta comme en sa terre, jouxte son chasteau de Moulineaux, en la forest, advenoit par plusieurs fois à l'asserant ung roy qui estoit acompaigné de plusieurs manières de gens qui merveilleusement grant noise et horrible faisoient, et se reposoient dessoubz ung arbre qui là estoit. Si leur commanda qu'ilz s'armassent et allassent avec luy guetter et ouyr quelz gens c'estoient. Et les chevaliers respondirent que très voulentiers ilz iroient avec luy, et que pour vivre ne pour mourir ilz ne le laisseroient. Si advint que le dit Richard sans-paour et ses chevaliers s'en vindrent à Moulineaux, et là firent dedens la forest

Mien ensiant, qui vient devant
Et mainte clokete sonnant;
Si croi bien que soient chi près.

cient, qui vient devant en sonnant mainte clochette. Je crois bien qu'ils sont ici près.

---

leur embusche jouxte et joignant de l'arbre soubz lequel le roy et sa mesgnie s'arrestoient. Et incontinant comme à heure d'entre chien et leu, à l'avesprant, ilz vont ouyr une si très grant noise et si horrible que merveilles, et veirent comme deux hommes prindrent ung drap de plusieurs couleurs, se leur sembloit, que ilz estendirent sur la terre et ordonnèrent par siéges comme s'ilz vouloient ordonner siége royal. Et puis après veirent venir ung roy acompaigné de plusieurs manières de gens, qui merveilleusement grant noise et espovantable faisoient. Celuy roy se seoit en siége royal, et là le saluoient et servoient ses gens comme roy; mais tous les chevaliers, gens du duc Richard, eurent si très grant fréeur et horreur de paour qu'ilz s'enfuyrent çà et là et laissèrent le duc Richard tout seul. Adonc le duc Richard vit que tous ses chevaliers s'en estoient fuys sans arroy comme gens esperdus, si dist en son cueur que jà reproche ne luy seroit qu'il s'en fust enfuy ; mais voit que le roy estoit assiz sur le drap en siège royal avec sa mesgnie dessoubz le grant arbre. Adonc le duc Richard sans-paour sault à deux piez sur le drap, et dist au roy qu'il le conjure de par Dieu qu'il luy die qui il est, et qu'il vient quérir sur sa terre, et quelz gens sont avec luy. Et lors le roy Charles Quint et toute sa mesgnie, quant ilz se voient ainsi contrains de par Dieu et conjurez de dire qui il est et quelz gens ce sont avec luy, lors dit au duc Richard : « Je suis le roy Charles Quint « de France, qui de ce siècle suis trespassé, et fais « ma pénitance des péchez que j'ay fais en ce monde; « et icy sont les ames des chevaliers et autres gens « qui me servoient, lesquelz par les démérites de « leurs péchez font leur pénitance. » — « Où allez-« vous? » dist le duc Richard. Dit le roy : « Nous allons « nous combatre sur les mescréans Sarrasins et ames « dannez pour nostre pénitance faire. » Or dit le duc Richard : « Quant revendrez-vous ? » Dit le roy : « Nous revendrons environ l'aube du jour, et toute « nuyt nous combatrons à-culx. Laisse-nous aller. » — « Non feray , dit le duc Richard ; car pour vous « aider à combatre veuil-je aller avec vous. » Or dit le roy : « Pour quelque chose que tu voies ne laisse « aller ce drap sur quoy tu es , et le tien bien. » — « Si feray-je, dit le duc Richard. Or partons. » Adonc partirent le dit Richard sans-paour, Charles Quint et sa mesgnie faisans grant noise et tempeste ; et comme vint à heure de mynuyt, ledit Richard ouyt sonner une cloche comme à une abbaye ; et lors demanda où c'estoit que la cloche sonnoit et en quel païs ilz estoient. Et le roy luy dit que c'estoient matines qui sonnoient en l'église de saincte Katherine du mont Sinay. Et le duc Richard, qui de tout temps avoit acoustumé d'aller à l'église, dit au roy qu'il y vouloit aler ouyr matines. Lors le roy dist au duc Richard : « Tenez ce paon de ce drap, et ne « laissez point que tous jours vous ne soiez dessus, « et allez à l'église prier pour nous, et puis au « retourner nous vous revendrons quérir. » Lors vint le duc Richard à tout son paon de drap que le roy luy avoit baillé, et entra en l'église de saincte Katherine du Mont Sinay ; et quand il eut son oroison finée, il tourna parmi l'église, et là vit de moult belles richesses et de moult belles reliques et merveilleuses choses, comme de carquans et autres ferremens de prisonniers. Et ainsi comme il vint à entrer en la chapelle fondée de la glorieuse vierge Marie mère de Dieu, il vit ung sien chevalier, son parent, lequel estoit léans et servoit pour gaigner sa vie, car il y avoit sept ans qu'il estoit prisonnier ès mains des Sarrasins ; mais ung religieux de l'église l'avoit pleigé de tenir prison léans. Et adonc le duc Richard vint à luy et luy demanda comme il le faisoit et de quoy il servoit léans. Et adonc le chevalier respondit au duc Richard qu'il y avoit sept ans passez que il avoit esté prins en la bataille des Sarrasins ; mais ung des religieux de léans l'avoit pleigé de tenir prison pour le servir et gaigner sa vie, car il n'avoit par qui il peust mander que on le délivrast par rançon ou ung homme pour homme. Et adonc le duc Richard luy demanda s'il vouloit aucune chose mander à sa femme et à ses gens. Et luy dit qu'il se recommandoit à elle. Et adonc le duc Richard luy dit que sa femme estoit fiancée et qu'elle devoit espouser dedens trois jours, et il y seroit, s'il plaisoit à Dieu, car il luy avoit enconvenanté et promis. Et adonc le chevalier pria au duc Richard comme il dist à sa femme qu'il vivoit encores. « Elle ne me croira pas, » dit le duc Richard. « Si fera, dit le chevalier; et luy direz pour voir en « icelles enseignes que quant je partiz d'elle à venir « par deçà en bataille où je fus prins, que l'anel de « son doy dont l'espousay, je le partyz en deux « pièces dont une partie luy demoura, et j'ay l'autre « que veez cy, que vous luy porterez pour enseignes. » — « Or bien, dit le duc Richard, ainsi sera fait, et « luy diray au sourplus, se Dieu plaist, que je met« tray peine à vostre délivrance. » Et ainsi comme le chevalier demandoit au duc Richard qui léans l'avoit amené, et comme il y estoit venu, et quant

LA GROSSE FEME.	LA GROSSE FEMME.
Venront dont les fées après?	Les fées viendront donc après?
GUILLOS.	GUILLOT.
Si m'aït Diex, je croi c'oïl.	Si Dieu m'aide, je crois que oui.

il parti du païs, et comme il retourneroit, si brief comme il disoit et aussi parloient de plusieurs choses ensemble comme à la fin de matines. Après ces choses parleez le duc Richard ouyt et entend venir le roy et sa mesgnie, si prend congié au chevalier et ist hors de l'église saincte Katherine du mont Sinay, et treuve le roy et sa mesgnie qui s'en venoient si travaillez, si batus et si navrez que à merveilles. Et lors le duc Richard prent son paon de drap et sault avec le roy Charles Quint et sa mesgnie, et s'en vindrent singlant comme vent et tempeste. Et quant vint comme à l'aube du jour le duc se aplomma pour dormir, qui las et travaillé estoit ; et puis s'esveilla et se trouva au bois de Moulineaux dessoubz l'arbre où il avoit premier trouvé le roy Charles Quint et sa mesgnie, sans plus rien veoir ne trouver; et se trouva tout seul, et lors mercia Dieu qui grâce luy avoit donnée d'estre retourné sauvement. Adonc le duc Richard sans-paour s'en vint au chasteau de Moulineaux, et là trouva partie de ses chevaliers qui fuys s'en estoient, et partie en estoient encores dedens les bois mucez pour paour de ce que ils avoient veu et ouy et aussi pour doubte que leur seigneur, le duc Richard, ne fust mort. Adonc partit le duc Richard de Moulineaux et s'en vint à Rouen; et là estoit la dame qui espouser devoit le second jour ensuivant, laquelle estoit femme du chevalier qui estoit prisonnier et lequel le duc avoit trouvé en l'église de sainte Katherine du mont Sinay. Lors dit le duc à la dame que son seigneur de mari vivoit encores et qu'il se recommandoit à elle. Et elle respondit au duc Richard : « Sire, mon seigneur de « mary est mort et enfouy passé a vii. ans, car « ceulx qui le veirent mort le me ont dit et tesmoi- « gné pour vray ; et ainsi le croy : Dieu luy face « pardon à l'âme ! » Adonc print le duc Richard sans-paour à couleur muer et dit : « Dame, par ma « foy ! hier au soir à myenuyt je le viz et parlay à « luy en l'église de sainte Katherine du mont Sinay, « et vous mande par moy que vous l'attendez et « gardez vostre foy, comme vous luy promeistes au « département de luy, en icelles enseignes de l'anel « de vostre doy et de quoy il vous avoit espousée il « fist deux parties, dont l'une il vous laissa et « l'autre il emporta. Et pour ce veuil que la partie « que vous avez, présentement me baillez. » Et la dame va à son escrin et prent la partie de l'anel qu'elle avoit, et là bailla au duc. Et le duc Richard la print et tire l'autre partie de l'anel que le che-

valier lui avait baillée. Et lors dit devant la dame et tous les chevaliers et escuiers qui là estoient : « Doulx Dieu, si comme c'est vray que le chevalier « vit qui cest anel partyt en deux, en souvenance « de vraie foy de mariage puisse rejoindre présen- « tement ! » Et ainsi fut fait par le plaisir de Dieu. Adonc dit la dame qu'elle attendroit son mari et seigneur, puisque Dieu luy en avoit donné par son plaisir grâce d'en avoir vraie congnoissance. Et lors le duc Richard demanda aux chevaliers qui fuys s'en estoient que estoient devenus leurs compaignons ; et eulx, qui honteux furent, respondirent qu'ilz ne savoient. Adonc les fist cercher et quérir parmy le bois, et puis leur conta son aventure comme il avoit trouvé le roy Charles Quint de France et sa mesgnie, et comme ilz s'en alloient combatre aux ames dannees pour leur pénitance faire, et comme il s'en alla avec eulx, et quant vint à mynuit il ouyt sonner une cloche et lors demanda en quel païs il estoit ; et le roy Charles Quint et sa mesgnie lui dirent qu'ilz estoient sur le mont Sinay et que c'estoit en l'église de saincte Katherine ; et lors le duc y alla et là trouva le chevalier prisonnier, et quant vint comme à la fin de matines, il ouyt le roy et sa mesgnie venir, et print congié du chevalier, et issit hors de l'église et puis s'en vint à eulx. Et quant vint comme à l'aube du jour le sommeil le print, et se aplomma et puis s'esveilla et se trouva tout seul à l'arbre de Moulineaux, et ne sceust que le roy Charles le Quint, jadiz roy de France, et sa mesgnie estoient devenus. Adonc le duc Richard sans-paour, en l'honneur de Dieu le créateur et de la glorieuse vierge Marie et de la glorieuse sainte Katherine servie eu mont de Sinay, et pour alléger la pénitance de l'ame du roy Charles le Quint et de sa mesgnie, fist monlt de biens en saincte église, et fist faire le service monlt solennellement pour le roy et sa mesgnie que l'en disoit la mesgnie Cherles Quint, qui jadis fut roy de France, comme devant est dit. Et aussi le duc Richard avoit en sa maison ung admiral sarrasin, qu'il délivra pour son chevalier lequel estoit prisonnier ès mains des Sarrasins et lequel servoit en l'église de saincte Katherine du mont de Sinay pour sa vie avoir seulement, lequel chevalier fut délivré pour l'admiral sarrasin, et s'en vint en Normendie, et fut avec la dame sa femme qui sept ans l'avoit attendu, laquelle se vouloit remarier de nouveau quant le duc Richard luy dit que son seigneur vivoit, et par tant délaissa du tout son

RAINNELÉS A ADAN.
Aimi ! sire, il i a péril ;
Je vauroie ore estre en maison.
ADANS.
Tais-te, il n'i a fors que raison :
Che sont beles dames parées.
RAINNELÉS.
En non Dieu, sire, ains sont les fées.
Je m'en vois.
ADANS.
Sié-toi, ribaudiaus.
CROQUESOS.
Me siet-il bien li hurepiaus ?
Qu'est-che ? n'i a-il chi autrui ?
Mien ensient, dechéus sui
En che que j'ai trop demouré,
Ou eles n'on (sic) point chi esté.
Dites-me, vielles reparée,
A chi esté Morgue li fée,
Ne ele ne se compaignie ?
DAME DOUCE.
Nenil voir, je ne les vi mie :
Doivent-eles par chi venir ?
CROKESOS.
Oïl, et mengier à loisir,
Ensi c'on m'a fait à entendre.
Chi les me convenra atendre.
RIKECE.
A ! cui ies-tu, di, barbustin ?
CROKESOS.
Qui ? jou ?

RAINNELET A ADAM.
Hélas ! sire, il y a péril ; je voudrais maintnant être en (ma) maison.
ADAM.
Tais-toi, il n'y a que raison : ce sont belles dames parées.
RAINNELET.
Au nom de Dieu, sire, mais ce sont les fées. Je m'en vais.
ADAM.
Assieds-toi, petit ribaud.
CROQUESOS.
Me va-t-il bien le chapeau ? qu'est-ce ? n'y a-t-il ici personne autre ? à mon avis, je suis déçu en ce que j'ai trop tardé, ou elles n'ont point été ici. Dites-moi, vieille réparée, Morgue la fée a-t-elle été ici, elle et sa compagnie ?
DAME DOUCE.
Nenni vraiment, je ne les vis pas : doivent-elles venir par ici ?
CROQUESOS.
Oui, et manger à loisir, ainsi qu'on me l'a fait entendre. Ici me les faudra-t-il attendre.
RIKECE.
A qui es-tu, dis, homme d'armes.
CROQUESOS.
Qui ? moi ?

nouveau espoux ou fiancé, et attendit son loyal seigneur, et vesquirent plus longuement ensemble.» *Les Croniques de Normendie imprimeez et acomplies à Rouen le quatorzième jour de may mil. cccc. quatre-vingtz et sept*, etc. in-folio, chapitre lvii, feuille signée ciii.

Le passage suivant, écrit en patois qui approche du flamand, nous semble aussi contenir une allusion à Hellequin :

Syggeur, or escoutés, que Dex vos sot amis
Van rui de sinte glore qui en de croc fou mis !
Assés l'avés oït van Gerbert, van Gerin,
Van Willeme d'Orenge qui vait de cief haiclin,
Van conte de Boulojgne, van conte Hoillequin
Et van Fromont de Lens, van son fil Fromondin,
Van Karlemaine d'Ais, van son père Paipin ;
Mais jo dira biaus mos qui bien dot estre emprin.
Le ver istront bien fat, il ne sout pas frurins,
Ains sont de bons estuires, si com dist li escrins :
Ce fu van Rovison que de tans fu sperins,
Que d'alusete cante van soir et van matin,
Le los ele est kiie, ce fu à put estins,
Por aler sour Noevile le castel asalir ;
Le vile sont stoumie là jus en ce gardins,
Flamenc se sont saulé plus de tros fiés .xx. :
Maquesai Kaquinoghe et se niés Boidekin
Et Hues Audenare et Simon Moussekin,
Riqueiore du Pré et Wistasse Stalin
Et Vinçant de Barbier .i. autre Roelin,
Et si vint Esconart courant sor se patin,
.J. autre Sparoare Gilebert Dierekin,
Et tout le bocardent cascun dist esquietin.
Si fu escauveçant Willeme Scouelin,
E si fu Hondremare .i. autre Claiequin ;
Que parent de Quemuze et que l'Armant cousin
Il furent bien tros mile, ce tesmoigne l'escrin.

(Manuscrit du Roi, supplément français, n° 184, folio 213 recto, colonne 2, v. 31.)

RIKECE.
Voire.
CROKESOS.
Au roy Hellekin,
Qui chi m'a tramis en mesage
A me dame Morgue le sage,
Que me sire aime par amour;
Si l'atenderai chi entour,
Car eles me misent chi lieu.
RIKECE.
Séés-vous dont, sire courlieu.
CROKESOS.
Volentiers, tant qu'eles venront.
O! vés-les chi!
RIKIERS.
Voirement sont :
Pour Dieu, or ne parlons nul mot.
MORGUE.
A! bien viegnes-tu, Croquesot!
Que fait tes sires Hellequins?
CROKESOS.
Dame, que vostres amis fins;
Si vous salue. Ier de lui mui.
MORGUE.
Diex bénéie vous et lui!
CROKESOS.
Dame, besoigne m'a carquié
Qu'il veut que de par lui vous die;
Si l'orrés quant il vous plaira.
MORGUE.
Croquesot, sié-te .j. petit là,
Je t'apelerai maintenant.
Or chà, Maglore, alés avant;
Et vous, Arsile, d'après li,
Et je méismes serai chi
Encoste vous en che debout.
MAGLORE.
Vois, je sui assie de bout
Où on n'a point mis de coutel.
MORGUE.
Je sai bien que j'en ai .j. bel.
ARSILE.
Et jou aussi.
MAGLORE.
Et qu'es-che à dire?
Que nul n'en i a? Sui-je li pire?
Si m'aït Diex, peu me prisa
Qui estavli ni avisa
Que toute seule à coutel faille.

RIKECE.
(Oui) vraiment.
CROQUESOS.
Au roi Hellequin, qui m'a envoyé en message ici à ma dame Morgue la sage, que mon seigneur aime par amour. Je l'attendrai ici à l'entour, car elles me mirent ici lieu (de rendez-vous).
RIKECE.
Asseyez-vous donc, sire courrier.
CROQUESOS.
Volontiers, tant qu'elles viendront. Oh! les voici!
RIQUIER.
Vraiment, ce sont-elles. Pour Dieu, ne disons mot.
MORGUE.
Ah! sois le bien-venu, Croquesos! Que fait ton seigneur Hellequin?
CROQUESOS.
Dame, il est votre ami sincère. Il vous salue. Hier de lui je partis.
MORGUE.
Que Dieu bénisse vous et lui!
CROQUESOS.
Dame, il m'a chargé d'une commission qu'il veut que je vous dise de sa part; vous l'entendrez quand il vous plaira.
MORGUE.
Croquesos, assieds-toi un peu là, je t'appellerai tout à l'heure. Or çà, Maglore, allez avant; et vous, Arsile, après elle, et moi-même je serai ici à côté de vous dans ce coin.
MAGLORE.
Vois, je suis assise en ce coin où l'on n'a point mis de tapis (petite couverture)
MORGUE.
Je sais bien que j'en ai un beau.
ARSILE.
Et moi aussi.
MAGLORE.
Et qu'est-ce à dire? qu'il n'y en a pas? Suis-je la pire? Si Dieu m'aide, il me prisa peu celui qui établit et fut d'avis que toute seule je serais sans tapis.

MORGUE.
Dame Maglore, ne vous caille;
Car nous dechà en avons deus.
MAGLORE.
Tant est à mi plus grans li deus
Quant vous les avés, et je nient.
ARSILE.
Ne vous caut, dame; ensi avient;
Je cuit c'on ne s'en donna garde.
MORGUE.
Bele douche compaigne, esgarde
Que chi fait bel et cler et net.
ARSILE.
S'est drois que chiex qui s'entremet
De nous appareillier tel lieu
Ait biau don de nous.
MORGUE.
   Soit, par Dieu!
Mais nous ne savons qui chiex est.
CROKESOS.
Dame, anchois que tout che fust prest,
Ving-je chi si que on metoit
Le taule et c'on appareilloit,
Et doi clerc s'en entremetoient;
S'oï que ches gens apeloient
L'un de ches deus Riquece Aurri,
L'autre Adan filz maistre Henri;
S'estoit en une cape chiex.
ARSILE.
S'est bien drois qu'i leur en soit miex,
Et que chascune .i. don i meche:
Dame, que donrés-vous Riqueche?
Commenchiés.
MORGUE.
   Je li doins don gent:
Je vœil qu'il ait plenté d'argent;
Et de l'autre vœil qu'il soit teus
Que che soit li plus amoureus
Qui soit trouvés en nul païs.
ARSILE.
Aussi vœil-je qu'il soit jolis
Et bons faiseres de canchons.
MORGUE.
Encore faut à l'autre .j. dons.
Commenchiés.
ARSILE.
   Dame, je devise
Que toute se marchéandise
Li viegne bien et monteplit.

MORGUE.
Dame Maglore, ne vous inquiétez pas;
car nous deçà nous en avons deux.
MAGLORE.
Mon deuil en est d'autant plus grand que
vous les avez et que je n'en ai pas.
ARSILE.
Ne vous tourmentez pas, dame; il advient
ainsi; je pense qu'on ne s'en donna garde.
MORGUE.
Belle douce compagne, regarde comme
il fait ici bel et clair et net.
ARSILE.
Il est justice que celui qui se mêle de nous
préparer (un) tel lieu ait beau don de nous.
MORGUE.
Soit, par Dieu! mais nous ne savons
qui celui-ci est.
CROQUESOS.
Dame, avant que tout ceci fût prêt, je
vins ici pendant que l'on mettait la table et
qu'on se préparait, et deux clercs s'en mêlaient. J'entendis ainsi que ces gens appelaient l'un de ces deux Riquece Aurri, l'autre
Adam fils de maître Henri. Celui-ci était en
cape.
ARSILE.
Il est bien justice qu'il leur en soit mieux,
et que chacune y mette un don : dame, que
donnerez-vous à Riquece? Commencez.
MORGUE.
Je lui donne gentil don : je veux qu'il ait
abondance d'argent; quant à l'autre, je veux
qu'il soit tel que ce soit le plus amoureux
qui soit trouvé en aucun pays.
ARSILE.
Aussi veux-je qu'il soit gai et bon faiseur
de chansons.
MORGUE.
Il faut encore un don à l'autre. Commencez.
ARSILE.
Dame, je décide que sa marchandise lui
vienne à bien et multiplie.

MORGUE.
Dame, or ne faites tel despit
Qu'il n'aient de vous aucun bien.
MAGLORE.
De mi certes n'aront-il nient :
Bien doivent falir à don bel
Puis que j'ai fali à coutel.
Honnis soit qui riens leur donra !
MORGUE.
A ! dame, che n'avenra jà
Qu'il n'aient de vous coi que soit.
MAGLORE.
Bele dame, s'il vous plaisoit,
Orendroit m'en deporteriés.
MORGUE.
Il couvient que vous le fachiés,
Dame, se de rien nous amés.
MAGLORE.
Je di que Riquiers soit pelés
Et qu'il n'ait nul cavel devant.
De l'autre qui se va vantant
D'aler à l'escole à Paris,
Vœil qu'i soit si atruandis
En le compaignie d'Arras,
Et qu'il s'ouvlit entre les bras
Se feme, qui est mole et tenre,
Et qu'il perge et hache l'aprenre
Et meche se voie en respit.
ARSILE.
Aimi! dame, qu'avés-vous dit ?
Pour Dieu ! rapelés ceste cose.
MAGLORE.
Par l'ame où li cors me repose !
Il sera ensi que je di.
MORGUE.
Certes, dame, che poise mi ;
Mout me repenc, mais je ne puis,
C'onques hui de riens vous requis.
Je cuidoie par ches deus mains
Qu'il déussent avoir au mains
Chascuns de vous .i. bel jouel.
MAGLORE.
Ains comperront chier le coutel
Qu'il ouvlierent chi à metre.
MORGUE.
Croquesot !
CROKESOS.
Dame ?
MORGUE.
Se t'as lettre

MORGUE.
Dame, maintenant ne faites tel dépit qu'ils n'aient de vous aucun bien.
MAGLORE.
De moi certainement n'auront-ils rien : ils doivent bien ne pas avoir de beaux dons puisque je n'ai pas eu de tapis. Honni soit qui leur donnera quelque chose !
MORGUE.
Ah ! dame, il n'adviendra pas qu'ils n'aient de vous quoi que ce soit.
MAGLORE.
Belle dame, s'il vous plaisait, maintenant vous m'en dispenseriez.
MORGUE.
Il faut que vous le fassiez, dame, si vous nous aimez le moins du monde.
MAGLORE.
Je dis que Riquier soit pelé et qu'il n'ait nul cheveu devant. Quant à l'autre qui se va vantant d'aller à l'école à Paris, je veux qu'il soit acoquiné avec la compagnie d'Arras, et qu'il s'oublie entre les bras de sa femme, qui est molle et tendre, et qu'il perde et laisse l'étude, et qu'il mette son voyage en répit.

ARSILE.
Hélas ! dame, qu'avez-vous dit ? Pour Dieu ! rétractez cette chose.
MAGLORE.
Par l'ame qui repose en mon corps ! il sera ainsi que je dis.
MORGUE.
Certes, dame, cela m'attriste : je me repens fort, mais je n'y puis rien, de vous avoir requise de quelque chose aujourd'hui. Je pensais par ces deux mains qu'ils dussent avoir au moins chacun un beau joyau de vous.
MAGLORE.
Au contraire ils payeront cher le tapis qu'ils oublièrent de mettre ici.
MORGUE.
Croquesos !
CROQUESOS.
Dame ?
MORGUE.
Si tu as lettre ou quelque chose à dire de

Ne rien de ton seigneur à dire,
Si vien avant.
CROKESOS.
Diex le vous mire !
Aussi avoie-je grant haste :
Tenés.
MORGUE.
Par foi ! c'est paine waste :
Il me requiert chaiens d'amours ;
Mais j'ai mon cuer tourné aillours :
Di-lui que mal se paine emploie.
CROKESOS.
Aimi ! dame, je n'oseroie :
Il me geteroit en le mer ;
Nepourquant ne poés amer,
Dame, nul plus vaillant de lui.
MORGUE.
Si puis bien faire.
CROKESOS.
Dame, cui ?
MORGUE.
Un demoisel de ceste vile
Qui est plus preus que tex .c. mile
Où pour noient nous traveillons.
CROKESOS.
Qui est-il ?
MORGUE.
Robers Soumeillons,
Qui set d'armes et du cheval ;
Pour mi jouste amont et aval
Par le païs à taule-ronde *.
Il n'a si preu en tout le monde,
Ne qui s'en sache miex aidier ;
Bien i parut à Mondidier,
S'il jousta le miex ou le pis.
Encore s'en dieut-il ou pis,
Ens espaules et ens ès bras.
CROKESOS.
Est-che nient uns à uns vers dras
Roiiés d'une vermeille roie ?

de la part de ton seigneur, viens avant.
CROQUESOS.
Dieu vous en récompense ! aussi avais-je grande hâte : tenez.
MORGUE.
Par (ma) foi ! c'est peine perdue : il me requiert céans d'amour ; mais j'ai tourné mon cœur ailleurs : dis-lui qu'il emploie mal sa peine.
CROQUESOS.
Hélas ! dame, je n'oserais : il me jetterait dans la mer ; néanmoins vous ne pouvez aimer, dame, personne qui vaille plus que lui.
MORGUE.
Je le puis.
CROQUESOS.
Dame, qui ?
MORGUE.
Un damoiseau de cette ville qui est plus preux que cent mille où nous travaillons pour rien.
CROQUESOS.
Qui est-il ?
MORGUE.
Robert Soumeillons, qui sait d'armes et du cheval ; il joute amont et aval par le pays aux tables-rondes. Il n'y a si preux dans le monde entier, ni qui sache mieux se tirer d'affaire. Il y parut bien à Montdidier, s'il jouta le mieux ou le pire. Il s'en ressent encore à la poitrine, aux épaules et aux bras.
CROQUESOS.
N'est-ce pas un (damoiseau) aux habits de couleur verte rayés d'une raie rouge ?

---

* Espèce de tournoi sur lequel on peut consulter mon *Tristan*, t. II, p. 185, 186 ; et la *Storia ed Analisi degli antichi romanzi di Cavalleria e dei poemi romanzeschi d'Italia* del dottore Giulio Ferrario. Milano dalla tipografia dell' autore M. DCCC. XXVIII-XXIX, quatre volumes in-8°, t. II, p. 82-84. Voyez aussi *Vues générales sur les tournois et la Table-Ronde.* — *Histoire de l'Académie royale des Inscriptions et Belles-lettres*, t. XVIII, p. 311-315.

Il y avait à Bourges un ordre de chevalerie intitulé de la *Table-Ronde*. Il fut institué entre des principaux bourgeois de la ville, au mois de mai 1486, au nombre de quatorze et un chef. Le premier chef fut Jean de Cucharnois. Voyez *Recueil des antiquitez et privileges de la ville de Bourges et de plusieurs autres Villes capitales du Royaume.* Par Iean Chenu. A Paris, chez Nicolas Buon, M.DC.XXI, in-4°, fol. 179.

AU MOYEN-AGE. 81

MORGUE.
Ne plus ne mains.

CROKESOS.
Bien le savoie.
Mesire en est en jalousie,
Très qu'il jousta à l'autre fie
En ceste vile, ou marchié droit.
De vous et de lui se vantoit,
Et tantost qu'il s'en prist à courre,
Mesires se mucha en pourre
Et fist sen cheval le gambet,
Si que caïr fist le varlet
Sans assener sen compaignon.

MORGUE.
Par foi! assés le dehaignon;
Nonpruec* me sanle-il trop vaillans,
Peu parliers et cois et chelans,
Ne nus ne porte meilleur bouque.
Li personne de lui me touque
Tant que je l'amerai, que-vau-che?

ARSILE.
Le cuer n'avés mie en le cauche,
Dame, qui pensés à tel home :
Entre le Lis voir et le Somme
N'a plus faus ne plus buhotas,
Et se veut monter seur le tas
Tantost qu'il repaire en un lieu.

MORGUE.
S'est teus?

ARSILE.
C'est mon.

MORGUE.
De le main Dieu
Soie-jou sainnie et benite!
Mout me tieng ore pour despite
Quant pensoie à tel cacoigneur,
Et je laissoie le gringneur
Prinche qui soit en faërie.

ARSILE.
Or estes-vous bien conseillie,
Dame, quant vous vous repentés.

MORGUE.
Croquesot!

CROKESOT.
Madame?

MORGUE.
Ni plus ni moins.

CROQUESOS.
Bien le savois. Monseigneur en est jaloux, depuis qu'il vint l'autre fois en cette ville, droit au marché. (Le damoiseau) se vantait sur votre compte et sur le sien, et tantôt qu'il se prit à courir, monseigneur se cacha dans la poussière et fit buter son cheval, tellement qu'il fit cheoir le jeune homme sans atteindre son compagnon.

MORGUE.
Par (ma) foi! nous le dédaignons assez; cependant il me paraît beaucoup valoir, être peu parleur, et tranquille et discret, personne ne porte meilleure bouche. Sa personne me touche tant que je l'aimerai. A quoi bon cela?

ARSILE.
Vous n'avez pas le cœur dans la chausse, dame, vous qui pensez à (un) tel homme : vraiment entre la Lys et la Somme il n'y a plus faux ni plus trompeur, et il veut jouir d'une femme aussitôt qu'il vient dans un lieu.

MORGUE.
Est-il tel?

ARSILE
C'est la vérité.

MORGUE.
De la main de Dieu sois-je signée et bénite! je me tiens maintenant pour très méprisable quand (je) pensais à un pareil trompeur, et je laissais le plus grand prince qui soit en féerie.

ARSILE.
Vous êtes bien conseillée, dame, maintenant que vous vous repentez.

MORGUE.
Croquesos!

CROQUESOS.
Madame?

S'iert ma feme et jou ses maris.
(*Roman du comte de Poitiers*, Paris, Silvestre, 1831, in-8°, p. 53, v. 1274.)

---

* Et cele qui m'iert à corage,
Pruec qu'ele soit de haut parage,

MORGUE.

Amistés
Porte ten segnieur de par mi.

CROKESOS.
Madame, je vous en merchi
De par men grant segnieur le roy.
Dame, qu'est-che là que je voi
En chele roée? Sont-che gens?

MORGUE.
Nenil, ains est esamples gens,
Et chele qui le roe tient
Chascune de nous apartient;
Et s'est très dont qu'ele fu née,
Muiele, sourde et avulée.

CROKESOS.
Comment a-ele à non?

MORGUE.
Fortune.
Ele est à toute riens commune
Et tout le mont tient en se main;
L'un fait povre hui, riche demain;
Ne point ne set cui ele avanche.
Pour chou n'i doit avoir fianche
Nus, tant soit haut montés en roche;
Car se chele roe bescoche,
Il le couvient descendre jus.

CROKESOS.
Dame, qui sont chil doi lassus
Dont chascuns sanle si grans sire?

MORGUE.
Il ne fait mie bon tout dire :
Orendroit m'en deporterai.

MAGLORE.
Croquesot, je le te dirai.
Pour chou que courechie sui,
Huimais n'espargnerai nului;
Je n'i dirai huimais fors honte :
Chil doi lassus sont bien du conte,
Et sont de le vile signeur;
Mis les a Fortune en honnour :
Chascuns d'aus est en sen lieu rois.

CROKESOS.
Qui sont-il?

MAGLORE.
C'est sire Ermenfrois,
Crespins et Jaquemes Louchars.

CROKESOS.
Bien les connois, il sont escars.

MAGLORE.
Au mains regnent-il maintenant,

MORGUE.
Fais des amitiés à ton seigneur de ma part

CROQUESOS.
Madame, je vous en remercie de par mon grand seigneur le roi. Dame, qu'est-ce que je vois dans cette roue? Sont-ce (des) gens?

MORGUE.
Nenni, mais c'est une belle allégorie, et celle qui tient la roue appartient à chacune de nous; elle est depuis qu'elle fut née, muette, sourde et aveugle.

CROQUESOS.
Comment a-t-elle nom?

MORGUE.
Fortune. Elle est commune à toute chose et tient tout le monde en sa main; (elle) fait l'un pauvre aujourd'hui, (et) riche demain; et l'on ne sait point qui elle avance. Pour cela personne n'y doit avoir confiance, tant haut soit-il monté; car si cette roue baisse, il lui faut descendre en bas.

CROQUESOS.
Dame, qui sont ces deux là-haut dont chacun semble si grand seigneur?

MORGUE.
Il ne fait pas bon (de) tout dire : ici je m'en dispenserai.

MAGLORE.
Croquesos, je te le dirai. Par cela que je suis courroucée, aujourd'hui je n'épargnerai personne; je ne dirai aujourd'hui que du mal : ces deux là-dessus sont bien du compte, et sont seigneurs de la ville; Fortune les a mis en honneur : chacun d'eux est chez lui roi.

CROQUESOS.
Qui sont-ils?

MAGLORE.
Ce sont sire Ermenfroi, Crespin et Jacques Louchard.

CROQUESOS.
Bien les connais, ils sont avares.

MAGLORE.
Au moins règnent-ils maintenant, et leurs

Et leur enfant sont bien venant
Qui raigner vauront après euls.
CROKESOS.
Li quel?
MAGLORE.
Vés-ent chi au mains deus :
Chascuns sieut sen pere drois poins.
Ne sai qui chiex est qui s'embrusque.
CROKESOS.
Et chiex autres qui là trebusque,
A-il jà fait pille-ravane?
MAGLORE.
Non, c'est Thoumas de Bouriane
Qui soloit bien estre du conte;
Mais Fortune ore le desmonte
Et tourne chu dessous deseure :
Pour tant on li a courut seure
Et fait damage sans raison,
Meesmement de se maison
Li voloit-on faire grant tort.
ARSILE.
Pechié fist qui ensi l'a mort;
Il n'en éust mie mestier;
Car il la laissié son mestier
De draper pour brasser goudale.
MORGUE.
Che fait Fortune qui l'avale :
Il ne l'avoit point deservi.
CROKESOS.
Dame, qui est chis autres chi
Que si par est nus et descaus?
MORGUE.
Chis? c'est Leurins li Canelaus,
Qui ne puet jamais relever.
ARSILE.
Dame, si puet bien parlever
Aucune bele cose amont.
CROKESOS.
Dame, volentés me semont
C'à men segneur tost m'en revoise.
MORGUE.
Croquesot, di-lui qu'il s'envoise
Et qu'il fache adès bele chiere,
Car je li iere amie chiere
Tous les jours mais que je vivrai.
CROKESOS.
Madame, sour che m'en irai.
MORGUE.
Voire, di-li hardiement,

enfans viennent bien, qui voudront régner après eux.
CROQUESOS.
Lesquels?
MAGLORE.
En voici au moins deux : chacun suit son père en tous points. Je ne sais qui est celui qui se cache.
CROQUESOS.
Et cet autre qui là trébuche, a-t-il déjà fait *pille-ravane?*
MAGLORE.
Non, c'est Thomas de Bourienne qui avait coutume d'être du compte; mais Fortune aujourd'hui le démonte et le tourne sens dessus dessous : pour cela on lui a couru dessus et fait dommage sans raison, même de sa maison lui voulait-on faire grand tort.
ARSILE.
Celui qui ainsi l'a fait mourir fit péché; il n'en eût pas (eu) besoin; car il a laissé son métier de drapier pour brasser de la bière.
MORGUE.
Ce fait Fortune qui l'abaisse; il ne l'avait point mérité.
CROQUESOS.
Dame, quel est cet autre ici qui est si nu et déchaussé?
MORGUE.
Celui-ci? c'est Leurin le Canelaus, qui ne peut jamais se relever.
ARSILE.
Dame, il peut bien encore élever quelque belle chose en haut.
CROQUESOS.
Dame, volonté me somme qu'à mon seigneur tôt m'en retourne.
MORGUE.
Croquesos, dis-lui qu'il s'amuse et qu'il fasse toujours bonne chère, car je lui serai amie chère tous les jours que je vivrai.
CROQUESOS.
Madame, sur ce m'en irai.
MORGUE.
En vérité, dis- (le) lui hardiment, et porte

Et se li porte che present
De par mi; tien, boi anchois viaus.

CROKESOS.
Me siet-il bien li hielepiaus?

DAME DOUCE.
Beles dames, s'il vous plaisoit,
Il me sanle que tans seroit
D'aler-ent, ains qu'il ajournast.

ARSILE.
Ne faisons chi de sejour,
Car n'afiert que voisons par jour
En lieu là où nus hom trespast;
Alons vers le pré esraument,
Je sai bien c'on nous i atent.

MAGLORE.
Or tost alons-ent par illeuc.
Les vielles femes de le vile
Nous i atendent.

MORGUE.
Est-chou gille?

MAGLORE.
Vés, Dame Douche nous vient pruec.

DAME DOUCE.
Et qu'est-ce ore chi, beles dames?
C'est grans anuis et grans diffames
Que vous avés tant demouré.
J'ai annuit faite l'avan-garde,
Et me fille aussi vous pourwarde
Toute nuit à le crois, ou pré.
Là vous avons-nous atendues,
Et pourwardées par les rues;
Trop nous i avés fait veillier.

MORGUE.
Pour coi, la Douche?

DAME DOUCE.
On m'i a fait
Et dit par devant le gent lait.
Uns hom que je vœil manier;
Mais se je puis, il ert en biere,
Ou tournés che devant derriere
Devers les piés ou vers les dois.

MORGUE.
Je l'arai bientost à point mis
En sen lit, ensi que je fis,
L'autre an, Jakemon Pilepois,
Et l'autre nuit Gillon Lavier.

MAGLORE.
Alons! nous vous irons aidier.
Prendés avœc Agnès, vo fille,

lui ce present de ma part; tiens, bois avant de te mettre en route.

CROQUESOS.
Me sied-il bien le chapeau?

DAME DOUCE.
Belles dames, s'il vous plaisait, il me semble qu'il serait temps de s'en aller avant qu'il fît jour.

ARSILE.
Ne restons plus ici, car il ne convient pas que nous marchions de jour dans des lieux où quelqu'un passe; allons sur-le-champ vers le pré, je sais bien qu'on nous y attend.

MAGLORE.
Maintenant allons-nous-en vite par ici. Les vieilles femmes de la ville nous y attendent.

MORGUE.
Est-ce tromperie?

MAGLORE.
Voyez, Dame Douce vient auprès de nous.

DAME DOUCE.
Et qu'est-ce maintenant ici, belles dames? c'est grand ennui et grande honte que vous ayez tant resté. J'ai cette nuit fait l'avant-garde, et ma fille aussi vous garde toute la nuit à la croix, au pré. Là nous vous avons attendues, et gardées par les rues; vous nous y avez trop fait veiller.

MORGUE.
Pourquoi, la Douce?

DAME DOUCE.
On m'y a fait et dit par devant le monde outrage. (C'est) un homme que je veux faire passer par mes mains; mais si je puis, il sera en bière, ou tourné sens devant derrière vers les pieds ou vers les doigts.

MORGUE.
Je l'aurai bientôt à point mis en son lit, ainsi que je fis, l'autre année, à Jacques Pilepois, et l'autre nuit à Gilles Lavier.

MAGLORE.
Allons! nous vous irons aider. Prenez avec (vous) Agnès, votre fille, et une femme

Et une qui maint en chité,
Qui jà n'en avera pité.

MORGUE.
Fame Wautier Mulet ?

DAME DOUCE.
C'est chille.
Alés devant, et je m'en vois.

(Les fées cantent:)

Par chi va la mi-gno-ti-se, par chi où je vois*.

LI MOINES.
Aimi, Dieus ! que j'ai soumeillié !

HANE LI MERCIERS.
Marie ! et j'ai adès veillié.
Faites, alés-vous-ent errant.

LI MOINES.
Frere, ains arai mengié avant,
Par le foi que doi saint Acaire !

HANE.
Moines, volés-vous dont bien faire ?
Alons à Raoul le waidier.
Il a aucun rehaignet d'ier :
Bien puet estre qu'il nous donra.

LI MOINES.
Trop volentiers. Qui m'i menra ?

HANE.
Nus ne vous menra miex de moi ;
Si trouverons laiens, je croi,
Compaignie qui là s'embat,
Faitiche où nus ne se combat :
Adan, le fil maistre Henri,

---

* Cette phrase se trouve encore dans un motet du manuscrit 81 la Vall., folio 27 recto, avec la même mélodie ; seulement elle est un peu variée et accompagnée de deux autres parties musicales, puisqu'elle est dans un motet ; car il était de la nature de ce morceau d'être à trois parties :

qui demeure en ville, qui n'en aura pas pitié.

MORGUE.
(La) femme (de) Wautier Mulet ?

DAME DOUCE.
C'est celle-là. Allez devant, et je m'en vais

(Les fées chantent:)

Par chi va la mi-gno-ti-se,
par chi où je vois*.

[Par ici va la mignardise, par ici où je vais.]

LE MOINE.
Eh Dieu ! que j'ai sommeillé !

HANE LE MERCIER.
Marie ! et j'ai toujours veillé. Faites, allez-vous-en sur-le-champ.

LE MOINE.
Frère, mais j'aurai mangé auparavant, par la foi que (je) dois à saint Acaire !

HANE.
Moine, voulez-vous bien faire ? allons à Raoul le garde-chasse. Il a quelque petit reste d'hier : peut-être bien il nous (en) donnera.

LE MOINE.
Très volontiers. Qui m'y mènera.

HANE.
Personne ne vous mènera mieux que moi. Nous trouverons là, je crois, compagnie agréable qui s'amuse et dans laquelle nul ne

Blon-de-te, sa-verousete-te, qui Diex doinst bon jour.
Par chi va la mi-gno-ti-se, par chi où je vois.
Plain-chant.

Veelet et Riqueche Aurri
Et Gillot le Petit, je croi.
LI MOINES.
Par le saint Dieu ! et je l'otroi,
Aussi est chi me cose bien,
Et si vés-chi un crespet, tien !
Que ne sai quels caitis offri ;
Je n'en conterai point à ti,
Ains sera de commenchement.
HANE.
Alons-ent donc ains que li gent
Aient le taverne pourprise.
Esgardés, li taule est jà mise
Et vés-là Rikeche d'encoste.
Rikeche, véistes-vous l'oste ?
RIKIERS.
Oue, il est chaiens. Ravelet !
LI OSTES.
Véés me chi.
HANE.
Qui s'entremet
Dou vin sakier ? Il n'i a plus.
LI OSTES.
Sire, bien soiés-vous venus !
Vous vœil-je fester, par saint Gille !
Sachiés c'on vent en ceste vile
Tastés, je l' venc par eschievins.
LI MOINES.
Volentiers. Chà dont.
LI OSTES.
Est-che vins ?
Tel ne boit-on mie en couvent,
Et si vous ai bien en couvent
Qu'aven ne vint mie d'Aucheure.
RIKIERS.
Or me prestés donques .j. voirre
Par amours, et si séons bas ;
Et che sera chi le rebas
Seur coi nous meterons le pot.
GUILLOS.
C'est voirs.
RIKIERS.
Qui vous mande, Gillos ?
On ne se puet mais aaisier.
GUILLOS.
Che ne fustes-vous point, Rikier :
De vous ne me doi loer waires.
Que c'est ? mesires sains Acaires
A-il fait miracles chaiens ?

se bat : Adam, le fils de maître Henri, Veelet et Riqueche Aurri et Gillot le Petit, je crois.
LE MOINE.
Par le saint Dieu ! et je l'octroie, aussi est-ce bien mon affaire, et voici un *crespet,* tiens ! que je ne sais quel malheureux offrit ; je n'en compterai point avec toi, mais il sera pour commencer.
HANE.
Allons-nous-en donc avant que les gens aient rempli la taverne. Regardez, la table est déjà mise et voilà Riquece de côté. Riquece, vîtes-vous l'hôte.
RIQUIER.
Oui, il est céans. Ravelet !
L'HÔTE.
Me voici.
HANE.
Qui se mêle de tirer du vin ? Il n'y en a plus.
L'HÔTE.
Sire, soyez le bien venu ! Je vous veux fêter, par saint Gilles ! Sachez qu'on vend dans cette ville *tastés,* je le vends de la part des échevins.
LE MOINE.
Volontiers. Çà donc.
L'HÔTE.
Est-ce vin ? On n'en boit pas (de) tel en couvent, et je vous garantis bien que pareil ne vint d'Auxerre.
RIQUIER.
Maintenant prêtez-moi donc un verre par amour, et asseyons-nous ; et ce sera ici le *rebas* sur quoi nous mettrons le pot.
GUILLOT.
C'est vrai.
RIQUIER.
Qui vous mande, Guillot ? On ne se peut davantage mettre à l'aise.
GUILLOT.
Cela ne fûtes-vous point, Riquier : de vous ne me dois louer guère. Qu'est-ce ? monseigneur saint Acaire a-t-il fait miracle céans ?

LI OSTES.
Gillot, estes-vous hors du sens* ?
Taisiés. Que mal soiés venus !
GUILLOS.
Ho ! biaus hostes, je ne di plus.
Hane, demandés Ravelet
S'il a chaiens nul rehaignet
Qu'il ait d'essoir repus en mue.
LI OSTES.
Oïl, .j. herenc de Gernemue **,
Sans plus, Gillot, je vous oc bien.

GUILLOS.
Je sai bien que vés-chi le mien ;
Hane, or li demandés le voe.
LI OSTES.
Le bau fai que t'ostes le poe,
Et qu'il soit à tous de commun ;
Il n'affiert point c'on soit enfrun
Seur le viande.
GUILLOS.
Bé ! cest jeus.
LI OSTES.
Or metés dont le herenc jus.
GUILLOS LI PETIS.
Vés-le-chi, je n'en gousterai;
Mais .j. petit assaierai
Che vin, ains c'on le par essiaue.
Il fu voir escaudés en yaue,
Si sent .j. peu le rebouture.
LI OSTES.
Ne dites point no vin laidure,
Gillot : si ferés courtoisie ;
Nous sommes d'une compaignie,
Si ne le blamés point.

L'HÔTE.
Guillot, êtes-vous hors du sens ? Taisez-(vous). Que mal soyez-(vous) venu !
GUILLOT.
Ho ! bel hôte, je ne parle plus. Hane, demandez à Ravelet s'il a céans quelque reste qu'il ait d'hier soir serré en (un) garde-manger.
L'HÔTE.
Oui, un hareng de Gernemue, sans (rien de) plus, Guillot, je vous assure bien.

GUILLOT.
Je sais bien que voici le mien ; Hane, maintenant demandez-lui le vôtre.
L'HÔTE.
Tout beau ! ôte ton pouce, et qu'il (le hareng) soit à tous en commun ; il ne convient pas qu'on soit chiche sur la nourriture.
GUILLOT.
Bé ! c'est un jeu.
L'HÔTE.
Maintenant mettez donc le hareng en bas.
GUILLOT LE PETIT.
Le voici, je n'en goûterai ; mais j'essayerai un peu ce vin, avant qu'on le tire. Il fut vraiment échaudé en eau, il sent un peu le rebut.

L'HÔTE.
Ne dites point d'injure à notre vin, Guillot : vous ferez courtoisie ; nous sommes compagnons, ainsi ne le blâmez point.

---

* Cette expression s'est conservée jusque dans le dix-septième siècle : « Il (Bensserade) toucha 4000 livres pour aller en Suède faire compliment à la reine (Christine) qui avoit pensé estre assassinée par un regent de collége *hors de sens.* »
(*Mémoires de Tallemant des Réaux*, art. *Bensserade*, t. IV, p. 385, édition de MM. Monmerqué, Chateaugiron et Taschereau.)

** On retrouve ce nom dans celui d'Adam de Gernemue, nommé parmi les barons de l'échiquier. Voy. Madox, *Formulare anglicanum*, p. 179, n° ccxci, et *the Hist. of the Exchequer*, p. 744. L'on trouve un Nicolas de Weremue nommé, col. 106 du *Magnus rotulus Pipæ*, édition de Hodgson.

Li reis Gurmund par son devis
Mist ses gardains en cel país.
Aprés ico manda par ban
Pur l'ost ki ert à Fulcham ;
Contre li vengent à la mer ;
Par tut manda par son empier.
Bien asembla plus de cent reis
Od lur grant ost, od lur herneis ;
A Gernemue entrent en mer,
Desuz Chailu vont ariver,
Les nefs firent à la terre treire,
N'en quident més aveir à feire ;
Puis ont guasté tut cel país.
A la terre Seint-Galeris
Avant s'en vont, en Pontif entrent.

(*L'Estorie des Englès solum la translacion maistre Geffrei Gaimar*, manuscrit royal, Musée Britannique.)

GUILLOS LI PETIS.

Non fai-je.

HANE LI MERCIERS.

Vois que maistre Adans fait le sage
Pour che qu'il doit estre escoliers.
Je vi qu'il se sist volentiers
Avœcques nous pour desjuner.

ADANS.

Biaus sire, ains couvient m'éurer;
Par Dieu! je ne le fac pour el.

MAISTRE HENRIS.

Va-i, pour Dieu! tu ne vaus mel;
Tu i vas bien quant je n'i sui.

ADANS.

Par Dieu! sire, je n'irai hui,
Se vous ne venés avœc mi.

MAISTRE HENRIS.

Va dont, passe avant, vés-me-chi.

HANE LI MERCIERS.

Aimi, Diex! con fait escolier!
Chi sont bien emploié denier.
Font ensi li autre à Paris?

RIQUECE.

Vois, chis moines est endormis.

LI OSTES.

Et or me faites tout escout:
Metons-li jà sus qu'il doit tout
Et que Hane a pour lui yué.

LI MOINES.

Aimi, Dieu! que j'ai demouré!
Ostes, comment va nos affaires?

LI OSTES.

Biaus ostes, vous ne devés waires:
Vous finerés moult bien chaiens;
Ne vous anuit mie, g'i pens.
Vous devés .xij. sols à mi:
Merchiés-ent vo bon ami
Qui les a chi perdus pour vous.

LI MOINES.

Pour mi?

LI OSTES.

Voire.

LI MOINES.

Les doi-je tous?

LI OSTES.

Oïl, voir.

LI MOINES.

Ai-je dont ronquiet?
J'en éusse aussi bon marchiet,

GUILLOT LE PETIT.

Je ne le fais pas.

HANE LE MERCIER.

Vois combien maître Adam fait le sage par la raison qu'il doit être écolier. Je vis qu'il s'assit volontiers avec nous pour déjeuner.

ADAM.

Beau sire, auparavant il faut m'écouter; par Dieu! je ne le fais pas pour autre chose.

MAITRE HENRI.

Va-s-y, pour Dieu! tu ne vaux pas mieux; tu y vas bien quand je n'y suis pas.

ADAM.

Par Dieu! sire, je n'irai pas aujourd'hui, si vous ne venez avec moi.

MAITRE HENRI.

Va donc, passe avant, me voici.

HANE LÉ MERCIER.

Hélas! Dieu! quel écolier! ici deniers sont bien employés. Les autres font-ils ainsi à Paris?

RIQUECE.

Vois, ce moine est endormi.

L'HÔTE.

Et maintenant écoutez-moi tous: mettons-lui dessus qu'il doit tout et que Hane a pour lui joué.

LE MOINE.

Hélas! Dieu! que j'ai demeuré! Hôte, comment va notre affaire?

L'HÔTE.

Bel hôte, vous ne devez guère: vous finirez très bien céans; (qu'il) ne vous ennuie pas, j'y pense. Vous me devez douze sous; remerciez-en votre bon ami qui les a ici perdus pour vous.

LE MOINE.

Pour moi?

L'HÔTE.

En vérité.

LE MOINE.

Les dois-je tous?

L'HÔTE.

Oui, en vérité.

LE MOINE.

Ai-je donc *ronquiet*? j'en eusse aussi bon marché, ce me semble, en la friponnerie; et

Che me sanle, en l'enganerie ;
Et n'a-il as dés jué mie
De par mi, ni à me requeste.
HANE LI MERCIERS.
Vés-chi de chascun le foi preste
Que che fu pour vous qu'il joua.
LI MOINES.
Hé, Diex ! à vous con fait jeu a !
Biaus ostes, qui vous vaurroit croire ?
Mauvais fait chaiens venir boire,
Puis c'on cunkie ensi le gent.
LI OSTES.
Moines, paiés chà men argent
Que vous me devés ; est-che plais ?
LI MOINES.
Dont deviegne-jou aussi fais
Que fu li hordussens ennuit !
LI OSTES.
Bien vous poist et bien vous anuit,
Vous waiterés chaiens le coc,
Ou vous me lairés chà che froc :
Le cors arés, et jou l'escorche.
LI MOINES.
Ostes, me ferés-vous dont forche ?
LI OSTES.
Oïl, se vous ne me paiés.
LI MOINES.
Bien voi que je sui cunkiés,
Mais c'est li darraine fois.
Par mi chou m'en irai-je anchois
Qu'il reviegne nouviaus escos.
MAISTRES HENRIS.
Moines, vous n'estes mie sos,
Par mon chief ! qui vous en alés.
[LI FISISCIENS.]
Certes, segnieur, vous vous tués,
Vous serés tout paraletique,
Ou je tieng à fausse fisique,
Quant à ceste eure estes chaiens.
GUILLOS.
Maistres, bien kaiés de vo sens,
Car je ne le pris une nois.
Sées-vous jus.
LI FISISCIENS.
Chà ! une fois
Me donnés, si vous plaist, à boire.
GUILLOS.
Tenés, et mengiés ceste poire.

il n'a pas joué aux dés de ma part, ni à ma requête.
HANE LE MERCIER.
Voici chacun prêt à engager sa foi que ce fut pour vous qu'il joua.
LE MOINE.
Ah ! Dieu, comme l'on vous joue ! bel hôte, qui vous voudrait croire ? il fait mauvais de venir boire céans, puisqu'on dupe ainsi le monde.
L'HÔTE.
Moine, payez çà mon argent que vous me devez ; est-ce dispute ?
LE MOINE.
Que je devienne ainsi fait que fut le fou aujourd'hui !
L'HÔTE.
Bien (qu'il) vous pèse et bien (qu'il) vous ennuie, vous attendrez ici le (chant du) coq, ou vous me laisserez ici ce froc : (vous) aurez le corps, et moi l'écorce.
LE MOINE.
Hôte, me ferez-vous donc violence ?
L'HÔTE.
Oui, si vous ne me payez.
LE MOINE.
Bien vois que je suis attrapé ; mais c'est la dernière fois. Sur ce je m'en irai avant qu'il revienne (de) nouveaux écots.
MAITRE HENRI.
Moine, vous n'êtes pas fou, par mon chef ! de vous en aller.
LE MÉDECIN.
Certes, seigneurs, vous vous tuez, vous serez tous paralytiques, ou je tiens pour fausse (la) médecine, quand à cette heure vous êtes céans.
GUILLOT.
Maître, bien tombez de votre sens, car je ne la prise pas une noix. Asseyez-vous.
LE MÉDECIN.
Çà ! une fois me donnez, s'il vous plaît, à boire.
GUILLOT
Tenez, et mangez cette poire.

LI MOINES.
Biaus ostes, escoutés un peu :
Vous avés fait de mi vo preu ;
Wardés .j. petit mes reliques,
Car je ne sui mie ore riques ;
Je les racaterai demain.
LI OSTES.
Alés, bien sont en sauve main.
GUILLOS.
Voire, Dieus !
LI OSTES.
Or puis preeschier :
De saint Acaire vous requier,
Vous, maistre Adan et à vous, Hane ;
Je vous pri que chascuns recane
Et fache grant sollempnité
De che saint c'on a abevré.

(Li compaingnon cantent :)
Mais c'est par .j. estrange tour.
A ! jà se siet en haute tour...

Biaus ostes, est-che bien canté ?
LI OSTES respont :
Bien vous poés estre vanté
C'onques mais si bien dit ne fu.
LI DERVÉS.
A hors le fu, le fu, le fu !
Aussi bien canté-je qu'il font ?
LI MOINES.
Li chent dyable aporté vous ont ;
Vous ne me faites fors damage.
Vo pere ne tieng mie à sage,
Quant il vous a ramené chi.
LI PERES AU DERVÉ.
Certes, sire, che poise mi ;
D'autre part, je ne sai que faire ;
Car, s'il ne vient à saint Acaire,
Où ira-il querre santé ?
Certes il m'a jà tant cousté
Qu'il me couvient querre men pain.
LI DERVÉS.
Par le mort Dieu ! je muir de fain.
LI PERES AU DERVÉ.
Tenés, mengiés dont ceste pume.
LI DERVÉS.
Vous i mentés, c'est une plume ;
Alés, ele est ore à Paris.
LI PERES.
Biau sire Diex ! con sui honnis
Et perdus, et qu'il me meschiet !

LE MOINE.
Bel hôte, écoutez un peu : vous avez fait de moi votre profit ; gardez un peu mes reliques, car je ne suis pas maintenant riche ; je les racheterai demain.
L'HÔTE.
Allez, bien sont en main sûre.
GUILLOT.
Vraiment, Dieu !
L'HÔTE.
Maintenant je puis prêcher : je vous requier de par saint Acaire, vous, maître Adam et vous, Hane ; je vous prie que chacun ricane et face grand' solennité de ce saint qu' on a abreuvé.

(Les compagnons chantent :)
Mais c'est par un étrange tour. Ah ! déjà il s'assied en haute tour...

Bel hôte, est-ce bien chanté ?
L'HÔTE répond :
L'on peut bien vous vanter que jamais l'on ne dit si bien.
LE FOU.
(Il y) a dehors le feu, le feu ! le feu !
Aussi bien chanté-je qu'ils font.
LE MOINE.
Les cent diables vous ont apporté ; vous ne me faites que dommage. Votre père ne tiens-je point pour sage, quand il vous a ramené ici.
LE PÈRE DU FOU.
Certes, sire, cela me chagrine ; d'autre part, je ne sais que faire ; car, s'il ne vient à saint Acaire, où ira-t-il quérir santé ? Certes, il m'a déjà tant coûté qu'il me faut demander mon pain.
LE FOU.
Par la mort de Dieu ! je meurs de faim.
LE PÈRE DU FOU.
Tenez, mangez donc cette pomme.
LE FOU.
Vous y mentez, c'est une plume ; allez, elle est maintenant à Paris.
LE PÈRE.
Beau sire Dieu ! comme je suis honni et perdu, et qu'il me mésadvient !

LI MOINES.
Certes, c'est trop bien emploiet;
Pour coi le ramenés-vous chi ?
LI PERES.
Hé, sire ! il ne feroit aussi
En maison fors desloiauté;
Ier le trouvai tout emplumé
Et muchié par dedens se keute.
MAISTRE HENRIS.
Diex! qui est chiex qui là se keute?
Boi bien. Le glout! le glout! le glout!
GUILLOS.
Pour l'amour de Dieu! ostons tout,
Car se chis sos-là nous ceurt seure...
Pren le nape; et tu, le pot tien.
RIKECE.
Foi que doi Dieu! je le lo bien.
Tout avant que il nous meskieche
Chascuns de nous prengne se pieche;
Aussi avons-nous trop villiet.
LI MOINES.
Ostes, vous m'avés bien pilliet,
Et s'en i a chi de plus riques;
Toutes eures chà mes reliques!
Vés-chi .xij. sols que je doi.
Vous et vo taverne renoi ;
Se g'i revieng dyable m'en porche !
LI OSTES.
Je ne vous en ferai jà forche;
Tenés vos reliques.
LI MOINES.
Or chà !
Honnis soit qui m'i amena !
Je n'ai mie apris tel afaire.
GUILLOS.
Di, Hane, i a-il plus que faire?
Avons-nous chi riens ouvlié ?
HANE.
Nenil, j'ai tout avant osté.
Faisons l'oste que bel li soit.
GUILLOS.
Ains irons anchois, s'on m'en croit,
Baisier le fiertre Nostre-Dame,
Et che chierge offrir qu'ele flame :
No cose nous en venra miex.
LI PERES.
Or chà ! levés-vous sus, biaus fiex,
J'ai encore men blé à vendre.

LE MOINE.
Certes, c'est très bien fait; pourquoi le ramenez-vous ici ?
LE PÈRE.
Hé ! sire, il ne ferait aussi à la maison que déloyauté; hier (je) le trouvai tout emplumé et caché par dedans sa couverture.
MAITRE HENRI.
Dieu! quel est celui qui là se cache? Bois bien. Le glouton! le glouton! le glouton !
GUILLOT.
Pour l'amour de Dieu ! ôtons tout, car si ce fou-là nous court dessus... Prends la nappe; et toi, tiens le pot.
RIKECE.
(Par la) foi que je dois à Dieu! je suis bien de cet avis. Tout avant qu'il nous mésadvienne (que) chacun de nous prenne sa pièce: aussi avons-nous trop veillé.
LE MOINE.
Hôte, vous m'avez bien pillé, et il y en a ici de plus riches; toutefois çà mes reliques ! Voici douze sous que je dois. Je renie vous et votre taverne; si j'y reviens (que) le diable m'emporte !
L'HÔTE.
Je ne vous y forcerai pas; tenez vos reliques.
LE MOINE.
Or çà ! honni soit qui m'y amena ! je n'ai pas appris telle affaire.
GUILLOT.
Dis, Hane, y a-t-il davantage à faire ? avons-nous ici oublié quelque chose?
HANE.
Nenni, j'ai tout auparavant ôté. Faisons que l'hôte soit content.
GUILLOT.
Mais (nous) irons auparavant, si l'on m'en croit, baiser la châsse de Notre-Dame, et offrir ce cierge pour qu'il brûle : notre affaire ira mieux.
LE PÈRE.
Or çà ! levez-vous, beau fils, j'ai encore mon blé à vendre.

LI DERVÉS.
Que c'est? me volés mener pendre,
Fiex à putain, leres prouvés?
LI PERES.
Taisiés. C'or fussiés enterés,
Sos puans ! Que Diex vous honnisse !
LI DERVÉS.
Par le mort Dieu! on me compisse
Par là deseure, che me sanle.
Peu faut que je ne vous estranle.
LI PERES.
Aimi ! or tien che croquepois.
LI DERVÉS.
Ai-je fait le noise dou prois?
LI PERES.
Nient ne vous vaut, vous en venrés.

LI DERVÉS.
Alons, je sui li espousés.
LI MOINES.
Je ne fai point de men preu chi,
Puis que les gens en vont ensi,
N'il n'i a mais fors baisseletes,
Enfans et garchonnaille; or fai,
S'en irons; à Saint-Nicolai
Commenche à sonner des cloquetes.

EXPLICIT LI JEUS DE LA FUELLIE.

LE FOU.
Qu'est-ce? me voulez(-vous) mener pendre, fils de p....., voleur prouvé?
LE PÈRE.
Taisez(-vous). Fussiez-vous enterré, fou puant ! Que Dieu vous honnisse !
LE FOU.
Par la mort de Dieu! l'on me pisse dessus par là, ce me semble. Peu (s'en) faut que je ne vous étrangle.
LE PÈRE.
Hélas ! maintenant tiens ce *croquepois*.
LE FOU.
Ai-je fait le bruit du *prois*?
LE PÈRE.
Rien ne vous vaut, vous (vous) en viendrez.
LE FOU.
Allons, je suis l'épousé.
LE MOINE.
Je ne fais point de profit ici, puisque les gens s'en vont ainsi, et il n'y a plus que bachelettes, enfans et garçonnaille. Maintenant nous (nous) en irons; à Saint-Nicolas (l'on) commence à sonner les cloches.

FIN DU JEU DE LA FEUILLÉE.

FRAGMENS DU JEU ADAM.

LE JEU ADAN LE BOÇU D'ARRAZ [1].

Seignour, savez por qoi j'ai mon ahit changié?
J'ai esté avoec fame, or revois au clergié;
Or avertira ce que j'ai pieça songié;
Por ce vieng à vous toz aincois prendre congié.
Or ne porront pas dire aucun qui j'ai hantez
Que d'aler à Paris soie por nient vantez;
Chascuns puet revenir jà n'ert si enchantez,

Quar bien grant maladie ensiut bien granz santez.
D'autre part je n'ai pas ci si mon tens perdu
Que je n'aie à amer leaument entendu,
Si qu'encore pert-il aus tés quels li pos fu.
Or revois à Paris.
 Chetis ! qu'i feras-tu?
Onques d'Arras bons clers n'issi,
Et tu le veus fere de ti !
Ce seroit granz abusions.

N'est mie Riquier s Amions

---

[1] Ce fragment se trouve dans la Bibliothèque Royale, sous le n° 7218, ancien fonds, fol. 250 verso, col. 1.

Bons clers et soutiex en son livre?

Oïl, por .ij. deniers le livre :
Je ne voi qu'il sache autre chose;
Més nus reprendre ne vous ose,
Tant avez-vous muable chief.

Cuidiez-vous qu'il venist à chief,
Biaus douz amis, de ce qu'il dist?

Chascuns mes paroles despist,
Ce me samble, et gete moult loins;
Més puis que ce vient au besoins,
Et que par moi m'estuet aidier,
Sachiez je n'ai mie si chier
Le sejor d'Arras, ne la joie,
Que l'aprendre lessier en doie;
Puis que Diex m'a doné engien,
Tans est que je le torne à bien;
J'ai ci assez ma borse escousse.

Et que devendra la pagousse,
Ma commere dame Maroie?

Biaus sire, avoec mon pere ert ci.

Mestres, il n'ira mie ainsi
S'ele se puet metre à la voie;
Quar bien sai, s'onques la connui,
Que s'ele vous i savoit hui,
Qu'ele iroit demain sanz respit.

Et savez-vous que je ferai?
Por li espaenter, metrai
De la moustarde sor mon v...

Mestre, tout ce ne vous vaut nient,
Ne la chose à ce point ne tient.
Ainsi n'en poez-vous aler;
Quar puis que sainte Yglise apaire
.ij. gens, ce n'est mie à refaire.
Prendre estuet garde à l'engrener.

Par foi! cil dist par devinaille,
Ausi com par ci le me taille,
Qu'il s'en fust gardez à l'emprendre.
Amors me prist en un tel point
Que li amanz .ij. foiz se point,
S'il se veut dont vers li desfendre :
Quar pris sui au premier buillon,
Toutdroit en la verde seson,
Et en l'aspresce de jovent,
Quant la chose a plus grant saveur,
Et nus ne chace son meilleur
Fors ce que miex vient à talent.
Estez fesoit bel et seri,
Douz et cler et vert et flori,
Delitable en chanz d'oiseillons,
En haut bois, près de fontenele
Clere sor maillie gravele;
Adonc me vint avisions
De celi que j'ai à fame ore,

Qui me samble ore et pale et sore,
Qu'ele estoit donc blanche et vermeille,
Riauz, amoreuse et deugie;
Or, samble crasse et mal taillie,
Triste et tençans.
 C'est granz merveille.
Voirement estes-vous muables
Quant fetures si delitables
Avez si briefment oubliées :
Ne sai por qoi estes saouls.

Por qoi?
 Ele a fet envers vous
Trop grant marchié de ses denrées.

Trop, Richece! à ce ne tient point;
Quar Amor la gent si enoint
Que chascune grace enlumine
En fame, et fet sambler plus grande,
Si c'on cuide d'une truande
Que ce soit bien une roïne.
Si crin sambloient reluisant
D'or, crespé, cler et bien luisant :
Or sont chéu, noir et pendic.
Tout me samble ore en li mué;
Ele avoit front bien compassé,
Blanc, ouni, large, fenestric :
Or le voi cresté et estroit;
Les sorciex par samblance avoit
En arçans, soutiex et lingniez
De brun poil, con trais de pincel,
Por le regart fere plus bel;
Or les voi espars et dreciez
Com s'il vueillent voler en l'air;
Si noir oeil me sambloient vair,
Sec et fendu, près d'acointier,
Gros desouz; deliez fauciaus
A .ij. petiz ploiçons jumiaus,
Ouvranz et cloanz à dangier,
En simple regart amoureus;
Et si descendoit entre .ij.
Li tuiaus du nez bel et droit,
Porsivant par art de mesure,
Qui li donoit forme et figure,
Et de gayeté souspiroit.
Entor avoit blanches maisseles,
Fesanz au rire .ij. foisseles
.j. poi muées de vermeil,
Paranz parmi le cuevre-chief;
Ne Diex ne vendroit mie à chief
De fere .j. viaire pareil
Com li siens adonc me sambloit.
La bouche après le porsivoit
Graisle au cors et grosse ou moilon,
Fresche et vermeille plus que rose,
Blanche en denture, jointe et close;
Et après forcelé menton,
Dont naissoit la blanche gorgete
Dusqu'aus espaules sanz foissete,
Ounie et grosse en avalant;
Haterel porsivant derriere

Sanz poil, blanc, et ert de maniere
Sor sa cote .j. poi reploiant;
Espaules qui pas n'encrunchoient,
Dont li lonc braz adevaloient,
Gros et graisle où il aferoit.
Més encore estoit-ce du mains,
Qui regardoit ses blanches mains,
Dont nessoient si bel lonc doit,
A basse jointe et gresle en fin,
Couvert d'un bel ongle sanguin,
Prés de la char ouni et net.
Or vendrai au moustré devant,
Puis la gorgete en avalant;
Et premiers au pis camuset,
Dur, cort et haut de point et bel,
Entrecloant le ruiotel
D'Amors qui chiet en la forcele;
Boutine avant et rains voutices,
Que manche d'yvuire entailliés
A ces coutiaus à damoisele;
Plate jambe, ronde jambete,
Gros braon, basse chevillete;
Pié vautiz, haingre, à peu de char.
En li me sambloit tel devise:
Si croi que desouz la chemise

N'aloit pas li sorplus endar;
Et ele perçut bien de li
Que je l'amoie plus que mi,
Si se tint vers moi chierement;
Et com plus chiere se tenoit,
En mon cuer plus croistre fesoit
Amor et desir et talent;
Avoec s'en mesla jalousie;
Desesperance et derverie,
Et plus et plus ert en ardant
Por s'amor, et mains me connui,
Tant c'onques à aise ne fui,
Si oi fet du mestre seignor.
Bone gent, ainsi fui-je pris
Par Amors, qui m'avoit sorpris;
Quar fetures n'ot pas si beles
Comme Amors le mes fist sambler;
Més Desirs le me fist gouster
A la grant saveur de Vauceles.
S'est tens que je m'en reconnoisse
Tout avant que ma fame engroisse,
Ne que la chose plus me coust;
Quar mes fains en est rapaiez.

Explicit uns geus.

C'EST LI COUMENCEMENS DU JEU ADAN LE BOÇU*.

Seignour, savés pour koi j'ai men abit cangié?
J'ai esté aveuc feme, or revois au clegié;
Or avertirai çou que j'ai pieça songié.
Ancoi sui à vous tous venus prendre congié.
Dire ne porront mie aucun que j'ai antés
Que d'aler à Paris soie pour nient vantés;
Cascuns puet revenir jà si n'ert encantés:
Car en grant maladie gist souvent grans santés.
Nepourcant n'ai-jou mie ci men tans si perdu
Que jou n'aie en amer loiaument entendu,
Si k'encore en pert-il à tés qieus li pos fu.
Or revois à Paris.

(Or se lieve un personnage et respont:)
Caitis! k'i feras-tu?

Onques d'Arras boins clers n'isi*,
Et tu le veus faire de ti!
Ce seroit grans abuisions.

(Or respont Adans:)
N'est mie Rikiers Amions
Boins clers et soutieus en sen livré?

---

* Ce fragment est tiré du manuscrit du Vatican n° 1490, folio 132 recto. Nous le reproduisons ici d'après la copie de M. de Sainte-Palaye, insérée dans le recueil intitulé : *Anciennes Chansons françoises avant* 1300, t. I, folio 290, Bibliothèque royale de l'Arsenal, in-folio, n° 62, belles-lettres françaises. M. de Sainte-Palaye avait fait le voyage de Rome, pour veiller lui-même à l'exactitude de ses copies. (Préface des *Poésies du Roy de Navarre,* pages xiv, xv.)

* Cette imputation fut renouvelée, en 1739, par le sieur de Gouve, dans le *Mercure* de cette année, volume d'avril, p. 692, 693. L'abbé Lebeuf répondit dans le même recueil, juin, 1739, premier volume, p. 1136-1139, et à la suite de sa dissertation sur *l'État des sciences en France, depuis la mort du Roi Robert,* arrivée en 1031, jusqu'à celle *de Philippe le Bel,* arrivée en 1314. (*Dissertations sur l'Histoire ecclesiastique et-civile de Paris.* A Paris, rue St. Jacques, chez Lambert et Durand, M.DCC.XLI, in-8°, tome II, p. 284-293.) Pour détruire ce reproche, le bon abbé cite les noms de quatre à cinq ecclésiastiques qui, dans les xi° et xii° siècles, ont écrit sur l'office divin. Outre cet Adam de le Halle, on compte parmi les poètes de cette ville au xii° siècle, Jehan Bodel et Courtois.

(Et uns autres respont:)
Ouail, pour .iiij. deniers le livre :
Je ne voi que sace autre cose;
Mais nus reprendre ne vous ose,
Tant avés-vous mule chief.
(Or respont uns autres à celi:)
Cuidiés-vous k'il venist à kief,
Biau dous amis, de çou qu'il dist ?
(Or respont Adans:)
Chascuns mes paroles despit,
Ce me samble, et jete molt loing ;
Mais puis que venroit au besoing,
Et q'il m'estuet par moi aidier,
Saciés je n'ai mie si chier
D'Arras le soulas et le joie,
Que l'aprendre laissier en doie,
Puis que Dieus m'a douné engien,
Tans est que jou l'atourne à lui ;
J'ai ci assés me bourse escouse.
(Or li respont uns autres:)
Et que devenra li pagouse,
Me coumere dame Maroie ?
(Et Adans respont:)
Biau sire, aveuc men pere iert ci.
(Et cieus li respont:)
Maistre, il n'ira mie ensi
S'ele se puet metre à le voie ;
Car bien sai, s'onques le counui,
Que s'ele vous i savoit hui,
Qu'ele iroit demain sans respit.
(Et respont Adans:)
Et savés-vous que j'en ferai ?
Pour li espanir, meterai
De le moustarde seur men v...
(Et cieus li respont:)
Maistre, tout çou ne vous vaut nient,
Ne point li cose à cou ne tient,
N'ensi n'en poés-vous aler;
Car puis que sainte Eglise apaire
.ij. gens, ce n'est mie à refaire.
Eusiés pris garde à l'engrener.
(Et Adans li respont:)
Par foi ! cis dist par devinaille,
Ansi que par ci le me taille :
Qi se fust wardés à l'emprendre ?
Amours me print en un tel point
. . . . *
S'il se veut contre li desfendre :
Car pris fui ù premier boullon,
Tout droit en le verde saison,
Et en l'aspreté de jouvent,
U li cose a plus grant saveur,
Ne nus ne qace sen meilleur
Fors çou ki li vient à talent.
Estés faisoit bel et seri,
Vert et cler et frès et flouri,
. . . . *

En haut bos, près de fontenele
Clerc sus maille gravele;
Adont me vient avisions
De celi que j'ai à feme ore,
Qi or me samble pale et sore :
Adont estoit blanche et vermeille,
Rians, amoureus et deugie ;
Or, sanle crase et mautaillie,
Tristre et tençans.
(Or respont li personne de devant :)
C'est grant merveille.
Voirement estes-vous muaules
Qant faitures si delitaules
Avés si briément oubliées :
Bien sai pour qoi estes saous.
(Et respont Adans:)
Pour koi ?
(Et cieus lui:)
Ele a fait envers vous
Trop grant markié de ses denrées.
(Et respont Adans:)
Troutp (sic), Riquece, à çou ne tient point ;
Mais Amours si le gent eniont,
Et de grase si enlumine
Em feme, et fait sambler plus grande,
Si c'on cuide d'une truande
Que ce soit bien une roïne.
Si cring sambloient reluisant
D'or, crespe et roit et fourmiant :
Or sont kéu, noir et pendie.
Tout me sanle ore en li mué ;
Ele avoit front bien conpassé,
Blanc, ouni, large, fenestric :
Or le voi creté et estroit.
Les sourcieus par samblance avoit
En arcans, soutieus et ligniés
De brun poil, con trais de pincel,
Pour le rouart * faire plus bel;
Or les vois espars et dreciés
Con s'il veulent voler en l'air.
Si noir oel me sembloient vair,
Sec et fendu, prest d'acointier,
Gros desous; delié foucieus
A deus petis ploçons jumiaus,
Ouvrans et cloans à dangier
En rouars simples, amoureus;
Et se descendoit entre deus
Li tuiaus du nés bel et droit,
Poursievans par ars de mesure,
Qi li dounoit fourme et figure,
Et de geeté soupiroit.
Entour avoit blanques maissailes,
Faisant au ris .ij. foisseles
Un peu nuées de vermeil,
Parant par mi le ceuvre-kief ;
Ne Dieus ne venroit mie à kief
De faire un viaire pareil
Que li siens adont me sanloit.

* Il manque ici un vers au manuscrit du Vatican.
Voyez le texte d'après les deux manuscrits du Roi.

* Regard. (Note de M. de Sainte-Palaye.)

Li bouque après se poursievoit
Graile à cors * et grosse ù meilon,
Fresque et vermeille plus que rose;
Blance ententure, jointe et close;
Et après foucelé menton,
Dont naissoit li blanque gorgete,
Trusk'as espaules sans fosete,
Ounie et grosse en avalant;
Haterel poursievant deriere
Sans poil, gros et blanc de maniere,
Seur se cote un peu reploiant;
Espaules qi point n'encruçoient,
Dont li lonc brac adevaloient,
Gros et graile ù il aferoit.
Et encor estoi-ce du mains,
Qi rewardast ses blances mains,
Dont naissoient li biaus lonc doit,
A basse jointe, graille en fin,

    * Ne cuidiez pas que ce soit guile,
      Car as .iiij. cors de la vile
      Senr .iiij. tours de la cité
      Qui erent de la fermeté
      Fist .iiij. grans homes de piere
      De très merveilleuse maniere.

(*Roman de Cleomadès*, manuscrit de l'Arsenal, belles-lettres françaises, in-folio, n° 175, folio col. 2, v. 27.)

Couvert d'un bel ongle sangin,
Prés de le car ouni et net.
Or venrai au monstré devant,
Puis le gorgete en avalant;
Tout premier au pis camuset,
Dur, cort et baut de point et bel,
Entrecloant le ruiotel
D'Amours qi qieten le fourcele;
Boutine avant et rains vautiés,
Com mences d'ivoire entailliés
A ces coutiaus à demiseles;
Plate hanque, ronde ganbete,
Gros bran, basse quillete;
Pié vautie, haingre, à peu de char.
En li me sambloit teus devise,
Et croi que desous le quemise
N'aloit point li sourplus en dar *.
Bele gent, ensi fui-je pris
Pour Amour qi si m'eut soupris;
Car faiture n'eut point si beles
Q'Amours me le fist sambler;
Mais Desirs le me fist gouster
A le grant saveur de Vaucelles.
    Explicit.

* N'est-ce pas l'origine du mot italien *indarno?* Il manque ici douze vers qui sont dans les deux autres manuscrits.

F. M.

LI JUS DU PELERIN.

NOMS DES PERSONNAGES.

LI PELERINS.
GAUTIERS, appelé d'abord
LI VILAINS.

GUIOS.
WARNIERS.
ROGAUS.

La scène est à Arras.

LI PELERINS.

Or pais, or pais, segnieur! et à moi entendés :
Nouveles vous dirai, s'un petit atendés,
Par coi trestous li pires de vous iert amendés.
Or vous taisiés tout coi, si ne me reprendés.
Segnieur, pelerins sui, si ai alé maint pas
Par viles, par castiaus, par chités, par trespas,
S'aroie bien mestier que je fusse à repas ;
Car n'ai mie par tout mout bien trouvé mes pas.
Bien a trente et chienc ans que je n'ai aresté,
S'ai puis en maint bon lieu et à maint saint esté,
S'ai esté au Sec-Arbre et dusc'à Duresté** ;
Dieu grasci qui m'en a sens et pooir presté.
Si fui en Famenie, en Surie et en Tir ;
S'alai en un païs où on est si entir
Que on i muert errant quant on i veut mentir,
Et si est tout quemun.

LE PÉLERIN.

Or paix, or paix! seigneurs, et écoutez-moi : je vous dirai, si (vous) attendez un peu, nouvelles par lesquelles le pire de vous sera amendé. Or taisez-(vous) tous, (tenez-vous) coi, et ne m'interrompez pas. Seigneurs, je suis pélerin, et j'ai fait maint voyage par villes, par châteaux, par cités, par défilés, et j'aurais bien besoin d'avoir du repos, car je n'ai pas très-bien trouvé ma nourriture partout. Il y a bien trente-cinq ans que je n'ai pas arrêté, et j'ai depuis été en maint bon lieu et vers maint saint, j'ai été au Sec-Arbre et jusqu'à Duresté ; je remercie Dieu qui m'en a prêté l'esprit et le pouvoir. J'ai été en Famenie, en Syrie et à Tyr ; je suis allé dans un pays où l'on est si véridique que l'on y meurt sur l'heure quand on y veut mentir, et cela est tout-à-fait commun.

---

* Voyez une notice, sur ce nom, à la suite du *Roman de Mahomet*, etc. Paris, Silvestre, 1831, grand in-8º.

** Voyez, sur ce nom, le glossaire de la *Chanson de Roland*, p. 181, col. 2, au mot DURESTANT.

LI VILAINS.
Je t'en vœil desmentir,
Car entendant nous fais vessie pour lanterne.
Vous ariés jà plus chier à sir en le taverne
Que aler au moustier.

LI PELERINS.
Pechié fait qui me ferne,
Car je sui mout lassés; esté ai à Luserne,
En Terre de Labour, en Toskane, en Sezile;
Par Puille m'en reving où on tint maint concille
D'un clerc net et soustieu, grascieus et nobile
Et le nomper du mont; nés fu de ceste ville;
Maistres Adans li Bochus estoit chi apelés,
Et là, Adans d'Arras.

LI VILAINS.
Très mal atrouvelés
Soiiés, sire, con vous avés nos aus pelés!
Est-il pour truander très bien atripelés?
Alés-vous-en de chi, mauvais vilains puans,
Car je sai de chertain que vous estes truans :
Or tost fuiés-vous-ent, ne soiés deluans,
Ou vous le comperrés.

LI PELERINS.
Trop par estes muans;
Or atendés un peu que j'aie fait mon conte.
Or pais, pour Dieu, signeur! Chis clers don je vous conte
Ert amés et prisiés et honnerés* dou conte
D'Artois; si vous dirai mout bien de quel aconte :
Chieus maistre Adam savoit dis et chans controuver,
Et li quens desirroit un tel home à trouver.
Quant acointiés en fu, si li ala rouver
Que il féist uns dis pour son sens esprouver.
Maistre Adans, qui en seut très bien à chief venir,
En fist un dont il doit mout très bien sousvenir,
Car biaus est à oïr et bons à retenir.
Li quoins n'en vaurroit mie cinc chens livres tenir.
Or est mors maistre Adans; Diex li fache merchi!
A se tombe ai esté, don Jhesu-Crist merchi!

---

*Et probablement enrichi aussi; c'est ce que nous donne à penser le passage suivant :

Après vi-jou un maistre Adan;
S'ame est passée outre le dan.

LE VILAIN.
Je t'en veux démentir, car, à nous qui t'écoutons, (tu) nous fais vessie pour lanterne.
Vous aimeriez mieux être assis en la taverne que d'aller au moutier.

LE PÉLERIN.
Péché fait qui me frappe, car je suis très-las ; j'ai été à Luserne, en Terre de Labour, en Toscane, en Sicile; je m'en revins par la Pouille où l'on s'entretint beaucoup d'un clerc net et subtil, gracieux et noble, et qui n'avait son pareil au monde ; il fut natif de cette ville; il était ici appelé maître Adam le Bossu, et là, Adam d'Arras.

LE VILAIN.
Très-mal venu soyez, sire, comme vous avez pelé nos aulx ! Est-il pour gueuser très-bien entripaillé? Allez-vous-en d'ici, mauvais vilain puant, car je sais de source certaine que vous êtes truand : or fuyez tôt, ne tardez pas, ou vous le paierez.

LE PÉLERIN.
Vous êtes trop turbulent; attendez un peu à cette heure que j'aie fait mon récit. Or paix, pour (l'amour de) Dieu, seigneur! Ce clerc dont je vous conte était aimé et prisé du comte d'Artois, et je vous dirai bien à quel propos : ce maître Adam savait composer dits et chants, et le comte désirait trouver un tel homme. Quand il fut en rapport avec lui, il l'alla prier de lui faire un dit pour éprouver son esprit. Maître Adam, qui sut bien en venir à bout, en fit un dont on doit très-bien se souvenir; car il est très-beau à ouïr et bon à retenir. Le comte n'aimerait pas mieux cinq cents livres. A cette heure maître Adam est mort; que Dieu lui fasse merci ! J'ai été à sa tombe, et j'en remercie Jésus-Christ. Le comte me la montra

---

De sen avoir a .i. grant mont.
Se feme voir de Miraumont
Maucions a le remanant ;
Mais jou n'i sai apartenant,
Foi ke doi Diu le père nostre,
Ki pour aus die patrenostre.

(Manuscrit du Roi n° 184, supplément, fol. 205 recto, col. 1, v. 17.)

Li quoins le me moustra, le soie grant merchi !
Quant jou i fui, l'autre an.
LI VILAINS.
Vilains, fuiés de chi !
Ou vous serés mout tost loussiés et desvestus ;
A l'ostel serés jà autrement revestus.
LI PELERINS.
Et comment vous nomme-on qui si estes testus ?
LI VILAINS.
Comment, sire vilains ? Gautelos li Testus.
LI PELERINS.
Or veilliés un petit, biaus dous amis, atendre ;
Car on m'a fait mout lonc de ceste vile entendre,
Qu'ens en l'onnour du clert que Dieus a volut prendre,
Doit-on dire ses dis chi endroit et aprendre ;
Si sui pour che chi enbatus.
GAUTIERS.
Fuiés ! ou vous serés batus,
Que diable vous ont raporté.
Trop vous ai ore deporté,
Que je ne vous ai embrunkiet,
Ne que cist saint sont enfunkiet ;
Il ont véu maint roy en France.
LI PELERINS.
Hé ! vrais Dieus, envoiés souffrance
Tous cheus qui me font desraison.
GUIOS.
Warnet, as-tu le raison
Oïe de cest païsant,
Et comment il nous va disant
Ses bourdes dont il nous abuffe ?
WARNÉS.
Oué. Donne-li une buffe ;
Je sai bien que c'est .j. mais hom.
GUIOS.
Tenés, ore alés en maison,
Et si n'i venés plus, vilains.
ROGAUS.
Que c'est ? mesires sains Guillains,
Warnier, vous puist faire baler !
Pour coi en faites vous-aler
Chest home qui riens ne vous grieve ?
WARNERS.
Rogaut, à poi que je ne crieve,
Tant fort m'anuie se parole.
ROGAUS.
Taisiés-vous, Warnier ; il parole

(graces lui soient rendues !) quand j'y fus, l'année passée.
LE VILAIN.
Vilain, fuyez d'ici ! ou vous serez très-bien battu et déshabillé ; vous serez autrement revêtu au logis.
LE PÉLERIN.
Et comment vous nomme-t-on, (vous) qui êtes si têtu ?
LE VILAIN.
Comment, sire vilain ? Gautelos le Têtu.
LE PÉLERIN.
Or veuillez un peu, beau doux ami, attendre ; car on m'en a fait entendre bien long (au sujet) de cette ville, (et) qu'en l'honneur du clerc que Dieu a voulu prendre, l'on doit ici dire et apprendre ses dits ; et je me suis pour cela ici arrêté.
GAUTIER.
Fuyez ! ou vous serez battu, car diables vous ont rapporté. Je vous ai tantôt trop bien traité, car je ne vous ai pas chagriné, et ces saints ne sont pas enfoncés ; ils ont vu maint roi en France.
LE PÉLERIN.
Hé ! vrai Dieu, envoyez souffrance à tous ceux qui me font tort.
GUIOT.
Warnier, as-tu ouï le discours de ce paysan, et comment il nous va disant les bourdes qu'il nous souffle à la figure ?
WARNIER.
Oui. Donne-lui un soufflet ; je sais bien que c'est un mauvais homme.
GUIOT.
Tenez, maintenant allez au logis, et ne venez plus ici, vilain.
ROGAUT.
Qu'est-ce ? messire saint Guillain, Warnier, puisse-t-il vous faire danser ! Pourquoi faites-vous s'en aller cet homme qui ne vous fait aucun mal ?
WARNIER.
Rogaut, il s'en faut de peu que je ne crève, tant sa parole m'ennuie.
ROGAUT.
Taisez-vous, Warnier ; il parle de maître

De maistre Adan, le clerc d'onneur,
Le joli, le largue donneur,
Qui ert de toutes vertus plains;
De tout le mont doit estre plains,
Car mainte bele grace avoit,
Et seur tous biau diter savoit,
Et s'estoit parfais en chanter.

WARNIERS.
Savoit-il dont gent enchanter?
Or pris-je trop mains son affaire.

ROGAUS.
Nenil, ains savoit canchons faire,
Partures* et motès entés;
De che fist-il à grant plentés,
Et balades, je ne sai quantes.

WARNIERS.
Je te pri dont que tu m'en cantes
Une qui soit auques commune.

ROGAUS.
Volentiers voir; jou en sai une
Qu'il fist, que je te canterai.

WARNIERS.
Or di, et je t'escouterai,
Et tous nos estris abatons.

ROGAUS.

Il n'est si bonne vi-au-de que matons **.

Est ceste bonne, Warnier frere,
Di?

WARNIERS.
Ele est l'estront de vostre mere:
Doit-on tele canchon prisier?
Par le cul-Dieu! j'en apris ier
Une qui en vaut les quarante.

ROGAUS.
Par amours, Warnier, or le cante.

WARNIERS.
Volentiers, foi que doi m'amie.

Se je n'i a--loie, je n'i----roie mie.

De tel chant se doit-on vanter.

---

* Voyez l'explication détaillée de ce mot dans l'ouvrage de M. de Roquefort: *De l'État de la Poésie françoise dans les XIIe et XIIIe siècles*, p. 224-227.

** Lait caillé. Ce mot est encore en usage en Lorraine.

Adam, le clerc honorable, le gai, le large donneur, qui était plein de toutes vertus; de tout le monde (il) doit être plaint, car (il) avait mainte belle grâce, et par dessus tous (il) savait faire de beaux dits, et était parfait chanteur.

WARNIER.
Savait-il donc enchanter les gens? or prisé-je bien moins son affaire.

ROGAUT.
Nenni, mais (il) savait chansons faire, jeux-partis et motets *entés**; il en fit en grande abondance, et ballades, je ne sais combien.

WARNIER.
Je te prie donc de m'en chanter une qui soit quelque peu commune.

ROGAUT.
Volontiers vraiment; j'en sais une qu'il fit, que je te chanterai.

WARNIER.
Or dis, et je t'écouterai, et finissons tous nos débats.

ROGAUT.

Il n'est si bon-ne vi--an-de que ma-tons.

Celle-ci est-elle bonne, ami Warnier, dis?

WARNIER.
Elle est l'é... de votre mère: doit-on priser telle chanson? Par le c..-Dieu! j'en appris hier une qui en vaut les quarante.

ROGAUT.
Par amour (pour moi), Warnier, maintenant chante-la.

WARNIER.
Volontiers, foi que dois à mon amie.

Se je n'i al-oi-e, je n'i-roi-e mi-e.

De tel chant se doit-on vanter.

---

* L'on trouve dans le manuscrit de la Bibliothèque royale, fonds de Cangé n° 67, p. 367 et suivantes, une grande quantité de *motet enté*.

ROGAUS.
Par foi ! il t'avient à chanter
Aussi bien qu'il fait tumer l'ours *.

WARNIERS.
Mais c'estes vous qui estes l'ours.
Uns grans caitis loufé se waïgne.

ROGAUS.
Par foi ! or ai-je grant engaigne **
De vo grande melancolie;
Je feroie hui mais grant folie
Se je men sens metoie au vostre.
Biaus preudons, mes consaus vous loe
Que chi ne faites plus de noise.

LI PELERINS.
Loés-vous dont que je m'en voise ?

ROGAUS.
Oïl, voir.

LI PELERINS.
Et je m'en irai,
Ne plus parole n'i dirai;
Car je n'ai mestier c'on me fiere.

GUIOS.
Hé, Diex ! je ne mengai puis tierche,
Et s'est jà plus nonne de jour,
Et si ne puis avoir sejour
Se je ne boi, ou dorc, ou masque.
Je m'en vois, j'ai faite me tasque,
Ne je n'ai chi plus riens que faire.

ROGAUS.
Warnet !

WARNIERS.
Que ?

ROGAUS.
Veus-tu bien faire ?
Alons vers Aiieste*** à le foire.

WARNÉS.
Soit ! mais anchois vœil aler boire;
Mau dehais ait qui n'i venra !

EXPLICIT.

ROGAUT.
Par (ma) foi ! tu as aussi bonne grâce à chanter qu'un ours à souffler.

WARNIER.
Mais c'est vous qui êtes l'ours.....

ROGAUT.
Par (ma) foi ! à cette heure je suis fort courroucé de votre humeur terrible; je ferais aujourd'hui grand' folie si je partageais vos idées. Beau prud'homme, mon avis est que (vous) ne fassiez ici plus de bruit.

LE PÉLERIN.
(Me) conseillez-vous donc que je m'en aille ?

ROGAUT.
Oui, vraiment.

LE PÉLERIN.
Et je m'en irai, je ne dirai plus mot; car je n'ai (pas) besoin qu'on me frappe.

GUIOT.
Hé, Dieu ! je ne mangeai (pas) depuis tierce, et (il) est déjà plus que nonne de la journée, et je ne puis rester si je ne bois, ou dors, ou mâche. Je m'en vais, j'ai fait ma tâche, et je n'ai ici plus rien à faire.

ROGAUT.
Warnier !

WARNIER.
Quoi ?

ROGAUT.
Veux-tu bien faire ? Allons vers Ayette à la foire.

WARNIER.
Soit ! mais auparavant je veux aller boire; malheur ait qui n'y viendra !

FIN.

---

* M. de Roquefort n'a pas compris ce mot. Voyez son *Glossaire de la langue romane*, t. II, p. 668. *Tumer* vient du latin *tumere*, et non de *tumulus*. La citation de Gautier de Coinsi, qu'il donne, ne laisse aucun doute sur le véritable sens du mot.

** Voyez deux exemples de ce mot; que MM. de Roquefort et Méon n'ont pas compris, dans le *Roman de la Rose*, édition de ce dernier, t. II, p. 201 et 307, v. 8,548 et 10,708.

*** Nom d'un petit hameau qui existe encore auprès d'Arras.

LI GIEUS
DE ROBIN ET DE MARION,

C'ADANS FIST.

NOMS DES PERSONNAGES.

ROBINS.
MARIONS ou MAROTE.
LI CHEVALIERS.
GAUTIERS.
BAUDONS.
PERONNELE ou PERRETE.

HUARS.
LI ROIS.
WARNIERS.
GUIOS.
ROGAUS.

CHI COMMENCHE
LI GIEUS
DE ROBIN ET DE MARION,
C'ADANS FIST;
ALIAS
LI JEUS DU BERGIER ET DE LA BERGIERE.

MARIONS.
†* Robins m'aime, Robins m'a ;
Robins m'a demandée, si m'ara.
Robins m'acata cotele
D'escarlate** bonne et bele,

ICI COMMENCE
LE JEU
DE ROBIN ET DE MARION,
QU'ADAM FIT;
OU
LE JEU DU BERGER ET DE LA BERGÈRE.

MARION.
Robin m'aime, Robin m'a; Robin m'a demandée, il m'aura. Robin m'a acheté une robe de bonne et belle écarlate, souquenille et ceinture, a leur i va ! Robin m'aime,

---

* Les morceaux mis en musique sont désignés dans le texte par une †.

** Il est difficile de déterminer la signification de ce mot. Voyez le *Roman de la Violette*, pag. 169, note 2.

Souskanie[*] et chainturele,
A leur i va!
Robins m'aime, Robins m'a;
Robins m'a demandée, si m'ara.

LI CHEVALIERS.

Je me repairoie du tournoiement,
Si trouvai Marote seulete,
Au cors gent.

MARIONS.

Hé! Robin, se tu m'aimes,
Par amors maine-m'ent.

LI CHEVALIERS.

Bergiere, Diex vous doinst bon jour!

MARIONS.

Diex vous gart, sire!

LI CHEVALIERS.

Par amor,
Douche puchele, or me contés
Pour coi ceste canchon cantés
Si volentiers et si souvent?
*Hé! Robin, si tu m'aimes,
Par amours maine-m'ent.*

MARIONS.

Biaus sire, il i a bien pour coi:
J'aim bien Robinet, et il moi;
Et bien m'a moustré qu'il m'a chiere
Donné m'a ceste panetiere,
Ceste houlete et cest coutel.

Robin m'a; Robin m'a demandée, il m'aura.

LE CHEVALIER.

Je revenais du tournoi, et je trouvai Marion seulette, au corps joli.

MARION.

Eh! Robin, si tu m'aimes, par amour emmène-moi.

LE CHEVALIER.

Bergère, Dieu vous donne bon jour!

MARION.

Dieu vous garde, sire!

LE CHEVALIER.

Par amour, douce pucelle, à cette heure contez-moi pour quoi vous chantez cette chanson si volentiers et si souvent? «Hé! Robin, si tu m'aimes, par amour emmène-moi.»

MARION.

Beau sire, il y a bien de quoi: j'aime bien Robin, et lui moi; et bien m'a montré qu'il m'a chère: (il) m'a donné cette panetière, cette houlette et ce couteau.

---

[*] Souskanie, robe de femme qui ne paraît pas avoir été un vêtement de dessous, comme l'a pensé M. de Roquefort dans son Glossaire, au nom Canie. On lit dans le *Roman de la Rose* cette description du costume de *Franchise*:

> Elle fu en une SOUSQUANIE
> Qui ne fu mie de bourras,
> N'ot si bele desques Arras,
> Ne fu si bien cueillie ne jointe;
> Il n'i ot une seule pointe
> Qui ne fust bien à son droit assise.
> Moult fu bien vestue Franchise,
> Qu'i n'est vesteure si bele
> Con SOUSQUANIE à damoisele.
> Fame est plus cointe et mignote
> En SOUSQUANIE que en cote.
> La SOUSQUANIE qui fu blanche
> Senefioit que douce et franche
> Estoit celle qui la vestoit.

Nous citons ce passage d'après un beau manuscrit du XIVe siècle, sur vélin, orné de miniatures, que possède M. Monmerqué. M. Méon, dans son édition du *Roman de la Rose*, a suivi la leçon de *sorquanie*, ce qui trancherait la difficulté dans le sens de M. de Roquefort. Nous préférons néanmoins l'autorité de notre manuscrit, confirmée par un écrivain presque contemporain. Jean Molinet, auteur du XVe siècle, dans sa traduction en prose du *Roman de la Rose*, adopte cette expression; il n'est pas présumable que la nature du vêtement que ce mot désigne lui ait été inconnue. Voici son texte:

« Elle estoit en une *souscanie* bien faicte et bien
« taillie, tant cointe et tant cueillie qu'il n'y eust
« une pointe seule qu'elle ne fust assise à son droit.
« Franchise estoit fort bien vestue; car n'est plus
« bele robbe, ne mieulx séant à damoyselle que la
« *souscanie*, où la femme est beaucoup plus mignote
« qu'en sa cotte. La blanche *souscanie* signifioit que
« celle qui l'avoit vestue estoit douce et franche. »
(*Roman de la Rose, translaté de rime en prose* par Molinet. Paris, Michel Lenoir, 1521, gothique, fol. VIII verso, col. 1re.)

LI CHEVALIERS.
Di-moi, véis-tu nul oisel
Voler par deseure ces cans?
MARIONS.
Sire, j'en ai veu ne sai kans;
Encore i a en ces buissons
Cardonnereuls et pinçons
Qui mout cantent joliement.
LI CHEVALIERS.
Si m'aït Dieus, bele au cors gent,
Che n'est point che que je demant;
Mais véis-tu par chi devant,
Vers ceste riviere, nul ane?
MARIONS.
C'est une beste qui recane;
J'en vi ier .iij. sur che quemin,
Tous quarchiés, aler au molin :
Est-che chou que vous demandés?
LI CHEVALIERS.
Or sui-je mout bien assenés!
Di-moi, véis-tu nul hairon?
MARIONS.
Hairons! sire, par me foi! non,
Je n'en vi nesun puis quaresme,
Que j'en vi mengier chiés dame Eme,
Me taiien, cui sont ches brebis.
LI CHEVALIERS.
Par foi! or sui-jou esbaubis,
N'ainc mais je ne fui si gabés.
MARIONS.
Sire, foi que vous mi devés!
Quele beste est-che seur vo main?
LI CHEVALIERS.
C'est uns faucons.
MARIONS.
Mengüe-il pain?
LI CHEVALIERS.
Non, mais bonne char.
MARIONS.
Cele beste?
LI CHEVALIERS.
Esgar! ele a de cuir le teste.
MARIONS.
Et où alés-vous?
LI CHEVALIERS.
En riviere.
MARIONS.
Robins n'est pas de tel maniere,
En lui a trop plus de deduit:

LE CHEVALIER.
Dis-moi, vis-tu aucun oiseau voler au-dessus de ces champs?
MARION.
Sire, j'en ai veu (je) ne sais combien; il y a encore en ces buissons chardonnerets et pinsons qui chantent très gaîment.
LE CHEVALIER.
Si Dieu m'aide, belle au corps gentil, ce n'est point ce que je demande; mais vis-tu par ici devant, vers cette rivière, aucun ane (canard)?
MARION.
C'est une bête qui ricane; j'en vis hier trois sur ce chemin, tous chargés, aller au moulin : est-ce ce que vous me demandez?
LE CHEVALIER.
A cette heure suis-je bien avancé Dis-moi, vis-tu aucun héron?
MARION.
Héron! sire, par ma foi! non, je n'en vis pas un depuis le carême, que j'en vis manger chez dame Emma, ma grand'mère, à qui sont ces brebis.
LE CHEVALIER
Par (ma) foi! je suis rendu muet, jamais je ne fus si gabé.
MARION.
Sire, (par la) foi que vous me devez! quelle bête est-ce (que celle qui est) sur votre main?
LE CHEVALIER.
C'est un faucon.
MARION.
Mange-t-il pain?
LE CHEVALIER.
Non, mais bonne chair.
MARION.
Cette bête?
LE CHEVALIER.
Regarde! elle a de cuir la tête.
MARION.
Et où allez-vous?
LE CHEVALIER.
En rivière.
MARION.
Robin n'est pas de telle manière, en lui (il y) a beaucoup plus de gaîté: il émeut

A no vile esmuet tout le bruit
Quant il joue de se musete*.

LI CHEVALIERS.

Or dites, douche bregerete,
Amériés-vous un chevalier?

MARIONS.

Biaus sire, traiiés-vous arrier.
Je ne sai que chevalier sont;
Deseur tous les homes du mont
Je n'ameroie que Robin.
Chi vient au vespre et au matin,
A moi, toudis et par usage;
Chi m'aporte de son froumage:
Encore en ai-je en mon sain,
Et une grant pieche de pain
Que il m'aporta à prangiere.

LI CHEVALIERS.

Or me dites, douche bregiere,
Vauriés-vous venir avœc moi
Jeuer seur che bel palefroi,
Selonc che bosket, en che val?

MARIONS au Chevalier.

Aimi! sire, ostés vo cheval,
A poi que il ne m'a blechie.
Li Robins ne regiete mie
Quant je vois après se karue.

LI CHEVALIERS.

Bregiere, devenés ma drue
Et faites che que je vous proi.

MARIONS au Chevalier.

Sire, traiiés ensus de moi:
Chi estre point ne vous affiert.
A poi vos chevaus ne me fiert.
Comment vous apele-on?

toute notre ville quand il joue de sa musette.

LE CHEVALIER.

Or dites, douce bergerette, aimeriez-vous un chevalier?

MARION.

Beau sire, tirez-vous (en) arrière. Je ne sais (ce que) sont chevaliers; de tous les hommes du monde, je n'aimerais que Robin. (Il) vient ici le soir et le matin, vers moi, tous les jours et par habitude; ici il m'apporte de son fromage: encore en ai-je dans mon sein, et un grand morceau de pain qu'il m'apporta à l'heure du dîner.

LE CHEVALIER.

Or dites-moi, douce bergère, voudriez-vous venir avec moi jouer sur ce beau palefroi, le long de ce bosquet, dans ce vallon?

MARION au Chevalier.

Aïe! sire, ôtez votre cheval, il s'en faut de peu qu'il ne m'ait blessée. Celui de Robin ne rue pas, quand je vais après sa charue.

LE CHEVALIER.

Bergère, devenez mon amie et faites ce dont je vous prie.

MARION au Chevalier.

Sire, retirez-vous d'auprès de moi: il ne vous convient pas d'être ici. Il ne s'en faut de peu que votre cheval ne me frappe. Comment vous appelle-t-on?

---

* Voyez, sur les instrumens de musique aux douzième et treizième siècles, le traité de M. de Roquefort: *De l'État de la Poésie françoise aux* XIIe et XIIIe *siècles*, p. 105-131; et l'article que le révérend John Bowle a inséré dans l'*Archaeologia*, tome VII, p. 214-221. Aux passages que citent ces savans, on peut joindre celui-ci:

> Et quant il avoient mengié
> Entour la table et soulacié,
> Adont leur feste commençoit.
> Plenté d'estrumens y avoit:
> Vieles et salterions,
> Harpes et rotes et canons
> Et estives de Cornouaille;
> N'i failloit estrumens qui vaille,

> Gar li rois Carmans tant amoit
> Menestreus que de tous avoit.
> O lui avoit quintarieurs
> Et si avoit bons léuteurs
> Et des flaûteurs de Behaigne
> Et des gigueours d'Alemaigne
> Et flaûteours à .ij. dois.
> Tabours et cors sarrazinois
> Y ot; mais cil erent as chans
> Pour ce que leur noise ert trop grans.
> N'estoit maniere d'estrumens
> Qui ne fust trouvée leens.

(*Roman de Cleomadès*, manuscrit de la Bibliothèque de l'Arsenal, belles-lettres françaises, in-folio, n° 175, folio 12 recto, col. 1, v. 29.)

LI CHEVALIERS.
Aubert.
MARIONS.
† Vous perdés vo paine, sire Aubert,
Je n'amerai autrui que Robert.
LI CHEVALIERS.
Nan, bregiere?
MARIONS *au Chevalier.*
Nan, par ma foi!
LI CHEVALIERS.
Cuideriés empirier de moi?
Chevaliers sui, et vous bregiere,
Qui si lonc jetés me proiere.
MARIONS *au Chevalier.*
Jà pour che ne vous amerai.
† Bergeronnete sui;
Mais j'ai ami
Bel et cointe et gai.
LI CHEVALIERS.
Bregiere, Diex vous en doinst joie!
Puis qu'ensi est, g'irai me voie.
Hui mais ne vous sonnerai mot.
MARIONS *au Chevalier.*
† Trairi, deluriau, deluriau, deluriele,
Trairi, deluriau, delurau, delurot.
LI CHEVALIERS.
† Hui main jou chevauchoie
Lés l'oriere d'un bois;
Trouvai gentil bregiere,
Tant bele ne vit roys.
Hé! trairi, deluriau, deluriau, deluriele,
Trairi, deluriau, deluriau, delurot.
MARIONS.
† Hé! Robechon, deure leure va;
Car vien à moi leure leure va,
S'irons jeuer dou leure leure va,
Dou leure leure va.
ROBIN.
† Hé! Marion, leure leure va;
Je vois à toi, leure leure va;
S'irons jeuer dou leure leure va,
Dou leure leure va.
MARIONS.
Robin!
ROBINS.
Marote!
MARIONS.
Dont viens-tu?
ROBINS.
Par le saint! j'ai desvestu,

LE CHEVALIER.
Aubert.
MARION.
Vous perdez votre peine, sire Aubert, je n'aimerai (personne) autre que Robin.
LE CHEVALIER.
Nenni, bergère?
MARION *au Chevalier.*
Nenni, par ma foi!
LE CHEVALIER.
Penseriez-vous vous abaisser par moi? Je suis chevalier, et vous bergère, qui rejetez si loin ma prière.
MARION *au Chevalier.*
Jamais pour cela je ne vous aimerai. Je suis bergerette; mais j'ai ami beau, bien élevé et gai.
LE CHEVALIER.
Bergère, que Dieu vous en donne joie! Puisqu'ainsi est, j'irai mon chemin. Aujourd'hui je ne vous dirai plus mot.
MARION.
Trairi, deluriau, deluriau, deluriele, trairi, deluriau, delurau, delurot.
LE CHEVALIER.
Ce matin je chevauchais près de la lisière d'un bois; je trouvai gentille bergère, tant belle ne vit roi. Eh! trairi, deluriau, deluriau, deluriele, trairi, deluriau, deluriau, delurot.
MARION.
Eh! Robichon, deure leure va; viens à moi, leure leure va; nous irons jouer du leure leure va, du leure leure va.
ROBIN.
Eh! Marion, leure leure va; je vais à toi, leure leure va; nous irons jouer du leure leure va, du leure leure va.
MARION.
Robin!
ROBIN.
Marion!
MARION.
D'où viens-tu?
ROBIN.
Par le saint! j'ai ôté mon surtout parce

Pour che qu'i fait froit, men jupel;
S'ai pris me cote de burel,
Et si t'aport des pommes : tien.
MARIONS.
Robin, je te connuc trop bien
Au canter, si con tu venoies;
Et tu ne me reconnissoies?
ROBINS.
Si fis au cant et as brebis.
MARIONS.
Robin, tu ne sés, dous amis,
Et si ne le tien mie à mal :
Par chi vint .j. hom à cheval
Qui avoit cauchie une moufle,
Et portoit aussi c'un escoufle
Seur sen poing; et trop me pria
D'amer; mais poi i conquesta,
Car je ne te ferai nul tort.
ROBINS.
Marote, tu m'aroies mort;
Mais se g'i fusse à tans venus,
Ne jou, ne Gautiers li Testus,
Ne Baudons, mes cousins germains,
Diable i éussent mis les mains :
Jà n'en fust partis sans bataille.
MARIONS.
Robin, dous amis, ne te caille;
Mais or faisons feste de nous.
ROBINS.
Serai-je drois, ou à genous?
MARIONS.
Vien, si te sie encoste moi;
Si mengerons.
ROBINS.
Et jou l'otroi;
Je serai chi lés ton costé.
Mais je ne t'ai rien aporté :
Si ai fait certes grant outrage.
MARIONS.
Ne t'en caut, Robin; encore ai-je
Du froumage chi en mon sain,
Et une grant pieche de pain,
Et des poumes que m'aportas.
ROBINS.
Diex! que chis froumages est cras!
Ma seur, mengüe.
MARIONS.
Et tu aussi.
Quant tu vieus boire, si le di :
Vés-chi fontaine en .i. pochon.

qu'il fait froid, et j'ai pris une cotte de bure.
Je t'apporte des pommes : tiens.
MARION.
Robin, je te reconnus bien au chant,
quand tu venais; et tu ne me reconnaissais
pas?
ROBIN.
Si fait, au chant et aux brebis.
MARION.
Robin, tu ne sais pas, doux ami (et je ne
le tiens pas pour mal), que par ici vint un
homme à cheval, ganté d'une *moufle*. Il portait une écoufle (milan) sur son poing, et me
pria instamment de (l') aimer; mais il réussit peu, car je ne te ferai nul tort.

ROBIN.
Marion, tu m'aurais tué; mais si j'y fusse
venu à temps, moi ou Gautier le Tétu, ou
Baudon, mon cousin-germain, diables
s'en seraient mêlés : il ne serait pas parti
sans bataille.

MARION.
Robin, doux ami, ne t'inquiète pas; mais
maintenant faisons fête entre nous.
ROBIN.
Serai-je droit ou à genoux?
MARION.
Viens, et t'assieds à côté de moi; nous
mangerons.
ROBIN.
Je le veux bien; je serai ici à côté de toi.
Mais je ne t'ai rien apporté : j'ai fait certainement grand'folie.

MARION.
Ne t'en inquiète pas, Robin; encore ai-je
du fromage en mon sein, et une grande pièce
de pain, et des pommes que tu m'apportas.

ROBIN.
Dieu! comme ce fromage est gras! Ma
sœur, mange.
MARION.
Et toi aussi. Quand tu veux boire, dis-le :
voici une fontaine dans un pochon.

ROBINS.
Diex! qui ore éust du bacon
Te taiien, bien venist à point.

MARIONS.
Robinet, nous n'en arons point,
Car trop haut pent as quieverons;
Faisons de che que nous avons :
Ch'est assés pour le matinée.

ROBINS.
Diex! que jou ai le panche lassée
De le choule de l'autre fois !

MARIONS.
Di, Robin, foy que tu mi dois,
Choulas-tu? que Diex le te mire* !

ROBINS.
† Vous l'orrés bien dire, bele,
Vous l'orrés bien dire.

MARIONS.
Di, Robin, veus-tu plus mengier?

ROBINS.
Naie, voir.

MARIONS.
Dont metrai-je arrier
Che pain, che froumage en mon sain,
Dusqu'à jà que nous arons fain.

ROBINS.
Ains le met en te panetiere.

MARIONS.
Et vés-li-chi. Robin, quel chiere !
Proie et commande, je ferai.

ROBINS.
Marote, et jou esprouverai
Se tu m'ies loiaus amiete,
Car tu m'as trouvé amiet.
† Bergeronnete,
Douche baisselete,
Donnés-le-moi, vostre chapelet,
Donnés-le-moi, vostre chapelet.

MARIONS.
† Robin, veus-tu que je le meche
Seur ton chief par amourete ?

ROBIN.
Dieu! qui aurait maintenant du lard de ta grand'mère, n'en serait pas fâché.

MARION.
Robinet, nous n'en aurons point, car il est pendu trop haut aux chevrons ; servons-nous de ce que nous avons : c'est assez pour la matinée.

ROBIN.
Dieu! que j'ai la panse lassée de la chole de l'autre fois !

MARION.
Dis, Robin, (par la) foi que tu me dois, as-tu joué à la chole ? que Dieu t'en récompense !

ROBIN.
Vous l'entendrez bien dire, belle, vous l'entendrez bien dire.

MARION.
Dis, Robin, veux-tu plus manger?

ROBIN.
Non, vraiment.

MARION.
Donc je remettrai ce pain, ce fromage en mon sein, jusqu'à ce que nous ayons faim.

ROBIN.
Mets-le plutôt dans ta panetière.

MARION.
Et le voici. Robin, quelle chère ! prie et commande, je (le) ferai.

ROBIN.
Marion, j'éprouverai si tu m'es loyale amie, car tu m'as trouvé ami. Bergerette, douce bachelette, donnez-le-moi, votre chapelet (petit chapeau), donnez-le-moi, votre chapelet.

MARION.
Robin, veux-tu que je le mette sur ta tête, par amour ?

---

* Voici un autre exemple de cette expression, tiré du conte *dou prodome ki ne volt renoier Diu-la-mère pour feme avoir*.

Et si li devés bien merir
Le biau don k'ele vous dona
Quant doucement vous enclina,
Por çou ke ne le renoiastes,

Et ke vous s'ounor li gardastes.
— Dame, est-çou voirs?—Oïl, biaus sire.
— Douce dame, Dex le vous mire !
Nule riens avoir ne peuse
Dont à Dieu grignor gré seuise, etc.

(*Vie des Pères*, manuscrit du xiie siècle, Bibliothèque de l'Arsenal n° 325, folio 9 verso, col. 2.)

ROBINS.

† Oïl, et vous serés m'amiete ;
Vous averés ma chainturete,
M'aumosniere et mon fremalet.
Bergeronnete,
Douche baisselete,
Donnés-le-moi, vostre chapelet.

MARIONS.

Volentiers, men douc amiet.
Robin, fai-nous .j. poi de feste.

ROBINS.

Veus-tu des bras ou de le teste ?
Je te di que je sai tout faire.
Ne l'as-tu point oï retraire ?

MARIONS.

† Robin, par l'ame ten pere !
Sès-tu bien aler du piet ?

ROBINS.

† Oïl, par l'ame me mere !
Resgarde comme il me siet,
Avant et arriere, bele,
Avant et arriere.

MARIONS.

† Robin, par l'ame ten pere !
Car nous fai le tour dou chief.

ROBINS.

† Marot, par l'ame me mere !
J'en venrai mout bien à chief.
I fait-on tel chiere, bele,
I fait-on tel chiere ?

MARIONS.

† Robin, par l'ame ten pere !
Car nous fai le tour des bras.

ROBINS.

† Marot, par l'ame me mere !
Tout ensi con tu vaurras.
Est-chou la maniere, bele,
Est-chou la maniere ?

MARIONS.

† Robin, par l'ame ten pere !
Sès-tu baler au serain ?

ROBINS.

† Oïl, par l'ame me mere !
Mais j'ai trop mains de chaviaus
Devant que derriere, bele,
Devant que derriere.

MARIONS.

Robin, sès-tu mener le treske ?

ROBIN.

Oui, et vous serez ma petite amie ; vous aurez ma ceinture, mon aumônière et mon agrafe. Bergerette, douce bachelette, donnez-le-moi, votre petit chapeau.

MARION.

Volontiers, mon doux ami. Robin, fais-nous un peu fête.

ROBIN.

Veux-tu (que ce soit) des bras ou de la tête ? Je te dis que je sais tout faire. Ne l'as-tu point ouï dire.

MARION.

Robin, par l'ame de ton père ! sais-tu bien aller du pied ?

ROBIN.

Oui, par l'ame de ma mère ! regarde comme cela me sied, en avant et en arrière, belle, en avant et en arrière.

MARION.

Robin, par l'ame de ton père ! fais-nous le tour de la tête.

ROBIN.

Marion, par l'ame de ma mère, j'en viendrai très-bien à bout. Y fait-on telle figure, belle, y fait-on telle figure ?

MARION.

Robin, par l'ame de ton père ! fais-nous le tour des bras.

ROBIN.

Marion, par l'ame de ma mère ! tout ainsi que tu voudras. Est-ce la manière, belle, est-ce la manière ?

MARION.

Robin, par l'ame de ton père ! sais-tu danser au soir ?

ROBIN.

Oui, par l'ame de ma mère ! mais j'ai bien moins de cheveux devant que derrière, belle, devant que derrière.

MARION.

Robin, sais-tu mener la tresse * ?

---

* Espèce de branle qui a conservé son nom dans l'italien *tresca*.

ROBINS.
Oïl ; mais li voie est trop freske,
Et mi housel* sont desquiré.

MARIONS.
Nous sommes trop bien atiré,
Ne t'en caut; or fai par amour.

ROBINS.
Aten, g'irai pour le tabour
Et pour le muse au grant bourdon,
Et si amenrai chi Baudon,
Se trouver le puis, et Gautier.
Aussi m'aront-il bien mestier,
Se li chevaliers revenoit.

MARIONS.
Robin, revien à grant esploit,
Et se tu trueves Peronnele,
Me compaignesse, si l'apele :
Le compaignie en vaura miex.
Ele est derriere ces courtiex,
Si c'on va au moulin Rogier.
Or te haste.

ROBINS.
Lais-me escourchier ;
Je ne ferai fors courre.

MARIONS.
Or va.

ROBINS.
Gautiers, Baudon, estes vous là ?
Ouvrés-moi tost l'uis, biau cousin.

GAUTIERS.
Bien soies-tu venus, Robin.
C'as-tu qui ies si essouflés ?

ROBINS.
Que j'ai ? Las ! je sui si lassés
Que je ne puis m'alaine avoir.

BAUDONS.
Di s'on t'a batu.

ROBINS.
Nenil, voir.

GAUTIERS.
Di tost s'en t'a fait nul despit.

ROBINS.
Signeur, escoutés un petit :

ROBIN.
Oui ; mais le chemin est trop frais, et me houseaux sont déchirés.

MARION.
Nous sommes très-bien mis, ne t'en inquiètes pas; maintenant fais (ce que je t'a dit) par amour (pour moi).

ROBIN.
Attends, j'irai chercher le tambour et la musette au gros bourdon; j'amènerai ic Baudon, si je le puis trouver, et Gautier Aussi en aurai-je bien besoin, si le chevalier revenait.

MARION.
Robin, reviens en toute hâte, et si tu trouves Péronnelle, ma compagne, appelle-la : la compagnie en vaudra mieux. Elle est derrière ces courtils, comme on va au moulin de Roger. A présent hâte-toi.

ROBIN.
Laisse-moi me retrousser; je ne ferai que courir.

MARION.
Maintenant va.

ROBIN.
Gautier, Baudon, êtes-vous là ? ouvrez-moi tôt la porte, beaux cousins.

GAUTIER.
Sois le bienvenu, Robin. Qu'as-tu pour être si essoufflé ?

ROBIN.
Ce que j'ai ? Hélas ! je suis si fatigué que je ne puis reprendre haleine.

BAUDON.
Dis si on t'a battu.

ROBIN.
Nenni, vraiment.

GAUTIER.
Dis tôt si l'on t'a fait quelque peine.

ROBIN.
Seigneur, écoutez un peu : je suis venu

---

* Ce passage prouve que les houseaux n'étaient pas exclusivement à l'usage des Parisiens, comme le croit M. de Roquefort, qui s'appuie sur quelques vers du *Roman de la Rose*. Voyez le *Glossaire de la langue romane*, t. I, p. 763, col. 1.

Je sui chi venus pour vous deus,
Car je ne sai ques menestreus*
A cheval pria d'amer ore
Marotain; si me douch encore
Que il ne reviegne par là.

ici pour vous deux, car je ne sais quel ménétrier à cheval pria d'amour tout-à-l'heure Marion; je redoute encore qu'il revienne par là.

---

*Quel est ici le sens figuré de ce mot? Est-ce *outrecuidant*? Le passage suivant nous le ferait croire :

> Simplece afiert as menestreus,
> Dame n'ait atour orgueilleus.

(*C'est li Mariages des filles au Dyable,* manuscrit de l'Arsenal, belles-lettres françaises, in-folio, n° 175, folio 293 recto, col. 1, v. 13.)

Est-ce *misérable, vaurien?* Plusieurs pencheront vers cette dernière explication en se rappelant le mépris dans lequel, déjà au xiii° siècle, les bardes et les jongleurs ou ménestrels étaient généralement tombés : ce qu'a très-bien établi, pour l'Écosse, le docteur J. Leyden, dans sa dissertation placée en tête de *the Complaynt of Scotland. Written in* 1548. Edinburgh : printed for Archibald Constable, 1801, in-8° et in-4°, p. 248, 251. Nous nous souvenons avoir lu dans le cartulaire du prieuré de Finchalle, conservé dans la bibliothèque du chapitre de la cathédrale de Durham, une foule de passages dans lesquels les jongleurs sont rangés dans la même catégorie que les pauvres et, comme tels, gratifiés d'aumônes.

Ce que le docteur Leyden dit des bardes écossais peut très-bien s'appliquer à nos ménestrels, qui, suivant un ancien roman, étaient de la même famille :

> Del Chevalier au Cisne ci endroit nous diron.
> Souvent en ont canté cil jougleour breton,
> Mais n'en savent nient le monte d'un boton.

(*Le Roman du Chevalier au Cygne,* manuscrit du Roi n° 7192, fol. 48 verso, col. 1, v. 5.)

Les passages suivans suffiront pour prouver ce que nous venons d'avancer :

> Quant menguent seignor,
> Garçon et jougleour
> Fors de l'ostel remaignent,
> Esgardent ès pertuis;
> Et quant on œvre l'uis
> Ens par force s'empaignent.
> *Ce dist li Vilains.*

(*Proverbes du Vilain,* manuscrit de l'Arsenal, belles-lettres françaises, n° 175, in-folio, fol. 278 recto, col. 2, v. 20, couplet 165.)

> Mien escient que ce est .i: jugler
> Qui vient de vile, de borc ou de cité,
> Là où il a en la place chanté.
> A jugleor poez pou conquester.
> De lor usage certes sai-ge assez :
> Quant ont .iii. sous, .iiii. ou .v. assenblez,
> En la taverne les vont tost aloer,
> Si en font feste tant com puent durer.
> Tant com il durent ne feront lascheté;
> Et quant il a le bon vin savoré
> Et les viandes, dont il a grant planté,
> Si en boit tant que il ne puet finer.
> Quant voit li hostes qu'il a tot aloé,
> Dont l'aparole com jà oïr porrez :
> « Frere, fet-il, querez aillors hostez,
> Que marcheant doivent ci hosteler,
> Donez-moi gage de ce que vos devez. »
> Et cil li lesse sa chauce ou son soller
> Ou sa viele, quant il ne puet fere el;
> Ou il li offre sa foi à afier
> Qu'il revenra, s'il le veut respiter.
> Toz diz fait tant que l'en l'en lesse aler,
> Et si vait querre où se puist recouvrer,
> A chevalier, à prestre ou à abé.
> Bone costume certes ont li jugler :
> Ausi bien chante com il n'a que digner,
> Com s'il éust .xl. mars trovez;
> Toz dis fait joie tant com il a santé.

(*Li Moniages Guillaume et si com il venqui Ysoré devant Paris,* manuscrit du Roi 6985, folio 263 recto, col. 2, v. 44.)

Au reste, veut-on savoir pourquoi les jongleurs étaient tombés dans cette misérable situation? La citation suivante nous l'apprendra :

> Bien vos puis dire et por voir afermer,
> Prodom ne doit jugleor escouter
> S'il ne li veut por Deu del suen doner,
> Que il ne set autrement laborer;
> De son servise ne se puet-il clamer,
> S'en ne li done il le lesse assez.
> Au vont de Luque le poez esprover
> Qui li gita de son pié son soller,
> Puis le convint cherement racheter.
> Les jugleors devroit-on molt amer :
> Joient (*sic*) desirent et aiment le chanter.
> L'en les soloit jadis molt henorer;
> Mès li mauvés, li eschar, li aver,
> Cil qui n'ont cure fors d'avoir amasser,
> De gages prandre et lor deniers prester,
> Et jor et nuit ne finent d'usurer,
> Tant meint prodome ont fait desheriter :
> C'est lor desduit, n'ont soing d'autre chanter.
> Si fete gent font henor decliner :
> Dex les maudie, que je ne's puis amer!
> Jà ne lairé por eaus mon vieler.

GAUTIERS.
S'il revient, il le comperra.
BAUDONS.
Che fra mon, par ceste teste!
ROBINS.
Vous averés trop bonne feste,
Biau seigneur, se vous i venés ;
Car vous et Huars i serés,
Et Peronnele : sont-chou gent?
Et s'averés pain de fourment,
Bon froumage et clere fontaine.
BAUDONS.
Hé! biau cousin, car nous i maine.
ROBINS.
Mais vous deus irés chele part,
Et je m'en irai pour Huart
Et Peronnele.
BAUDONS.
Va don, va.
GAUTIERS.
Et nous en irons par deçà
Vers le voie devers le pierre,
S'aporterai me fourke fiere.
BAUDONS.
Et je men gros baston d'espine,
Qui est chiés Bourguet me cousine.
ROBINS.
Hé! Peronnele, Peronnele!
PERONNELE.
Robin, ies-tu che? Quel nouvele?

GAUTIER.
S'il revient, il le paiera.
BAUDON.
Oui vraiment, par cette tête!
ROBIN.
Vous aurez très-bonne fête, beau seigneur,
si vous y venez ; car vous (Baudon) et Huart
y serez, ainsi que Péronnelle : est-ce là du
monde? et vous aurez pain de froment,
bon fromage et claire fontaine.
BAUDON.
Hé, beau cousin, mène-nous-y.
ROBIN.
Mais vous deux, (vous) irez de ce côté, et
je m'en irai pour (chercher) Huart et Péronnelle.
BAUDON.
Va donc, va.
GAUTIER.
Et nous nous en irons par de çà vers le
chemin, près la pierre, et j'apporterai ma
grande fourche.
BAUDON.
Et moi mon grand bâton d'épine, qui est
chez ma cousine Bourguet.
ROBIN.
Hé! Péronnelle, Péronnelle!
PÉRONNELLE.
Robin, est-ce toi? Quelle nouvelle?

Si lor en poise, si se facent uller.
As bons me tien, les mauvès lés aler.

(*La Batallie d'Arleschans*, manuscrit du Roi n° 6985, folio 205 verso, col. 3, v. 21.)

Quoi qu'il en soit, Adenez, qui cherche toutes les occasions pour dire du mal des jongleurs, ne croit pas inconvenant de leur comparer ses héros :

Des crestiens li plus preu[s], ce dist-on,
Qui plus greverent le lignage Noiron,
Ce fu Guillaumes et il (Ogier), ce tesmoigne-on,
Li bers d'Orenge qui cuer ot de lion.
Il vielerent tout doi d'une chançon
Dont les vieles erent targe ou blazon,
Et braut d'acier estoient li arçon.
De tes vieles vielerent maint son
Grief à oïr à la gent Pharaon.

Je croi qu'il soient orendroit compaignon
En paradis, lez Dieu, à son giron.
Qui de tel maistre retenroit sa leçon,
Il porroit bien avoir le haut pardon
De metre s'ame à assolution.

(*Les Enfances Ogier le Danois*, manuscrit de l'Arse-senal, B. l. f. 175, folio 74 verso, col. 1, v. 2.)

Nous signalerons une pièce curieuse sur les ménestrels, qui se trouve dans le manuscrit du Roi, suppl. n° 184, fol. 205 verso, col. 2.

L'on trouve en outre des renseignemens sur les histrions dans le volume IV de l'*Antiquarian Repertory*, p. 61. Enfin, nous terminerons cette note en renvoyant à l'histoire de saint Kentegern et d'un jongleur dans les *Vitæ antiquæ Sanctorum*, de Pinkerton. Londini, typis Johannis Nichols, 1789, in-8°, p. 277-279.

ROBINS.
Tu ne sès, Marote te mande,
Et s'averons feste trop grande.
PERONNELE.
Et qui i sera?
ROBINS.
Jou et tu,
Et s'arons Gautier le Testu,
Baudon et Huart et Marote.
PERONNELE.
Vestirai-je me bele cote?
ROBINS.
Nennil, Perrote, nenil, nient,
Car chis jupiaus trop bien t'avient.
Or te haste, je vois devant.
PERONELE.
Va, je te sievrai maintenant
Se j'avoie mes aigniaus tous.
LI CHEVALIERS.
Dites, bregiere, n'estes-vous
Chele que je vi hui matin?
MARIONS.
Pour Dieu! sire, alés vo chemin,
Si ferés mout grant courtoisie.
LI CHEVALIERS.
Certes, bele très douche amie,
Je ne le di mie pour mal;
Mais je vois querant chi aval
.J. oisel à une sonnete.
MARIONS.
Alés selonc ceste haiete;
Je cuit que vous l'i trouverés :
Tout maintenant i est volés.
LI CHEVALIERS.
Est, par amours?
MARIONS.
Oïl, sans faille.
LI CHEVALIERS.
Certes, de l'oisel ne me caille
S'une si bele amie avoie.
MARIONS.
Pour Dieu! sire, alés vostre voie,
Car je sui en trop grant frichon.
LI CHEVALIERS.
Pour qui?
MARIONS.
Certes, pour Robechon.
LI CHEVALIERS.
Pour-lui?

ROBIN.
Tu ne sais pas, Marion te mande, et nous aurons très grande fête.
PÉRONNELLE.
Et qui y sera?
ROBIN.
Moi et toi, et nous aurons Gautier le Têtu, Baudon et Huart et Marion.
PÉRONNELLE.
Vêtirai-je ma belle cotte?
ROBIN.
Nenni, Perrette, nenni, rien, car ce jupon te va fort bien. A présent, hâte-toi, je vais devant.
PÉRONNELLE.
Va, je te suivrais maintenant si j'avais tous mes agneaux.
LE CHEVALIER (à *Marion*).
Dites, bergère, n'êtes-vous pas celle que je vis ce matin?
MARION.
Pour (l'amour de) Dieu! sire, allez votre chemin, vous ferez très grande courtoisie.
LE CHEVALIER.
Certes, belle très douce amie, je ne le dis pas pour mal; mais je vais là-bas à la recherche d'un oiseau qui porte une sonnette.
MARION.
Allez le long de cette petite haie; je pense que vous l'y trouverez : à l'instant même il y est volé.
LE CHEVALIER.
Y est-il, (dites-le-moi) par amitié?
MARION.
Oui, sans mentir.
LE CHEVALIER.
Certes, je ne m'inquiéterais pas de l'oiseau si j'avais une aussi belle amie.
MARION.
Pour (l'amour de) Dieu! sire, allez votre chemin, car je suis en trop grande frayeur.
LE CHEVALIER.
Pour qui?
MARION.
Certes, pour Robin.
LE CHEVALIER.
Pour lui?

8

MARIONS.
Voire, s'il le savoit,
Jamais nul jour ne m'ameroit,
Ne je tant rien n'aim comme lui.
LI CHEVALIERS.
Vous n'avés garde de nului,
Se vous volés à mi entendre.
MARIONS.
Sire, vous vous ferés sousprendre,
Alés-vous-ent; laissié-me ester,
Car je n'ai à vous que parler :
Laissié-me entendre à mes brebis.
LI CHEVALIERS.
Voirement, sui-je bien caitis
Quant je mec le mien sens au tien.
MARIONS.
Si en alés, si ferés bien;
Aussi oi-je chi venir gent.
† J'oi Robin flagoler
Au flagol d'argent,
Au flagol d'argent.
Pour Dieu! sire, or vous en alés.
LI CHEVALIERS.
Bergerete, à Dieu remanés,
Autre forche ne vous ferai.....

Ha! mauvais vilains, mar i fai;
Pour coi tues-tu mon faucon?
Qui te donroit .j. horion
Ne l'aroit-il bien emploiet?
ROBINS.
Ha! sire, vous feriés pechiet.
Peur ai que il ne m'escape.
LI CHEVALIERS.
Tien de loier ceste souspape,
Quant tu le manies si gent!
ROBINS.
Hareu*! Diex! hareu! bonne gent!
LI CHEVALIERS.
Fais-tu noise? tien che tatin.
MARIONS.
Sainte Marie! j'oi Robin :
Je croi que il soit entrepris.
Ains perderoie mes brebris
Que je ne li alasse aidier.

MARION.
Vraiment, s'il le savait, jamais il ne m'aimerait, et je n'aime rien autant que lui.
LE CHEVALIER.
Vous n'avez à vous inquiéter de personne, si vous voulez m'écouter.
MARION.
Sire, vous vous ferez surprendre, allez-vous-en; laissez-moi tranquille, car je n'ai rien à vous dire : laissez-moi m'occuper de mes brebis.
LE CHEVALIER.
En vérité, je suis bien niais d'abaisser mon intelligence à la tienne.
MARION.
Allez-vous-en, vous ferez bien; aussi entend-je venir du monde. J'entends Robin jouer du flageolet d'argent, du flageolet d'argent.
Pour (l'amour de Dieu)! sire, à cette heure allez-vous-en.
LE CHEVALIER.
Bergerette, adieu; restez, je ne vous ferai pas d'autre violence.

(Le chevalier s'éloigne et dit à Robin qui survient :)

Ah! mauvais vilain, tu fais mal ; pourquoi tues-tu mon faucon? Celui qui te donnerait un horion ne l'aurait-il pas bien employé?
ROBIN.
Ah! sire, vous feriez péché. J'ai peur qu'il ne m'échappe.
LE CHEVALIER.
Reçois ce soufflet en paiement, pour la grâce avec laquelle tu le manies.
ROBIN.
Haro! Dieu! haro! bonnes gens!
LE CHEVALIER.
Fais-tu du bruit? tiens cette tape.
MARION.
Sainte Marie ! j'entends Robin : je crois qu'on l'entreprend. Je perdrais mes brebis plutôt que de ne pas aller le secourir. Hé-

---

* Voyez, sur ce mot, le t. II des *Canterbury* *Tales* de Chaucer, édition d'Oxford, 1799, in-4°, p. 427.

<table>
<tr><td>

Lasse! je voi le chevalier,
Je croi que pour moi l'ait batu.
Robin, dous amis, que fais-tu?

ROBINS.

Certes, douche amie, il m'a mort.

MARIONS.

Par Dieu! sire, vos avés tort,
Qui ensi l'avés deskiré.

LI CHEVALIERS.

Et comment a-t-il atiré
Mon faucon? esgardés, bregiere.

MARIONS.

Il n'en set mie la maniere.
Pour Dieu! sire, or li pardonnés.

LI CHEVALIERS.

Volentiers, s'aveuc moi venés.

MARIONS.

Je non ferai.

LI CHEVALIERS.

Si ferés voir;
N'autre amie ne vœil avoir,
Et vœil que chis chevaus vous porte.

MARIONS.

Certes dont me ferés-vous forche.
Robin, que ne me resqueus-tu?

ROBINS.

Ha! las! or ai-jou tout perdu :
A tart i venront mi cousin.
Je perc Marot, s'ai un tatin,
Et desquiré coteet sercot.

GAUTIERS.

† Hé, resveillé-toi, Robin,
Car on enmaine Marot,
Car on enmaine Marot.

ROBINS.

Aimi! Gautier, estes-vous là?
J'ai tout perdu : Marote en va.

GAUTIERS.

Et que ne l'alés-vous reskeure?

ROBINS.

Taisiés, il nous couroit jà seüre,
S'il en i avoit .iiij. chens.
C'est uns chevaliers hors du sens,
Qui a une si grant espée!
Ore me donna tel colée
Que je le sentirai grant tans.

BAUDONS.

Se g'i fusse venus à tans,
Il i eust éu merlée.

</td><td>

las? je vois le chevalier, je crois que pour moi il l'a battu. Robin, doux ami, que fais-tu?

ROBIN.

Certes, douce amie, il m'a tué.

MARION.

Par Dieu! sire, vous avez tort de l'avoir ainsi déchiré.

LE CHEVALIER.

Et comment a-t-il arrangé mon faucon? regardez, bergère.

MARION.

Il ne sait pas la manière de le gouverner. Pour (l'amour de) Dieu! sire, pardonnez lui maintenant.

LE CHEVALIER.

Volontiers, si vous venez avec moi.

MARION.

Je n'en ferai rien.

LE CHEVALIER.

Si fait, en vérité; je ne veux point avoir d'autre amie, et je veux que ce cheval vous porte.

MARION.

Certainement vous emploierez la force. Robin, que ne me secours-tu?

ROBIN.

Hélas! à présent j'ai tout perdu : mes cousins viendront ici trop tard. Je perds Marion, j'ai un soufflet, et ma cotte et mon surcot déchirés.

GAUTIER.

Eh! réveille-toi, Robin, car on emmène Marion, car on emmène Marion.

ROBIN.

Hélas! Gautier, êtes-vous là? J'ai tout perdu: Marion s'en va.

GAUTIER.

Et que n'allez-vous la secourir?

ROBIN.

Taisez-vous, il nous courrait sus, lors même qu'il y en aurait quatre cents. C'est un chevalier forcéné, qui a une si grande épée! Il m'en a donné à l'instant même un si grand coup que je le sentirai long-temps.

BAUDON.

Si j'y fusse venu à temps, il y eût eu bataille.

</td></tr>
</table>

ROBINS.
Or esgardons leur destinée;
Par amours si nous embuissons
Tout troi derriere ces buissons,
Car je vœil Marion sekeure,
Se vous le m'aidiés à reskeure :
Li cuers m'est .j. peu revenus.

MARIONS.
Biau sire, traiés-vous ensus
De moi, si ferés grant savoir.

LI CHEVALIERS.
Demisele, non ferai, voir;
Ains vous enmenrai aveuc moi,
Et si arés je sai bien coi.
Ne soiiés envers moi si fiere,
Prendés cest oisel de riviere,
Que j'ai pris; si en mengeras.

MARIONS.
J'ai plus chier mon froumage cras
Et men pain et mes bonnes poumes
Que vostre oisel à tout les plumes;
Ne de rien ne me poés plaire.

LI CHEVALIERS.
Qu'est-che? ne porrai-je dont faire
Chose qui te viengne à talent?

MARIONS.
Sire, sachiés certainement,
Que nenil riens ne vous i vaut.

LI CHEVALIERS.
Bergiere, et Diex vous consaut!
Certes voirement sui-je beste,
Quant à ceste beste m'areste.
Adieu, bergiere.

MARIONS.
Adieu, biau sire.
Lasse! ore est Robins en grant ire,
Car bien me cuide avoir perdue.

ROBINS
Hou! hou!

MARIONS.
Dieus! c'est-il qui là hue.
Robins, dous amis, comment vait?

ROBINS.
Marote, je sui de bon hait
Et garis, puis que je te voi.

MARIONS.
Vien donques chà, acole-moi.

ROBINS.
Volentiers, suer, puis qu'il t'est bel.

ROBIN.
Maintenant regardons ce qu'ils deviennent : par amitié embusquous-nous tous les trois derrière ces buissons, car je veux secourir Marion, si vous m'aidez à cela : le cœur m'est un peu revenu.

MARION.
Beau sire, retirez-vous loin de moi, vous ferez (preuve de) grand savoir.

LE CHEVALIER.
Damoiselle, je n'en ferai rien, vraiment; mais je vous emmènerai avec moi, et vous aurez je sais bien quoi. Ne soyez pas si fière à mon égard, prenez cet oiseau de rivière, que j'ai pris; et mangez-en.

MARION.
J'aime mieux mon fromage gras et mon pain et mes bonnes pommes que votre oiseau avec ses plumes; vous ne pouvez me plaire en rien.

LE CHEVALIER.
Qu'est-ce? ne pourrai-je donc faire chose qui te plaise?

MARION.
Sire, sachez en vérité que rien ne vous réussira.

LE CHEVALIER.
Bergère, et Dieu vous conseille! Certes, je suis vraiment (une) bête de m'arrêter à celle-ci. Adieu, bergère.

MARION.
Adieu, beau sire. Hélas! Robin est maintenant fort en peine, car il croit bien fermement m'avoir perdue.

ROBIN.
Hou! hou!

MARION.
Dieu! c'est lui qui appelle là. Robin, doux ami, comment va?

ROBIN.
Marion, je suis content et guéri, puisque je te vois.

MARION.
Viens donc ici, embrasse-moi.

ROBIN.
Volontiers, sœur, puisqu'il te plaît.

MARIONS.
Esgarde de cest sosterel,
Qui me baise devant la gent.
BAUDONS.
Marot, nous sommes si parent:
Onques ne vous caille de nous.
MARIONS.
Je ne le di mie pour vous;
Mais il parest si soteriaus
Qu'il en feroit devant tous chiaus
De no vile autretant comme ore.
ROBINS.
Et qui s'en tenroit?
MARIONS.
Et encore,
Esgarde comme est reveleus.
ROBINS.
Diex! con je seroie jà preus
Se li chevaliers revenoit!
MARIONS.
Voirement, Robin, que che doit
Que tu ne sès par quel engien
Je m'escapai.
ROBINS.
Je le soi bien.
Nous véismes tout ton couvin.
Demandes Baudon, men cousin,
Et Gautier, quant t'en vi partir,
S'il orent en moi que tenir :
Trois fois leur escapai tous .ij.
GAUTIERS.
Robin, tu ies trop corageus;
Mais quant li cose est bien alée,
De legier doit estre ouvliée,
Ne nus ne doit point le reprendre.
BAUDONS.
Il nous couvient Huart atendre
Et Peronnele qui venront :
Ou vés-les-chi.
GAUTIERS.
Voirement sont.
Di, Huart, as-tu te chievrete* ?
HUARS.
Oïl.
MARIONS.
Bien viegnes-tu, Perrete.

MARION.
Regardez ce petit sot qui me baise devant le monde.
BAUDON.
Marion, nous sommes ses parens : ne faites pas attention à nous.
MARION.
Je ne le dis pas pour vous; mais il est si sot qu'il en ferait devant tous ceux de notre village tout autant que maintenant.
ROBIN.
Et qui s'en abstiendrait?
MARION.
Et encore, regarde comme il est fanfaron.
ROBIN.
Dieu ! comme je serais preux si le chevalier revenait !
MARION
Vraiment, Robin...... que tu ne sais par quelle ruse je m'échappai.
ROBIN.
Je le sus bien. Nous vîmes toute ta conduite. Demande à Baudon, mon cousin, et à Gautier, quand je te vis partir, s'ils eurent à tenir en moi : je leur échappai trois fois à tous deux.
GAUTIER.
Robin, tu es très courageux ; mais quand la chose s'est bien passée, elle doit être oubliée aisément, et personne ne doit y revenir.
BAUDON.
Il nous faut attendre Huart et Péronnelle qui viendront : or, les voici.
GAUTIER.
Vraiment ce sont eux. Dis, Huart, as-tu ta chevrette ?
HUART.
Oui.
MARION.
Sois la bienvenue, Perrette.

---

* CHIEVRETE, ou chevrete, espèce de musette sans soufflet : le vent s'y introduit avec la bouche.

Voyez la description que M. de Roquefort en donne dans son Essai sur la poésie française, p. 124.

PÉRONNELE.
Marote, Dieus te benéie!
MARIONS.
Tu as esté trop souhaidie.
Or est-il bien tans de canter.
LI COMPAIGNIE.
† Aveuc tele compaignie
Doit-on bien joie mener.
BAUDONS.
Somme-nous ore tout venu?
HUARS.
Oïl.
MARIONS.
Or pourpensons un jeu.
HUARS.
Veus-tu as roys et as roïnes?
MARIONS.
Mais des jeus c'on fait as estrines*,
Entour le veille du Noël.
HUARS.
A saint Coisne?
BAUDONS.
Je ne vœil el.
MARIONS.
C'est vilains jeus, on i cunkie.
HUARS.
Marote, si ne riés mie.
MARIONS.
Et qui le nous devisera?
HUARS.
Jou, trop bien: quiconques rira
Quant il ira au saint offrir,
Ens ou lieu saint Coisne doit sir,
Et qui en puist avoir s'en ait.
GAUTIERS.
Qui le sera?
ROBINS.
Jou.
BAUDONS.
C'est bien fait.
Gautier, offres premierement.
GAUTIERS.
Tenés, saint Coisne, che present;
Et se vous en avés petit,
Tenés.
ROBINS.
Ho! il le doit, il rit.

PÉRONNELLE.
Marion, que Dieu te bénisse!
MARION.
Tu as été bien souhaitée. Maintenant il est bien temps de chanter.
LA COMPAGNIE.
Avec telle compagnie doit-on bien joie mener.
BAUDON.
Sommes-nous maintenant tous venus?
HUART.
Oui.
MARION.
Or, imaginons un jeu.
HUART.
Veux-tu (jouer) aux rois et aux reines?
MARION.
Mais aux jeux qu'on fait aux étrennes, entour la veille de Noël.
HUART.
A saint Coisne?
BAUDON.
Je ne veux (rien) autre.
MARION.
C'est un vilain jeu, on y turlupine.
HUART.
Marote, ne riez pas.
MARION.
Et qui nous l'expliquera?
HUART.
Moi, très bien: quiconque rira quand il ira faire son offrande au saint, dans le lieu où saint Coisne doit être assis, il en aura ce qu'il peut en avoir.
GAUTIER.
Qui le sera?
ROBIN.
Moi.
BAUDON.
C'est bien fait. Gautier, fais le premier ton offrande.
GAUTIER.
Tenez, saint Coisne, ce présent; et si vous en avez peu, tenez.
ROBIN.
Oh! il le doit, il rit.

---

*Dans le moyen-âge, ces sortes de présens se donnaient la veille de Noël; l'usage s'en est conservé chez les Anglais, qui appellent encore *Christmas-box*, la boîte destinée à les renfermer.

GAUTIERS.
Certes, c'est drois.
HUARS.
Marote, or sus!
MARIONS.
Qui le doit?
HUARS.
Gautiers li Testus.
MARIONS.
Tenés, saint Coisnes, biaus dous sire.
HUARS.
Diex, com ele se tient de rire!
Qui va après? Perrote, alés,
PERONNELE.
Biau sire sains Coisnes, tenés,
Je vous aporte che present.
ROBINS.
Tu te passes et bel et gent.
Or sus, Huart, et vous, Baudon!
BAUDONS.
Tenés, saint Coisne, che biau don.
GAUTIERS.
Tu ris, ribaus, dont tu le dois.
BAUDONS.
Non fach.
[GAUTIERS.]
Huart, après.
HUARS.
Je vois.
Vés chi deus mars.
LI ROIS.
Vous le devés.
HUARS.
Or tout coi, point ne vous levés,
Car encore n'ai-je point ris.
GAUTIERS.
Que ch'est, Huart, est-chou estris?
Tu veus toudis estre batus.
Mau soiiés-vous ore venus!
Or le paies tost sans dangier.
HUARS.
Je le voil volentiers paier.
ROBINS.
Tenés, sains Coisnes. Est-che plais?
MARIONS.
Ho! singneur, chis jeus est trop lais:
En est, Perrete?
PERONNELE.
Il ne vaut nient,

GAUTIER.
Certes, c'est (de) droit.
HUART.
Marion, à toi!
MARION.
Qui le doit?
HUART.
Gautier le Têtu.
MARION.
Tenez, saint Coisne, beau doux sire.
HUART.
Dieu! comme elle se retient de rire! Qui va après? Perrette, allez.
PÉRONNELLE.
Beau sire saint Coisne, tenez, je vous apporte ce présent.
ROBINS.
Tu te passes et bel et bien. Allons, Huart, et vous, Baudon!
BAUDON.
Tenez, saint Coisne, ce beau don.
GAUTIER.
Tu ris, ribaut, donc tu le dois.
BAUDON.
Non pas.
[GAUTIER.]
Huart, après.
HUART.
Je vais. Voici deux marcs.
LE ROI.
Vous le devez.
HUART.
Maintenant (tenez-vous) tous cois, ne vous levez pas, car encore n'ai-je point ri.
GAUTIER.
Qu'est-ce, Huart, est-ce (une) dispute? tu veux toujours être battu. Maudits soyez-vous d'être venus. A cette heure, paie-le sans difficulté.
HUART.
Je le veux volontiers payer.
ROBIN.
Tenez, sains Coisne. Est-ce (une) querelle?
MARION.
Oh! seigneurs, ce jeu est trop laid: est-ce vrai, Perrette?
PÉRONNELLE.
Il ne vaut rien, et sachez qu'il convient

Et sachiés que bien apartient
Que fachons autres festeletes :
Nous sommes chi .ij. baisseletes,
Et vous estes entre vous .iiij.

GAUTIERS.

Faisons .j. pet pour nous esbatre,
Je n'i voi si bon.

ROBINS.

Fi! Gautier :
Savés si bel esbanoiier,
Que devant Marote m'amie
Avés dit si grant vilenie !
Dehait ait par mi le musel
A cui il plaist ne il est bel!
Or ne vous aviegne jamais.

GAUTIERS.

Je le lairai, pour avoir pais.

BAUDONS.

Or faisons .j. jeu.

HUARS.

Quel vieus-tu ?

BAUDONS.

Je vœil o Gautier le Testu
Jouer as rois et as roïnes*;
Et je ferai demandes fines,
Se vous me volés faire roy.

HUARS.

Nenil, sire, par saint Eloi !
Ains ira au nombre des mains.

GAUTIERS.

Certes, tu dis bien, biaus compains,
Et chieus qui chiet en .x. soit rois !

HUARS.

C'est bien de nous tous li otrois ;
Or chà ! metons nos mains ensanle.

BAUDONS.

Sont-eles bien, que vous en sanle ?
Liquiex commanchera ?

HUARS.

Gautiers.

GAUTIERS.

Je commencherai volentiers
Em preu.

bien que nous fassions d'autres jeux : nous sommes ici deux bachelettes, et vous êtes quatre.

GAUTIER.

Faisons un pet pour nous amuser, je ne vois rien de si bon.

ROBIN.

Fi! Gautier : vous savez si bien jouer que devant mon amie Marion vous avez dit une si grande vilenie ! Malheur ait par le museau à qui cela plaît ou est agréable ! Que cela ne vous arrive plus.

GAUTIER.

Je ne le ferai plus, pour avoir la paix.

BAUDON.

Maintenant faisons un jeu.

HUART.

Lequel veux-tu ?

BAUDON.

Je veux avec Gautier le Têtu jouer aux rois et aux reines ; et je ferai de belles demandes, si vous me voulez faire roi.

HUART.

Nenni, sire, par saint Éloi ! mais cela ira au nombre des mains.

GAUTIER.

Certes, tu dis bien, beau compagnon, et que celui qui en aura dix soit roi !

HUART.

C'est bien entendu de nous tous ; or çà ! mettons nos mains ensemble.

BAUDON.

Sont-elles bien, que vous en semble ?
Lequel commencera ?

HUART.

Gautier.

GAUTIER.

Je commencerai volontiers en premier.

---

*Nous lisons ce qui suit dans un opuscule de l'un de nos amis:«Quoi qu'il en soit, les cartes étaient en usage bien avant l'année 1392, à laquelle on a prétendu fixer leur invention : le synode de Worcester, en 1240, défend aux clercs les jeux déshonêtes, et entre autres celui du roi et de la reine (nec sustineant ludos fieri de Rege et Regina). L'Origine des cartes à jouer. Par Paul Lacroix (Jacob, bibliophile). Paris, Techener, décembre 1835, p. 5.

Ce passage, qui se trouve vol. I, p. 673, col. 2, des Concilia Magnæ Britanniæ et Hiberniæ, donnés par David Wilkins, paraît se rapporter au jeu dont il est ici question.

HUARS.
Et deus.
ROBINS.
Et trois.
BAUDONS.
Et quatre.
HUARS.
Conte après, Marot, sans debatre.
MARIONS.
Trop volentiers. Et .v.
PERONNELE.
Et .vi.
GAUTIERS.
Et .vij.
HUARS.
Et .viij.
ROBINS.
Et .ix.
BAUDONS.
Et .x.
Enhenc! biau seigneur, je sui rois.
GAUTIERS.
Par le mere Dieu! chou est drois;
Et nous tout, je cuit, le volons.
ROBINS.
Levons-le haut et couronons.
Ho! bien est.
HUARS.
Hé! Perrete, or donne
Par amours, en lieu de couronne,
Au roi ton capel de festus.
PERONNELE.
Tenés, rois.
LI ROIS.
Gautiers li Testus.
Venés à court; tantost venés.
GAUTIERS.
Volentiers, sire, commandés
Tel cose que je puisse faire,
Et qui ne soit à moi contraire;
[Mais que de ci ne me remu,
Ne ne bouch men doit u fu,]
Je le ferai tantost pour vous.
LI ROIS.
Di-moi, fu-tu onques jalous?
Et puis s'apelerai Robin.
GAUTIERS.
Oïl, sire, pour .j. mastin
Que j'oïs hurter l'autre fie

HUART.
Et deux.
ROBIN.
Et trois.
BAUDON.
Et quatre.
HUART.
Compte après, Marion, sans débat.
MARION.
Très volontiers. Et cinq.
PÉRONNELLE.
Et six.
GAUTIER.
Et sept.
HUART.
Et huit.
ROBIN.
Et neuf.
BAUDON.
Et dix. Hé, hé! beaux seigneurs, je suis roi.
GAUTIER.
Par la mère de Dieu! c'est (de) droit;
et nous tous, je pense, le voulons.
ROBIN.
Levons-le haut, et couronnons (-le). Ho! c'est bien.
HUART.
Hé! Perrette, donne par amitié, au lieu de couronne, au roi ton chapeau de paille.
PÉRONNELLE.
Tenez, roi.
LE ROI.
Gautier le Têtu, venez à la cour; venez tout de suite.
GAUTIER.
Volontiers, sire, commandez telle chose que je puisse faire, et qui ne me soit pas contraire; [pourvu que ce ne soit pas de m'en aller d'ici, ou de mettre mon doigt au feu,] je le ferai tout de suite pour vous.
LE ROI.
Dis-moi, fus-tu jamais jaloux? Et puis j'apellerai Robin.
GAUTIER.
Oui, sire, pour un mâtin que j'ouïs heurter l'autre fois à la porte de la chambre de

A l'uis de le cambre m'amie ;
Si en soupechonnai .j. home.

LI ROIS.

Or sus, Robin.

ROBINS.

Roi, walecomme !
Demande-moi che qu'il te plaist.

LI ROIS.

Robin, quant une beste naist,
A coi sès-tu qu'ele est femele ?

ROBINS.

Ceste demande est bonne et bele !

LI ROIS.

Dont i respon.

ROBINS.

Non ferai, voir ;
Mais se vous le volés savoir,
Sire rois, au cul li wardés.
El de mi vous n'enporterés.
Me cuidiés-vous chi faire honte ?

MARIONS.

Il a droit, voir.

LI ROIS.

A vous k'en monte ?

MARIONS.

Si fait ; car li demande est laide.

LI ROIS.

Marot, et je vœil qu'il souhaide
Son voloir.

ROBINS.

Je n'os, sire.

LI ROIS.

Non ?
Va, s'acole dont Marion
Si douchement que il li plaise.

MARIONS.

Auvar dou sot, s'il ne me baise !

ROBINS.

Certes, non fac.

MARIONS.

Vous en mentés :
Encore i pert-il, esgardés.
Je cuit que mors m'a ou visage.

ROBINS.

Je cuidai tenir .j. froumage,
Si te senti-je tenre et mole !
Vien avant, seur, et si m'acole
Par pais faisant.

mon amie ; je soupçonnai que c'était un
homme.

LE ROI.

Maintenant, à toi, Robin.

ROBIN.

Roi, sois le bienvenu ! demande-moi ce
qu'il te plaît.

LE ROI.

Robin, quant une bête naît, à quoi
connois-tu qu'elle est femelle ?

ROBIN.

Cette demande est bonne et belle !

LE ROI.

Réponds-y donc.

ROBIN.

Je ne le ferai pas, en vérité ; mais si vous
voulez le savoir, sire roi, regardez-lui au
c.l. Vous n'emporterez rien autre de moi.
Croyez-vous me faire honte ?

MARION.

Il a raison, en vérité.

LE ROI.

En quoi cela vous regarde-t-il ?

MARION.

Si fait ; car la demande est laide.

LE ROI.

Marion, je veux qu'il souhaite ce qu'il
veut.

ROBIN.

Je n'ose, sire.

LE ROI.

Non ? Va, embrasse donc Marion si doucement que cela lui plaise.

MARION.

Fi du sot, s'il ne me baise !

ROBIN

Certes, je ne le fais pas.

MARION.

Vous en mentez : il y paraît encore, regardez. Je crois qu'il m'a mordue au visage.

ROBIN.

Je pensai tenir un fromage, tant je te
sentis tendre et molle ! Viens avant, sœur,
et m'embrasse pour faire la paix.

MARIONS.
        Va, dyable sos ;
Tu poises autant comme .j. blos.
ROBINS.
Or, de par Dieu!
MARIONS.
        Vous vous courchiés !
Venés chà, si vous rapaisiés,
Biau sire, et je ne dirai plus ;
N'en soiés honteus ne confus.
LI ROIS.
Venés à court, Huart; venés.
HUARS.
Je vois, puis que vous le volés.
LI ROIS.
Or di, Huart, si t'aït Diex,
Quel viande tu aimes miex ?
Je sai bien se voir me diras.
HUARS.
Bon fons de porc, pesant et cras,
A le fort aillie de nois :
Certes, j'en mengai l'autre fois
Tant que j'en euch le menison.
BAUDONS.
Hé, Dieu! con faite venison !
Huars n'en diroit autre cose.
HUARS.
Perrete, alés à court.
PERRETE.
        Je n'ose.
BAUDONS.
Si feras, si, Perrete. Or di,
Par cele foi que tu dois mi,
Le plus grant joie c'ainc éusses
D'amours, en quel lieu que tu fusses.
Or di, et je t'escouterai.
PERRETE.
Sire, volentiers le dirai.
Par foi! chou est quant mes amis,
Qui en moi cuer et cors a mis,
Tient à moi as cans compaignie,
Lés mes brebis, sans vilenie,
Pluseurs fois, menu et souvent.
BAUDONS.
Sans plus?
PERRETE.
        Voire, voir.
HUARS.
        Ele ment.

MARION.
Va, diable sot; tu pèses autant qu'un bloc.
ROBIN.
Or, de par Dieu!
MARION.
Vous vous courroucez! Venez ici, et apaisez-vous, beau sire, et je ne dirai plus (rien); n'en soyez (ni) honteux ni confus.
LE ROI.
Venez à la cour, Huart; venez.
HUART.
J'y vais, puisque vous le voulez.
LE ROI.
Maintenant dis, Huart, que Dieu t'aide, quelle viande aimes-tu le mieux? Je sais bien si tu me diras la vérité.
HUART.
Un bon derrière de porc, pesant et gras, à la sauce à l'ail (et à l'huile) de noix : certes, j'en mangeai tant l'autre fois que j'en eus la diarrhée.
BAUDON.
Eh, Dieu! quelle venaison! Huart ne dirait pas autre chose.
HUART.
Perrette, allez à la cour.
PERRETTE.
Je n'ose.
BAUDON.
Si, Perrette, si. Maintenant dis, par la foi que tu me dois, quelle est la plus grande joie que tu aies jamais eue d'amour, en quel lieu que tu fusses. Maintenant parle, et je t'écouterai.
PERRETTE.
Sire, volontiers je le dirai. Par (ma) foi! c'est quand mon ami; qui a mis en mon pouvoir son cœur et son corps, me tient compagnie aux champs, près de mes brebis, sans vilenie, plusieurs fois, à fréquentes reprises et souvent.
BAUDON.
Sans plus?
PERRETTE.
En vérité, en vérité.
HUART.
Elle ment.

BAUDONS.
Par le saint* Dieu ! je t'en croi bien.
Marote, or sus ! vien à court, vien.

MAROTE.
Faites-moi dont demande bele.

BAUDONS.
Volentiers. Di-moi, Marotele,
Combien tu aimes Robinet,
Men cousin, che joli varlet.
Honnie soit qui mentira !

MARIONS.
Par foi ! je n'en mentirai jà.
Je l'aim, sire, d'amour si vraie
Que je n'aim tant brebis que j'aie,
Nis cheli qui a aignelé.

BAUDONS.
Par le saint Dieu ! c'est bien amé :
Je vœil qu'il soit de tous séu.

GAUTIERS.
Marote, il t'est trop meskéu :
Li leus emporte une brebis.

MAROTE.
Robin, ceur i tost, dous amis,
Anchois que li leus le mengüe.

ROBINS.
Gautier, prestés-moi vo machue,
Si verrés jà bacheler preu.
Hareu ! le leu ! le leu ! le leu !
Sui-je li plus caitis qui vive ?
Tien, Marote.

MAROTE.
Lasse, caitive !
Comme ele revient dolereuse !

ROBINS.
Mais esgar comme ele est croteuse.

MARIONS.
Et comment tiens-tu chele beste ?
Ele a le cul devers se teste.

ROBINS.
Ne puet caloir : ce fu de haste
Quant je le pris, Marote ; or taste
Par où li leus l'avoit aierse.

---

* Le chevalier Gauvain « se tret à une fenestre, et tent sa main vers un mostier qu'il voit, et si dit si haut que l'en l'ot par toute la sale : Essci m'aït Diex, fet-il, et suit saint que je n'entrerai jamès en la meson monseigneur le roi, à mon pooir, devant ce que ge aie le chevalier trové, si trové peut estre. »

BAUDON.
Par le saint de Dieu ! je t'en crois bien. Marion, allons ! viens à la cour, viens.

MARION.
Faites-moi donc (une) belle demande.

BAUDON.
Volontiers. Dis-moi, Marion, combien tu aimes Robin, mon cousin, ce joli garçon. Honnie soit qui mentira !

MARION.
Par (ma) foi ! je n'en mentirai pas. Je l'aime, sire, d'une amour si vraie, que je n'aime pas autant brebis que j'aie, même celle qui a fait des agneaux.

BAUDON.
Par le saint de Dieu ! c'est bien aimé : je veux que cela soit su de tous.

GAUTIER.
Marion, il t'est bien arrivé du malheur : le loup emporte une brebis.

MARION.
Robin, cours-y vite, doux ami, avant que le loup ne la mange.

ROBIN.
Gautier, prêtez-moi votre massue, et vous verrez un brave garçon. Haro ! le loup ! le loup ! le loup ! Suis-je le plus chétif qui vive ? Tiens, Marion.

MARION.
Hélas ! malheureuse ! comme elle revient en mauvais état !

ROBIN.
Mais regarde comme elle est crotteuse.

MARION.
Et comment tiens-tu cette bête ? Elle a le c.l vers sa tête.

ROBIN.
Cela ne peut rien faire : ce fut à la hâte que je la pris, Marion ; maintenant tâte par où le loup l'avait saisie.

Plus bas : « Mès par les sainz de cel mostier, si tent ses mains vers une chappele le roi, si vous me retenez outre mon gré, ge m'ocirai de mes deux mains, si tost comme je em porrai avoir ne leu ne aese. »

Lancelot du Lac.

GAUTIERS.
Mais esgar comme ele est chi perse.
MARIONS.
Gautier, que vous estes vilains!
ROBINS.
Marote, tenés-le en vos mains;
Mais wardés bien que ne vous morde.
MAROTE.
Non ferai, car ele est trop orde;
Mais laissié-le aler pasturer.
BAUDONS.
Sès-tu de quoi je vœil parler,
Robin? Se tu aimes autant
Marotain com tu fais sanlant,
Certes je le te loeroie
A prendre, se Gautiers l'otroie.
GAUTIERS.
Jou l'otri.
ROBINS.
Et jou le vœil bien.
BAUDONS.
Pren-le dont.
ROBINS.
Chà, est-che tout mien?
BAUDONS.
Oïl, nus ne t'en fera tort.
MAROTE.
Hé! Robin, que tu m'estrains fort!
Ne sès-tu faire belement?
BAUDONS.
C'est grans merveille qu'il ne prent
De ches deus gens Perrete envie.
PERRETE.
Cui? moi! je n'en sai nul en vie
Qui jamais éust de moi cure.
BAUDONS.
Si aroit si, par aventure,
Se tu l'osoies assaier.
PERRETE.
Ba! cui?
BAUDONS.
A moi ou à Gautier.
HUARS.
Mais à moi, très douche Perrote.
GAUTIERS.
Voire, sire, pour vo musete,
Tu n'as ou monde plus vaillant;
Mais j'ai au mains ronchi traiant,
Bon harnas et herche et carue,
Et si sui sires de no rue;

GAUTIER.
Mais regarde comme elle est ici bleue.
MARION.
Gautier, que vous êtes vilain!
ROBIN.
Marion, tenez-la en vos mains; mais prenez bien garde qu'elle ne vous morde.
MARION.
Je ne le ferai pas, car elle est trop malpropre; mais laissez-la aller pâturer.
BAUDON.
Sais-tu de quoi je veux parler, Robin? Si tu aimes autant Marion que tu en fais semblant, certes je te conseillerais de la prendre, si Gautier l'octroie.
GAUTIER.
Je l'octroie.
ROBIN.
Et je le veux bien.
BAUDON.
Prends-la donc.
ROBIN.
Çà, est-ce tout à moi?
BAUDON.
Oui, nul ne t'en fera tort.
MARION.
Hé! Robin, que tu me serres fort! Ne sais-tu faire doucement?
BAUDON.
C'est grande merveille qu'il ne prend à Perrette envie de ces deux personnes.
PERRETTE.
Qui? moi! je n'en connais nul en vie qui eût jamais souci de moi.
BAUDON.
Il y en aurait si, par aventure, tu l'osois essayer.
PERRETTE.
Bah! qui?
BAUDON.
Moi ou Gautier.
HUART.
Mais moi, très douce Perrette.
GAUTIER.
Vraiment, sire, pour la musette, tu n'as personne qui te vaille; mais j'ai au moins un bon cheval de trait, de bons harnais, une herse et une charrue, et je suis le seigneur de notre rue; j'ai robe longue et surcot tout

S'ai houche et sercot tout d'un drap ;
Et s'a ma mere .j. bon hanap
Qui m'escherra s'elle moroit,
Et une rente c'on li doit
De grain seur .j. molin à vent,
Et une vake qui nous rènt
Le jour assés lait et froumage :
N'a-il en moi bon mariage,
Dites, Perrete?

PERRETE.
Oïl, Gautier ;
Mais je n'oseroie acointier
Nului pour mon frere Guiot ;
Car vous et li, estes doi sot ;
S'en porroit tost venir bataille.

GAUTIERS.
Se tu ne me veus, ne m'en caille ;
Entendons à ces autres noches.

HUARS.
Di-moi, c'as-tu chi en ches boches?

PERONNELE.
Il i a pain, sel et cresson ;
Et tu, as-tu rien, Marion?

MARIONS.
Naie, voir, demande Robin,
Fors du froumage d'ui matin,
Et du pain qui nous demora,
Et des pumes qu'il m'aporta :
Vés-en chi, se vous en volés.

GAUTIERS.
Et qui veut deus gambons salés?

HUARS.
Où sont-il?

GAUTIERS.
Vés-les chi tous près.

PERONNELE.
Et jou ai deux froumages frès.

HUARS.
Di, de quoi sont-il?

PERONNELE.
De brebis.

ROBINS.
Seignor, et j'ai des pois rotis.

HUARS.
Cuides-tu par tant estre quites?

ROBINS.
Naie, encore ai-jou poumes quites
Marion, en veus-tu avoir?

MARIONS.
Nient plus?

d'un drap ; et ma mère a un bon hanap qu
m'échoiera si elle vient à mourir, et une
rente de pain qu'on lui doit sur un moulin
à vent, et une vache qui nous rend par jour
assez de lait et de fromage : n'y a-t-il pas en
moi bon mariage, dites, Perrette?

PERRETTE.
Oui, Gautier ; mais je n'oserais faire connaissance avec personne à cause de mon frère Guiot ; car vous et lui, vous êtes deux fous ; il pourrait en survenir bientôt bataille.

GAUTIER.
Si tu ne me veux pas, je m'en moque ; tournons notre attention sur ces autres noces.

HUART.
Dis-moi, qu'as-tu ici dans ces poches?

PÉRONNELLE.
Il y a pain, sel et cresson ; et toi, as-tu rien, Marion?

MARION.
Nenni, vraiment, demande à Robin, sinon du fromage de ce matin, et du pain qui nous resta, et des pommes qu'il m'apporta : en voici, si vous en voulez.

GAUTIER.
Et qui veut deux jambons salés?

HUART.
Où sont-ils?

GAUTIER.
Les voici tout près.

PÉRONNELLE.
Et j'ai deux fromages frais.

HUART.
Dis, de quoi sont-ils?

PÉRONNELLE.
De brebis.

ROBIN.
Seigneurs, et j'ai des pois rôtis.

HUART.
Penses-tu ainsi être quitte?

ROBIN.
Nenni, j'ai encore des pommes cuites :
Marion, en veux-tu avoir?

MARION.
Rien (de) plus?

[ROBINS.]
Si ai.
MARIONS.
Di-me dont voir
Que chou est que tu m'as gardé.
ROBINS.
† J'ai encore .j. tel pasté
Qui n'est mie de lasté,
Que nous mengerons, Marote,
Bec à bec, et moi et vous.
Chi me r'atendés, Marote,
Chi venrai parler à vous.
Marote, veus-tu plus de mi?
MARIONS.
Oïl, en non Dieu.
ROBINS.
Et jou te di
† Que jou ai un tel capon
Qui a gros et cras crepon,
Que nous mengerons, Marote,
Bec à bec, et moi et vous.
Chi me r'atendés, Marote,
Chi venrai parler à vous.
MAROTE.
Robin, revien dont tost à nous.
ROBINS.
Ma douche amie, volentiers.
Et vous, mengiés endementiers
Que g'irai : si ferés que sage.
MARIONS.
Robin, nous feriemmes outrage;
Saches que je te weil atendre.
ROBINS.
Non feras; mais fai chi estendre
Ten jupel en lieu de touaille,
Et si metés sus vo vitaille;
Car je revenrai, certes, lués.
WARNIERS.
Robin, où vas-tu?
ROBINS.
A Bailvés,
Chi devant, pour de le viande;
Car l'aval á feste trop grande.
Venras-tu avœc nous mengier?
WARNIERS.
On en feroit, je cuit, dangier.
ROBINS.
Non feroit nient.
WARNIERS.
Jou irai donques.

[ROBIN.]
Si.
MARION.
Dis-moi donc vraiment ce que c'est que tu m'as gardé.
ROBIN.
J'ai encore un pasté qui n'est pas de...., que nous mangerons, Marion, bec à bec, et moi et vous. Ici attendez-moi de nouveau, Marion, ici je viendrai vous parler. Marion, veux-tu davantage de moi?

MARION.
Oui, au nom de Dieu.
ROBIN.
Et je te dis que j'ai un tel chapon qui a gros et gras croupion, que nous mangerons, Marion, bec à bec, et moi et vous. Ici attendez-moi de nouveau, Marion, ici je viendrai vous parler.

MARION.
Robin, reviens donc vite à nous.
ROBIN.
Ma douce amie, volontiers. Et vous, mangez pendant que j'irai : vous agirez sagement.
MARION.
Robin, nous ferions outrage; saches que je te veux attendre.
ROBIN.
Non pas; mais fais ici étendre ton jupon au lieu de nappe, et mettez dessus vos vivres; car je reviendrai, certes, tout de suite.

WARNIER.
Robin, où vas-tu?
ROBIN.
A Bailvès, ici devant, pour (avoir) des vivres; car là-bas il y a très grande fête. Viendras-tu manger avec nous?

WARNIER.
On s'y opposerait, je crois.
ROBIN.
Non pas.
WARNIER.
J'y irai donc.

GUIOS.
Rogiaut!

ROGAUS.
Que?

GUIOS.
Or ne veistes onques
Plus grant deduit ne plus grant feste
Que j'ai véu.

ROGAUS.
Où?

GUIOS.
Vers Aiieste.
Par tans nouveles en aras :
Veu i ai trop biaus baras.

ROGAUS.
Et de cui?

GUIOS.
Tous de pastouriaus.
Acaté i ai ches bourriaus,
Avœcques m'amie Saret.

ROGAUS.
Guiot, or alons vir Maret
L'aval, s'i trouverons Wautier ;
Car j'oï dire qu'il vaut ier
Peronnele te sereur prendre,
Et ele n'i vaut pas entendre,
Si en éust parlé à ti.

GUIOS.
Point ne l'ara; car il bati,
L'autre semaine, .j. mien neveu,
Et je jurai et fis le veu
Que il seroit aussi bastus.

ROGAUS.
Guiot, tous sera abatus
Chis estris, se tu me veus croire;
Car Gautiers te donra à boire
A genous, par amendement.

GUIOS.
Je le vœil bien si faitement,
Puis que vous vous i assentés;
Vés-chi .ij. bons cornès, sentés,
Que j'ai acatés à le foire.

ROGAUS.
Guiot, vent-m'en .j. à tout boire.

GUIOT.
Rogaut!

ROGAUT.
Quoi?

GUIOT.
Vous ne vîtes jamais plus grand divertissement ni plus grande fête que (ce que) j'ai vu.

ROGAUT.
Où?

GUIOT.
Vers Ayette. Tu en auras tantôt des nouvelles : j'y ai vu de très beaux divertissemens.

ROGAUT.
Et de qui?

GUIOT.
Tous de pastoureaux. J'y ai acheté ce bureau*, avec mon amie Saret.

ROGAUT.
Guiot, allons voir Maret là-bas, nous y trouverons Wautier; car j'ouïs dire qu'il voulait hier prendre ta sœur Péronnelle, et elle ne voulut pas y consentir : elle t'en aurait parlé.

GUIOT.
Point ne l'aura; car il battit, l'autre semaine, un mien neveu, et je jurai et fis le vœu qu'il serait aussi battu.

ROGAUT.
Guiot, cette dispute sera finie, si tu me veux croire; car Gautier te donnera à boire à genoux, pour (te faire) amende (honorable).

GUIOT.
Je le veux bien ainsi, puisque vous le voulez. Voici deux cornets, sentez, que j'ai achetés à la foire.

ROGAUT.
Guiot, vends-m'en un à tout boire.

---

* Damon, ce grand auteur dont la muse fertile
Amusa si long-temps et la cour et la ville ;
Mais qui, n'étant vêtu que de simple *bureau*,
Passe l'été sans linge, et l'hiver sans manteau, etc.

BOILEAU, Satire I, vers 1.

GUIOS.
En non Dieu! Rogaut, non ferai;
Mais le meilleur vous presterai.
Prendés lequel que vous volés.

ROGAUS.
A! war que chis vient adolés,
Et qu'il vient petite aléure!

GUIOS.
C'est Warneres de le Couture;
Est-il sotement escourchiés!

WARNIERS.
Segneur, je sui trop courechiés.

GUIOS.
Comment?

WARNIERS.
Mehalès est agute,
M'amie, et s'a esté dechute;
Car on dist que ch'est de no prestre.

ROGAUS.
En non Dieu! Warnier, bien puet estre;
Car ele i aloit trop soüvent.

WARNIERS.
Hé, las! jou avoie en couvent
De li temprement espouser.

GUIOS.
Tu te puès bien trop dolouser,
Biaus très dous amis; ne te caille,
Car jà ne meteras maaille,
Que bien sai, à l'enfant warder.

ROGAUS.
A che doit-on bien resvarder,
Foi que je doi sainte Marie!

WARNIERS.
Certes, segneur, vo compaignie
Me fait metre jus men anoi.

GUIOS.
Or faisons un peu d'esbanoi
Entreus que nous atenderons
Robin.

WARNIERS.
En non Dieu! non ferons,
Car il vient chi les grans walos.

ROBINS.
Warnet, tu ne sès? Mehalos
Est hui agute de no prestre.

WARNIERS.
Hé! tout li diale i puissent estre!
Robert, comme avés maise geule!

GUIOT.
Au nom de Dieu! Rogaut, je n'en ferai rien; mais le meilleur vous prêterai. Prenez celui que vous voulez.

ROGAUT.
Ah! regarde comme celui-ci vient (d'un air) chagrin, et comme il marche lentement!

GUIOT.
C'est Warnier de la Couture; est-il sottement troussé!

WARNIER.
Seigneurs, je suis très-courroucé.

GUIOT.
Comment?

WARNIER.
Mehalès, mon amie, est accouchée, et elle a été trompée; car on dit que c'est notre prêtre qui est le père.

ROGAUT.
Au nom de Dieu! Warnier, ce peut bien être; car elle y allait trop souvent.

WARNIER.
Hélas! j'étais convenu de l'épouser promptement.

GUIOT.
Peut-être t'affliges-tu trop, beau très-doux ami; ne t'inquiète pas, car tu ne dépenseras pas une maille, je le sais bien, à garder l'enfant.

ROGAUT.
A cela doit-on bien regarder, (par la) foi que je dois à sainte Marie!

WARNIER.
Certes, seigneurs, votre compagnie me fait mettre de côté mon chagrin.

GUIOT.
Or divertissons-nous un peu pendant que nous attendrons Robin.

WARNIER.
Au nom de Dieu! nous n'en ferons rien, car il vient ici au grand galop.

ROBIN.
Warnier, tu ne sais pas? Mehalès est aujourd'hui accouchée d'un enfant dont notre prêtre est le père.

WARNIER.
Eh! que tous les diables y puissent être! Robert, comme vous avez mauvaise langue!

ROBINS.
Toudis a-ele esté trop veule,
Warnier, si m'aït Diex! et sote.

ROGAUS.
Robert, foi que devés Marote!
Metés ceste cose en delui.

ROBINS.
Je n'i parlerai plus de lui :
Alons-ent.

WARNIERS.
Alons.

ROGAUS.
Passe avant.

MARION.
Met ten jupel, Perrete, avant;
Aussi est-il plus blans du mien.

PERONNELE.
Certes, Marot, je le vœil bien,
Puis que vo volentés i est.
Tenés, veés-le chi tout prest;
Estendé-le où vous le volés.

HUARS.
Or chà! biau segnieur, aportés,
S'il vous plaist, vo viande chà.

PERONNELE.
Esgar, Marote; je voi là,
Che me samble, Robin venant.

MARIONS.
C'est mon, et si vient tout balant :
Que te sanle, est-il bons caitis?

PERONNELE.
Certes, Marot, il est faitis,
Et de faire vo gré se paine.

MARIONS.
A! war les corneurs qu'il amaine!

HUARS.
U sont-il?

GAUTIERS.
Vois-tu ches varlés
Qui là tienent ches .ij. cornés?

HUARS.
Par le saint Dieu! je les voi bien.

ROBINS.
Marote, je suis venus, tien :
Or di, m'aimes-tu de bon cuer?

MARIONS.
Oïl, voir.

ROBINS.
Très grant merchis, suer,
De che que tu ne t'en escuses.

ROBIN.
Elle a toujours été trop faible, Warnier,
Dieu m'aide! et sotte.

ROGAUT.
Robert, (par la) foi que devez à Marion!
mettez cette chose au néant.

ROBIN.
Je n'y parlerai plus de lui : allons-nous-en.

WARNIER.
Allons.

ROGAUT.
Passe devant.

MARION.
Mets ton jupon auparavant, Perrette;
aussi est-il plus blanc que le mien.

PÉRONNELLE.
Certes, Marion, je le veux bien, puisque votre volonté y est. Tenez, le voici tout prêt; étendez-le où vous le voulez.

HUART.
Or çà! beaux seigneurs, apportez, s'il vous plaît, vos vivres ici.

PÉRONNELLE.
Regarde, Marion; je vois là, ce me semble, Robin venant.

MARION.
C'est vrai, et il vient en dansant : que te semble, est-il bon diable?

PÉRONNELLE.
Certes, Marion, il est aimable, et il se donne de la peine pour faire votre volonté.

MARION.
Ah! regarde les corneurs qu'il amène!

HUART.
Où sont-ils?

GAUTIER.
Vois-tu ces garçons qui là tiennent ces deux cornets?

HUART.
Par le saint de Dieu! je les vois bien.

ROBIN.
Marion, je suis venu, tiens : maintenant, dis, m'aimes-tu de bon cœur?

MARION.
Oui, vraiment.

ROBIN.
Très-grand merci, sœur, de ce que tu ne t'en excuses.

MARIONS.
Hé! que sont-che là?

ROBINS.
Che sont muses
Que je pris à chele vilete :
Tien, esgar con bele cosete!
Or faisons tost feste de nous.

ROGAUS.
Wautier, or te met à genous
Devant Guiot premierement;
Et si li fai amendement
De chou que sen neveu batis;
Car il s'estoit ore aatis
Que il te feroit asousfrir.

GAUTIERS.
Volés que je li voise offrir
A boire?

ROGAUS.
Oïl.

GAUTIERS.
Guiot, buvés.

GUIOS.
Gautier, levés-vous sus, levés ;
Je vous pardoins tout le meffait
C'à mi ni as miens avés fait,
Et vœil que nous soions ami.

PERONNELE.
Guyot, frere, parole à mi ;
Vien te chà sir, si te repose :
Que m'aportes-tu?

GUIOS.
Nul cose ;
Mais t'aras bel jouel demain.

MARIONS.
Robin, dous amis, chà te main
Par amours, et si te sié chà,
Et chil compaignon seront là.

ROBINS.
Volentiers, bele amie chiere.

MARIONS.
Or faisons trestout bele chiere :
Tien che morsel, biaus amis dous.
Hé! Gautier, à quoi pensés-vous?

GAUTIERS.
Certes, je pensoie à Robin ;
Car se nous ne fuissons cousin,
Je t'éusse amée sans faille ;
Car tu es de trop bonne taille.
Baudon, esgar quel cors chi a.

MARION.
Eh! qu'est-ce que cela?

ROBIN.
Ce sont des musettes que j'ai prises à ce petit village ; tiens, regarde quelle belle petite chose ! maintenant amusons-nous.

ROGAUT.
Wautier, à présent mets-toi à genoux devant Guiot d'abord ; et fais-lui amende honorable de ce que tu battis son neveu ; car il s'était promis qu'il te le ferait payer.

GAUTIER.
Voulez-vous que j'aille lui offrir à boire?

ROGAUT.
Oui.

GAUTIER.
Guiot, buvez.

GUIOT.
Gautier, levez-vous, levez-vous ; je vous pardonne tout le méfait dont vous vous êtes rendu coupable envers moi et les miens, et je veux que nous soyons amis.

PÉRONNELLE.
Guiot, frère, parle-moi ; viens t'asseoir ici et repose-toi : que m'apportes-tu?

GUIOT.
Rien ; mais tu auras un beau joyau demain.

MARION.
Robin, doux ami, donne ta main par amour, et assieds-toi ici, et ces compagnons seront là.

ROBIN.
Volontiers, belle amie chère.

MARION.
Maintenant faisons tous belle chère : tiens ce morceau, bel ami doux. Eh! Gautier, à quoi pensez-vous?

GAUTIER.
Certes, je pensais à Robin ; car si nous n'étions cousins, je t'aurais aimée sans y manquer ; car tu es de très-bonne taille. Baudon, regarde quel corps il y a ici.

ROBINS.
Gautier, ostés vo main de là;
Et n'est-che mie vo amie.

GAUTIERS.
En es-tu jà en jalousie?

ROBINS.
Oïl, voir.

MARIONS.
Robin, ne te doute.

ROBINS.
Encore voi-je qu'il te boute.

MARIONS.
Gautier, par amours, tenés cois;
Je n'ai cure de vo gabois;
Mais entendés à nostre feste.

GAUTIERS.
Je sai trop bien canter de geste*;
Me volés-vous oïr canter?

ROBIN.
Gautier, ôtez votre main de là; ce n'est pas votre amie.

GAUTIER.
En es-tu déjà jaloux?

ROBIN.
Oui, vraiment.

MARION.
Robin, ne crains rien.

ROBIN.
Je vois encore qu'il te pousse.

MARION.
Gautier, par amour, tenez-vous coi; je n'ai cure de vos badinages; mais tournez votre attention à notre fête.

GAUTIER.
Je sais très-bien chanter des chansons de geste; me voulez-vous ouïr chanter?

---

* La chanson de geste (*de gestis*), ou poëme plus ou moins long, composé en langue vulgaire et destiné à retracer les aventures des héros de l'antiquité ou du moyen-âge, me paraît aussi ancienne que la monarchie, et n'être arrivée qu'après plusieurs révolutions à la forme qu'elle prit dans les XIIe et XIIIe siècles. Voici comment s'exprime Raoul Tortaire, moine de Fleury-sur-Loire, qui vivait sur la fin du XIe siècle : « Tanta vero erat illis (confederatis de vicinæ partibus Burgundiæ adversus Castellionenses) securitas confidentibus in sua multitudine, et tanta arrogantia de robore et aptitudine suæ juventutis, ut scurram se præcedere facerent, qui musico instrumento res fortiter gestas et priorum bella præcineret : quatinus his acrius imitarentur ad ea peragenda, quæ maligno conceperant. » *Ex Miraculis S. Benedicti abbatis.* (*Recueil des Historiens des Gaules et de la France*, t. XI, p. 489, D.) C'est environ à cette époque (1066) que *Taillefer, ki mult bien cantout*, précédait à Hastings l'armée de Guillaume-le-Conquérant :

Sor un cheval ki tost alout,
Devant li dus alout cantant
De Karlemaine et de Rolant
E d'Oliver et des vassals
Ki morurent en Renchevals.

(*Le Roman de Rou*, tome II, p. 214, v. 13149.)

Il existe bien de courts poëmes historiques dans la forme de nos chansons d'aujourd'hui; mais nous ne pensons pas qu'on leur ait jamais donné le nom de chansons de geste. Nous croyons devoir publier ici, comme échantillon, la suivante, qui est inédite :

De la procession
Au bon abbé Poinçon
Me covient à chanter.
Hons de religion
Ne fist mais tel pardon
Par son païs aler :
Tout a fait agaster
Et tout mis à charbon;
S'il ne fust si proudom
Il ne l'osast panser.

De la procession
La croiz et le baston
Ont chargié Guienot,
Qui ot à compaignon
Gauterot de Greingnon,
Ranfroi et Denisot
Et maint autre vallot
Et maint vilain felon;
Jusqu'ou val de Suson
N'ont laissié Chacelot.

Jehanz de Trichastel
I vint et bien et bel
A la procession,
Avec lui maint donzel
Qui portent penoncel,
Le conte de Chalon,
La moiche et le brandon :
N'i quiert autre joel,
Ne veincra mais cembel
A Roins ne à Loon.

BAUDONS.

Oïl.

GAUTIERS.

Fai-moi dont escouter :
† Audigier, dist Raimberge, bouse vous di *....

Li Loichars de Preingei
Vint devers Pelerey,
Par mi vile Murui.
Nostre abbés li mandey
Que destruisist le rey,
Et si nou lessest mi ;
Et il a tout saisi
Jusques vers Pelerey,
Ne Fraignoy ne Poncey
Ne mist pas en obli.

Par devers Duymois
Vint Girars li cortois
Plus blans que flors de lis,
Avec lui ses Irois ;
Très ci qu'en Digenois
Ont gasté le païs :
N'i laissent, ce m'est vis,
Orge, froment ne pois ;
Chargiez .vii.xx. chamois
En ont devers aus mis.

Sanz les bués viennois,
Dont il ont cent et .iij.,
Chargiez lor accersis
Qu'il moinnent en Ausois ;
Il ne 's rendront des mois,
Qu'il ne l'ont pas apris.
Girars torna son vis
Par devers .i. marois ;
Se ne fust Uesmois,
Beligney fust maumis.

Girars s'est bien garniz
De portes, de postiz
Por fermer sa maison :
N'i covient plaisséiz
Ne autre rolléiz
Se de viez marrien non.
Or li doint Dex moisson !
D'arches est bien garniz.
Fox est qu'au viel oison
*Enseingne le pasquiz.

Li filz au bon Hugon
D'Aceaus prés de Noiron
Seit bien terre gaster :
N'i a laissié mouton,
Geline ne chapon
Qu'i ne face tuer.

BAUDON.

Oui.

GAUTIER.

Faites-moi donc écouter :
Audigier, dit Raimberge, bouse vous dis...

Nuns ne l'en doit blamer
Qui entende raison ;
Car filz d'esmerillon
Doit par droit oiseler.

(Manuscrit de la Bibliothèque Royale, fonds de Cangé nº 66, folio 45 recto, col. 2.)

Le passage suivant nous confirme dans l'opinion que les chansons de geste ne se rapportaien qu'aux grands poëmes héroïques :

Cesar l'empereres de Rome
Ne tuit li roi que l'en vous nomme
En diz et en chançons de geste,
Ne dona tant à une feste
Comme li rois argent dona.

(*Roman d'Erec et d'Enide*, manuscrit de la Bibliothèque Royale nº 7498/4, fonds de Cangé nº 26, fol. antépénultième, col. 2, v. 18.)

Nous pourrions de beaucoup étendre cette note ; mais nous préférons renvoyer aux articles que notre ami Ferdinand Wolf, de Vienne, a consacrés à quelques-unes de nos publications dans le *Jahrbücher für wissenschaftliche Kritik*, Juni 1837, nos 116 et 117, col. 928-933.

* Le passage dont Gautier commence le *récitatif* est tiré du fabliau d'*Audigier*, pièce cynique et ordurière, publiée dans le recueil de Barbasan, tome IV, page 227. Le vers que Gautier chante est le 321e ; il l'altère en le citant. Il aurait dû dire *Grinberge*, au lieu de *Rainberge*, qui est le nom de la mère d'Audigier, tandis que Grinberge est une espèce de *Maritorne*, qui, après avoir vaincu Audigier, lui rend la liberté à des conditions que notre plume ne pourrait tracer. La délicatesse de nos bergers du vieux temps en est choquée, et Robin, qui déjà, par égard pour Marion, avait imposé silence à Gautier (v. 468, p. 120), se voit de nouveau dans la nécessité de l'empêcher de continuer son scandaleux récit.

L.-J.-N. M.

Nous ajouterons que ce vers est en musique ; or, comme cette pièce est une parodie des chansons de geste, cette circonstance prouve d'une

ROBINS.
Ho! Gautier, je n'en vœil plus; fi!
Dites, serés-vous tous jours teus?
Vous estes uns ors menestreus.

GAUTIERS.
En mal éure gabe chis sos,
Qui me va blamant mes biaus mos :
N'est-che mie bonne canchon?

ROBINS.
Nennil, voir.

PERRETE.
Par amours faisons
Le tresque, et Robins le menra,
S'il veut, et Huars musera,
Et chil doi autre corneront.

MARIONS.
Or ostons tost ches choses dont :
Par amour, Robin, or le maine.

ROBINS.
Hé, Dieus ! que tu me fais de paine !

MARIONS.
Or fai, dous amis, je t'acole.

ROBINS.
Et tu verras passer d'escole,
Pour chou que tu m'as acolé ;
Mais nous arons anchois balé
Entre nous deus qui bien balons.

MARIONS.
Soit, puisqu'il te plaist ; or alons,
Et si tien le main au costé.
Dieu ! Robin, con c'est bien balé !

ROBINS.
Est-che bien balé, Marotele?

MARIONS.
Certes, tous li cuers me sautele
Que je te voi si bien baler.

ROBINS.
Or vœil-jou le treske mener.

MARIONS.
Voire, pour Dieu, mes amis dous.

ROBINS.
Or sus, biau segnieur, levés-vous ;

ROBIN.
Oh! Gautier, je n'en veux plus; fi! Dite serez-vous toujours tel? vous êtes un sal menestrel.

GAUTIER.
Ce fou plaisante mal à propos en me blâmant de mes belles paroles : n'est-ce pa bonne chanson?

ROBIN.
Nenni, vraiment.

PERRETTE.
Par amour faisons la tresse, et Robin l mènera, s'il veut, et Huart jouera de la mu sette, et ces deux autres du cornet.

MARION.
Or donc ôtons vite ces choses : par amour Robin, mène maintenant la tresse.

ROBIN.
Oh, Dieu! que tu me fais de peine !

MARION.
Maintenant fais-le, doux ami, je t'embrasse.

ROBIN.
Et tu (me) verras passer maître, par cela que tu m'as embrassé ; mais nous aurons auparavant dansé, nous deux qui dansons bien.

MARION.
Soit, puisqu'il te plaît; maintenant allons, et tiens la main au côté. Dieu ! Robin, comme c'est bien dansé !

ROBIN.
Est-ce bien dansé, petite Marion?

MARION.
Certes, tout le cœur me sautille quand je te vois si bien danser.

ROBIN.
Maintenant je veux mener la tresse.

MARION.
(Oui) vraiment, pour (l'amour de) Dieu, mon doux ami.

ROBIN.
A présent, beaux seigneurs, levez-vous,

---

manière incontestable que les chansons de geste se chantaient, bien qu'il n'existe, à notre connais- sance, aucun manuscrit dans lequel la notation musicale ait été conservée.

F. M.

Si vous tenés; g'irai devant.
Marote, preste-moi ton gant;
S'irai de plus grant volenté.
PERONNELE.
Dieu! Robin, que ch'est bien alé!
Tu dois de tous avoir le los.
ROBINS.
† Venés après moi; venés le sentele,
Le sentele, le sentele lès le bos.

et tenez-vous; j'irai devant. Marion, prête-moi ton gant; j'irai de meilleure volonté.
PÉRONNELLE.
Dieu! Robin, que c'est bien allé! tu dois avoir des louanges de tous.
ROBIN.
Venez après moi; venez par le sentier, le sentier, le sentier, près du bois.

FIN DU JEU DE ROBIN ET DE MARION.

F. M.

LE MIRACLE DE THÉOPHILE*.

NOTICE.

Le sujet de ce miracle est l'apostasie, puis le repentir de Théophile, vidame (οἰκονόμος, *vice dominus*) de l'église d'Adana, dans la Cilicie** deuxième ou Trachée, vers l'an de Jésus-Christ 538; lequel, pour rentrer dans sa charge, dont il avait été dépouillé par son évêque, s'était donné au diable.

L'histoire de Théophile, d'abord écrite en grec par Eutychianus, son disciple, qui dit avoir été témoin oculaire d'une partie des faits qu'il rapporte et avoir appris les autres de la propre bouche de son maître***, a été traduite en prose latine par Paul, diacre de Naples*. Il y en a aussi une ancienne traduction latine par Gentianus Hervetus, publiée dans le tome V des Vies des Saints Pères d'Aloysius Lipomanus, puis par Laurent Surius, d'après Siméon-le-Métaphraste, qui avait joint l'Histoire de la Pénitence de Théophile, écrite par Eutychianus, aux autres vies de saints qu'il a recueillies.

Dans le dixième siècle, Roswitha, nonne du monastère de Gandersheim en Saxe, composa un poëme latin sur la faute de Théophile et sur sa pénitence**. Dans le siècle suivant, l'histoire du vidame d'Adana fut mise en vers hexamètres par un écrivain

---

* Nous n'avons pas donné de détails sur la vie du trouvère Rutebeuf, son auteur, pour laisser à M. Jubinal l'honneur des recherches qu'il a faites sur ce sujet.

Ce littérateur vient de publier le *Miracle de Théophile* que nous avions mis sous presse chez Pinard, en 1832, et que, sur sa prière, nous retirâmes de chez l'imprimeur. M. Jubinal ayant déjà transcrit le Miracle, n'accepta de nous que notre préface, et la copie du conte de Gautier de Coinsi, exécutée d'après tous les manuscrits.

** Et non sénéchal de l'évêque de Sicile, comme le dit le Grand d'Aussy, cité plus loin.

*** Cette relation se trouve dans le manuscrit grec de la Bibliothèque Royale, fonds de Saint-Germain-des-Prés n° CCLXXXIII, *olim* LXX, folio 284-291; et dans le manuscrit historique grec de la Bibliothèque impériale de Vienne n° XI, folio 37 recto, col. 1-45 recto, col. 1. Voyez Pierre Lambeck, *Commentariorum de augustissimá bibliothecá Cæsareá Vindobonensi Liber octavus*, ed. Ad. Franc. Kollar. Vindobonæ, CIƆ IƆCC LXXII, in-folio, col. 156, D; et Fabricius, *Bibliotheca Græca*, édition de Harles, vol. X, Hambourg, A. C. MDCCCVII, in-4°, lib. V, cap. XXIX, p. 339.

* Lamb., col. 159, C; Fabricius, *Bibliotheca Latina medii ævi*, édition de Padoue, 1754, in-4°, t. V, p. 209; *Acta Sanctorum*, tomo primo mensis februarii, die quarto, p. 480-491, etc.

** *Opera Hrosvitæ illustris virginis et monialis Germane gente saxonica orte nuper a Conrado Celte inventa.* Impressum Norunbergæ sub privilegio sodalitatis celticæ a senatu Rhomani imperii impetrato. Anno Christi quingentesimo primo supra millesimum. In-folio, feuille signée g iii.—Id. curâ et studio Henrici Leonardi Schvrzfleischii. Vitembergæ Saxonvm, apud Christianvm Schrödtervm, Acad. Typogr. Anno 1707, in-4°, p. 132-145.

qu'on croit être Marbode, évêque de Rennes[*]; enfin elle fut rimée en français, dans le XIIIe siècle, par Gautier de Coinsi, d'abord moine de Saint-Médard de Soissons, ensuite prieur de Vis-sur-Aisne, où il mourut en 1236[**].

L'histoire abrégée de Théophile était contenue dans le lectionnaire manuscrit de l'église de Saint-Omer, parmi les leçons qu'on lit à matines le septième jour de l'octave de la nativité de la vierge Marie. Zacharias Lippelous donne aussi, au IV février, un autre résumé de cette histoire; c'est un abrégé de la version de Gentianus Hervetus; enfin, Vincent de Beauvais rapporte également un récit du même fait d'après le *Marialis* de Sigebert[***].

Le *Miracle de Théophile*, qui n'est autre chose que cette histoire dramatisée, a pour auteur Rutebeuf, l'un des plus célèbres trouvères du XIIIe siècle, « tant pour l'invention que pour le style et le nombre des pièces qu'il a composées[****]. » Il se lit dans le manuscrit de la Bibliothèque Royale n° 7218, ancien fonds du Roi, folio 298 verso, col. 1;

et non, quoi qu'en dise M. de Roquefort[*], dans le manuscrit du même dépôt n° 6937, qui ne contient que le quatrième volume du *Miroir historial* de Vincent de Beauvais, traduit par Jehan de Vignay[**]. Cet ouvrage de Rutebeuf a été analysé par le Grand d'Aussy[***].

L'histoire de Théophile était populaire au moyen-âge: saint Bernard, dans son sermon *Signum magnum*, sur les paroles de l'Apocalypse; saint Bonaventure, dans son Miroir de la sainte Vierge, neuvième leçon; Albert-le-Grand, dans sa Bible de la sainte Vierge, chapitre IX, et d'autres auteurs dont le détail se trouve dans la collection des Bollandistes, volume cité, p. 483, col. 1, n° 10, parlent de la pénitence de ce saint.

Elle était surtout très répandue en France dès le XIIIe siècle, comme le prouvent les passages suivans:

> Sainte Marie Magdelainne
> Fu ensi de ses pechiés sainne;
> Au dyable fu retolus
> Par repentir Theophilus[****].

> Douche mere Diu, ki sauvas
> Theophylu et confortas,
> Oevre-li l'uis de paradys[*****].

---

[*] *Venerabilis Hildeberti primo cenomanensis episcopi, deinde turonensis archiepiscopi opera*, etc. Labore et studio D. Antonii Beaugendre. Parisiis, apud Laurentium le Conte, M DCC VIII, in-folio, pag. 1507-1515.

[**] Manuscrits de la Bibliothèque Royale n° 7583, folio 42 recto, col. 1; fonds de Notre-Dame n° 195, folio 9 recto, col. 1; manuscrit du fonds de Saint-Germain-des-Prés n° 1672, folio 117 recto; manuscrit du fonds de la Vallière n° 85, *olim* 2710, fol. 13 recto, col. 2; et manuscrit de l'Arsenal, belles-lettres françaises, in-fol., n° 325, fol. 106 recto, col. 1, etc.

L'analyse de ce conte a été donnée d'une manière détaillée par M. Dominique Maillet, dans ses *Description, Notices et Extraits des manuscrits de la Bibliothèque publique de Rennes*. Rennes, de l'imprimerie d'Amb. Jausions, 1837, in-8°, p. 127-131. Le manuscrit dont il s'est servi appartient à la bibliothèque de cette ville et y porte le n° 147: le poëme en forme le treizième article.

[***] *Speculum historiale*, édition de Douai, 1624, in-folio, livre XXI, chapitres 69 et 70.

[****] *Glossaire de la langue romane*, par M. de Roquefort, t. II, p. 769, col. 2 et suiv.

[*] *De l'État de la Poésie françoise dans les XIIe et XIIIe siècles*. Paris, Audin, 1821, in-8°, p. 262, note 4.

[**] Le manuscrit 6987, que M. Roquefort a eu probablement en vue, contient la vie de Théophile, rimée par Gautier de Coinsi. Elle commence au folio 310 recto, col. 1.

[***] *Fabliaux ou Contes du XIIe et du XIIIe siècle*. Paris, Eugène Onfroy, 1779, in-8°, t. I, pag. 333-338. — Édition de Renouard, tome II, p. 180-184.

[****] *Roman de Mahomet*, par Alexandre du Pont. Paris, chez Silvestre, 1831, in-8°, p. 68, v. 1681 et suivans.

[*****] *De Engerran, vesque de Cambrai ki fu*. Manuscrit de la Bibliothèque Royale n° 7595, folio CLXI verso, colonne 1, vers 9. Ce petit poëme, indiqué dans les préliminaires du *Roman de la Violette*, a été depuis publié par M. Edward le Glay, sous ce titre: *Complainte ou élégie romane sur la mort d'Enguerrand de Créqui, évêque de Cambrai*. Paris, Techener, M DCC XXXIV, in-8°.

Tu es à tout le mont une seule esperance,
En toi doivent avoir pecheour grant fiance,
Par cui Theophilus trouva sa delivrance,
Qui és mauvais d'enfer avoit mis sa creance *.

Ha! Dame, se grace trouva
En vous le clerc Theophilus **.

A vostre filz dictes que je suis sienne,
De luy soient mes pechez aboluz,
Qu'il me pardonne comme à l'Egyptienne
Ou comme il feit au clerc Theophilus,
Lequel par vous fut quitte et absoluz,
Combien qu'il eust au diable faict promesse ***.

L'histoire de Théophile n'était pas moins en faveur chez les artistes chrétiens que chez les rimeurs du moyen-âge : on la trouve sculptée deux fois à Notre-Dame de Paris, l'une au portail du nord, l'autre contre le mur du nord au rond-point; elle est peinte dans la cathédrale de Laon sur une verrière du chevet, en dix-huit sujets inscrits chacun dans un médaillon ; on la voit encore dans Saint-Pierre de Troyes, sur un vitrail du chœur, et dans l'église de Saint-Julien du Mans, également sur un vitrail du chœur.

---

* *C'est uns Salus de Nostre-Dame.* Manuscrit de la Bibliothèque de l'Arsenal, belles-lettres françaises, n° 175, in-folio, fol. 299 verso, col. 2, ligne 34.

** *.i. Miracle de Nostre-Dame, de l'empereur Julien que saint Mercure tua du commandement Nostre-Dame,* etc. Manuscrit de Cangé, conservé maintenant à la Bibliothèque Royale, dans le fonds de ce nom, sous le n° 13 ; et dans celui du Roi sous le n° 7208-4-A, folio 138 recto, col. 2, ligne 11.

*** *Ballade VI, que Villon feit à la requeste de sa mere, pour prier Nostre-Dame,* dans le *Grand Testament,* vers 883.

Il est peut-être à propos de faire observer ici que la verrière de Laon donne sur l'histoire de Théophile des détails de plus que ne contiennent les textes *.

La *Repentance* et la *Priere Theophilus,* fragmens du Miracle composé par Rutebeuf, se retrouvent détachés dans le manuscrit de la Bibliothèque Royale n° 7633, folio 83 recto, col. 2, et folio 84 recto, col. 1 : c'est ce qui a fait croire à M. de Roquefort ** que ces deux pièces étaient totalement étrangères au Miracle. Nous ajouterons que les manuscrits de la Bibliothèque Royale n° 7218, folio 191 verso, col. 2; et supplément français n° 428, folio 78 recto, col. 1 ; et celui de la Bibliothèque de l'Arsenal, belles-lettres françaises, in-folio, n° 175, folio 300 recto, col. 1, renferment une *Priere de Theophilus,* sans nom d'auteur, et qui ne ressemble en rien à celle dont nous avons parlé plus haut ***.

F. M.

---

* Nous devons une partie de ces renseignemens à notre ami M. Didron, secrétaire du comité des arts, au ministère de l'instruction publique.

** *Glossaire de la langue romane,* tome II, p. 770, colonne 2, n°ˢ 55 et 56.

*** Dans le manuscrit de la Bibliothèque Royale n° 7583, folio 262 verso, col. 2, cette pièce, qui commence par ce vers :

« Genme resplendissant, pucele glorieuse, »

porte cette rubrique en tête : « *C'est la Proiere Theophilus, que le bon prieur de Vi fist.* »

Cette notice, mais bien moins complète, se trouvait déjà dans la note 1, page 68, du *Roman de Mahomet,* déjà cité.

LE MIRACLE DE THEOPHILE.

NOMS DES PERSONNAGES.

NOSTRE-DAME.
LI EVESQUES.
THEOPHILES.
SATHAN appelé aussi
LI DEABLES.

SALATINS, sorcier.
PINCEGUERRE, serviteur de
l'Évêque.
PIERRE et THOMAS, compagnons
de Théophile.

CI COMMENCE

LE

MIRACLE DE THEOPHILE.

ICI COMMENCE

LE

MIRACLE DE THÉOPHILE.

THEOPHILES.

Ahi! ahi! Diex, rois de gloire,
Tant vos ai éu en memoire,
Tout ai doné et despendu,
Et tout ai aus povres tendu,
Ne m'est remez vaillant un sac.
Bien m'a dit li evesque : « Eschac, »
Et m'a rendu maté en l'angle ;
Sanz avoir m'a lessié tout sangle.
Or m'estuet-il morir de faim,
Se je n'envoi ma robe au pain.
Et ma mesnie, que fera ?
Ne sai se Diex les pestera.
Diex ! oïl ? qu'en a-il à fere ?
En autre lieu les covient trere,
Ou il me fet l'oreille sorde,
Qu'il n'a cure de ma falorde ;
Et je li referai la moe.
Honiz soit qui de lui se loe !
N'est riens con por avoir ne face ;
Ne pris riens Dieu ne sa manace.
Irai me je noier ou pendre ?

THÉOPHILE.

Ahi! ahi! Dieu, roi de gloire, je vous ai tant eu en mémoire (j'ai tout donné et dépensé, et j'ai tout tendu aux pauvres) qu'il ne m'est resté la valeur d'un sac. L'évêque m'a bien dit: « Echec, » et m'a rendu maté en l'angle* ; il m'a laissé tout nu sans avoir. Maintenant il me faut mourir de faim, si je n'envoie ma robe (à l'usurier) pour avoir du pain. Et mes gens, que feront-ils ? Je ne sais si Dieu les nourrira. Dieu ! oui ? qu'en a-t-il à faire ? Il leur faut aller ailleurs, ou il me fait sourde oreille, car il n'a cure de mes maux ; à mon tour je lui ferai la moue. Honni soit qui de lui se loue ! Il n'est rien que pour avoir je ne fasse ; je ne prise ni Dieu ni ses menaces. M'irai-je noyer ou pendre ? Je ne puis pas m'en prendre à Dieu, car on ne peut arriver à lui. Ah ! celui qui maintenant le pourrait tenir et le bien bat-

* Expression tirée du jeu des échecs.

Je ne m'en puis pas à Dieu prendre,
C'on ne puet à lui avenir.
Ha! qui or le porroit tenir
Et bien batre à la retornée
Moult auroit fet bone jornée;
Mès il s'est en si haut leu mis,
Por eschiver ses anemis,
C'on n'i puet trere ne lancier.
Se or pooie à lui tancier
Et combattre et escremir,
La char li feroie frémir.
Or est là sus en son solaz;
Laz! chetis! et je sui ès laz
De Povreté et de Soufrete.
Or est bien ma viele frete,
Or dira l'en que je rasote :
De ce sera mès la riote.
Je n'oserai nului veoir,
Entre gent ne devrai seoir;
Que l'en m'i mousterroit au doi.
Or ne sai-je que fere doi.
Or m'a bien Diex servi de guile.

(Ici vient Theophiles à Salatin, qui parloit au deable quant il voloit.)

[SALATINS.]
Qu'est-ce? Qu'avez-vous, Theophile?
Por le grant Dé! quel mautalent
Vous a fet estre si dolent?
Vous soliiez si joiant estre.

THEOPHILE parole.
C'on m'apeloit seignor et mestre
De cest païs, ce sez-tu bien;
Or ne me lesse-on nule rien.
S'en sui plus dolenz, Salatin,
Quar en françois ne en latin
Ne finai onques de proier
Celui c'or me veut asproier,
Et qui me fèt lessier si monde
Qu'il ne m'est remez riens el monde.
Or n'est nule chose si fiere
Ne de si diverse maniere
Que volenters ne la féisse
Par tel qu'à m'onor revenisse.
Li perdres m'est honte et domage.

Ici parole SALATINS.
Biau sire, vous dites que sages;
Quar qui a apris la richece
Moult i a dolor et destrece
Quant l'en chiet en autrui dangier

tre en retour, il aurait fait une très-bonne journée; mais il s'est mis en si haut lieu, pour esquiver ses ennemis, qu'on ne peut y tirer ou y lancer. Si maintenant je pouvais me quereller, combattre et m'escrimer avec lui, je lui ferais frémir la chair. A cette heure, il est là-haut dans sa béatitude; (et moi) malheureux! chétif! je suis dans les filets de Pauvreté et de Souffrance. A présent ma vielle est bien brisée, à présent dira-t-on que je deviens fou : ce sera le bruit public. Je n'oserai voir personne, je ne devrai m'asseoir parmi les gens; car l'on m'y montrerait au doigt. Maintenant je ne sais ce que je dois faire. Dieu m'a bien servi (un plat) de fourberie.

(Ici vient Théophile à Salatin, qui parlait au diable quand il voulait.)

[SALATIN.]
Qu'est-ce? Qu'avez-vous, Théophile? Pour le grand Dieu! quelle colère vous a fait être si plaintif? Vous aviez coutume d'être si joyeux.

THÉOPHILE parle.
Parce qu'on m'appelait seigneur et maître de ce pays, ce sais-tu bien; maintenant on ne me laisse nulle chose. J'en suis d'autant plus chagrin, Salatin, que ni en français ni en latin je ne cessai jamais de prier celui qui à cette heure me veut traiter avec âpreté, et qui me fait laisser si nu qu'il ne m'est rien resté au monde. Or il n'est chose si horrible et si différente de mes habitudes que je ne fisse volontiers pour rentrer dans ma charge. La perdre m'est honte et dommage.

Ici parle SALATIN.
Beau sire, vous parlez sagement; car pour celui qui a goûté de la richesse, il y a beaucoup de douleur et de détresse quand il tombe sous le pouvoir d'autrui pour (ga-

Por son boivre et por son mengier :
Trop i covient gros mos oïr.
THEOPHILES.
C'est ce qui me fet esbahir.
Salatin, biaus très douz amis,
Quant en autrui dangier sui mis,
Par pou que li cuers ne m'en crieve.
SALATINS.
Je sai or bien que moult vous grieve,
Et moult en estes entrepris
Comme hom qui est de si grant pris ;
Moult en estes mas et penssis.
THEOPHILES.
Salatin frere, or est ensis.
Se tu riens pooies savoir
Par qoi je péusse ravoir
M'onor, ma baillie et ma grace,
Il n'est chose que je n'en face.
SALATINS.
Voudriiez-vous Dieu renoier,
Celui que tant solez proier,
Toz ses sainz et toutes ses saintes ?
Et si devenissiez, mains jointes,
Hom à celui qui ce feroit
Qui vostre honor vous renderoit :
Et plus honorez seriiez,
S'à lui servir demoriiez,
C'onques jor ne péustes estre.
Creez-moi, lessiez vostre mestre :
Qu'en avez-vous entalenté ?
THEOPHILES.
J'en ai trop bone volenté :
Tout ton plesir ferai briefment.
SALATINS.
Alez-vous-en séurement.
Maugrez qu'il en puissent avoir,
Vous ferai vostre honor ravoir.
Revenez demain au matin.
THEOPHILES.
Volentiers, frere Salatin.
Cil Diex que tu croiz et aeures
Te gart, s'en ce propos demeure !

(Or se depart Theophiles de Salatin, et si pensse que
trop a grant chose en Dieu renoier, et dist :)

THEOPHILES.
Ha, laz ! que porrai devenir ?
Bien me doit li cors dessenir
Quant il m'estuet à ce venir.
Que ferai, las !

gner) son boire et son manger : il y faut trop entendre de gros mots.

THÉOPHILE.
C'est ce qui me fait perdre la tête. Salatin, beau très-doux ami, depuis que je suis sous la puissance d'autrui, il s'en faut de peu que le cœur ne m'en crève.

SALATIN.
Je sais bien maintenant que cela vous fait beaucoup souffrir, et que vous en êtes très-affecté comme un homme de mérite que vous êtes ; vous en êtes très-abattu et pensif.

THÉOPHILE.
Salatin frère, maintenant c'est ainsi. Si tu pouvais savoir quelque chose par laquelle je pusse r'avoir mon honneur, ma charge et ma grâce, il n'y a rien que je ne fasse.

SALATIN.
Voudriez-vous renier Dieu, celui que vous avez tant coutume de prier, tous ses saints et toutes ses saintes ? Et ainsi vous deviendriez, les mains jointes, l'homme de celui qui vous ferait rendre votre dignité ; et vous seriez plus honoré, si vous demeuriez à son service, que jamais vous pûtes l'être. Croyez-moi, laissez votre maître : qu'en avez-vous résolu ?

THÉOPHILE
J'en ai très-bonne volonté : tout ton plaisir ferai bientôt.

SALATIN.
Allez-vous-en tranquillement. Quelque chagrin qu'ils en puissent avoir, je vous ferai r'avoir votre dignité. Revenez demain matin.

THÉOPHILE.
Volontiers, frère Salatin. Que ce Dieu en qui tu crois et que tu adores te garde, si tu restes dans cette idée !

(Maintenant Théophile quitte Salatin, et pense que c'est chose très-grave de renier Dieu. Il dit :)

THÉOPHILE.
Hélas ! que pourrai-je devenir ? Le corps me doit bien empirer quand il me faut venir à cette extrémité. Que ferai-je, malheureux ! Si je renie saint Nicolas et saint Jean et

Se je reni saint Nicholas
Et saint Jehan et saint Thomas
　Et Nostre-Dame,
Que fera ma chetive d'ame?
Ele sera arse en la flame
　D'enfer le noir.
Là la covendra remanoir :
Ci aura trop hideus manoir,
　Ce n'est pas fable.
En cele flambe pardurable
N'i a nule gent amiable;
Ainçois sont mal, qu'il sont deable :
　C'est lor nature;
Et lor mesons r'est si obscure
C'on n'i verra jà soleil luire,
Ains est uns puis toz plains d'ordure.
　Là irai-gié.
Bien me seront li dé changié,
Quant por ce que j'aurai mengié,
M'aura Diex issi estrangié
　De sa meson,
Et ci aura bone reson.
Si esbahiz ne fu mès hom
　Com je sui, voir.
Or dit qu'il me fera ravoir
Et ma richece et mon avoir,
Jà nus n'en porra riens savoir :
　Je le ferai.
Diex m'a grevé, je l' greverai;
Jamès jor ne le servirai,
　Je li ennui ;
Riches serai, se povres sui ;
Se il me het, je harrai lui:
　Preingne ses erres,
Ou il face movoir ses guerres.
Tout a en main et ciel et terres :
　Je li claim cuite,
Se Salatins tout ce m'acuite
　Qu'il m'a pramis.

(Ici parole Salatins au deable et dist :)

Uns crestiens s'est sor moi mis,
Et je m'en sui moult entremis ;
Quar tu n'es pas mes anemis,
　Os-tu, Sathanz?
Demain vendra, se tu l'atans ;
Je li ai promis .iiij. tans :
　Aten-le don;
Qu'il a esté moult grant preudom :
Por ce si a plus riche don.

saint Thomas et Notre-Dame, que fera ma malheureuse ame? Elle sera brûlée en la flamme d'enfer le noir. Là il lui faudra rester : ici elle aura manoir trop hideux, ce n'est pas (une) fable. En cette flamme éternelle il n'y a personne d'aimable; mais ils sont mauvais, car ils sont diables : c'est leur nature; et leur maison est si obscure qu'on n'y verra jamais (le) soleil luire, car c'est un puits tout plein d'ordure. C'est là que j'irai. Les dés me seront bien changés, quand pour ce que j'aurai mangé, Dieu m'aura ainsi chassé de sa maison, et (il) aura en cela bonne raison. Jamais homme ne fut dans la perplexité comme je le suis vraiment. Or (Salatin) dit qu'il me fera r'avoir et ma richesse et mon avoir, et que nul n'en pourra rien savoir : je le ferai. Dieu m'a châtié, je le châtierai ; jamais je ne le servirai, je le renie*; je serai riche, si je suis pauvre ; s'il me hait, je le haïrai : (qu'il) prenne ses mesures, ou qu'il fasse mouvoir ses bataillons. Il a tout en main et ciel et terre : je (le) déclare quitte envers moi, si Salatin exécute tout ce qu'il m'a promis.

(Ici Salatin parle au diable et dit :).

Un chrétien s'est reposé sur moi, et je m'en suis beaucoup entremis; car tu n'es pas mon ennemi, entends-tu, Satan? Il viendra demain, si tu l'attends ; je lui ai promis quatre fois : attends-le donc ; car il a été très-grand prud'homme : pour cela il

---

* Nous avons traduit ainsi parce que nous pensons qu'il y a corruption dans le texte.

Met-li ta richece à bandon.
 Ne m'os-tu pas?
Je te ferai plus que le pas
 Venir, je cuit;
Et si vendras encore anuit,
Quar ta demorée me nuit;
 G'i ai beé.

(Ci conjure Salatins le deable:)
Bagahi laca bachahé,
Lamac cahi achabahé,
 Karrelyos.
Lamac lamec bachalyos,
Cabahagi sabalyos,
 Baryolas.
Lagozatha cabyolas,
Samahac et famyolas,
 Harrahya.

(Or vient li deables qui est conjuré, et dist:)
Tu as bien dit ce qu'il i a.
Cil qui t'aprist riens n'oublia.
Moult me travailles.
        SALATINS.
Qu'il n'est pas droiz que tu me failles
Ne que tu encontre moi ailles
 Quant je t'apel.
Je te faz bien suer ta pel.
Veus-tu oïr .i. geu novel?
.J. clerc avons.
De tel gaing com nous savons
Soventes foiz nous en grevons
 Por nostre afere.
Que loez-vous du clerc à fere
Qui se voudra jà vers çà trere?
        LI DEABLES.
Comment a non?
        SALATINS.
Theophiles, par son droit non.
Moult a esté de grant renon
 En ceste terre.
        LI DEABLES.
J'ai toz jors éu à lui guerre,
C'onques jor ne le poi conquerre.
Puis qu'il se veut à nous offerre,
 Viengne en cel val,
Sanz compaignie et sanz cheval;
N'i aura gueres de travail :
 C'est près de ci.
Moult aurai bien de lui merci,
Sathan et li autre nerci;

y a (en lui) plus riche don. Mets ta richesse à sa disposition. Ne m'entends-tu pas? Je te ferai venir plus (vite) que le pas, je pense; et tu viendras encore aujourd'hui; car ton retard me nuit; j'y ai attendu.

(Ici Salatin conjure le diable :)
 Bagahi laca bachahé, lamac cahi achabahé, karrelyos. Lamac lamec bachalyos, cabahagi sabalyos, baryolas. Lagozatha cabyolas, samahac et famyolas, harrahya.

(Alors le diable qui est conjuré vient, et dit :)
 Tu as bien dit ce qu'il y a. Celui qui t'instruisit n'oublia rien. Tu me tourmentes fort.
        SALATIN.
(C'est) qu'il n'est pas juste que tu me manques ni que tu ailles à l'encontre de moi quand je t'appelle. Je te fais bien suer ta peau. Veux-tu ouïr un nouveau jeu? Nous avons un clerc. Souventes fois nous en chagrinons, pour notre affaire, d'un tel gain comme nous savons. Que pensez-vous faire du clerc qui voudra venir ici?

        LE DIABLE.
Comment a(-t-il) nom?
        SALATIN.
Théophile, par son vrai nom. Il a été de très-grand renom en cette terre.

        LE DIABLE.
J'ai toujours eu guerre avec lui, et jamais je ne le pus conquérir. Puis qu'il se veut offrir à nous, (qu'il) vienne en ce vallon, sans compagnie et sans cheval; (il) n'aura guère de peine : c'est près d'ici. J'aurai très-bien de lui merci, (moi,) Satan et les autres noirs; pourvu qu'il n'appelle pas Jésus, le fils de sainte Marie : nous ne lui accorderions point d'aide. D'ici m'en vais. Maintenant

Mès n'apiaut mie
Jhesu, le fil sainte Marie :
Ne li ferions point d'aïe.
De ci m'en vois.
Or soiez vers moi plus cortois,
Ne me traveillier mès des mois
(Va, Salatin)
Ne en hebrieu ne en latin.
(Or revient Theophiles à Salatin :)
Or sui-je venuz trop matin ?
As-tu riens fet ?
SALATINS.
Je t'ai basti si bien ton plet,
Quanques tes sires t'a mesfet
T'amendera,
Et plus forment t'onorera
Et plus grant seignor te fera
C'onques ne fus.
Tu n'es or pas si du refus
Com tu seras encor du plus.
Ne t'esmaier ;
Va là aval sanz delaier.
Ne t'i covient pas Dieu proier
Ne reclamer,
Se tu veus ta besoingne amer :
Tu l'as trop trové à amer,
Qu'il t'a failli.
Mauvesement as or sailli ;
Bien t'éust ore mal bailli,
Se ne t'aidaisse.
Va-t'en, que il t'atendent ; passe
Grant aléure.
De Dieu reclamer n'aies cure.
THEOPHILES.
Je m'en vois. Diex ne m'i puet nuire
Ne riens aidier,
Ne je ne puis à lui plaidier.
(Ici va Theophiles au deable, si a trop grant paor ;
et li deables li dist :)
Venez avant, passez grant pas ;
Gardez que ne resamblez pas
Vilain qui va à offerande.
Que vous veut ne que vous demande
Vostre sires ? Il est moult fiers.
THEOPHILES.
Voire, sire. Il fu chanceliers [*],

soyez plus courtois à mon égard, ne me tourmentez plus d'ici à plusieurs mois (va, Salatin) ni en hébreu ni en latin.

(Maintenant Théophile revient à Salatin :)

A cette heure suis-je venu trop matin ?
As-tu rien fait ?
SALATIN.
Je t'ai conduit si bien ton affaire, que ton seigneur réparera son injustice à ton égard. Il t'honorera davantage et te fera plus grand seigneur que jamais tu ne fus. On te donnera encore plus qu'on ne te refuse maintenant. Ne t'inquiète pas ; va là-bas sans retard. Il ne te faut pas prier ni invoquer Dieu, si tu veux aimer ton intérêt : tu l'as trouvé (Dieu) trop amer, car il t'a manqué. Tu es maintenant tombé bas ; il t'aurait mis dans une bien mauvaise position, si je ne t'aidais. Va-t'en, car ils t'attendent ; passe grand train. N'aie cure d'invoquer Dieu.

THÉOPHILE.
Je m'en vais. Dieu ne me peut nuire ni aider en rien, et je ne puis m'adresser à lui.

(Ici Théophile va au diable, et a très-grand'peur ;
et le diable lui dit :)

Venez (en) avant, passez grand pas ; gardez-vous de ressembler à un vilain qui va à l'offrande. Que vous veut et que vous demande votre seigneur ? Il est bien dur.

THÉOPHILE.
En vérité, sire. Il fut chancelier, et il

---

[*] L'office du chancelier dans les églises cathédrales, qu'il fût à demeure ou non, consistait, suivant les statuts de l'église de Lichfield, à écouter les leçons qu'on doit lire à l'église, soit par lui-

Si me cuide chacier pain querre :
Or vous vieng proier et requerre
Que vous m'aidiez à cest besoing.
LI DEABLES.
Requiers m'en-tu ?
THEOPHILES.
Oïl.
LI DEABLES.
Or joing
Tes mains, et si devien mes hom :
Je t'aiderai outre reson.
THEOPHILES.
Vez ci que je vous faz hommage ;
Mès que je r'aie mon domage,
Biaus sire, dès or en avant.
LI DEABLES.
Et je te refaz .i. couvant,
Que te ferai si grant seignor
C'on ne te vit onques greignor ;
Et puis que ainsinques avient,
Saches de voir qu'il te covient
De toi aie lettres pendanz,
Bien dites et bien entendanz ;
Quar maintes genz m'en ont sorpris
Por ce que lor lettres n'en pris :
Por ce les vueil avoir bien dites.
THEOPHILES.
Vez-les ci, je les ai escrites.

(Or baille Theophiles les lettres au deable, et li deables li commande à ouvrer ainsi :)

Theophile, biaus douz amis,
Puis que tu t'es en mes mains mis,
Je te dirai que tu feras :
Jamès povre homme n'ameras ;
Se povres hom sorpris te proie,
Torne l'oreille, va ta voie.
S'aucuns envers toi s'umelie,
Respon orgueil et felonie.
Se povres demande à ta porte,
Si garde qu'aumosne n'en porte.
Douçor, humilitez, pitiez
Et charitez et amistiez,
Jeune fere, penitance
Me metent grant duel en la pance.

songe à m'envoyer mendier (mon) pain :
or je vous viens prier et requérir que vous m'aidiez en cette extrémité.
LE DIABLE.
M'en requiers-tu ?
THÉOPHILE.
Oui.
LE DIABLE.
Alors joins tes mains, et deviens mon homme : je t'aiderai plus que de raison.
THÉOPHILE.
Voici que je vous fais hommage ; mais que je r'aie ce dont on m'a fait dommage, beau sire, dorénavant.
LE DIABLE.
Et à mon tour je te fais une promesse, que je te ferai si grand seigneur qu'on ne te vit jamais plus grand ; et puisqu'ainsi advient, sache en vérité qu'il faut que j'aie de toi *lettres pendans*, bien rédigées et bien claires ; car maintes gens m'ont attrapé parce que je n'en pris pas leurs lettres : pour cela je les veux avoir bien rédigées.

THÉOPHILE.
Les voici, je les ai écrites.

(Alors Théophile donne les lettres au diable, et le diable lui commande de travailler ainsi :)

Théophile, beau doux ami, puisque tu t'es mis en mes mains, je te dirai (ce) que tu feras : jamais pauvre homme n'aimeras ; si (un) pauvre homme en détresse te prie, tourne l'oreille, va ton chemin. Si quelqu'un s'humilie devant toi, réponds(-lui avec) orgueil et dureté. Si (un) pauvre demande à ta porte, prends garde qu'il n'emporte aumône. Douceur, humilité, pitié et charité et amitié, la pratique du jeûne et de la pénitence me mettent grand deuil dans le cœur. Faire aumône et prier Dieu me font trop grand mal. Quand on aime Dieu et qu'on vit chastement, alors il me semble que serpent et

---

même, soit par les oreilles de son vicaire, à corriger ceux qui lisaient ma', à conférer les écoles, à apposer le sceau aux causes et aux affaires, à faire et à signer les lettres du chapitre, à conserver les livres, à prêcher autant de fois qu'il lui plaisait

dans l'église ou dehors, et à donner à qui il voulait l'office de prédicateur. Voyez le *Monasticum Anglicanum*, tome III, 1773, p. 241, col 2, ligne 22 ; et le Glossaire de du Cange, au mot CANCELLARIUS, t. II, p. 143, édition de 1733.

Aumosne feré et Dieu proier,
Ce me repuet trop anoier.
Dieu amer et chastement vivre,
Lors me samble serpent et guivre
Me menjue le cuer el ventre.
Quant l'en en la meson-Dieu entre
Por regarder aucun malade,
Lors ai le cuer si mort et fade
Qu'il m'est avis que point n'en sente:
Cil qui fet bien si me tormente.
Va-t'en, tu seras seneschaus [*].
Lai les biens et si fai les maus.
Ne juger jà bien en ta vie,
Que tu feroies grant folie
Et si feroies contre moi.

THEOPHILES.

Je ferai ce que fere doi.
Bien est droiz vostre plesir face,
Puis que j'en doi r'avoir ma grace.

(Or envoie l'evesque querre Theophile.)

Or tost! lieve sus, Pince-guerre,
Si me va Theophile querre;
Se li renderai sa baillie.
J'avoie fet moult grant folie
Quant je tolue li avoie;
Que c'est li mieudres que je voie,
Ice puis-je bien por voir dire.

(Or respont Pince-guerre:)

Vous dites voir, biaus très douz sire.

(Or parole Pince-guerre à Theophile:)

Qui est ceenz?

(Et Theophiles respont:)

  Et vous, qui estes?
[PINCE-GUERRE.]
Je sui uns clers.
[THEOPHILES.]
  Et je sui prestres.
[PINCE-GUERRE.]
Theophile, biaus sire chiers,
Or ne soiez vers moi si fiers.

couleuvre me mangent le cœur dans le ventre. Quand on entre dans l'hôpital pour regarder quelque malade, alors j'ai le cœur si mort et si fade qu'il m'est avis que point n'en sente : tant celui qui fait bien me tourmente. Va-t'en, tu seras sénéchal. Laisse les bonnes œuvres et fais les mauvaises. Ne juge jamais bien en ta vie, car tu ferais grande folie et tu agirais contre moi.

THÉOPHILE.

Je ferai ce que je dois faire. Il est bien juste que je fasse votre plaisir, puisque j'en dois r'avoir ma grâce.

(Alors l'évêque envoie quérir Théophile.)

Allons! lève-toi vite, Pince-guerre, va me quérir Théophile; je lui rendrai sa charge. J'avais fait très-grande folie quand je lui avais ôtée; car c'est le meilleur que je voie, ce puis-je bien dire en vérité.

(Alors répond Pince-guerre:)

Vous dites vrai, beau très-doux sire.

(Alors Pince-guerre parle à Théophile:)

Qui est céans?

(Et Théophile répond:)

Et vous, qui êtes-vous?
PINCE-GUERRE.
Je suis clerc.
THÉOPHILE.
Et moi je suis prêtre.
PINCE-GUERRE.
Théophile, beau sire cher, ne soyez pas maintenant si dur envers moi. Mon seigneur

---

[*] Il paraît qu'il faut distinguer deux sortes de sénéchaux dans les églises : l'un séculier, qui remplissait les fonctions des sénéchaux des barons laïcs, c'est-à-dire qui, présidant les autres juges, rendait la justice aux vassaux de l'église, portait la bannière en guerre, et servait l'évêque à table dans les occasions solennelles. L'autre sénéchal faisait partie du clergé, et quelquefois même il était compté parmi les dignitaires ecclésiastiques; néanmoins son office consistait à pourvoir la table des chanoines des mets nécessaires. Dans l'église de Saint-Martin de Tours, et dans d'autres, comme on peut le croire, le sénéchal préparait ce qui était nécessaire au lavement des pieds le jeudi-saint. Voyez, pour de plus amples détails, le Glossaire de du Cange, t. VI, 1736, p. 371, col. 2 ; 372. col. 1.

Mes sires .i. pou vous demande :
Si r'aurez jà vostre provande,
Vostre baillie toute entiere.
Soiez liez, fetes bele chiere,
Si ferez et sens et savoir.
THEOPHILES.
Deable i puissent part avoir !
J'éusse éue l'eveschié,
Et je l'i mis, si fis pechié ;
Quant il i fu, s'oi à lui guerre,
Si me cuida chacier pain querre.
Tripot lirot por sa haïne
Et por sa tençon qui ne fine !
G'i irai, s'orrai qu'il dira.
PINCE-GUERRE.
Quant il vous verra, si rira
Et dira por vous essaier
Le fist. Or vous reveut paier,
Et serez ami com devant.
THEOPHILES.
Or disoient assez souvant
Li chanoine de moi granz fables :
Je les rent à toz les deables.

(Or se lieve l'evesque contre Theophile, et li rent sa
dignité, et dist :)

Sire, bien puissiez-vous venir !
THEOPHILES.
Si sui-je, bien me soi tenir :
Je ne sui pas chéus par voie.
LI EVESQUES.
Biaus sire, de ce que j'avoie
Vers vous mespris je l' vous ament,
Et si vous rent moult bonement
Vostre baillie : or la prenez ;
Quar preudom estes et senez,
Et quanques j'ai si sera vostre.
THEOPHILES.
Ci a moult bone patre-nostre,
Mieudre assez c'onques mès ne dis.
Dès or mès vendront .x. et .x.
Li vilain por moi aorer,
Et je les ferai laborer.
Il ne vaut rien, qui l'en ne doute.
Cuident-il je n'i voie goute ?
Je lor serai fel et irous.
LI EVESQUES.
Theophile, où entendez-vous ?
Biaus amis, penssez de bien fere.
Vez-vous ceenz vostre repere ;

un peu vous demande : vous r'aurez votre prébende, votre charge tout entière. Soyez joyeux, faites bonne figure, vous agirez en homme d'esprit et de sens.

THÉOPHILE.
(Que les) diables y puissent avoir part ! J'aurais eu l'évêché, et je l'y mis, je fis mal ; quand il fut évêque, je fus en guerre avec lui, et il songea à m'envoyer mendier mon pain. Tripot lirot pour sa haine et pour sa querelle qui ne finit pas ! J'irai vers lui, et j'écouterai ce qu'il dira.

PINCE-GUERRE.
Quand il vous verra, il sourira et dira qu'il le fit pour vous éprouver. Maintenant il veut vous récompenser, et vous serez amis comme auparavant.

THÉOPHILE.
Tantôt les chanoines faisaient de grands contes sur moi : je les envoie à tous les diables.

(Alors l'évêque se lève à la rencontre de Théophile ;
il lui rend sa dignité, et dit :)

Sire, soyez le bien-venu !
THÉOPHILE.
Je le suis, je sus bien me tenir : je ne suis pas tombé en route.
L'ÉVÊQUE.
Beau sire, je répare la faute que j'avais commise à votre égard, et je vous rends de très-bon cœur votre charge : prenez-la ; car vous êtes prud'homme et sage, et tout ce que j'ai sera vôtre.

THÉOPHILE.
Il y a en ceci très bonnes patenôtres, bien meilleures que celles que je dis jamais. Désormais les vilains viendront dix par dix pour me prier, et je les ferai pâtir. Il ne vaut rien, celui que l'on ne redoute pas. Pensent-ils que je n'y voie goutte ? Je serai dur et bourru à leur égard.

L'ÉVÊQUE.
Théophile, où avez-vous l'esprit ? Bel ami, songez à bien faire. Voyez, votre domicile est céans ; voici votre maison et la mienne.

Vez ci vostre ostel et le mien.
Noz richeces et nostre bien
Si seront dès or mès ensamble;
Bon ami serons, ce me samble;
Tout sera vostre, et tout ert mien.

THEOPHILES.
Par foi! sire, je le vueil bien.

(Ici va Theophiles à ses compaignons tencier, premierement à .i. qui avoit non Pierres:)

Pierres, veus-tu oïr novele?
Or est tornée ta rouele,
Or t'est-il chéu ambes as :
Or te tien à ce que tu as,
Qu'à ma baillie as-tu failli.
L'evesque m'en a fet bailli :
Si ne t'en sai ne gré ne graces.

PIERRES respont.
Theophile, sont-ce manaces?
Dès ier priai-je mon seignor
Que il vous rendist vostre honor,
Et bien estoit droiz et resons.

THEOPHILES.
Ci avoit dures faoisons
Quant vous m'aviiez forjugié.
Maugré vostres, or le r'ai-gié.
Oublié aviiez le duel.

PIERRES.
Certes, biaus chiers sire, à mon vuel,
Fussiez-vous evesques e[sl]us
Quant nostre evesques fu féus;
Mais vous ne le vousistes estre,
Tant doutiiez le Roy celestre!

(Or tence Theophiles à .i. autre:)

Thomas! Thomas! or te chiet mal
Quant l'en me r'a fet seneschal.
Or leras-tu le regiber
Et le combatre et le riber.
N'auras pior voisin de moi.

THOMAS.
Theophile, foi que vous doi!
Il samble que vous soiez yvres.

THEOPHILES.
Or en serai demain delivres,
Maugrez en ait vostre visages.

THOMAS.
Par Dieu! vous n'estes pas bien sages :
Je vous aim tant et tant vous pris!

nos richesses et notre bien seront désormais communs; nous serons bons amis, ce me semble; tout sera à vous et à moi.

THÉOPHILE.
Par (ma) foi! sire, je le veux bien.

(Ici Théophile va se disputer avec ses compagnons, premièrement avec un qui avait nom Pierre:)

Pierre, veux-tu ouïr nouvelle? maintenant ta roue est tournée, et deux as te sont tombés : tiens-toi à ce que tu as, car tu as manqué ma charge. L'évêque m'en a fait bailli : je ne t'en sais ni gré ni (je ne t'en rends) grâces.

PIERRE répond.
Théophile, sont-ce des menaces? Dès hier je priai mon seigneur qu'il vous rendît votre dignité : c'était bien justice et raison.

THÉOPHILE.
Il y avait ici de vigoureuses machinations quand vous m'aviez condamné au bannissement. Maintenant, malgré vous, je rentre dans ma charge. Vous aviez oublié le deuil.

PIERRE.
Certes, beau cher sire, à (ne consulter que) mon vouloir, vous auriez été élu évêque quand le nôtre fut défunt; mais vous ne le voulûtes être, tant vous craigniez le Roi des cieux!

(Théophile va quereller un autre:)

Thomas! Thomas! il tombe bien mal pour toi que l'on m'ait refait sénéchal. Maintenant tu auras à ne plus regimber, à ne plus combattre, à ne plus lutter. Tu n'auras pas de pire voisin que moi.

THOMAS.
Théophile, (par la) foi que je vous dois! il semble que vous soyez ivre.

THÉOPHILE.
J'en serai demain délivré, quelque mauvais gré qu'en ait votre visage.

THOMAS.
Par Dieu! vous n'êtes pas bien sage : je vous aime et prise tant!

THEOPHILES.
Thomas! Thomas! ne sui pas pris :
Encor porrai nuire et aidier.
THOMAS.
Il samble vous volez plaidier.
Theophile, lessiez-me en pais.
THEOPHILES.
Thomas! Thomas! je que vous fais?
Encor vous plaindrez bien à tens,
Si com je cuit et com je pens.

(Ici se repent Théophiles, et vient à une chapele de Nostre-Dame, et dist :)

Hé, laz! chetis! dolenz! que porrai devenir?
Terre, comment me puès porter ne sostenir
Quant j'ai Dieu renoié et celui voil tenir
A seignor et à mestre qui toz maus fet venir?

Or ai Dieu renoié, ne puet estre téu ;
Si ai lessié le basme, pris me sui au séu *.
De moi a pris la chartre et le brief recéu
Maufez, se li rendrai de m'ame le tréu.

Hé, Diex! que feras-tu de cest chetif dolent
De qui l'ame en ira en enfer le boillant,
Et li maufez l'iront à leur piez defoulant?
Ahi! terre, quar œvre, si me va engloutant.

Sire Diex, que fera cist dolenz esbahis
Qui de Dieu et du monde est huez et haïs,
Et des maufez d'enfer engigniez et trahis?
Dont sui-je de trestoz chaciez et envaïs?

Hé, las! com j'ai esté plains de grant non savoir
Quant j'ai Dieu renoié por .i. petit d'avoir!
Les richeces du monde que voloie avoir
M'ont geté en tel leu dont ne me puis r'avoir.

Sathan, plus de .vij. anz ai tenu ton sentier ;
Maus chans m'ont fe chanter li vin de mon chantier :
Moult felonesse rente m'en rendront mi rentier,
Ma char charpenteront li felon charpentier.

Ame doit l'en amer ; m'ame n'ert pas amée.
N'os demander la Dame qu'ele ne soit dampnée.

---

* Suivant les traditions du moyen-âge, c'est à cet

THÉOPHILE.
Thomas! Thomas! je ne suis pas prisonnier : encore pourrai-je nuire et aider.
THOMAS.
Il semble que vous voulez disputer. Théophile, laissez-moi en paix.
THÉOPHILE.
Thomas! Thomas! que vous fais-je? Vous vous plaindrez bientôt encore, comme je crois et comme je pense.

(Ici se repent Théophile, il vient à une chapelle de Notre-Dame, et dit :)

Hélas! chétif! malheureux! que pourrai-je devenir? Terre, comment me peux-tu porter et soutenir quand j'ai renié Dieu et veux tenir comme seigneur et maître celui qui fait venir tous maux?

Maintenant j'ai renié Dieu, (cela) ne peut être tu ; j'ai laissé le baume, pris me suis au sureau. Le diable a pris de moi la charte (d'hommage) et reçu le bref, et je lui paierai le tribut avec mon ame.

Hé! Dieu, que feras-tu de ce chétif malheureux dont l'ame s'en ira en enfer le bouillant, et que les diables fouleront aux pieds? Ahi! terre, ouvre-toi, et engloutis-moi.

Sire Dieu, que fera ce malheureux insensé qui de Dieu et du monde est hué et haï, et des diables d'enfer trompé et trahi? Suis-je donc chassé et assailli par tous?

Hélas! comme j'ai été plein de grande folie quand j'ai renié Dieu pour un peu d'avoir! Les richesses du monde que je voulais avoir m'ont jeté en tel lieu dont je ne puis me tirer.

Satan, plus de sept ans j'ai tenu ton sentier ; les vins de mon chantier m'ont fait chanter de mauvais chants : mes rentiers m'en rendront une très-sévère rente, les félons charpentiers charpenteront ma chair.

Ame doit-on aimer ; mon ame ne sera pas aimée. Je n'ose demander à la Dame qu'elle

---

arbre que se pendit Judas. Voyez le *Glossaire de la langue romane*, t. II, p. 547, col. 2.

Trop a male semence en semoisons semée
De qui l'ame sera en enfer sorsemée.

Ha, las! com fol bailli et com fole baillie!
Or sui-je mal baillis et m'ame mal baillie!
S'or m'osoie baillier à la douce baillie,
G'i seroie bailliez et m'ame jà baillie.

Ors sui, et ordoiez doit aler en ordure;
Ordement ai ouvré, ce set cil qui or dure
Et qui toz jours durra : s'en aurai la mort dure.
Maufez, con m'avez mors de mauvese morsure !

Or n'ai-je remanance ne en ciel ne en terre.
Ha, las! où est li lieus qui me puisse sofferre ?
Enfers ne me plest pas, où je me voil offerre;
Paradis n'est pas miens, que j'ai au Seignor guerre.

Je n'os Dieu reclamer ne ses sainz ne ses saintes,
Las! que j'ai fet hommage au deable, mains jointes.
Li maufez en a lettres de mon anel empraintes.
Richece, mar te vi : j'en aurai dolors maintes.

Je n'os Dieu ne ses saintes ne ses sainz reclamer,
Ne la très douce Dame, que chascuns doit amer ;
Mès por ce qu'en li n'a felonie n'amer,
Se je li cri merci nus ne m'en doit blasmer.

(C'est la proiere que Theophiles dist devant Nostre-Dame :)

Sainte roïne bele,
Glorieuse pucele,
Dame de grace plaine,
Par qui toz biens revele,
Qu'au besoing vous apele
Delivrez est de paine,
Qu'à vous son cuer amaine
Ou pardurable raine
Aura joie novele;
Arousable fontaine

ne soit pas damnée. Celui-là a trop semé mauvaise semence dans les semailles, de qui l'ame sera sursemée en enfer.

Hélas! quel fou et quelle folle destinée! Maintenant nous sommes dans la détresse, mon ame et moi! Si j'osais me mettre en la douce puissance (de Marie), mon ame et moi nous y trouverions protection*.

Je suis souillé, et (l'homme) souillé doit aller en ordure : j'ai agi comme tel, celui qui maintenant dure et durera toujours le sait : ma mort en sera terrible. Satan, comme vous m'avez mordu d'une mauvaise morsure !

Maintenant je n'ai séjour ni en ciel ni en terre. Hélas! où est le lieu qui me puisse souffrir ? L'enfer auquel je me voulus offrir ne me plaît pas; le paradis n'est pas à moi, car je suis en guerre avec le Seigneur.

Je n'ose m'adresser à Dieu, à ses saints ni à ses saintes, hélas! car j'ai fait hommage, les mains jointes, au diable. Le mauvais en a lettres empreintes de mon anneau. Richesse, ce fut un jour néfaste quand je te vis : j'en aurai maintes douleurs.

Je n'ose m'adresser à Dieu, à ses saints ni à ses saintes, ni à la très-douce Dame, que chacun doit aimer ; mais parce qu'il n'y a en elle rien de félon ni d'amer, si je lui crie merci nul ne m'en doit blâmer.

(C'est la prière que Théophile dit devant Notre-Dame :)

Reine sainte et belle, glorieuse vierge, Dame pleine de grâce, par qui tout bien arrive, (celui) qui dans ses besoins vous appelle est délivré de peine, (celui) qui à vous son cœur amène aura joie nouvelle

---

* Nous avons fait tous nos efforts pour éviter ce que Rutebeuf recherche avec avidité, les jeux de mots.

Et delitable et saine,
A ton filz me rapele.

En vostre douz servise
Fu jà m'entente mise ;
Mès trop tost fui temptez
Par celui qui atise
Le mal, et le bien brise.
Sui trop fort enchantez ;
Car me desenchantez,
Que vostre volentez
Est plaine de franchise,
Ou de granz orfentez
Sera mes cors rentez
Devant la fort justice.

Dame sainte Marie,
Mon corage varie ;
Ainsi que il te serve,
Ou jamès n'ert tarie
Ma dolors ne garie,
Ains sera m'ame serve ;
Ci aura dure verve
S'ainz que la mors n'enerve,
En vous ne se marie
M'ame qui vous enterve.
Souffrez li cors deserve,
L'ame ne soit perie.

Dame de charité,
Qui par humilité
Portas nostre salu,
Qui toz nous a geté
De duel et de vilté
Et d'enferne palu ;
Dame, je te salu.
Ton salu m'a valu
(Je l' sai de verité),
Gar qu'avœc Tentalu
En enfer le jalu
Ne praingne m'erité.

En enfer ert offerte
Dont la porte est ouverte
M'ame par mon outrage :
Ci aura dure perte
Et grant folie aperte

au royaume éternel ; fontaine inépuisable, délicieuse et vivifiante, rappelle-moi à ton fils.

En votre doux service j'ai déjà mis mon cœur ; mais je fus bientôt tenté par celui qui attise le mal et brise le bien. Je suis trop fortement enchanté ; désenchantez-moi, car votre volonté est droite, ou mon corps paraîtra couvert de grandes infirmités devant la sévère justice.

Dame sainte Marie, mon cœur tremble ; il te servira, ou jamais ma douleur ne tarira ou ne sera guérie, au contraire mon ame sera esclave ; il y aura ici dure *verve* si, avant que la mort ne m'énerve, mon ame qui vous supplie* ne se marie en vous. Souffrez que le corps pâtisse et que l'ame ne périsse point.

Dame de charité, qui par humilité portas notre salut, qui tous nous a tirés de douleur, d'état vil et du bourbier de l'enfer ; Dame, je te salue. Ton service m'a valu (je le sais vraiment), garde(-moi) qu'avec Tantale je ne prenne mon héritage dans l'enfer le jaloux.

Mon ame, par mon péché, sera offerte en enfer, dont la porte est ouverte : il y aura ici dure perte, folie grande et évidente

---

* Nous avons risqué ce mot ; mais nous devons avouer que nous n'avons pas compris *enterve*. En tout cas, il n'a pas ici le sens que lui donne M. de Roquefort, qui cite un passage du *Monologue des Perruques*, de Coquillart. Voyez le *Glossaire de la langue romane*, t. I, p. 474, col. 1.

Se là praing herbregage.
Dame, or te faz hommage :
Torne ton douz visage;
Por ma dure deserte,
El non ton filz, le sage,
Ne souffrir que mi gage
Voisent à tel poverte.

Si comme en la verriere
Entre et reva arriere
Li solaus que n'entame,
Ainsinc fus virge entiere
Quant Diex, qui ès ciex iere,
Fist de toi mere et dame.
Ha ! resplendissant jame,
Tendre et piteuse fame,
Car entent ma proiere;
Que mon vil cors et m'ame
De pardurable flame
Rapelaisses arriere.

Roïne debonaire,
Les iex du cuer m'esclaire
Et l'obscurté m'esface,
Si qu'à toi puisse plaire
Et ta volenté faire,
Car m'en done la grace;
Trop ai éu espace
D'estre en obscure trace.
Encor m'i cuident traire
Li serf de pute estrace;
Dame, jà toi ne place
Qu'il facent tel contraire !

En vilté, en ordure,
En vie trop obscure
Ai esté lonc termine;
Roïne nete et pure,
Quar me pren en ta cure
Et si me medecine.
Par ta vertu devine,
Qu'adès est enterine,
Fai dedenz mon cuer luire
La clarté pure et fine,
Et les iex m'enlumine
Que ne m'en voi conduire.

Li proieres qui proie
M'a jà mis en sa proie :
Pris serai et preez;

si je prends là demeure. Dame, à cette heure je te fais hommage : tourne ton doux visage (vers moi); pour le châtiment que je mérite, au nom de ton fils, le sage, ne souffres pas que mes gages aillent à telle pauvreté.

Comme en la verrière entre et sort le soleil qui ne l'entame, ainsi tu fus entièrement vierge quand Dieu, qui était dans les cieux, fit de toi mère et dame. Ah ! pierre resplendissante, femme tendre et miséricordieuse, entends ma prière, rappelle de la flamme éternelle mon vil corps et mon ame.

Reine débonnaire, éclaire-moi les yeux du cœur, efface-m'en l'obscurité, en sorte que je te puisse plaire et faire ta volonté, donne-m'en la grâce; j'ai eu trop le temps d'être en voie obscure. Les serfs de vile extraction* comptent encore m'y attirer, Dame, qu'il ne te plaise qu'ils fassent tel mal.

J'ai long-temps vécu dans un état vil, dans la corruption et dans le péché; reine immaculée et pure, prends-moi sous ta garde et me guéris-moi. Par ta vertu divine, qui toujours est entière, fais luire dans mon cœur la lumière pure et belle, dessille-moi les yeux, car je ne sais m'en (servir pour me) conduire.

Le brigand qui dévore** m'a déjà mis dans

---

* Les diables. — ** Le diable.

Trop asprement m'asproie.
Dame, ton chier filz proie
Que soie despreez;
Dame, car leur veez,
Qui mes mesfez veez,
Que n'avoie à leur voie.
Vous qui lasus seez,
M'ame leur deveez,
Que nus d'aus ne la voie.
(Ici parole Nostre-Dame à Theophile, et dist:)
Qui es-tu, va! qui vas par ci?
[THEOPHILES.]
Ha! Dame, aiez de moi merci!
C'est li chetis
Theophile, li entrepris
Que maufé ont loié et pris.
Or vieng proier
A vous, Dame, et merci crier,
Que ne gart l'eure qu'asproier
Me viengne cil
Qui m'a mis à si grant escil.
Tu me tenis jà por ton fil,
Roïne bele.
NOSTRE-DAME parole.
Je n'ai cure de ta favele;
Va-t'en, is fors de ma chapele.
THEOPHILES parole.
Dame, je n'ose.
Flors d'aiglentier et lis et rose
En qui li filz Dieu se repose,
Que ferai-gié?
Malement me sent engagié
Envers le maufé enragié.
Ne sai que fere:
Jamès ne finerai de brere.
Virge pucele debonere,
Dame honorée,
Bien sera m'ame devorée,
Qu'en enfer sera demorée
Avoec Cahu *.
NOSTRE-DAME.
Theophile, je t'ai séu
Là en arriere à moi éu.
Saches de voir,
Ta chartre te ferai r'avoir
Que tu baillas par non savoir:
Je la vois querre.

sa proie: je serai pris et dévoré; il me pousuit très-vivement. Dame, prie ton cher fils que je sois délivré; Dame, qui voyez mes ennemis, défendez-leur de me mettre dans leur voie. Vous qui siégez là-haut, dérobez-leur mon ame, que nul d'eux ne la voie.

(Ici parle Notre-Dame à Théophile, et dit:)
Qui es-tu, hé! qui vas par ici?
THÉOPHILE.
Ha, Dame! ayez merci de moi! c'est le misérable Théophile, l'entrepris que diables ont lié et pris. Maintenant je viens vous prier, Dame, que vous ne donniez pas le temps de me dévorer à celui qui m'a mis en si grande détresse. Tu me tins jadis pour ton fils, reine belle.

NOTRE-DAME parle.
Je n'ai cure de tes paroles; va-t'en, sors de ma chapelle.

THÉOPHILE parle.
Dame, je n'ose. Fleur d'églantier, lis et rose en qui se repose le fils de Dieu, que ferai-je? Je me sens mauvaisement engagé envers le diable plein de rage. Je ne sais que faire: jamais je ne cesserai de crier. Vierge débonnaire, Dame honorée, bien sera mon ame dévorée, car elle séjournera en enfer avec Cahu.

NOTRE-DAME.
Théophile, je t'ai su autrefois à moi. Sache en vérité que je te ferai r'avoir ta charte que tu baillas par folie: je la vais quérir.

---

* Nom d'un diable. Voyez le Glossaire de la *Chanson de Roland*, au mot *Mahumet*, p. 194, 195.

(Ici va Nostre-Dame por la chartre Theophile :)

Sathan ! Sathan ! es-tu en serre?
S'es or venuz en ceste terre
Por commencier à mon clerc guerre,
   Mar le penssas.
Rent la chartre que du clerc as,
Quar tu as fet trop vilain cas.

SATHAN parole :

Je la vous rande !
J'aim miex assez que l'en me pende.
Jà li rendi-je sa provande,
Et il me fist de lui offrande
   Sanz demorance
De cors et d'ame et de sustance.

NOSTRE-DAME.

Et je te foulerai la pance.

(Ici aporte Nostre-Dame la chartre à Theophile :)

Amis, ta chartre te r'aport.
Arivez fusses à mal port,
Où il n'a solaz ne deport;
   A moi entent :
Va à l'evesque et plus n'atent;
De la chartre li fai present,
   Et qu'il la lise
Devant le pueple en sainte yglise,
Que bone gent n'en soit sorprise
   Par tel barate.
Trop aime avoir qui si l'achate ;
L'ame en est et honteuse et mate.

THEOPHILES.

Volentiers, Dame :
Bien fusse mors de cors et d'ame ;
Sa paine pert qui ainsi same,
   Ce voi-je bien.

(Ici vient Theophiles à l'evesque, et li baille sa chartre, et dist :)

Sire, oiez-moi, por Dieu merci !
Quoi que j'aie fet, or sui ci.
   Par tens sauroiz
De qoi j'ai moult esté destroiz;
Povres et nus, maigres et froiz
   Fui par defaute.
Anemis, qui les bons assaute,
Ot fet à m'ame geter faute
   Dont mors estoie.
La Dame qui les siens avoie
M'a desvoié de male voie
   Où avoiez

(Ici va Notre-Dame pour la charte de Théophile :)

Satan, Satan ! es-tu en serre? Si tu es maintenant venu en cette terre pour commencer guerre contre mon clerc, tu as mal pensé. Rends la charte du clerc, car tu as fait trop vilaine œuvre.

SATAN parle :

Que je vous la rende ! j'aime bien mieux être pendu. Naguère je lui rendis sa prébende, et sans retard il me fit offrande de sa personne, de son ame et de son bien.

NOTRE-DAME.

Et je te foulerai la panse.

(Ici Notre-Dame apporte la charte à Théophile :)

Ami, je te rapporte ta charte. Tu serais arrivé à mauvais port, où il n'y a ni plaisir ni allégresse ; écoute-moi : va à l'évêque sans plus attendre ; fais-lui présent de la charte, et qu'il la lise devant le peuple en sainte église, (afin) que les gens de bien ne soient pas séduits par une telle fourberie. C'est trop aimer la richesse que l'acheter ainsi ; l'ame en retire honte et perdition.

THÉOPHILE.

Volontiers, Dame : j'eusse bien péri corps et ame ; sa peine perd qui ainsi sème, ce vois-je bien.

(Ici vient Théophile à l'évêque ; il lui donne sa charte, et dit :)

Sire, écoutez-moi, pour l'amour de Dieu ! Quoi que j'aie fait, je suis ici. Bientôt vous saurez par quoi j'ai été mis en très-grande détresse : j'ai été pauvre et nu, maigre, et j'ai eu froid par manque. Le diable, qui assaillit les hommes, fit commettre à mon ame une faute dont j'étais mort. La Dame qui guide les siens m'a tiré de la mauvaise voie dans laquelle je m'étais mis et si fourvoyé que j'aurais été conduit en enfer par le diable ; car il me fit laisser Dieu, le père spirituel, et toute œuvre charitable. Il eut de

Estoie, et si forvoiez
Qu'en enfer fusse convoiez
　　Par le deable;
Que Dieu, le pere esperitable,
Et toute ouvraingne charitable
　　Lessier me fist.
Ma chartre en ot de quanqu'il dist;
Seelé fu quanqu'il requist:
　　Moult me greva,
Par poi li cuers ne me creva.
La Virge la me raporta,
　　Qu'à Dieu est mere,
La qui bonté est pure et clere;
Si vous vueil proier, com mon pere,
　　Qu'el soit léue,
Qu'autre gent n'en soit decéue
Qui n'ont encore apercéue
　　Tel tricherie.

(Ici list l'evesque la chartre, et dist:)

Oiez, por Dieu le filz Marie:
Bone gent, si orrez la vie
　　De Theophile
Qui anemis servi de guile.
Ausi voir comme est Evangile
　　Est ceste chose;
Si vous doit bien estre desclose.
Or escoutez que vous propose:

« A toz cels qui verront ceste lettre commune,
Fet Sathan asavoir que jà torna fortune,
Que Theophiles ot à l'evesque rancune,
Ne li lessa l'evesque seignorie nesune.

« Il fust desesperez quant l'en li fist l'outrage;
A Salatin s'en vint qui ot el cors la rage,
Et dist qu'il li feroit moult volentiers hommage,
Se rendre li pooit s'onor et son domage.

« Je le guerroiai tant com mena sainte vie,
C'onques ne poi avoir desor lui seignorie.
Quant il me vint requerre, j'oi de lui grant envie;
Et lors me fist hommage, si r'ot sa seignorie.

« De l'anel de son doit seela ceste lettre;
De son sanc les escrist, autre enque n'i fist metre,

moi charte sanctionnant tout ce qu'il dit;
tout ce qu'il me requit (de faire) fut scellé:
j'en eus grande douleur, peu s'en fallut que
le cœur ne me crevât. La Vierge, qui est
mère de Dieu, et dont la bonté est pure et
éclatante, me la* rapporta; et je veux vous
prier, comme mon père, qu'elle soit lue,
(pour) que les autres personnes qui n'ont pas
encore aperçu une pareille fourberie n'en
soient pas déçues.

(Ici l'évêque lit la charte, et dit:)

Oyez, pour (l'amour de) Dieu le fils de
Marie: gens de bien, vous entendrez la vie
de Théophile que le diable trompa. Cette
chose est aussi vraie qu'Évangile; elle doit
bien vous être racontée. Or écoutez ce que je
vous dis.

« A tous ceux qui verront cette lettre rédigée
suivant l'usage, Satan fait savoir
que la fortune tourna jadis pour Théophile,
qu'il eut de la rancune contre l'évêque, et
que celui-ci ne lui laissa aucune seigneurie.

« Il fut désespéré quand on lui fit cet outrage;
il s'en vint à Salatin qui avait la
rage au corps, et dit qu'il lui ferait très-volontiers
hommage, s'il pouvait lui rendre
sa dignité et (lui faire réparer) son dommage.

« Je le guerroyai aussi long-temps qu'il
mena sainte vie; mais jamais je ne pus avoir
de l'empire sur lui. Quand il me vint prier,
j'avais grande envie de lui; alors il me fit
hommage, et il rentra dans sa charge.

« Il scella cette lettre de l'anneau de son

---

* La charte.

Ains que je me vousisse de lui point entre-
   metre
Ne que je le féisse en dignité remetre.»

>   Issi ouvra icil preudom.
>   Delivré l'a tout à bandon
>   La Dieu ancele;
>   Marie, la virge pucele,
>   Delivré l'a de tel querele:
>   Chantons tuit por ceste novele.
>   Or, levez sus;
>   Disons : *Te Deum laudamus.*

EXPLICIT LE MIRACLE DE THEOPHILE.

doigt; il l'écrivit de son sang, autre encre n'y fit mettre, avant que je voulusse m'employer pour lui et que je le fisse remettre en (sa) dignité. »

Ainsi fit ce prud'homme. La servante de Dieu l'a délivré entièrement; la Vierge Marie l'a délivré de cette querelle : chantons tous pour cette nouvelle. Or, levez-vous; disons : *Te Deum laudamus.*

FIN DU MIRACLE DE THÉOPHILE.

F. M.

NOTICE
SUR JEAN BODEL,

AUTEUR DU JEU DE SAINT NICOLAS.

Jean Bodel est un des poètes qui fleurirent à Arras au milieu du xiiie siècle. Il était contemporain et rival d'Adam de la Halle, de Baude Fastoul et de beaucoup d'autres dont les noms sont à peine parvenus jusqu'à nous. On n'a presque aucun détail sur sa vie; le peu que nous en savons, il nous l'a appris dans une pièce intitulée : *Li Congiés*, dans laquelle, avant de s'en séparer pour toujours, il adresse ses adieux à ses concitoyens. Comme on l'a vu plus haut, Adam de la Halle a fait une pièce du même genre, mais les deux poètes se virent obligés d'abandonner leur patrie dans des circonstances bien différentes. Nous avons fait connaître autant que l'ont permis l'éloignement des temps et le peu de matériaux conservés, les causes du départ d'Adam de la Halle; Jean Bodel, atteint d'une maladie qui condamnait à l'isolement ceux qui en étaient victimes, se vit réduit à l'affreuse nécessité d'anticiper sur la mort, en renonçant à la société de ses semblables. Aussi son *Congiés* a-t-il un caractère tout différent de celui d'Adam de la Halle. Celui-ci sortait d'Arras à cause des dissentions qu'y avaient causées une taille mal imposée, et un changement arbitraire de monnaies; il éprouvait une vive douleur de quitter ses amis; il lui fallait renoncer aux fêtes et aux jeux de sa ville natale. Il regrettait surtout une maîtresse adorée, et il en exprime sa douleur avec tant de grâce que nous ne pouvons résister au désir de citer ici ces jolis vers :

> Bele, très douche amie chiere,
> Je ne puis faire bele chiere,
> Car plus dolant de vous me part
> Que de rien que je laisse arriere;
> De mon cuer serés tresoriere,
> Et li cors ira d'autre part
> Aprendre et querre engien et art
> De miex valoir; si arés part,
> Que miex vaurrai; mieudres vous iere.
> Pour miex fructefier plus tart,
> De si au tierc an ou au quart,
> Laist-on bien se terre à gaskiere *.

---

* *Li Congiés Adam*, v. 61. (*Fabliaux et Contes*, éd. de Méon, Paris, Warée, 1808, in-8°, t. I, p. 108.

Ainsi Adam, quelque malheureux qu'il fût, conservait au moins l'espérance au fond du cœur : poète et ménestrel, il emportait avec lui sa vielle et ses chansons ; il allait réciter ses vers au foyer domestique du prince et du seigneur ; il allait prendre part aux brillantes cours plénières, où il pourrait encore briller et obtenir des honneurs ; sa fortune enfin le suivait. Il n'en était pas de même de Jean Bodel : atteint d'une maladie qui en faisait un objet d'horreur, la société le repoussait :

> Symon, uns maus ki en moi lieve,
> Ki à tout mon vivant me fieve *,
> Fet que le congié vous demant,
> Si dolens que li cuers me crieve ;
> Quar nule riens tant ne me grieve
> Com fet dire, à Diu vous comant **.

Il appelle cette maladie :

> Une ochoisons honteuse et laide
> Ki m'a fait guerpir mon estage... ***.

Il l'accepte comme une expiation de ses fautes :

> Tant m'est mès cis siecles divers
> Ke n'os aler fors les travers.
> Nule povretés ne m'effronte,
> Tant mon mal oubli et mesconte ;
> Mais la penitance est el honte
> Ki séus est et descovers ;
> Et Diex, qui toute riens sormonte,
> En penitance le me conte,
> Quar trop aroie en deux infers ****!

Un autre poète d'Arras était frappé d'une plaie semblable : Baude Fastoul s'écriait en même temps :

> Aler m'estuet à terme brief
> U je paierai grant relief
> Ains que j'aie pain ne tourtel ;
> Eskievin ont trouvé un brief,
> Ke je doi recevoir le fief
> Ki vient de par Jehan Bodel *****.

Ainsi les deux poètes étaient exclus d'Arras comme affligés d'une maladie contagieuse, vraisemblablement de la ladrerie, triste fruit de l'inconduite que les croisés rapportaient souvent des expéditions d'outre mer ; il est difficile d'entendre différemment ce passage :

> Hé! maistre Guillaume Reel,
> Donnés ces lettres sans seel
> Maistre Jaquemon Travelouce,
> Soit en gardin, u en praiel,
> Tant k'il sace l'œuvre Israel
> Que j'ai empraint desous me houce.
> Je n'os à lui parler de bouce ;
> Car il n'est mais nus ki ne grouce
> Quant je vois près de son kaiel *,
> Pour le mal ki point ne m'adouce.
> J'aime miex aler comme bouce,
> J'ai mis me cose en un raiel.
> Enfertés, ki mon cors meshaigne,
> Pour coi tous li mons me desdaigne,
> Me fait de cascun estre eskiu **.

En proie à cette affreuse maladie, Jean Bodel ne put suivre saint Louis à sa dernière croisades ; il en témoigne ainsi ses regrets :

> Espoir, se j'alaisse en la voie
> U jou pas aler ne devoie,
> Que miex me fust de no voiage ;
> Mès j'ai fait mon pelerinage :
> Diex m'a defendu le passage,
> Dont bone volenté avoie ;
> Neporquant je l'en tieng à sage :
> Mors est, j'en ai éu mesage,
> Li Sarazins que jou haoie ***.

Séquestré au monde, Jean Bodel descendit tout vivant dans la tombe ; on ne sait plus rien de son sort.

Jean Bodel est l'auteur d'une de nos plus anciennes pièces dramatiques : il a mis en scène un miracle attribué à saint Nicolas, évêque de Myre. C'est le principal ouvrage de notre poète qui soit parvenu jusqu'à nous, et qui soit de lui incontestablement.

---

* *Fiert*, frappe.
** *Li Congiés Jehan Bodel*, v. 43. (*Fabliaux et Contes*, t. I, p. 136.)
*** *Ibid.*, v. 266.
**** *Ibid.*, v. 208.
***** *Congiés Baude Fastoul d'Arras*, v. 223. (*Fabliaux et Contes*, t. I, p. 119.)

---

* Siége, chaise.
** *Congiés Baude Fastoul d'Arras*, v. 289. (*Fabliaux et Contes*, t. I, p. 121.)
*** *Li Congiés Jehan Bodel*, v. 148.

Au moyen-âge des hommes pieux et crédules composèrent une vie de saint Nicolas, dont ils firent un tissu de prodiges. La science de la critique était nulle ; on aurait cru refuser quelque chose à la toute-puissance divine, si on avait hésité à admettre un miracle.

On attribue à Methodius, patriarche de Constantinople qui vivait au IX° siècle, la vie de saint Nicolas, copiée depuis dans toutes les légendes et accueillie quatre siècles après par Jacques de Voragine dans la *Légende dorée* ; les miracles apocryphes qu'elle contient étaient même passés dans les offices de l'église d'Occident, malgré la résistance des ecclésiastiques éclairés. C'est ce qu'on voit dans le *Rationale divinorum officiorum* de Guillaume Durand, évêque de Mende au XIII° siècle.

Les rituels des XI° et XII° siècles contiennent en effet une prose en l'honneur de saint Nicolas, où sont célébrées les merveilles qu'on se plaisait à attribuer à ce saint, comme autant de faits certains et authentiques.

De cette prose il n'y avait plus qu'un pas à faire pour donner à ces miracles une forme dramatique : au XII° siècle, Hilaire, disciple d'Abélard, et un moine de l'abbaye de Saint-Benoît-sur-Loire, dont le nom est inconnu, composèrent des mystères latins sur les principaux événemens de la vie de saint Nicolas. Ces pièces étaient représentées dans les églises, au milieu des offices divins ; elles sont écrites en vers rimés, dont la latinité semble calquée sur le langage vulgaire : c'est du roman mis en bas latin, tel qu'on le parlait alors dans les cloîtres.

Le miracle composé par Hilaire, qui vivait au milieu du XII° siècle, est intitulé *Ludus super iconiâ sancti Nicolai* ; il offre cette particularité très remarquable que des refrains en romane française y sont mêlés aux vers latins*. Le moine de Saint-Benoît a traité quatre sujets relatifs à saint Nicolas ; le troisième mystère a pour titre : *De sancto Nicholao et de quodam Judeo* *. C'est le même sujet qu'a traité le disciple d'Abélard.

Il y avait environ cent ans qu'on jouait ces miracles dans quelques églises, quand Jean Bodel conçut l'idée de transporter la représentation d'une de ces scènes édifiantes dans les villes et dans les manoirs à tourelles des seigneurs châtelains **.

Il choisit le miracle de la statue de saint Nicolas, et il le joua, ou il le fit jouer, devant une réunion nombreuse, la veille de la fête du saint. C'est ce que le prologue nous apprend.

> Oiiés, oiiés, seigneur et dames...
> Nous volommes parler anuit
> De saint Nicolai, le confés,
> Qui tant biaus miracles a fais ***...

L'auteur raconte ici le miracle, et il termine en disant :

> Signeur, che trouvons en le vie
> Del saint dont anuit est la veille...
> ... Canques vous nous verrés faire
> Sera essamples, sans douter,
> Del miracle representer,
> Ensi con je devisé l'ai.
> Del miracle saint Nicolai
> Est chis jeus fais et estorés.
> Or nous faites pais, si l'orrés ****;

Le disciple d'Abélard et le moine de Saint-Benoît mirent en scène le miracle tel qu'il est raconté dans la Légende et dans l'office du saint : c'est un juif qui, plein de confiance dans saint Nicolas, confie à une de ses statues la garde de ses richesses. Des vo-

---

* *Hilarii versus et ludi.* Lutetiæ parisiorum, apud Techener, 1838, in-8°, p. 34. Cette édition *princeps*, a été publiée par M. Champollion-Figeac, sur un manuscrit du XII° siècle, récemment acquis par la Bibliothèque Royale.

* *Mysteria et Miracula ad scenam ordinata, in cænobiis olim à monachis repræsentata*, édition *princeps*, publiée par l'auteur de cette notice, en société avec M. l'abbé de la Bouderie, pour la Société des Bibliophiles français, à la suite du *Jeu de saint Nicolas*, par Jehan Bodel. Paris, 1834, in-8°, p. 109.

** L'usage de représenter des pièces sur des sujets saints dans les villes de l'ancien Artois s'est conservé jusqu'à nos jours. On peut consulter sur ce point les *Études sur les Mystères*, par M. Onésime le Roy. Paris, 1837, in-8°, p. 145 et *passim*.

*** *Li Jus S. Nicholai*, v. 1.

**** *Ibid.*, v. 104.

leurs surviennent, ils enlèvent le trésor, et le juif ne retrouvant plus dans sa boutique que la petite statue, lui adresse des menaces, qu'il termine en disant :

> Tuum testor Deum,
> Te, ni reddas meum,
> Flagellabo reum.
> . Hore est enci.
> Quare me rent ma chose, que g'ei mis ci *.

Le saint apparaît aux voleurs, les menace de la potence, et les oblige ainsi à rapporter au juif tout ce qu'ils lui ont volé.

Jean Bodel a étendu l'action dramatique; il place la scène au milieu des infidèles, et dans toute la pièce il fait une allusion évidente aux croisades. Il est vraisemblable que le poète artésien s'était lui-même croisé, et qu'il avait fait partie de la première expédition de saint Louis, qui, en 1248, s'embarqua à Aigues-Mortes pour marcher à la conquête des lieux saints **.

Le roi d'Afrique a convoqué toutes les puissances barbares : tous les peuples soumis à l'islamisme se sont émus, depuis la côte occidentale de l'Afrique jusqu'au Séc-Arbre, regardé alors comme l'extrémité du monde du côté de l'Orient. Les chrétiens combattent, mais sans apparence de succès ; ils n'ambitionnent qu'une mort sainte et glorieuse. Un nouveau chevalier fait à Dieu une prière touchante, où se retrouve une pensée que le grand Corneille a rendue presque populaire. Le chevalier s'écrie :

> Segneur, se je sui jones, ne m'aiés en despit ;
> On a véu souvent grant cuer en cors petit.

---

* Hilarii versus et ludi, p. 36.
** Il est probable également que le roi Adam, autrement appelé Adenès, partit à la même époque pour l'Orient, où il est allé, si nous en croyons ces vers de son Roman de Beuves de Commarchis qu'aucun de ses biographes n'a remarqués jusqu'ici, et qui expliquent si bien la composition de son Roman de Cléomadès : Guillaume d'Orange, combattant les païens,

> Si en refiert un autre qui fu nés de Garsoing,
> Qui siet de là Arrabe, seur l'aigue de Marsoing.
> En la terre ai esté : pour ce le vous tesmoing.

(Manuscrit de la Bibliothèque de l'Arsenal, belles-lettres françaises, in-folio, n° 175, folio 180 verso, col. 2, v. 19.) F. M.

Les chrétiens succombent, tous obtiennent la palme du martyre.

Cette partie de la pièce contient évidemment des allusions historiques ; peut-être le poète avait-il en vue le fatal combat de la Massoure, livré le 9 février 1249, où périt, digne d'un meilleur sort, le comte d'Artois, frère de saint Louis.

Un écrivain moderne pense que le jeune chrétien qui prélude en romane aux beaux vers du Cid, était, dans la pensée du poète, le prince brave, mais téméraire, qui tomba à la Massoure de la mort des héros* : nous le voudrions aussi, notre vieille pièce y gagnerait ; mais les rapprochemens de l'histoire s'y opposent. Jean Bodel met ce noble langage dans la bouche d'un *nouveau chevalier*, c'est-à-dire d'un jeune seigneur qui vient de gagner ses éperons : ce qui ne pouvait convenir au frère de saint Louis, fait chevalier à 21 ans, aux fêtes de la Pentecôte de l'année 1237.** Il n'en reste pas moins constant pour nous que l'intérêt de cette pièce était fondé sur des allusions aux malheurs tout récens de la première croisade de saint Louis, et à la mort des chrétiens tués en Afrique, en combattant au nom de la religion pour la conquête de Jérusalem et des lieux saints.

La pièce de Jean Bodel contient aussi beaucoup de détails de mœurs et des scènes populaires qui sont aujourd'hui d'une intelligence assez difficile ; notre collaborateur a fait tous ses efforts pour éclaircir les passages les plus obscurs ; mais souvent il a dû y renoncer, bien que ses études sur les langues secrètes et sur les Bohémiens ou Égyptiens de l'Europe, pendant le moyen-âge, lui donnassent l'espoir de comprendre les mots d'argot qui se trouvent en assez grand nombre dans le Jeu de saint Nicolas.

Le Jeu de saint Nicolas n'existe, à notre connaissance, que dans le beau manuscrit de la Vallière qui est à la Bibliothèque du Roi sous le numéro 81, *olim* 2736, folio 60 recto, col. 1.

---

* *Études sur les Mystères*, par M. Onésime le Roy. Paris, 1837, page 24.
** *Histoire généalogique et chronologique de la maison royale de France*, t. I, p. 381.

Le Grand d'Aussy a donné dans ses *Fabliaux ou Contes, Fables et Romans du xiie et du xiiie siècle* un extrait fort succinct du Jeu de saint Nicolas *.

La pièce de Jean Bodel a été publiée pour la première fois par nous, en 1834, pour la Société des Bibliophiles français ; mais à trente exemplaires seulement. Ce volume, sorti des presses de Firmin Didot, contient en outre dix jeux latins composés par le moine anonyme de l'abbaye de Saint-Benoît, publiés par M. l'abbé de la Bouderie et par nous, d'après le manuscrit unique de la Bibliothèque d'Orléans. Ces dix jeux ou mystères sont suivis de *la Vie de monsignour saint Nicholai*, d'après un manuscrit de la fin du xiiie siècle, conservé à la Bibliothèque Royale, sous le numéro 7023, in-folio, ancien fonds ; et enfin le volume est terminé par *li Livres de saint Nicholay* de Wace. Ce dernier ouvrage n'avait pas encore été imprimé entièrement ; nous l'avons publié d'après le manuscrit du Roi no 7268. 3. 3. A, fonds de Colbert, et le manuscrit de l'Arsenal no 283, in-folio. B. L. F.

L'extrême rareté de ce livre nous a déterminé à en donner ici la description. On y a joint le fac-similé des quatre principaux manuscrits dont il a été fait usage.

L'ouvrage n'est pas encore complet : il y manque la notice préliminaire et le glossaire.

On a encore de Jean Bodel :

1o *Li Congiés Jehan Bodel d'Arras*. Cette pièce se trouve dans les *Fabliaux et Contes* de Barbasan, t. I, p. 135, de l'édition donnée par Méon en 1808.

2o Des chansons **.

M. de la Borde indique cinq chansons attribuées à Jean Bodel *.

Galland a cité, dans un mémoire sur quelques anciens poètes, quelques vers d'un roman sur la bataille de Roncevaux, où l'auteur dit que Jean Bodel avait fait un roman sur le même sujet ; il y parle de l'histoire

> Que Jean Bodiaux fit que les langue ot polie,
> De biaux savoir parler et de science acquisie **.

Le manuscrit cité par Galland existait de son temps dans la bibliothèque de M. Foucault. Nous ignorons ce qu'il est devenu.

Il est un autre roman important par son objet, qui paraît aussi devoir être attribué à Jean Bodel, ou Jean Bordiaus, noms qui semblent appartenir au même poète. C'est le Roman de Guiteclin de Sassoigne, ou Widukind de Saxe. Il dit, dans son début :

> Cil bastart jugleor qui vont par ces viliaus
> ....
> Chantent de Guiteclin li compiaus serjaus ;
> Mais cil qui plus en set en est come jumax,
> Car il ne sevent mie les riches vers nouviaus
> Ne la chançon rimée que fist Jehan Bordiaus ***.

M. Francisque Michel a mis sous presse une édition de ce curieux ouvrage, qui paraîtra bientôt chez Techener, en deux volumes in-12.

L.-J.-N. M.

---

* Édition de Renouard, t. II, p. 185-190. Il y a aussi un article sur le Jeu de saint Nicolas, par M. O. le Roy, dans *le Temps* du lundi 5 octobre 1835. Cet article, au reste, a été répété dans les *Études sur les Mystères*, du même auteur. F. M.

** L'une de ces chansons est sur le sujet de Robin et Marion. Nous l'avons insérée plus haut, p. 40.

* *Essai sur la musique ancienne et moderne*, t. II, p. 316.

** *Discours sur quelques anciens poètes et sur quelques romans gaulois peu connus*, dans les *Mémoires de l'Académie des Inscriptions et Belles-Lettres*, t. II, p. 736.

*** Vers cités par M. Monin dans les *Additions* à sa *Dissertation sur le Roman de Roncevaux*. Paris, Imprimerie Royale, 1832, in-8o.

Le manuscrit de l'Arsenal, coté 175, belles-lettres françaises, et, sans aucun doute, le plus correct, porte *Jehans Bodiaus*, ce qui lève toute difficulté. F. M.

C'EST LI JUS
DE SAINT NICHOLAI.

NOMS DES PERSONNAGES.

LI ANGELES.
S. NICHOLAIS.
LI ROIS.
LI SENESCAUS.
LI AMIRAUS { DEL COINE.
D'ORKENIE.
D'OLIFERNE.
DU SEC-ARBRE.
AUBERONS, li courlius.
LI CRESTIEN.

UNS CRESTIENS, ou LI PREUDOM.
CONNARS, li crieres.
LI TAVRENIERS, ou LI OSTES.
CAIGNÈS, son valet.
RAOULES, autre criere.
CLIKÈS,
PINCEDÉS, } joueurs et voleurs.
RASOIRS,
DURANS, geolier.

LI PREECIERES.

Oiiés, oiiés, seigneur et dames,
Que Diex vous soit garans as ames!
De vostre preu ne vous anuit;
Nous volommes parler anuit
De saint Nicolai, le confès,
Qui tant biaus miracles a fais.
Che nous content li voir disant
Qu'en sa vie trouvons lisant,
Que jadis fu uns rois païens
Qui marchissoit as crestiens:
Chascun jour ert entr'eus la guerre.
Un jour fist li païens requerre
Les crestiens en itel point
Que il ne se gaitoient point;

LE PRÊCHEUR.

Oyez, oyez, seigneurs et dames, que Dieu protége vos ames! Ne vous ennuyez pas de votre profit; nous voulons parler aujourd'hui de saint Nicolas, le confesseur, qui a fait tant de beaux miracles. Ceux qui disent vrai nous content ce que nous lisons dans sa vie, (savoir) que jadis fut un roi païen qui était voisin des chrétiens : chaque jour la guerre était entre eux. Un jour le païen fit attaquer les chrétiens en un moment où ils ne se gardaient pas; ils furent déçus et surpris; il y en eut beaucoup de morts et de prisonniers. (Les païens) les déconfirent facilement, tant qu'ils virent en une

Dechéu furent et souspris;
Mout en i ot et mors et pris.
Legierement les desconfirent,
Tant qu'en une manoque virent
Ourer un preudomme d'eage,
A genous devant une ymage
De saint Nicolai le baron.
Là vinrent li cuivert felon ;
Mout li firent honte et anui ;
Puis prisent et l'image et lui,
Mout ferm l'adestrerent et tinrent,
Tant que il devant le roy vinrent,
Qui mout fu liés de le victoire ; ·
E chil li conterent l'estoire
Del crestien, che fu la somme.
« Vilains, dist li rois au preudome,
En chel fust as-i-tu creanche ? »
— « Sire, ains est fais en le sanlanche
Saint Nicolai, que je mout aim :
Pour che l'aour-je et reclaim,
Que nus hom, qui l'apiaut de cuer,
N'iert jà esgarés à nul fuer ;
Et s'est si bonne gardé eslite
Que il monteploie et pourfite
Canque on li commande à garder. »
— « Vilains, je te ferai larder
S'il ne monteploie et pourgarde
Mon tresor ; je li met en garde
Pour ti sousprendre à occoison. »
A tant le fait metre en prison,
Et un carquan ou col fremer ;
Puis fist ses escrins deffremer
Et deseure couchier l'image,
Puis dist se nus l'en fait damage,
Et il ne l'en set rendre conte,
Mis iert li crestiens à honte.
Ensi commanda son avoir,
Tant c'as larrons vint assavoir.
Une nuit il .iij. s'assanlerent ;
Au tresor vinrent, si l'emblerent ;
Et quant il l'en orent porté,
Si leur donna Diex volenté
De dormir : tés sommes lor vint
Qu'illœuc en dormir les couvint,
Ne sai où, en un abitacle.
Mais pour abregier le miracle,
M'en passe outre selonc l'escrit.
Et quant che sot li rois, et vit
Que son tresor a desmané,
Lors se tint-il à engané.

petite maison un prud'homme d'âge prier à genoux devant une image de saint Nicolas le baron. Là vinrent les vils mécréans ; ils lui firent beaucoup de honte et de peine ; puis ils prirent l'image et lui, le serrèrent de près et le tinrent très-fortement, tant qu'ils vinrent devant le roi, qui fut très-joyeux de la victoire ; et ceux-ci lui contèrent l'histoire du chrétien, ce fut tout. « Vilain, dit le roi au prud'homme, as-tu créance en ce bois ? » — « Sire, mais il est fait à l'image de saint Nicolas, que j'aime beaucoup : pour cela je le prie et l'invoque, car personne, qui l'appelle de cœur, ne sera jamais égaré en aucune manière ; et sa garde est si bonne qu'il multiplie et fait profiter tout ce qu'on lui recommande de garder. » — « Vilain, je te ferai larder s'il ne multiplie et garde bien mon trésor ; je le lui mets en garde pour te confondre par l'expérience. » Alors il le fait mettre en prison, et ordonne qu'on lui rive un carcan au cou ; puis il fit ouvrir ses coffres et coucher l'image dessus ; puis il dit (que) si aucun lui en fait tort, et qu'il ne sache en rendre compte, le chrétien sera maltraité. Il recommanda ainsi son avoir, tant que cela vint à la connaissance des larrons. Une nuit ils s'assemblèrent (au nombre de) trois, vinrent au trésor, l'enlevèrent ; et quand ils l'eurent emporté, Dieu leur donna l'envie de dormir : tel sommeil leur vint qu'il leur fallut dormir, je ne sais où, dans une cabane. Mais, pour abréger le miracle, je passe outre dans l'écrit. Et quand le roi sut cela, et vit que son trésor a déménagé, alors il se tint pour attrapé. Il commande que l'on amène le vilain. Quand il le voit, il lui demande : « Vilain, pourquoi m'as-tu déçu ? » A peine fut-il possible au prud'homme de répondre, et ceux qui le tenaient des deux côtés l'emmenaient. L'un le pousse, l'autre le tire. Le roi commande qu'on le fasse mourir de mort laide et honteuse. « Ah, roi ! pour (l'amour de) Dieu ! donne-moi du répit aujourd'hui seulement, fait-le chrétien, (pour) savoir si saint Nicolas me délivrerait de ces chaînes. » A grand'peine il lui donna ce délai ; mais l'écrit raconte qu'il le fit remettre dans sa prison ; et quand il y fut remis, il fut en orai-

Le vilain amener commande.
Quant il le vit, se li demande :
« Vilains, pour coi m'as-tu dechut ? »
A paines respondre li lut
Le preudome, si le menoient
Chil qui d'ambes pars le tenoient.
L'un le boute, l'autre le sache.
Li roys commande c'on le sache
Morir de mort laide et despite.
« A, roys ! pour Dieu ! car me respite
Anuit mais, fait li crestiens ;
Savoir se jà de ches liens
Me geteroit sains Nicolais. »
A grant paine l'en fist relais ;
Mais issi le conte le lettre
Qu'en se chartre le fist remettre ;
Et quant remis fu en prison,
Toute nuit fu à orison :
Onques de plourer ne cessa.
Sains Nicolais s'achemina,
Qui n'ouvlie pas son serjant ;
As larrons en vint ataignant,
Ses esvilla, car il dormirent ;
Et maintenant, quant il le virent,
Si furent lœus entalenté
D'esploitier à se volenté ;
Et il, sans point de deporter,
Lors fist arriere reporter
Le tresor, sans point de demeure,
Et mettre l'ymage deseure
Ensi comme il l'orent trouvé.
Quant li roys l'ot ensi prouvé
Le haut miracle du bon saint,
Lors commanda que on li maint
Le preudomme, sans lui grever.
Baptisier se fist et lever,
Et lui et ses autres païens ;
Preudom fu et bons crestiens ;
Ainc puis n'ot de mal faire envie.
Signeur, che trouvons en le vie
Del saint dont anuit est la veille :
Pour che n'aiés pas grant merveille
Se vous veés aucun affaire ;
Car canques vous nous verrés faire
Sera essamples, sans douter,
Del miracle representer
Ensi con je devisé l'ai.
Del miracle saint Nicolai
Est chis jeus fais et estorés :
Or nous faites pais ; si l'orrés.

son toute la nuit : il ne cessa pas un seul instant de pleurer. Saint Nicolas, qui n'oublie pas son serviteur, se mit en chemin ; il s'en vint aux larrons, les éveilla, car ils dormaient ; et dès qu'ils le virent, ils furent d'avis sur-le-champ d'agir à sa volonté ; et celui-ci, sans s'amuser, leur fit reporter le trésor, sans retard, et mettre l'image dessus ainsi qu'ils l'avaient trouvée. Quand le roi eut ainsi éprouvé le haut miracle du bon saint, alors il commanda qu'on lui amenât le prud'homme, sans lui faire de mal. Il se fit baptiser et tenir sur les fonts, lui et ses autres païens ; il fut prud'homme et bon chrétien ; depuis il n'eut jamais envie de faire mal. Seigneurs, nous trouvons ceci dans la vie du saint dont aujourd'hui est la veille : pour cela ne vous étonnez pas si vous voyez aucune affaire ; car tout ce que vous nous verrez faire sera, n'en doutez pas, la répétition de la représentation du miracle ainsi que je l'ai raconté. Ce jeu est fait et construit avec le miracle de saint Nicolas : maintenant faites-nous silence ; vous l'entendrez.

AUBERONS LI COURLIUS.	AUBERON LE COURRIER.
Roys, chil Mahom qui te fist né, Saut et gart toi et ten barné, Et te doinst forche de resqueurre De chiaus qui te sont courut seure, Et te terre escillent et proient, Et nos Dieus n'onneurent ne proient, Ains sont crestien de put lin !	Roi, ce Mahomet qui te fit naître, te sauve et garde toi et ton baronage; qu'il te donne la force de te défendre contre ceux qui te sont courus sus, qui dévastent et pillent ta terre, qui n'honorent et ne prient nos Dieux, mais qui sont chrétiens de vile extraction !
LI ROIS au senescal.	LE ROI au sénéchal.
Ostes, pour mon Dieu Apolin ! Sont dont crestien en ma terre ? Ont-il esméue la guerre ? Sont-il si hardi ne si os ?	Othon, pour mon dieu Apollon ! les chrétiens sont-ils donc en ma terre ? ont-ils engagé la guerre ? Sont-ils si hardis et si osés ?
AUBERONS au roi.	AUBERON au roi.
Rois, tés empires ne teuls os Ne fu puis que Nœus fist l'arche, Con est entrée en ceste marche; Par tout keurent jà li fourrier, Putain et ribaut et houlier Vont le païs ardant à pourre. Roys, s'or ne penses de rescourre, Mise est à perte et à lagan.	Roi, telles forces ni telle armée ne fut depuis que Noé fit l'arche, comme celles qui sont entrées sur cette frontière; les fourriers courent déjà partout, p......, ribauds et macq.... livrent le pays à l'incendie. Roi, si tu ne penses à te défendre, (ta terre) est mise à feu et à sac.
LI ROIS à Tervagan.	LE ROI à Tervagan, son idole.
A ! fiex à putain, Tervagan *, Avés-vous dont souffert tel œuvre ? Con je plaing l'or dont je vous cuevre Che lait visage et che lait cors ! Certes, s'or ne m'aprent mes sors Les crestiens tous à confondre, Je vous ferai ardoir et fondre Et departir entre me gent ; Car vous avés passé argent, Si estes du plus fin or d'Arrabe.	Ah ! fils de p....., Tervagan, avez-vous donc souffert ceci ? Comme je regrette l'or dont je couvre votre laid visage et votre laid corps ! Certes, si maintenant mes conjurations ne m'apprennent à confondre tous les chrétiens, je vous ferai brûler et fondre et partager entre mes gens; car vous avez passé argent, et vous êtes du plus fin or d'Arabie. (*Au sénéchal.*) Sénéchal, il s'en faut de peu que je n'enrage, et je meurs de colère et de chagrin.
LI ROIS au senescal.	
Senescaus, à poi je n'esrabe, Et muir de mautalent et d'ire.	
LI SENESCAUS.	LE SÉNÉCHAL.
A, roys ! ne l' déussiés pas dire Tel outrage ne tel desroi. N'afiert à conte ni à roi D'ensi ses Diex mesaesmer : Vous en faites mout à blamer; Mais puis que conseillier vous doi, Alons à Tervagan andoi	Ah, roi ! vous ne devriez pas dire tel outrage ni telle extravagance. Il ne convient ni à comte ni à roi de vilipender ainsi ses Dieux : vous en êtes très-blâmable; mais puisque je vous dois conseiller, allons tous deux à Tervagan (le) prier, nus coudes et nus genoux,

---

* Voyez, sur ce nom, un mémoire de Percy, inséré dans ses *Reliques of ancient English Poetry*, édition de 1775, t. I, p. 70-78 ; un autre de Ritson, *ancient Engleish metrical Romanceés*, t. III, p. 257 et suivantes; et une note sur *Termagaunt* et *Mahound*, par Todd, dans son édition des OEuvres d'Edmund Spenser. Londres, 1805, huit volumes in-8°, t. VII, p. 27, 28 et 29. Voyez, en outre, le Glossaire de la *Chanson de Roland*, p. 195, col. 1. M. Éloi Johanneau, dans les notes qu'il a ajoutées à la 2e édit. des *Vingt-trois manières de Vilains*, a assigné à *Tervagan* une singulière étymologie : il veut que ce nom vienne d'*extravagant. Teneatis risum, amici.*

Prier qu'il ait de nous pardons,
A nus keutes, à nus genous;
Si que par sa sainte vertu
Soient crestien abatu;
Et se l'onnour devons avoir,
Que il nous en fache savoir
Tel vois et tel senefianche
Où nous puissons avoir fianche.
En che conseil n'a point d'engan;
Et si prometés Tervagan
.X. mars d'or, à croistre ses joes.

LI ROIS au senescal.

Alons-i, puis que tu le loes.
Tervagan, par melancolie,
Vous ai hui dit mainte folie;
Mais g'iere plus ivres que soupe.
Merchi vous proi, s'en renc me coupe,
A nus genous et à nus keutes,
Que miex me venist avoir teutes.
Sire, li tiens secours me viegne,
Et de no loy hui te souviegne,
Que crestien tolir nous cuident.
Jà sont espars par me terre ample.
Sire, par sort et par essample,
Me demoustre comment s'en wident;
Si le moustre à ton ami,
Par sort ou par art d'anemy,
S'envers aus me porrai resceurre.
En tel maniere le me di :
Se je doi gaagnier, si ri;
Et se je doi perdre, si pleure.
Senescal, que vous est avis?
Tervagan a plouré et ris;
Chi a mout grant senefianche.

LI SENESCAUS.

Certes, sire, vous dites voir;
El rire poés-vous avoir
Grant séurté et grant fianche.

LI ROIS.

Senescal, foi que dois Mahom!
Si que tu ies mes liges hom,
Che sort me demoustre et espiel.

LI SENESCAUS.

Sire, foi que je doi vo cors!
S'espielus vous estoit li sors,
Je croi jà ne vous sera bel.

LI ROIS.

Senescal, n'aiés pas péur;
De tous mes Diex vous asséure.
Jus soit, et fies-te necaudent.

qu'il nous pardonne, en sorte que par sa sainte vertu les chrétiens soient abattus; et si nous devons avoir la victoire, qu'il nous fasse entendre telle voix et nous montre tel signe où nous puissions avoir confiance. Dans ce conseil il n'y a point de piége; et promettez à Tervagan dix marcs d'or, à croître ses joues.

LE ROI au sénéchal.

Allons-y, puisque tu le conseilles.—Tervagan, par colère, je vous ai dit aujourd'hui mainte folie; mais j'étais plus ivre que soupe. Je vous prie de me le pardonner, je m'en reconnais coupable, à nus genoux et à nus coudes; mieux vaudrait que je me fusse tu. Sire, que ton secours me vienne, et qu'il te souvienne aujourd'hui de notre loi, que les chrétiens comptent nous faire abjurer. Ils sont déjà épars sur toute l'étendue de ma terre. Sire, par magie et par signe, montre-moi la manière de les faire retirer; montre à ton ami si, par magie et par art diabolique, je me pourrai défendre contre eux. Dis-le-moi de telle manière : si je dois gagner, ris; et si je dois perdre, pleure. — Sénéchal, que vous est avis? Tervagan a pleuré et ri; il y a en ceci un sens très-profond.

LE SÉNÉCHAL.

Certes, sire, vous dites vrai; vous pouvez avoir dans le rire grande sécurité et grande confiance.

LE ROI.

Sénéchal, (par la) foi que je dois à Mahomet ! comme tu es mon homme-lige, donne-moi le sens et l'explication de ce sort.

LE SÉNÉCHAL.

Sire, (par la) foi que je dois à votre corps! si le sort vous était expliqué, je crois qu'il ne vous plairait pas.

LE ROI.

Sénéchal, n'ayez pas peur; par tous mes Dieux! soyez en sécurité. Explique, et fie-toi, quoi qu'il en soit, (à ma parole).

LI SENESCAUS.

Sire, bien vous croi seur les Diex;
Mais assés vous querroie miex
Se vous l'ongle hurtiés au dent*.

LI ROIS.

Senescal, n'aiés pas doutanche;
Vés chi le plus haute fianche :
Se vous aviés men pere mort,
N'averiés-vous mais de moi garde.

LI SENESCAUS.

Or n'ai pas le langue couarde ;
Jà seront despondu li sort :
Che qu'il rist, prim[e]s, c'est vos biens;
Vous vainterés les crestiens
A l'eure que contre aus irés ;
Et s'ot droit s'il ploura après,
Car c'est grans dolours et grans piés
Qu'en fin vous le relenquirés :
Ensi avenra entresait.

LI ROIS.

Senescal, .v.c. dehais ait
Qui dist ne qui l'a en pensé !
Mais, foi que doi tous mes amis !
Se li dois ne fust au dent mis,
Jà Mahom ne t'éust tensé
Que ne te féisse deffaire.
Cui qu'aut, or parlons d'autre affaire;
Alés, se faites crier l'ost;
Que tout viegnent en me besoigne
D'Orient dusqu'en Kateloigne.

LI SENESCAUS.

Or chà ! Connart, si crie tost.

CONNARS.

Oiiés, oiiés, oiés, signeur,
Oiés vo preu et vo honneur.
Je fac le ban le roy d'Aufrike :
Que tout i viegnent, povre et rique,
Garni de leur armes, par ban.
De le terre Prestre-Jehan
Ne remaigne jusques al Coine;
D'Alixandre, de Babiloine,

LE SÉNÉCHAL.

Sire, je vous crois bien quand vous prenez les Dieux à témoin; mais je vous croirais bien plus si vous heurtiez votre ongle contre votre dent.

LE ROI.

Sénéchal, n'ayez pas de crainte; voici la plus haute garantie : si vous aviez fait mourir mon père, vous n'auriez plus à vous garder de moi.

LE SÉNÉCHAL.

Maintenant je n'ai pas la langue couarde; les présages seront expliqués : son rire, d'abord, c'est votre bien; vous vaincrez les chrétiens à l'heure que vous irez contre eux; et il eut raison s'il pleura après, car c'est grande douleur et grande pitié qu'à la fin vous l'abandonnerez : ainsi il adviendra un de ces jours.

LE ROI.

Sénéchal, cinq cents malheurs aït celui qui le dit ou qui le pense ! Mais, (par la) foi que je dois à tous mes amis ! si le doigt n'eût été mis à la dent, Mahomet ne t'aurait pas empêché d'être mis à mort. Quoi qu'il en soit, parlons maintenant d'autre affaire ; allez, et faites que l'armée soit criée; que tous viennent à mon aide depuis l'Orient jusqu'en Catalogne.

LE SÉNÉCHAL.

Or çà ! Connart, crie vite.

CONNART.

Oyez, oyez, oyez*, seigneurs, oyez votre profit et votre honneur. Je fais le ban du roi d'Afrique : que tous y viennent, pauvres et riches, garnis de leurs armes, par ban. Qu'il ne reste personne depuis la terre du Prêtre-Jean jusqu'à Iconium;

---

in-folio, n° 175, folio 183 verso, col. 2, v. 8.)

Por l'otroier fiert son doi à sa dant.

(*Li Moinages Renouart*, manuscrit de la Bibliothèque Royale n° 6985, folio 233 verso, col. 2, v. 38.)

* Toutes les proclamations anglaises commencent encore par ce mot que les crieurs publics prononcent, sans le comprendre: *O yes, o yes*.

---

* Voici d'autres exemples de ce singulier usage :

Sa loi jure, et en a son dent dou doit hurté,
Que tout metra pour tout, ou ce iert recouvré.

(*Roman de Beuves de Commarchis*, par Adenès, manuscrit de l'Arsenal, belles-lettres françaises,

Li Kenelieu*, li Achopart **,
Tout vegnent garni ceste part,
Et toute l'autre gent grifaigne***.
Séurs soit quiconques remaigne
Que li roys le fera tuer.
N'i a plus, or poès huer.

LI ROIS à Auberon.

Diva! ies-tu chaiens, Auberons, mes courlieus?

AUBERONS.

Sire, veés-me chi, ne vous sui mie eskiex.

LI ROIS.

Auberon, au bien courre soies entalentiex;
Va-moi par tout semonre Gaians et Queneliex****.
Moustre par tout mes lettres et mon seel apert,
Comment par crestiens ma loys dechiet et pert.
Chil qui demourront soient séur et chiert
Qu'il et leur oir seront à tous jours mais cuivert.
Va-t'en; je te cuidoie jà dehors le banlieue.

AUBERONS.

Sire, n'en doutés jà; nus cameus une lieue
N'est tant isniaus de courre que je ne raconsieue,
Derrier moi ne le meche devant demie-lieue.

LI TAVRENIERS.

Chaiens, fait bon disner chaiens;
Chi a caut pain et caus herens,
Et vin d'Aucheurre à plain tonnel.

AUBERONS.

A! saint Beneoit, vostre anel
Me laissiés encontrer souvent!

AUBERONS au tavrenier.

Que vent-on chaiens?

LI TAVRENIERS.

Con i vent?
Amis, un vin qui point ne file.

que les Kenelieu, les Achopars, ainsi que toutes les autres nations sauvages, viennent ici armées d'Alexandrie, de Babylone. Celui qui restera (dans ses foyers) qu'il soit sûr que le roi le fera tuer. Il n'y a plus (rien à dire), maintenant vous pouvez appeler.

LE ROI à Auberon.

Holà! es-tu là, Auberon, mon courrier?

AUBERON.

Sire, me voici, je ne vous manque point.

LE ROI.

Auberon, applique-toi à bien courir; va-moi partout sommer Géans et Kenelieu; montre partout mes lettres et mon sceau ouvertement; (ils verront) comment par les chrétiens ma loi décroît et perd. Ceux qui resteront (chez eux) soient sûrs et certains, qu'eux et leurs héritiers seront à tout jamais (tenus pour) félons. Va-t'en; je te croyais déjà hors de la banlieue.

AUBERON.

Sire, n'ayez pas peur; il n'est pas de chameau si agile à courir pendant une lieue que je ne le rattrape et laisse une demi-lieue derrière moi.

LE TAVERNIER.

Céans il fait bon dîner; céans il y a pain chaud et harengs chauds, et vin d'Auxerre à plein tonneau*.

AUBERON.

Ah! saint Benoît, laissez-moi rencontrer souvent votre anneau!

AUBERON au tavernier.

Que vend-on céans?

LE TAVERNIER.

Ce que l'on y vend? ami, du vin qui point ne file.

---

* Ce nom se trouve deux fois dans la *Chanson de Roland*. Voyez le Glossaire, p. 175, col. 1.

** As mains le preignent païen et sarrazin,
Tur et Persaut et li Amoravin
Et *Acopart*, Esclamor, Bedoin.
(*Roman de Guillaume d'Orange*, Ms. de la Biblioth. Royale n° 6985, folio 171 recto, col. 1, v. 28.)

*** Voyez, sur ce mot, le Glossaire de la *Chanson de Roland*, p. 188.

**** Voyez, sur tous ces noms de peuples, notre

Examen critique de la Dissertation de M. H. Monin sur le Roman de Roncevaux, p. 8-11; et la *Chanson de Roland*, p. 191.

* Dans le moyen-âge les taverniers avaient coutume de crier ou de faire crier leurs marchandises à leur porte. Voyez le fabliau *des trois Aveugles de Compiègne*, par Corte-Barbe. (*Fabliaux et Contes*, édition de Méon, Paris, 1808, t. III, p. 400; *Glossaire de la langue romane*, t. I, p. 149, au mot BESAN.)

AUBERONS.
A conbien est-il?
LI TAVRENIERS.
Au ban de le vile.
Je n'en serai à nul fourfait
Ne du vendre ne du mestrait.
Seés-vous chà en ceste achinte.
AUBERONS.
Ostes, mais sachiés une pinte;
Si buverai tout en estant.
N'ai cure de demourer tant;
De moi couvient prendre conroi.
LI TAVRENIERS.
A cui ies-tu?
AUBERONS.
Je sui au roy;
Si porte son seel et son brief.
LI TAVRENIERS.
Tien, chis te montera ou chief;
Boi bien, li mieudres est au fons.
AUBERONS.
Chis hanas n'est mie parfons,
Il fust bons à vins assaier.
Dites, combien doi-je paier?
Je fac que faus, qui tant demeure.
LI TAVRENIERS.
Paie denier, et à l'autre eure
Aras le pinte pour maaille;
C'est à .xij. deniers, sans faille:
Paie .j. denier, ou boi encore.
AUBERONS.
Mais le maille prenderés ore,
Et au revenir le denier.
LI TAVRENIERS.
Veus-tu faire jà le panier?
Au mains me dois-tu .iij. partis.
Ains que de chi soies partis
Sarai bien à coi m'en tenrai.
AUBERONS.
Ostes, mais quant je revenrai
S'arés pour .j. denier le pinte.
LI TAVRENIERS.
Par foi! c'ert à candoille estinte.
Pour noient te pués travillier.
AUBERONS.
Ne me puis à vous awillier,
Se une maille en deus ne caup.
CLIKÈS.
Qui veut .j. parti à che caup,
Pour esbanier petit gieu?

AUBERON.
A combien est-il?
LE TAVERNIER.
Au tarif de la ville. Je ne tromperai personne ni à la vente ni à la mesure. Asseyez-vous là en cette enceinte.
AUBERON.
Hôte, tirez une pinte; je boirai tout debout. Je n'ai cure de tant rester; il faut que je prenne garde à moi.
LE TAVERNIER.
A qui es-tu?
AUBERON.
Je suis au roi; je porte son sceau et son bref.
LE TAVERNIER.
Tiens, celui-ci te montera à la tête; bois bien, le meilleur est au fond.
AUBERON.
Ce hanap n'est pas profond, il seroit bon à goûter le vin. Dites, combien dois-je payer? J'ai tort de tant demeurer.
LE TAVERNIER.
Paie un denier, et une autre fois tu auras pinte pour maille; c'est à douze deniers, sans mentir: paie un denier, ou bois encore.
AUBERON.
Vous prendrez à présent la maille, et au retour le denier.
LE TAVERNIER.
Veux-tu déjà faire le panier? Au moins me dois-tu trois parties. Avant que tu sois parti d'ici, je saurai bien à quoi m'en tenir.
AUBERON.
Hôte, mais quand je reviendrai vous aurez (à me donner) la pinte pour un denier.
LE TAVERNIER.
Par (ma) foi! ce sera à chandelle éteinte. Tu peux te donner de la peine pour rien.
AUBERON.
Je ne puis régler avec vous, si je ne coupe une maille en deux.
CLIQUET.
Qui veut (faire) une partie à ce coup, petit jeu pour s'amuser?

LI TAVRENIERS.

Avés oï, sire courlieu ?
Alés enwillier vostre affaire.

AUBERONS.

Soit pour .j. parti à pais faire !

CLIKÈS.

Pour .j., mais pour canques tu dois.

AUBERONS.

Or fai dont dire l'oste anchois.

CLIKÈS.

Che ne seroit mie fourfais.
Distes, ostes, en est-il pais ?

LI TAVRENIERS.

Oïl, anchois que nus s'en tourt.

AUBERONS.

Giete, as plus poins, sans papetourt.

CLIKÈS.

Il s'en vont, n'en ai nul assis.

AUBERONS.

Par foi ! tu n'as ne .v. ne .vi. ;
Ains i a ternes et .j. as.

CLIKÈS.

Che ne sont que .vij. poins. É las !
Con par sui mesqueans à dés !

AUBERONS.

Toutes eures giet-jou après,
Biaus dous amis, coi que tu aies ;
Tu n'en goutas, et si le paies :
J'ai quaernes, le plus mal gieu.

CLIKÈS.

Honnis soient tout li courlieu !
Car tous jours sont-il à le fuite.

AUBERONS.

Biaus ostes, chis vassaus m'acuite ;
Il me dist lait, mais nequedent.

LI TAVRENIERS.

Va, va, mar vit li piés le dent.

AUBERONS.

Mahom saut l'amiral del Coine,
De par le roy, qui sans essoigne
Li mande qu'en s'aïe viegne !

LI AMIRAUS DEL COINE.

Auberon, che me di au roy,
Je li menrai riche conroi ;
N'iert essoigne qui me retiegne.

LE TAVERNIER.

Avez-vous entendu, sire courrier ? Allez arranger votre affaire.

AUBERON.

Soit pour une partie pour faire la paix !

CLIQUET.

Pour un, mais pour tout ce que tu dois.

AUBERON.

Alors fais-le donc dire à l'hôte auparavant.

CLIQUET.

Ce ne serait pas mal fait. Dites, hôte, en est-il paix ?

LE TAVERNIER.

Oui, avant qu'aucun ne s'en aille.

AUBERON.

Jette, à qui aura le plus de points, sans tricherie.

CLIQUET.

Ils s'en vont, je n'en ai pipé aucun.

AUBERON.

Par (ma) foi ! tu n'as ni cinq ni six ; mais il y a (deux) ternes et un as.

CLIQUET.

Ce ne sont que sept points. Hélas ! comme je réussis peu aux dés !

AUBERON.

Toutefois je jette après, beau doux ami, quoi que tu aies ; tu n'en goûtas pas, et (cependant) paie-le : j'ai quaternes, le plus mauvais jeu.

CLIQUET.

Honnis soient tous les courriers ! car toujours ils sont à la fuite.

AUBERON.

Bel hôte, ce vassal m'acquitte ; il me dit des injures, mais n'importe.

LE TAVERNIER.

Va, va, le pied eut tort de voir la dent.

AUBERON.

Que Mahomet sauve l'émir d'Iconium ; (je lui adresse ce souhait) de la part du roi, qui lui mande qu'il ait à venir à son aide sans excuse (de ne pouvoir le faire).

L'ÉMIR D'ICONIUM.

Auberon, dis-moi ceci au roi, que je lui mènerai un beau corps d'armée ; il n'y aura pas d'excuse qui me retienne.

AUBERONS.
Mahom te saut et benéie,
Riches amiraus d'Orkenie,
Par le roy, qui secours te mande!
LI AMIRAUS D'ORKENIE.
Auberons, Mahom sauve lui!
Va-t'ent. Je m'en irai ancui,
Dès puis que il le me commande.
AUBERONS.
Chis Mahommès qui tout gouverne
Te saut, riches roys d'Oliferne,
De par le roy, qui te semont!
LI AMIRAUS D'OLIFERNE.
Auberon, che pues le roy dire
Que g'i menrai tout men empire;
Ne lairoie pour tout le mont.
AUBERONS.
Amiraus d'outre le Sec-Arbre *,
Li roys d'Aïr, Tranle et Arabe,
Pour le guerre des crestiens,
Te mande le secours prochain.
LI AMIRAUS DU SEC-ARBRE.
Auberon, le matin, bien main,
Vous menrai .c.m. païens
AUBERONS.
Roys, Mahom toi et te maisnie
Saut et gart!
LI ROIS.
Et toi benéie,
Auberons! Con as esploitié?
AUBERONS.
Certes, sire, tant ai coitié

AUBERON.
Que Mahomet te sauve et bénisse, riche émir d'Orkenie *! (Je te le dis) de la part du roi, qui te demande secours.
L'ÉMIR D'ORKENIE.
Auberon, que Mahomet le sauve! Va-t'en. Je m'en irai aujourd'hui, puisqu'il me le commande.
AUBERON.
Que ce Mahomet qui gouverne tout te sauve, riche roi d'Oliferne! (Je te le dis) de la part du roi, qui te somme.
L'ÉMIR D'OLIFERNE.
Auberon, tu peux dire au roi que j'y mènerai tout mon empire; je n'y manquerais pas pour le monde entier.
AUBERON.
Émir d'outre le Sec-Arbre, le roi d'Aïr, Tranle et Arabie, pour la guerre des chrétiens, te demande ton concours prochain.
L'ÉMIR DU SEC-ARBRE.
Auberon, demain, de bien matin, je vous mènerai cent mille païens.
AUBERON.
Roi, que Mahomet sauve toi et ta maison!
LE ROI.
Et te bénisse, Auberon! Comment as-tu fait?
AUBERON.
Certes, sire, j'ai tant éperonné par Arabie

---

* « Et à .ij. lieues d'Ebron est le sepulcre de Loth qui fu filz au frere Abraham, et assez près d'Ebron est le mont de Membré de qui la valée prent son nom. Là y a un arbre de chein que les Sarrazins appellent *supe*; qui est du temps Alozohuy, que on appelle l'*Arbre-Sech*; et dit-on que cel arbre a là esté depuis le commencement du monde, et estoit tous jours vert et feuillu jusques à tant que Nostre-Seigneur mourust en la croix; et lors il secha, et si firent tous les arbres adonc par universel monde, ou il cheïrent, ou le cuer dedens pourrist, et demourerent du tout vuit et tous creux par dedens, dont il en y a encore maint par le monde.

« *De l'Arbre-Sech.*

« De l'Arbre-Sech dient aucunes prophesies que un seigneur, prince d'Occident, gaingnera la terre de promission avec l'aide des crestiens, et fera chan-

* Des Orcades. Comme on le voit, nos ancêtres n'étaient pas forts en géographie.

---

ter messe dessoubs cet Arbre-Sech; et puis l'Arbre raverdira et portera fueille, et pour le miracle mains Sarrazins et mains Juifs se convertiront à la loy crestienne : et pour ce a-on l'Arbre à grant reverence et le garde-on bien et chierement; et combien qu'il soit sec, neantmoins il porte grans vertus; car qui en porte un pou sur li il garist de la cadula, du chinal, et ne peut estre enfondez; et pluseurs autres vertus y a, pour quoy on le tient vertueux et precieux. »

(*Le Livre mesire Guillaume de Mandeville.* Manuscrit du Roi n° 8392, fol. 157 verso.)

Ce passage se retrouve, quoiqu'un peu moins au long, dans l'édition de l'ouvrage de Jean de Mandeville. *Paris, par la veufve feu Jehan Trepperel et*

Par Arrabe et par païenime
C'ainc si grant pule de le dime
N'eut nus roys de païens ensanle,
Comme il vient à toi, che me samble,
Conte et roy, et prinche et baron.
LI ROIS.
Va-t'en reposer, Auberon.
LI AMIRAUS DEL COINE.
Roys, d'Apolin et de Mahom
Te salu con tes liges hom,
Car venus sui à ten commant :
Je l' doi faire par estouvoir.
LI ROIS.
Biaus amis, vous faites savoir ;
Tous jours venés quant je vous mant.
LI AMIRAUS DEL COINE.
Rois, d'assés outre Pré-Noiron*,
Là terre où croissent li ourton,
Sui venus pour vostre menache.
A grant tort jamais me harrés ;
Venus sui à cauchiers ferrés,
.Xxx. journées par mi glache.
LI ROIS.
Di, qui sont chil en chele rengue ?

et les pays idolâtres que jamais roi de païens ne rassembla le dixième de la grande population qui vient à toi, ce me semble, comtes et rois, et princes et barons.
LE ROI.
Va te reposer, Auberon.
L'ÉMIR D'ICONIUM.
Roi, de par Apollon et Mahomet, je te salue comme ton homme-lige, car je suis venu à ton commandement : je dois le faire par obéissance.
LE ROI.
Bel ami, vous faites sagement ; vous venez toujours quand je vous mande.
L'ÉMIR D'ICONIUM.
Roi, à cause de votre menace, je suis venu d'outre le *Pré-Noiron*, la terre où croissent les *ourtons*. Vous auriez grand tort de jamais me haïr ; je suis venu avec des souliers ferrés pendant trente journées au milieu des glaces.
LE ROI.
Dis, qui sont ceux-là en ce royaume ?

Jehan Jehannot, sans date, in-4° (Bibliothèque Royale o. 1271) ; mais il n'est pas dans l'abrégé de cet ouvrage publié dans le *Recueil de divers voyages curieux faits en Tartarie, en Perse et ailleurs*. Leide, Pierre Vander Aa, 1729, in-4°, 2 volumes.

Voyez, pour de plus amples détails, la *Note supplémentaire au Roman du Comte de Poitiers*, que nous avons donnée, en deux feuillets, à la suite du *Roman de Mahomet*.

* C'est ainsi que l'on désignait l'emplacement où se trouve maintenant la basilique de Saint-Pierre de Rome :

Par .i. jor de l'Ascension
Ert Coustentins en Pré-Noiron,
Par devant le moustier Saint-Pere.

(*Roman du Comte de Poitiers*, Paris, Silvestre, 1831, p. 52, 53.)

Voici ce qu'on lit à ce sujet dans l'*Itinéraire de Rome*, article *Basilique de Saint-Pierre, au Vatican* : « On ne pouvait choisir un endroit plus célèbre pour élever le plus grand et le plus magnifique des temples. Il est placé dans l'ancien champ vatican, d'où il a pris sa dénomination : dans ce champ étaient le cirque et les jardins de Néron, où ce tyran fit le grand massacre des chrétiens mentionné par Ta-

cite. Les corps de ces martyrs furent ensevelis par les fidèles dans une grotte placée tout près du cirque. Peu de temps après, l'apôtre saint Pierre ayant aussi été martyrisé, on croit que son corps fut transporté dans ce même cimetière par Marcel, son disciple. Dans la suite, le pape saint Anaclet fit ériger un oratoire sur le tombeau du saint apôtre. Constantin-le-Grand, en 306, éleva dans cet endroit, en mémoire du même apôtre, une basilique qui, d'après son dernier état, avant la construction de la nouvelle, était divisée en cinq nefs par un grand nombre de colonnes. » (*Itinéraire de Rome et de ses environs*, par A. Nibby, troisième édition, Rome, 1829, t. II, p. 476.)

Néron inspira de bonne heure une telle haine aux chrétiens que son nom fut donné, dans le moyen-âge, au futur Antechrist, et à l'un des dieux que les trouvères attribuaient aux infidèles. Dans le *Roman de Renaud de Montauban* (manuscrit de l'Arsenal, belles-lettres françaises, in-folio, n° 244, folio 377 verso) on lit cette rubrique : *Comment ung enchanteur, nommé Noiron, joua d'ars dyaboliques contre la science de Maulgis à la requeste de Vivien qui l'avoit mandé en estrange terre.*

Voyez, au reste, le *Roman de la Violette*, p. 72, note 2 ; et notre *Charlemagne*, préface, p. lxxi, lxxii.

LI AMIRAUS D'ORKENIE.
Sire, d'outre grise Wallengue,
Là où li chien esquitent l'or.
Moi devés-vous forment amer,
Car je vous fac venir par mer
.C. navées de mon tresor.

LI ROIS.
Segneur, de vo paine ai grant per;
Et dont ies-tu?

LI AMIRAUS D'ORKENIE.
Roys, d'outre-mer,
Unes terres ardans et caudes.
Ne sui mie vers vous escars,
Car je vous amain .xxx. cars
Plains de rubis et d'esmeraudes.

LI ROIS.
Et tu qui m'esgardes alec,
Dont ies-tu?

LI AMIRAUS D'OUTRE L'ARBRE-SEC.
D'outre l'A[r]bre-Sec.
Ne sai comment rien vous donroie,
Car en no païs n'a monnoie
Autres que pierres de moelin.

LI ROIS.
Ostes, pour men dieu Mahommet!
Con fait avoir chis me pramet!
Bien sai que jamais povres n'iere.

LI AMIRAUS D'OUTRE L'ARBRE-SEC.
Sire, ne vous mentirai rien;
En no païs emporte bien
Uns hom .c. sols en s'aumonière.

LI SENESCAUS.
Roys, puis que vo baron vous sont venu requerre,
Faites-leur maintenant les crestiens requerre.

LI ROIS.
Senescal, par Mahom! ne leur faurra mais guerre;
S'ierent ou mort ou pris, ou cachié de le terre.
Alés-i, senescal; dites-leur de par moi
Que maintenant se mechent sagement en conroi.

LI SENESCAUS.
Segneur, à tous ensanle vous di de par le roy
Que vous alés fourfaire seur crestiene loy.
Pour crestiens confondre fustes-vous chi mandé;
Che qu'il nous ont fourfait couvient estre amendé.

L'ÉMIR D'ORKENIE.
Sire, (ils viennent) d'outre grise Wallengue, là où les chiens *esquitent* l'or. Vous me devez bien aimer, car je vous fais venir par mer cent charges de navire de mon trésor.

LE ROI.
Seigneur, je prends grandement part * à votre peine; et d'où es-tu?

L'ÉMIR D'ORKENIE.
Roi, d'outre mer, d'une terre ardente et chaude. Je ne suis pas chiche envers vous, car je vous amène trente chars pleins de rubis et d'émeraudes.

LE ROI.
Et toi qui me regarde là, d'où es-tu?

L'ÉMIR D'OUTRE L'ARBRE-SEC.
D'outre l'Arbre-Sec. Je ne sais comment je vous donnerais quelque chose, car en notre pays il n'y a monnaie autre que pierres de moulin.

LE ROI.
Othon, pour mon dieu Mahomet! quel avoir celui-ci me promet! Je sais bien que je ne serai jamais pauvre.

L'ÉMIR D'OUTRE L'ARBRE-SEC.
Sire, je ne vous mentirai en rien; en notre pays un homme emporte bien cent sous en son aumônière.

LE SÉNÉCHAL.
Roi, puisque vos barons vous sont venus trouver, faites-leur maintenant attaquer les chrétiens.

LE ROI.
Sénéchal, par Mahomet! la guerre ne leur manquera plus; ils seront ou morts ou prisonniers, ou chassés de la terre. Allez-y, sénéchal; dites-leur de par moi que maintenant ils se mettent sagement en marche.

LE SÉNÉCHAL.
Seigneurs, à tous ensemble vous dis de par le roi que vous alliez faire du mal à la loi chrétienne. Vous fûtes mandés ici pour

---

* Nous avons ainsi traduit parce que nous soupçonnons que Bodel a écrit *per* par égard pour la rime.

Alés-i maintenant, li roys l'a commandé.

(Or parolent tout.)
Alons, à Mahommet soiions-nous commandé!

LI CRESTIEN parolent.

Sains Sepulcres, aïe! Segneur, or du bien faire!
Sarrasin et païen vienent pour nous fourfaire.
Vés les armes reluire : tous li cuers m'en esclaire.
Or le faisons si bien que no proueche i paire.
Contre chascun des nos sont bien .c. par devise.

UNS CRESTIENS.

Segneur, n'en doutés jà, vés chi vostre juise :
Bien sai tout i morrons el dame-Dieu serviche;
Mais mout bien m'i vendrai, se m'espée ne brise.
Jà n'en garira .j. ne coiffe ne haubers.
Segnieur, el Dieu serviche soit hui chascuns offers!
Paradys sera nostres, et eus sera ynfers.
Gardés, al assanler, qu'il encontrent no fers.

UNS CRESTIENS, NOUVIAUS CHEVALIERS.

Segneur, se je sui jones, ne m'aiés en despit;
On a véu souvent grant cuer en cors petit.
Je ferrai cel forcheur, je l'ai piechà eslit;
Sachiés je l'ochirai, s'il anchois ne m'ochist.

LI ANGELES.

Segneur, soiés tout asséur,
N'aiés doutanche ne péur.
Messagiers sui Nostre-Segneur,
Qui vous metra fors de doleur.
Aiés vos cuers fers et creans
En Dieu. Jà pour ches mescreans,
Qui chi vous vienent à bandon,
N'aiés les cuers se séurs non.
Metés hardiement vos cors
Pour Dieu, car chou est chi li mors
Dont tout li pules morir doit
Qui Dieu aime de cuer et croit.

LI CRESTIENS.

Qui estes-vous, biau sire, qui si nous confortés;
Et si haute parole de Dieu nous aportés?

confondre les chrétiens; il faut se venger du mal qu'ils nous ont fait. Allez-y maintenant, le roi l'a commandé.

(Maintenant tous parlent.)
Allons, soyons-nous en la garde de Mahomet!

LES CHRÉTIENS parlent.

Saint Sépulcre (donne-nous) aide! Seigneurs, maintenant faites bien! Sarrasins et payens viennent à nous pour nous faire du mal. Voyez les armes reluire : tout mon cœur en palpite d'allégresse. Maintenant conduisons-nous si bien que notre prouesse y paraisse. Pour chacun de nous ils sont bien cent par compte.

UN CHRÉTIEN.

Seigneurs, n'en doutez pas, voici notre jugement; bien sais que tous y mourrons pour le service du seigneur Dieu; mais je m'y vendrai bien cher, si mon épée ne se brise. Ni coiffe ni haubert n'en garantiront un seul. Seigneurs, que chacun soit offert aujourd'hui au service de Dieu! Le paradis sera à nous, et à eux l'enfer. Ayez soin, quand vous en viendrez aux mains, qu'ils rencontrent nos fers.

UN CHRÉTIEN, NOUVEAU CHEVALIER.

Seigneurs, si je suis jeune, ne me méprisez point; on a vu souvent grand cœur en petit corps. Je frapperai ce brigand, je l'ai résolu depuis long-temps; sachez que je l'occirai, s'il ne me tue auparavant.

L'ANGE.

Seigneurs, soyez tous en sécurité, n'ayez ni crainte ni peur. Messager suis de Notre-Seigneur, qui vous mettra hors de douleur. Ayez vos cœurs fermes et croyant en Dieu. Relativement à ces mécréans qui viennent ici sur vous, n'ayez au cœur que de la sécurité. Exposez hardiment vos corps pour Dieu, car c'est la mort dont tous ceux qui aiment Dieu et croient (en lui) doivent mourir.

LE CHRÉTIEN.

Qui êtes-vous, beau sire, qui nous reconfortez ainsi, et qui nous apportez si haute parole de Dieu? Sachez que, si ce que vous

Sachiés, se chou est voirs que chi nous re-
cordés,
Asseur recheverons nos anemis mortés.

LI ANGELES.

Angles sui à Dieu, biaus amis;
Pour vo confort m'a chi tramis.
Soiés séur, car ens ès chiex
Vous a Diex fait sages esliex.
Alés, bien avés conmenchié;
Pour Dieu serés tout detrenchié;
Mais le haute couronne arés.
Je m'en vois; à Dieu demourés.

LI AMIRAUS DEL COINE.

Segneur, je sui tous li ainnés,
Si ai maint bel conseil donnés :
Creés-moi, chè sera vos preus.
Chevalier sommes esprouvé :
Se li crestien sont trouvé,
Gardés qu'il n'en escap .j. seus.

CIL D'ORKENIE.

Escaper, li fil à putain !
Je ferrai si le premerain....
Mais gardés que nus n'en estorge.

CIL DEL COINE.

Segneur, ne soiés jà doutant
Que jou n'en ochie autretant
Con Berengiers soiera d'orge.

CIL D'ORKENIE.

Segneur tueour, entre vous
Ochirrés-les ore si tous
Que vous ne m'en lairés aucun.

CIL D'OUTRE L'ARBRE-SEC.

Veés ichi le gent haïe.
Li chevalier Mahom, aïe !
Ferés, ferés tout de commun !

(Or tuent li Sarrasin tous les crestiens.)

LI AMIRAUS D'ORQUENIE parole.

Segneur baron, acourés tost.
Toutes les merveilles de l'ost
Sont tout gas, fors de che caitif.
Vés chi .j. grant vilain kenu,
S'aoure .j. Mahommet cornu *;
Ochirrons-le, ou prenderons vif ?

nous rapportez est vrai, nous recevrons de
pied ferme nos ennemis mortels.

L'ANGE.

Je suis ange de Dieu, bel ami; il m'a envoyé ici pour vous reconforter. Soyez pleins
de sécurité, car Dieu vous a fait sages d'é-
lite dans les cieux. Allez, bien avez commencé; pour (la gloire de) Dieu vous serez
tous taillés en pièces; mais vous aurez la
haute couronne. Je m'en vais; adieu.

L'ÉMIR D'ICONIUM.

Seigneurs, je suis tout-à-fait l'aîné, et j'ai
donné maint bon conseil : croyez-moi, ce
sera votre avantage. Nous sommes chevaliers
éprouvés : si nous trouvons les chrétiens,
prenez garde qu'il n'en échappe un seul.

CELUI D'ORKENIE.

Échapper, les fils de p.....! je frapperai
tellement le premier...... Mais ayez soin
que nul n'en échappe.

CELUI D'ICONIUM.

Seigneurs, ne doutez pas que je n'en tue
autant que Bérenger sciera d'orge.

CELUI D'ORKENIE.

Seigneurs tueurs, entre vous vous les tue-
rez tous de manière à ne m'en laisser aucun.

CELUI D'OUTRE L'ARBRE-SEC.

Voici la nation odieuse. A l'aide, chevaliers de Mahomet! Frappez, frappez tous ensemble!

(Alors les Sarrasins tuent tous les chrétiens.)

L'ÉMIR D'ORKENIE parle.

Seigneurs barons, accourez vite. Toutes les
merveilles de l'armée ont péri, à l'exception
de ce misérable. Voici un grand vilain chenu,
il adore un Mahomet cornu *; le tuerons-nous
ou le prendrons-nous vivant ?

---

* Comme on le voit, on appelait ainsi les idoles dans le moyen-âge. On nommait aussi *Mahon* le cuivre dont se composaient les vieilles médailles que l'on trouvait en terre, et dont l'on regardait sans doute les figures comme étant celles des divinités païennes. Ce nom, dit l'abbé Lebeuf, est encore usité parmi quelques-uns de ceux qui commercent en vieux cuivre. Voyez *Dissertations sur l'histoire ecclésiastique et civile de Paris*, t. II, p. 169, 170; le Dictionnaire étymologique de Ménage, à la fin du mot *Médaille*; et celui de Trévoux, à *Mahon*.

* Allusion à la mitre de saint Nicolas.

CIL D'OLIFERNE.
Nen ochirrons mie, par foy!
Ains le menrons devant le roy,
Pour merveille, che te promet.
Lieve sus, vilain, si t'en vien.

CIL DU SEC-ARBRE.
Segneur, or le tenés moult bien,
Et je tenrai le Mahommet.

LI ANGELES.
A! chevalier qui chi gisiés,
Com par estes bon éuré!
Comme or ches euvres despisiés
Le mont où tant avés duré!
Mais pour le mal k'éu avés,
Mien ensiant, très bien savés
Quels biens chou est de paradys,
Où Diex met tous les siens amis.
A vous bien prendre garde doit
Tous li mons et ensi morir,
Car Dieus mout douchement rechoit
Chiaus qui o lui vœlent venir.
Qui de bon cuer le servira
Jà se paine ne perdera,
Ains sera ès chieus couronnés
De tel couronne comme avés.

LI PREUDOM.
Sains Nicolais, dignes confès,
De vostre home vous prende pès;
Soiés-me secours et garans;
Bons amis Dieu, vrai conseilliere,
Soiés pour vostre home veillière;
Si me wardés de ches tirans.

LI ANGELES.
Preudom qui si ies efferés,
Soies en Dieu preus et senés;
Se t'enmainnent chist traïtour,
N'aies paour, con nul paour;
En dame-Dieu soies bien chiers,
Et en saint Nicolai après;
Car tu aras sen haut confort,
S'en foy te voit séur et fort.

LI AMIRAUS DEL COINE.
Roys, soies plus liés c'onques mais,
Car te guerre avons mis à pais.
Par no avoir et par no sens
Mort sont li larron, li cuivert,
Si que li camp en sont couvert
A .iiij. lieues en tous sens.

LI ROIS.
Segneur, moult m'avés bien servi;

CELUI D'OLIFERNE.
Par (ma) foi! nous ne le tuerons pas, mai nous le mènerons devant le roi, qui s'e émerveillera, je te le promets. Lève-toi, vi lain, et viens-t'en.

CELUI DE L'ARBRE-SEC.
Seigneurs, tenez-le bien, et (moi) je tien drai le Mahomet.

L'ANGE.
Ah! chevaliers qui gisez ici, combien vous êtes heureux! combien maintenant vous mé prisez le monde où vous avez tant vécu! Mais pour le mal qu'avez eu, à mon escient, très-bien savez quel bien c'est que paradis, où Dieu met tous ses amis. Tout le monde doit bien faire attention à vous et mourir ainsi, car Dieu reçoit très-doucement ceux qui veulent venir avec lui. Celui qui de bon cœur le servira ne perdra jamais sa peine, mais sera couronné dans les cieux d'une cou ronne telle que vous l'avez.

LE PRUD'HOMME.
Saint Nicolas, digne confesseur, prenez soin de votre homme; soyez-moi secourable et propice; bon ami de Dieu, vrai conseiller, veillez pour votre homme; gardez-moi de ces bourreaux.

L'ANGE.
Prud'homme qui es si effaré, pense à Dieu et sois preux et sensé; si ces traîtres t'emmènent, n'aie peur qu'on ne te tue; mets ta confiance en Dieu, puis en saint Ni colas; car tu auras sa haute protection, s'il te voit ferme et fort dans la foi.

L'ÉMIR D'ICONIUM.
Roi, sois joyeux plus que jamais, car nous avons terminé ta guerre. Par nos for ces et notre sagesse, les larrons, les coquins sont morts, en sorte que les champs en sont couverts dans l'espace de quatre lieues en tous sens.

LE ROI.
Seigneurs, vous m'avez très-bien servi;

Mais ainc mais tel vilain ne vi
Comme je voi illeuc, à destre.
De chele cocue grimuche,
Et de che vilain à l'aumuche,
Me devisés que che puet estre.
   LI SENESCAUS.
Roys, pour merveilles esgarder,
Le t'avons fait tout vif garder;
Or oies dont il s'entremet :
A genous le trouvai ourant,
A jointes mains et en plourant,
Devant son cornu Mahommet.
   LI ROIS.
Di va, vilains, se tu i crois.
   LI PREUDOM.
Oïl, sire, par sainte crois !
Drois est que tous li mons l'aourt.
   LI ROIS.
Or me di pour coi, vilains lais.
   LI PREUDOM.
Sire, chou est sains Nicolais,
Qui les desconsilliés secourt;
Tant sont ses miracles apertes:
Il fait r'avoir toutes ses pertes;
Il r'avoie les desvoiés,
Il rapele les mescreans,
Il ralume les non-voians,
Il resuscite les noiiés;
Riens, qui en se garde soit mise,
N'iert jà perdue ne maumise,
Tant ne sera abandonnée;
Non se chis palais ert plain d'or,
Et il géust seur le tresor :
Tel grasse li a Diex donnée.
   LI ROIS.
Vilain, che sarai-jou par tans;
Ains que de chi soie partans,
Tes Nicolais iert esprouvés :
Mon tresor commander li vœil;
Mais se g'i perc nis plain men œil,
Tu seras ars ou enroués.
Senescal, maine-le à Durant,
Men tourmenteour, men tirant;
Mais garde qu'il soit fers tenus.
   LI SENESCAUS.
Durant, Durant, œvre le chartre;
Tu aras jà ches piaus de ma[r]tre;
   DURANS.
A foi ! mau soiés-vous venus !

mais jamais je ne vis vilain pareil à celui que je vois là, à droite. Cette singulière grimace, ce vilain à l'aumusse, dites-moi ce que ce peut être.

   LE SÉNÉCHAL.

Roi, pour te faire voir une merveille, nous l'avons fait garder vivant. Maintenant apprends ce qu'il fait : je le trouvai priant à genoux, à mains jointes et en pleurant, devant son Mahomet cornu.

   LE ROI.

Dis, vilain, y crois-tu ?

   LE PRUD'HOMME.

Oui, sire, par la sainte croix ! il est juste que tout le monde le prie.

   LE ROI.

Dis-moi donc pourquoi, vilain laid.

   LE PRUD'HOMME.

Sire, c'est saint Nicolas, qui secourt les affligés; ses miracles sont bien clairs : il répare (à celui qui l'invoque) toutes ses pertes, il remet les égarés dans leur chemin, il rappelle (à Dieu) les mécréans, rend la vue aux aveugles, ressuscite les noyés; une chose, si elle est confiée à sa garde, ne sera ni perdue ni détériorée, quelque exposée qu'elle soit; (il en serait de même) si ce palais était plein d'or, et qu'il fût couché sur le trésor : telle est la grâce que Dieu lui a donnée.

   LE ROI.

Vilain, je saurai ceci tantôt; avant que je parte d'ici, ton Nicolas sera mis à l'épreuve : je veux lui recommander mon trésor; mais si j'y perds même ce que pourrait contenir mon œil, tu seras brûlé ou tu subiras le supplice de la roue. Sénéchal, mène-le à Durand, mon tourmenteur, mon bourreau; mais fais attention à ce qu'il soit tenu dans les fers.

   LE SÉNÉCHAL.

Durand, Durand, ouvre la prison; tu auras ces peaux de martre.

   DURAND.

Par ma foi ! à la male heure soyez-vous venu !

LI PREUDOM.

Sire, con vo machue est grosse !

DURANS.

Entres, vilains, en cele fosse ;
Aussi estoit li chartre seule.
Jamais, tant que soies mes bailles,
N'ierent huiseuses mes tenailles,
Ne que tu aies dent en geule.

LI ANGELES.

Preudons, soies joians, n'aies nule paour ;
Mais soies bien creans ens ou vrai Sauveour
    Et en saint Nicolai,
    Que jou de verité sai
    Que sen secours aras ;
    Le roy convertiras,
    Et ses barons metras
    Fors de leur fole loy,
    Et si tenront le foy
    Que tienent crestien ;
De cuer vrai croi saint Nicolai.

LI SENESCAUS.

Sire, il est en le cartre mis.

LI ROIS.

Or, senescaus, biaus dous amis,
Tous mes tresors, canques j'en ai,
Vœil que il soient descouvert,
Et huches et escrin ouvert ;
Si metés sus le Nicolai.

LI SENESCAUS.

Sire, vo commandise est faite ;
N'i a mais ne serjant, ne gaite :
Or poés dormir asséur.

LI ROIS.

Voire, foi que doi Apolin !
Mais se je perc j. estrelin,
Avoir puet li vilains péur ;
Trop se puet en son Dieu fier.
Or faites tost mon ban crier,
Je vœil qu'il soit par tout séu.

LI SENESCAUS.

Or chà, Connart, crie le ban,
Que li tresors est à galan (sic) ;
Mout est bien à larrons kéu.

CONNARS LI CRIERES.

Oiiés, oiiés, segneur trestout ;
Venés avant, faites-mé escout :
De par le roi, vous fai savoir
C'à son tresor n'à son avoir
N'ara jamais ne clef ne serre.
Tout aussi comme à plaine terre

LE PRUD'HOMME.

Sire, comme votre massue est grosse !

DURAND.

Entre, vilain, en cette fosse ; aussi bien la prison était vide. Jamais, tant que tu seras sous ma garde, et que tu auras dent en gueule, mes tenailles ne seront oisives.

L'ANGE.

Prud'homme, sois joyeux, n'aie aucune peur ; mais crois fermement au vrai Sauveur et à saint Nicolas, car je sais en vérité que tu auras son secours ; tu convertiras le roi, et tu tireras ses barons hors de leur folle loi, et ils embrasseront la foi que tiennent les vrais chrétiens ; crois d'un cœur sincère en saint Nicolas.

LE SÉNÉCHAL.

Sire, il est mis en prison.

LE ROI.

Maintenant, sénéchal, beau doux ami, je veux que tous mes trésors, tout ce que j'en ai, soient découverts, et que mes huches et mes coffres soient ouverts ; mettez dessus le Nicolas.

LE SÉNÉCHAL.

Sire, votre commandement est fait ; il n'y a plus ni valet ni sentinelle : maintenant vous pouvez dormir en sécurité.

LE ROI.

En vérité, (par la) foi que je dois à Apollon ! mais si je perds un esterlin, le vilain devra avoir peur ; il se fie sans doute trop en son Dieu. Maintenant faites vite crier mon ban, je veux qu'il soit su partout.

LE SÉNÉCHAL.

Or çà, Connart, crie le ban, que le trésor est à la merci du premier venu ; c'est très-bien tombé pour les voleurs.

CONNART LE CRIEUR.

Oyez, oyez tous, seigneurs ; venez en avant, écoutez-moi : de par le roi, je vous fais savoir qu'à son trésor ni à ses richesses il n'y aura jamais ni clef ni serrure. Tout aussi comme en pleine terre le peut-on trouver, ce me semble ; et que celui qui le peut enle-

Le puet-on trouver, che me sanle;
Et qui le puet embler, si l'emble;
Car il ne le garde mais nus,
Fors seus uns Mahomès cornus,
Tous mors, car il ne se remue.
Or sois honnis qui bien ne hue!

LI TAVRENIERS.

Caignet, nous vendons moult petit;
Va, se di Raoul que il crit
Le vin: le gent en sont saoul.

CAIGNÈS.

Or chà! si crierés, Raoul,
Le vin aforë de nouvel,
Qui est d'Aucheurre, à plain tonnel.

CONNARS.

Qu'est che musars? que veus-tu faire?
Veus-me-tu tolir mon affaire?
Sié cois, car envers moi mesprens.

RAOULÈS.

Qui ies-tu, qui le me deffens?
Di-moi ton non, se Diex te gart.

CONNARS.

Amis, on m'apele Connart;
Crieres sui par naïté
As eskievins de la chité.
.Lx. ans a passés et plus
Que de crier me sui vescus.
Et tu, con as non, je te pri?

RAOULÈS.

J'ai non Raouls, qui le vin cri;
Si sui as homes de le vile.

CONNARS.

Fui, ribaus, lai ester te gille,
Car tu cries trop à bas ton;
Met jus le pot et le baston,
Car je ne te pris un festu.

RAOULS.

Qu'est-che, Connart? boutes-me-tu?

CONNARS.

Oïl, pour poi je ne te frap;
Met jus le pot et le hanap,
Si me claime le mestier quite.

RAOULS.

Oïés, quel lecherie a dite!
Qui me roeve crier no l'orne.
Connart, or ne fai pas le prorne,
Que tu n'aies ton peléic.
Tous jours sont li connart batit,
Jà n'ierent liet s'on ne les bat.

ver, l'enlève; car personne ne le garde, sinon un Mahomet cornu, tout-à-fait mort, car il ne se remue. Or, honni soit qui bien ne crie!

LE TAVERNIER.

Caignet, nous vendons très-peu; va, dis à Raoul qu'il crie le vin: les gens en sont soûls.

CAIGNET.

Or çà! vous crierez, Raoul, le vin fraîchement percé, qui est d'Auxerre, à plein tonneau.

CONNART.

Qu'est-ce que c'est que ce musard? Que veux-tu faire? Veux-tu m'enlever mon affaire? Reste coi, car tu agis mal envers moi.

RAOULET.

Qui es-tu, pour me le défendre? Dis-moi ton nom, et que Dieu te garde!

CONNART.

Ami, l'on m'appelle Connart; je suis de naissance crieur aux échevins de la cité. Il y a soixante ans passés et plus que j'ai vécu de crier. Et toi, comment es-tu nommé, je te prie?

RAOULET.

J'ai nom Raoul, je crie le vin, et suis aux hommes de la ville.

CONNART.

Fuis, ribaud, met un terme à ta fourberie, car tu cries d'un ton trop bas; dépose le pot et le bâton, car je ne te prise un fétu.

RAOUL.

Qu'est-ce, Connart? me pousses-tu?

CONNART.

Oui, peu s'en faut que je ne te frappe; dépose le pot et le hanap, et laisse-moi le métier sans contestation.

RAOUL.

Écoutez, quelle insolence il a proférée! Celui qui me requiert de crier ne se soucie pas de toi. Connart, à cette heure ne fais pas le rodomont, (pour) que tu n'aies pas ta volée. Toujours les connards sont battus, jamais ils n'auront joie si l'on ne les bat.

ÇAIGNÈS.
Sire, Raoulès se combat,
Il et Connars, pour le mestier.
LI TAVRENIERS.
Ho, ho! segneur, che n'a mestier :
Sié cois, Raoul, et tu, Connart;
Si vous metés en mon esgart,
Vous i gaengnerés andoi.
RAOULÈS.
Jou l'otroi bien.
CONNARS.
Et jou l'otroi,
Se jou tout perdre le devoie.
LI TAVRENIERS.
Certes, ains irai droite voie:
De le vile ait chascuns sen ban.
Connart, tu crieras le ban,
S'iers au roi et as eskievins ;
Et Raouls criera les vins,
Si prendera au mains son vivre.
Pour chour, se Raoulès s'enivre,
Ne voel pas c'on vers lui mesprendre :
Va, Raoulet, si li amende;
Ne vœil pas qu'il i ait discorde.
RAOULÈS.
Tenés, Connart, par non d'acorde ;
L'uns se doit en l'autre fier.
CONNARS.
Pais en est, va ten vin crier.
RAOULÈS.
Le vin aforé de nouvel,
A plain lot et à plain tonnel,
Sage, bevant, et plain et gros,
Rampant comme escuireus en bos,
Sans nul mors de pourri ne d'aigre;
Seur lie court et sec et maigre,
Cler con larme de pecheour,
Croupant seur langue à lecheour :
Autre gent n'en doivent gouster !
PINCEDÉS.
Adont en doi-je bien gouster,
Puis qu'il est tailliés à no moy ;
Mains lechiere* en bevera de moy,
Car je l'ai tous jours à coustume.
RAOULÈS.
Vois con il mengue s'escume,
Et saut et estinchele et frit:

---

* Telle est la véritable signification de ce mot, qui n'a jamais voulu dire *écuyer,* comme cela se lit

CAIGNET.
Sire, Raoulet et Connart se battent pour le métier.
LE TAVERNIER.
Oh, oh ! seigneurs, ce n'est pas nécessaire: sois coi, Raoul, et toi, Connart; mettez-vous à mon service, vous y gagnerez tous deux.
RAOULET.
Je le veux bien.
CONNART.
Et moi aussi, quand même je devrais tout perdre.
LE TAVERNIER.
Certes, mais j'irai le droit chemin : que chacun tienne sa charge de la ville. Connart, tu crieras le ban, et tu seras au roi et aux échevins; quant à Raoul, il criera les vins, et à ce métier il gagnera au moins sa vie. Si Raoulet s'enivre, je ne veux pas que pour cela l'on méfasse à son égard: va, Raoulet, fais-lui réparation; je ne veux pas qu'il y ait discorde.

RAOULET.
Tenez, Connart, comme gage de bon accord ; l'un se doit fier à l'autre.
CONNART.
La paix est rétablie, va crier ton vin.
RAOULET.
Le vin nouvellement percé, à plein lot et à plein tonneau, d'un bon goût, agréable à boire, franc et gros, coulant comme écureuil en (un) bois, sans goût de pourri ni d'aigre; sec et maigre, il court sur lie, clair comme larme de pécheur, s'arrêtant sur la langue du gourmet : autres gens n'en doivent goûter !

PINCEDÉ.
Alors j'en dois bien goûter, puisqu'il est taillé à notre mesure ; le gourmet en boira moins que moi, car je l'ai toujours en coutume.

RAOULET.
Vois comme il mange son écume, comme il saute, étincelle et fretille : tiens-le un peu

---

dans la note 18, p. 29, du *Roman de Parise la Duchesse.*

Tien-le seur le langue .j. petit,
Si sentiras jà outre vin.

PINCEDÉS.

Hé, Diex! c'est chi blés de Henin!
Comme il conroie bien .j. homme!

CLIKÈS.

Or chà, Pinchedé, willecomme*!
Aussi estoie-je tous seus.

PINCEDÉS.

Certes, Cliquet, entre nous .ij.
Avons mainte fois but ensanle.

CLIKÈS.

Pinchedé, du vin que te sanle?
G'i ai jà descarquiet me ware.

PINCEDÉS.

Tant qu'il soit deseure le bare,
Ne quier jamais passer le voie.

CLIKÈS.

Bevons .j. denier, toute voie;
Saque-nous demi-lot, Caignet.

CAIGNÈS.

Sire, car contés à Cliquet,
Ains qu'il commenc nouvel escot.

LI TAVRENIERS.

Cliquet, tu devoies .j. lot,
Et puis .j. denier de ton gieu,
Et .iij. partis pour le courlieu :
Che sont .v. deniers, poi s'en faut.

CLIKÈS.

.V. denier soient, ne m'en chaut;
Ainc ostes ne me trouva dur.

LI TAVRENIERS.

Caignet, or le sache tout pur
Pour Pinchedé qui venus est.

CAIGNÈS.

Par foi! chi a povre conquest;
Car nous n'i gaaignerons waires.

CLIKÈS.

Caignet, honnis soit or vos traires,
Et qui si faussement le sache!
Que quiert si souvent à saint Jake
Hons qui le gent escorche et poile?

---

* Voici un autre exemple de ce mot, que nous avons déjà vu :

Cil qui mainte chose ot toloite
S'en est au fusmier droit alez
Où li bacons estoit boutez ;
A son col le moine leva,

sur ta langue, et tu sentiras un fameux vin.

PINCEDÉ.

Eh, Dieu! c'est ici blé de Hénin! comme il arrange bien un homme!

CLIQUET.

Or çà, Pincedé, sois le bien-venu! Aussi bien étais-je tout seul.

PINCEDÉ.

Certes, Cliquet, entre nous deux nous avons souvent bu ensemble.

CLIQUET.

Pincedé, que te semble du vin? Pour lui je me suis déjà débarrassé de mes nippes.

PINCEDÉ.

Tant qu'il sera sur la barre, je ne me soucie pas de passer mon chemin.

CLIQUET.

Buvons un denier toutefois ; tire-nous demi-lot, Caignet.

CAIGNET.

Sire, comptez avec Cliquet, avant qu'il commence nouvel écot.

LE TAVERNIER.

Cliquet, tu devais un lot, et puis un denier de ton jeu, et trois parties pour le courrier : ce sont cinq deniers, peu s'en faut.

CLIQUET.

Cinq deniers soit, il ne m'importe; jamais hôte ne me trouva dur.

LE TAVERNIER.

Caignet, à cette heure tire-le tout pur pour Pincedé, qui est venu.

CAIGNET.

Par (ma) foi! il y a ici pauvre conquête; car nous n'y gagnerons guère.

CLIQUET.

Caignet, honni soyez-vous de tirer à aussi fausse mesure! Que demande si souvent à saint Jacques un homme qui écorche et dépouille les gens?

En la taverne le porta.
Chascun li crie : *Vilecomme!*
Et cil a gité jus sa some, etc.

(*Du Segretain moine*, v. 594. *Fabliaux et Contes*, édition de Méon, t. I, p. 262.)

PINCEDÉS.
Aportés-nous de le candoille,
Se tant de bien faire savés.
CAIGNÈS.
Or tost ! en le paume l'avés.
Tenés, or i a .ij. deniers ;
Au conter n'ies-tu point laniers
N'au mesconter, s'on te veut croire.
PINCEDÉS.
Verse, Cliquet, si me fai boire ;
Pour poi li levre ne me fent.
CLIKÈS.
Bé ! boi assés ; qui te deffent ?
Boi, de par Dieu ! bon preu te fache !
PINCEDÉS.
Diex ! quel vin ! plus est frois que glache.
Boi, Cliquet, chi a bon couvent.
Li ostes ne set que il vent ;
A .xvi. fust-il hors anchois.
CLIKÈS.
Santissiés pour le marc dou cois,
Et pour sen geugon qui la seme.
PINCEDÉS.
Voire, et qui maint bignon li teme*,
Quant il trait le bai sans le marc.
CAIGNÈS.
Cliquet, foi que tu dois saint Marc !
Taisiés-vous-ent, n'en parlés mais ;
Mais bevons en bien et en pais :
Nous avons encor vin el pot
De no premerain demi-lot,
S'avons de le caillé ardant.
RASOIRS.
Et Diex vous saut, segneur serjant !
Or ai canques j'ai demandé,
Quant j'ai Cliquet et Pinchedé :
Mout les desirroie a veoir.
CLIKÈS.
Or chà ! Rasoir, venés seoir ;
S'arés de no commenchement.
RASOIRS.
Certes, segneur, hardiement
Me meterai en vostre otroi.
Nous sommes compaignon tout .iij.

* Nous ne comprenons pas assez les deux vers qui précèdent celui-ci, et le vers qui le suit, pour essayer de les traduire. Nous nous bornerons a donner ce passage, dans lequel se trouve un mot qui se rapproche assez de *teme* :

PINCEDÉ.
Apportez-nous de la chandelle, si vous savez faire autant de bien.
CAIGNET.
Çà vite ! vous l'avez en la main. Tenez, il y a maintenant deux deniers (de vin) ; tu n'es pas paresseux à compter ni à te tromper, si on veut s'en rapporter à toi.
PINCEDÉ.
Verse, Cliquet, et fais-moi boire ; il s'en faut de peu que la lèvre ne me fende.
CLIQUET.
Bé ! bois assez ; qui te (le) défend ? Bois, de par Dieu ! qu'il te fasse du profit !
PINCEDÉ.
Dieu, quel vin ! il est plus froid que glace. Bois, Cliquet, il y a ici bonne convention. L'hôte ne sait ce qu'il vend ; il (le vin) fut à seize dehors auparavant.
CLIQUET.
. . . .
. . . .
PINCEDÉ.
. . . .
. . . .
CAIGNET.
Cliquet, (par la) foi que tu dois à saint Marc ! taisez-vous-en, n'en parlez plus ; mais buvons-en bien et en paix : nous avons encore dans le pot du vin de notre premier demi-lot, et nous avons du caillé chaud.
RASOIR.
Dieu vous garde, seigneurs sergens ! à cette heure j'ai tout ce que j'ai demandé, quant j'ai Cliquet et Pincedé : je désirais beaucoup les voir.
CLIQUET.
Or çà, Rasoir, venez vous asseoir ; vous aurez de notre commencement.
RASOIR.
Certes, seigneurs, je me mettrai hardiment à votre disposition. Nous sommes compagnons tous trois.

A Jesu-Crist demande aïe,
Et il li dist : « Ne vus *tameiz*,
Tant garderet cum pris aveit. »

(Manuscrit du Collége de la Trinité, à Cambridge, marqué B. 14. 49, fol. 63 v°, col. 1, v. 23.)

PINCEDÉS. Donnes-li boire, viaus, Cliquet? **CLIKÈS.** Vois comme il fait le velouset! Boi, Rasoir, bien t'est avenu; Encor n'avons-nous plus venu, Au premier caup nous as r'atains. **RASOIRS.** Ha! certes, segneur, c'est del mains; S'il en fussent venu .x. lot, N'eskievasse-jou vostre escot. Sommes-nous ore à racointier? Caignet, or sache un lot entier; Se Dieu plaist, bien sera rendu. **CLIKÈS.** Rasoirs a son asne vendu, Qui si fierement rueve traire. **RASOIRS.** Par foi! je ne saroie el faire: Bevons assés, bien sera saus; Se nous deviens chaiens .xx. saus, Ne sui-je gaires esmaiés Que l'ostes n'en soit bien paiés Ains demain jour, s'il s'i embat. **PINCEDÉS.** Par foi! chis a songiet escat, Qui si parole fierement. **RASOIRS.** Tproupt, tproupt, bevons hardiement; Ne faisons si le coc emplut. **CLIKÈS.** Rasoirs, nous avommes tant but Que no drapel en demouront. **RASOIRS.** Tenés, Cliquet, .v. deniers sont: Trois de chest vin, et devant .ij. **PINCEDÉS.** Est-il tout purs? si t'aït Diex! **CAIGNÈS.** Oïl, foi que je doi saint Jake! **CLIKÈS.** Purs est, en nevoire me vaque; Tien, boi, saches mon que tu vens. Tenés, Rasoir, par uns couvens Que ne tenistes tel auwen. **RASOIRS.** Cliquet, verse vin à lagan; S'assaierons de che nouvel. Il en a encore ou tonnel, Et nous finerons bien chaiens.	**PINCEDÉ.** Donne-lui à boire, veux-tu, Cliquet? **CLIQUET.** Vois comme il fait le *velouset*! Bois, Rasoir, bien t'est-il advenu; nous n'avons encore rien fait venir de plus, au premier coup tu nous as r'atteints. **RASOIR.** Ah! certes, seigneurs, c'est le moins; s'il en fût venu dix lots, je n'esquiverais pas votre écot. Sommes-nous maintenant pour régler? Caignet, à présent tire un lot entier; s'il plaît à Dieu, il sera bien rendu. **CLIQUET.** Rasoir a vendu son âne, qui demande tant à tirer. **RASOIR.** Par (ma) foi! je ne saurais faire autre chose: buvons notre soûl, ce sera bien payé; si nous devions céans vingt sous, je ne suis guère embarrassé d'en bien payer l'hôte avant le jour de demain, s'il le veut. **PINCEDÉ.** Par (ma) foi! celui-ci a songé butin pour parler d'une manière si résolue. **RASOIR.** Tproupt, tproupt, buvons hardiment; ne faisons pas le coq mouillé. **CLIQUET.** Rasoir, nous avons tant bu, que nos habits en resteront (en gage). **RASOIR.** Tenez, Cliquet, il y a cinq deniers: trois de ce vin, et deux d'auparavant. **PINCEDÉ, à Caignet.** Est-il tout pur? que Dieu t'aide! **CAIGNET.** Oui, (par la) foi que je dois à saint Jacques! **CLIQUET.** Il est pur........ Tiens, bois, tire bien ce que tu vends. Gagez, Rasoir, que vous n'eûtes (jamais) telle aubaine. **RASOIR.** Cliquet, verse du vin à plein verre; nous essayerons de ce nouveau. Il y en a encore dans le tonneau, et nous finirons bien ici.

PINCHEDÉS.
Rasoir, as-tu mengié herens?
Tu en as bien te part béue.
RASOIRS.
Ains a trouvé capekéue
Pinchedé, el sai par mes iex.
PINCEDÉS.
Tproupt, tproupt, où que soit passé, Diex!
Verse con se che fust cervoise *.
Rasoir, nous comprons vo ricoise
Qui ne nous est mie commune.
Vous fustes anuit à la brune,
S'estes ore senr vos gaveles.
RASOIRS.
Non sui, voir; ains sai tès nouveles
Dont grans biens nous porra venir.
PINCEDÉS.
Dont porriés-vous bons devenir,
S'on i pooit mettre les mains?
CLIKÈS.
Or, bevons plus, si parlons mains,
Car recouvrées sont nos pertes:
Les granges Dieu sont aouvertes,
Ne puet muer ne soions rique;
Car au tresor le roi d'Aufrique,
A coupe n'à hanap n'à nef,
N'a mais ne serrure ne clef,
Ne serjant qui le gart nule eure;
Ains gist uns Mahommès deseure,
Ne sai ou de fust ou de pierre.
Jà par lui n'en ora, espiere,
Li rois, s'on li taut tout ou emble.
Ancui irons tout .iij. ensamble,
Quant nous sarons qu'il en ert eure.
PINCEDÉS.
Est-che voirs? que Diex te sekeure!
RASOIRS.
Est voirs, oïl, par saint Jehan!

PINCEDÉ.
Rasoir, as-tu mangé des harengs? tu en as bien bu ta part.
RASOIR.
Mais Pincedé a trouvé *chape-chute*, je le sais par mes yeux.
PINCEDÉ.
Tproupt, tproupt, en quelque endroit qu'il soit passé, Dieu!, verse comme si c'était de la bière. Rasoir, nous payons votre richesse, qui ne nous est pas commune. Vous fûtes aujourd'hui à la brune, maintenant vous êtes sur vos javelles **.
RASOIR.
Non, vraiment; mais je sais des nouvelles dont grand bien nous pourra venir.
PINCEDÉ.
Vous pourriez donc devenir bon, si l'on y pouvait mettre les mains?
CLIQUET.
Maintenant, buvons davantage et parlons moins, car nos pertes seront réparées: les granges de Dieu sont ouvertes, nous ne pouvons manquer d'être riches; car au trésor du roi d'Afrique, à ses coupes, ses hanaps, ses vaisseaux (à boire), il n'y a plus ni serrure ni clef, ni valet qui les garde à nulle heure; mais un Mahomet est couché dessus, je ne sais (s'il est) de bois ou de pierre. Jamais le roi, j'espère, ne saura par lui si on lui vole ou emporte tout. Aujourd'hui nous nous y rendrons tous trois ensemble, quand nous saurons qu'il en est temps.
PINCEDÉ.
Est-ce vrai? que Dieu te secoure!
RASOIR.
Oui, c'est vrai, par saint Jean! car j'en

---

* L'usage des liqueurs faites avec de la drèche est d'une haute antiquité parmi les nations germaniques. Tacite (*Germania*, cap. XXIII) observe des Germains: *Potui humor ex hordeo aut frumento, in quamdam similitudinem vini corruptus*. Pline (liv. XXII, chap. 82) nous apprend que de son temps on se servait dans les Gaules de la *cerçvisia*. Chez les Anglo-Saxons, les boissons en usage étaient l'ale (*calu*, Beówulf, v. 1531, etc. Islandais, *avl*. Sœmundar Edda, vol. II, lexic. [in voc. Danois, *öl*), la bière (*beor*), et l'hydromel (*medo*). Toutes ces boissons étaient aussi communes dans le nord de la France, surtout l'ale, qu'on nommait *Goudale* (*good ale*), et qui a donné naissance à notre mot *godailler*. Voyez, au reste, le Glossaire de du Cange, et le supplément de dom Carpentier, au mot CEREVISIA, et surtout l'*Histoire de la vie privée des Français*, par le Grand d'Aussy. A Paris, de l'imprimerie de Ph.-D. Pierres. M.DCC.LXXXI, in-8°, t. II, p. 300-315.

** Probablement vous êtes ivre, comme on dit maintenant parmi le peuple: Vous êtes dans les vignes du Seigneur.

Car j'en oï crier le ban,
Qu'il n'iert jamais hom qui le gart;
Mais qui en puist avoir, s'en ait.
Gardés s'on puet chi sus acroire.

CLIKÈS.

Verse, Pinchedé, fai-li boire;
Il a bien dit une buvée.
Tien, Rasoir, et une levée
Te doins, quant me verras juer,
Que jà ne m'en quier remuer.
Toute li premiere soit tieue;
Se l' pren, quel eure que je gieue,
Que jà ne te l' quier eskiever.

PINCEDÉS.

Or m'en souvient. Qui vient juer?

CLIKÈS.

Pinchedé, hocherons as crois*?

RASOIRS.

Mais à le mine, entre nous .iij.;
Seur che gaaing a bonne estraine.

PINCEDÉS.

Biaus ostes, preste-me une onzainne;
Si devrai .xvij. par tout.

LI TAVRENIERS.

Tu mesprens.

PINCHEDÉS.

De conbien?

LI TAVRENIERS.

De mout;
S'ai paour qu'il ne t'en meskieche.

PINCHEDÉS.

Or contes dont chascune pieche.

LI TAVRENIERS.

Ten premier lot, che furent .iij.

PINCHEDÉS.

Hé! voire.

LI TAVRENIERS.

Et puis un de l'otroi,
Et les .iij. partis de la perte:
Sanle-vous che raison aperte?

PINCEDÉS.

Che sont .v., se je vœil encore;
Et .xi. m'en presterés ore:
.Xvij. sont, vient bien chis contes?

CLIKÈS.

Pinchedé, warde que t'empruntes;
Che pues-tu bien de fi savoir

ouïs crier le ban, qu'il n'y aura jamais personne qui le garde (le trésor); mais que celui qui pourra en avoir, en ait. Voyez si on peut faire crédit là-dessus.

CLIQUET.

Verse, Pincedé, fais-le boire; il a bien tenu un propos d'ivrogne. Tiens, Rasoir, et je te donne une levée, quand tu me verras jouer, car je ne me soucie pas de bouger d'ici. Que toute la première soit tienne; prends-la, à quelque heure que je joue, car je ne cherche pas à éviter de te la faire gagner.

PINCEDÉ.

Il m'en souvient maintenant. Qui vient jouer?

CLIQUET.

Pincedé, jouerons-nous aux croix?

RASOIR.

(Non,) mais à la mine entre nous trois: sur ce gain il y a bonne étrenne.

PINCEDÉ.

Bel hôte, prête-moi une onzaine; je devrai dix-sept en tout.

LE TAVERNIER.

Tu te trompes.

PINCEDÉ.

De combien?

LE TAVERNIER.

De beaucoup; et j'ai peur qu'il t'en arrive malheur.

PINCEDÉ.

Or compte donc chaque pièce.

LE TAVERNIER.

Ton premier lot, ce fut trois.

PINCEDÉ.

Eh! en vérité.

LE TAVERNIER.

Et puis un de l'*octroi*, et les trois parties de la perte: ceci vous semble-t-il un compte clair?

PINCEDÉ.

Ce sont cinq, si je veux encore; et vous m'en prêterez onze maintenant: cela fait dix-sept, ce compte va-t-il bien.

CLIQUET.

Pincedé, regarde ce que tu empruntes; tu

---

* Probablement à croix ou pile. Le mot *hocher* est ici pour exprimer l'action d'agiter d'abord la pièce de monnaie dans la main.

Que je vaurrai bon gage avoir :
Tu ies moult estrains en te cape,
J'ai paour qu'ele ne t'escape
Ains que tu isses de l'ostel.
　　　　PINCEDÉS.
Ostés, ostes, nous savons el,
En autre lieu regist li bus;
Nous avommes .v. deniers bus,
Faisons-les tous avant à dés.
　　　　CLIKÈS.
Qui en a nul?
　　　　PINCEDÉS.
　　　　Jou, uns quarrés,
D'une vergue, drois et quemuns.
　　　　CLIKÈS (sic).
Jà des vœs n'en venra uns;
Ne vous en poist mie, Cliquet.
　　　　CLIKÈS.
Non fait-il. Chà venés, Caignet.
Caignet, sès-tu que tu feras?
Tiens, ches dés se nous presteras;
S'en pren bien au jeu te droiture :
Il puet caïr tèle aventure
Que miex t'en sera, par mon chief !
　　　　CAIGNÈS.
Cliquet, j'en venrai bien à chief.
　　　　PINCEDÉS.
Dites, Cliquet, et vous, Rasoir,
Volés-vous che vin asseoir,
Ou nous jouerons qui les pait?
　　　　RASOIRS.
Mais qui en puist avoir, s'en ait;
Qui le mains a, si les pait tous.

　　　　CLIKÈS.
Caignet, se Diex te doinst le tous !
Car nous prestés ore vos dés.
　　　　CAIGNÈS.
Tenés, Rasoir, si m'esgardés :
Je's fis taillier par eschievins.
　　　　RASOIRS.
A cest caup soit fais tous li vins,
Qu'i metriens-nous jusc'à demain.
　　　　PINCEDÉS.
Dont giet chascuns devant le main.
　　　　RASOIRS.
Jou l'otroi.
　　　　CLIKÈS.
　　Et jou l'otroi bien.

dois bien savoir que je voudrai avoir bon gage : tu es très serré dans ta cape, j'ai peur qu'elle ne t'échappe avant que tu sortes de la maison.
　　　　PINCEDÉ.
Hôte, hôte, nous savons le contraire, le bœuf git en autre lieu; nous avons bu cinq deniers, jouons-les tous auparavant aux dés.
　　　　CLIQUET.
Qui en a?
　　　　PINCEDÉ.
J'en ai de carrés, d'une *vergue,* droits et communs.
　　　　CAIGNET.
Jamais il n'en viendra un des vôtres; que cela ne vous chagrine pas, Cliquet.
　　　　CLIQUET.
Cela ne me fait aucune peine. Venez ici, Caignet. Caignet, sais-tu ce que tu feras? Tiens, tu nous prêteras ces dés; et prends bien au jeu ce qui te revient : il peut échoir telle aventure que tu t'en trouveras mieux, par ma tête!
　　　　CAIGNET.
Cliquet, j'en viendrai bien à bout.
　　　　PINCEDÉ.
Dites, Cliquet, et vous, Rasoir, voulez-vous acquitter le prix de ce vin, ou nous jouerons à qui le paiera?
　　　　RASOIR.
Mais que celui qui en peut avoir (des points), en aie; et que celui qui a le moins, le paie en entier.
　　　　CLIQUET.
Caignet, et que Dieu te donne la toux! prêtez-nous maintenant vos dés.
　　　　CAIGNET.
Tenez, Rasoir, et regardez : je les fis tailler par échevins.
　　　　RASOIR.
A ce coup que tout le vin soit joué, que nous y mettrions jusqu'à demain.
　　　　PINCEDÉ.
Que chacun jette donc devant la main.
　　　　RASOIR.
Je l'octroie.
　　　　CLIQUET.
Et moi aussi.

PINCEDÉS.
Va, de par Dieu! sans mal engien.
Segneur, par foi! g'i voi tous quinnes.

CLIKÈS.
Or me doinst Diex toutes les sines,
Aussi que ou les porte vendre!

RASOIRS.
Ceste caanche est assés mendre,
Pinchedé, que tu gieté as :
A paines i a-il nis as ;
Bien le doit comprer tes pourpoins.
Pour .v. deniers giete .v. poins :
C'est rieule, à tant puès-tu conter.

PINCEDÉS.
Dehait qui te fera geter !

RASOIRS.
Droit avés, vous li ferés honte.

CLIKÈS.
Or metés dont cest seur vo conte :
Ensi s'acordent bonne gent.

PINCEDÉS.
Veus-tu jouer à sec argent?

RASOIRS.
Oïl, voir.

PINCEDÉS.
Aussi vœil-je, certes ;
Jà i ara bourses ouvertes :
Chascuns meche .iij. lés cel bort,
Et qui giet miex, si les emport.
Je n'i sai riens autre barat ;
Et qui deniers n'a s'en acat.

CLIKÈS.
A quel jeu?

PINCEDÉS.
A quel que tu veus.

CLIKÈS.
A plus poins?

PINCEDÉS.
Soit, si m'aït Diex !

CLIKÈS.
Jou giet ; Diex le meche en mon preu !

CAIGNÈS.
Atendés, vous i veés peu ;
Je vœil que chis caupons i soit.
Bien nous fai, et bien pren ton droit ;
Ne savons autrement tenchier.

RASOIRS.
Diex ! .xij. poins au commenchier.

PINCEDÉ.
Va, de par Dieu! sans aucunement tricher. Seigneurs, par (ma) foi ! j'y vois tous des quines.

CLIQUET.
Qu'à cette heure Dieu me donne toutes les *sines*, de même que l'on les porte vendre!

RASOIR.
Le coup que tu as joué, Pincedé, est assez mauvais : à peine y a-t-il un as ; ton pourpoint doit bien le payer. Pour cinq deniers amène cinq points : c'est (de) règle, alors tu peux compter.

PINCEDÉ.
Malheur à qui te fera (les) amener!

RASOIR.
Vous avez droit, vous lui ferez honte.

CLIQUET.
Or donc, mettez ceci sur votre compte : ainsi les gens de bien sont d'accord.

PINCEDÉ.
Veux-tu jouer à sec argent ?

RASOIR.
Oui, vraiment.

PINCEDÉ.
Je le veux aussi, certes ; il y aura des bourses ouvertes : que chacun mette trois (deniers) près de ce bord, et que celui qui amènera le plus de points, les emporte. Je n'y connais pas d'autre tour ; et que celui qui n'a deniers, en achète.

CLIQUET.
A quel jeu?

PINCEDÉ.
A celui que tu veux.

CLIQUET.
A qui aura le plus de points?

PINCEDÉ.
Soit, et que Dieu m'aide !

CLIQUET.
Je jette ; que Dieu le mette en mon profit!

CAIGNET.
Attendez, vous y voyez peu ; je veux que ce *chapon* y soit. Fais-nous bien, et prends ce qui te revient ; nous ne savons autrement disputer.

RASOIR.
Dieu! douze points en commençant.

CLIKÈS.
Quaernes, deus : tu en as dis.
RASOIRS.
Teus tient les dés qui giete pis ;
Je te le donroie pour .ix.
CLIKÈS.
Dehait qui t'en donroit .j. nœf,
Ne qui de .x. perdre le crient!
CAIGNÈS.
Alumera-on-vous pour nient?
Chis est miens, comment qu'il en kieche;
Mais on ne m'i huçast à pieche.
Dehès ait atrais de tel gent!
CLIKÈS.
Caignès, metés jus no argent,
Tant que nous l'otrions nous .iij.
CAIGNÈS.
Cliquet, che n'est mie d'otroi ;
Ains gastés chi grosse candeille,
Et toute no maisnie veille
Pour vo gieu, aval no maison.
CLIKÈS.
Jou giet ; segneur, il dist raison.
Rasoir, chi n'atendés-vous point.
RASOIRS.
Non, car tu l'as passé d'un point.
CLIKÈS.
Or n'a à geter que je seus ;
Mais j'en ferai bien .xi. en deus,
Et li autres soit deboutés.
PINCEDÉS.
A! c'est pour nient que vous getés,
Car che fu en Wanquetinois.
CLIKÈS.
Toutes eures preng-je ches nois,
Car j'ai quaernes et .j. vi.
PINCEDÉS.
Met jus l'argent, ains qu'il soit pis,
Avant que tu m'escaufes waires.
CLIKÈS.
Et c'as-tu qui si m'ies contraires?
En ai-je .iij. poins plus de ti?
PINCEDÉS.
Met jus les deniers, je t'en pri,
Ains que li casée m'esmœve.
CLIKÈS.
Maudehé ait qui che me rœve,
Puis c'on voit que seur les dés vient!

CLIQUET.
Quaternes, deux : tu en as dix.
RASOIR.
Tel tient les dés qui les jette plus mal; je te le donnerais pour neuf.
CLIQUET.
Malheur à qui t'en donnerait un neuf, ou qui craint de le perdre de dix!
CAIGNET.
Vous éclairera-t-on pour rien? Celui-ci est mien, quoi qu'il échoie; mais on m'y appellerait pendant long-temps. Malheur ait l'accueil de tels gens!
CLIQUET.
Caignet, déposez (ici) notre argent, tant que nous l'octroyons nous trois.
CAIGNET
Cliquet, je n'y consens pas ; mais vous gâtez ici (une) grosse chandelle, et tout notre monde veille pour votre jeu dans la maison.
CLIQUET.
Je jette (les dés) ; seigneurs, il parle raisonnablement. Rasoir, vous n'attendez point ici.
RASOIR.
Non, car tu l'a dépassé d'un point.
CLIQUET.
Maintenant il n'y a que moi seul à jeter les dés ; mais j'en ferai bien onze en deux, et l'autre soit débouté.
PINCEDÉ.
Ah! c'est pour rien que vous jetez (les dés), car ce fut en Wanquetinois.
CLIQUET.
Toutefois je prends ces noix, car j'ai quaternes et un six.
PINCEDÉ.
Dépose (ici) l'argent, avant qu'il soit pis, avant que tu m'échauffes un peu.
CLIQUET.
Et qu'as-tu pour me contrarier ainsi? Ai-je trois points de plus que toi ?
PINCEDÉ.
Dépose (ici) les deniers, je t'en prie, avant que la bile ne m'émeuve.
CLIQUET.
Malheur à qui me demande cela, puisqu'on voit que les dés en sont cause !

PINCEDÉS.
Enne dis-jou che fu pour nient?
Veus-le-tu avoir par effort?
CLIKÈS.
Dyables! que chis me tient fort!
Pour poi qu'il n'esrache me cape.
PINCEDÉS.
Tien de loier ceste soupape;
Je comment, car mix de ti vail.
CLIKÈS.
Et pour itant le te rebail;
Or pues veoir que je te dout.
CAIGNÈS.
Sire, sire, vous perdés tout;
Acourés tost, nos wage empirent :
Car cist ribaut tout se descirent,
Et si n'ont drap qui gaires vaille.
LI TAVRENIERS.
Qu'est-che, Cliquet? Est-che bataille?
Laisse-le tost, et tu lais lui;
Si vous alés seoir andui.
Bien ara chascuns se raison.
Rasoir, contés-nous l'ocoison :
Vous savés bien li quels a tort.
CAIGNÈS.
Sire, bon est c'on les acort,
Car li noise ne me conteke.
Demandés Cliquet li quels peke;
Que jà n'i ait de mot menti!
CLIKÈS.
Caignet, il le met bien en ti.
PINCEDÉS.
Et jou jà issir ne m'en quier.
CAIGNÈS.
Or metés dont seur l'eschekier
Les deniers, qu'il i soient tuit.
CLIKÈS.
Certes, vés-les chi trestout .viij. :
Or jugiés si comme à ami.
CAIGNÈS.
Segneur, vous l'avés mis seur mi;
Sachiés je n'i voeil perdre rien.
Toutes eures sont cist doi mien,
Et les .vi. partés entre vous ;
Car se li uns les avoit tous
Che seroit jà uns mautalens.
Et tu, Cliquet, verse vin ens,
Si donne à boire Pinchedé.
Je l'voeil que soiés acordé,
Puis qu'il est en men jugement.

PINCEDÉ.
Est-ce que je dis fut pour rien ? Veux-tu l'avoir par force ?
CLIQUET.
Diable ! que celui-ci me tient fortement! il s'en faut de peu qu'il ne m'arrache ma cape.
PINCEDÉ.
Tiens, comme paiement, ce soufflet; je commence, car je vaux mieux que toi.
CLIQUET.
Et je te rends la pareille; maintenant tu peux voir si je te redoute.
CAIGNET.
Sire, sire, vous perdez tout; accourez vite, nos gages sont en danger : car ces ribauds se déchirent tout, et ils n'ont habit qui beaucoup vaille.
LE TAVERNIER.
Qu'est-ce, Cliquet ? est-ce bataille ? laisse-le à l'instant, toi aussi ; et allez-vous asseoir tous les deux. Chacun aura bien ce qui lui est dû. Rasoir, contez-nous l'occasion (de leur querelle). Vous savez bien lequel des deux a tort.
CAIGNET.
Sire, il est bon qu'on les accorde, car le bruit ne me plaît pas. Demandez à Cliquet quel est celui qui pèche; qu'il n'y ait pas un mot de mensonge !
CLIQUET.
Caignet, il le met bien sur toi.
PINCEDÉ.
Et moi, je ne cherche pas à m'en excuser.
CAIGNET.
Or, mettez donc les deniers sur l'échiquier, qu'ils y soient tous.
CLIQUET.
Certes, les voici tous les huit : maintenant jugez comme ami.
CAIGNET.
Seigneur, vous m'avez pris pour arbitre; sachez que je ne veux rien perdre. Quoi qu'il en soit, ces deux (deniers) sont miens ; partagez les six entre vous ; car si l'un (de nous) les avait tous, ce serait déjà une occasion de querelle. Toi, Cliquet, verse du vin dans les verres, et donne à boire à Pincedé. Je veux que vous soyez réconciliés, puisque je suis votre juge.

CLIKÈS.
Pinchedé, je le vous ament :
Par acorde le vin vous doins.
PINCEDÉS.
Cliquet, et je le vous pardoins ;
Bien sai que vins le vous fist faire.
CAIGNÈS.
Segneur, or pardés (sic) d'autre afaire,
Si que chaiens chascuns s'aquit.
Il est mout passé de le nuit,
S'est bien tans d'aler à la brune;
Car esconsée* est jà li lune,
Et chi ne gaaignons-nous rien.
CLIKÈS.
Ostes, car le nous faites bien.
.I. poi de deniers vous devons;
Mais ailleurs le gaaing savons,
Où mout sera grans li conquès ;
Car nous prenderons tout à fés
Là où nous savons le tresor.
De grant plates d'argent et d'or
Aura chascuns son col carchiet.
Faire vœil à vous .j. marchiet
Si bon, que ainc ne fistes tel ;
Car chà dedens, en vostre ostel,
Soustoiterés nostre gaaing,
Si que vous en serés compaing,
Partirés et jeterés los
Et chi sus querrés nos escos ;
Del paier n'est nule péurs.
LI TAVRENIERS.
Puis-jou estre dont asséurs
De chou que Rasoirs chi me conte ?
CLIKÈS.
Sire, se Diex me gart de honte,
De meskeanche et de prison,
C'on ne nous prengne à occoison,
Que nous ne soions tout pendu,
Si très bien vous sera rendu,
Que d'or fin arés plain .j. bac ;
Mais faites-nous prester .j. sac
Où ens nous meterons l'avoir.
LI TAVRENIERS.
Caignet, fai-leur .i. sac avoir;
Car, se Diex plaist, bien sera saus.

---

* Bien le cuide conquerre ainz soleil *esconsant*.

(*La Chanson des Saisnes*, manuscrit Lacabane, folio 112 recto, v. 4.)

CLIQUET.
Pincedé, je vous fais amende honorable :
pour faire la paix, je vous donne le vin.
PINCEDÉ.
Cliquet, de mon côté, je vous le pardonne ; je sais bien que c'est le vin qui le vous fit faire.
CAIGNET.
Seigneur, maintenant parlez d'autre affaire, en sorte que chacun s'acquitte. Une grande partie de la nuit est passée, il est bien temps d'aller à la maraude; car la lune est déjà cachée, et nous ne gagnons rien ici.
CLIQUET.
Hôte, traitez-nous bien. Nous vous devons un peu d'argent; mais nous savons ailleurs une bonne affaire, où le gain sera très-grand ; car nous prendrons tout notre soûl là où nous savons le trésor. Chacun aura son cou chargé de grands lingots d'or et d'argent. Je veux faire avec vous un marché si avantageux que jamais vous n'en fîtes de tel : vous recélerez céans, en votre maison, notre gain, et vous y participerez et prendrez dessus nos écots ; n'ayez aucune crainte au sujet de votre paiement.

LE TAVERNIER.
Puis-je donc être sûr de ce que Rasoir me conte ici ?
CLIQUET.
Sire, si Dieu me garde de honte, de malheur et de prison, qu'on ne nous prenne sur le fait, et que nous ne soyons pendus, (votre argent) vous sera si bien rendu que vous aurez plein un bac d'or fin; mais faites-nous prêter un sac dans lequel nous mettrons l'avoir.

LE TAVERNIER.
Caignet, fais-leur donner un sac, car, s'il plaît à Dieu, il sera bien payé.

Et li solaus lors *esconsa*.

(*Roman de l'Atre périlleux*, Ms. de la Bibl. du Roi, suppl. franç. n° 548, fol. 8 verso, col. 1, v. 8.)

CAIGNÈS.
Tien, Cliquet, chis tient .ij. mencaus.
Alés, que Diex vous raimaint tous !
PINCEDÉS.
Ostes, à Dieu ; priés pour nous,
Que no cose anuit bien nous viegne.
LI TAVRENIERS.
A foi ! segneur, Dieu en souviegne !

RASOIRS.
Pinchedé, tu sès moult de l'art ;
Va tost coiement cele part,
Pour espier se li roys dort.
PINCEDÉS.
Or tost, fil à putain, larron !
Car li roys dort et si baron
Si ferm que s'il fussent tout mort.
RASOIRS.
Cliquet, peu prisa son castel,
Qui à cest cornu menestrel *
Commanda si bele ricoise.
CLIKÈS.
Rasoir, che bon escrin pesant
Prendés, car che sont tout besant.
RASOIRS.
A, vif diable ! que il poise !
Pinchedé, met che sac plus près ;
Chis escrins poise comme .j. grès :
Pour un petit qu'il ne me crieve.
PINCEDÉS.
Rue chaiens tout à .j. fais,
N'ai talent que l'escrin i lais ;
J'aim miex assés que je m'en grieve.
Chi vœil-jou esprouver me forche,
Ne vœil c'autres de moi l'enporche :
Encarkiés-le-moi, si vous siet.
RASOIRS.
Pren, nous t'aiderons toute voie.
CLIKÈS.
Or nous metons dont à le voie
Entreus que si bien nous en chiet.

RASOIRS.
Ostes, ostes, ouvrés-nous l'uis ;

CAIGNET.
Tiens, Cliquet, celui-ci tient deux mesures. Allez, que Dieu vous ramène tous!
PINCEDÉ.
Hôte, adieu ; priez pour nous, que notre affaire nous vienne à bien cette nuit.
LE TAVERNIER.
Par ma foi ! seigneur, que Dieu s'en souvienne !

RASOIR.
Pincedé, tu es très-adroit ; va vite et doucement de ce côté, pour découvrir si le roi dort.
PINCEDÉ.
Allons vite, fils de p......, larrons ! car le roi et ses barons dorment aussi profondément que s'ils étaient morts.
RASOIR.
Cliquet, il prisa peu son avoir, celui qui confia si belle richesse à ce maraud cornu.
CLIQUET.
Rasoir, prenez ce bon et lourd coffre, car c'est tout besans.
RASOIR.
Ah, vif diable ! qu'il pèse ! Pincedé, mets ce sac plus près ; ce coffre pèse comme un grès : il s'en faut de peu qu'il ne me crève.

PINCEDÉ.
Jette ici tout d'un coup, je n'ai pas envie d'y laisser le coffre ; j'aime bien mieux me faire mal. Je veux ici éprouver ma force, et ne consentirai pas à ce qu'un autre que moi l'emporte : chargez-le-moi, s'il vous plaît.
RASOIR.
Prends, nous t'aiderons cependant.
CLIQUET.
Maintenant mettons-nous donc en route pendant que nous sommes en telle veine de bonheur.

RASOIR.
Hôte, hôte, ouvrez-nous la porte ; votre

---

* Le passage suivant nous donne le véritable sens de ce mot que nous avons déjà, mais en vain, tenté d'expliquer p. 111, 112.

Là poist-on veoir maint leger bacheler...
Ces garçons menestrex par ces viles aler,

Huchent çangles sor çangles ; li autres vuet ferrer,
Et li tierz laz et heaumes, corroies enarmer.
(La Chanson des Saxons, t. I, p. 59, couplet XXXIV.)
Le roi des Menestrels n'était donc rien autre chose que le roi des Ribauds.

Vos sas ne revient mie wis :
Né vous volons pas dechevoir.
LI OSTES.
A foi ! bien vegniés-vous, segneur !
Or tost, Caignet, aïe-leur :
Tès hom fait bien à rechevoir.
PINCEDÉS.
Segneur, jou ai éu grant fais ;
Che ne seroit mie fourfais
Se je buvoie à ceste laisse.
CLIKÈS.
Dehait qui cest envial laisse,
Car bons vins tous mes maus aliege !
LI OSTES.
Segneur, et biau fu et bon siege
Arés-vous, onques n'en doutés,
Et vin qui n'est mie boutés ;
Ains crut en costiere de roche.
RASOIRS.
Caignet, abaisse .j. poi le broche,
Si nous laisse taster au tourble.
CAIGNÈS (sic).
Biaus ostes, et candaile double
Nous faites aporter avœc.
LI TAVRENIERS.
Il n'en venra mie senœc,
Si con je pens et adevin.
CAIGNÈS.
Segneur, vés chi candaile et vin
Mieudres que il ne fu deseure.
RASOIRS.
A foi ! beneoite soit l'eure
Que si fait vins fu entonnés !
CLIKÈS.
Pinchedé, or nous en donnés,
Car bien seront no gage quite.
Hé, Diex ! con chis vins nous pourfite !
Or primes sommes assenés.
Dehait n'en bevera assés !
Nous avons hanap de biau tour.
PINCEDÉS.
Laissiés courre che vin entour ;
Je li paierai jà .j. dap.
CLIKÈS.
Hé ! boi, si laisse le hanap ;
Né trœves qui le te deffenge.
PINCEDÉS.
Hé, Diex ! chi a bonne vendenge ;
Mais je n'en puis men soif restaindre.

sac ne revient pas vide : nous ne voulons pas vous tromper.
L'HÔTE.
Par ma foi ! soyez les bien-venus, seigneurs ! Allons ! aide-leur, Caignet : des hommes pareils doivent bien être reçus.
PINCEDÉS.
Seigneur, j'ai porté une grande charge ; ce ne serait pas mal si je buvais maintenant.
CLIQUET.
Malheur à qui perd cette envie, car le bon vin allége tous mes maux !
L'HÔTE.
Seigneurs, vous aurez et bon feu et bon siége, n'en doutez nullement, et vin qui n'est pas frelaté ; mais il crut sur le flanc d'une roche.
RASOIR.
Caignet, abaisse un peu la broche, et laisse-nous tâter jusqu'au trouble.
CLIQUET.
Bel hôte, et faites-nous apporter une chandelle double avec.
LE TAVERNIER.
Il n'en viendra pas sans cela, comme je pense et devine.
CAIGNET.
Seigneurs, voici chandelle et vin meilleurs que ceux que vous eûtes d'abord.
RASOIR.
Par ma foi ! bénie soit l'heure à laquelle un vin pareil fut entonné !
CLIQUET.
Pincedé, donne-nous-en donc, car nos gages nous seront bien rendus. Eh, Dieu ! comme ce vin nous profite ! Maintenant nous sommes (tout) d'abord guéris. Malheur à qui ne boira son soûl ! nous avons hanap de belle façon.
PINCEDÉ.
Laisse ce vin courir à l'entour ; je ferai connaissance avec lui.
CLIQUET.
Eh ! bois, ne t'occupe pas du hanap ; tu ne trouves personne qui te le conteste.
PINCEDÉ.
Eh, Dieu ! il y a ici bonne vendange ; mais je n'en puis étancher ma soif.

CLIKÈS.
Rouvés-me vous mes dés ataindre?
RASOIRS.
Oïl, illuec tiengnent lor lieu.
PINCEDÉS.
Voir s'a dit, jouerons bon gieu.
CLIKÈS.
Pinchedé, il est bien ou prendre.
RASOIRS.
Ba! pour jouer et pour despendre,
Acréonsmes-nous seur le hart.
PINCEDÉS.
Rasoir, jouerons à hasart?
J'ai plain poing de mailles de musse.

RASOIRS.
Oïl voir, onques ne m'en husse;
Meche chascuns à bonne estrine.
CLIKÈS.
Dont soit à hasart, en le mine.
Je prenc; prengne chascuns le sieue.

PINCEDÉS.
Ceste est bien au moy de le tieue.
RASOIRS.
Et ceste, se g'i seuc lignier.

LI TAVRENIERS.
Segneur, or doi-jou apongnier?
Mais moult bien nous en convenra.
CLIKÈS.
Ostes, quant au partir venra,
Bien i sera vos drois gardés.
PINCEDÉS.
Rasoir, commenche pour les dés,
Ne jà nus l'eschekier ne mœve.
RASOIRS.
Dehait qui remuer le rœve!
Car il siet le plus droit del mont.

CLIKÈS.
Ains geteroie contremont,
Car il siet plus haut devers ti.
PINCEDÉS.
Certes, Cliquet, tu as menti;
.I. marc d'or i ait au grant pois.
RASOIRS.
Met en mi l'eschekier .j. pois,
Il acourra chà à droiture.

CLIQUET.
Me priez-vous d'atteindre mes dés?
RASOIR.
Oui, ils tiennent ici leur place.
PINCEDÉ.
S'il a dit vrai, nous jouerons bon jeu.
CLIQUET.
Pincedé, il est bien quand il faut prendre.
RASOIR.
Bah! pour jouer et pour dépenser, fions-nous sur la hart.
PINCEDÉ.
Rasoir, jouerons-nous à (un jeu de) hasard? J'ai plein poing de mailles de cachées.

RASOIR.
Oui en vérité, jamais je ne refuse; que chacun mette à bonne étrenne.
CLIQUET.
Que ce soit donc un jeu de hasard, la mine. Je prends; que chacun prenne la sienne.

PINCEDÉ.
Celle-ci est bien à la mesure de la tienne.
RASOIR.
Celle-là de même, si (jamais) je sus aligner.

LE TAVERNIER.
Seigneurs, maintenant dois-je empoigner? mais il nous en faudra beaucoup.
CLIQUET.
Hôte, quand le départ viendra, votre droit y sera bien observé.
PINCEDÉ.
Rasoir, prépare les dés, et que nul ne remue l'échiquier.
RASOIR.
Malheur à qui demande à le changer de place! car il est placé le plus droit du monde.

CLIQUET.
Mais je jetterai en haut, car il est plus élevé de ton côté.
PINCEDÉ.
Certes, Cliquet, tu as menti; qu'il y ait un marc d'or au grand poids.
RASOIR.
Mets un pois au milieu de l'échiquier, il accourra ici tout droit.

CLIKÈS.
Giete tost, soit en aventure!
PINCEDÉS.
Il s'en vont garder qu'il i a.
CLIKÈS.
Par foi!.vij. poins.
PINCEDÉS.
Qu'i a, k'i a*?
Chil deriere deviennent du mains.
CLIKÈS.
Rasoir, ains te sue li mains :
Frote-le un petit à le pourre,
Si me fai ensi les dés courre.
Sissnes, .v.! j'en ai .xvij.
Honnis soi-je se je regiet !
PINCEDÉS.
Metons, Rasoir, il a les dés.
RASOIRS.
Pour Dieu! Cliquet, or i wardés,
Car il set les dés asséir.
CAIGNÈS.
A che jeu doit-on cler véir;
Che n'est mie as aniaus de voirre.
Cliquet, met chi ceste candaile,
Si aras plus clere véue.
CLIKÈS.
Caignet, à caanche kéue,
Aras .j. denier de chascun.
CAIGNÈS.
Mais vous me donnés de quemun
Trois de ches deniers qui sont rouge.
PINCEDÉS.
Avés oï de chel augouche?
Fineroit-il ore jamais?
LI OSTES.
Caignet, lais-les jouer en pais;
Plus atenc-jou en eus de bien.
RASOIRS.
Ostes, vous n'i perderés rien;
Car je serai chi en vo lieu.
LI TAVRENIERS.
Soiés en pais.
PINCEDÉS.
Segneur, jou gieu;
J'ai les dés, je giet pour tous cheus.

CLIQUET.
Jette vite, au petit bonheur!
PINCEDÉ.
Ils s'en vont regarder ce qu'il y a.
CLIQUET.
Par (ma) foi ! sept points.
PINCEDÉ.
Qu'y a-t-il? qu'y a-t-il? Ceux de derrière arrivent du (côté du) moins.
CLIQUET.
Rasoir, ta main sue : frotte-la un peu de poussière, et fais-moi courir ainsi les dés. Deux six, cinq! J'en ai dix-sept. Honni sois-je si je jette de nouveau!
PINCEDÉ.
Mettons, Rasoir, il a les dés.
RASOIR.
Pour Dieu! Cliquet, maintenant regardez ici, car il sait asseoir les dés.
CAIGNET.
A ce jeu doit-on voir clair; ce n'est pas aux anneaux de verre. Cliquet, mets ici cette chandelle, tu auras la vue plus claire.
CLIQUET.
Caignet, si la chance te vient, tu auras un denier de chacun.
CAIGNET.
Mais vous me donnez ordinairement trois de ces deniers qui sont rouges.
PINCEDÉ.
Avez-vous ouï ce démon*? finirait-il jamais?
L'HÔTE.
Caignet, laisse-les jouer en paix; j'attends d'eux plus de profit.
RASOIR.
Hôte, vous n'y perdrez rien; car je serai ici à votre place.
LE TAVERNIER.
Soyez en paix.
PINCEDÉ.
Seigneurs, je joue; j'ai les dés, je (les) jette pour tous ceux-ci.

---

* Ces mots nous paraissent devoir être écrits ainsi, et non comme à la page 62, où *kia* est évidemment emprunté au jargon de la scolastique du moyen-âge.

* Nous avons cru devoir traduire ainsi *augouche*, qui ne se trouve dans aucun glossaire, sinon avec le sens d'*angoisse*, de *tourment*.

CLIKÈS.
Giete, Diex te doinst .vij. en deus !
PINCEDÉS.
A defoit, mais hasart ou .xvi.
Hasart, Diex !
RASOIRS.
Ains avommes .xiij. :
Or te donriemmes-nous hasart.
PINCEDÉS.
A deffoy, segneur, Diex m'en gart !
Escapar, de par saint Guillaume !
CLIKÈS.
C'est pour nient. Tout en mi le paume
Les hocherés, comment qu'il tourt.
PINCEDÉS.
Cliquet, or me tiens-tu trop court ;
Lais-me viaus geter, se tu dois.

CLIKÈS.
Giete, en hochant devant les dois,
.I. hasart par me meskeanche.
PINCEDÉS.
Ains ai .viij. poins en me keanche ;
C'est miex de hasart toute voie.
CLIKÈS.
Certes, tu te couvris d'un troie ;
Es autre .ij. eut as et quatre.
PINCEDÉS.
Or laissiés .xiij. à .viij. combatre :
Tost ira là où aler doit.
CLIKÈS.
Voire, honnis soient chil doit
Qui si souvent sont remué !
PINCEDÉS.
Diex ! .j. plus, s'arai bien joué ;
.Vij. n'éussé-je mie pris.
CLIKÈS.
Or seroient .xiij. de pris,
S'il voloient venir à nous.
PINCEDÉS.
A, sains Lienars! chu desous,
Si seroit li affaires plains.
CLIKÈS.
Sains Nicolais! .j. tout seul mains.
Vés chi .viij., che sont mi ami.
Puis-je tous ches sakier à mi?
Chi a assés bele couvée.
RASOIRS.
Pinchedé, je prenc me levée,

CLIQUET.
Jette, Dieu te donne sept en deux !
PINCEDÉ.
Oh non ! mais hasard ou seize. Hasard, Dieu !
RASOIR.
Au contraire, nous avons treize : maintenant nous te donnerions hasard.
PINCEDÉ.
Oh non ! seigneurs, Dieu m'en garde !
Lâche (-les), de par saint Guillaume !
CLIQUET.
C'est inutile. Vous les hocherez dans votre paume, quoi qu'il arrive.
PINCEDÉ.
Cliquet, tu me tiens maintenant trop court ; laisse-moi jeter (les dés), si tu (le) dois.

CLIQUET.
Jette, en hochant devant les doigts, un hasard par ma méchéance.
PINCEDÉ.
Mais j'ai huit points en ma chance ; c'est toutefois mieux que hasard.
CLIQUET.
Certes, tu te couvris d'un trois ; aux deux autres tu eus as et quatre.
PINCEDÉ.
Maintenant laissez treize combattre à huit : cela ira bientôt où ça doit aller.
CLIQUET.
Vraiment, honnis soient ces doigts qui sont si souvent remués.
PINCEDÉ.
Dieu ! un de plus, et j'aurais bien joué ; je n'eusse pas pris sept.
CLIQUET.
A cette heure ils seraient treize pris, s'ils voulaient venir à nous.
PINCEDÉ.
Ah, saint Léonard! sens dessus dessous, et l'affaire serait faite.
CLIQUET.
Saint Nicolas! un seul de moins. En voici huit, ce sont mes amis. Puis-je les tous tirer à moi? Il y a ici assez belle couvée.
RASOIR.
Pincedé, je prends ma levée ; que vous

Que vous orains me promesistes ;
Et moult bien en couvent mesistes
Que che seroit au premier gieu.
PINCEDÉS.
Hé! c'as-tu dit, anemi Dieu?
Ceste levée vaut .C. livres.
Cuidas-tu dont que je fusse ivres
Quant le levée te promis?
Che fu au jeu de pairesis
Quant nous jouerons au vin croistre.
RASOIRS.
Pinchedé, or du bien escroistre!
Je ne t'en donroie .ij. œs.
PINCEDÉS.
Rasoir, en nest-chou à vo œs?
CLIKÈS.
Oïl voir, che cuidiemes-nous.
PINCEDÉS.
Male leeche en aiés-vous
D'ensi nos deniers esciekier!
RASOIRS.
De canque il a seur l'eschekier
Seras-tu jà moult tost seneuc.
PINCEDÉS.
Dont m'en porteras-tu avœc,
Par foi! que jà n'en aras mains.
RASOIRS.
Lais-les.
PINCEDÉS.
Mais tu, ostes tes mains,
Que je ne te crieve les iex.
CAIGNÈS.
Sire, cist resont par cavex;
Oés comme il fierent grans caus.
LI TAVRENIERS.
Que c'est, Pinchedé, ies-tu faus?
Lai-le tost, et tu lui, Rasoir;
Si vous alés andoi seoir.
Bien sai dont li affaires vient;
Metre seur mi vous en couvient :
Ne vœil pas vers vous entreprendre.
PINCEDÉS.
Jou l'otroi, sans les besans prendre.
RASOIRS.
Et jou, mais moult le fac pesans.
LI TAVRENIERS.
Cliquet, pren trestous ches besans;
Si les regetes en che coffre.

me promîtes tantôt ; et vous convîntes très-bien que ce serait au premier jeu.
PINCEDÉ.
Eh! qu'as-tu dit, ennemi de Dieu? Cette levée vaut cent livres. Pensais-tu donc que j'étais ivre quand je te promis la levée? Ce fut au jeu de *pairesis* quand nous jouerons le vin à crédit.
RASOIR.
Pincedé, bon succès! je ne t'en donnerais pas deux œufs.
PINCEDÉ.
Rasoir, en est-ce à votre profit?
CLIQUET.
Oui, vraiment, nous le croyions.
PINCEDÉ.
Que votre joie se tourne en tristesse, vous qui nous râflez ainsi nos deniers!
RASOIR.
Tu seras bientôt privé de tout ce qu'il y a sur l'échiquier.
PINCEDÉ.
Tu m'emporteras donc avec, par (ma) foi! Tu n'auras pas moins.
RASOIR.
Laisse-les.
PINCEDÉ.
Mais toi, ôte tes mains, que je ne te crève les yeux.
CAIGNET.
Sire, ils se reprennent par les cheveux; oyez comme ils frappent de grands coups.
LE TAVERNIER.
Qu'est-ce, Pincedé, es-tu fou? laisse-le vite, toi de même, Rasoir; allez tous deux vous asseoir. Je sais bien d'où l'affaire vient; il vous faut vous en rapporter à moi : je ne veux pas vous faire tort.
PINCEDÉ.
Je l'octroie, sans prendre les besans.
RASOIR.
Moi aussi, mais fort à contre-cœur.
LE TAVERNIER.
Cliquet, prends tous ces besans, et rejette-les dans ce coffre.

CLIKÈS.
Jà n'en arés mains que vo offre;
Vés-les chi tous, je n'i voi el. .

LI TAVRENIERS.
Par foi ! or sommes-nous yevel ;
Comme devant resoit communs :
Or en prengne se part chascuns;
Que doit que vous tant atendés?

RASOIRS.
Ostes, .j. petit entendés:
Nous sommes auques travilliet,
S'avommes toute nuit veilliet ;
Bien partirommes comme ami,
Mais nous arons anchois dormi.

LI SENESCAUS.
Ahi! Apolin et Mahom !
Che m'iert ore en avision
Del grant tresor le roy méismes,
Que ne pooit estre rescous ;
Ains fondoit le terre desous,
Si s'en aloit droit en abisme.
N'iere liés si l'arai véu.

LI SENESCAUS au roi.
A! roys, com il t'est meskéu!
Mout est faus qui ne te conseille.
Lieve sus, roys desconfortés,
Car tes tresors est emportés.

LI ROIS.
Qu'est-chou, par Mahom! Qui m'esveille?
Senescal, qu'est-che que tu dis ?

LI SENESCAUS.
Roys, tu ies povres et mendis ;
Mais ne le dois nullieu requerre,
Quant le grigneur avoir qui fust
Commandas .j. homme de fust:
Vés-le là où il gist à terre.

LI ROIS.
Senescal, as-me-tu dit voir,
Que j'aie perdu mon avoir?
Che m'a fait li vilains kenus,
Qui l'autr'ier me vint sarmonner;
Fai-le devant moi amener,
Car ses juisses est venus.

LI SENESCAUS.
O tu, Durant li charteriers,
Vit encore tes charteriers?
Li rois a talent qui le voie.

DURANS.
Oïl. Chà, vilains, à vo honte,
Je vous ferai ancui, sans conte,

CLIQUET.
Vous n'en aurez pas moins que je vous offre; les voici tous, je n'y vois autre chose.

LE TAVERNIER.
Par (ma) foi ! maintenant nous sommes tous égaux; comme auparavant qu'il (l'argent) soit commun : que chacun en prenne sa part; pourquoi attendez-vous tant ?

RASOIR.
Hôte, entendez un peu : nous sommes quelque peu fatigués, nous avons veillé toute la nuit; nous partagerons bien comme amis, mais nous dormirons auparavant.

LE SÉNÉCHAL.
Ahi! Apollon et Mahomet ! je rêvais en cet instant au trésor du roi lui-même, qu'il ne pouvait être sauvé; au contraire la terre s'enfonçait dessous, et il s'en allait droit dans l'abîme. Je ne serai content que lorsque je l'aurai vu.

(Au roi.)
Ah ! roi, comme il t'est mésarrivé ! il est bien félon celui qui ne te conseille. Lève-toi, roi malheureux, car ton trésor est emporté.

LE ROI.
Qu'est-ce, par Mahomet! Qui m'éveille?
Sénéchal, qu'est-ce que tu dis?

LE SÉNÉCHAL.
Roi, tu es pauvre et réduit à la mendicité; mais tu ne dois t'en prendre à personne, depuis que tu as confié le plus grand avoir qui fût à la garde d'un homme de bois: le voilà qui gît par terre.

LE ROI.
Sénéchal, m'as-tu dit vrai, que j'ai perdu mon trésor? Cé vilain chenu, qui l'autre jour me vint sermonner, en est l'auteur; fais-le amener devant moi, car (l'heure de) son jugement est arrivée.

LE SÉNÉCHAL.
O toi, Durand le geôlier, ton prisonnier vit-il encore? le roi a le désir de le voir.

DURAND.
Oui. Çà, vilain, à votre honte, je vous ferai aujourd'hui, sans mentir, passer trois pas de mauvais chemin. Roi, le voici; qu'à

Passer .iij. pas de male voie.
Rois, vés-le chi; jà Dieu ne plache
C'autres de moi justiche en fache !
Je le te pri en guerredon.

LI ROIS.

Vilains, chi a malvais restor
De toi contre mon grant tresor.
Mout m'as chier vendu ton sermon.
Tes Diex ne te puet mais tenser.
Durant, or del bien pourpenser
Cruel mort à sen cor destruire.

DURANS.

Sire, liés sui c'on le me livre :
Je le ferai en morant vivre
Deus jours, anchois que il parmuire.

LI PREUDOM.

A! rois, c'or ne l' tien en despit,
Car me donnes hui mais respit,
C'on ne m'ochie, ne travaut.
Encore est Diex là où il seut,
Qui bien me secourra, s'il veut.
.I. jour de respit .c. mars vaut *;
Mainte guerre en est mise à pais.

LI ROIS.

Que caut? Durant, laisse-le hui mais,
Et le matin le me ramaine.

DURANS.

Arriere, vilain, au lien!
Si fussent ore crestien
Entré en peneuse semaine !

LI PREUDOM.

Sains Nicolais, bons éurés,
A cest besoing me secourés;
Car venus sui à le parsonne,
Se le forche ont mi anemi.
Au besoing, voit-on son ami **.

Dieu ne plaise qu'un autre que moi en fasse
justice ! Je te prie, accorde-moi ceci comme
récompense.

LE ROI.

Vilain, il y a ici mauvais recours de toi
contre mon grand trésor. Tu m'as vendu
bien cher ton sermon. Ton Dieu ne te peut
plus défendre. Durand, maintenant imagine une cruelle mort pour détruire son
corps.

DURAND.

Sire, je suis joyeux qu'on me le livre : je
le ferai vivre deux jours en mourant, avant
qu'il n'expire.

LE PRUD'HOMME.

Ah! roi, ne t'en fâche pas, mais donne-moi
aujourd'hui encore du répit (et défends)
qu'on ne me tue ni qu'on ne me tourmente.
Dieu est encore là où il a coutume (d'être);
il me secourra bien, s'il veut. Un jour de répit vaut cent marcs; mainte guerre en a été
changée en paix.

LE ROI.

Qu'importe? Durand, laisse-le encore
aujourd'hui, et ramène-le-moi le matin.

DURAND.

Arrière, vilain, à l'attache! (Je voudrais
que) les chrétiens fussent maintenant entrés
en pénible semaine.

LE PRUD'HOMME.

Bienheureux saint Nicolas, secourez-moi
dans cette extrémité ; car je suis venu à la
fin, si mes ennemis ont la force. Dans la nécessité, on voit quel est l'ami. Sire, secourez
donc votre homme, sur qui ce roi païen

---

*   Un jour de respit c souz vaut.

(*Proverbes de Fraunce*, manuscrit du Corpus Christi College, Cambridge, n° 450, p. 260, ligne 27.)

Un jor de respit cent sols vaut.

(*Le Roman du Renart*, édition de Méon, t. II, p. 234, v. 15930.)

**   Meint houme vest soun pain quere
Soffraitous par la terc,
Ne li durrez graunt doun ;
S'il veit soun ami,

Sempres murreit pur li
Soun cors à bauudoun :
Al bosoing veit l'um ki est amis,
Ce dist li Vilains.

(*Les Proverbes del Vilain*, manuscrit Digby, Bibliothèque Bodléienne, n° 86, folio 148 recto, col. 1, v. 25.)

Tex escondist son pain
A son frere germain,
Ne li donne grant dou ;
S'il venoit son anui,
Sempres metroit por lui

Sire, dont secourés vostre home,
Seur cui chis rois paiens s'avive ;
Ne veut souffrir que je plus vive.
A le matin est mis mes termes,
Se li tresors n'est raportés.
Sire, che dolant confortés
Qui s'ochist en plours et en larmes.

DURANS.

Par Dieu ! vilains, or i parra
Ancui, quant il vous convenra
Aprendre .j. mestier si peneus.
Peu pris vo Dieu et vo apel,
Je vous ferai jà .j. capel
D'une corde plaine de neus.

LI PREUDOM.

Sains Nicolais, le tien secours ;
Car chis termines est moult cours
Que chis anemis me promet.
Sains Nicolais, car me regarde ;
Je me sui mis en vostre garde,
Où nule chose ne maumet.

LI ANGELES.

Diva! biaus crestiens, tais-te, ne pleure :
De che dont ies desous seras deseure ;
Prie saint Nicolai qu'il te sekeure,
Et il te secourra en petit d'euré ;
Tous jours li prie ensi, et Diex te secourra,
 Qui son home jà ne faurra ;
Süeffre hardiement te mesestanche,
S'aies saint Nicolai en ramembranche :
Ne te couvient avoir nule doutanche,
Sains Nicolais pourcache te delivranche ;
Se tu l'as bien servi de si à ore,

s'acharne ; il ne veut pas souffrir que je vive davantage. Le terme de mon existence est fixé au matin, si le trésor n'est rapporté. Sire, consolez ce malheureux qui se tue à force de pleurs et de larmes.

DURAND.

Par Dieu ! vilain, il y paraîtra aujourd'hui, quand il vous faudra apprendre un métier aussi pénible. Je prise peu votre Dieu et votre prière, je vous ferai bientôt un chapeau d'une corde pleine de nœuds.

LE PRUD'HOMME.

Saint Nicolas, secours-moi ; car le terme que me promet ce démon est très-court. Saint Nicolas, regarde-moi ; je me suis mis en votre garde, où rien ne périclite.

L'ANGE.

Holà ! beau chrétien, tais-toi, ne pleure pas : tu surmonteras ce qui t'accable ; prie saint Nicolas qu'il te secoure, et il te secourra en peu de temps ; prie-le toujours ainsi, et Dieu, qui ne manque jamais à son serviteur, te secourra ; souffre courageusement ta tribulation, et aie toujours saint Nicolas en mémoire : il ne te faut avoir aucune crainte, saint Nicolas s'occupe de ta délivrance ; si tu l'as bien servi jusqu'à présent, ne te dé-

---

Son cors en abandon.
Au besoing voit-on son ami,
Ce dist li Vilains.

(*Les Proverbes du Vilain,* manuscrit de la Bibliothèque de l'Arsenal, belles-lettres françaises, in-folio, n° 175, folio 277 verso, col. 1, couplet 144.)

Al besong voit l'on son ami.
(*Li Romans de Brut,* v. 5585. — T. I, p. 259.)

A besoigne veit qui ami eit.
(*Proverbes de Fraunce,* manuscrit du Corpus Christi College, Cambridge, p. 253, ligne 14.)

Au besoing voit-on l'ami,
Pieçà que c'est recordé.

(Chanson de Gillebert de Berneville, manuscrit

de l'Arsenal, in-folio, belles-lettres françaises, n° 63, p. 153, col. 1.)

Au besoing voit-on son ami.
(*Le Roman du Renart,* t. III, p. 32, v. 20618.)

..... Puis que hom est entrepris
Et par force liez et pris,
Bien puet l'en veoir au besoing
Qui l'aime et qui de lui a soing.

(*Idem,* t. II, p. 76, v. 11631.)

Son ami puet-on au besoin
Essaier, ce seut-on retraire.

(*La Complainte et le Jeu de Pierre de la Brocc,* édition de M. Jubinal, p. 34.)

Ne te recroire mie mais serf encore,
Onques de ceste pluie ne te ressore:
Qui pour Dieu se traveille, bien li restore.
S. NICHOLAIS.
Maufaitéour, Dieu anemi,
Or sus! trop i avés dormi;
Pendu estes, sans nul restor.
Mar i emblastes le tresor,
Et l'ostes mal l'a couveillié.
PINCEDÉS.
Qu'est-chou qui nous a esvillié?
Diex! con je dormoie ore for[t]!
S. NICHOLAIS.
Fil à putain, tout estes mort;
Or l'eure sont les fourques faites,
Car les vies avés fourfaites,
Se vous mon conseil ne creés.
PINCEDÉS.
Preudom qui nous as effréés,
Qui ies, qui tel paour nous fais?
S. NICHOLAIS.
Vassal, je sui sains Nicolais,
Qui les desconseilliés r'avoie.
Remetés-vous tout à le voie;
Reportés le tresor le roy.
Mout par féistes grant desroi,
Quant l'osastes onques penser.
Bien déust le tresor tenser
L'image qui estoit sus mise:
Gardés tost qu'ele i soit remise,
Que remis i soit li tresors,
Si chiers que vous avés vos cors,
Et metés l'ymage deseure.
Je m'en vois, sans nule demeure.
PINCEDÉS.
Per signum sancte cruchefis!
Cliquet, que vous est-il avis?
Et vous, qu'en dites-vous, Rasoir?
RASOIRS.
Pour moi, sanle que dist voir
Li preudom; moult m'en est à ente *.

clare pas encore serf, ne te sèche jamais de cette pluie : celui qui souffre pour Dieu, il l'en récompense bien.
SAINT NICOLAS.
Malfaiteurs, ennemis de Dieu, allons! vous avez trop dormi; vous êtes pendus sans aucune ressource. Vous eûtes tort de voler le trésor, et l'hôte a mal agi en le récelant.
PINCEDÉ.
Qui est-ce qui nous a éveillés? Dieu! comme à cette heure je dormais profondément!
SAINT NICOLAS.
Fils de p....., vous êtes tous morts; à cette heure les fourches sont faites, car vous avez forfait votre vie, si vous ne croyez mon conseil.
PINCEDÉ.
Prud'homme qui nous a effrayés, qui es-tu, toi qui nous fais telle peur?
SAINT NICOLAS.
Vassal, je suis saint Nicolas qui remet dans la voie les égarés. Remettez-vous tous en chemin; rapportez le trésor du roi. Vous fîtes très-grande folie quand vous osâtes jamais penser à le prendre. L'image qui était placée sur le trésor aurait bien dû le protéger : ayez soin qu'elle y soit remise aussitôt, ainsi que le trésor, si vous tenez à vos corps, et mettez l'image dessus. Je m'en vais, sans aucun retard.

PINCEDÉ.
Par le signe du saint crucifix! Cliquet, qu'en pensez-vous? et vous, qu'en dites-vous, Rasoir?
RASOIR.
Quant à moi, il semble que le prud'homme dise vrai; j'en suis en grande frayeur.

---

* N'a home si poissant de ci Oriente,
Se tex gens le haoit, ne péust estre à ente.

(*La Chanson des Saxons*, manuscrit de l'Arsenal, belles-lettres françaises, n° 175, in-folio, folio 234 verso, col. 2, v. 14.)

Le mot *ente* serait-il de la famille *d'enté*, que nous avons déjà vu page 100? A ce propos, nous

reviendrons sur ce mot, que nous aurions dû expliquer. *Enté*, suivant nous, serait le synonyme de *farci*, épithète que l'on donnait à certaines prières au texte desquelles on ajoutait beaucoup de développemens. M. l'abbé de la Bouderie, dans sa dissertation sur le *Kyrie Eleyson*, inséré au *Journal des Paroisses*, et imprimé à part (Paris, 1831, in-8°, p. 10), donne des exemples de *kyrie farcis*. C'est

CLIKÈS.
Et vis m'est grant dolour en sente;
Ainc mais homme tant ne cremi.
LI OSTES.
Segneur, je n'en trai nient à mi,
Se vous avés fait desraison;
Mais widiés-me tost me maison,
Car n'ai cure de tel gaaing.
PINCEDÉS.
Ostes, jà fustes-vous compaing,
Puis que che vient au dire voir;
Et du pechié et del avoir
Devés avoir droite parchon.
LI TAVRENIERS.
Or hors fil à putain, glouton!
Volés-me vous blasme acueillir?
Caingnet, va-t'en escot cueillir,
Puis les met hors de mon ostel.
CAIGNÈS.
Or chà, Cliquet, il n'i a el;
Delivrés-vous de cesté cape.
Jà n'iert sans noise ne sans frape,
Hom que si faite gent rechet.
CLIKÈS.
Quans deniers doi-jou?
CAIGNÈS.
.x. et set:
.V. du vin, et .xij. du prest.
Où Pinchedés et Rasoirs est?
Or laisse te cape pour toust.
CLIKÈS.
Caignet, tu te fais moult estout.
CAIGNÈS.
Pour coi? en ai-je bien conté?
Encor te fai-je grant bonté
Se je daigne te cape atraire.
CLIKÈS.
De gage prendre et de mestraire
N'a ten pareil jusques au Dan.
CAIGNÈS.
Or poés aler au lagan.

PINCEDÉS.
Segneur, or est pis que devant.
Anemis nous va enchantant,

CLIQUET.
Il m'est avis que j'en sens grande douleur; je ne craignis jamais homme autant.
L'HÔTE.
Seigneurs, je n'en prends rien sur moi, si vous avez commis quelque méfait; mais videz-moi vite ma maison, car je n'ai cure de tel gain.
PINCEDÉ.
Hôte, vous fûtes (notre) complice, puisque le temps vient de dire la vérité; et vous devez avoir une part égale du péché et de l'avoir.
LE TAVERNIER.
Hors (d'ici), fils de p....., gloutons! Voulez-vous me couvrir de blâme? Caignet, va-t'en recevoir l'écot, puis mets-les hors de ma maison.
CAIGNET.
Or çà, Cliquet, il n'y a pas à dire; débarrassez-vous de cette cape. Homme qui reçoit gens pareils à vous ne sera jamais sans bruit ni sans coups.
CLIQUET.
Combien de deniers dois-je?
CAIGNET.
Dix-sept: cinq du vin, et douze du prêt. Où sont Pincedé et Rasoir? A cette heure laisse ta cape pour (le) tout.
CLIQUET.
Caignet, tu te fais bien querelleur.
CAIGNET.
Pourquoi? ai-je bien compté? Encore te montré-je grande bonté si je daigne (te) tirer ta cape.
CLIQUET.
Pour prendre gage et tirer à fausse mesure, il n'y a ton pareil jusqu'au *Dan*[*].
CAIGNET.
Maintenant, vous pouvez aller où vous voudrez.
PINCEDÉ.
Seigneurs, maintenant c'est pis qu'auparavant. Le diable nous attrape et pense nous

---

donc dans ce sens que l'on doit entendre le mot *enté* du passage suivant :

Maint mot ont dit d'amours *enté*.

(*Du clerc qui fu repus derriere l'escrin*, v. 23.

Nouveau Recueil de Fabliaux et Contes, par Méon. Paris, 1823, in-8°, t. I, p. 166.)

[*] Nous ne comprenons pas ce mot, que l'on a déjà vu dans la note de la page 98, col. 1.

Qui nous cuide faire honnir.
Avoirs puet aler et venir;
Mais son non escille et deffait.
Nous ne serons jamais refait.
Honnis soit ore tes marchiés !

RASOIRS.

Tenés, Pinchedé, rencarchiés ;
Tu l'aportas, remporte l'ent.

CLIKÈS.

Ancui verras l'oste dolent;
Il a pis conté qu'il ne cuide,
Car ses sas a fait une wide.

PINCEDÉS.

Segneur, or creés m'estoutie ;
Prengne chascuns une pugnie
De ches besans : jà ni parroit.

CLIKÈS.

Tais-te, faus; il nous mesquerroit ;
S'en porriemes estre repris.

RASOIRS.

Met-le chi, car chi fu-il pris ;
Si remet l'ymage deseure.

PINCEDÉS.

Or jus ! maloite soit li eure
Que je vous encarqui anuit !

CLIKÈS.

Pinchedé, or ne vous anuit,
Mais creés si fol con je sui :
Que chascuns voit huimais par lui,
Li quels que soit iert euereus.

PINCEDÉS.

Soit ! certes.

RASOIRS.

Soit , si m'aït Dieus !
Car jamais biens ne nous querroit.
J'ai espiié une paroit *
Que j'arai jà mout tost crosée ,
Pour le ware d'une espousée
Qu'est en une huche de caisne.

CLIKÈS.

Segneur, et je m'en vois à Fraisne **
Un petit de la gaverele ;
Se je puis faire me querele,
Li maires i ara damage.

---

* Voyez, sur ce mot, une note curieuse dans le volume II, p, 401, de l'*Orlando furioso*, édition de Panizzi.

faire honnir. Avoir peut aller et venir; mais son nom cause du malheur ou la mort. Nous ne réparerons jamais cette perte. A cette heure honni soit ton marché!

RASOIR.

Tenez , Pincedé , rechargez ; tu l'apportas, remporte-le.

CLIQUET.

Aujourd'hui tu verras l'hôte chagrin ; il a compté plus mal qu'il ne croit, car son sac a fait une trouée.

PINCEDÉ.

Seigneurs, croyez ma hardiesse ; que chacun prenne une poignée de ces besans : il n'y paraîtra pas.

CLIQUET.

Tais-toi , félon ; il nous mésadviendrait ; nous pourrions en être punis.

RASOIR.

Mets-le ici , car ici fut-il pris ; et remets l'image dessus.

PINCEDÉ.

En bas ! maudite soit l'heure à laquelle je vous chargeai aujourd'hui !

CLIQUET.

Pincedé , que cela ne vous ennuie pas , mais croyez un fou comme je le suis : que chacun aille désormais seul , l'un ou l'autre sera heureux.

PINCEDÉ.

Soit ! certes.

RASOIR.

Soit, et que Dieu m'aide ! car jamais le bien ne nous chercherait. J'ai épié une paroi que j'aurai bientôt creusée , pour le trousseau d'une mariée qui est en une huche de chêne.

CLIQUET.

Seigneurs, et (moi) je m'en vais à Fraisne *
. . . . Si je puis faire occasionner une querelle, le maire y aura dommage.

---

* Probablement Fresnes-lès-Montauban, département du Pas-de-Calais, arrondissement d'Arras, canton de Vitry.

PINCEDÉS.
Rasoir, li mairesse est moult sage :
Si te connistra au passer.
Ne me vœil pas si lonc lasser.
Chi près jusqu'à une ruée,
Ai espiet une buée
Que j'aiderai à rechinchier*.
RASOIRS.
Pinchedé, or du bien pinchier.
PINCEDÉS.
Diex nous ramaint à plus d'avoir!
RASOIRS.
Adieu, Cliquet.
CLIKÈS.
   Adieu, Rasoir.
LI ROIS.
A! Mahom a bien advertis
Che qu'en dormant m'iert ore avis,
Et Tervagan à bien l'espele.
Tout faisoie ore à moi venir
Mes haus barons pour court tenir,
S'avoie couronne nouvele.
Senescal, dors-tu ou tu veilles?
LI SENESCAUS.
Sire, anchois songoie merveilles;
A bien me soit-il despondu!
Mout iere en dormant confortés,
Car li tresors iert raportés,
Et li laron ierent pendu.
LI ROIS.
Ha! senescal, gardes-i viaus?
LI SENESCAUS.
Sire, mes songes est espiaus,
Car li tresors est revenus
Plus grans que il ne fust emblés ;
Che m'est avis qu'il est doublés,
Et li sains Nicolais gist sus.
LI ROIS.
Senescal, gabes-me tu donques?
LI SENESCAUS.
Rois, si grans tresors ne fu onques :
Il a passé l'Octevien**;
Tant n'en ot Cesar ni Eracles.

PINCEDÉ.
Rasoir, sa femme est très-fine : elle te reconnaîtra au passage. Je ne veux pas me lasser (en allant) si loin. Près d'ici, à une longueur de rue, j'ai épié une lessive que j'aiderai à faire.

RASOIR.
Pincedé, maintenant il s'agit de bien pincer.
PINCEDÉ.
Que Dieu nous ramène avec plus d'avoir!
RASOIR.
Adieu, Cliquet.
CLIQUET.
Adieu, Rasoir.
LE ROI.
Ah! Mahomet a bien tourné ce qui tantôt m'était annoncé dans mon sommeil, et Tervagan le réalise en bien. Tout à l'heure je faisais venir à moi mes hauts barons pour tenir cour, et j'avais couronne nouvelle. Sénéchal, dors-tu ou veilles-tu?

LE SÉNÉCHAL.
Sire, au contraire, je rêvais merveilles; puissent-elles arriver à bien! J'étais dans mon sommeil bien consolé, car le trésor était rapporté et les larrons pendus.

LE ROI.
Ah! sénéchal, regardes-y, veux-tu?
LE SÉNÉCHAL.
Sire, mon songe est réalisé, car le trésor est revenu plus grand qu'il ne fut volé : il m'est avis qu'il est doublé, et le saint Nicolas gît dessus.

LE ROI.
Sénéchal, te moques-tu donc de moi?
LE SÉNÉCHAL.
Roi, il ne fut jamais de si grand trésor : il surpasse celui d'Octavien ; ni César ni Héraclius n'en eurent autant.

---

* Ne serait-ce pas de ce mot que viendrait *requinquer?*

** Voyez, sur les trésors d'Octavien, une histoire singulière qui se trouve dans *Willielmi Malmesburiensis de Gestis Regum Anglorum, Lib. II (Rerum anglicarum Scriptores post Bedam præcipui*, ed. H. Savile, p. 66, lig. 38); et dans *Flores historiarum per Matthæum Westmonasteriensem collecti*, édit. de 1601, p. 197.

LI ROIS.

Ostes, comme est grans chis miracles !
Alés tost pour le crestien.

LI SENESCAUS.

Durant, met le preudome hors.
Il n'a mais garde de ton cors,
Que vaurroit ore li chelers ?

DURANS.

Or chà, vilains ! mout par fui faus
Qui ne vous pendi par les paus,
Et saquai les dens maisselers.

LI SENESCAUS.

Rois, vés-le chi, je le t'amain;
En ton plaisir et en ta main
Est, ou del morir, ou del vivre.

LI PREUDOM.

Sains Nicolais, en cui je croi,
Ne de toi servir ne recroi,
Garis hui mon cors et delivre;
Pren hui de ton home conroi;
Atempre l'ire de chel roi
Qui mon cors promet à deffaire :
Tant par est seur moi engramis !

LI ROIS.

Or me di, crestiens amis,
Crois-tu dont qu'il le péust faire ?
Crois-tu qu'i me puist desloier ?
Crois-tu qu'il me puist renvoier
Mon tresor ? En ies-tu si fers ?

LI PREUDOM.

A ! rois, pour coi ne seroit kieles ?
Il consilla les .iij. pucheles ;
Si resuscita les .iij. clers.
Je croi bien qu'il te puist venquir,
Et faire te loi relenquir,
Dont te dois estre à faus tenus.
En lui sont tout bien semenchié.

LI ROIS.

Preudom, il a bien commenchié,
Car mes tresors est revenus.
Assés sont li miracle apert,
Puis qu'i fait avoir che c'on pert ;
Mais je n'en créisse nului.
Senescaus, que vaurroit mentirs ?
En lui est mes cuers si entirs,
Que jamais ne querrai autrui.

LI SENESCAUS.

Certes, rois, parler n'en osoie ;
Mais en mon cuer moult vous cosoie

LE ROI.

Othon, combien ce miracle est grand !
Allez vite chercher le chrétien.

LE SÉNÉCHAL.

Durand, mets le prud'homme dehors.
Il n'a plus rien à craindre de ton corps,
pourquoi maintenant le cacher ?

DURAND.

Or çà, vilain ! j'eus grand tort de ne pas
vous pendre par les pouces, et de ne pas vous
arracher les dents molaires.

LE SÉNÉCHAL.

Roi, le voici, je te l'amène ; il est à ton
(bon) plaisir et sous ta main : tu peux le faire
mourir ou le laisser vivre.

LE PRUD'HOMME.

Saint Nicolas, en qui je crois, et que je ne
cesse de servir, garantis aujourd'hui et délivre mon corps ; prends aujourd'hui soin de
ton homme ; calme la colère de ce roi qui se
propose de détruire mon corps : tant il est
courroucé contre moi !

LE ROI.

Dis-moi, ami chrétien, crois-tu donc qu'il
le pût faire ? Crois-tu qu'il me puisse tirer de
ma loi ? Crois-tu qu'il me puisse renvoyer
mon trésor ? Es-tu si hardi (pour l'affirmer)?

LE PRUD'HOMME.

Ah ! roi, pourquoi cela ne serait-il pas ? Il
conseilla les trois jeunes filles, et ressuscita
les trois clercs. Je crois bien qu'il te pourrait
vaincre et te faire laisser ta loi, par laquelle
tu dois être tenu pour félon. Tous biens sont
en lui semés.

LE ROI.

Prud'homme, il a bien commencé, car
mon trésor est revenu. Les miracles sont
assez évidens, puisqu'il fait r'avoir ce qu'on
perd ; mais je n'en aurais cru personne. (*Au
sénéchal.*) Sénéchal, à quoi bon mentir ?
Mon cœur est si entièrement à lui, que jamais je ne croirai en nul autre.

LE SÉNÉCHAL.

Certes, roi, je n'osais en parler ; mais en
mon cœur je vous grondais fort d'avoir tant

Que piechà ne le m'aviés dit,
Que moult grant volenté en ai.
LI ROIS.
Preudon, va pour saint Nicolai;
Son bon ferai sans contredit.
LI PREUDOM.
Diex, aourés en soies-tu,
Que de te grasce as ravestu
Cest roy qui encontre toi ert!
Sire, faus est qui te mescroit
Et qui de toi servir recroit,
Car te vertus reluist et pert.
Rois, giete te folie puer,
Si te ren de mains et de cuer
A Dieu, qu'il ait de toi pitié,
Et au baron saint Nicolai.
DURANS.
Crestiens, crestiens, duel ai
De chou que tant ai respité.
LI ROIS.
Sains Nicolais, je me rent chi
En te garde et en te merchi,
Sans fausseté et sans engan.
Sire, chi devieng-jou vostre hom ;
Si lais Apolin et Mahom
Et che pautonnier Tervagan.
LI SENESCAUS.
Rois, tout ensi que tu as fait,
M'ame et mon cors trestout-à-fait
Doins saint Nicolai le baron ;
Si lais Mahom et Apolin,
Tout leur parage et tout leur lin,
Et Tervagan cel ort larron.
LI AMIRAUS DEL COINE.
Rois, puis que tu convertis ies,
Nous qui de toi tenons nos fiès,
Aussi nous convertirons-nous.
LI ROIS.
Segneur, metés-vous à genous,
Si con je fai faites tout troi.
LI AMIRAUS D'ORQUENIE.
Jou l'otroi bien.
LI AMIRAUS D'OLIFERNE.
    Et jou l'otroi
Que tout soions bon crestien.
Saint Nicolai obedien,
Car mout sont grandes ses bontés.
LI AMIRAUS D'OUTRE L'ARBRE SEC.
Segneur, onques ne m'i contés,

tardé à me le dire, car j'en ai très-grande volonté.
LE ROI.
Prud'homme, va chercher saint Nicolas ; je ferai sa volonté sans le contredire.
LE PRUD'HOMME.
Dieu, glorifié sois-tu d'avoir investi de ta grâce ce roi qui était contre toi ! Sire, félon est qui ne croit en toi et qui abandonne ton service, car ta vertu brille et resplendit. Roi, rejette ta folie, et rends-toi de mains et de cœur à Dieu, pour qu'il ait pitié de toi, et au baron saint Nicolas.

DURAND.
Chrétien, chrétien, j'ai (du) chagrin d'avoir tant tardé.
LE ROI.
Saint Nicolas, ici je me rends en ta garde et en ta merci, sans fausseté et sans fourberie. Sire, je deviens ici votre homme, et je laisse Apollon et Mahomet, et ce coquin de Tervagan.

LE SÉNÉCHAL.
Roi, tout ainsi que tu l'as fait, je donne mon ame et mon corps entièrement à saint Nicolas le baron, et je laisse Mahomet et Apollon, toute leur parenté et tout leur lignage ; et Tervagan, cet ignoble larron.

L'ÉMIR D'ICONIUM.
Roi, puisque tu es converti, nous qui tenons de toi nos fiefs, nous nous convertirons aussi.
LE ROI.
Seigneurs, mettez-vous à genoux, faites tous les trois comme je fais.
L'ÉMIR D'ORKENIE.
Je le veux bien.
L'ÉMIR D'OLIFERNE.
Moi aussi, je consens bien à ce que nous soyons tous bons chrétiens. Obéissons à saint Nicolas, car sa bonté est très-grande.
L'ÉMIR D'OUTRE L'ARBRE-SEC.
Seigneurs, ne m'en parlez jamais, car je

Car je n'oc goute à cheste oreille ;
Maudehait qùi che me conseille
Que je deviegne renoiés !
A ! rois, car fusses-tu noiés
Comme falis et recreans *,
Que devenus ies mescreans !
Fourfait as , c'on t'arde ou escorche ;
Toi ne ton savoir ne te forche
Ne pris mais vaillant .j. espi.
Garde de moi , je te deffi
Et renc ton hommage et ton fief.

   LI ROIS.

Or tost , baron ! car par mon chief!
Je vœil que , maléoit gré sœn ,
Fache mon plaisir et mon bœn ;
Metés-le à terre par effors.

  LI AMIRAUS D'ORQUENIE.

Or chà , segneur ! il est moult fors :
Il le nous convenra sousprendre.

 LI AMIRAUS D'OUTRE L'ARBRE SEC **.

Fi ! mauvais, me cuidiés-vous prendre,
Tant que Mahom ches bras me sauve ?
Fuiés, mauvais chevalier fauve *** !
Poi pris ne vous ne vo engien.

   CIL D'OLIFERNE.

Vous en venrés, car je vous tien.

   CIL DEL COINE.

Rois, ton traïtour, vés-le chi.

  CIL D'ORKENIE (sic).

A ! rois,-pour Mahommet , merchi !
Ne me fai mès Diex renoier ;
Fai-me anchois le teste soier,
Ou mon cors à cheval detraire.

   LI ROIS.

Par mon chief ! il vous convient faire
Si comme moi, che sachiés bien.

---

* On appelait ainsi ceux qui s'avouaient vaincus dans les duels judiciaires.

** Dans le manuscrit, cette indication occupe la place de la précédente.

*** Cette épithète qui, peut-être, doit sa naissance à un curieux roman , se trouve expliquée par un passage que nous empruntons à ce poème :

 Or est-il temps que le mistere
 De Fauvel plus à plain apere,
 Pour savoir l'exposicion
 De lui et la descripcion.
 Fauvel est beste aproprièe
 Par similitude ordenée

n'entends goutte de cette oreille ; malheur à qui me conseille de devenir renégat ! Ah ! roi, fusses-tu noyé comme lâche et recréant, car tu es devenu mécréant ! Tu as forfait, qu'on te brûle ou écorche ; je ne prise la valeur d'un épi ni toi, ni ton savoir, ni ta force. Garde-toi de moi, je te défie et te rends ton hommage et ton fief.

   LE ROI.

Allons vite, barons ! car, par ma tête ! je veux que, malgré lui, il fasse mon plaisir et ma volonté ; mettez-le à terre par force.

  L'ÉMIR D'ORKENIE.

Allons, seigneurs ! il est très-fort : il nous faudra le surprendre.

 L'ÉMIR D'OUTRE L'ARBRE-SEC.

Fi ! mauvais, me croyez-vous prendre, tant que Mahomet me sauve ces bras ? Fuyez, mauvais chevaliers , hypocrites ! je prise peu vous et votre ruse.

  CELUI D'OLIFERNE.

Vous vous en viendrez, car je vous tiens.

  CELUI D'ICONIUM.

Roi , voici ton traître.

  CELUI D'OUTRE L'ARBRE-SEC.

Ah ! roi, pour (l'amour de) Mahomet, merci ! ne me fais pas renier mon Dieu ; fais-moi plutôt trancher la tête, ou tirer mon corps à (quatre) chevaux.

   LE ROI.

Par ma tête ! il vous faut faire comme moi, sachez-le bien.

 A senefier chose vaine ,
 Barat et fausseté mundaine :
 Aussi par ethimologie
 Pùès savoir ce qu'il senefie.
 Fauvel est de *faus* et de *vel*
 Compost , car il a son revel
 Assis sur fausseté voilée
 Et sus tricherie miclée.

(*Roman de Fauvel*, manuscrit de la Bibliothèque du Roi n° 6812, folio .iij. recto, col. 2, v. 27.)

Outre l'adjectif *fauve*, le *Roman de Fauvel* aurait produit le verbe *fauvoier* :

 Qui or a son amie qu'ele ne le fauvoie.

(*La Chanson des Saxons*, t. I, p. 108, couplet LXV.)

CIL D'ORKENIE (sic).

Sains Nicolais, c'est maugré mien
Que je vous aoure, et par forche.
De moi n'arés-vous fors l'escorche :
Par parole devieng vostre hom ;
Mais li creanche est en Mahom.

TERVAGANS.

Palas aron ozinomas,
Baske bano tudan donas,
Geheamel cla orlay,
Berec hé pantaras tay*.

LI PREUDOM.

Rois, que voloit-il ore dire?

LI ROIS.

Preudom, il muert de duel et d'ire
De che c'à Dieu me suis turkiés ;
Mais n'ai mais soing de son prologe.
Senescal, de le synagoge,
Alés, si les me trebuchiés.

LI SENESCAUS.

Tervagan, du ris et du pleur
Que féistes par vo doleur,
Verrés par tans le prophesie.
Ces escaillons me mescontés.
Or jus! mal soiés-vous montés !
Ne vous prisons une vessie.

LI SENESCAUS au roy.

Rois, je l'ai moult mal atisiet.

LI ROYS.

Preudons, or serons baptisiet
Si tost que nous porrommes plus ;
De Dieu servir me vœil vanter.

LI PREUDOM.

A Dieus dont devons-nous canter
Huimais : *Te Deum laudamus*.

CHI FINE LI JEUS DE S. NICOLAI, QUE JEHANS
BODIAUS FIST. AMEN.

CELUI D'OUTRE L'ARBRE-SEC.

Saint Nicolas, c'est malgré moi que je vous adore, et par force. Vous n'aurez de moi que l'écorce : de bouche, je deviens votre homme; mais ma croyance est en Mahomet.

TERVAGAN.

Palas aron ozinomas, baske bano tudan donas, geheamel cla orlay, berec hé pantaras tay.

LE PRUD'HOMME.

Roi, que voulait-il dire en ce moment?

LE ROI.

Prud'homme, il meurt de douleur et de colère de ce que je me suis converti à Dieu ; mais je n'ai cure davantage de son jargon. Sénéchal, allez, jetez les (idoles) en bas de la synagogue.

LE SÉNÉCHAL.

Tervagan, du rire et des pleurs que votre douleur vous fit faire, vous verrez bientôt (s'accomplir) la prophétie. Décomptez-moi ces marches. Allons, en bas ! à la male heure soyez-vous monté ! Nous ne vous prisons pas (autant qu')une vessie.(*Au roi.*)Roi, je l'ai bien mal arrangé.

LE ROI.

Prud'homme, maintenant nous serons baptisés le plus tôt que nous pourrons ; je veux me vanter de servir Dieu.

LE PRUD'HOMME.

Nous devons donc chanter aujourd'hui en l'honneur de Dieu: *Te Deum laudamus*

ICI FINIT LE JEU DE SAINT NICOLAS, QUE FIT
JEAN BODEL. AMEN.

---

* Ces mots, comme ceux que nous avons déjà vus dans le *Miracle de Théophile*, n'appartiennent à aucune langue. Sont-ce des charmes magiques, ou les doit-on à notre trouvère? C'est ce que nous ne pouvons décider. Il serait bien curieux de retrouver quelques formules de sorciers, et surtout les chansons en langue vulgaire dont parle Reginon :
« 71. Si carmina diabolica, quæ super mortuos nocturnis horis ignobile vulgus cantare solet, et cachinnos quos exercent, sub contestatione Dei omnipotentis prohibeat. »

(*Reginonis abbatis prumiensis, Libri II de ecclesiasticis disciplinis et religione christiana,* ed. Stephano Baluzio. Parisiis, excudebat Franciscus Muguet, MDCLXXI, in-8°, p. 27.)

F. M.

DE

PIERRE DE LA BROCHE

QUI DISPUTE A FORTUNE PAR DEVANT RESON.

NOTICE.

« Dans le manuscrit de la Bibliothèque du Roi n° 7218, folio 138, est une pièce dialoguée que je crois une vraie pièce dramatique. Celle-ci est tout entière divisée par strophes de huit vers; chaque strophe sur deux rimes croisées. Elle roule sur l'aventure de Pierre de la Brosse, qui, de barbier de saint Louis, devenu le favori du roi son fils et son successeur, fut convaincu de calomnie, et pendu, en 1276, pour avoir accusé la reine, Marie de Brabant, dont il redoutait le crédit, d'avoir voulu empoisonner un fils du premier lit, qu'avait le roi.

« Les interlocuteurs de ce drame sont : *dame Raison, dame Fortune et la Brosse*, ou plutôt *la Broche;* car c'est ainsi qu'il est appelé dans le manuscrit. Celui-ci se plaint des soucis et des chagrins qu'il endure. Il murmure contre la Fortune, qu'il accuse de lui avoir vendu trop cher les richesses et les honneurs qu'elle lui a procurés. Raison exige que Fortune se disculpe; et elle l'amène devant la Broche. D'abord grandes invectives de la part de ce dernier. Mais dame Fortune, l'accusant à son tour, lui reproche d'avoir abusé de tout ce qu'elle avait fait pour lui; d'avoir, sans motif, déshonoré une reine pleine de mérite; d'avoir presque avili le roi et sa couronne, etc. Dame Raison prononce sa sentence, et, faisant droit aux plaintes de Fortune, déclare que la Broche a mérité, non seulement les peines dont il se plaint, mais encore d'autres tourmens qu'il ne tardera pas d'éprouver. (Cette pièce fut faite probablement pendant la détention et le procès de la Brosse.)

« Enfin je ne sais si l'on ne devrait pas regarder comme de vrais *jeux* ces sortes de scènes que les ménétriers débitaient quelquefois dans les fêtes auxquelles ils étaient appelés, et qui représentaient des querelles. J'ai trouvé dans les manuscrits trois de ces pièces. La première est une querelle entre deux femmes de mauvaise vie. Les deux autres sont des querelles d'hommes : l'une sous le titre de *Dispute du Barbier et de Charlot*, l'autre sous le titre de *Dispute de Renard et de Peau-d'Oie* (sobriquets de deux ménétriers). Toutes trois sont divisées par strophes ou couplets en rimes croisées, et, alternativement, chacun des querelleurs disait un des couplets. Très-probablement c'était là des Farces dramatiques, qui, comme nos *Proverbes* d'aujourd'hui, n'étaient composées que de quelques scènes détachées.

« Peut-être pourrais-je dire la même chose du *Dict de l'Herberie*, qu'on lira au troisième volume*. »

A ces détails, donnés par le Grand d'Aussy, nous ajouterons que le Jeu de Pierre de la Brosse a été publié pour la première fois, avec la Complainte, par M. Achille Jubinal*, qui a fait précéder ces deux pièces d'une préface et de notes étendues auxquelles nous nous bornerons à renvoyer.

F. M.

---

* *Fabliaux ou Contes, Fables et Romans du XII⁰ et du XIII⁰ siècle,* Paris, Renouard, M DCCC XXIX, cinq volumes in-8°, t. II, p. 201-203. Notes au *Jeu du Berger et de la Bergère.*

* Paris, Techener, etc., 1835, in-8°, de 76 pages, plus un feuillet de titre.

DE PIERRE DE LA BROCHE

QUI DISPUTE A FORTUNE PAR DEVANT RESON.

[Ci parole PIERRE.]

Trop ai chier achaté l'avoir,
La richece et le seignorage
Qu'ele m'a fet lonc tens avoir :
Torné le m'a à grant domage.
Tels hom riches, plains de savoir,
Ne fu ainc mès à tel hontage.

Dame Reson, dame Reson,
Ma grant dolor ne puis refraindre :
Toz jors me truis en la meson
De Plorer, de Crier, de Plaindre.
Fortune m'a longue seson
Fet en grande seignorie maindre ;
Or m'est venue en desreson
Ma joie et ma clarté estaindre.

Estaindre, ce puis-je bien dire ;
Quar amortis sui et estains.
Du roiaume sui en l'empire,
De mes anemis sui atains.
Tels me soloit dire : « Biaus sire, »
Qui me dit : « Traîtres atains. »
Or ne me prent talent de rire ;
De dolor sui noircis et tains.

Tains sui de tainture perverse
Et de dolor tristre et amere ;
Ma robe m'est vestue enverse,
Quar cele est noire qui blanche ere.
Or voi-je chasse trop diverse,

[Ici parle PIERRE.]

J'ai acheté trop cher l'avoir, la richesse et la seigneurie qu'elle m'a fait avoir pendant long-temps : elle me l'a changé en trop grand dommage. Jamais un homme riche et plein de sagesse comme moi ne fut ainsi honni.

Dame Raison, dame Raison, je ne puis mettre un frein à ma grande douleur : je me trouve toujours dans la maison de Pleurer, de Crier et de Plaindre. Fortune m'a fait pendant long-temps rester en grande seigneurie ; maintenant elle est venue à tort éteindre ma joie et mon éclat.

Éteindre, je puis bien le dire ; car je suis amorti et éteint. Je suis des plus malades du royaume, je suis atteint par mes ennemis. Tel avait coutume de me dire : « Beau sire, » qui me dit (maintenant) : « Atteint (et convaincu) de trahison. » A cette heure, je n'ai pas envie de rire ; je suis noir et livide de douleur.

Je sius teint de mauvaise couleur et de douleur triste et amère ; ma robe m'est vêtue à l'envers, car elle qui était blanche est (maintenant) noire. Je vois maintenant chasse bien différente, car Fortune est marâtre et

14

Quar Fortune est marrastre et mere;
Trop s'est à moi mal fere aerse :
Si vous pri, droit m'en vueilliez fere.

   Ci parole RESON.

Pierres, Fortune est en presence
Por dire ce qu'il li plera,
Et chascuns par droite balance
Son loial droit enportera,
Selonc les moz et la sentence
Chascuns ici proposera.

   [PIERRE.]

Dame, bien le vueil sanz doutance :
Mal ait qui s'en descordera !

   Ci parole FORTUNE.

Avoi, Pierre ! bien puis entendre :
Qui bien fet le bien trovera.
Tu te plains ! Or m'estuet desfendre
Tout ausi com droiz le dira.
Or puis-je bien dire et entendre
Que li proverbes voir dira :
« Qui le larron torne de pendre,
Jà li lerres ne l'amera*. »

Je te tornai de povreté
Quant je te vi premierement;
Je te donnai la richeté
Où tu as esté longuement.
Or as faussement esploité,
Dont tu reçois le paiement :
Se tu pers en ta fausseté,
Je ne t'en puis mès vraiment.

Pierres, bien voi, qoi que nus die,
Que tu viens en ta reverdure;
Quar qui metroit toute sa vie
A servir mauvès paine et cure
Et si lessast à la foïe
Por son mesfet soufrir ledure,
Tantost seroit l'amor faillie;
Quar mauvès est de tel nature.

Pierre, Pierre, se tu penssoies
Où je te pris ne en quel point,
Bien croi que jamès ne feroies
De moi fere clamor ne plaint.
Povres hom et noient estoies
Quant je te mis en si haut point :
Or me mesdis et me guerroies !
Ainsi sert mauvès tout à point.

mère; elle s'est trop attachée à me faire du mal : et je vous prie de m'en faire justice.

   Ici parle RAISON.

Pierre, Fortune est en présence pour dire ce qu'il lui plaira, et chacun également obtiendra loyale justice, selon les mots et le plaidoyer qu'il prononcera.

   [PIERRE.]

Dame, je le veux bien sans hésiter : malheur à qui s'y refusera !

   Ici parle FORTUNE.

Eh, Pierre ! je puis bien entendre : celui qui le bien fait, le bien trouvera. Tu te plains ! Alors il faut que je me défende ainsi que le droit le dira. Maintenant je puis bien dire et entendre que le proverbe dira vrai : « Celui qui arrache le larron du gibet n'en sera jamais aimé. »

Je t'arrachai à la pauvreté tout d'abord que je te vis; je te donnai la richesse dans laquelle tu as vécu longuement. Maintenant que tu as agi comme un traître, tu reçois le paiement de ton crime : si tu perds par ta félonie, je n'en puis mais, en vérité.

Pierre, je vois bien, quoi qu'on en dise, que tu reviens à ton état de vilain; en effet, celui qui mettrait peine et soin toute sa vie à servir un méchant, s'il le laissait une fois en butte aux outrages à cause de son méfait, perdrait bien vite son amitié; car le méchant est de telle nature.

Pierre, Pierre, si tu te rappelais où je te pris et en quel point, je crois bien que jamais tu n'élèverais ni réclamation ni plainte contre moi. Tu étais un homme pauvre et (de) rien quand je te mis en si haut point : maintenant tu me maudis et me guerroies ! c'est ainsi que le méchant sert dans l'occasion.

---

* V. sur ce proverbe, notre *Tristan*, t. II, p. 311, 312.

Povres hom, ce di-je, et despris,
Sanz richeté et sanz poissance,
Quant je te mis en si haut pris
Que sires estoies de France.
Or as par ton orgueil mespris :
Se droiz en a pris la venjance
Et ta fausseté t'a repris,
Por qoi m'en fez noise ne tance ?

Ci parole PIERRE.

Hé ! Fortune fausse et vilaine,
Vessiaus plains de mal et d'amer,
Escorpie de venin plaine,
Au premier fez samblant d'amer
Et en la fin mesaise et paine
D'envenimer et d'enflamer.
Ja nus hom ne t'aura certaine ;
Plus es muable que la mer.

Tu me méis au commencier
Plus aise que poisson qui noe ;
Encor por moi plus essaucier
Me montas en haut sus ta roe.
Or m'es jà venue enchaucier
Et m'as si geté en la boe
Que tels me soloit deschaucier
Qui maintenant me fet la moe.

Quant doné m'éus tel hautece,
Porqoi ne m'i as aresté ?
Por moi fere plus de tristece
Le féis, (c'est la) verité ;
Quar [hom qui n'a plus] richece,
Quant il dechiet en povreté,
A plus dolor, honte et destrece
Que s'onques n'éust riche esté.

Trop est fols qui en toi se fie,
Quar en la fin chier le compere :
Tu me fus au premier amie
Et norrice loiaus et mere ;
Or m'es en la fin anemie
Et marrastre dure et amere.
Tu es ausi com l'escopie
Qui oint devant et point derriere.

Trahison fu et faussetez,
Ce voit-on bien apertement,
Quant tant de biens et d'amistez
Me moustras au commencement
Et me donas les richetez,

(Tu étais) pauvre homme, dis-je, et méprisé, sans richesse et sans pouvoir, quand je te mis en si haut prix que tu étais seigneur de la France. Maintenant ton orgueil t'a égaré : si la justice en a pris sa vengeance et t'a repris de ta félonie, pourquoi me cherches-tu noise, et me fais-tu des reproches ?

Ici parle PIERRE.

Eh ! Fortune félonne et vilaine, vase rempli de mal et d'amertume, scorpion plein de venin, tu fais d'abord semblant d'aimer, et (tu causes) à la fin malaise et peine en envenimant et en enflammant. Jamais nul homme ne sera certain de t'avoir, car tu es plus changeante que la mer.

Au commencement tu me rendis plus aise que poisson qui nage, et pour m'élever encore davantage tu me montas en haut sur ta roue. Et déjà tu m'es venu chasser et tu m'as tellement jeté dans la boue que tel avait coutume de me déchausser qui maintenant me fait la moue.

Quand tu m'eus donné une telle élévation, pourquoi ne m'y as-tu pas fixé ? Tu le fis pour me causer plus de tristesse, c'est la vérité ; car un homme qui n'a plus de richesse, quand il tombe dans la pauvreté, a plus de douleur, de honte et de détresse que s'il n'eût jamais été riche.

Trop est fou qui en toi se fie, car à la fin il le paie cher : tu fus d'abord pour moi une amie, une nourrice loyale et une mère ; maintenant tu m'es enfin ennemie et une dure et amère marâtre. Tu es pareille au scorpion qui oint devant et pique derrière.

Ce fut trahison et fausseté, on le voit bien clairement, quand tu me montras au commencement tant de bienveillance et d'amitié et me donnas les richesses, les honneurs et la tenance dont je suis à la fin

Les honors et le tenement
Dont je sui en la fin getez
Et chaciez trop honteusement.
   Ci parole FORTUNE.
Pierres, moult très grant felonie
Me dis et moult très grant outrage :
Tu dis que je t'ai vilonie
Et trahison fet et domage ;
Non ai, Pierres, mès cortoisie
A toi et à tout ton lingnage ;
Mès si mauvès n'estoies mie
Quant je te mis en seignorage.

Bons et loiaus et preus estoies,
Près et de bien fere et d'entendre ;
A tout servir t'abandonoies,
Le grant, le petit et le mendre.
Dieu et trestoz ses sainz servoies
Piteusement et de cuer tendre ;
Et quant Diex vit qu'ainsi fesoies,
Si t'en vout le guerredon rendre.

Lors te pris en humilité
Ou commandement Dieu le pere,
Et te fis par grant amisté
Ta meson sus ma roe fere.
Or as en la fin esploité
Mauvesement de ta matere :
Orgueil as pris et vanité,
Et lessié la voie premiere.

Ta faussetez et tes orgueus
T'a fet en ceste dolor estre ;
Traîtres as et desloiaus
Esté vers ton seignor terrestre.
Li lerres privez est trop maus,
Et tu savoies tout son estre :
Or as esté com li chaiaus
Qui runge les sollers son mestre.

Tu pooies trop bien savoir
Qu'en ma roe s'a .i. tel art
Qu'il i covient si droit seoir
Que il ne pende nule part ;
Et qui pent, il l'estuet cheoir :
Et tu pendis (se Diex me gart!)
Vers le faus et lessas le voir :
Or t'en repentiras à tart.
   Ci parole PIERRE.
Hé ! Fortune dure et sauvage,

arraché et chassé trop honteusement.

   Ici parle FORTUNE.
Pierre, tu me dis très-grande félonie et très-grand outrage : tu dis que je t'ai fait vilénie, dommage et trahison ; il n'en est pas ainsi, Pierre ; (j'ai fait) courtoisie à toi et à tout ton lignage ; mais tu n'étais pas si mauvais quand je t'élevai au pouvoir.

Tu étais bon, loyal et preux, prêt à bien faire et à entendre ; tu te mettais tout entier à servir tout le monde, le grand, le petit et le moindre. Tu servais Dieu et tous ses saints pieusement et de cœur tendre ; et quand Dieu vit que tu agissais ainsi, il voulut t'en récompenser.

Alors je te pris dans un état humble par le commandement de Dieu le père, et te fis par grande amitié élever ta maison sur ma roue. Enfin tu as malversé dans l'exercice de tes fonctions : tu as pris de l'orgueil et de la vanité, et laissé la voie première.

Ta fausseté et ton orgueil t'ont fait tomber dans cette douleur ; tu as été traître et déloyal envers ton seigneur terrestre. Le voleur domestique est bien méchant, et tu savais tout ce qui le concernait : tu as donc été comme le petit chien qui ronge les souliers de son maître.

Tu pouvais très-bien savoir que ma roue est faite de telle manière qu'il faut y être assis si droit que l'on ne penche nulle part ; celui qui y penche, il faut qu'il tombe : tu penchas (que Dieu me garde!) vers le faux et laissas le vrai : maintenant il est trop tard pour t'en repentir.

   Ici parle PIERRE.
Eh ! Fortune dure et sauvage, tu m'as

Bien m'as ore por fol tenu !
Je voi moult bien que cil domage
Me sont par toi tuit avenu.
Tu me méis ou haut estage,
Et ne m'i as pas maintenu ;
En dolor m'as mis et en rage :
Par toi me sont cil mal venu.

Son ami puet-on au besoin
Essaier, ce seut-on retraire ;
Quar li ami bon et certain
Aident de ce qu'il pueent faire.
Li tricheor faus et vilain
Si ne finiront jà de brere ;
Tels dit : « Je vous aim »,
Qui point et cunchie derriere.

Se tu fusses loiaus amie,
De dolor m'éusses geté ;
Mès tu m'es mortel anemie,
Ce voit-on bien par verité ;
Quar il ne te soufisoit mie
A tolir ta properité,
Ainz m'as tolu et mort et vie,
Et fet morir à grant vilté.

Au premier si haut me méis
Que toz li mons m'estoit amis,
Et en la fin tant me féis
Que toz li mons m'est anemis.
Au mains, quant tu me desméis
Du lieu où tu m'avoies mis,
En l'estat où tu me pris
Porqoi ne m'i as-tu remis ?

Se en mon premier estat fusse,
En bone grasse le préisse ;
Quar le cors et la vie éusse
Et avoir dont je me vesquisse,
Et me gardaisse, et percéusse
Comment loiaument me tenisse :
Or est ma vie si confuse
Que chascuns me het et despise.

Fortune, ceste desreson
M'as-tu fete et ceste durté :
Venuz sui de clere meson
En dolor et en obscurté.
Perdu ai ma bone seson,

bien à cette heure tenu pour fou ! Je vois bien que tous ces dommages me sont arrivés par toi. Tu me mis en haute position, et ne m'y a pas maintenu ; tu m'as mis en douleur et en rage : par toi me sont venus ces maux.

L'on peut dans la nécessité éprouver son ami, c'est un proverbe ; car les amis bons et sûrs aident de ce qu'ils peuvent faire. Les tricheurs félons et vilains ne finiront jamais de crier; tel dit par devant: « Je vous aime », qui pique et conspue derrière.

Si tu eusses été (une) loyale amie, tu m'eusses tiré de ma douleur ; mais tu es mon ennemie mortelle, ce voit-on bien en vérité ; car il ne te suffisait pas de me retirer ta prospérité, tu m'as enlevé et mort et vie, et fait mourir très-ignominieusement.

Tu me mis d'abord si haut que tout le monde était mon ami, et à la fin tu me mis si (bas) que tout le monde est mon ennemi. Au moins, quand tu me déplaças du lieu où tu m'avais mis, pourquoi ne m'as-tu pas rendu à l'état dans lequel tu me pris ?

Si j'étais en mon premier état, je prendrais la chose de bonne grâce; car j'aurais le corps, la vie et avoir dont je pourrais vivre, et j'aviserais à me tenir loyalement : maintenant ma vie est si confuse que chacun me hait et me méprise.

Fortune, c'est toi qui es l'auteur de cette iniquité et de cette infortune : je suis venu de claire maison en douleur et en obscurité. J'ai perdu ma bonne saison, je suis tombé dans le malheur. Faites-moi justice, dame

Chéus sui en maléurté.
Droit m'en féist, dame Reson,
De ce que ainsi m'a hurté.
   Ci parole FORTUNE.
Pierres, je ne t'ai pas ostée
Ta richece ne ta poissance ;
Mès ta grant fausseté provée
T'a mis en ceste mescheance.
A poi que tu n'as vergondée
La coronne et le roi de France,
Et sanz reson as disfamée
La roïne, où tant a vaillance.

Garder déusses loiaument
Ton seignor lige et maintenir,
Et tu l'as servi faussement :
Fere le cuidoies morir ;
S'as-tu fet à ce jugement
A la mort maint homme venir :
Bien doit avoir mal paiement
Qui male œvre veut maintenir.

Tu as fet trop d'iniquitez,
Droiz t'en fet le guerredon rendre ;
Se tu pers en ta faussetez,
Tu ne t'en dois pas à moi prendre.
C'est ma droite properitez
Que de monter et de descendre ;
Jà mes estas n'ert arestez :
Or le faz grant, or le faz mendre.

Porqoi sui Fortune nommée,
Quar je faz bien le fort tumber
Et trebuchier en la valée ;
Et quant d'eus me vueil aprismer,
Je les remet en la montée,
Et si les faz seignors clamer.
Ainsi est ma roe tornée,
Quar je faz haïr et amer.

Ainsi, Pierres, te plains à tort,
Ce voit-on bien par verité ;
Tu méismes t'es mis à mort
Et de richece t'es geté.
Or n'i a autre reconfort,
Fors que je pri par amisté
A Reson que droit nous aport
Selonc ce qu'il est desputé.
   Ci rent RESON sentence.
Pierres, bien as Fortune oïe,

Raison, de ses mauvais traitemens à mon égard.
   Ici parle FORTUNE.
Pierre, je ne t'ai pas ôté ta richesse ni ta puissance; mais c'est ta grande félonie prouvée qui t'a mis dans cette infortune. Il s'en faut de peu que tu n'aies avili la couronne et le roi de France ; sans raison tu as diffamé la reine, dont le mérite est si grand.

Tu aurais dû garder loyalement et maintenir ton seigneur lige, et tu l'as servi en traître : tu pensais le faire mourir, et par ce jugement tu as fait venir maint homme à la mort : celui qui veut maintenir mauvaise œuvre doit bien avoir mauvais paiement.

Tu as commis trop d'iniquités, Droit t'en fait donner la récompense ; si tu perds par ta fausseté, tu ne dois pas t'en prendre à moi. C'est mon véritable bonheur que de monter et de descendre ; jamais mon état ne sera fixe : tantôt je le fais grand, tantôt je le fais moindre.

C'est pour cela que je suis appelée Fortune, car je fais bien tomber et trébucher le fort en bas ; et quand je veux m'approcher d'eux, je les remets en la montée, et les fais appeler seigneurs. Ainsi est tournée ma roue, car je fais haïr et aimer.

Ainsi, Pierre, tu te plains à tort, ce voit-on bien en vérité ; toi-même (tu) t'es mis à mort et privé de richesses. A cette heure il n'y a pas à s'en consoler autrement, sinon que je prie par amitié Raison qu'elle nous rende justice suivant les débats qui ont eu lieu.
   Ici RAISON rend sentence.
Pierre, tu as bien ouï Fortune, qui se dé-

Qui se desfent moult sagement,
Et dist que tu ne sivis mie
La voie du commencement,
Et que tu as de tricherie
Ton seignor servi faussement,
Et que c'est ses droiz et sa vie
De torner tost isnelement.

Ainsi, Pierres, à tort te plains,
Et je croi bien qu'ele dit voir :
De tes mauvestiez es atains,
Ce puet chascuns moult bien veoir,
Et par jugement es contrains
A ceste paine recevoir :
Li anemis ne s'est pas fains
Qui te tenoit en son pooir.

Li baras son seignor cunchie,
Jà si ne le saura farder;
E cil qui sert de tricherie
Celui que il devroit garder,
Je di, par la virge Marie,
Qu'il seroit dignes de l'arder :
Por ce t'est ta peine ajugie,
Que tu recevras sanz tarder.

Droiz te condampne par droiture,
Et je te conferm la sentence;
Mès sachiez que ce n'est cointure
De terriene penitance;
Mès la mort vient diverse et dure
Là où Diex vendra sanz doutance.
Qui mal fet, ce dist l'Escripture,
Mal trovera : c'est ma creance.

EXPLICIT DE PIERRE DE LA BROCHE QUI DES-
PUTE A FORTUNE PAR DEVANT RESON.

fend très-sagement, et dit que tu ne suivis pas la voie du commencement, que tu as traitreusement servi de tricherie ton seigneur, et que c'est son droit et sa vie de tourner rapidement.

Ainsi, Pierre, tu te plains à tort, et je crois bien qu'elle dit la vérité : tu es atteint (et convaincu) de crimes, chacun le peut très-bien voir, et par jugement tu es contraint à recevoir cette peine : le diable qui te tenait en son pouvoir ne s'est pas dissimulé.

La fourberie attrape celui qui la met en œuvre, elle ne saura jamais le masquer; et l'homme qui use de tricherie envers celui qu'il devrait garder, je dis, par la vierge Marie, qu'il mériterait d'être brûlé : pour cela la peine t'est adjugée; tu la recevras sans tarder.

Droit te condamne justement, et je te confirme la sentence; mais sache que ce n'est pas une apparence de pénitence sur la terre; mais la mort vient sévère et dure là où Dieu viendra sans doute. Qui mal fait, dit l'Écriture, mal trouvera : c'est ma croyance.

FIN DE PIERRE DE LA BROSSE QUI DISPUTE
CONTRE FORTUNE PAR DEVANT RAISON.

F. M.

UN MIRACLE
DE NOSTRE-DAME
D'AMIS ET D'AMILLE.

NOTICE.

La pièce qui suit nous semble appartenir au XIVe siècle. Elle est tirée du manuscrit de la Bibliothèque Royale, 7208. 4. B[*], où elle commence au folio 1 recto.

Nous ne nous étendrons pas ici sur la légende qui a donné lieu à ce drame et au roman français plus ancien de Miles et d'Amis[**] : cette tâche a été déjà habilement remplie par plusieurs savans[*]; nous nous bornerons à dire que l'histoire de Miles et d'Amis a été mise en vers latins, dans

---

[*] M. Achille Jubinal a donné le catalogue des pièces que ce volume renferme, dans ses *Mystères inédits du quinzième siècle*, t. I, p. XXVI-XXVIII. Cette liste avait été précédemment publiée par M. de Beauchamps, dans ses *Recherches sur les Théâtres de France*. A Paris, chez Prault père, M. DCC. XXXV, in-4, p. 109, 110. Ce manuscrit forme le second tome d'un recueil précieux d'anciens miracles, dont le premier est maintenant hors de la Bibliothèque Royale. C'est la raison qui nous a fait commencer par le second; au reste, cette circonstance nous semble n'être d'aucune importance réelle.

[**] Outre les nombreux manuscrits qui contiennent ce poëme, et qui se conservent dans les différentes bibliothèques de la France, j'en ai vu deux en Angleterre : le premier au Musée Britannique, Ms. royal 12. c. XII. 9; le second dans la Bibliothèque de Corpus Christi College, Cambridge, manuscrit Parker L.

[*] Voyez *de SS. Amico et Amelio, pro martyribus cultis, Mortariæ in ducatu medionalensi Sylloge critico-historica*, publié dans les *Acta Sanctorum octobris*... tomus VI, p. 124-126; l'art. de M. Schmidt, dans les *Wiener Jahrbücher der Literatur*, volume XXXI, p. 130-183; *Li Romans des Sept Sages*, publié par M. Keller, introduction, p. CCXXXIIJ-CCXLVJ; et *Anzeiger für Kunde der teutschen Vorzeit*, publié par Mone, année 1836, col. 145-167 (1º le texte original latin [1]; 2º la version française en prose, d'après un manuscrit de la Bibliothèque de Lille), col. 353-360 (3º le Roman d'Amys et Amille,

[1] Il est tiré du *Speculum historiale*, de Vincent de Beauvais, et se compose de six chapitres. Voyez l'édition in-fol., Douai, 1624, livre XXIII, chapitres CLXII-CLXVI, et CLXIX. Il se trouve en outre dans un grand nombre de manuscrits, entre autres dans ceux de la Bibliothèque Royale n°[s] 3550, 8632 et 6188, et dans celui de la Bibliothèque publique de Saint-Omer n° 776. Voyez le premier extrait du catalogue inédit de M. H. Piers, inséré dans le tome III des *Mémoires de la Société des Antiquaires de la Morinie*.

Il existe aussi, dans la Chronique d'Albéric des Trois-Fontaines, à l'année 774, un long récit relatif aux deux amis. Voyez l'édition de Leibnitz, partie I, p. 108-111.

le XIIIe siècle*; qu'elle a passé en allemand*, en anglais**, en breton***, en italien****,

en tirades monorimes, d'après un manuscrit du XVe siècle de la Bibliothèque d'Arras; 4° la légende populaire en prose française, d'après l'édition de Paris, par Nic. Chrestien, 1535, in-4°), et col. 420-422 (sur les noms des héros, remarques étymologiques; 6° sur l'origine tudesque de cette légende). Voyez, en outre, la *Chronique rimée de Philippe Mouskes*, publiée par M. le baron de Reiffenberg, t. II, n^{os} CCLVI, CCLVIII, CCLXIII; la *Bibliothèque universelle des Romans*, volume de décembre 1778, p. 3-50; *the History of Fiction :... by John Dunlop. In three volumes. Vol. I. Second Edition. Edinburgh : Printed by James Ballantyne and Co. for Longman*... 1816, in-8°, p. 430-441 ; et l'*Analectabiblion* de M. le marquis du Roure, t. 1. Paris, Techener, 1836, in-8°, p. 120-122.

Nous avons mentionné dans notre *Tristan*, t. I, p. CII, un roman d'*Amys, et Amilion Gallicè*, qui existait dans la Bibliothèque de la cathédrale de Peterborough; et, p. XXIX-XXXI de notre préface à la *Chanson de Roland*, nous avons donné les premiers et les derniers vers de ce roman, tels qu'ils se trouvent dans le manuscrit de la Bibliothèque Royale 2727-5.

M. Loiseleur Deslonchamps, dans son *Essai sur les fables indiennes et sur leur introduction en Europe*, pag. 163-166, a donné l'analyse de cette légende, telle qu'elle se retrouve dans les *Sept Sages de Rome*.

* En voici le début, tiré du seul manuscrit dont nous connaissions l'existence :

Christe, Dei virtus, verbum Patris, hostia vera,
Auxilium mendico tuum, sapientia summa :
Auspicium dignare meo conferre labori ;
Nam velut ignarus a te deposco doceri.
 Tempore Pipini Francorum principis, ortus
Est puer in castro Bericano, germine clarus,
Teutonico patre genitus, magne bonitatis ;
Christi cultorem primis dilexit ab annis.
Hujus uterque parens vovit, si vivere posset,
Quod perfundendus lavacro baptismatis esset;
Qui tamen ad Romam patris auxilio veheretur
Ut domini pape baptismum consequeretur.
Nec mora, per somnum, quoddam mirabile vidit
Rector Alunnensis, visoque stupescere cepit ;
Namque videbatur sibi quod Romanus in urbe
Presul Alunnensi presens foret, hac ratione
Ut multos pueros sacri perfunderet unda
Baptismi, tribuens ipsis celestia dona.
Tunc comes, hoc viso, cepit perquirere quidnam
Hoc foret, atque rei voluit cognoscere causam.
Tunc senior quidam divino munere doctus
Sic comiti sic est blando sermone locutus :

« O comes, exulta ! Quem puerum generabis
Magne virtutis et mirifice bonitatis,
Quem faciens Romam deferri pontificali
Purgandum lavacro. Mihi credito vera loquenti
Singula. Quid referam ? Puer hic pervenit ad ortum,
Quem quasi dilectum nutrivit cura parentum ;
Dumque comes puerum nutrire studeret et ejus
Parceret etati, primus pertransiit annus ;
Propositamque viam cupiens persolvere, tandem
Cum parvo puero Trecensem venit ad urbem ;
Postque moram factam, dum tempus querit eundi,
Quidam de Berico miles fuit obvius illi,
Qui puerum portans Rome tendebat ad urbem
Ut puer induceret baptismum pontificalem.
Quem comes alloquitur, dicens : « Quo tendis, et unde
Huc advenisti ? dic, o miles venerande ! »
Cui miles Bericanus ait : « Venerande vir, audi,
Et narrabo tibi quod querere disposuisti :
Me Bericana suum provincia gaudet habere.
Rectorem Romam volo, si dederit Deus, ire,
Ut puerum nostrum benedictio pontificalis
Purget ab humane delicto conditionis. »
Cui comes, « Hinc et ego Romam compellor adire
Ut per apostolicum baptizetur puer iste. »
Tunc in amicitiam firmato federe juncti,
Propositam tenuere viam, pueris honerati...
Etc.

(Manuscrit de la Bibliothèque du Roi n° 3718, in-4°; folio 25 recto)

* « The romance was translated into German verse, by Conrad of Wuerzburg, who flourished about the year 1300. He chose to name the heroes Engelhard and Engeldrud. It was modernized and printed at Frankfurt, in 1573. » Weber, t. I, p. LIV; *the History of English Poetry*, édition de R. Price, t. I, p. 92, note *k*.

Quant à nous, nous n'en avons vu qu'une version très abrégée (d'après le latin) en prose du XVe siècle, publiée par Carové dans le *Taschenbuch für Freunde altdeutscher Zeit und Kunst auf das Jahr 1816*, et mieux par Wackernagel dans son *Deutschen Lesebuche*. Basel, 1835, in-8°, t. I, col. 757-762.

** *Metrical Romances of the thirteenth, fourteenth, and fifteenth Centuries : published... by Henry Weber*, vol. II, p. 369-473. Le poème d'*Amis and Amylion* est analysé dans le tome III des *Specimens of Early English metrical Romances* d'Ellis, édition de Londres, 1805, p. 384-419. — Édition de la même ville, 1811, p. 396-432.

*** Keller, p. CCXLIJ.

**** Cette traduction a eu trois éditions : la première, à Venise, en 1503 ; la seconde, à Milan, en

et même en islandais*, qu'elle a fourni le sujet d'un drame italien du xv° siècle, et, si je ne me trompe, celui d'une tapisserie historiée **, et d'un tableau de P. Antonio de Foligno ***. Nous ajouterons qu'elle a été rimée de nouveau en français dans le xiv° siècle, c'est-à-dire par un poète contemporain de l'auteur du Miracle, sous le titre du *Dit*

1513; la troisième, dans la même ville, en 1530 : toutes trois in-4. Voyez *Analisi e Bibliografia dei Romanzi di cavalleria e dei poemi romanzeschi d'Italia*. Volume secondo, contenente la Bibliografia. Milano, dalla tipographia del dott. Giulio Ferrario, M. DCCC. XXIX, in-8, p. 282, 283.

* *Sagabibliothek med Anmærkninger og indledende Afhandlinger. Af Peter Erasmus Mueller.* Tredie Bind. Kiœbenhavn. Trykt i det schultziske Officin... 1820, petit in-8°, p. 480; Keller, p. ccxlij.

** « The story was pourtrayed on the tapestry of Nottingham Castle, in the time of Henry VIII. » Weber, vol. I, p. liv.

Nous voyons dans l'inventaire des richesses du roi Charles V, qu'il possédait, entre autres *Tappiz à ymages*, ceux de la vie de *saint Theseus*, du *saint Grael*, de *Fleurence de Romme*, d'*Amis et d'Amie*, de *Bonté et de Beaulté*, des *sept Pechez mortelz*, des *neuf Preux*, de *Godeffroy de Billon*, d'*Uunail et de la Royne d'Irlande*, de *messire Yvain*, des *sept Sciences et de saint Augustin*, de *Judic*, des *Faiz et batailles de Judas Macabeus et d'Anthoqus*, de *la Bataille du duc d'Acquictaine et de Florence*, de *Girart de Nevers*, etc., etc. Voyez le manuscrit de la Bibliothèque Royale n° 8356, folio iij.c.xij verso et suivans.

*** « Dans la ville d'Assise, sur le mur extérieur de l'hospice de Saint-Jacques et Saint-Antoine, on voit une madone, placée entre ces deux saints, avec quatre pèlerins agenouillés devant elle, le tout dans un style qui trahit manifestement le disciple ou l'imitateur de Taddée Bartolo... Pierre Antonio de Foligno, qui a peint dans une chapelle voisine un miracle fameux de saint Jacques de Compostelle[1], avait certainement subi la même influence... »

[1] « C'est la résurrection d'un enfant dont les parens étaient allés en pélerinage à Compostelle. Il y a un drame italien du xv° siècle sur le même sujet. » *De la Poésie chrétienne dans son principe, dans sa matière et dans ses formes, par A.-E. Rio. — Forme de l'Art; seconde partie.* — Paris, Debécourt, 1836, in-8°, p. 173.

des trois Pommes, et publiée pour la première fois, sous cette forme, en 1837, par notre ami G.-S. Trebutien, à Paris, chez Silvestre grand in-8°, 15 pages.

Dans le xv° siècle, le roman de Miles et d'Amis partagea le sort de la plupart des autres ouvrages de ce genre : il fut mis en prose française, et eut un grand nombre d'éditions *.

Il y a une imitation de cette légende dans un autre roman souvent réimprimé et intitulé : *Hystoire de Olivier de Castille et de Artur d'Algarbe, son loyal compagnon*, qui se trouve analysé dans les *Mélanges tirés d'une grande bibliothèque*, volume E, p. 79 et suivantes **.

Enfin, après tant de vicissitudes et des transformations diverses, l'histoire de Miles et d'Amis descendit dans la rue sous la forme de ballade, et fit les délices du peuple après avoir charmé le clergé et la noblesse ***.

F. M.

---

* Paris, pour Antoine Verard, sans date (vers 1503), un volume petit in-folio (décrit dans le *Catalogue des livres imprimés sur vélin, de la Bibliothèque du Roi*, t. IV, p. 261, n. 387); à Lyon, par Olivier Arnoullet, 1531, in-4°; à Paris, par Nicolas Chrestien, 1535, in-4°; par Alain Lotrian, sans date, in-4°; par Jean Bonfons, sans date, in-4°; par Nicolas Bonfons, petit in-4°, sans date, avec figures sur bois; et à Rouen, chez la veuve de Louys Coste, sans date (vers 1620), in-4°.

** Nous connaissons un ouvrage espagnol intitulé *Historia de los muy nobles y valientes cavalleros Oliveros de Castilla, y Artus de Algarva, y de sus maravillosas y grandes hazañas. Compuesta por el bachiller Pedro de la Floresta*. Con licencia. En Madrid a costa de Don Pedro Joseph Alonso y Padilla... Un volume in-18. Nous pensons que ce n'est qu'une traduction du vieux roman français.

*** « At last, it dwindled into the shape of a street-ballad, a copy of which may be found in the valuable republication of Evans's Old Ballads, vol. I, p. 77. The knightly brothers Amis and Amiloun, are there transformed into Alexander and Lodowick, princes of Hungary and France, the Steward into Guido prince of Spain, and the part of the duke is given to the Emperor of Germany. » Weber, t. I, p. liv.

UN MIRACLE
DE
NOSTRE-DAME D'AMIS ET D'AMILLE.

NOMS DES PERSONNAGES.

AMIS.	LE MESSAGIER.
AMILLE.	GOMBAUT.
LE ROY.	BERNART.
LA ROYNE.	DIEU.
LA FILLE du roy, appelée LUBIAS.	L'ANGE.
LE CONTE GRIMAUT.	HENRI l'escuier.
YTIER, escuier.	LA DAMOISELLE.
LE PAUMIER.	SAINT MICHIEL.
HARDRÉ.	NOSTRE-DAME.
LE SERGENT D'ARMES.	SAINT GABRIEL.

Cy commence i. Miracle de Nostre-Dame, d'Amis et d'Amille, lequel Amille tua ses .ij. enfans pour gairir Amis son compaignon, qui estoit mesel; et depuis les resuscita Nostre-Dame.

Ici commence un Miracle de Notre-Dame, d'Amis et d'Amille, lequel Amille tua ses deux enfans pour guérir Amis son compagnon, qui était lépreux; et depuis Notre-Dame les ressuscita.

AMIS.

Sire Diex, pere omnipotent,
On dit qu'à chose homme ne tent
Dont il ne parviengne à effect;
Mais ainsi ne m'est pas de fait,
Car puis vij. ans je ne finay,
Et encore mie fin n'ay;
Mais chascun jour de ville en ville
Ne cesse de querir Amille,
Pour ce que j'ay oÿ souvent
De li dire et conter conment
Il me ressamble de corsage,
D'aler, de venir, de langage,
D'estat, de parler, de maintieng.
Ha! très doulx Jhesu-Crist, je tieng
Que se je trouver le péusse,
Mon desir acompli éusse

AMIS.

Sire Dieu, père tout-puissant, on dit qu'à quelque chose que l'homme tende, il en vient à bout; mais cela n'a pas lieu pour moi, car depuis sept ans je ne m'arrêtai et ne m'arrête pas encore; mais chaque jour de ville en ville je ne cesse de chercher Amille, car souvent j'ai entendu parler de lui et conter comment il me ressemble de corps, de démarche, de langage et de maintien. Ah! très-doux Jésus-Christ, je tiendrais mon envie pour satisfaite si je pouvais le trouver, et mon cœur serait tout-à-fait content, bien que jamais je ne l'aie vu; mais parce que j'ai ouï dire qu'on ne pourrait choisir entre hommes, fussent-ils cent mille, deux personnes comme nous sommes, cet Amille et

Et fust mon cüer tout assouvi,
Jà soit ce que onques ne le vi ;
Mais pour ce que j'ay oy dire
C'on ne pourroit choisir n'eslire
Entre hommes, et fussent C. mille,
Telz .ij. hommes com cel Amille
Et moy sommes quant à samblance,
Et c'on n'i scet descongnoissance
Trouver en privé n'en commun,
C'on ne die que c'est tout un :
Pour ce li ay donné m'amour,
Tant qu'en une ville demour
Jamays que une nuit ne seray
Jusqu'à tant que trouvé l'aray,
S'il plaist à Dieu que je le voie
En ville, en sentier ou en voie
    Ou en chemin.

LE PAUMIER.

Sire, à ce povre pelerin
Donnez, s'il vous plaist, vostre aumosne.
Que Dieu, qui maint lassus ou throsne,
Vous soit misericors et doulx !
De loing vieng, pour quoy sui las touz
    Et travailliez.

AMIS.

Mon ami, dire me vueilliez
    Dont vous venez.

LE PAUMIER.

Sire, pour verité tenez
Du saint Sepulcre vieng tout droit ;
S'ay puis passé par maint destroit :
    Se scet Diex, sire.

AMIS.

Paumier, me saroies-tu dire,
Puis qu'en tant de lieux as esté,
D'un homme que quier, verité ?
Amilles est nommez par nom
Qui me ressamble, ce dit-on,
De maintien, de corps et de vis.
Se tu m'en scez donner avis,
    Bien te feray.

LE PAUMIER.

Voulentiers m'en aviseray,
Sire ; mais, qu'il ne vous desplaise,
Sachiez que puis la terre d'Aise
Ne vi humaine creature
Qui vous ressamblast de faiture
Si bien comme un que vi hier ;
Car de vostre grant, sire chier,

moi, sous le rapport de la ressemblance, qu'on ne sait trouver de différence entre n
ni en public ni en particulier, en sorte qu'
dit que c'est tout un : pour cela je lui ai don
mon amour, de manière que je ne séjou
nerai jamais qu'une seule nuit dans une vi
jusqu'à ce que je l'aie trouvé, s'il plaît à Di
que je le voie dans une ville, un sentier, u
voie ou un chemin.

LE PÉLERIN.

Sire, donnez, s'il vous plaît, votre aumôn
à ce pauvre pélerin. Que Dieu, qui est ass
là-haut sur le trône, vous soit miséricor
dieux et doux ! Je viens de loin, c'est pour
quoi je suis très-las et harassé.

AMIS.

Mon ami, veuillez me dire d'où vous ve
nez.

LE PÉLERIN.

Sire, tenez pour vrai que je viens du sain
Sépulcre ; j'ai passé ensuite par maint défilé
Dieu le sait, sire.

AMIS.

Pélerin, me saurais-tu dire, puisque tu
as été en tant de lieux, la vérité au suje
d'un homme que je cherche ? Il se nomme
Amille, et me ressemble, dit-on, de main
tien, de corps et de visage. Si tu sais m'en
donner des nouvelles, je te ferai du bien.

LE PÉLERIN.

J'y réfléchirai volontiers, sire ; mais, qu'il
ne vous déplaise, sachez que depuis la terre
d'Asie je ne vis créature humaine qui vous
ressemblât de figure autant qu'un homme
que je vis hier ; car il était, cher sire, de
votre taille et de votre air, en sorte que je
soupçonne encore que vous êtes celui-là

Estoit et de vostre façon,
Si qu'encore ay-je souspeçon
Que celui-mesmes ne soiez:
S'à voir dire sui avoiez,
Dites-le-moi.

AMIS.
Nanil, paumier, foy que te doy!
Onques mais ne me veis que ore.
E Diex! quelle part va-il ore,
Celui que dis?

LE PAUMIER.
Sire, il s'en va devers Paris:
Je croy c'est ce que vous querez;
Se vous hastez, vous l'ataindrez,
Je n'en doubt point.

AMIS.
D'argent monnoié n'ay-je point,
Paumier amis; mais cest annel
Te doing qui est et bon et bel:
Saches quant vendre le voulras;
Deux mars d'argent bien en aras,
N'en doubtes mie.

LE PAUMIER.
Grans mercis, sire, et celle amie
Vous soit qui mere est et pucele
Et qui Jhesu de sa mamelle
Vierge norri!

AMIS.
Prie pour moi; adieu te di,
Amis paumier.

LE PAUMIER.
Je m'y oblige, sire chier,
Dès ores mais.

AMILLE.
Et Diex! fineray-je jamais
De celui querir où j'ay mis
Mon cuer et m'amour? C'est Amis
C'onques ne vi jour de ma vie,
Et si n'ay d'autre chose envie.
Pener m'a fait et traveillier,
Et mainte nuit pour li veillier.
Un po ci reposer me fault,
Car traveilliez sui sanz deffault
Tant que je n'en puis plus, par foy!
Tandis s'aprouchera de moy
Cel homme que venir voy là,
Et si saray s'il me sara
De li riens dire.

AMIS.
Diex vous gart de pesance, sire!

même. Si j'ai rencontré juste, dites-le-moi.

AMIS.
Nenni, pélerin, (par la) foi que je te dois! tu ne m'as jamais vu avant ce moment-ci. Eh Dieu! de quel côté va-t-il maintenant, celui que tu dis?

LE PÉLERIN.
Sire, il s'en va vers Paris: je pense que c'est ce que vous cherchez; si vous vous hâtez, vous l'atteindrez, je n'en doute point.

AMIS.
Je n'ai point d'argent monnayé, ami pélerin; mais je te donne cet anneau, qui est bel et bon: sache que, quand tu le voudras vendre, tu en auras bien deux marcs d'argent.

LE PÉLERIN.
Grand merci, sire, et qu'elle vous soit amie celle qui est mère et pucelle et qui nourrit Jésus de sa mamelle vierge!

AMIS.
Prie pour moi; je te dis adieu, ami pélerin.

LE PÉLERIN.
Je m'y oblige, cher sire, désormais.

AMILLE.
Eh Dieu! finirai-je jamais de chercher celui où j'ai mis mon cœur et mon amour? C'est Amis, que je ne vis jamais de ma vie, et néanmoins je n'ai envie d'autre chose. Il m'a causé bien des peines et des fatigues, et m'a fait veiller mainte nuit pour lui. Il faut que je me repose un peu ici, car je suis vraiment tant harassé que je n'en puis plus, par (ma) foi! Cependant cet homme que je vois là venir s'approchera de moi, et je verrai s'il me saura rien dire de lui.

AMIS.
Dieu vous garde de chagrin, sire! Vous

Vous estes, je croy, traveilliez.
S'il vous plaist, dire me vueilliez
　Où vous alez.

AMILLE.

Sire, si bel le demandez
Que je respons : ne vous ennuit,
Que je pense ains demain la nuit
　A Paris estre.

AMIS.

E! mon chier ami, peut-il estre
Que une autre demande vous face,
Mais qu'envers vous ne me mefface
　Comme enuieux ?

AMILLE.

Sire, je vous voy gracieux :
Ce qui vous plaira demandez
Et plus; se vous le commandez,
　Je le feray.

AMIS.

Sire, pour l'amour Dieu le vray,
Vostre nom requier assavoir;
Après aussi me diez voir
　De vostre estat.

AMILLE.

Sire, or entendez sanz debat :
Voir vous diray comme Evangille.
Sachiez que l'en m'apelle Amille,
Qui ne finay, .vij. ans a jà,
De querir par çà et par là
Un homme qui a nom Amis,
Qui en ceste paine m'a mis
Pour tant c'on m'a maintes foiz dit
Qu'il n'y a point de contredit
Qu'en touz estaz ne me ressamble.
Diex doint que je nous puisse ensemble
　Veoir un jour !

AMIS.

Sire, acolez-moy sanz demour,
Puis que nommez estes Amille.
Certes, pour vous ay mainte ville
Passé et mains divers sentiers,
Il a jà bien vij. ans entiers.
Or vous ay trouvé, Dieu mercy !
Jamais ne quier partir de cy,
Si vous aray en verité
Couvenant, foy et loyauté
　Jusqu'à la mort.

AMILLE.

Chiers amis, autel vous accort;
Et jusques au perdre la vie,

êtes, je crois, harassé. S'il vous plaît, veuillez me dire où vous allez.

AMILLE.

Sire, vous le demandez si bien que je réponds : si c'est votre plaisir, je pense être à Paris avant la nuit de demain.

AMIS.

Eh! mon cher ami, puis-je vous faire une autre demande, sans me rendre coupable envers vous en vous causant de l'ennui ?

AMILLE.

Sire, vous êtes si gracieux que vous pouvez demander ce qu'il vous plaira, et plus; si vous le commandez, je le ferai.

AMIS.

Sire, pour l'amour de Dieu le vrai, je demande à savoir votre nom; après, dites-moi aussi la vérité au sujet de votre état.

AMILLE.

Sire, à cette heure, écoutez tranquillement : je vous dirai chose vraie comme Évangile. Sachez qu'Amille est mon nom. Voici déjà sept ans que je ne cesse de chercher de côté et d'autre un homme qui se nomme Amis. J'ai pris cette peine parce que l'on m'a dit mainte fois que, sans contredit, il me ressemble en tous points. Dieu veuille que je nous puisse voir un jour ensemble !

AMIS.

Sire, embrassez-moi tout de suite, puisque vous vous nommez Amille. Certes, voilà bien plus de sept ans entiers que j'ai passé pour vous mainte ville et maints sentiers escarpés. A cette heure je vous ai trouvé, Dieu merci! Je ne veux pas partir d'ici, que je ne vous aie promis sincèrement foi et loyauté jusqu'à la mort.

AMILLE.

Cher ami, je vous donne la même assurance; et jusqu'au terme de ma vie, je vous

Ce vous jur, ne vous faudray mie.
Puis que Dieu m'a fait vous trouver,
Or regardons comment prouver
  Nous nous pourrons.
AMIS.
Comment? à Paris en irons
(Aussi y estes-vous méu),
Savoir se serons recéu
Du roy, car il a guerre grant.
Sà! soion d'aler y engrant,
  Compains Amille.
AMILLE.
Amis, bien me plaist, par saint Gille!
Or alons, biaux compains, alons.
— Dieu mercy! tant erré avons
Qu'en la ville de Paris sommes,
Et poons le roy et ses hommes
  Veoir à plain.
AMIS.
Chier compains, nous deux main à main
Presenter à li nous alons;
S'il nous retient, nous n'en povons
  Que miex valoir.
AMILLE.
Alons, Amis; vous dites voir.
— Sire, Diex vous doint bonne vie
Et toute vostre baronnie
  Que ci veons!
LE ROY.
Bien veigniez, seigneurs compaignons.
  Que voulez dire?
AMIS.
Nous venons à vous, très chier sire,
Savoir se vous avez mestier
De nous qui sommes sodoier :
  Gens d'armes sonmes.
LE ROY.
Seigneurs, véistes-vous ij. hommes
Onques mais si d'un semblant estre?
Par le glorieux roy celestre!
  Je croy que non.
HARDRÉ.
De moie part, ce ne fis mon
  En nul païs.
CONTE GRIMAUT.
Sire, de ce suis-je esbahis
Qu'en toutes choses onniement,
Non pas en une seulement,
Sont d'un semblant et ens et hors

le jure, je ne vous manquerai pas. Puisque Dieu m'a fait vous trouver, à cette heure voyons comment nous pourrons nous distinguer.
AMIS.
Comment? nous nous en irons à (Paris aussi bien vous vous y rendez) pour savoir si nous serons reçus du roi, car il a une grande guerre. Çà, hâtons-nous d'y aller, compagnon Amille.
AMILLE.
Amis, cela me plaît bien, par saint Gilles! Allons maintenant, beau compagnon, allons. — Dieu merci! nous avons tant marché que nous sommes en la ville de Paris, et nous pouvons voir en plein le roi et ses hommes.
AMIS.
Cher compagnon, allons nous présenter à lui tous les deux en nous tenant par la main; s'il nous retient, nous n'en pouvons que mieux valoir.
AMILLE.
Allons, Amis; vous dites vrai. — Sire, que Dieu vous donne bonne vie (à vous) et à toute votre baronnie que nous voyons ici!
LE ROI.
Soyez les bien-venus, seigneurs compagnons. Que voulez-vous dire?
AMIS.
Nous venons à vous, très-cher sire, savoir si vous avez besoin de nous qui sommes soldats : nous sommes gens d'armes.
LE ROI.
Seigneurs, vîtes-vous jamais deux hommes se ressembler autant? par le glorieux roi du ciel! je crois que non.

HARDRÉ.
Quant à moi, cela ne m'est certainement arrivé en aucun pays.
LE COMTE GRIMAUT.
Sire, je suis ébahi de ce qu'ils se ressemblent partout, non pas en une seule chose, mais en toutes, de visage et de corps, uniformément. Je suis d'avis que vous les re-

Et de viaires et de corps.
Je lo que vous les recevez,
Car chascun d'eulx est bien tailliez
  Pour valoir homme.
       SERGENT D'ARMES.
Valoir! par saint Pierre de Romme!
Je ne vi pieçà hommes miex,
S'ilz sont de fait et de cuer tielx
  Qu'ilz semblent estre.
       LE MESSAGER.
Sire, sanz plus en delay mettre,
Faites armer voz gens tantost;
Car de çà le bois de Saint-Clost
Avez sanz nombre d'anemis
Qui se sont jà en conroy mis
Et vous pensent à assaillir;
Et ne cuident mie faillir
  A vous hui prendre.
       LE ROY.
Avant, biaux seigneurs! Sanz attendre,
A l'encontre vous en alez,
Et faites qu'ilz soient foulez.
J'ay encore par ceste ville
De gens d'armes plus de x. mille.
Messagier, vas partout crier
Que touz yssent, sanz detrier,
  A haulte voiz.
       LE MESSAGIER.
Très redoubté sire, je vois
  Appertement.
       AMILLE.
Sire, nous qui nouvellement
Sommes li vostre sodoier,
Irons aussi nous donoier,
  S'il vous agrée?
       LE ROY.
Oïl, alez sanz demourée;
  Ne le vous di-je?
       AMIS.
Autre chose pieçà ne quis-je.
  Amille, alons!
       LE MESSAGIER.
Crier vueil. Aux armes, barons!
Ne demourez, grant ne petit,
Que n'issiez tost sanz contredit:
Ce vous mande par moy le roy,
Car les ennemis à desroy
Près de ci queurent. Je m'en voys
Jusques à Saint-Clost, vers le boys,
  Veoir l'estour.

ceviez, car chacun d'eux est bien taillé pour valoir un homme.

SERGENT D'ARMES.

Valoir! par saint Pierre de Rome! je ne vis, il y a long-temps, hommes (qui soient) mieux, s'ils sont de fait et de cœur tels qu'ils semblent être.

LE MESSAGER.

Sire, sans plus tarder, faites armer aussitôt vos gens; car en deçà du bois de Saint-Cloud, vous avez des ennemis sans nombre qui se sont déjà mis en marche et songent à vous attaquer; ils espèrent réussir à vous prendre aujourd'hui.

LE ROI.

En avant, beaux seigneurs! Allez-vous-en sur-le-champ à leur rencontre, et faites qu'ils soient écrasés. J'ai encore dans cette ville plus de dix mille gens d'armes. Messager, va partout crier à haute voix qu'ils fassent une sortie, sans retard.

LE MESSAGER.

Très-redouté seigneur, j'y vais sur-le-champ.

AMILLE.

Sire, nous qui depuis peu sommes à votre service, irons-nous aussi combattre, s'il vous plaît?

LE ROI.

Oui, allez sans retard; ne le vous dis-je pas?

AMIS.

Depuis long-temps je ne cherchai autre chose. Amille, allons!

LE MESSAGER.

Je veux crier. Aux armes, barons! ne tardez pas, grands et petits, à sortir sans difficulté: le roi vous le mande par moi, car les ennemis courent près d'ici en saccageant le pays. Je m'en vais jusqu'à Saint-Cloud, vers le bois, voir la bataille.

LE ROY.

Seigneurs, j'ay au cuer grant tristour
De ce que à ce ne puis venir
Que prendre péusse et tenir
Gombaut qui me fait ceste guerre;
Mes gens foule et gaste ma terre,
Dont il me poise malement.
Or regardons ici conment
 Je m'en chevisse.

LE CONTE GRIMAUT.

Sire, en Gombaut a grant malice,
Car nulles foiz assault ne fait
Ne pongnéis fors par aguait,
 Ce n'est pas doubte.

HARDRÉ.

Sachiez qu'encore n'est pas toute
Sa voulenté bien assouvie;
Car il pense, ains qu'il perde vie,
Sire, à vous de plus en plus nuire,
Et s'il peut de touz poins destruire :
 Tant est mauvais !

LE CONTE GRIMAUT.

Ce ne se peut faire jamais,
En ce est-il folz et oultrageus.
Peut le roy d'aussi courageux
Chevaliers avoir comme il est?
Oïl, assez, je vous promet,
Et qui tellement le menront
Que au roy qui ci est le rendront
 Pris maugré lui.

LE ROY.

Or laissons ester. A celui
M'en plaing qui peut les choses faire
Qu'il ne lui doint de moy meffaire
 Povoir ne force.

LE MESSAGIER.

Monseigneur, vostre honor enforce :
Grant joie au cuer avoir devez,
Car voz gens tellement menez
Par combatre ont voz annemis
Qu'en vostre merci se sont mis
 Com prisonnier.

LE ROY.

Est-ce verité, messagier,
 Que tu me diz?

LE MESSAGIER.

Sire, par Dieu de paradis,
Oïl, jà n'en aiez doubtance :
J'ay véu toute l'ordenance;
Et de la bataille ont le pris

LE ROI.

Seigneurs, j'ai au cœur grande tristesse de ce que je ne puis arriver à prendre et à tenir Gombaut qui me fait cette guerre; il maltraite mes gens et saccage ma terre, ce dont j'éprouve beaucoup de chagrin. A cette heure voyons comment il faut que je m'y prenne.

LE COMTE GRIMAUT.

Sire, Gombaut est plein de malice, car jamais il n'attaque ni ne combat sinon par surprise, il n'y a pas à en douter.

HARDRÉ.

Sachez que sa volonté n'est pas entièrement satisfaite; car il pense, sire, vous nuire de plus en plus, avant de perdre la vie, et vous détruire en tous points s'il peut : tant il est mauvais !

LE COMTE GRIMAUT.

Cela ne pourra jamais se faire, en cela il est fou et outre-cuidant. Le roi peut-il avoir des chevaliers aussi courageux qu'il est? Oui, assez, je vous le promets, et qui tellement le mèneront, que, malgré lui, ils le rendront prisonnier au roi qui est ici.

LE ROI.

N'en parlons plus. Je m'en plains à celui qui peut faire en sorte de ne lui donner ni le pouvoir ni la force de me faire du mal.

LE MESSAGER.

Monseigneur, votre gloire s'augmente : vous devez avoir au cœur grand'joie, car vos gens ont si bien mené, les armes à la main, vos ennemis qu'ils se sont mis comme prisonniers en votre merci.

LE ROI.

Est-ce la vérité, messager, que tu me dis?

LE MESSAGER.

Oui, sire, par le Dieu de paradis, n'en doutez aucunement : j'ai vu toute l'affaire; et Amille et Amis ont l'honneur de la bataille, car ils ont pris Gombaut et le comte Bernard.

15

Amilles et Amis, car pris
Ont Gombaut et conte Bernart.
N'i a nul qui ait tel essart
Fait de batre gent comme ilz ont :
C'est merveilles comment preux sont.
En l'eure les verrez venir,
Et chascun son prison tenir
 Et amener.

LE ROY.

Pour ceste nouvelle, donner
Te feray .c. livres tournoys.
Je ne fu si liez puis .iij. moys
Com de ce que Gombaut est pris.
Par mon chief! ceulz qui les ont pris
 Feray grans hommes.

GOMBAUT.

Seigneurs, à vous renduz nous sommes.
D'une chose vous vueil prier,
Que ne nous faciez maistrier ;
Ne ne mettez en autruy mains
Qu'ès vostres meismes ; ou au mains,
Se de moy voulez raençon,
Je vous donrray sanz contençon
Tantost lx m. livres ;
Mais que franc m'en voise et delivres
 Dessus mon lieu.

BERNART.

Sire, je vous promet sur Dieu
Et sur ma foy, com chevalier,
Que, se vous me voulez baillier
Sauf-conduit à raençon prendre,
Ne vous feray point sauf entendre :
De ma terre arez la moitié.
Or le faites en amistié
Et le nous aiez couvenant,
Ains que nous aillons plus avant :
 Si ferez bien.

AMILLE.

Souffrez-vous : nous n'en ferons rens ;
Nous ferons ce que nous devommes.
— Voz .ij. nouviaux sodoiers sommes,
Mon chier seigneur, cy en present,
Qui de ces .ij. contes present
 Vous faisons, sire.

AMIS.

Mon cher seigneur, je puis bien dire
Et affermer (ne scé qui m'ot)
Ce sont les souverains de l'ost
 Dont nous venons.

Il n'y a personne qui ait fait un pareil carnage de gens : c'est merveille (de voir) combien ils sont preux. Vous les verrez à l'instant venir, et chacun tenir et amener son prisonnier.

LE ROI.

Pour cette nouvelle, je te ferai donner cent livres tournois. Je ne fus jamais si joyeux depuis trois mois comme de savoir que Gombaut est pris. Par ma tête ! je ferai de ceux qui les ont pris des hommes puissans.

GOMBAUT.

Seigneurs, nous sommes en votre pouvoir. Je veux vous prier d'une chose, c'est que vous ne nous donniez point de maîtres ; ne nous mettez pas dans d'autres mains que les vôtres ; ou au moins, si vous voulez (avoir) rançon de moi, je vous donnerai tantôt sans difficulté soixante mille livres, à la condition que je m'en irai chez moi franc et libre.

BERNARD.

Sire, je vous promets sur Dieu et sur ma foi, comme chevalier, que, si vous voulez me donner sauf-conduit pour prendre rançon, je ne vous ferai point entendre *sauf* : vous aurez la moitié de ma terre. Faites-le par amitié et promettez-le-nous, avant que nous n'allions plus avant : vous ferez bien.

AMILLE.

Souffrez que nous n'en faisions rien ; nous ferons ce que nous devons. — Nous sommes ici, mon cher seigneur, deux soldats nouvellement à votre service, qui vous faisons présent, sire, de ces deux comtes.

AMIS.

Mon cher seigneur, je puis bien dire et affirmer (je ne sais qui m'entend) que ce sont les souverains de l'armée dont nous venons.

CONTE GRIMAUT.

Amis, nous savons bien leurs noms
Et qui y sont et leurs posnées.
Pour eulz arez telles soudées,
Se le roy me croit, n'en doubtez,
Qu'en honneur serez amontez
    Pour touz jours mais.

LE ROY.

Par mon chief! ce feront mon mais.
Je vueil qu'au Louvre les me mainnent,
Et comme gardés les demainent;
Et que tout ce que pour leur vivre
Demanderont c'on leur delivre
    Sanz nul deffault.

AMILLE.

Chier sire, plus parler n'en fault :
Il sera fait, puisqu'il vous plaist.
Nous sommes à fin de ce plait,
    Pensons d'aler.

AMIS.

Sire Bernart, sanz plus parler,
    Venez-vous-ent.

BERNART.

Sire, à vostre commandement
Obéiray. — Sire Gombaut,
Priere yci riens ne nous vaut;
Bon cuer en nous nous convient prendre
Et la merci de Dieu actendre,
    Puis qu'ainsi est.

GOMBAUT.

C'est voirs. Il a esté tout prest
De nous en son Louvre envoier;
Et se longuement prisonnier
Y sonmes, je n'ay pas fiance
Que jamais aions delivrance
    Jusqu'à la mort.

BERNART.

Pour quoy, sire? vous avez tort
    De ce dire.

GOMBAUT.

Non ay, voir. Vez-ci pour quoy, sire:
La tour du Louvre est si jurée
Que puis qu'i est emprisonnée
Personne, quelle qu'elle soit,
Ains qu'elle en parte mort reçoit;
    Jà n'en doubtez.

BERNART.

Ne croy pas qu'i soions boutez,
    Certainement.

LE COMTE GRIMAUT.

Amis, nous connaissons bien leurs noms, ceux qui y sont et leur puissance. Si le roi me croit, vous aurez, n'en doutez pas, tel salaire pour cette capture que vous serez haut placés pour toujours.

LE ROI.

Par ma tête! il en sera ainsi. Je veux qu'ils me les mènent au Louvre, qu'ils les traitent comme des prisonniers; et que tout ce qu'ils demanderont pour leur nourriture leur soit délivré sans faute.

AMILLE.

Cher sire, il n'en faut plus parler : puisque cela vous plaît, cela sera fait. Nous sommes à la fin de cet entretien, pensons à partir.

AMIS.

Sire Bernard, sans plus parler, allons-nous-en.

BERNARD.

Sire, j'obéirai à votre commandement. — Sire Gombaut, la prière ici ne nous est bonne à rien; il nous faut prendre bon courage et attendre la merci de Dieu, puisqu'il en est ainsi.

GOMBAUT.

C'est vrai. Il a été tout prêt à nous envoyer dans son Louvre; et si nous y sommes longuement prisonniers, je n'ai pas l'espoir que nous ayons jamais délivrance jusqu'à la mort.

BERNARD.

Pourquoi, sire? vous avez tort de dire cela.

GOMBAUT.

Non, vraiment. Voici pourquoi, sire : la tour du Louvre est si *jurée* que lorsqu'une personne, quelle qu'elle soit, y est emprisonnée, elle reçoit la mort avant d'en sortir; n'en doutez nullement.

BERNARD.

Je ne crois pas, en vérité, que l'on nous y mette.

LE ROY.

Biaux seigneurs, dites-moy comment
D'Amis et d'Amille feray,
Et quel don à chascun donray
   De quoy miex vaille.

HARDRÉ.

Sire, se me creez, sanz faille
Lubias ma fille donrrez
Amille : biau don li ferez,
Car elle est si très belle fame
Que riens n'y fault, et si est dame
De Blaives et tient la conté
Qui lui duit de droit herité :
   Vous le savez.

LE CONTE GRIMAUT.

Hardré, par foy ! bien dit avez.
— Sire, ne li refusez mie :
Il a vostre guerre fénie
Quant il a vostre annemi pris,
Jà n'en serez d'omme repris
   Qui sache rien.

LE ROY.

Puis qu'il vous semble que c'est bien,
Laissons ester, et fait sera
Quant devers nous retournera,
   Je vous promet.

AMILLE.

Chiers compains Amis, avis m'est,
Puis qu'enfermez sont noz prisons,
Qu'il est bon que un tour en aillons
   Devers le roy.

AMIS.

Vous dites voir, bien m'y octroy ;
   Alons, Amille.

AMILLE.

Alons, car j'espere sanz guille
Qu'il ne nous en peut de pis estre.
— Roy sire, en vostre regne mettre
   Vueille Dieu paix !

LE ROY.

Temps en seroit dès ores mais,
Amille, s'il lui vouloit plaire,
Et je croy que si veult-il faire.
Puis que mon grant ennemi tieng,
Touz les autres trop petit crieng ;
Mais pour ce que par vous je l'ay,
Amilles, je vueil sanz delay
Vostre bien fait guerredonner,

LE ROI.

Beaux seigneurs, dites-moi ce que j'ai à faire à l'égard d'Amis et d'Amille, et quel don je donnerai à chacun pour accroître leur fortune.

HARDRÉ.

Sire, si vous me croyez, vous donnerez sans hésiter ma fille Lubias à Amille : vous lui ferez un beau présent, car elle est si belle femme que rien n'y manque ; elle est de plus dame de Blaye et tient le comté en légitime héritage : vous le savez.

LE COMTE GRIMAUT.

Hardré, par (ma) foi ! vous avez bien dit.
—Sire, ne le refusez pas : il a fini votre guerre alors qu'il a pris votre ennemi ; vous n'en serez donc repris par homme de quelque savoir.

LE ROI.

Puisqu'il vous semble que c'est bien, n'en parlons plus ; cela se fera quand il reviendra vers nous, je vous le promets.

AMILLE.

Amis, cher compagnon, il m'est avis que, puisque nos prisonniers sont enfermés, il est bon que nous allions faire un tour vers le roi.

AMIS.

Vous dites vrai, je le veux bien ; allons, Amille.

AMILLE.

Allons, car j'espère bien qu'il ne peut nous en arriver plus mal. — Sire roi, Dieu veuille mettre paix en votre royaume !

LE ROI.

Il en serait temps désormais, Amille, s'il lui venait à plaisir, et je crois qu'il veut que cela soit. Maintenant que je tiens mon grand ennemi, je crains bien peu tous les autres ; mais parce que je l'ai (entre mes mains) par vous, Amille, je veux sans délai vous récompenser de votre action d'éclat, et vous donner pour épouse Lubias, dont la renommée s'occupe

Et vous vueil à femme donner
Lubias, dont on fait grant conte;
Et si serez de Blaives conte,
    Amilles sire.

AMILLE.

Monseigneur, ne vous vueil desdire;
Mais, s'il vous plaist, miex le ferez:
A mon compagnon la donrrez;
Car par ses faiz, c'on voit aux yex,
De prouesce en est digne miex
    Que moy d'assez.

LE ROY.

Sà donc, Amis, avant passez.
Je vous doing Lubias la belle:
Contesse est et si est pucelle:
    Qu'en dites-vous?

AMIS.

Que j'en diray, monseigneur douls?
Si plaist mon compaignon Amille,
Je m'i accors, et plus de mille
    Merciz en di.

HARDRÉ.

Il lui plaist et le veult ainsi,
Aussi fas-je par m'antain Thiece.
Amis, sachiez qu'elle est ma niece:
    C'est sanz ruser.

CONTE GRIMAUT.

Or avant! il fault diviser
En quel lieu les noces seront
Et comment elles se feront
    Par bon devis.

LE ROY.

Je vous en diray mon avis:
Amis à Blaives s'en ira,
Amilles le convoiera,
Et vous, Hardré, avec voz gens;
Si vous enjoing que diligens
Soiez de parfaire la chose,
Si que nulz n'en puisse ne n'ose
    Fors que bien dire.

HARDRÉ.

Puis qu'il vous plaist, voulentiers, sire.
— Or avant, seigneurs; sanz hutin,
Pensons de nous mettre à chemin;
Et vous, Griffon, dit de Savoie,
Alez devant, faites-nous voie
    Delivrement.

LE SERGENT D'ARMES.

Vuidiez de ci ysnellement;

beaucoup : ainsi vous serez comte de Blaye, seigneur Amille.

AMILLE.

Monseigneur, je ne veux pas vous dédire; mais, s'il vous plaît, vous ferez mieux : vous la donnerez à mon compagnon; car par ses hauts faits, qui frappent les yeux, il en est beaucoup plus digne que moi.

LE ROI.

Eh bien donc! Amis, avancez. Je vous donne la belle Lubias : elle est comtesse et vierge; qu'en dites-vous?

AMIS.

Ce que j'en dirai, mon doux seigneur? Si cela est agréable à mon compagnon Amille, j'y consens, et je vous en dis mille fois merci.

HARDRÉ.

Cette chose lui plaît et il y consent, je fais de même par ma tante Thièce. Amis, sachez qu'elle est ma nièce: c'est sans tromperie.

LE COMTE GRIMAUT.

Allons! il faut décider au mieux en quel lieu et comment les noces se feront.

LE ROI.

Je vous dirai mon avis sur ce point: Amis s'en ira à Blaye; Amilles et vous, Hardré, vous l'accompagnerez avec vos gens. Je vous enjoins de mettre de l'activité à terminer la chose, afin que personne ne puisse ni n'ose en dire que du bien.

HARDRÉ.

Volontiers, sire, puisque tel est votre plaisir.—En avant, seigneurs; sans débats, songeons à nous mettre en route; et vous, Griffon, dit de Savoie, allez devant, et frayez-nous une route tout de suite.

LE SERGENT D'ARMES.

Videz de céans promptement; il vous

Avant il vous convient partir,
Se aux biens faiz ne voulez partir
  De ceste mace.
       LE ROY.
Conte Grimault, grant foleur brace
Qui guerre sanz raison esmeut.
Gombaut m'a fait le pis qu'il peut;
Toutesvoies en ma merci
Le tiens-je pris, dont Dieu merci.
  Qu'en pourray faire?
       CONTE GRIMAUT.
Se li estiez debonnaire
Tant que vous li pardonnissiez,
Sire, et que aler l'en laississiez
Par ainsi qu'il vous jureroit
Qu'à touz jours paiz vous porteroit,
Ce seroit courtoisie grant.
Ne scé se de ce faire engrant,
  Chier sires, estes.
       LE ROY.
Grimaut, tout esbahi me faites :
Que je l'en laisse vif raler!
On en pourra assez parler;
Mais, certes, puisque je le tieng pris,
Jamais n'ystra : trop a mespris,
  Li faux traître!
       GRIMAUT.
Contre li cause et juste tiltre,
Sire, avez, nul doubte n'en face;
Mais se li faisiez cele grace,
  Ce seroit une.
       LE ROY.
C'est voir : or prenez celle prune.
Vive tant com vivre pourra,
Qu'en ma prison certes morra,
  Queque nulz die.
       LA ROYNE.
Belle fille, il me prent envie
D'aler vers monseigneur le roy :
Alons-y, entre vous et moy;
Si sarons se c'est voirs de fait
Que l'en m'a dit, que noces fait
  Et mariage.
       LA FILLE.
Chiere mere, d'umble courage
Obeiray à vostre vueil :
  Je le doy faire.
       LA ROYNE.
Mon très chier seigneur debonnaire,
Nous vous venons nous deux veoir

faut partir d'ici, si vous ne voulez participer aux exploits de cette masse.

LE ROI.

Comte Grimaut, il brasse grande folie celui qui entreprend la guerre sans raison. Gombaut m'a fait le plus de mal qu'il a pu; toutefois je le tiens prisonnier en ma merci, ce dont je remercie Dieu. Qu'en pourrai-je faire?

LE COMTE GRIMAUT.

Si vous étiez débonnaire envers lui au point de lui pardonner, sire, et de le laisser s'en aller à la condition qu'il vous jurerait d'observer une paix stable à votre égard, ce serait une grande courtoisie. Je ne sais si vous êtes, sire, enclin à ce faire.

LE ROI.

Grimaut, vous me rendez tout ébahi : que je le laisse s'en aller vivant! On en pourra beaucoup parler; mais, certes, puisque je le tiens prisonnier, jamais il ne sera relâché : il a trop mal agi, le félon traître!

GRIMAUT.

Sire, vous avez cause et juste titre (d'être courroucé) contre lui, je n'en fais aucun doute; mais si vous lui faisiez cette grâce, c'en serait une.

LE ROI.

C'est vrai : maintenant prenez cette prune. Qu'il vive tant qu'il pourra, il mourra dans ma prison, quoi qu'on en dise.

LA REINE.

Belle fille, il me prend envie d'aller vers monseigneur le roi : allons-y, vous et moi; nous saurons si c'est en effet vrai ce que l'on m'a dit, savoir qu'il fait noces et mariage.

LA FILLE.

Chère mère, j'obéirai d'un cœur humble à votre volonté : je le dois faire.

LA REINE.

Mon très-cher seigneur débonnaire, nous vous venons toutes les deux voir et vous de-

Et vous demander se c'est voir
Que fait avez un mariage.
De qui est-ce ? faites m'en sage,
　　S'il vous agrée.

LE ROY.

Dame, n'est pas chose secrée :
Amis prent Lubias à femme ;
Et il le vault bien, certes, dame,
Car il est preuz, hardiz et fors,
Qu'en partie par ses effors
Ont esté pris mes ennemis :
Pour ce l'ay-je en tel estat mis
　　Qu'il sera conte.

LA ROYNE.

C'est bien fait ; jà n'y arez honte,
　　Au mien cuidier.

LE CONTE GRIMAUT.

Certes, c'est un bon chevalier
Et courtois, n'est fel ne gaignon ;
Non est aussi son compaignon,
　　Qui moult revault.

LA FILLE.

Qui est-il, messire Grimault,
　　Se Dieu vous gart ?

LE CONTE GRIMAUT.

C'est homme de si belle part
Qu'il est digne de grans honneurs.
En li sont toutes bonnes meurs :
Il a sens, force, loyauté ;
Il est courageux à planté,
　　Et c'est bel homme.

LA FILLE.

Sire, par saint Perre de Romme !
Si en affiert miex à amer.
Un tel chevalier jà blasmer
　　Ne devroit nulz.

LE CONTE GRIMAUT.

Se li et ses compains venuz
Ne fussent ci, par saint Ruffin !
La guerre ne fust pas à fin
　　Comme elle est ore.

HARDRÉ.

Mon chier seigneur, le Roy de gloire
Vous soit et à nous touz amis !
Les noces avons fait d'Amis,
Je vous promet, et grans et belles ;
Et de dames et de pucelles
Et de nobles, par verité,

mander si c'est vrai que vous avez fait un mariage. De qui est-ce ? apprenez-le-moi, s'il vous plaît.

LE ROI.

Dame, ce n'est pas chose secrète : Amis prend Lubias pour femme ; et certes il la vaut bien, dame, car il est preux, hardi et fort ; c'est en partie par ses efforts qu'ont été pris mes ennemis : pour cela je l'ai mis en tel état qu'il sera comte.

LA REINE.

C'est bien fait ; à mon idée, vous n'en serez jamais honni.

LE COMTE GRIMAUT.

Certes, c'est un bon et courtois chevalier ; il n'est ni félon ni hargneux, non plus que son compagnon, qui a beaucoup de mérite.

LA FILLE.

Qui est-il, messire Grimaut, que Dieu vous garde ?

LE COMTE GRIMAUT.

C'est un homme de si belle nature qu'il est digne de grands honneurs. Il a toutes les bonnes qualités : il a sens, force, loyauté ; il est très-courageux, et c'est un bel homme.

LA FILLE.

Sire, par saint Pierre de Rome ! il n'en est que plus aimable. Nul ne devrait blâmer un tel chevalier.

LE COMTE GRIMAUT.

Si lui et son compagnon ne fussent venus ici, par saint Ruffin ! la guerre n'eût pas été terminée comme elle est maintenant.

HARDRÉ.

Mon cher seigneur, que le Roi de gloire vous soit ami, à vous et à nous tous ! Nous avons fait les noces d'Amis ; je vous promets, elles ont été grandes et belles ; et, en vérité, il y a eu des dames, des jeunes filles et des nobles à foison. La chose va bien, Dieu merci !

I a-il éu à planté.
La chose va bien, Dieu mercy!
D'Amille fault penser aussy,
    Mon seigneur chier.

LE ROY.

Vous dites voir, par saint Richier!
    Paine y fault mettre.

LA FILLE.

Ce chevalier qu'eluec voy estre,
Messire Grimaut, qui est-il?
Il semble bien homme gentil,
    Se Dieu me voie.

GRIMAUT.

C'est celui que je vous looye
    Tant orains, dame.

LA FILLE.

A loer affiert bien, par m'ame!
Car il est gracieux et doulz.
— Mon très chier seigneur, plaise vous
Que ce chevalier-ci me tiengne
Compagnie et qu'avec moy viengne?
En ma chambre ay un po affaire;
Ne doubtez que je ne repaire
    Cy sanz demeure.

LE ROY.

Il me plaist. Alez en bonne heure,
    Ma fille gente.

LA FILLE.

Amille, venez sanz attente
    Compagnier moy.

AMILLE.

Dame, voulentiers, par ma foy!
    Où vous voulrez.

LA FILLE.

Amille sire, vous pourrez,
Se vous voulez, tost grant homme estre;
Vez ci pour quoy: vous estes maistre,
S'il vous plaist, n'en faites jà doubte,
De mon cuer et de m'amour toute:
Pour vous souvent dormir ne puis;
Mais pensers de jours et de nuis
Sont en vous si mis et fichiez
Qu'il n'est homme nul, ce sachiez,
Que j'aime autant con je fas vous:
De voz vouloirs acomplir touz
    Suis preste, certes.

AMILLE.

Dame, il eschiet souvent grans pertes
Où l'en cuide grant gaaing avoir.
Se vous tant m'amez qu'il soit voir,

Il faut aussi penser à Amille, mon cher seigneur.

LE ROI.

Vous dites vrai, par saint Riquier! il faut s'en occuper.

LA FILLE.

Messire Grimaut, ce chevalier que je vois ici, quel est-il? Il semble bien, Dieu me garde, un homme de qualité.

GRIMAUT.

Dame, c'est celui que tantôt je vous louais tant.

LA FILLE.

Sur mon ame! c'était raison, car il est gracieux et doux. — Mon très-cher seigneur, vous plaît-il que ce chevalier-ci me tienne compagnie et vienne avec moi? J'ai un peu à faire dans ma chambre; ne doutez pas que je ne revienne ici sans délai.

LE ROI.

Cela me plaît. Bon voyage, ma jolie fille!

LA FILLE.

Amille, sans attendre, venez me tenir compagnie.

AMILLE.

Dame, volontiers, par ma foi! où vous voudrez.

LA FILLE.

Messire Amille, si vous voulez, vous pourrez être bientôt un homme d'importance; voici pourquoi: s'il vous plaît, vous êtes maître, n'en doutez point, de mon cœur et de tout mon amour: pour vous souvent je ne puis dormir; mais jour et nuit mes pensées vous ont tellement pour objet qu'il n'est nul homme, sachez-le, que j'aime autant que vous: certes, je suis prête à faire toutes vos volontés.

AMILLE.

Dame, il échoit souvent de grandes pertes où l'on croit avoir grand gain. Si réellement vous m'aimez tant, c'est votre gracieuse

C'est de vostre grace benigne,
Non pas que j'en soie en riens digne;
Mais jà Dieu ne me doint espace
Que si laide mesprison face
Que vous, dame, charnelment touche
Ne qu'aie si vilain reprouche!
Un de ces jours serez contesse,
Ou si grant dame com duchesse,
Et je n'ay rens que l'esperon
Et sanz plus de chevalier nom;
Si voulez que je vous laidisse
Et vostre pere et moy traïsse,
De qui j'atens tout mon bien fait!
Jà, se Dieu plaist, si vilain fait
   Ne feray, voir.

LA FILLE.

Amilles, vous devez savoir
Que vostre amour forment m'a point,
Quant amené m'a à ce point
Qu'ouvert vous ay tout mon courage;
Mais, pour ce que vous estes sage,
Courtoisement me refusez.
Je ne sçay pas se me rusez;
Mais je penssE que un jour venra
Encore qu'en nous deux n'ara
   Mais que un vouloir.

AMILLE.

Je voulroie bien tant valoir,
Certes, que je souffisant fusse
Que servir à gré vous peusse
   Et à m'onneur.

LA FILLE.

R'alons-m'en devers monseigneur,
   Laissons en paix.

HARDRÉ.

Croire ne pourroie jamais
Qu'entre Amille et la fille au roy
N'ait ou parler ou fait de quoy
Il se sont si aprivoisiez.
Venir joieux et renvoisiez
Les voy là, dont j'ay grant envie;
Mais se j'en devoie la vie
Perdre, ains que fine ne ne cesse
Saray-je pour quelle chose est-ce
   Qu'amis sont ci.

LA FILLE.

Monseigneur, à vous revien ci,
   Com promis l'ay.

bonté, et non pas mon mérite qui en est la cause; mais Dieu veuille ne jamais me donner le temps de commettre une aussi laide action, comme de vous connaître charnellement, dame, et d'avoir à me reprocher un tel méfait! Un de ces jours vous serez comtesse, ou aussi grande dame qu'une duchesse, et je n'ai rien que l'éperon sans autre chose que le nom de chevalier; et vous voulez que je vous outrage et que je trahisse moi et votre père, dont j'attends tout ce que j'espère de bien! En vérité, s'il plaît à Dieu, je ne commettrai jamais une si vilaine action.

LA FILLE.

Amille, vous devez savoir que votre amour m'a fortement piquée, puisqu'il m'a amenée au point de vous ouvrir entièrement mon cœur; mais, parce que vous êtes sage, vous me refusez courtoisement. Je ne sais pas si vous me trompez; mais je pense qu'un jour viendra où il n'y aura plus en nous qu'un seul vouloir.

AMILLE.

Je voudrais bien, certes, avoir assez de mérite pour suffire à vous servir à votre gré et à mon honneur.

LA FILLE.

Retournons vers monseigneur, brisons-là.

HARDRÉ.

Je ne pourrais jamais m'imaginer ce qui a eu lieu entre Amille et la fille du roi, soit en paroles soit en action, pour s'être ainsi apprivoisés. Je les vois venir là joyeux et pleins d'allégresse, ce dont j'éprouve une grande jalousie; mais dussé-je en perdre la vie, avant d'en finir je saurai pourquoi ils sont si amis.

LA FILLE.

Monseigneur, je reviens ici vers vous, comme je l'ai promis.

LÉ ROY.
N'avez pas fait trop long delay;
Qu'avez-vous fait?

LA FILLE.
S'il vous plaist de savoir mon fait,
Vous soufferrez.

LE ROY.
Belle fille, jà n'en serez
Par moy desdite.

LA FILLE.
De la vostre parole dite,
Mon très chier seigneur, vous merci.
Quant il vous plaist qu'il soit ainsi,
Cy m'asserray.

AMILLE.
Monseigneur, s'il vous plaist, g'iray
Un petit jusqu'à mon hostel;
Car, sire, sommeil me fait tel
Que le corps ai tout estourmi,
Pour ce qu'ennuit point ne dormi.
Ne scé qu'avoye.

LE ROY.
Il me plaist bien, se Dieu me voie:
Amille, allez.

LA FILLE.
Amours, mon corps trop fort tenez:
D'Amille ne le puis oster.
Or li ay-je volu donner
Moi-meisme tout à son bandon;
Mais refusée m'a et mon don.
Je sçay bien qu'il va reposer;
Mais, certes, je me vois poser
Et mettre lez lui sur sa couche.
Au moins s'un baisier de sa bouche
Puis avoir, il me souffira
Tant que une foiz se donrra
Du tout à moy.

HARDRÉ.
E! gar où va la fille au roy,
Ainsi seule, sanz compagnie!
Certainement, je ne croy mie
Qu'après Amille ne s'en aille,
E[t] j'en saray le voir sanz faille;
Car jà la suiveray à l'ueil
De loing, pour ce que pas ne vueil
Qu'elle me voie.

LA FFILLE (sic).
Amille, de vous me doint joie
Amours, si com mon cuer desire!

LE ROI.
Vous n'avez pas trop demeuré; qu'avez-vous fait?

LA FILLE.
S'il vous plaît de savoir mon fait, vous attendrez.

LE ROI.
Belle fille, vous n'en serez nullement dédite par moi.

LA FILLE.
Je vous remercie de ce que vous venez de dire, mon très-cher seigneur. Puisque tel est votre plaisir, je m'asseoirai.

AMILLE.
Monseigneur, s'il vous plaît, j'irai un peu jusqu'à mon logis; car, sire, le sommeil me rend tel que j'ai le corps tout engourdi, par la raison que je n'ai point dormi cette nuit. Je ne sais ce que j'avais.

LE ROI.
Par Dieu! je le veux bien: Amille, allez.

LA FILLE.
Amour, vous me tenez au corps trop fortement: je ne le puis ôter d'Amille. Tantôt je lui ai voulu abandonner ma personne; mais il a refusé mon présent. Je sais bien qu'il va reposer; en vérité, je vais me poser et me mettre près de lui sur sa couche. Au moins si je puis avoir un baiser de sa bouche, cela me suffira en attendant qu'une autre fois il se donne entièrement à moi.

HARDRÉ.
Eh! regardez où va la fille du roi, ainsi seule, sans compagnie! Certainement, je ne doute pas qu'elle ne s'en aille après Amille, et j'en saurai la vérité sans faute; car je la suivrai de loin de l'œil, par la raison que je ne veux pas qu'elle me voie.

LA FILLE.
Amille, qu'Amour me donne joie par vous comme mon cœur le désire! Comment

Comment le faites-vous, chier sire
   Et chiers ámis?

AMILLE.

Ha, dame! qui vous a ci mis?
Vous me voulez deshonnourer.
Pour Dieu! sanz plus cy demourer
   Ralez-vous-ent.

LA FILLE.

Non feray, je n'en ay talent;
Car hors sui de paine et d'annuy
Quant avec vous ci endroit suy
   Seul à seul, sire.

HARDRÉ.

Amille, vous povez bien dire
Que pour soudées avez pris
Le tresor de plus noble pris
Que li roys ait: je n'en doubt mie,
Qui sa fille avez à amie;
La contenance assez en voy;
Mais, par la foy que je à Dieu doy!
Le roy mon seigneur le sara,
Si que vostre bonté verra
   A ce cop-cy.

AMILLE.

Hardré sire, pour Dieu, merci!
Du dire vous plaise à souffrir,
Et à faire me vueil offrir
   Quanque direz.

HARDRÉ.

Jà par ce quicte n'en serez.
Au roy maintenant m'en iray,
Et la chose li compteray,
   Si ait Diex m'ame!

AMILLE.

Je sui bien traïz par vous, dame.
Certes, or ne say-je que faire;
Car puis que Hardré scet cest affaire,
   Moi tieng pour mort.

LA FILLE.

Sire, prenez en vous confort
Com chevalier hardiz et preuz.
Chascun scet que Ardré n'est pas preuz:
Prenez à li champ de bataille,
S'il vous accuse; et puis si aille
Entre deux comme aler pourra.
Je tien que Diex vous aidera
   Certainement.

AMILLE.

Dame, je l'en pri bonnement:
   Mestier m'en est.

vous portez-vous, cher sire et cher ami?

AMILLE.

Ah, dame! qui vous a mise ici? Vous me voulez déshonorer. Pour (l'amour de) Dieu! allez-vous-en sans retard.

LA FILLE.

Je n'en ferai rien, je n'en ai aucun désir; car je suis hors de peine et d'ennui de puis que je suis ici avec vous, sire, en tête à tête.

HARDRÉ.

Amille, vous pouvez bien dire que vous avez pris pour solde le trésor le plus précieux qu'aie le roi: car, je n'en doute pas, vous avez sa fille pour maîtresse; je vois assez ce qu'il en est; mais, par la foi que je dois à Dieu! le roi mon seigneur le saura, de sorte qu'il verra votre loyauté à ce trait.

AMILLE.

Sire Hardré, pour Dieu, merci! Veuillez n'en pas parler, et je m'offre à faire tout ce que vous direz.

HARDRÉ.

Vous n'en serez pas quitte pour cela. Maintenant je m'en irai auprès du roi, et, que Dieu ait mon ame! je lui conterai la chose.

AMILLE.

Dame, je suis bien trahi pour vous. Certes, à cette heure, je ne sais que faire; car, puisque Hardré connaît cette affaire, je me tiens pour mort.

LA FILLE.

Sire, rassurez-vous comme chevalier hardi et preux. Chacun sait que Hardré ne l'est pas : s'il vous accuse, prenez contre lui champ de bataille, et qu'ensuite il en soit entre vous deux ce qu'il en pourra être. Je tiens que Dieu vous aidera certainement.

AMILLE.

Dame, je l'en prie sincèrement : j'en ai besoin.

LA FILLE.

Qui ses besongnes li comment,
Il les fait à bon chief venir.
Senz moy plus ci endroit tenir,
M'en revoys, sire.

AMILLE.

Dame, vous et moy gart Diex d'ire
Et de pesance!

HARDRÉ.

Entendez, sire roy de France,
Et vous, dame qui estes mere :
Nouvelle vous apport amere.
Vostre fille a perdu son pris,
Car toute prouvée l'ay pris
Avaic Amille, en son lit;
Et d'elle a éu son delit.
Il est ainsi.

LA ROYNE.

Ha, sainte Marie, mercy!
Hardré, ne croy pas qu'il puist estre
Que ma fille se voulsist mectre
En tel despit.

LE ROY.

Vien avant, Griffon, sanz respit;
Vaz-me querre Amille, et lui dy
Que je li mans qu'il viengne cy ;
Et fay bonne erre.

LE SERGENT D'ARMES.

Chier sire, je le vous vois querre.
— Sire, bon jour vous soit donnez !
A monseigneur le roy venez
Qui vous demande.

AMILLE.

Griffon amis, puisqu'il me mande,
Alons! d'aler y sui tout prest.
— Dieu, sire, de qui tout bien nest,
Vous croisse honneur !

LE ROY.

Par vous me croist grant deshonneur.
Amille, ne scé que priez.
Dites-me voir, ne detriez :
Avec ma fille avez géu,
Et l'onneur de son corps éu?
Est-il ainsi?

AMILLE.

Qui vous fait entendre cecy,
Sauve sa grace, sire, il fault.
Jà, se Dieu plaist, en tel deffault
Ne seray pris.

LA FILLE.

Il fait venir à bonne fin les entreprises que l'on lui recommande. Sire, sans plus me tenir ici, je m'en vais.

AMILLE.

Dame, que Dieu garde vous et moi de chagrin et de douleur !

HARDRÉ.

Entendez, sire roi de France, et vous, dame qui êtes mère : je vous apporte une amère nouvelle. Votre fille a perdu son honneur, car je l'ai prise sur le fait avec Amille, en son lit; et il a joui d'elle. Il en est ainsi.

LA REINE.

Ah, sainte Marie, misericorde! Hardré, je ne crois pas qu'il soit possible que ma fille se voulût mettre en un pareil état.

LE ROI.

Viens avant, Griffon, sans retard; va me chercher Amille, et dis-lui que je le mande ici; va promptement.

LE SERGENT D'ARMES.

Cher sire, je vais vous le chercher.—Sire, que bon jour vous soit donné! Venez vers monseigneur le roi qui vous demande.

AMILLE.

Ami Griffon, puisqu'il me mande, allons! je suis tout prêt d'y aller. — Sire, que Dieu, de qui naît tout bien, vous accroisse honneur !

LE ROI.

Par vous me vient grand déshonneur. Amille, je ne sais qui vous priez. Dites-moi la vérité sans retard : avez-vous couché avec ma fille, et joui d'elle? En est-il ainsi?

AMILLE.

Celui qui vous fait entendre ceci, sauve sa grâce, sire, il ment. S'il plaît à Dieu, jamais je ne serai pris en telle faute.

HARDRÉ.

Comment! ne vous ai-je pas pris
    Touz.ij. ensemble?

AMILLE.

Vous direz miex, se bon vous semble ;
Hardré, jà ne sera prouvé.
N'est pas d'avoir ce controuvé
    Grant vassellage.

HARDRÉ.

Sire, sire, vez ci mon gage;
J'en demande champ de bataille
Encontré li, vaille que vaille;
Mais s'en champ le tieng à mes poins,
Gehir li feray de touz poins
    Sa mauvaistié.

AMILLE.

Hardré, sire, en vostre traictié
N'a touz jours que haïne et plait.
Bien me deffendray, se Dieu plait,
    Contre vous, sire.

LE ROY.

Or entendez que je vueil dire :
Hardré, me fault avoir hostages ;
Autrement ne se peut li gages
    Bien soustenir.

HARDRÉ.

Sire, assez en feray venir.
—Sire Grimaut, vous plairoit-il
Mon plege estre ? Or dites oïl,
    Je vous en proy.

GRIMAUT.

Monseigneur, hostage m'ottroy
Pour Hardré, se me voulez prendre,
Avecques ceulx que sanz actendre
    Venir fera.

LE ROY.

Quant à ore s'en cessera ;
Il me souffist, puisque vous ay.
—Amille, il vous fault sanz delay
    Hostes baillier.

AMILLE.

Sire, je sui un chevalier
Qui sui né d'estrange païs :
Cy endroit n'ay-je nulz amis ;
Mais se de vous congié avoie,
En l'eure me mettroie à voie
    D'aler en querre.

HARDRÉ.

Mon chier seigneur, s'il peut, la guerre

HARDRÉ.

Comment ! ne vous ai-je pas pris tous deux ensemble ?

AMILLE.

Vous parlerez mieux, si bon vous semble; Hardré, jamais cela ne sera prouvé. Ce n'est pas grand'prouesse que d'avoir inventé ceci.

HARDRÉ.

Sire, sire, voici mon gage; je demande champ de bataille contre lui, vaille que vaille; mais si je le tiens en champ clos, je lui ferai confesser de tous points sa méchanceté.

AMILLE.

Sire Hardré, dans vos actions il n'y a que haine et querelles. S'il plaît à Dieu, je me défendrai bien contre vous, sire.

LE ROI.

A cette heure entendez ce que je veux dire : Hardré, il me faut avoir des ôtages ; autrement le gage ne se peut bien soutenir.

HARDRÉ.

Sire, j'en ferai assez venir. — Sire Grimaut, vous plairait-il d'être ma caution ? Allons ! dites oui, je vous en prie.

GRIMAUT.

Monseigneur, si vous me voulez prendre, je consens à être ôtage pour Hardré, avec ceux qu'il fera venir sur-le-champ.

LE ROI.

Quant à présent il s'en dispensera ; il me suffit, puisque je vous ai. — Amille, il vous faut sans délai donner des ôtages.

AMILLE.

Sire, je suis un chevalier né en pays étranger : ici je n'ai aucun ami ; mais si vous m'en donniez la permission, à l'heure même je me mettrais en route pour aller en chercher.

HARDRÉ.

Mon cher seigneur, s'il peut, il évitera la

Sanz cop ferir eschievera :
Certainement il s'enfuira,
   S'il a congié.
LE ROY.
Que ly doingne n'ay pas songié.
— Amilles, je vous fas savoir,
Ains que de ci partez, avoir
   Vous fault hostages.
AMILLE.
Sire, ordonnez donc que li gages
Se face cy presentement
De nous .ij., sanz delaiement.
Estrange homme sui esbahis
Quant à mon besoing n'ay amis,
Se li Diex, qui tout scet et voit,
Son confort briement ne m'envoit
   Et son conseil.
LA ROYNE.
Mon chier seigneur, dire vous vueil
Amilles n'a ci nul parage.
Je m'offre pour li en hostage
Et ma fille ; or, nous recevez,
Refuser pas ne nous devez.
Au cuer me fait pitié, par foy !
De ce que sanz amis le voy
   Ainsi seul estre.
LE ROY.
Dame, par Dieu, le roy celestre !
Bien vous recevray pour hostage ;
Mais de tant vous fas-je bien sage,
Se le dessus en peut avoir
Ardré, je vous feray ardoir
   Et mettre en cendre.
LA ROYNE.
Sire, de telle mort deffendre
   Nous vueille Diex !
AMILLE.
Mes très chieres dames gentiex,
Plus de mille foiz vous merci
De l'onneur que me faites-ci ;
Et puisque tant faites pour moy,
D'une chose encore vous proy :
Qu'à mon compaignon puisse aler
Amis, et le ci amener
   Pour mon conseil.
LA ROYNE.
Amille, ce n'est pas mon vueil ;
D'avecques nous ne partirés
Tant que combatu vous serez.
Je croy, se Jhesu me conseult !

guerre sanz coup férir : certainement, s'il a cette permission, il s'enfuira.

LE ROI.
Je n'ai pas songé à la lui donner.— Amille, je vous fais savoir qu'avant que vous partiez d'ici, il vous faut avoir des ôtages.

AMILLE.
Sire, ordonnez donc que notre gage à nous deux ait lieu ici présentement, sans délai. Je suis étranger et tout déconcerté de n'avoir aucun ami maintenant que j'en ai besoin, à moins que Dieu, qui sait et voit tout, ne m'envoie bientôt son secours et son conseil.

LA REINE.
Mon cher seigneur, je veux vous dire qu'Amille n'a ici aucune parenté. Ma fille et moi nous nous offrons à être ses ôtages ; recevez-nous donc comme tels, vous ne devez pas nous refuser. Par ma foi ! mon cœur ressent de la pitié de le voir ainsi seul, sans amis.

LE ROI.
Dame, par Dieu, le roi du ciel ! je vous recevrai bien pour ôtage ; mais je vous avertis que, si Hardré peut avoir le dessus, je vous ferai brûler et mettre en cendre.

LA REINE.
Sire, Dieu nous veuille défendre de telle mort !

AMILLE.
Mes très-chères et nobles dames, je vous remercie plus de mille fois de l'honneur que vous me faites ici ; et puisque vous faites tant pour moi, je vous demande encore une chose : savoir, que je puisse aller vers mon compagnon Amis, et l'amener ici pour me servir de conseil.

LA REINE.
Amille, ce n'est pas ma volonté ; vous ne partirez pas d'avec nous que vous n'ayez combattu. Je crois, Jésus m'assiste ! que grande lâcheté vous veut faire fuir.

Que grant couardise vous veult
 Faire ent fouir.
  AMILLE.
Certes, miex vouloroie mourir
Ou champ que ce que je m'en fuie ;
Ne que pour ce, dame, le die,
 Jà n'en doubtez.
  LA FILLE.
Ma chiere dame, or m'escoutez :
S'il vous plaist, congié li donrrez
Par ci que jurer li ferez
Que au jour du champ ici sera
Et que la bataille fera ;
Car sa besongne est une chose
Où conseil avoir, dire l'ose,
 Fault bien et sens.
  LA ROYNE.
Fille, à ce que dites m'assens.
—Amille, çà ! levez la main :
Vous jurez au Dieu souverain,
Par ses sains faiz et par ses diz,
Par vostre part de paradis,
Que la journée ici serez
Que combatre vous deverez,
 Sanz nul deffault ?
  AMILLE.
Ma chiere dame, si me vault,
Je le vous jur en vérité ;
Mais que Dieu me tiengne en santé
 Et gart d'essoingue !
  LA ROYNE.
Or y alez dont sauz eslongne,
 Car il m'agrée.
  AMILLE.
Ma très chiere dame honnourée,
 G'y vois tout droit.
  AMIS.
Ytier, pléust Dieu orendroit
Que mais hui ne jeusse en ville,
Et mon chier compaignon Amille
 Tenisse ci !
  YTIER, escuier.
Je croy, sire, s'il fust ainsi
Qu'il scéust que l'alez veoir,
Qu'il fust venuz contre vous voir
 Hastivement.
  AMILLE.
E, mere au vray Dieu qui ne ment !
Comme grant joie au cuer aray
Quant mon chier compaignon verray !

  AMILLE.
Certes, j'aimerais mieux mourir dans la lice que de m'enfuir ; et parce que c'est moi qui le dis, dame, n'en doutez pas.

  LA FILLE.
Ma chère dame, écoutez-moi : s'il vous plaît, vous lui permettrez de partir, pourvu que vous lui fassiez jurer qu'il sera ici le jour du champ-clos et qu'il fera la bataille; car son affaire est une chose dans laquelle, j'ose le dire, il faut avoir conseil et sens.

  LA REINE.
Fille, je partage votre avis. — Amille, allons! levez la main : vous jurez au Dieu tout-puissant, par ses saintes actions et par ses paroles, par votre part de paradis, que, sans faute, vous serez ici le jour où vous devez combattre ?

  AMILLE.
Ma chère dame, cela m'est utile, je vous le jure en vérité; mais que Dieu me tienne en santé et garde d'empêchement !

  LA REINE.
Maintenant allez-y donc sans tarder, car il m'agrée ainsi.

  AMILLE.
Ma très-chère et honorée dame, j'y vais tout droit.

  AMIS.
Ytier, plût à Dieu maintenant que je ne couchasse d'aujourd'hui dans une ville, et que je tinsse ici mon cher compagnon Amille!

  YTIER, écuyer.
Sire, je crois que, s'il eût su que vous l'alliez voir, il fût venu à votre rencontre en toute hâte.

  AMILLE.
Eh, mère au vrai Dieu qui ne ment pas ! combien j'aurai de la joie au cœur quand je verrai mon cher compagnon ! la peine me

Ne m'en chaut combien me travaille;
Mais que Dieu doint que la chose aille
Si bien que alé ne soit pas hors!
E, gar! avis m'est, par le corps
Saint Gille! que venir le voy.
Certainement c'est il. Je croy
Qu'il scet mon fait et mon estat.
A lui vois sanz plus de restat.
— Chier compains, loyal, esprouvé,
De moy soiez le bien trouvé.
Que fait la dame? est-elle saine?
Dites-me voir, quel vent vous maine?
Où alez-vous?

AMIS.

Amille, mon cher ami doulz,
Sachiez droit à vous m'en venoie;
Car de vous en grant doubte estoie
Pour .i. songe que je songay
Avant-hier, dont suis en esmay;
Car i. lion, ce me sembloit,
Le costé fendu vous avoit,
Dont issoit sanc à tel foison
Qu'i estiés jusqu'au talon;
Et puis ce lion devenoit
Un homme que l'en appelloit
Hardré, si com il me sembla;
Et tantost je venoie là
Pour vous oster de ce meschief,
Et si li copoie le chief.
Je vous dy voir.

AMILLE.

Chier compains, je vous fas savoir
Que aussi m'en aloie-je à vous;
Vez-ci pour quoy, mon ami doulx:
La fille au roy s'en vint à moy,
L'autre jour, et me fist de soy
Present et de s'amour aussi,
Et me requist qu'il fust ainsi
Que je son ami devenisse;
Mais pour moy garder de tel vice,
Sa voulenté li refusay.
Quant elle vit que la rusay
Ne se tint pas à ytant coye;
Mais une nuit que me gisoie,
Se vint couchier dedans mon lit.
Là, pris-je d'elle i. seul delit;
Car je cuidoie, par ceste ame!
Que ce fust une estrange famme:
Qui me tourne ore à grant desroy;
Car Hardré l'a compté au roy,

touche peu pourvu que Dieu fasse qu'il ne soit pas parti. Eh, regarde! il m'est avis, par le corps de saint Gilles! que je le vois venir. Certainement c'est lui. Je crois qu'il sait mon fait et mon état. Je vais à lui sans retard. — Cher compagnon, loyal, éprouvé, soyez le bien-venu. Comment se porte votre dame? est-elle en bonne santé? Dites-moi la vérité, quel vent vous mène? où allez-vous?

AMIS.

Amille, mon cher et doux ami, sachez que je m'en venais droit à vous; car je craignais beaucoup pour vous par suite d'un songe que je fis avant-hier, et dont je suis en émoi; car un lion, à ce qu'il me semblait, vous avait fendu le côté, et le sang en sortait en telle abondance que vous y étiez jusqu'au talon; et puis ce lion devenait un homme que l'on appelait Hardré, comme il me sembla; et sur-le-champ j'arrivais pour vous tirer de ce mauvais pas, et je lui coupais la tête. Je vous dis vrai.

AMILLE.

Cher compagnon, je vous fais savoir que je m'en allais aussi à vous; voici pourquoi, mon doux ami : l'autre jour, la fille du roi s'en vint à moi et me fit présent de sa personne et de son amour, et me requit de devenir son ami; mais pour me garder d'une pareille faute, je refusai d'accéder à son désir. Quand elle vit que je lui donnais le change, elle ne se tint pas pour battue; mais une nuit que je reposais, elle vint se coucher dans mon lit. Là, je jouis d'elle une fois; car, par mon ame! je pensais que ce fût une femme étrangère. Cela est très-malheureux pour moi; car Hardré la conté au roi, après avoir tant fait, je ne sais comment, qu'il nous trouva ensemble en mon lit. J'ai nié le fait du tout au tout; mais il se fait tellement fort de le prouver qu'il y a gage de bataille. Cher ami, que la chose aille comme elle voudra:

Qui tant fist, ne scé comment va,
Qu'ensemble en mon lit nous trouva.
Je ly ay tout nyé le fait;
Mais du prouver si fort se fait
Qu'il y a gage de bataille;
Mais com pourra, chiers amis, aille :
Jamais ne r'iray à la court,
Car j'ay tort; et à brief mot court,
Je doubt, s'à mon tort me combaz,
Que ne chiée du hault au baz
    A grant hontage.

AMIS.
Et qui est pour vous en hostage?
    N'y a-il ame?

AMILLE.
Si a la royne ma dame,
Sa fille; et si sachiez de voir
Autres pleges n'y poi avoir;
Encore par pitié le firent,
Chiers amis, pour ce qu'elles virent
Que pour prier ne supplier
Ne me voult nul ce jour plegier
    Devers le roy.

AMIS.
Ytier, je me fie de toy :
Cy entour en aucune ville
Yrez entre toy et Amille
Secretement vous herbergier;
Et te deffens tant com m'as chier,
Sur le serrement que m'as fait,
Que par toy nulz de nostre fait
    Ne sache rien.

YTIER.
Non fera-il, je vous dy bien,
    Mon seigneur chier.

AMIS.
Chier compains, sanz plus ci preschier,
Vueilliez me acoler et baisier,
Et puis vous en alez aisier;
Car de tant vous fas-je ore sage,
Pour vous iray faire le gage.
N'est homme nul, tant ait science,
Qui sache mettre difference
    De moy à vous.

AMILLE.
Grans merciz, très chier amis doulx!
Adieu; la sainte Trinité
Si vous vueille par sa bonté
    Garder de mal!

jamais je ne retournerai à la cour, car j'ai tort; et pour être bref, je crains, si je livre bataille étant dans mon tort, de tomber du haut en bas avec grande ignominie.

AMIS.
Et qui est pour vous en otage? n'y a-t-il personne?

AMILLE.
Il y a la reine ma dame, et sa fille; et sachez en vérité que je n'ai pu avoir d'autres cautions; encore, cher ami, le firent-elles par pitié, parce qu'elles virent que malgré toutes les prières et les supplications, personne ne me voulait cautionner alors auprès du roi.

AMIS.
Ytier, je me fie à toi : tu iras avec Amille te loger secrètement dans quelque ville; et je te défends, sur l'amitié que tu me portes et sur le serment que tu m'as fait, de rien laisser savoir de notre fait à personne.

YTIER.
Personne n'en saura rien, je vous l'assure, mon cher seigneur.

AMIS.
Cher compagnon, sans plus long discours, veuillez m'embrasser, et puis allez vous reposer; car à cette heure je vous fais savoir que pour vous j'irai soutenir le gage. Il n'est personne, quelque science qu'il ait, qui sache mettre de la différence entre vous et moi.

AMILLE.
Grand merci, très-cher et doux ami! Adieu; que la sainte Trinité par sa bonté vous veuille garder de mal!

AMIS.

Et vous aussi, compains loyal !
Adieu; j'en vois sanz plus attendre.
Bien scé où doy voz armes prendre
Et vo destrier.

HARDRÉ.

Sire, je vous dis dès l'autr'ier
D'Amille, moult bien m'en souvient,
Que s'emprise venoit au nient.
Il est au jour d'ui la journée
Que bataille doit estre outrée
De nous .ij. Vez-me ci tout prest;
Mais je tieng que fouiz s'en est,
Car entre gentilz ne villaines
Ne fu, bien a jà trois sepmaines,
Véu, de ce vous fas-je sage ;
Et s'ainsi est, de son ostage
Demant justice.

LA ROYNE.

Hardré, gardez que de vous n'issé
Un parler de bien, que puissiez.
Home ne passe pas, laissiez
Que venir doie.

HARDRÉ.

Je croy n'est pas à deux doie
De l'avoir, par le Roy hautisme !
Il est de jour jà plus de prime.
Certes, grant folie pensastes
Quant à li plegier vous boutastes;
Car je me doubt par aventure
Que n'en soiez mise à mort sure,
Dame, qui raison vous fera
Et qui bien soustenir voulra
Droite justice.

LE ROY.

Hardré, je ne sui pas si nice
Que ne la vueille soutenir;
Selon que le fait avenir
Pourray veoir.

AMIS.

De joie et d'onneur pourveoir
Vous vueille, mes dames gentieulx,
Et tout adès de bien en mieulx
Dieu de lassus !

LA ROYNE.

Amille, bien veigniez-vous sus.
Certes, grant doubtance ay éu
Que cy ne fussiez plus véu;
Et aussi Ardré le disoit,
Pour quoy de mort me menaçoit

AMIS.

Et vous aussi, loyal compagnon! Adieu; je m'en vais sans plus attendre. Je sais bien où je dois prendre vos armes et votre destrier.

HARDRÉ.

Sire, je vous dis dès l'autre jour, au sujet d'Amille, il m'en souvient très-bien, que son défi venoit au néant. C'est aujourd'hui le jour auquel la bataille doit être livrée à outrance entre nous deux. Me voici tout prêt; mais je tiens qu'il s'est enfui, car voici déjà trois semaines qu'on ne l'a vu ni parmi les gens de qualité ni parmi ceux des classes inférieures, je vous le fais savoir; et puisqu'il en est ainsi, je demande justice de son otage.

LA REINE.

Hardré, prenez garde, si vous le pouvez, qu'une parole de bien ne sorte de votre bouche. Personne ne passe, attendez qu'il vienne.

HARDRÉ.

Je crois qu'elle n'est pas à deux doigts de l'avoir, par le Roi très-haut! la journée est avancée; il est déjà plus que prime. Certes, vous pensâtes grande folie quand vous vous fîtes sa caution; car je redoute que vous ne subissiez le dernier supplice. La mort, dame, vous fera raison, et voudra soutenir bonne justice.

LE ROI.

Hardré, je ne suis pas tellement niais que je ne la veuille soutenir; suivant que le fait aura lieu, je me déciderai.

AMIS.

Que le Roi d'en-haut, mes nobles dames, vous veuille combler d'honneur et de joie, et toujours de bien en mieux !

LA REINE.

Amille, soyez le bienvenu. Certes, j'ai ressenti une grande crainte que l'on ne vous revît plus ici; Hardré le disait aussi, et prenait de là occasion de me menacer très-méchamment.

Trop malement.
LA FILLE.
Mon chier ami, certainement
Il nous a ci espoventées,
Qu'estion toutes esplourées
  Pour ce traïstre.
AMIS.
Dame, je le pense en tel tiltre
Mettre au jour d'uy et en tel angle
Que li abateray sa jangle
  Toute à un cop.
LA ROYNE.
Chier ami, nous demourons trop :
Alons-m'en au roy sanz attente.
—Mon chier seigneur, je vous presente
Amille prest de soy combatre
A Hardré et de lui debatre
  Ce qu'il a dit.
HARDRÉ.
Sire, n'y ait plus contredit :
Je sui tout prest, je vois monter ;
Puisque j'ay droit, ne doy doubter
Riens qu'il puist faire.
AMIS.
Se aussi vous veult, monseigneur, plaire,
Congié me donriez d'aler querre
Mon cheval. Je revieng bonne erre,
  Prest de combatre.
LE ROY.
Alez ; ne le vueil pas debatre,
Ne n'est raison.
LE COMTE GRIMAUT.
Sire, ne sçay se traïson
Pourroit contre Amille yci estre ;
Je ne croy pas qu'il s'osast mettre
En champ, s'il cuidast tort avoir.
De Ardré scet-on bien de voir
Qu'il est voulentiers rioteux,
Et n'est pas de mentir honteux
  Aucune foiz.
LE ROY.
Grimaut, si m'aïst sainte Foiz !
Je ne scé ; mais quant il seront
En champ, jamais n'en ysteront
Sanz combatre, soiez-en fis,
Tant que l'un en soit desconfis ;
Et celui qui vaincu sera,
Je vous promet, pendu sera :
  N'en doubte nulz.

LA FILLE.
Certes, mon cher ami, il nous a si épouvantées que nous étions tout éplorées par le fait de ce traître.
AMIS.
Dame, aujourd'hui je pense le mettre en tel titre et en tel angle que je lui abattrai d'un seul coup sa forfanterie.
LA REINE.
Cher ami, nous demeurons trop : allons-nous-en au roi, sans retard. — Mon cher seigneur, je vous présente Amille prêt à combattre Hadré et à lui contester ce qu'il a dit.
HARDRÉ.
Sire, qu'il n'y ait plus de débats : je suis tout prêt, je vais monter ; puisque j'ai raison, je ne dois craindre chose qu'il puisse faire.
AMIS.
Monseigneur, s'il vous venait aussi à plaisir, vous me donneriez la permission d'aller chercher mon cheval. Je reviens bon train, prêt à combattre.
LE ROI.
Allez ; je ne veux pas l'empêcher, ce ne serait pas raison.
LE COMTE GRIMAUT.
Sire, je ne sais pas s'il pourrait y avoir ici trahison du côté d'Amille ; je ne crois pas qu'il oserait se présenter dans la lice, s'il pensait avoir tort. Certes, on sait bien qu'Hardré est volontiers querelleur, et quelquefois il n'a pas honte de mentir.
LE ROI.
Grimaut, que sainte Foi m'aide ! je ne sais ; mais quand ils seront dans la lice, ils n'en sortiront pas sans combattre, soyez-en sûr, tant que l'un d'eux soit déconfit ; et celui qui sera vaincu, pendu sera, je vous promets : que nul n'en doute.

HARDRÉ.

Mon chier seigneur, je sui venuz
Tout prest de faire mon devoir;
Sy requier jugement avoir
Contre partie, quant n'est ci,
Et dy que le devez ainsi
  Jugier pour moy.

LE ROY.

Non feray, car venir le voy
  Pour soy deffendre.

AMIS.

Mon chier seigneur, vueillez me entendre:
Vez ci Hardré; s'il veut riens dire
Contre moy, je sui tout prest, sire,
  De m'en combatre.

LE ROY.

Or, paix! il n'en fault plus debatre.
Pour cause à li afaire avez.
—Hardré, Hardré, la main levez:
Vous jurez Dieu qui vous crea
Et par sa mort vous recrea,
Par le batesme que receustes
Et par le saint cresme que eustes
Quant vous fustes crestien fait,
Que vous avez véu de fait
Gesir et en un lit Amille,
Qui ci est, avecques ma fille.
  Est-il ainsi?

HARDRÉ.

Oïl, par les sains qui sont ci
  N'en tout le monde!

AMIS.

Sire roys, et Dieu me confonde
Se je jus onques avecque elle,
Ne se oncque vostre fille belle
De son corps à moy atoucha,
Ne le mien au sien aproucha
  En celle entente!

LE ROY.

Or, avant! je vueil sanz attente
Que descendez à pié touz deux,
Et à qui qu'il soit joie ou deulx,
  Que alez ensemble.

HARDRÉ.

Faux parjure, ains que à toy assemble,
Je te conseil qu'à moy te rendes
Et que grace et pardon demandes:
  Si feras bien.

AMIS.

Traître, je n'en feray rien.

HARDRÉ.

Mon cher seigneur, je suis venu tout prêt de faire mon devoir; je requiers d'avoir jugement contre ma partie, puisqu'elle n'est pas ici, et dis que vous devez ainsi juger pour moi.

LE ROI.

Je n'en ferai rien, car je le vois venir pour se défendre.

AMIS.

Mon cher seigneur, veuillez m'entendre: Voici Hardré; s'il veut dire quoi que ce soit contre moi, je suis tout prêt, sire, à lui livrer combat.

LE ROI.

Allons, paix! il ne faut plus disputer sur ce sujet. Pour cause vous avez affaire à lui. —Hardré, Hardré, levez la main: vous prenez à témoin Dieu qui vous créa, et recréa par sa mort; vous jurez par le baptême que vous avez reçu, et par le saint chrême que vous eûtes quand on vous fit chrétien, que vous avez vu de fait Amille, qui est ici, couché dans un lit avec ma fille. En est-il ainsi?

HARDRÉ.

Oui, par les reliques qui sont ici et dans tout le monde!

AMIS.

Sire roi, que Dieu me confonde si je couchai jamais avec elle, ou si jamais votre charmante fille de son corps toucha le mien, ou en approcha dans cette intention!

LE ROI.

Allons, en avant! je veux que sans délai vous descendiez à pied tous deux, et que vous combattiez, quelque joie ou quelque peine que puissent en éprouver les gens.

HARDRÉ.

Parjure félon, avant que j'engage la bataille avec toi, je te conseille de te rendre à moi et de demander grâce et pardon: tu feras bien.

AMIS.

Traître, je n'en ferai rien. Tu m'as défié,

Tu m'as deffié, deffens-toy,
Car ce cop aras de par moy
   Premierement.
          HARDRÉ.
Rendu te sera, vraiement,
Ains que je parte mais de ci.
Tien, dy-moy se ce cop aussi
   Est bon ou mal.
          AMIS.
Certes, traïstre desloyal,
Fort m'as feru sor mon escu;
Mais je te renderay vaincu
Ains que ceste bataille cesse.
Tien cela, et me di voir, qu'est-ce?
   T'a-il mestier?
          HARDRÉ.
N'ay pas esté grant temps rentier
D'estre ainsi servi, par saint Gille!
Mais à moy parlerez, Amille,
   D'autre martin.
          AMIS.
Finer feray tost ce hutin :
N'eschapperas pas, faux cuvers,
De moy. Tien, c'est fait : puisqu'envers
Te voy chéu, mon fait s'avance.
Monter te vueil dessus la pance
   Pour toy occire.
          LE ROY.
En ce point, Amille, biau sire,
Sachiez avant se rien dira
Ne se merci vous criera
   Par amour fine.
          AMIS.
Traître, ains que ta vie fine,
Rens-toy confus, crie merci,
Ou tu morras à honte ci,
   Je te promet.
          LE ROY.
   Que dit-il?
          AMIS.
Riens, n'en li ne met
   Nulle deffense.
          LE ROY.
Alez oultre, donc je n'y pense
   Nul delay mettre.
          AMIS.
Puisque de toy, Hardré, sui maistre,
Ce heaume-ci t'osteray
Et la teste te coperay.

défends-toi, car premièrement tu auras de par moi ce coup.

          HARDRÉ.

En vérité, il te sera rendu avant que je parte d'ici. Tiens, dis-moi si ce coup pareillement est bon ou mauvais.

          AMIS.

Certes, traître déloyal, tu m'as fortement frappé sur mon écu; mais tu seras vaincu avant que cette bataille cesse. Tiens cela, et dis-moi vrai, qu'est-ce? cela te va-t-il?

          HARDRÉ.

Voici long-temps que je n'ai pas été accoutumé d'être ainsi servi, par saint Gilles! mais vous me parlerez, Amille, d'une autre manière.

          AMIS.

Je ferai bientôt finir ce combat : tu ne m'échapperas pas, félon hypocrite. Tiens, c'est fait : puisque je te vois tombé à la renverse, mon affaire s'avance. Je te veux monter sur la panse pour te tuer.

          LE ROI.

En ce point, Amille, beau sire, sachez auparavant s'il ne dira rien ou s'il vous criera merci par amitié franche.

          AMIS.

Traître, avant que ta vie se termine, rends-toi confus, cries merci, ou tu mourras ici honteusement, je te promets.

          LE ROI.

Que dit-il?

          AMIS.

Rien, il ne se défend pas non plus.

          LE ROI.

Passez outre, car je ne songe mettre nul empêchement à sa mort.

          AMIS.

Hardré, puisque je suis maître de toi, je t'ôterai ce heaume-ci et te couperai la tête.
— Eh, regardez! je n'en ferai rien, car je

— E, gar ! non feray, car je voy
Qu'il est mort. — Monseigneur le roy,
Ne m'est mestier de plus combatre;
Hardré vous rens mort : le debatre
　　Si n'en est preux.
　　　　LE ROY.
Com chevalier loyal et preux,
Amille, vous tien : c'est raison.
— Griffon, vas sanz arrestoison
Au roy des Ribaux, si li dy
De par moy que ses gens et ly
Prengnent Hardré en celle place,
Et qu'au gibet mener le face ;
　　Là soit penduz.
　　　　LE SERGENT D'ARMES.
S'à Dieu puissé-je estre renduz,
Monseigneur, voulentiers iray
Le querir et si lui diray
　　Ce que me dites !
　　　　AMIS.
Dieu merci ! or estes-vous quittes,
Mes dames, de mort recevoir ;
Pour moy ce fust dommage, voir,
　　S'il fust ainsi.
　　　　LA ROYNE.
Vous dites voir ; Diex en graci
De ce que la chose ainsi va.
Onques riens tant ne me greva
Com les menaces qu'i me dit,
De quoy plourer forment me fist.
　　Dieu li pardoint !
　　　　LA FILLE.
Voit, voit ! il est bien en ce point ;
　　Laissons ester.
　　　　AMIS.
Sire, pour ma foy acquitter,
S'il vous plaist, congié me donrez ;
Mes dames, et vous si ferez ;
Car quant mon compaignon laissay,
Sur ma foy li convenançay
Que se le champ finé avoie
Que tantost à li m'en iroie
　　Sanz sejourner.
　　　　GRIMAUT.
Chier sire, i. point vous vueil monstrer :
Onques n'ot de vous nul bien fait ;
Et s'il s'en va ainsi de fait,
Je doubt que jamais en sa vie
N'ait de vous veoir nulle envie :
　　Prenez-y garde.

vois qu'il est mort.—Monseigneur le roi, je n'ai plus besoin de combattre ; je vous rends Hardré mort : il n'y a plus matière à discussion.

LE ROI.

Amille, je vous tiens pour chevalier loyal et preux : c'est raison. — Griffon, va sans t'arrêter au roi des Ribauds, et dis-lui de ma part que lui et ses gens prennent Hardré en ce lieu, et qu'il le fasse mener au gibet ; là qu'il soit pendu.

LE SERGENT D'ARMES.

Monseigneur, puissé-je être rendu à Dieu de même que j'irai volontiers le quérir et lui dire ce que vous me dites !

AMIS.

Dieu merci ! à cette heure vous êtes, mesdames, quittes du supplice ; pour moi c'eût été vraiment dommage, s'il en eût été ainsi.

LA REINE.

Vous dites vrai ; je rends grâce à Dieu de ce que la chose ainsi va. Jamais rien ne me fit tant de peine comme les menaces qu'il me fit ; elles m'ont tiré bien des larmes. Que Dieu lui pardonne !

LA FILLE.

Regarde, regarde ! il est bien en ce point ; n'en parlons plus.

AMIS.

Sire, pour acquitter ma foi, s'il vous plaît, vous me donnerez congé ; et vous, mesdames, vous ferez de même ; car quand je laissai mon compagnon, je lui promis, sur ma foi, que, si j'avais terminé le combat à mon avantage, je m'en irais tantôt vers lui sans retard.

GUIMAUT.

Cher sire, je veux vous faire remarquer un point : il ne reçut jamais de vous aucun bienfait ; s'il s'en va ainsi, je crains que jamais en sa vie il n'ait envie de vous revoir : prenez-y garde.

LE ROY.

Par ma foy ! c'est ce que je regarde,
Grimaut, et vous me dites voir.
— Amille, je vous fas savoir
Que ma fille vous vueil donner
Pour voz biens faiz guerredonner,
Et serez conte de Riviers.
Qu'en dites-vous, mes amis chiers,
 Et ma compaigne?

LA ROYNE.

Mon chier seigneur, soit fait en gaigne ;
Jà n'en serez par droit repris,
Car il est chevalier de pris
 Et esléu.

GRIMAUT.

Dame, c'est voir, bien est scéu ;
Car fait a tout plain de bons faiz,
Et sanz mesdiz et sanz meffaiz
 Touz jourz esté.

AMIS.

Vous dites vostre voulenté,
Et c'est, sire, du bien de vous ;
Mais entendez, mon seigneur doulx :
Il ne faut mie qu'i recuevre.
Il vous plaira tout avant euvre
Que voise mon compagnon querre ;
Si sara l'estat de ma guerre
Et la grant honneur que m'offrez.
Or vous plaise, sire, et souffrez
 Qu'il soit ainsi.

LE ROY.

Non, non. Ains que partez de cy,
Amille, la fiancerez ;
Et puis après querre l'irez
 Tout à loisir.

GRIMAUT.

Amilles, faites son plaisir
 Sanz li desdire.

AMIS.

Or çà ! de par Dieu nostre sire !
 Soit sans attente.

LE ROY.

Or çà ! ma fille, vez ci m'entente :
Amilles arez à seigneur ;
Ne li puis faire honneur greigneur.
Sà, vostre main ! et vous, la vostre !
Vous jurez par la patenostre
Et par la foy qu'à Dieu devez,
Que ma fille que cy veez
 Prendrez à femme ?

LE ROI.

Par ma foi ! c'est à quoi je pense, Grimaut, et vous me dites vrai. — Amille, je vous fais savoir que je veux vous donner ma fille pour vous récompenser de vos hauts faits, et vous serez comte de Riviers. Qu'en dites-vous, mon cher ami, et vous, ma compagne ?

LA REINE.

Mon cher seigneur, qu'il soit fait comme vous dites ; vous n'en serez pas raisonnablement repris, car il est chevalier preux et d'élite.

GRIMAUT.

Dame, c'est vrai et bien connu ; car il est l'auteur d'une foule d'exploits, et il a toujours vécu sans médire et sans méfaire.

AMIS.

Cela vous plaît à dire, et c'est, sire, bonté de votre part ; mais entendez, mon doux seigneur : il ne faut pas que je revienne sur ce que j'ai dit. Il vous plaira qu'avant tout j'aille chercher mon compagnon ; il saura le résultat du combat et le grand honneur que vous m'offrez. Sire, agréez ceci et souffrez qu'il en soit ainsi.

LE ROI.

Non, non. Avant que vous partiez d'ici, Amille, vous la fiancerez ; et puis après vous irez chercher votre compagnon tout à loisir.

GRIMAUT.

Amille, faites son plaisir sans le contredire.

AMIS.

Allons ! de par Dieu, notre sire ! que ce soit tout de suite.

LE ROI.

Allons ! ma fille, voici mes intentions : vous aurez Amille pour mari ; je ne puis lui faire plus d'honneur. Allons, votre main ! et vous, la vôtre ! Vous jurez par le *Pater-Noster* et par la foi que vous devez à Dieu, que vous prendrez pour femme ma fille que vous voyez ici ?

AMIS.

Sire, ainsi le vous jur par m'ame,
Si tost que retourné seray
De mon ami, que querre yray ;
 Mais qu'il vous plaise.

LE ROY.

Je voy bien ne serez pas aise
Se ne l'avez : alez le querre,
Et ne sejournez en sa terre
 Pas longuement.

AMIS.

Nanil, monseigneur, vraiement ;
 N'en doubtez goute.

AMILLE.

Ytier, amis, j'ay trop grant doubte
D'Ami, mon loyal compaignon.
En Hardré a un si fel gaignon
Et traïstre par verité
Et le plus de son parenté :
Pour ce en suis-je plus esmarris.
Traions-nous un po vers Paris,
Je t'en pri, et s'en enquerons
A aucun que venir verrons
 De celle part.

YTIER.

Vous dites bien, se Dieu me gart !
Sire, et loyaument en parlez
Comme ami. Or avant alez :
 Je vous suivray.

DIEU.

Gabriel, va-t'en sanz delay
Au conte Amis, que aler voy là,
Et li dy que mesel sera
Pour ce qu'il a sa foy mentie,
Et que je vueil qu'il se chastie
 De tel affaire.

L'ANGE.

Sire, je le saray bien faire
Si tost comme ataint je l'auray.
—Amis, Amis, saches de vray,
Pour ce que as fait un serment
Qui ne peut tenir bonnement
Que ce ne soit contre la loy
(C'est d'espouser la fille au roy),
Dieu te mande qu'en brief termine
Seras mesel. A tant je fine,
 Et si m'en vois.

AMIS

Ha, Dieu ! qui hault siez et loing vois,
Com tu es en bonté parfaiz !

AMIS.

Sire, je vous jure par mon ame que je le ferai sitôt que je serai revenu d'auprès de mon ami, que j'irai chercher ; mais permettez-moi d'y aller.

LE ROI.

Je vois bien que vous ne serez pas content que vous ne l'ayez (vu) : allez le chercher, et en séjournez pas long-temps en sa terre.

AMIS.

Nenni, monseigneur, en vérité ; n'en doutez pas.

AMILLE.

Ami, Ytier, je suis dans une très-grande inquiétude au sujet d'Amis mon compagnon. Hardré est en vérité un chien si félon et si traître, lui et la plupart de ses parens, que cette idée augmente mon anxiété. Approchons un peu de Paris, je t'en prie, et demandons des nouvelles d'Amis à ceux que nous verrons venir de ce côté.

YTIER.

Vous dites bien, Dieu me garde ! sire, et vous en parlez loyalement comme ami. Allez devant : je vous suivrai.

DIEU.

Gabriel, va-t'en sans délai au comte Amis, que je vois aller là, et dis-lui qu'il sera lépreux pour avoir menti sa foi, et que je veux qu'il fasse pénitence de ce péché.

L'ANGE.

Sire, je saurai bien exécuter vos ordres aussitôt que je l'aurai atteint. —Amis, Amis, sache en vérité que parce que tu as fait un serment qui ne peut être tenu sinon en violant la loi (c'est d'épouser la fille du roi), Dieu te mande qu'avant peu tu seras lépreux. Je n'ai plus rien à dire, et je m'en vais.

AMIS.

Ah ! Dieu, qui es assis en haut et vois loin, comme ta bonté est parfaite ! Sire, si j'ai pé-

Sire, se je me sui meffais
Par non sens, grace te requier;
Et toutes voies je ne quier
Mie si mon vouloir de fait
Que le tien ne soit premier fait,
　Pere des cieulx.

AMILLE.
Ytier, Ytier, je voy aux yex
Mon compagnon venir, ton maistre;
Je me vois encontre lui mettre.
—Très chier ami, loyaux compains,
Acolez-moy de voz .ij. mains,
Et si me dites sanz eslongne
Comment alée est la besongne,
　Je vous en pri.

AMIS.
Chier compains, quant pour vous m'offri,
Hardré devant le roy estoit;
La deffault avoir demandoit,
Et disoit que heure estoit passée
De venir à vostre journée;
Nient moins en champ avons esté,
Et l'ay occis par verité :
Dont j'ay tant aus barons pléu
Qu'il ont à ce le roy méu
Qu'il m'a fait sur ma foy jurer
De sa fille à femme espouser;
Si que vous irez, chier compains,
Et l'espouserez; et nient moins
A Blaives m'en retourneray.
Une chose ci vous diray.
Vez ci .ij. hanaps touz pareulx
Que j'ay fais faire pour nous deux :
Cesti pour m'amour garderez
Touz les jours mais que viverez;
Et je garderay cestui-ci,
Afin que s'il estoit ainsi
Que l'un de l'autre éust besoing
Ou qu'il se transportast si loing
Que grant temps ne nous véissions,
Que par ce nous recognoissons,
　Amis royal.

AMILLE.
Fait avez comme amis loyal,
　Certes, Amis.

AMIS.
G'y ay touz jours grant paine mis
Et metteray encore, Amille.
Or avant ! à la bonne ville
De Paris aler vous convient,

ché par folie, je te demande grâce; et toutefois je ne cherche pas tellement l'accomplissement de mon désir que je n'aime mieux que ta volonté soit faite tout d'abord, Père des cieux.

AMILLE.
Ytier, Ytier, de mes yeux je vois venir mon compagnon, ton maître; je vais à sa rencontre. —Très-cher ami, loyal compagnon, embrassez-moi de vos deux mains, et me dites sans tarder comment la chose s'est passée, je vous en prie.

AMIS.
Cher compagnon, quand je m'offris pour vous, Hardré était devant le roi; il demandait défaut contre vous, et disait que l'heure de venir à votre rendez-vous était passée; néanmoins nous avons été en champ-clos, et je l'ai tué, en vérité : par là j'ai tant plu aux barons qu'ils ont amené le roi à me faire jurer sur ma foi que j'épouserais sa fille. Ainsi, cher compagnon, vous irez et vous l'épouserez. Cependant je m'en retournerai à Blaye. Je vous dirai ici une chose. Voici deux hanaps tout pareils que j'ai fait faire pour nous deux : vous garderez celui-ci pour l'amour de moi tous les jours de votre vie; et moi je conserverai celui-là, afin que s'il arrivait que l'un eût besoin de l'autre ou qu'il se transportât si loin que nous ne nous vissions de long-temps, nous puissions nous reconnaître, ô mon ami !

AMILLE.
Certes, Amis, vous avez agi comme un ami loyal.

AMIS.
J'ai toujours fait et ferai encore mes efforts pour agir ainsi, Amille. Allons ! il vous faut aller à la bonne ville de Paris, et moi à Blaye : ce n'est rien, séparons-nous.

Et je aussi à Blaives : c'est nient,
Departons-nous.
AMILLE.
Adieu, compains loyal et doulx.
Ne se peut ceste despartie
Faire que des yex ne lermie.
— Adieu, Itier ; garde ton maistre.
— C'est fait. A chemin me fault mettre
Jusques à tant que à la court viengne.
— Mon chier seigneur, Dieu vous main-
tiengne,
Et ma dame et la compagnie,
En santé et en longue vie
Par son plaisir !
LE ROY.
Amille, bien puissiez venir !
Avez puis esté en bon point ?
Que fait Amis ? venra-il point
Par de deçà ?
AMILLE.
Nanil, sire, car il a là
Une trop grant besongne à faire
Qu'i ne peut laissier sanz soy faire
Dommage et grief.
LA ROYNE.
Sire, il nous fault penser et brief
Comment noz noces se feront,
Et en quel lieu elles seront,
Cy ou ailleurs.
CONTE GRIMAUT.
Les despens seront ci greigneur
Aux chevaliers qui y venront,
Qu'en autre ville ne seront :
C'est mon propos.
LE ROY.
Nous ferons ainsi, par mon los :
Touz ensemble à Riviers yrons
Et les noces illeuc ferons,
Et si saisiray là Amille
De la conté et de la ville ;
Et encore ay-je vouloir tel
Que dès maintenant cest hostel
Sanz debatre, Amille, vous doing ;
Si que, quant de près ou de loing
Venrez à Paris, que truissiez
Hostel où herbergier puissiez
Sanz nul dangier.
AMILLE.
Vostre mercy, monseigneur chier,
Assez de foiz.

AMILLE.
Adieu, loyal et cher compagnon. Cette séparation ne peut s'effectuer sans que je verse des pleurs.—Adieu, Ytier ; garde ton maître. —C'est fait. Il me faut mettre en route jusqu'à ce que je vienne à la cour. — Mon cher seigneur, que Dieu vous maintienne, ainsi que madame et la compagnie, en santé et en longue vie, s'il lui plaît !

LE ROI.
Amille, soyez le bienvenu. Vous êtes-vous bien porté ? Que fait Amis ? ne viendra-t-il point par ici ?

AMILLE.
Nenni, sire, car il a là trop de besogne qu'il ne peut laisser sans se causer du tort et du dommage.

LA REINE.
Sire, il nous faut penser, et cela bientôt, comment nos noces se feront, et en quel endroit elles auront lieu, ici ou ailleurs.

LE COMTE GRIMAUT.
Ici les dépenses seront plus onéreuses aux chevaliers qui y viendront, qu'elles ne seront en autre ville : c'est mon avis.

LE ROI.
C'est ainsi que nous ferons, si vous m'en croyez : nous irons tous ensemble à Riviers, et là nous ferons les noces, et je donnerai à Amille la saisine de la ville et du comté ; de plus j'ai la volonté de vous donner dès à présent cet hôtel, Amille, sans hésiter ; en sorte que, lorsque de près ou de loin vous viendrez à Paris, vous trouviez un lieu où vous puissiez loger sans difficulté.

AMILLE.
Mon cher seigneur, je vous remercie mille fois.

LE ROY.

Sà! mettons-nous à voie aínçois
Qu'il soit plus tart.

GRIMAUT.

Sire, alons, que Diex y ait part!
— Amilles, adestrez ma dame,
Et j'adestreray vostre famme,
Et monseigneur ira premier.
— Griffon, vous qui estes massier,
Faites chemin.

LE SERGENT D'ARMES.

Sus, sus! ou par le nom divin
De ceste mace-ci arez,
Ou au roy mon seigneur ferez
Large et grant voie.

AMIS.

E, Diex! plaise-vous que je voie
La fin de ma vie et bien brief!
Car ce ne m'est que paine et grief
D'estre en ce siecle plus vivant,
Quant ou temps passé çà avant
Quel j'ay esté il me remembre,
Et je voy ore que n'ay membre
Dont je me puisse conforter :
Les piez ne me pevent porter,
Les yex ay troublez malement,
Les braz et les mains ensement
Ay de pouacre vilz et ors!
Las! chetif m'ais tretout le corps
Si qu'à paine puis-je mot dire :
Pour ce ne vous requiers, Diex sire,
Mais que la mort.

YTIER.

Par foy! sire, vous avez tort
De ainsi sohaidier vostre fin;
Pensez qu'il vous est ami fin
Dieu de lassus quant si vous bat,
Et laissiez ester ce debat,
Mon seigneur chier.

AMIS.

Et comment le lairay-je, Ytier?
C'est fort à faire, par ma foy!
Et te diray raison pour quoy :
Quant je pense à la cruauté
Et à la grant desloyauté
Que m'a fait Lubias ta dame,
Que, se elle me fust vraie fame,
Et telle qu'il appartenit
Vers moy, pas ne me convenist
Truander aval le païs.....

LE ROI.

Allons! mettons-nous en chemin avant qu'il soit plus tard.

GRIMAUT.

Allons, sire, que Dieu y ait part! — Amille, mettez-vous à la droite de ma dame ; quant à moi, je me tiendrai à la droite de votre femme, et monseigneur ouvrira la marche. — Griffon, vous qui êtes massier, faites-nous faire place.

LE SERGENT D'ARMES.

Allons, allons! ou par le nom de Dieu vous aurez de cette masse-ci, ou vous ferez large et grande voie au roi mon seigneur.

AMIS.

Eh, Dieu! qu'il vous plaise que je voie bientôt la fin de ma vie! car ce n'est pour moi que peine et chagrin de vivre plus long-temps dans ce monde, quand je me rappelle ce que j'ai été au temps passé, et que, à cette heure, je vois que je n'ai membre dont je puisse me servir : mes pieds ne peuvent me porter, ma vue est trouble, et mes bras aussi bien que mes mains sont avilis et corrompus par la lèpre. Hélas! j'ai le corps si malade qu'à peine puis-je dire un mot : pour cette raison, sire Dieu, je ne vous demande que la mort.

YTIER.

Par (ma) foi! sire, vous avez tort de souhaiter ainsi votre fin; songez que Dieu de là-haut, quand il vous afflige ainsi, se montre votre ami dévoué, et faites trêve à vos plaintes, mon cher seigneur.

AMIS.

Comment, Ytier? il y a fort à faire, par ma foi! et je t'en dirai la raison : quand je pense à la cruauté et à la grande déloyauté qu'a commise à mon égard Lubias ta dame, qui, si elle eût été ma fidèle épouse et telle qu'il convenait, ne m'eût pas contraint à mendier par le pays...Et je suis étonné de ce point, qu'elle a été la première et la principale personne qui ait fait savoir mon mal à tout le monde : ce qui me força d'aller demeurer

Et de ce point sui-je esbahis
Qu'elle a esté la principal
Et la premiere qui mon mal
Fist à toutes gens assavoir :
Dont me convint aler manoir
Hors de gens et loing de la ville,
En une maison guste et ville,
Où de faim morir m'a laissié ;
Et puis a-elle tant bracié
Qu'il convient que soie partiz
Comme estrange povre chetiz ;
Et après tu scez que fortune
M'est si diverse et si enfrune
Que de mes freres proprement
Ay esté futez laidement ;
Et pour ma douleur plus acroistre,
Ne m'ont dangné fere congnoistre,
Dont le cuer ay tout forsené,
Si que puis qu'à ce sui mené
Que ma femme par ses effors
M'a getté de ma conté hors,
Et mes freres renié m'ont
(Touz trois qui du mien tiennent moult),
Et que le monde me despit,
Je pri à Dieu que sanz respit
Li plaise que la mort m'envoit,
Quant ainsi est nul ne me voit
Qui n'en ait au cuer grant orreur,
Et que je sens tant de doleur
Que dire ne le puis à droit,
Car le mal que sueffre orendroit
 Est sanz pareil.

YTIER.

Sire, sire, je vous conseil
Qu'aillons jusqu'à la bonne ville
De Paris, et sachons se Amille,
Vostre bon ami, y sera ;
J'espoir que grant bien nous fera,
 Se le trouvons.

AMIS.

E, las ! je suis si feibles homs
Que n'en enduroie à parler,
Pour ce que je ne puis aler ;
Si scé-je bien, se à li peusse
Aler, deffault de riens n'éusse
 Que avoir voulsisse.

YTIER.

Ne soions d'aler y donc nice,
Sire ; bien vous y conduyray

loin des hommes et de la ville, dans une maison déserte et misérable, où elle m'a laissé mourir de faim ; et après elle a tant machiné qu'il m'a fallu partir comme un pauvre étranger. Tu sais ensuite que la fortune m'est si ennemie et me traite avec tant de mauvaise humeur que j'ai été laidement dépouillé par mes propres frères ; et pour accroître encore ma douleur, ils n'ont pas daigné me reconnaître ; j'en ai la rage dans le cœur, tellement que, puisque ma femme m'a chassé de mon comté, que mes frères m'ont renié (trois personnes qui tiennent beaucoup de moi), et que le monde me méprise, je prie Dieu que sans retard il lui plaise de m'envoyer la mort, puisque nul ne me voit qui ne sente son cœur se soulever, et j'éprouve une telle douleur que je ne puis l'exprimer, car le mal que je souffre maintenant est sans pareil.

YTIER.

Sire, sire, je vous conseille d'aller jusqu'à la bonne ville de Paris pour savoir si Amille, votre bon ami, y sera ; j'espère qu'il vous fera grand bien, si nous le trouvons.

AMIS.

Hélas ! je suis un homme si faible que je ne devrais pas en parler, vu que je ne puis marcher ; et je sais bien que, si je pouvais aller vers lui, je ne manquerais d'aucune chose que je voulusse avoir.

YTIER.

Allons-y donc, sire ; je vous y conduirai bien et vous y mènerai volontiers, même à

Et voulentiers vous y menray,
Voire à journées si petites
Comme il vous plaira. Or me dites
Se nous irons.
AMIS.
Oïl voir, ce chemin ferons,
Quelque paine qu'il doie avoir.
Sà! pensons de nous esmouvoir.
De toy feray mon apuiail
Pour ce que mains aie travail :
Te plaira-il?
YTIER.
Or mouvons, de par Dieu! oïl,
Par ci alons.
AMILLE.
Dame, dame, nous aprouchons
De Paris la bonne cité ;
Je vois l'ostel en verité
Que vostre pere nous donna
Quant à Riviers nous admena
Noz noces faire.
LA FILLE.
Loez soit Diex de cest affaire,
Que de Paris me voy si près !
Sachiez moult en avoie engrès
Le cuer forment.
AMILLE.
Vez ci nostre herbergement.
Dame, entrez ens en bon éur :
Hui mais sommes tout asséur.
— Sà ! damoiselle, avant venez
Et ces .ij. enfanz amenez;
Et vous, Henry.
HENRI L'ESCUIER.
Sire, je feray sanz detri
Vostre vouloir.
LA DAMOISELLE.
Ces ij. enfans vueil asseoir
Dessus ce lit.
AMILLE.
Seons-nous ci, dame, un petit ;
Et vous, Henry, sanz atargier,
Alez-nous querir à mengier
Ysnel le pas.
HENRY.
Sire, ne vous desdiray pas :
G'y vois en l'eure.
DIEU.
Michiel, lieve sus sanz demeure ;
Vas savoir d'Amis à delivre

aussi petites journées qu'il vous plaira. A présent dites-moi si nous irons.

AMIS.
Oui vraiment, nous ferons ce voyage, quelque peine qu'il doive nous causer. Allons! pensons à nous mettre en marche. De toi je ferai mon soutien pour avoir moins de fatigue : cela te plaira-t-il?

YTIER.
En marche, de par Dieu! oui, allons par ici.

AMILLE.
Dame, dame, nous approchons de la bonne cité de Paris; en vérité je vois l'hôtel que votre père nous donna quand il nous amena à Riviers pour faire nos noces.

LA FILLE.
Que Dieu soit loué de ce que je me vois si près de Paris! sachez que j'en avais grand désir au cœur.

AMILLE.
Voici notre logement. Dame, entrez dedans sous de bons auspices : nous sommes désormais parfaitement sûrs. — Allons, demoiselle, avancez et amenez ces deux enfans ; venez aussi, Henri.

HENRI L'ÉCUYER.
Sire, je ferai sans délai votre volonté.

LA DEMOISELLE.
Je veux asseoir ces deux enfans sur ce lit.

AMILLE.
Dame, asseyons-nous ici un peu ; et vous, Henri, sans tarder, allez nous chercher à manger tout de suite.

HENRI.
Sire, je ne vous contredirai pas : j'y vais sur l'heure.

DIEU.
Michel, lève-toi sans tarder ; va savoir sur-le-champ d'Amis s'il veut encore vivre dans

S'il veult au monde encore vivre.
S'il dit oïl, si li ennonce
Qu'à son chier compagnon dennonce
Secreement, quant point verra,
Après ce que trouvé l'ara,
Que se de ses ij. filz avoit
Le sanc et son corps en lavoit,
 Seroit mondez.
  MICHIEL.
Vray Dieux, ce que me commandez
 Vois faire à plain.
  AMIS.
Ytier, amis, j'ay trop grant faim,
Et si serroie voulentiers.
S'il te plaisoit endementiers
Aler ces bonnes gens prier
Qu'il me voulsissent envoier
Un po de leurs biens, tu seroies
Mon chier ami et si feroies
 Bien, vraiement.
  YTIER.
Mais que assis soiez bonnement,
Je vous en iray tantost querre.
— Doulce gent, je vous vieng requerre,
Pour Dieu, de voz biens un petit
Pour ce mesel-là, qu'apetit
 En a trop grant.
  MICHIEL.
Amis, as-tu mais cuer engrant
 De vivre au monde?
  AMIS.
Se à Dieu en qui touz biens habonde
Plaisoit que je eusse santé,
Et que ce fust sa voulenté,
Encore y voulroie bien vivre;
Mais je li pri qu'il me delivre
Et me giet de ce siecle hors,
S'ainsi est que santé du corps
 Ne doie avoir.
  MICHIEL.
Ore je te fas assavoir
De par lui, comme son message
(Retien bien, si feras que sage),
Que quant Amille aras trouvé
Et tu le tenras à privé,
Que li dies, s'il te vouloit
Gairir, le sanc te convenroit
Avoir de ses ij. filz sanz doubte,
Et par ce sera ta char toute
 Nettement et à fin gairie.

ce monde. S'il dit oui, avertis-le de faire savoir secrètement à son cher compagnon, quand il l'aura trouvé et qu'il verra l'instant favorable, que s'il avait le sang de ses deux fils et s'en lavait le corps, il serait guéri.

  MICHEL.

Vrai Dieu, je vais exécuter en tout point ce que vous me commandez.

  AMIS.

Ami Ytier, j'ai très grand'faim et j'aurais bon désir de m'asseoir. Cependant s'il te plaisait d'aller prier ces bonnes gens de vouloir bien m'envoyer un peu de ce qu'ils ont, tu serais mon cher ami et tu ferais une bonne action, en vérité.

  YTIER.

Restez assis, je vous en irai tantôt chercher. — Bonnes gens, je viens vous demander, pour l'amour de Dieu, un peu de vos biens pour ce lépreux-là, car il en a grand besoin.

  MICHEL.

Amis, as-tu encore au cœur le désir de vivre dans le monde?

  AMIS.

S'il plaisait à Dieu en qui tout bien abonde et si c'était son vouloir que je revinsse en santé, je désirerais encore vivre; mais je le prie qu'il me délivre et m'ôte de ce monde, si je ne dois pas recouvrer la santé du corps.

  MICHEL.

Maintenant je te fais savoir de sa part, comme son messager que je suis (retiens bien mes paroles, tu agiras sagement), que, quand tu auras trouvé Amille et le tiendras en particulier, tu lui dises que, s'il te voulait guérir, il te faudrait avoir sans hésitation de sa part le sang de ses deux fils, et par cela ta chair sera tout entière radicalement enfin guérie. Je ne serai plus ici : je m'en vais aux cieux.

Cy endroyt plus ne seray mie :
Es cieulx m'en vois.
AMIS.
Ha, doulz esperit! com ta vois
M'a fait grant consolacion
Et donné grand refeccion
De reconfort!
YTIER.
Sire, tenez, or me[n]giez fort :
Vez ci de quoy.
AMIS.
Je ne pourroie, Ytier, par foy !
Le reposer m'a repéu.
Pour souper sommes pourvéu :
Sà! alons-m'en.
YTIER.
Alons, or sus ligierement !
G'iray devant.
HENRY.
Damoiselle, venez avant ;
Allez tost une nappe querre.
La table vois drecier bonne erre :
Il en est temps.
LA DAMOISELLE.
Henry, vous l'arez sanz contens ;
Vez-en ci une belle et blanche
Qui sent souef comme permanche :
Estendez-la.
HENRY.
Monseigneur, quant il vous plaira,
Venez diner.
AMILLE.
Dame, alons seoir : trop jeuner
N'est mie bon.
LA FILLE.
Par foy! monseigneur, ce n'est mon :
Alons seoir.
AMIS.
Ytier, voiz-tu là ce manoir ?
C'est l'ostel que Charles donna
A Amille quant maria
A lui sa fille.
YTIER.
Ne le feri pas d'une bille
Ce jour en l'ueil.
AMIS.
Par saint Spire de Corbueil !
Tu diz voir : il est bon et bel.
Sueffre-toi, je vueil, com mesel,

AMIS.
Ah, doux esprit ! comme ta voix m'a consolé et donné un nouveau courage !

YTIER.
Sire, tenez, maintenant mangez bien : voici de quoi.

AMIS.
Je ne pourrais, Ytier, sur ma foi! le repos m'a rassasié. Nous sommes pourvus pour notre souper : allons ! partons.

YTIER.
Allons, en route promptement ! j'irai devant.

HENRI.
Demoiselle, avancez; allez vite chercher une nappe. Je vais promptement dresser la table : il en est temps.

LA DEMOISELLE.
Henri, vous l'aurez sans contestation ; en voici une belle et blanche qui répand une odeur douce comme celle de la pervenche : étendez-la.

HENRI.
Monseigneur, quand il vous plaira, venez dîner.

AMILLE.
Dame, allons-nous asseoir : trop jeûner n'est pas bon.

LA FILLE.
Par (ma) foi! monseigneur, vous dites vrai : allons-nous asseoir.

AMIS.
Ytier, vois-tu là ce manoir ? c'est l'hôtel que Charles donna à Amille quand il lui fit épouser sa fille.

YTIER.
Ce jour-là il ne le frappa pas d'une bille dans l'œil.

AMIS.
Par saint Spire de Corbeil ! tu dis vrai : il est bon et beau. Permets, je veux, comme lépreux, faire retentir ma cliquette. — Ah,

Cliqueter ci ma tartarie.
— Ha, monseigneur ! n'oubliez mie
　Ce povre ladre.
AMILLE.
Henry, vien avant; pren i. madre
Plain de vin, je le te commande,
Et du pain et de la viande,
Et porte à ce ladre là hors,
Que Dieu nous soiz misericors
　Au derrain jour.
HENRY.
Monseigneur, g'i vois sanz sejour.
— Frere, vez cy viande et pain ;
Si tu as hanap, si l'atain
　Pour ce vin mettre.
AMIS.
Chier ami, le doulx Roy celestre
Doint à celui des cieulx la joie
Qui par vous ces biens-ci m'envoie !
　Mettez ci, sire.
HENRY.
E, gar ! à po que je vueil dire
C'est ci le hanap monseigneur ;
Il n'est ne mendre ne greigneur,
　Mais tout ytel.
AMIS.
Chier ami, je ne scé pas quel
Le hanap vostre seigneur est ;
Mais je sui de prouver tout prest
Que de long temps, je vous dy bien,
Ce hanap-ci a esté mien
　Et est encore.
HENRY.
Frere, je m'en tais quant à ore ;
Mais vraiement ce semble-il estre.
—Monseigneur, par le Roy celestre !
Ce mesiau, qui est à la porte,
A un bon hanap boit qu'il porte,
Qui est d'argent, non pas de fust.
Je cuiday que le vostre fut,
　Par sainte Foy !
AMILLE.
Voire, dya ? allons-y : moy,
Je le vueil veoir à mon tour.
— Mon ami, Dieu vous doint s'amour !
　Dont estes-vous ?
AMIS.
Ne vous puet chaloir, sire doulx.
Vous veez que je sui lepreux,
Qui à riens faire ne sui preux.

monseigneur! n'oubliez pas ce pauvre lépreux.

AMILLE.
Henri, avance ; prends un hanap de bois plein de vin, je te l'ordonne, et du pain et de la viande, et porte tout cela à ce lépreux là-dehors, pour que Dieu nous soit miséricordieux à notre dernier jour.

HENRI.
Monseigneur, j'y vais sans retard.—Frère, voici viande et pain; si tu as un hanap, prends-le pour mettre ce vin.

AMIS.
Cher ami, que le doux Roi des cieux donne la joie céleste à celui qui m'envoie ces biens par vous ! Mettez ici, sire.

HENRI.
Eh, voyez ! peu s'en faut que je ne dise que c'est le hanap de monseigneur ; il n'est ni plus petit ni plus grand, mais tout pareil.

AMIS.
Cher ami, je ne sais pas comment est le hanap de votre seigneur ; mais je suis tout prêt à prouver que depuis long-temps, je vous le dis bien, ce hanap-ci m'a appartenu et m'appartient encore.

HENRI.
Frère, je n'en parle plus quant à présent ; mais en vérité ce hanap ressemble à celui de mon maître.—Monseigneur, par le Roi des cieux ! ce lépreux, qui est à la porte, boit dans un bon hanap dont il est porteur, et qui est d'argent, non de bois. Je pensais que c'était le vôtre, par sainte Foi !

AMILLE.
Vraiment ? allons-y : moi, je le veux voir à mon tour. — Mon ami, que Dieu vous donne son amour ! D'où êtes-vous ?

AMIS.
Cela ne peut vous intéresser, doux seigneur. Vous voyez que je suis lépreux et incapable de rien faire. Tant il y a,

Tant y a, ce vous puis-je dire,
Querant m'en vois Amille, sire,
Que je tant à veoir desir.
Quant ne le truis, au Dieu plaisir,
    Mourir voulroie.

AMILLE.

De vous baisier ne vous tenroye
Se j'en devoie estre à mort mis.
Chier compains, vous estes Amis :
Vous ne le me povez nier,
Se ne me voulez renier
    Amour et foy.

AMIS.

Ha, chier compains ! quant je vous voy
De plourer ne me puis tenir.
Certes, ne cuiday jà venir
    Jusques ici.

AMILLE.

Loez soit Diex quant est ainsi !
— Amis, prenez-le d'une part ;
Et vous, Henry (que Dieu vous gart !),
De l'autre part le soustenez,
Et à l'ostel le m'amenez :
    Je vois devant.

YTIER.

Or sus ! et si l'alons suivant
    Ysnellement.

AMIS.

Pour Dieu ! menez-me bellement,
    Mes chiers amis.

HENRY.

Sire, où vous plaist-il qu'il soit mis ?
    Dites-le-nous.

AMILLE.

Cy l'asseez, mes amis doulx,
Tant qu'il soit temps d'aler couchier.
— Compains loyal et ami chier,
Vous soiez li très bien venuz.
Comment vous estes-vous tenuz
Si longuement de veoir moy ?
J'en sui touz esbahiz, par foy !
    Et n'est merveille,

AMIS.

Sire, desplaire ne vous veille,
Car amender ne l'ay péu :
Trop ay depuis à faire éu
    Que ne me veistes.

LA FILLE.

Mon chier seigneur, dites-moy, dites,

je puis vous le dire, que je vais, sire, m'enquérant d'Amille que je désire tant voir. Puisque je ne le trouve pas, je voudrais mourir, avec le bon plaisir de Dieu.

AMILLE.

Dussé-je être mis à mort, je ne pourrais m'abstenir de vous baiser. Cher compagnon, vous êtes Amis : vous ne pouvez me le nier, si vous ne voulez renier l'amitié et la foi) que vous m'avez jurées).

AMIS.

Ah, cher compagnon ! quand je vous vois je ne puis m'empêcher de pleurer. Certes, je ne pensais pas venir jusqu'ici.

AMILLE.

Que Dieu soit loué de ce qu'il en est ainsi !
— Ami, prenez-le d'un côté ; et vous, Henri (Dieu vous garde !), soutenez-le de l'autre, et amenez-le-moi à l'hôtel : je vais devant.

YTIER.

Allons ! et suivons-le promptement.

AMIS.

Pour (l'amour de) Dieu ! menez-moi doucement, mes chers amis.

HENRI.

Sire, où vous plaît-il que l'on le mette ? dites-le-nous.

AMILLE.

Asseyez-le ici, mon doux ami, jusqu'à ce qu'il soit temps d'aller se coucher. — Loyal compagnon et cher ami, soyez le bienvenu. Comment êtes-vous resté si long-temps sans me voir ? j'en suis tout ébahi, par (ma) foi ! et il n'y a rien d'étonnant.

AMIS.

Sire, qu'il ne vous déplaise, mais je n'ai pu mieux faire : j'ai eu trop à faire depuis que je ne vous vis.

LA FILLE.

Mon cher seigneur, dites-moi, dites, quel

Cest homme que honnourer vous voy
Et conjouir en bonne foy,
 Qui est-il, sire?
AMILLE.
Dame, je le vous puis bien dire :
C'est mon chier compaignon Amis,
Par qui Hardré fu à mort mis,
Qui vouloit vous et vostre mere
Faire morir de mort amere,
Quant il pour moy fist la bataille.
Faites-li biau semblant, sanz faille :
 Tenue y estes.
LA FILLE.
Ha! gentilz chevalier honnestes,
Com je vous vi hardi et bon
Quant la teste soubz le menton
A Hardré le mauvais copastes!
Ma mere et moy de mort gettastes.
Voir, bonne chiere vous feray,
N'en lit nul ne vous coucheray
 Ce n'est ou mien.
AMIS.
Dame, Dieu vous rende le bien
 Que me ferez!
LA FILLE.
Monseigneur, si doux me serez,
S'il vous plaist, que voise oïr messe,
Ains que au moustier ait plus de presse;
Et moy revenue arriere,
A Amis feray bonne chiere,
 Je vous promet.
AMILLE.
Dame, bel ce que dites m'est;
Il me plaist bien : or y alez,
Et toutes voz gens appellez
 Avec vous, dame.
LA FILLE.
Sà! vous .ij., hommes, et vous, fame,
 Convoiez-moy.
HENRY.
Dame, voulentiers : faire doy
 Vostre plaisir.
LA DAMOISELLE.
J'en ay aussi très grant desir
 Et bon vouloir.
AMILLE.
Mon chier ami, dites-me voir
(Il n'a ici qu'entre nous deux) :
Je vous voi malement lepreux,
N'avez mais biauté ne couleur;

est cet homme que je vous vois honorer et fêter de bon cœur?

AMILLE.
Dame, je puis bien vous le dire: c'est mon cher compagnon Amis, par qui Hardré fut mis à mort; Hardré qui voulait faire mourir de mort douloureuse vous et votre mère, quand Amis combattit à ma place. Faites-lui bon visage, sans y manquer : vous y êtes tenue.

LA FILLE.
Ah! digne chevalier, comme je vous vis hardi et brave quand vous coupâtes la tête à Hardré le mauvais! Vous arrachâtes à la mort ma mère et moi. En vérité, je vous ferai fête, et vous ne coucherez dans aucun autre lit que le mien.

AMIS.
Dame, que Dieu vous rende le bien que vous me ferez!

LA FILLE.
Monseigneur, s'il vous plaît, vous serez assez bon pour me permettre d'aller ouïr la messe, avant qu'il y ait plus grande foule à l'église; quand je serai de retour, je vous promets de faire fête à Amis.

AMILLE.
Dame, ce que vous dites me sourit; j'y consens : allez donc à l'église, et appelez tous vos gens (pour aller) avec vous, dame.

LA FILLE.
Allons! vous deux, hommes, et vous, femme, accompagnez-moi.

HENRI.
Dame, volontiers : je dois faire ce qui vous plaît.

LA DEMOISELLE.
J'en ai aussi très-grand désir et bonne volonté.

AMILLE.
Mon cher ami, dites-moi la vérité (nous ne sommes ici que nous deux) : je vous vois horriblement lépreux, vous n'avez plus ni beauté ni couleur; et je tiens que vous

Mais tien que souffrez grant douleur.
Est-il rien c'on péust avoir,
Qui péust encontre valoir
 Et vous garir?
  AMIS.
Sire, souffrez-vous d'enquerir;
Car il n'est riens, bien dire l'ose,
Qui me garisist que une chose,
Qui vous seroit de si grant coust
Que, certes, je la vous redoubt
 Moult à nommer.
  AMILLE.
Chier compains, je vous vueil sommer
Par celle foy qu'à moy avez,
Que celle chose que savez
Qui vous peut estre de value,
Me nommez et sanz attendue;
 Je vous en pri.
  AMIS.
Sire, à voz grez faire m'ottri,
Combien que je le die envis:
De voz .ij. filz, qu'avez touz vis,
Le sanc avoir me convenroit
A mon corps laver qui voulroit
Que je eusse santé entiere;
Autrement par nulle maniere
Ne puis-je santé recouvrer
Pour chose que homme puist ouvrer
 Sur moy ne faire.
  AMILLE.
Mon très chier ami debonnaire,
Vous m'avez une chose ditte
Qui n'est pas à faire petite,
Mais que l'en doit moult resongnier;
Et nonpourquant, sanz eslongnier,
Puis que garison autrement
Ne povez avoir vraiement,
Pour vostre amour les occirray,
Et le sanc vous apporteray
Assez tost: attendez-me cy.
— Sire Dieu, par vostre mercy
Ne regardez mie mon vice;
Mais me soiez doulx et propice.
— E! my enfant plain de doulceur,
Pour vous doy avoir grant doleur
Comme pere, se je n'ay tort,
Qui vien ci pour vous mettre à mort
Sanz ce que m'arez riens meffait.
Et si puis dire qu'en ce fait
Sui moult cruel; mais quant je pense,

éprouvez une grande souffrance. N'est-il rien que l'on puisse avoir pour combattre votre mal et vous guérir?

AMIS.

Sire, soyez moins impatient de l'apprendre; car il n'est, j'ose bien le dire, qu'une chose pour me guérir; elle est de si grande valeur que, certes, je redoute fort de vous la nommer.

AMILLE.

Cher compagnon, je veux vous sommer par la foi que vous me portez, de me nommer sans délai la chose qui peut être efficace contre votre mal; je vous en prie.

AMIS.

Sire, je consens à faire votre volonté, bien que ce soit malgré moi: pour avoir une guérison complète, il me faudrait avoir, pour me laver le corps, le sang de vos deux fils, que vous avez vivans; autrement je ne puis d'aucune autre manière recouvrer la santé, quelque chose que l'on puisse pratiquer ou faire sur moi.

AMILLE.

Mon très-cher et bon ami, vous m'avez dit une chose qui n'est pas petite à faire, mais à laquelle on doit réfléchir long-temps; néanmoins, puisque véritablement vous ne pouvez autrement guérir, sans tarder je les tuerai pour l'amour de vous, et je vous en apporterai bientôt le sang: attendez-moi ici. — Sire Dieu, que votre miséricorde détourne les yeux de mon crime, et soyez-moi doux et propice. — Hélas! mes enfans pleins de douceur, comme père, je dois, si je n'ai tort, éprouver une grande douleur, moi qui viens ici pour vous mettre à mort sans que vous m'ayez fait aucun mal. Je puis bien dire qu'en cela je suis fort cruel; mais, d'un autre côté, quand je pense à la vive amitié que me montra celui pour qui je commets cette action, lorsqu'il entra à ma place en champ-clos, il m'est avis en vérité que je ne puis m'acquitter envers lui pour ce

D'autre partie, à l'excellence
D'amour que celui me monstra
Pour qui je le fas, quant entra
Pour moy propre en champ de bataille,
Il ne m'est pas avis sanz faille
Que je li puisse satisfaire
Ce qu'il a volu pour moy faire.
Pour ce, mise jus toute amance,
A cestui-ci sanz delayance
La gorge en l'eure copperay,
Et en ce bacin recevray
Le sanc qui de li ystera.
— C'est fait, jamais ne parlera :
Il est vraiement trespassez,
Et si a getté sanc assez.
Or çà! il me fault delivrer
Aussi de toy à mort livrer,
Biau filz : en gloire soit ton ame!
C'est delivré. Diex! quant ma fame
Verra ce fait, qui est leur mere,
Comme elle ara douleur amere
Au cuer! et pas ne m'en merveil.
Puis que j'ay le sanc, aler vueil
Mon compaignon reconforter.
— Amis, je vous vieng enorter :
Vez ci le sanc de mes deux filz
Que j'ay occis, soiez-ent fiz.
Or çà! je vous en froteray
Par le visage, et si verray
    Qu'il en sera.

AMIS.

Soit fait ainsi qu'il vous plaira,
    Sire compains.

AMILLE.

Or en frotez aussi voz mains
    En haut; bien faites.

AMIS.

Elles ne sont mais si deffaictes
Comme ilz estoient maintenant :
La roifle en va toute cheiant.
Veez, sire, comme sont belles :
Goute ne grain ne sont meselles;
    Dieu me fait grace.

AMILLE.

Amis, aussi est vostre face.
Avant par le corps vous frotez
Tant que celle poacre ostez
    Qui ci vous tient.

AMIS.

Dieu merci! le corps me devient

qu'il a voulu faire en ma faveur. C'est pourquoi, mettant de côté tout amour paternel, je couperai sur l'heure la gorge à celui-ci, et je recevrai dans ce bassin le sang qui en sortira. — C'est fait, il ne parlera plus : il est véritablement mort, et il a jeté assez de sang. Allons! il faut aussi me dépêcher de te livrer à la mort, beau fils : que ton ame soit en paradis! C'est fait. Dieu! quand ma femme, qui est leur mère, aura connaissance de cette action, quelle douleur amère son cœur ressentira! et je ne m'en étonne pas. Maintenant que j'ai le sang, je veux aller reconforter mon compagnon. — Amis, je viens vous donner du courage : voici le sang de mes deux fils que j'ai tués, soyez-en sûr. Allons! je vais vous en frotter le visage, et je verrai ce qu'il en résultera.

AMIS.

Qu'il soit fait ainsi qu'il vous plaira, sire compagnon.

AMILLE.

Frottez-en aussi vos mains en haut; c'est bien.

AMIS.

Elles ne sont pas en aussi mauvais état qu'elles étaient tantôt : la lèpre s'en va et tombe. Voyez, sire compagnon, comme elles sont belles : il n'y a plus trace de lèpre; Dieu me fait grâce.

AMILLE.

Amis, ainsi est votre face. Frottez-vous le corps tant que vous en ayez ôté cette lèpre qui vous tient.

AMIS.

Dieu merci! mon corps est guéri aussitôt

Tout sain quant l'ay touchié du sanc.
Je n'ay ventre, costé, ne flanc,
Jambes, cuisses ny autre membre
Nul, quel qu'il soit, dont me remembre,
    Qui n'ait santé.

AMILLE.

Chier compains, de ceste bonté
Le benoist Dieu mercierons
A l'eglise, où ensemble irons
    Tout maintenant.

AMIS.

Ce seroit grant desavenant
Se d'umble cuer ne le faisoie.
Par foy, çà! mettons-nous en voie
    D'y aler, sire.

DIEU.

Entendez ce que je vueil dire :
Mere, et vous, anges, descendez
Et à bien chanter entendez;
Jusques chiez Amille en irons ;
Ses enfans revivre ferons
Qu'il a occis en verité
Pour donner son ami santé
    Qui mesel yert.

NOSTRE-DAME.

Filz, à ce fait bien grace affiert;
Car charité si l'a méu,
Non pas corrouz qu'il ait éu
    A ses enfans.

DIEU.

C'est voir; et pour ce je m'assens
Qu'il seront en vie remis.
Or avant! chantez, mes amis,
    En alant là.

GABRIEL.

Nous ferons ce qui vous plaira.
— Michiel, chantons sanz attente.

Rondel.

Vraiz Diex, moult est excellente
Et de grant charité plaine
Vostre bonté souveraine,
Car vostre grace presente
A toute personne humaine.
Vraix Diex, moult est excellente,
Puisqu'elle a cuer et entente,
Et que à ce desir l'amaine,
Que de vous servir se paine.
    Vray Diex, etc.

DIEU.

Mere, je vueil et si ordene

que je l'ai touché du sang. Je n'ai aucun membre, quel qu'il soit, que je me rappelle, ventre, côté, flanc, jambes ou cuisses, qui ne soit en bonne santé.

AMILLE.

Cher compagnon, nous remercierons Dieu de cette grâce à l'église, où nous irons ensemble maintenant.

AMIS.

Ce serait bien peu convenable si d'humble cœur je ne le faisais. Par (ma) foi, allons! mettons-nous en route, sire, pour nous y rendre.

DIEU.

Entendez ce que je veux dire : Mère, et vous, anges, descendez et appliquez-vous à bien chanter; nous irons jusque chez Amille, et nous ferons revivre ses enfans qu'il a tués en vérité pour rendre la santé à son ami qui était lépreux.

NOTRE-DAME.

Fils, cette action mérite bien grâce; car ce qui l'y a porté, c'est la charité, et non pas de la colère qu'il ait eue envers ses enfans.

DIEU.

C'est vrai; et pour cela je veux qu'ils soient rendus à la vie. Allons! chantez, mes amis, pendant la route.

GABRIEL.

Nous ferons ce qui vous plaira. — Michel, chantons sans délai.

Rondeau.

Vrai Dieu, votre bonté souveraine est très-excellente et pleine de grande charité, car tout homme a votre grâce présente. Vrai Dieu, elle est très-excellente, puisque (par elle) il met son cœur et ses soins à vous servir de son mieux, et que le désir l'amène à cela. Vrai Dieu, etc.

DIEU.

Mère, je veux et ordonne qu'en ma pré-

Que ces .ij. enfans mors couchiez,
Present moy, de voz mains touchiez,
Si qu'aient vie.
NOSTRE-DAME.
Fil, je ne vous desdiray mie;
Touchier les vois sanz delaiance.
— Enfans, en la Jhesu puissance,
Qui est et mon filz et mon pere,
En vous plaie nulle n'appere;
Mais soiez vifs et en bon point,
Con se de mort n'éussiez point
Onques éu.
DIEU.
Nous avons fait nostre déu :
R'alons-nous-ent.
SAINT MICHIEL.
Vray Dieu, vostre commandement
De cuer ferons.
SAINT GABRIEL.
Voire, Michiel; et pardirons
Nostre rondel à voiz gente.
Rondel.
Puisqu'elle a cuer et entente,
Et qu'à ce desir l'amaine,
Que de vous servir se paine,
Vray Dieux, moult est excellente
Et de grant charité plaine
Vostre bonté souveraine.
LA FILLE.
Ha, glorieuse Magdalaine!
Je voy merveilles à mes iex!
— Pour Dieux! seigneurs, dites li quiex
Est mon mari d'entre vous deux?
De samblant estes si pareulx
Que n'y scé difference mettre.
Au quel de vous deux puis femme estre?
Ly quelz est-ce?
AMILLE.
Pour certain, je, dame contesse.
Cestui, c'est mes compains Amis,
Que Dieux en santé a remis,
Com vous veez.
LA FILLE.
Sire Dieu, vous soiez loez
De ceste haulte courtoisie!
Onques mais n'oy jour de ma vie
Joie si grant.
AMILLE.
Dame, or ne soiez si engrant
D'esjoïr vous; vez ci pour quoy :

sence, vous touchiez de vos mains ces deux enfans couchés morts, en sorte qu'ils reviennent à la vie.
NOTRE-DAME.
Fils, je ne vous dédirai pas; je vais le toucher sans délai. — Enfans, par la puissance de Jésus, qui est à la fois mon fils et mon père, qu'aucune plaie ne se voie plus sur vous; mais soyez vivans et en bonne santé, comme si vous n'aviez jamais subi la mort.
DIEU.
Nous avons fait notre devoir : allons-nous-en.
SAINT MICHEL.
Vrai Dieu, nous ferons de cœur votre commandement.
SAINT GABRIEL.
C'est vrai, Michel; et nous achèverons notre rondeau d'une voix mélodieuse.
Rondeau.
Puisque (par) elle l'homme met son cœur et ses soins à vous servir de son mieux, et que le désir l'amène à cela, vrai Dieu, votre bonté souveraine est très-excellente et pleine de grande charité.
LA FILLE.
Ah! glorieuse Madeleine, je vois merveilles de mes yeux! — Pour (l'amour de) Dieu! seigneurs, dites-moi lequel d'entre vous deux est mon mari? vous êtes si semblables quant à l'extérieur, que je n'y trouve aucune différence. Duquel de vous deux puis-je être la femme? Lequel est-ce?
AMILLE.
Certainement, c'est moi, dame comtesse. Celui-ci, c'est mon compagnon Amis, à qui Dieu a rendu la santé, comme vous voyez.
LA FILLE.
Sire Dieu, loué soyez-vous de cette haute courtoisie! Je n'eus jamais de ma vie une aussi grande joie.
AMILLE.
Dame, ne soyez pas maintenant si pressée de vous réjouir; voici pourquoi : par (ma)

Voz .ij. filz sont occis, par foy !
La gorge ay à chascun copé ;
J'ay de leur sanc Amis lavé,
Par quoy il est ainsi gariz :
Pour ce d'estre pour eulz marriz
    Avons bien cause.

LA FILLE.
Lasse ! dites-vous ceste clause
    Pour verité?

AMILLE.
Je vous jur par la Trinité,
    Dame, il est voir.

HENRY.
Marie, g'y courrai savoir
    Tant com pourray.

LA FILLE.
Lasse, dolente! que feray ?
Lasse, dolente! Mes chers filz,
Bien est en grant douleur confiz
Pour vostre mort mon povre corps !
Quant les esbatemens recors
Et les solaz qu'en vous prenoie.
Or a bien perdu toute joie
    Mon povre cuer.

AMILLE.
Ma doulce compaigne et ma suer,
Je vous lo que vous confortez ;
De vostre dueil vous deportez,
Ou tant loing m'en iray, par m'ame !
Que jamais, se sachiez-vous, dame,
    Ne me verrez.

LA FILLE.
Ha, mort ! com par toy enserrez
Est mon cuer en dure tristesce !
Jamais ne prendera leesce
    En rienz qu'il voie.

HENRY.
Madame, se Dieu me doint joie !
Sanz cause bien vous affolez.
Ne scé de quoy vous adolez :
Voz .ij. filz mie ne s'afolent ;
Ains s'entre-baisent et acolent,
    Je vous plevis.

LA FILLE.
Henri, dites-vous qu'il sont vis
    Et en bon point ?

HENRY.
Madame, oïl, n'en doubtez point :
    J'en vien en l'eure.

foi ! vos deux fils sont tués ; j'ai coupé la gorge à chacun d'eux, et j'ai avec leur sang lavé Amis, c'est ce qui l'a guéri : c'est pourquoi nous avons bien lieu d'être affligés de leur mort.

LA FILLE.
Hélas ! est-ce bien vrai ce que vous dites ?

AMILLE.
Je vous le jure par la Trinité, dame, c'est vrai.

HENRI.
Marie, j'y courrai au plus vite pour le savoir.

LA FILLE.
Hélas, malheureuse ! que ferai-je ? Hélas, malheureuse ! Mes chers fils, mon pauvre corps est bien plongé dans la douleur pour votre mort ! quand je me rappelle le plaisir et la joie que je prenais en vous. Mon pauvre cœur a bien perdu toute sa joie.

AMILLE.
Ma douce compagne et ma sœur, je vous conseille de vous consoler ; cessez de vous lamenter, ou, par mon ame ! je m'en irai si loin que jamais, sachez-le bien, dame, vous ne me verrez.

LA FILLE.
Ah, mort ! comme mon cœur est emprisonné par toi en dure tristesse ! Jamais il n'éprouvera aucun plaisir de rien qu'il voie.

HENRI.
Madame, Dieu me donne joie ! vous vous affectez bien sans cause. Je ne sais de quoi vous vous plaignez : vos deux fils ne souffrent pas ; au contraire ils s'embrassent l'un l'autre, je vous assure.

LA FILLE.
Henri, dites-vous qu'ils sont vivans et en santé ?

HENRI.
Oui, madame, n'en doutez pas : j'en viens dans l'instant.

AMILLE.
Ne me tenroye que n'y queure.
Avant! Mes enfans! qu'est-ce là?
Dame et vous trestouz, venez çà :
Vez ci noz filz sains et haitiez,
Que orains avoie à mort traittiez
    Et mis à fin.

LA FILLE.
Ha, sire Dieu! con de cuer fin
Te devons bien glorifier,
Et loer et magniffier
    Le tien saint nom!

LA DAMOISELLE.
Par foy! dame, ce devons mon,
    Il est certain.

AMILLE.
Jamais ne mengeray de pain,
En verité le vous puis dire,
S'aray offert leurs pois de cire.
— A l'eglyse de Nostre-Dame
Amenez-les avec moy, fame,
    Ysnel le pas.

LA DAMOISELLE.
Sire, ne vous dediray pas;
    Je les vois querre.

AMIS.
Chier compains, je vous vueil requerre
Que avec vous me laissiez aler;
Car il me semble, à brief parler,
Que g'y soie aussi bien tenuz
A faire m'offrande com nulz
    Que je cy voie.

LA FILLE.
Mettons-nous touz ensemble à voie,
    Je n'y voy miex.

AMILLE.
Non fas-je moy, si m'aïst Diex!
Alons-m'en; et plus n'atargons,
Et par devocion chantons,
    Pour ces vertuz :
    Te Deum laudamus.

EXPLICIT.

AMILLE.
Je ne pourrais m'empêcher d'y courir. En avant! Mes enfans! qu'est-ce là? Dame et vous tous, venez ici : voici nos fils bien portans et gais, eux que j'avais fait tantôt mourir.

LA FILLE.
Ah, sire Dieu! combien nous devons d'un cœur reconnaissant te glorifier, louer et célébrer ton saint nom!

LA DEMOISELLE.
Par (ma) foi! dame, nous le devons, certes, bien.

AMILLE.
Jamais je ne mangerai de pain, je puis bien vous le dire en vérité, que je n'aie offert leur poids de cire. — Amenez-les avec moi, femme, sur-le-champ à l'église de Notre-Dame.

LA DEMOISELLE.
Sire, je ne vous dédirai pas; je vais les chercher.

AMIS.
Cher compagnon, je veux vous prier de me laisser aller avec vous; car il me semble, pour être bref, que je suis aussi bien tenu d'y faire mon offrande qu'aucun de ceux que je vois ici.

LA FILLE.
Mettons-nous tous ensemble en route; je ne vois rien de mieux (à faire).

AMILLE.
Ni moi non plus, que Dieu m'aide! Allons-nous-en; ne tardons plus, et chantons par dévotion, pour ces miracles : *Te Deum laudamus.*

FIN.

F. M.

UN MIRACLE DE SAINT IGNACE.

NOTICE.

La pièce suivante a pour sujet le martyre de saint Ignace, surnommé Théophore, évêque d'Antioche, qui vivait l'an 68 après Jésus-Christ, et dont les actes ont été publiés par les Bollandistes [*]. Nous l'avons tirée du manuscrit de la Bibliothèque Royale, 7208.4. B, où elle commence au f° 16 r°, col. 2. F. M.

[*] *Acta Sanctorum*, prima die februarii, t. I, p. 13-37.

UN MIRACLE DE SAINT IGNACE.

NOMS DES PERSONNAGES.

IGNACE.
L'EMPEREUR TRAJAN.
PREMIER CHEVALIER.
DEUXIÈME CHEVALIER.
MAL-ASSIS, premier sergent.
GAMACHE, deuxième sergent.
ABBANES.
GONDOFORE.

DIEU.
PREMIER ANGE.
MICHIEL.
NOSTRE-DAME.
GABRIEL.
L'ERMITE.
LE SENAC.

Cy commence un Miracle de saint Ignace.

IGNACE.

Glorieux Dieu esperitable,
Qui n'as commencement ne fin,
Sire, je te pri de cuer fin :
Ta pais en sainte Eglise envoies;
Et à toy croire, sire, avoies
Les cuers de ceulx qui nous desprisent

Ici commence un Miracle de saint Ignace.

IGNACE.

Glorieux père spirituel, qui n'as ni commencement ni fin, sire, je t'en prie de tout mon cœur : envoie ta paix à la sainte Église ; et amène à croire en toi, sire, les cœurs de ceux qui nous méprisent à cause de ta loi, et qui ne font aucun cas de toi, faute de

Pour ta loy, et rien ne te prisent
Par deffaulte de congnoissance.
Ha! sire Dieux, par ta puissance
L'entendement des cuers leur euvres,
Si qu'ilz puissent en bonnes euvres
Et en ta foy si excercer
Que de servir veillent cesser
   A leurs ydoles.

    L'EMPEREUR TRAJAN.

Seigneurs, où tiennent leurs escoles
Les crestiens? en savez rien?
Je les hé trop, je vous dy bien;
Car, par leur doctrine perverse,
Nul de nostre loy ne converse
Avec eulz qu'à eulx ne l'atraient,
Et de trestouz poins le retraient
   De nostre loy.

    PREMIER CHEVALIER.

Je suis tout esbahiz, par foy!
Mon chier seigneur, que ce peut estre.
Ilz dient que leur Dieu voult naistre
D'une vierge où il se bouta,
Et puis qu'il se resuscita
Après ce qu'il ot souffert mort;
Et puis refont un grant recort
Que tout par lui monta ès cieulx,
Et qu'il venra joennes et vieulx
   Jugier en fin.

    ij^e. CHEVALIER.

Voire, et qu'il n'y ara si fin
Ne si bon que ce jour ne tremble,
Et que chascun et touz ensemble
De leurs temps renderont raison.
Il y fauldra bien grant saison
A desterminer de chascun.
— Sire, vez-en ci venir un,
Certes, qui se fait bien le maistre
De dire comment il voult naistre
   Et homme et Dieu.

    L'EMPERERE.

Par ma teste! c'est un fort jeu.
   Quel nom a-il?

    ij^e. CHEVALIER.

Je ne scé, mais tant est soubtil
Qu'en leur loy est nommez evesque;
Il a plus sens que n'ot Seneque,
   Quant il vivoit.

    L'EMPERERE.

Savoir le vueil, comment qu'il voit.
— Tu qui là vas, parles à moy.

connaissance. Ah! sire Dieu, use de ta puissance pour leur ouvrir l'entendement du cœur, en sorte qu'ils puissent avoir foi en toi, pratiquer les bonnes œuvres, et cesser de servir leur idoles.

    L'EMPEREUR TRAJAN.

Seigneurs, où tiennent-ils leurs écoles, les chrétiens? en savez-vous quelque chose? Je les hais fort, je vous le dis bien; car, par suite de leur doctrine perverse, personne ne les hante qu'ils ne l'attirent à eux, et ne le retirent en tous points de notre loi.

    PREMIER CHEVALIER.

Je suis tout ébahi, par (ma) foi! mon cher seigneur, qu'est-ce que ce peut être? Ils disent que leur Dieu voulut naître d'une vierge où il se mit, et puis qu'il ressuscita après qu'il eut souffert la mort; ils enseignent ensuite que de sa propre puissance il monta aux cieux, et qu'il viendra à la fin juger tout le monde, jeunes et vieux.

    DEUXIÈME CHEVALIER.

Oui, et qu'il n'y aura si fin ni si bon qui ce jour-là ne tremble, et que chacun et tous ensemble rendront compte de leurs momens. Il faudra un bien grand espace de temps pour en finir avec chacun. — Sire, en voici un qui vient, et qui, certes, se donne bien pour capable de dire comment il voulut naître homme et Dieu.

    L'EMPEREUR.

Par ma tête! c'est un jeu difficile. Quel nom a-t-il?

    DEUXIÈME CHEVALIER.

Je l'ignore; mais il est si subtil que dans leur loi il est nommé évêque; il a plus de sens que n'en eut Sénèque de son vivant.

    L'EMPEREUR.

Je veux le savoir, quoi qu'il en soit. — Toi qui vas là, parle-moi. Quel est ton nom,

Comment as nom, et quele loy
　Tiens? dy-me voir.
IGNACE.
Sire, quant il vous plaist savoir,
C'est droit que sage vous en face.
Crestien sui, s'ay non Ygnace,
Et tien la loy de Jhesu-Crist,
Car il est de elle seule escript
Que qui y perseverera
Jusqu'en la fin, sauvé sera;
　N'en doubte nulz.
L'EMPERERE.
Es-tu en ce païs venuz
Pour attraire la gent paienne
A tenir ta loy crestienne?
Je te monstreray ta folie.
— Je commans, seigneurs, qu'on le lie,
Et que vous deux l'en amenez
A Romme, et là le me tenez
En prison tant que g'y venray,
Car c'est m'entente. J'en feray
　Là mon plaisir.
MAL-ASSIS, premier sergent.
Chascun de nous a grant desir,
Mon chier seigneur, de voz grez faire.
— Compains, les mains en cest affaire
　Mettre nous fault.
GAMACHE, .ij^e. sergent.
Par moy n'y ara jà deffault.
—Maistre Ygnace, çà ses mains, çà!
Certes, foleur vous adresça
　A venir cy.
IGNACE.
Mais grace, amis, dont je graci
　Mon createur.
PREMIER SERGENT.
C'est bien. Nous vous ferons docteur,
Par Mahonmet! lisant en chartre
Qui sera plus fort que de platre
　De la moitié.
ABBANES.
Gondefore, j'ay grant pitié,
Mon chier ami, de ce preudomme
Que ces sergens veulent à Romme
Mener destruire à grief ahan,
Pour ce que l'empereur Trajan
　Ainsi le veult.
GONDOFORE.
Abbanes, le cuer trop me deult
Pour li, car je voy en appert

et quelle loi suis-tu? dis-moi la vérité.

IGNACE.

Sire, puisqu'il vous plaît de savoir ces choses, il est juste que je vous les apprenne. Je suis chrétien, j'ai nom Ignace, et suis la loi de Jésus-Christ, car c'est d'elle seule qu'il est écrit: «Celui qui y persévérera jusqu'à la fin sera sauvé.» Que personne n'en doute.

L'EMPEREUR.

Es-tu venu en ce pays pour convertir les païens à la loi du Christ? Je te montrerai quelle est ta folie. — Seigneurs, je commande qu'on le lie, et que vous deux vous l'emmeniez à Rome, et l'y teniez en prison jusqu'à ce que j'y vienne, car c'est mon plaisir. Là j'en ferai ce qu'il me plaira.

MAL-ASSIS, premier sergent.

Chacun de nous a grand désir, mon cher seigneur, de faire votre volonté. — Compagnon, il nous faut mettre les mains à l'œuvre.

GAMACHE, deuxième sergent.

Pour moi, je n'y manquerai pas. — Maitre Ignace, ici ces mains, ici! Certes, ce fut la folie qui vous conduisit ici.

IGNACE.

Ce fut la grâce, ami; et j'en remercie mon créateur.

PREMIER SERGENT.

C'est bien. Par Mahomet! nous vous ferons docteur lisant dans une chartre qui sera plus forte de moitié que si elle était de plâtre.

ABBANES.

Gondefore, j'ai grand' pitié, mon cher ami, de ce prud'homme que ces sergens veulent mener au supplice à Rome, par la raison que l'empereur Trajan le veut ainsi.

GONDOFORE.

Abbanes, mon cœur souffre beaucoup pour lui, car je vois clairement qu'aujour-

Qu'au jour d'uy Antioche pert
Le maistre de vraie science ;
Car touz jours mettoit diligence
De nous faire en vertuz accroistre,
De nous faire amer et cognoistre
Con grande est la bonté de Dieu :
Pour quoy sachez qu'en quelque lieu
C'om le maine, je le suivray,
Et de son estat je saray
 Qu'il en sera.

ABBANES.

Je vous promet que si fera
 Mon corps aussi.

GONDOFORE.

Se faire le voulez ainsi,
Je lo que nous alons ensemble :
C'est le meilleur, si com me semble ;
 Qu'en dites-vous?

ABBANES.

Or soit ainsi, mon ami doulx ;
 Et à tant paix !

PREMIER SERGENT.

Se nous sommes yci huy mais,
Nous ne vaurrons pas .ij. boutons.
Avant! à chemin nous mettons.
 — Maistre, passez.

ij^e. SERGENT.

Voire, se les os touz cassez
Ne veult de ce baston avoir.
Par temps li ferons assavoir
Quelles prisons l'emperiere a.
— Avant, avant! Boutez-vous là,
 Sans plus songier.

LE PREMIER SERGENT.

Se lez paroiz ne peut rungier
Aux dens, je ne me doubte point
Qu'il nous eschape par nul point ;
 Et toy, que dis?

ij. SERGENT.

Garder le nous fault un temps, dis,
Tant que soit venuz l'emperere,
Qui belle gent a bien po chiere,
 A ce que voy.

L'EMPERERE.

Seigneurs, par les dieux que je croy!
Je hé tant ces gens crestiens
Que je ne soufferray pour riens
Qu'en mon regne nul en remaingne
Vivant, pour chose qui avaingne ;
Et de fait, le vous prouveray

d'hui Antioche perd le maître de la vraie science ; en effet, tous les jours il mettait diligence à nous faire croître en vertus, aimer et connaître combien grande est la bonté de Dieu : c'est pourquoi sachez que, en quelque lieu qu'on le mène, je le suivrai, et saurai en quel état il se trouve.

ABBANES.

Je vous promets que je ferai de même.

GONDOFORE.

Si vous voulez agir ainsi, je suis d'avis que nous allions ensemble : c'est le meilleur, à ce qu'il me paraît ; qu'en dites-vous?

ABBANES.

Qu'il en soit ainsi, mon doux ami ; et maintenant paix !

PREMIER SERGENT.

Si nous sommes ici davantage, nous ne vaudrons pas deux boutons. En avant! mettons-nous en route. — Maître, passez.

DEUXIÈME SERGENT.

Oui, s'il ne veut avoir tous les os cassés de ce bâton. Nous lui ferons bientôt savoir quelles prisons a l'empereur. — En avant! en avant! Mettez-vous là, sans plus de réflexions.

LE PREMIER SERGENT.

S'il ne peut ronger les parois avec ses dents, je suis sûr qu'il ne nous échappera d'aucune manière. Et toi, que dis-tu?

DEUXIÈME SERGENT.

Je dis qu'il nous le faut garder un certain temps, jusqu'à ce que l'empereur soit venu. A ce que je vois, il fait peu de cas des belles gens.

L'EMPEREUR.

Seigneurs, par les dieux que je crois! je hais tant ces chrétiens que je ne souffrirai pour rien qu'il en reste en mon royaume un seul vivant, quoi qu'il arrive ; et de fait, je vous le prouverai aussitôt que je serai dans mon palais, qui n'est guère éloigné d'ici.

Si tost qu'en mon hostel seray,
Où gaires n'avons à aler.
Seigneurs, or çà! je vueil parler
A Ignace premierement.
Faites-le venir erranment
    Cy en present.
PREMIER SERGENT.
Mon chier seigneur, je me present
D'aler dire à ceulx qui le gardent
Que de l'amener ne se tardent.
— Or tost, seigneurs! sanz plus d'espace,
A monseigneur vous deux Ignace
    Tost amenez.
PREMIER SERGENT (sic).
Puisque c'est pour quoy cy venez,
Alez; nous vous suivrons à trace.
— Sà! yssez de leens, Ignace,
    Delivrement.
IGNACE.
Voulentiers, seigneurs, vraiement.
    Çà! veez-me cy.
ij^e. SERGENT.
De vous me vueil tenir saisi,
    Par Mahon! maistre.
PREMIER SERGENT.
Or çà! à voie nous fault mettre
Tant qu'à l'emperere venons.
— Monseigneur, nous vous amenons
    Vostre prison.
L'EMPERERE.
Or, me di pour quelle raison
La cité d'Antioche as fait
Contre moy rebelle de fait;
Car les gens as si pervertiz
Que aussi comme touz sont convertiz
    A crestienté.
IGNACE.
Pléust à Dieu ma voulenté!
C'est que je tant faire péusse
Que converti aussi t'éusse
Et que tes ydoles laississases
Et que Jhesu-Crist aourasses,
Si qu'à possesser pervenisses
Le royaume plain de delisces
    Perpetuelles.
L'EMPERERE.
C'est nient de trufes flavelles.
Tais-toy, sacrefie à noz diex;
Et de noz prestres en touz lieux
Le maistre et le prince seras,

Allons! seigneurs, je veux parler tout d'abord à Ignace. Faites-le venir ici tout de suite.

PREMIER SERGENT.
Mon cher seigneur, je me présente pour aller dire à ceux qui le gardent qu'ils ne diffèrent pas de l'amener. — Allons, seigneurs! sans plus tarder, amenez tous deux Ignace à monseigneur.

PREMIER SERGENT.
Puisque c'est pour cela que vous venez ici, allez; nous vous suivrons de près. — Allons! sortez d'ici, Ignace, sur-le-champ.

IGNACE.
Volontiers, en vérité, seigneurs. Allons! me voici.

DEUXIÈME SERGENT.
Maître, par Mahomet! je veux me tenir saisi de votre personne.

PREMIER SERGENT.
Allons! il faut nous mettre en route pour arriver vers l'empereur. — Monseigneur, nous vous amenons votre prisonnier.

L'EMPEREUR.
A cette heure, dis-moi pourquoi tu as excité la cité d'Antioche à se révolter contre moi; car tu as tellement perverti les gens qu'ils sont presque tous convertis au christianisme.

IGNACE.
Plût à Dieu (je le voudrais) que je pusse arriver à te convertir aussi, à te faire laisser tes idoles et prier Jésus-Christ, de manière à parvenir à posséder le royaume plein de délices perpétuelles!

L'EMPEREUR.
Sornettes que tout cela! Tais-toi, sacrifie à nos dieux; et en tous lieux tu seras le maître et le prince de nos prêtres, et tu régneras avec moi toute ta vie.

Et avecques moy regneras
    Toute ta vie.
        IGNACE.
Emperiere, n'ay pas envie
De chose que tu me promettes;
Ne quier point qu'en honneur me mettes
N'en dignité, qui à nient vient;
Et puisque dire le convient,
Fay de moy ce que tu voulras,
Qu'à ce jà tu ne me menras
Que je face tel malefice
Qu'à tes diex face sacrefice
    Ne reverence.
        L'EMPERERE.
Seigneurs, or tost! en ma presence
Yci tout nu le despoulliez,
Et de plommées li baillez
Sur les espaules tant de cops
Que li froissez et char et os,
Puis les costés li descirez
A pignes aguz acerez;
Et après ce de pierres dures
Ses plaies et ses blecéures
    Fort li frotez.
        .ij^e SERGENT.
Monseigneur, de voz voulentez
Acomplir ay-je grant desir.
— Sà, maistre! non pas pour jesir
    Despoulliez-vous.
        IGNACE.
De ce faire, amis, suis-je touz
    Joyaux et liex.
        PREMIER SERGENT.
Par foy! bien es mal conseilliez,
Qui aimes miex ton corps offrir
A peine et à tourment souffrir
Que regner avec l'emperere.
Nous verrons touz la belle chiere
Que nous feras. — Avant, Gamache!
Lier le fault à ceste estache
    Premierement.
        .ij^e. SERGENT.
C'est voir. Or le faisons briefment.
Liez-li les piez, Mal-Assis:
Vez cy des liens .v. ou sis;
Et je les braz li lieray
Si bien que je croy n'en feray
    Mie à reprendre.
        IGNACE.
Mon Dieu, qui te laissas estendre

IGNACE.

Empereur, je n'ai pas envie de tout ce que tu peux me promettre; je ne demande pas que tu me donnes des honneurs et des dignités, qui ne sont que néant; et puisqu'il faut le dire, fais de moi ce que tu voudras, car tu ne m'amèneras pas au crime de faire sacrifice et hommage à tes dieux.

L'EMPEREUR.

Seigneurs, allons, vite! dépouillez-le tout nu ici en ma présence, et donnez-lui sur les épaules tant de coups de lanières plombées qu'il ait la chair et les os froissés, puis déchirez-lui les côtés avec des peignes aigus et acérés; ensuite frottez-lui fort ses plaies et ses blessures avec des pierres tranchantes.

DEUXIÈME SERGENT.

Monseigneur, j'ai grand désir d'accomplir votre volonté. — Allons, maître! dépouillez-vous, mais non pas pour vous coucher.

IGNACE.

Ami, je suis tout joyeux et content de le faire.

PREMIER SERGENT.

Par (ma) foi! tu es bien mal avisé de mieux aimer offrir ton corps à la peine et aux tourmens que régner avec l'empereur. Nous verrons tous la belle figure que tu nous feras. — En avant, Gamache! il le faut lier d'abord à ce poteau.

DEUXIÈME SERGENT.

C'est vrai. Faisons vite. Liez-lui les pieds, Mal-Assis: voici cinq ou six liens; quant à moi, je lui lierai les bras de manière à ne mériter, je le crois, aucun reproche.

IGNACE.

Mon Dieu, qui te laissas étendre et clouer

Et de clos en croiz clofichier
Pour les tiens d'enfer desjuchier,
A mon cuer affermer accuers,
Et à ce besoing me sequeurs,
Si que jà ne parte de toy,
Mais qu'atraire puisse à ta foy
    Ces mescreans.

    ij^e SERGENT.

Mal-Assis, estre recreans
Ne nous fault mie cy endroit.
Puis qu'est lié de bon endroit,
Au surplus faire nous prenons :
A li batre nous esprouvons
    Sanz demourée.

    PREMIER SERGENT.

Meschant, tien, de ceste plommée
    Ce cop aras.

    ij^e. SERGENT.

Et cestui-cy. De quans caraz
Te semble-il bien, foy que tu doiz
Ton Dieu ! que ma plommée ait pois ?
    Tien, or t'avise.

    PREMIER SERGENT.

Il n'a pas la char assez bise
N'assez betée encor, Gamache.
Fier com je fas, si que la tache
    Du cop y pere.

    ij^e. SERGENT.

Si fas-je, par l'ame mon pere !
Regarde ; est-ce bien fort feru ?
Ne say vilain, tant soit daru,
    Qui n'en fust roupt.

    L'EMPERERE.

Prendre le fault par autre [bout*],
Seigneurs, ou vous ne l'arez pas.
Par les coustez isnel-le-pas
De pignes de fer le touchiez,
Si que la char li destranchiez ,
Tellement que le sanc en saille :
Par ce fait venrez-vous sanz faille
    A vostre entente.

    PREMIER SERGENT.

Si le ferons sanz point d'atente.
—Gamache, noz pignes prenons
Et les costez lui en gratons
    Pour la menjue.

sur la croix pour délivrer les tiens de l'enfer, accours pour affermir mon cœur, et secours-moi dans l'extrémité où je me trouve, en sorte que je ne me sépare pas de toi, mais que je puisse attirer ces mécréans à ton service.

    DEUXIÈME SERGENT.

Mal-Assis, il ne faut pas nous en tenir là. Puisqu'il est lié comme il convient, mettons-nous à faire le reste : évertuons-nous à le battre sans retard.

    PREMIER SERGENT.

Méchant, tiens, tu auras ce coup de cette lanière plombée.

    DEUXIÈME SERGENT.

Et celui-ci. (Par la) foi que tu dois à ton Dieu ! combien de carats te semble-t-il bien que ma lanière pèse ? Tiens, maintenant pense-s-y.

    PREMIER SERGENT.

Il n'a pas encore la chair assez livide ni assez rouge, Gamache. Frappe comme moi, de manière à ce que la tache du coup y paraisse.

    DEUXIÈME SERGENT.

Ainsi fais-je, par l'ame de mon père ! Regarde ; est-ce frappé bien fort ? Il n'y a pas, à ma connaissance, de vilain, quelque fort qu'il soit, qui n'en fût rompu.

    L'EMPEREUR.

Il faut le prendre par un autre bout, seigneurs, ou vous ne l'aurez pas. Touchez-le sur-le-champ de peignes de fer par les côtés, de manière à lui déchirer la chair, tellement que le sang en jaillisse : par ce moyen vous atteindrez votre but sans le manquer.

    PREMIER SERGENT.

Nous le ferons sans attendre. — Gamache, prenons nos peignes et grattons-lui-en les côtés pour le restaurer.

---

* Nous avons mis ce mot à la place de celui qu'a oublié le copiste.

ij[e]. SERGENT.

Soit fait avant sanz attendue.
Estrille ce costé de là,
Et j'estrilleray par deçà
 Fort ce chetif.

IGNACE.

Doulx Jhesus, filz de Dieu le vif,
En ceste amere passion
Me soiés consolacion
 Et confort, sire.

L'EMPERERE.

Ygnace, Ignace, à ce martire
Souffrir, dy-moy, qu'as-tu acquis ?
Miex te venist avoir requis
Grace, et noz Diex crié mercy,
Que souffrir et laissier ainsy
 Honnir ton corps.

YG[N]ACE.

Certes, Trajan, je suis si fors
A souffrir et debon vouloir,
Que ne me peuz faire douloir
Pour paine que tu m'apareilles.
Pour Dieu ! toy le premier conseilles ;
Croy en celui Dieu qui t'a fait,
Et qui te deffera de fait
Quant li plaira : c'est Jhesu-Crist,
C'est celui dont il est escript
Qu'il est le greigneur des seigneurs (sic),
Qu'il est le seigneur des seigneurs,
 Et roy des roys.

L'EMPERE[RE].

Me parles-tu de telx desroys ?
Je te monstreray ta folie.
— Seigneurs, je vueil c'on le deslie
Tout maintenant, plus n'atendez ;
Et charbons ardans m'estendez,
Sur lesquelz aler le ferons
A nues plantes ; lors verrons
 Qu'estre en pourra.

PREMIER SERGENT.

Sire, en l'eure fait vous sera :
Deslier le voir (sic) de l'estache.
— Vas nous querre du feu, Gamache,
 Endementiers.

ij[e] SERGENT.

Mal-Assis compains, voulentiers.
 Sà ! j'en vois querre.

DIEU.

Mes anges, sus ! alez bonne erre
Mettre paine à secourre Ignace,

DEUXIÈME SERGENT.

Qu'il en soit ainsi sans retard. Étrille ce côté de là ; moi, à mon tour, j'étrillerai par deçà fortement ce misérable.

IGNACE.

Doux Jésus, fils du Dieu vivant, sire, soyez ma consolation et mon reconfort en cette souffrance amère.

L'EMPEREUR.

Ignace, Ignace, dis-moi, qu'as-tu gagné à souffrir ce martyre ? Il eût mieux valu pour toi avoir demandé grâce, et crié merci à nos Dieux, que de souffrir et de laisser ainsi honnir ton corps.

IGNACE.

Certes, Trajan, je suis si fort contre la souffrance et de bonne volonté, que tu ne peux exciter mes plaintes, quelque supplice que tu me prépares. Pour (l'amour de) Dieu ! pense à toi tout d'abord ; crois en ce Dieu qui t'a fait, et qui te défera de même quand il lui plaira : c'est Jésus-Christ, c'est celui dont l'Écriture dit qu'il est le plus grand des plus grands, le seigneur des seigneurs, et le roi des rois.

L'EMPEREUR.

Me parles-tu de pareilles sottises ? Je te montrerai quelle est ta folie. — Seigneurs, je veux qu'on le délie sur-le-champ, n'attendez plus ; et étendez-moi des charbons ardens, sur lesquels nous le ferons aller nu-pieds ; alors nous verrons ce qu'il en pourra être.

PREMIER SERGENT.

Sire, à l'instant même vous serez obéi : je vais le délier du poteau. — Va nous chercher du feu, Gamache, sur-le-champ.

DEUXIÈME SERGENT.

Compagnon Mal-Assis, volontiers. Allons ! j'en vais quérir.

DIEU.

Mes anges, allons ! faites diligence à secourir Ignace, tellement que le feu que

Tellement que mal ne li face
Ne qu'il n'ait cause de doubter
Le feu c'on li veult aprester
Pour lui faire aler sus piez nuz.
Puisqu'il est pour moy devenuz
Martir, faillir ne li vueil pas.
Gardez qu'à tout le premier pas
Qu'il fera, que si besongniez
Que le feu du tout estaingniez
 Incontinent.
  PREMIER ANGE.
Sire, nous ferons bonnement
Ce que vous dites : c'est raison.
— Alons-m'en sanz arrestoison,
 Michiel, le faire.
  MICHIEL.
Ce que Dieu veult si nous doit plaire ;
 Alons, amis.
  ij^e. SERGENT.
Sà ! vez ci du feu où j'ay mis
Depuis grant peine à l'alumer ;
Celui si me doit bien amer
 Pour qui l'aport.
  PREMIER SERGENT.
Tu diz voir. Il est à bon port
Arrivé, se ne me moquasse.
— Sire, voulez-vous c'on le fasse
 Dessus aler?
  L'EMPERERE.
Que fas-je donc? Sanz plus parler,
Je vueil qu'il y voit tout nu piez,
Si que les plantes li cuisez
 Et ardez toutes.
  PREMIER ANGE.
Ignace, le feu point ne doubtez,
Vas seurement sanz tarder :
Nous te sommes venu garder,
Nous qui sommes anges des cieulx ;
Car envoié nous y a Dieux
 Pour toy deffendre.
  IGNACE.
Je li en doy bien graces rendre.
— Emperiere, ne scez-tu pas
Qu'aler ne puis mie un seul pas
Que touz jours avec moy ne soit
Mon bon Dieu qui nul ne deçoit,
Qui me garde et me tient en vie,
Dont haine as et grant envie?
Et certes, tant te vueil-je dire
Ne me saras tourment eslire

l'on veut apprêter pour l'y faire aller dessus pieds nus, ne lui causent ni mal ni frayeur. Puisqu'il est martyr pour moi, je ne veux pas lui manquer. Faites en sorte, à son premier pas, d'éteindre le feu incontinent.

  PREMIER ANGE.

Sire, nous ferons volontiers ce que vous dites : c'est juste. — Michel, allons sans retard le faire.

  MICHEL.

Ce que Dieu veut doit nous plaire ; allons, ami.

  DEUXIÈME SERGENT.

Allons ! voici du feu que j'ai eu beaucoup de peine à allumer ; celui pour qui je l'apporte me doit bien aimer.

  PREMIER SERGENT.

Tu dis vrai. Il est, si je ne plaisante, arrivé à bon port. — Sire, voulez-vous qu'on le fasse aller dessus?

  L'EMPEREUR.

Que fais-je donc? Sans plus parler, je veux qu'il y aille tout nu-pieds, de sorte que vous lui en cuisiez et brûliez toute la plante.

  PREMIER ANGE.

Ignace, ne redoute point le feu, va sûrement sans retard : nous sommes venus te garder, nous, anges des cieux ; car Dieu nous a envoyés ici pour te défendre.

  IGNACE.

Je dois bien lui en rendre graces. — Empereur, ne sais-tu point que je ne puis faire un seul pas sans que ne soit toujours avec moi mon bon Dieu qui ne déçoit personne, qui me garde et me conserve l'existence, et auquel tu portes haine et grande envie? Certes, je dois te dire que tu ne saurais inventer des tourmens, ni livrer mon corps à des supplices, que pour mon Dieu je ne sou-

18

Ne mon corps à peine appliquer,
N'en tourmens ma char repliquer,
Que pour mon Dieu je ne soustiengne
De cuer joieux, quoy qu'il aviengne;
Ne ne cuides que feu ardent
Ne tourment nul n'yaue boulant
Ne paour de beste sauvage
La charité en mon courage
Ne l'amour de mon Dieu estaingne.
Nanil; ne ne croiz que je craingne;
Que je d'aler soie tardans,
Nuz piez, sur ces charbons ardens;
Car g'i vois sanz plus faire espace.
Or voiz se g'y passe et rapasse
Et me tien dessus tout à paiz.
Je te dy que ce sont des faiz
De mon bon Dieu.

L'EMPERERE.
Prenez-le tost, et en tel lieu,
Vous deux, le mettez en prison
Que li abatez sa raison
Et sa loquence.

ij^e. SERGENT.
Sire, mettre y vueil diligence
Pour vostre amour.

PREMIER SERGENT.
Aussi feray-je sanz demour.
— Avant, Ignace, avant passez.
Certe, à porter avez assez
Male meschance.

IGNACE.
Amis, je n'en ay pas doubtance;
Car mon Dieu, pour la quelle foy
J'endure, si est avec moy,
Qui m'aidera.

ij^e SERGENT.
Je scé bien voirement fera.
Sà, sà! boutez-vous par cest huis;
Or demenez là voz deduiz
Hardiement.

PREMIER SERGENT.
Il peut bien dire vraiement
Qu'il est en lieu obscur et noir,
Et où clarté ne peut avoir
De nulle part.

ij^e. SERGENT.
Mal-Assis, c'est un fol musart,
Si compere sa foleur chiere.
Laissons, alons vers l'emperiere.

tienne avec la joie dans le cœur, quoi qu'il arrive; ne pense pas que feu ardent, tourment, eau bouillante ou crainte de bête sauvage, éteigne dans mon cœur la charité ou l'amour de mon Dieu. Non; ne crois pas non plus que je craigne d'aller sans retard, nupieds, sur ces charbons ardens : j'y vais à l'instant même. Maintenant, vois si j'y passe et repasse et m'y tiens dessus tranquillement. Je te dis que ce sont là des faits qui témoignent pour mon bon Dieu.

L'EMPEREUR.
Prenez-le vite, et mettez-le, vous deux, en une telle prison qu'il rabatte de son caquet et de son éloquence.

DEUXIÈME SERGENT.
Sire, je veux y mettre diligence pour l'amour de vous.

PREMIER SERGENT.
Je ferai de même sans retard. — Allons, Ignace, avancez. Certes, vous avez à passer un pas assez rude.

IGNACE.
Amis, je n'ai aucune crainte; car mon Dieu, pour lequel je souffre, est avec moi; il m'aidera.

DEUXIÈME SERGENT.
Je sais bien qu'il le fera, vraiment. Allons, allons! entrez par cette porte; maintenant amusez-vous à votre aise.

PREMIER SERGENT.
Il peut bien dire vraiment qu'il est en lieu obscur et noir, et où il ne peut avoir clarté de nulle part.

DEUXIÈME SERGENT.
Mal-Assis, c'est un sot radoteur, il paie cher sa folie. Laissons-le, allons vers l'empereur. Je ne crains point qu'il s'échappe:

Je ne doubte point qu'il eschape :
L'uis est trop fort, si est la grappe
  De la serrure.

L'EMPERERE.
Seigneurs, quelle male avanture
Peut-ce estre de cest homme Ignace ?
Pour paine qu'endurer li face,
De preschier la foy point ne cesse
Ne l'amour son Dieu point ne laisse :
Dont nostre loy trop subvertist
Et à la sienne convertist
  De noz gens moult.

PREMIER CHEVALIER.
Chier sire, ce fait ce qu'ilz ont
Lui et touz autres (non pas un)
Qui crestien sont en commun,
Unes paroles si traittables,
Si doulces et si amiables
Qu'en parlant il semble qu'ils oingnent
Les cuers des gens, et il les poingnent
Telement qu'il leur font acroire
Ce qui n'est mie chose voire
  Ne ne peut estre.

ij^e CHEVALIER.
Pour ce il y fait bon paine mettre
Telle que les autres s'en gardent,
Et que de tenir se retardent
  Tele creance.

L'EMPERERE.
Comment peut-il avoir puissance
Des tourmens qu'il sueffre endurer,
Ne comment peut-il tant durer ?
J'en sui touz esbahiz, sanz doute ;
Il semble qu'il ne sente goute
  Mal c'on li face.

PREMIER CHEVALIER.
Peut-estre que par art efface
Touz ses tourmens et met à nient.
Je croy, sire, qu'il li convient
Donner un plus aigre martire,
Qui sa force et sa jangle tire
  Jus de touz poins.

ij^e. CHEVALIER.
Je ne sçay se d'erbes scet point
Par quoy ne puist nul mal santir ;
Mais au mains a-il, sanz mentir,
  Bien le janglois.

L'EMPERERE.
Or vous souffrez, seigneurs ; ainçois
Que ceste sepmaine soit hors,

la porte et le pêne de la serrure sont trop forts.

L'EMPEREUR.
Seigneurs, quelle mauvaise aventure peut être celle de cet Ignace ? Quelque tourment que je lui fasse endurer, il ne cesse point de prêcher la foi et ne renonce pas à l'amour de son Dieu : ce faisant, il subvertit notre loi et convertit à la sienne un grand nombre de nos gens.

PREMIER CHEVALIER.
Cher sire, cela vient de ce qu'ils ont, lui et tous les autres qui sont pareillement chrétiens, des paroles si insinuantes, si douces et si aimables qu'en parlant il semble qu'ils oignent le cœur des gens, et ils les excitent tellement qu'ils leur font accroire ce qui n'est ni ne peut être vrai.

DEUXIÈME CHEVALIER.
C'est pour cela qu'il faut mettre bon ordre à ce que les autres s'en gardent, et ne s'empressent pas d'embrasser une pareille croyance.

L'EMPEREUR.
Comment peut-il avoir la puissance d'endurer les tourmens qu'il souffre, et comment peut-il tant vivre ? En vérité, j'en suis tout ébahi ; il semble qu'il ne sent pas le moins du monde le mal qu'on lui fait.

PREMIER CHEVALIER.
Peut-être que par quelque moyen il efface et anéantit tous ses tourmens. Sire, je crois qu'il lui faut donner un plus rude martyre, qui abatte en tous points sa force et son caquet.

DEUXIÈME CHEVALIER.
J'ignore s'il ne connaît point d'herbes par le moyen desquelles il puisse s'empêcher de ressentir aucun mal ; mais au moins il a, sans mentir, la langue bien affilée.

L'EMPEREUR.
Attendez, seigneurs ; avant que cette semaine soit passée, je vous le promets, je livre-

De telz tourmens feray son corps
Tourmenter, je le vous affi,
Qu'il dira de son Jhesu fi :
« Je vueil tenir la loy païenne,
Et reni la foy crestienne
Et le sacrement de baptesme, »
Ou je fauderay, à mon esme.
Seez-vous ci sanz plus ruser,
Et je vueil penser et muser
Par quelle voie miex l'aray :
Ou se bel à li parleray,
 Ou autrement.

GODOFORE.

Abbanes, sachez vraiement,
Le cuer par pitié me fait mal
D'Inace, que ce desloial,
Pervers et mauvais emperiere
A tourmenté en tel maniere
Com vous et moy avons véu ;
Et si ay grant merveille éu
Du saint homme, con doulcement
L'a souffert et paciemment
 Et de cuer lié.

ABBANES.

Godofore, il a traveillié
Assez, sanz cause et sanz raison ;
Et puis l'a fait mettre en prison
 Laide et obscure.

GONDOFORE.

C'est voirs, et je méisse cure
Trop voulentiers, se je scéusse
Comment à lui par[ler] péusse ;
Car, se ainsi fust que le veisse,
De son estat lui enquéisse
 Aucune chose.

ABBANES.

Mon chier ami, homme propose
Et Diex ordene, c'est tout voir.
Alons-m'en celle part savoir
Tout bellement se le verrons
Ne se parler à lui pourrons
 Par quelque voie.

GONDOFORE.

Vous dites bien, se Dieu me voye !
Alons, et avisons bien l'estre.
E, gar ! vez là une fenestre
Qui me semble, pour verité,
Qu'elle donne leens clarté.
 Or, alons là.

rai son corps à de tels tourmens qu'il dira fi de son Jésus : « Je veux tenir la loi des païens, et je renie la foi chrétienne et le sacrement du baptême, » ou je perdrai la raison. Asseyez-vous ici sans plus *ruser*, et je veux penser et rêver par quel moyen je l'aurai plus sûrement : si j'emploierai de bonnes paroles à son égard, ou si j'agirai autrement.

GONDOFORE.

Abbanes, sachez bien que le cœur me fend de pitié à l'endroit d'Ignace, que ce déloyal, pervers et mauvais empereur a tourmenté de la manière que vous et moi avons vue ; et j'ai été pareillement fort émerveillé du saint homme, comme il a souffert avec douceur, patience et joie de cœur.

ABBANES.

Gondofore, il l'a tourmenté beaucoup, sans cause et sans raison ; et puis il l'a fait mettre en prison laide et obscure.

GONDOFORE.

C'est vrai, et j'en prendrais soin très-volontiers, si je savais comment lui parler ; s'il arrivait que je le visse, je m'enquerrais de son état.

ABBANES.

Mon cher ami, l'homme propose et Dieu dispose, c'est la vérité. Allons-nous-en là tout uniment pour savoir si nous le verrons ou si nous pourrons lui parler par quelque moyen.

GONDOFORE.

Vous dites bien, que Dieu ait l'œil sur moi ! Allons, et examinons bien les êtres. Eh, regardez ! voilà une fenêtre qui, vraiment, me semble donner de la clarté là-dedans. Eh bien ! allons là.

ABBANES.

Alons; je croy, sa clarté va
Où il est mis.

YGNACE.

Dieu vous gart de mal, mes amis
Que là voy estre!

ABBANES.

Ha! sire, Dieu vous vueille mettre
Prochainement hors de ce lieu!
Et comment vous est-il? pour Dieu,
Dites-le-nous.

IGNACE.

Bien, se Dieu plaist, mes amis doulx;
Nonpourquant, j'ay moult à souffrir
Pour ce que ne me vueil offrir
A Mahon croire.

GONDOFORE.

Pere en Dieu, c'est bien chose voire;
Nous savons bien ce que vous dites :
Car si tost comme vous partistes
D'Antioche, nous vous suivimes
Et après vous nous en venimes,
Et ce qu'avez souffert savons;
Mais pour ce que desir avons
De noz cuers à Dieu affermer,
Plaise vous à nous enformer,
Sire, de doctrine qui vaille,
Si qu'en nous foy pas ne deffaille
Par ignorance.

IGNACE.

Quant vous ne sarez attrempance
Prendre en bien amer nostre Sire
De touz vos povoirs, c'est-à-dire
Quant à ce point venu serez
Que de cuer tant vous l'amerez
Que hors s'amour mise en respit
Toute rens arez en despit
Et vous-mesmes premiers de fait,
Lors serez-vous, amis, parfait
Et de lui vraiz amis clamez.
Plus je vous di, s'ainsi l'ame,
Foy vous fera lors esprouver
De plus en plus en bien ouvrer;
Lors serez-vous de pechié monde,
Et lors congnoistrez-vous qu'ou monde
N'a que mauvaistié et malice;
Lors pour vertu barrez le vice,
Lors arez les anges amis,
Lors arez sur les annemis
Puissance et dominacion,

ABBANES.

Allons; je crois que sa clarté va où il est mis.

IGNACE.

Que Dieu vous garde de mal, mes amis que je vois là!

ABBANES.

Ah! sire, que Dieu vous venille mettre prochainement hors ce lieu! Et comment allez-vous? pour (l'amour de) Dieu, dites-le-nous.

IGNACE.

Bien, s'il plaît à Dieu, mes doux amis; néanmoins, j'ai beaucoup à souffrir parce que je me refuse à croire en Mahomet.

GONDOFORE.

Père en Dieu, c'est très-vrai; nous savons bien ce que vous dites : car sitôt que vous partites d'Antioche, nous vous suivimes et nous nous en vinmes après vous, et nous savons ce que vous avez souffert; mais parce que nous avons le désir d'affermir nos cœurs en Dieu, veuillez, sire, nous enseigner une doctrine précieuse qui nous empêche d'errer dans la foi par ignorance.

IGNACE.

Quand vous ne saurez point apporter de tiédeur à bien aimer notre Seigneur de toutes vos forces, c'est-à-dire quand vous en serez venus à ce point que vous l'aimerez tant dans votre cœur que hormis son amour vous négligerez et vous mépriserez toute chose, même votre propre personne, alors vous serez parfaits et proclamés ses vrais amis. En outre, je vous dis que, si vous l'aimez ainsi, la foi vous mettra à des épreuves qui vous feront avancer de plus en plus dans la voie des bonnes œuvres; alors vous serez purifiés du péché, et vous connaîtrez que dans le monde il n'y a que méchanceté et malice; alors vous haïrez le vice pour (aimer) la vertu; les anges seront vos amis, et vous aurez puissance et domination sur les démons; alors par contemplation vous pourrez réjouir votre cœur en Dieu; car rien ne pourra vous nuire, ni le ciel ni

Et lors, par contemplacion
Pourrez voz cuers en Dieu deduire;
Car ne sera qui vous puist nuire,
Ne ciel n'enfer, terre ne mer :
Et pour ce en foy pensez d'amer
Le doux Jhesus, li savoureux,
Ly souverain des amoureux,
Le tresor de bien qui ne fault,
Le maistre qui tout peut et vault,
Qui n'a fin ne commencement;
Et se vous l'amez tellement
Com je vous di, je suis certains
Qu'il vous fera com roys hautains
   Regner en gloire.

ABBANES.

Moult a en vous noble memoire,
Pere en Dieu, et haulte science.
Et quant telle vie en commence,
Pour soy de touz pechiez monder
Sur la quelle vertu fonder
Se doit-on especialment?
Car qui n'a bon commencement
Il ne peut à droit parfiner.
Vueillez-nous ent determiner
   La verité.

IGNACE.

Sur la vertu d'umilité,
Mes amis, fonder le convient,
Ou je vous di que l'en fait nient;
Car qui vertuz en lui assemble
Sanz humilité, il ressamble
A celui qui la pouldre amasse
Au vent, et le vent la detasse
Et la gaste : c'est chose voire,
Et ainsi le dit saint Gregoire;
Mais quant on est humble de cuer,
Et tout orgueil est jetté puer,
Qui l'ame destruit et confont,
Lors vient-on aux vertuz qui font
L'esperit riche de science,
De conseil et de sapience,
De pitié et d'entendement,
Du don de force et ensement
De la paour Nostre-Seigneur,
Qui n'est pas vertu mains greigneur
Que les autres, ce dit mon livre;
Car touz jours fait l'ame bien vivre.
Et quant vous ainsi le ferez,
Je vous di que benéurez
   Serez de Dieu.

l'enfer, ni la terre ni la mer : c'est pourquoi pensez à aimer avec la foi, le doux Jésus, le souverain des amoureux, le trésor de bien inépuisable, le maître qui peut tout et qu'on ne saurait trop priser, celui qui n'a ni commencement ni fin; et si vous l'aimez ainsi que je vous le dis, je suis certain qu'il vous fera régner glorieusement comme un roi puissant.

ABBANES.

Père en Dieu, vous possédez une bien noble mémoire, et votre science est bien profonde. Quand on commence une telle vie, sur quelle vertu doit-on se fonder spécialement pour se purifier de tous péchés? car celui qui n'a pas un bon commencement ne peut bien finir. Veuillez nous en faire connaître la vérité.

IGNACE.

Mes amis, il faut fonder sa vie sur la vertu d'humilité, ou, je vous le dis, l'on ne fait que néant; car celui qui rassemble des vertus en lui sans y comprendre l'humilité, il ressemble à l'homme qui amasse la poussière, que le vent enlève et détruit : c'est une chose vraie, qu'a dite saint Grégoire; mais quand on est humble de cœur et que l'on a entièrement extirpé de son ame l'orgueil qui la détruit et la confond, alors l'on en vient aux vertus qui enrichissent l'esprit de science, de conseil et de sagesse, de piété et d'entendement, du don de force aussi bien que de la crainte de Notre-Seigneur, qui n'est pas une vertu moindre que les autres, ainsi que le dit mon livre; car toujours elle fait bien vivre l'ame. Quand vous agirez ainsi, je vous dis que vous serez bénis de Dieu.

GONDOFORE.
Sire, pour ce que d'aucun lieu
Ci endroit aucun ne surviengne
Dont blasme ou difame vous viengne,
Ou qui de nous se voit doubtant,
De vous prenrons congié à tant
Et à Dieu vous commanderons;
Une autre foiz vous reverrons
  Plus à loisir.
IGNACE.
Dieu le vueille par son plaisir!
Vous dites bien: or, en alez;
Mais je vous pri, quoy que parlez,
Que touz jours soit vostre pensée
A l'amour de Dieu adrescée.
Riens plus ore ne vous diray,
Mais à Dieu vous commanderay
  Et à sa garde.
ABBANES.
Gondofore, quant je regarde
Et je pense à la pascience
De cest homme et à la science
Qu'il a et à ses faiz et diz,
Je tieng que Dieu de paradis
  En lui habite.
GONDOFORE.
Certes, il est de grant merite
Et de haulte perfeccion
Devant Dieu, à m'entencion.
Comment autrement péust-il
Avoir eschapé du peril
  Qu'a jà passé?
ABBANES.
Godofore, voir je ne scé;
Certains sui que Dieu le soustient.
Ores, compains, il nous convient
Maintenant de lui depporter,
Et pour noz vies conforter
Nous fault prendre nostre repas;
Alons diner isnel le pas :
  Il en est heure.
GONDONFORE.
Alons donc; et puis, sans demeure,
Revenrons vers la court savoir
S'il pourroit delivrance avoir,
  Ou qu'en sera.
L'EMPERERE.
Seigneurs, qu'est-ce cy? Durera
Touz jours cel anchanteur en vie?
J'en ay grant dueil et grant envie.

GONDOFORE.
Sire, pour qu'il ne survienne ici d'aucun lieu personne qui vous puisse blâmer ou calomnier, ou qui s'effraie de nous voir, nous prendrons congé de vous à l'instant et nous vous recommanderons à Dieu; une autre fois nous vous reverrons plus à loisir.

IGNACE.
Plaise à Dieu qu'il en soit ainsi! Vous dites bien : or, allez-vous-en; mais, je vous en prie, quelques paroles que vous prononciez, que toujours votre pensée ait pour but l'amour de Dieu. A cette heure je ne vous dirai rien de plus; mais je vous recommanderai à Dieu et à sa garde.

ABBANES.
Gondofore, quand j'examine et considère la patience, la science, les faits et paroles de cet homme, je tiens que le Dieu de paradis habite en lui.

GONDOFORE.
Certes, il est, suivant moi, d'un grand mérite et d'une haute perfection devant Dieu. Autrement, comment eût-il pu échapper au péril qu'il a déjà couru?

ABBANES.
Gondoforé, vraiment je ne sais; je suis certain que Dieu le soutient. Allons, compagnon! il faut maintenant nous séparer de lui, et prendre notre repas pour soutenir notre vie. Allons dîner tout de suite : il en est temps.

GONDOFORE.
Allons-y donc; et puis, sans tarder, nous reviendrons vers la cour savoir s'il pourrait avoir sa délivrance, ou ce qu'on en fera.

L'EMPEREUR.
Seigneurs, qu'est-ce ceci? Ce sorcier sera-t-il toujours vivant? J'en ressens un grand chagrin et beaucoup d'envie. Allez le cher-

Alez le querre entre vous deux ;
Renouveller li vueil ses deulz,
  Il m'en prent fain.
    PREMIER SERGENT.
Vostre vouloir ferons à plain,
Sire, et vostre commandement.
— Gamache, compains, alons-m'ent
  Inace querre.
    ij^e. SERGENT.
Alons, Ygnace ! issiez bonne erre
  De là-dedens.
    IGNACE.
Que voulez-vous, seigneurs sergens ?
  Vez-me cy hors.
    PREMIER SERGENT.
Empirié n'estes pas du corps ;
Je ne scé que mengié avez.
Avec nous tost vous en venez,
  Sanz plus cy estre.
    IGNACE.
Si tost com je vous verray mettre
A chemin, pas ne demourray ;
Mais avec vous touz jours seray,
  Certes, le tiers.
    .ij^e. SERGENT.
Voire, ou envis ou voulentiers
Y venrez-vous, plus n'en parlons.
Touz .iij. d'un front nous en alons.
  —Pren de là, pren.
    L'EMPERERE.
Ignace, quant je te repren
De ton orgueilleuse ygnorance,
De ta fole et male creance,
  Pourquoy ne t'i advises-tu ?
Tu fusses noblement vestu
Et fusses un grant maistre, voire,
Se voulsisses en noz dieux croire.
Meschant, que ne t'i prens-tu garde ?
Car en vostre loy je regarde
Qu'il n'i a riens de veritable ;
Mais ouvrez touz d'art de dyable,
  Vous crestiens.
    IGNACE.
Emperiere, tu croiz et tiens
Une très fausse oppignion ;
Car je te fas bien mencion
Li crestien n'ont point tel vice
Qu'ilz usent d'art de malefice,
N'en la vertu des ennemis
Ne sommes point à ce soubzmis,

cher vous deux ; je veux lui renouveler ses douleurs, il m'en prend désir.

PREMIER SERGENT.

Nous ferons entièrement votre volonté et votre commandement. — Gamache, compagnon, allons-nous-en chercher Ignace.

DEUXIÈME SERGENT.

Allons, Ignace ! sortez vite de là-dedans.

IGNACE.

Que voulez-vous, seigneurs sergens ? me voici dehors.

PREMIER SERGENT.

Je ne sais ce que vous avez mangé ; mais votre corps ne porte point de traces de mauvais traitemens. Vous vous en viendrez avec nous, sans tarder.

IGNACE.

Sitôt que je vous verrai vous mettre en chemin, je ne tarderai pas ; mais je serai toujours en tiers avec vous deux certainement.

DEUXIÈME SERGENT.

Vraiment, vous y viendrez de bon gré ou non, n'en parlons plus. Allons-nous-en tous trois de front. — Prends de là, prends.

L'EMPEREUR.

Ignace, quand je te reprends de ton ignorance orgueilleuse, de ta folle et mauvaise croyance, pourquoi ne t'en corriges-tu pas ? Tu serais noblement vêtu et puissant, en vérité, si tu voulais croire à nos dieux. Méchant que tu es, pourquoi n'y songes-tu pas ? Je vois qu'en votre loi il n'y a rien de véritable, et que, vous autres chrétiens, vous pratiquez des artifices diaboliques.

IGNACE.

Empereur, tu as et tiens une très-fausse opinion ; car je te déclare bien que les chrétiens n'usent point de maléfices. Nous ne sommes point non plus soumis au pouvoir des démons, au contraire nous en sommes libres et exempts, et nous ne souffrons pas que celui qui en fait usage vive parmi nous.

Ains en sommes franc et delivre,
Mais plus nous ne souffrons point vivre
Nul qui en use en nostre loy;
Mais vous, qui estes gent sanz foy
Et qui vivez aussi com bestes,
Proprement malefices estes,
 Ce n'est pas doubte.
PREMIER CHEVALIER.
Ta janglerie trop estoute.
Comment as-tu osé ce dire
Devant l'empereur nostre sire?
 Qui t'a méu?
IGNACE.
Certes, bien estes decéu
Quant vous ne savez recongnoistre
Au vray Dieu celui qui fait croistre
Les biens dessus terre et habonde,
Qui seul gouverne tout le monde,
Qui les blez fait multiplier,
Et les vignes fructiffier,
 Voire et les fruiz.
ij^e CHEVALIER.
Desservi as estre destruiz
Et à mettre ton corps en cendre.
Coment nous veulz-tu faire entendre
Que nous ne savons qui est Dieux?
Coquart, si faisons assez mieux
 Que tu ne fais.
IGNACE.
Il n'appert mie par voz faiz,
Car les dyables aourez
Par les ydoles que honnorez
Et devant qui vous enclinez
Comme à Dieu : par quoy destinez
Estes à mort perpetuelle,
Si angoisseuse et si cruelle
Que bouche ne la pourroit dire.
Là souffrerez-vous grief martire
 De fait sanz fin.
L'EMPERERE.
Tu es envers ton Dieu trop fin,
Et scez-tu qui t'en avenra?
Le dos on te descirera
A ongles d'acier bien tranchans;
Et quant ainsi seras meschans,
Tes plaies te seront lavées
De vin aigre, et de sel salées :
Le cuer m'en est entalenté.
— Or, tost faites ma voulenté
 Du tout en tout.

Quant à vous, qui êtes des gens sans foi et qui vivez comme des bêtes, vous êtes, à proprement parler, des maléfices, il n'y a pas à en douter.

PREMIER CHEVALIER.
Ta langue radote trop. Comment as-tu osé dire cela devant l'empereur notre sire? Qui t'a poussé?

IGNACE.
Certes, vous êtes bien aveugles alors que vous ne savez reconnaître pour vrai Dieu celui qui fait croître les biens sur terre en abondance, qui seul gouverne tout le monde, qui fait multiplier les blés, fructifier les vignes, et qui produit même les fruits.

DEUXIÈME CHEVALIER.
Tu as mérité d'être détruit et d'avoir ton corps mis en cendres. Comment veux-tu nous faire entendre que nous ne savons ce que c'est que Dieu? Drôle, nous le savons mieux que toi.

IGNACE.
Il n'y paraît pas à vos actions, car vous adorez les démons par les idoles que vous honorez et devant qui vous vous inclinez comme devant Dieu : c'est pourquoi vous êtes destinés à une mort perpétuelle, si cruelle et si douloureuse que bouche ne pourrait en faire la description. Là vous souffrirez éternellement un rude martyre.

L'EMPEREUR.
Tu es trop fidèle à ton Dieu, et sais-tu ce qui t'en adviendra? On te déchirera le dos avec des ongles d'acier bien tranchans ; et quand tu seras en cet état, tes plaies te seront lavées avec du vinaigre et saupoudrées de sel : tel est mon bon plaisir. — Allons, faites vite ma volonté en tout point.

PREMIER SERGENT.

Chier sire, combien qu'il me coust,
Prest sui d'acomplir vo vouloir;
Assez tost li feray doloir
    L'os de l'eschine.

ij^e SERGENT.

Yguace, sanz avoir meschine,
Cy endroit despoullier vous fault,
Si vous graterons sanz desfault :
    Vez cy de quoy.

LE PREMIER SERGENT.

Il se taist, Gamache, tout coy;
Il ne li plaist pas, ce me semble.
Avant, amis! ouvrons ensemble,
    Puisqu'il est nu.

ij^e. SERGENT.

Puisqu'entre noz mains est venu,
Arrivé est à mauvais port.
Regarde : le cuir en apport
    Tout hors du dos.

PREMIER SERGENT.

Et on li peut veoir les os
    Par devers moy.

L'EMPERERE.

Maleureux! conseille-toy.
Destruire ainsi pas ne te laisses,
De ta fole creance cesses :
    Si feras bien.

IGNACE.

Empereur, je n'en feray rien :
J'ai de nouvel force reprise;
Tes tourmens ne crieng ne ne prise,
Je sui plus prest de m'y offrir
Que tu de moy faire souffrir,
Pour l'amour du doulx Jhesu-Crist.
Sez-tu pour quoy? Il est escript
Que toutes tribulacions
Et toutes les griefs passions
C'om peut en ce ciecle endurer
Ne se pevent amesurer
N'estre dignes, c'est chose voire,
N'equipoler à celle gloire
Infinie que j'en aray
Quant Dieu face à face verray,
    Ainsi qu'il est.

L'EMPERERE.

A ce que je voy, donc il n'est
Ne doulz parler ne batemens,
Ne menaces ne griefs tourmens
Qui facent que ton vouloir plaisses

PREMIER SERGENT.

Cher sire, quoi qu'il m'en coûte, je suis prêt à accomplir votre vouloir; je lui ferai du mal assez tôt à l'os de l'échine.

DEUXIÈME SERGENT.

Ignace, sans que vous ayez de servante, il faut ici vous déshabiller, et nous vous gratterons le dos comme il faut : voici de quoi.

LE PREMIER SERGENT.

Il se tait, Gamache, et reste coi. Cela ne lui plaît pas, à ce qu'il me semble. En avant, ami! travaillons ensemble, puisqu'il est nu.

DEUXIÈME SERGENT.

Puisqu'il est venu entre nos mains, il est arrivé à mauvais port. Regarde : je lui enlève toute la peau hors du dos.

PREMIER SERGENT.

Et de mon côté on peut lui voir les os.

L'EMPEREUR.

Malheureux! ravise-toi. Ne te laisse pas détruire ainsi, renonce à ta folle croyance : tu feras bien.

IGNACE.

Empereur, je n'en ferai rien : j'ai de nouveau repris des forces; je ne crains ni ne prise tes tourmens, je suis plus prêt à m'y présenter que toi à me les faire souffrir, pour l'amour du doux Jésus-Christ. Sais-tu pourquoi? Il est écrit que toutes les tribulations et tous les supplices cruels que l'on peut souffrir pendant cette vie ne peuvent être mis en comparaison, c'est chose véritable, avec la gloire infinie que j'aurai quand je verrai Dieu face à face, ainsi qu'il est.

L'EMPEREUR.

A ce que je vois, il n'y a donc ni douces paroles ni coups, ni menaces ni supplices, ni tourmens qui te fassent plier ta volonté à laisser ta mauvaise loi, et tu n'adoreras

A ce que ta male loy laisses,
Ne mes diex point n'aoureras !
Par Mahon ! je croy si feras
   Ains que je fine.
      LE PREMIER CHEVALIER.
Il aime son Dieu d'amour fine
   Trop malement.
      ij^e. CHEVALIER.
Je sui touz esbahiz comment
   Il l'a si chier.
      L'EMPERERE.
Je vous enjoing, sanz plus preschier,
Qu'en chartre obscure le tenez,
Et de fors chaines l'enchainez,
Et si soit là en un sep mis;
Ne nulz, tant soit bien voz amis,
Devers li ne voit ne ne viengne,
Et qu'ainsi .iij. jours on le tiengne
Sanz goute boive ne mangier.
Je vueil de lui noz diex vengier,
Et entre deux m'aviseray
Comment morir je le feray
   A grant hontage.
      LE PREMIER CHEVALIER.
Biaux amis, mue ton courage:
Renie ta foy crestienne,
Et vif selon la loy paienne;
   Sauve ta vie.
      IGNACE.
De ce faire n'ay pas envie;
   Souffrez-vous, sire.
      ij^e CHEVALIER.
Ne met plus ton corps à martire;
Croy conseil, que sage feras:
A grant honneur venir pourras,
   Ne tient qu'à toy.
      IGNACE.
Mon bon Dieu souffri mort pour moy,
Je vueil aussi mourir pour lui;
Car mon ame a jà embeli
De gloire et si enluminée
Qu'elle est aussi comme minée
   Toute en s'amour.
      PREMIER SERGENT.
Nous faison cy trop long demour,
Et vous vous debatez en vain.
— Maistre, je met à vous la main;
   Passez de cy.
      IGNACE.
Jhesus, mon Dieu ! je te gracy

point mes dieux! Par Mahomet! je crois que tu le feras avant que je meure.

      LE PREMIER CHEVALIER.

Il aime (et il a très-grand tort) sincèrement son Dieu.

      DEUXIÈME CHEVALIER.

Je suis tout ébahi qu'il puisse tant le chérir.

      L'EMPEREUR.

Je vous enjoins, sans discourir davantage, de le tenir dans une prison obscure, de le lier de fortes chaînes, et de le mettre dans un cep; que nul homme, quelle que soit son amitié pour vous, n'aille ni ne vienne vers lui, et qu'ainsi on le tienne trois jours sans boire ni manger. Je veux venger nos dieux de lui, et cependant j'aviserai aux moyens de le faire mourir très-ignominieusement.

      LE PREMIER CHEVALIER.

Bel ami, change d'idée : renie la foi chrétienne, et vis suivant la loi des païens; sauve ta vie.

      IGNACE.

Sauf votre grâce, je n'ai pas envie, seigneur, de commettre cette action.

      DEUXIÈME CHEVALIER.

N'expose plus ton corps au martyre; crois (mon) conseil, et tu feras sagement : il pourra t'en venir grand honneur, cela ne tient qu'à toi.

      IGNACE.

Mon bon Dieu souffrit la mort pour moi, je veux aussi mourir pour lui; car il a déjà embelli de gloire et tant illuminé mon ame qu'elle est comme fondue tout entière en son amour.

      PREMIER SERGENT.

Nous nous arrêtons trop long-temps ici, et vous vous débattez en vain. — Maître, je mets la main sur vous; passez ici.

      IGNACE.

Jésus, mon Dieu ! je te rends grâces de

De quanque pour toy on me fait ;
Et s'envers toy ay riens meffait,
Pardon t'en pri.
    .ij^e. SERGENT.
C'est bien ; entrés cy sanz detry.
— Or çà ! Mal-Assis, biaux amis,
Il fault qu'il soit en ce sep mis,
Et puis tout coy le laisserons :
Par ce la volenté ferons
    De l'emperere.
    PREMIER SERGENT.
J'en scé assez bien la maniere ;
Tu l'i verras assez tost mis.
C'est fait. Regarde, biaux amis :
    En sui-je maistre ?
    ij^e. SERGENT.
Oïl, voir. Laissons-le cy estre,
Car il n'a d'eschaper puissance ;
R'alons-nous-ent sanz delaiance
    Devers la court.
    PREMIER SERGENT.
Alons, Gamache, à brief mot court :
    C'est nostre miex.
    IGNACE.
Ha, sire Diex ! a, sire Diex !
En ta pitié regardes-moy ;
Car je n'ay fiance qu'en toy,
Pour ce qu'il n'est nul qui debate
Mon fait ne qui pour moy combate,
Se toy non, pere omnipotent,
A qui m'ame venir atent
Comme à son vray Dieu et vray pere.
— O Marie, de Jhesu mere,
Qui portas ton pere et ton filz,
Et vierge remains, j'en suis fis,
Après que l'euz enfanté !
Dame, par ta sainte bonté
Prie-li s'aïde m'envoit
Et de sa grace me pourvoit,
    Dont j'ay mestier.
    DIEU.
A celui qui de cuer entier
Et parfait vous et moy, mere, aime
Et qui doulcement nous reclaime
Vueil donner confort sanz espace
D'attendre plus : c'est à Ygnace,
Qui pour moy sueffre grief tourment.
Or sus ! vous et vous, alons-m'ent
    Où vous menray.

tout ce qu'on me fait pour toi ; et si je t'ai offensé en rien, pardonne-moi, je t'en prie.
    DEUXIÈME SERGENT.
C'est bien ; entrez ici sans retard. — Allons ! Mal-Assis, bel ami, il faut qu'il soit mis en ce cep, et puis nous le laisserons tranquille : ainsi nous exécuterons la volonté de l'empereur.
    PREMIER SERGENT.
Je sais assez bien comment m'y prendre ; tu l'y verras bientôt mis. C'est fait. Regarde, bel ami : en suis-je (passé) maître ?
    DEUXIÈME SERGENT.
Oui, vraiment. Laissons-le ici, car il ne peut s'échapper ; allons-nous-en, sans délai, vers la cour.
    PREMIER SERGENT.
Allons, Gamache, sans plus de paroles : c'est ce que nous avons de mieux à faire.
    IGNACE.
Ah, sire Dieu ! ah, sire Dieu ! regarde-moi dans ta miséricorde ; car je n'ai confiance qu'en toi, attendu qu'il n'y a personne qui prenne ma défense ou qui combatte pour moi, sinon toi, père tout puissant, à qui mon ame espère venir comme à son vrai Dieu et à son véritable père. — O Marie, mère de Jésus, qui portas ton père et ton fils, et restas vierge, j'en suis convaincu, après que tu l'eus enfanté ! dame, par un effet de ta sainte bonté, prie-le qu'il m'envoie son aide et me pourvoie de sa grâce : j'en ai besoin.

    DIEU.
Je veux réconforter, sans attendre davantage, celui qui nous aime, vous, ma mère, et moi, de tout son cœur, et qui nous invoque doucement : c'est Ignace, qui pour moi souffre un rude tourment. Allons ! vous tous, suivez-moi où je vous mènerai.

NOSTRE-DAME.

Mon filz et mon Dieu, je feray
De cuer quanque commanderez.
— Or sus, anges! vous chanterez
Devant nous deux.

GABRIEL.

Ce ferons mon de cuer joieux.
Royne de misericorde,
A vo vouloir faire s'accorde
Chascun de nous.

DIEU.

Or, entendez: attournez-vous
A aler à cel hermitage;
Et en alant, selon l'usage,
De voiz angelique chantez
Chant qui de vous soit frequentez
Et bien scéu.

MICHIEL.

Vraiz Dieux, puisqu'il vous a pleu
A commander, il sera fait.
— Sus, Gabriel! disons de fait
Si que ne façons à blasmer.

Rondel.

Vraiz Dieux, en qui n'a point d'amer,
Qui vous et vostre mere sert,
Pardurable gloire en dessert:
Pour ce vous doit chascun amer,
Voire en secré et en appert.
  Vraiz Diex, etc.,
Et dire et en terre et en mer
Que nulz son servise ne pert
Qui le met en vous mais appert.
  Vraiz Dieux, en qui, etc.

DIEU.

Mere, à nostre ami descouvert
Soit par vous, sanz nul contredit,
Ce qu'en venant je vous ai dit
Que vueil qu'il face.

NOSTRE-DAME.

Si li diray, sanz plus d'espace.
—Biau pere, entens que tu feras:
A la chartre droit t'en iras
Où est mis le saint homme Ignace,
Qui n'est mie sanz la Dieu grace;
Mais il est plaiez malement:
Reconforte-le doulcement,
Je le t'en charge et le temong.

NOTRE-DAME.

Mon fils et mon Dieu, je ferai de tout mon cœur ce que vous commanderez.—Allons, anges! vous chanterez devant nous deux.

GABRIEL.

Certainement nous le ferons la joie dans le cœur. Reine de miséricorde, chacun de nous est d'accord pour faire votre volonté.

DIEU.

Allons, écoutez: dirigez votre route vers cet ermitage; et en allant chantez, suivant l'habitude, de vos voix d'anges, un cantique qui vous soit familier et bien connu.

MICHEL.

Vrai Dieu, tout ce qu'il vous a plu de commander sera fait. — Allons, Gabriel! chantons de manière à ne pas mériter de blâme.

Rondeau.

Vrai Dieu, en qui il n'y a rien d'amer, celui qui sert vous et votre mère mérite la gloire éternelle: pour cela chacun doit vous aimer en secret et ouvertement. Vrai Dieu, etc.

Et dire sur la terre et sur la mer que nul ne perd son service en vous le consacrant ouvertement. Vrai Dieu, en qui, etc.

DIEU.

Mère, découvrez, sans réplique, à notre ami ce que je vous ai dit en venant que je veux qu'il fasse.

NOTRE-DAME.

Je le lui dirai, sans plus de délai. — Mon père, écoute ce que tu as à faire: tu t'en iras droit à la prison dans laquelle a été mis le saint homme Ignace, qui n'est point sans la grâce de Dieu; mais il a été rudement maltraité: réconforte-le doucement, je t'en charge et t'en prie. Tiens, je te donne cet onguent dont tu l'oindras quand tu seras là:

Et tien, cest oingnement te doing
Dont tu l'oindras quant là seras :
Et par ce santé li donras,
　N'en doubtez mie.

L'ERMITE.

Et qui estes-vous, doulce amie,
Qui cy venez en tel arroy ?
Je croy qu'estes fille de roy.
De vostre biauté me merveil,
Car telle ne vi-je mais d'œil ;
Mais, dame, aussi suis-je esbahiz
Que m'envoiez en un païz
Et en une estrange contrée
Où je ne fis onques entrée :
　Comment iray ?

DIEU.

Mon ami, je le te diray.
D'y aler ne t'esbahis pas,
Tu venras après nous le pas ;
Ces jouvenciaux t'i conduiront,
Si tost que laissiez nous aront,
Qui porteront au prisonnier
De par moy viande à mengier,
　Dont a souffrette.

L'ERMITE.

Vostre voulenté sera faite
Du tout, sire, sans contredire.
Je vois qu'estes Dieu, nostre sire,
Et ci est la Vierge Marie.
Ha, Diex ! com noble compagnie
　M'est ci venue !

NOSTRE-DAME.

Seigneurs anges, sanz attendue,
Avant au retour vous mettez
Tant qu'aux cieulx soions remontez,
　Mon filz et moy.

GABRIEL.

Humble vierge, à voz gréz m'ottroy.
—Michiel, à voie nous mettons,
Et en alant d'acort chantons ;
Ce ne nous doit pas estre amer.

Rondel.

Et dire et en terre et en mer
Que nulz son service ne pert
Qui le met en vous mès appert.
　Vraiz Diex, etc.

DIEU.

Mi ange, alez-ent comme appert
En la chartre où Ygnace est mis,
Et de par moy ly soit tramis

ce faisant, tu lui donneras la santé, n'en doute pas.

L'ERMITE.

Et qui êtes-vous, douce amie, qui venez ici en tel équipage ? je crois que vous êtes fille de roi. Je m'émerveille de votre beauté, car de mes yeux je n'en vis jamais de pareille ; mais, dame, je ne suis pas moins ébahi que vous m'envoyiez en un pays et une contrée qui me sont étrangers et où jamais je n'entrai : comment y puis-je aller ?

DIEU.

Mon ami, je te le dirai. Ne t'effraie pas d'y aller, tu viendras au pas après nous ; ces jouvenceaux t'y conduiront, aussitôt qu'ils nous auront laissés. Ils vont porter au prisonnier de ma part de la nourriture dont il a besoin.

L'ERMITE.

Votre volonté sera faite, sire, du tout au tout aveuglément. Je vois que vous êtes Dieu, notre seigneur, et voici la Vierge Marie. Ah Dieu ! quelle noble compagnie m'est arrivée ici !

NOTRE-DAME.

Seigneurs anges, sans retard, remettez-vous en route, que nous remontions aux cieux, mon fils et moi.

GABRIEL.

Humble vierge, j'obéis. — Michel, mettons-nous en route, et en allant chantons d'accord ; cela ne doit pas nous être pénible.

Rondeau.

Et dire sur la terre et sur la mer que nul ne perd son service en vous le consacrant ouvertement. Vrai Dieu, etc.

DIEU.

Mes anges, allez-vous-en sur-le-champ en la prison où Ignace a été mis, et donnez-lui de ma part ce pain et ce pot de boisson.

Ce pain et ce pot de buvrage.
Dites sa faim en assouage,
Et qu'à moy ait touz jours le cuer :
Je ne li fauldray à nul feur.
Faites, et si vous avoiez,
Et ce preudomme y convoiez
  Ysnellement.

GABRIEL.

Sire, vostre commandement
Acomplirons très voulentiers.
— Or çà, preudons ! faites le tiers
  Avecques nous.

L'ERMITE.

Puisqu'à Dieu plaist, mes amis doulx,
  Voulentiers, certes.

MICHIEL.

Preudons, pour voz saintes dessertes
Nous a Diex à vous envoié
Afin que par nous convoié
Soiez au lieu où est Ignace.
Nous y serons tost, sanz falace ;
  Vous le verrez.

GABRIEL.

Il dist voir ; et si trouverez
La chartre ouverte, c'est certain ;
Et là enterrons tout à plain
  Sanz contredit.

L'ERMITE.

Seigneurs, grant joie ay de ce dit
  Que vous me dites.

MICHIEL.

Vez cy la chartre, sains hermites :
  Entrons-y touz.

GABRIEL.

Ne diray pas : « Où estes-vous,
Ignace ? » je vous voy assez.
Pour ce qu'estes de faim lassez,
Et Dieu des cieulx l'a bien véu :
Lui-mesmes vous a pourvéu.
Tenez, vez cy qu'il vous envoie.
Or, mengiez et buvez à joie,
Soiez touz jours en s'amour fort :
Il vous fera touz jours confort.
Riens plus ore ne vous dirons,
Nous .ij. de ci nous en irons ;
Mais cest homme nous (sic) demourra,
Qui autre chose vous diray
  Que ne vous dy.

Dites-lui d'en apaiser sa faim, et de m'avoir toujours dans son cœur : je ne lui manquerai d'aucune manière. Faites ; puis mettez-vous en route, et conduisez sur-le-champ ce prud'-homme dans la prison.

GABRIEL.

Sire, nous accomplirons très-volontiers votre commandement. — Allons, prud'homme ! faites le troisième avec nous.

L'ERMITE.

Certes, volontiers, mon doux ami, puisque cela plaît à Dieu.

MICHEL.

Prud'homme, votre sainteté vous a mérité que Dieu nous envoyât vers vous pour vous conduire au lieu où est Ignace. Nous y serons bientôt, sans mensonge ; vous le verrez.

GABRIEL.

Il dit vrai ; et vous trouverez la prison ouverte, c'est certain ; et nous y entrerons tout droit sans difficulté.

L'ERMITE.

Seigneurs, j'éprouve une grande joie de la parole que vous me dites.

MICHEL.

Voici la prison, saint ermite : entrons-y tous.

GABRIEL.

Je ne dirai pas : « Où êtes-vous, Ignace ? » je vous vois assez. Vous êtes tourmenté de la faim, et le Dieu des cieux l'a bien vu : lui-même a pourvu à vos besoins. Tenez, voici ce qu'il vous envoie. Mangez donc et buvez gaîment, et ayez toujours le même amour pour lui : toujours il vous réconfortera. Nous ne vous dirons ici rien de plus, nous nous en irons tous deux ; mais cet homme restera ici, et vous en dira plus que je ne vous en dis.

IGNACE.
Ha, mon bon Dieu! je te graci
De la bonté que tu me fais,
Quant de tes mains tu me repais
Si richement.

L'ERMITE.
Sire, entendez : certainement,
Ce n'est pas doubte qu'il vous aime
Et son loyal sergent vous claime;
Car li-meismes m'est venu querre
A plus de mil liues de terre,
Avec lui sa mere Marie,
Qui d'anges estoit compagnie,
Ne demandez mie comment;
Et ceste boiste d'oingnement
Me bailla, et puis si m'enjoint
Que par moy en fussiez enoint
Si que garison vous donnasse
Et vos plaies du tout curasse;
Et puisque c'est le Dieu vouloir,
Sire, vous devez bien vouloir
Que je vous cure.

IGNACE.
Amis, je suis sa creature :
Puisqu'il me veult telle bonté,
Faites à vostre voulenté;
Je m'y accors.

L'ERMITE.
Oindre vous vueil par tout le corps,
Sanz plus faire d'arrestoison.
Diex! con cest oingnement sent bon!
Onques mais (pour voir, dire l'ose)
Ne senti fleur ny autre chose
Si delictable.

IGNACE.
Encore est-il plus prouffitable,
Sire, qu'il n'est souef flairant :
Je mesmes m'en tray à garant;
Car sur moy n'a mais froisséure,
Plaie nulle ne blecéure;
Mais suis tout sain.

L'ERMITE.
Loez en soit li souverain
Pere des cieulx!

IGNACE.
Et la Vierge-Mere et son fiex
Loée aussi!

L'ERMITE.
Sire, or me puis-je bien de cy

IGNACE.
Ah, mon bon Dieu! je te rends graces de la bonté que tu montres à mon égard en me repaissant de tes mains si richement.

L'ERMITE.
Sire, entendez: certainement, il n'y a pas à douter qu'il ne vous aime et qu'il ne vous appelle son loyal serviteur; car lui-même il m'est venu chercher à plus de mille lieues de distance, lui et Marie sa mère, qui était escortée d'anges, ne demandez pas comment; il me donna cette boîte d'onguent, et puis m'enjoignit de vous en oindre de manière à vous procurer guérison et à fermer toutes vos plaies. Puisque c'est la volonté de Dieu, sire, vous devez bien vouloir que je vous guérisse.

IGNACE.
Ami, je suis sa créature : puisqu'il veut me faire cette grâce, agissez à votre volonté; j'y consens.

L'ERMITE.
Je veux vous oindre par tout le corps, sans plus tarder. Dieu! comme cet onguent sent bon! Jamais (en vérité, j'ose le dire) je ne sentis ni fleur ni autre chose aussi délectable.

IGNACE.
Sire, sa vertu est encore meilleure que sa douce odeur : je suis là moi-même pour le garantir; car sur moi il n'y a plus ni contusion, ni plaie, ni blessure; mais je suis tout-à-fait en bonne santé.

L'ERMITE.
Que le souverain père des cieux en soit loué!

IGNACE.
Que la Vierge-Mère et son fils en soient loués aussi!

L'ERMITE.
Sire, avec votre permission, je puis bien

Partir et par vostre congié,
Puisqu'estes cy assouagié
　De touz voz maux.

IGNACE.

Chier frere et chier amis loyaux,
Je ne vous ose retenir
Pour doubte du mal avenir
Qui en peut : c'est ce que regarde.
Alez-vous-ent en la Dieu garde;
Qui vous doint en la fin sa gloire!
Et pour Dieu aiez-me en memoire
　En vos prieres.

L'ERMITE.

Elles sont malement ligieres ;
J'ay trop greigneur mestier des vostres,
Sire, que vous n'avez des nostres.
　A Dieu en soit!

L'EMPERERE.

Seigneurs, bien me triche et deçoit
Ignace, que ne puis vertir
Ny à nostre loy convertir.
Or a .iij. jours en mon dangier
Esté sanz boire et sanz mengier
Et à destresce de prison.
Alez le sanz arrestoison
　Cy amener.

PREMIER SERGENT.

Je ne say comment demener
Il se pense dès ores mais.
—Gamache, alons querre ce mais,
　Nous ij. amis.

.ij^e. SERGENT.

Or sà, que fust-il à fin mis!
E, gar qu'il nous donne de paine!
—Sà, sire! issez, en male estraine
　Ce puist ore estre!

IGNACE.

Mon ami, Dieu, le roy celestre,
　Le te pardoint!

LE PREMIER SERGENT.

Souffrez-vous, souffrez de ce point
Et avec nous vous en venez.
—Vez ci, sire, Ygnace, tenez,
　Tout nu en braies.

L'EMPERERE.

Or entens : ou tu te retraies
De ta loy et que te consentes
A moy, ou il fault que tu sentes
Peine et griefs tourmens pour deliz;

m'en aller d'ici, puisque vous êtes soulagé de tous vos maux.

IGNACE.

Cher frère et cher ami loyal, je n'ose vous retenir par crainte du mal qui peut en arriver : c'est ce que je considère. Allez-vous-en à la garde de Dieu ; puisse-t-il vous donner à la fin sa gloire ! Et pour l'amour de Dieu, souvenez-vous de moi en vos prières.

L'ERMITE.

Malheureusement elles ont peu de valeur ; et j'ai plus besoin des vôtres, sire, que vous des miennes. A la volonté de Dieu !

L'EMPEREUR.

Seigneurs, Ignace me joue et me triche bien ; je ne puis le changer ni le convertir à notre loi. Voici trois jours qu'il est en mon pouvoir sans boire ni manger et livré aux angoisses de la prison. Allez le chercher sans retard, et amenez-le ici.

PREMIER SERGENT.

Je ne sais ce qu'il a l'intention de faire désormais. — Gamache, mon ami, allons tous deux le chercher.

DEUXIÈME SERGENT.

Allons, fût-il mis à mort ! Eh, regarde quelle peine il nous donne ! Allons, sire ! sortez, et que ce soit pour votre malheur !

IGNACE.

Mon ami, que Dieu, le roi des cieux, te le pardonne !

LE PREMIER SERGENT.

Obéissez, obéissez sur ce point et venez-vous-en avec nous. — Sire, tenez, voici Ignace, tout nu en braies.

L'EMPEREUR.

Maintenant écoute : ou abandonne ta loi et consens à m'obéir, ou il faut que tu sentes peines et cruels tourmens au lieu de délices ; maintenant choisis la mort et les

19

Mort et pleurs pour joie or esliz :
Lequel veulz-tu?
IGNACE.
Certes, je ne prise un festu,
Empereur, toutes tes menaces;
Je te pri, pour Dieu, que tu faces
Le miex; mais le pis que pourras,
De mon bon Dieu ne mueras
Jà mon propos.
PREMIER CHEVALIER.
Il a trop esté à repos.
E! gar comme il parle à cheval,
S'Artus estoit ou Parceval!
S'a-il grant cuer.
.ij^e. CHEVALIER.
Croire ne pourroie à nul fuer
Qu'il n'ait aucuns charnelz amis
Par qui en tel orgueil est mis;
Car, sire, il ne vous doubte point,
Et s'est de corps en meilleur point
C'onques ne le vi, ce me semble.
A la male feme ressamble
Qui s'engressist d'estre batue.
Il a bien sa char revestue
De bonne pel.
IGNACE.
Le Dieu que j'aour et appel
Ainsi me norrist et enforce
Que com plus sueffre, plus ai force
De plus souffrir.
L'EMPERIERE.
Assez tost te feray offrir
Un tel tourment que tu diras,
Vueilles ou nom, que n'en pourras
Endurer ne souffrir la paine.
—Vas dire au senac qu'i m'amaine
Les lions que de par moy garde
Acouplez, et que point ne tarde
Que ci ne viengne.
PREMIER SERGENT.
Se Mahon en santé me tiengne,
Sire, g'i vois isnel-le-pas.
—Senac, sire, ne laissiez pas
Qu'à l'emperere ne venez,
Et les lions li amenez
Tantost bonne ere.
LE SENAC.
En l'eure, amis, je les vois querre;
Passez, alez-vous-ent devant.
—Sire, je vieng à vostre mant :

pleurs ou la joie : lequel veux-tu?
IGNACE.
Certes, empereur, je ne prise pas un fétu toutes tes menaces; je te prie, pour (l'amour de) Dieu, de faire pour le mieux; mais le plus grand mal que tu pourras produire ne me fera pas changer à l'égard de mon bon Dieu.
PREMIER CHEVALIER.
Il a été trop long-temps laissé en repos. Eh! regardez comme il parle fièrement, de même que s'il était Arthur ou Perceval! Il a grand cœur.
DEUXIÈME CHEVALIER.
Je ne puis m'empêcher de croire qu'il n'ait quelques amis intimes qui l'entretiennent dans cet orgueil; car, sire, il ne vous redoute nullement, et il me semble que son corps est en meilleur état que je l'aie jamais vu. Il ressemble à la femme méchante qui s'engraisse d'être battue. Il a bien la chair revêtu de bonne peau.
IGNACE.
Le Dieu que j'adore et invoque me nourrit et me fortifie de telle manière que plus je souffre, plus j'ai de force pour souffrir.
L'EMPEREUR.
Je te ferai bientôt livrer à un tel supplice, que tu diras, de bon gré ou non, ne pouvoir en supporter les souffrances. — Va dire au senac qu'il m'amène accouplés les lions qu'il garde par mon ordre, et qu'il ne tarde pas de venir.
PREMIER SERGENT.
Que Mahomet me tienne en santé! Sire, j'y vais tout de suite. — Senac, sire, ne tardez pas à venir auprès de l'empereur, et amenez-lui tantôt les lions avec promptitude.
LE SENAC.
Amis, je vais les chercher à l'instant même; passez, allez-vous-en devant. — Sire, je viens à votre ordre : voici les deux

Vez ci les lions que mandez.
S'il vous plaist, or me commandez
　　Que j'en feray.
　　　L'EMPERE[RE].
Senac, tantost le vous diray.
Pour ce que orgueilleux et despit
Est trop Ygnace, or qu'il despit
Et nostre loy et touz noz diex,
Et s'en moque presens mes yex
Et en fait ses derrisions,
Je vueil que de ces .ij. lions
Soit devorez, comment qu'il prengne,
Et que de li riens ne remaingne,
　　Ne char ny os.
　　　LE SENAC.
Sire, pour voir dire vous os :
Plus tost leur verrez mettre à fin
Qu'à ij. fors lemiers un connin.
Je les vueil, sanz plus, descoupler;
Puis les feray sur lui coupler
　　Com sus charongne.
　　　IGNACE.
Seigneurs, qui pour ceste besongne
Et ceste peine et cest estrif
Qu'ay à porter pour Dieu le vif
Me regardez en mi le vis,
Vueillez à ce que ci devis
Entendre voz cuers avoier.
Labouré n'ay pas sanz loier,
Car n'est mie pour mauvaistié
Que je sueffre, mais pour pitié.
Froment de Dieu sui qui attens
A estre molu par les dens
De ces lions, c'est de certain,
A ce que je soie fait pain ;
　　Et Dieu le vueille !
　　　L'EMPERE[RE].
Biaux seigneurs, je voy ci merveille :
Plus qu'autres gens sur toutes riens
Sueffrent pour leurs diex crestiens.
Où sont ne Barbarans ne Griex
Qui tant souffrissent pour leurs diex ?
　　Je ne scé, voir.
　　　IGNACE.
Empérere, je te fas savoir
Que quanque j'ay souffert de paine
Ce n'est pas par vertuz humaine
Ne par falace d'anemi,
Mais par l'aïde mon ami
Jhesu-Crist, mon Dieu, et par foy.

lions que vous demandez. S'il vous plaît, commandez-moi ce que j'en dois faire.

L'EMPEREUR.

Senac, je vous le dirai tout-à-l'heure. Attendu qu'Ignace est trop orgueilleux et qu'il méprise et notre loi et tous nos dieux, qu'il s'en moque en ma présence et en fait des gorges chaudes, je veux qu'il soit dévoré de ces deux lions, quoi qu'il advienne, et qu'il ne reste rien de lui, ni chair ni os.

LE SENAC.

Sire, en vérité, j'ose vous le dire : vous le leur verrez exterminer plus tôt que deux forts limiers ne viendraient à bout d'un lapin. Je veux, sans en dire davantage, les découpler; puis je les ferai fondre sur lui comme sur une charogne.

IGNACE.

Seigneurs, vous qui me regardez au visage dans l'extrémité où je suis et pendant le supplice que je souffre pour le Dieu vivant, veuillez profiter de ce que je dis pour remettre vos cœurs dans la bonne voie. Je n'ai pas travaillé sans salaire, car ce n'est pas en raison de mes péchés que je souffre, mais à cause de ma piété. Je suis le froment de Dieu qui attend d'être moulu par les dents de ces lions, c'est chose certaine, pour être fait pain ; et Dieu le veuille !

L'EMPEREUR.

Beaux seigneurs, je vois ici merveille : les chrétiens, plus que toutes autres personnes, souffrent pour leurs dieux. Où sont les Barbares ou les Grecs qui en feraient autant ? En vérité, je ne sais.

IGNACE.

Empereur, je te déclare que tous les supplices que tu m'as fait subir je les ai soufferts non par le secours d'une force humaine ni par l'artifice du diable, mais par l'aide de mon ami Jésus-Christ, mon Dieu, et par la foi. Maintenant il est temps, je le vois bien,

Ore il est temps, et bien le voy,
Que je departe de ce monde.
Diex sire, en qui touz biens habonde,
Ces bestes voy vers moy accourre :
Plaise-vous m'ame si secourre
A ce derrain despartement
Qu'elle ait de vous sanz finement
 La vision.

LE SENAC.

Hu! hu! sur lui! sur lui, lyon !
 Avant, sur lui !

LE PREMIER CHEVALIER.

Il n'ont pas, ce m'est vis, failli :
Du premier cop l'ont aterré;
Dedans leurs ventres enserré
 Moult tost l'aront.

LE SENAC.

Souffrez, vous verrez qu'il feront
 Assez briefment.

ij° CHEVALIER.

E, gar ! ne l'ont fait seulement
Qu'alener et des groins omer
Et de lieu en autre bouter,
 Et si est mors.

L'EMPERERE.

Seigneurs, je voy que de son corps
N'ont-il talent de riens mengier :
Ce me fait moult esmerveiller.
Veez, il n'en mengeront point.
Alons-m'en, laissons-le en ce point;
Et si ne vueil mie deffendre,
S'il est nul qui le vueille prendre
N'emporter pour ensevelir,
Qui n'en face tout son plaisir
 Hardiement.

LE PREMIER CHEVALIER.

Puisqu'il vous plaist, sire, alons-m'ent :
 Il en est temps.

ij°. SERGENT.

Levez sus de ci, bonnes gens,
Avant faites monseigneur voie
Et à la gent qui le convoie;
 Alez arriere.

LE SENAC.

Racoupler ne (sic) convient arriere
Mes lions et les ramener ;
Ne les lairay pas demener
A leur voloir, que mal ne facent
Ny afin qu'entre ces gens tracent
 A leur vouloir.

que je quitte ce monde. Sire Dieu, source de tout bien, je vois ces bêtes accourir à moi : veuillez secourir mon ame à la fin de mon voyage, en sorte qu'elle jouisse éternellement de votre vue.

LE SENAC.

Hu ! hu! sur lui! sur lui, lions! en avant, sur lui !

LE PREMIER CHEVALIER.

Il m'est avis qu'ils n'ont pas manqué leur coup : du premier ils l'ont terrassé; ils l'auront bientôt logé dans leur ventre.

LE SENAC.

Attendez, vous verrez dans peu de temps ce qu'ils feront.

DEUXIÈME CHEVALIER.

Ils n'ont fait que le flairer, le *humer* du grouin et le pousser d'un endroit dans un autre, et il est mort.

L'EMPEREUR.

Seigneurs, je vois qu'ils n'ont pas envie de rien manger de son corps: cela me cause un profond étonnement. Voyez, ils n'en mangeront pas. Allons-nous-en, laissons-le en cet état; et s'il est quelqu'un qui veuille le prendre et l'emporter pour l'ensevelir, je ne veux pas l'empêcher d'exécuter hardiment son intention.

LE PREMIER CHEVALIER.

Puisque tel est votre plaisir, sire, allons-nous-en: il en est temps.

DEUXIÈME SERGENT.

Bonnes gens, levez-vous d'ici, faites place en avant à monseigneur et à sa suite; retirez-vous.

LE SENAC.

Il me faut raccoupler mes lions et les ramener (à leur cage); je ne les laisserai pas se démener à leur volonté, de peur qu'ils ne fassent du mal ou ne courent parmi ce monde à leur gré.

ABBANES.

Ore c'est fait. Assez doloir
Nous pourrons, Godofore amis,
De nostre maistre qui est mis
A mort, et jà miex n'en vaulrons;
Siques regardons que ferons,
  Et pour le miex.

GONDOFORE.

Du cuer me vient la lerme aux iex,
Certes, quant de li me souvient.
Prendre nous ij. le nous convient
Et emporter de ceste place
En tel lieu que mal ne li face
  Chien n'autre beste.

ABBANES.

Ce conseil est bon et honneste :
Or soit fait en ceste maniere ;
Car aussi a dit l'emperiere :
« Qui ensevelir le voulra
Prengne-le, faire le pourra
  Séurement. »

GODOFORE.

Or le faisons donques briefment ;
Sur noz espaules le mettons,
Abanes, et si l'emportons.
  Or sus, compains !

ABBANES.

Biaux seigneurs, prestez-nous voz mains
A lever dessus nous ce corps.
Que Dieu vous soit misericors !
Ho ! sur moy est trop bien assis.
Seigneurs, je vous dy grans merciz
  De vostre aÿde.

GONDOFORE.

Si est-il sur moy. Avant ryde,
Compains Abbanes, vistement ;
Et en alant, devotement
  Prions pour lui.

GABRIEL.

Michiel, puisque vez ci celui
Pour qui sommes ci envoié ;
Compains, soit de nous convoié
En chantant, non pas chant de pleur,
Mais ce chant de joie, à l'onneur
De l'ame qui ès cielx est jà :
*Hic sanctus cujus hodie
Celebramus solempnia*, etc.

EXPLICIT.

ABBANES.

Maintenant c'est fini. Mon cher Gondofore, nous pourrions beaucoup pleurer notre maître qui est mis à mort, mais cela ne nous avancerait pas ; voyons donc ce que nous avons de mieux à faire.

GONDOFORE.

Certes, il me monte du cœur une larme aux yeux quand je me souviens de lui. Il nous faut tous deux le prendre et l'emporter de ce lieu dans un autre endroit où ni chien ni autre bête ne lui fasse du mal.

ABBANES.

Le conseil est bon et convenable : qu'il soit ainsi exécuté ; car aussi bien l'empereur a dit :
« Que celui qui voudra l'ensevelir le prenne, il pourra le faire en toute sûreté. »

GONDOFORE.

Eh bien ! faisons-le donc tout de suite ; mettons-le sur nos épaules ; Abbanes, et emportons-le. Allons, courage, compagnon !

ABBANES.

Beaux seigneurs, prêtez-nous vos mains pour lever ce corps sur nous. Que Dieu vous soit miséricordieux ! Oh ! il est très bien assis sur moi. Seigneurs, je vous dis grand merci pour votre aide.

GONDOFORE.

Il est bien aussi sur moi. En route, compagnon Abbanes, vite ; et en allant, prions dévotement pour lui.

GABRIEL.

Michel, puisque voici celui pour qui nous sommes ici envoyés ; compagnon, escortons-le en chantant, non pas un chant de douleur, mais ce chant de joie, en l'honneur de l'ame qui est déjà aux cieux : « *Ce saint dont nous célébrons la fête aujourd'hui*, etc.* »

* Cette pièce est suivie de deux *serventoys* en l'honneur de la Sainte-Vierge.

FIN.

F. M.

UN MIRACLE DE SAINT VALENTIN.

NOTICE.

Le principal héros de la pièce qui suit est saint Valentin, prêtre et martyr, à Terni, en Italie, l'an 306 [*]; l'Eglise en fait la fête le 14 février.

Nous avons tiré ce miracle du manuscrit de la Bibliothèque Royale n° 7208.4. B, où il commence au folio 28 recto. Comme plusieurs des pièces de ce recueil, il est précédé d'un sermon en prose et suivi d'un *serventoys couronné* et d'un *serventoys estrivé*, en l'honneur de la Vierge Marie. Ces morceaux ne nous paraissant pas faire partie intégrante du drame, nous avons dû ne pas nous en occuper.

F. M.

---

[*] Ses actes ont été publiés par les Bollandistes. Voyez *Acta Sanctorum*, xiv^a die februarii, t. II, p. 751-763.

UN MIRACLE DE SAINT VALENTIN.

NOMS DES PERSONNAGES.

VALENTIN.
L'EMPEREUR.
PREMIER SERGENT.
ij^e SERGENT.
CHATON.
LE FILZ A L'EMPEREUR.
LE CHEVALIER.

LE FIL CHATON.
JOSIAS, premier escolier.
DORECH, second escolier.
JOSEPHUS, tiers escolier.
BUZI, quart escolier.
LE QUINT ESCOLIER.
L'INNERMIEN.

DIEU.
NOSTRE-DAME.
LE PREMIER ANGE.
ij^e ANGE.
GABRIEL.
VIDE-BOURSE, jolier.
PREMIER DIABLE.
ij^e DIABLE.

Cy commence un Miracle de saint Valentin, que un empereur fist decoler devant sa table, et tantost s'estrangla l'empereur d'un os qui lui traversa la gorge, et dyables l'emporterent.

L'EMPEREUR.
Biaux seigneurs.

LES SERGENS.
Que vous plaist, chier sire?

Ici commence un Miracle de saint Valentin, qu'un empereur fit décoller devant sa table, et tantôt l'empereur s'étrangla d'un os qui lui traversa la gorge, et les diables l'emportèrent.

L'EMPEREUR.
Beaux seigneurs.

LES SERGENS.
Que vous plaît-il, cher sire?

L'EMPEREUR.
Alez-me au sage Chaton dire
Sanz delay que je le demande,
Et que pour cause je li mande
　Qu'il viengne ci.

LE PREMIER SERGENT.
Il li sera dit tout ainsi,
Sire, com vous le commandez,
Et qu'en haste le demandez.
　— Alons-le querre.

ij° SERGENT.
Alons, prenons par ci nostre erre :
C'est, ce m'est avis, le plus court.
Je le voy là en my sa court,
　C'est bien à point.

PREMIER SERGENT.
Sire, Mahon bon jour vous doint !
L'empereur vous envoie querre :
Si que venez à li bonne erre,
　Puisqu'il vous mande.

CHATON.
Et g'irai de voulenté grande,
Biaux seigneurs, à son mandement ;
Je suis tout prest : çà ! alons-m'ent.
— Sire, en honneur noz diex vous tien-
　　　　　　　　　　　　　gnent
Et vostre vie en bien maintiengnent
　Par leur plaisir !

L'EMPEREUR.
Soit ainsi con je le desir !
— Maistre Chaton, vez ci pour quoy
Mandé vous ay parler à moy :
C'est m'entente que je vous baille
Mon filz, pour apprendre sanz faille.
Dès ores mais, à dire voir,
Est assez grant pour concevoir
Ce de quoy l'endoctrinerés :
Pour ce desci l'en enmenrez,
Car je vueil que sache de lettre :
Si vous pri qu'en li vueillez mettre
　Cure et entente.

CHATON.
Chier sire, mais qu'il si consente
Et qu'il y vueille peine mettre,
Je le feray tantost clerc estre.
— Or me dites, mon enfant douls,
A estre clerc metterez-vous
　Bien diligence ?

L'EMPEREUR.
Allez-moi dire tout de suite au sage Caton que je le demande, et que pour cause je lui mande qu'il vienne ici.

LE PREMIER SERGENT.
Cela lui sera dit textuellement, sire, comme vous le commandez, et que vous le demandez en toute hâte. — Allons le chercher.

DEUXIÈME SERGENT.
Allons, prenons notre route par ici : il m'est avis que c'est le plus court. Je le vois là au milieu de sa cour, c'est bien tombé.

PREMIER SERGENT.
Sire, que Mahomet vous donne un bon jour ! L'empereur vous envoie chercher : venez donc bien vite vers lui, puisqu'il vous mande.

CATON.
Seigneurs, j'obéirai de grand cœur à son ordre ; je suis tout prêt : allons, partons ! — Sire, que nos dieux veuillent vous tenir en honneur et maintenir votre vie en bien !

L'EMPEREUR.
Qu'il en soit ainsi comme je le désire ! — Maître Caton, voici pourquoi je vous ai mandé auprès de moi pour me parler : j'ai l'intention de vous donner mon fils, pour que vous l'instruisiez. A vrai dire, dès à présent il est assez grand pour concevoir ce que vous lui apprendrez : c'est pourquoi emmenez-le d'ici, car je veux qu'il soit lettré : je vous prie donc de lui consacrer vos soins et votre attention.

CATON.
Cher sire, pourvu qu'il y consente et qu'il s'en donne la peine, je le ferai bientôt devenir clerc. — Maintenant dites-moi, mon doux enfant, travailleriez-vous bien pour être clerc ?

LE FILZ A L'EMPEREUR.

Oïl, maistre, sanz negligence,
A mon povoir.

LE CHEVALIER.

Il respont sagement, pour voir,
Com tel enfant.

CHATON.

Par vostre licence et commant
Me donnez congié, très chier sire ;
Car je doubt que trop d'aler lire
Face demeure.

L'EMPEREUR.

Alez, maistre, donc en bonne heure ;
Or soiez de mon filz songneux.
— Alez le convoier, vous deux,
Appertement.

ij^e. SERGENT.

Sire, nous ferons bonnement
Vostre plaisir.

LE FIL CHATON.

Las ! que je me dueil de jesir !
Las ! de quelle heure fu-je nez ?
Las ! trop longuement destinez
Suis à porter ceste langueur,
Ce meschief, iceste douleur
Qui si me menjue et desront !
Las ! il m'est avis c'on me ront
Et c'om me destranche les nerfs.
Onques mais homme si divers
Mal ne porta, comme je port.
En moy n'a joie ne deport.
A, père ! ne scé que je die :
Trop sueffre et port grief maladie
Par tout le corps.

CHATON.

Biau filz, doulx et misericors
Te soient noz diex et propices,
Si que de cest grief mal garisses
Par leur bonté et leur puissance,
Et briefment ! car au cuer grevance
Me fait plus que je ne puis dire ;
Et ce que trouver ne puis mire
Qui y sache mettre conseil,
C'est ce dont je plus me merveil
Et de quoy suis plus esbahiz ;
S'ai-je fait querre en maint païs
Conseil pour toy.

LE PREMIER ESCOLIER.

Maistre, plaise-vous oïr moy
Pour vostre filz, qui est mon maistre,

LE FILS DE L'EMPEREUR.

Oui, maître, sans négligence, suivant mes forces.

LE CHEVALIER.

En vérité, il parle sagement pour un enfant.

CATON.

Veuillez me donner la permission de me retirer, très-cher sire ; car je crains de tarder trop long-temps à aller lire.

L'EMPEREUR.

Maître, allez donc sous de bons auspices ; et maintenant prenez soin de mon fils. — Vous deux, allez l'accompagner tout de suite.

DEUXIÈME SERGENT.

Sire, nous exécuterons vos ordres de bon cœur.

LE FILS DE CATON.

Hélas ! que je souffre d'être couché ! Hélas ! sous quelle étoile est-ce que je naquis ? Hélas ! je suis destiné à supporter trop long-temps cette langueur, cette souffrance et cette maladie qui me consume et me brise ! Hélas ! il m'est avis que l'on me rompt et que l'on me tranche les nerfs. Jamais personne ne supporta un mal aussi cruel que celui que je souffre. Je n'ai plus ni joie ni plaisir. Ah, père ! je ne sais que dire : je souffre trop et ressens un trop grand mal dans le corps.

CATON.

Cher fils, que nos dieux te soient doux, miséricordieux et propices, et qu'en vertu de leur bonté et de leur puissance ils te guérissent bientôt de ce mal cruel ! car mon cœur en éprouve plus de chagrin que je ne puis le dire ; et ce dont je m'émerveille et suis le plus ébahi, c'est de ne pouvoir trouver médecin qui sache donner un avis pour combattre ta maladie ; cependant j'ai fait chercher en maint pays conseil pour toi.

LE PREMIER ÉCOLIER.

Maître, veuillez m'entendre au sujet de votre fils, qui est mon maître, et que per-

En qui nul ne scet conseil mettre :
Dont, par noz diex ! c'est grant damage.
Vous vueil descouvrir mon courage.
En Nervie, dont je sui nez,
A un homme (ceci tenez
Pour verité et pour certain)
Qui est de si grant sainté plain
Et si juste sanz touz pechiez,
Qu'il n'est grief mal dont entechiez
Soit homme ou femme, si le voit,
Que tout gari ne l'en renvoit ;
Et ce a-il fait à trop de gent,
Sanz prendre salaire n'argent.
Si faites, sire, vostre filz
A lui mener, et je sui fis,
Quant le saint homme le verra,
Tout gari l'en renvoiera
 Et assez brief.

  CHATON.

Josias, son mal est si grief
Qu'il ne le pourroit endurer.
Penses-tu qu'il doie durer
 Encore en vie ?

  PREMIER ESCOLIER.

Maistre, de ce ne doubtez mie ;
Je scé bien qu'il vit voirement,
Se puis .ij. jours tant seulement
 N'est trespassez.

  DORECH, second escolier.

Maistre, riches estes assez ;
Je vous diray que je feroie :
Un joiau li envoieroie
Riche et bel en li suppliant
Qu'il daignast tant vous suppliant,
Qu'il lui pléust à ci venir.
S'il tent au joyau retenir,
Il venra ci, je n'en doubt point ;
Ou escripra de point en point
Comment pour santé recouvrer
Fauldra sur vostre filz ouvrer ;
 N'en doubtez, maistre.

  JOSEPHUS, tiers escolier.

Dorech a dit ce qui peut estre
Et doit par raison avenir :
Ou vous le verrez ci venir,
Ou le don ne recevra pas.
Envoiez-y isnel-le-pas :
 Ce sera sens.

  CHATON.

Seigneurs, à vostre dit m'assens :

sonne ne sait comment traiter : ce qui, par nos dieux ! est grand dommage. Je veux vous découvrir ma pensée. Dans la Nervie, où je suis né, il y a un homme (tenez ceci pour vrai et certain) qui est plein de si grande sainteté, si juste et si pur de tout péché, qu'il n'est homme ni femme affligés de maux cruels qu'il ne renvoie guéris, s'ils se présentent à lui. Il en a agi ainsi envers un grand nombre de personnes, sans prendre ni salaire ni argent. Sire, faites donc mener votre fils auprès de lui, et je suis convaincu que, quand le saint homme le verra, il le renverra bientôt radicalement guéri.

  CATON.

Josias, son mal est si violent qu'il ne pourrait supporter le voyage. Penses-tu qu'il doive vivre encore ?

  PREMIER ÉCOLIER.

Maître, n'en doutez pas ; en vérité, je sais bien qu'il vit, à moins qu'il ne soit trépassé seulement depuis deux jours.

  DORECH, second écolier.

Maître, vous êtes assez riche ; je vous dirai ce que je ferais (à votre place) : je lui enverrais un beau et riche joyau en le suppliant qu'il voulût bien venir ici. S'il tient à garder le joyau, il viendra ici, je n'en fais aucun doute ; ou il écrira de point en point ce qu'il faut faire à votre fils pour lui rendre la santé ; maître, n'en doutez pas.

  JOSEPH, troisième écolier.

Dorech a dit ce qu'il en peut être et ce qui doit naturellement arriver : ou vous le verrez venir ici, ou il ne recevra pas le présent. Envoyez-y donc tout de suite : vous agirez sagement.

  CATON.

Seigneurs, je m'en rapporte à ce que

Querir me fault un homme sage
Qui sache faire ce message
    Et biau parler.

BUZI, quart escolier.

Maistre, je m'i offre à aler
Voulentiers et améement,
Se ne povez miex vraiement;
    Je vous dy voir.

LE QUINT ESCOLIER.

Maistre, je vous fas assavoir
Que, s'il vous plaist, de bon courage
Je feray pour vous ce voiage
    Très voulentiers.

CHATON.

Vostre merci, mes escoliers,
Quant à ce pour moy vous offrez;
Ore un petit ci vous souffrez,
Et je revien à vous en l'eure,
Sanz goute faire de demeure.
— Mes bons amis, çà, vez-me cy!
Tenez ce sac de florins-cy
Et ce joiau, qu'est bel et gent,
Et si vous pri que diligent
Soiez vous deux d'aler le querre
Et de li doulcement requerre
Qu'il lui plaise à ce labourer
Que mon filz viengne ci curer;
Et que, s'il veult en ce païs
Venir, ne soit point esbahis :
Il ara robes et avoir
Assez; et pour li esmouvoir,
Tout ceci li presenterez,
Si tost comme à lui parlerez
    Et de par moy.

LE QUART ESCOLIER.

Maistre, je vous jur par la loy
Que je tien, et par touz noz diex,
J'en feray mon povoir au miex
    Que je pourray.

LE QUINT ESCOLIER.

Et je vraiement si feray;
Mais puisque ferons ce message,
Josias, or nous faites sage
Comment a ce preudomme nom
A qui portés si grant renom
    Et si grant los.

JOSIAS, premier escolier.

Valentin, seigneurs. Je vous os

vous me dites : il faut que je cherche un homme sage qui sache faire cette commission et bien parler.

BUZI, quatrième écolier.

Maître, je m'offre à y aller de bon cœur et par amour pour vous, si vous ne pouvez trouver mieux; je vous dis vrai.

LE CINQUIÈME ÉCOLIER.

Maître, je vous fais savoir que, s'il vous plaît, je ferai de bon cœur et très-volontiers ce voyage pour vous.

CATON.

Je vous remercie, mes écoliers, de l'offre que vous me faites; maintenant attendez-moi un peu ici, et je reviens à vous sur l'heure, sans le moindre retard. — Mes bons amis, me voici! Tenez ce sac de florins et ce joyau, qui est bel et riche, et je vous prie de mettre tous les deux de la diligence à l'aller chercher. Vous le requerrez doucement qu'il lui plaise de prendre la peine de venir ici guérir mon fils; et (vous lui direz) que, s'il veut venir en ce pays, il ne doit point être embarrassé : il aura robes et avoir en abondance; et pour le déterminer, vous lui présenterez tout ceci de ma part, aussitôt que vous lui parlerez.

LE QUATRIÈME ÉCOLIER.

Maître, je vous jure par la loi que je tiens, et par tous nos dieux, que je ferai tout ce que je pourrai le mieux possible.

LE CINQUIÈME ÉCOLIER.

En vérité, je ferai de même; mais puisque nous avons à faire ce message, Josias, faites-nous maintenant savoir comment a nom ce prud'homme que vous vantez et louez tant.

JOSIAS, premier écolier.

Valentin, seigneurs. J'ose bien dire que,

Bien dire que, quant vous venrez
Au païs, plus y trouverrez
   Que je n'en di.
LE QUART ESCOLIER.
Alons-m'en. Ains qu'il soit jeudi
Pensé-je ci à exploictier
Que de lui saray, sanz doubter,
   Qu'il voulra faire.
LE QUINT ESCOLIER.
Buzi, chier compains debonnaire,
Ce chemin fas de bon voloir;
Mahon doint qu'il puisse valoir
A celui pour qui est empris!
C'est pitié quant il est espris
   De tel malage.
LE QUART ESCOLIER.
Voire, à ce qu'il est jonne et sage,
Et parfont clerc; ainsi l'entens.
Ore, ore! nous venrons par temps
En Nervie, si enquerrons
Où Valentin trouver pourrons
   Que venons querre.
LE QUINT ESCOLIER.
Nous sommes entré en la terre :
De savoir nous fault esprouver
Quelle part le pourrons trouver.
   C'est tout en somme
LE QUART ESCOLIER.
Paix! vez ci venir un preudomme,
Ne scé s'il est de ceste terre;
Demander l'en vueil et enquerre.
— Sire, quel part demeure un homme
En ceste terre-ci, c'on nomme
Valentin? en savez-vous rien?
Dites-le-nous, si ferez bien,
   Se le savez.
L'INNERMIEN.
Ne scé qu'à li à faire avez,
Biaux seigneurs; mais c'est un saint hom-
Ne se prise pas une pomme,   [me:
Ains est humble, doulz et piteux.
Maint cuer pervers et despiteux
Fait et a fait doulx devenir;
Ne peut malade à li venir
Qu'il ne garisse tout à net,
Quelque maladie qu'il ait,
Sanz herbes mettre ne racines;
Tant fait de belles medicines
Qu'il est le saint homme clamez,
Et de toutes gens est amez.

---

quand vous viendrez au pays, vous en trouverez plus que je n'en dis.

LE QUATRIÈME ÉCOLIER.
Allons-nous-en. Avant qu'il soit jeudi je pense faire si bien que je saurai de lui, de manière à n'en pas douter, ce qu'il voudra faire.

LE CINQUIÈME ÉCOLIER.
Buzi, cher et bon compagnon, je fais ce voyage de bon cœur; Mahomet veuille qu'il soit profitable à celui pour lequel nous l'entreprenons! C'est pitié qu'il soit en proie à une pareille maladie.

LE QUATRIÈME ÉCOLIER.
C'est vrai, d'autant plus qu'il est jeune et sage, et profond clerc; je le pense ainsi. Allons, allons! nous viendrons bientôt en Nervie, et nous nous enquerrons du lieu où nous pourrons trouver Valentin que nous venons chercher.

LE CINQUIÈME ÉCOLIER.
Nous sommes entrés dans le pays : il nous faut tâcher de savoir où nous pourrons le trouver. Voilà tout.

LE QUATRIÈME ÉCOLIER.
Paix! voici venir un prud'homme, je ne sais s'il est de cette terre; je veux prendre des informations auprès de lui. — Sire, où demeure en cette terre un homme qu'on appelle Valentin? en savez-vous rien? Dites-le-nous, vous ferez bien, si vous le savez.

LE NERVIEN.
Je ne sais quelle affaire vous avez avec lui, beaux seigneurs; mais c'est un saint homme : il ne se prise pas la valeur d'une pomme; mais il est humble, doux et compatissant. Il fait et a fait devenir doux maint cœur pervers et endurci; nul malade ne peut venir à lui qu'il ne le guérisse radicalement, quelque maladie qu'il ait, sans user d'herbes ni de racines; il fait de si belles cures qu'il est appelé le saint homme, et il est aimé de tout le monde à cause des bonnes choses qu'il enseigne et montre. Voyez-vous cette loge là-bas? Là, vous apprendrez

Pour les biens qu'il enseigne et monstre.
Veez-vous celle loge là-oultre?
Là de lui nouvelles orrez;
La nuit ylà le trouverez,
  N'en doubtez pas.

V^e. ESCOLIER.

Nous irons donc. Vez ci le pas.
Biau sire, et la vostre merci !
De bonne heure vous avons ci
  Trouvé si prest.

LE iiij^e ESCOLIER.

Alons-m'en. E, gar! avis m'est
Qu'à son huis le voi là estant,
Ou c'est un autre qui atant
  A li parler.

LE Ve ESCOLIER.

Il nous fault esploitier d'aler
Jusques à tant que là soions.
—Sire, à vous droit nous avoions;
Enseigniez-nous, s'il vous agrée,
Un homme de ceste contrée
Que par nom Valentin on nomme.
De la cité sommes de Romme,
Qui venons à li en message.
Faites-nous-ent, s'il vous plaist, sage
  Par fine amour.

VALENTIN.

Biaux seigneurs, Dieu vous croisse honnour!
Ne scé que li voulez requerre;
Mais tant vous di qu'en ceste terre
Ne sçay-je homme nul qui le nom
De Valentin ait se moy non,
  En bonne foy.

LE Ve. ESCOLIER.

Sire, nous vous dirons pour quoy
Nous sommes à vous envoiez,
Puisqu'à vous sommes avoiez :
Le sage que Chaton on nomme,
La fleur de science de Romme,
De ce joiau que vous present
Et de cest or vous fait present,
Et vous supplie en amistié
Qu'aiez d'un fil qu'il a pitié,
Qui languist : dont c'est grans damages,
Car il est à merveilles sages.
Par maladie est touz contraiz,
Les nerfs a come touz retraiz :
Et il a de vous oy dire
Les grans cures qu'avez fait, sire,

des nouvelles de lui; vous l'y trouverez la nuit, n'en doutez pas.

CINQUIÈME ÉCOLIER.

Nous y allons. Voici le sentier. Beau sire, nous vous remercions. Nous avons été heureux de vous trouver ici pour nous rendre service.

LE QUATRIÈME ÉCOLIER.

Allons-nous-en. Eh, regardez! il m'est avis que le voilà debout devant sa porte, ou c'est un autre qui attend l'instant de lui parler.

LE CINQUIÈME ÉCOLIER.

Il nous faut marcher sans relâche jusqu'à ce que nous soyons là. — Sire, nous nous dirigeons droit à vous; enseignez-nous, si cela vous agrée, un homme de ce pays que l'on nomme Valentin. Nous sommes de la cité de Rome, et nous venons vers lui en message. Faites-le-nous savoir, s'il vous plaît, par bonne amitié.

VALENTIN.

Beaux seigneurs, que Dieu accroisse votre honneur ! Je ne sais ce que vous voulez lui demander; mais je puis vous dire de bonne foi que je ne connais en cette terre aucun autre homme que moi qui ait le nom de Valentin.

LE CINQUIÈME ÉCOLIER.

Sire, puisque nous sommes arrivés, nous vous dirons pourquoi nous sommes envoyés auprès de vous : le sage que l'on nomme Caton, la fleur de science de Rome, vous fait présent de ce joyau et de cet or que je vous offre; il vous supplie en amitié que vous ayez pitié d'un fils qu'il a, et qui languit : ce qui est grand dommage, car il est merveilleusement savant. La maladie l'a entièrement contrefait, il a les nerfs comme tout retirés. Ayant entendu raconter, sire, les grandes cures que vous avez faites et que vous opérez de jour en jour, il vous prie, si c'est votre bon plaisir, de venir sans retard guérir son enfant; son intention est de re-

Et que faites de jour en jour,
Si que plaise vous sanz sejour
Venir li son enfant garir;
Et il le vous voulra merir
Et guerredonner tellement
Que serés esbahiz comment
  Tant vous donrra.
  VALENTIN.
Seigneurs, avis me convendra
Avoir dessus ceste besongne,
Avant que je plus vous respongne;
Mais je vous diray que ferez :
Par celle ville esbatre irez,
Puisque ci m'estes venu querre;
Si verrez l'estat de la terre.
De vostre present n'ay-je cure :
Ce n'est à moy que paine dure
  Du regarder.
  LE QUINT ESCOLIER.
Mais il le vous plaira garder,
Sire, pour l'amour du preudome
Qui le vous envoie de Romme
  Pour vostre esbat.
  VALENTIN.
Or ne m'en faites plus desbat;
Certes, já ne me demourra,
Li preudomme si le r'ara;
Mais vous irez, si com j'ay dit,
Esbatre en la ville un petit;
En dematiers m'aviseray
S'avecques vous ou non iray.
  Seigneurs, alez.
  LE QUART ESCOLIER.
Bien, sire, puis que le voulez.
  — Sà! alons-m'ent.
  VALENTIN.
Pere des cieulx omnipotent,
Qui de nient le monde creas,
Et homme defait recreas
Par la mort de benoit Jhesu !
J'ay par ta bonté, sire, éu
Grace de divers maux garir,
Et pour ce m'en vois-je querir
De Romme le sage Chaton.
Si depri, sire, ton saint nom
De tant de sens com puis avoir,
Que tu me faces assavoir
Si m'est bon d'aler-y, vraiz Diex,
Et se le peuple en vauldra miex,
Et se point en croistra la foy

connaître ce service et de vous en récompenser de telle manière que vous serez étonné, tant il vous donnera !

  VALENTIN.

Seigneurs, il me faudra réfléchir à cette affaire, avant que je vous donne plus ample réponse; mais je vous dirai ce que vous ferez : vous irez vous ébattre par cette ville, puisque vous êtes venus me chercher ici, et vous verrez l'état de la terre. Je n'ai cure de votre présent : la vue ne m'en cause que de la peine.

  LE CINQUIÈME ÉCOLIER.

Mais il vous plaira de le garder, sire, pour l'amour du prud'homme qui de Rome vous l'envoie pour vos ébats.

  VALENTIN.

A présent ne m'en parlez plus; certes il ne me restera point, rendez-le au prud'homme; mais vous irez, comme je l'ai dit, vous ébattre un peu en la ville; et pendant ce temps-là j'aviserai si j'irai avec vous, ou non. Allez, seigneurs.

  LE QUATRIÈME ESCOLIER.

Bien, sire, puisque vous le voulez. — Eh bien ! allons-nous-en.

  VALENTIN.

Père tout puissant des cieux, qui créas le monde de rien, et recréas par la mort du béni Jésus l'homme détruit ! Sire, j'ai eu par ta bonté la grâce de guérir plusieurs maux, et pour cela je m'en vais chercher le sage Caton de Rome. Je prie, sire, ton saint nom avec toute l'ardeur dont je suis capable, de me faire savoir s'il m'est bon, vrai Dieu, d'y aller, si le peuple en deviendra meilleur, et si la foi chrétienne ne s'en accroîtra point. Sire, entends-moi; tu vois bien ma dévotion, réponds donc à ma prière : que veux-tu que je fasse?

Crestienne. Sire, entens-moy;
Tu voiz bien ma devocion,
Or respons à m'entencion :
    Que veulx que face?
DIEU.
Sus, mere, sus! sans plus d'espace,
A terre jus vous devalez
Et à Valentin en alez;
De par moy li dites en somme
Que sanz delay s'en voit à Romme.
Là par sa predication
A voie de salvacion
Plusieurs du païs attraira,
Et de servir les retraira
    Aux faulx ydoles.
NOSTRE-DAME.
Filz, j'ay bien toutes vos paroles
Retenues de point en point;
Bien li diray, n'en doubtez point.
— Seigneurs, ci plus ne vous tenez;
Avecques moy vous en venez
    Chantant touz deux.
LE PREMIER ANGE.
Doulce mere au Roy glorieux,
Vostre commandement ferons,
Et devant vous chantant irons
    Joieusement.
ij_e ANGE.
Disons ce rondé liement,
Gabriel, au partir de ci.
Rondel.
Dame, par qui grace et merci
Acquierent li cuer lamentant *,
Qui vraiement sont lamentant
Des deffaultes qu'il ont fait ci,
Puisqu'à vous en sont dementant.
    Dame, par qui, etc.
Nous savons bien qu'il est ainsi,
Ne nulz n'en doit estre doubtant;
Car vous poyez troplus que tant,
    Dame, par qui, etc.
NOSTRE-DAME.
Valentin, sanz estre doubtant,
Va-t'en à Romme la cité;
Car je te di pour verité
Que maint lairont la loy paienne
Et prendront la foy crestienne

---

* Le manuscrit porte ce mot; mais il nous semble évident qu'il faut *repentant*.

DIEU.
Allons, mère, allons! sans plus attendre, descendez sur la terre et allez-vous-en vers Valentin; dites-lui de ma part qu'il s'en aille à Rome sans délai. Là par sa prédication il amènera plusieurs du pays dans la voie du salut, et il les arrachera au service des faux dieux.

NOTRE-DAME.
Fils, j'ai bien retenu toutes vos paroles de point en point; je les lui redirai fidèlement, n'en doutez pas. — Seigneurs, ne vous tenez plus ici; venez-vous-en avec moi en chantant tous deux.

LE PREMIER ANGE.
Douce mère du Roi de gloire, nous exécuterons votre ordre, et nous irons devant vous en chantant joyeusement.

DEUXIÈME ANGE.
Gabriel, disons ce rondeau avec allégresse en partant d'ici.

Rondeau.
Dame, par qui les cœurs repentans obtiennent grâce et merci, quand véritablement ils gémissent des fautes qu'ils ont commises ici-bas, et qu'ils s'adressent à vous, Dame, par qui, etc.

Nous savons bien qu'il en est ainsi, et personne n'en doit douter; car votre puissance est grande, Dame, par qui, etc.

NOTRE-DAME.
Valentin, va sans crainte à la cité de Rome; car en vérité, je te le dis, par tes prédications plusieurs abandonneront le paganisme et embrasseront la loi chrétienne, et tu en verras plus d'un se convertir à Dieu qui

Par ce que tu leur prescheras,
Et maint convertir en verras
A Dieu qui ci endroit m'envoie,
Si que sanz delay mect te à voie;
Diex le te mande. Je m'en vois.
— Chantez, seigneurs, à haulte voiz
    De ci partans.

       GABRIEL.

Dame, nous ferons sanz contens
Ce qui vous plaira, sanz nul fi.
    Rondel.
Nous savons bien qu'il est ainsi,
Ne nulz n'en doit estre doubtant;
Car vous poez trop plus que tant,
    Dame, par qui, etc.

      LE QUINT ESCOLIER.

Je ne scé se pour mal content
Se tenra de nous Valentin,
Compains, je vous pri de cuer fin,
Alons savoir sa voulenté;
Je doubt que n'avons demouré
    Trop longuement.

      LE iiij^e. ESCOLIER.

S'alons vers li donques briefment,
    Sanz plus de plait.

      VALENTIN.

Pere des cieulx, puisqu'il vous plait
Que j'emprengne cestui voiage,
Je le feray de lié courage;
Et m'i repute estre tenuz,
Les messagiers à moy venuz
    Que vois attendre.

      LE QUINT ESCOLIER.

Sire, plaise-vous à nous rendre
Response lequel vous ferez:
Où s'à Romme avec nous venrez,
Ou se sanz vous nous en irons,
Et à nostre ami porterons
    Chose qui vaille.

      VALENTIN.

Seigneurs, je yray, comment qu'il aille;
    N'en doubtez point.

      LE QUART ESCOLIER.

Or, seroit donc de mouvoir point,
    S'il vous aggrée.

      VALENTIN.

Oïl, sanz plus de demourée
Alons-nous-ent touz .iij. ensemble.
C'est bien à faire, ce me semble
    Selon mon sens.

m'envoie ici: ainsi mets-toi en route tout de suite; Dieu te le commande. Je m'en vais. — Seigneurs, chantez à haute voix en partant d'ici.

      GABRIEL.

Dame, nous ferons volontiers ce qui vous plaira, sans répugnance aucune.
    Rondeau.
Nous savons bien qu'il en est ainsi, et personne n'en doit douter; car votre puissance est grande, Dame, par qui, etc.

      LE CINQUIÈME ÉCOLIER.

Je ne sais si Valentin se tiendra pour peu satisfait de nous. Compagnons, je vous en prie de tout mon cœur, allons savoir sa volonté; je redoute que nous n'ayons tardé trop long-temps.

      LE QUATRIÈME ÉCOLIER.

Allons donc promptement vers lui, sans plus de débats.

      VALENTIN.

Père des cieux, puisqu'il vous plaît que j'entreprenne ce voyage, je le ferai de bon cœur; et je m'y regarde comme obligé, depuis qu'il est venu à moi des messagers que je vais attendre.

      LE CINQUIÈME ÉCOLIER.

Sire, veuillez nous rendre réponse sur ce que vous ferez: (dites-nous) si vous viendrez à Rome avec nous, ou si nous nous en retournerons sans vous, et rapporterons à notre ami un remède puissant.

      VALENTIN.

Seigneurs, je m'y rendrai, quoi qu'il advienne; n'en doutez point.

      LE QUATRIÈME ÉCOLIER.

Alors, si cela vous est agréable, il serait bien temps de partir.

      VALENTIN.

Oui, sans plus de retard allons-nous-en tous les trois ensemble. C'est ce qu'il y a de mieux à faire, ce me semble.

LE QUINT ESCOLIER.
C'est le miex, et je m'i assens
De ma partie.
LE QUART ESCOLIER.
Puisqu'ainsi la chose est bastie,
Je vous diray que je feray :
D'aler devant m'avanceray
Pour savoir l'estat de noz gens,
Et pour monstrer com diligens
En ce fait sommes.
VALENTIN.
Je l'acors. Entre nous deux hommes,
Nous suiverons tout bellement
Et irons à nostre aisement.
— Alez, amis.
LE QUART ESCOLIER.
J'en voys, puisqu'à ce suis commis ;
Et si vueil mon pas avancier.
— Pour vostre cuer, maistre, esleecier
Vien-je devant.
CHATON.
Bien puisses-tu venir avant!
Quelle[s] nouvelles?
LE QUART ESCOLIER.
Quelles, maistre? bonnes et belles :
Le preudomme Valentin vient ;
A qui honneur faire convient,
Qu'il le vault bien.
CHATON.
Se Mahon t'aïst, à combien
Peut-il près estre?
LE QUART ESCOLIER.
A mains d'une liue, chier maistre ;
N'en doubtez pas.
CHATON.
Encontre lui m'en vois le pas,
Je ne m'en vueil plus espargnier.
— Seigneurs, venez me compaignier,
Je vous em pri.
PREMIER ESCOLIER.
Maistre, je feray sanz detri
Vostre requeste.
ij^e ESCOLIER.
Je me tenroie bien pour beste,
Se n'i aloie.
iij^e ESCOLIER.
Par Mahon! et je si feroie.
Avant, avant!
LE QUART ESCOLIER.
S'il vous plaist, je irai tout devant,

LE CINQUIÈME ÉCOLIER.
C'est le mieux, et, de mon côté, j'y consens.

LE QUATRIÈME ÉCOLIER.
Puisque la chose est ainsi réglée, je vous dirai ce que je veux faire : je prendrai les devans pour savoir comment se trouve notre monde, et pour montrer quelle diligence nous avons déployée en cette affaire.

VALENTIN.
Je le veux bien. Quant à nous deux, nous suivrons tout doucement et nous irons à notre aise. — Allez, amis.

LE QUATRIÈME ÉCOLIER.
Je m'en vais, puisque vous l'avez ordonné ; et je veux hâter le pas.—Pour réjouir votre cœur, maître, je viens devant.

CATON.
Tu es le bien-venu. Quelles nouvelles?

LE QUATRIÈME ÉCOLIER.
Quelles (nouvelles), maître? de bonnes et de belles : le prud'homme Valentin vient ; il faut l'honorer, car il le mérite bien.

CATON.
Que Mahomet t'aide! à quelle distance peut-il être?

LE QUATRIÈME ÉCOLIER.
A moins d'une lieue, cher maître ; n'en doutez pas.

CATON.
Je m'en vais sur-le-champ au-devant de lui, je ne veux plus différer.—Seigneurs, venez m'accompagner, je vous en prie.

PREMIER ÉCOLIER.
Maître, j'accomplirai volontiers votre requête.

DEUXIÈME ÉCOLIER.
Je me tiendrais bien pour une bête, si je n'y allais pas.

TROISIÈME ÉCOLIER.
Par Mahomet! moi aussi. En avant, en avant!

LE QUATRIÈME ÉCOLIER.
S'il vous plaît, j'irai tout devant, maître ;

Maistre ; et si tost que le verray,
Sachiez, je le vous mousterray
　A veue d'oeil.
　　　CHATON.
Vien, diz ; va devant, je le vueil ;
　Et le me moustre.
　　　LE QUART ESCOLIER.
Voulentiers. Veez-vous là oultre
Mon compaignon qui çà s'en vient ?
Cel homme qui par la main tient,
　C'est il, sanz doubte.
　　　CHATON.
Ma pensée ennuit sara toute.
— Chier sire, honneur et longue vie
Et bonne aussi sanz male envie
　Vous soit donnée !
　　　VALENTIN.
Et à vous bonne destinée,
Sire ; et, s'il vous plaist, m'enortez
Qui estes, vous qui me portez
　Tel reverence.
　　　CHATON.
Jà ne vous en feray scilence,
Puisque le m'avez demandé :
Chaton sui qui vous ay mandé ;
Et puisqu'estes pour moy venuz,
A vous honnorer sui tenuz,
Et si est droiture et raison.
Alons-m'en, alons en maison :
Là bonne chiere vous feray,
Là ma voulenté vous diray
　Toute enterine.
　　　VALENTIN.
Et g'iray de voulenté fine
Pour entendre vostre propos
Et pour prendre un po de repos,
　Car de loing vien.
　　　CHATON.
Sire, puisque ceens vous tien
Et qu'estes hors de vostre terre,
Vez ci que je vous vueil requerre :
Qu'il vous plaise prendre et avoir
La moitié de tout mon avoir,
Tant en argent come en joiaux,
En rentes, en draps, en chevaux ;
Je les vous offre bonnement,
Et qu'il vous plaise seulement
Mon enfant guerir à delivre
Du mal qui tant douleur li livre
　Jà a long-temps.

et sitôt que je le verrai, sachez que je vous le montrerai à vue d'œil.

　　　CATON.
Allons, va devant, je le veux ; et montre-le-moi.

　　　LE QUATRIÈME ÉCOLIER.
Volontiers. Voyez-vous là-bas mon compagnon qui vient ici ? Cet homme qu'il tient par la main, c'est lui, sans aucun doute.

　　　CATON.
Il saura aujourd'hui toute ma pensée. — Cher sire, je vous souhaite honneur et vie bonne et longue, qui ne soit jamais troublée par l'envie.

　　　VALENTIN.
Et à vous bonne destinée, sire ; et s'il vous plaît, faites-moi savoir qui vous êtes, vous qui me rendez de tels hommages.

　　　CATON.
Puisque vous me l'avez demandé, je ne vous le cacherai pas : je suis Caton qui vous ai prié de venir ; et puisque vous êtes venu pour moi, je suis tenu de vous honorer, et c'est justice et raison. Allons-nous-en, entrons au logis : là je vous ferai fête, là je vous dirai tout ce que je veux (vous dire).

　　　VALENTIN.
Eh bien ! je m'y rendrai de bon cœur pour vous entendre et pour prendre un peu de repos, car je viens de loin.

　　　CATON.
Sire, puisque je vous tiens ici et que vous êtes hors de votre pays, voici ce dont je veux vous requérir : prenez, je vous prie, la moitié de tout mon avoir, tant en argent qu'en bijoux, en rentes, en étoffes, en chevaux ; je vous les offre de bon cœur, veuillez seulement guérir promptement mon fils du mal qui le fait tant souffrir depuis long-temps.

20

VALENTIN.

Chaton, s'il te plait, or entens :
Tes biens temporieux que tu m'offres,
Qu'en tes huches as et en coffres
Ne quier-je point, c'est chose voire,
Pour ce qu'il sont bien transitoire,
Que ne durent terme n'espace
Ne que la fleur des champs qui passe ;
Mais combien qu'aiez nom de sage,
Je verray se de bon courage
Veulz et de vraie entencion
De ton filz la salvacion.
Par mi ce que je te diray
Une chose te requerray,
Qui est assez ligiere et breve,
Et qui à faire point ne greve :
   C'est mon entente.

CHATON.

Sire, demandez sanz attente,
   Je vous en pri.

VALENTIN.

Je te requier que sanz detri,
Ton filz et toy premierement,
Et toute ta gent ensement ;
Ou benoit fil de Dieu creez
Lequel nous a faiz et creez,
Qui appellez est Jhesu-Crist ;
Celui de qui il est escript
Qu'il nasqui d'une vierge pure
Homme et Dieu en nostre nature,
Qui pour nostre redempcion
En croiz souffri grief passion
(Grief di-je, quar il y fu mors),
Et qui souffri mettre son corps
Ou sepulcre, où il habita
Trois jours ; puis se resuscita,
   N'en doubte nulz.

CHATON.

Sire, qui est cestui Jhesus
De qui me preschiez telement ?
Je vous pri, monstrez-moi comment
Ce que dites soit chose voire,
Et raison par quoy doie croire
   Qu'il soit ainsi.

VALENTIN.

La raison, Chaton, vez la ci,
Combien que tu savoir la doies
Comme clerc qui tant sage soies :
Ne liz-tu en la prophecie

VALENTIN.

Caton, écoute-moi, s'il te plaît : je ne me soucie point vraiment des biens temporels que tu m'offres, et que tu as dans tes huches et dans tes bahuts, parce que ce sont des biens passagers qui ne durent pas plus que la fleur qui passe ; mais bien que tu aies le nom de sage, je verrai si c'est d'un bon cœur et sincèrement que tu veux le salut de ton fils. Dans ce que j'ai à te dire, il y a une chose dont je te requerrai ; elle est assez facile et brève, et n'est point pénible à faire : c'est mon dessein.

CATON.

Sire, demandez sur-le-champ, je vous en prie.

VALENTIN.

Je te requiers que, toi et ton fils tout d'abord, et pareillement tous les tiens, vous croyiez sans balancer au saint fils de Dieu qui nous a faits et créés, et qui est appelé Jésus-Christ ; à celui dont il est écrit qu'il naquit d'une vierge sans tache homme et Dieu en notre nature, qui pour nous racheter souffrit sur la croix une cruelle passion (je dis cruelle, car il y mourut), et qui laissa mettre son corps au sépulcre, où il habita trois jours ; puis il ressuscita, que personne n'en doute.

CATON.

Sire, quel est ce Jésus-Christ au sujet duquel vous me prêchez de cette manière ? Montrez-moi, je vous prie, comment ce que vous me dites est vrai, et pourquoi je dois croire qu'il en est ainsi.

VALENTIN.

Caton, en voici la raison, bien que tu doives la connaître en ta qualité de clerc, toi qui es si savant : ne lis-tu pas dans la prophétie qu'Isaïe a écrite pour tous : *Ecce*

Qu'à touz a escript Ysaïe :
Ecce Virgo, et cetera?
« Vez ci qu'une vierge sera
Qui enfantera sanz deffault,
Vierge, le filz Dieu le très-hault,
Lequel Jhesus nommez sera ;
Car il son pueple sauvera
  De leurs pechiez. »

CHATON.

Sire, ce que vous me preschiez
Ay-je assez bien véu ou livre
D'Isaïe tout à delivre ;
Mais comment pourra-ce estre voir
C'une vierge puist concepvoir
Et vierge pucelle enfanter ?
C'est un point qui fait à doubter
  Trop malement.

VALENTIN.

Non fait, et te diray comment :
Tu doiz savoir qu'il est un Diex
En iij personnes ès haulx cielx,
Qui n'est que une divinité,
Une essence, une majesté ;
Et toutesvoies .iij personnes
Sont en ce Dieu, ainsi le sonnes,
Par qui tout le monde fu fait.
Or revenons à nostre fait.
Quant le premier homme pecha,
En tel déu nous trebucha
Que pur homme de ley paier
Ne de Dieu le Pere appaier
Ne fu souffisant, si avint
Que Dieu le Filz homme devint ;
Mais je di qu'amours seulement
Fu de ce fait commencement,
Et Sains-Esperiz consumma
Qui du plus pur sang assomma
Une partie ou corps de celle
Vierge qui mere est et pucelle,
Où fu de nostre humanité
Couverte la divinité,
Si que Dieu fu homes et homs dieux,
Afin que tu entendes miex
Ce qu'en Ysaïe as léu,
Lequel acquitta le déu
Et amenda tot le trorfait
Que li premier homme ot forfait ;
Et toutesvoies par ce Filz
Fu fait, de ce doiz estre fiz,
Le monde et tout quanqu'il contient ;

Virgo, et cætera ? « Voici qu'il sera une vierge qui, sans cesser de l'être, enfantera le fils de Dieu le très-haut, lequel sera nommé Jésus ; car il sauvera son peuple de leurs péchés. »

CATON.

Sire, j'ai bien vu clairement dans le livre d'Isaïe ce que vous me prêchez ; mais comment sera-t-il possible qu'une vierge puisse concevoir et enfanter, tout en restant vierge ? C'est un point qui fait naître des doutes trop forts.

VALENTIN.

Non pas, et je te dirai comment : tu dois savoir qu'il est là-haut, dans le ciel, un Dieu en trois personnes, qui n'est qu'une divinité, une essence, une majesté unique ; et cependant nous savons qu'il y a trois personnes en ce Dieu par qui le monde fut fait. Quand le premier homme pécha, il nous précipita dans une telle dette que l'homme ne put suffire à s'acquitter envers la loi et à apaiser Dieu le Père : il en advint que Dieu le Fils se fit homme ; mais je dis que l'amour seul fut la cause de ce fait, et consuma l'Esprit-Saint qui prit une partie du sang le plus pur dans le corps de cette vierge qui est mère et pucelle, et la divinité s'y couvrit de notre humanité, en sorte que Dieu fut homme et l'homme Dieu, afin que tu entendes mieux ce que tu as lu dans Isaïe, (et saches) quel est celui qui acquitta la dette et répara le crime du premier homme. Toutefois ce Fils, tu dois en être persuadé, a fait le monde et tout ce qu'il contient ; et quand nos corps mourront, ils seront ressuscités par ce Fils, et puis tous entraînés à venir à son jugement qui pour tous en général sera le dernier jour.

Et que noz corps venront à nient,
Et par ce Filz resucitez
Seront, et puis touz excitez
De venir à son jugement
Qu'à touz sera generalment
　　Au derrain jour.

CHATON.

Vous dites en vostre majour,
Afin que je l'entende miex,
Sire, que ce Jhesus est Diex,
　　Si comme semble.

VALENTIN.

Voir est, Diex est et homme ensemble ;
Et si est espoux, filz et pere.
A qui ? à sa fille et sa mere :
C'est à la vierge dont nasqui.
Comme filz, tant comme il vesqui,
Cy aval li obéissoit ;
Comme pere, la norrissoit ;
Comme espoux, de foy la vesti,
Quant elle à croire s'assenti
Ce qui ne povoit par nature
Avenir : c'est que creature
Se daigna le Createur faire ;
Mais ce fist-il pour nous attraire
　　Plus à s'amour.

CHATON.

Sire, plaise-vous sanz demour
Qu'à vostre requeste et prière
Ce Jhesu-Crist santé entiere
Par sa vertu doint à mon filz ;
Et vraiement, soiez-en fis,
Nous ij. serons crestiennez
Si tost comme il sera sanez ;
Et le croiray mon Saveur estre,
Lequel voult d'une mere naistre
Et souffrir en croiz passion
Pour la nostre redempcion,
Et qu'au tiers jour resuscita,
Et après ès sains cieulx monta,
E[t] qui jugera vis et mors.
A touz ces poins croire m'acors,
　　S'il a santé.

VALENTIN.

Ha ! sire Dieu plain de bonté,
De cuer humblement te graci
Quant prendre te plaist ces gens-ci
Au roiz de ta misericorde ;
Car je voy que leur cuer s'accorde
A toy croire, amer et servir

CATON.

Sire, vous dites de votre plus grosse voix, afin que je l'entende mieux, que ce Jésus est Dieu, à ce qu'il me semble.

VALENTIN.

C'est vrai, il est ensemble Dieu et homme ; il est époux, fils et père. A qui ? à sa fille et à sa mère : c'est la Vierge dont il naquit. Comme fils, tant qu'il fut vivant, il lui obéissait ici-bas ; comme père, il la nourrissait ; comme époux, il la revêtit de foi, quand elle consentit à croire ce qui ne pouvait arriver naturellement : c'est que le Créateur se daignât faire créature ; mais il en agit ainsi pour nous amener davantage à l'aimer.

CATON.

Sire, que sur-le-champ ce Jésus-Christ, à votre requête et prière, donne par sa puissance santé complète à mon fils ; et en vérité, soyez-en certain, tous deux nous nous ferons chrétiens aussitôt qu'il sera guéri ; et je croirai qu'il est mon Sauveur, qu'il voulut naître d'une vierge et subir sa passion sur la croix pour notre rédemption, et qu'au troisième jour il ressuscita, qu'après il monta aux saints cieux, et qu'il jugera les vivans et les morts. Je consens à croire tous ces points, s'il recouvre la santé.

VALENTIN.

Ah ! sire Dieu plein de bonté, je te rends grâce d'un cœur humble de ce que tu prends ces gens-ci dans les filets de ta miséricorde ; car je vois que leur cœur consent à croire en toi, à t'aimer et à te servir pour mériter à la fin ta gloire : veuille, Seigneur, la leur

Pour ta gloire en fin desservir,
Que leur veuilles, Sire, ottroier.
— Or tost, Chaton! sanz detrier
Alez-vous là mettre à genoulz,
Et vous aussi, biaux seigneurs touz,
Et prier Jhesus qui nous face
Liez de cest enfant par sa grace;
Et je avec li ci demourray,
Et aussi le deprieray
    Devotement.

CHATON.
Sire, vostre commandement
    Vois acomplir.

ij^e. ESCOLIER.
Sy ferons-nous de grant desir.
Seigneurs, à genoulz nous mettons
Cy et noz pensées jettons
A Jhesu filz du Roy celestre,
Qu'il vueille le filz nostre maistre
    Santé donner.

VALENTIN.
Doulx Jhesus, qui touz jours user
Seulz, en toute ton accion,
D'amour et de dileccion,
Si com tu le paralitique
Par vertu poissant, autentique,
De ton seul vouloir garisis,
Et de flum de sanc restrainsis,
Ce dit saint Marc, aussi la veuve,
Par ta grace, ainz que de ci meuve,
Vueillez cest enfant-ci garir
Et de touz poins son mal tarir
Dont il est si pris et attains.
— Biau filz, tes mains un po m'atains :
    Tenir les vueil.

LE FIL CHATON.
Certes, tant sui feible et me dueil
Que je ne puis, se ne m'aidiez.
Mourir voulroie, ne cuidiez
    Point du contraire.

VALENTIN.
Belement les vueil donc hors traire.
Sà! Diex les saint et benéie,
Et la doulce vierge Marie
    Sa grace y mette!

LE FIL CHATON.
Pere, vez-ci un homme honneste,
Juste, saint, du vrai Dieu sergent.
Venez veoir, ma bonne gent,
Comment le devons avoir chier :

accorder. — Vite, Caton! allez sans hésiter vous mettre là à genoux, et vous tous aussi, beaux seigneurs, et priez Jésus que par sa grâce il nous donne de la joie au sujet de cet enfant; quant à moi, je demeurerai ici avec lui, et je prierai Dieu dévotement aussi.

CATON.
Sire, je vais accomplir votre commandement.

DEUXIÈME ÉCOLIER.
Nous ferons de même de grand cœur. Seigneurs, mettons-nous à genoux ici et consacrons nos pensées à Jésus le fils du Roi des cieux, pour qu'il veuille donner la santé au fils de notre maître.

VALENTIN.
Doux Jésus, qui, dans toute ta conduite, eus toujours coutume d'user d'amour et de charité, de même que tu guéris le paralytique par un miracle puissant, authentique, de ta volonté seule, et que tu arrêtas le flux de sang de la veuve, selon ce que dit saint Marc, ainsi veuille par ta grâce, avant que je m'en aille d'ici, guérir cet enfant-ci et faire cesser en tous points le mal auquel il est en proie.
— Beau fils, tends-moi un peu tes mains : je veux les tenir.

LE FILS DE CATON.
Certes, je suis si faible et si souffrant que je ne le puis, si vous ne m'aidez. Je voudrais mourir, croyez-le bien.

VALENTIN.
Je vais donc les tirer doucement dehors. Allons! que Dieu les signe et les bénisse, et que la douce vierge Marie y mette sa grâce!

LE FILS DE CATON.
Père, voici un homme honnête, juste, saint et serviteur du vrai Dieu. Venez voir, mes bonnes gens, combien nous devons le chérir : il ne m'a fait, sans rien de plus, que

Ne m'a fait, sanz plus, que touchier
De sa destre main, et vez ci
Que sain sui, la seue mercy,
    Comme une pomme.

CHATON.

Disciple du vray Dieu, saint homme,
Comment vous pourray-je merir
Ce qui vous a pléu garir
Mon fil, que ci voi sain estant?
Je ne sçay ; car s'avoie autant
X. foiz com pourroie finer,
Que tout vous voulsisse donner,
N'aroie-je pas satisfait
Assez à ce qu'avez ci fait;
    Ce n'est pas doubte.

VALENTIN.

Chaton, s'il te plaist, or escoute :
Ce que j'ay à ton filz valu,
Ce n'est mie de ma vertu,
Ains est de la Jhesu poissance.
Aiez en lui ferme creance:
    Miex t'en sera.

CHATON.

Je ne sçay qu'un autre fera ;
Mais tant comme je viveray,
Comme mon Dieu le serviray,
Et reni touz autres pour li ;
Car je tieng et croi c'est celi
Qui a à humaine nature
Conjoint sa divinité pure,
Et souffert mort et passion
Pour l'umaine redempcion,
Qui nous venra en fin jugier
Et par feu touz les maux purgier
Et les quatre ellemens aussi.
Je le tien, et le croy ainsi
    Et le croiray.

LE FILZ CHATON.

De vostre oppinion seray
Et sui, pere, n'en doubtez, certes :
Moustré m'a par vertuz appertes
    Qu'il est vraiz Dieux.

PREMIER ESCOLIER.

Nous touz aussi, et pour le mieux,
Renonçons à la loy paienne
Pour tenir la foy crestienne
    Dès ores mais.

VALENTIN.

Or vous fault donc pour touz jours mais
Avoir ou cuer un propos quel

toucher de sa main droite, et voici que je suis, grâce à lui, sain comme une pomme.

CATON.

Disciple du vrai Dieu, saint homme, comment pourrai-je vous récompenser de ce qu'il vous a plu guérir mon fils, que je vois ici debout? Je ne sais ; car si j'avais dix fois autant de richesses que je puis en rassembler, et que je voulusse vous donner le tout, encore ne me serais-je pas convenablement acquitté du service que vous m'avez ici rendu ; il n'y a pas à en douter.

VALENTIN.

Caton, écoute-moi maintenant, s'il te plaît: si j'ai fait du bien à ton fils, ce n'est pas par moi-même, mais en vertu de la puissance de Jésus-Christ. Aie en lui ferme croyance : il n'en sera que mieux pour toi.

CATON.

Je ne sais ce qu'un autre fera ; mais tant que je vivrai, je le servirai comme mon Dieu, et je renie tous les autres pour lui; car je tiens et crois que c'est celui qui a conjoint sa divinité sans tache à l'humaine nature, et souffert mort et passion pour la rédemption de l'homme, celui qui nous viendra juger à la fin et purger de tous maux par le feu et les quatre élémens aussi. Je tiens cela (pour vrai), et le crois et croirai ainsi.

LE FILS DE CATON.

Père, je suis et serai de votre opinion, certes, n'en doutez pas : il m'a montré par des miracles évidens qu'il est le vrai Dieu.

PREMIER ÉCOLIER.

Nous tous aussi, et c'est pour le mieux, nous renonçons à la loi païenne pour tenir désormais la foi des chrétiens.

VALENTIN.

Il vous faut donc à tout jamais avoir au cœur une pensée dans laquelle vous persé-

Qui soit en perseverent tel
Que pour dons, ne blandissemens,
Pour menaces, ne batemens,
Ne pour peine que l'en vous face,
Ceste foy de voz cuers n'efface,
Que Jhesus fil de Dieu le Pere
Ne soit Diex ne de vierge mere,
Qui n'ot onques commencement
Ne jà n'aura deffinement
  En déité.
  LE TIERS ESCOLIER.
A croire ceste verité
Nous accordons nous touz ensemble ;
Car soubz le ciel n'est, ce me semble,
  Chose plus voire.
  VALENTIN.
Or ait chascun en son memoire
Qu'il le serve et aint d'amour fine,
Si que sa gloire qui ne fine
  Puist desservir.
  LE FIL CHATON.
Touz autres dieux pour lui servir
Reni ; car je voy sanz doubtance
Que ce sont de nulle puissance
  Touz faulx ydoles.
  CHATON.
Seigneurs, aussi qu'en mes escoles
Je vous ay léu de logique,
De lences, de dialetique
Et d'autre mondaine science,
En quoy j'ay mis grant diligence ;
Sachiez de touz poinz la lairay.
Dès ores mais ne vous liray
Ne ne vous apprendré clergie
Si ce n'est de theologie
Et de ceste nouvelle loy ;
Car je scé clerement et voy
Que toute autre science est vaine ;
Mais ceste à congnoissance maine
Du premerain commencement,
C'est Dieu de lassus, et comment
Il est tout bon sanz qualité,
Il a grandeur sanz quantité,
Comment sanz estre méu meut
Toutes choses ainsi qu'il veult,
  A son plaisir.
  L'EMPEREUR.
Seigneurs, j'ay de veoir desir
Mon filz, et m'annuie forment
Que je ne le voi plus souvent.

veriez tellement que ni les dons, ni les caresses, ni les menaces, ni les coups, ni les supplices n'effacent de votre cœur la croyance que Jésus le fils de Dieu le Père est Dieu et né d'une mère vierge, qu'il n'eut jamais de commencement et qu'il n'aura pas de fin en divinité.

  LE TROISIÈME ÉCOLIER.
Nous nous accordons tous ensemble à croire cette vérité ; car il me semble qu'il n'y a rien de plus vrai sous le ciel.

  VALENTIN.
Que chacun se souvienne donc de le servir et de l'aimer sans réserve, de manière à ce qu'il puisse mériter sa gloire qui n'a pas de terme.

  LE FILS DE CATON.
Pour le servir, je renie tous les autres dieux ; car je vois clairement que ce sont tous de fausses idoles sans aucune puissance.

  CATON.
Seigneurs, dans mes écoles je vous ai donné des leçons de logique, de *lences*, de dialectique et d'autres sciences mondaines, auxquelles je me suis fort appliqué ; sachez que j'y renoncerai en tous points. Désormais je ne vous apprendrai rien, sinon la théologie et cette nouvelle loi ; car je sais et vois clairement que toute autre science est vaine ; celle-ci, au contraire, mène à la connaissance du premier principe, c'est-à-dire de Dieu, et (nous enseigne) comment il est tout bon sans qualité, comment sans quantité il a la grandeur, et comment sans être mu il meut toutes choses comme il veut, à sa guise.

  L'EMPEREUR.
Seigneurs, j'ai le désir de voir mon fils, et je suis fort contrarié de ne pas le voir plus souvent. Depuis que Caton l'emmena, il ne

Puisque Chaton l'en enmena,
Par devers moy ne retourna.
　　Que veult ce dire?
　　　　CHEVALIER.
Il n'en a pas le congié, sire,
Par aventure.
　　　　L'EMPEREUR.
Alez, vous deux, bonne aléure;
De son maistre congié prenez,
Et ci present le m'amenez:
　　Veoir le vueil.
　　　　ij^e SERGENT.
Sire, nous ferons vostre vueil
　　Incontinent.
　　　　PREMIER SERGENT.
Alons le querre appertement,
En delay plus ne le metton.
— Mahon vous gart, sire Chaton,
　　Et voz genz touz!
　　　　CHATON.
Or çà, seigneurs, bien veignez-vous.
De nouvel me direz-vous rien?
Comment le fait monseigneur? Bien
　　Fait, Dieu mercy?
　　　　ij^e SERGENT.
Oïl; envoié nous a ci
Dire vous que li envoiez
Son filz et le nous envoiez:
　　Si le demande.
　　　　CHATON.
Mais seroit vilenie grande
A moy se je li refusoie
Ne se je le contraire disoie.
Tantost ira. — Josias, sus!
Et vous, Dorech et Josephus,
Pensez de vous tost avoier
A cest enfant-ci convoier,
Qui de son pere est demandez;
Et à lui me recommandez
　　Très humblement.
　　　　ij^e ESCOLIER.
Maistre, nous ferons bonnement
　　Vostre vouloir.
　　　　PREMIER SERGENT.
Alons-m'en sanz plus ci manoir;
　　Trop demourons.
　　　　LE TIERS ESCOLIER.
Alons; tantost à li serons:

revint pas auprès de moi. Que veut dire cela?

　　　　UN CHEVALIER.
Sire, il n'en a peut-être pas la permission.

　　　　L'EMPEREUR.
Vous deux, allez bon train; prenez l'autorisation de son maître, et amenez-le-moi ici en personne: je veux le voir.

　　　　DEUXIÈME SERGENT.
Sire, nous ferons votre volonté incontinent.

　　　　PREMIER SERGENT.
Allons le chercher promptement, ne tardons plus. — Que Mahomet vous garde, sire Caton, et tous les vôtres!

　　　　CATON.
Allons, seigneurs, soyez les bienvenus. Ne me direz-vous rien de nouveau? Comment se porte monseigneur? Bien, Dieu merci?

　　　　DEUXIÈME SERGENT.
Oui; il nous a ordonné de venir ici pour vous dire que vous lui envoyiez son fils et que vous nous le remettiez: il le demande.

　　　　CATON.
Ce serait à moi une faute grave si je le refusais ou si je disais le contraire. Il va y aller. — Josias, allons! et vous, Dorech et Joseph, apprêtez-vous à vous mettre en route pour accompagner cet enfant-ci, que son père demande. Recommandez-moi à lui très-humblement.

　　　　DEUXIÈME ÉCOLIER.
Maître, nous ferons de bon cœur votre volonté.

　　　　PREMIER SERGENT.
Allons-nous-en sans plus tarder; nous demeurons trop.

　　　　LE TROISIÈME ÉCOLIER.
Allons; nous serons tantôt vers lui: il n'y a

N'y a que deux pas à aler ;
Mais garder nous fault de parler
 Jà devant li.
  PREMIER ESCOLIER.
Si ferons-nous ; ni à celi,
 Au mien cuidier.
  ij^e SERGENT.
De tout ce dont avez mestier,
Sire, c'est de conseil loial
Donner et de joie royal
Vous vueillent par leur courtoisie,
Et avec ce de longue vie ;
 Noz diex pourveoir !
  L'EMPEREUR.
Filz, j'avoie de vous veoir
Grant desir : bien soiez venuz.
Comment vous estes-vous tenuz
De moy veoir si longuement ?
Je m'en merveil moult. Et comment
 Le faites-vous ?
  LE FIL DE L'EMPEREUR.
Bien, très chier sire et pere doulx ;
Vostre merci du demander.
— Vien avant, je vueil amender
Le salut qu'à mon pere as fait ;
Car il y a vice et meffait
 En ce qu'as dit.
  L'EMPEREUR.
Biau filz, en quoy a-il mesdit ?
Trop bien l'a fait, ce m'est avis.
Je vueil savoir par ton devis
 Sa mesprison.
  LE FIL DE L'EMPEREUR.
Sire, il a dit en sa raison
Nos diex ; et c'est une falourde,
Une mençonge et une bourde.
 N'est que un Dieu non.
  L'EMPEREUR.
Non dya ! Et comment a-il nom,
Biau filz, ce Dieu dont me parlez ?
Dites-le-moy, se vous voulez,
 Ysnel le pas.
  LE FIL DE L'EMPEREUR.
Mon chier seigneur, n'avez-vous pas
Oy parler du saint juste homme
Qui en ceste cité de Rome
Est venu pour un po de temps,
Homme paisible et sanz contens,
Disciple du vray Dieu sanz fin,
Qui est appellez Valentin ?

d'ici là que deux pas ; mais il faut nous garder de parler en sa présence ;
  PREMIER ÉCOLIER.
Oui ; ni à celui-ci, à mon avis.
  DEUXIÈME SERGENT.
 Sire, que nos dieux, par leur courtoisie, veuillent vous donner tout ce dont vous avez besoin, c'est-à-dire loyal conseil et joie royale, et avec cela vous pourvoir de longue vie !
  L'EMPEREUR.
 Fils, j'avais grand désir de vous voir : soyez le bienvenu. Comment avez-vous pu rester si long-temps sans me voir ? Je m'en étonne fort. Et comment vous portez-vous ?
  LE FILS DE L'EMPEREUR.
 Bien, très-cher sire et doux père ; je vous remercie de votre demande. — Avance, je veux rectifier le salut que tu as fait à mon père ; car il y a vice et outrage dans ce que tu as dit.
  L'EMPEREUR.
 Beau fils, en quoi a-t-il mal parlé ? il a très-bien dit, à mon avis. Je veux connaître par toi en quoi il a erré.
  LE FILS DE L'EMPEREUR.
 Sire, il a dit dans son discours *nos dieux* ; et c'est une bévue, un mensonge et une bourde. Il n'y a qu'un Dieu.
  L'EMPEREUR.
 Non vraiment ! Et comment se nomme, beau fils, ce Dieu dont vous me parlez ? Veuillez me le dire tout de suite.
  LE FILS DE L'EMPEREUR.
 Mon cher seigneur, n'avez-vous pas entendu parler de l'homme saint et juste qui est venu pour un peu de temps dans cette cité de Rome, homme paisible et sans esprit de dispute, disciple du vrai Dieu infini, et qui s'appelle Valentin ? (Ne vous a-t-on pas dit) comment il a guéri d'un mal cruel le

Comment le filz Chaton le sage
A gari de son grief malage
En la puissance, en la vertu
De nostre sire Christ Jhesu,
Qui ès cieulx a pere sanz mere,
Et sanz pere ot en terre mere?
Par lui tenons-nous [c]este foy,
Ceste creance et ceste loy,
Qui n'est, à parler proprement,
Dieu que Jhesus tant seulement,
Filz Dieu le Pere.

LE CHEVALIER.

Ce n'est pas verité bien clere;
Car le Pere au mains miex devroit
Estre Dieu que le Filz, par droit,
S'il estoit ainsi qu'il éust
Cause en lui pour quoy il déust
Dieu estre dit.

FFILZ (sic) D'EMPEREUR.

Biaux seigneurs, à ce contredit
Respondez-li tost sanz delay :
Vous estes clers, il n'est que lay
En ce cas-cy.

PREMIER ESCOLIER.

Sire, vous avez dit ainsi
Que li Peres devroit trop miex
Que le Filz estre appellez Diex,
Supposé qu'il déust Diex estre.
Pour cest argu confondre et mettre,
Se je puis, de touz poins à nient,
Je respons, sire, qu'il convient
Qu'il ait esté premierement
Un principe ou commencement,
Par qui toutes choses cré[é]es
Sont et en leur estre ordenées;
Et aucuns sages anciens,
Artiens et logiciens,
Philosophes çà en avant
L'appellerent premier moment,
Acteur de toutes creatures;
Si font meismes voz escriptures,
Ainsi le dient.

LE FIL A L'EMPERIERE.

Souffrez. C'est voirs, pas ne le nient;
Le philosophe ainsi le moustre;
Mais ycy vueil-je dire cause oultre :
Pourquoy principe le nommerent,
Et premier moment l'appellerent?
Car le temps n'estoit pas venu
Qu'i se fust encore apparu

fils du sage Caton par la puissance et la vertu de Jésus-Christ, notre seigneur, qui dans les cieux a un père sans mère, et sur la terre une mère sans père? C'est de lui que nous tenons cette foi, cette croyance et cette loi, qui consistent, à proprement parler, à croire qu'il n'est qu'un seul Dieu, Jésus, fils de Dieu le Père.

LE CHEVALIER.

Ce n'est pas une vérité bien claire; car au moins le Père devrait être de droit Dieu plutôt que le Fils, s'il était ainsi qu'il eût en lui cause à devoir être appelé Dieu.

LE FILS DE L'EMPEREUR.

Beaux seigneurs, répondez sur-le-champ à cette objection : vous êtes clercs, il n'est que laïc dans ce cas-ci.

PREMIER ÉCOLIER.

Sire, vous avez dit que le Père devrait être appelé Dieu plutôt que le Fils, supposé qu'il dût être Dieu. Pour confondre et pulvériser, si je le puis, cet argument en tous points, je réponds, sire, qu'il faut qu'il y ait eu d'abord au commencement un principe par qui toutes les choses ont été créées et ordonnées en leur place; et quelques anciens sages, docteurs, logiciens et philosophes l'appelèrent premier moment, auteur de toutes créatures; ainsi font vos écritures mêmes, elles le disent pareillement.

LE FILS DE L'EMPEREUR.

Attendez. C'est vrai, ils ne le nient pas; le philosophe le montre ainsi; mais je veux ici aller plus loin : pourquoi le nommèrent-ils principe, et l'appelèrent-ils premier moment? car le temps n'était pas encore venu pour lui de faire son apparition et de demeurer ici-bas sur terre : c'est pourquoi, quelque

Ne conversé çà jus en terre :
Pour ce ne sceurent tant enquerre
Qu'il le congnéussent à droit
Comme nous faisons orendroit,
Qui l'appellons-en déité
Une essance, une majesté.
En ceste unité que disons,
Une trinité divisons :
Pere, Sains-Esperiz et Filz ;
Et n'est qu'un Dieu, soyez-en fis.
Non quant à la divine essence,
Mais ès personnes difference
Mettons-nous, c'est chose certaine ;
Car le Filz, sanz plus, char humaine
Prist pour nous donner gloire ès cielx :
Pour quoy nous disons homme est Diex,
 Et Diex est homme.

L'EMPERIERE.

Mon povoir ne prise une pomme,
Seigneurs, par les diex que je croy !
Se ceulx qui tiennent ceste loy
Et la sement par la cité
Ne fois morir à grant vilté.
Emprisonnez ces trois icy,
Et après m'alez querre aussi
 Ce Valentin.

PREMIER SERGENT.

Sire, nous ferons de cuer fin
Tout ce que nous commanderez.
— Passez. Emprisonnez serez
 Tous .iij. ensemble.

ij^e. SERGENT.

Livrer les nous fault, ce me semble,
A Vuide-Bource le jolier ;
Si en serons hors de dangier.
 Menons-les-y.

PREMIER SERGENT.

C'est bien dit. — Jolier, çà ! vez ci
Trois prisonniers que vous livrons :
Tenez, nous nous en delivrons ;
 Gardez-les bien.

LE JOLIER.

Avant ! entrez ci. — Se du mien
Menguent, ilz le paieront.
N'en doubtez, ne m'eschaperont
 Mais de sepmaine.

ij^e. SERGENT.

Or nous fault aler mettre en paine,
Biaux compains, et si bien prouver

recherche qu'ils fissent, ils ne le connurent pas clairement comme nous à cette heure, qui l'appelons une essence en divinité, une majesté. Dans cette unité dont nous parlons, nous établissons une trinité : le Père, le Saint-Esprit et le Fils ; cependant ils ne font qu'un Dieu, soyez-en convaincus. Nous mettons de la différence, non quant à l'essence divine, mais quant aux personnes, c'est chose certaine ; car le Fils, sans en dire davantage, se revêtit de notre humanité pour nous donner gloire dans les cieux : c'est pourquoi nous disons qu'il est homme et Dieu, et que Dieu est homme.

L'EMPEREUR.

Seigneurs, par les dieux en qui je crois ! je ne prise pas mon pouvoir la valeur d'une pomme si je ne fais pas mourir très-ignominieusement ceux qui tiennent cette loi et la sèment par la cité. Emprisonnez ces trois individus-ci, et après allez-moi chercher aussi ce Valentin.

PREMIER SERGENT.

Sire, nous ferons de bon cœur tout ce que vous nous commanderez. — Passez. Vous serez emprisonnés tous trois ensemble.

DEUXIÈME SERGENT.

Il nous les faut livrer, ce me semble, à Vide-Bourse le geôlier ; par là nous en serons débarrassés. Menons-les-y.

PREMIER SERGENT.

C'est bien dit. — Geôlier, avancez ! voici trois prisonniers que nous vous livrons : tenez, nous nous en débarrassons ; gardez-les bien.

LE GEÔLIER.

En avant ! entrez ici. — S'ils mangent du mien, ils le paieront. N'ayez pas peur, ils ne m'échapperont pas d'une semaine.

DEUXIÈME SERGENT.

Beau compagnon, il faut maintenant nous aller mettre en quête et nous efforcer de

Que Valentin puissons trouver
Où que ce soit.
PREMIER SERGENT.
Sueffre-toi; s'il ne me deçoit,
Je le te mettray en tes mains :
C'est à quoi je pense le mains.
Alons-m'en. Un po le cognois.
E, gar! cel homme que tu voiz
Çà venir le visage en terre,
C'est il : ne le nous fault plus querre ;
Alons le prendre.
ij^e SERGENT.
Sà, maistre! il vous fault sanz attendre
Devant l'emperiere venir.
Or tost! sanz nous plus ci tenir.
Passez bonne erre.
VALENTIN.
Dya! je ne sui murdrier ne lierre.
Seigneurs, menez-me doulcement,
Sanz moy tenir si lourdement;
Je vous en pri.
PREMIER SERGENT.
Or tost! passez dont, sanz detri.
— Chier sire, Valentin avons
Tant quis que le vous amenons.
Parlez à li.
L'EMPEREUR.
Comment, maistre? estes-vous celui
Qui le peuple avez enorté
De croire en un Dieu qu'a porté
Une vierge, si com vous dites?
Par mes diex! n'en serez pas quittes.
Ou ce qu'avez fait defferez,
Ou à mort vilaine serez
Livrez briefment.
VALENTIN.
Emperiere, premièrement,
Tu qui loy dampnable soustiens,
S'à droit pensasses de qui tiens
La dignité où tu es mis,
Ou te penasses d'estre amis
Plus diligement que ne fais
A mon Dieu par qui tu fuz fais,
Qui est de toute creature
Createur et Dieu de nature,
Ce n'est pas doubte...
LE CHEVALIER.
A po que mes doiz ne deboute
Si que les .ij. iex te crevasse,

trouver Valentin en quelque endroit qu'il soit.
PREMIER SERGENT.
Attends; s'il ne me donne le change, je te le mettrai entre les mains : c'est ce qui me donne le moins de souci. Allons-nous-en. Je le connais un peu. Eh, regarde ! cet homme que tu vois venir là le visage en terre, c'est lui : il ne nous faut plus le chercher; allons le prendre.
DEUXIÈME SERGENT.
Allons, maître! il vous faut sans rétard venir devant l'empereur. Allons, vite! sans nous tenir ici davantage, passez bon train.
VALENTIN.
Eh! je ne suis ni meurtrier ni voleur. Seigneurs, menez-moi doucement, sans me tenir d'une manière si pesante; je vous en prie.
PREMIER SERGENT.
Allons, vite! passez donc, sans raisonner. — Cher sire, nous avons tant cherché Valentin que nous vous l'amenons. Parlez-lui.
L'EMPEREUR.
Comment, maître! êtes-vous celui qui a exhorté le peuple à croire en un Dieu qu'une vierge a porté, comme vous le dites? Par mes dieux! vous n'en serez pas quitte. Ou vous déferez ce que vous avez fait, ou vous serez bientôt livré à une mort honteuse.
VALENTIN.
Empereur, premièrement, toi qui soutiens une loi damnable, si tu pensais à celui de qui tu tiens la dignité dans laquelle tu es placé, ou si tu faisais tes efforts pour aimer mieux que tu ne le fais mon Dieu, par qui tu fus formé, qui est le créateur de toute créature et le Dieu de la nature, il n'y a pas de doute....
LE CHEVALIER.
Par Mahomet! peu s'en faut que de mes doigts je ne te crève les yeux ici même. Un

Par Mahommet! en ceste place.
Doit ainsi parler un tel homme
Com toy à l'empereur de Romme?
    En male estraine!

L'EMPEREUR.

Souffrez. — Va, tantost si m'amaine
Ces .iij. compaignons qu'en prison
As hui mis pour leur mesprison,
    Cy devant moy.

LE ij^e. SERGENT.

Sire, par la foy que vous doy!
Voulentiers, sanz chiere rebource.
— Or çà! je revien, Vuide-Bource.
Ces .iij. prisonniers attaingniez;
Il faudra qu'avec moy veigniez
Pour les mener jusqu'à la court,
Et que nous les tenions de court
    Et près de nous.

LE JOLIER.

Ne vous en doubtez, ami doulx.
— Sà! entre vous iij. issiez hors.
— Ho! il nous les fault par les corps
    Lier ensemble.

LE ij^e. SERGENT.

C'est bien dit : aussi, ce me semble,
Plus asséur les enmenrons
Quant ainsi liez les tenrons
    Comme tu diz.

LE JOLIER.

Ainsi mainé-je court touz diz
Ceulx que je sçay que ont meffait.
Avant! alons-m'en. Tien, c'est fait :
    Acouplez sont.

ij^e SERGENT.

C'est voir : d'eschaper povoir n'ont.
— Avant, merdaille; avant trotez,
Se de ce baston-ci frotez
    Ne voulez estre.

LE JOLIER.

Vez ci, mon chier seigneur et maistre,
Les prisonniers que demandez.
S'il vous plaist, or nous commandez
    C'on en fera.

L'EMPEREUR.

Assez tost on le te dira.
— Truant, pour ce qu'as convertiz
Ceulz-ci et à toy pervertiz,
Devant toy decolez seront :
C'est le prouffit qu'il en aront.
— Avant! copez-leur tost les testes,

homme comme toi doit-il parler ainsi à l'empereur de Rome? Malheur à toi!

L'EMPEREUR.

Attendez. — Va, et tantôt amène ici devant moi ces trois compagnons que pour leur crime tu as incarcérés aujourd'hui.

LE DEUXIÈME SERGENT.

Sire, par la foi que je vous dois! volontiers, sans rechigner. — Allons! je reviens, Vide-Bourse. Prenez ces trois prisonniers; il faudra que vous veniez avec moi pour les mener jusqu'à la cour, et que nous les tenions serrés et près de nous.

LE GEÔLIER.

Mon doux ami, n'ayez à ce sujet aucune crainte. — Allons! sortez, vous trois. — Oh! il nous les faut lier ensemble par le corps.

LE DEUXIÈME SERGENT.

C'est bien dit : aussi, ce me semble, les emmènerons-nous avec plus de sûreté quand nous les tiendrons liés ainsi que tu le dis.

LE GEÔLIER.

C'est ainsi que toujours je mène court ceux que je sais avoir méfait. En avant! allons-nous-en. Tiens, c'est fait : ils sont accouplés.

DEUXIÈME SERGENT.

C'est vrai : ils ne peuvent pas s'échapper.
— En avant, canaille! trottez en avant, si vous ne voulez pas être frottés de ce bâton-ci.

LE GEÔLIER.

Voici, mon cher seigneur et maître, les prisonniers que vous demandez. Maintenant, s'il vous plaît, ordonnez ce qu'on en fera.

L'EMPEREUR.

On te le dira bientôt. — Truand, attendu que tu as converti ceux-ci et que tu les as pervertis par ta doctrine, ils seront décollés devant toi : c'est le profit qu'ils en retireront. — Allons! coupez-leur vite la tête, puis laissez les bêtes sauvages manger leurs corps.

Puis lessiez aux sauvages bestes
Les corps mengier.

VALENTIN.

Mes freres et mi ami chier,
De la mort des corps ne vous chaille;
Soiez fors en ceste bataille,
Contre ce serpent combatez;
Car je vous di vous acquestez
Gloire qui touz jours durera
Et vie qui jà fin n'ara,
Et par ce brief et court martire
Verrez sanz fin Dieu, nostre Sire,
Si comme il est.

iij^e. ESCOLIER.

Homme de Dieu, nous sommes prest
De faire quanque tu nous diz;
Or prie Dieu qu'en paradiz
Noz ames mette.

VALENTIN.

Vostre voulenté sera faite
De bon cuer : j'en vueil Dieu prier
Ci endroit, sanz plus detrier,
Mes chiers amis.

LE JOLIER.

Tu seras premier à fin mis.
Passe avant, agenoille-toy.
— C'est fait; il n'i a mais de quoy
Jamais mot die.

VALENTIN.

Doulx Jhesus, en la conpagnie
De tes sains anges ces personnes
Reçoy, et ta gloire leur donnes;
Si que ta Mere et toy, Filz, voient
Ainsi comme par foy le croient
Çà jus en terre.

DIEU.

Mere, je vueil qu'aliez bonne erre
A mes amis que voi là estre,
Que on veult à mort pour mon nom mettre.
— Anges, vous .ij. la conduisiez,
Et en alant la deduisiez
D'un biau chant faire.

LE PREMIER ANGE.

Vostre vouloir si nous doit plaire,
Sire, par droit.

ij^e. ANGE.

Nous en irons par là endroit
Quant jus serons.

LE JOLIER.

Sà, seigneurs! sà! de chapperons

VALENTIN.

Mes frères et mes chers amis, ne vous occupez pas de la mort du corps; soyez forts en cette bataille, combattez contre ce serpent; car je vous dis que vous acquerrez une gloire qui durera toujours et une vie qui ne finira jamais, et par ce bref et court martyre vous verrez sans fin Dieu, notre Seigneur, comme il est.

TROISIÈME ÉCOLIER.

Homme de Dieu, nous sommes prêts à faire tout ce que tu nous recommandes; prie donc Dieu qu'il mette nos ames en paradis.

VALENTIN.

Votre volonté sera faite de bon cœur : mes chers amis, je veux, sans plus tarder, adresser ici à Dieu cette prière.

LE GEÔLIER.

Tu seras mis à mort le premier. Passe en avant, agenouille-toi. — C'est fait; il n'y a plus de quoi jamais dire un seul mot.

VALENTIN.

Doux Jésus, reçois ces personnes en la compagnie de tes saints anges, et donne-leur ta gloire; en sorte qu'ils voient ta Mère et toi, Fils, comme ils vous ont vus par les yeux de la foi ici-bas sur la terre.

DIEU.

Mère, je veux que vous alliez bien vite à mes amis que je vois là-bas, et que l'on veut mettre à mort pour mon nom. — Anges, conduisez-la vous deux, et en chemin récréez-la d'un beau cantique.

LE PREMIER ANGE.

Sire, votre volonté doit nous plaire; c'est juste.

DEUXIÈME ANGE.

Nous nous en irons par là quand nous serons en bas.

LE GEÔLIER.

Allons, seigneurs! allons! quand j'aurai

N'arez jamais, certes, mestier,
Mais qu'aie ouvré de mon mestier
  Sur vous icy.
PREMIER ANGE.
Dites avec moy ce chant-ci,
Michiel ; jà repris n'en serez.
Rondel.
Venez-vous-en, benéurez,
Lassus ou royaume de Dieu ;
En gloire sanz fin mis serez ;
Venez-vous-en, benéurez,
Et touz jours sanz mort viverez.
Trop y a delictable lieu.
  Venez-vous-en, etc.
LE JOLIER.
Or sçay-je bien ne prescherez
Jamais nul lieu nouvelle loy.
Chascuns est endormiz tout coy,
  Ce m'est avis.
NOSTRE-DAME.
Or tost, sanz plus faire devis,
Mes amis, ces ames prenez
Et ici plus ne vous tenez ;
Mais commans que chascun s'avoie
A nous en r'aler par la voie
  Que venuz sommes.
ij⁰. ANGE.
Dame des cieulx, dame des hommes,
Fontaine de misericorde,
A vo vouloir faire s'accorde
  Chascun de nous.
PREMIER ANGE.
C'est voir. Pardisons, ami doulx,
Nostre chant tant qu'il soit finez.
Rondel.
Et touz jours sanz mort viverez.
Trop y a delictable lieu.
Venez-vous-ent, etc.
L'EMPEREUR.
Seigneurs, escoutez : en quel lieu
Oy-je de chant tel melodie ?
Onques mais en jour de ma vie
  Telle n'oy.
LE CHEVALIER.
Le cuer m'a forment esjoy ;
Mais dont ce vient moult me merveil,
Car gens ne puis veoir à l'ueil
Qui si doulcement chanter doient.
Il semble que près de nous soient,
  A leur chanter.

ici travaillé sur vous de mon métier, vous n'aurez, certes, jamais besoin de chaperons.

PREMIER ANGE.
Michel, dites avec moi ce chant-ci ; vous n'en aurez pas de reproches.
Rondeau.
Venez-vous-en, bienheureux, là-haut dans le royaume éternel ; vous serez mis en gloire sans fin ; venez-vous-en, bienheureux, et vous vivrez toujours sans mourir. C'est un lieu très-délectable. Venez-vous-en, etc.

LE GEÔLIER.
Maintenant je sais bien que vous ne prêcherez jamais en aucun lieu une nouvelle loi. Il m'est avis que chacun dort bien tranquille.

NOTRE-DAME.
Allons vite, mes amis ! sans plus causer, prenez ces ames et ne vous tenez plus ici ; mais j'ordonne que chacun se mette en route pour nous en retourner par le chemin que nous avons suivi pour venir ici.

DEUXIÈME ANGE.
Dame des cieux, dame des hommes, fontaine de miséricorde, chacun de nous consent à faire votre volonté.

PREMIER ANGE.
C'est vrai. Mon doux ami, continuons notre chant jusqu'à ce qu'il soit fini.
Rondeau.
Et vous vivrez toujours sans mourir. C'est un lieu très-délectable. Venez-vous-en, etc.

L'EMPEREUR.
Seigneurs, écoutez : d'où vient ce chant mélodieux ? jamais de ma vie je n'en ouïs de pareil.

LE CHEVALIER.
Mon cœur en a ressenti un vif plaisir ; mais d'où cela vient-il ? je m'en émerveille fort, car de mes yeux je ne puis voir personne qui chante aussi mélodieusement. A leur chant, il semble qu'ils soient près de nous.

VALENTIN.

Empereur, saches, sanz doubter,
Ce chant que tu à tes oreilles
As oy, c'est (ne t'en merveilles)
La doulce mere au roy Jhesu
Et ces anges qui sont venu
Querre les ames de ces corps
Qui par toy gisent ileuc mors,
Qu'avec Jhesu-Crist en emportent ;
Et en les portant, les deportent,
 Comme oy as.

L'EMPEREUR.

Comment? ne te tairas-tu pas
De ton Jhesu-Crist devant moy?
Vez ci que j'ordene de toy :
Ou tu noz diex aoureras,
Ou par divers tourmens mourras,
 Je te promet.

VALENTIN.

En Jhesu-Crist du tout me met,
Si que ne me peuz tourmenter,
De ceci te vueil-je enorter ;
Car pour paine que me saroies
Faire, surmonter ne pourroies
La grant joie que j'en aray ;
Mais une chose te diray :
Se tes faulx ydoles et vains,
Qui touz sont de dyables plains,
Relenquissiez et lessassez,
Et Dieu le vray seul aourassez,
Tu, qui es triste et en destresce,
Trouvasses joie sanz tristesce,
Repos sanz labour permanable,
Et regne sanz fin perdurable.
 Je te di voir.

L'EMPEREUR.

A ton dit peut-on bien savoir
Que tu es plain de l'anemi.
— Or tost, seigneurs ! tost, là en my
Celle place le despoulliez.
Quant tout nu sera, le vueilliez
Lier estant à celle estache ;
Et puis le batez tant que tache
N'ait sur son corps blanche ne vert,
Mais que tout soit de sanc couvert
 Pour son chasti.

LE PREMIER SERGENT.

Si com de dit l'avez basti,

VALENTIN.

Empereur, sache, à n'en pas douter, que ce chant que tu as ouï de tes oreilles, c'est (ne t'en émerveille pas) celui de la douce mère du roi Jésus et de ses anges qui sont venus chercher les ames de ces corps, lesquels, mis à mort par toi, sont étendus ici ; ils les emportent vers Jésus-Christ, et en les emportant, ils leur font fête, comme tu as ouï.

L'EMPEREUR.

Comment? ne te tairas-tu pas devant moi au sujet de ton Jésus-Christ? Voici ce que j'ordonne de toi : ou tu adoreras nos dieux, ou tu mourras par divers tourmens, je te promets.

VALENTIN.

Je me mets entièrement en Jésus-Christ, en sorte que tu ne peux me tourmenter, je dois te l'apprendre ; car quelque peine que tu me fasses subir, tu ne pourrais surmonter la grande joie que je ressentirai ; mais je te dirai une chose : si tu abandonnais et laissais tes idoles fausses et vaines, qui toutes sont pleines du démon, et que tu adorasses seulement le vrai Dieu, toi, qui es triste et dans la détresse, tu trouverais une joie sans mélange, un repos durable sans peine, et un règne éternel et sans fin. Je te dis la vérité.

L'EMPEREUR.

A tes paroles on peut bien voir que tu es possédé du démon. — Allons, vite, seigneurs ! vite, dépouillez-le au milieu de cette place. Quand il sera tout nu, veuillez le lier debout à ce poteau ; et puis battez-le tant qu'il n'y ait sur son corps tache ni blanche ni verte, mais qu'il soit couvert de sang pour son châtiment.

LE PREMIER SERGENT.

Mon cher seigneur, il sera fait comme

Mon chier seigneur, vous sera fait.
— Sà, maistre! despoullier de fait
  Yci vous fault.
(Cy met-on la table devant l'emperiere pour mengier.)

VALENTIN.
Voulentiers, seigneurs, sanz deffault.
Sui-je à vostre vueil? que vous semble?
Ne doubtez pas que de vous m'emble :
  N'est pas m'entente.

LE JOLIER.
Lier le vous vueil, sanz attente,
En la maniere qu'ay apprise.
Est-il lié de bonne guise?
  Dites-le-moy.

LE ij^e. SERGENT.
Oïl. Or çà! vez ci de quoy
Il sera batuz, comme fol,
Dès les rains aval jusqu'au col.
Avant! chascun la seue prengne,
Et de bien ferir ne s'espargne
  Sur ce dur dos.

PREMIER SERGENT.
Se sa char estoit toute d'os,
S'en feray-je saillir le sanc.
Je le vueil batre sur le flanc
  Premierement.

.ij^e. SERGENT.
Et je sur cestui, tellement
  Qu'il y parra.

LE JOLIER.
Je seray le tiers qui ferra
  Au long du corps.

VALENTIN.
Vueillez entendre à mes recors,
Entre vous qui me regardez:
Pour Dieu vous pri ne vous tardez
De croire en celui qui me garde,
Qui tout voit et partout regarde,
Qui le monde de nient crea,
Et par sa mort nous recrea,
Qui daigna d'une vierge naistre
Et à nostre semblance mettre
Pour rachater l'umain lignage
Que Sathan tenoit en servage;
Qui de nous ot tant cure et soing,
Combien qu'il n'ait de nous besoing,
Que pour nous en croiz mort pendi,
Dont vie par ce nous rendi.
Congnoissiez-le donc, congnoissiez,

vous l'avez dit. — Allons, maître! il faut ici vous dépouiller en entier.

(Ici on met la table devant l'empereur pour manger.)

VALENTIN.
Volontiers, seigneurs, sans y manquer. Suis-je comme vous voulez? que vous en semble? Ne craignez pas que je m'échappe de vos mains : ce n'est pas mon intention.

LE GEÔLIER.
Je veux, sans retard, vous le lier de la manière que j'ai apprise. Est-il solidement attaché? dites-le-moi.

LE DEUXIÈME SERGENT.
Oui. Allons! voici de quoi le battre, comme un fou qu'il est, depuis le bas des reins jusqu'au cou. En avant! que chacun prenne sa verge, et ne manque pas de bien frapper sur ce robuste dos.

LE PREMIER SERGENT.
Quand même sa chair serait entièrement d'os, j'en ferais jaillir le sang. Je veux d'abord le battre sur le flanc.

LE DEUXIÈME SERGENT.
Et moi sur celui-ci, tellement qu'il y paraîtra.

LE GEÔLIER.
Je serai le troisième qui frapperai le long du corps.

VALENTIN.
Vous qui me regardez, veuillez prêter attention à mes paroles: ne tardez pas, je vous en prie, pour (l'amour de) Dieu, à croire en celui qui me garde, qui voit tout et regarde partout, qui créa le monde, et qui par sa mort nous créa de nouveau, qui daigna naître d'une vierge et se mettre à notre image pour racheter le genre humain que Satan retenait dans la servitude; qui eut tant de soin et de souci de nous, bien qu'il n'en ait pas besoin, que pour nous il mourut suspendu à la croix, et par là nous rendit la vie. Reconnaissez-le donc, reconnaissez-le, et délaissez vos idoles trompeuses qui ne sont pas des dieux, mais des démons; ne les ayez pas pour agréables, servez seulement le vrai Dieu pour le-

21

Vos fauz ydoles delaissiez
Qui ne sont pas Diex, mais sont dyables;
Ne les aiés pas agreables,
Servez le vray Dieu seulement
Pour qui je sueffre ce tourment,
Qui ne m'est pas tourment, mais baing;
Car avis m'est que de doulz saing
M'oingnent ceulx qui ainsi m'atirent.
Et vous cuidiez qu'il me martirent,
Et ce n'est que purgacion
Et ma glorificacion
 De corps et d'ame.

LE QUART ESCOLIER.

Pere, benoite soit la dame
Qui à nourreture t'a trait!
Tu as tout ce peuple retrait
D'enfer et l'as à Dieu acquis
Par les paroles que tu dis,
 Qui voires sont.

LE QUINT ESCOLIER.

Pere, escoute: ces gens ne font
Mais que baptesme demander,
Pour eulx envers Dieu amender
 De leurs meffaiz.

VALENTIN.

Soient en ce vouloir parfaiz,
Il souffira à Dieu assez,
Tant qu'un pou de temps soit passez
 C'on leur donrra.

PREMIER SERGENT.

Par Mahon! monseigneur sara
Maintenant ces nouvelles-ci.
—Sire, je vous vieng dire ainsi:
De nostre loy sont perverti
Bien vij.m., qu'a converti
Valentin tant dis comme on l'a
Batu à celle estache-là.
A brief, tout le peuple est creant
En son Dieu, je le vous creant,
 En bonne foy.

L'EMPEREUR.

Va, fay l'amener devant moy,
 Yci en l'eure.

PREMIER SERGENT.

Sire, se Mahon me sequeure!
Je vois.—Ho, seigneurs! sanz plus batre,
Mener le nous fault sanz debatre
 A l'emperiere

ij^e. SERGENT.

Si l'i menrons en la maniere

quel je souffre ce tourment, qui n'en est pas un pour moi : au contraire, c'est un bain; car il m'est avis que ceux qui m'arrangent ainsi me frottent d'un doux parfum. Vous pensez qu'ils me martyrisent, tandis qu'ils ne font que me purifier et qu'ils glorifient mon corps et mon ame.

LE QUATRIÈME ÉCOLIER.

Père, bénie soit la dame qui t'a nourri! par tes paroles, qui ne sont que la vérité, tu as arraché tout ce peuple à l'enfer et tu l'as gagné à Dieu.

LE CINQUIÈME ÉCOLIER.

Père, écoute : ces gens ne font que demander le baptême, pour effacer leurs méfaits envers Dieu.

VALENTIN.

Qu'ils soient fermes en cette volonté, cela suffira à Dieu, jusqu'à ce qu'il se soit passé un peu de temps; alors on le leur donnera.

LE PREMIER SERGENT.

Par Mahomet! monseigneur saura à l'instant même ces nouvelles-ci. — Sire, je viens vous dire que sept mille personnes ont quitté notre loi; c'est Valentin qui les a converties pendant qu'on le battait à ce poteau-là. En un mot, tout le peuple croit sincèrement en son Dieu, je vous l'assure.

L'EMPEREUR.

Va, fais-le amener ici devant moi, sur l'heure.

LE PREMIER SERGENT.

Sire, Mahomet me secoure! j'y vais. — Holà, seigneurs! ne le battez pas davantage; il nous le faut mener sans débats à l'empereur.

LE DEUXIÈME SERGENT.

Nous l'y mènerons arrangé comme il est,

Qu'il est, mais que deslié soit :
Aussi plus est ci, plus deçoit
    De gens sanz nombre.

LE JOLIER.

Voire, et si nous tolt et encombre
De faire ailleurs nostre prouffit,
Et li mesmes se desconfit.
Deliez est, alons-nous-ent
Et l'enmenons. Trop longuement
    Sommes icy.

LE PREMIER SERGENT.

Alons. — Mon cher seigneur, vez ci
Que demandez.

L'EMPEREUR.

Ore, t'es-tu point amendez?
Di-me voir de bon cuer ouvert.
Au mains, te voi-je tout couvert
De sanc. Que ne t'a regardé
Ton Dieu? et qui t'éust gardé
De ce tourment, de ceste paine?
Je te dí (n'est pas chose vaine),
Se je ne voy que tu laboures
A ce que tu mes diex aoures,
Je feray ci tes jours finer;
Car le chief te feray couper,
    Je te di bien.

VALENTIN.

Tes jours sont plus briez que li mien.
Je ne scé de quoy me menaces;
Je te di que tout au pis faces
    Que tu pourras.

L'EMPEREUR.

Par mes diex! en l'eure mourras.
— Vuide-Bource, sanz plus ci estre,
Vaz-le-moy là hors à mort mettre;
Et se tu voiz qu'il y surviengne
Nul qui pour crestien se tiengne,
    Met tout à fin.

LE JOLIER.

Sire, par mon dieu Appolin!
Voulentiers; n'en ara jà mains.
— Sà, maistre, sà ! puisqu'en mes mains
Estes, gueres ne durerez.
Passez, assez tost finerez
    Honteusement.

LE QUART ESCOLIER.

Pere, avant! vigureusement
Labourez à ce derrenier

qu'il soit seulement délié : aussi bien, plus il est ici, plus il égare de gens.

LE GEÔLIER.

C'est vrai, de plus il nous enlève notre profit et nous empêche de le faire ailleurs, et lui-même il dépérit. Il est délié, allons-nous-en et emmenons-le. Nous restons trop long-temps ici.

LE PREMIER SERGENT.

Allons. — Mon cher seigneur, voici ce que vous demandez.

L'EMPEREUR.

Eh bien! ne t'es-tu point amendé? Dis-moi la vérité à cœur ouvert. Au moins, je te vois tout couvert de sang. Pourquoi ton Dieu n'a-t-il pas jeté les yeux sur toi? et qui t'eût gardé de ce tourment, de cette peine? Je te le dis (et ce n'est pas en vain), si je vois que tu persistes à ne pas adorer mes dieux, je ferai mettre ici un terme à tes jours; car, je te le dis bien ; je te ferai couper la tête.

VALENTIN.

Tes jours sont plus courts que les miens. Je ne sais de quoi tu me menaces; je te le dis, fais tout au pis que tu pourras.

L'EMPEREUR.

Par mes dieux! tu mourras sur l'heure. — Vide-Bourse, sans plus attendre, va-le-moi mettre à mort là dehors; et si tu vois qu'il y survienne aucun qui se tienne pour chrétien, traite-le de même.

LE GEÔLIER.

Sire, volontiers, par mon dieu Apollon ! il n'en aura pas moins. — Allons, maître, allons! puisque vous êtes entre mes mains, vous ne serez pas long-temps en vie. Passez, vous mourrez bientôt ignominieusement.

LE QUATRIÈME ÉCOLIER.

Courage, père ! soutenez vigoureusement ce dernier combat comme un bon et loyal

Comme bon, loyal chevalier :
Par la mort que tu souffreras,
Couronne de vie acquerras
    Sanz finement.

    LE QUINT ESCOLIER.

Pere, qui cause et mouvement
Es que nous sommes crestiens
Et tenons la loy que tu tiens,
Monstre-cy ta perfeccion.
Sachiez, c'est nostre entencion,
Qu'en quelque lieu que tu iras
Nous deux à compagnons aras
    Et à amis.

    L'EMPEREUR.

Un os c'est avalé et mis
En ma gorge, ci en cest angle.
Seigneurs, certainement j'estrangle
    Et suis à mort.

    PREMIER DYABLE.

Avant tost, nous deux par accort!
Sathan, prenons cest emperiere.
Il a tant fait çà en arriere
Qu'il est nostre par droit acquis.
J'ay assez de ses faiz enquis;
Il fault qu'en enfer le livrons,
Si que tost nous en delivrons :
    Emportons l'en.

    ij^e. DYABLE.

Il ne revendra de cest an
Ne jamais, tant a-il empris,
Puisque saisi l'avons et pris,
    Et que l'emport.

    LE FIL A L'EMPEREUR.

Seigneurs, plain sui de desconfort;
Car je voi yci que mon pere
A pris fin honteuse et amere;
Car en mengant c'est estranglez,
Et si sommes si avuglez
Que nul de nous, ce me recors,
Ne scet qu'est devenu son corps :
    C'est grant merveille.

    LE CHEVALIER.

Mahon pitié avoir en vueille!
Car de lui sui moult esbahis.
Je croy que sommes envaïz
    D'enchanterie.

    LE FIL.

Souffrez-vous, à ce ne tient mie.
Ci endroit plus ne demourray,
Ailleurs querre manoir iray

chevalier : par la mort que tu souffriras, tu gagneras une couronne dans la vie éternelle.

    LE CINQUIÈME ÉCOLIER.

Père, toi qui es la cause et l'auteur que nous sommes chrétiens et tenons la même loi que toi, montre-nous ici ta perfection. Sache-le, c'est notre intention de te suivre tous les deux comme compagnons et amis, en quelque lieu que tu ailles.

    L'EMPEREUR.

Un os s'est glissé et mis dans ma gorge, ici dans ce coin. Seigneurs, certainement j'étrangle et suis un homme mort.

    LE PREMIER DIABLE.

En avant, vite ensemble! Satan, prenons cet empereur. Il a tant fait depuis long-temps qu'il est à nous de droit. Je me suis assez informé de ses actions; il faut que nous le livrions à l'enfer, afin de nous débarrasser bien vite : emportons-le hors d'ici.

    LE DEUXIÈME DIABLE.

Il ne reviendra pas de cette année ni jamais, tant ses crimes sont grands, puisque nous l'avons saisi et pris, et que je l'emporte.

    LE FILS DE L'EMPEREUR.

Seigneurs, je suis plein de tristesse; car je vois ici que mon père est mort honteusement et avec douleur : en effet, il s'est étranglé en mangeant, et nous sommes tellement aveuglés qu'aucun de nous, à ce qu'il me semble, ne sait ce qu'est devenu son corps : c'est bien étonnant.

    LE CHEVALIER.

Que Mahomet veuille en avoir pitié! car je suis fort ébahi à son sujet. Je crois que nous sommes les victimes d'un enchantement.

    LE FILS.

Laissez, cela ne tient pas à cette cause. Je ne demeurerai plus ici, j'irai chercher ailleurs une résidence où je serai plus en sû-

Où il ara plus séur estre.
Pensez de vous à voie mettre
Touz trois. Or tost! convoiez-moy :
Au chastel c'on dit Bel-le-Voy
Vueil droit aler.

ij^e. SERGENT.

Alons, sire, sanz plus parler,
Puisqu'il vous haite.

LE JOLIER.

Valentin, il fault que la teste
Te cope sanz plus de respit,
Se ton Dieu du tout en despit
N'as pour noz diex.

VALENTIN.

Je te di que j'aime trop miex
Que la me copes sanz demeure;
Mais donnes-moy un petit d'eure
(Je ne te vueil plus demander)
Que je puisse recommander
M'ame à mon Dieu.

LE JOLIER.

Delivre t'en ci en ce lieu
Tost et ysnel.

DIEU.

Sus, Michiel, et toy, Gabriel !
Alez-vous-ent là jus en terre
L'ame de mon bon ami querre,
C'on veult decoler pour m'amour.
Je vueil qu'en gloire son demour
Ait sanz fenir.

GABRIEL.

Sire, sanz nous plus ci tenir,
Nous y alons.

LE JOLIER.

D'ainsi comme es à genoillons
Ne quier que te lieves jamais,
Ne plus n'attenderay hui mais.
Tu as assez ton Dieu prié,
Et si m'as assez detrié,
Estens le col, besse la teste,
Et pleures, se veulx, où faiz feste :
Tu ne m'en feras jà engaigne *.
Tien, chevalier soies en gaigne :
De moy as éu la colée.

---

* Voyez, sur ce mot, ci-devant page 101, note **.
Aux passages qui y sont rapportés l'on peut joindre le suivant :

Tant soit Karles séuz c'on le truist et ataigne,
Si prenomes vangence de l'onte et de l'angaigne.

(*La Chanson des Saxons*, t. I, p. 62, couplet XXXVI.)

reté. Pensez à vous mettre tous trois en route. Allons vite ! accompagnez-moi : je veux aller droit au château qu'on appelle Bel-le-Vóy.

LE DEUXIÈME SERGENT.

Allons, sire, sans plus de paroles, puisque tel est votre plaisir.

LE GEÔLIER.

Valentin, il faut que je te coupe la tête sans plus de répit, si tu ne renies entièrement ton Dieu pour les nôtres.

VALENTIN.

Je te dis que j'aime bien mieux que tu me la coupes sans retard; mais donne-moi un peu de temps (je ne veux te demander rien de plus) pour que je puisse recommander mon ame à mon Dieu.

LE GEÔLIER.

Allons ! dépêche-toi vite ici, en ce lieu même.

DIEU.

Allons, Michel, et toi, Gabriel ! allez-vous-en là-bas sur la terre chercher l'ame de mon bon ami, qu'on veut décoller parce qu'il m'aime. Je veux qu'elle ait éternellement son séjour dans la gloire.

GABRIEL.

Sire, sans plus nous tenir ici, nous y allons.

LE GEÔLIER.

Maintenant que tu es à genoux, n'espère point te relever jamais, et je n'attendrai pas aujourd'hui davantage. Tu as assez prié ton Dieu, et tu m'as suffisamment retardé, étends le cou, baisse la tête, et pleure, si tu veux, ou sois dans la joie : tu ne me causeras aucune peine. Tiens, sois chevalier *en gaigne*: tu as eu de moi la colée*. Je veux mettre mon épée en lieu sûr. Mahomet, hélas ! où me suis-je mis ? autour de moi je ne vois que diables hideux qui, sans me faire fête, m'ont déjà saisi pour m'emporter dans un lieu de terribles tourmens.

---

* Coup d'épée sur le cou.

Je vueil en sauf mettre m'espée.
Mahon, las! où me suis-je mis?
Entour moy ne voy qu'enemis
Hideux qui, sanz moy deporter,
M'ont jà saisi pour emporter
 En grief tourment.
　　　ij^e DYABLE.
Nous te donrons assez briefment
Pour touz jours un novel hostel.
— Sathan, compains, il n'y a el,
Ne m'en chaut s'il est clerc ou lay,
Emportons-le tost, sanz delay,
 Avec son maistre.
　　　PREMIER DYABLE.
Ensemble les fera bon mettre;
Aussi sont-il d'une convine.
— Avant! avec moy t'achemine
 Ysnellement.
　　　LE QUINT ESCOLIER.
Buzi, or veons-nous comment
Dieu veult ce saint homme vengier.
Je lo, sanz plus yci songier,
Que nous deux l'emportons bonne erre,
Et si le ferons mettre en terre
 Comme crestien.
　　　LE iiij^e. ESCOLIER.
Certainement, il me plaist bien.
Or sus! ne m'en chaut qui nous voie,
Alons-nous-ent par ceste voie
 Droit en maison.
　　　ij^e. ANGE.
Gabriel, sanz arrestoison,
Ceste sainte ame ès cieulx portons,
Et en portant nous deportons
A chanter ce doulx chant-cy:
 Ordines angelici,
 Cives apostolici
 Et martires, lettate
 Ab isto qui felici
 Sorte nomen amici
 Dei cepit; cantate.

　　　EXPLICIT.

LE DEUXIÈME DIABLE.
Nous te donnerons bientôt pour toujours un nouveau logis. — Satan, mon compagnon, il n'y a pas à dire, il m'est égal qu'il soit clerc ou laïque, emportons-le vite, sans délai, avec son maître.

LE PREMIER DIABLE.
Il fera bon de les mettre ensemble; aussi bien sont-ils d'une même clique. — En avant! mets-toi en route sur-le-champ avec moi.

LE CINQUIÈME ÉCOLIER.
Buzi, à cette heure nous voyons comment Dieu veut venger ce saint homme. Je suis d'avis, sans plus rêver ici, que tous deux nous l'emportions bien vite, et nous le ferons mettre en terre comme chrétien.

LE QUATRIÈME ÉCOLIER.
Certes, cela me plaît fort. Allons! peu m'importe qui nous voie, allons-nous-en tout droit par ce chemin au logis.

LE DEUXIÈME ANGE.
Gabriel, sans tarder, portons aux cieux cette sainte ame, et en la portant amusons-nous à chanter ce doux chant: *Légions d'anges, citoyens apostoliques et martyrs, réjouissez-vous de celui-ci qui par un heureux sort a pris le nom d'ami de Dieu; chantez.*

　　　FIN.

　　　F. M.

UN MIRACLE DE NOSTRE-DAME,

COMMENT ELLE GARDA UNE FEMME D'ESTRE ARSE.

NOTICE.

Nous n'avons presque rien à dire sur la pièce suivante, sinon que nous l'avons tirée du manuscrit de la Bibliothèque du Roi n° 7208. 4. B, où elle commence au folio 39 recto. Elle se termine au fol. 50 verso, col. 2, par deux serventois en l'honneur de la sainte Vierge.

Nous n'avons pu découvrir dans quel ouvrage antérieur l'auteur anonyme de ce Miracle a trouvé le sujet qu'il a mis en action ; quoi qu'il en soit, ce drame nous semble intéressant par les détails qu'il contient sur les mœurs populaires en France, au xiv° siècle.

F. M.

UN MIRACLE DE NOSTRE-DAME.

NOMS DES PERSONNAGES.

GUILLAUME.
GUIBOUR.
LA FILLE.
AUBERI, ou AUBIN.
ROBERT, premier voisin.
GAUTIER, ij° voisin.
LE COMPERE.
MANDOT, ou MONDOT, premier soieur.

SENESTRE, ij° soieur.
AUBERI, premier sergent.
GOBIN, ij° sergent.
LE BAILLIF.
LE PORTEUR.
LE FRERE.
LE COUSIN.
COCHET, le bourrel.
DIEU.

NOSTRE-DAME.
GABRIEL.
MICHIEL.
LE PREMIER POVRE.
ij° POVRE.
iij° POVRE.
SAINT JEHAN.
LA PREMIERE NONNE.
ij° NONNE.

Cy commence un Miracle de Nostre-Dame, comment elle garda une femme d'estre arse.

GUILLAUME.

Guibour, dire vous vueil m'entente :
Je m'en vois, sanz plus faire attente,
Aux champs visiter mes gaignages,
Afin que d'ouvriers, comme sages,
Soie pourvéuz sanz faillir,

Ici commence un Miracle de Notre-Dame, comment elle préserva une femme d'être brûlée.

GUILLAUME.

Guibour, je veux vous faire part de mes intentions : je vais, sans plus tarder, aux champs visiter mes récoltes, afin que, quand il me les faudra cueillir, je sois sans faute pourvu d'ouvriers, comme un homme

Quant il les me fauldra cueillir.
Je scé bien faire les m'estuet
Soier, et demourer ne peut
    Mie granment.

GUIBOUR.

Sire, il me plaist bien, vraiement;
Je ne vous vueil desdire en rien,
Je tien que le dites pour bien,
    Si m'i ottroy.

LA FILLE.

E! mon chier pere, je vous proy
Qu'avec vous voise sanz debat,
Si prendray un petit d'esbat:
Piece a que de ceens n'yssi,
Et compagnie avoir aussi
    Meilleur ne puis.

GUILLAUME.

Fille, il me plaist: venez-ent, puis
Qu'ainsi vous haitte.

LA FILLE.

Alons! sire, vez me ci preste.
— Ma mere, adieu.

GUIBOUR.

Or, vous gardez d'aler en lieu
Où il n'ait bien séure voie.
— Certes, ta femme a moult grant joye
D'aler avec son pere, Aubin.
Biau filz, je te pri de cuer fin
Qu'avec moy jusqu'au moustier viegnes,
Et que compagnie me tiengnes
    Tant que g'i soie.

AUBERI.

Se de ce refus vous faisoie,
Ne me tenroie pas pour sage.
Ma dame, alons: de lié courage
    Vueil vo gré faire.

GUIBOUR.

Alons; mais que lieu, sanz meffaire,
Près du sermonneur puisse avoir,
Je seray bien aise, pour voir.
    Avançons-nous.

PREMIER VOISIN.

E! gardez, Gautier; veez-vous
La mairesse aler et son gendre?
Pour certain l'en me fait entendre
    Qu'il sont tout un.

ij^e VOISIN.

C'est un proverbe tout commun

sage. Je sais bien qu'il faut que je les fasse scier, et cela ne peut grandement tarder.

GUIBOUR.

Sire, cela me plaît bien, en vérité; je ne veux vous contrarier en rien, je tiens que vous le dites pour le bien, et j'y consens.

LA FILLE.

Eh! mon cher père, je vous en prie, emmenez-moi avec vous sans difficulté, je prendrai un peu de distraction: il y a longtemps que je ne sortis d'ici, et je ne puis avoir meilleure compagnie.

GUILLAUME.

Fille, je le veux bien: venez-vous-en, puisque cela vous plaît ainsi.

LA FILLE.

Allons! sire, me voici prête. — Adieu, ma mère.

GUIBOUR.

Gardez-vous d'aller dans un lieu où le chemin ne soit pas bien sûr. — Certes, ta femme éprouve une grande joie d'aller avec son père, Aubin. Mon fils, je te prie de tout mon cœur de venir avec moi jusqu'à l'église, et de me tenir compagnie tant que j'y sois.

AUBIN.

Si je vous le refusais, je ne me tiendrais pas pour sage. Ma dame, allons! c'est avec joie que je veux faire votre volonté.

GUIBOUR.

Marchons; pourvu que je puisse avoir, sans mal faire, une place près du prédicateur, je serai bien aise, en vérité. Avançons-nous.

PREMIER VOISIN.

Eh! regardez, Gautier; voyez-vous la femme du maire aller avec son gendre? L'on me donne pour certain qu'ils ne font qu'un.

DEUXIÈME VOISIN.

C'est le bruit public qu'il en use comme

Qu'il en fait comme de sa femme;
Et c'est à touz .ij. grant diffame,
  Ce m'est avis.

LE PREMIER VOISIN.

C'est voir; mais pour nostre devis
Ne lairont riens de leur convine.
Alons querre celle chopine
De vin que devons boire ensemble :
Si ferons que miex, vous qu'en semble?
  Ay-je voir dit?

ij^e VOISIN.

Je n'y met point de contredit :
  Robert, alons.

GUIBOUR.

Cy me vueil mettre à genoullons.
Se demourer icy, biau fiex,
Ne voulez, et vous amez miex
En la ville aler vous esbatre,
Aler y poez sanz debatre
  Hardiement.

AUBIN.

Dame, aler y vueil voirement;
N'ay pas apris à demourer
Tant au moustier pour Dieu orer
  N'oïr sermon.

Cy commence le sermon *.

GUIBOUR.

Ha! Dame du hault firmament,
Maléureuse est la personne
Qui à vous servir ne s'adonne,
Et de bonne heure est celle née
Qui mect en vous cuer et pensée;
Car nul ne fait en mal tant cours
Que vous ne li faciez secours
Tel que du tout se voit delivre
De ses maulx, puisqu'à vous se livre.
Dame, qui es par excellence
Ès cieulx, lez la divine essance,
Sur touz les sains auctorisie;
Vierge, par ta grant courtoisie,
Soies (ce te pri de cuer fin)
Mon refuge, si que ains ma fin
Faces m'ame si affiner
Que, quant ce corps devra finer,
Eschiver puist d'enfer l'ombrage

de sa femme; il m'est avis que c'est une grande infamie à tous les deux.

LE PREMIER VOISIN.

C'est vrai; mais, quoi que nous en disions, ils ne cesseront point leur commerce. Allons chercher cette chopine de vin qu'ensemble nous devons boire : nous n'en ferons que mieux, que vous en semble? ai-je dit vrai?

LE DEUXIÈME VOISIN.

Je n'y mets pas opposition : allons-y, Robert.

GUIBOUR.

Je veux m'agenouiller en cet endroit. Mon fils, si vous ne voulez demeurer ici, et que vous aimiez mieux aller vous ébattre dans la ville, vous pouvez y aller hardiment; je ne m'y oppose pas.

AUBIN.

Dame, vraiment je veux y aller; je n'ai pas appris à demeurer si long-temps à l'église pour prier Dieu ou pour écouter un sermon.

Ici commence le sermon.

GUIBOUR.

Ah! Dame du haut firmament, malheureuse est la personne qui ne se dévoue pas à votre service, et heureuse celle qui met en vous son cœur et sa pensée; car nul ne se trouve tellement en proie au mal que vous ne le secouriez; en sorte qu'il se voit délivré de ses peines, du moment qu'il se livre à vous. Dame, qui es par excellence dans les cieux, près de l'essence divine, élevée au-dessus de tous les saints; vierge, par ta grande courtoisie, sois (je t'en prie de tout mon cœur) mon refuge, en sorte qu'avant ma fin tu purifies tellement mon ame que, quand ce corps devra finir, je puisse éviter l'obscurité de l'enfer et avoir l'héritage des cieux, que je désire beaucoup.

---

* Nous avons cru devoir supprimer le sermon, qui est en prose française semée de textes latins, et qui remplit presque quatre colonnes in-folio. Le dernier mot est *commencement*, qui rime avec le premier vers de la tirade qui suit.

Et des cieulx avoir l'eritage,
Que moult desir.
LE COMPERE.
Commere, Dieu par son plaisir
Bon jour vous doint!
GUIBOUR.
Biau compere, et il vous pardoint
Voz meffaiz et à moy les miens!
Que fait ma commere? je tiens
Que bien le fait.
LE COMPERE.
La Dieu mercy! voirement fait.
Et vous, commere?
GUIBOUR.
Bien. Je me lo de Dieu, compere;
Car fait nous a grace moult grant
De ce qu'à un si bon enfant
Avons nostre fille donnée,
Qu'estre ne povoit assenée
Miex, ce m'est vis.
LE COMPERE.
Commere, je suis trop envis
En lieu où j'oie diffamer
Personne que j'ains ne blasmer,
Qu'à mon povoir ne l'en deffende
Et que pour son honneur ne tende
L'en faire sage.
GUIBOUR.
Pourquoy dites-vous ce langage?
Dites, compere.
LE COMPERE.
Je le vous diray, ma commere.
L'en dit par toute ceste ville
Que aussi comme avec vostre fille
Vostre gendre avec vous s'esbat
Et gist, quant li plaist, sanz debat,
Et que c'est de vous deux tout un:
Ainsi le dit-on en commun,
Et que pour nient n'est pas si cointe,
Car il est de la mere acointe
Et de la fille.
GUIBOUR.
E, lasse! cuert aval la ville
Telle renommée de moy?
Par celle foy que je vous doy!
Compere, onques ne l'espousay.
Qui l'a mis avant je ne say;
Mais il a fait pechié mortel.
Jà Dieu ne vueille qu'en fait tel
Soie reprise!

LE COMPERE.
Commère, qu'il plaise à Dieu de vous donner un bon jour!

GUIBOUR.
Beau compère, et qu'il vous pardonne vos méfaits et à moi les miens! Comment se porte ma commère? je pense qu'elle va bien.

LE COMPÈRE.
Oui vraiment, Dieu merci! Et vous, commère?

GUIBOUR.
Bien. Je me loue de Dieu, compère; car il nous a fait une bien grande grâce, en nous inspirant de donner notre fille à un si bon enfant. Il m'est avis qu'elle ne pouvait trouver mieux.

LE COMPÈRE.
Commère, je suis trop mal à mon aise dans un lieu où j'entends diffamer ou blâmer une personne que j'aime; je la défends de toutes mes forces, et j'avise au moyen de l'en informer pour son honneur.

GUIBOUR.
Pourquoi tenez-vous ce langage? dites, compère.

LE COMPÈRE.
Ma commère, je vous le dirai. L'on répète par toute cette ville que votre gendre prend ses ébats et couche avec vous comme avec votre fille, quand cela lui plaît, et sans difficulté, et que tous deux vous ne faites qu'un: ainsi parle-t-on communément, et (l'on ajoute) que ce n'est pas pour rien qu'il est si soigné dans sa mise, car il entretient commerce avec la mère et la fille.

GUIBOUR.
Hélas! est-ce qu'il court sur mon compte un tel bruit par la ville? Compère, par la foi que je vous dois! jamais je ne l'épousai. Je ne sais qui a mis ce bruit en circulation; mais il a commis un péché mortel. A Dieu ne plaise que je sois jamais accusée d'un méfait pareil!

LE COMPERE.
Commere, je vous en avise
De bonne foy, si ait Dieu m'ame!
Ne m'en donnez ne los ne blasme,
 Belle commere.
GUIBOUR.
Mais vous en sçay bon gré, compere,
Et vous pri, quant l'orrez retraire,
Que dites qu'il est du contraire
 Hardiement.
LE COMPERE.
Je vous en croy bien, vraiment;
Ore vous vous en donrez garde.
A Dieu, qui vous ait en sa garde!
 Jusqu'au revoir.
GUIBOUR.
Le benoit jour puissez avoir,
Compère, et la vostre merci!
— Doulce mere Dieu, qu'est-ce ci?
Qu'ont ore les gens en pensé
D'avoir telle chose pensé
Sur moy sanz cause et sanz raison?
Et par foy! c'est grant traïson.
Je n'en puis mais s'en suis dolente
Et se j'en pleure et me demente.
Doulce Mere Dieu, que feray?
Certes, jamais ne cesseray
De penser tant que j'aie attaint
Comment ce renom soit estaint
 C'on m'a sus mis.
LE PREMIER SOIEUR.
Senestre, compains et amis,
Alons-m'en en place savoir
Se nous pourrons un maistre avoir.
Nous n'avons touz deux croiz ne pille;
Ne partons pas de ceste ville
 Sanz gaignier ent.
ij⁵ SOIEUR.
Mandot, tu diz bien; alons-m'ent.
Je sui prest, vez ci ma faucille;
Pren la teue aussi. Avant, bille
 Droit en la place.
PREMIER SOIEUR.
Je m'en vois; or me suis à trace.
Senestre, il est bien matinet.
E gar! encore ame n'y est
 Qu'entre nous deux.
ij⁵ SOIEUR.
Mondot (sic), ce n'est pas moult grant deulx;
Mieulx nous vault estre des premiers

LE COMPÈRE.
Commère, Dieu aide mon ame! je vous en donne avis de bonne foi. Ne m'en donnez ni louange ni blâme, belle commère.

GUIBOUR.
Au contraire, je vous en sais bon gré, compère, et vous prie, quand vous l'entendrez répéter, de soutenir hardiment que cela n'est pas.

LE COMPÈRE.
Je vous en crois bien, en vérité; maintetenant vous y ferez attention. (Je vous recommande) à Dieu, qui vous ait en sa garde! Jusqu'au revoir.

GUIBOUR.
Compère, puissiez-vous avoir un jour rempli de bénédictions! Je vous remercie. — Douce mère de Dieu, qu'est-ce ceci? Qu'ont donc les gens dans l'esprit pour avoir, sans cause et sans raison, pensé telle chose de moi? Par (ma) foi! c'est une grande trahison. Je ne puis faire plus que d'en être chagrine, que d'en pleurer et que de m'en lamenter. Douce Mère de Dieu, que ferai-je? Certes, jamais je ne cesserai de réfléchir jusqu'à ce que j'aie trouvé le moyen d'étouffer le bruit que l'on a fait courir sur mon compte.

LE PREMIER MOISSONNEUR.
Senestre, compagnon et ami, allons-nous-en sur la place savoir si nous pourrons avoir un maître. Nous n'avons tous deux ni croix ni pile; ne partons pas de cette ville sans en gagner.

DEUXIÈME MOISSONNEUR.
Mandot, tu dis bien; allons-nous-en. Je suis prêt, voici ma faucille; prends la tienne aussi. Marche droit vers la place.

PREMIER MOISSONNEUR.
Je m'en vais; toi, suis-moi de près. Senestre, il est bien matin. Eh vois! il n'y a encore ame qui vive, excepté nous deux.

DEUXIÈME MOISSONNEUR.
Mandot, ce n'est pas un très grand mal; il vaut mieux pour nous être des premiers

Que ce ne feussions derreniers.
Se Dieu plaist, assez tost venra
Aucune ame qui nous fera
　　Gaingner monnoie.
　　　　GUIBOUR.
Jamais en mon cuer n'aray joie
Si aray estaint mon reprouche;
Mais je ne vois comment l'approuche,
Ce n'est par la mort de mon gendre.
Certainement il me fault tendre
Comment je la puisse approuchier.
Je n'ai point mon argent si chier
Qu'assez et largement n'en donne
A aucune estrange personne
Qui si le tenra en ses poins
Qu'à fin le mettra de touz poins;
Et j'ay maintenant la saison
Miex qu'en autre temps par raison,
Car venuz sont de toutes pars
Estranges ouvriers qui espars
Se sont pour gaingner ci aval.
Je m'en vois savoir, mal que mal,
En la place se je verray
Ame à qui parler en pourray.
E, gar! g'i vois .ij. grans ribaus
Qui semblent estre fors et baus
Pour faire tost un cop cornu.
— Seigneurs, estes-vous ci venu
　　Pour gaingner?
　　　　PREMIER SOIEUR.
Oïl, dame; avez-vous mestier
　　De nul de nous?
　　　　GUIBOUR.
Oïl, espoir. Dont estes-vous?
　　Dites-le-moy.
　　　　PREMIER SOIEUR.
Nous sommes de vers le Crotoy*,
Et savons bien soier et batre.
S'avez gangnages à abatre,
Voulentiers en merchanderons
Et si les vous abaterons
　　Bien et tost, dame.
　　　　GUIBOUR.
Biaux seigneurs, je suis une femme
A qui vous pourrez bien gangnier,
Se voulez à po barguignier,
　　Assez du mien.

que les derniers. S'il plaît à Dieu, il viendra bientôt quelqu'un qui nous fera gagner de l'argent.

GUIBOUR.

Jamais je n'aurai de joie au cœur jusqu'à ce que j'aie éteint ce bruit; mais je ne vois pas comment j'y parviendrai, si ce n'est par la mort de mon gendre. Certainement il faut que je fasse mes efforts pour la précipiter. Je ne chéris pas tellement mon argent que je n'en donne assez et largement à une personne étrangère pour qu'elle le fasse périr de ses mains; et maintenant la saison est plus propice que tout autre temps, car, de toutes parts, il est venu des ouvriers étrangers qui se sont dispersés pour travailler aux champs. Je m'en vais savoir sur la place, quelque mal que cela soit, si je verrai une ame à qui je puisse en parler. Eh, regardez! j'y vois deux grands ribauds qui semblent forts et prêts à faire promptement un coup diabolique. — Seigneurs, êtes-vous venus ici pour travailler aux champs?

PREMIER MOISSONNEUR.

Oui, dame; avez-vous besoin de quelqu'un de nous?

GUIBOUR.

Oui, j'espère. D'où êtes-vous? dites-le-moi.

PREMIER MOISSONNEUR.

Nous sommes de vers le Crotoy, et nous savons bien scier et battre. Si vous avez des moissons à cueillir, nous en traiterons volontiers et nous vous les abattrons bien et vite, dame.

GUIBOUR.

Beaux seigneurs, je suis une femme avec qui vous pourrez bien gagner, si vous voulez être accommodans.

---

* Bourg du Ponthieu, dans le département et à l'embouchure de la Somme, vis-à-vis de Saint-Valeri, à quatre lieues au dessous d'Abbeville, entre Rue et Saint-Valeri.

ij^e. SOIEUR.

Par foy! dame, il nous plaira bien.
Qu'avez à faire?

GUIBOUR.

Ains que vous die mon affaire,
Je vueil que sur sains me jurez
Qu'à homme nul vous ne direz
N'à femme ce que vous diray;
Et puis je vous deviseray
  Quelle est m'entente.

LE ij^e SOIEUR.

Quant est de moy, sanz plus d'attente,
Je vous jur que vostre secré,
Dame, ce n'est de vostre gré,
  Nul ne sara.

PREMIER SOIEUR.

N'aussi par moy jà ne fera,
Dame, je vous en asséur.
Or nous dites en bon éur
  Vostre plaisir.

GUIBOUR.

Seigneurs, ve ci tout mon desir:
C'un homme me soit à mort mis,
Combien que soit de mes amis,
Par vous deux; et prenez du mien
Largement, je le voulray bien.
Je suis sanz cause diffamée
De li, et en queurt renommée:
Dont triste et dolent ai le cuer,
Tant que ne le puis à nul fuer
  Vous dire à droit,

ij^e SOIEUR.

Dame, dame, soit tort ou droit,
Sà, nous deux! o, livrés, livrez!
De touz poins sera delivrez,
  Jà n'i fauldra.

PREMIER SOIEUR.

Voire; mais il nous convendra
Temps avoir d'aviser comment
Pourrons faire celéement
  Ceste besongne.

GUIBOUR.

Je le vous diray sans eslongue:
Je vous mettray en mon celier;
Puis penseray d'assemiller
Si la besongne et tant feray
Que jusques là l'envoieray
Aussi que pour querre du vin.
Quant le tenrez, mettez-le à fin
Sans li faire plaie ne sanc

DEUXIÈME MOISSONNEUR.

Par (ma) foi! dame, cela nous plaît bien.
Qu'avez-vous à faire?

GUIBOUR.

Avant que je vous dise mon affaire, je veux que vous me juriez sur des reliques que vous ne répéterez à homme ni à femme ce que je vous dirai; et puis je vous exposerai quel est mon projet.

LE DEUXIÈME MOISSONNEUR.

Quant à moi, je vous jure, sans plus attendre, que nul ne saura votre secret, dame, si ce n'est de votre gré.

PREMIER MOISSONNEUR.

Dame, je vous assure aussi que personne ne le saura par moi. Maintenant veuillez nous dire ce que vous désirez.

GUIBOUR.

Seigneurs, ce que je désire, c'est que vous deux vous mettiez à mort un homme, bien qu'il soit de mes amis; et puisez largement dans ma bourse, je le veux bien. Je suis sans raison diffamée à cause de lui, et le bruit en court: ce qui me met au cœur tant de tristesse et de chagrin que je ne puis d'aucune manière vous le dire convenablement.

DEUXIÈME MOISSONNEUR.

Dame, dame, (peu nous importe que ce) soit à tort ou à raison. Allons, nous deux! oh, livrez, livrez! Il sera expédié en tous points, il n'échappera pas.

PREMIER MOISSONNEUR.

Oui, vraiment; mais il nous faudra avoir le temps d'aviser comment nous pourrons faire en cachette cette besogne.

GUIBOUR.

Je vais vous le dire sans retard: je vous mettrai en mon cellier; puis je songerai à arranger si bien les choses et je ferai tant que je l'enverrai jusque là comme pour chercher du vin. Quand vous le tiendrez, expédiez-le de manière à ce qu'on ne voie ni plaie ni sang à son ventre, à sa tête ou à ses flancs: étranglez-le.

N'en ventre n'en teste n'en flanc :
Estranglez-lay.

ij^e SOIEUR

Il vous sera fait sans delay;
Or nous menez en ce celier,
Et puis pensez de besongnier
Au remanent.

GUIBOUR.

Voulentiers, seigneurs; or avant!
Venez-vous-ent avecques moy;
Je vous paieray bien, par foy!
Boutez-vous touz deux là-dedens;
Je ne mengeray mais des dens
Si le vous aray envoié.
— Or est mon fait bien avoié.
Si venist, je n'ay ceens ame;
Mon mari est hors et sa femme :
Il ne peut estre qu'il ne viengne
Assez tost. Aviengne que aviengne,
Cy l'attendray.

AUBIN.

Cy endroit plus ne me tendray;
Je voi bien que diner approuche.
De ce chapon que orains en broche
Vy mettre, vois mengier ma part.
J'ay plus chier estre y tost que tart,
Et miex me vault.

GUIBOUR.

La malade faire me fault,
Puisque mon gendre va venir;
Le chief enclin me veil tenir
Et clos les yex.

AUBIN.

Madame, qu'est-ce là? que Diex
Vous doint santé de corps et d'ame!
E gar! avez-vous que bien, dame?
Dites-le-moy.

GUIBOUR.

friçonne toute, par foy!
Et sens bien que d'acès sui prise,
Et si sui de soif si esprise
Que ne puis plus, biau filz Aubin.
Je te pri, prens un pot à vin,
Et me va un po de vin querre
En nostre celier; fai bonne erre,
Si buveray.

AUBIN.

Dame, voulentiers le feray,
Combien que c'est vostre contraire;

DEUXIÈME MOISSONNEUR.

Cela sera fait sans délai; à cette heure menez-nous dans ce cellier, et puis pensez au reste.

GUIBOUR.

Volontiers, seigneurs; allons, en avant! venez-vous-en avec moi; par (ma) foi! je vous paierai bien. Mettez-vous tous les deux là-dedans; je ne mangerai pas que je ne vous l'aie envoyé. — Mon affaire est maintenant en bon train. Qu'il vienne, je n'ai ici ame qui vive; mon mari est dehors ainsi que sa femme : il ne peut manquer d'arriver bientôt. Advienne que pourra, je l'attendrai ici.

AUBIN.

Je ne resterai plus ici; je vois bien que l'heure du diner approche. Je vais manger ma part de ce chapon que je vis mettre à la broche ce matin. Je préfère y être plus tôt que plus tard, et cela me vaut mieux.

GUIBOUR.

Il me faut faire la malade, puisque mon gendre va venir; je veux me tenir la tête baissée et les yeux fermés.

AUBIN.

Madame, qu'est-ce que cela? Que Dieu vous donne la santé de l'ame et du corps! Eh regardez! n'êtes-vous pas bien, dame? dites-le-moi.

GUIBOUR.

Par (ma) foi! je suis toute en frissons, et sens bien que je suis prise d'un accès de fièvre; je suis si altérée que je n'en puis plus, mon fils Aubin. Je te prie, prends un pot à vin, et va m'en chercher un peu dans notre cellier; dépêche-toi, je veux boire.

AUBIN.

Dame, je le ferai volontiers, bien que cela vous soit contraire ; néanmoins, je vais

Nonpourquant, je vous en vois traire,
Puisqu'il vous haite.
GUIBOUR.
Or va tost. — Ma besongne est faite,
Assez tost delivre en seray.
Or fault penser comment feray
Quant au surplus.
LE PREMIER SOIEUR.
Dame, ne vous dementez plus :
C'est delivré.
GUIBOUR.
Seigneurs, l'avez à mort livré?
Par quelle guise?
ij^e SOIEUR.
N'i avons point fait de faintise,
Dame; par la gorge l'avons
Si estraint que de voir savons
Que tout mort gist.
GUIBOUR.
Bien est, seigneurs, il me souffist ;
Mais sanz vous plus ci deporter,
Il le vous convient apporter
Yci, si le despoullerons
Et en son lit le coucherons ;
Et puis vostre argent vous donrray,
Et si vous en envoieray
Au Dieu plaisir.
ij^e SOIEUR.
Il vous sera de grant desir
Fait tout en l'eure.
PREMIER SOIEUR.
Dame, monstrez-nous sanz demeure
Où vous voulez qu'i soit couchiez;
Par amour, or vos despeschiez
Ains qu'ame viengne.
GUIBOUR.
Pour ce que gaires ne vous tiengne,
Seigneurs, couchiez-le sur ce lit,
Comme s'il dormist par delit.
C'est bien, il est à mon talent.
Tenez, d'aler ne soiez lent,
C'on ne vous truisse.
ij^e SOIEUR.
Non fera l'en tant com je puisse
Sur piez ester.
PREMIER SOIEUR.
Non fera l'en moy, sanz doubter.
Puisqu'argent avons à despendre,
Alons-m'en de cy sanz attendre,
Compains Senestre.

vous en tirer, puisque cela vous fait plaisir.
GUIBOUR.
Allons, va vite. — Ma besogne est faite, j'en serai bientôt débarrassée. Maintenant il faut penser comment je ferai quant au surplus.
LE PREMIER MOISSONNEUR.
Dame, ne vous lamentez plus : c'est fini.
GUIBOUR.
Seigneurs, l'avez-vous mis à mort? de quelle manière?
DEUXIÈME MOISSONNEUR.
Nous n'avons point usé de ruse, dame; nous l'avons tellement serré par la gorge que nous savons, à n'en pas douter, qu'il est étendu mort.
GUIBOUR.
C'est bien, seigneurs, il mé suffit; mais sans plus vous amuser céans, il vous faut l'apporter ici, nous le dépouillerons et le coucherons en son lit; et puis je vous donnerai votre argent, et je vous enverrai à la garde de Dieu.
DEUXIÈME MOISSONNEUR.
Nous ferons ce que vous désirez, tout à l'heure de grand cœur.
PREMIER MOISSONNEUR.
Dame, montrez-nous sans retard où vous voulez qu'il soit couché ; nous vous en prions, dépêchez-vous avant que quelqu'un vienne.
GUIBOUR.
Pour ne pas vous tenir long-temps, seigneurs, couchez-le sur ce lit, comme s'il dormait par plaisir. C'est bien, il est à mon gré. Tenez, ne mettez point de lenteur à vous en aller, afin que l'on ne vous trouve pas.
DEUXIÈME MOISSONNEUR.
Cela n'arrivera pas tant comme je pourrai me tenir sur mes pieds.
PREMIER MOISSONNEUR.
Certes, cela ne m'arrivera pas non plus. Puisque nous avons de l'argent à dépenser, compagnon Senestre, allons-nous-en d'ici sans plus attendre.

ij^e SOIEUR.

Alons, ci ne fait plus bon estre.
A vous, Mondot!

GUILLAUME.

Dame, nous revenons or tost;
Apportez pain et vin et nappe.
Ce mantel-ci qui vault bien chape
Vueil despoullier, il est d'iver.
J'ay fin, si me vueil desjuner.
Delivrez-vous, alez au vin;
Et vous, fille, tandis, Aubin
Alez querre, si dinerons.
Demain, ce pens, aousterons,
Si me vueil de gens pourveoir.
Ne vueil pas longuement seoir,
Au mains pour ore.

GUIBOUR.

Marie, Aubin se gist encore
Dedans son lit.

GUILLAUME.

Il a bien pris à son delit
Le cras de ceste matinée.
Va-le appeller, va, po senée,
Di qu'il se lieve.

LA FILLE.

Aubin, Aubin! s'il ne vous grieve,
Vueillez-me c'est jour ou non, dire.
Dormirez-vous huimais, biau sire?
— E, gar! il ne me respont point;
Approuchier le vueil par tel point
Que je saray, vueille ou ne veille
(Cy le descuevre.)
De certain s'il dort ou s'il veille.
— Or sus, sire! sus, sans sejour!
Dormirez-vous cy toute jour?
Qu'est-ce ci, Diex? Ha, mere, mere!
Vez-ci nouvelle trop amere.
Je doi bien plaindre et plourer fort,
Comme plaine de desconfort.
Je suis perdue.

GUIBOUR.

Qu'as-tu qui ci es esperdue
Et qui ci pleures?

LA FILLE.

Plourer doy bien: mes bonnes heures
Et touz mes bons jours sont passez,
Car je voi que Aubin trespassez
Est. Lasse! lasse! que feray?
Certes, pour lui de dueil morray.

DEUXIÈME MOISSONNEUR.

Allons-nous-en, il ne fait plus bon de rester ici. A vous, Mondot!

GUILLAUME.

Dame, nous revenons de bonne heure; apportez la nappe, du pain et du vin. Ce manteau-ci vaut bien une chape; je veux l'ôter, c'est un manteau d'hiver. J'ai faim, et veux déjeuner. Dépêchez-vous, allez au cellier; et vous, fille, pendant ce temps-là, allez chercher Aubin, et nous dînerons. Demain, je pense, nous moissonnerons, et je veux me pourvoir d'ouvriers. Je ne veux pas rester long-temps assis, au moins pour ce moment.

GUIBOUR.

Marie, Aubin est encore couché dans son lit.

GUILLAUME.

Il a bien consacré à son plaisir la grasse matinée. Va l'appeler, va, folle, dis-lui qu'il se lève.

LA FILLE.

Aubin, Aubin! si cela ne vous chagrine pas, veuillez me dire s'il est jour oui ou non. Dormirez-vous toute la journée, beau sire? — Eh, voyez! il ne me répond point; je veux m'approcher de lui en telle sorte que je saurai, bon gré, malgré (*ici elle le découvre*), à n'en pas douter, s'il dort ou veille. — Allons, sire, levons-nous, sans tarder! Dormirez-vous ici toute la journée? Qu'est-ce que ceci, Dieu? Ah, mère, mère! voici une trop amère nouvelle. Je dois bien me plaindre et pleurer abondamment, comme une personne que le malheur accable. Je suis perdue.

GUIBOUR.

Qu'as-tu pour être désolée et pour tant pleurer?

LA FILLE.

J'ai bien raison de pleurer : mes bonnes heures et tous mes bons jours sont passés, car je vois qu'Aubin est mort. Hélas! hélas! que ferai-je? certes, je mourrai de douleur pour lui. — Ah, doux Aubin! notre

—Ha, doulx Aubin! la compagnie
D'entre nous deux si est faillie
Malement brief!
GUILLAUME.
Vez ci douleur et meschief grief;
Miex amasse tout mon avoir
Avoir perdu. — Fille, est-ce voir,
Que je t'oy dire?
LA FILLE.
Il est jà jaune comme cire.
— Pere, ne me creés-vous mie?
Lasse! sanz ami sui amie
Povre et deserte.
GUIBOUR.
Ha, belle fille! quelle perte!
Certes, bien doy mes poins destordre
Et à plourer mes yeulx amordre,
Quant j'ay perdu le doulx Aubin
Qui tant m'onor[oi]t de cuer fin
Et tant m'amoit.
LA FILLE.
Lasse! mere, il ne m'appelloit
Touz jours que s'amie ou sa suer;
Si ques se j'ay tristesce au cuer,
J'ay bien raison.
PREMIER VOISIN.
Diex soit ceens! Quelle achoison
Vous fait ainsi crier et braire?
Avez-vous de si grant dueil faire
Cause entre vous?
GUILLAUME.
Oïl, voir, Robert, voisin doulx :
Aubin est mors.
PREMIER VOISIN.
E! Diex li soit misericors!
Guillaume, voisin, il m'en poise.
Par la mere Dieu de Pontoise!
Se je le péusse amender!
Ore je vous vueil demander,
Si grant dueil faire que vous vault?
Certes nient. Je scé bien qu'il fault
Que nature en ce cas s'acquitte;
Mais aiez douleur plus petite,
Si ferez bien.
LA FILLE.
Et comment seroit-ce? Je tien,
Robert, que Dieu m'avoit donné
Le plus courtois, le miex sené,
Le plus amoureux, le plus doulx
Et le plus liberal de touz

compagnie a malheureusement duré peu de temps!

GUILLAUME.
Voici un chagrin et un malheur bien grands; j'aurais mieux aimé avoir perdu tout ce que je possède. — Fille, est-ce vrai, ce que je t'entends dire?

LA FILLE.
Il est déjà jaune comme cire. — Père, ne me croyez-vous pas? Hélas! je suis sans ami, amie pauvre et délaissée.

GUIBOUR.
Ah, belle fille! quelle perte! Certes, je dois bien tordre mes poings et accoutumer mes yeux à pleurer, puisque j'ai perdu le doux Aubin qui m'honorait de tout son cœur et m'aimait tant.

LA FILLE.
Hélas! mère, il ne m'appelait que son amie ou sa sœur; en telle sorte que si mon cœur est plein de tristesse, j'en ai bien des motifs.

PREMIER VOISIN.
Que Dieu soit céans! Quelle raison vous fait ainsi crier et vous lamenter? Avez-vous parmi vous une cause pour être dans une aussi grande douleur?

GUILLAUME.
Oui, vraiment, Robert, doux voisin : Aubin est mort.

PREMIER VOISIN.
Eh! que Dieu lui soit miséricordieux! Voisin Guillaume, celà me fait de la peine. Par Notre-Dame de Pontoise! j'aurais voulu l'empêcher. Maintenant, je veux vous le demander, à quoi vous sert de manifester une aussi grande affliction? certes, à rien. Je sais bien qu'il faut que la nature en ce cas paie son tribut; mais modérez votre douleur, vous ferez bien.

LA FILLE.
Et comment cela peut-il se faire? Je tiens, Robert, que Dieu m'avait donné le plus courtois, le plus sage, le plus amoureux, le plus doux et le plus libéral de tous les hommes natifs de cette terre; en telle

22

Les hommes nez de ceste terre ;
Si que se grant dueil mon cuer serre,
   N'est pas merveille.

GUIBOUR.

Certes, tu dis voir. Ta pareille
N'avoit en toute la contrée
D'avoir esté bien assenée
A bon et bel. Or est ainsi,
Mors est : Dieu li face mercy
   Par sa bonté !

LE PREMIER VOISIN.

Escoutez : s'avez voulenté
De moy rien commander à faire,
Si le me dites sans retraire :
   Je le feray.

GUILLAUME.

Robert, donques vous prieray
Que me faciez venir un coffre.
Une autre foiz à faire m'offre
   Pour vous autant.

LE PREMIER VOISIN.

Je le vous vois querre batant,
   Comment qu'il preigne.

ij^e. VOISIN.

Robert, s'en santé Dieu vous tiengne,
   Où alez-vous ?

LE PREMIER VOISIN.

Gautier, je vois, mon ami doulx,
   Querre un sarqueil.

ij^e. VOISIN.

Sarqueil ! pour qui ? est-ce Conseil ?
   Dites, voisin.

LE PREMIER VOISIN.

Nanil, Gautier ; c'est pour Aubin,
   Le gendre au maire.

ij^e VOISIN.

Aubin ! Dieu li soit debonnaire
   Et doulx à l'ame !

LE PREMIER SERGENT.

Gautier, se Dieu vous gart de blasme,
Qui dit-il qui est trespassez ?
N'ay pas éu loisir assez
   De lui entendre.

ij^e SERGENT.

Aubin, celui qui estoit gendre
Guillaume maire de Chiefvi*.

sorte que si mon cœur se serre de chagrin, il n'y a rien d'étonnant.

GUIBOUR.

Certes, tu dis la vérité. Il n'y avait dans tout le pays ta pareille pour être bien mariée à un homme bon et beau. Maintenant il est mort : que Dieu, par sa bonté, lui fasse miséricorde !

LE PREMIER VOISIN.

Écoutez : si vous avez quelque chose à me commander, dites-le-moi sans retard : je le ferai.

GUILLAUME.

Robert, alors je vous prierai de me faire venir un coffre. Une autre fois je m'offre à agir de même à votre égard.

LE PREMIER VOISIN.

Je vais vous le chercher sur-le-champ, quoi qu'il advienne.

DEUXIÈME VOISIN.

Robert, Dieu vous tienne en santé ! Où allez-vous ?

LE PREMIER VOISIN.

Gautier, mon doux ami, je vais chercher un cercueil.

DEUXIÈME VOISIN.

Cercueil ! pour qui ? est-ce pour Conseil ? dites, voisin.

LE PREMIER VOISIN.

Nenni, Gautier ; c'est pour Aubin, le gendre du maire.

DEUXIÈME VOISIN.

Aubin ! Dieu lui soit miséricordieux et doux à son ame !

LE PREMIER SERGENT.

Gautier, Dieu te garde de blâme ! Qui dit-il être trépassé ? je n'ai pas eu assez de loisir pour l'entendre.

LE DEUXIÈME SERGENT.

C'est Aubin, celui qui était gendre de Guillaume le maire de Chiefvi. Je le vis

---

* Probablement Chivy-lès-Étouvelles, village situé dans l'arrondissement et à une lieue et quart de Laon. Il y a encore un Chivy, hameau dépendant de la commune de Baulne et à cinq lieues de la même ville. Ce nom nous ferait croire que l'auteur de cette pièce était Laonnais.

Hui au matin encor le vi
    Sain et haitié.
LE PREMIER SERGENT.
Diex ait de son ame pitié !
Certainement, c'est grans damages ;
Car biaux estoit, jones et sages
Et biau parlier.
LE ij^e. VOISIN.
A ce pas nous fault touz aler.
    A Dieu, amis !
LE PREMIER SERGENT.
A Dieu, Gautier, qui vous ait mis
Hui en bon jour et en bon mois !
Sanz plus ci estre, aux plaiz m'en vois ;
    Il en est heure.
LE BAILLIF.
Dont viens-tu, se Dieu te sequeure ?
Est de nouvel Amé semons ?
Ne que dit-on, or me respons,
    Aval la ville ?
LE PREMIER SERGENT.
Esmerveilliez sont plus de mille
Personnes qu'alés est à fin
Ce biau jonne homme et fort, Aubin,
    Puis orains prime.
LE BAILLIF.
Que diz-tu, pour le Roy haultisme !
    Est mors Aubin ?
LE PREMIER SERGENT.
Ainsi le dient li voisin
    Communement.
LE BAILLIF.
Je suis touz esbahiz comment
Il peut estre mors. Siez, te siez.
Je tieng qu'il a esté bleciez
D'aucune ame, certainement :
Dont il est si soudainement
    Mort comme il est.
PREMIER VOISIN.
Vez ci un coffre bel et net,
Maire, que vous fas apporter
Pour ce corps en terre porter
    Honnestement.
GUILLAUME.
Met-le jus, amis, bellement,
Que Dieu t'aïst ! qu'il ne depiece.
— Voisin, que jà ne vous meschiece ;
Vous deux, mettez ce corps dedens.
Envers, envers, non pas adens,
    Mes bons anmis !

---

encore ce matin bien portant et allègre.
LE PREMIER SERGENT.
Dieu ait pitié de son ame ! Certainement c'est grand dommage ; car il était beau, jeune, sage et bien appris.
LE DEUXIÈME VOISIN.
C'est un pas qu'il nous faut tous passer. Adieu, amis !
LE PREMIER SERGENT.
Gautier, (je vous recommande) à Dieu, qui nous mette aujourd'hui en bon jour et en bon mois ! Je ne reste plus ici, je m'en vais à l'audience ; il en est temps.
LE BAILLI.
D'où viens-tu, Dieu te secoure ? Amé est-il sommé de nouveau ? Que dit-on par la ville ? réponds-moi.
LE PREMIER SERGENT.
Plus de mille personnes sont émerveillées qu'Aubin, ce jeune homme bel et fort, soit mort depuis prime.
LE BAILLI.
Par le Très-Haut ! que dis-tu ? Aubin est mort ?
LE PREMIER SERGENT.
Ainsi le disent les voisins généralement.
LE BAILLI.
Je suis tout étonné qu'il puisse être mort. Assieds-toi, assieds-toi. Je tiens, à n'en pas douter, qu'il a été blessé par quelqu'un : ce qui a causé sa mort aussi soudainement qu'elle a eu lieu.
LE PREMIER VOISIN.
Maire, voici un coffre bel et net que je vous fais apporter pour conduire honorablement ce corps au cimetière.
GUILLAUME.
Ami, que Dieu t'aide ! mets-le à terre tout doucement, qu'il ne se brise pas. — Voisin, que cela ne vous déplaise ; vous deux, mettez ce corps dedans. Sur le dos, sur le dos, et non pas sur le ventre, mes bons amis !

LE PORTEUR.
Souffrez, il vous sera bien mis.
—Sire, portez à ce bout là,
Et je porteray par deçà.
Ho! mettez jus.
LE PREMIER VOISIN.
C'est mis. Courtois li soit Jhesus
A l'ame et doulx!
LE PORTEUR.
Qui me paiera d'entre vous
De mon portage?
GUIBOUR.
Je, mon ami, de bon courage.
Il ne t'en fault jà barguignier.
Prie pour li, tien, va gaingner :
Vez ci trois blans.
LE PORTEUR.
Jhesu-Crist, qui est roy puissant,
Li face à l'ame vray pardon !
Se jamais n'éusse mains don
De besongne que je féisse,
De robe neuve me véisse
Bien tost vestu.
LE BAILLIF.
Tu penses, Gobin; dont viens-tu,
Si embrunchié?
LE ij^e. SERGENT.
Voir, j'ay le cuer, sire, empeschié
A merveille, et sui envaïs
De penser et touz esbahiz
Que Aubin est mors.
LE BAILLIF.
Touz nous fault passer par ce mors,
Vueillons ou non.
ij^e SERGENT.
Je scé bien que ce fera mon,
Sire ; mais de ce me merveil
Que depuis orains hault soleil
Par la vile aloit et venoit,
Et entre les gens se tenoit
Sain et haictié.
PREMIER SERGENT.
Par foy! c'est damage et pitié,
S'à Dieu pléust.
LE BAILLIF.
Il n'est homme qui me péust
Faire entendant qu'il n'ait esté
Feru ou destraint ou bouté,
Dont il est mors soudainement.
Je cuide voir dire ; alons m'ent.

LE PORTEUR.
Attendez, il sera bien placé. — Sire, portez par ce bout, et je prendrai celui-ci. Oh ! mettez-le à terre.
LE PREMIER VOISIN.
L'y voilà. Que Jésus soit courtois et doux à son ame !
LE PORTEUR.
Qui de vous me paiera mon portage?
GUIBOUR.
Moi, mon ami, et de bon cœur. Tu n'as pas besoin de marchander. Prie pour lui, tiens, va travailler : voici trois blancs.
LE PORTEUR.
Que Jésus-Christ, qui est un roi puissant, fasse véritablement pardon à son ame! Si ma peine n'était jamais moins rétribuée, je me verrais bientôt vêtu de robe neuve.
LE BAILLI.
Tu es soucieux, Gobin; d'où viens-tu (pour être) si renfrogné ?
LE DEUXIÈME SERGENT.
Certes, sire, j'ai le cœur terriblement serré ; je suis plongé dans des réflexions et tout ébahi de ce qu'Aubin est mort.
LE BAILLI.
Il nous faut tous avaler ce morceau, bon gré malgré.
LE DEUXIÈME SERGENT.
Je sais bien cela, sire ; mais je m'émerveille de ce que tantôt encore, au milieu du jour, il allait et venait par la ville, et se tenait parmi les gens en bonne santé et allègre.
LE PREMIER SERGENT.
Par (ma) foi! c'est dommage et pitié, s'il plaît à Dieu.
LE BAILLI.
Il n'est personne qui puisse me faire entendre qu'il n'ait pas été frappé ou étranglé ou renversé, ce qui aura causé sa mort subitement. Je pense dire vrai; allons-nous-en. Je veux assister à son inhumation. Quel-

Je vueil estre à son enterrage.
Par qui que soit, seray-je sage
Comment est mors.
LA FILLE.
Ha, doulx Aubin ! quant me recors
De l'onnesté qu'en toy avoies,
De la grant amour dont m'amoies,
Des bons muers dont estoies plains,
J'ay bien cause se je te plains
Et se pour toy suis esplourée ;
Car de touz biens suis esgarée
Et en grant douleur convertie.
Ha, mort ! com dure departie
As fait de nous deux en po d'eure !
Pren-me aussi et si me deveure
Et de ce siecle me delivre,
Je l'ay trop plus chier que ainsi vivre
En tel destresce.
LE BAILLIF.
Dieu sa paix et sa grace adresse
Sur vous trestouz !
GUILLAUME.
Monseigneur, si face-il sur vous
Par sa bonté !
LE BAILLIF.
Il me poise, par verité,
Maire, de vostre empeschement ;
Et de ceste mort malement,
Se je le peusse amender,
Si vous vueil ainsi demander
Comment a esté si tost pris.
Estoit-il de mal ent[r]epris
Dedens le corps ?
GUILLAUME.
Sire baillif, sachiez puis lors
Que nostre fille li donnasmes,
Ne li ne autre ne trouvasmes
Qui déist qu'il éust nul mal
Ne hors ny ens, n'amont n'aval,
Ne sus ne jus.
LE BAILLIF.
De tant m'en esbahis-je plus
Qu'il est ainsi mors. — Et vous, femme,
En savez-vous rien, par vostre ame !
Ne qu'ait esté en compagnie
Où l'en li ait fait villenie ?
Dites-le-moy.
GUIBOUR.
Nanil, sire baillif, par foy !

qu'en soit l'auteur, je veux savoir la cause de sa mort.

LA FILLE.
Ah, doux Aubin ! quand je me rappelle tes bonnes qualités, l'amour que tu me portais, et tes belles manières, j'ai bien raison de te plaindre et de déplorer ta perte ; car je suis privée de tous biens et tombée dans une grande douleur. Ah, mort ! quelle dure séparation tu as opérée entre nous en peu de temps ! Prends-moi aussi, dévore-moi et ôte-moi de ce monde. J'aime mieux cela que de vivre ainsi dans une pareille détresse.

LE BAILLI.
Que Dieu fasse tomber sur vous tous sa paix et sa grâce !

GUILLAUME.
Monseigneur, que sa bonté en fasse autant pour vous !

LE BAILLI.
Maire, en vérité, j'éprouve du chagrin de votre malheur ; je désirerais pouvoir adoucir cette perte funeste, et je veux vous demander comment il a été sitôt enlevé. Était-il en proie à quelque mal intérieur ?

GUILLAUME.
Sire bailli, sachez ceci : depuis que nous lui avons donné notre fille, nous n'avons trouvé personne, ni elle ni autre, qui dit qu'il eût aucun mal quelque part que ce fût.

LE BAILLI.
Je ne m'en émerveille que plus qu'il soit mort ainsi. — Et vous, femme, sur votre ame ! n'en savez-vous rien ? A-t-il été dans une compagnie où on l'aurait maltraité ? dites-le-moi.

GUIBOUR.
Nenni, sire bailli, par (ma) foi ! mais je

Mais suis esbahie forment
Comment ainsi soudainement
   Est trespassez.
LE BAILLIF.
Entre vous deux, avant passez;
Descouvrez-moy tost celle biere,
De son suaire en tel maniere
Descousez que veoir le puisse
Dès la teste jusqu'à la cuisse,
Pour en estre mieux hors de doute;
J'en feray m'atestée toute,
   Ains c'on l'enterre.
LE PREMIER SERGENT.
Sire, il vous sera fait bonne erre.
— Avant! ce couvercle levons,
Gobin; et puis le descousons,
   Puisqu'ainsi est.
ij⁰ SERGENT.
Or sus de là, sanz faire plet!
Descoudre vueil ceste cousture.
— Sire, ay-je assez fait descouture,
   A vostre avis?
LE BAILLIF.
Descouvre-moy bien tout son vis,
Que je voie gorge et poitrine.
—Ho, là Tenez-vous en saisine
De mere, de fille et de pere.
Nier ne pevent qu'il n'appere
Qu'il est murdriz; c'est chose voire.
Veez come a la gorge noire!
Qui que ce soit, voir, l'a estranglé.
Faites tost, n'y ait plus janglé;
Les mains en croiz et par derriere
Leur liez, et en tel maniere
Les enmenrez com chiens en laisse.
Le voir saray, ains que je cesse,
   De ce fait-cy.
LE FRERE.
Diex soit ceens! Las! qu'est-ce cy?
Frère, je doi bien dueil avoir
Quant mort vous voy; si ay-je voir,
   Queque nulz die.
LE COUSIN.
Mort qui l'as pris, Diex te maudie!
Tu as pris de nostre lignage
Le plus vaillant et le plus sage.
Las! de si bien moriginé
Estre à mort si tost destiné,
   C'est grant damage.

suis bien étonnée qu'il soit ainsi subitement trépassé.

LE BAILLI.
Vous deux, passez devant; découvrez-moi promptement cette bière, et décousez son suaire de manière à ce que je puisse le voir de la tête à la cuisse, pour en être mieux hors de doute; je ferai mon attestation du tout, avant qu'on l'enterre.

LE PREMIER SERGENT.
Sire, vous serez promptement obéi. — En avant! levons ce couvercle, Gobin; ensuite décousons-le, puisqu'il en est ainsi.

LE DEUXIÈME SERGENT.
Allons! retirez-vous de là, sans mot dire. Je veux défaire cette couture. — Sire, ai-je assez décousu, à votre avis?

LE BAILLI.
Découvre-le-moi bien, que je voie sa gorge et sa poitrine. — Holà! saisissez-vous de la mère, de la fille et du père. Ils ne peuvent nier qu'il ne paraisse avoir été assassiné; c'est chose véritable. Voyez comme il a la gorge noire! Certes, quelqu'un l'a étranglé. Faites vite, sans plus de paroles; liez-leur les mains en croix derrière le dos, et emmenez-les en cet équipage comme chiens en laisse. Je saurai incessamment la vérité au sujet de cette affaire.

LE FRÈRE.
Que Dieu soit céans! Hélas! qu'est-ce que ceci? Frère, je dois bien éprouver de la douleur en vous voyant mort; aussi en suis-je accablé, quoi qu'on en dise.

LE COUSIN.
Mort qui l'as pris, que Dieu te maudisse! Tu as pris le plus vaillant et le plus sage de notre race. Hélas! être si bien élevé et mourir si vite, c'est grand dommage.

LE BAILLIF.

Seigneurs, de tant vous fas-je sage
C'on l'a murdri, je n'en doubt point ;
Mais vous ne m'eschapperés point,
Ne vous, ne vous, par les dens Dé !
Si en saray la verité,
Puisqu'est ainsi.

GUILLAUME.

Sire baillif, pour Dieu, mercy !
Ne nous vueillés pas si mal estre ;
Par tout nous voulons rendre et mettre
Où vous direz.

LE BAILLIF.

C'est pour nient.—Seigneurs, vous ferez
Ce que j'ay dit.

LE PREMIER SERGENT.

Sire, il vault fait sanz contredit.
—Tandis que lier vueil le pere,
Robin (sic), vas, si lies la mere.
Or fais bonne erre.

ij^e SERGENT.

Il ne m'en fault pas trop requerre :
Je m'en vois delivrer, par m'ame !
—Avant ! bailliez çà voz braz, dame,
Et faites brief.

GUIBOUR.

Lasse ! chetive ! il m'est à grief,
Si ne m'i vault riens escondire.
E, gardez ! vostre vouloir, sire,
Faites de moy.

LA FILLE.

Lasse ! dolente ! avoy ! avoy !
Bien me ressourt douleur amere
Quant je voy mon pere et ma mere,
Qui pour la mort de mon mari,
Dont en cuer sont triste et marri,
Justice veult si mal contraindre
Que lier leur fait et estraindre
Devant les mains.

LE BAILLIF.

Si fera l'en vous plus ne mains,
Belle amie, et si en venrez
Avec eulx, pas ne demourrez.
—Lie-la, lie.

LA FILLE (sic).

Voulentiers. — Or çà, belle amie,
Voz deux mains avoir me convient
Pour lier. Refus n'y vault nient :
Delivrez-vous.

LE BAILLI.

Seigneurs, je vous fais savoir qu'on l'a assassiné, je n'en doute point ; mais, par les dents de Dieu ! aucun de vous ne m'échappera. Puisqu'il en est ainsi, j'en saurai la vérité.

GUILLAUME.

Sire bailli, miséricorde, pour l'amour de Dieu ! Veuillez ne pas être si dur à notre égard ; nous voulons bien nous rendre et mettre partout où vous nous direz.

LE BAILLI.

C'est inutile. — Seigneurs, vous ferez ce que j'ai dit.

LE PREMIER SERGENT.

Sire, vous serez obéi sans réplique. — Tandis que je lierai le père, Gobin, va et lie la mère. Allons ! dépêche-toi.

LE DEUXIÈME SERGENT.

Il ne faut pas trop m'en presser : je m'en vais les expédier, sur mon ame ! — Allons ! dame, donnez-moi ici vos deux bras, et faites vite.

GUIBOUR.

Hélas, malheureuse ! cela m'est pénible, et rien ne peut m'y soustraire. Eh, voyez ! faites de moi votre volonté, sire.

LA FILLE.

Hélas ! malheureuse ! hélas ! hélas ! je ressens une douleur bien amère quand je vois que la justice veut tellement maltraiter mon père et ma mère pour la mort de mon mari, dont ils sont tristes et chagrins au fond du cœur, qu'elle leur fait lier et serrer les mains tout d'abord.

LE BAILLI.

L'on ne vous en fera ni plus ni moins, belle amie, et vous vous en viendrez avec eux sans retard. — Lie-la, lie.

LE PREMIER SERGENT.

Volontiers. — Allons, belle amie, il me faut avoir vos deux mains pour les lier. Le refus est inutile : hâtez-vous.

LA FILLE.

Or suis-je angoissée de touz
Les coustez que femme peut estre :
Je voy mon compaignon mort estre,
Je voy pere et mere en peril
D'estre à honte mis, à essil ;
Je mesme sui prise et liée
Pour mener con fame jugée
A morir. Ha, Dame des cieulx !
En pitié de vos très doulx yeulx
   Me regardez.

LE BAILLIF.

Avant, avant ! plus ne tardez.
— Seigneurs, menez-les devant moy.
Par le serement qu'ay au roy !
Ou assez tost voir me diront,
Ou questionnez seront
   Vilainement.

ij^e. SERGENT.

Or çà ! passez y[s]nellement,
Sanz plus cy estre.

LE BAILLIF.

Faites ce corps en terre mettre,
Sanz deporter.

LE COUSIN.

Je lo que le facions porter,
Cousin, tot droit au cimetiere,
Sanz gesir plus sur terre en biere ;
Et puis, quant enterré l'arons,
De son service ordenerons
   Qu'il soit fait gent.

LA FILLE.

Bien est. Plaise-vous, bonne gent,
Cy les mains mettre.

GUILLAUME.

Vierge, mere au doulx Roy celestre,
Des desvoiez adresce et port,
Dame, donnes-nous ton confort :
   Mestier en est.

LE BAILLIF.

Gobin, or tost ! va si me mect
Tout avant euvre, en la Gourdaine
La mere ; et puis la fille maine ;
D'autre costé en Paradis*.
Et je Guillaume vueil tandis
   Questionner.

---

* Ce nom désigne sans doute une prison, ou la chambre de la question. En 1411, on donnait le nom de *psaltérion* à un lieu de détention, de même que nous appelons *violon* la prison d'un corps-de-

LA FILLE.

Maintenant je suis affligée de tous les côtés, autant que femme peut l'être : je vois mon mari mort, mon père et ma mère en danger d'être livrés à la honte et au supplice ; moi-même je suis prisonnière et liée pour être conduite comme femme jugée à mort. Ah, Dame des cieux ! que vos doux yeux me regardent en pitié !

LE BAILLI.

En avant, en avant ! ne tardez pas davantage. — Seigneurs, amenez-les devant moi. Par le serment que j'ai prêté au roi ! ils me diront bientôt la vérité, ou ils seront honteusement mis à la question.

LE DEUXIÈME SERGENT.

Allons ! passez vite, sans plus demeurer ici.

LE BAILLI.

Faites mettre ce corps en terre, sans vous amuser.

LE COUSIN.

Cousin, je suis d'avis que nous le fassions porter tout droit au cimetière, sans qu'il reste plus long-temps étendu sur la terre dans son cercueil ; et puis, quand nous l'aurons enterré, nous ordonnerons son service de manière à ce qu'il soit beau.

LA FILLE.

C'est bien. Veuillez, bonnes gens, y mettre la main.

GUILLAUME.

Vierge, mère au doux Roi des cieux, voie et port des égarés, Dame, donne-nous tes consolations : nous en avons besoin.

LE BAILLI.

Gobin, allons, vite ! va, mets-moi tout d'abord la mère dans la Gourdaine*; et puis mène la fille de l'autre côté dans le Paradis. Quant à moi, je veux pendant ce temps-là questionner Guillaume.

---

garde. Voyez Millin, *Antiquités nationales*, t. IV, p. 6 ; et M. de Roquefort, *De l'État de la Poésie françoise dans les* xiie *et* xiiie *siècles*, p. 111.

* Suivant M. de Roquefort (*Glossaire de la langue romane*, t. I, p. 701, col. 1), c'est aussi le nom d'une ancienne prison de Paris.

ij^e. SERGENT.
Sire, dont l'i vueil-je mener,
Puisque le dites.

GUIBOUR.
Sire, sire, touz frans et quittes
Delivrez ces .ij. inocens;
Moy justicez, je m'i assens:
Ne me peut le cuer assentir
Que plus leur voie mal sentir.
Sachiez, sire, qu'en cest affaire
N'ont coulpes; j'ay fait le fait faire
Moy seulement.

LE BAILLIF.
Guibourt, dire vous fault comment
A esté fait ce murtre-cy,
Et pour quelle achoison aussi
Convient savoir.

GUIBOUR.
Je vous confesseré tout voir:
Dès lor que Aubin ma fille ot prise,
De lui amer fui si esprise
De bonne amour comme mon filz
Que soiez certain, sire, et filz.
Pluseurs l'amour bien apperçurent,
Dont telx oppinions conçurent
Qu'il me mistrent sus tel diffame
Que tout aussi con de sa femme,
Ce disoient, de moy faisoit
Toutes les foiz qu'il lui plaisoit,
Et de nous deux c'estoit tout un.
Ce renom me donna commun
Plus de cinq cens foiz, non pas vint;
Et tant ot couru qu'il avint
Qu'en secré me fu revelée
Ceste dolente renommée,
Dont j'oy tel courroux et tel ire
Que je ne savoie que dire.
Là me troubla sens et avis
Li ennemis par tel devis
Que depuis touz jours ma pensée
A esté mise et adrescée.
A ce, comment qu'il déust prendre,
Que féisse morir mon gendre;
Qu'il me sembloit, s'il estoit mors,
Que plus ne courroit li recors
De mon diffame.

LE BAILLIF.
Et comment le tuas-tu, femme?
Savoir le fault.

LE DEUXIÈME SERGENT.
Sire, puisque vous le dites, je veux l'y mener.

GUIBOUR.
Sire, sire, laissez aller en liberté ces deux personnes, elles sont innocentes; faites justice de mon crime, j'y consens: mon cœur ne peut supporter de leur voir endurer plus de maux. Sire, sachez qu'en cette affaire ils ne sont pas coupables; je suis la seule qui aie fait commettre l'action.

LE BAILLI.
Guibour, il vous faut dire comment ce meurtre-ci s'est fait, et pour quelle raison.

GUIBOUR.
Je vous confesserai toute la vérité: du moment qu'Aubin eut pris ma fille, je devins éprise de lui d'un amour honnête comme s'il eût été mon fils, soyez-en certain et persuadé, sire. Plusieurs s'aperçurent bien de cette affection, et en conçurent de telles idées qu'ils firent courir sur mon compte un bruit diffamatoire; ils disaient qu'il en agissait avec moi comme avec sa femme toutes les fois qu'il lui plaisait, et que nous deux nous ne faisions qu'un. Ce bruit fut répété, non pas vingt fois, mais cinq cents; et il courut tant qu'il advint que cette triste renommée me fut révélée en secret. J'en eus un tel courroux et une telle douleur que je ne savais que dire. En ce moment, le diable me troubla tellement l'esprit et la raison que depuis ma pensée a toujours eu pour but de faire mourir mon gendre, quoi qu'il dût en arriver; car il me semblait que, s'il était mort, le bruit qui courait sur mon compte cesserait.

LE BAILLI.
Et comment l'as-tu tué, femme? il faut le savoir.

GUIBOUR.

Je le vous diray, sanz deffault.
Hier, en la place, m'adressay
A deux vallez (mais je ne sçay,
Sur l'ame de moy! qui ilz sont)
Qui laboureurs de braz se font.
En parlant à eulz, leur ouvri
Le vouloir et leur descouvri
Que j'avoie de ceste mort;
Et ilz furent de mon accort,
Pour l'argent que je leur promis.
Adonc en mon celier les mis,
Et puis y envoiay mon gendre,
Par ce que je li fis entendre
Que trop malement soif avoie;
Et il se mist tantost à voie.
Quant il y vint, tantost fu pris
Par la gorge, et si entrepris
Que mort le getterent par terre.
Lors le fis apporter bonne erre,
Et le couchames en son lit,
Con si dormesist par delit.
Les .ij. varlés moult bien paiay,
Et tantost les en envoiay.
    S'en est la fin.

LE BAILLIF.

C'est assez. — Maine-l'en, Gobin,
    Où je t'ay dit.

ij^e SERGENT.

Sire, je vois, sanz contredit.
— Çà, dame, çà !

LE BAILLIF.

Certes, je n'oy mais pieçà
Parler de murtre si vilain.
— Ores, je vous delivre à plain,
Guillaume, et vostre fille aussi.
Passez, alez-vous-ent de cy
    Ysnellement.

GUILLAUME.

Sire, nous ferons bonnement
Vostre plaisir, c'est de raison.
— Or sachiez, fille, qu'en maison
Qu'aie jamais je n'enterray,
Tant qu'au moustier esté aray
Nostre-Dame de Fine-Terre,
Pour li deprier et requerre
Qu'elle soit à ta mere amie;
Car je voy, certes, que sa vie
    Est en balance.

GUIBOUR.

Je vous le dirai, sans y manquer. Hier, sur la place, je m'adressai à deux jeunes gens; mais, sur mon ame, je ne sais ce qu'ils sont, sinon qu'ils louent leurs bras en qualité de journaliers. En leur parlant, je leur ouvris (mon cœur) et leur découvris que je voulais cette mort; et ils furent d'accord avec moi, moyennant l'argent que je leur promis. Alors je les mis dans mon cellier, et puis j'y envoyai mon gendre, sous prétexte que j'avais horriblement soif; et il se mit en chemin sur-le-champ. Quand il y vint, il fut bientôt pris par la gorge, et tellement assailli qu'ils le jetèrent par terre sans vie. Alors je le fis apporter bien vite, et nous le couchâmes dans son lit, comme s'il eût dormi à plaisir. Je payai très bien les deux jeunes garçons, et je les renvoyai tout de suite. Voilà tout.

LE BAILLI.

C'est assez. — Emmène-la, Gobin, où je t'ai dit.

LE DEUXIÈME SERGENT.

Sire, j'y vais sans réplique. — Allons, dame, allons!

LE BAILLI.

Certes, voilà long-temps que je n'ouïs parler de meurtre aussi horrible.—Maintenant, je vous donne entièrement la liberté, à vous, Guillaume, aussi bien qu'à votre fille. Passez, allez-vous-en d'ici bien vite.

GUILLAUME.

Sire, nous ferons de bon cœur votre volonté, c'est raisonnable.—Sachez, ma fille, que je n'entrerai jamais dans une maison qui soit à moi, jusqu'à ce que j'aie été à l'église de Notre-Dame de Finistère, pour la prier et requérir qu'elle soit l'amie de ta mère; car, certes, je vois que sa vie est en danger.

LA FILLE.
Ferés ; et je, sens detriance,
Droit à Limoges m'en iray,
Et à saint Lienart offerray
En cierges mon pesant de cire,
Afin qu'il deprist Nostre-Sire
Qu'il vueille deffendre ma mere
Et la garder de mort amere
　　Et de vilaine.
GUILLAUME.
Celle qui est de grace plaine,
Li soit amie à ce besoing !
Au departir, fille, te doing
Ma benéiçon ; vaz à Dieu.
Ne sçay se jamais en ce lieu
　　Cy revenray.
LA FILLE.
Adieu, pere ; ne fineray
Tant qu'à Saint-Lienart aie esté.
Mettre me vois, en verité,
　　Com pelerine.
LE FRERE.
Chier sire, par vostre benigne
Grace, à vous venons ci-endroit
Requerre que nous faciez droit
　　De nostre ami.
LE BAILLIF.
Est-il enterrés, ou en my
La sale où vous et li laissay ?
Du fait la verité bien sçay.
　　Que dites-vous ?
LE COUSIN.
Oïl, en terre, sire doulx,
　　Est-il livrez.
LE COUSIN (sic).
Assez tost serez delivrez.
— Auberi, va le bourriau querre,
Et li dy qu'il s'en voit bonne erre
Une estache faire drescier
Pour une femme justicier.
Quant preste sera, ne se tiengne
Que tantost à moy ci ne viengne.
　　Or fai briefment.
LE PREMIER SERGENT.
Voulentiers, sire ; vraiement,
Je le voi, c'est bien ma besongne.
— Cochet, alez tost, sanz eslongne,
De par le bailli, nostre maistre,
Une estache drescier et mettre
Ou viez bordel qui est maison

LA FILLE.
Faites ; quant à moi, sans retard, je m'en irai droit à Limoges, et j'offrirai à saint Liénart mon pesant de cire en cierges, afin qu'il prie Notre-Seigneur de vouloir bien défendre ma mère et la préserver de mort amère et honteuse.

GUILLAUME.
Que celle qui est pleine de grâce soit son amie dans cette nécessité ! A cette séparation, je te donne ma bénédiction, ma fille ; va à la garde de Dieu. Je ne sais si je reviendrai jamais dans ce lieu-ci.

LA FILLE.
Adieu, père ; je ne m'arrêterai pas que je ne sois à Saint-Liénart. En vérité, je vais me mettre en pélerine.

LE FRÈRE.
Cher sire, par votre grâce bienveillante, nous venons ici vous prier de nous faire justice au sujet de notre ami.

LE BAILLI.
Est-il enterré, ou au milieu de la salle où je vous laissai, lui et vous ? Je sais bien la vérité du fait. Que dites-vous ?

LE COUSIN.
Oui, mon doux sire, il est déposé au sein de la terre.

LE BAILLI.
Vous serez bientôt expédiés. — Aubri, va chercher le bourreau, et dis-lui qu'il aille bien vite faire dresser un gibet pour le supplice d'une femme. Quand le gibet sera prêt, qu'il ne manque pas de venir tout de suite vers moi. Allons ! fais vite.

LE PREMIER SERGENT.
Volontiers, sire ; en vérité, je le vois, c'est bien ma besogne. — Cochet, allez vite, sans délai, de par le bailli, notre maître, dresser et mettre un gibet au vieux logis, qui est une maison en ruine. Allons, vite, sans retard ! Et sitôt que vous aurez

Gaste. Or tost, sanz arrestoison !
Et si tost comme fait arez,
Où ses plaiz tient à lui venrez.
　　Delivrez-vous.

　　　　LE BOURREL.
Tantost sera fait, ami doulx,
Dès ci m'y vois embesongnier.
Dites-li, sanz gaires songier,
　　A lui iray.

　　　　PREMIER SERGENT.
Cochet amis, bien li diray.
— Sire, j'ay parlé à Cochet.
Il a fourche, estache et crochet,
Cordes et tout quanqu'à li fault.
A vous venra cy, sanz deffault,
　　Trestout en l'eure.

　　　　LE BAILLIF.
Or me vas, Gobin, sanz demeure
Amener Guibour cy presente.
J'ay de savoir encore entente
　　Que me dira.

　　　　ij^e. SERGENT.
Sire, tantost fait vous sera :
G'y vois. — Çà ! issez hors, Guibour ;
Au bailli sanz faire demour
　　Vous fault venir.

　　　　GUIBOUR.
Doulce mere Dieu, souvenir
Vous vueille de ceste chestive ;
Car je ne croy pas que je vive
Longuement : pour ce, doulce Dame,
Vous pri qu'aiez merci de m'ame,
Quoy qu'aie pecheresse esté.
Ha, Dame ! par vostre bonté
　　Confortez-moy.

　　　　LE BAILLIF.
Guibour, belle amie, je voy
Par mesmes ta confession
Qu'à mort et à perdicion
Par toy a esté mis ton gendre.
Ainsi le m'as-tu fait entendre,
Et que ton mari en descoupes
Et ta fille, et qu'en ce fait coupes
　　N'a nulz que toy.

　　　　GUIBOUR.
Sire, il est verité, par foy !
Dit vous ay pourquoy et comment ;
Et voi bien qu'à mon jugement
Sui pour lui amenée icy.
Or ait Diex de m'ame mercy,

fait, vous viendrez à lui où il tient son audience. Dépêchez-vous.

　　　　LE BOURREAU.
Mon doux ami, cela sera bientôt fait. Dès à présent je vais m'en occuper. Dites-lui que, sans rêver davantage, j'irai à lui.

　　　　LE PREMIER SERGENT.
Ami Cochet, je le lui dirai bien. — Sire, j'ai parlé à Cochet. Il a fourche, gibet, crochet, cordes et tout ce qu'il lui faut. Il viendra ici vers vous, sans faute, tout à l'heure.

　　　　LE BAILLI.
A présent, Gobin, va moi, sans retard, amener Guibour en ma présence. Je veux encore savoir ce qu'elle me dira.

　　　　LE DEUXIÈME SERGENT.
Sire, vous serez promptement obéi : j'y vais. — Allons ! sortez dehors, Guibour ; il vous faut venir sans retard vers le bailli.

　　　　GUIBOUR.
Douce mère de Dieu, veuillez vous souvenir de cette malheureuse ; car je ne crois pas que je vive longuement : c'est pourquoi, douce Dame, je vous prie d'avoir pitié de mon ame, quelque pécheresse que j'aie été. Ah, Dame ! par votre bonté reconfortez-moi.

　　　　LE BAILLI.
Guibour, belle amie, je vois par ta confession même que ton gendre a été mis par toi à mort et à perdition. Tu me l'as fait ainsi entendre, tu en disculpes ton mari et ta fille, et nul autre que toi n'est coupable de ce crime.

　　　　GUIBOUR.
Sire, c'est la vérité, par (ma) foi ! je vous ai dit pourquoi et comment ; et je vois bien que, à cause de lui, je suis amenée ici pour être jugée. Maintenant que Dieu ait pitié de mon ame ; qu'il la veuille attirer vers lui,

Et la vueille à sa part attraire
Et d'enfer garder et retraire,
　Où n'a que paine !
LE FRERE.
Chier sire, de ceste vilaine
Murtriere qui si faucement
Mon frere a murdri, jugement
Vous requier dès ici endroit.
Or vous plaise à m'en faire droit,
　Sanz dilatoire.
LE COUSIN.
Sire, il vous requiert raison, voire.
Puisqu'elle a le fait congnéu,
Par droit devez estre méu
　A sa requeste.
LE BOURRIAU.
Monseigneur, la besongne est preste,
Ainsi que mandé le m'avez.
Or me dites que vous voulez
　Que je plus face.
LE BAILLIF.
Pren une hart et la me lasse
Entour le col de ceste fame :
Mourir li convient à diffame ;
Et lui liez les mains aussi,
Et puis nous en irons de ci
　A la justice.
LE BOURRIAU.
Et je vueil ouvrer de m'office,
　Puisque le dictes.
GUIBOUR.
E, Dame ! qui par voz merites
Dignes à Dieu et precieuses,
Dessus toutes les glorieuses
Ames qui en paradis sont
Et qui jamais estre y pourront
Avez et arez seigneurie
(Je parle à vous, vierge Marie),
Confortez-moy à ce besoing,
Et de m'ame aiez cure et soing ;
Car je voy bien et sanz deffault
Le corps morir à honte fault
　Et assez brief.
LE FRERE.
Certes, on ne vous peut trop grief
Ne trop honte faire, murtriere,
Qui avez en telle maniere
　Mon frere mort.
LE BAILLIF.
Acheter li feray son tort.

la préserver et la retirer de l'enfer, où il n'y a que tourment.

LE FRÈRE.
Cher sire, je requiers dès à présent le jugement de cette meurtrière infâme qui a si traîtreusement assassiné mon frère. Veuillez m'en faire justice, sans délai.

LE COUSIN.
Sire, vraiment sa requête est juste. Puisqu'elle a confessé le fait, vous devez de droit être porté à la lui accorder.

LE BOURREAU.
Monseigneur, la besogne est prête, ainsi que vous me l'avez commandé. Maintenant dites-moi que voulez-vous que je fasse de plus ?

LE BAILLI.
Prends une hart et lace-la-moi autour du cou de cette femme : il faut qu'elle meure ignominieusement. Liez-lui aussi les mains, et puis nous nous en irons d'ici au lieu des exécutions.

LE BOURREAU.
Je veux travailler de mon métier, puisque vous le dites.

GUIBOUR.
Eh, Dame ! qui, par vos mérites dignes et précieux aux yeux de Dieu, avez et aurez la suprématie sur toutes les ames glorieuses qui sont en paradis et qui jamais pourront y être (c'est à vous que je parle, Vierge Marie), reconfortez-moi dans cette extrémité, et prenez soin et souci de mon ame ; car je vois bien que sans faute il faut que mon corps meure honteusement et bientôt.

LE FRÈRE.
Certes, meurtrière, on ne peut vous faire trop de mal et trop de honte pour avoir fait périr mon frère d'une telle manière.

LE BAILLI.
Je lui ferai expier son tort. — Aubri,

— Auberi, vaz tantost crier
En la place sanz detrier
Que nul chief d'ostel ne remangne
Que à la justice tost ne viengne ;
  E[t] puis revien.
        PREMIER SERGENT.
Sire, je le vous feray bien.
— Or escoutez, vous en commun :
A touz ensemble et à chascun,
Par foy ! fas ce commandement :
Qu'à la justice ysnellement
Venez que le baillif veult faire,
Sur quanque vous povez meffaire
  Envers le roy.
        PREMIER VOISIN.
G'y ay plus chier aler, par foy !
  Que je l'amende.
        ijᵉ VOISIN.
Et je aussi ; qu'il ne me demande
  Amende, y vois.
        LE BAILLIF.
Sus ! assez grans est noz convois,
Et touz jours venront gens assez.
— Devant moy, toi et li, passez.
— Cochet, delivrer s'en convient :
Le delaiement n'y vault nient.
  Mouvez, mouvez.
        LE BOURRIAU.
Avant ! de venir vous prouvez,
Dame ; ne fault point dire : Qu'est-ce ?
Je vous menray com chien en laisse
  A ceste hart.
        GUIBOUR.
E, Diex ! mon cuer pourquoy ne part
Et creve afin que je morusse,
Si que plus honte ne béusse
Du grant meschief où je me voi ?
— Sire baillif, ottroiez-moy
Un don par vostre doulx plaisir :
Que ci aie un po de loisir
De prier la Dame de grace ;
Puisque devant l'eglise passe,
  Ce vous requier.
        PREMIER VOISIN.
E ! ottroiez-li, sire chier,
Ce que requiert pour l'amour Dieu,
Sanz entrer dedanz le saint lieu :
  Vous ferez bien.
        ijᵉ VOISIN.
Certainement, sire, je tien,

va tantôt crier sur la place, n'y manque pas, que nul chef de famille ne se dispense de venir vite au lieu des exécutions ; et puis reviens.

LE PREMIER SERGENT.

Sire, je vous obéirai ponctuellement. — Or écoutez, vous tous en général : par (ma) foi ! je vous commande à tous ensemble et à chacun (en particulier) que, si vous ne voulez forfaire envers le roi, vous veniez promptement assister à la justice que le bailli veut faire.

LE PREMIER VOISIN.

Par (ma) foi ! j'aime mieux y aller que de payer l'amende.

LE DEUXIÈME VOISIN.

Et moi aussi ; de peur qu'on m'y condamne, j'y vais.

LE BAILLI.

Allons ! notre suite est assez nombreuse, et toujours il y viendra assez de monde.— Toi et lui, passez devant moi. — Cochet, il faut se dépêcher : le retard n'est bon à rien. En mouvement ! en mouvement !

LE BOURREAU.

En avant ! tâchez de venir, dame ; il ne faut pas dire : Qu'est-ce que c'est ? Je vous mènerai avec cette hart comme un chien en laisse.

GUIBOUR.

Eh, Dieu ! pourquoi mon cœur ne se fend-il pas afin que je meure et que je ne boive plus la honte de la terrible extrémité où je me vois ?—Sire bailli, octroyez-moi un don, s'il vous plaît : je vous demande un peu de loisir pour prier la Dame de grâce ; puisque je passe devant l'église, je vous adresse cette requête.

LE PREMIER VOISIN.

Eh, cher sire ! accordez-lui ce qu'elle vous demande pour l'amour de Dieu, sans entrer dans le lieu saint : vous ferez bien.

LE DEUXIÈME VOISIN.

Certainement, sire, je tiens que, si vous lui

S'un petit li donnez d'espace,
Ne pourra que miex n'en trespasse ;
Et nous devons, s'est l'Escripture,
Vouloir de toute creature
   Le sauvement.

LE BAILLIF.

Femme, or te delivres briefment ;
Je le t'ottroy, puisc'on t'en (sic) prie ;
Mais gaires ci ne nous detrie.
   Met-te à genoulz.

GUIBOUR.

Voulentiers, mon chier seigneur doulz.
— Ha, Dame de misericorde !
A Dieu, ton chier filz, m'ame acorde ;
Tu qui les pecheurs justifies,
Et les tiens ès cieulx glorifies,
Aies pitié de ma misere ;
Dame qui es la doulce mere
A Createur de tout le monde,
De ceste lasse en qui habonde
Tant de tristesce et de doulour,
Aies pitié par ta doulçour ;
Car grant mestier ay de t'aïde.
M'ame sequeur et m'ame aïde ;
Car li corps iert tost excilliez,
En feu bruiz et greilliez :
Et pour ce à toy me rens confesse,
Comme très povre pecheresse,
De touz les pechiez que onques fis,
Dont meffaite suis vers ton filz,
Soit en parler, en diz, en faiz.
Dame, pardon donner m'en faiz
De Dieu, qui seul en a puissance,
Qui voit des cuers la repentence
   Tout clerement.

LE BAILLIF.

Avant, avant ! sus ! alons m'ent.
Yci endroit trop me delay,
N'ay que faire de tel delay :
Le plus du jour est trespassez.
Or tost, Guibour ! passez, passez.
— Cochet, de li mener te haste.
De son corps fauldra faire un haste
   Ardent en flame.

GUIBOUR.

E, Vierge, precieuse gemme !
Ce baillif redoubt come fouldre
Qui si s'aïre et s'esfoudre
Contre moy. Vierge pure et monde,
Souveraine de tout le monde,

donnez un peu de répit, elle ne pourra que mieux trépasser ; et nous devons, comme l'Écriture le porte, vouloir le salut de toute créature.

LE BAILLI.

Femme, allons ! dépêche-toi vite ; je te l'accorde, puisqu'on m'en prie ; mais ne nous tiens pas long-temps ici. Mets-toi à genoux.

CUIBOUR.

Volontiers, mon cher et doux seigneur : — Ah, Dame de miséricorde ! réconcilie mon ame avec Dieu, ton cher fils ; toi qui justifies les pécheurs, et qui glorifies les tiens dans les cieux, aie pitié de ma misère ; Dame, qui es la douce mère du Créateur de tout le monde, toi, qui es si douce, aie pitié de cette malheureuse en qui abonde tant de tristesse et de douleur ; car j'ai grand besoin de ton aide. Secours mon ame, aide-la ; car le corps sera bientôt détruit, embrasé par le feu et grillé : c'est pourquoi, pauvre pécheresse que je suis, je me confesse à toi de tous les péchés que je commis jamais, et dont je me rendis coupable envers ton fils, soit en paroles, soit en actions. Dame, fais m'en donner pardon de Dieu, qui seul en a la puissance, et qui voit clairement le repentir des cœurs.

LE BAILLI.

En avant, en avant ! allons-nous-en. Je demeure trop long-temps ici, je n'ai que faire de ce retard : la plus grande partie du jour est écoulée. Allons, vite, Guibour ! passez, passez. — Cochet, hâte-toi de l'emmener. Il faudra faire de son corps un tison ardent.

GUIBOUR.

Eh, Vierge, pierre précieuse ! je redoute comme la foudre ce bailli qui s'irrite tellement et tonne contre moi. Vierge pure et sans tache, impératrice et dame du monde entier, par le tourment de cette flamme, par

Empereris du ciel et dame,
Par le tourment de ceste flame,
Par ceste mort pesme et honteuse,
Royne du ciel glorieuse,
Du feu d'enfer m'eschive et garde
Et m'ame come toie garde :
  Je la te livre.
     LE BOURRIAU.
Puisqu'il fault que je vous delivre,
Dame, à genoulz ci vous mettez.
Or çà ! lier par les costez
A ceste estache-ci vous vueil ;
Et puis referay un acueil
Par le col et par la poitrine,
Ains que je cesse mais ne fine
  Ne que plus face.
     GUIBOUR.
Vous qui me regardez en face,
Priez pour moy à Nostre-Dame
Que par le feu et par la flame
Où doit mon las de corps bruir,
Le feu d'enfer puisse fuir
M'ame, que n'en soit approuchée ;
Et si vous pri que reprouchée
Ne soit ceste honteuse mort
Mon compagnon, qui n'y a tort,
Doulce gent, n'à sa fille aussi ;
Car je tieng fermement cecy
Que moult les adole et les blesce
Ma mort, et met en grant tristesce,
Et fait à mon tourment partir.
Autrement n'en pevent partir
  Ny eschaper.
     LE BAILLIF.
Cochet, pense de toy haster.
Puisque liée est de fors hars,
Couche sur lui de toutes pars
Largement et busche et estrain,
Et puis le feu y boute à plain,
  Sanz tant songier.
     LE BOURRIAU.
Je ne quier boire ne mengier
Tant que soit fait. Regardez, maistre.
Je ne scé c'on la puist miex mettre :
De toutes pars enclose en buche
Est con se fust en une buche (sic)
  Pour tost esprandre.
     LE BAILLIF.
Au feu, au feu, sanz pluz attendre !
Au feu, bonne erre !

cette mort terrible et honteuse, reine glorieuse du ciel, arrache et préserve mon ame de l'enfer ; garde-la comme la tienne : je te la livre.

     LE BOURREAU.
Puisqu'il faut que je vous expédie, dame, mettez-vous ici à genoux. Allons ! je vais vous lier par les côtés à ce poteau-ci ; et puis je vous referai un nœud sur le cou et sur la poitrine, avant que j'en finisse avec vous.

     GUIBOUR.
Vous qui me regardez en face, priez pour moi Notre-Dame que, puisqu'on doit consumer mon malheureux corps par le feu et la flamme, mon ame puisse fuir le feu d'enfer de manière à ne pas en être approchée ; et je vous en prie, bonnes gens, que cette mort infamante ne soit pas reprochée à mon mari, qui n'en est nullement coupable, ni à sa fille ; car je tiens fermement pour vrai que ma mort les chagrine et les navre fort, les met dans une grande tristesse, et les fait participer à mon tourment. Ils ne peuvent autrement s'en tirer.

     LE BAILLI.
Cochet, songe à te hâter. Maintenant qu'elle est attachée par de forts liens, couche largement sur elle de toutes parts des bûches et de la paille, et puis mets-y le feu partout, sans tant rêver.

     LE BOURREAU.
Je ne veux ni boire ni manger jusqu'à ce que cela soit fait. Regardez, maître. Je ne sache pas qu'on la puisse mieux disposer : elle est de tous côtés entourée de bois comme dans une huche, pour vite s'allumer.

     LE BAILLI.
Le feu, le feu, sans attendre plus longtemps ! le feu, bien vite !

LE BOURRIAU.
Tantost, sire, je le vois querre.
　Or est tout prest.
　　　DIEU.
Mere, mere, heure et temps est
Que de ci vous convient descendre
Pour aler sauver et deffendre
Guibour, qui tant piteusement
Vous appelle, et tant doulcement
Requiert à moy avoir accorde
Par mi vostre misericorde,
Que je li pardoing son meffait.
Alez la deffendre de fait,
Que pour feu qu'entour li on face
Son corps n'empire ne nefface *
　Ne ne malmette.
　　　NOSTRE-DAME.
Filz, d'aler y sui toute preste.
— Or sus ! Gabriel, descendez,
Et vous, Michiel ; et si chantez
　En alant là.
　　　GABRIEL.
Dame, vostre gré fait sera.
— Avant, Michiel ! — Chantons, amis,
Puisqu'à voie nous sommes mis,
　Par doulx accors.

　　　Rondel.

Dieu puissans, misericors,
Vostre grant misericorde
Fait pechéurs avoir accorde
A vous : c'est un doulx accors,
Dieu puissant, misericors ;
Et voir est que li recors
De vo grace c'on recorde
Maint cuer du Sathan descorde.
　Dieu puissant, etc.
　　　LE BOURRIAU.
Alumer vueil par telx effors
Ce feu, puisque j'ay la matiere,
Qu'il fauldra c'on se traie arriere
　De touz costez.
　　　NOSTRE-DAME.
Mes amis, ce feu déboutez
Si loing de m'amie loyal
Que ne li puisse faire mal.
— Guibour, ton courage asséure :
Tu n'aras, soies-en séure,

LE BOURREAU.
Sire, je vais tantôt le quérir. Maintenant il est tout prêt.
　　　DIEU.
Mère, mère, voici le temps et l'heure qu'il vous faut descendre pour aller sauver et protéger Guibour, qui vous appelle d'une voix si lamentable, et demande avec tant d'instances que par le moyen de votre miséricorde elle se réconcilie avec moi, pour que je lui pardonne son crime. Allez la défendre efficacement, en sorte que, quel que soit le feu qu'on fasse autour d'elle, il n'attaque, ne détruise ni ne maltraite son corps.
　　　NOTRE-DAME.
Fils, je suis toute prête à y aller. — Allons ! Gabriel, descendez, ainsi que vous, Michel ; et chantez en allant là-bas.
　　　GABRIEL.
Dame, votre volonté sera faite. — En avant, Michel ! — Amis, puisque nous nous sommes mis en route, chantons mélodieusement et d'accord.

　　　Rondeau.

Dieu puissant, miséricordieux, votre grande miséricorde réconcilie les pécheurs avec vous : c'est un doux accord, Dieu puissant, miséricordieux ; et la vérité est que le souvenir de votre grâce que l'on rappelle arrache maint cœur à Satan. Dieu puissant, etc.

　　　LE BOURREAU.
Je veux allumer ce feu avec une telle force, puisque j'en ai la matière, qu'il faudra qu'on recule de tous côtés.

　　　NOTRE-DAME.
Mes amis, éloignez ce feu si loin de ma loyale amie qu'il ne puisse lui faire de mal. —Guibour, rassure ton cœur : tu n'auras, sois-en sûre, ni peine ni tourment par ce feu, grâce à ton appel si dévot.

---

* *Sic Ms.* Lisez *mefface.*

Par ce feu peine ne tourment,
Pour ce que si devotement
　M'as appellée.

GUIBOUR.

Ha, Dame! qui d'estre loée
De bouche, de voiz et de diz
Sur touz les sains de paradis
Avez grace et prerogative,
Quant vous plaist moy lasse, chetive,
De si cruelle mort deffendre,
Comment la vous pourray-je rendre,
　Vierge Marie?

LE BAILLIF.

Certainement, je ne croy mie
Que ne soit arse ceste femme :
Trop a geté ce feu grant flame
　Et trop ruvesche.

LE FRERE.

Sire, la fouaille estoit seche;
S'elle y a gangnié, si le prengne.
De sa mort n'ay-je point d'engaigne
　Ne de courrouz.

LE BOURRIAU.

Seigneurs, je voi ses liens rouz,
Ses cordes et toutes ses hars;
Riens n'y a que tout ne soit ars;
Mais elle encore est toute saine,
N'elle n'a plaie ne ne saine,
　Ains est très belle.

LE FRERE.

Par le sanc et par la bouelle!
Murdrière, ainsi n'en irez pas;
Arse serez ysnel le pas,
Vous n'eschapperez pas à tant.
— Cousin, tost alons querre tant
Palis, buissons, chaume, pesas,
Qu'elle de mort n'eschappe pas
　A ceste empainte.

LE COUSIN.

Je n'en ay pas voulenté fainte;
　Cousin, alons.

LE FRERE.

Baillif, pour ce que nous voulons
Que soit tost ceste murdriere arse,
Et en pouldre sa char esperse (sic),
　Vez ci qu'i dit.

LE BAILLIF.

Gettez sur li sanz contredit,
Afin que le feu tost espreugne,

GUIBOUR.

Ah, Dame! qui, sur tous les saints du paradis, avez la grâce et la prérogative d'être louée de bouche, de voix et de paroles, puisqu'il vous plaît de me défendre, pauvre malheureuse que je suis, d'une mort aussi cruelle, comment pourrai-je m'en montrer reconnaissante, Vierge Marie?

LE BAILLI.

Certainement, je ne puis croire que cette femme ne soit pas consumée : ce feu a jeté une flamme trop grande et trop pétillante (pour qu'il n'en soit pas ainsi).

LE FRÈRE.

Sire, les fagots étaient secs; si elle y a gagné, qu'elle le prenne. Je n'ai de sa mort ni remords ni courroux.

LE BOURREAU.

Seigneurs, je vois que ses liens, ses cordes et toutes ses harts sont rompus; il n'y a rien qui ne soit entièrement brûlé; mais elle est encore en parfaite santé, elle n'a aucune plaie et ne saigne pas; au contraire, elle est très-belle.

LE FRÈRE.

Par le sang et par les boyaux! meurtrière, vous ne vous en irez pas ainsi; vous serez brûlée tout de suite, vous ne l'échapperez pas. — Cousin, allons vite chercher des échalas, des buissons, du chaume, des cosses de pois, afin que, cette fois, elle n'échappe pas à la mort.

LE COUSIN.

La volonté que j'en ai n'est pas feinte; cousin, allons-y.

LE FRÈRE.

Bailli, attendu que nous voulons que cette meurtrière soit bientôt brûlée, et sa chair dispersée en poussière, voici ce qu'il dit.

LE BAILLI.

Jetez sur elle (du combustible), personne ne s'y oppose, afin que le feu prenne vite,

Si que de lui riens ne remaingne
Ni char ny os.
NOSTRE-DAME.
Feu, je te deffens et forclos
Que sur ceste femme ne passes
Ne que de riens tu li meffaces.
— Belle amie, confortes-toy.
— Alons-m'en, seigneurs, vous et moy
Es cieulx lassus.
MICHIEL.
Vostre gré ferons, Dame. — Or sus!
Gabriel, disons sans descors.

Rondel.

Et voirs est que li recors
De vo grace c'on recorde
Du Sathan maint cuer descorde.
Dieu poissans, etc.

GUIBOUR.
Biaux seigneurs, pour misericorde,
Je vous pri à touz humblement
Et requier faites belement.
Espargniez-moy, si ferez bien.
Sachiez pour voir que nulle rien
Ne sens de chose c'on me face :
Gardée sui par la Dieu grace.
N'aiez honte d'estre vaincu ;
Car Nostre-Dame ay à escu,
Qui roy[ne] et dame est des cieulx,
Et m'a avec elle esté Diex
Garant aussi.

LE BAILLIF.
Seigneurs, seigneurs, certes vez ci
Miracles et très grant merveille,
C'onques mais ne vi sa pareille.
Nous avons malement pechié
Contre Dieu d'avoir empeschié
Ainsi laidement ce saint corps.
— Guibour, chiere amie, yssiez hors
De ce feu. Je vous jur par m'ame,
Je voi bien qu'estes sainte fame.
Garde n'aiez.

GUIBOUR.
Sire, ce que commanderez
Feray de cuer sanz attendue.
Çà! vez me ci de feu yssue;
Que vous plaist, sire?

LE BAILLIF.
Dame, du courroux et de l'ire
Que j'ay éu vers vous de fait,

et qu'il ne reste rien d'elle ni chair ni os.

NOTRE-DAME.
Feu, je te défends et interdis de passer sur cette femme et de lui faire le moindre mal.—Belle amie, prends courage.—Allons-nous-en, seigneurs, vous et moi, là-haut dans les cieux.

MICHEL.
Nous ferons votre volonté, Dame. — Allons! Gabriel, chantons en mesure.

Rondeau.

Et la vérité est que le souvenir de votre grâce que l'on rappelle arrache maint cœur à Satan. Dieu puissant, etc.

GUIBOUR.
Beaux seigneurs, par miséricorde, je vous prie humblement tous et vous requiers d'agir avec douceur. Épargnez-moi, vous ferez bien. Sachez en vérité que je ne ressens rien de tout ce qu'on peut me faire : je suis gardée par la grâce de Dieu. N'ayez pas honte d'être vaincus ; car j'ai pour écu Notre-Dame, qui est reine et dame des cieux, et Dieu m'a aussi protégée avec ee.

LE BAILLI.
Seigneurs, seigneurs, certes voici des miracles et une très-grande merveille, telle que je n'en vis jamais de semblable. Nous avons méchamment péché contre Dieu en maltraitant ce saint corps aussi indignement. — Guibour, chère amie, sortez hors de ce feu. Par mon ame! je vous le jure, je vois bien que vous êtes une sainte femme. N'ayez peur.

GUIBOUR.
Sire, je ferai sans retard ce que vous commanderez. Allons! me voici sortie du feu; que vous plaît-il, sire?

LE BAILLI.
Dame, je vous demande pardon, à genoux et à mains jointes, du courroux et de

Et de ce que vous ay meffait,
A genoulz et à jointes mains
Vous requier pardon; ou, au moins,
Que de vous ne soie maudis,
N'entre gens blamé ne laidis :
 Ce vous requier.
GUIBOUR.
Pour Dieu! levez sus. Je ne quier
Point, sire, telle humilité
Con si faites, qu'en verité
Vers moy de riens n'estes meffaiz;
Car si grans par est mes meffaiz
Que ardoir cent foiz me déussiez,
Se tant ardoir me péussiez;
Mais par la doulceur Nostre-Dame,
Que j'ay requise de cuer et d'ame,
Sauvée sui et garentie.
Se faite m'avez villenie,
La mere Dieu le vous pardoint,
Et bonne fin à touz nous doint!
 Et je si fas.
LE PREMIER VOISIN.
Or ne nous arrestons ci pas,
Avec li touz nous avoions
Et au moustier la convoions.
Là, graces à Dieu rendera
Et à sa mere aussi, qui l'a
 Si bien gardée.
LE ij^e VOISIN.
C'est chose moult bien regardée
Et c'on doit faire.
LE BAILLIF.
Ma chiere amie debonnaire,
Il dient voir. Alez devant;
Nous vous irons de près suivant
 Trestouz ensemble.
GUIBOUR.
Soit, sire, puisque bon vous semble;
Aussi l'avoie-je pensé.
— Amoureux Jhesus, qui tensé
Avez mon corps de mort vilaine,
Et vous, Dame, qui chastellaine
Estes du ciel emperial,
Septre de la gloire royal,
Et de grace fontaine et puis,
Tant con je scé, tant con je puis,
Vous et vostre doulz filz merci,
Et de tout mon cuer vous graci
Con celle qui d'or en avant
Tant comme je seray vivant

la colère que j'ai montrés contre vous, et de ma mauvaise conduite à votre égard; ou, au moins, que je ne sois pas maudit par vous, ni blâmé ni conspué dans le monde: je vous en prie.

GUIBOUR.
Pour (l'amour de) Dieu levez-vous. Je ne veux point, sire, que vous vous humiliiez comme vous le faites; car, en vérité, vous n'êtes coupable de rien à mon égard. En effet, mon crime est si grand que vous eussiez dû me brûler cent fois, si vous eussiez pu y parvenir; mais par la douceur de la vierge Marie, que j'ai invoquée de cœur et d'ame, je suis sauvée et garantie. Si vous m'avez fait outrage, que la mère de Dieu vous le pardonne (quant à moi, je le fais), et nous donne à tous une bonne fin!

LE PREMIER VOISIN.
Maintenant, ne nous arrêtons pas ici, mettons-nous tous en route avec elle et accompagnons-la à l'église. Là, elle rendra grâces à Dieu et à sa mère aussi, qui l'a si bien gardée.

LE DEUXIÈME VOISIN.
C'est chose très-bien vue et qu'on doit faire.

LE BAILLI.
Ma chère amie débonnaire, ils disent la vérité. Allez devant; nous vous suivrons de près tous ensemble.

GUIBOUR.
Sire, qu'il en soit ainsi, puisque bon vous semble; aussi bien y avais-je pensé. — Amoureux Jésus, qui avez garanti mon corps d'une mort ignominieuse, et vous, Dame, qui êtes châtelaine de l'empire céleste, sceptre de la gloire royale, fontaine et puits de grâce, je vous remercie vous et votre fils autant que je sais et que je puis (le faire), et je vous rends grâces de tout mon cœur. Dorénavant, tant que je serai en vie, je vous servirai de toutes mes forces, et je ne m'occuperai qu'à vous servir; c'est bien juste. — Sire bailli, puis-je, s'il vous plaît, m'en

A mon povoir vous serviray,
N'en riens je ne m'ocupperay
Qu'à vous servir; c'est bien raison.
— Sire baillif, en ma maison
Par vostre gré m'en puis-je aler ?
Veuillez-m'en response donner,
 Se c'est voz grez.

  LE BAILLIF.
Oïl, Guibour; mais vous n'irez
Pas seule, ains vous convoieray
Et compagnie vous tenray,
 Moi et mes gens.

  PREMIER SERGENT.
Soions de mouvoir diligens.
 Je vois devant.

  ij^e. SERGENT.
Et je avecques vous. Or avant !
 — Voie ci, voie !

  GUIBOUR.
Seigneurs, pour ce convoy la joie
Vous doint Dieu à touz qui ne fine !
Or me laissiez par amour fine
 Hui mais seule estre.

  LE BAILLIF.
Pensons de nous au retour mettre.
 — A Dieu, Guibour.

  GUIBOUR.
Sire, à Dieu, qui vous doint s'amour !
 Et grans merciz.

  LE PREMIER POVRE.
Vierge, qu'a Dieu lez li assiz,
Gardés touz ceulx qui bien me font.
De povreté le corps me font.
Povre suis-je, ce n'est pas doute ;
Car je ne say, quant l'en me boute,
Se ce sont ou bestes ou gent,
Ne ne congnois le plonc d'argent,
Ne coivré ne monnoie d'or.
— Las ! com il pert noble tresor,
Bonne gent, qui pert la clarté !
Donnez-moy, car en verité
Hui ne vi qui me donnast rien.
Au povre qui ne voit pas bien,
 Pour l'amour Dieu !

  GUIBOUR.
Bon homme, ne meuz de ce lieu ;
Attens, attens, je vois à toi.
Tien, biau frere, prie pour moy
 Le Roy celestre.

aller dans ma maison? Veuillez me donner réponse à ce sujet, si c'est votre bon plaisir.

  LE BAILLI.
Oui, Guibour; mais vous n'irez pas seule, au contraire je vous escorterai et vous tiendrai compagnie, moi et mes gens.

  PREMIER SERGENT.
Soyons diligens à nous mettre en route. Je vais devant.

  DEUXIÈME SERGENT.
Et moi avec vous. Allons, en avant ! — Place par ici, place !

  GUIBOUR.
Seigneurs, que, pour votre bonté à m'accompagner ainsi, Dieu vous donne à tous la joie éternelle ! Maintenant, si vous m'aimez réellement, laissez-moi seule désormais.

  LE BAILLI.
Pensons à retourner sur nos pas.—(Je vous recommande) à Dieu, Guibour.

  GUIBOUR.
Sire, qu'il vous donne son amour ! je vous remercie.

  LE PREMIER PAUVRE.
Vierge, que Dieu a assise à son côté, gardez tous ceux qui me font du bien. Le corps me fond de pauvreté. Je suis malheureux, il n'y a pas à en douter ; car je ne sais, quand l'on me pousse, si ce sont bêtes ou gens; je ne sais pas non plus distinguer de l'argent le plomb, ni le cuivre ni la monnaie d'or. — Hélas ! bonnes gens, quel noble trésor il perd celui qui perd la vue ! Donnez-moi, car en vérité je ne vis personne aujourd'hui me donner quelque chose. Au pauvre qui ne voit pas bien, pour l'amour de Dieu !

  GUIBOUR.
Bonhomme, ne bouge pas de ce lieu; attends, attends, je vais à toi. Tiens, mon frère, prie pour moi le Roi des cieux.

LE PREMIER POVRE.

Ha, dame ! Diex vous vueille mettre
Et tenir en santé de corps,
Et à la fin misericors
    Vous soit à l'ame !

ij^e. POVRE.

E, Dieux ! est-il homme ne fame
Qui me reconfort d'une aumosne ?
Que Dieu, qui siet des cieulx ou throsne,
Li vueille aider qui m'aidera
Et qui s'aumosne me donrra !
Donnez-moy pour la Dieu amour
Vostre aumosne, dame Guibour.
Je sui un povre mesnagier,
Qui n'ay que donner à mengier
A .iij. petiz enfans que j'ay;
Par ceste ame ! ne je ne scay
    Comment en aye.

GUIBOUR.

Ne fais, amis, or ne t'esmaie :
Tu n'en iras pas escondit,
Puisqu'il est ainsi com m'as dit :
Tien, ce sac plain de blef emporte,
Trousse bien tost, vuide ma porte;
    Va, pour Dieu soit !

ij^e POVRE.

Dame, Dieux qui voit et perçoit
Des cuers le vouloir plainement,
Le vous rende au grant jugement
    Qu'il doit tenir !

GUIBOUR.

A ! Dieu en vueille souvenir,
Amis, si com je le desir,
Qui me doint faire son plaisir
    De bien en miex !

iij^e POVRE.

Regardez-me en pitié ; que Diex,
Bonne gent, sa grace vous doint,
Et touz voz peschiez vous pardoint,
Si comme il fist la Magdalaine !
Vous veez bien à quelle paine
Je vif ; n'y a point de faintise.
— E, Dame ! par vostre franchise,
    Faites-me bien.

GUIBOUR.

Et que te donrray-je du mien,
Frere, de quoy ton corps miex vaille ?
Par foi ! je n'ay denier ne maille,
Si ay-je de toy grant pitié.
Ore, pour la Dieu amistié,

LE PREMIER PAUVRE.

Ah, dame ! que Dieu veuille vous mettre et tenir en santé corporelle, et qu'à la fin il soit miséricordieux pour votre ame !

LE DEUXIÈME PAUVRE.

Eh, Dieu ! y a-t-il homme ou femme qui me reconforte d'une aumône ? Que Dieu, qui est assis sur le trône des cieux, veuille aider à celui qui m'aidera et qui me donnera son aumône ! Dame Guibour, donnez-moi votre aumône pour l'amour de Dieu. Je suis un pauvre cultivateur, qui n'ai rien à donner à manger à trois petits enfans que j'ai ; sur mon ame ! je ne sais comment m'en procurer.

GUIBOUR.

Non, ami, ne te tourmentes pas : tu ne t'en iras pas avec un refus, puisqu'il en est ainsi que tu me l'as dit : tiens, emporte ce sac plein de blé, charge-le bien, quitte vite le seuil de ma porte ; va à la garde de Dieu !

DEUXIÈME PAUVRE.

Dame, que Dieu qui voit et apprécie pleinement l'intention du cœur, vous le rende au grand jugement qu'il doit tenir !

GUIBOUR.

Que Dieu veuille s'en souvenir, ami, ainsi que je le désire, et qu'il me fasse la grâce de faire ce qui lui plaît, de bien en mieux !

TROISIÈME PAUVRE.

Regardez-moi, en pitié ; que Dieu, bonnes gens, vous donne sa grâce et vous pardonne tous vos péchés, comme à la Madeleine ! Vous voyez bien dans quel tourment je vis ; il n'y a point là de faux-semblant. — Eh, dame ! par votre bonté, faites-moi du bien.

GUIBOUR.

Et que te donnerai-je de mon avoir, frère, qui puisse servir à ton corps ? Par ma foi ! je n'ai ni denier ni maille, et pourtant j'ai grand' pitié de toi. Allons ! pour l'amour de Dieu, je vais savoir si je puis te faire quelque

Savoir vois se te puis rien faire.
Tien, tien, mon ami debonnaire,
De ce mantel te fas chasuble;
N'en ay plus. C'est de quoy m'afuble
Quant je vois hors.

LE TIERS POVRE.

Jhesus, li doulx misericors,
Et sa doulce mere Marie
Ce hault [don], ceste courtoisie
A cent doubles vous vueille rendre,
Et à sa part vous vueille prendre,
Dame, à la fin!

GUIBOUR.

Amen. Je l'en pri de cuer fin
Qu'il le me face.

PREMIER VOISIN.

Gautier, par le corps sainte Agace!
J'aloie savoir s'estiez prest:
D'aler à l'eglise temps est
Pour le bon jour.

ij^e VOISIN.

Oïl, alons-m'en sanz sejour.
N'est pas preudons qui en l'eglise
N'ot au jour d'ui le saint servise,
Comment au temple porté fu
De sa mere le doulx Jhesu
Qui pour nous en croiz mort souffri,
Et comment pour li elle offri
Deux coulombiaux.

PREMIER VOISIN.

C'est un des services plus biaux,
A mon gré, de toute l'année.
Alons-nous-ent sanz demourée:
L'eglise est loing.

ij^e VOISIN.

Prenons d'estre y à temps le soing.
Par mon hostel, sanz plus, alons;
Mon cierge y est, si le prendrons,
Si l'offerray.

PREMIER VOISIN.

Vez ci le mien que je donrray
Aussi au prestre.

GUIBOUR.

E! Dame de qui Dieu voult naistre,
Pieça ne fu que je n'oysse
De vous la messe et tout l'office
Mais que hui; et si est la journée
Comment alastes aournée
Faire par grant devocion
Vostre purificacion

chose. Tiens, tiens, mon bon ami, fais-toi une casaque de ce manteau-ci; je n'ai rien autre. C'est de quoi je me couvre quand je vais dehors.

LE TROISIÈME PAUVRE.

Que Jésus, le doux, le miséricordieux, et Marie, sa douce mère, vous veuillent rendre au centuple ce grand (don), cette courtoisie, et vous prendre avec les siens, dame, à la fin!

GUIBOUR.

Amen. Je le prie de tout mon cœur de le faire.

PREMIER VOISIN.

Gautier, par le corps de sainte Agathe! j'allais savoir si vous étiez prêt: il est temps d'aller à l'église pour la solemnité du jour.

DEUXIÈME VOISIN.

Oui, allons-nous-en sans retard. Il n'est pas prud'homme celui qui n'entend pas aujourd'hui le service divin à l'église. C'est l'anniversaire du jour auquel le doux Jésus, qui souffrit pour nous la mort sur la croix, fut porté au temple par sa mère, qui offrit pour lui deux petites colombes.

PREMIER VOISIN.

A mon avis, c'est un des plus beaux services de toute l'année. Allons-nous-en sans retard: l'église est loin.

DEUXIÈME VOISIN.

Prenons le soin d'y être à temps. Allons par mon hôtel, sans plus de discours; mon cierge y est, nous le prendrons, et je l'offrirai.

PREMIER VOISIN.

Voici le mien que je donnerai aussi au prêtre.

GUIBOUR.

Eh! Dame de qui Dieu voulut naître, voici long-temps que je n'entendis la messe et tout votre office. Aujourd'hui c'est le jour où vous allâtes parée faire très-dévotement votre purification et porter votre enfant au temple: c'est la cause qui me remplit les yeux de larmes, certes, avec raison. J'avais

Et porter vostre enfant au temple :
C'est la cause qui les yex m'emple
De lerme, certes, à bon droit.
Je souloie avoir ci-endroit
Prestre qui me disoit la messe
En mon oratoire sanz presse :
Or ne le puis-je mais avoir,
Car donné ay tout mon avoir.
Neis un mantel que je mettoie
Quant vouloie aler par la voie,
Dame, ai donné pour vostre amour,
Si que se je fas ci demour,
Je n'en soie de Dieu reprise ;
Car, Dame, se je vois à l'eglise,
Les gens si me regarderont
Et puis de moy se moqueront
Pour ce que je suis ainsi nue
Et je souloie estre vestue
Richement et de grans atours ;
Mès m'esperance et mes retours
Est que par ce de moy mercy
Arez et vostre filz aussi :
Pour ce enclose cy me tenray,
Et de cuer vous deprieray
  Devotement.

DIEU.

Or sus, trestouz ; sus, alons-m'ent !
A ce jour de m'oblacion
Vueil de messe reffeccion
Donner Guibourt qui là me sert,
Si que bien avoir la dessert.
— Vous .ij., anges, alez devant.
— Mere, et vous les irez suivant ;
Et entre nous irons après.
— Anges, soiez en alans près
  D'un biau chant dire.

MICHIEL.

Nous le ferons voulentiers, Sire,
Et de cuer pour plusieurs raisons.
— Gabriel, chier compains, disons
D'accord joyeux et sanz ire.

Rondel.

Humains, bien vous doit souffire
Que estes tant de Dieu amez
Qu'est mort pour vous à martire ;
Humains, bien vous doit souffire.
Et quant par nous vous fait dire
Que aussi de vray cuer l'amez,
Humains, bien, etc.

coutume d'avoir ici un prêtre qui me disait la messe dans mon oratoire en particulier : maintenant je ne puis plus l'avoir, car j'ai donné tout ce que je possédais. J'ai même donné, pour l'amour de vous, Dame, un manteau que je mettais quand je voulais sortir, en sorte que si je demeure ici, je ne dois pas en être reprise de Dieu ; car, Dame, si je vais à l'église, le monde me regardera et puis se moquera de moi en me voyant ainsi nue, moi qui étais accoutumée à être vêtue richement et de beaux atours ; mais mon espoir et ma croyance sont que par cela vous aurez pitié de moi, votre fils aussi : c'est pourquoi je me tiendrai ici enfermée, et je vous prierai de cœur dévotement.

DIEU.

Allons, vous tous ; allons, partons ! Dans ce jour où je fus offert (au temple) je veux reconforter d'une messe Guibour qui me sert là-bas ; elle la mérite bien. — Anges, vous deux, allez devant. — Mère et vous, vous les suivrez ; et nous, nous irons après. — Anges, soyez prêts à chanter en route un beau cantique.

MICHEL.

Nous le ferons volontiers, Sire, et de cœur pour plusieurs raisons. — Gabriel, cher compagnon, chantons d'un joyeux accord et sans tristesse.

Rondeau.

Humains, qui êtes tant aimés de ce Dieu qui souffrit mort et martyre pour vous, cela doit bien vous suffire ; oui, humains, cela doit bien vous suffire. Et quand il vous fait dire par nous que vous l'aimiez de tout votre cœur, humains, cela, etc.

SAINT JEHAN.

Empereris du Dieu empire,
S'il vous plaist, ce cierge offerrez.
— Et vous ces .ij. aussi ferez.
— Dame, je m'en vois par deçà.
— Tenez, Vincent amis, or çà !
— Lorens, ce cierge-ci arez,
Lequel offrir jà vous irez
Quant on ara chanté l'ofrande.
— Tien, fame, et de voulenté grande
Et sainte, non pas come nice,
Loes Dieu de ce benefice
    Que tu ci vois.

GABRIEL.

Sus ! commençons à haulte vois
L'*Introïte* sanz contredit.
Le *Confiteor* si est dit.
— Michiel, or sus !

(Cy chantent touz ensemble; et puis va Nostre-Dame à l'offrande, et les autres après; et après dit Nostre-Dame.)

NOSTRE-DAME.

Michiel, vas dire à celle femme
Qu'elle se fait donner grant blasme
Du prestre que tant fait muser,
Et que viengne sanz plus ruser
    Offrir son cierge.

MICHIEL.

Voulentiers, glorieuse Vierge.
— Dame, venez appertement
A l'offrande ; trop longuement
Muse le prestre : si offrez.
C'est mal fait quant vous le souffrez
    Attendre ainsi.

GUIBOUR.

Amis, sachiez ce cierge-ci
A li n'à autre n'offerray ;
Mais chierement le garderay.
Procede le prestre à s'adresce,
A oultre pardire sa messe,
    Sanz moy attendre.

MICHIEL.

Je vois ceste response rendre.
— Glorieuse vierge Marie,
Dit m'a qu'elle ne venra mie,
Et que le prestre en sa preface
Proce[de] et sa messe parface
    Hardiement.

NOSTRE-DAME.

Gabriel, or y vas briefment,

SAINT JEAN.

Impératrice de l'empire de Dieu, s'il vous plaît, vous offrirez ce cierge.—Et vous aussi ces deux pareillement.—Dame, je m'en vais là-bas. — Tenez, ami Vincent, voici ! — Laurent, vous aurez ce cierge-ci, que vous irez offrir quand on aura chanté l'offrande. — Tiens, femme ; loue Dieu de ce bénéfice que tu vois ici, d'une volonté grande et sainte.

GABRIEL.

Allons ! commençons à haute voix l'*Introït* sans retard. Le *Confiteor* est dit. — Michel, allons !

(Ils chantent ici tous ensemble ; puis Notre-Dame va à l'offrande, et les autres après ; ensuite Notre-Dame dit.)

NOTRE-DAME.

Michel, va dire à cette femme qu'elle s'attire un grand blâme en faisant tant muser le prêtre, et qu'elle vienne sans plus de faux-fuyans offrir son cierge.

MICHEL.

Volontiers, Vierge glorieuse. — Dame, venez sur-le-champ à l'offrande ; le prêtre muse trop long-temps : faites donc la vôtre. C'est mal à vous de souffrir qu'il attende ainsi.

GUIBOUR.

Ami, sachez que je n'offrirai ce cierge-ci à lui ni à nul autre ; mais je le garderai précieusement. Que le prêtre passe à son oraison, pour achever sa messe, sans m'attendre.

MICHEL.

Je vais rapporter cette réponse. — Glorieuse vierge Marie, elle m'a dit qu'elle ne viendra pas, et que le prêtre passe à sa préface et achève sa messe hardiment.

NOTRE-DAME.

Gabriel, va-s-y promptement, et dis-lui

Et di que de venir s'avance,
Et que c'est d'offrir l'ordenance
　Cierge à ce jour.
GABRIEL.
Dame, g'y vois sanz plus sejour
Faire cy. — Delivrez-vous, fame,
Tost; ce vous mande Nostre-Dame.
Apportez ce cierge à l'offrande.
Vous faites vilenie grande
De tant faire attendre le prestre.
Vueillez vous tost à voie mettre,
　Venez offrir.
GUIBOUR.
Il se peut bien de moy souffrir.
Die sa messe, à brief parler;
Je n'y pense point à aler,
　Ne point n'iray.
GABRIEL.
A ma dame ainsi le diray,
Puisque vous n'y voulez venir.
— Dame, elle pense à retenir
Son cierge, et m'a dit en ce point
Pour certain ne l'offerra point:
　C'est tout à brief.
NOSTRE-DAME.
Vas encore à li de rechief,
Et lui di que plus ne se tiengne
Que le cierge offrir tost ne viengne;
Et se du contraire s'efforce,
Oste-li le cierge par force
　Hors de ses mains.
GABRIEL.
Dame, elle n'en ara jà mains.
— Je revien à vous, belle amie.
Venez offrir, ne laissiez mie,
Ou ce c'on m'a chargié feray,
C'est que des poins vous osteray
　Ce cierge, voir.
GUIBOUR.
Vous n'arez jà tant de povoir,
Amis, que le m'ostez du poing;
Et si vous deffens et enjoing
　De touchier y
GABRIEL.
Puisque je le tieng jà par my,
　J'en seray maistre.
GUIBOUR.
Et g'i vueil si ma force mettre
Que certes il me demourra;

qu'elle se hâte de venir, et qu'en ce jour c'est l'usage d'offrir un cierge.

GABRIEL.
Dame, j'y vais sans plus de retard. — Femme, dépêchez-vous vite; voici ce que vous mande Notre-Dame. Apportez ce cierge à l'offrande. Vous commettez une bien vilaine action en faisant tant attendre le prêtre. Veuillez-vous mettre vite en route, venez faire votre offrande.

GUIBOUR.
Il peut bien se passer de moi. En peu de mots, qu'il dise sa messe; je ne songe point à aller à l'offrande, et je n'irai point.

GABRIEL.
Puisque vous ne voulez pas y venir, je le dirai à ma maîtresse. — Dame, elle songe à retenir son cierge, et m'a dit à ce propos que certainement elle ne l'offrira point: voilà le tout en peu de mots.

NOTRE-DAME.
Va encore à elle de rechef, et dis-lui qu'elle ne se refuse pas davantage à venir promptement offrir le cierge; si elle s'obstine à faire le contraire, ôte-lui par force le cierge hors des mains.

GABRIEL.
Dame, elle n'en aura pas moins (que vous ne me dites). — Je reviens à vous, belle amie. Venez à l'offrande, n'y manquez pas, ou je ferai ce dont on m'a chargé, c'est-à-dire que je vous ôterai ce cierge des poings, en vérité.

GUIBOUR.
Ami, vous n'aurez pas assez de force pour me l'ôter du poing; et je vous défends formellement d'y toucher.

GABRIEL.
Puisque je le tiens déjà par le milieu, j'en serai le maître.

GUIBOUR.
Et j'y veux tellement mettre ma force que certes il me demeurera; il ne sortira

Jà de mes mains ne partira ;
Pour nient tirés.
GABRIEL.
Assez tost autrement direz.
Au mains ceci emporteray.
— Dame des cieulx, je vous diray :
Vez ci quanque j'en puis avoir ;
Si ay-je assez fait mon devoir
De li oster.
DIEU.
Avant ! il ne fault point doubter
Que ce qu'elle en a vraiement
Gardera précieusement
Et par très grant devocion.
Or sus ! nostre procession
Parfaisons en alant ès cieulx ;
Et chantez, anges : c'est le miex
Que je cy vois.
MICHIEL.
Vraiz Dieux, nous le ferons de joye
Sanz vous de riens contredire.

Rondel.

Et quant par nous vous fait dire
Que aussi de vray cuer l'amez,
Humains, bien, etc.
GUIBOUR.
A, Dame ! de voz granz bontez
Vous merci. Dieux ! où ai-je esté ?
Il m'a semblé pour verité
Qu'en une grant eglise estoie
Où com royne vous veoie
Et de sains avec vous grant presse.
Là chantoit vostre filz la messe,
Dont saint Vincent estoit diacre
Et saint Lorens le soudiacre.
Un saint y ot, ce me sembla,
Qui un cierge à chascun livra
Et à vous commença premier
Et à moy vint le derrenier,
Ains c'on commençast l'*Introïte* ;
Et puis, quant la messe fu dite
Jusqu'à l'offrende à voiz haultaine,
Alastes offrir premeraine,
Et puis touz les autres après.
Puis vint vostre ange moult engrès
Qu'offrisse le cierge qu'avoie,
Que tout entier garder cuidoie ;
Mais pour ce que ne l'ay volu,
L'une moitié m'en a tolu

pas de mes mains. Vous tirez vainement.
GABRIEL.
Bientôt vous direz tout autre chose. Au moins j'emporterai ceci. — Dame des cieux, je vous dirai que voici tout ce que j'ai pu en avoir ; et j'ai bien fait mon devoir pour le lui ôter.
DIEU.
En avant ! il ne faut point douter qu'en vérité elle ne garde précieusement et avec beaucoup de dévotion ce qu'elle en a. Allons ! achevons notre procession en allant aux cieux ; et vous, anges, chantez : c'est ce que je vois de mieux à faire.
MICHEL.
Vrai Dieu, nous le ferons avec joie sans vous contredire en rien.

Rondeau.

Et quand il vous fait dire par nous que vous l'aimiez d'un cœur sincère, humains, cela, etc.
GUIBOUR.
Ah, Dame ! je vous remercie de votre grande bonté. Dieu ! où ai-je été ? Vraiment, il m'a semblé que j'étais dans une grande église où je vous voyais comme reine et avec vous une grande foule de saints. Là, votre fils chantait la messe, dont saint Vincent était le diacre et saint Laurent le sous-diacre. Il y avait, à ce qu'il me sembla, un saint qui remit à chacun un cierge. Il commença par vous tout d'abord et vint en dernier lieu vers moi, avant qu'on commençât l'*Introït* ; et puis, quand la messe fut dite à haute voix jusqu'à l'offrande, vous allâtes offrir la première, et puis tous les autres après. Puis vint votre ange qui me pressa d'offrir le cierge que j'avais et que je pensais garder tout entier ; mais parce que je ne l'ai pas voulu, il m'en a pris et emporté la moitié par force ; cependant, Dame, je m'en console, attendu qu'il l'a rompu et partagé de telle manière qu'il m'en a laissé la plus grande partie ; et je vois bien, vierge Marie, que j'ai été ravie en esprit. Je vous

Et emporté par son effort;
Mais, Dame, en ce me reconfort
Qu'il l'a si rompu et parti
Que le plus m'en a departi;
Et si congnois, vierge Marie,
Qu'ai esté en ame ravie:
Dont humblement je vous merci,
Et l'amoureux Jhesu graci
De quoy oublié ne m'a mie;
Ains m'a fait de sa courtoisie
    Hui messe oïr.

LA PREMIERE NONNE.

Guibour, vostre cuer esjoïr
Devez bien en Dieu pour certain;
Car de cecy vous acertain,
Qu'à vous toutes .ij. nous envoie
Dire que vous mettez à voie
De venir sanz dilacion
Prendre nostre religion
    Et nostre habit.

ij^e NONNE.

Il veult que laissiez le labit
De ce monde pour li servir
Et aussi pour plus desservir
    Ès cieulx grant gloire.

GUIBOUR.

Je vous diray parole voire:
Certes, c'estoit tout mon desir.
Or en alons au Dieu plaisir,
Puisque vous m'en devez mener;
Je suis toute preste d'aler
    Avecques vous.

LA PREMIERE NONNE.

Or alons; mais je lo que nous
Cha[n]tons en alant toutes trois
En louant le doux Roy des roys
Et sa mere, où n'a point d'amer.
— On vous doit bien, Vierge, loer,
Quant, pour nous d'enfer desnoer,
    Diex se fist en vous homme,
Qui de la mort nous acquitta,
Où Adam touz nous endebta
    Par le mors de la pomme.

EXPLICIT.

en remercie humblement, et je rends grâces à l'amoureux Jésus de ce qu'il ne m'a pas oubliée; au contraire il a eu la courtoisie de me faire ouïr la messe aujourd'hui.

LA PREMIERE NONNE.

Guibour, certes, vous devez bien réjouir votre cœur en Dieu; car je vous fais savoir qu'il nous a envoyées à vous toutes deux vous dire que vous vous mettiez en route pour venir sans retard embrasser notre ordre et prendre notre habit.

LA DEUXIÈME NONNE.

Il veut que vous laissiez les vanités de ce monde pour le servir et aussi pour mériter davantage une grande gloire dans les cieux.

GUIBOUR.

Je vous dirai la vérité : certes, c'était là tout mon désir. Allons-nous-en donc à la volonté de Dieu, puisque vous devez m'emmener ; je suis toute prête à partir avec vous.

LA PREMIERE NONNE.

Eh bien ! allons-nous-en ; mais je suis d'avis que toutes trois nous chantions en chemin les louanges du Roi des rois et de sa mère, où il n'y a rien d'amer. — Vierge, on doit bien vous louer, puisque, pour nous arracher à l'enfer, Dieu se fit homme en vous, et nous acquitta de la mort dont Adam nous avait rendus les débiteurs en mangeant la pomme.

FIN.

F. M.

UN MIRACLE
DE NOSTRE-DAME,

DE L'EMPERERIS DE ROMME.

NOTICE.

La pièce suivante est tirée du manuscrit 7208 .4. B., où elle commence au folio 53 recto. L'auteur, auquel on peut attribuer les autres miracles contenus dans le même recueil, paraît avoir emprunté celui-ci à un conte dévot de Gautier de Coinsi, intitulé : de l'Empereri qui garda sa chastée par moult templacions*; mais il a, pour les besoins du théâtre, élagué plusieurs circonstances, et en a ajouté un grand nombre d'autres qui ne se trouvent pas dans le récit du rimeur laonnais.   F. M.

* *Nouv. Recueil de Fabliaux et Contes inéd.*, etc., publié par Méon, in-8°, t. II, p. 50 et suivantes.

UN MIRACLE DE NOSTRE-DAME.

NOMS DES PERSONNAGES.

L'EMPERERIS.	PREMIER CARDINAL.	PREMIER ANGE.
L'EMPERIERE.	ij^e CARDINAL.	ij^e ANGE.
BRUN, premier chevalier.	BAUDOIN, l'escuier.	LE MAISTRE MARINIER.
MORIN, premier sergent d'armes.	GONBERT ou GOBERT,	LA DAME PELERINE.
YSABEL, la damoiselle.	le tourier.	L'ESCUIER A LA PELERINE,
ORRY, ij^e chevalier.	LE MESSAGIER.	ou L'ESCUIER A LA DAME.
ij^e SERGENT D'ARMES.	DIEU.	L'OSTESSE.
LE FRERE A L'EMPERIERE.	NOSTRE-DAME.	LE CONTE malade.
LE PAPE.	SAINT JEHAN.	LES CLERS.

Cy commence .i. Miracle de Nostre-Dame, de l'empereris de Romme que le frere de l'empereur accusa pour la fere destruire, pour ce qu'elle n'avoit volu faire sa voulenté; et depuis devint mesel, et la dame le garit quant il ot regehy son meffait.

L'EMPERERIS.

Mon chier seigneur, Dieu tout puissant
Vostre santé soit acroissant
Ainsi comme je le desir !
Car, certes, ce que tant jesir
Vous voy de ceste maladie
M'ennuie moult, quoy que nulz die,
    Et m'est moult fort.

Ici commence un Miracle de Notre-Dame, touchant l'impératrice de Rome que le frère de l'empereur accusa pour la faire périr, parce qu'elle n'avait pas voulu faire sa volonté. Depuis il devint lépreux, et la dame le guérit après qu'il eut confessé son méfait.

L'IMPÉRATRICE.

Mon cher seigneur, que Dieu tout puissant vous rende la santé, ainsi que je le désire ! car, certes, quoi qu'on en puisse dire, je suis fort contrariée de vous voir depuis si long-temps alité par suite de cette maladie, et j'en éprouve beaucoup de peine.

L'EMPERIERE.

Dame, je tien que Dieu confort
M'envoiera sanz detriance
Et de mon grief mal alejance
Briement; je le sens bien et voy.
Faites le bien, prenez convoy
Et vous en alez au moustier
Prier Dieu de bon cuer entier
Que mon mal estaingne et efface
Et me doint grace qu'encor face
Chose qui me tourt à merite
Et qui vers li mon ame acquitte
 De touz pechiez.

BRUN, premier chevalier.

Ma dame, il dit bien, et sachiez
Qu'en ce ne povez-vous meffaire;
Et si veult-on un sermon faire,
Si que c'est pour vous bien à point:
Alons-y et ne tardons point,
 Je le conseil.

L'EMPERERIS.

Aussi m'y assens et le vueil.
— Or tost! alez devant, Morin;
Faites delivrer le chemin,
 Si qu'aions voie.

PREMIER SERGENT D'ARMES.

Voulentiers, se Jhesus me voie.
— Sus! de cy traiez-vous arriere,
Que de ma mace ne vous fiere
 A grant rendon.

Cy commence le sermon, et le sermon finé L'EMPERERIS *parle et dit:*

Seigneurs, pieça n'oï sermon
Où éust tant de biens compris;
Car tout ce qu'a à dire empris,
A demené trop bien et bel.
— Que vous en semble-il, Ysabel,
 Par vostre foy?

LA DAMOISELLE.

Dame, par la foy que Dieu doy!
Je croy que ce soyt un preudomme,
S'il estoit cardinal de Romme;
Si a-il p[r]eschié haultement
Et bien, ne je ne scé comment
 On pourroit miex.

PREMIER CHEVALIER.

Bonne aventure li doint Diex!
Dame, il a noblement preschié,

L'EMPEREUR.

Dame, j'espère que Dieu m'enverra bientôt du reconfort et du soulagement à ma cruelle maladie; je le sens et le vois bien Agissez sagement, faites-vous accompagner et allez-vous-en à l'église prier Dieu de tout votre cœur qu'il mette fin à mon mal et qu'il me donne la grâce de faire encore quelque chose qui me soit compté comme un mérite et qui acquitte mon ame envers lui de tous mes péchés.

BRUN, premier chevalier.

Ma dame, il dit bien, et sachez qu'en cela vous ne pouvez mal faire. On va prononcer un sermon, il arrive bien à propos pour vous. Allons-y sans tarder, je (vous) le conseille.

L'IMPÉRATRICE.

J'y consens de tout mon cœur. — Allons! Morin, marchez devant; faites débarrasser le chemin, de manière à ce que nous puissions nous mettre en route.

LE PREMIER SERGENT D'ARMES.

Volontiers, que Jésus me voie! — Allons, retirez-vous loin d'ici, (si vous ne voulez) que ma masse ne vous frappe à coups redoublés.

Ici commence le sermon, et le sermon terminé L'IMPÉRATRICE *parle et dit:*

Seigneurs, il y a long-temps que je n'ouïs un sermon qui renfermât autant de bonnes choses; car tout ce que (le prédicateur) a entrepris de dire, il l'a très-bien traité. — Ysabelle, que vous en semble, par votre foi?

LA DEMOISELLE.

Dame, par la foi que je dois à Dieu! je crois que c'est un prud'homme autant que s'il était cardinal romain; il a prêché d'une manière remarquable, et on ne peut pas mieux.

PREMIER CHEVALIER.

Que Dieu lui donne bonne aventure! dame, il a noblement prêché, et il s'en est

Et si s'en est biau depeschié
Comme droit maistre.
L'EMPERERIS.
C'est voirs. Or çà ! je me vueil mettre
Devant cest autel à genoulz.
— Doulx amoureux Jhesus, et vous,
Dame, qui estes fille et mere
(Mere à qui ? mere à vostre pere,
Et fille aussi de vostre filz),
Dame, se onques chose je fis
Qui vous agrée aucunement
(Je parle moult hardiement,
Mais ce me fait ardent desir),
Dame, qu'il vous viengne à plaisir
De m'ottroier en guerredon
Que par vous puisse avoir un don :
C'est que Dieu vueille cy ouvrer
Sur mon seigneur que recouvrer
Puist bonne santé de son corps,
Et le mette de touz poins hors
De la maladie où il est,
Doulce Vierge; et je vous promet
Qu'à mon povoir vous serviray,
Touz les jours mais que je vivray,
De bon cuer et devotement.
— Or avant, seigneurs ! alons-m'ent,
Il en est heure.
PREMIER CHEVALIER.
De faire mais hui plus demeure
Pourrions faire mesprison :
Alons-m'en, sanz arrestoison,
Vers l'emperiere.
PREMIER SERGENT D'ARMES.
Avant ! alez de cy arriere !
Vuidiez, faites voie et espace
Si que ma dame à aise passe.
Arriere, touz !
ORRY, ij^e chevalier.
Mon chier seigneur, que faites-vous ?
Vous vous vestez ?
L'EMPERIERE.
Orry, c'est voirs, ne vous doubtez ;
Je ne suis mie hors du sens,
Je scé bien comment je me sens
N'en quelle maniere.
L'EMPERERIS.
Mon chier seigneur, qu'est-ce ? quel chiere ?
Dites-le-moy.
L'EMPERIERE.
Bonne dame, foy que vous doy !

bien tiré, comme un habile maître qu'il est.

L'IMPÉRATRICE.
C'est vrai. Allons ! je veux me mettre à genoux devant cet autel. — Doux et amoureux Jésus, et vous, Dame, qui êtes fille et mère (mère de qui ? de votre père, et en même temps fille de votre fils), Dame, si jamais je fis chose qui vous fût quelque peu agréable (je parle avec beaucoup de hardiesse, mais c'est un ardent désir qui m'y pousse), Dame, qu'il vous plaise m'octroyer comme récompense que je puisse avoir un don par vous : c'est que Dieu veuille opérer sur mon mari de manière à lui rendre la santé du corps, et qu'il le délivre en tous points de la maladie à laquelle il est en proie, douce Vierge ; et je vous promets de vous servir autant que je le pourrai, tous les jours de ma vie, de tout mon cœur et dévotement. — En avant, seigneurs ! allons-nous-en, il en est temps.

PREMIER CHEVALIER.
Nous pourrions mal faire en tardant davantage : allons-nous-en, sans nous arrêter, vers l'empereur.

LE PREMIER SERGENT D'ARMES.
En avant ! retirez-vous, videz les lieux, faites voie et place, de manière à ce que ma dame puisse passer. En arrière, tous !

ORRY, deuxième chevalier.
Mon cher seigneur, que faites-vous ? vous vous habillez ?

L'EMPEREUR.
Orry, c'est vrai, n'en doutez pas ; je ne suis pas hors de mon bon sens, je sais bien comment et en quel état je me trouve.

L'IMPÉRATRICE.
Mon cher seigneur, qu'est-ce ? quelle figure ? dites-le-moi.

L'EMPEREUR.
Bonne dame, par la foi que je vous dois !

Sachiez que Dieu grace m'a fait
Telle que gari sui de fait,
Et scé bien dont ce m'est venant;
Si li tendray le convenant
Que fait li ay, n'en doubte nulz,
Et briefment : g'y sui bien tenuz.
Alez me tost mon frere querre,
Dites-li qu'il viengne bonne erre
 A moy parler.

ij^e SERGENT D'ARMES.

Mon chier seigneur, g'y vueil aler,
Puisque vous le me commandez.
— Sire, sire, plus n'attendez :
Vostre frere par moy bonne erre,
Par foy! si vous envoie querre;
 Venez à li.

LE FRERE.

Il me semble que tout pali
As le visage : qu'i a-il?
Est-il de morir en peril?
 Ne me mens point!

ij^e SERGENT D'ARMES.

Nanil; mais est en très bon point,
 La Dieu merci.

LE FRERE.

La Dame des cieulx en gracy.
Alons-m'en : icy ne vueil plus estre;
Tant que je me voie en son estre,
 Ne vueil cesser.

L'EMPERERIS.

Mon chier seigneur, sanz vous courcer
Je vous pri que me vueillez dire
Quel convenant à nostre Sire
 Dieu fait avez.

L'EMPERERE.

Je le vous diray. Vous savez
Com j'ay esté malade grief :
Si li ay voué, c'est à brief,
Que, s'il m'envoioit garison,
G'iroie sanz arrestoison
Son saint sepulcre visiter;
Et sachiez, dame, sanz doubter,
Dès si tost que li oy promis,
Je me trouvay en santé mis :
Si vueil acquitter mon voyage
Et faire le pelerinage :
 Vous desplaist-il?

L'EMPERERIS.

Certes, mon chier seigneur, nanil,
 Quant vous agrée.

sachez que Dieu m'a fait une grâce telle que je suis guéri en réalité, et je sais bien d'où cela me vient ; aussi, que personne n'en doute, je tiendrai fidèlement la promesse que je lui ai faite, et cela dans un court délai : j'y suis bien tenu. Allez-moi promptement chercher mon frère, dites-lui qu'il vienne bien vite me parler.

LE DEUXIÈME SERGENT D'ARMES.

Mon cher seigneur, je veux y aller, puisque vous me le commandez. — Sire, sire, ne tardez plus : par ma foi! votre frère m'envoie vite vous chercher ; venez auprès de lui.

LE FRÈRE.

Il me semble que tu as le visage tout pâle : qu'y a-t-il? est-il en danger de mort? Ne me mens point.

LE DEUXIÈME SERGENT D'ARMES.

Nenni ; au contraire, il est en très bon état, Dieu merci!

LE FRÈRE.

J'en remercie la Reine des cieux. Allons-nous-en : je ne veux plus rester ici, mais marcher jusqu'à que je sois où il est.

L'IMPÉRATRICE.

Mon cher seigneur, sans vous courroucer, je vous prie de vouloir me dire quelle promesse vous avez faite à Dieu notre Seigneur.

L'EMPEREUR.

Je vous le dirai. Vous savez combien j'ai été dangereusement malade : eh bien! je lui ai fait le vœu, pour être bref, que, s'il m'envoyait guérison, j'irais sur-le-champ visiter son saint sépulcre ; et sachez, dame, sans en douter, que sitôt que je lui eus fait cette promesse, je me trouvai en bonne santé : je veux donc m'acquitter de ce voyage et faire le pélerinage (de la Terre-Sainte) : est-ce que cela vous déplaît?

L'IMPÉRATRICE.

Nenni, certes, mon cher seigneur, puisque tel est votre plaisir.

LE FRERE.

Parlez-vous de chose secrée,
Mon très chier seigneur? dites voir.
Bonne santé puissiez avoir,
    Con je vouldroie!

L'EMPERIERE.

Nanil, frere; je vous avoie
Mandé, si vous diray pour quoy:
Aler vueil, se à Dieu plaist le roy,
Visiter de cuer enterin
Jherusalem com pelerin :
Si vous ordene à estre garde
De ma terre et vous prendre en garde
Et des rentes et du demaine ;
Et nientmoins vueil que souveraine
Et maistresse sur vous et dame
En soit l'empereris ma femme :
Si vous pri qu'il n'y ait deffault.
— Et se aucune chose vous fault
Pour l'estat de vous amonter,
Dame, sanz taillier ne compter,
    Je vueil qu'il l'ait.

L'EMPERERIS.

Mon chier seigneur, se Dieu me lait
Vivre en santé, je vous dy bien
Par moy n'ara deffault de rien
Qu'il vueille avoir pour son estat;
Mais li liverray sanz debat,
    Soiez-ent seur.

L'EMPERERE.

Dame, à vostre dit m'asseur;
Se voulez, bien le sarez faire.
Ore, pour haster mon affaire,
Droit au pape m'en vueil aler
Congié prendre et à li parler :
C'est raison, et faire le doy.
— Entre vous .ij., convoiez-moy
    Tant que là soye.

ij^e CHEVALIER.

Vostre comman feray de joie,
    Mon chier seigneur.

ij^e SERGENT D'ARMES.

Aussi ay-je desir greigneur
De le faire qu'il n'a d'assez
Du commander. — Avant! passez,
    Fuiez de cy.

L'EMPERIERE.

Saint pere, je vieng à vous ci
Com filz à pere obedient :

LE FRÈRE.

Parlez-vous d'une chose secrète, mon très-cher seigneur ? dites(-moi) la vérité. Puissiez-vous avoir une bonne santé, comme je le voudrais!

L'EMPEREUR.

Nenni, frère; je vous dirai pourquoi je vous ai mandé : je veux aller, s'il plaît à Dieu, le roi (des rois), visiter Jérusalem avec un cœur dévot, en qualité de pélerin : je vous ordonne donc de garder ma terre et d'en prendre soin, ainsi que des rentes et du domaine ; et néanmoins je veux que l'impératrice ma femme soit souveraine et maîtresse au dessus de vous et régente de l'empire : n'y manquez pas, je vous prie. — S'il vous faut quelque chose pour augmenter votre état, dame, je veux qu'il l'ait sans compter ni rogner.

L'IMPÉRATRICE.

Mon cher seigneur, si Dieu me laisse vivre en santé, je vous assure qu'il aura de moi tout ce qu'il voudra avoir pour son état; je le lui livrerai sans difficulté, soyez-en sûr.

L'EMPEREUR.

Dame, je m'en rapporte à votre parole; si vous voulez, vous saurez bien le faire. Maintenant, pour hâter l'exécution de mon projet, je veux m'en aller droit au pape pour prendre congé et lui parler : c'est juste et je dois le faire. — Vous deux, accompagnez-moi jusqu'à ce que j'y sois.

LE DEUXIÈME CHEVALIER.

Mon cher seigneur, je ferai avec joie ce que vous commandez.

LE DEUXIÈME SERGENT D'ARMES.

Aussi bien ai-je un plus grand désir de le faire que lui de l'ordonner. — En avant ! passez, fuyez d'ici.

L'EMPEREUR.

Saint père, je viens ici vers vous comme un fils obéissant vers son père : c'est juste,

C'est drois, car riche et mendient
    Doivent ce faire.
LE PAPE.
Biau chier filz, et pour quel affaire?
Vous est-il venu de nouvel
Riens que vous soit fors bon et bel?
Je l' vueil savoir.
L'EMPERIERE.
Nanil, saint pere; à dire voir,
Je vieng vostre benéiçon
Querre, car c'est m'entencion
D'aler faire le saint voiage
D'oultre mer à terre ou à nage;
Car, saint pére, à Dieu promis l'ay,
Si n'y vueil plus mettre delay
    Que ne le face.
LE PAPE.
La benéiçon et la grace
Que Diex à saint Pierre l'apostre
Ottria, biau filz, et la nostre
Puissez avoir et près et loing!
Et dès maintenant je vous doing
Ceste croiz que vous poserez
Sur vostre espaule et porterez,
Qu'ainsi le doit tout pelerin
Faire qui va en ce chemin;
Et avec ma benéiçon,
De voz meffaiz remission
    Tout plainement.
PREMIER CARDINAL.
Sire, faites-le sagement :
Mettez pour vous tel gouverneur
Qu'il soit au prouffit et honneur
    De vostre empire.
ije CHEVALIER.
Il ne l'a pas ore à eslire;
Ains y a moult bien assigné :
Car son frere y a ordené,
    Avec ma dame.
ije CARDINAL.
Sire, il ne pooit miex, par m'ame!
Entre touz ceulx de son lignage :
Car il est doulx, courtoys et sage,
    Bon justicier.
LE PAPE.
Tant le doit-il miex avancier,
Quant il est tel comme vous dittes.
— Filz, d'estre de vostre veu quittes
Mettez brief paine et diligence,
Et si prenez en pascience

car riches et mendians doivent en agir ainsi.

LE PAPE.
Mon beau et cher fils, et pour quelle affaire? Vous est-il nouvéllement survenu quelque chose qui ne vous soit ni bon ni agréable? je veux le savoir.

L'EMPEREUR.
Nenni, saint père; à dire vrai, je viens demander votre bénédiction, car mon intention est de faire le saint voyage d'outre-mer, soit par terre, soit par eau : je l'ai promis à Dieu, saint père, et je ne veux plus tarder à l'exécuter.

LE PAPE.
Beau fils, puissiez-vous avoir de près et de loin la bénédiction et la grâce que Dieu octroya à l'apôtre saint Pierre, ainsi que la nôtre! Dès à présent je vous donne cette croix que vous poserez sur votre épaule et que vous porterez, car ainsi doit faire tout pèlerin qui entreprend ce voyage; et avec ma bénédiction je vous accorde pleine et entière rémission de vos péchés.

LE PREMIER CARDINAL.
Sire, agissez sagement : mettez à votre place un gouverneur tel qu'il soit au profit et à l'honneur de votre empire.

LE DEUXIÈME CHEVALIER.
Il n'a pas maintenant à l'élire; au contraire il y a très-bien pourvu : car il a nommé régens son frère avec ma dame.

LE DEUXIÈME CARDINAL.
Sire, sur mon ame! il ne pouvait mieux choisir parmi tous ceux de sa race : car il est doux, courtois, sage et équitable.

LE PAPE.
Puisque ce frère est tel que vous le dites, l'empereur ne doit que plus l'avancer. — Fils, mettez de la diligence à vous acquitter bientôt de votre vœu, et prenez en patience l'adversité, si elle vous vient; autre-

Adversité, se elle vous vient ;
Autrement ne vous vauldroit nient
　　Vostre voiage.
　　　　L'EMPE[RE]RE.
Je soufferray de bon courage
Tout ce que Dieu m'envoyera,
Jà en moi l'en ne trouvera
Maugréement n'impatience.
Saint pere, par vostre liscence
　　Que je m'en aille.
　　　　LE PAPE.
Biau chier filz, il me plaist sanz faille.
Alez, qu'en santé Dieu vous maint,
Et à grant joie vous ramaint
　　Et à leesce !
　　　　ij^e SERGENT D'ARMES.
Avant ! ne nous faites pas presse,
Biaux seigneurs, traiez-vous ensus ;
Faittes-nous par cy voie, or sus !
　　Si ferez bien.
　　　　L'EMPERERE.
Dame, du saint pere revien,
Qui m'a absolz de mes pechiez
Et m'a, bien vueil que le sachiez,
Donné plaine remission,
Et veult que par devocion
Ceste croiz sur m'espaule port
Jusques à tant que Diex à port
De salut m'ait cy ramené ;
Et puisqu'ainsi l'a ordené,
Je la porteray bonnement.
Bailliez-me un autre garnement ;
Cestui ne porteray-je mie.
Or me delivrez brief, m'amie :
　　Aler m'en vueil.
　　　　L'EMPERERIS.
Mon chier seigneur, à vostre vueil.
— Bailliez-moy ceste hopelande,
Ysabel : c'est ce qu'il demande,
　　Si com je pens.
　　　　LA DAMOISELLE.
Je l'avoie aussi en pourpens.
　　Tenez, ma dame.
　　　　L'EMPERERE.
C'est ce que je demant, ma femme.
Or m'atachiez, par vostre foy !
Cy endroit, pour l'amour de moy,
　　Ceste croiz-ci.
　　　　L'EMPERERIS.
Je le vous feray sans nul si,

ment votre voyage ne vous serait pas profitable.

　　　　L'EMPEREUR.
Je souffrirai de bon cœur tout ce que Dieu m'enverra, l'on ne me trouvera jamais à murmurer ni à m'impatienter. Saint père, donnez-moi la permission de m'en aller.

　　　　LE PAPE.
Mon cher fils, je le veux bien. Allez, que Dieu vous conduise en bonne santé, et vous ramène avec grande joie et allégresse !

　　　　LE DEUXIÈME SERGENT D'ARMES.
En avant ! ne vous attroupez pas autour de nous, beaux seigneurs, retirez-vous en arrière ; laissez-nous la route libre par ici, allons ! vous ferez bien.

　　　　L'EMPEREUR.
Dame, je reviens d'auprès du saint père, qui m'a donné l'absolution de tous mes péchés, sachez-le bien ; et il veut que par dévotion je porte cette croix sur mon épaule jusqu'à ce que Dieu m'ait ramené ici à bon port : puisqu'il l'a ainsi ordonné, je la porterai volontiers. Donnez-moi un autre habit ; je ne porterai pas celui-ci. Allons ! dépêchez-vous, mon amie : je veux partir.

　　　　L'IMPÉRATRICE.
Mon chier seigneur, à votre gré. — Donnez-moi cette houppelande, Isabelle : à ce que je crois, c'est ce qu'il demande.

　　　　LA DEMOISELLE.
J'y avais aussi songé. Tenez, madame.

　　　　L'EMPEREUR.
Ma femme, c'est ce que je demande. Allons, par votre foi ! attachez-moi ici cette croix pour l'amour de moi.

　　　　L'IMPÉRATRICE.
Mon cher seigneur, je vais vous le faire

Mon chier seigneur, benignement.
— C'est fait; elle y est tellement
C'on ne peut miex.
L'EMPERIERE.
Frere, il n'y a plus. En touz lieux
Vous pri que m'onneur regardez,
Et que ma compaigne gardez,
Et le peuple tenez en pais.
— Dame, je ne scé se jamais
Vous verray. Baisiez-me, baisiez.
Hé! de plourer vous apaisiez.
— Messire Orry, et vous, Huart,
Alons-m'en; car il m'est à tart
Que soie hors de ceste terre.
Pitié le cuer m'estraint et serre.
A Dieu, trestouz.
L'EMPERERIS.
Mon chier seigneur, mon ami doulx,
A Dieu, qui vous vueille conduire,
Si que riens ne vous puisse nuire
Ne faire mal.
LE FRERE.
Voir, chier frere, jusque l'aval
Vous irons nous .iij. convoiant;
Puis dirons : « A Dieu vous commant, »
Quant là serons.
L'EMPERERE.
Or soit! ainsi le vous ferons.
— Vous .ij., sergens, alez devant.
— Ho! n'irez de cy en avant;
Retournez-vous.
PREMIER CHEVALIER.
Puisque vous plaist, non ferons-nous.
Adieu, chier sire.
LE FRERE.
Chier frere, ne vous scey que dire :
Diex vous conduie à sauveté,
Et vous ramaint par sa bonté
Haitiez et sain !
L'EMPERIERE.
Sa voulenté soit faicte à plain!
Adieu, biau frere.
PREMIER SERGENT D'ARMES.
Retourner nous convient arriere
Devers ma dame.
PREMIER CHEVALIER.
Voire, car ce n'est mie femme
Que nous doions seule laissier;
Si qu'il nous convient avancier
D'aler à li.

de bon cœur, sans observations. — C'est fait; elle y est on ne peut mieux placée.

L'EMPEREUR.
Frère, c'est fini. Je vous prie de prendre en tous lieux souci de mon honneur, de garder ma compagne, et de tenir le peuple en paix. — Dame, je ne sais si jamais je vous reverrai. Baisez-moi, baisez. Eh! cessez de pleurer. — Messire Orry, et vous, Huart, allons-nous-en; car j'ai hâte de sortir de cette terre. La pitié m'enveloppe et me serre le cœur. (Je vous recommande) tous à Dieu.

L'IMPÉRATRICE.
Mon cher seigneur, mon doux ami, (je vous recommande) à Dieu; qu'il veuille vous conduire, en sorte que rien ne vous puisse nuire ni faire mal.

LE FRÈRE.
En vérité, mon cher frère, nous irons jusque là-bas en vous accompagnant tous trois; puis, quand nous y serons, nous vous dirons adieu.

L'EMPEREUR.
Soit! nous le ferons ainsi. — Vous deux, sergens, allez devant. — Oh! vous n'irez pas plus loin; retournez sur vos pas.

LE PREMIER CHEVALIER.
Puisque tel est votre plaisir, nous vous laisserons ici. Adieu, cher sire.

LE FRÈRE.
Cher frère, je ne sais que vous dire: que Dieu vous conduise sain et sauf, et soit assez bon pour vous ramener en parfaite santé!

L'EMPEREUR.
Que sa volonté soit entièrement faite! Adieu, mon frère.

LE PREMIER SERGENT D'ARMES.
Il nous faut retourner en arrière auprès de ma dame.

LE PREMIER CHEVALIER.
Oui vraiment, car ce n'est pas une femme que nous devions laisser seule; il faut donc nous hâter d'aller à elle.

LE FRERE.

Dame, puisque je sui celui
Qui de cest empire regent
Suis nommé, de cuer diligent
Vueil penser à vostre prouffit
Faire touz jours, s'il vous souffist
   Et il vous plaist.

L'EMPERERIS.

Dès ores mais noise ne plait
Entre nous .ij. ne doit avoir,
Biau frere; mais devez savoir
Qu'un seul voloir et une amour
Doit faire entre nous deux demour;
   Ce n'est pas doubte.

LE FRERE.

Dame, je sui celui qui toute
Vostre voulenté plainement
Suy prest de faire bonnement
   Sanz contredit.

L'EMPERERIS.

De tant que vous me l'avez dit
   Je vous mercy.

LE FRERE.

Ma chiere dame, il est ainsi :
Du contraire ne doubtez point,
Et quant il escherra à point,
   Vous le sarez.

L'EMPERERIS.

De tant que pour moy plus ferez,
Tant plus tenue à vous seray;
Et certes, je me peneray
   De le merir.

LE FRERE.

Ma chiere dame, aler querir
Me convient un petit d'esbat :
La teste me deult et debat,
Et me sancht un po à mal aise;
Si que, pour Dieu, ne vous desplaise
   Se g'i vois, dame.

L'EMPERERIS.

Non fait-il, biau frere, par m'ame!
Mais ne faites pas grant demeure,
Si que nous souppons de bonne heure;
   Le temps le doit.

LE FRERE.

Nanil, dame, comment qu'il voit.
— Baudoin, après moy venez;
Ma cloche et mon chapel prenez
   Ysnellement.

LE FRÈRE.

Dame, puisque je suis nommé régent de cet empire, mon cœur veut mettre tous ses soins à toujours chercher votre bien-être, si vous me le permettez et que cela vous plaise.

L'IMPÉRATRICE.

Désormais il faut qu'il n'y ait entre nous ni bruit ni dispute, mon frère; mais vous devez savoir qu'il ne doit régner entre nous deux qu'une seule volonté et un seul amour; il n'y a pas de doute.

LE FRÈRE.

Dame, je suis prêt à faire toute votre volonté de bon cœur et sans opposition.

L'IMPÉRATRICE.

Je vous remercie de cette assurance.

LE FRÈRE.

Ma chère dame, il en est ainsi : gardez-vous de croire le contraire; et quand l'occasion propice se présentera, vous reconnaîtrez la vérité de mes paroles.

L'IMPÉRATRICE.

Plus vous ferez pour moi, plus je vous serai obligée; et, certes, je m'efforcerai de vous en récompenser.

LE FRÈRE.

Ma chère dame, il me faut aller chercher un peu de distraction : la tête me fait mal et me fend, et je ne me sens pas à mon aise; en conséquence veuillez, pour (l'amour de) Dieu, ne pas trouver mauvais que j'y aille, dame.

L'IMPÉRATRICE.

Par mon ame! mon frère, je le veux bien; mais ne demeurez pas trop, de manière à ce que nous soupions de bonne heure; il en est temps.

LE FRÈRE.

Nenni, dame, quoi qu'il arrive. — Baudouin, venez après moi; prenez vite ma cape et mon chapeau.

L'ESCUIER.

Voulentiers, sire; vraiement,
Je ne vous vueil en riens desdire.
Sà! j'ay tout; alons-m'en, chier sire,
Où vous plaira.

LE FRERE.

Sainte Marie! que sera?
Mi oeil à mon cuer presenté
Ont tant l'excellente biauté
De ma dame l'empereris
Que je sui comme à mort peris
S'il ne li prent de moy pitié,
Tant qu'avoir puisse s'amistié;
Car renom, bontez et simplesce,
Courtoisie, doulceur, largesce,
Honnesté, maintien, avenance,
Franchise, attraiant contenance
Dont elle est dame et tresoriere
Ont mon cuer en telle meniere
De elle par regarder espris
Qu'ès roiz est enlaciez et pris
De Desir, qui m'estraint et lace,
Si que je ne sçay ce que face;
Car Souvenir en mon cuer fault,
Plaisance acourt, Vouloirs m'assault.
Penser m'a fait si esperduz
Qu'à brief j'ay touz mes senz perduz
Quant à sa biauté souveraine
Regars mon cuer conduit et maine;
Lors ne suis de ma soif delivres,
Ains ay plus soif com plus suis yvres;
Et tant plus boy com plus la voy,
Et en suçant Plaisance boy,
Et com plus la boy, plus me seche :
C'est Yvresce qui touz jours leche,
De quoy je ne me scé tenser.
Ore je vueil autre pensser.
Je l'ains; voire, fas-je raison?
Nanil voir; mais grant mesprison
Dont je doy moy-meismes haïr,
Qui bée à mon frere traïr
Et à li fortraire sa femme;
Ce me sera trop grant diffame,
Se je vueil à ce fait muser
Et mon temps mettre y et user;
Par raison avenir ne peut.
Mon fol desir fuir m'esteut,
Non pas desir, mais grant oultrage.
Diex! que j'ay cuer fol et valage,
Qui ay dit que je la lairay

L'ÉCUYER.

Volontiers, sire; en vérité, je ne veux vous contrarier en rien. Maintenant que j'ai tout, allons-nous-en, cher sire, où il vous plaira.

LE FRÈRE.

Sainte Marie! que sera-ce? Mes yeux ont tant présenté à mon cœur la rare beauté de madame l'impératrice que je suis condamné à mourir si elle n'a pitié de moi, de manière à ce que je puisse avoir son amitié; car son renom, sa bonté, sa simplesse, sa courtoisie, sa douceur, sa largesse, son honnêteté, son maintien, son affabilité, sa franchise, ses manières prévenantes, tous ces trésors qu'elle possède ont tellement épris mon cœur, à force de la regarder, qu'il est enlacé et pris dans les filets de Désir, qui me serre et m'enveloppe. Je ne sais que faire; car Souvenir s'éteint dans mon cœur, Plaisance accourt, Vouloir m'assaillit. Penser n'a rendu si stupéfait qu'en un mot j'ai perdu tous mes sens quand Regard conduit et mène mon cœur à sa beauté souveraine; alors je ne suis pas débarrassé de ma soif, au contraire, plus je suis ivre, plus je suis altéré; et plus je la vois, plus je m'abreuve, et en suçant je bois Plaisance, et plus je la bois, plus je me dessèche : c'est Ivresse qui toujours excite, et dont je ne sais comment me défendre. Je veux maintenant me livrer à d'autres pensées. Je l'aime; en vérité, ai-je raison? Nenni, vraiment; mais je commets une grande faute, dont je dois me haïr moi-même, en désirant trahir mon frère et lui séduire sa femme; ce sera pour moi un très-grand déshonneur, si je veux me proposer ce but, y mettre et employer mon temps. Cela ne peut raisonnablement avoir lieu. Il me faut fuir mon désir insensé, qui n'est pas un désir, mais un grand crime. Dieu! que j'ai le cœur fou et volage, pour avoir dit que je cesserais de l'aimer! Certes, je n'en ferai rien : puisque ma bonne étoile l'a placée sur mon chemin, je crois que c'est Dieu qui me l'a donnée; et je mettrai mes soins à l'aimer. Si l'amour que je ressens pour elle me change la douceur en amertume, je m'en inquiète peu. Aimer sans peine ne vaut rien; l'on aime

A amer ! certes, non feray :
Puisque eur la m'a destinée,
Je croy que Dieu la m'ait donnée,
Si mettray paine à li amer.
S'amour me rent pour doulx amer,
De l'amertume ne me chaut.
Amer sanz paine riens ne vault,
Et s'aime-on trop miex le chaté
Quant il est plus chier acheté,
Et s'emploie bien cilz sa paine
Qui à perfeccion l'amaine.
Si croy que paine m'i vauldra
Tant que mon desir avendra.
Qu'ai-je dit? je sui folz et nices,
Qui cuide que vertu soit vices.
Je pense par cuider tenir
Ce qui jà ne peut advenir :
C'est que telle dame aie amie.
Voir, elle ne m'amera mie,
Ains se lairoit avant deffaire
Que telle chose voulsist faire.
Si convient que autrement m'atire,
Se morir ne vueil à martire.
Ha ! dame où touz biens sont compris,
Amour pour vous tellement pris
Me tient par vostre biauté fine
Qu'il convient que ma vie fine ;
Remede, fors vous, ne m'i vault.
— Baudoin, à l'ostel me fault
Aler couchier.

L'ESCUIER.

Qu'est-ce ? qu'avez, mon seigneur chier ?
Trop malement pensis vous voi
Et couleur muer. Dictes-moy
Que vous avez.

LE FRERE.

Baudoin, couchier me menez ;
Car en moy n'a de santé goute,
Ains me sens malade sanz doubte,
Amis, griefment.

L'ESCUIER.

Sire, voulentiers ; alons-m'ent.
— Or çà ! vez ci vostre lit fait.
Couchiez-vous, sire, et je de fait
Vous couverray bien et à point.
C'est fait ; se un petit en ce point
Coy vous tenez tant que suez,
Vous serez tost revertuez
Et tost gariz.

d'autant plus la richesse, qu'elle a coûté plus cher ; et celui-là a bien employé son travail, qui l'amène à bonne fin. Je crois que ma peine me sera récompensée par l'accomplissement de mon désir. Qu'ai-je dit? je suis fou et absurde de croire que le vice soit vertu. J'ai la présomption d'espérer tenir ce que je ne puis atteindre : c'est-à-dire d'espérer avoir pour amie une dame pareille. En vérité, elle ne m'aimera pas ; au contraire, elle se laisserait plutôt mettre à mort que de faire une telle chose. Il faut donc que je m'arrange autrement, si je ne veux mourir martyr. Ah ! dame où toutes les qualités sont réunies, votre beauté m'a tellement enflammé d'amour pour vous qu'il faut que ma vie finisse ; je n'ai d'autre remède que vous. — Baudouin, il faut que j'aille me coucher au logis.

L'ÉCUYER.

Qu'est-ce ? qu'avez-vous, mon cher seigneur ? Je vous vois plongé dans de tristes réflexions et changer de couleur. Dites-moi, qu'avez-vous ?

LE FRÈRE.

Baudouin, menez-moi coucher ; car je ne suis pas en bonne santé ; au contraire, ami, je me sens grièvement malade, n'en doutez pas.

L'ÉCUYER.

Sire, volontiers ; allons-nous-en. — A présent voici votre lit fait. Couchez-vous, sire ; quant à moi, je vous couvrirai comme il faut. C'est fait ; maintenant, si vous vous tenez coi un peu jusqu'à ce que vous suïez, vous reprendrez bientôt vos forces et vous serez guéri.

LE FRERE.

Or alez à l'empereris
Dire qu'elle souppe toute aise,
Et pour Dieu qu'il ne li desplaise
    Se elle ne m'a.

L'ESCUIER.

Voulentiers, sire; je vois là.
— Ma dame, Dieu par sa puissance
Vous gart d'annuy et de pesance !
Mon seigneur dit que vous souppez
Sanz l'attendre; car occuppez
Est, qu'il ne peut venir maishuit,
Et pour Dieu qu'il ne vous ennu[i]t
    Se cy ne vient.

L'EMPERERIS.

Dy-moy quelle achoison le tient,
Ne qui le peut si occuper
Qu'il ne venra pas à souper
    Avecques moy.

L'ESCUIER.

Dame, par la foy que vous doy,
Puisqu'il vous plaist que je li dye,
Comme plain de grant maladie
Gist au lit : dont le cuer me serré;
Et semble c'on l'ait trait de terre,
Tant est fondu et empiré !
S'en ay le cuer forment yré,
    Ma chiere dame.

L'EMPERERIS.

De oïr ces nouvelles, par m'ame !
Suis-je tant courroucée en cuer
Que je ne le puis dire à nul feur.
— Baudoin, cy plus ne tardez;
R'alez-vous-ent et le gardez
    Songneusement.

L'ESCUIER.

Dame, je feray bonnement
    Vostre plaisir.

LE FRERE.

Et, Diex ! pourray-je à mon desir
Advenir jà jour de ma vie,
Par quoy de ceste maladie
Soie gariz à mon vouloir ?
Ha, Amours ! tu me fais doloir
    Et cuer et corps.

L'ESCUIER.

Sire, entendez à mes recors :
Je vien de ma dame, sanz doubte,
Qui est bien esbahie et toute

LE FRÈRE.

Allez à présent dire à l'impératrice qu'elle soupe à son aise, et que, pour (l'amour de) Dieu, elle ne trouve pas mauvais si je ne suis pas avec elle.

L'ÉCUYER.

Volontiers, sire; j'y vais. — Ma dame, que Dieu par sa puissance vous garde d'ennui et de chagrin ! Mon seigneur vous mande de souper sans l'attendre; car il est occupé de telle manière qu'il ne peut venir aujourd'hui. Pour (l'amour de) Dieu, ne trouvez point mauvais s'il ne vient pas ici.

L'IMPÉRATRICE.

Dis-moi quelle affaire le retient, et qui peut l'occuper au point de l'empêcher de venir souper avec moi.

L'ÉCUYER.

Dame, par la foi que je vous dois, puisque vous voulez que je vous le dise, il est couché dans son lit, comme s'il était atteint d'une maladie grave. J'en ai le cœur navré. Il ressemble à un déterré, tant il est fondu et amaigri ! Ma chère dame, j'en ai le cœur bien chagrin.

L'IMPÉRATRICE.

Sur mon ame ! le mien éprouve tant de douleur d'ouïr ces nouvelles que je ne puis l'exprimer d'aucune manière. — Baudouin, ne demeurez plus ici; allez-vous-en, et gardez-le soigneusement.

L'ÉCUYER.

Dame, je ferai de bon cœur votre volonté.

LE FRÈRE.

Eh, Dieu ! pourrai-je jamais de ma vie atteindre à l'objet de mon désir, ce qui me guérirait à mon gré de cette maladie ? Ah, Amour ! tu me fais souffrir et le cœur et le corps.

L'ÉCUYER.

Sire, prêtez l'oreille à mes paroles : je viens, n'en doutez pas, de chez ma dame, qui est bien ébahie et toute chagrine de vo-

Courroucée de vostre annoy.
Je tien qu'elle vous ayme en foy
De cuer loyal.

LE FRERE.
Dieu la vueille garder de mal,
Amis, pour tant!

L'ESCUIER.
Mengerez-vous ne tant ne quant,
Sire? dites-moy sanz attendre.
Quelque chose vous fault-il prendre
Qui vous soustiengne.

LE FRERE.
Il n'est appetit qui nous viengne
Ne de boire ne de mengier
Ne ques de ce mur-cy ru[n]gier.
Laissiez-me ainsi.

L'EMPEREIS.
Biaux seigneurs, levez sus de cy;
Je vueil mon frere aler veoir,
Et li aider à pourveoir
De ce que pour sa garison
Il fault. Sus, sanz arrestoison,
Je vous em pri.

PREMIER CHEVALIER.
Dame, nous ferons sanz detri
Vostre voloir.

PREMIER SERGENT D'ARMES.
Avant! sanz mettre en nonchaloir:
Vuidiez de cy, vuidiez, vuidiez!
N'estoupperez pas, ne cuidiez,
Si le chemin.

L'EMPEREIS.
Or Diex y soit!—Baudoin,
Qué fait ton maistre?

L'ESCUIER.
Ma dame, par le Roy celestre!
N'en scé que dire.

L'EMPEREIS.
Et, qu'est-ce? quel chiere, biau sire?
Dites-le-nous.

LE FRERE.
Je ne scé, voir. Qui estes-vous?
Dites-le-moy.

L'EMPEREIS.
E! mon très chier frere, par foy!
Vostre suer sui et vostre amie.
Ne me recongnoissez-vous mie,
Par sainte Avoie?

LE FRERE.
Ne savoie à qui je parloie,

tre indisposition. Je tiens qu'elle vous aime réellement d'un cœur loyal.

LE FRÈRE.
Ami, pour cela, que Dieu veuille la garder de mal!

L'ÉCUYER.
Ne mangerez-vous rien, sire? dites-le-moi tout de suite. Il vous faut prendre quelque chose qui vous soutienne.

LE FRÈRE.
Je n'ai pas plus envie de boire et de manger que de ronger ce mur-ci. Ainsi laissez-moi.

L'IMPÉRATRICE.
Beaux seigneurs, levez-vous d'ici; je veux aller voir mon frère, et aider à lui procurer ce qu'il lui faut pour sa guérison. Allons! dépêchons-nous, je vous en prie.

LE PREMIER CHEVALIER.
Dame, nous ferons sans retard votre volonté.

LE PREMIER SERGENT D'ARMES.
En avant! sans y mettre de mollesse: videz la place, videz, videz! ne pensez pas que vous encombrerez ainsi le chemin.

L'IMPÉRATRICE.
Que Dieu soit céans!—Baudouin, que fait ton maître?

L'ÉCUYER.
Ma dame, par le Roi des cieux! je n'en sais que dire.

L'IMPÉRATRICE.
Eh, qu'est-ce? comment allez-vous, beau sire? dites-le-nous.

LE FRÈRE.
En vérité, je ne sais. Qui êtes-vous? dites-le-moi.

L'IMPÉRATRICE.
Eh! mon très-cher frère, par (ma) foi! je suis votre sœur et votre amie. Par sainte Avoie! ne me reconnaissez-vous pas?

LE FRÈRE.
Certes, je ne savais à qui je parlais, dame,

Certes, dame, ne vous desplaise.
Ha, dieux! que je suis à mesaise
   Et à meschief!
        L'EMPERERIS.
Dieux! comme il a boulant le chief,
Et comme les temples li batent!
Il meuvent aussi et debatent
Com poisson vif hors de riviere.
— Or vous traiez trestouz arriere :
A li vueil un petit parler.
— Frere, ne me vueilliez celer :
Est-il chose c'on puist avoir,
A vostre avis, pour nul avoir
Qui à santé vous ramenast
Et qui garison vous donnast?
Se le savez, je vous em pri
Que le me dites sanz detri ;
Car s'il est riens que puisse faire
Pour vous, sanz mon honneur meffaire,
Je le feray très voulentiers ;
Si que, chier sire, en dementiers
Que sommes nous deux seulement,
Descouvrez-moy hardiement
   Vostre courage.
        LE FRERE.
Certes, dame, de mon malage
Estes fisicienne et mire,
Or soit que je doye du dire
   Estre blamez.
      (Cy se pasme.)
        L'EMPERERIS.
Sainte Marie, il est pasmez!
Je li vueil soustenir le chief
Tant qu'il soit hors de ce meschief.
Revenuz est de paumoison.
— Biau frere, sanz arrestoison,
Dites-moy, pour Dieu! qu'est-ce à dire
Qui sui fisicienne et mire?
   Ne l'entens point.
        LE FRERE.
Dame, vostre amour en tel point
M'a mis que j'en suis acouchiez,
Puisqu'il convient que le sachiez ;
Car je vous aime plus que moy,
Et tant vous desir que je voy,
Se ne me prenez à mercy,
Jamais ne partiray de cy
   Sanz mort encorre.
        L'EMPERERIS.
Frere, à vous aidier et secourre

ne vous déplaise. Ah, Dieu! que je suis mal à mon aise et malheureux!

        L'IMPÉRATRICE.

Dieu! comme il a la tête brûlante, et comme ses tempes battent! elles se meuvent et s'agitent comme un poisson vivant hors de rivière. — Allons! retirez-vous tous en arrière : je veux lui parler un peu. — Frère, veuillez ne pas me le céler : à votre avis, n'est-il rien qu'on puisse se procurer pour de l'argent, et qui vous rendrait la santé? Si vous connaissez quelque chose, je vous en prie, indiquez-le-moi sans retard; car s'il est rien que je puisse faire pour vous, sans manquer à mon honneur, je le ferai très-volontiers. Allons, cher sire! pendant que nous sommes tous deux seuls, ouvrez-moi hardiment votre cœur.

        LE FRÈRE.

Certes, dame, vous êtes le médecin de ma maladie, bien que je sois blâmable de parler.

      (Ici il se pâme.)
        L'IMPÉRATRICE.

Sainte Marie, il est pâmé! Je veux lui soutenir la tête jusqu'à ce qu'il soit hors de cet état. Le voilà revenu de son évanouissement — Mon frère, sans tarder, dites-moi, pour (l'amour de) Dieu! qu'est-ce à dire que je suis le médecin de votre mal? Je ne vous comprends point.

        LE FRÈRE.

Dame, puisque vous voulez le savoir, l'amour que je ressens pour vous m'a mis en un tel état que j'en suis tombé malade ; car je vous aime plus que moi, et je désire tellement vous posséder que, si vous n'usez de miséricorde à mon égard, je ne sortirai jamais d'ici que mort.

        L'IMPÉRATRICE.

Frère, pensez à vous rétablir, et conso-

Pensez et si vous confortez ;
Et de ce mal vous deportez,
Ne plus ne vous en esmaiez
Et que aie ami aussi,
Si que ostez-vous de ce soussi.
Par droit nous devons entr'amer
Et amis l'un l'autre clamer.
Ne vous di plus, pensez de vous.
Je m'en vois ; adieu, sire doulx.
— Sus ! alons-m'ent.

PREMIER CHEVALIER.

Alons, dame. Pour Dieu ! comment
Vous est-il avis qu'il le face ?
Il me semble estre de la face
  Trop amegriz.

L'EMPERERIS.

Son mal li est touz jours aigriz
Plus que je croy qu'il ne fera ;
Se Dieu plaist, en bon point sera
  Et assez brief.

LE FRERE.

Amours, vous m'avez assez grief
Fait sentir ; mais puisqu'à mercy
M'a pris celle qui part de cy,
Et m'a pour ami recéu,
Ne m'en chaut de mal qu'aie éu :
Le doulx respons qu'elle m'a fait
A gari tout mon mal de fait,
Si que avis m'est que soie roys :
Tant sui de leesce ès arrois
  Et tant ay joie !

L'ESCUIER.

Sire, voulez-vous point qu'envoie
Querre vostre fisicien ?
Conseil de preudomme ancien
  Fait bon avoir.

LE FRERE.

Baudoin, veulz-tu oïr voir ?
Nanil, je n'en ay nul mestier ;
Je sens mon cuer sain et entier,
Et sens que j'ay determiné
De mon mal si qu'il est finé :
  Lever me vueil.

L'ESCUIER.

Sire, vous ferez vostre vueil ;
Mais, pour Dieu ! ne vous hastez mie ;
Car trop doubteuse est maladie
  Dont on renchiet.

LE FRERE.

C'est voir ; mais chascun pas n'y chiet,

lez-vous ; prenez votre mal en patience, ne vous en chagrinez plus ; et aussi pour que j'aie un ami, délivrez-vous de cette inquiétude. Nous devons naturellement nous entr'aimer, et nous donner l'un l'autre le titre d'amis. Je n'en dis pas davantage, pensez à vous. Je m'en vais ; adieu, cher sire. — Allons ! partons.

LE PREMIER CHEVALIER.

Allons, dame. Pour (l'amour de) Dieu ! à votre avis, comment va-t-il ? Il me semble être bien amaigri de la face.

L'IMPÉRATRICE.

Son mal a jusqu'ici empiré plus qu'il ne fera, je crois ; s'il plaît à Dieu, il sera bientôt en bonne santé.

LE FRÈRE.

Amour, vous m'avez fait souffrir assez de tourmens ; mais puisque celle qui sort d'ici a eu pitié de moi et m'a accepté pour ami, je ne tiens aucun compte de tous les maux que j'ai soufferts : la douce réponse qu'elle m'a faite a guéri radicalement tout mon mal, en sorte qu'il m'est avis que je suis roi : tant j'ai de joie et ressens d'allégresse !

L'ÉCUYER.

Sire, voulez-vous qu'on aille chercher votre médecin ? il fait bon avoir le conseil d'un homme d'âge et de savoir.

LE FRÈRE.

Baudouin, veux-tu savoir la vérité ? eh bien ! je n'en ai nul besoin ; je sens que mon cœur est sain et entier, et que mon mal a subi une crise telle qu'il est passé : je veux me lever.

L'ÉCUYER.

Sire, vous ferez votre volonté ; mais, pour (l'amour de) Dieu ! ne vous hâtez pas ; car une maladie est très-dangereuse après une rechute.

LE FRÈRE.

C'est vrai ; mais tout le monde n'en

Et si sens bien ne gariray
A droit tant qu'à la cour yray;
Mais quant avec l'empereris
Seray, je seray touz garis:
   C'est mes avis.
       L'ESCUIER.
Sire, or soit à vostre devis,
Puisqu'ainsi est.
       LE FRERE.
Or çà, Baudoin! je sui prest :
Alons-m'en à la court, biau frere.
— Je vous salu de Dieu le pere,
  Ma chiere dame.
       L'EMPERERIS.
Sire, bien veigniez-vous, par m'ame!
Grant joie ay qu'estez repassez.
Avant! plus près de moy passez.
   Que fait ce corps?
       LE FRERE.
Dieu mercy! je sui druz et fors
Et tout gari, n'en doubtez mie.
Dame, quant serez-vous m'amie
Ainsi que le m'avez promis,
Si que je soie voz amis
  De fait et d'œuvre?
       L'EMPERERIS.
Il ne fault mie qu'i recuevre.
— Sire, deportez-vous encore,
Il n'est temps ne point quant à ore;
  Souffrez un poy.
       LE FRERE.
Certes, dame, quant je vous voy,
Amoureux vouloir me contraint,
Et Desir m'enlace et estraint
Si que je pers maniere toute,
Ne de contenance n'ay goute.
Tart m'est que de vous puisse oïr :
« Amis, or peuz de moy joïr
  Com de t'amie. »
       L'EMPERERIS.
Qu'est-ce? ne vous moquez-vous mie?
Vous semble-il que je soie femme
Que vous doiez traire à diffamme
Pour vostre lechois acomplir?
Nanil, ce ne peut avenir.
J'ameroie miex estre en Tarse,
Seule et esgarée, voire arse,
Que brisasse mon mariage
Ne que féisse tel hontage
A vostre frere, mon seignour.

éprouve pas, et je sens bien que je ne guérirai point jusqu'à ce que j'aille à la cour. Là, quand je serai avec l'impératrice, je reviendrai tout-à-fait en santé : c'est mon idée.

       L'ÉCUYER.

Sire, puisqu'il en est ainsi, faites votre volonté.

       LE FRÈRE.

Allons, Baudouin! je suis prêt : allons-nous-en à la cour, mon frère. — Ma chère dame, je vous salue, au nom de Dieu le père.

       L'IMPÉRATRICE.

Sire, sur mon ame, soyez le bienvenu! J'éprouve une grande joie de ce que vous êtes rétabli. Venez! passez plus près de moi. Comment va ce corps?

       LE FRÈRE.

Dieu merci! je suis dispos et fort et parfaitement guéri, n'en doutez pas. Dame, quand serez-vous mon amie, comme vous me l'avez promis, de manière à ce que je sois votre ami de fait et d'œuvre?

       L'IMPÉRATRICE.

Il ne faut pas qu'il y revienne. — Sire, patientez encore, ce n'est pas le moment quant à présent; attendez un peu.

       LE FRÈRE.

Certes, dame, quand je vous vois, une ardeur amoureuse s'empare de moi, et Désir m'enlace et me presse de telle sorte que je perds toute manière, et que je n'ai plus de contenance. Il me tarde que je puisse entendre de votre bouche : « Ami, maintenant tu peux jouir de moi comme de ton amie. »

       L'IMPÉRATRICE.

Qu'est-ce? ne vous moquez-vous pas? Vous semble-t-il que je sois une femme que vous deviez couvrir de déshonneur pour assouvir votre luxure? Nenni, cela ne peut avoir lieu. J'aimerais mieux être à Tarse, seule et égarée, voire même être brûlée, que de violer mon mariage et de faire un tel outrage à votre frère, mon mari. Par (ma) foi! vous gardez mal son honneur en sollicitant de moi une chose pareille, et vous

Par foy! mal li gardez s'onnour
Quant de tel fait me requerez,
Et grant deshonnour vous querez :
Si vous dy, se plus m'en parlez,
Que mon grant ennemi serez.
  Taisiez tout coy.
    LE FRERE.
Dame, à present ne ce ne quoy
  Ne diray plus.
    L'EMPERERIS.
De mes heures vueil le surplus
Dire que je n'ay mie dit.
—Ysabel, tost sanz contredit,
M'amie, mes heures prenez,
Et avec moy vous en venez
  Jusqu'au moustier.
    LA DAMOISELLE.
Je le feray de cuer entier,
Chiere dame, c'est de raison.
Alons-m'en sanz arrestoison,
  Quant vous plaira.
    L'EMPERERIS.
Nulz de vous ne se mouvera,
Seigneurs, que je ne le vueil mie.
— Alons-m'en, Ysabel, m'amie.
—Ho! puisque devant l'autel sui
Sanz empeschement de nullui,
Sà, mes heures! miex me vault tendre
A les dire que plus attendre,
  Puisque j'ay lieu.
(Cy fait semblant de dire ses heures.)
    LA DAMOISELLE.
C'est voir : or dites, de par Dieu!
  Çà me trairay.
    LE FRERE.
Sainte Marie ! que feray,
Ne comment me pourray chevir?
De ma dame ay cuidié joïr,
Et estre à ami retenu;
Mais n'y puis avoir advenu,
Ains ay tout à recommencier.
C'est voir que j'ay oy nuncier :
« Qui, sanz donner, à fol pramet,
De noyent en joie le met. »
De promesse ay esté amis :
Dont en joie com fol m'a mis;
Car quant du fait li parle à part,
Plus fiere la truis que liepart,
Et malement dure et estrange :
Dont souvent je palis et change;

cherchez à vous rendre coupable d'une bien grande infamie : ainsi, je vous le dis, n'en parlez plus, car vous seriez mon grand ennemi. Taisez-vous (et tenez-vous) coi.

LE FRERE.
Dame, à présent je ne dirai plus rien.

L'IMPÉRATRICE.
Je veux achever de dire mes heures. — Ysabelle, mon amie, prenez vite mes heures, sans réplique, et venez-vous-en avec moi jusqu'à l'église.

LA DEMOISELLE.
Je le ferai de bon cœur, ma chère dame, c'est juste. Allons-nous-en, sans retard, quand il vous plaira.

L'IMPÉRATRICE.
Que nul de vous, seigneurs, ne bouge, car je ne le veux pas. — Allons-nous-en, Ysabelle, mon amie. — Oh! puisque je suis devant l'autel sans être dérangée par personne, donne-moi mes heures : il m'est plus convenable de les dire, puisque le lieu est propice, que d'attendre davantage.

(Ici elle fait semblant de dire ses heures.)

LA DEMOISELLE.
C'est vrai : dites-les, de par Dieu! je me retirerai là-bas.

LE FRERE.
Sainte Marie! que ferai-je, et comment pourrai-je atteindre au but de mes désirs? J'ai pensé que je jouirais de ma dame, et qu'elle me garderait comme amant; mais je n'ai pu y parvenir, au contraire, j'ai tout à recommencer. C'est vrai ce que j'ai entendu dire : « Celui qui fait une promesse au fou, sans la tenir, le met pour rien dans la joie[*]. » J'ai été amant en promesse : ce qui m'a mis dans la joie comme un fou; car, quand je lui parle de la chose en particulier, je la trouve plus fière qu'un léopard, et étrange-

[*] De bele promesse se fait fols lié.
(*Les Proverbes del Vilain*, Ms. Digby 86, Bibliothèque Bodléienne, folio 144, recto col. 1.)

Mais ainsi pas ne la lairay,
Encors à li parler iray,
Puisque là la voy à genoulz.
— E, ma chiere dame ! arez-vous
De moy mercy ?

L'EMPERERIS.

N'aray-je pas paiz ? qu'est-ce cecy ?
Sire, par foy ! grant tort avez
Qui de tel chose me parlez
Icy endroit.

LE FRERE.

Certes, dame, quoy qu'aiez droit,
Vostre amour si mon cuer destraint
Nuit et jour, et si me contraint
Desir qui tout adès s'enforce
De plus en plus, qu'il fault par force
Que ainsi vous deprie et requiere ;
Si vous di, se plus m'estes fiere
Et qu'à mercy ne me prenez,
A mort sui pour vous destinez :
Ce n'est pas doubte.

L'EMPERERIS.

Je voi bien vostre entente toute,
Si vous diray que vous ferez :
Puisqu'ainsi est, vous en irez
Au tourier qui celle tour garde
Dire qu'il l'euvre et point ne tarde
Et que g'y vueil en l'eure aler
D'estroit conseil à vous parler.
Quant l'uis sera desverroulliez,
Soiez prez et appareilliez
D'entrer ens ; et à vous iray
En l'eure, point ne demourray.
Amis, alez.

LE FRERE.

Dame, puisqu'ainsi le voulez,
Je le feray benignement.
— Gonbert, ouvrez appertement
Ceste tour, sanz plus detenir.
Vez cy l'empereris venir ;
Car nous .ij. à parler avons
De conseil, si que ne voulons
Fors touz seulz estre.

GONBERT, le tourrier.

Sire, par le doulx Roy celestre !
Voulentiers la vous ouvreray.
— C'est fait ; ame entrer n'y lairay,
Fors vous et elle.

LE FRERE.

Baudoin, va-t'en et me celle :

ment dure et méchante. Cela me fait souvent pâlir et changer ; mais je ne la laisserai pas ainsi, j'irai encore lui parler, puisque je la vois là à genoux. — Eh, ma chère dame ! aurez-vous compassion de moi ?

L'IMPÉRATRICE.

N'aurai-je pas la paix ? Qu'est-ce que ceci ?
Sire, par (ma) foi ! vous avez grand tort de me parler ici de chose pareille.

LE FRÈRE.

Certes, dame, bien que vous ayez raison, l'amour que je vous porte assiége tellement mon cœur nuit et jour, et Désir, qui toujours s'augmente de plus en plus, me tyrannise tellement qu'il faut forcément que je vous prie et vous implore ainsi : je vous dis donc que, si vous continuez à être fière à mon égard et à me refuser le don d'amoureuse merci, je suis à cause de vous condamné à mourir : il n'y a pas à en douter.

L'IMPÉRATRICE.

Je vois bien quel est votre but, aussi je vous dirai ce que vous avez à faire : puisqu'il en est ainsi, vous vous en irez au tourier qui garde cette tour ; dites-lui qu'il l'ouvre sans retard et que je veux y aller sur l'heure pour parler avec vous de choses secrètes. Quand les verroux de la porte seront tirés, soyez tout prêt à y entrer ; et je me rendrai vers vous à l'instant même, sans délai. Ami, allez.

LE FRÈRE.

Dame, puisque telle est votre volonté, je la ferai de bon cœur. — Gobert, ouvrez vite cette tour, sans me retenir davantage. L'impératrice va venir ici ; car nous avons à parler tous les deux de choses secrètes, et nous voulons être tout seuls.

GOBERT, le tourier.

Sire, par le doux Roi des cieux ! je vous l'ouvrirai volontiers. — C'est fait ; je n'y laisserai entrer ame qui vive, hormis vous et elle.

LE FRÈRE.

Baudouin, va-t'en et aide-moi à me cacher :

S'aucune ame me demande huy,
Dy que tu ne scez où je sui,
   Tant que m'en aille.

L'ESCUIER.
Voulentiers, monseigneur, sanz faille;
   N'en aiez soing.

L'EMPERERIS.
Ysabel, suivez-moy de loing,
Sanz sonner ne mot ne demi.
— Dy-me voir, Gobert, mon ami :
Mon frere est-il ceens entrez ?
Sanz ce qu'à l'ueil me soit moustrez
   Le te demant.

LE TOURIER.
Oïl, dame, tout maintenant,
   Et est lassus.

L'EMPERIER.
C'est bien à point. — Gobert, or sus !
Fermez-me cel huis tellement
Qu'il ne puist yssir nullement.
Je vueil que là soit et se tiengne,
Et qu'à li nul ne voit ne viengne :
   Ce te deffens.

LE TOURIER.
De faire chose qui offens
Vous face, bien me garderay :
Dame, entrer ame n'y lairay,
   Se Dieux me voie.

L'EMPERERIS.
Bien. — R'alons-en par ceste voie,
Ysabel, il est maishuit heure ;
Ne vueil plus cy faire demeure,
   Assez est tart.

L'ESCUIER.
E, gar ! il n'est de nulle part
Que voie mon seigneur venir :
Ne me pourroie plus tenir
Que n'aille savoir où peut estre.
— Gobert, qu'est devenu mon maistre ?
   Dites-me voir.

LE TOURIER.
Il est, ce vous fas assavoir,
   Leens encore.

L'ESCUIER.
Et qu'i peut-il faire tant ore
   Ne si grant piece ?

LE TOURIER.
Je ne cuit mie qu'il li siesse,
   Qu'il tient prison.

si quelqu'un aujourd'hui me demande, dis que tu ne sais pas où je suis, et cela jusqu'à ce que je m'en aille.

L'ÉCUYER.
Volontiers, monseigneur, je n'y manquerai pas ; soyez sans inquiétude.

L'IMPÉRATRICE.
Isabelle, suivez-moi de loin sans souffler le mot. — Gobert, mon ami, dis-moi la vérité : mon frère est-il entré céans ? Je te le demande sans avoir besoin qu'on me le fasse voir.

LE TOURIER.
Oui, dame, à l'instant même, et il est là-haut.

L'IMPÉRATRICE.
C'est bien à point. — Allons, Gobert ! fermez-moi tellement ce guichet qu'il ne puisse pas du tout sortir. Je veux qu'il soit et se tienne là, et que nul n'aille ni ne vienne auprès de lui : je te le défends.

LE TOURIER.
Je me garderai bien de rien faire qui vous offense : dame, Dieu me garde ! je n'y laisserai entrer personne.

L'IMPÉRATRICE.
Bien. — Ysabelle, retournons-nous-en par ce chemin, il en est bien temps ; je ne veux plus rester ici, il est assez tard.

L'ÉCUYER.
Eh, voyez ! je ne vois mon maître revenir d'aucun côté : je ne puis plus m'empêcher d'aller savoir où il peut être. — Gobert, qu'est devenu mon maître ? dites-moi la vérité.

LE TOURIER.
Je vous fais savoir qu'il est encore céans.

L'ÉCUYER.
Et que peut-il y faire pour demeurer si long-temps ?

LE TOURIER.
Je ne pense pas qu'il soit à l'aise, car il est prisonnier.

L'ESCUIER.

Prison! las! pour quelle raison
 Y peut-il estre?

LE TOURIER.

L'empereris l'i a fait mettre;
Je ne sçay qu'il a entre eulz deux.
Ce seroit grant meschief s'entre eulx
 Contens avoit.

L'ESCUIER.

C'est bien le rebours : il devoit
Toute l'empire gouverner,
Com regent, jusqu'au retourner
 De l'emperiere.

LE TOURIER.

Ore il est en ceste maniere,
Et si m'a deffendu ma dame
Que je n'y laisse homme ne femme
 Venir ne aler.

L'ESCUIER.

Dont ne pourray-je à li parler,
 A ce que voy?

LE TOURIER.

Non, quant à ore, en bonne foy!
 Dont il me poise.

L'ESCUIER.

Je lo donc que de cy m'en voise.
 Gobert, adieu.

LE TOURIER.

Aler puissiez-vous en tel lieu
 Dont bien vous viengne!

L'ESCUIER.

Je lo bien que plus ne m'en tiengne
Que devers la court ne m'en voise
Savoir quel debat ou quel noise
A fait ou quelle mesprison
Mon seigneur qui est en prison;
G'y vois sanz moy plus cy tenir.
Vez ci messire Brun venir,
Qui m'en sara trop bien à dire.
— Dieu vous doint bonne vie, sire,
 Et bonne fin!

PREMIER CHEVALIER.

Dieu te doint bon jour, Baudoin!
 Qu'est-ce? où vas-tu?

L'ESCUIER.

Je vois comme homs tout abatu
De dueil, d'annuy et de courroux.
Qu'a fait mon seigneur savez-vous?
 Je croy que oïl.

L'ÉCUYER.

Prisonnier! hélas! pour quelle raison peut-il l'être?

LE TOURIER.

C'est l'impératrice qui l'a fait mettre en prison; je ne sais ce qu'il y a entre eux deux. Ce serait un grand malheur s'ils n'étaient pas d'accord ensemble.

L'ÉCUYER.

C'est bien le rebours : il devait gouverner tout l'empire, comme régent, jusqu'au retour de l'empereur.

LE TOURIER.

Maintenant il est dans cette position, et ma dame m'a défendu de n'y laisser ni homme ni femme aller ou venir.

L'ÉCUYER.

A ce que je vois, je ne pourrai donc pas lui parler?

LE TOURIER.

Non pas quant à présent, de bonne foi! et cela me chagrine.

L'ÉCUYER.

Je crois donc devoir m'en aller d'ici. Adieu, Gobert.

LE TOURIER.

Puissiez-vous aller en un lieu où vous ayez du bonheur!

L'ÉCUYER.

Je suis d'avis de ne plus rester ici, mais bien d'aller vers la cour savoir de quelle querelle, de quel tapage ou de quel crime mon seigneur s'est rendu coupable pour être mis en prison. J'y vais, sans plus me tenir ici. Voici venir messire Brun, qui saura m'en donner des nouvelles. — Sire, que Dieu vous donne une bonne vie et une bonne fin!

LE PREMIER CHEVALIER.

Baudouin, que Dieu te donne un bon jour! Qu'est-ce que c'est? où vas-tu?

L'ÉCUYER.

Je marche comme un homme tout abattu par le chagrin, l'ennui et la colère. Savez-vous ce qu'a fait mon seigneur? je crois que oui.

PREMIER CHEVALIER.
Ton seigneur! pour quoy? qu'i a-il?
A-il que bien?
L'ESCUIER.
Ne cuit pas qu'il ait meffait rien;
Mais nientmoins ma dame de fait,
Sire, en prison tenir le fait,
Si qu'à li nul ne peut aler
Ne ne peut-on à li parler,
Je vous promet.
PREMIER CHEVALIER.
Vien-t'en, g'iray savoir que c'est.
— Ma chiere dame, est-il ainsi
Con m'a dit cest escuier-cy,
Qu'en prison son maistre avez mis?
Ce doit estre de voz amis
Par droit le plus especial,
Le meilleur et le plus loyal,
Qui seul doit savoir voz secrez;
Si que, s'il a contre voz grez
Fait ou dit rien qui vous desplaise,
Dame, je vous pri qu'il vous plaise
Qu'il soit de vous à mercy pris:
Si en acroistrez vostre pris
Et vostre honneur.
L'EMPERERIS.
De honte avoir ne deshonnour
Me garderay à mon povoir;
Mais tant vous fas-je bien savoir
Qu'il n'en istra mais de sepmaine,
Non espoir de cy à quinzaine.
— Morin, vien avant. Tu l'iras
Garder, voire, et si li querras
Ce qu'il voulra boire et mengier;
Et gardes qu'il l'ait sanz dangier
Et qu'il soit serviz richement;
Mais garde bien songneusement
Qu'il n'ysse hors.
PREMIER SERGENT D'ARMES.
Je me lairoie avant du corps
Traire les braz, n'en doubtez pas.
Puisqu'il vous plaist, g'i vois le pas,
Ma chiere dame.
PREMIER CHEVALIER.
S'il vous pléust, miex fust, par m'ame!
Qu'il fust hors mis.
L'EMPERERIS.
S'il ne fust si bien mes amis,
Je ne l'i eusse pas fait mettre;
Et ce saviez que ce peut estre,

LE PREMIER CHEVALIER.
Ton seigneur! pourquoi? qu'y a-t-il? lui est-il arrivé malheur?
L'ÉCUYER.
Je ne pense pas qu'il se soit rendu coupable d'aucun méfait; mais néanmoins, sire, ma dame le fait réellement tenir en prison, en telle sorte que personne ne peut aller vers lui ni lui parler, je vous promets.
LE PREMIER CHEVALIER.
Viens-t'en, j'irai savoir ce que c'est. — Ma chère dame, est-il vrai, comme me l'a dit cet écuyer-ci, que vous ayez mis son maître en prison? Il doit être naturellement le plus particulier, le meilleur et le plus loyal de vos amis, et doit seul connaître vos secrets; en sorte que, s'il a dit ou fait chose qui vous déplaise, dame, je vous prie de vouloir bien le lui pardonner: par là vous augmenterez votre réputation et votre honneur.
L'IMPÉRATRICE.
Je ferai tous mes efforts pour me garantir de honte et de déshonneur; mais néanmoins je vous informe qu'il ne sera pas relâché d'une semaine, je ne pense (même) pas (qu'il le soit) d'ici à quinze jours. — Morin, approche. Tu iras le garder, et en même temps tu lui procureras ce qu'il voudra boire et manger. Fais en sorte qu'il ait tout cela sans difficulté et qu'il soit richement servi; mais prends bien garde qu'il ne s'échappe.
LE PREMIER SERGENT D'ARMES.
Croyez que je me laisserais plutôt arracher les bras du corps. Puisque tel est votre plaisir, j'y vais tout de suite, ma chère dame.
LE PREMIER CHEVALIER.
Si vous l'eussiez voulu, il eût été bien mieux, sur mon ame! qu'il fût mis dehors.
L'IMPÉRATRICE.
S'il n'eût pas été autant de mes amis, je ne l'y eusse pas fait mettre; et si vous saviez ce qu'il en est, je crois que vous parleriez

25

Vous diriez autrement, je croy.
— Baudoin, je vueil que avec moy
Soiez, ne te doit ennuyer;
Et si te fas mon escuier
Très maintenant.

L'ESCUIER.
De ce mot sui bien souvenant.
Très grans merciz, ma chiere dame,
Et je vous serviray, par m'ame!
Très voulentiers.

L'EMPERERIS.
Or parlons d'el. En dementiers
Qu'ensemble sommes, par esbat,
Sire, dites-moy sanz debat
Quelle chose est plus delictable,
Soit dameageuse ou prouffitable,
A vostre avis.

PREMIER CHEVALIER.
Vez ci que je vous en devis :
Celle qui plus de cuer humain
Est desirée soir et main,
C'est celle, à ce point-cy m'asseure
Et di selon mon petit sens,
Qui plus delicte.

LA DAMOISELLE.
Par m'ame! c'est raison bien dicte
Et verité.

L'EMPERERIS.
Or çà! par vostre loyauté!
Ysabel, lequel vault miex faire :
Parler jusqu'au commander taire,
Ou taire soy et escouter
Tant que l'en commande parler?
Dites-le-moy.

LA DAMOISELLE.
Selon tout ce que j'en conçoy,
Je respons à vostre demande :
Taire vault miex tant c'on commande
Parler; car tant c'on s'en abstient,
En son povoir parole on tient,
Ce n'est pas doubte.

LE MESSAGIER.
Dieu gart la compagnie toute,
Et ma dame especialment,
Et vous après touz ensement,
Chascun par soy!

L'EMPERERIS.
Messagier, bien veignant, par foy!
Et voy-je bien raray nouvelles,
Se Dieu plaist, et bonnes et belles.

autrement. — Baudouin, je veux que tu sois avec moi, cela ne doit pas te faire de peine ; et dès ce moment je te nomme mon écuyer.

L'ÉCUYER.
Je suis bien reconnaissant de cette parole. Très-grand merci, ma chère dame. Sur mon ame! je vous servirai très-volontiers.

L'IMPÉRATRICE.
Maintenant, parlons d'autre chose. Pour nous ébattre, tandis que nous sommes ensemble, sire, dites-moi, je vous prie, quelle est la chose, à votre avis, la plus délectable, n'importe qu'elle soit une cause de dommage ou de profit.

LE PREMIER CHEVALIER.
Voici ce que je réponds : la chose qui est le plus désirée soir et matin, du cœur de l'homme, c'est celle-là, à mon avis et selon mon petit sens, qui délecte le plus.

LA DEMOISELLE.
Sur mon ame! voici une parole bien dite, et c'est la vérité.

L'IMPÉRATRICE.
Allons! par votre loyauté! Isabelle, lequel vaut-il mieux faire : parler jusqu'à ce que l'on vous impose silence, ou se taire et écouter jusqu'à ce que l'on vous commande de parler? Dites-le-moi.

LA DEMOISELLE.
Suivant mon opinion, voici ce que je dois répondre à votre demande : Il vaut mieux se taire jusqu'à ce que l'on vous commande de parler; car tant qu'on s'en abstient, on tient sa parole en son pouvoir, cela ne fait point l'ombre d'un doute.

LE MESSAGER.
Que Dieu garde toute la compagnie, spécialement ma dame, et vous ensuite pareillement, chacun en particulier!

L'IMPÉRATRICE.
Messager, sur ma foi! sois le bienvenu. Je vois bien que, s'il plaît à Dieu, j'aurai des nouvelles bonnes et belles. Dis-moi la

Dy-me voir : que fait mon seigneur?
J'ay de li veoir fain greigneur
　　Que de riens née.
　　　　LE MESSAGIER.
Demain, avant prime sonnée,
Sera cy. Faites bonne chiere,
Se vous mande-il, ma dame chiere ;
Et pour savoir l'estat aussi
De vous m'a-il envoié cy,
　　Je vous promet.
　　　　L'EMPERERIS.
De reporter lui te convient
Que nous sommes touz sains et druz
Et en bon point; et ne dy plus,
Fors que le me salueras
Et si me commanderas
　　A sa personne.
　　　　LE MESSAGIER.
Très chiere dame, ains qu'il soit nonne
Li sera fait vostre message,
Se Dieu me sauve mon langage :
　　G'y vois courant.
　　　　L'EMPERERIS.
Baudoin, vaz me dire errant
Morin que cy mon frere admaine,
Et que de venir il se peine
　　Hastivement.
　　　　L'ESCUIER.
Voulentiers, dame, vraiement.
— Morin, à ma dame venez
Et son frere li amenez
　　Sanz demourée.
　　　　PREMIER SERGENT D'ARMES.
Ce vault fait, puisqu'il li agrée.
— Sire, je vien à vous parler :
A ma dame vous fault aler,
　　Qu'elle nous mande.
　　　　LE FRERE.
Je croy qu'elle me veult l'amande
Faire de ce qu'elle m'a fait
Tenir prison et sanz meffait.
　　Çà ! alons-y.
　　　　PREMIER SERGENT D'ARMES.
Ma chiere dame, vez-nous cy
　　A vostre mant.
　　　　L'EMPERERIS.
Sanz plus dire, frere, or avant !
Faites ce qui vous appartient :
Mon seigneur vostre frere vient ;
N'en avez plus de char si près.

vérité : que fait mon mari ? Je suis plus affamée de sa vue que de tout autre chose.

　　　　LE MESSAGER.
Demain, avant que prime soit sonnée, il sera ici. Ma chère dame, il vous mande de vous tenir en joie; et, je vous le promets, il m'a envoyé céans pour savoir aussi comment vous vous portez.

　　　　L'IMPÉRATRICE.
Il faut que tu lui annonces que nous sommes tous bien portans et dispos; n'en dis pas davantage, seulement salue-le et recommande-moi à sa personne.

　　　　LE MESSAGER.
Très-chère dame, si Dieu me conserve la langue, votre message sera rempli avant qu'il soit nonne : j'y vais courant.

　　　　L'IMPÉRATRICE.
Baudouin, va-moi dire sur-le-champ à Morin qu'il amène ici mon frère, et qu'il fasse ses efforts pour venir en toute hâte.

　　　　L'ÉCUYER.
Volontiers, dame, en vérité. — Morin, venez vers ma dame et amenez-lui son frère sans retard.

　　　　LE PREMIER SERGENT D'ARMES.
Cela sera fait, puisque tel est son plaisir. — Sire, je viens vous parler : il nous faut aller auprès de ma dame, car elle nous mande.

　　　　LE FRÈRE.
Je crois qu'elle veut me dédommager de m'avoir fait tenir en prison sans que je l'eusse mérité. Eh bien ! allons-y.

　　　　LE PREMIER SERGENT D'ARMES.
Ma chère dame, nous voici à vos ordres.

　　　　L'IMPÉRATRICE.
Frère, allons, avancez sans mot dire; faites votre devoir : votre frère, mon mari, vient; vous n'avez personne qui vous touche d'aussi près. Soyez empressé d'aller à

Soiez d'aler encontre engrès,
Par quoy s'amour aiez gangnie.
— Baudoin, tien-li compagnie.
    Avancez-vous.

LE FRERE.

Dame, dame, si ferons-nous.
— Avant, Baudoin ! suivez-moy.
Je ne fineray mais, par foy !
    Tant que le voie.

L'EMPERERIS.

Seigneurs, mettons-nous touz à voie
D'aler où mon bon seigneur est :
Chascun en doit estre tout prest.
Puisqu'il vient, je vois à l'encontre.
Qui m'amera, si le me monstre :
    Avec moy viengne.

PREMIER CHEVALIER.

Dame, cuidez-vous que me tiengne
Yci, puisque aler vous y voy ?
Ce seroit deshonneur à moy,
    Se le faisoie.

PREMIER SERGENT D'ARMES.

Jamais, aussi, ne demourroye.
    Je vois devant.

L'EMPERERIS.

Ysabel, venez me suiant.
Ces hommes devant nous iront,
Qui compagnie nous feront,
    Et nous après.

LE FRERE.

Mon frere voy de cy bien près :
A li vois, ne m'en tenroit nulz.
— Chier sire, bien soiez-vous venuz
    En vostre lieu.

L'EMPERIERE.

Biau frere, bien veigniez, par Dieu !
Grant joie ay quant tout sain vous voi.
Comment le fait, dites-le-moy,
    L'empereris ?

LE FRERE.

Dampnez soit son corps et periz !
Certes, n'en devez tenir compte :
Elle s'est demenée à honte ;
Car brisé a son mariage
Et son corps a mis à hontage,
Et si a gasté vostre empire
Et m'a, ce vous puis-je bien dire,
Tenu jusqu'à ore en prison,

sa rencontre, de manière à gagner son amitié. — Baudouin, tiens-lui compagnie. Mettez-vous en route.

LE FRÈRE.

Dame, dame, nous le ferons. — En avant, Baudouin ! suivez-moi. Par ma foi ! je ne m'arrêterai pas que je ne le voie.

L'IMPÉRATRICE.

Seigneurs, mettons-nous tous en chemin pour aller où est mon bon époux : chacun doit être tout prêt à le faire. Puisqu'il vient, je vais à sa rencontre. Que celui qui m'aime, me le montre en venant avec moi.

LE PREMIER CHEVALIER.

Dame, croyez-vous que je me tiendrai ici, pendant que je vous y vois aller ? Si je le faisais, ce serait un déshonneur pour moi.

LE PREMIER SERGENT D'ARMES.

Je ne saurais non plus rester ici. Je vais devant.

L'IMPÉRATRICE.

Ysabelle, venez à ma suite. Ces hommes iront devant nous, et nous tiendront compagnie ; nous viendrons ensuite.

LE FRÈRE.

Je vois mon frère bien près d'ici : je vais à lui, personne ne m'en empêcherait. — Cher sire, soyez le bienvenu dans votre pays.

L'EMPEREUR.

Mon cher frère, par Dieu ! soyez le bienvenu. J'éprouve une joie bien grande de vous voir en bonne santé. Comment se porte l'impératrice ? dites-le-moi.

LE FRÈRE.

Que son corps soit damné et confondu ! Certes, vous n'en devez tenir aucun compte : elle s'est conduite d'une manière honteuse ; car elle a violé sa foi conjugale et déshonoré son corps ; elle a compromis votre autorité et m'a, je puis vous le dire, tenu en prison jusqu'à présent, parce que je n'ai pas voulu consentir à ses grands désordres,

Pour ce qu'à sa grant mesprison
Je ne m'ay volu consentir,
N'à son vilain meffait partir :
　　Cecy est voir.

L'EMPERIERE.

Las ! je cuidoie d'elle avoir
Joie à mon retour d'oultre mer ;
Mais grant courroux et dueil amer
M'a, ce m'est avis, pourchacié.
Ore, certes, elle a bracié
　　La mort pour li.

L'EMPERERIS.

Mes amis, je voy là celi
Qui est mon desir et m'amour.
Certes, à li vois sanz demour.
— Bien veigniez-vous, celi que j'aime
Et qu'à seigneur et espoux claime :
　　Raison le donne.

L'EMPERERE.

Ha, faulse et desloial personne !
Tu soiez la très mal trouvée !
Bien est ta mauvaistié prouvée.
Certes, jamais ne me feras
Deshonneur, que à honte morras
Pour tes demerites ; c'est droiz.
— Avant, seigneurs ! entre vous trois
Alez, et si m'en delivrez ;
A mort honteuse la livrez,
Si que jamais je ne la voie.
Menez-la où que soit, hors voie.
　　Faites briefment.

ij^e CHEVALIER L'EMPERIERE.

E, mon très chier seigneur ! comment ?
　　C'est vostre femme.

L'EMPERIERE.

Taisiez ! fait m'a si grant diffame
Que digne n'est pas de plus vivre.
Faites que j'en soie delivre
　　Trestout en l'eure.

ij^e CHEVALIER.

Dame, sanz plus faire demeure,
De ci vous en convient venir.
Ne li osons desobéir.
　　Sus ! s'en alons.

PREMIER CHEVALIER.

Biaux seigneurs, or nous advisons,
Puisqu'elle doit par nous finer,
Qu'en un lieu la puissons mener
　　Où nulz n'abite.

ni m'associer à ses vilaines actions : ceci est la vérité.

L'EMPEREUR.

Hélas ! je pensais avoir de la joie auprès d'elle à mon retour d'outre-mer ; mais je vois bien qu'elle m'a réservé un grand chagrin et une amère douleur. Certes, elle a tramé sa propre mort.

L'IMPÉRATRICE.

Mes amis, je vois là-bas celui qui est mon désir et mon amour. Certes, je vais à lui sans délai. — Soyez le bienvenu, ô vous que j'aime et que j'appelle seigneur et époux : comme c'est raison.

L'EMPEREUR.

Ah ! fausse et déloyale personne ! je ne me félicite pas de t'avoir trouvée. Ta mauvaise conduite est bien reconnue. Certes, jamais tu ne me feras déshonneur, car tu mourras ignominieusement pour tes crimes ; c'est justice. — En avant, seigneurs ! vous trois allez, et débarrassez-m'en ; livrez-la à une mort honteuse, en sorte que je ne la voie jamais. Menez-la en quelque endroit que ce soit, hors du chemin. Faites vite.

LE DEUXIÈME CHEVALIER DE L'EMPEREUR.

Eh, mon très-cher seigneur ! comment ? c'est votre femme.

L'EMPEREUR.

Taisez-vous ! elle m'a fait un si grand déshonneur qu'elle ne mérite plus de vivre. Faites que j'en sois délivré à l'heure même.

LE DEUXIÈME CHEVALIER.

Dame, sans plus tarder, il vous faut quitter la place. Nous n'osons lui désobéir. Allons ! partons.

LE PREMIER CHEVALIER.

Beaux seigneurs, puisqu'elle doit par nous recevoir la mort, arrangeons-nous de manière à la pouvoir mener en un lieu où nul n'habite.

BAUDOIN.

C'est une parole bien ditte ;
Mès, messeigneurs, qui me croira,
Nous irons en ce desert-là :
　On ne peut miex.

ij^e CHEVALIER.

C'est verité, si m'aïst Diex !
C'est une bien desert gastine
Et si est près de la marine,
Où nulz, ce tien, pieça n'ala.
Je lo que nous la menons là,
　Pour touz debaz.

PREMIER CHEVALIER.

Soit ainsi ! du hault et du bas
　Je m'y accors.

L'EMPERERIS.

E ! Vierge, en qui prist humain corps
Le Dieu qui toute chose a fait,
Qui tant en graces t'a parfait
Qu'en corps et en ame t'a mis
Lassus en son hault paradis,
Où de touz sains ès honnourée,
Des anges servie et loée
Comme leur dame et leur maistresse ;
Dame, je qui sui en destresse
Et en desconfort sanz mesure :
Veez en pitié, Vierge pure,
Mon amere compunction
Et ma dolente affliccion.
Je voy c'on me veult mettre à mort
Honteusement, et est à tort ;
Car onques ne fis le meffait
Dont morir doie ainsi de fait :
Pour ce me complains et lamente
Et à vous seule me demente,
Vierge, que m'ame si curez
Que la joie li procurez
　De paradis.

ij^e CHEVALIER.

Avant ! messire Brun, tandis
Que sommes en ceste gastine,
Faites que ceste dame fine ;
　Delivrez-vous.

PREMIER CHEVALIER.

Très chier compains et ami doulx,
Pitié me fait le cuer tel estre
Que, certes, je ne me puis mettre
　A li touchier.

BAUDOUIN.

C'est bien parlé ; mais, messeigneurs, si vous m'en croyez, nous nous en irons là-bas en ce désert : on ne peut mieux (trouver).

LE DEUXIÈME CHEVALIER.

Dieu m'aide ! c'est la vérité. Ce lieu est bien solitaire et près de la mer, et je tiens que depuis long-temps personne n'y alla. Je suis donc d'avis que, sans disputer davantage, nous l'y menions.

LE PREMIER CHEVALIER.

Soit ! j'y consens en tous points.

L'IMPÉRATRICE.

Eh ! Vierge en qui s'est incarné le Dieu qui a fait toute chose, et qui a répandu tant de grâces sur toi qu'il t'a mis en corps et en ame dans son haut paradis, où tu es honorée de tous les saints, et servie et louée des anges comme leur dame et leur maîtresse ; Dame, je suis dans la détresse et dans un déconfort sans mesure : Vierge pure, regardez avec des yeux de pitié mon amère componction et mon affliction profonde. Je vois qu'on veut me faire souffrir une mort honteuse, et c'est à tort ; car jamais je ne commis le crime qu'il me faut expier par ma mort : c'est pourquoi je me plains et me lamente, et ne m'adresse qu'à vous, Vierge, pour que vous purifiiez mon ame, tellement qu'elle ait par vous la joie du paradis.

LE DEUXIÈME CHEVALIER.

En avant ! messire Brun, tandis que nous sommes dans ce désert, faites mourir cette dame ; dépêchez-vous.

LE PREMIER CHEVALIER.

Très-cher compagnon et doux ami, la pitié me rend le cœur tel que je ne puis prendre sur moi de la toucher.

ij⁰ CHEVALIER.

Et toy, Baudoin, avant, fier !
Delivre-toy.

BAUDOIN.

Seigneurs, sachiez en bonne foy
Qui me donroit une conté,
Fust la meilleur en verité
Qui soit de cy jusques au Quaire,
N'aroie-je cuer de li faire
   Mal ne hontage.

PREMIER CHEVALIER.

Voir aussi n'en ay-je courage;
Pour rien sa mort je ne verroye,
Ne jamais mal ne li feroye.
Et si voy-je bien qu'il convient
Qu'elle muire par nous; c'est nient,
Ou pour elle mourir nous fault
(Il n'y ara point de deffault)
   Touz .iij. ensemble.

ij⁰ CHEVALIER.

Je vous diray qui bon me semble;
Et s'il vous plaist, nous le ferons :
A celle roche la menrons
Qui est assez avant en mer;
Là la lairons. Certes durer
Deux jours entiers pas n'y pourra,
Que de mesaise là mourra;
Et si nous en retournerons,
Et à l'emperiere dirons
   Qu'est à mort mise.

BAUDOIN.

Par ma foy ! c'est chose bien prise,
Car touz jours y cuert-il ourage;
Mais aler nous y fault à nage,
   Vous le savez.

PREMIER CHEVALIER.

Baudoin, vessel prest avez :
Regardez ! — Touz iiij. ens entrons,
Et d'y aler nous delivrons.
— Entrez ens, dame.

L'EMPERERIS.

Voulentiers. — Lasse ! povre femme,
De quelle heure fu-je ore née
Qui vois à telle destinée
Par mort honteuse trespasser?
— E, seigneurs ! se ne puïs passer
Que mon corps ne faille destruire,
Pour Dieu, faites que bien tost muire,
   Je vous em pry.

LE DEUXIÈME CHEVALIER.

Et toi, Baudouin, en avant, frappe! dépêche-toi.

BAUDOUIN.

Seigneurs, sachez, que, vraiment, me donnât-on un comté, le meilleur qui soit d'ici au Caire, je n'aurais pas le cœur de lui faire du mal ou des outrages.

LE PREMIER CHEVALIER.

Ni moi non plus, je n'en ai pas le courage; rien au monde ne me déciderait à la voir mourir ou à lui faire du mal. Cependant je vois bien qu'il faut qu'elle meure par nos mains; ce n'est rien, sinon, ce sera à nous à mourir pour elle tous trois ensemble : c'est immanquable.

LE DEUXIÈME CHEVALIER.

Je vous dirai ce qui me semble opportun; et, si cela vous plaît, nous le ferons : nous la mènerons à cette roche qui est située assez avant dans la mer; là nous l'abandonnerons. Certes, elle ne pourra pas y vivre deux jours entiers sans mourir d'angoisse. Quant à nous, nous nous en retournerons, et nous dirons à l'empereur qu'elle est mise à mort.

BAUDOUIN.

Par ma foi ! c'est bien trouvé, car toujours l'orage y règne; mais vous le savez, il nous y faut aller en bateau.

LE PREMIER CHEVALIER.

Baudouin, vous en avez un tout prêt : regardez ! — Entrons dedans tous quatre, et dépêchons-nous d'y aller. — Dame, entrez dedans.

L'IMPÉRATRICE.

Volontiers. — Hélas ! pauvre femme, sous quelle étoile suis-je née pour être ainsi destinée à aller mourir ignominieusement ? — Eh, seigneurs ! si je ne puis passer sans qu'il faille détruire mon corps, pour l'amour de Dieu, faites que je meure promptement, je vous en prie.

BAUDOIN.

Or avant! alons sans destry,
Que je vous menray bien trestouz.
J'ay fait ce mestier à mes couz
   Plus d'an entier.

L'EMPERERIS.

Ha! Dame qui le vray sentier
Des desvoiez es et l'adresse,
Ceste dolente pecheresse
Plaine de desconfort sequeurs,
Et à moy faire ayde aqueurs;
Si te pri, Vierge, de cuer fin,
Et que m'ame par ceste fin
Puisse tellement affiner
Qu'en la gloire qui sanz finer
   Durra puist estre.

ij^e CHEVALIER.

Ho, seigneurs! jus la nous fault mettre,
Puisque nous sommes arrivé
A la roche. — Dame, estrivé
N'y ait : despoullier vous convient.
Puisqu'à ce point la chose vient,
   Faire l'estuet.

L'EMPERERIS.

Seigneurs, puisque autre estre ne peut,
A voz grez faire obéiray :
Cy dedans me despoulleray.
— Haa! emperiere, sire chier,
Comment m'estes si dur et fier
Qu'à mort me mettez sanz raison?
Certes, aucune traïson
Vous a méu, je ne doubt point.
— Ore, amis, Dieu vous le pardoint!
   Et je si fas.

PREMIER CHEVALIER.

Dame, nous ne vous poons pas
Maishuit avecques nous garder.
En ceste roche sans tarder
   Vous fault descendre

L'EMPERERIS.

Seigneurs, puisqu'il m'y faut mort prendre,
Descendre y vueil sanz nul destry.
Priez Dieu pour moy, je vous pri,
   Entre vous touz.

PREMIER CHEVALIER.

Piteux vous soit, courtois et doulx,
Dame, li Roys de paradis,
Qui voz meffaiz et voz mesdiz

BAUDOUIN.

En avant! marchons sans retard, car je vous mènerai bien tous. J'ai fait ce métier à mon compte plus d'un an entier.

L'IMPÉRATRICE.

Ah! Dame, qui es le vrai sentier et le port de ceux qui sont égarés, secours cette malheureuse pécheresse qui est abreuvée de tribulations, et accours à mon aide; Vierge, je t'en prie de tout mon cœur, et que par ma mort mon ame puisse tellement se purifier qu'elle obtienne la gloire qui durera éternellement.

LE DEUXIÈME CHEVALIER.

Holà, seigneurs! il nous faut la débarquer, maintenant que nous sommes arrivés à la roche. — Dame, déshabillez-vous, sans faire de difficultés. Puisque la chose en est venue à ce point-là, il faut s'y résigner.

L'IMPÉRATRICE.

Seigneurs, puisque cela ne peut être autrement, je consens à faire ce que vous voulez : je me déshabillerai ici dedans. — Ah, ah! empereur, cher sire, comment pouvez-vous être dur et barbare envers moi au point de me faire périr sans raison? Certes, vous avez été poussé à cette action par quelque traître; je n'en doute point. — Allons, amis! que Dieu vous pardonne! quant à moi j'en agis ainsi.

LE PREMIER CHEVALIER.

Dame, nous ne pouvons vous garder davantage avec nous. Il vous faut, sans plus tarder, descendre sur cette roche.

L'IMPÉRATRICE.

Seigneurs, puisqu'il m'y faut mourir, je veux y descendre sans résistance. Vous tous, priez Dieu pour moi, je vous en conjure.

LE PREMIER CHEVALIER.

Dame, que le Roi de paradis vous soit miséricordieux, courtois et doux; qu'il vous veuille pardonner aujourd'hui vos mauvai-

Vous vueille au jour d'uy pardonner,
Et gloire à vostre ame donner
   Sanz finement!
BAUDOIN.
Amen! Ainsi soit! Alons-m'ent
Avant que orage sourde point,
Et que nous avons vent à point;
   Je le conseil.
ij^e CHEVALIER.
Alons! par sohait sur le sueil
Fussions du palais l'emperiere!
—A Dieu vous disons, dame chiere,
Qui vous vueille donner confort!
Prenez en vous bon cuer et fort;
Gardez, pour chose qui vous touche,
Qu'aiez Dieu touz jours en la bouche:
   C'est vostre miex.
PREMIER CHEVALIER.
Seigneurs, se me veez des yex
Plourer, n'en soiez esbahiz:
Pitié m'y fait estre envaïz
   Que j'ay, par Dieu!
BAUDOIN.
Ho! descendons: vez cy le lieu
   Où nous entrasmes.
ij^e CHEVALIER.
Voire, et où ceste nef trouvasmes.
Cy la primes, cy la lairons;
Et à l'emperiere en irons,
   S'en sui créu.
BAUDOIN.
Ja ne m'en verrez recréu.
   Avant! alons.
PREMIER CHEVALIER.
Mon chier seigneur, nous vous disons
Qu'acompli avons vostre gré,
Et s'a esté fait si secré
Que jamais parler n'en orrez.
Remarier bien vous pourrez
   Quant vous plaira.
L'EMPERIERE.
Taisiez-vous, Brun; ce ne sera,
Que je sache, jour de ma vie;
Seez-vous. N'en ay point d'envie,
   Se Dieu m'aïst.
L'EMPERERIS.
Lasse! se le cuer m'esbahist,
Qu'en puis-je mais, Vierge Marie?
Je soloie estre seigneurie
Comme souveraine du monde,

ses actions et vos mauvaises paroles, et donner à votre ame la gloire éternelle!
BAUDOUIN.
Amen! Ainsi soit-il! Allons-nous-en avant qu'il ne vienne de l'orage, puisque nous avons un vent favorable; je le conseille.
LE DEUXIÈME CHEVALIER.
Allons! je souhaiterais que nous fussions sur le seuil du palais de l'empereur. — Ma chère dame, nous vous recommandons à Dieu: puisse-t-il vous donner des consolations! prenez bon courage; et ayez soin, quelque chose qui vous arrive, d'avoir toujours à la bouche le nom de Dieu: c'est ce que vous avez de mieux à faire.
LE PREMIER CHEVALIER.
Seigneurs, si vous me voyez les yeux pleins de larmes, n'en soyez point étonnés: je suis, par Dieu! saisi de pitié.
BAUDOUIN.
Holà! descendons: voici le lieu où nous entrâmes.
LE DEUXIÈME CHEVALIER.
Oui vraiment, et où nous trouvâmes ce bateau. Ici nous le prîmes, ici nous le laisserons; et, si l'on m'en croit, nous nous en irons à l'empereur.
BAUDOUIN.
Vous ne m'y verrez pas le dernier. En avant! allons.
LE PREMIER CHEVALIER.
Mon cher seigneur, nous vous disons que nous avons accompli votre désir, et la chose a été faite si secrètement que vous n'en entendrez jamais parler. Vous pourrez bien vous remarier quand il vous plaira.
L'EMPEREUR.
Brun, taisez-vous; je ne sache pas que jamais de ma vie cela m'arrive; asseyez-vous. Dieu m'aide! je n'en ai point d'envie.
L'IMPÉRATRICE.
Hélas! si mon cœur se remplit d'effroi, en puis-je mais, Vierge Marie? J'étais habituée aux hommages comme la souveraine du monde, et (maintenant) je vois l'heure

Et je ne gars l'eure qu'affonde
Par force de tempeste en mer.
E ! Dame en qui n'a point d'amer,
Glorieuse Vierge pucelle,
Regarde en pitié moy t'ancelle;
Car, Dame, tu es m'esperance,
Et en toy seule est ma fiance.
Dame, ne soies de moy loing,
Confortes-moy à ce besoing,
Si que je ne chiée ne verse
En ceste fortune perverse.
Dame, de grace tresoriere,
Dame, de pitié boutilliere,
Souche de vertuz et racine,
La qui bontez point ne deffine;
Dame, qui seule renlumines
Et à droit sentier ramaînes
Les orphelins desconseilliez
Et les esgarez essilliez;
Aiez, Dame, de moy mercy,
Si que je ne perisse cy.
Croisie à terre me vueil mettre;
Ne puis de mesaise plus estre
    Sur pié que j'aye.

DIEU.

Mere, je voy que trop s'esmaie
L'empereris, ce n'est pas doubte;
Car souvent la hurte et la boute
La mer et la fiert de mainte onde,
Si que a bien pou que ne l'afonde.
Alez et si la confortez,
Et ces berbes-cy li portez
Qui vertu telle ont et aront
Que touz mesiaux qui en buront,
Puisqu'il seront avant confais,
De leur mal seront touz sains faiz
    Et tout purgié.

NOSTRE-DAME.

Puisque c'est par vostre congié,
Fil, voulentiers li porteray,
Et de ce bien l'enorteray.
— Or sus ! Jehan, mon chier ami,
Venez là val avecques my
    Sans plus tarder.

SAINT JEHAN.

Ce qui vous plaist à commander,
Dame, feray benignement.
Vez me cy tout prest : alons-m'ent,
    Puisqu'à ce vient.

où je vais par la force de la tempête être abîmée dans la mer. Eh ! Dame en qui il n'y a point d'amertume, Vierge glorieuse, regarde-moi avec des yeux de pitié, moi ta servante; car, Dame, tu es mon espérance, et ma confiance est en toi seule. Dame, ne t'éloigne pas de moi, conforte-moi dans cette nécessité, en sorte que dans cette mauvaise fortune je ne tombe ni je ne verse. Dame, trésorière de grâce, dame, bouteillière de pitié, souche et racine de vertu, dont la bonté ne finit point; Dame, qui seule éclaires et qui ramènes dans le droit sentier les orphelins sans appui et les exilés égarés; Dame, ayez compassion de moi, que je ne périsse pas ici. Je veux me mettre en croix par terre; je ne puis plus me tenir sur pied par suite du malaise que j'éprouve.

DIEU.

Mère, je vois que l'impératrice se tourmente fort, et c'est chose naturelle; car souvent la mer la heurte et la frappe, et la bat de mainte onde, en sorte que peu s'en faut qu'elle ne l'engloutisse. Allez et reconfortez-la, et portez-lui ces herbes-ci qui ont et auront une vertu telle que tous les lépreux qui en boiront, s'ils sont confessés auparavant, seront entièrement guéris et délivrés de leurs maux.

NOTRE-DAME.

Fils, puisque c'est votre volonté, je lui porterai volontiers cela, et en même temps je lui donnerai de bons conseils. — Allons ! Jean, mon cher ami, venez là-bas avec moi sans plus tarder.

SAINT JEAN.

Dame, je ferai de bon cœur ce qu'il vous plaît de commander. Me voici tout prêt : allons-nous-en, puisqu'il en est ainsi.

NOSTRE-DAME.

Or sus ! anges, il vous convient
Touz ensemble de cy partir,
Et là val avec moy venir
    Où Dieu m'envoie.

PREMIER ANGE.

Dame, si irons à grant joie,
Et ferons tout vostre plaisir ;
Car sachiez c'est nostre desir,
    Vierge royne.

ij^e ANGE.

Michiel, chantons par amour fine
Ce rondel-cy par leesce.

Rondel.

Humains cuers, de loer ne cesse
L'infinie et vraie bonté
De la benoite Trinité
Et de celle en qui, sanz destresse,
Le filz Dieu prist humanité.
Humain cuers, de loer ne cesse
L'infinie et vraie bonté
Par qui tu as telle noblesce
Qu'à Dieu tu as fraternité :
Donques, pour ceste affinité,
Humain cuer, de loer ne cesse
L'infinie et vraie bonté
De la benoite Trinité.

NOSTRE-DAME.

Empereris, pour la durté
Que sanz cause as ici souffert,
Et pour la prière que offert
M'as si benigne et si piteuse,
Merite en aras glorieuse ;
Car en bien touz jours te tenray,
Et ton hault estat te rendray
Maugré celi qui ce t'a fait,
Qui chier comperra son meffait.
Si te diray que tu feras :
Quant de ton somme leveras,
Dessoubz ton chief ces herbes pren
Qui moult te vaudront, ce t'apren ;
Car n'iert mesel nul, s'il en boit,
Mais que vrai confés avant soit,
Que l'en ne voie et apperçoive
Que plainement santé reçoive
Tout en l'eure : c'est chose voire.
Or m'aies touz jours en memoire :
Je sui la mere Dieu, Marie,
Qui ci parle à toy comme amie ;

NOTRE-DAME.

Allons ! anges, il vous faut tous ensemble partir d'ici, et venir avec moi là-bas où Dieu m'envoie.

PREMIER ANGE.

Dame, nous nous y rendrons avec beaucoup de joie, et nous ferons tout ce qu'il vous plaira ; car sachez que c'est notre désir, Reine vierge.

LE DEUXIÈME ANGE.

Michel, chantons joyeusement ce rondeau-ci par amour extrême.

Rondeau.

Cœur humain, ne cesse de louer la bonté infinie et vraie de la sainte Trinité et de celle en qui le fils de Dieu se fit homme sans douleur. Cœur humain, ne cesse de louer la bonté infinie et vraie par qui tu as une noblesse telle que tu es le frère de Dieu : or, pour cette alliance, cœur humain, ne cesse de louer la bonté infinie et vraie de la sainte Trinité.

NOTRE-DAME.

Impératrice, pour les mauvais traitemens que tu as soufferts ici sans motif, et pour la prière si douce et si touchante que tu m'as adressée, tu recevras une récompense glorieuse ; car toujours je te protégerai, et je te rendrai ton haut rang malgré celui qui t'a réduite à cet état, et il paiera cher son crime. Je te dirai ce que tu as à faire : Quand tu sortiras de ton sommeil, prends sous ta tête ces herbes qui, je te l'apprends, te seront bien précieuses ; car il n'est pas de lépreux, s'il en boit après s'être préalablement confessé avec sincérité, qui ne recouvre sur-le-champ la santé aux yeux de tout le monde : c'est chose véritable. Maintenant, souviens-toi toujours de moi : moi qui te parle ici en amie, je suis Marie, la mère de Dieu. Sers mon fils de tout ton cœur, et tu auras une heureuse fin, et tu accroîtras par le fait ta réputation. — Mes amis, nous avons fini ce que nous avions à faire ici : nous pouvons bien nous en

Et si sers mon fil de cuer fin,
Si en venras à bonne fin
Et acroistras ton nom de fait.
— Mes amis, nous avons cy fait :
Nous nous en povons bien r'aler.
— Or tost ! anges, sanz plus parler,
 Alez devant.
   SAINT JEHAN.
Voire, et je vous iray suiant,
 Puisque dit l'ay.
   PREMIER ANGE.
Dame, nous ferons sanz delay
Vo vouloir, Gabriel et moy.
— Gabriel, soions, je vous proy,
De chanter d'accort en l'adresce.

Rondel.

Par qui [es] en telle noblesce
Qu'à Dieu tu as fraternité :
Donques pour ceste affinité,
Humain cuer, de loer ne cesce
L'infinie et vraie bonté
De la benoite Trinité.
   L'EMPERERIS.
Ha ! Vierge en qui, par charité,
Dieu se fist homme à nous semblable,
Quant hui m'estes si secourable
Que par vous sui de mort delivre,
Certes, Dame, en mon cuer tel livre,
Ce vous promet, en escripray
Que jamais je ne cesseray
De vous loer et gracier
Et vostre doulx filz mercier :
N'est-ce pas raison et droiture ?
Quant m'avez pris en telle cure
Que, quant je me suis esveillie,
En riens ne me truis traveillie
De doleur nulle qu'aie éue ;
Ains me sens si bien repéue
Que, certes, je n'ay soif ne fain.
Après, ces herbes qu'en ma main
Tien m'avez apporté des cieulx :
Pour ce à ma bouche et à mes yex
Les touche, Vierge, en vous louant.
E, Diex ! une nef voy venant ;
Ne sçay se cy adressera,
Ou se vent aler la fera
 Ailleurs plus loing.
   LE MAISTRE MARINIER.
Secourez-nous à ce besoing,

retourner.—Allons ! anges, sans plus de discours, allez devant.

   SAINT JEAN.
En vérité, je vous suivrai, puisque je l'ai dit.
   LE PREMIER ANGE.
Dame, nous ferons sans retard votre volonté, Gabriel et moi. — Gabriel, je vous prie, chantons d'accord en chemin.

Rondeau.

Par qui tu as une noblesse telle que tu es le frère de Dieu : or, pour cette alliance, cœur humain, ne cesse de louer la bonté infinie et vraie de la sainte Trinité.

   L'IMPÉRATRICE.
Ah ! Vierge en qui, par charité, Dieu se fit homme semblable à nous, puisque aujourd'hui vous m'êtes si secourable que par vous je suis délivrée de la mort, certes, Dame, je vous le promets, j'en écrirai en mon cœur un livre tel que jamais je ne cesserai de vous louer et de vous rendre grâces et de remercier votre doux fils : n'est-ce pas raisonnable et juste ? puisque vous avez pris un tel soin de moi que du moment que je me suis réveillée, je ne me suis pas ressentie de douleur que j'aie eue ; au contraire, je me sens si bien repue, que, certes, je n'ai ni soif ni faim. Après, vous m'avez apporté des cieux ces herbes que je tiens à la main : c'est pourquoi, Vierge, j'en touche ma bouche et mes yeux en vous louant. Eh Dieu ! je vois venir une barque ; je ne sais si elle abordera ici, ou si le vent la fera aller ailleurs et plus loin.

   LE MAÎTRE MARINIER.
Secourez - nous dans cette nécessité,

Dame des anges souveraine :
A contraire trop fort nous maine
    Vent et orage.
LA DAME PELERINE.
Ha! saint Climent, ouquel voiage
Me suis mise et ay empris l'erre,
Vueillez pour nous à Dieu requerre
Que l'orage qui fait abesse,
Et que le vent qui vente cesse,
Si que ne soions si periz,
Mais par vous tensez et gariz
    De mort encorre.
L'ESCUIER A LA PELERINE.
Pour nous de ce peril secorre,
Maistre, pour Dieu! de nous pensons.
En avant de cy ne passons ;
Mais d'ancrer, se le conseilliez,
Soions prez et appareilliez
    Cy en ce lieu.
LA PELERINE.
Delez ceste roche, pour Dieu!
Arrestons sanz plus faire nage,
Tant que soit passé cest orage
    Et ce mal temps.
LE MAISTRE MARINIER.
Dame, c'est à quanque je tens.
Ore c'est fait : en verité,
Dame, nous sommes arresté
    Et n'avons garde.
LA PELERINE.
Maistre, vez là qui nous regarde
Trop malement ; j'ay grant paour
Qu'il n'y ait gent illec entour
    De mal affaire.
L'ESCUIER.
Que pourroient-il ylec faire ?
Certainement g'y vois savoir.
— Et, m'amie! dites-me voir :
Estes-vous toute seule cy ?
Qu'i faites-vous, pour Dieu mercy,
    En ytel point ?
L'EMPERERIS.
Sire, ne vous mentiray point :
La mer m'y a jetté et mis
Où sont noiez touz mes amis,
Un frere et vj cousins qu'avoie.
Avec eulx oultre mer aloie :
Dont je me puis fole clamer,
Car tant a fait tempeste en mer
Que nostre nef rompy en deux.

Dame souveraine des anges : le vent et l'orage nous mènent trop fort hors de notre route.
LA DAME PÉLERINE.
Ah! saint Clément, pour qui je me suis mise en chemin et j'ai entrepris ce pélerinage, veuillez prier Dieu pour nous que l'orage qu'il fait s'apaise, et que le vent qui souffle cesse, en sorte que nous ne périssions pas, mais que par vous nous soyons défendus et garantis du danger de mourir.
L'ÉCUYER DE LA PÉLERINE.
Pour nous tirer de ce péril, maître, pour (l'amour de) Dieu! pensons à nous. N'allons pas plus loin que ce lieu-ci ; au contraire, si vous le trouvez bon, soyons prêts et disposés à jeter l'ancre dans cet endroit même.
LA PÉLERINE.
Près de cette roche, pour (l'amour de) Dieu! arrêtons-nous sans plus naviguer, jusqu'à ce que cet orage et ce mauvais temps soient passés.
LE MAÎTRE MARINIER.
Dame, c'est à quoi je m'occupe. A présent c'est fait : en vérité, dame, nous sommes arrêtés, et nous n'avons rien à craindre.
LA PÉLERINE.
Maître, voilà quelqu'un qui nous regarde de mauvais œil ; j'ai grand' peur qu'il n'y ait des malfaiteurs aux environs.
L'ÉCUYER.
Que pourraient-ils faire ici ? certainement je vais le savoir. — Eh, mon amie! dites-moi la vérité : êtes-vous seule ici ? Pour l'amour de Dieu, qu'y faites-vous, dans l'équipage où vous êtes ?
L'IMPÉRATRICE.
Sire, je ne vous mentirai point : la mer m'y a jetée et mise, après avoir noyé tous mes amis, un frère et six cousins que j'avais. J'allais avec eux outre-mer : ce que je puis appeler une folie, car il a fait une si grande tempête que notre navire se brisa en deux. Je ne sais comment j'échappai ; mais la mer m'a jetée ici, où je suis dans un

Ne say comment eschapay d'eulx ;
Mais la mer icy m'a jetté,
Où je suis en telle orfanté
Que ne menjay il a .iij. jours :
S'ay esté en ce point touz jours
　　Que me veez.

L'ESCUIER.

Dame, cy plus ne vous seez,
Venez-vous-ent avecques moy ;
Je feray tant, foy qu'à Dieu doy !
Que vous serez bien repéue,
Et d'une robe revestue.
Et ne soufferray à nul fuer
C'on vous face ne que à ma suer ;
　　N'en doubtez pas.

L'EMPERERIS.

Sire, avec vous iray le pas
Jusqu'en vostre nef voulentiers :
Or me monstrez par quelz sentiers
　　Voulez que je aille.

L'ESCUIER A LA DAME.

Voulentiers, m'amie, sanz faille ;
Venez par cy. Sà, celle main !
— Ma dame, avec moy en amain
Ceste femme, que j'ay trouvée
Luec endroit seule et esplourée.
Compté m'a toute s'aventure,
Qui est assez dolente et dure ;
Car noiez sont touz ses amis,
Et l'avoit la mer ileuc mis.
Si que pour la Dieu amistié,
Dame, prengne-vous-en pitié :
　　Si ferez bien.

LA PELERINE.

E lasse ! suer, vien avant, vien.
Ta pitié le cuer m'atendrie.
Vez ceste cote et ne detrie,
　　Et te conforte.

L'EMPERERIS.

Certes, je voulroie estre morte,
S'il plaisoit à Dieu, chiere dame.
Je me voy nue et povre femme,
Qui ay touz mes amis perduz :
Dont se j'ay le cuer esperduz
　　N'est pas merveille.

LA PELERINE.

Ore, Dieux conforter vous vueille !
S'il vous plaist avec nous tenir
Tant qu'à terre puissons venir,
Je vous trouveray sanz dangier,

tel dénuement que je n'ai pas mangé voici trois jours, et je suis demeurée dans l'état où vous me voyez.

L'ÉCUYER.

Dame, ne restez pas davantage ici, venez-vous-en avec moi ; je ferai tant, par la foi que je dois à Dieu ! que vous serez bien rassasiée, et revêtue d'une robe. Et je ne souffrirai en aucune manière que l'on vous traite autrement que si vous étiez ma sœur ; n'en doutez pas.

L'IMPÉRATRICE.

Sire, j'irai avec vous volontiers jusque dans votre navire : à présent, montrez-moi par quels sentiers vous voulez que j'aille.

L'ÉCUYER DE LA DAME.

Volontiers, mon amie, sans faute ; venez par ici, donnez-moi la main. — Ma dame, j'amène avec moi cette femme, que j'ai trouvée là-bas seule et tout en pleurs. Elle m'a conté au long son aventure, qui est assez triste et pénible ; car tous ses amis sont noyés, et la mer l'avait mise là. C'est pourquoi, dame, pour l'amour de Dieu, ayez-en pitié : vous ferez bien.

LA PÉLERINE.

Hélas ! sœur, approche, viens. La pitié que tu m'inspires m'attendrit le cœur. Vêts cette cotte sans tarder, et prends courage.

L'IMPÉRATRICE.

Certes, chère dame, s'il plaisait à Dieu, je voudrais être morte. Je me vois une femme pauvre et nue, et j'ai perdu tous mes amis : il n'y a donc rien d'étonnant à ce que j'aie le cœur navré.

LA PÉLERINE.

Maintenant, que Dieu veuille vous reconforter ! S'il vous plaît de vous tenir avec nous tant que nous puissions venir à terre, je vous trouverai sans difficulté, pour l'a-

Pour l'amour Dieu, boire et mengier;
Jà n'en doubtez.
L'EMPERERIS.
Dame, vous m'offrez grans bontez;
Ne les refuse pas à prendre,
Combien que ne les puisse rendre.
Dieu les vous rende!
LE MAISTRE MARINIER.
L'orage est choit, le temps amende:
De ci partir nous esconvient.
Dame, vent à sohait nous vient;
Que dites-vous?
LA PELERINE.
Partons donques, mon maistre doulx,
Sanz plus cy estre.
L'ESCUIER.
Voire; et si tost que pourrez mettre
A terre seche ceste femme,
Maistre, pour l'amour Nostre-Dame,
Que l'i mettez.
LE MAISTRE MARINIER.
Il vous sera fait, n'en doubtez,
Mon ami, pour l'amour de Dieu,
Si tost que je trouveray lieu.
— Bonne femme, sanz plus attendre,
Povez de ceste nef descendre;
Car je voy ville.
L'EMPERERIS.
Je vous mercy plus de cent mille
Foiz: c'est raison, dame de pris,
Quant tel soing avez de moy pris
Que de voz drapz m'avez vestue
Et de voz vivres repéue.
De cy, s'il vous plaist, descendray,
Et de vous congié je prendray,
Dame gentiex.
LA PELERINE.
Puisqu'il vous plaist, alez; que Diex
Tiengne vostre cuer en leesce
Et vous amaint à bonne adresce,
Et nous si face!
L'EMPERERIS.
Le benoit Jhesus, par sa grace,
Vous conduie en telle maniere
Que vous et voz gens, dame chiere,
A port de salut touz vous maint,
Et à grant joie vous ramaint
En vostre lieu!
L'ESCUIER A LA PELERINE.
A Dieu, m'amie, à Dieu, à Dieu!

mour de Dieu, à boire et à manger; n'en doutez pas.
L'IMPÉRATRICE.
Dame, vous me proposez de grands services; je n'hésite pas à les accepter, bien que je ne puisse vous en offrir autant. Dieu vous le rende!
LE MAÎTRE MARINIER.
L'orage est calmé, le temps se remet au beau: il nous faut partir d'ici. Dame, le vent nous vient à souhait; qu'en dites-vous?
LA PÉLERINE.
Partons donc, mon doux maitre, sans rester plus long-temps ici.
L'ÉCUYER.
Oui, vraiment; et aussitôt que vous pourrez mettre cette femme sur la terre ferme, maître, pour l'amour de Notre-Dame, mettez-l'y.
LE MAÎTRE MARINIER.
Mon ami, n'en doutez pas, vous serez satisfait, pour l'amour de Dieu, aussitôt que j'en trouverai le moment. — Bonne femme, sans plus attendre, vous pouvez descendre de ce navire; car je vois une ville.
L'IMPÉRATRICE.
Je vous remercie plus de cent mille fois (et cela vous est bien dû, ma respectable dame) pour le soin que vous avez pris de moi en me revêtant de vos habits et en me repaissant de vos vivres. S'il vous plaît, je descendrai d'ici, et je prendrai congé de vous, aimable dame.
LA PÉLERINE.
Puisque tel est votre plaisir, allez; que Dieu tienne votre cœur dans la joie et vous amène à bon port, et nous aussi!
L'IMPÉRATRICE.
Que Jésus le béni, par sa grâce, vous conduise en telle manière qu'il vous mène tous, vous et vos gens, chère dame, à bon port, et vous ramène avec beaucoup de joie en votre patrie!
L'ÉCUYER DE LA PÉLERINE.
Adieu, mon amie, adieu, adieu! — Ma

—C'est grant pitié de li, ma dame ;
Car je croy qu'elle ait esté famme
　　De noble affaire.

LA PELERINE.

Voir, elle scet bien c'on doit faire,
Et touz jours se tient en simplesce ;
Ne si n'est mie jangleresse,
　　Mais parle à point.

LE MAISTRE MARINIER.

Dame, se cy plus sommes point,
Je doubt que ne façons que nices ;
Tant com le temps nous est propices,
　　Alons-nous-ent.

LA PELERINE.

Je l'acors, sire ; ysnellement,
　　Maistre, nagez.

L'EMPERERIS.

Sire Diex, par qui fu vengiez
Daniel de ses ennemis
Qui orent traittié qu'il fust mis
Avecques les lions sauvages,
Sire, et qui des faulx tesmoingnages
Des viellars delivras Susanne,
Ce dit l'Escripture ancienne ;
Sire, par ta benignité,
Regarde ma neccessité,
Car mon miex pourchacier ne say ;
Quelle merveille? apris ne l'ay.
Or voy qu'aprendre le me fault,
Ou j'aray en touz cas deffault.
Bien suis cheüe en grant dangier ;
Ne say où huy mais herbergier,
N'entre quelles gens je puis estre.
—E, dame! pour le Roy celestre,
Ma requeste ne vous ennuit :
Vueilliez moy habergier ennuit
　　Tant seulement.

L'OSTESSE.

M'amie, si benignement
M'en requerez, si com me semble,
Qu'entre nous deux jerrons ensemble.
　　Dont estes née?

L'EMPERERIS.

Ne peut chaloir. Ma destinée
M'est trop dolereuse et pesant,
Et trop me va le cuer cuisant ;
　　Ce sachiez, dame.

L'OSTESSE.

Par foy! si me semblez-vous femme

dame, c'est grand dommage pour elle ; car je crois qu'elle a été femme de qualité.

LA PÉLERINE.

Oui vraiment, elle sait bien ce que l'on doit faire, et toujours elle se tient avec modestie ; elle n'est pas non plus bavarde, mais elle parle à propos.

LE MAÎTRE MARINIER.

Dame, si nous restons ici davantage, je crains que nous n'ayons tort ; pendant que le temps nous est propice, allons-nous-en.

LA PÉLERINE.

Sire, j'y consens ; maître, voguez promptement.

L'IMPÉRATRICE.

Sire Dieu, par qui Daniel fut vengé de ses ennemis qui avaient machiné qu'il fût mis avec les lions sauvages ; sire, qui délivras Susanne des faux témoignages des vieillards, suivant ce que dit l'Ancien Testament ; Sire, par ta bonté, regarde la nécessité où je me trouve et dont je ne sais comment sortir ; il n'y a rien d'étonnant, car je ne l'ai pas appris. Maintenant je vois qu'il me faut l'apprendre, ou je souffrirai dans toutes les circonstances. Je suis bien tombée dans une grande perplexité ; je ne sais où me loger désormais, ni parmi quelles gens je puis demeurer. — Eh, dame, pour l'amour du Roi des cieux! que ma requête ne vous déplaise : veuillez me loger pour cette nuit seulement.

L'HÔTESSE.

Mon amie, vous m'en priez de si bonne grâce, à ce qu'il me semble, que nous coucherons ensemble toutes deux. D'où êtes-vous native?

L'IMPÉRATRICE.

Cela ne peut vous intéresser. Ma destinée m'est trop douloureuse et pénible, j'ai le cœur trop navré ; dame, sachez-le.

L'HÔTESSE.

Par (ma) foi! vous me paraissez pourtant

Estre venue de bon lieu.
Dites-moy, pour l'amour de Dieu,
    Dont venez-vous?

L'EMPERERIS.

De mer, où j'ay mes amis touz
Perdu par force de tempeste.
Sus une roche comme beste
Trois jours entiers, dame, esté ay,
C'onques n'y bu ne mengay.
Là vint d'aventure une dame
(Que Dieu gart en corps et en ame!)
Qui en sa nef m'en admena
Et ceste robe me donna,
Car nue estoie en ma chemise ;
Et puis ay esté par li mise
    Jus à ce port.

L'OSTESSE.

M'amie, mettez en deport
Les maux que ore avez par fortune;
Car aux uns est dure et enfrune,
Doulce aux autres, par verité.
En li n'a point d'estableté :
Souvent honneur amaine à honte.
Et il appert bien par le conte
De ce païs, qu'elle a batu
Et tellement jus abatu
Par force de mesellerie,
Qui jamais ne sera guerie,
Que de touz le fait desdaingnier ;
Nulz ne le veult mais compaignier :
Tant est lait mesel devenuz!
S'estoit-il preudomme tenuz,
    Vaillant et sage.

L'EMPERERIS.

Dame, sachiez de son malage
Bon conseil et brief li donrroie,
S'il faisoit ce que je diroie;
    Je vous plevis.

L'OSTESSE.

Si vous feroit riche à devis,
Dame, se par vous estoit sain.
A li vous menray par la main,
    Se vous voulez.

L'EMPERERIS.

Il me plaist; mais devant alez,
    Je vous suivray.

L'OSTESSE.

Voulentiers, suer, par Dieu le vray!
Alons, esgardez, vez-le là.

une femme issue de bon lieu. Dites-moi, pour l'amour de Dieu, d'où venez-vous?

L'IMPÉRATRICE.

De la mer, où j'ai perdu tous mes amis par la violence d'une tempête. Dame, j'ai été trois jours entiers sur une roche comme une bête, car je n'y ai ni bu ni mangé. Là vint par hasard une dame (dont Dieu garde l'ame et le corps!) qui m'emmena dans son navire et me donna cette robe, car j'étais nue et en chemise; et puis j'ai été descendue par elle à ce port.

L'HÔTESSE.

Mon amie, oubliez les maux que maintenant la fortune vous fait éprouver; car elle est dure et bourrue pour les uns, et douce pour les autres, c'est la vérité. Il n'y a point de stabilité en elle : souvent elle change l'honneur en honte. Il y paraît bien par le comte de ce pays, qu'elle a frappé et tellement abattu à force de lèpre, dont il ne sera jamais guéri, qu'elle l'a rendu l'objet du dédain de tout le monde; personne ne veut plus lui tenir compagnie : tant il est devenu laidement lépreux! et (cependant) on le tenait pour un prud'homme, vaillant et sage.

L'IMPÉRATRICE.

Dame, je vous le garantis, sachez que je lui donnerais tout de suite un bon conseil touchant sa maladie, s'il faisait ce que je lui dirais.

L'HÔTESSE.

Dame, s'il recouvrait la santé par vous, il vous ferait riche à souhait. Je vous mènerai à lui par la main, si vous le voulez.

L'IMPÉRATRICE.

Je le veux bien; mais allez devant, je vous suivrai.

L'HÔTESSE.

Volontiers, sœur, par le vrai Dieu! Allons, regardez, le voilà. — Mon cher sei-

— Mon chier seigneur, comment vous va,
    Ne quelle chiere?

LE CONTE MALADE.

Mauvaise, voir, mauvaise chiere;
Mon mal de jour en jour empire.
Si pléust à Dieu nostre sire,
    Mourir voulsisse.

L'OSTESSE.

Pour Dieu, sire! de vous plus n'isse
Tel parler; mais prenez leesce :
Je vous amain une maistresse
Qui de ce mal vous gairira,
Sè faites ce qu'elle dira,
    Ce vous promet.

LE CONTE.

Se de moy garir s'entremet,
Je li donrray, par verité,
S'elle veult, demi ma conté;
    N'en soit doubtant.

L'EMPERERIS.

Sire, je n'en prendray pas tant :
Pour Dieu sera ce qu'en feray;
Et dès maintenant vous diray
    Qu'il vous fault faire.

LE CONTE.

Dites, m'amie debonnaire,
    Vostre voloir.

L'EMPERERIS.

Sire, un prestre vous fault avoir
A qui de cuer vous confessez.
Et dites tout, riens n'y laissez ;
Qu'autrement vous feriez neent,
S'un tout seul à vostre escient
    Laissiez à dire.

LE CONTE.

Dame, ne le prenez en ire,
Avant un po que venissiez,
Par confession adressiez
M'estoie (se Dieu me doint joie!)
Au miex que faire le savoie
De touz les meffaiz que fis onques,
Dont me souviengne jusqu'adonques
    Que cy venistes.

L'EMPERERIS.

S'il est ainsi comme vous dites,
Je le verray isnel le pas :
Sire, ne vous decepvez pas,
    Gardez-vous bien.

LE CONTE.

En verité, je n'y sçay rien
    Que n'aie dit.

gneur, comment vous va, et quelle mine?

LE COMTE MALADE.

Mauvaise, en vérité, mauvaise mine; mon mal empire de jour en jour. Si tel était le plaisir de Dieu notre sire, je voudrais mourir.

L'HÔTESSE.

Sire, pour (l'amour de) Dieu! qu'une parole semblable ne sorte plus de votre bouche; au contraire, prenez de la joie : je vous amène une (femme passée) maîtresse qui vous guérira de ce mal, je vous le promets, si vous faites ce qu'elle dira.

LE COMTE.

Si elle se mêle de me guérir, je lui donnerai, en vérité, si elle le veut, la moitié de mon comté; qu'elle n'en doute point.

L'IMPÉRATRICE.

Sire, je n'en prendrai pas tant: ce que j'en ferai sera pour (l'amour de) Dieu; et dès maintenant je vous dirai ce qu'il vous faut faire.

LE COMTE.

Ma bonne amie, dites ce que vous voulez.

L'IMPÉRATRICE.

Sire, il vous faut avoir un prêtre à qui vous vous confessiez de cœur. Dites-lui tout, n'oubliez aucun péché; car autrement vous ne feriez rien, si vous en omettiez sciemment un seul.

LE COMTE.

Dame, ne vous déplaise, un peu avant que vous vinssiez ici, je m'étais déchargé de mon mieux par la confession (que Dieu me donne joie!) de tous les péchés que je commis jamais, et dont je me souvenais alors.

L'IMPÉRATRICE.

S'il en est ainsi que vous le dites, je le verrai tout à l'heure : sire, ne vous abusez pas, faites-y bien attention.

LE COMTE.

En vérité, je ne sais rien que je n'aie dit.

L'EMPERERIS.
(Yci destrempe l'erbe.)
Bien est, souffrez-vous un petit :
Je saray tost s'il est ainsi.
Tenez, sire; or buvez cecy,
Et l'avalez.

L'OSTESSE.
De vostre vis s'en est alez,
Sire, pour certain tout le mal :
N'avez mais n'amont ny aval
Vessie nulle ne bocete;
Mais la char avez aussi nette
Con se elle fust née nouvelle.
Par m'ame! vez cy cure belle
Et noble et haulte.

LE CONTE.
Dame, vous avez bien sanz faulte
Desservi que vous amendez
De moy. Or avant! demandez,
Que voulez-vous avoir de moy?
Puisque sain et gari me voy,
Voir, vous l'arez.

L'EMPERERIS.
Sire, de ce fait loerez
Jhesu-Crist et sa doulce mere,
Qui de ceste doleur amere
Vous ont gari si nettement;
Je n'en vueil autre paiement,
Ne droit n'est pas, car ce vient de eulz.
— Belle hostesse, alons-m'en nous deux
En vostre hostel.

L'OSTESSE.
Alons, m'amie, il n'y a el.
— Sire, nous en alons ensemble;
Faites-li bien, se bon vous semble :
Elle est estrange et povre femme;
Pour Dieu l'ay hebergié, par m'ame!
Ne scay quans jours.

LE CONTE.
Je la feray riche à touz jours,
Ne vous en doubtez pas, m'amie ;
Et vous n'en empirerez mie,
Je vous promet. A brief parler,
Gardez ne l'en laissiez aler
Tant qu'aie à vous .ij. présenté
Ce qui est en ma volenté
De vous donner.

L'OSTESSE.
Nanil, monseigneur, sanz doubter,
Mais qu'elle vueille.

L'IMPÉRATRICE.
(Ici elle fait infuser l'herbe.)
C'est bien, attendez un peu : je saurai
bientôt s'il en est ainsi. Tenez, sire; maintenant buvez ceci, et avalez-le.

L'HÔTESSE.
Sire, certainement tout le mal s'en est allé
de votre visage : vous n'avez plus en haut ni
en bas aucune pustule ni aucun bouton; au
contraire, votre chair est aussi nette que
celle d'un nouveau-né. Par mon ame! voici
une belle cure, noble et éclatante.

LE COMTE.
Dame, vous avez, certes, bien mérité de
moi une récompense. Allons! demandez,
que voulez-vous avoir de moi? puisque je
me vois en bonne santé et guéri, en vérité,
vous l'aurez.

L'IMPÉRATRICE.
Sire, louez Jésus-Christ et sa douce mère
de vous avoir guéri si radicalement de cette
amère douleur. Je ne veux pas d'autre récompense, et il ne serait pas juste que j'en
eusse, car ceci vient d'eux. — Belle hôtesse, allons-nous-en toutes deux en votre
logis.

L'HÔTESSE.
Allons, mon amie, je le veux bien. —
Sire, nous nous en allons ensemble. Si vous
le jugez à propos, faites-lui du bien : c'est une
pauvre étrangère; sur mon ame! je l'ai hébergée pour (l'amour de) Dieu, je ne sais
combien de jours.

LE COMTE.
Je la ferai riche pour toujours, n'en doutez pas, mon amie; et vous ne vous en trouverez pas mal, je vous le promets. Pour être
bref, gardez-vous de la laisser aller, jusqu'à
ce que je vous aie présenté à toutes deux ce
que mon intention est de vous donner.

L'HÔTESSE.
Nenni, monseigneur, certainement, pourvu qu'elle le veuille.

LE FRERE A L'EMPERIERE.
Las! mesellerie m'acueille;
Trop griément mais m'a accueilli.
Je voy li pié me sont failli;
Ne pevent mais porter mon corps,
Qui de pourreture est si ors
Et si puante est ma charongne
Qu'il n'est mais nulz qui ne m'eslongne,
Ne nulz ne se veult vers moy traire.
Las! chetif! qué pourray-je faire?
Trop grief m'est ceste maladie,
Quant nulz ne truis qui ne me die
Que n'en puis avoir garison
Pour mecine ne pour poison
    Que puisse prendre.
L'EMPERIERE.
Or sus, biaux seigneurs! sanz attendre,
Je vueil mon frere aler veoir,
Et savoir se riens pourveoir
    Li puis qui vaille.
LE ij^e SERGENT D'ARMES.
Sire, avec vous irons sanz faille
    Entre nous touz.
L'EMPERIERE.
Frere, comment le faites-vous?
    Dites-le-moy.
LE FRERE.
Monseigneur mon frere, par foy!
Ma maladie est si honteuse
C'onques mais de si dolereuse
Lepre ne fu homme abatu.
De touz poins m'a si abatu
Que je ne cuit de cy lever.
J'ay grant doubte de vous grever;
Pour Dieu mercy! ne m'aprouchiez:
De püeur sui touz entechiez
    Envenimée.
L'EMPERERIS (sic).
Et pensez-vous qu'il soit riens née
    Qui vous vaulsist?
LE FRERE.
Il n'est nul qui m'en garisist,
Ce m'ont dit les cirurgiens;
Et aussi les phisiciens
Me tesmoingnent pour veritable
C'est maladie non curable
    De sa nature.
LE MESSAGIER.
Le Dieu qui toute creature
Fist au commencement du monde

LE FRÈRE DE L'EMPEREUR.
Hélas! je suis en proie à la lèpre; mais elle m'a assailli trop grièvement. Je vois que les pieds me manquent; ils ne peuvent plus porter mon corps, et ma carcasse est si pourrie et si puante qu'il n'est personne qui ne m'évite, et nul ne veut approcher de moi. Hélas! malheureux! que pourrai-je faire? Cette maladie est bien terrible, puisque je ne trouve personne qui ne me dise que je n'en puis guérir, quelque médecine ou potion que je puisse prendre.

L'EMPEREUR.
Debout, beaux seigneurs! je veux, sans délai, aller voir mon frère, et savoir si je puis lui procurer rien qui vaille.

LE DEUXIÈME SERGENT D'ARMES.
Sire, nous irons tous avec vous sans y manquer.

L'EMPEREUR.
Frère, comment vous portez-vous? dites-le-moi.

LE FRÈRE.
Monseigneur mon frère, sur (ma) foi! ma maladie est si honteuse que jamais homme ne fut frappé d'une aussi douloureuse lèpre. Elle m'a tellement abattu de tous points que je ne crois pas me relever d'ici. J'ai grand' peur de vous incommoder; pour l'amour de Dieu! ne m'approchez pas: je suis tout infecté d'un venin puant.

L'EMPEREUR.
Et pensez-vous qu'il soit rien au monde qui vous soulageât?

LE FRÈRE.
A ce que m'ont dit les chirurgiens, il n'est personne qui puisse m'en guérir; et les médecins aussi me donnent pour véritable que c'est une maladie incurable de sa nature.

LE MESSAGER.
Mon cher seigneur, que Dieu, qui fit toutes les créatures au commencement du

Vostre honneur acroisse et habonde,
Mon seigneur chier.
L'EMPERIERE.
Or çà! comment va, messagier,
De ton voiage?
LE MESSAGIER.
Chier sire, pour vostre messaige
Faire, sachiez de verité
J'ay jusques à Naples esté.
Là, sire, au roy Robert parlay
Et là voz lettres li baillay,
Lesquelles il reçut à joie;
Et aussi ceulx-ci vous envoie,
Et à vous moult se recommande,
Et moult de foiz salut vous mande
Et amistié.
L'EMPERIERE.
Frere, pour Dieu et pour pitié,
S'on ne peut remede en vous mettre
Et qu'ainsi le dient ly maistre,
Prenez en vostre pestilence
Bon cuer et bonne pascience;
Je vous em pri.
LE FRERE.
Sire, à voz grez faire m'ottry,
Tant com pourray.
LE MESSAIGIER.
Encore un po parler voulray,
Sire, mais que ne vous desplaise.
Je vous voy assez à mal aise
Du mal que vostre frere porte,
Et ce forment vous desconforte
Que nul ne li scet procurer
Chose dont il le puist curer
Ne qui sa maladie sanne.
Sire, en la conté de Celanne,
De Malepel ne de Fondi
N'a mais nulx mesiaux, ce vous di;
Touz sont gariz par une femme
Qui là est, c'on tient sainte dame.
Nis le conte de Malepel,
Qui estoit droit pourri mesel,
A-elle gari tout à plain
Et rendu tout net et tout sain;
Ce ay-je veu.
PREMIER CHEVALIER.
Mon seigneur, se j'en sui créu,
Tout en l'eure la manderez
Et devers elle envoierez
Certain message.

monde, accroisse et augmente votre honneur!
L'EMPEREUR.
Eh bien! messager, qu'as-tu fait dans ton voyage?
LE MESSAGER.
Cher sire, sachez en vérité que, pour faire votre message, j'ai été jusqu'à Naples. Là, sire, je parlai au roi Robert, et là, je lui donnai vos lettres. Il les reçut avec joie, et il vous envoie celles-ci; il se recommande bien à vous, et vous mande mille fois salut et amitié.

L'EMPEREUR.
Frère, pour (l'amour de) Dieu et par pitié, si l'on ne peut apporter du remède à votre mal et que les docteurs le disent ainsi, prenez votre lèpre en patience et avec courage; je vous en prie.

LE FRÈRE.
Sire, je consens à faire votre volonté, autant que je pourrai.

LE MESSAGER.
Sire, ne vous déplaise, je voudrais un peu parler. Je vous vois assez mal à l'aise du mal que souffre votre frère, et vous êtes désespéré de ce que personne ne sait lui procurer rien dont il puisse guérir et qui détruise sa maladie. Sire, dans les comtés de Célanne, de Malepel et de Fondi il n'y a plus de lépreux, je vous l'assure; tous sont guéris par une femme qui est là et que l'on tient pour sainte. Elle a même guéri radicalement le comte de Malepel, qui était tout-à-fait pourri par la lèpre, et elle l'a rendu tout net et tout sain; je l'ai vu.

LE PREMIER CHEVALIER.
Monseigneur, si vous m'en croyez, vous la manderez sur l'heure et vous enverrez vers elle un messager sûr.

L'EMPERIERE.
Je vous tien de ce dire à sage,
Et si feray-je maintenant.
— Messire Orry, venez avant :
Alez-vous-ent, sanz cy songier,
Où vous menra mon messagier ;
Et faites tant, que qu'il aviengne,
Que celle dame avec vous viengne
Dont m'a parlé cy en present.
Faites-li d'avoir un present
 Grant, bel et riche.

LE CHEVALIER.
Sire, je n'en seray pas chiche.
— Alons-m'en ; je ne fineray
Tant qu'amenée cy l'aray,
 Se Dieu m'ament.

L'EMPERIERE.
Frere, tenez-vous liement ;
Se Dieu plaist, assez brief arez
Ce par quoy tout gari serez :
 C'est m'esperance.

LE FRERE.
E las, frere ! j'ay grant doubtance
D'avoir fortune si contraire
C'on ne puist celle dame attraire
 A cy venir.

L'EMPERIERE.
Or n'aiez plus tel souvenir,
 Qui ne vault preux.

LE MESSAGIER.
Celle qui garist les lepreux,
Messire Orry, monstrer vous vueil ;
Je la voy clerement de l'ueil :
 Vez-la là, sire.

ij^e CHEVALIER.
A li vois parler, par saint Sire !
Puisque tu me diz que c'est elle.
— Honneur et joye, damoiselle,
 Vous soit donnée !

L'EMPERERIS.
Sire, et Diex bonne destinée
 Vous doint aussi !

ij^e CHEVALIER.
Dame, à vous m'a envoié cy
Le noble emperiere de Romme ;
La cause vous diray en somme :
Son frere est du mal si attaint
De lepre qu'il est tout destaint,
Et a jà le corps si pourry

L'EMPEREUR.
Je vous tiens pour sage d'avoir dit cela, et je le ferai maintenant. — Messire Orry, avancez : allez-vous-en, sans rêver ici, où mon messager vous mènera ; et faites si bien, quoi qu'il advienne, que cette dame dont il m'a parlé tout à l'heure vienne avec vous. Faites-lui un présent de prix, grand, beau et riche.

LE CHEVALIER.
Sire, je n'en serai pas chiche. — Allons-nous-en ; je ne m'arrêterai pas tant que je l'aie amenée ici, si Dieu me protége.

L'EMPEREUR.
Frère, tenez-vous en joie ; s'il plaît à Dieu, vous aurez bientôt de quoi être entièrement guéri : c'est mon espérance.

LE FRÈRE.
Hélas, frère ! j'ai bien peur que la fortune me soit si contraire que l'on ne puisse décider cette dame à venir ici.

L'EMPEREUR.
Allons ! n'ayez plus un tel souvenir, cela ne vaut rien.

LE MESSAGER.
Messire Orry, je veux vous montrer celle qui guérit les lépreux ; mes yeux la voient : la voilà, sire.

LE DEUXIÈME CHEVALIER.
Par saint Cyr ! je vais lui parler, puisque tu me dis que c'est elle. — Honneur et joie, demoiselle, vous soient donnés !

L'IMPÉRATRICE.
Et que Dieu, sire, vous donne aussi une bonne destinée !

LE DEUXIÈME CHEVALIER.
Dame, le noble empereur de Rome m'a envoyé ici vers vous ; en somme, voici pourquoi : son frère est tellement atteint du mal de lèpre qu'il est tout blême, et il a déjà le corps dans un tel état de putréfaction que ceux même qu'il a nourris craignent de l'ap-

Que ceulx mesmes qu'il a norri
Le redoubtent à approuchier;
Et l'emperiere, qui l'a chier,
Si est enfourmé par parole,
Ainsi com renommée vole,
Que vous garissez de tel mal :
Si vous depri, franc cuer loyal,
Ne vous faites pas plus requerre.
Quant tel seigneur vous mande querre,
 Venez à li.

L'EMPERERIS.

Sire, onques Dieux ne me failli;
Tant po comme j'ay me souffist :
Loez soit celui qui me fist!
N'onques ne fu de cy à Romme.
Avecques ce je n'ay point d'omme
En qui du tout fier m'osasse,
Fust que voulentiers y alasse;
 Je vous dy voir.

ij^e CHEVALIER.

Dame, ne vous doubtez d'avoir,
Se venez en ma compagnie,
Tant soit petit de villenie :
Je vous jur com bon chevalier,
Ains me lairay vif destaillier
 Que mal aiez.

L'EMPERERIS.

Ore puisqu'ainsi m'apaiez,
A vostre dit m'assentiray
Et ce que requerez feray.
 Alons-m'en, sire.

ij^e CHEVALIER.

Messagier, va-t'en devant dire
C'on face bonne chiere et haulte,
Que briément serons là sanz faulte
 Moy et la dame.

LE MESSAGIER.

Sire Orri, voulentiers, par m'ame!
 Si vois courant.

LE FRERE.

E las! trop me va demourant
La mort quant à fin ne me livre,
A ce que je fusse delivre
 De ceste angoisse.

LE MESSAGIER.

Sire, Diex en vous joie croisse;
Et en vous, sire, qui ce lit
Gardez voire à po de delit!
N'y a plus, faites bonne chiere :

procher. L'empereur, qui le chérit, a appris par la renommée que vous guérissez de cette maladie : je vous prie donc, cœur franc et loyal, de ne pas vous faire prier davantage. Puisqu'un tel seigneur vous envoie chercher, venez vers lui.

L'IMPÉRATRICE.

Sire, jamais Dieu ne me manqua; le peu que j'ai me suffit : que celui qui me fit soit loué! Jamais je n'ai quitté ces lieux pour aller à Rome. Avec cela je n'ai point d'homme en qui j'oserais me fier entièrement, supposé que je consentisse à y aller; je vous dis vrai.

LE DEUXIÈME CHEVALIER.

Dame, si vous venez en ma compagnie, ne craignez pas d'être en butte au moindre outrage : je vous le jure comme bon chevalier, je me laisserai tailler en pièces plutôt que vous ayez du mal.

L'IMPÉRATRICE.

Puisque vous me donnez une pareille assurance, je consentirai à ce que vous me dites et ferai ce dont vous me priez. Sire, allons-nous-en.

LE DEUXIÈME CHEVALIER.

Messager, va-t'en devant dire que l'on fasse bonne et grande joie, car la dame et moi nous serons bientôt là sans faute.

LE MESSAGER.

Sire Orry, volontiers, par mon ame! j'y vais courant.

LE FRÈRE.

Hélas! la mort tarde trop à terminer ma vie, pour que je sois délivré de ce tourment.

LE MESSAGER.

Sire, que Dieu vous donne plus de joie; et à vous, sire, qui gardez ce lit avec peu de plaisir, en vérité! C'est fini, réjouissez-vous : le dame sainte et non pas fière, qui,

La sainte dame, non pas fiere,
Qui, se Dieu plaist, vous garira,
Assez briément ici sera;
Je vous denonce qu'elle vient,
Et moult humblement se maintient
　　En touz estaz.

L'EMPERERIS (sic).

Je lo c'on voit isnel le pas
Faire le savoir au saint pere,
Afin qu'il voie et qu'il appere
Que n'euvre pas de mauvais art.
— Messire Brun, que Dieu vous gart!
　　Alez li dire.

PREMIER CHEVALIER.

Voulentiers; d'aler-y, chier sire,
Vueil faire en l'eure diligence.
— A vostre sainté reverence,
Saint pere, de par moy soit faitte!
Je vous vien dire, s'il vous haitte,
Que celle dame vient bonne erre
Qu'est alé messire Orry querre;
Ce vous fait monseigneur savoir,
Et, s'il vous plaist, venrez veoir
Comment sur son frere ouverra,
Et se santé recouvrera
　　Par son ouvrage.

LE PAPE.

Biau filx, je iray de bon courage;
Car onques mais de creature,
Fors que Dieu, qui féist tel cure
　　N'oy parler.

PREMIER CARDINAL.

Je tien que nul n'en peut sanner,
Sanz grant grace de Dieu avoir.
— Saint pere, alons-y pour veoir
　　Qu'elle fera.

ij^e CARDINAL.

Alons; certes, ce ne sera
　　Que bien à faire.

LE PAPE.

Biaux seigneurs, en grace parfaire
Vous vueille Dieu de paradis,
Et voz mesfaiz et vos mesdiz
　　Touz vous pardoint!

L'EMPERIERE.

Saint pere, et il vie vous doint
　　Bonne pour l'ame!

LE PAPE.

Ore venra par temps la fame

s'il plaît à Dieu, vous guérira, sera bientôt ici; je vous annonce qu'elle vient, et qu'elle se maintient fort humblement partout.

L'EMPEREUR.

Je suis d'avis qu'on aille sur-le-champ le faire savoir au saint père, afin qu'il voie et reconnaisse qu'elle n'opère pas avec le secours de la magie. — Messire Brun, Dieu vous garde! allez le lui dire.

LE PREMIER CHEVALIER.

Volontiers; cher sire, je veux sur l'heure me hâter d'y aller. — Saint père, salut à votre sainteté! Je viens, avec votre agrément, vous dire que cette dame que messire Orry est allé chercher, vient bien vite; monseigneur vous le mande. Et, s'il vous plaît, vous viendrez voir comment elle opérera sur son frère, et s'il recouvrera la santé par son entremise.

LE PAPE.

Mon fils, je m'y rendrai de bon cœur; car je n'ouïs jamais parler d'une créature qui opérât une pareille guérison, si ce n'est Dieu.

LE PREMIER CARDINAL.

Je tiens que nul n'en peut guérir, sans avoir une grande grâce de Dieu. — Saint père, allons-y pour voir ce qu'elle fera.

LE DEUXIÈME CARDINAL.

Allons; certes, ce ne sera que bien fait.

LE PAPE.

Beaux seigneurs, que Dieu de paradis veuille vous perfectionner en grâce, et vous pardonne tous vos méfaits et vos mauvaises paroles!

L'EMPEREUR.

Et qu'à vous, saint père, il vous donne une vie qui soit bonne à votre ame!

LE PAPE.

La femme qui doit guérir votre frère vien-

Qui vostre frere doit garir?
J'ay de elle veoir grant desir,
　Par bonne foy!
LE MESSAGIER.
Messeigneurs, sachiez là la voy,
Où elle vient tout bellement,
Et messire Orry ensement
　Qui la costoie.
L'EMPERIERE.
Saint pere, par foy! je doubtoie
Qu'elle ne venist pas si tost.
Or, nous souffrons de dire mot
　Tant qu'elle viengne.
ij^e CHEVALIER.
Dame, s'en grace Dieu me tiengne!
Le pape et l'emperiere ensemble
Povez là veoir : il me semble
　Qu'il nous attendent.
L'EMPERERIS.
Au mains les faces vers nous tendent;
Sire, je croy que dites voir.
Alons faire nostre devoir
　De eulx saluer.
ij^e CHEVALIER.
Diex de sa grace esvertuer
Vueille toute la compagnie
Que je cy voy acompagnie
　Tant noble et digne!
L'EMPERERIS.
Celle qui des cieulx est royne
Vous soit amie et près et loing,
Messeigneurs, et à grant besoing
　Secours vous face!
LE FRERE.
Chiere dame, par vostre grace
Quant cy pour moy estes venue,
Vostre aide sanz attendue
　Me monstrez, dame.
L'EMPERERIS.
Voulentiers, mon ami, par m'ame!
Mais avant ij. moz vous diray :
De tel mal qu'avez, c'est tout vray,
Nulz à droit santé ne recuevre,
Se Dieu de sa grace n'y euvre;
Ne nul ne peut sa grace avoir
Tant con soit en pechié, c'est voir.
Si vous diray que vous ferez :
Touz voz pechiez confesserez
De cuer contrict et repentant.

dra-t-elle bientôt? en vérité, j'ai grand désir de la voir.

LE MESSAGER.
Messeigneurs, sachez que je la vois là-bas : elle vient d'un bon pas; je vois aussi messire Orry qui est à côté d'elle.

L'EMPEREUR.
Saint père, par (ma) foi! je craignais qu'elle ne vînt pas sitôt. Maintenant, ne disons rien jusqu'à ce qu'elle vienne.

LE DEUXIÈME CHEVALIER.
Dame, que Dieu me tienne en grâce! vous pouvez voir là-bas le pape et l'empereur ensemble : il me semble qu'ils nous attendent.

L'IMPÉRATRICE.
Au moins ils tendent leurs faces vers nous; sire, je crois que vous dites vrai. Allons faire notre devoir en les saluant.

LE DEUXIÈME CHEVALIER.
Que Dieu veuille fortifier de sa grâce toute la compagnie si noble et si digne que je vois ici rassemblée!

L'IMPÉRATRICE.
Que celle qui est reine des cieux soit votre amie de près et de loin, messeigneurs, et vous secoure dans l'adversité!

LE FRÈRE.
Chère dame, puisque vous avez daigné venir ici pour moi, manifestez-moi sans délai votre aide, dame.

L'IMPÉRATRICE.
Volontiers, mon ami, sur mon ame! Mais auparavant je vous dirai deux mots : la vérité est que personne ne se rétablit parfaitement du mal que vous avez, à moins que Dieu n'y opère par sa grâce; et il est également vrai que nul ne peut avoir sa grâce tant qu'il est en état de péché. Je vous dirai donc ce que vous ferez : vous confesserez tous vos péchés d'un cœur contrit et repentant. Quand vous en aurez agi ainsi, je

Quant l'arez fait, je feray tant,
Après la grace Dieu premiere,
Qu'à santé revenra entiere
　　Tout vostre corps.

LE FRERE.

Certes, dame, je m'y accors,
　　Mais qu'aie prestre.

LE PAPE.

Penancier, alez vous la mettre,
　　Pour l'escouter.

PREMIER CARDINAL.

Voulentiers, sire, sanz doubter.
— Or dites ce qui vous plaira,
Sire; je sui qui vous orra,
　　Benignement.

LE FRERE.

Chier sire, à Dieu premierement
Et à touz sains et toutes saintes,
Dont il y a plusieurs et maintes,
Et à vous me rens-je confès
De touz mes mesdiz et meffaiz
C'onques fis; et premierement...
Ho! parler vueil plus bellement,
Que nul ne m'oye mais que vous.
Je le feray, biau pere doulx,
　　Très voulentiers.

(Cy fait sem[blant] de confesser, [et] l'autre de don[ner] l'absolucio[n].)

PREMIER CARDINAL.

Dame, or vous plaise, en dementiers
Qu'il est vray repentant confès,
Qu'aucun reconfort li soit faiz,
　　Dame, par vous.

L'EMPERERIS.

Tenez, buvez, mon ami doulx;
Par ce boire-ci sanz respit
Saray se vous avez tout dit,
　　Vous confessant.

LE FRERE.

Las! mon mal m'est plus angoissant
Qu'avant ce que fusse à confesse;
Par ce buvrage point ne cesse
　　Ne po ne goute.

L'EMPERERIS.

Messeigneurs, je vous dy sanz doubte
Que li meismes s'est deceu.
— Certes, aucun pechié téu

ferai tant, toutefois après la grâce de Dieu, que tout votre corps reviendra complétement à la santé.

LE FRÈRE.

Certes, dame, j'y consens, pourvu que j'aie un prêtre.

LE PAPE.

Pénitencier, allez-vous mettre là-bas pour l'écouter.

LE PREMIER CARDINAL.

Volontiers, sire, sans hésiter. — Allons! dites ce qu'il vous plaira, sire; je suis prêt à vous entendre avec bonté.

LE FRÈRE.

Cher sire, je me confesse d'abord à Dieu et à tous les saints et les saintes, dont il y a un grand nombre, et puis à vous, de tous les péchés que je commis jamais en paroles et en actions; et d'abord... Oh! je veux parler plus doucement, afin que nul autre que vous ne m'entende. Bel et doux père, je le ferai très-volontiers.

(Ici il fait semblant de se confesser, et l'autre de donner l'absolution.)

LE PREMIER CARDINAL.

Dame, veuillez, maintenant qu'il est confessé et véritablement repentant, lui procurer quelque reconfort.

L'IMPÉRATRICE.

Tenez, buvez, mon doux ami; par cette boisson je saurai sur-le-champ si vous avez tout dit dans votre confession.

LE FRÈRE.

Hélas! mon mal me tourmente encore plus qu'avant que je fusse à confesse; ce breuvage ne l'a point fait cesser le moins du monde.

L'IMPÉRATRICE.

Messeigneurs, je vous le dis, il n'y a pas à douter que lui-même ne se soit déçu. — Certes, ami, vous avez dans votre confession

Avez, amis, à confesser,
Qui vostre mal tolt à cesser,
　　Je n'en doubt mie.
　　　　LE FRERE.
Est-ce pour cela? Voit, m'amie,
Ainsi come il pourra aler;
Car j'ay plus chier, à brief parler,
Pourrir en ceste maladie
Et mourir que ce que je die
A nul homme, je vous promet,
Une chose qui ou cuer m'e[s]t
　　Mise et reposte.
　　　　L'EMPERERIS.
Et c'est ce qui santé vous oste.
Je vous dy, vous ne garirez
Jusques à tant que dit l'arez;
　　N'en doubtez point.
　　　　LE FRERE.
Or, demeure donc en ce point,
Qu'en cest estat morir pourray;
Mais jà ne le revelleray
　　A homme né.
　　　　L'EMPERERE.
Frere, je vous voi mal sené,
Qui amez miex ainsi morir
Que vostre pechié regehir.
Hé! pour Dieu! avisez-vous, frere;
Ostez-vous de ceste misere,
　　Metez tout hors.
　　　　LE PAPE.
Se vous ne perdez que le corps,
Biau filz, il ne pourroit chaloir;
Mais de l'ame perdre voloir
Qui est faicte à la Dieu ymage,
Vraiement, c'est trop grant damage;
Et se elle va à dampnement,
Si fera le corps ensement
Voire tant com Dieu sera Diex:
Si vous pri, biau filz, pour le miex,
Dites tout et n'y faites compte:
Ainsi ferez au dyable honte,
Et les anges esjoïrez,
Et ainsi vous vous sauverez
　　Par my ceste euvre.
　　　　LE FRERE.
Puisqu'il faul[t] que je me descuevre,
Devant vous touz diray de fait
L'enormité de mon meffait:
Qui est, frere, dure et amer.
Quant alé fustes oultre mer,

tû quelque péché : c'est, je n'en doute pas, ce qui empêche votre mal de cesser.

　　　　LE FRERE.
Est-ce pour cela? Amie, que la chose aille comme elle pourra aller; car j'aime mieux, pour être bref, pourrir dans cette maladie et mourir que de dire à nul homme, je vous le promets, une chose que je tiens cachée dans mon sein.

　　　　L'IMPÉRATRICE.
Et c'est ce qui vous ôte la santé. Je vous le dis, vous ne guérirez pas que vous ne l'ayez révélée; n'en doutez point.

　　　　LE FRÈRE.
Eh bien! que cela reste donc en ce point, car je pourrai mourir en cet état; mais je ne le révélerai à aucune personne vivante.

　　　　L'EMPEREUR.
Frère, vous êtes fou, je le vois, de mieux aimer mourir ainsi que d'avouer votre péché. Hé! pour (l'amour de) Dieu! ravisez-vous, frère; ôtez-vous de cet état misérable, déclarez tout.

　　　　LE PAPE.
Mon fils, si vous ne perdiez que le corps, cela pourrait être indifférent; mais vouloir perdre l'ame qui est faite à l'image de Dieu, vraiment, c'est trop grand dommage; et si elle va à damnation, le corps fera de même certainement autant que Dieu sera Dieu: mon cher fils, je vous prie donc de prendre un meilleur parti, et de tout dire sans en rien rabattre: ainsi vous ferez honte au diable, vous réjouirez les anges, et vous vous sauverez par ce moyen.

　　　　LE FRÈRE.
Puisqu'il faut que je me découvre, je dirai devant vous tous l'énormité de mon crime: ce qui est, mon frère, dur et amer. Un jour de l'Ascension, après que vous fûtes allé outre-mer, j'étais près de votre femme;

A une Ascension après,
De vostre femme estoie près :
Si me sembla lors si très belle
(Et vraiement si estoit-elle)
Que sa grant biauté convoitier
La me fist. Ne m'en seu gaittier,
Et l'ennemy tant me tempta
Par fol desir qu'en moy enta,
Qu'à vostre honneur garder ne quis;
Mais plusieurs foiz je la requis
De villenie et de hontage;
Mais comme dame et bonne et sage
A moy oïr point ne li sist,
Et pour ce emprisonner me fist;
Mais moult bien me fist aourner
Jusques à vostre retourner,
Qu'elle me mist hors de prison.
Lors parfis-je ma traïson
Quant tant, frere, vous amusay
Que si aigrement l'acusay
Que la féistes à mort mettre
Sanz raison et d'onneur demettre;
Car elle estoit pure inocent :
Et pour ce me juge et concent
A morir de mort très cruelle,
Comme escorchier, ardoir ou telle
 Com vous direz.

   L'EMPERERIS.

Ore, amis, cecy buverez,
Se vous avez tout confessé.
Gardez que riens n'aiez laissé
 Ne retenu.

   LE FRERE.

Voir, de riens ne m'a souvenu
 Que n'aie dit.

   L'EMPERERIS.

Or buvez donc sanz contredit
 Hardiement.

   LE PAPE.

Dame, je tiens ha[r]diement
Que Dieu vous ayme, et il appert
Quant de tel mal si en appert
 L'avez gari.

   PREMIER CARDINAL.

Il li doit bien estre meri :
 C'est noble fait.

   ij^e CARDINAL.

Certes, Diex pour la dame fait

elle me sembla alors si belle (et vraiment elle l'était) que sa grande beauté me la fit convoiter. Je ne sus m'en défendre, et le diable me tenta tellement par un désir insensé qu'il m'inspira, que je ne cherchai plus à garder votre honneur; au contraire, je la requis plusieurs fois de commettre une action vilaine et honteuse; mais en femme de bien et sage, elle ne s'arrêta point à m'écouter, et pour cela elle me fit mettre en prison. Cependant elle me fit bien traiter jusqu'à votre retour, qu'elle me rendit la liberté. Alors, frère, j'achevai ma trahison en vous trompant audacieusement et en portant contre elle une accusation si grave que vous la fîtes sans raison descendre de sa dignité et mettre à mort; car elle était complétement innocente : c'est pourquoi je consens et me condamne à mourir d'une mort très-cruelle, comme à être écorché, brûlé ou à subir tel supplice que vous direz.

   L'IMPÉRATRICE.

Maintenant, ami, si vous avez tout confessé, vous boirez ceci. Voyez si vous n'avez rien oublié ou célé.

   LE FRÈRE.

En vérité, je ne me souviens de rien que je n'aie dit.

   L'IMPÉRATRICE.

Eh bien ! buvez donc hardiment et sans réplique.

   LE PAPE.

Dame, je tiens pour certain que Dieu vous aime, et cela se voit bien alors que vous l'avez guéri aussi promptement d'un mal pareil.

   LE PREMIER CARDINAL.

C'est une noble action : elle doit bien en être récompensée.

   LE DEUXIÈME CARDINAL.

Certes, Dieu fait des miracles pour la

Miracles, ce n'est mie doubte,
Quant tel mal garist et hors boute
    Si bien et bel.

L'EMPERIERE.

Ha, frere! comment fuz-tu tel
Que pensas telle tricherie
Pour acomplir ta lecherie?
Bien m'as fait de sens esperdu
Quant j'ay par toy celle perdu
Qui si m'estoit bonne et entiere,
Qui estoit la grant aumosniere,
Qui les povres Dieu soustenoit,
Qui les bons conseulz me donnoit
    A mon besoing.

L'EMPERERIS.

Mon chier seigneur, je sui de loing,
Si m'en vueil r'aler en ma terre.
Pour ma paine vous vien requerre,
Sire, et en satiffacion
Que vous faciez remission
Vostre frere et lui pardonnez
Son meffait; et ne me donnez
    Autre salaire.

L'EMPERIERE.

Dame, coment le pourray faire?
Je ne scé, se Dieu me sequeure.
Mourir voulroie bien en l'eure
    Cy devant vous.

L'EMPERERIS.

De vous courroucer, sire doulx,
Tellement n'est pas bon, par m'ame!
Se perdu avez une femme,
Cent en arez, se vous voulez;
Ne scé pour quoy vous adolez
    Par tel maniere.

L'EMPERIERE.

Que dites-vous, m'amie chiere?
J'ay perdu m'onneur et ma joie;
Car, certes, la meilleur avoie
Qui onques fust née de mere:
Si en suis en doleur amere
Que pour elle despis et hé
Moi, mon empire et quanque j'é;
Et voy bien que par ses amis
J'en pourray estre à essil mis
    Et à nient.

L'EMPERERIS.

Très chier sire, puisqu'à ce vient,

dame, il n'y a pas à en douter, puisqu'elle guérit et chasse dehors si tôt et si bien un tel mal.

L'EMPEREUR.

Ah, frère! comment as-tu pu concevoir une pareille scélératesse pour assouvir ta luxure? Tu m'as bien accablé de douleur quand tu m'as fait perdre celle qui m'était si bonne et si dévouée, qui faisait tant d'aumônes, qui soutenait les pauvres de Dieu, et qui me donnait de bons avis dans mes nécessités.

L'IMPÉRATRICE.

Mon cher seigneur, je suis de loin, et veux m'en retourner dans mon pays. Pour ma peine et comme marque de votre satisfaction, je viens vous prier, sire, d'accorder à votre frère la rémission et le pardon de son crime; ne me donnez pas d'autre salaire.

L'EMPEREUR.

Dame, comment pourrai-je le faire? je ne sais, Dieu me secoure! Je voudrais bien mourir sur l'heure même ici devant vous.

L'IMPÉRATRICE.

Mon doux sire, sur mon ame! il n'est pas bon de se courroucer si fort. Si vous avez perdu une femme, vous en aurez cent, si vous voulez; je ne sais pourquoi vous vous désolez ainsi.

L'EMPEREUR.

Ma chère amie, que dites-vous? J'ai perdu mon honneur et ma joie; car, certes, j'avais la meilleure (femme) qui naquit jamais d'une mère: c'est pourquoi je suis dans une douleur si amère que pour elle je méprise et je hais moi-même, mon empire et tout ce que j'ai; et je vois bien que par ses amis je puis à cause d'elle être malmené et anéanti.

L'IMPÉRATRICE.

Très-cher sire, puisqu'il en est ainsi, di-

Dites-moy: et l'amiez-vous tant
Com vous en faites le semblant,
 Se Dieu vous voie?
  L'EMPERIERE.
Oïl; et faire le devoie,
Dame, tant pour les grans honneurs
Comme aussi pour les bonnes meurs
 Qu'en li avoit.
  L'EMPERERIS.
Je vous deffens, comment qu'il voit,
Maishuy devant moy le plourer;
Je ne le puis plus endurer :
Chier sire, je sui vostre amie;
Ne me recognoisses-vous mie?
Or me regardez bien en face.
Dieu m'a sauvée par sa grace,
Et la Dame de majesté
En quel garde y ai puis esté
 Par sa doulceur.
  L'EMPERIERE.
Ma chiere compaigne, ma seur,
M'amour, mon solaz, or sui-je aise
Quant je te voy! Baise-moy, baise
 Et si m'acole.

  (Cy se pasment.)

  LE PAPE.
De joie ont perdu la parole
Touz ij. et sont en paumoisons :
Alons et si les relevons
 Ysnellement.
  PREMIER CHEVALIER.
Bien dites, sire, vraiement;
 Alons à eulx.
  LE PAPE.
Or sus, de par Dieu! sus, touz deux!
C'est assez jeu.
  L'EMPERIERE.
Saint pere, esté ay deceu.
Vez cy l'empereris ma femme,
Que ne congnoissoie, par m'ame!
Loée en soit la Trinité!
— Pour Dieu! comment vous a esté
 Depuis, m'amie?
  L'EMPERERIS.
Je ne vous en mentiray mie;
Mais vous compteray verité.
J'ay puis éu trop povreté;
Car, quant à vos gens me baillastes
Et pour mettre à mort me livrastes,

tes-moi : l'aimiez-vous autant, Dieu vous garde! que vous en faites semblant?

  L'EMPEREUR.

Oui; et je devais le faire, dame, tant pour sa haute position que pour les bonnes qualités qu'elle avait.

  L'IMPÉRATRICE.

Quoi qu'il en soit, je vous défends de pleurer davantage devant moi. Je ne puis plus y tenir : cher sire, je suis votre amie; ne me reconnaissez-vous pas? Allons! regardez-moi bien en face. Dieu par sa grâce m'a sauvée, lui ainsi que la Dame de majesté en la douce garde de qui j'ai depuis été.

  L'EMPEREUR.

Ma chère compagne, ma sœur, mon amour, ma joie, à cette heure je suis heureux puisque je te vois! Baise-moi, baise et embrasse-moi.

  (Ici ils se pâment.)

  LE PAPE.

Tous deux ils sont muets de joie, et en pâmoison : allons et relevons-les tout de suite.

  LE PREMIER CHEVALIER.

En vérité, vous dites bien, sire; allons à eux.

  LE PAPE.

Debout, de par Dieu! debout, tous deux! vous avez été assez long-temps par terre.

  L'EMPEREUR.

Saint père, j'ai été déçu. Voici l'impératrice ma femme, que, sur mon ame, je ne reconnaissais pas. Que la Trinité en soit louée! — Par Dieu! comment vous êtes-vous portée depuis, mon amie?

  L'IMPÉRATRICE.

Je ne vous ferai pas de mensonge; au contraire, je vous conterai la vérité. J'ai eu depuis beaucoup de misères; car, quand vous me donnâtes à vos gens et que vous me livrâtes pour être mise à mort, ils furent tous

Touz furent de si bon affaire
Qu'il ne m'endurerent mal faire.
A une roche me menerent
Dedans la mer, où me laisserent.
De là ne povoie bougier.
Là fu-je trois jours sanz mengier
Et de la mer tant debatue
Que je chay toute abatue
Sur la roche, et là m'endormi.
Là vint aussi que fui en mi
Mon somme la Dame des cieulx,
Qui me reconforta trop mieulx
Que je ne vous pourroie dire,
Et me donna les herbes, sire,
Dont j'ay puis gari maint mesel.
A ce tiers jour vint un vaissel
De vonnes (sic) gens qui me leverent
Et avec eulx m'en amenerent
Et me mistrent à seche terre.
Ainsi depuis j'ay fait mainte erre
Par le païs où j'ai hanté;
Que j'ay ramené à santé
Touz les mesiaux quanque en trouvoie,
Si tost qu'à boire leur donnoie
Un po de l'erbe digne et chiere
Que m'apporta la tresoriere
De grace de son paradis
Et que mist soubz mon chief, tant dis
    Que je dormoie.

LE PAPE.

Vez cy grant pitié et grant joie
Et un miracle solempnel.
Or entendez : il n'y a el,
Ensemble touz nous en irons
En mon palais, et là ferons,
Puisque je voy la chose telle,
Feste solempnel, grant et belle.
Alons-m'en, ci plus n'arrestons;
Mais je vueil qu'en alant chantons.
Mes clers voulsisse ici avoir,
Si que féissent leur devoir
    De bien chanter.

PREMIER SERGENT D'ARMES.

Je les vois querre sanz doubter;
Sire, tost les feray venir.
— Seigneurs, sanz vous plus ci tenir
Venez-vous-ent tost au saint pere :
Il veult que chantez à voiz clere
    Devant li, touz.

de si bon naturel qu'ils ne souffrirent pas que l'on me fît du mal. Ils me menèrent à une roche dans la mer, et m'y laissèrent. Je ne pouvais bouger de là. J'y fus pendant trois jours sans manger, et tellement battue par la mer que je tombai sans connaissance sur la roche, et là je m'endormis. Au milieu de mon sommeil survint la Dame des cieux, qui me réconforta bien mieux que je ne vous pourrais dire; elle me donna les herbes, sire, avec lesquelles j'ai depuis guéri maint lépreux. Au troisième jour vint un vaisseau monté par des gens de bien qui me recueillirent, m'emmenèrent avec eux et me mirent sur la terre ferme. Depuis j'ai fait ainsi mainte course dans le pays où j'ai habité; car je ramenais à la santé tous les lépreux que je trouvais, aussitôt que je leur donnais à boire un peu de l'herbe précieuse et rare que la trésorière de grâce m'apporta de son paradis et qu'elle mit sous ma tête, tandis que je dormais.

LE PAPE.

Voici grand' pitié et grand' joie et un miracle solennel. Allons, écoutez! il n'y a rien de mieux à faire, nous nous en irons tous ensemble dans mon palais, et là, puisque je vois que la chose est ainsi, nous ferons une fête solennelle, grande et belle. Allons-nous-en, ne nous arrêtons plus ici; mais je veux que nous chantions en route. Je voudrais avoir ici mes clercs, pour qu'ils fissent leur devoir en chantant bien.

LE PREMIER SERGENT D'ARMES.

En vérité, je vais les chercher; sire, je les ferai vite venir. — Seigneurs, sans vous arrêter ici davantage, venez-vous-en promptement auprès du saint père : il veut que, vous tous, vous chantiez devant lui d'une voix éclatante.

LES CLERS.

Si chanterons, mon ami doulx,
  Très voulentiers.

LE PAPE.

Savez qu'il est, mes amis chiers?
Nous avons touz cause de joie :
Si que chantez, tant c'on vous oie ;
  Car je le vueil.

L'UN DES CLERS.

Sire, nous ferons vostre vueil
Benignement : il est raisons.
Sus ! d'accort ensemble disons
  Ce motet-cy.

EXPLICIT.

LES CLERCS.

Mon doux ami, nous chanterons très-volontiers.

LE PAPE.

Vous savez ce que c'est, mes chers amis ? nous avons tous cause de joie : c'est pourquoi chantez, qu'on vous entende ; car je le veux.

L'UN DES CLERCS.

Sire, nous ferons votre volonté de bon cœur : c'est raison. — Allons ! disons ensemble et d'accord ce motet-ci.

FIN.

F. M.

UN MIRACLE
DE NOSTRE-DAME.

NOTICE.

La pièce suivante est tirée du manuscrit de la Bibliothèque Royale n° 7208. 4. B. où elle commence au folio 69 recto, col. 1. L'intrigue en est la même que celle qui règne dans le *Cymbeline* de Shakspeare, dans le *Roman de la Violette,* et dans celui *dou roi Flore et de la belle Jehanne*. Comme ce dernier ouvrage est vraiment délicieux et de peu d'étendue, nous croyons devoir en donner ici le texte, sans l'accompagner d'une traduction, qui serait très difficile à faire et qui ne rendrait que fort imparfaitement la naïveté et la grâce de l'original. Quant aux autres détails relatifs à la fable sur laquelle est basée la pièce qui nous occupe, le lecteur les trouvera dans la préface de notre édition du *Roman de la Violette*.

En ceste partie dist li contes d'un roi ki ot à non li rois Flores d'Ausai. Il fu molt boins chevaliers et gentius hon de haut linage. Cis rois Flores d'Ausai prist à fenme le fille au prinche de Braibant, ki molt fu gentius fenme et de grant linage ; et molt estoit bielle pucielle cant il l'espousa, et gente de cors et de façon ; et dist li contes ke elle n'avoit ke xv. ans cant li rois Flores le prist, et il en avoit xvij. Molt menerent boine vie comme jouene gent ki molt s'entr'amoient ; mais li rois Flores ne pooit avoir nul enfant de li : dont il estoit molt dolans, et elle ausi en estoit molt courecie.

Celle dame fu molt bielle, et molt ama Dieu et sainte Eglise, et si estoit si bonne aumousniere et si karitavle ke elle paisoit et reviestoit les povres et lor baisoit piés et mains ; et as mesiaus et as mesielles estoit-elle si privée et si devote ke li Sains-Esperis manoit en li. Ses sires, li rois Flores, aloit souvent as tournois et en Alemagne et en Franche et en mains païs là ù il les savoit, cant il estoit sans guere, et i fasoit molt grans despens et molt de s'onneur. Or lait li contes à parler de lui, et parolle d'un chevalier ki manoit en le marche de Flandres et de Hainnau. Chil chevaliers fu molt preus et molt hardis et molt seurs, et ot à fenme une molt bielle dame de cui il avoit une molt bielle fille, ki avoit à non Jehane et estoit en l'eage de xij. ans.

Molt fu grans parolle de celle bielle pucielle, car en tout le païs n'avoit si biele. Sa mere disoit souvent à son segnor ke il le mariast ; mais il entendoit si à siuir les tournoiemens k'il ne li caloit gaires de sa fille cant à marier, et tout adiès l'en amousnestoit sa fame cant il venoit des tournois. Chil chevaliers avoit un eskuier ki avoit non Robins, ki fu li plus preus eskuiers c'on trouvast en nul païs ; et par sa proaice et par son boin los raportoit souvent ses sires le pris dou tournoiement ù il aloit ; tant ke sa dame li dist ensi : « Robin, mesires entent tant à ces tornois ke je n'en sai ke dire : si en sui trop courecie ; car je vosise bien k'il

27

meist painne et kure à ma fille marier. Si te pri par amors ke, cant tu veras le point, ke tu li dies k'il fait trop mal et trop est blasmés cant il ne marie sa bielle fille; car il n'a chevalier en cest païs, tant soit rices, ki volentiers ne le preist. » — « Dame, dist Robins, vous avés bien dit. Je li dirai molt bien; car ausi me croit-il d'asés de choses, et ausi fera-il de ceste, je croi. » — « Robin, dist li dame, je te pri en tous gueuredons de ceste besongne. » — « Dame, dist Robins, g'en sui tous priiés. Saciés ke jou en ferai mon pooir. » — « C'est asés, » dist la dame. Ne demora gaires ke li chevaliers mut à aler à .j. tournoiement loing de son païs. Cant il vint là si fu tos retenus de maisnie, il et si chevalier k'il avoit de mesnie; et fu sa baniere portée à l'ostel son mestre. Li tournois coumencha, et le fist li chevaliers si bien par le bien fait Robin son eskuier, ke il enporta le los et le pris dou tournoi d'une part et d'autre. Au secont jour s'esmut li chevaliers à aler vers son païs, et Robins le mist à raison molt de fois, et li blas[ma] molt k'il ne marioit sa biele fille, et pluiseurs fois li dist, et tant ke li sires li dist: « Robin, tu et ta dame ne me laisés en paise de ma fille marier; mais encorre ne sai-je ne voi piersonne en mon païs à cui je le dounasse. » — « A, sire! dist Robins, il n'a chevalier en vostre païis ki volentiers ne le preist. » — « Robin, biaus amis, il ne valent riens tout, ne je ne le donroie à nul d'aus; si ne sai orendroit piersonne à cui je le dounase fors ke à .j. tout seul homme, et si n'est mie chevaliers. « — « Sire, or le me dites, dist Robins, et je parlerai u ferai parler si sotilment à lui ke li mariages iert fais. »

— « Ciertes, Robin, dist li chevalier, au sanblant ke je te voi faire vosroies-tu bien ke ma fille fust mariée? » — « Sire, dist Robins, vos dites voir; car il en est bien tans. » — « Robin, dist li chevaliers, puis ke tu es si tangres ke ma fille fust mariée, elle sera asés tos mariée, se tu t'i acordes. » — « Ciertes, sire, dist Robins, je m'i acorderai volentiers. » — « Le me creantes-tu ensi? » dist li chevaliers. « Oïl, sire, » dist Robins. « Robin, tu m'as siervi molt bien, et t'ai trouvé preudomme et loial, et tel comme je sui m'as-tu fait, et ai bien par toi acuis .v.c. livrées de tiere; car il n'a gaires ke ge n'en avoie ke .v.c. Ore en ai-ge .m. livrées; si te di ke je me loc molt de toi: et por çou te donrai-ge ma bielle fille, se tu le veus prendre. » — « Ha, sire ! dist Robins, por Dieu mierchi ! ke es-çou ke vous dites? Je sui trop povre piersonne pour avoir si haute pucielle, ne si riche, ne si bielle com ma damoisielle est, ne je n'afierc pas à li; car il n'a chevalier en ceste tiere, tant soit gentius hom, ki ne le prenge volentiers. »
— « Robin, saces bien ke chevaliers de mon païs ne l'aura jà ; mais je le te donrai, se tu vius, et si te donrai avieuc .cccc. livrées de ma tiere. » — « Ha, sire! dist Robins, espoir vous me mokiés. » — « Robin, dist li chevaliers, saces ciertainnement n'ou fac. » — « Ha, sire! ma dame ne ses grans linages ne s'i voroient mie acorder. » — « Robin, dist li chevaliers, riens de ceste chose ne feroie pour aus tous. Tien, vés chi mon gant ; je te raviesc de .cccc. livrées de tiere, et le te garandirai par tout. » — « Sire, dist Robins, je ne le refuserai mie, cest biaus dons, puis ke je voi ke c'est à ciertes. » — « Robin, dist li chevaliers, tu as droit. » Li chevaliers li balla son gant, et le raviesti de la tiere et de sa bielle fille.

Tant esra li chevaliers par ses journées k'il vint en son païs; et cant il fu venus, sa fame, ki molt fu bielle dame, li fist molt grant joie et li dist : « Sire, pour Dieu ! pensés de vostre bielle fille ke elle soit mariée. » — « Dame, dist li sires, tant en avés parlé ke je l'ai mariée. » — « Sire, dist la dame, à kui? » — « Ciertes, dame, je l'ai douné à tel homme ki ne faura jà k'il ne soit preudom : je l'ai douné Robin mon eskuier. » — « Robin? lase! dist la dame. Robins n'a nient, et si n'a si vallant chevalier en tout cest païs ki ne le présist volentiers. Ciertes Robins ne l'aura jà. » — « Si ara, dame, dist li chevalier; car je l'en ai raviestu, et li ai donné aveuc ma fille .cccc. livrées de tiere, et tout çou li doi-je garandir et garandirai. » Cant la dame oï çou, si en fu molt dolante et dist à son segnor ke Robin ne l'aroit jà. « Dame, dist li sires, si ara, veulliés u non veulliés; kar je li ai encouvent, si li tenrai. » Quant la dame entent son segnor, si s'en entre en sa canbre et coumencha à plorer et à faire grant deul. Apriés le deul k'elle ot mené elle envoie kesre ses freres et ses neveus et ses cousins giermains, et lor moustra çou ke ses sires voloit faire; et il dient : « Dame, ke volés-vous ke nous en façons? nous ne volons pas aler encontre vo segneur, car il est chevaliers preus et hardis et poisans; et d'autre part il puet faire de sa fille sa volenté et de sa tiere k'il a acuise; et saciés-vous bien ke nous n'en penderons jà esku à col. » — « Non? Lase! dist la dame, ensi n'aura jamès mes quers joie se je pierc ma bielle fille. Au mains, biau segnour, vous pri-jou ke vous li moustrés ke s'il le fait ensi, k'il ne fera pas bien ne s'ounour. » — « Dame, dient cil, la moustrance ferons-nous volentiers. » Il en vindrent au chevalier, et li ont moustré aukes bien la besogne; et il lor respondi molt courtoisement : « Biel segnor, je vos dirai ke je ferai pour l'amour de vous. S'il vos plaist, je desferai le mariage en tel maniere conme je dirai : vous iestes riche entre vous et de grant tiere, vous iestes ami proçain à ma bielle fille, cui je molt aim : se vous li volés douner .iiij. c. livrées de tiere, je desferai le mariage, et sera allours mariée par vostre consel. » — « En non Dieu! respondirent cil, nous n'i beons mie tant à mauté. » — « Ore, dist li chevaliers, puis k'il est ensi ke vous ne volés mie çou faire, ore me laisiés donkes faire de ma fille mon talent. » — « Sire, volentiers, » respondent cil. Li chevaliers manda son kapelain et amena sa bielle fille et le fist fiancier à Robin et mist jour d'espouser. Lors au tierc jour Robins dist et pria son segnour k'il le feist chevalier, car il n'afioit pas kil presist si haute fenme ne si bielle devant k'il fust chevaliers. Ses sires en ot gra[n]t joie; si fu lendemain fais chevaliers, et au tierc jour espousa la bielle pucielle à grant fieste et à grant joie.

Qant mesire Robiers fu chevaliers, si dist à son segnour ensi : « Sire, vous m'avés fait chevalier, et voirs est ke je voai por peril de mort la voie à Saint-Jakeme lendemain ke je seroie chevaliers : si vos pri k'il ne vos anuit, car demain au matin il me couvient mouvoir si tos comme jou aurai vostre bielle fille espousée, car pour riens je n'enfraindroie mon veu. » — « Ore, mesire Robier, si laires ensi ma bielle fille, et vous en irés ensi! ciertes, molt en ferés à blasmer. » — « Sire, dist-il, je revenrai asés tos, se Dieu plaist; car ceste voie il me couvient faire par forche. » Tant ke uns chevaliers de la court au segnor entendi ces parolles, si blasma molt monsegneur Robiert çant il laisoit sa bielle fenme en cel point. Et mesire Robiers li dist ke faire le couvenoit. « Ciertes, dist li chevaliers, ki ot à non mesires Rauous, se vous en alés ensi à Saint-Jakeme sans atoucier à vostre bielle fenme, je vous ferai coüs avant ke vous revegniés, et vous en dirai au revenir bonnes ensengnes ke j'arai eu part de li; si y meterai ma tiere contre la vostre ke mesires vous a dounée, car j'ai bien .iiij. c. livrées de tiere ausi conme vous avés. » — « Ciertes, dist mesire Robiers, ma fenme n'est pas de telle estrasion ke elle se mefeist vers moi; et che ne poroie-jou croire en nulle maniere; et je ferai la fremalle, s'il vous plaist. » — « Oïl, dist mesire Raous, le me fianciés-vous ensi? » — « Oïl, bien, dist mesire Robiers. Et vous? » — « Moi ausi. Or alons à monsegneur et li recordons nos couveneuces. » — « Ce veul-ge bien, » dist mesire Robiers. Et il en vienent au segnor, et fu recordée la fremalle, et le fiancierent à tenir de recief.

Au matin espousa mesire Robiers la bielle pucielle; et apriès tantos conme li messe fu dite, se parti de l'ostel et laisa les noches et se mist à la voie pour aler à Saint-Jakeme. Mès or se taist li contes de lui et parolle de monsegneur Raoul, ki fu en grant pensée coument il peuust gaegnier la fremalle et gesir à la bielle dame. Et dist li contes ke la dame se maintint molt sinplement tant comme ses sires fu en la voie, et alloit au moustier volentiers et prioit Dieu k'il li ramenast son segnour; et mesire Rauous se penoit molt d'autre part coument il peust gaegnier la fremalle, car grant doute avoit de tiere pierdre. Il parla à la vielle ki manoit aveuc la bielle dame, et li dist ensi ke se elle pooit tant faire ke elle le meist en lieu et en iestre ke il peuust parler à madame Jehane à consel et ke il en peuust avoir sa volenté, il li donroit molt d'avoir si k'il ne seroit jamès eure k'elle ne fust riche. « Ciertes, sire, dist li vielle, vous iestes si biaus chevaliers et si sages et si courtois ke ma dame vous deveroit molt bien amer par amours, et jou i meterai paine de tout mon pooir. » Et li chevaliers sache tantos .xl. sols, si li doune pour reube achater. La vielle les prist volentiers et les mist en sauf, et dist k'elle parleroit à sa dame. Li chevaliers se parti de la vielle ; et li vielle remest et mist à raison sa dame, cant elle revint dou moustier, et li dist ensi : « Dame, pour Dieu ! car me dites voir : mesires, cant il ala à Saint-Jakeme, avoit-il onkes geu aveukes vous ? » — « Pour coi le dites-vous, dame Hiersent ? » — « Dame, pour çou ke je croi ke vous soiés enchore boine pucielle. » — « Ciertes, dame Hiersent, si sui-je vraiement ; car je ne counui honkes femme à tel cose faire. » — « Dame, dist dame Hiersens, c'est grans damages ; car se vous saviés ke les femmes ont tant de goie cant elles sont aveukes homme ke elles ainment, vous diriés bien k'il n'est nulle si grans goie : et pour çou m'esmiervellé-jou molt ke vous n'amés par amours ausi coume ces autres dames ki toutes ainment. Et se il vous plaisoit, de çou vous est-il bien avenu ; car je counoise .j. chevalier biel et preu et sage ki volentiers vous ameroit, et est molt rices hom, et est plus biaus ke ne soit li couars fallis ki vous a laisie ; et se vous l'osés amer, vous averés can ke vous oserés demander, et si averés tant de goie conme nulle dame plus. »

Tant li dist la vielle de teus parolles, ke l'aiguillons de nature soumounoit aukes. La dame li demanda ki cil chevaliers estoit : « Qui est-il, dame ? en non Dié, on le doit bien noumer : c'est li biaus, li preus, li hardis mesire Rauous, ki est de la mesnie vostre pere, li plus courtois quers ke on sache. » — « Dame Hiersent, dist la dame, laissiés teus parolles ester, si ferés bien ; car je n'ai pas talent de moi mesfaire, ne si ne sui pas de l'estrasion. » — « Dame, dist la vielle, je le savoie bien : jamès ne sarés ke la joie espiaut cant hom abite à fame. » Ensi demora la chose. Mesires Rauous revint à la vielle ; et elle li conta coument elle avoit parlé à sa dame et çou k'elle li ot respondu. « Dame Hiersent, dist li chevaliers, ensi doit respondre boine dame ; mais vous parlerés enchore à li, car on ne fait pas au premier cop sa besongne ; et tenés, vés chi .xx. sols pour akater une penne à vostre sourcot. » La vielle prist l'argent, et parla à la dame souvent ; mais riens ne valoit. Tant ala li tans avant ke on oï nouvielles ke mesire Robiers revenoit de Saint-Jakeme, et k'il estoit jà priès de Paris. Tos fu seue ceste nouvielle ; et mesire Raous, ki ot paour de pierdre sa tierre, revint à la vielle et parla à li. Et elle li dist ke elle ne pooit maitre fin à sa besongne ; mès elle feroit bien tant pour l'amour de li, s'il le devoit desiervir, ke elle le meteroit en tel point k'il n'auroit en la mason ke li et sa dame : adonc en porroit-il faire sa volenté, u par son gré u à forche. Et il li dist ke il ne demandoit autre chose. « Or, dist la vielle, mesires venra dedens viij. jours, et je ferai ma dame bagnier en sa canbre, et envoierai toute la mesnie hors de mason et hors dou chastiel : adont si porés venir bagnier en sa canbre, et ensi porés-vous avoir vo talent de li, u boin gré sien u mau gré sien*. » — « Vous avés bien dit, » dist-il. Ensi demora la chose tant ke mesire Robiers manda k'il venoit, et k'il seroit à l'ostel le diemenche. Et la vielle fist la dame bagnier le geusdi devant, et fu li bains en la canbre, et la bielle dame entra ens. Et la vielle manda monsegneur Raoul, et il i vint ; aprèes envoia la vielle envoiés (sic) toute la gent de l'ostel fors de laiens. Mesire Rauous vint en la canbre et entra ens et salua la dame ; mès elle ne le respondi pas à son salu, ains li dist ensi : « Mesire Raoul, vous n'estes mie courtois. Ke savés-vous ore se il m'est biel de vostre venue ? Ke dehait ait vilains chevaliers ! » Et mes[ir]e Raous li dist : « Ma dame, pour Dieu, mierchi ! je muir pour vous à dolour. Por Dieu ! aiiés pité de moi. » — « Mesire Raoul, dist-elle, je n'en aurai jà mierchi en tel maniere que je soie jà à nul jour vos soignans ; et saciés bien ke se vous ne me laisiés en pais, ke je le dirai monsegnour mon pere l'ounour ke vous me rekairés ; car je ne sui pas telle. » — « Non, dame ! est-il donc ensi ? » — « Oïl, voir, » dist-elle. Lors s'aprocha de li mesire Raous et l'enbracha fort entre ses bras, ke il avoit fors, et le traist fors dou

---

* Le copiste a répété ici, par erreur, les trois derniers mots.

baing toute nue et l'enporte viers son lit; et si tos com il l'ot forstraite dou baing, si vit une noire take ke elle avoit en la diestre ainne, aukes priés de sa nature; si pensa adont ke çou estoient boines ensengnes k'il avoit geu à li. Ensi com il le portoit viers son lit, ses esporons ahoka à la sarge au coron du lit, viers les piés; et chei li chevaliers à toute la dame, il desous et elle deseure; et elle se leva en tant, et prist une buse et en feri monsegneur Raoul par mi le visage si k'il li fait plaie grant et parfonde, et li sans en ciet à tiere. Et cant mesire Raous se senti ensi navré, si n'ot pas grant talent de dosnoiier, ains se leva et s'en ala à tout le cop fors de la canbre; et fist tant k'il s'en vint à son ostel, u il avoit plus d'une lieue; si fist sa plaie afaitier. Et la bonne dame rentra en son baing, et apiela dame Hiersent et li conta l'aventure dou chevalier.

Molt fist li peres à la bielle dame grant aparel encontre la venue monsegneur Robiert, si semonst molt de gent, et demanda monsegneur Raoul son chevalier k'il i venist; mais il manda k'il n'i pooit venir, car il estoit malades. Au diemenche vint mesire Robiers et fu molt bielement recheus, et li peres à la bielle dame ala kesre monsegneur Raoul et le trouva blecié, et li dist ke jà pour çou ne demandroit k'il ne venist à la fieste. Il atourna son vis et sa plaie al plus biel k'il pot, et vint à la fieste, ki fu toute jour molt grans de boire et de mangier et de baus et de karolles. Cant vint à la nuit, si ala coucier mesire Robiers aveuc sa fame; et elle le reçut molt joiousement, si comme boine dame doit faire son segnor. Si furent en goie et en fieste le plus de la nuit. Au matin fu grans la fieste et fu li mengiers aparelliés, si mengierent. Quant vint après disner, si mist mesire Raous à raison monsegneur Robiert et li dist ke il avoit gaegnié sa tiere; car il avoit counute sa fame karnelment, à toutes ces ensengnes ke elle a une noire ensengne en sa diestre cuisse et .j. porion priés de son guiel. « Ce ne sai-je mie, dist mesire Robiers, car ge n'i ai mie regardé si de priés. »

— « Or vos di-ge dont, fait mesire Raous, sour le fianche ke vous m'avés dounée, ke vous i prendés garde et me faciés droit. » —

« Si ferai-jou, dist mesire Robiers, vraiement. » Cant vint à la nuit, mesire Robiers jua à sa fame, et trouva et vit en sa diestre cuisse le tace noire et le porion aukes priés de son biel juiiel; et cant il sot çou, si fu molt dolans. Il vint à lendemain à monsegneur Raoul et dist devant son segnor k'il avoit pierdue la fremale. Molt fu toute jour coureciés. Cant il fu anuitié, il s'en vint à l'estable, et mist sa sielle en son palefroi, et isi del ostel, et enporta çou qu'il pot avoir d'argent, si se mist au chemin vers Paris; et cant il fu à Paris, .iij. jours y segourna. Si lait li contes à parler de lui, si parolle de sa fenme.

Chi endroit dist li contes ke molt fu la bielle dame dolante et courecie cant elle ot ensi desmanevé son segnor. Molt pensa por coi c'estoit, si plora et fist grant deul et tant ke ses peres vint à li et li dist k'il amast mius ke elle fust enchore à marier, car elle li avoit fait honte et tous ceus de son linage; et li conta coument et pour coi. Cant elle oï çou, si fu trop dolante et nia trop drument le fait; mais riens ne valu, car on set bien ke renoumée est si enviers toutes fenmes ke se une fame s'ardoit toute, ne seroit-elle mie creue d'un tel mesfait cant on li a mis sus.

La nuit, au premier somme, se leva la dame et prist tous ses deniers ke elle avoit en ses chofres, et prist un ronci et une houche, et se mist au chemin; et avoit fait choper ses bielles traices, et fu autresi atirés com uns eskuiiers. Et esra tant par ses journées k'elle vint à Paris, et aloit après son segnor, et bien afremoit ke jamès ne fineroit devant k'elle l'aroit trouvé. Si chevauçoit com eskuiers. Et isi à une matinée hors de Paris, et s'en aloit le chemin d'Orliens, et tant ke elle vint à la tombe Ysoré*; et là

---

* Sarrazin tué par Guillaume d'Orange. Voyez le manuscrit de la Bibliothèque Royale n° 6985, f° 259 r°, col. 2, v. 1; le manuscrit du Musée Britannique, Bibliothèque du Roi, 20. n. xi, folio 193 verso, col. 3 (*Ci comence comment Guillaumes fu moines et hermites, et comment il ala aus poisons à la mer, et comment il fut pris des Sarrazins et menez à Palerne, et comment il fu delivrés et puis se combati à Ysoré devant*

aconsiuy-elle monsegneur Robiert son segnour. Cant elle le vit, si en fu molt lie; si s'acosta priès de lui et le salua, et il li rendi son salu et li dist : « Biaus amis, Dieu vous doinst joie! » — « Sire, dist-il, dont iestes-vous ? » — « Ciertes, biaus amis, je sui de viers Hainnau. » — « Sire, et ù alés-vous ? » — « Ciertes, biaus amis, je ne sai mie très bien là ù jou vois ne là ù je demorai; ains me couvient aler là ù fortune me menra, ki m'est asés divierse, car jou ai pierdu la riens el mont ke jou onkes mius amai, et elle m'a ensi pierdu, et si ai pierdue ma tiere ki asés estoit et grans et bielle; mais coument avés-vous non, ne kel part vous menra Dieus ? » — « Ciertes, sire, dist Jehans, je cuic ke g'irai vers Marselle sour le mer, là ù il a, espoir, guesre; si siervirai là aucun predomme entour cui j'aprenderai d'armes, se Dieu plaist, car je sui si mesfais en mon païs ke je n'i porai mès en pieche pais avoir. Et vous me sanblés, sire, chevaliers : si vous siervirioie molt volontiers, se il vous plaisoit ; ne de ma compagnie ne porés-vous mie enpirier. » — « Biaus amis, dist mesire Robiers, chevaliers sui-je voirement, et là ù je cuideroie k'il eus[t] ghesre me trairoie-jou volentiers; mès or me dites coument vous avés non. » — « Sire, dist-il, jou ai à non Jehans. » — « Che soit à boin eur! » dist li chevaliers. « Et coument, sire, avés-vous non ? » — « Jehan, dist-il, g'ai à non Robiers. » — « Mesire Robiert, or me retenés donkes à vostre eskuier, et je vous siervirai à mon pooir. » — « Jehan, je le ferai volentiers; mais j'ai si poi d'argent ke il me

couvenra mon cheval vendre ains tierc jour, si ne sai ke faire de vous retenir. » — « Sire, dist Jehans, or ne vous esmaiiés mie; car Dieus vous aidera, se Dieu plaist ; mès dites-moi ù vous vorés mengier dou disner. » — « Jehan, mes disners sera tos fais, car je n'ai mie de tous deniers .iij. sous de parisis. » — « Sire, dist Jehans, or ne vous esmaiiés mie, car jou ai priès de .x. livres de tournois ki ne vous fauront mie ke vous n'en aiiés pour vo despens à vostre volenté. » — « Biaus amis Jehan, grant miercis! » Lors s'en vont grant hoire à Mon-le-Heri. Illeuc apresta Jehans à mangier son segnor, si mangierent. Cant il orent mangiet, si dormi li chevaliers en .j. lit, et Jehans à ses piés. Cant il orent dormi, Jehans mist les frains; si monterent et se misent au chemin. Si esrerent tant part lor journées k'il vinrent à Marselle sour mer; mais de guere n'oïrent-il onkes parler, si en furent molt dolant. Mais à tant se taist li contes d'aus .ij., si retourne à parler de monsegneur Raoul, ki ot par fauseté gaegnié la tiere monsegneur Robiert.

Chi endroit dist li contes ke tant tint mes[ir]e Raous la tiere monsegneur Robiert sans droite cause plus de vij. ans. Si li prist une grans maladie, et de celle maladie fu aukes aflis, ke il fu ensi ke sour le point de la mort. Et douta molt le peciet qu'il ot de la bielle dame, la fille à son segnor, et de son mari meisme, ki ensi estoient pierdu anbedui par l'ocoison de son malise. A grant mesaise fu dou peciet, ki estoit si grans ke il ne s'en osoit confieser. .j. jour avint ke il fu trop destrois de sa maladie : il manda son kapelain, k'il amoit molt, kar trouvé l'avoit preudomme et loial ; si li dist : « Sire, ki iestes mes peres empriès Dieu, je cuic bien morir de ceste maladie : si vous pri pour Dieu ke vous m'aidiés à conseiller, car grant mestier en ai ; car jou ai fait .j. peciet si lait et si oskur ke envis en arai merci. » Li capelains li dist k'il deïst hardiement, et il l'en aideroit à conseiller à son pooir ; tant ke mesire Raoul li conta tout ensi ke vous avés devant oï. Et li pria pour Dieu k'il l'en dounast consel, k'envis en cuidoit avoir pardon : si estoit grans li peciés! « Sire, dist-il, or ne vous es-

---

Paris); et les *Manuscrits françois de la Bibliothèque du Roi*, par M. Paulin Paris, t. I, p. 22.

A Paris, il y a près de la barrière Saint-Jacques, au bas du monticule Mont-Souris, et à peu de distance de la route d'Orléans, une rue qui porte le nom de *Tombe Isoire*.

Dans une petite pièce relative aux enseignes de Paris dans le xvie siècle, que M. Jubinal a publiée pour la quatrième fois en croyant donner une édition *princeps*, on lit : « .... et pour garder notre feste sans débat, nous prendrons Ysoré et Guillaume au court-nez, en la place Maubert. » *Mystères inédits du quinzième siècle*, tome I, p. 374, 375.

maiiés mie; car, se vous volés faire la penanche ke je vous engoinderai, je prenderai sour moi et sour m'arme le pecié, ke vous en serés cuites. » — « Or dites dont, » dist li chevaliers. « Sire, dist-il, vous prenderés la crois d'outre-mer, et si mouverés a aler dedens cest an ke vous serés garis, et livresrés plaiges à Dieu ke vous ensi le ferés, et en tous les lius ù on vos demandera l'ocoison de vostre voie, vous le dirés à tous ceus ki le vous demanderont. » — « Tout çou ferai-je bien, » dist li chevaliers. « Sire, ordounés dont boins plaiges. » — « Volentiers, dist li chevaliers. Vous-meismes demorés pour mi, et je vos creanc; comme chevaliers, ke je vos en acuiterai bien. » — « Sire, dist li chapelains, de par Dieu! et g'en sui plaiges. » Li chevaliers tourna à respas et fu tous garis, et pasa li ans k'il n'ala pas outre-mer. Li chapelains li dist aukes son veut, et il tenoit ausi com à trufe la couvenanche; et tant ke li kapelains li dist ke, s'il ne l'acuitoit enviers Dieu de la plegerie ù il l'avoit mis, il le conteroit au père à la bielle damoiselle ki ensi estoit pierdue par lui. Quant li chevaliers oï çou, si dist au kapelain ke dedens demi-an il mouveroit au pasage de marc, si li fiancha ensi. Mais or se taist à tant li contes dou chevalier, et retourne à parler dou roi Flore d'Ausi dont il s'est grant piece teus.

Or dist li contes ke molt mena boine vie li rois Florés d'Ausai et sa fame, comme jouene gent ki molt s'entr'amoient; mais molt furent dolant et courecié de çou ke il ne porent avoir nul enfant. La dame en fasoit grans proiieres à Dieu, et fasoit canter maises; mais puis k'il ne plaisoit à Dieu, che ne puet iestre. .j. jour vint laiens en l'ostel au roi Flore uns preudom ki avoit son abitacle ès grans foriés d'Ausai, en molt sauvage lieu. Cant la roïne seut k'il fu venus, si vint à lui et li fist molt grant joie. Por çou ke preusdom fu, la dame se confiesa à lui et li dist tout son airement, et li dist ke elle estoit molt courecié de çou ke elle n'avoit eut nul enfant de son segnor. « A, dame! dist li preudom, puis ke il ne plaist à Nostre-Segnour, à soufrir le vos couvient; et cant il li plaira, vos en arés asés tos .j. u .ij. » — « Ciertes, sire, dist la dame, je vosroie ke che fust jà; car mesires m'en a mains ciere, et ausi ont li haut baron de ceste tiere, et m'a jà estet dit ke on dist à mon segnor k'il me laist et prenge une autre. » — « Voire, dame, dist li preudom, il feroit mal, ke che seroit contre Dieu et contre sainte Eglise. » — « Ha, sire! je vous prie ke vous priiés à Dieu pour moi ke je puise avoir enfant de mon segnour, car grant doutanche ai k'il ne me lait. » — « Dame, dist li preudons, ma proiiere i vauroit pau, s'il ne plaisoit à Dieu; nepourcant g'en prierai volentiers. » Li preudom se parti de la dame, et li baron de la tiere et dou païs vinrent au roi Flore et li disent k'il renvoiast sa fame, et li dirent k'il em preist .j. ne autre puis k'il n'en puet avoir nul enfant; et s'il ne fasoient (sic) lor consel, il iroient abiter aleurs; car en nulle fin il ne voroient ke li roiaumes demorast sans oir. Li rois Flores douta ses barons et les créi, et dist ke il renvoieroit sa fame et k'il l'en quesist (sic) une autre; et il si firent. Cant la dame le sot, si fu molt courecie en son quer; mais plus n'en osa faire, car bien savoit ke ses sires le lairoit; et tant ke elle envoia kerre l'iermite ki estoit ses confieseres; et il i vint. Si li conta la dame tout l'afaire des barons ki orent pourkacié son segnor autre femme ke li. « Si vous pri, biaus pères, ke vous m'aidiés à conseillier ke je porai faire. » — « Dame, dist li preudom, s'il est ensi comme vous dites, soufrir le vous couvient; car contre vo segneur ne contre ses barons vous n'avés pooir de fourçoiier. » — « Sire, dist la boné dame, vous dites voir; mès se il plaisoit à Dieu, je vosroie iestre recluse priès de vous : par coi je fuse ou serviche de Dieu tous les jours de ma vie, et ke jou euse confort de vous. » — « Dame, dist li preudom, che seroit trop estrange chose, car trop iestes jouene dame et bielle; mès je vous dirai ke vous ferés : priès de mon iermitage a une abéie de blankes nounains ki molt sont bonnes dames, et là loe-jou ke vous en alés. Et elles en auront grant joie pour la bonté de vous et pour vostre hautaice. » — « Sire, dist-elle, vous avés bien dit : tout ensi le ferai-jou, puis ke vous le loés. » A lendemain parla li rois Flores à sa fame, et li dist ensi : « K'il couvient ensi moi et vous departir, car vous ne poés de moi avoir enfant ; si vous di bien ke dou departement il me poise molt, car jamès je n'amerai autretant femme comme je vous ai amée. » Lors coumencha li rois Flores trop drument à plorer, et la dame ausi. « Sire, dist-elle, pour Dieu merchi ! et ù irai-jou et ke ferai-jou ? » — « Dame, bien, se Dieu plaist ; car je vous renvoierai biel et richement en vostre païs à vos amis. » — « Sire, dist la dame, che n'avenra jà ; mais j'ai pourveu une abéie de nounains où je serai, s'il vos plaist, et illeukes siervirai-ge Dieu toute ma vie ; car puis ke je pierc vo compagnie, je sui celle à cui nus hom n'abitera jamès. » Lors plora li rois Flores, et la dame ausi. Au tier jour s'en ala la roine en l'abéie, et li autre roine fu venue, si ot grant fieste et grant joie de ses amis. Li rois Flores le tint iij. ans ; mais honkes n'en pot avoir enfant. Mès à tant se taist ore li contes dou roi Flore, et repaire à monseigneur Robiert et à Jehan ki furent venu à Marselle.

En ceste partie dist li contes ke molt fu mesire Robiers dolans, cant il vint à Marselle, de çou k'il n'oï parler de nulle chose ki fust où païs ; si dist à Jehan : « Ke ferons-nous ? Vous m'avés presté de vos deniers, la vostre mierchi ; si les vos renderai, car je venderai mon palefroi et m'acuiterai à vous. » — « Sire, dist Jehans, creés-moi, se il vous plaist, je vous dirai ke nous ferons : jou ai bien enchore .C. sous de tournois ; s'il vos plaist, je venderai nos ij. chevaus et en ferai deniers ; et je sui li miousdres boulengiers ke vous saciés, si ferai pain françois, et je ne douc mie ke je ne gaagne bien et largement mon depens. » — « Jehan, dist mesire Robiers, je m'otroi del tout à faire vostre volenté. » Et lendemain vendi Jehans ses .ij. chevaus .x. livres de tournois, et achata son blé et le fist muire, et achata des corbelles, et coumencha à faire pain françois si bon et si bien fait k'il en vendoit plus ke li doi mellour boulengier de la ville ; et fist tant dedens les .ij. ans k'il ot bien .C. livres de katel. Lors dist Jehans à son segnour : « Je lo bien ke nous louons une très grant mason, et jou akaterai del vin et hierbegerai la bonne gent. » — « Jehan, dist mesire Robiers, faites à vo volenté, kar je l'otroi, et si me loc molt de vous. » Jehans loua une mason grant et bielle, et si hierbrega la bonne gent, et gaegnoit asés à plenté, et viestoit son segnour biellement et richement ; et avoit mesire Robiers son palefroi, et aloit boire et mengier aveukes les plus vallans de la ville ; et Jehans li envoioit vins et viandes, ke tout cil ki o lui compagnoient s'en esmervelloient. Si gaegna tant ke dedens iiij. ans il gaegna plus de ccc livres de meuble, sains son harnois, ki valoit bien .l. livres. Mès à tant se taist li contes à parler de Jehan et de monsegnor Robiert, et retournera à parler de monseigneur Raoul.

Or dist li contes ke molt tint court li chapelains monseigneur Raoul ke il alast outremer et ke il l'acuistast de la plegerie ù il l'avoit mis ; car grant paour avoit que il ne le laisast enchores, et tant ke mesire Raous vit bien ke faire li couvenoit : si aparella son oire, et s'atira molt richement comme cil ki ot bien de coi, si se mist à la voie li quart d'eskuiers ; et ala tant par ses journées k'il vint à Marselle sour mer, et se hierbrega en l'Ostel François ù mesire Robiers et Jehans manoient. Si tos comme Jehans le vit, si le counut bien à la plaie k'elle li ot faite et à çou ke maintes fois l'avoit veu. Cil chevaliers sejourna en la ville .xv. jours, et loua son pasage. Ensi con il sejournoit, Jehans le traist à consel et li demanda k'il li deïst l'ocoison pour coi il aloit outre-mer ; et mesire Raous li conta toute l'ocoison, ki de li ne se prendoit garde, si comme li contes l'a dit devant. Cant Jehans oï çou, si se teut. Mesires Raous mist son harnas en la nef, et monta sour mer. Et esta tant la nés ù il estoit k'il segourna en la ville .viij. jours. Au .ix.isme jour s'esmut pour aler au saint Sepucre ; et fist son pelerinage, et se confiesa au mius k'il pot. Et li kierka ses confieseres en penitanche k'il rendist la tiere k'il tenoit sans raison, au chevalier et à sa fenme. Et il dist à son confiesour ke cant il venroit en son païs, k'il en feroit çou ke li quers li aporteroit. Il se parti de Iherurusalem (*sic*), et s'en vint en Acre, et atira son pasage comme cil ki avoit grant talent de repairier en son païs. Il monta sour mer, si esra tant, ke par nuit, ke par jour, ke en mains de .iij. mois il ariva au port d'Aighe-Morte. Il se parti dou port et vint droit à Marsellé, là ù il sejourna .viij. jours en l'ostel mesire Robiet (*sic*) et Jehan, ke on apielle ore l'Ostel François. Onkes mesire Robiers ne le connut, car à çou ne pensoit mie. Au cief de viij. jours se parti de Marselle, entre lui et son eskuier; et esra tant par ses journées k'il vint en son païs, ù il fu receus à grant joie, comme cil ki estoit rices chevaliers de rente et de meuble, tant ke ses kapelains le mist à raison et li demanda se nus li avoit demandé l'ocoison de sa voie. Et il dist ke oïl, en .iij. lius : à Marselle et à Acre et en Iherusalem. « Et si me dist cil à cui je me conseillai, ke je rendise la tiere à monsegneur Robiert, se jou en ooie nouvielle, u à sa fame u à ses oirs. » — « Ciertes, dist li kapelains, il vos loa boin consel. » Ensi fu mesire Raous en son païs grant piece à repos et à aise. Mais à tant lait li contes à parler de lui, et retourne à monsegneur Robiert et à Jehan.

En ceste partie dist li contes ke cant mesire Robiers et Jehans orent esté .vi. ans à Marselle, ke Jehans ot bien aquis le vaillant de .vi. cens livres, et estoient jà entré en la .vij.isme anée, et gaegnoit Jehans aukes çou k'il voloit, et estoit si dous et si deboinaires k'il se fasoit amer à tous ses voisins; et aveuc tout çou il estoit si très eureus comme trop, et maintenoit son segnour si noblement et si ricement ke c'estoit miervelles à veoir. Cant la fins des .vij. ans aprocha, Jehans mist monsegneur Robiert son segnour à raison, et li dist ensi : « Sire, nous avons esté grant pieche en cest païs; si avons tant conquesté ke nous avons priés de .vi.c. livres de meuble, ke en deniers, ke en vaselemente d'argent. » — « Ciertes, dist mesire Robiers, Jehan, il ne sont pas mien, ains sont sont (*sic*) vostre; car vous les avés gaegniés. » — « Sire, dist Jehans, sauve vostre grase, non sont, mès il sont vostre; car vous iestes mes drois sires, ne jamès, se Dieu plaist, ne vos cangerai. » — « Jehan, gran miercis; je ne vous tieng mie à siergant, mès à compagnon et à ami. » — « Sire, dist Jehans, je vous ai tenu tous jours loial compagnie et ferai adiès. » — « Par foit ! dist mesire Robiers, je ferai cank'il vous plara; mais d'aler en mon païs je n'en sai ke dire, car jou ai tant pierdu ke à envis sera restorés mes damages. » — « Sire, dist Jehans, onkes de çou ne vous esmaiiés, ke cant vous venrés en vostre païs vous orés bonnes nouvielles, se Dieu plaist. Et n'aiiés doute de riens, ke en tous les lius ù nous serons, se Dieu plaist, je gaaingnerai asés pour moi et pour vous. » — « Ciertes, Jehan, dist mesire Robiers, je ferai çou k'il vous plaira, et irai là ù vous vosrés. » — « Sire, dist Jehans, et je venderai nostre harnois et aparellerai nostre voie, si nous en irons dedens .xv. jours. » — « Jehan, de par Dieu ! » dist mesire Robiers. Jehans vendi tout son harnois, k'il avoit molt biel; si achata iij. chevaus, .j. palefroi à son segnour et .j. à lui et .j. cheval à faire soumier. Il prendent congié à lor voisins et as mius vallans de la ville, ki molt furent dolant de lor departement.

Tant esploita mesire Robiers et Jehans ke dedens .iij. semainnes vindrent en lor païs; et fist savoir mesire Robiers à son segnor, cui fille il avoit eue, k'il venoit. Li sires en fu molt liés, car bien cuidoit ke sa fille fust aveuc lui. Et si estoit-elle, mais çou estoit à guise d'esquiier. Mesire Robiers fu bielement recheus de son segnour, cui fille il ot jadis espousée. Cant ses sires ne pot oïr nouvielles de sa fille, si en fu molt dolans; et nekedent il fis[t] bielle fieste de monsegneur Robiert, et manda ses chevaliers et ses voisins; et i vint mesire Raous, ki tenoit la tiere monsegneur Robiert à tort. Grans fu la joie le jour et lendemain, et tant ke misire Robiers conta à Jehan l'ocoison de la fremaille et de çou k'il tenoit sa tiere à tort. « Sire, dist Jehans, si l'en apielés de traïson, et je serai (*sic*) por vous la batalle. » — « Jehan, dist mesire Robiers, non ferés. » Ensi le laisierent juskes à lendemain, ke Jehans vint à monsegneur Robiert, et li dist ensi k'il parleroit au pere sa fame, et li dist ensi : « Sire, vous iestes sires à monsegneur Robiert apriès Dieu, et il espousa jadis vostre fille; et fu une fremalle faite de lui et de monsegneur Raous, k'il dist k'il le feroit

cous ançois k'il revenist de Saint-Jakeme : de coi mesire Raous a fait fauseté entendant, k'il n'ot onkes part de vostre bielle fille, et il en a fait desloial traïson : tout ensi le sui-je près de prouver contre son cors. »
Lors saut avant mesire Robiers et dist : « Jehan biaus amis, nus ne fera la bataille se jou non, ne ne pendra escu à col. » Lors tendi mesire Robiers son gage à son segnour. Si fu mesire Raous molt dolans des gages ; mès desfendre l'en couvenoit, u soi clamer recreant : si tendi avant son gage aukes couardement. Ensi furent li gage douné, et li jours de la bataille prounonciés à quinsaine sans nul contremant. Or orés jà miervelles de Jehan, k'il fist. Jehan, ki ot à non madame Jehane, avoit en l'ostel son perc une soie cousine giermaine, ki estoit bielle pucielle et si avoit bien xxv. ans. Jehans vint à li, descouvri la purté, et li conta tout l'afaire de cief en cief, et se descouvri del tout à li, et li pria molt ke elle celast cest afaire juskes à tant k'il en seroit point et l'eure ke elle le feroit cousnoistre à son pere. Et sa cousine, ki bien le recounut, li dis[t] ke elle le celeroit bien, ke jà par li ne seroit descouvierte. Lors fu à madame Jehane li canbre sa cousine aparellie ; si se fist madame Jehane en la quinsaine ke la bataille devoit iestre, bagnier et estuver ; si s'aaisa del plus ke elle pot, comme celle ki bien avoit de coi ; et fist tallier à son point robes .iiij. paire d'escarlate, de vairt, de piers et de dras de soie ; si s'aaisa si k'elle revint en sa grant biauté, et fu tant bielle et tant avenans comme nulle dame plus. Cant vint à cief des .xv. jours si fu mesire Robiers molt dolans de Jehan son eskuier, ke il avoit ensi pierdu k'il ne savoit ke il estoit devenus ; mais pour çou ne laisa-il mie k'il ne s'aparellast de la bataille conme cil ki avoit asés quer et hardement.

A lendemain ke li jours de la bataille fu atierminés vindrent andui li chevalier armé. Et s'eslongierent li uns de l'autre, et si s'entre-kuisent as fiers des glaves, et si s'entre-férirent de si grant aïr k'il s'entre-porterent à tiere, lor chevaus sour lor cors. .j. poi fu nav[r]és mesir Raous ou costé seniestre. Mesire Robiers se leva tous premiers, et vint grant pas à mesire Raoul, et le fiert grant cop sour son heaume, si k'il li abati le ciercle, et li enbara juskes en la coiffe de fier, et li trencha tout ; mès la coife fu de fort acier, si ne le navra mie ; nonpourcant si le fist cancheler si k'il se prist à l'arçon de la sielle. Et se ce ne fust, il fust cheus à tiere. Et mesire Raous, ki fu bons chevaliers, fiert monsegne[u]r Robiert si grant cop sour son heaume ke tout l'estoune. Et li cos descent sour l'espaule, si li chopa les malles del haubierc ; mès point ne le navra. Et mesire Robiers le fiert de tout son pooir ; mais il li gieta l'esku encontre et il l'en abati .j. quartier. Cant mesire Raous senti ses grans cos si le redouta molt, et vosist bien iestre outre-mer, par si k'il fust cuites de la bataille et par si ke mesire Robiers renist ariere sa tiere ke il tenoit ; et nonpourcant il met toute se forche et se pr[o]aiche, et rekiert monsegneur Robiert molt asprement, et li donne grans cos sour son esku, si k'il li fendi juskes en la boucle. Et mesire Robiers le refiert grant cop sour son heaume ; mès il gieta l'esku encontre, et mesire Robiers li chopa par mi. Et descendi l'espée sour le col del cheval, et li trencha le col par mi, et abati tout en .j. mont lui et le cheval ; mès tos sali sus mesire Raous, comme cil ki en maint pesant estour ot esté. Et mesire Robiers descendi, ke onkes à cheval ne le vot rekesre puis k'il fu à pié.

Or sont li doi chevalier venu à l'eskiermie, et s'entre-depaicent lor eskus et lor heaumes et lor haubiers si k'il sont molt enpirié, et s'entre-sacent le sanc de lor cors as espées trençans. Et si il freisent ausi grans cos comme il fasoient as premiers, tos eust li uns l'autre ocis ; car il avoient si poi de lor eskus k'à painnes en pooient-il lor puins couvrir. Si n'i a nul d'aus ki toute paour n'ait de mort u de honte avoir ; nonpourcant la grant proaiche k'il ont en aus les semont de mener à cief la bataille. Mesirobiers (sic) prist l'espée à .ij. puins, et feri monsegneur Raoul de toute sa forche sour son iaume, et li chopa par mi si ke l'une moitiés l'en chéi sour les espaules, et chopa la coife de fier, et li fist grant plaie en la tieste. Et fu mesire Raous si estounés dou cop k'il flati à la tiere d'un des genous, mès il sali aukes tos ; si fu molt à mescief cant il vit ensi sa tieste nue, et ot grant paour de mort. Et vient à monsegneur Robiert, et le fiert de tout son pooir com il avoit d'esku ; et li copa et descendi li cos sour le heaume, et li fendi bien .ij. doie. Et li espée ki descendi sour la coife de fier, ki molt fu bonne, si ke li espée brisa par mi. Cant mesire Raous vit l'espée brisie et sa tieste nue, si ot grant doutanche de mort ; nekedent il s'abasa à tiere, et prist une grant piere à ij. mains, et le gieta après monsegneur Robiert de toute sa forche ; mès il se destourna cant il vit la piere venir, et keurt sus à monsegneur Raoul, ki coumencha à fuir aval le camp. Et mesire Robiers li dist ke, s'il ne se claimme recreant, il l'ocira. Hadont li dist mesire Raous : «Aiés merci de moi, gentius chevaliers, et veés chi m'espée autant comme g'en ai, et le te renc, et me ma-je del tout en ta manaie ; si te pri ke tu aies pité de moi, et prie ton segneur et le mien k'il ait pitié de moi et ke tu et il me sauvés la vie, et je te reng et otroi ta terre et la moie ; car je l'ai tenue contre droit et contre raison, et ke jou la bielle dame et la bonne disfamai à tort. » Quant li sires monsegneur Robiert oï çou, si dist k'il en avoit asés fait ; si pria tant mesire Robiers son segnour ke il li pardouna son mesfait, et tant en priierent li autre chevalier k'il en fu cuites par si k'il iroit outre mer à tous jours.

Ensi conquist mesire Robiers sa tiere et la tiere monsegneur Raoul à tous jours ausi ; mès trop fu dolans et coureciés à son quer de la bonne dame et bielle k'il avoit ensi pierdue, k'il ne s'en pooit conforter. Et d'autre part il fu si dolans de Jehan son eskuier k'il avoit ensi pierdu, ke ce est miervelles. Et ses sires n'avoit pas mains de courrouc de sa bielle fille ke il avoit ensi pierdue ke l'en n'en savoit nulles nouvielles ; mais dame Jehane, ki fu en la canbre sa cousine giermainne .xv jours molt à aise, mais cant elle sot ke ses sires ot venkue la bataille, si fu molt à aise. Et elle ot fait faire .iiij. paire de reubes, si com il est devan dit, si viesti la plus rice : che fu celle de soie, ki fu bendée de fin or arabiois. Si fu tant bielle de cors et de vis et tant avenans ke au monde on ne trouvast plus bielle riens, si ke sa cousine giermainne s'esmervelloit toute de sa grant biauté. Et elle ot esté bagnie et tifée et aaisie de tous poins les .xv. jours, si estoit venue en si grant biaté com à mervelle.

Molt fu madame Jehane bielle et bien seans en la reube de soie bendée d'or. Lors apiela sa cousine et li dist : « Ke te sanble-il de moi ? » — « Coi ? dame, dist la cousine, vos iestes la plus bielle dame du monde. » — « Or te dirai dont, bielle cousine, ke tu feras : va, si di tout avant à mon pere ke il ne fache pas duel, mais soit liés et joians, et ke tu li aportes boines nouvielles de sa fille, ki est sainne et haitie, et k'il viegne aveuckes toi, et ke tu li moustesras. Si l'amainne ciens, et il me vesra, je croi, volentiers. » La pucielle li dist ke cel mesage li fera-elle bien. Elle en vint au pere madame Jehane, et li dist çou ke sa fille li ot dit. Cant li sires l'oï, si le tinnt à grant mervelle ; et ala après la pucielle, et trouva sa fille en sa cambre, si le reconnut tantos, et li mist ses bras au col, et plora sour li de joie et de pité, et ot si grant joie ke à painnes pooit-il parler à li ; si li demanda ù elle avoit si longement esté. « Biaus peres, dist la dame, vous le sarés bien à tans. Mès, por Dieu ! faites-moi venir madame ma mere, car g'ai molt grant talent de li veoir. » Li sires manda sa fame ; et cant elle vint en la cambre ù sa fille estoit, et elle le vit et counut, si chey pasmée de joie, et ne pot parler de grant pieche ; et cant elle revint de pasmisons, nus ne poroit croire la grant joie ke elle fist de sa fille. Si comme elle estoit en celle joie, li peres à la bielle dame ala kesre monsegneur Robiert, et li dist ensi : « Mesire Robiert, biau dus fius, nouvielles vous sai dire molt joieuses aveukes vous. » — « Ciertes, dist mesire Robiers, de joie averoie-jou bien mestier ; car nus, sans Dieu, ne poroit maitre consel à çou ke jou euse joie ; car g'ai pierdu vo bielle fille, dont j'ai trop gran duel au quer ; après j'ai pierdu le varlet et l'eskuhier ki onkes fust au monde ki plus de bien me fist : c'est Jehans li bons mes eskuiers. » — « Mesires Robiert, dist li sires, or ne vous esmaiiés mie si; car des eskuiers vous trouverés asés, mis de ma bielle fille vous sai-ge bien à dire boines nouvielles; car je l'ai veue maintenant, et si saciés ke c'est la plus bielle dame ki soit el monde. » Cant mesire Robiers oy çou, si tresaut tous de joie et dist à son segnor : « A, sire ! por Dieu ! menés-moi veoir se çou est voirs. » — « Volentiers, dist li sires : venés-vous-ent. » Li sires va devant et cil apriès, tant k'il sont venu en la canbre ù la mere fasoit enchore grant fieste de sa fille, et ploroient de joie li une sour l'autre. Cant elles virent lor drois segnors venir si se leverent; et si tos comme mesire Robiers counut sa fame, si li couru les bras tendus, si s'entr'acolerent et baisent menuement, et pleurent de joie et de pité. Et furent ensi entr'acholé l'esrure de .x. arpens de tiere ansois ke on les peuust desasanbler. Li sires coumanda ke les tables fusent mises pour souper, si souperent et menerent gran goie.

Apriès souper, cant la fieste ot esté grans, s'alerent coucier; si jut la nuit mesire Robiers aveuc madame Jehane sa fame, ki li fist molt grant joie, et il li ausi; et parlerent ensanle de molt de choses, et tant ke mesire Robiers li demanda ù elle avoit tant esté, et elle dist : « Sire, molt i aroit à conter : vous le saurés bien à tans; mais dites-moi coument vous l'avés puis fait ne ù vous avés esté si longement. » — « Dame, dist mesire Robiers, ce vous dirai-je bien. » Si li coumenche à conter tout çou ke elle savoit bien, et de Jehan son eskuier ki tant de bien li avoit fait, et li dist k'il estoit si coureciés de çou ke il l'avoit ensi pierdu k'il ne fineroit jamès d'esrer devant ke il l'aroit trouvé, et k'il mouveroit au matin. « Sire, dist la dame, ce seroit folie. Et ke sera-che dont ? me volés-vous dont laisier ? » — « Ciertes, dame, dist-il, faire le me couvient; car nus hon ne fist onkes autant pour autre comme il a fait pour moi. » — « Sire, dist la dame, se il a fait pour vous, il a fait que sages : il le devoit bien faire. » — « Dame, dist mesire Robiers, à çou ke vous me dites vous le counisiés. »
« Ciertes, dist la dame, je le doi bien counoistre ; car il ne fist piechà chose ke je ne seuse bien. » — « Dame, dist mesre (*sic*) Robiers, vous me faites toute esmiervellier de teus parolles. » — « Sire, dist la dame, homkes ne vous esmiervelliés. Se je vous disoie une parolle pour voir et à ciertes, dont ne m'en crerés-vous bien ? » — « Dame, dist-il, oïl voir. » — « Or me créés dont de cesti, fait-elle ; car bien saciés vraiement ke je sui icil Jehans ke vous volés aler kesre, et si vous dirai coument. Can je seuc ke vous en fustes alés pour le gran deul ke vous aviés de çou ke vous cuidiés ke je me fuse mesfaite et pour vostre tiere ke vous cuidiés avoir isi pierdue à tous jours, cant jou oï conter l'ocoison de la fremalle et le traïson ke mesire Raous avoit faite, si fui tant courecie comme nulle fenme plus. Tantos je fisc rouegnier mes cheviaus, et pris deniers en mes cofres entour .x. livres de tournois, et m'atournay com eskuiers, et vos suii juskes à Paris, et vos trouvai à la tonbe Ysoré, et là m'acompagnai-ge à vous, et nous alanmes ensanle juskes à Marsaille, et fumes .vij. ans ensanble, ù je vos siervi à mon pooir comme mon droit segnor; si le tieng à bien enploiié tout le sierviche ke g'i ai fait. Et saciés pour voir ke je suis inocense et giuste de tout çou ke li mauvais chevaliers me metoit sus; et bien i pert, k'il en a esté en camp hounis et a recouneut la trayson. » Lors achola madame Jehane monsegneur Robiert son segnour, et le baisa en la bouce molt doucement. Cant mesire Robiers entendi ke ce fu elle ki si bien l'avoit siervi, si en ot si grant joie ke nus poroit dire ne penser, et molt s'esmiervella en son quer coument elle se peut apenser de çou faire ki tournoit à si grant bonté : si l'en ama mius tous les jours de sa vie.

Ensi furent ensanble ces ij. boines persounes; et alerent sour lor tiere manoir, k'il avoient grant et bielle, et menerent bonne vie comme jouene gent ki molt s'entr'amerent. Et ala mesire Robiers souvent as tournoiemens aveukes son segnor, de cui mesnie il estoit ; et i fist molt de s'ouneur, et i conquist grant pris et grant avoir, et fist tant k'il aquist plus de tiere ke il n'en avoit. Et cant lor sires et lor dame furent mort, si oreut toute la tiere. Et fist tant par sa proaiche k'il fu doubles baneres et eut bien .iiij. M. livrées de tiere; mais honkes ne pot avoir nul enfant de sa fame : dont il fu molt coureciés. Ensi fu aveuc sa fame plus de .x. ans puis k'il ot vencu la bataille contre monsegneur Raoul. Après le tierme de .x. ans, par la volenté de Dieu, à cui nous soumes tout sousmis, le prist li maus de la mort; et moru comme preudom, et ot toutes ses droitures, et fu mis en tiere à grant ounour. Et sa fame, la bielle dame, en fist si grant deul ke tout cil ki le veoient en orent pité; mais en la fin li couvint le deul oublier, si s'en conforta; mais che fu petit. Molt se demena la dame en sa vaiveté comme bonne dame et relegieuse, car elle amoit molt Dieu et sainte Eglise; si se tint molt umlement, et molt ama les povres et lor fist molt de biens, et fu si bonne dame ke nus ne savoit en li ke dire ne ke reprendre se tout gran bien non. Et aveuc tout çou elle estoit tant bielle ke caskuns disoit ki le veoit ke çou estoit li mireoirs de toutes les dames del monde de biauté et de bonté. Mais à tant se taist li contes .j. poi à parler de li, et retourne à parler dou roi Flore, dont il s'est grant pieche teus.

Or dist li contes ke li rois Flores d'Ausai fu en son païs molt dolans et molt coureciés de la departie de sa premiere fenme; nonpourcant li autre li fu amenée, ki aukes fu bielle et gente; mais il ne le pot avoir d'asés si à quer comme il avoit l'autre. .iiij. ans fu aveukes li; mais honkes enfant n'en pot avoir. Et cant il i ot esté cel tiermine, si prist la dame li maus de la mort, et fu enfouie : dont si ami furent molt dolent. Si fu fais ses siervices si ke on doit faire à Romme. Et demora li rois Flores vaives plus de .ij. ans; et fu enchores jounes hom, k'il n'avoit pas plus de .xlv. ans, et tant ke si baron li dirent ke marier le couvenoit. « Ciertes, dist li rois Flores, de che faire n'ai-ge pas grant talent, car jou ai eu .ij. femmes : honkes enfant n'en poc avoir. Et d'autre part, la premiere ke j'oi fu tant bonne et tant bielle, et tant l'amoie de mon quer pour la grant biauté ki estoit en li ke je ne le puis oublier : si vous di bien que jamès fenme ne prenderai se je ne l'ai ausi bielle et ausi bonne com elle estoit. Or ait Dieus merchi de l'ame de li! car elle est respassée en l'abéie ù elle estoit, che m'a-on fait entendant. » — « Ha, sire! dist uns chevaliers ki estoit de son privé consel, il a molt de bounes dames aval le païs, ke vous ne counisiés pas toutes; et encore sai-ge telle k'il n'a de bonté ne de biauté sa parel el monde. Et se vous saviés saviés (sic) sa bonté, et vous veisiés sa grant biauté, vous diriés bien ke bons eureus seroit li rois ki poroit avoir le daugier de tel dame; et saciés ke elle est gentius fenme et vallans et riche et de grant tiere. Et si vos conterai partie de ses bontés, s'il vous plaist. » Et li rois dist k'il veut bien c'on li die. Et li chevaliers coumenche à conter coument elle s'esmut por aler kesre son segnour, et coument elle le trouva et mena à Marselle, et les grans bontés et les grans siervices k'elle li fist, si comme il a esté dit el conte par devant, si ke li rois Flores s'en esmierveilla trop. Et dist au chevalier à consel ke tel femme prenderoit-il volentiers. « Sire, dist li chevaliers, ki estoit dou païs à la dame, je irai à li, s'il vous plaist; si parlerai tant à li, se je puis, ke li mariages de vous .ij. sera fais. » — « Oïl, dist li rois Flores, je veul bien ke vous i alliés, et vous pri ke vous pensés de la besongne. »

A tant s'esmut li chevaliers, et esra tant par ses journées k'il vint ou païs ù la bielle dame manoit ke li contes apielle ma dame Jehane. Il le trouva à .j. sien kastiel à sejour; et elle li fist grant joie, comme celui cui elle counisoit. Li chevaliers le traist à consel, et li conta dou roi Flore d'Ausai ki le mandoit ke elle venist à lui et il la prenderoit à fenme. Cant la dame oï ensi le chevalier parler, si coumencha à sousrire (ki molt bien li avenoit), et dist au chevalier : « Vostre rois n'est pas si sienteus ne si courtois coume je cuidoie, cant il me mande ensi ke je voise à li et il me prendera à fenme. Ciertes, je ne sui mie soudoiiere pour aler à son coumant; mais dites à vostre roi, s'il li plaist, k'il viegne à moi, se il me prise tant et ainme et se li soit biel se je le veul prendre à mari et à espous; car li segnor doivent rekesre les dames, ne mie les dames les segnours. » — « Dame, dist li chevaliers, tout çou ke vous m'avés dit li dirai-ge bien; mais je douc k'il ne le tiegne à orguel. » — « Sire chevaliers, dist li dame, il i notera çou k'il li plaira; mais en chose ke je vous aie dite il n'a se courtoisie non et raison. » — « Dame, dist li chevaliers, de par Dieu ce soit! je m'en vois à vostre congiet à monsegneur le roi, et li dirai çou ke vous m'avés dit; et se vous li volés plus mander, si le me dites. » — « Oïl, dist la dame : dites-li ke jo li manc salus et ke je li sai molt bon gré de l'ounour ke il m'a mandé. »

Li chevaliers se parti à tant de la dame, et vint au quart jour au roi Flore d'Ausai, et le trouva en sa canbre, là ù il parloit à son privé consel. Li chevaliers salua le roi; et il li rendi son salu, et le fist séir dalès li, et li demanda nouvielles de la biele dame. Et il li conta tout çou k'elle li mandoit, ke elle ne venroit point à li, car elle n'estoit point soudoiiere pour aler à la rekeste de lui; car li segnour sont tenut à rekerre les dames : che li mandoit-elle, et se li mandoit salus et ke elle li savoit bon gré del hounour k'elle li rekairoit. Cant li rois Flores entendi ces parolles, si coumença à penser; et ne dist mot devant grant pieche. « Sire, dist uns chevaliers ki estoit ses mestres consellier, à coi pensés-vous tant? Ciertes, toutes teus parolles doit bien dire boine dame et sage; et si m'aït Dieus, elle est et sages et vallans : si vos lo en bonne foi ke vous regardés .j. jour ke vos porés ieste; à li mandés salus, et ke vos serés à tel jour à li pour faire hounour et pour prendre à fenme. » — « Ciertes, dist li rois Flores, je li manderai ke je serai à li el mois de Paskes, et ke elle s'aparaut pour recevoir tel homme com je sui. » Lors dist li rois Flores au chevalier ki ot esté à la dame, k'il meust dedens tierc jour à aler dire ces nouvielles à la dame.

Au tierc jour mut li chevaliers, et esra tant k'il vint à la dame, et li dist ke li rois li mandoit k'il seroit à li el mois de Paskes. Et elle respondi ke che fust de par Dieu, et ke elle en parleroit à ses amis, et ke elle seroit aparelie pour faire se volenté si comme li houneurs de bonne dame le rekiert. Apriès ces parolles s'en parti li chevaliers, et en vint à son segnor le roi Flore, et li conta la response de la bielle dame si comme vous l'avés oï. Si atira li rois Flores d'Ausai son oire et s'esmut à tout grant gent pour aler ou païs à la bielle dame. Cant il fu là venus, si le prist et espousa. Et i ot grant joie et grant fieste. Si l'enmena en son païs, ù on fist molt gran joie de li. Si l'ama molt li rois Flores pour sa grant biauté et pour le grant sens et le grant valour ki en li estoit. Et dedens l'anée k'il l'ot prise elle fu grose, et porta fruit en son ventre tant ke drois fu; et delivra d'une fille avant et d'un fil apriès, ki ot à non Florens, et la fille ot à non Florie. Et fu cil enfès Florens molt biaus. Et cant il fu chevaliers, si fu li miudres ke on seuist as armes à son tans, si k'il fu esleus à iestre empereres de Coustantinoble. Et fu molt preudom, et fist molt d'essart et de dolour as Sarasins. Et la fille fu puis roïne de la tiere son pere, et le prist à fenme li fius au roi de Hungrie; et fu dame de .ij. roiaumes. Celle grant hounour otria Dieus à la bielle dame pour bonté et pour sa loiauté. Gran tans fu li rois Flores aveuc celle bielle dame; et cant il plot à Dieu ke sa fins vint, si ot si bielle counisanche ke Dieus en ot une bielle ame. Apriès çou la dame ne vescui ke demi-an, si trespasa dou siecle comme boine et loiaus, et eut bielle fin et bonne recounisanche. Ichi finist li contés dou roi Flore et de la bielle Jehane.

EXPLICIT.

F. M.

UN MIRACLE DE NOSTRE-DAME.

NOMS DES PERSONNAGES.

L'EMPERIERE LOTAIRE.
OSTES, ou OSTON.
OGIER, premier chevalier l'empereire.
ij^e CHEVALIER L'EMPERIERE.
LE MESSAGIER L'EMPERIERE.
ROY ALFONS.
PREMIER CHEVALIER ALFONS.
ij^e CHEVALIER ALFONS.

LOTAR, sergent d'armes.
ERNAUT, premier bourgois.
ij^e BOURGOIS.
iij^e BOURGOIS.
iiij^e BOURGOIS.
DENISE, ou LA FILLE.
ROY DE GRENADE.
MUSEHAULT.
SALEMON.

LA DAMOISELLE, ou ESGLANTINE.
BERENGIER.
DIEU.
NOSTRE-DAME.
GABRIEL.
MICHIEL.
SAINT JEHAN.
LES CLERS.

Cy commence i. Miracle de Nostre-Dame, comment Ostes, roy d'Espaingne, perdi sa terre par gagier contre Berengier qui le tray et li fist faux entendre de sa femme, en la bonté de laquelle Ostes se fioit ; et depuis le destruit Ostes en champ de bataille.

L'EMPERIERE LOTAIRE.

Ostes, biau niez, quant me pren garde
De vostre estat, et vous regarde
Qu'estes sanz compaigne et sans hoir,
Et que femme soliez avoir
De renom, de los et de pris,
Que mort, ce scet chascun, a pris,
Il m'ennuie et moult me deplait :
Si vous conseil, niez, à court plait,
   Remarier.

OSTES.

Sanz desdire ne varier,
Chier oncle, à vostre voulenté,
N'en ay pas moult entalenté
Le cuer ; ne aussi pour ore dame
N'ay-je pas avisé qu'à femme,
   Sire, préisse.

L'EMPEREUR.

J'en sçay une trop bien propice,
Ostes niez, que nous irons querre ;
Aussi me fault-il avoir guerre
A son pere, qui tient Espaigne.
Se le royaume pren et gaigne,
La fille à femme vous donrray,
Et d'Espaigne roys vous feray
   Et lui royne.

Ici commence un Miracle de Notre-Dame, comment Othon, roi d'Espagne, perdit sa terre en gageant contre Beranger qui le trahit et lui fit de faux rapports au sujet de sa femme, en la bonté de laquelle Othon se fiait ; et depuis celui-ci le tua en champ-clos.

L'EMPEREUR LOTHAIRE.

Othon, cher neveu, quand je pense à votre position, que je considère que vous êtes sans compagne et sans héritier, et que vous aviez une femme de renom, de bien et vertueuse, que la mort, chacun le sait, a prise, cela m'ennuie et me déplaît fort : je vous conseille donc, mon neveu, en un mot, de vous remarier.

OTHON.

Sans vous dédire ni contrarier, cher oncle, votre volonté, je n'ai pas le cœur très-enclin à cela ; et pour le moment, sire, je ne connais aucune dame que je pusse prendre pour épouse.

L'EMPEREUR.

Neveu Othon, j'en sais une très-convenable, que nous irons chercher ; aussi bien me faut-il avoir la guerre avec son père qui tient l'Espagne. Si je prends et gagne le royaume, je vous donnerai sa fille pour femme, et je vous ferai roi d'Espagne et elle reine.

OSTES.
Puisque à ce vo vouloir s'encline,
Je m'i assens, chier sire, aussi.
Quant voulrez-vous partir de ci
　　Pour y aler.
　　　L'EMPEREUR.
Tout maintenant, sanz plus parler;
Car il a jà, je vous denonce,
Plus d'un mois qu'ay fait ma semonce,
Si ay jà devant biaucop gent :
Pour ce estre me fault diligent
　　D'aler après.
　　　PREMIER CHEVALIER.
Et nous vous suivrons de si près,
Chier sire, n'en aiez jà doubte,
Que nous serons de vostre rote
　　Touz jours premiers.
　　　L'EMPEREUR.
Or vous mettez, mes amis chiers,
　　Donques à voie.
　　　ij^e CHEVALIER.
Sire, je lo que l'en envoie
Au roy d'Espaigne un mès bonne erre,
Qui lui signiffie que guerre
Avez à li, et qu'il se gart
De vous, et qu'en quelconque part
Que li pourrez faire grevance,
Ly monstrerez vostre puissance.
　　Ce point conseil.
　　　L'EMPEREUR.
Et je m'y assens et le vueil.
—Messagier, çà vien. Tu iras
Au roy d'Espaigne et li diras
Que pour le courrouz qu'il m'a fait
Je l'iray guerroier de fait
Tellement et si envaïr
Qu'il s'en pourra moult esbahir;
Et li di que je le defy,
Et de tout son povoir dy fy
　　Contre le mien.
　　　LE MESSAGIER.
Mon chier seigneur, je vous dy bien
Que, se Dieu trouver le me lait,
Poson qu'il li soit bel ou lait,
En la fourme que le me dites
Li diray tant qu'en seray quittes.
　　G'y vois en l'eure.
　　　PREMIER CHEVALIER L'EMPERIERE.
Sanz plus faire cy de demeure,
Nous poons d'aler avancier,

OTHON.
Puisque votre volonté penche vers cela, cher sire, j'y consens aussi. Quand voulez-vous partir d'ici pour y aller?

L'EMPEREUR.
A l'instant même, sans parler davantage; car il y a déjà, je vous le déclare, plus d'un mois que j'ai fait prévenir mes hommes, et j'ai déjà devant beaucoup de monde : c'est pourquoi il faut que je me hâte de les suivre.

LE PREMIER CHEVALIER.
Quant à nous, nous vous suivrons de si près, cher sire, n'en doutez pas, que nous serons toujours les premiers de votre corps d'armée.

L'EMPEREUR.
Alors, mes chers amis, mettez-vous donc en route.

LE DEUXIÈME CHEVALIER.
Sire, je suis d'avis que l'on envoie tout de suite au roi d'Espagne un messager qui lui signifie que vous êtes en guerre avec lui, qu'il se garde de vous, et que partout où vous pourrez lui faire du mal, vous lui montrerez votre puissance. Voilà ce que je conseille.

L'EMPEREUR.
J'y consens, et je le veux. — Messager, viens ici. Tu iras au roi d'Espagne et tu lui diras que pour l'ennui qu'il m'a causé j'irai lui faire la guerre et l'attaquer tellement qu'il n'aura qu'à s'en étonner; dis-lui que je le défie, et que je ne tiens aucun compte de toutes les forces qu'il opposera aux miennes.

LE MESSAGER.
Mon cher seigneur, je vous dis bien que, si Dieu me permet de le trouver, je me déchargerai auprès de lui de mon message dans la forme que vous me dites, que cela lui plaise ou non. J'y vais sur l'heure.

LE PREMIER CHEVALIER DE L'EMPEREUR.
Sans plus nous arrêter ici, mettons-nous en marche, en sorte que lorsque nous pour-

Si que lors du messagier
Pourrons certainement savoir
Qu'il ara fait tout son devoir,
Que tantost sanz terme n'espace
Sur Espaigne la guerre on face,
Et prengne l'on chastiaux et villes
Et n'espergne l'en filz ne filles,
  Bestes ne biens.
    L'EMPERIERE.
Certes, on n'espergnera riens.
Le feu partout bouter feray
Où rebellion trouveray.
  Mouvons maishuy.
  LE MESSAGIER L'EMPERIERE.
Comme messagier que je sui,
Roy d'Espaigne, vous vien retraire
De par l'emperiere Lothaire
Que assaillir venra vostre terre
Et vous mouvera si grant guerre
Qu'il vous toldra vie de corps,
Ou de ce païs fuirez hors.
Dès, ci vous dy pour li sanz faille,
Vostre povoir ne prise maille,
Nom pas la fueille d'une ronce :
De par lui ceci vous denonce
  Et vous deffie.
    ROY ALPHONS.
Il ne m'ara pas, quoy qu'il die,
Si ligierement come il pense;
Car je metteray diligence
  En moy garder.
    MESSAGIER L'EMPERIERE.
Ne vous est mestier de tarder.
Certes, mal l'avez courroucié;
De moy vous est pour li nuncié
  Hardiement.
  PREMIER CHEVALIER ALFONS.
Dya! que tu parles haultement,
Et si es en nostre dangier!
Se tu ne fusses messagier,
Point fusses d'un tel esperon
Qu'il ne te faulsist chapperon
  Jamais avoir.
    ALFONS.
Com messagier fait son devoir;
Gardez que vous ne l'atouchiez.
— Mon ami, bien vueil que sachiez,
Quant l'emperiere m'assauldra,
Le païs si me deffendra
Bien, se Dieu plaist.

rons savoir certainement du messager qu'il a rempli tout son devoir, l'on fasse tout de suite la guerre à l'Espagne sans délai ni retard, que l'on y prenne les châteaux et les villes, et que l'on n'épargne ni fils ni filles, ni bêtes ni biens.

L'EMPEREUR.

Certes, on n'épargnera rien. Je ferai mettre le feu partout où je trouverai de la résistance. Partons dès aujourd'hui!

LE MESSAGER DE L'EMPEREUR.

Roi d'Espagne, en ma qualité de messager, je viens vous annoncer de par l'empereur Lothaire qu'il viendra assaillir votre pays et qu'il vous fera une guerre telle qu'il vous ôtera la vie, si vous ne fuyez hors de cette contrée. Dès ce moment, je vous le dis positivement pour lui, il ne fait pas plus de cas de votre pouvoir que d'une maille, ou que d'une feuille de ronce : je vous notifie ceci de sa part et vous défie.

LE ROI ALPHONSE.

Quoi qu'il en dise, il ne m'aura pas aussi facilement qu'il le pense; car je mettrai diligence à me garder.

LE MESSAGER DE L'EMPEREUR.

Il ne faut pas que vous tardiez. Certes, vous avez eu tort de le courroucer; je vous l'annonce hardiment de sa part.

LE PREMIER CHEVALIER D'ALPHONSE.

Eh! que tu as le verbe haut, et cependant tu es en notre pouvoir! Si tu n'étais pas messager, tu serais piqué d'un éperon tel qu'il ne te faudrait jamais avoir de chaperon.

ALPHONSE.

Il fait son devoir de messager: gardez-vous de le toucher. — Mon ami, je désire que vous sachiez que, quand l'empereur m'attaquera, le pays me défendra bien, s'il plaît à Dieu.

LE MESSAGIER L'EMPERIERE.
Plus ne vous en tenray de plait,
Puisque dit vous ay mon message.
Or parra com vous serez sage.
Je m'en revoys.

ALFONS.
Seigneurs, Lothaire à tel congnois
Qu'il venra ci, je n'en doubt point,
Puisque la chose est à ce point
C'on m'a de par li deffié.
Je m'ay touz jours en vous fié :
Si vous pri que ne me failliez,
Maintenant ; mais me conseilliez
Que je feray.

ij^e CHEVALIER ALFONS.
Quant est de moy, je vous diray,
Sire, l'empereur est si fors
Que s'il vient à tout son effors,
Certes, ce païs gastera
Et toutes voz gens destruira.
Oultre, s'il avient qu'il vous prengne
(Jà Diex ne sueffre qu'il aviengne!),
Vous estes mort.

PREMIER CHEVALIER ALFONS.
Voir, je sui bien de vostre accord;
Et, pour ce, une chose vueil dire
Qui seroit bonne à faire, sire :
De gens d'armes petit avez,
Et quant doit venir ne savez.
Si vous diray que nous ferons :
Nous trois, en Grenade en irons
Prier vostre frere le cours
Qu'il vous fasse aïde et secours;
Mais une chose avant ferez :
Une partie manderez
De voz bourgois de ceste ville,
A qui vous lairez vostre fille
A garder (il y sont tenuz)
Tant que vous soiez revenuz,
En leur disant sur toutes choses
Qu'il tiengnent bien leurs portes closes
Et que nul n'y viengne ne voit
Que l'en ne sache qui il soit
Et qu'il vient querre.

ALFONS.
Et je le vous feray bonne erre.
— Lothart, va-t'en appertement
En l'ostel où leur parlement
Font les bourgois de ceste ville.
Servant de Bisquarrel, ne Gille

LE MESSAGER DE L'EMPEREUR.
Je ne vous en dirai pas plus long, puisque mon message est rempli. Nous verrons maintenant si vous serez sage. Je m'en retourne.

ALPHONSE.
Seigneurs, Lothaire, tel que je le connois, viendra ici, je n'en doute pas, puisque la chose en est arrivée au point qu'on m'a défié de sa part. Je me suis toujours fié en vous : je vous prie donc de ne pas m'abandonner, maintenant; mais conseillez-moi ce que je dois faire.

LE DEUXIÈME CHEVALIER.
Quant à moi, sire, je vous dirai que l'empereur est si puissant que, s'il vient avec toutes ses forces, il ravagera certainement ce pays et détruira tout votre monde. En outre, s'il advient qu'il vous prenne (ce qu'à Dieu ne plaise!), vous êtes mort.

LE PREMIER CHEVALIER D'ALPHONSE.
En vérité, je suis bien de votre avis; c'est pourquoi, je veux dire une chose qui serait bonne à faire, sire : vous avez peu de gens d'armes, et vous ne savez pas quand ils doivent venir. Je vous dirai ce que nous ferons : nous trois, nous nous en irons à Grenade prier tout de suite votre frère qu'il vous donne aide et secours; mais auparavant vous ferez une chose : vous manderez une partie de vos bourgeois de cette ville, et vous leur laisserez votre fille en garde (il est de leur devoir de le faire) jusqu'à ce que vous soyez revenu, en leur disant que pardessus tout ils tiennent bien leurs portes closes, et que nul n'aille ni ne vienne sans que l'on sache qui il est et ce qu'il vient chercher.

ALPHONSE.
Je le ferai tout de suite. — Lotart, va-t'en vite à la maison où les bourgeois de cette ville tiennent leur assemblée. Si tu y trouves Servant de Bisquarrel, ou Gilles le Marquis, ou Martin Drouart, ou sire Pierre le

Le Marquis, ne Martin Drouart,
Ne sire Pierre le Monart,
Ou sire Guymar dit le Viautre,
Y treuves, ou bourgois quelque autre,
Di-leur que sanz ailleurs aler
Tantost viengnent à moy parler
  Et que j'ay haste.
  LOTART, sergent d'armes.
Je ne mengeray pain ne paste
Si les vous aray fait venir.
Sanz moy plus ci endroit tenir,
Mon chier seigneur, je les vois querre.
— Je tieng bien emploiée m'erre
Et si ay-je, si com moy semble,
Seigneurs, quant cy vos truis ensemble
  Si bien à point.
  PREMIER BOURGOIS.
Pour quoy, Lotart (n'en mentez point),
  Le dites-vous ?
  SERGENT D'ARMES.
Monseigneur si vous mande à touz
Que tantost, sanz ailleurs aler,
Vous en venez à li parler ;
Et se plus d'autres en trouvasse,
Avecques vous les enmenasse.
  Sà ! alons-m'ent.
  ij^e BOURGOIS.
G'iray de cuer et liement,
  Quant est de moy.
  iij^e BOURGOIS.
Aussi feray-je, par ma foy !
Puisqu'il en est si volentis,
J'en suis aussi tout talentis.
— Alons, Lotart.
  iiij^e BOURGOIS.
Alons ! je vueil faire le quart
Puisqu'il nous mande.
  PREMIER BOURGOIS.
S'il nous fait aucune demande,
  Prenons avis.
  LOTART, sergent d'armes.
Mon chier seigneur, sanz plus devis,
Vez ci de voz bourgois partie
Qui touz sont venuz à atie
  A vostre mant.
  ALFONS.
Ne savez pour quoy vous demant,
Seigneurs ; mais je le vous diray :
Ma fille en garde vous lairay ;
Car il me fault, à brief parler,

Monart, ou sire Guymar dit le Viautre, ou quelque autre bourgeois, dis-leur que, sans aller ailleurs, ils viennent sur-le-champ me parler, et que je suis pressé.

  — LOTART, sergent d'armes.

Je ne mangerai ni pain ni pâte que je ne vous les aie fait venir. Sans me tenir davantage ici, mon cher seigneur, je vais les chercher. — Je tiens ma course pour bien employée, et il me semble qu'il en est ainsi, seigneurs, puisque je vous trouve ensemble si à propos.

  PREMIER BOURGEOIS.

Lotart, pourquoi dites-vous cela ? ne mentez point.

  LE SERGENT D'ARMES.

Monseigneur vous mande à tous que, sans aller ailleurs, vous veniez tout de suite lui parler. Et (il a ajouté) que, si j'en trouvais d'autres de plus, j'eusse à les emmener avec vous. Eh bien ! allons-nous-en.

  LE DEUXIÈME BOURGEOIS.

Quant à moi, j'irai de bon cœur et joyeusement.

  LE TROISIÈME BOURGEOIS.

Par ma foi ! je ferai de même. Puisqu'il y est si décidé, j'en ai pareillement le désir. — Allons, Lotart.

  LE QUATRIÈME BOURGEOIS.

Allons ! je veux faire le quatrième, puisqu'il nous mande.

  LE PREMIER BOURGEOIS.

S'il nous fait quelque demande, concertons-nous.

  LOTART, sergent d'armes.

Mon cher seigneur, sans plus de discours, voici une partie de vos bourgeois qui tous sont venus en hâte à votre commandement.

  ALPHONSE.

Seigneurs, vous ne savez pourquoi je vous appelle ; mais je vous le dirai : Je vous laisserai ma fille en garde ; car il me faut, en peu de mots, aller vers mon frère à Gre-

A mon frere en Grenade aler
Ly requerre aïde et secours;
Car sur moy veult venir à cours
De guerre l'empereur Lothaire,
Et m'a l'en jà, ne le puis taire,
Fait de par lui la deffiaille :
Si vous pri touz, coment qu'il aille,
De la ville songneusement
Garder et especiaument
　　Ma fille aussi.
　　　　ij^e BOURGOIS.
Sire, n'en soiez en soucy :
Vostre fille bien garderons,
Et la ville deffenderons
　　Contre tout homme.
　　　　iij^e BOURGOIS.
Nous en ferons quanque preudome
　　En doivent faire.
　　　　iiij^e BOURGOIS.
Sire, pour Dieu le debonnaire !
Au moins, puisque vous nous laissez,
De retournez (sic) ici pensez
　　Brief, s'il peut estre.
　　　　ALFONS.
Au plus tost que me pourray mettre
Au retour, mes amis, sanz faille
Je revenray, comment qu'il aille,
　　Cy en ce lieu.
　　　　ij^e CHEVALIER ALPHONS.
Alons-m'en à la garde Dieu,
Sire, sans plus ci séjourner,
Si que brief puissons retourner
　　Garniz de gens.
　　　　ALFONS.
Mes amis, soiez diligens
De vous garder et de bien faire,
Si vient qui vous vueille meffaire.
Je ne vous say ore plus dire ;
Je vous commans à Nostre-Sire :
　　A Dieu trestouz.
　　　　LA FILLE.
Mon chier pere et mon seigneur doulx,
A Dieu, qui vous vueille conduire,
Si que ne soit qui vous puist nuire
　　Ne aucun mal faire !

　　　　PREMIER BOURGOIS.
Seigneurs, il fault qu'en nostre affaire
Mettons diligence, à briefs moz.
Bon fort avons ci ; par mon loz,

nade lui demander aide et secours; car l'empereur Lothaire veut venir sur moi en armes, et, je ne puis le taire, l'on m'a déjà défié de sa part : je vous prie donc tous, quoi qu'il arrive, de garder soigneusement la ville et ma fille aussi, spécialement.

　　　　LE DEUXIÈME BOURGEOIS.
Sire, ne soyez pas inquiet à ce sujet : nous garderons bien votre fille, et nous défendrons la ville contre tout homme.

　　　　LE TROISIÈME BOURGEOIS.
Nous agirons comme prud'hommes doivent agir.

　　　　LE QUATRIÈME BOURGEOIS.
Sire, pour (l'amour de) Dieu le débonnaire ! puisque vous nous laissez, au moins pensez à revenir ici promptement, si c'est possible.

　　　　ALPHONSE.
Le plus tôt que je pourrai me mettre en route, mes amis, sans faute je reviendrai ici même, quoi qu'il arrive.

　　　　LE DEUXIÈME CHEVALIER D'ALPHONSE.
Sire, allons-nous-en à la garde de Dieu, sans plus séjourner ici, en sorte que nous puissions revenir bientôt en force.

　　　　ALPHONSE.
Mes amis, soyez diligens à vous garder et à bien vous défendre, s'il vient quelqu'un qui veuille vous attaquer. Je n'ai maintenant plus rien à vous dire, (sinon que) je vous recommande à Notre-Seigneur : vous tous, adieu.

　　　　LA FILLE.
Mon cher père et mon doux seigneur, (je vous recommande) à Dieu qu'il veuille vous conduire, en sorte qu'il n'y ait personne qui puisse vous nuire ou vous faire quelque mal !

　　　　LE PREMIER BOURGEOIS.
Seigneurs, en peu de mots, il nous faut mettre de la diligence dans notre affaire. Nous avons ici un bon fort ; si l'on m'en croit, nous

Trestouz ensemble y demourrons,
Ma dame, et vous y garderons
　Des ennemis.
　　　　LA FILLE.
Puisqu'en vostre garde m'a mis,
Biaux seigneurs, mon pere le roy,
Je vueil faire sanz nul desroy
　Quanque direz.
　　　　ij^e BOURGOIS.
Chiere dame, devant irez,
Et nous après vous suiverons ;
Et le fort très bien fermerons
　Quant serons ens.
　　　　LA FILLE.
Mes chiers amis, je m'i assens.
Je vois devant ; or me suivez.
Ne vueil pas que vous estrivez
　Pour moy de rien.
　　　　iij^e BOURGOIS.
Chiere dame, vous dites bien.
— Or, avant ! puisque dedans sommes,
Touz ensemble, femmes et hommes,
　Fermons ce fort.
　　　　iiij^e BOURGOIS.
Vous dites bien, j'en sui d'accort.
C'est fait ; je ne craing maishuit homme
Qui nous face assault une pomme
　Non une noiz.
　　　　ROY DE GRENADE.
Seigneurs, là voi (bien le congnois)
Le roy d'Espaigne, Alfons mon frere.
Faire li voulray bonne chiere,
Puisque je le voy ci venir.
— Frere, bien puissiez-vous venir !
　Quel vent vous maine ?
　　　　ALFONS.
Frere, ce que j'ay le demaine
D'Espaigne et la terre perdu :
Dont j'ay le cuer trop esperdu,
Se ne le m'aidiez à rescourre :
Si vous pri vueillez me secourre
　A ce besoing.
　　　　ROY DE GRENADE.
Biau frere, de ce n'aiez soing ;
Mais à moy dire ne tardez
Comment c'est que vous le perdez,
　Je vous em pri.
　　　　ALFONS.
Je le vous diray sanz detri,
Frere : l'emperiere de Romme

y demeurerons tous ensemble, madame, et vous y garderons des ennemis.

　　　　LA FILLE.
Beaux seigneurs, puisque le roi mon père m'a mis en votre garde ; je veux faire sans réserve tout ce que vous direz.

　　　　LE DEUXIÈME BOURGEOIS.
Chère dame, vous irez devant, et nous vous suivrons ; et quand nous serons dans le fort, nous le fortifierons bien.

　　　　LA FILLE.
J'y consens, mes chers amis. Je vais devant ; maintenant suivez-moi. Je ne veux pas que pour moi vous ayez la moindre dispute.

　　　　LE TROISIÈME BOURGEOIS.
Chère dame, vous parlez bien. — Allons, en avant ! puisque nous sommes dans ce fort, femmes et hommes, tous ensemble fortifions-le.

　　　　LE QUATRIÈME BOURGEOIS.
Vous parlez bien, je suis de cet avis. C'est fait ; désormais, je ne crains pas plus qu'on nous attaque que je ne craindrais une pomme ou une noix.

　　　　LE ROI DE GRENADE.
Seigneurs, je vois là-bas le roi d'Espagne, Alphonse mon frère ; je le connais bien. Je veux lui faire fête, puisque je le vois venir ici. — Frère, soyez le bien venu ! Quel vent vous mène ?

　　　　ALPHONSE.
Frère, j'ai perdu le gouvernement et le territoire de l'Espagne : ce dont j'ai le cœur tout-à-fait désespéré, si vous ne m'aidez à les recouvrer : veuillez donc, je vous prie, me secourir dans cette nécessité.

　　　　LE ROI DE GRENADE.
Mon frère, n'ayez à ce sujet aucune inquiétude ; mais ne tardez pas à me dire comment il se fait que vous perdez l'Espagne, je vous en prie.

　　　　ALPHONSE.
Je vous le dirai sans retard, frère : l'empereur de Rome m'envoya l'autre jour un

M'envoia l'autr'ier un sien homme ;
Bien croy qu'en li moult se fia,
Quant de par li me deffia,
Et pour ce que n'ay pas assez
Gens contre lui, me sui pensez
D'aïde vous venir requerre,
Afin que contre li ma terre
　　Puisse deffendre.

ROY DE GRENADE.

Musehault, va-t'en sanz attendre
Au roy de Tarse et d'Aumarie,
Et après au roy de Turquie
Et aussi de Marroc au roy ;
Prie chascun que son arroy
Face pour moy venir aidier
A mes ennemis brief vuidier
　　Hors de ma terre.

MUSEHAULT.

Sire, pour vostre amour acquerre
Voulentiers feray ce message ;
Et, sanz plus faire d'arrestage,
　　Sire, g'y vois.

ROY DE GRENADE.

Et vous, Salemon l'Aubigois,
En Espaigne vous en irez ;
Les bonnes ville cercherez,
Et m'en rapporterez l'estat.
Or mouvez, sanz plus de restat
　　Faire, ami chier.

SALEMON.

Sire, g'i vois sanz plus preschier,
Puisqu'il vous haite.

ROY DE GRENADE.

Frere, aïde vous sera faicte
Par moy si bonne en brief termine
Qu'il fauldra que l'empereur fine
Ains qu'Espaingne vous puist tolir.
Ne scé se venir assaillir
　　Vous osera.

ALFONS.

Frere, bien scé que si fera ;
　　Car trop est fier.

ROY DE GRENADE.

Il n'est ne de fer ne d'acier
Ne q'un autre ; ne vous en chaut.
Seez ci tant que Musehault
Soit venuz, et lors nous ferons
Tant que nous ne le priserons
　　Pas un festu.

des siens ; je crois bien qu'il se fie beaucoup en lui, puisqu'il me défia de sa part. Et comme je n'ai pas assez de gens à lui opposer, j'ai pensé à venir vous demander votre aide, afin que je puisse défendre ma terre contre lui.

LE ROI DE GRENADE.

Musehault, va-t'en sans attendre au roi de Tarse et d'Almaria, et après au roi de Turquie et à celui de Maroc ; prie chacun d'eux de rassembler ses forces pour me venir aider à chasser promptement mes ennemis hors de ma terre.

MUSEHAULT.

Sire, pour acquérir votre amour je ferai volontiers ce message ; et, sans m'arrêter plus long-temps, sire, j'y vais.

LE ROI DE GRENADE.

Et vous, Salomon l'Albigeois, vous vous en irez en Espagne ; vous visiterez les bonnes villes, et m'en rapporterez l'état. Allons, mon cher ami ! en route sans plus de retard.

SALOMON.

Sire, puisque tel est votre plaisir, j'y vais sans plus de discours.

LE ROI DE GRENADE.

Frère, je vous porterai bientôt un tel secours qu'il faudra que l'empereur périsse avant qu'il puisse vous enlever l'Espagne. Je ne sais s'il osera venir vous attaquer.

ALPHONSE.

Frère, je sais bien qu'il le fera ; car il est très-fier.

LE ROI DE GRENADE.

Il n'est pas plus qu'un autre de fer ou d'acier ; ne vous en inquiétez pas. Asseyez-vous ici tant que Musehault soit venu, et alors nous ferons si bien que nous ne le priserons pas (la valeur d')un fétu.

L'EMPERIERE.
Or çà! messagier, di, viens-tu
Du roy d'Espaigne?
MESSAGIER L'EMPERIERE.
Sire, oïl, se Dieu me doint gaaigne!
Et l'ay de par vous deffié,
Et si ly ay bien affié
Qu'avez guerre à li, à un mot;
Et il me respondy tantost
Qu'il ne scet pas que vous ferez,
Mais que si tost pas ne l'arez
Que vous pensez.
L'EMPERIERE.
Et avoit-il de gent assez?
Or le me dy.
LE MESSAGIER L'EMPERIERE.
Sire, quànt je parlay à li,
Pour verité, savoir devez
Il n'avoit que ses gens privez
Et une jonne damoiselle
Qui sa fille est, qui est moult bele;
N'en la ville, sire, où estoit
Un tout seul homme armé n'avoit,
Soiez-en seürs.
ij^e. CHEVALIER L'EMPERIERE.
A quel ville estoit-il?
LE MESSAGIER L'EMPERIERE.
A Burs,
Qui est une bonne cité;
Mais n'est pas moult, en verité,
De gent peuplée.
ij^e CHEVALIER L'EMPERIERE.
Mon chier seigneur, s'il vous agrée,
Siege faire devant irons
Touz ensemble, et leur requerrons
Qu'il là vous rendent.
L'EMPERIERE.
Je scé bien qu'à ce pas ne tendent;
Et nientmoins vous avez bien dit.
Alons-y tost, sanz contredit,
Trèstout ensemble.
PREMIER CHEVALIER.
C'est bon à faire, ce me semble;
Car com plus tost sur eulx serons,
Et plus grant avantage arons
A nous combatre.
OSTES.
Or le faisons bien, sanz debater.
Puisque nous voions ici Burs,
Escrions-les savoir se aux murs

L'EMPEREUR.
Eh bien! messager, dis, viens-tu de vers le roi d'Espagne?
LE MESSAGER DE L'EMPEREUR.
Oui, sire, Dieu me récompense! Je l'ai défié de votre part, et, en un mot, je lui ai bien notifié que vous étiez en guerre avec lui; et il me répondit sur-le-champ qu'il ne savait pas ce que vous feriez, mais que vous ne l'auriez pas si tôt que vous le pensiez.

L'EMPEREUR.
Et avait-il beaucoup de monde? dis-le-moi?
LE MESSAGER DE L'EMPEREUR.
Sire, quand je lui parlai, sachez, en vérité, qu'il n'avait que les gens attachés à sa personne et une jeune demoiselle fort belle, qui est sa fille; et en la ville où il était, sire, il n'y avait pas un seul homme armé, soyez-en sûr.

LE DEUXIÈME CHEVALIER DE L'EMPEREUR.
Dans quelle ville était-il?
LE MESSAGER DE L'EMPEREUR.
A Burgos, qui est une bonne cité; mais, en vérité, elle n'est pas très-peuplée.

LE DEUXIÈME CHEVALIER DE L'EMPEREUR.
Mon cher seigneur, si cela vous agrée, nous irons l'assiéger tous ensemble, et nous les sommerons de vous la rendre.

L'EMPEREUR.
Je sais bien que ce n'est pas ce qu'ils entendent (faire); et néanmoins vous avez bien dit. Allons-y promptement, sans réplique, tous ensemble.

LE PREMIER CHEVALIER.
C'est bon à faire, ce me semble; car plus tôt nous serons sur eux, plus grand avantage nous aurons à combattre.

OTHON.
Maintenant, sans plus de paroles, conduisons-nous bravement. Puisque nous voyons ici Burgos, appelons pour savoir si quelqu'un

Venroit aucun parler à nous.
— Ouvrez, ouvrez! tost rendez-vous,
Sanz plus attendre!

PREMIER BOURGOIS.

Qui estes-vous, qui à nous rendre
Si fierement nous commandez?
Vuidiez, que, se plus attendez,
De nos mais vous envoierons,
Ne point ne vous espargnerons;
N'en doubtez goute.

PREMIER CHEVALIER L'EMPERIERE.

Rendez-vous, rendez; ou, sanz doubte,
Assault dur et fort vous ferons,
Et en l'eure vous monstrerons
Quelz gens nous sommes.

ije BOURGOIS.

Nous ne vous prisons pas .ij. pommes.
Ne scé pour quoy nous menacez;
De bonne gent sommes assez
Pour nous deffendre.

OSTES.

Avant! avant! sanz plus attendre,
Traiez aux murs, seigneurs archiers!
Et nous irons en dementiers
Celle porte-là assaillir,
Et je pense que sanz faillir
Bien tost l'arons.

ije CHEVALIER.

S'arons mon. Sçavez que ferons?
En traiant et en combatant,
Le feu y bouterons batant
De bonne guyse.

(Yci ce fait la bataille.)

iije BOURGOIS.

Puisque la bataille s'atise
Et qu'il sont sur nous si ysniaux,
Gettons-leur ces gros mangonniaux
Et ces grans pierres.

iiije BOURGOIS.

Vuidiez, vuidiez, pillars et lierres!
Vuidiez, vuidiez appertement,
Ou vous mourrez honteusement!
Fuiez, merdaille!

ije CHEVALIER.

Je vois bouter le feu sanz faille
A celle porte ardoir, tandis
Qu'il sont à combatre ententiz.
C'est fait: elle art.

des bourgeois viendrait nous parler. — Ouvrez, ouvrez! rendez-vous vite, sans attendre davantage!

LE PREMIER BOURGEOIS.

Qui êtes-vous, vous qui nous commandez si fièrement de nous rendre? Videz la place, car, si vous attendez davantage, nous vous enverrons de nos mets, et nous ne vous épargnerons point; n'en doutez nullement.

LE PREMIER CHEVALIER DE L'EMPEREUR.

Rendez-vous, rendez-vous; ou, n'en doutez pas, nous vous livrerons un assaut dur et terrible, et sur l'heure nous vous montrerons quels gens nous sommes.

LE DEUXIÈME BOURGEOIS.

Nous ne vous prisons pas (la valeur de) deux pommes. Je ne sais pourquoi vous nous menacez; nous sommes assez de braves gens pour nous défendre.

OTHON.

En avant! en avant! sans attendre davantage, tirez aux murs, seigneurs archers! et cependant nous irons attaquer cette porte-là. Je pense que sans faute nous l'aurons bientôt.

LE DEUXIÈME CHEVALIER.

Certes, oui. Savez-vous ce que nous ferons? en lançant nos traits et en combattant, nous y mettrons le feu tout de suite et de la bonne manière.

(Ici la bataille se fait.)

LE TROISIÈME BOURGEOIS.

Puisque la bataille s'échauffe et qu'ils sont si acharnés contre nous, lançons sur eux ces gros mangonneaux et ces grandes pierres.

LE QUATRIÈME BOURGEOIS.

Fuyez, fuyez, pillards, voleurs! allons, hors d'ici sur-le-champ, ou vous mourrez honteusement! Fuyez, canaille!

LE DEUXIÈME CHEVALIER.

Je vais, sans y manquer, mettre le feu pour brûler cette porte, tandis qu'ils sont occupés à combattre. C'est fait: elle brûle.

L'EMPEREUR.

Maishuit pour deffendre trop tart
Venront que n'entrons dessus eulz.
Avant i. et un, deux et deux !
　　Entrez touz ens.

OSTES.

A mort ! à mort ceulx de ceens !
Hommes et femmes, touz mourront
Qui rendre à nous ne se voulront
　　Benignement.

PREMIER CHEVALIER L'EMPERIERE.

Grans et petiz onniement
　　Mettons à mort.

L'EMPERIERE.

Non, non, je n'en sui pas d'accort :
Je vueil à eulz parler avant.
— Dites, seigneurs, je vous demant,
Vous voulez-vous bonnement rendre ?
Ne vous povez mais plus deffendre,
　　Bien le veez.

PREMIER BOURGOIS.

Ha, sire ! ne nous deveez
Vostre grace par courtoisie.
Recevez-nous, sauve la vie,
　　Voz prisonniers.

L'EMPERIERE.

Si feray-je moult voulentiers ;
Mais que me rendez vostre roy,
Qui envers moy plain de desroy
　　A trop esté.

ij^e BOURGOIS.

Très chier sire, par verité,
Dès qu'il sot que aviez à li guerre,
Il se parti de ceste terre,
Et tieng qu'en Grenade en ala ;
Au mains, quant il à nous parla,
　　Le dist ainsi.

L'EMPERIERE.

Bien est. Or me respondez ci :
Je n'aconte à li une bille ;
Mais qu'est devenue sa fille,
　　Dites-me voir ?

ij^e CHEVALIER L'EMPERIERE.

Se vous ne li faites savoir,
Vous estes mors là où vous estes ;
Car l'en vous copera les testes,
　　Ou voir direz.

iij^e BOURGOIS.

Sire, leens la trouverez,

L'EMPEREUR.

Désormais ils viendront trop tard pour nous empêcher d'entrer chez eux. En avant un à un, deux à deux ! Entrez tous dedans.

OTHON.

A mort ! à mort ceux de céans ! Hommes et femmes, tous ceux qui ne voudront pas se rendre à nous de bonne grâce, mourront.

LE PREMIER CHEVALIER DE L'EMPEREUR.

Mettons à mort tout uniment grands et petits.

L'EMPEREUR.

Non, non, je n'y consens pas : je veux leur parler auparavant. — Dites, seigneurs, je vous le demande, voulez-vous vous rendre de bonne volonté ? Vous ne pouvez plus vous défendre, vous le voyez bien.

LE PREMIER BOURGEOIS.

Ah, sire ! veuillez ne pas nous refuser votre grâce. Recevez-nous, la vie sauve, pour vos prisonniers.

L'EMPEREUR.

Je le ferai très-volontiers ; mais à la condition que vous me livrerez votre roi, qui a été trop insolent à mon égard.

LE DEUXIÈME BOURGEOIS.

Très-cher sire, en vérité, dès qu'il sut que vous étiez en guerre avec lui, il partit de cette terre, et je tiens qu'il s'en alla en Grenade ; au moins, quand il nous parla, il le dit ainsi.

L'EMPEREUR.

C'est bien. Maintenant répondez-moi sur ceci : je ne fais pas plus de cas de lui que d'une bille ; mais sa fille, qu'est-elle devenue ? dites-moi la vérité.

LE DEUXIÈME CHEVALIER DE L'EMPEREUR.

Si vous ne le lui apprenez pas, vous êtes morts ici même ; car l'on vous coupera la tête, ou vous direz la vérité.

LE TROISIÈME BOURGEOIS.

Sire, vous la trouverez céans, honteuse,

Honteuse, morne et esbahie;
Et certes ne m'en merveil mie:
  Non doit-on faire.
   L'EMPERIERE.
Or tost, seigneurs! sanz li meffaire
(Vous .ij., ci plus ne vous tenez),
Alez et si la m'amenez:
  Veoir la vueil.
   PREMIER CHEVALIER L'EMPERIERE.
Sire, nous ferons vostre vueil
Incontinent, sanz nul deffault.
— Dame, avec nous venir vous fault.
  Sus, sus, bonne erre!
   LA FILLE.
E Dieux! com cy a male guerre!
Or voy-je bien je sui honnie.
— A, biaux seigneurs! sauve ma vie,
  Pour Dieu mercy!

   ij^e CHEVALIER.
Dame, n'en aiez nul soucy:
Nous vous menrons à l'emperiere,
Qui de cuer et à lie chiere
  Vous recevra.
   LA FILLE.
E Diex! je ne scé s'il ara
  De moi pitié.
   PREMIER CHEVALIER.
Sire, nous sommes acquittié:
Vez ci la fille au roi Alfons,
Qu'entre nous ij vous amenons
  Com prisonnière.
   L'EMPERERE.
Dites-me voir, m'amie chiere,
  Où est vostre pere?
   LA FILLE.
Se Diex ait merci de ma mere!
Puisque de mon pere parlez,
S'en Grenade n'est, sire, alez,
N'en saroie nouvelles dire;
Car là me dist qu'il aloit, sire,
  Quant me laissa.
   L'EMPERIERE.
Oston, biau niez, traiez-vous çà.
Je vueil que vous aiez à femme
Ceste fille, qui sera dame
Et royne; et vous serez roy
D'Espaigne, voire; mais de moy
Tenrez le regne: c'est m'entente,
Or tost alez, sanz plus d'attente,

morne et stupéfaite; et certes je ne m'en étonne pas: c'est bien naturel.
   L'EMPEREUR.
Allons vite, seigneurs! sans lui faire de mal (vous deux, ne vous tenez plus ici), allez et amenez-la-moi: je veux la voir.
   LE PREMIER CHEVALIER DE L'EMPEREUR.
Sire, nous ferons votre volonté incontinent, sans faute. — Dame, il vous faut venir avec nous. Allons, allons, vite, en route!
   LA FILLE.
Eh Dieu! comme la guerre est une mauvaise chose! A cette heure je vois bien que je suis honnie. — Ah, beaux seigneurs! que j'aie la vie sauve, pour l'amour de Dieu!
   LE DEUXIÈME CHEVALIER.
Dame, n'ayez aucune inquiétude: nous vous mènerons à l'empereur, qui vous recevra de bon cœur et avec joie.
   LA FILLE.
Eh Dieu! je ne sais s'il aura pitié de moi.
   LE PREMIER CHEVALIER.
Sire, nous nous sommes acquittés (de votre commission): voici la fille du roi Alphonse, que nous vous amenons tous deux comme prisonnière.
   L'EMPEREUR.
Dites-moi la vérité, ma chère amie, où est votre père?
   LA FILLE.
Dieu ait pitié de ma mère! puisque vous parlez de mon père, sire, s'il n'est pas allé en Grenade, je ne saurais en dire des nouvelles; car il me dit qu'il y allait, sire, quand il me laissa.

   L'EMPEREUR.
Othon, mon neveu, venez ici. Je veux que vous ayez pour femme cette fille, qui sera dame et reine; pour vous, en vérité, vous serez roi d'Espagne; mais vous tiendrez de moi votre royaume: c'est mon idée. Allons! rendez-vous vite, sans attendre davantage, dans la chapelle de céans et épousez-la:

En la chapelle de ceens
Et l'espousez : c'est mes assens.
Il y a des prestres touz prez.
—Et vous, seigneurs, alez aprez;
Si ramenrez ci l'espousée,
Quant la messe sera finée.
 Faites briément.
       OSTES.
Dame, vous plaist-il tellement
 Comme il a dit?
       LA FILLE.
Puisqu'il li plaist, nul contredit
 N'y ose mettre.
       OSTES.
Sà donc, de par Dieu, la main destre!
Dame, je-meismes vous menray
Là où je vous espouseray
 Com ma compaigne.
   ij^e CHEVALIER L'EMPERIERE.
Alons après, alons engaigne,
 Messire Ogier.
       PREMIER CHEVALIER.
Jà ne vous en feray dangier ;
 Amis, alons.
       L'EMPERIERE.
Biaux seigneurs, vostre roy Alfons
M'a courroucié ; il a mal fait :
Si vous fault comparer son fait,
Et li-mesmes voir y perdra
Tant qu'en Espaigne voir ne tendra,
Jour que je vive, pié de terre.
Je vous ay pris en fait de guerre :
 Rançonnez-vous.
       iiij^e BOURGOIS.
Très chier sire, que ferons-nous?
Prenez quanque povons avoir
En deniers ou en autre avoir,
N'y a nul qui ne le vous livre
Benignement ; et laissiez vivre
 Noz povres corps.
       PREMIER BOURGOIS.
Sire, quant est de moy, j'acors
Que vous me bailliez un message
Qui viengne veoir mon menage.
Je me fas fort j'ay de vaisselle
D'argent .ij.c. mars bonne et belle,
Que j'avoie mis en tresor,
Avec .ij.m. florins d'or
Qui sont de mon propre chatel,
Sanz les meubles d'aval l'ostel :

c'est ma volonté. Il y a des prêtres tout prêts. — Et vous, seigneurs, allez après eux; vous ramènerez ici l'épousée, quand la messe sera finie. Faites vite.

       OTHON.
Dame, vous plaît-il ainsi qu'il l'a dit?
       LA FILLE.
Puisque cela lui plaît, je n'ose y mettre aucune opposition.
       OTHON.
Eh bien, de par Dieu, la main droite! Dame, moi-même je vous mènerai là où je vous épouserai comme ma compagne.
       LE DEUXIÈME CHEVALIER DE L'EMPEREUR.
Allons après (eux), allons vite, messire Ogier.
       LE PREMIER CHEVALIER.
Je ne vous ferai pas d'objections; ami, allons-y.
       L'EMPEREUR.
Beaux seigneurs, votre roi Alphonse m'a courroucé ; il a mal fait : il vous faut donc expier sa conduite, et lui-même il y perdra; car, certes, tant que je vivrai, il n'aura pas en Espagne un pied de terre. Je vous ai pris par la force des armes : payez-moi une rançon.

       LE QUATRIÈME BOURGEOIS.
Très-cher sire, que ferons-nous ? prenez tout ce que nous pouvons avoir en deniers et en autres propriétés, il n'y a personne qui ne vous les livre volontiers ; et laissez vivre nos pauvres corps.

       LE PREMIER BOURGEOIS.
Sire, quant à moi, je consens que vous me donniez un messager qui vienne voir mon ménage. Je me fais fort de posséder deux cents marcs de bonne et belle vaisselle d'argent, que j'avais mise en réserve, avec deux mille florins d'or qui sont de mon bien personnel, sans les meubles du logis : sire, je vous livrerai tout cela sans contestation, et n'ayez point envie de ma mort;

Sire, tout ce vous liverray
Ne jà voir n'en estriveray,
Et n'aiez de ma mort envie;
Mais me laissiez, sanz plus, en vie :
　　Ce vous requier.

ij^e. BOURGOIS.

Très chier sire, aussi plus ne quier,
Et prenez quanque j'ay vaillant:
Ce point sui-je trop bien vueillant,
　　Et bien m'agrée.

ij^e CHEVALIER.

Mon chier seigneur, nostre espousée
Ramenons; la besongne est faicte :
Or nous fault maishui faire feste
　　Et nous esbatre.

L'EMPERIERE.

Ce ne vous vueil-je pas debatre;
Mais, s'il me croit, miex le fera :
Car les nobles assemblera
De ce païs-cy à sa feste,
Si la face bonne et honneste
Comme nouviau roy : bien le vueil,
Et pour son honneur li conseil,
Et pour son bien aussi li moustre.
Un mot vueil encore dire oultre.
— Bele niece, par amour fine
Vous doing ceste couronne en signe
Que dame d'Espaigne serez
Et com royne la tenrez,
Et vostre mari de par moy
En sera chief, seigneur et roy.
— Emprès, entendez ci, seigneurs :
Pour ce qu'il ait amours greigneurs
Entre Oston vostre roy et vous,
Je vous pardonne et quitte à touz
Raençon et touz maux talens.
Or n'aiez mie les cuers lens
　　De li amer.

iij^e BOURGOIS.

Chier sire, on devroit bien blamer,
Mès mettre à mort com fol et nice,
Celui qui si grant benefice
Con nous faites ne congnoistroit;
Et à bonne cause perdroit
　　Et corps et biens.

L'EMPERIERE.

Ore ne vous diray plus riens;
Mais à vous touz vueil congié prendre
Et aler m'en, sanz plus attendre,
　　En Romenie.

mais, seulement, laissez-moi vivre : je vous en prie.

LE DEUXIÈME BOURGEOIS.

Très-cher sire, moi aussi, je n'en demande pas davantage, et prenez tout ce que j'ai vaillant : j'y consens très-volontiers, et cela m'arrange bien.

LE DEUXIÈME CHEVALIER.

Mon cher seigneur, nous ramenons notre épousée; la besogne est faite : maintenant il nous faut faire fête et nous ébattre.

L'EMPEREUR.

Je ne veux pas vous contredire sur ce sujet; mais, s'il (Othon) me croit, il fera mieux : car il assemblera à sa fête les nobles de ce pays-ci, et, comme nouveau roi, il la donnera belle et brillante : je le veux ainsi, le lui conseille pour son honneur, et le lui montre aussi pour son bien. Je veux encore dire un mot de plus. — Belle nièce, par amour extrême, je vous donne cette couronne en signe que vous serez dame d'Espagne et que vous la tiendrez comme reine, et de par moi votre mari en sera chef, seigneur et roi. — Après, faites attention à mes paroles, seigneurs : afin qu'il y ait un plus grand amour entre Othon votre roi et vous, je pardonne à tous et vous tiens quittes de rançons et de tout mauvais vouloir. Maintenant n'ayez pas le cœur lent à l'aimer.

TROISIÈME BOURGEOIS.

Cher sire, on devrait bien blâmer, et même mettre à mort comme fou et insensé, celui qui ne reconnaîtrait la grande faveur que vous nous faites; et ce serait à bon droit qu'il perdrait corps et biens.

L'EMPEREUR.

A cette heure je ne vous dirai plus rien; mais je veux prendre congé de vous tous et m'en aller dans la campagne de Rome, sans attendre davantage.

OSTES.
Je vous retien de ma mesnie,
Seigneurs. — Et puisqu'il est ainsi
Que vous voulez partir de cy,
Chier sire, avecques vous irons
Et compagnie vous ferons.
    C'est à court plait.
    L'EMPEREUR.
Puisque le voulez, il me plait.
— A Dieu vous commans, belle niece;
Je ne scé pas se mais em piece
    Me reverrez.
    OSTES.
Sire, un petit m'atenderez.
— Je vous pri, dame, çà venez.
Gardez-me cest os-ci, tenez,
Se en riens avez chier m'amistié;
Car c'est d'un des doiz de mon pié.
Et gardez qu'il ne soit véu
Ne de nul homme appercéu,
Pour chose nulle qui aviengue;
Ce sera la secrée enseigne
Que nous ij. l'un à l'autre arons.
— Maishuit aler nous en pourrons,
    Sire : j'ay fait
    L'EMPERERE.
Or tost, seigneurs ! mouvez de fait,
    Alez devant.
    iij^e BOURGOIS.
Très chier sire, à vostre commant
    Obéirons.
    PREMIER CHEVALIER.
Je vous diray que nous ferons :
Ces ij. avec nous s'en venront,
Et ces .ij. autres demourront
Avec ma dame la royne
Et sa damoiselle Eglantine ;
    Si souffira.
    L'EMPEREUR.
C'est bien dit, voirement fera.
    Demourez, vous.
    PREMIER BOURGOIS.
Très chier sire, sy ferons-nous,
    Quant c'est voz grez.
    LA FILLE.
Je vous ay touz jours mes secrez
Descouvert et dit, Esglantine,
Dès avant que fusse royne ;
    Vous le savez.

OTHON.
Je vous retiens de ma maison, seigneurs.
— Et puisque vous voulez partir d'ici, cher sire, nous irons avec vous et nous vous ferons compagnie. Voilà tout.

L'EMPEREUR.
Puisque vous le voulez, cela me plaît. — Belle nièce, je vous recommande à Dieu ; je ne sais pas si vous me reverrez de longtemps.

OTHON.
Sire, vous m'attendrez un peu. — Dame, venez ici, je vous en prie. Gardez-moi cet os-ci, tenez, si mon amitié vous est quelque peu chère ; car c'est de l'un des doigts de mon pied. Et prenez garde qu'il ne soit vu ni aperçu de nul homme, quelque chose qu'il arrive ; ce sera le signe secret que nous aurons l'un à l'égard de l'autre. — Maintenant nous pourrons nous en aller, sire : j'ai fait.

L'EMPEREUR.
Allons, seigneurs, en marche ! allez devant.

LE TROISIÈME BOURGEOIS.
Très-cher sire, nous obéirons à votre commandement.

LE PREMIER CHEVALIER.
Je vous dirai ce que nous ferons : ces deux s'en viendront avec nous, et ces deux autres demeureront ici avec ma dame la reine et sa demoiselle Églantine ; cela suffira.

L'EMPEREUR.
C'est bien dit, cela suffira, en vérité. Restez, vous.

LE PREMIER BOURGEOIS.
Oui, très-cher sire, puisque c'est votre volonté.

LA FILLE.
Églantine, je vous ai toujours dit et découvert mes secrets avant même que je fusse reine, vous le savez.

LA DAMOISELLE.
Chiere dame, voire dit avez;
Et, Dieu mercy ! onques si nice
Ne fu que un seul en descouvrisse,
Quel qu'il fust, ne à homme n'à femme.
Pour quoy le dites-vous, ma dame?
    Dites-le-moy.
LA FILLE.
M'amie, j'ajouste à vous foy :
Pour ce un vous en vueil dire encore.
Qu'est-ce ceci? Or m'en dites ore
    Vostre propos.
LA DAMOISELLE.
Dame, je tien que c'est un os;
Mais s'il est ou d'omme ou de beste
N'en saroie faire monneste
    Ne dire voir.
LA FILLE.
Je vous fas en secré savoir
C'est i. os d'un des doiz du pié
Mon seigneur, qui par amistié
Le m'a chargié songneusement
A garder : pour ce, vraiement,
Avec mes joyaux sanz demour
Le voulrai porter pour s'amour.
    Alons l'i mettre.
LA DAMOISELLE.
Alons aussi. Nous vault miex estre
En vostre chambre, dame, encloses
Que ci endroit, pour plusieurs choses
    C'on peut penser.
BERENGIER.
Il me fault d'aler avancier
Contre monseigneur l'emperiere,
Puisqu'il retourne ci arriere.
E gar! je le voy là venir.
— Sire, bien puissiez revenir
    En vostre terre !
L'EMPERIERE.
Berengier, au fait de ma guerre
N'avez pas, ce m'est vis, esté;
Vous avez trop les cops doubté,
    A ce que voy.
BERENGIER.
Non ay, très chier sire, par foy !
Mais maladie sanz delit
M'a depuis fait garder le lit
    Une grant piece.
OSTES.
Très chier oncles, mais qu'il vous siesse,

LA DEMOISELLE.
Chère dame, vous avez dit vrai ; et, Dieu merci ! je ne fus jamais insensée au point d'en découvrir un seul, quel qu'il fût, à un homme ou à une femme. Pourquoi le dites-vous, ma dame? Dites-le-moi.

LA FILLE.
Mon amie, je me fie à vous : c'est pourquoi je veux vous en dire encore un. Qu'est-ce que ceci? A présent dites-m'en votre opinion.

LA DEMOISELLE.
Dame, je tiens que c'est un os; mais je ne saurais vraiment distinguer ni dire si c'est d'homme ou de bête.

LA FILLE.
Je vous fais savoir en secret que c'est un os d'un des doigts du pied de mon mari, qui, par amitié, m'a chargée de le garder soigneusement : c'est pourquoi, en vérité, je veux sans retard le porter avec mes joyaux pour l'amour de lui. Allons l'y mettre.

LA DEMOISELLE.
Allons-y aussi. Dame, il vaut mieux pour nous d'être enfermées dans votre chambre que de rester ici , (et cela) pour plusieurs choses que l'on peut penser.

BÉRENGER.
Il faut que je me hâte d'aller à la rencontre de monseigneur l'empereur, puisqu'il revient ici en arrière. Eh regardez! je le vois venir là-bas. — Sire, soyez le bienvenu dans votre terre !

L'EMPEREUR.
Bérenger, je crois que vous ne m'avez pas aidé dans ma guerre ; vous avez trop redouté les coups, à ce que je vois.

BÉRENGER.
Non, sur ma foi! très-cher sire ; mais la maladie m'a fait long-temps garder le lit sans plaisir.

OTHON.
Très-cher oncle , s'il vous plait, je pren-

De vous congié cy prenderay
Et en Espaigne m'en iray
　Veoir ma femme.
　　BERENGIER.
Roys Ostes, je vous jur par m'ame
Tel cuide avoir femme touz seulx
Qu'à li partissent plus de deux;
Et qui en ce cas a fiance
En femme, il est plain d'ignorance;
Et vous dy bien que je me vant
Que je ne sçay femme vivant
Mais que .ij. foiz à li parlasse
Que la tierce avoir n'en cuidasse
　Tout mon delit.
　　OSTES BERENGIER (sic).
Par foy! Berengier, c'est maudit
Dire des dames villenie.
Et, certes, je ne le croy mie;
Mais tieng que assez en est de bonnes
Et de corps très-belles personnes
　Et gracieuses.
　　BERENGIER.
Certes, vous parlez bien d'oiseuses.
Je vous diray que je feray :
A la vostre parler iray
Et je mettray j'aray l'accort
D'elle, à tout le premier recort
Que seul à seul li pourray faire.
Or avant, ou mettre-y ou taire!
　Gagiez à moy.
　　OSTES.
Par l'ame mon pere! et j'ottroy
Perdre d'Espaigne la couronne,
Biau sire, se elle s'abandonne
Qu'avec li gisez charnelment;
Mais que aussi vous tout quittement
Vostre terre me delaissiez,
Et ce fait-ci m'acomplissez;
　Vez ci fermaille.
　　BERENGIER.
Et je l'accordasse sanz faille,
Se voie scéusse trouver
Comment le pourroie prouver;
　Mais je ne sçay.
　　OSTES.
Si ferez bien, je vous diray :
Se tant poez estre avisez
Que un sain qu'elle a me devisez
Et où siet (prenez-vous-en garde),
Et aussi ce que de moy garde

drai ici congé de vous, et je m'en irai en Espagne voir ma femme.

　　BÉRENGER.

Roi Othon, je vous jure sur mon ame que tel croit avoir une femme tout seul qui partage avec plus de deux; et celui qui, en ce cas, a confiance en une femme, est plein d'ignorance. Je vous le dis bien, je me vante de ne connaître aucune femme vivante de laquelle, si je lui parlais deux fois, je n'espère avoir à la troisième tout ce que je puis désirer.

　　OTHON.

Par (ma) foi! Bérenger, c'est mal de dire de vilaines choses des dames. Et, certes, je ne vous crois pas; mais je tiens qu'il en est beaucoup de bonnes, qui sont en même temps très-belles personnes, de corps et gracieuses.

　　BÉRENGER.

Certes, vous parlez bien à votre aise. Je vous dirai ce que je ferai : j'irai parler à la vôtre, et je parie que j'aurai son consentement dès le premier tête-à-tête que je pourrai avoir avec elle. Allons, (il faut) parier ou se taire! Gagez avec moi.

　　OTHON.

Oui, par l'ame de mon père! et je consens, beau sire, à perdre la couronne d'Espagne, si elle s'abandonne au point de vous laisser jouir de sa personne; à la condition que vous me laisserez votre terre en toute propriété, si vous ne venez pas à bout de cette chose-ci; voici mon gage.

　　BÉRENGER.

Pour moi, j'y consentirais sans difficulté, si je savais le moyen de le prouver; mais je ne le sais.

　　OTHON.

Vous parviendrez bien à le prouver, je vous dirai comment : si vous pouvez être assez habile pour me décrire un signe qu'elle a, et m'indiquer la place où il se trouve (remarquez-le bien), et que vous m'apportiez

M'apportez, par mon serement,
Je vous lairay tout franchement
  Joïr d'Espaigne.
BERENGIER.
Ostes, et je l'accors engaigne
Et vous jur aussi, se je fail,
Ne retenray qui vaille un ail
De ma terre, n'en aiez doubte,
Que ne la vous delivre toute;
Mais que vous ici sejournez
Tant que je soie retournez
  De vostre terre.
OSTES.
Il me plaist; or alez bonne erre.
  Cy demourray.
BERENGIER.
G'y vois et si ne fineray
  Tant que g'y soie.
LA FILLE.
Il nous fault d'aler mettre en voie,
Esglantine, jusqu'à l'eglise:
Oïr vueil le divin servise
Et Dieu pour mon seigneur prier.
Alons-m'en, sanz plus detrier,
  Au moustier droit.
LA DAMOISELLE.
Preste sui, dame, en tout endroit
  A voz grez faire.
BERENGIER.
Penser me fault de mon affaire,
Comment je le menray à fin.
Puisque tant ay erré chemin
Que d'Espaigne suis ou païs,
Ne me fault pas estre esbahis.
La royne voy qui ci vient;
C'est si bien à point qu'il convient.
A li vois parler. — Chiere dame,
Longue vie et salut de l'ame
  Dieu vous ottroit!
LA FILLE.
Qui vous maine par ci endroit,
Berengier? Bien vegniez, biau sire.
Si le vous plaist à le moy dire,
  Je vous orray.
BERENGIER.
Ma dame, je le vous diray:
De fait me sui cy adressié.
De Romme vien, où j'ay laissié
Vostre seigneur, qui ne vous prise
Pas la queue d'une serise;

aussi ce qu'elle me garde, je jure que je vous laisserai jouir tout-à-fait librement de l'Espagne.

BÉRENGER.
Othon, j'y consens volontiers et je vous jure que, si j'échoue, je ne retiendrai pas de ma terre la valeur d'un ail, soyez-en sûr; car je vous la livrerai en entier; et cela à la condition que vous séjournerez ici jusqu'à ce que je sois revenu de votre terre.

OTHON.
Cela me plaît; maintenant allez vite. Pour moi, je demeurerai ici.

BÉRENGER.
J'y vais et je ne m'arrêterai pas que je n'y sois.

LA FILLE.
Églantine, il faut nous mettre en route jusqu'à l'église: je veux entendre le service divin et prier Dieu pour mon mari. Allons-nous-en, sans plus de retard, tout droit à l'église.

LA DEMOISELLE.
Je suis prête, madame, à faire en tous lieux votre volonté.

BÉRENGER.
Il me faut penser à mon affaire, comment j'en viendrai à bout. Puisque j'ai tant fait de chemin que je suis arrivé en Espagne, il ne me faut pas être embarrassé. Je vois la reine qui vient ici: c'est bien à propos. Je vais lui parler. — Chère dame, que Dieu vous octroie une longue vie et le salut de votre ame!

LA FILLE.
Qui vous mène par ici, Bérenger? beau sire, soyez le bienvenu. S'il vous plaît de me le dire, je vous écouterai.

BÉRENGER.
Ma dame, je vous le dirai: je me suis rendu ici à dessein. Je viens de Rome, où j'ai laissé votre seigneur, qui ne fait pas plus de cas de vous que de la queue d'une cerise; il a formé une liaison avec une fille qu'il

D'une garce c'est acointié
Qu'il a en si grant amistié
Qu'il ne scet de elle departir.
Ce m'a fait de Rome partir
Pour le vous annuncier et dire,
Car grant dueil en ay et grant ire;
Et pour ce qu'ainsi a mespris,
L'amour de vous m'a si espris
Que nuit ne jour ne puis durer:
Tant me fait griefs maulx endurer
    Pour vous, ma dame!
LA FILLE.
Comment, Berengier? Par vostre ame!
Estes-vous un si vaillant homme
Que venez jusques cy de Romme
Pour moy dire si fait langage?
Certes vous ne vostre lignage
Ne sariez dire un seul bien non,
Fors mauvaistié et traïson;
Et pour ce de rien ne vous croy.
Vuidiez, vuidiez de devant moy
    Isnel le pas.
BERENGIER.
Dame, pour Dieu! ne m'aiez pas
En despit, se à vous me complain:
Pour vostre amour palis et tain
Souvent et ay cuer esperdu,
Si que j'en ay du tout perdu
    Boire et mengier.
LA FILLE.
Alez-vous-ent, faulx losengier,
    Hors de cy tost.
BERENGIER.
Je m'en vois sanz plus dire mot,
Dame, quant ne vous vient à gré
Ce que vous dy ci à secré,
    Ains vous desplaist.
LA FILLE.
Retourner à l'ostel me plaist;
N'iray ore plus en avant.
Avec moy retournez avant
    Tost, Aglantine.
LA DAMOISELLE.
Ma dame, de volenté fine
    Voz grez feray.
BERENGIER.
Haro! comment me cheviray?
La royne oïr ne me veult:
Dont le cuer trop forment me deult.
De perdre sui en aventure

aime tant qu'il ne peut s'en séparer. Cela m'a fait partir de Rome pour vous l'annoncer et vous le dire, car j'en éprouve une grande peine et une grande colère; et puisqu'il s'est aussi mal conduit, je me suis tellement épris d'amour pour vous que je ne puis l'endurer ni jour ni nuit: tant cette passion, ma dame, me fait endurer de cruels maux!

LA FILLE.

Comment, Bérenger? Par votre ame! êtes-vous un vaillant homme au point de venir de Rome jusqu'ici pour me tenir un pareil langage? Certes ni vous ni votre race vous ne sauriez dire rien de bien, sinon des méchancetés et des trahisons: c'est pourquoi je ne vous crois nullement. Sortez, sortez de devant moi sur-le-champ.

BÉRENGER.

Dame, pour (l'amour de) Dieu! ne me rebutez pas, si je me plains à vous: par suite de l'amour que vous m'avez inspiré, je pâlis et rougis souvent et j'ai le cœur éperdu, en sorte que j'en ai entièrement perdu le boire et le manger.

LA FILLE.

Allez-vous-en vite d'ici, flatteur mensonger.

BÉRENGER.

Dame, je m'en vais sans dire un mot de plus, puisque ce que je vous dis ici en secret n'est pas à votre gré, et qu'au contraire, cela vous déplaît.

LA FILLE.

Il me plaît de retourner au logis; je n'irai pas pas plus loin. Retournez-vous-en vite avec moi, Églantine.

LA DÉMOISELLE.

Ma dame, je ferai vos volontés de tout mon cœur.

BÉRENGER,

Haro! comment réussirai-je? la reine ne veut pas m'écouter: ce qui me navre le cœur trop fortement. Je suis exposé à perdre entièrement ma terre par suite de la

29

Ma terre toute par gageure
Que j'ay fait, je le voy très bien,
Se pour moy n'ay aucun moien.
Sà voy venir sa damoiselle ;
Tempter la vueil, savoir mon se elle
Me pourroit aidier nulement.
— Damoiselle, i. mot seulement
Vous voulsisse dire en secré ;
Mais que ce fust par vostre gré.
    Qu'en dites-vous?

      LA DAMOISELLE.

Vostre voulenté, sire doulx,
Me povez séurement dire ;
Jà n'en ara[i] courroux ne ire,
    Mais bien le vueil.

      BERENGIER.

Se donner me voulez conseil
De .ij. choses que vous diray,
Or et argent plus vous donray
Que vous ne me demanderez ;
Et ce que je vueil bien ferez,
    Ce m'est avis.

      LA DAMOISELLE.

Je feray de cuer, non envis,
Ce que je pourray pour vous, sire,
Mais que sanz plus me vueilliez dire
    Que avez à faire.

      BERENGIER.

Ma chiere amie debonnaire,
Se pour moy vouliez traveillier
Tant que me péussiez baillier
Le jouel que plus ayme et garde
La royne, et vous prendre garde
Où siet son sing et quel il est,
Et le me dire, je sui prest
De vous donner .xxx. mars d'or
Dont vous pourrez faire tresor ;
Et pour ce que vous me creez,
Je vous doin ce sac-cy. Veez :
    C'est tout or fin.

      LA DAMOISELLE.

Sire, je vous promet à fin
Mettre et faire du tout certain
De ces .ij. choses ains demain
    Nonne du jour.

      BERENGIER.

Or ne le mettez en sejour,
M'amie ; et je ci revenray
Demain, et vous apporteray

gageure que j'ai faite, je le vois très-bien, si je n'ai aucun moyen pour moi. Je vois venir par ici sa demoiselle, je veux la tenter pour savoir vraiment si elle ne pourrait pas m'aider. — Demoiselle, je voudrais vous dire en secret un mot seulement, pourvu que vous me le permettiez. Qu'en dites-vous ?

      LA DEMOISELLE.

Doux sire, vous pouvez me dire en toute sûreté ce que vous voudrez ; je n'en éprouverai ni courroux ni colère, au contraire, j'y consens.

      BÉRENGER.

Si vous voulez me donner votre avis au sujet de deux choses que je vous dirai, je vous donnerai plus d'or et plus d'argent que vous ne m'en demanderez ; et je crois que vous ferez bien ce que je veux.

      LA DEMOISELLE.

Je ferai de (tout) cœur, et non pas malgré moi, ce que je pourrai pour vous, sire, pourvu que vous me veuilliez dire, sans plus, ce que vous avez à faire.

      BÉRENGER.

Ma bonne et chère amie, si vous voulez vous employer pour moi tant que vous me puissiez donner le joyau que la reine garde et aime le plus, remarquer où se trouve son signe et quel il est, et me le dire, je suis prêt à vous donner trente marcs d'or dont vous pourrez vous faire une dot ; et, pour que vous me croyiez, je vous donne ce sac-ci. Voyez : c'est de l'or fin.

      LA DEMOISELLE.

Sire, je vous promets de venir à bout de vous informer complètement de ces deux choses demain avant nonne.

      BÉRENGER.

N'y mettez aucun retard, mon amie ; quant à moi, je reviendrai ici demain, et je vous apporterai tout ce que je vous ai pro-

Tout ce que je vous ay promis ;
Et certes, moy et mes amis
    Vostres serons.

    LA DAMOISELLE.

Alez-vous-ent, bien le ferons.
— Or ne me fault que estre songneuse,
Que je sui riche et éureuse.
Hé! je scé bien que je feray :
A ma dame boire donray
Encore ennuit un vin si fait
Que pourray veoir tout-à-fait
Son corps partout, quant dormira,
Que jà ne s'en esveillera
Pour remuer ne pour tourner.
Je vois ma besongne atourner
    Miex que pourray.

    LA FILLE.

Esglantine, sachés que j'ay
Fain de boire trop malement.
Alez me querre appertement
Des pommes et du vin aussi,
Et si le m'aportez icy
    Tost, je vous pri.

    LA DAMOISELLE.

Ma dame, je vois sanz detry.
— Vez ci vin et pommes qu'aport.
Or dites, estes-vous d'accort
Que une en pare que mengerez ?
Et après, dame, buverez
    De ce vin-ci.

    LA FILLE.

Oïl, faire le vueil ainsi
    Com dit avez.

    LA DAMOISELLE.

Si vous sera fait. Dont tenez,
Si mengiez : elle est de blancdurel,
Et l'ay parée bien et bel
    Au miex que say.

    LA FILLE.

Or çà ! j'en vueil faire l'essay
De saveur est et de goust bonne.
Verse, verse, à boire me donne :
    J'ay soif trop grant.

    LA DAMOISELLE.

Voulentiers et de cuer engrant.
    Tenez, ma dame.

    LA FILLE.

Si grant soif n'oy pieça, par m'ame !
    Comme ore avoie.

mis ; et certes, moi et mes amis, nous serons à vous.

    LA DEMOISELLE.

Allez-vous-en, nous ferons bien les choses. — Maintenant il ne me faut qu'avoir du soin, et je suis riche et heureuse. Hé! je sais bien ce que je ferai : je donnerai à boire aujourd'hui même à ma dame un vin tel que je pourrai voir tout-à-fait son corps partout, quand elle dormira, sans la réveiller, qu'elle remue ou qu'elle tourne. Je vais arranger mon affaire le mieux que je pourrai.

    LA FILLE.

Églantine, sachez que j'ai très-grand'soif. Allez me chercher sur-le-champ des pommes et du vin, et aportez-les-moi vite ici, je vous prie.

    LA DEMOISELLE.

Ma dame, j'y vais sans retard. — Voici du vin et des pommes que j'apporte. Maintenant, dites, voulez-vous que je vous en pare une que vous mangerez ? et après, dame, vous boirez de ce vin-ci.

    LA FILLE.

Oui, je veux le faire comme vous l'avez dit.

    LA DEMOISELLE.

Vous serez obéie. Tenez donc et mangez : elle est de Caleville blanc, et je l'ai bel et bien parée le mieux que je sais (le faire).

    LA FILLE.

Allons ! je veux essayer si, quant à la saveur et au goût, elle est bonne. Verse, verse, donne-moi à boire : j'ai très-grand'soif.

    LA DEMOISELLE.

Volontiers et de grand cœur. Tenez, ma dame.

    LA FILLE.

Sur mon ame! il y a long-temps que je n'eus si grand'soif comme je l'avais tout à l'heure.

LA DAMOISELLE.
Bien vous en croy, se Diex me voie.
En santé sera, se Dieu plait.
Se plus en voulez, à court plait,
Je verseray.

LA FILLE.
Nanil pas; mais aler voulray
Reposer; car, en verité,
Ce vin m'est jà ou chief monté,
Ce m'est avis.

LA DAMOISELLE.
Dame, soit à vostre devis!
Venez, et je vous converray.
Or çà! reposer vous lairay
Tout vostre assez.

LA FILLE.
Vous dites bien : or me laissez,
Alez-vous-ent.

BERENGIER.
De retourner m'est pris talent
Devers damoiselle Esglantine
Savoir mon se de la royne,
Sa maistresse, m'enseignera
Le saing, ne comment il ira
De ma besongne.

LA DAMOISELLE.
Or vueil-je penser, sans prolongne,
De gaignier ce c'on m'a promis
Avec ce c'on m'a ès mains mis.
Fole seray se je me faing
De faire à ce cop un tel gaing
Com de xxx. mars d'or avoir.
Certainement, je vois savoir
Se encore est ma dame endormie.
Se elle dort, je ne me doubt mie
Que ne puisse bien mon fait faire.
Elle dort : bien va mon affaire;
Où son saing siet par temps verray,
Et le jouel bien tost aray
Qu'elle garde plus chierement.
(Yci quiert le saing et prent l'os.)
C'est fait : je m'en vois vistement
Devers le conte Berengier.
— Sire, ne me faites dangier
De bailler ce que vous m'avez
Promis; faire bien le devez :
Vez cy de quoy.

BERENGIER.
Chiere amie, or parlons tout coy;
Et vous traiez de moy plus près.

LA DEMOISELLE.
Je vous en crois bien, Dieu me garde! A votre santé, s'il plaît à Dieu! Si vous en voulez davantage, je verserai.

LA FILLE.
Non pas; mais je veux aller reposer; car, en vérité, je crois que ce vin m'est déjà monté à la tête.

LA DEMOISELLE.
Dame, à votre volonté! venez, et je vous accompagnerai. Allons! je vous laisserai reposer tout à votre aise.

LA FILLE.
Vous dites bien : maintenant, laissez-moi; allez-vous-en.

BÉRENGER.
J'ai envie de retourner vers demoiselle Églantine savoir, à n'en pas douter, si elle m'enseignera le signe de la reine, sa maîtresse, et comment ira mon affaire.

LA DEMOISELLE.
Je veux maintenant songer sans retard à gagner ce qu'on m'a promis, pour le joindre à ce que l'on m'a mis entre les mains. Je commettrai une folie si je laisse échapper cette occasion de faire un pareil bénéfice de trente marcs d'or. Je vais savoir, à n'en pas douter, si ma dame est encore endormie. Si elle dort, je ne doute pas que je ne puisse bien exécuter mon dessein. Elle dort : mon affaire va bien; je verrai promptement où son signe se trouve, et j'aurai bientôt le joyau qu'elle garde avec le plus de soin. (Ici elle cherche le signe et prend l'os.) C'est fait : je m'en vais vite vers le comte Bérenger. — Sire, ne faites aucune difficulté à me donner ce que vous m'avez promis; vous devez bien le faire : voici de quoi (vous y décider).

BÉRENGER.
Chère amie, parlons maintenant à voix basse; et approchez-vous plus près de moi.

Vez ci voz .xxx. mars touz près,
Que je vous delivre en bon gaing.
Or me dites où est son saing
    Tout à delivre.
       LA DAMOISELLE.
Sire, ce jouel-ci vous livre:
C'est la chose certainement
Qu'elle gardoit plus chierement
Et où plus avoit amistié,
Car c'est l'os d'un des doiz du pié
Monseigneur: pour ce l'avoit chier.
Après, pour vous brief depeschier,
Où son saing siet dire vous vueil,
Voire en l'oreille et à conseil;
Je vous di voir.
       (Ci li conseille.)
       BERENGIER.
C'est quanque vouloye savoir.
Ore de vous congié prendray,
Cy endroit plus ne vous tendray.
    M'amie, à Dieu!
       LA DAMOISELLE.
Aler puissiez-vous en tel lieu
    Que bien aiez!
       BERENGIER.
Or m'en iray-je baut et liez
Quant j'ay ce que vouloie avoir
Et que je scé ce que savoir
Desiroie plus que riens née.
Ci ne feray plus demourée;
Mais à Romme m'en iray droit.
L'emperiere voy là endroit
Où se siet, et Ostes lez lui.
Diex! qu'il sera jà esbahy
Quant ce que je diray orra!
Mais ne m'en chaut, voit com pourra;
Pour li ne me tairay-je mie.
— A ceste noble compaignie
Dont Diex honneur et joie aussi!
Roys Ostes, je me vant ici,
Se vous ne me faites desrois,
Que je seray d'Espaigne roys.
Dites, congnoissez-vous cest os?
En verité dire vous os
(Sire, ne vous courrouciez pas),
La dame ai véu hault et bas;
Toute nue, à plain et de fait,
J'ay de elle ma voulenté fait.
De son sain bien vous parleray;

Voici vos trente marcs tout prêts; je vous les délivre comme bien gagnés. Dites-moi maintenant, et tout de suite, où est son signe.
       LA DEMOISELLE.
Sire, je vous livre ce joyau-ci : c'est certainement la chose qu'elle gardait avec le plus de soin et qu'elle aimait le mieux, car c'est l'os de l'un des doigts du pied de monseigneur : c'est pourquoi elle y tenait. Ensuite, pour vous dépêcher promptement, je veux vous dire où son signe se trouve; mais c'est à l'oreille et en secret; je vous dis vrai.

       (Ici elle lui parle bas.)
       BÉRENGER.
C'est tout ce que je voulais savoir. Maintenant je prendrai congé de vous, je ne vous retiendrai plus ici. Adieu, mon amie.

       LA DEMOISELLE.
Puissiez-vous aller en un lieu tel qu'il vous arrive du bien!

       BÉRENGER.
Je m'en irai donc plein de confiance et de joie, puisque j'ai ce que je voulais avoir et que je sais ce que je désirais savoir plus que chose au monde. Je ne resterai plus ici; mais je m'en irai droit à Rome. Je vois là-bas l'empereur assis, et Othon auprès de lui. Dieu! comme il sera surpris quand il entendra ce que je lui dirai! mais peu m'importe, que la chose aille comme elle pourra; je ne me tairai point (par égard) pour lui. — Que Dieu donne honneur et joie à cette noble compagnie! Roi Othon, je me vante ici de devenir roi d'Espagne, si vous me tenez votre parole. Dites, connaissez-vous cet os? En vérité, j'ose vous le dire (sire, ne vous courroucez pas), j'ai vu la dame de la tête aux pieds; j'ai joui d'elle toute nue, en plein et réellement. Je vous parlerai bien de son signe; je vous le dirai à l'oreille, si vous voulez.

En l'oreille le vous diray,
    Se vous voulez.

OSTES.

E, Diex! com je sui adolez!
Je voy bien j'ay perdu ma terre.
Le cuer d'ire ou ventre me serre.
— Ha, très faulse et deloyal femme!
Comment m'as-tu fait tel diffame?
Voir, en ta bonté me fioie
Tant qu'à la meilleur te tenoie
Des femmes; mais ne fineray
Jamais tant qu'à mort mis t'aray
    Honteusement.

L'EMPERIERE.

Biaux niez, vous ferez autrement:
Avecques moy cy demourrez
Tant qu'autre terre ailleurs arez;
    Je le vous lo.

OSTES.

Certes, sire, c'est pour nient. Ho!
Ne m'en parlez plus, ne peut estre;
A mort honteuse l'iray mettre,
    Ains que je fine.

LA FILLE.

Alons nous esbatre, Esglantine,
Aval cest hostel un tentet;
Car le cuer et le corps si m'est
    Pesant et vain.

LA DAMOISELLE.

Dame, vostre vouloir à plain
    Soit fait! alons.

iij^e BOURGOIS.

Dieu mercy! tant ay des talons
Erré et me sui adrecié
Que j'ay le roy adevancié
Et voy la royne sa femme:
C'est bien à point. — Ma chiere dame,
Je vous vien pour bien acointier
D'une chose dont grant mestier
    Avez, sanz doubte.

LA FILLE.

Lieve sus, mon ami, s'acoute;
    Est-ce secré?

iij^e BOURGOIS.

Oïl, ne m'en sachiez mal gré;
Car pour vostre bien vous le dy.
Le roy tant courroucié vient cy
Que, s'il vous tient, soit droit ou tort,
Certes, il vous mettra à mort
    Tantost de fait.

OTHON.

Eh Dieu! comme je suis affligé! je vois bien que j'ai perdu ma terre. La colère me serre le cœur au ventre. — Ah, très-fausse et déloyale femme! comment m'as-tu fait une honte pareille? Vraiment, je me fiais tellement en ta bonté que je te tenais pour la meilleure des femmes; mais je n'aurai jamais de repos que je ne t'aie mise à mort honteusement.

L'EMPEREUR.

Beau neveu, vous ferez autrement: vou demeurerez ici avec moi jusqu'à ce que vous ayez ailleurs une autre terre; je vous le conseille.

OTHON.

Certes, sire, c'est inutile. Oh! ne m'en parlez plus, cela ne peut être; j'irai la livrer à une mort honteuse, avant que je cesse de vivre.

LA FILLE.

Églantine, allons nous ébattre un peu au bas de cette maison; car j'ai le cœur et le corps pesans et sans force.

LA DEMOISELLE.

Dame, votre volonté soit entièrement faite! allons-y.

LE TROISIÈME BOURGEOIS.

Dieu merci! j'ai tant marché et je me suis tellement hâté que j'ai devancé le roi et que je vois la reine sa femme : c'est bien à point. — Ma chère dame, je viens pour vous bien prévenir d'une chose qui vous importe fort, il n'y a pas de doute.

LA FILLE.

Lève-toi, mon ami, écoute; est-ce un secret?

LE TROISIÈME BOURGEOIS.

Oui, ne m'en sachez pas mauvais gré; car c'est pour votre bien que je le dis. Le roi vient ici tellement courroucé que, s'il vous tient, soit à tort ou à raison, certes, il vous fera mourir tout de suite.

LA FILLE.
Lasse, pour quoy? qu'ay-je meffait?
 Scez-tu, amis?
  iij^e BOURGOIS.
L'autr' ier ot en gageure mis
Son royaume, c'est à brief conte,
Encontre Berengier, le conte,
Pour ce qu'à la court se vantoit
Qu'il n'estoit femme, s'il avoit
De parler à elle loisir,
Qu'il n'en féist tout son plaisir;
Et monseigneur si vous tint, dame,
A si bonne et si vaillant fame
Qu'il va pour son royaume mettre
Que ce ne pourroit de vous estre.
Berengier mist sa terre aussi,
Et puis dut venir jusques cy,
Et après retourna à Romme,
Et se vanta devant maint homme
Que de vous, dame, en verité
Avoit-il fait sa voulenté ;
Et, oultre tout ce, fist-il dyables
Qu'enseignes apporta creables :
  Dont me merveil.
   LA FILLE.
Ha, très doulx Dieu ! se je me dueil
Et grant doleur à mon cuer sens,
Qu'en puis-je ? A petit que du sens
N'is quant je voy que renommée
Cuert de moy, dont sui diffamée
  Et à grant tort.
   .iij^e BOURGOIS.
Chiere dame, prenez confort
En vous-mesmes, et regardez
Comment vostre vie gardez :
  Je le conseil.
   LA FILLE.
Croire m'estuet vostre conseil.
Un petit m'en vois au moustier.
De repos avez bien mestier :
  Alez le prendre.
   iij^e BOURGOIS.
Dame, voulentiers, sanz attendre ;
Car aussi moult traveillié ay ;
Six jours a que ne despoullay
  Pour cy venir.
   LA FILLE.
Je le vous pense à desservir,
Mon ami, dedans brief termine.
Alez-ent avec Esglantine

LA FILLE.
Hélas ! pourquoi ? en quoi ai-je méfait ?
Ami, le sais-tu ?
 LE TROISIÈME BOURGEOIS.
L'autre jour, sans plus de détails, il paria son royaume contre Bérenger, le comte, parce que celui-ci se vantait à la cour qu'il n'y avait pas de femme dont il ne jouît, s'il avait le loisir de lui parler ; et monseigneur, dame, vous tint pour une si bonne et si honnête femme qu'il paria son royaume qu'il ne pourrait en être ainsi de vous. Bérenger engagea aussi sa terre ; puis il dut venir jusqu'ici, et après il retourna à Rome, et se vanta en la présence de plusieurs que véritablement, dame, il avait joui de vous ; et, en outre, ce démon en apporta des preuves dignes de foi : ce dont je m'émerveille.

LA FILLE.
Ah, très-doux Dieu ! si je m'afflige et ressens une grande douleur en mon cœur, en puis-je mais ? Peu s'en faut que je ne perde la raison quand je vois qu'il court sur mon compte un bruit tel que je suis diffamée, et cela bien à tort.
 LE TROISIÈME BOURGEOIS.
Chère dame, prenez courage, et avisez aux moyens de préserver votre vie : je le conseille.

LA FILLE.
Il me faut croire votre conseil. Je m'en vais un peu à l'église. Vous avez bien besoin de repos : allez le prendre.
 LE TROISIÈME BOURGEOIS.
Dame, volontiers, sans attendre ; car aussi bien ai-je beaucoup marché : il y a six jours que je ne me suis déshabillé pour venir ici.

LA FILLE.
Mon ami, je pense vous en récompenser avant peu. Allez-vous-en au logis avec Églantine. — Je vous le dis sans

En maison. — Je vous dy sanz lobes,
Donnez-li une de mes robes
   Toute enterine.

LA DAMOISELLE.

Ma dame, de voulenté fine
Feray vostre conmandement.
— Puisqu'il li plaist, sire, alons-m'ent
   Isnel le pas.

iij^e. BOURGOIS.

Dame, alons ; je ne vous vueil pas
   Desdire en riens.

LA FILLE.

E ! mere Dieu, qui de tous biens
Es tresor et de toutes graces,
Qui les desconfortez solaces
Et les desconseilliez conseilles,
En pitié regarder me vueilles
Et conforter ma lasse d'ame,
Si voir que tu scez que à tort, Dame,
Sui accusée de meffait
Que onques ne pensay ne n'ay fait ;
Ains vouldroie, Vierge haultisme,
Miex estre mise en une abisme,
Si que de moy ne fust nouvelle.
Glorieuse Vierge pucelle,
Qui en vous péustes comprendre
Ce que les cieulx ne peuent prendre,
Si com sapience eternelle
Vous eslut mere paternelle,
Très excellente et souveraine
Qui seconde ne premeraine
Pareille à vous onques n'éustes
Ne n'arez (pour ce estes et fustes
Appellée par verité
Mere et fleur de virginité,
Qui gloire est à tout paradis) ;
A, Dame ! par signe ou par dis
Ou par autre inspiracion
M'envoiez consolacion,
Car avant que de ci me meuve
J'attenderay que par vous treuve
   Aucun confort.

DIEU.

Mere, là voy en desconfort
Estre d'Espaigne la royne,
Car sanz cause est en mal convine :
Pour quoy de prier ne vous cesse.
Prenez d'aler à li l'adresse
   Isnellement.

plaisanter, donnez-lui une de mes robes tout entière.

LA DEMOISELLE.

Ma dame, je ferai de bon cœur votre commandement.—Puisque cela lui plaît, sire, allons-nous-en tout de suite.

LE TROISIÈME BOURGEOIS.

Dame, allons-nous-en ; je ne veux vous dédire en rien.

LA FILLE.

Eh ! mère de Dieu qui es le trésor de tous biens et de toutes grâces, qui consoles les affligés et conseilles ceux qui se trouvent dans l'embarras, veuilles me regarder avec des yeux de pitié et réconforter ma malheureuse ame ; aussi bien, Dame, tu sais que c'est à tort que je suis accusée du méfait que jamais je n'ai eu dans l'idée ni n'ai commis ; au contraire, Vierge très-haute, j'aimerais mieux être mise en un abîme, de manière à ce qu'on n'entendît plus de nouvelles de moi. Vierge glorieuse et pure, qui pûtes comprendre en vous ce que les cieux ne peuvent embrasser, lorsque la sagesse éternelle vous élut pour être la mère de votre père, très-excellente et souveraine (Dame) qui n'eûtes jamais ni n'aurez, avant ou après vous, de pareille (c'est pourquoi vous êtes et fûtes appelée à juste titre mère et fleur de virginité, ce qui est une gloire pour tout le paradis) ; ah, Dame ! par signe ou par paroles, ou par une autre inspiration, envoyez-moi des consolations ; car, avant que je bouge d'ici, j'attendrai que je trouve par vous du reconfort.

DIEU.

Mère, je vois là-bas la reine d'Espagne dans le désespoir, car sans raison elle est dans une mauvaise position : c'est pourquoi elle ne cesse de vous prier. Mettez-vous en route pour aller à elle promptement.

NOSTRE-DAME.
Filz, à vostre commandement
Obéiray : c'est de raison.
—Alons-m'en sanz arrestoison,
Anges, où priée sui tant.
Convoiez-moy vous .ij. chantant
A lie chiere.

GABRIEL.
C'est bien droiz, doulce Dame chiere,
Que nous façon vostre plaisir;
Si le ferons de vray desir
Et voulentiers.

MICHIEL.
Voire, et Jehan fera le tiers.
Ay-je bien dit?

SAINT JEHAN.
De moy n'en sera jà desdit.
Or avant! chantons par musique
Ce premier tour.

Rondel.

Où prent loyauté son sejour,
Où est charité sanz mesure
Fors qu'en vous, doulce Vierge pure?
Où a virginitez honnour
Recouvré par dessus nature,
Où prent loyauté son sejour,
Où est charité sanz mesure,
Où doit estre aussi le retour
Ne le refuge à creature
A ce qu'en gloire touz jours dure?
Où prent loyauté son sejour,
Où est charité sanz mesure,
Fors qu'en vous, doulce Vierge pure?

NOSTRE-DAME.
Pour la devote et la grant cure
Qu'as mis, m'amie, en moy prier,
Vien-je à toy ci sanz detrier.
Oui, ne te doit pas ennuier.
Entens : de robes d'escuier
Secretement te vestiras,
Et en Grenade t'en iras
Chiez ton oncle : là ton pere est.
D'eulx bien servir aiez cuer prest,
Sanz toy faire à nullui congnoistre;
Et saches pour t'onnour accroistre,
Combien que moult de paine aras,
En la fin vengie seras
De celui qui par fausseté
T'a mis sus la desloiauté

NOTRE-DAME.
Fils, j'obéirai à votre commandement :
c'est de raison. — Allons-nous-en sans nous
arrêter, anges, où je suis tant priée. Accompagnez-moi tous les deux, en chantant avec
allégresse.

GABRIEL.
C'est bien juste, douce et chère Dame,
que nous fassions ce qui vous plaît; nous le
ferons donc avec zèle et volontiers.

MICHEL.
Oui, en vérité, et Jean fera le troisième.
Ai-je bien dit?

SAINT JEAN.
Vous ne serez pas contredit par moi. Allons, en avant! chantons en musique ce premier tour.

Rondeau.

Où la loyauté prend-elle son séjour, où
est la charité sans mesure, sinon en vous,
douce et pure Vierge? Où la virginité a-t-elle conquis de l'honneur par dessus la
nature, où la loyauté prend-elle son séjour,
où est la charité sans mesure, où doit être
aussi la ressource et le refuge de la créature
pour qu'elle jouisse de la gloire éternelle?
Où la loyauté prend-elle son séjour, où est
la charité sans mesure, sinon en vous, douce
et pure Vierge?

NOTRE-DAME.
Mon amie, pour le dévot et grand soin
que tu as mis à me prier, je viens à toi sans
retard. Oui, cela ne doit pas te faire de
peine. Écoute : tu te vêtiras secrètement du
costume d'écuyer, et tu t'en iras à Grenade
chez ton oncle : c'est là qu'est ton père.
Aie le cœur prêt à les bien servir, sans te
faire connaître à personne; et sache que,
pour accroître ton honneur, bien que tu auras beaucoup de peine, tu seras vengée à
la fin de celui qui faussement a mis sur ton
compte la déloyauté pour laquelle Othon
te poursuit. Pense à te mettre promptement en route, et que ce soit secrètement.
Je ne te dis plus rien.—Allons-nous-en, mes

Pour quoy Oston a vers toy guerre.
Pense de toy brief mettre en erre,
Et si le fai secretement.
Je ne te dy plus. — Alons-m'ent,
Mes amis, en gloire celestre;
Ycy ne vueil ore plus estre
Ne demourer.

SAINT JEHAN.

Royne, digne d'onnorer,
Vostre commandement ferons;
Et nientmoins d'accort chanterons
Tous troys ensemble.

SAINT MICHIEL.

Il appartient bien, ce me semble,
Que nous chantons à chiere lie,
Quant celle est de nous compagnie
Qui nous est gloire.

GABRIEL.

Vous avez dit parole voire :
Or chantons d'accort par amour.

Rondel.

Où doit estre aussi le retour
Ne le refuge à creature
A ce qu'en gloire touz jours dure?
Où prent loyauté son sejour,
Où est charitez sanz mesure,
Fors qu'en vous, doulce Vierge pure?

LA FILLE.

Ha! Mere Dieu, quant de moy cure
Vous plaist avoir pris, ce m'est vis,
Et que fait m'avez le devis
Qu'à mon oncle en Grenade voise;
Amoureuse Vierge courtoise,
Puisque vous plaist que ainsi le face,
Mettre me vois, sanz plus d'espace,
En tel habit c'on ne me puist
Congnoistre et que nul ne me truist.
— E, Diex! il me vient bien à point!
Nulz de mes gens ici n'a point :
Touz se dorment à remontée.
Penser me fault d'estre aprestée,
Et puis toute seule en iray.
C'est fait : ce chemin prenderay
Et si penseray d'errer fort :
— Mere Dieu, soiez-me confort
En ce chemin.

LA DAMOISELLE.

E gar! pour le corps saint Domin,
Que fait tant ma dame au moustier

amis, dans la gloire céleste; je ne veux à présent plus être ni demeurer ici.

SAINT JEAN.

Reine, digne d'être honorée, nous ferons votre commandement; et néanmoins nous chanterons d'accord tous trois ensemble.

SAINT MICHEL.

Il convient bien, ce me semble, que nous chantions avec allégresse, quand nous accompagnons celle qui est notre gloire.

GABRIEL.

Vous avez dit une parole véridique : allons! chantons d'accord par amour.

Rondeau.

Où doit être aussi la ressource et le refuge de la créature pour qu'elle jouisse de la gloire éternelle? Où la loyauté prend-elle son séjour, où est la charité sans mesure, sinon en vous, douce et pure Vierge?

LA FILLE.

Ah! Mère de Dieu, puisqu'il vous a plu de prendre soin de moi, comme je le pense, et que vous m'avez ordonné de me rendre à Grenade auprès de mon oncle; Vierge amoureuse et courtoise, puisqu'il vous plaît que j'en agisse ainsi, je vais, sans plus de retard, m'affubler d'un habit tel que l'on ne me puisse connaître et que nul ne me trouve. — Eh, Dieu! je suis bien tombée! il n'y a ici nul de mes gens : tous dorment à qui mieux mieux. Il faut que je pense à m'apprêter, et puis je m'en irai toute seule. C'est fait : je prendrai ce chemin et je penserai à bien marcher. — Mère de Dieu, soyez mon reconfort dans ce voyage.

LA DEMOISELLE.

Eh, regardez! par le corps de saint Dominique, que fait ma dame pour tant rester à

Se elle avoit à dire i. sautier?
Si y est-elle longuement.
Je la vois querre vraiement.
E gar! pas n'est devant l'autel,
Ne aussi n'est-elle à son hostel :
  Où est-elle alée?

ij ͤ BOURGOIS.
De quoy estes-vous emparlée,
Esglantine, ma chiere amie?
Je vous voy com toute esbahie,
  Ne scé de quoy.

LA DAMOISELLE.
Je m'esbahis que je ne voy,
Sire, ma dame çà ne là.
Puis orains que au moustier ala,
En son hostel ne revint puis :
Pour ce la quier tant com je puis
  Et bas et hault.

ij ͤ. BOURGOIS.
Or alons savoir à Ernaut,
Que je voy là, se point l'a veue.
Je ne croy pas que decéue
  L'ait homme né.

LA DAMOISELLE.
Ernaut, bon jour vous soit donné!
Dites-nous voir, se Diex nous gart!
Avez-vous véu nulle part
  Aler ma dame?

PREMIER BOURGOIS.
Nanil, Esglantine, par m'ame!
  Qu'i a-il? qu'est-ce?

LA DAMOISELLE.
Par foy! de querir ne la cesse,
Et si n'en puis nouvelle oïr :
Qui me fait le cuer esbahir
  Trop malement.

ij ͤ BOURGOIS.
Haro! Diex! taisiez-vous! Comment
Dites-vous? ma dame est perdue?
Mainte ame en sera esperdue,
  S'il est ainsi.

OSTES.
Quel parlement tenez-vous ci?
Seigneurs, je vous voy, ce me semble,
Tris[t]es de cuer trestouz ensemble
  A mate chiere.

ij ͤ BOURGOIS.
Mon chier seigneur, nostre très chiere
Royne et dame, vostre fame,
Ne savons s'en li a diffame,

l'église? elle y est aussi long-temps que si elle avait à réciter un psautier. En vérité, je vais la chercher. Eh, regardez! elle n'est pas devant l'autel, elle n'est pas non plus au logis : où est-elle allée?

LE DEUXIÈME BOURGEOIS.
De quoi parlez-vous (seule), Églantine, ma chère amie? Je vous vois comme tout ébahie, je ne sais de quoi.

LA DEMOISELLE.
Sire, je m'ébahis de ne voir ma dame ni de ce côté ni de cet autre. Depuis tantôt qu'elle alla à l'église, elle n'est pas revenue en son logis : c'est pour quoi je la cherche tant que je puis, en bas et en haut.

LE DEUXIÈME BOURGEOIS.
Eh bien! allons savoir auprès d'Ernaut, que je vois là, s'il ne l'a point vue. Je ne crois pas que qui que ce soit l'ait déçue.

LA DEMOISELLE.
Ernaut, qu'un bon jour vous soit donné! Dites-nous la vérité, Dieu vous garde! Avez-vous vu ma dame aller quelque part?

LE PREMIER BOURGEOIS.
Nenni, Églantine, sur mon ame! Qu'y a-t-il? qu'est-ce?

LA DEMOISELLE.
Par (ma) foi! je ne cesse de la chercher, et je ne puis en savoir des nouvelles : c'est ce qui me navre terriblement le cœur.

LE DEUXIÈME BOURGEOIS.
Haro! Dieu! taisez-vous! Que dites-vous? ma dame est perdue? S'il en est ainsi, mainte ame en sera désolée.

OTHON.
Quelle conversation tenez-vous ici? Seigneurs, à ce qui me paraît, je vous vois tous ensemble le cœur triste et la mine abattue.

LE DEUXIÈME BOURGEOIS.
Mon cher seigneur, (c'est à cause de) notre très-chère reine et maîtresse, votre femme. Nous ne savons si elle s'est honteusement

Mais perdue est, ce vous disons :
C'est pour quoy tel chiere faisons ;
Car tristes et dolens en sommes
Touz ensemble, femmes et hommes,
A brief parler.

OSTES.

Ne vous chaut, non, laissiez aler ;
Elle m'a fait perdre ma terre :
Dont le cuer ou ventre me serre.
Je la cuidoie preude famme ;
Mais elle m'a fait tel diffame
Que Berengier sa voulenté
A fait d'elle et s'en est vanté
Devant mon oncle en plaine court.
Et je l'en doy bien croire à court,
Car telles enseignes m'en dit
Que n'i puis mettre contredit ;
Et certes, se la puis tenir,
A honte la feray mourir.
Et si sachiez je la querray
Tant que une foiz la trouveray.
Je m'en vois, plus ne me verrez ;
Berengier à seigneur arez.
A Dieu, trestouz !

LA FILLE.

E Diex ! j'ay touz les membres roupz
De ceste erre que j'ay empris.
N'avoie pas tel chose apris ;
Mais puisqu'en Grenade me voy,
Il ne m'en chaut de moy (sic) annoy.
Mon oncle voy là et mon pere :
Or fault que devant eulx m'appere ;
Mais je vous pri, biau sire Diex,
Devotement, plorant des yex
Que, quant je seray là venue,
Que d'eulx ne soie cognéue.
— Messeigneurs, Dieu vous doint à touz
Honneur ! Je vieng ici à vous
Savoir se par vostre franchise
Pourroie avoir aucun servise,
Quel qu'il féust.

ROY DE GRENADE.

Amis, il fauldroit c'on scéust
De quoy tu saroies servir
Pour nostre grace desservir.
Qu'en diras-tu ?

LA FILLE.

Sire, je sçay lance et escu
Porter et chevauchier sanz faille,
Quant il est mestier, en bataille.

comportée ; mais elle est perdue, nous vous le disons : c'est pourquoi nous faisons une telle mine ; car nous en sommes tristes et affligés tous ensemble, hommes et femmes, sans en dire davantage.

OTHON.

Ne vous en inquiétez pas, laissez-la aller ; elle m'a fait perdre ma terre : ce qui me serre le cœur au ventre. Je la croyais honnête femme ; mais elle m'a déshonoré au point que Bérenger en a joui et s'en est vanté devant mon oncle en pleine cour. Et je dois bien l'en croire sans difficulté, car il m'en a donné des preuves telles que je ne puis m'y refuser. Certes, si je puis la tenir, je la ferai mourir honteusement. Et sachez que je la chercherai tant que je l'aie trouvée. Je m'en vais, vous ne me verrez plus ; vous aurez Bérenger pour roi. Adieu, vous tous !

LA FILLE.

Eh Dieu ! j'ai tous les membres rompus de ce voyage que j'ai entrepris. Je n'avais pas appris à tant marcher ; mais, puisque je me vois à Grenade, je m'embarrasse peu de ma peine. Je vois là-bas mon oncle et mon père : il faut maintenant que je paraisse devant eux ; mais, beau sire Dieu, je vous prie dévotement et en pleurant que, quand je serai venue là, je ne sois pas reconnue d'eux. — Messeigneurs, que Dieu vous donne honneur à tous ! Je viens ici à vous savoir si vous seriez assez bons pour me donner un emploi, quel qu'il fût.

LE ROI DE GRENADE.

Ami, il faudrait qu'on sût à quel service tu es propre pour mériter nos bonnes grâces. Qu'en diras-tu ?

LA FILLE.

Sire, je sais porter lance et écu et chevaucher comme il faut, quand il en est besoin, en bataille. Je sais aussi, mon cher sei-

Je scé aussi, mon seigneur chier,
Devant un riche homme trenchier;
J'ay éu d'eschançonnerie
Aucune foiz la seigneurie.
Le service scé tout en somme
Que l'en doit faire à i. riche homme,
 Com prince ou roy.
  ROY DE GRENADE.
Tu demourras donc avec moy :
Moy et mon frere serviras ;
Et selon ce que tu feras
 T'avenceray.
  LA FILLE.
Sire, se Dieu plaist, je feray
A mon povoir au gré de vous,
Et de vous, chier sire, et de touz
 Voz autres gens.
  ALFONS.
Se de ce faire es diligens,
A grant honneur venir pourras,
Puisque au grant amer te feras
 Et au petit.
  ROY DE GRENADE.
Frere, j'ay trop bon appetit
De mengier : envoions-ent querre
Par cet escuier-ci bonne erre.
Aussi desiré-je la guise
Moult regarder de son servise,
 Je vous dy bien.
  ALFONS.
Si la verrons. — Amis, çà vien.
 Comment as non?
  LA FILLE.
Sire, Denis m'appelle l'on,
 Non autrement.
  ALFONS.
Denis, dressiez appertement
Une table ci, sanz songier,
Et nous alez querre à mengier
 En la cuisine.
  LA FILLE.
Je feray de voulenté fine,
Sire, vostre commandement.
C'est fait. Je m'en vois vistement
D'avoir à mengier pourveoir.
— Çà, monseigneur ! venez seoir,
Si vous agrée, en verité :
Vez ci table et més appresté,
 Sire, pour vous.

gneur, trancher devant un homme riche ; j'ai été plusieurs fois proclamé maître en fait d'échansonnerie. En somme, je connais le service que l'on doit faire auprès d'un homme riche, comme un prince ou un roi.

  LE ROI DE GRENADE.

Tu demeureras donc avec moi : tu nous serviras, moi et mon frère ; et selon ce que tu feras je t'avancerai.

  LA FILLE.

Sire, s'il plaît à Dieu, je ferai de mon mieux suivant votre gré, et le vôtre, cher sire, et celui de tous vos autres gens.

  ALPHONSE.

Si tu mets de la diligence à faire cela, tu pourras parvenir à un grand honneur, puisque tu te feras aimer du grand et du petit.

  LE ROI DE GRENADE.

Frère, j'ai grand'faim : envoyons vite chercher à manger par cet écuyer-ci. Aussi bien, je vous le dis, désiré-je beaucoup voir comment il fait son service.

  ALPHONSE.

Nous le verrons. — Ami, viens ici. Comment t'appelles-tu?

  LA FILLE.

Sire, on m'appelle Denis, et non autrement.

  ALPHONSE.

Denis, dressez tout de suite une table ici, sans rêver, et allez-nous chercher à manger à la cuisine.

  LA FILLE.

Sire, je ferai très-volontiers ce que vous me commandez. C'est fait. Je m'en vais vite vous chercher à manger. — Allons, monseigneur ! venez-vous asseoir, si tel est votre bon plaisir, en vérité : sire, voici la table et les mets apprêtés pour vous.

ROY DE GRENADE.

Donc vois-je seoir, amis doulx.
— Çà, biau frere ! ceés-vous cy.
— Or avant ! tailliez, mon ami,
　Et nous servez.

OSTES.

Certes, du sens sui si desvez
Qu'a po que je n'enrage vis.
J'ay cerchié par tout ce païs,
Hault et bas, devant et derriere,
Et si ne puis ceste lodiere
Que je quier trouver nulle part.
Je croy que Diex à elle part :
Ce fait mon, je le voy très bien.
— Ha ! mauvais Dieu, que ne te tien !
Vraiement, se je te tenoie,
De cops tout te desromperoie !
E gar, voiz ! toy et ta creance
Reni et toute ta puissance,
Et si m'en vois droit oultre mer
Comme Sarrazin demourer
Et tenir la loy Mahommet.
Çà ! qui en toy s'entente met,
　Il fait folie.

SALEMON.

A ceste noble compagnie
Doint Diex joie, solaz, honneur !
Pour Dieu, s'à droit ne vous honneur,
　Pardonnez-moy.

ROY DE GRENADE.

Salemon, bien veignant, par foy !
S'aucunes nouvelles apportes,
Je te pri, point ne te deportes
　Que ne les dies.

ALPHONS.

Ains qu'ame blasmes ne laidies,
Salemon, se Diex te doint gaingne,
Dy-nous, comment va-il d'Espaigne ?
　Ne nous mens goute.

SALEMON.

Non feray-je, sire, sanz doubte.
L'emperiere si l'a conquise,
Et a vostre fille Denise
A Ostes son nepveu donnée ;
Et fu royne coronnée
D'Espaigne, et Ostes en fu roys ;
Mais puis y a si grant desroys
Enz, qu'Ostes a mis à mort
Vostre fille, ne scé se a tort,

LE ROI DE GRENADE.

Je vais donc m'asseoir, mon doux ami. — Allons, cher frère ! asseyez-vous ici. — En avant ! taillez, mon ami, et servez-nous.

OTHON.

Certes, je suis tellement hors de moi qu'il s'en faut de peu que je ne devienne fou. J'ai fouillé partout ce pays, en haut et en bas, devant et derrière, et je ne puis trouver nulle part cette coquine que je cherche. Je crois que Dieu est son complice : il l'est en vérité, je le vois très-bien. — Ah ! mauvais Dieu, que ne te tiens-je ! Vraiment, si je te tenais, je te rouerais de coups ! Eh ! regardez, voyez ! je te renie, toi, ma croyance en ta divinité et toute ta puissance, et je m'en vais droit outre-mer y demeurer comme Sarrasin et y suivre la loi de Mahomet. Oui, celui qui met sa confiance en toi fait une folie.

SALOMON.

Que Dieu donne joie, plaisir et honneur à cette noble compagnie ! Pour (l'amour de) Dieu, si je ne vous honore pas convenablement, pardonnez-moi.

LE ROI DE GRENADE.

Salomon, sois le bienvenu, par (ma) foi ! Si tu apportes des nouvelles, je t'en prie, ne diffère pas de les dire.

ALPHONSE.

Salomon, avant de blâmer ou d'outrager qui que ce soit, dis-nous (Dieu te fasse prospérer !), comment va l'Espagne ? Ne nous mens pas.

SALOMON.

Je m'en garderai bien, sire, n'en doutez pas. L'empereur l'a conquise, et a donné Denise, votre fille, à son neveu Othon ; elle a été couronnée reine d'Espagne, et Othon a été roi de ce pays ; mais depuis il y a eu de si grandes dissensions intestines qu'Othon a mis à mort votre fille. Je ne sais s'il a tort, et l'on ignore ce qu'il est devenu ; et le roi d'Espagne actuel est un (individu) qu'on nomme

Et ne scet-on qu'est devenuz ;
Si est roys d'Espaigne tenuz
Un c'on appelle Berengier,
Qui l'a gaingnie par gagier,
    Si comme on dit.

ALFONS.

Certes, or sui-je desconfit
Et toute ma joie est passée,
Puisque ma fille est trespassée ;
    Bien dire l'ose.

ROY DE GRENADE.

Salemon, va, si te repose :
Je voy bien tu es traveilliez.
— Frere, deporter vous vueilliez
De dueil. Puisqu'il est en ce point,
Certes, il ne demourra point,
Que tant de gens d'armes arons
Que assaillir l'emperiere irons,
Tellement que bon li sera
Quant à nous paiz avoir pourra.
— Denis, alez-nous du vin querre.
— Biau frere, je vous vueil enquerre ;
Il n'a ci que nous .ij. ensemble :
De cest escuier que vous semble
    Et est avis ?

ALFONS.

Frere, vez ci que j'en devis :
Gracieux me semble en ses faiz ;
Il est gent de corps et bien faiz ;
Et si croy qu'en une bataille
Feroit bien besongne sanz faille,
Et se saroit bien entremettre
De deffendre li et son maistre
    Contre tout homme.

ROY DE GRENADE.

Par foy ! j'ai en propos qu'à Romme,
Si li plaist, avec nous venra
Et mon gonfanonnier sera ;
Car il m'agrée et si me plaist
Sur touz mes gens, c'est à court plait,
    Qui ceens sont.

ALFONS.

A verité dire, il ne font,
Nul qui y soit, si biau servise
Comme il fait, ne de telle guise.
Il est esveillié et appert ;
Quelque chose qu'il face, il pert,
Et semble qu'il n'i touche goute.
Dieu le vous a donné sanz doubte,
    A mon cuidier.

Bérenger, qui, comme on le dit, l'a gagnée par une gageure.

ALPHONSE.

Certes, je suis maintenant consterné et toute ma joie est passée, puisque ma fille est morte ; j'ose bien le dire.

LE ROY DE GRENADE.

Salemon, va te reposer : je vois bien que tu es fatigué. — Frère, veuillez faire trève à votre douleur. Puisqu'il en est ainsi, certes, avant peu nous aurons tant de gens d'armes que nous irons assaillir l'empereur, tellement qu'il sera enchanté de pouvoir faire la paix avec nous. — Denis, allez-nous chercher du vin. — Mon frère, je veux vous adresser une question ; nous ne sommes ici que nous deux ensemble : que vous semble et que pensez-vous de cet écuyer ?

ALPHONSE.

Frère, voici ce que j'en dis : il me semble gracieux dans ses actions ; il est gentil de corps et bien fait ; et je crois qu'en une bataille il se conduirait bien en tout point, et saurait bien s'arranger de manière à se défendre, lui et son maître, contre tout homme.

LE ROI DE GRENADE.

Par (ma) foi ! j'ai l'intention, si cela lui plaît, de l'emmener à Rome avec nous et d'en faire mon gonfalonnier ; car il m'est agréable et me plaît, en un mot, plus que tous mes gens qui sont céans.

ALPHONSE.

A dire vrai, nul de ceux qui y sont ne fait aussi bien le service que lui, ni de la même manière. Il est éveillé et ouvert ; quelque chose qu'il fasse, il (y) paraît, et il semble qu'il n'y touche pas le moins du monde. A mon avis, c'est Dieu qui vous l'a donné, il n'y a pas à en douter.

ROY DE GRENADE.

Alez-me ce vin-cy vuidier,
Denis, en un autre vaissel,
Et me donnez de ce nouvel
　　Que vous tenez.

LA FILLE.

Je seroie bien forsenez
Et devroie estre touz confus
Se vous en faisoie refus.
　　Tenez, chier sire.

MUSEHAULT.

Mon chier seigneur, je vous vien dire
Les .iiij. roys qu'avez mandé
Sont à vous si recommandé
Qu'ilz sont prests, eulx et leurs effors,
De venir; il ne vous fault fors
Mander leur quel chemin tenront
Et quelle partie il yront :
　　C'est quanque attendent.

ROY DE GRENADE.

Revas à eulz, et dy qu'ilz tendent
Et chevauchent sur Rommenie
Chascun à tout sa baronnie,
Et que je tantost mouveray
Et au devant d'eulx touz seray
　　A mon povoir.

MUSEHAULT.

Et je vois faire mon devoir
　　De m'avancier.

LE MESSAGIER L'EMPERIERE.

Chier sire, je vous vien nuncier
Un fait dont ne vous donnez garde :
Je vous dy, ains que gaires tarde,
Six roys vous venront assaillir,
Qui ont entente, sanz faillir,
　　De vous destruire.

L'EMPERIERE.

Qui sont-il? vueilles m'en instruire
　　Et faire saige.

LE MESSAGIER.

Ce que j'ay scéu du message
Qui les .iiij. en est alez querre,
Sire, vous compteray bonne erre.
Le roy de Tarse et d'Aumarie,
Cil de Marroc et de Truquie (sic),
Ces .iiij. sont de venir près.
Le roy de Grenade est après,
Et est celui, ce vous denonce,
Par qui faicte est ceste semonce ;
Car il a au cuer grant engaigne

LE ROI DE GRENADE.

Denis, allez me vider ce vin-ci dans un autre vase, et donnez-moi de ce nouveau que vous tenez.

LA FILLE.

Je serais bien fou et je devrais être honni si je vous le refusais. Tenez, cher sire.

MUSEHAULT.

Mon cher seigneur, je viens vous dire que les quatre rois que vous avez mandés vous sont dévoués au point d'être tout prêts à venir, eux et leur armée; il ne vous faut que leur mander quel chemin ils tiendront et de quel côté ils doivent aller : c'est tout ce qu'ils attendent.

LE ROI DE GRENADE.

Retourne vers eux, et dis-leur qu'ils se dirigent et chevauchent sur la campagne de Rome, chacun avec tous ses barons, et que sur-le-champ je me mettrai en marche et serai au devant d'eux avec toutes mes forces.

MUSEHAULT.

Quant à moi, je vais faire mon devoir en me mettant en route.

LE MESSAGER DE L'EMPEREUR.

Cher sire, je viens vous annoncer un fait dont vous ne vous donnez pas de garde : je vous apprends qu'avant peu six rois viendront vous attaquer ; leur dessein arrêté est de vous détruire.

L'EMPEREUR.

Qui sont-ils? Veuille m'en instruire et me les nommer.

LE MESSAGER.

Sire, je vous raconterai tout de suite ce que j'ai su du messager qui est allé les chercher tous les quatre. Le roi de Tarse et d'Almaria, celui de Maroc et de Turquie, ces quatre sont prêts à venir. Le roi de Grenade est après, et c'est celui, je vous l'annonce, par qui cet appel est fait; car il a dans le cœur un grand ressentiment de ce que vous avez dépouillé du royaume d'Espagne son frère Alphonse, et de ce que vous l'avez mis dans une

Pour ce que du regne d'Espaigne
Avez son frere Alfons demis,
Et en autre main l'avez mis :
Si vous lo que vous pourveez
De gens d'armes, se vous veez
    Que die bien.

L'EMPEREUR.

Pour ces nouvelles, amis, tien,
Vez ci cent frans que je te doing ;
Et si vueil que prengnes le soing
D'aler aux barons de ma terre
Dire que à moy viengnent bonne erre.
N'y espergne ne roy ne conte
Que chascun ne se arme et se monte,
Et s'en viengne à moy sanz sejour,
Et n'espergnent terme ne jour
    De delaier.

LE MESSAGIER.

Ne vous en fault point esmaier ;
Très chier sire, partout iray
Et vostre message feray
    Bien vraiement.

ROY DE GRENADE.

Sanz plus faire sejournement,
Frere, nous fault de cy partir
Et d'aler-nous-en appartir,
Nous et toute nostre ost banie,
Tant que soions en Rommenie.
    — Or sus, trestouz !

ALFONS.

Certes, j'ay au cuer grant courrouz,
Frere, quant si me voy au bas
Qu'avec moy mener ne puis pas
Tant gent comme il m'apartenist,
S'Espaigne en ma main se tenist ;
Et si n'aconté-je sanz faille
A toute ma perte pas maille,
Fors que de ma fille la belle ;
Mais c'est ce qui me renouvelle
    Doleur trop grant.

PREMIER CHEVALIER ALFONS.

Estre n'en devez si engrant,
Sire ; puisqu'il ne peut autre estre,
Pensez de vous en joie mettre :
    C'est vostre miex.

ij^e. CHEVALIER.

Vous dites voir, si m'aïst Diex !
Oblier tel chose convient,
Et prendre le temps tel qu'il vient,
    Tout en bon gré.

autre main : je vous conseille donc de vous pourvoir de gens d'armes, si vous voyez que je dise bien.

L'EMPEREUR.

Pour ces nouvelles, ami, tiens, voici cent francs que je te donne ; et je veux que tu prennes le soin d'aller aux barons de ma terre leur dire qu'ils viennent bien vite. Que ni roi ni comte n'épargnent rien pour s'armer et se monter, et qu'ils viennent à moi sans tarder d'un seul jour.

LE MESSAGER.

Il ne vous faut point en être inquiet; très-cher sire, j'irai partout et je ferai bien votre message, en vérité.

LE ROI DE GRENADE.

Sans tarder plus long-temps, frère, il nous faut partir et nous mettre en marche, nous et toute notre armée qui est rassemblée, tant que nous soyons dans la campagne de Rome. — Allons, tous !

ALPHONSE.

Certes, j'ai au cœur un grand courroux, frère, de me voir tellement bas que je ne puisse pas mener avec moi autant de gens qu'il conviendrait, si toute l'Espagne se tenait sous ma main ; et je ne prise certainement pas (la valeur d')une maille toute ma perte, à l'exception de celle de ma fille la belle : c'est ce qui réveille en moi une trop grande douleur.

LE PREMIER CHEVALIER D'ALPHONSE.

Il ne vous faut pas en être si affligé, sire ; puisqu'il ne peut pas en être autrement, pensez à vous mettre en joie : c'est ce que vous avez de mieux à faire.

LE DEUXIÈME CHEVALIER.

Dieu m'aide ! vous dites vrai. Il me faut oublier cette chose-là, et prendre le temps en bien, tel qu'il vient.

ROY DE GRENADE.

Denis, je vous vueil mon secré
Descouvrir et mon ordenance,
Pour ce que vostre honneur avance.
Esté m'avez bon escuier,
Si vous fas mon gonfanonnier,
Qui ma baniere porterez;
Or parra comment le ferez
　　En la bataille.

LA FILLE.

Grant merciz, monseigneur! Sanz faille,
Si fault que bataille se face,
Je pense que devant touz passe
　　Vostre baniere.

ROY DE GRENADE.

Voulentiers verray la maniere
　　De vostre affaire.

PREMIER CHEVALIER.

Sire, ce seroit bon à faire
Qu'envoïssiez devant savoir
Quelx gens l'empereur peut avoir
　　Avecques lui.

ROY DE GRENADE.

Lotart, je ne voy ci celui
Qui y soit miex taillié de toy :
Or y vas pour amour de moy,
Et en enquier diligemment,
Et retourne le plus briément
　　Qu'estre pourra.

LOTART.

Mon chier seigneur, fait vous sera :
　　G'y vois le cours.

BERENGIER.

Pour vous faire aïde et secours
Vien-je à vostre mant, très chier sire,
Et s'amaine, ce vous puis dire,
Quinze cens de bons bacheliers
Et iij. mille très bons archiers
　　Et mil servans.

L'EMPEREUR.

Et je le seray deservans,
Berengier, à vous et à eulz.
Seez-vous ci; entre nous deux
Attenderons ceulx qui venront.
Je verray ceulz qui m'ameront
　　A ce cop-ci.

OSTES.

E las! chetis! que fas-je cy?
Je pers mon temps et mon corps; voire,
Je pers m'ame, je pers la gloire

LE ROI DE GRENADE.

Denis, je veux vous découvrir mon secret et mon plan, afin que votre considération s'accroisse. Vous avez été un bon écuyer pour moi, aussi vous fais-je mon gonfalonier : vous porterez ma bannière; nous verrons comment vous vous conduirez dans la bataille.

LA FILLE.

Grand merci, monseigneur! Certainement, s'il faut livrer bataille, je pense que votre bannière passera devant tous.

LE ROI DE GRENADE.

Je verrai volontiers comment vous vous comporterez.

LE PREMIER CHEVALIER.

Sire, il serait bon d'envoyer devant savoir quelles gens l'empereur peut avoir avec lui.

LE ROI DE GRENADE.

Lotart, je ne vois ici personne qui soit mieux taillé que toi pour cette besogne : va-s-y donc pour l'amour de moi, enquiers-toi de cela avec soin, et reviens le plus vite que faire se pourra.

LOTART.

Mon cher seigneur, vous serez obéi : j'y vais à la hâte.

BÉRENGER.

Très-cher sire, je viens à votre ordre pour vous faire aide et secours, et j'amène, je puis vous le dire, quinze cents bons chevaliers, trois mille très-bons archers et mille sergens.

L'EMPEREUR.

Bérenger, je vous en récompenserai, vous et eux. Asseyez-vous ici; nous attendrons tous deux ceux qui viendront. C'est pour le coup que je verrai quels sont ceux qui m'aiment.

OTHON.

Hélas! malheureux! que fais-je ici? je perds mon temps et mon corps, voire même je perds mon ame, et la gloire des

Des cieulx que je déusse acquerre.
Las! se le cuer de dueil me serre,
J'ay raison et cause trop bonne.
Bien sui malostrue personne,
Qui en tel servage me met
Que je sers et croy Mahommet,
Qui n'est que droite fanfelue.
Ha, doulx Jhesus, plain de value!
Dont m'est venu ce grant oultrage,
Que moy, qu'as fait à ton ymage
Et donné de crestien nom,
Ne l'ay scéu congnoistre non ;
Mais ay fait euvre si amere
Qu'ay renié toy et ta mere
Par desespoir né de corrouz ?
Ha! Sire, qui piteux et doulx
Estes, çe dit Sainte-Escripture,
A toute humaine creature
Qui se repent de son meffait,
Pardon vous quier de ce qu'ay fait.
Pardon! las! comment dire l'ose ?
Certes, je demande une chose
Que vous m'avez bel escondire
Et refuser par raison, Sire :
Pour ce à terre cy m'asserray,
Et mon pechié cy gemiray
    Amerement.

DIEU.

Mere, et vous, Jehan, alons-m'ent
Là jus à ce pecheur Oston;
Du dueil qu'il a vueil que l'oston.
De cuer contrit gemist et pleure,
Si que plus ne vueil qu'il demeure
En telle lamentacion.
Sa devote contriccion,
Qui de lermes moulle sa face,
Me contraint que grace li face.
— Or sus, trestouz!

NOSTRE-DAME.

Mon Dieu, mon pere et mon filz doulz,
Nous ferons vostre voulenté.
— Sus, anges! soiez apresté
    De tost descendre.

GABRIEL.

Dame, qui péustes comprendre
Ce que ne pevent pas les cieulx,
Chascun de nous est ententiex
    De voz grez faire.

MICHIEL.

En ce ne povons-nous meffaire :

cieux que je devrais acquérir. Hélas! si mon cœur se serre de douleur, j'ai (pour cela) une raison et une cause trop bonnes. Je suis bien malotru de me mettre en un esclavage tel que je sers et j'adore Mahomet, qui n'est qu'une véritable fanfreluche. Ah, doux Jésus, qui es sans prix! d'où m'est venue cette grande folie qui fait que moi, que tu as fait à ton image et à qui tu as donné le nom de chrétien, je n'ai pas su le reconnaître; mais qu'au contraire j'ai commis un crime si affreux que je t'ai renié, toi et ta mère, par suite d'un désespoir né de la colère? Ah! Sire, qui, comme le dit l'Écriture-Sainte, êtes doux et miséricordieux envers toute créature qui se repent de son péché, je vous demande pardon de ce que j'ai fait. Pardon! hélas! comment osé-je le dire? Certes, je demande une chose que vous avez beau jeu à ne pas m'accorder et raison de me refuser, Sire : c'est pourquoi je m'asseoirai ici à terre, et je pleurerai ici mon péché amèrement.

DIEU.

Mère, et vous, Jean, allons-nous-en là-bas, vers ce pécheur d'Othon; je veux que nous le tirions de la douleur qu'il a. Il gémit et pleure d'un cœur contrit, tellement que je ne veux plus qu'il demeure en une pareille lamentation. Sa dévote contrition, qui mouille sa face de larmes, me contraint à lui faire grâce. — Allons, vous tous!

NOTRE-DAME.

Mon Dieu, mon père et mon doux fils, nous ferons votre volonté. — Allons, anges! soyez prêts à descendre bientôt.

GABRIEL.

Dame, qui pûtes comprendre ce que ne peuvent (embrasser) les cieux, chacun de nous est décidé à faire votre volonté.

MICHEL.

En cela nous ne pouvons errer : mainte-

Or en alons nous iij. chantant,
Jehan, aussi qu'en esbatant :
　Je le conseil.
　　　SAINT JEHAN.
Il me plaist aussi et le vueil.
Sus ! commencez, mes amis doulx.

　　　Rondel.

Royne des cieulx, qui en vous
Servir met son entencion,
Moult fait bonne opperacion :
Il acquiert vertuz, et de touz
Ses vices a remission,
Royne des cieulx, qui en vous
Servir met son entencion ;
Et Dieu treuve en la fin si doulx
Que de gloire a refeccion,
Où est toute perfeccion.
Royne des cieulx, qui en vous
Servir met son entencion,
Moult fait bonne opperacion.

　　　DIEU.
Ostes, pour la contriccion
Vraie que je voy estre en toy,
As recouvré grace. Taiz-toy.
A Romme tout droit t'en iras ;
Là, ton pechié confesseras,
Puis qu'à repentence es venuz :
Il le fault, tu y es tenuz,
Ou ce que tu fais rien ne vault.
Oultre, tu as un grant deffault,
Qu'à tort as ta femme hay
Et jusques à mort envay :
Et pour ce aussi tu la querras,
Et pardon li en requerras.
Plus ne demeure en ceste terre ;
Mais à Romme t'en vas bonne erre,
Et fay ce que t'ay divisé.
— Je l'ay assez bien avisé.
　Sus ! alons-m'ent.
　　　NOSTRE-DAME.
Avant ! Anges et vous, Jehan,
Alez le chemin que venistes,
Et en alant le chant par dites
　Qu'avez empris.
　　　GABRIEL.
Excellente Vierge de pris,
Puisqu'il vous plaist, si ferons-nous.

[*Fin*] *du rondel precedent.*

nant, Jean, allons-nous-en tous les trois en chantant, aussi bien qu'en nous livrant à nos jeux : c'est mon avis.

　　　SAINT JEAN.
Cela me plaît aussi et je le veux. Allons ! commencez, mes doux amis.

　　　Rondeau.

Reine des cieux, celui qui s'applique à vous servir, fait une très-bonne opération : il acquiert des vertus, et obtient la rémission de tous ses vices. Reine des cieux, celui qui s'applique à vous servir ; et à la fin il trouve Dieu si doux qu'il est repu de gloire (là) où est toute perfection. Reine des cieux, celui qui s'applique à vous servir, fait une très-bonne opération.

　　　DIEU.
Othon, eu égard à la vraie contrition que je vois en toi, tu es rentré en grâce. Tais-toi. Tu t'en iras tout droit à Rome ; là tu confesseras ton péché, puisque tu es venu à repentance : il le faut, tu y es tenu, ou ce que tu fais ne vaut rien. En outre, tu as (commis) une grande faute, en haïssant à tort ta femme et en la poursuivant jusqu'à la mort : c'est pourquoi tu la chercheras, et tu lui en demanderas pardon. Ne demeure plus en cette terre ; mais va-t'en vite à Rome, et fais ce que je t'ai prescrit. — Je l'ai assez bien conseillé. Debout ! allons-nous-en.

　　　NOTRE-DAME.
En avant ! Anges et vous, Jean, prenez le chemin par lequel vous vîntes, et en allant, achevez le chant que vous avez commencé.

　　　GABRIEL.
Vierge excellente et sans prix, puisque cela vous plaît, nous le ferons.

[*Fin*] *du rondeau précédent.*

Et Dieu treuve en la fin si doulx
Que de gloire a refeccion,
Où est toute perfeccion.
Royne des cieulx, qui en vous
Servir mect son entencion,
Moult fait bonne opperacion.

OSTES.

Pere de consolacion,
Piteux, doulx et misericors,
Ha! Sire, quant je me recors
Que des cieulx vous estes oultré
Et à moy vous estes monstré,
Et vostre doulce Mere aussi,
Et que je vous ay véu cy,
Bien doy bouche, mains et cuer tendre
A vous loer et graces rendre.
Cy endroit plus ne demourray;
Mais à Romme seul m'en iray
 Tout maintenant.

[LOTART.]

Pour acomplir mon convenant,
Messeigneurs, à vous ci retourne;
Si vous vueil deviser à ourne
Ce pour quoy j'ay esté à Romme.
Il y a d'armes maint bon homme;
L'empereur y est, n'est pas doubte,
Et plusieurs nobles en sa route.
Je le vi assis en son trosne
Et lez li le marquis d'Ancosne*,
Et le prince aussi de Tarente
Et le conte de Sainte-Rente,
D'Espaigne le roy Berengier,
Et le conte de Mondangier.
Brief, il y avoit, à m'entente,
De grans barons de xx. à trente;
Si ont de gens grant convenue,
N'atendent que vostre venue
 Pour eulx combatre.

LA FILLE.

Messeigneurs, avant ce qu'embatre
Nous aillons plus en la bataille,
Je vous pri qu'à l'empereur aille
Parler. Je tien par mon recort
Que je vous mettray à accort,
Se g'y vois; et si vous vueil dire
Qu'encore pouriez véoir, sire,

Et à la fin il trouve Dieu si doux qu'il est repu de gloire (là) où est toute perfection. Reine des cieux, celui qui s'applique à vous servir, fait une très-bonne opération.

OTHON.

Père de consolation, compatissant, doux et miséricordieux, ah! Sire, quand je me rappelle que vous êtes descendu des cieux et que vous vous êtes montré à moi, et votre douce Mère aussi, et qu'ici je vous ai vu, je dois bien tendre ma bouche, mes mains et mon cœur à vous louer et à vous rendre grâces. Je ne demeurerai plus ici; mais je m'en irai seul à Rome, à l'instant même.

[LOTART.]

Pour accomplir ma promesse, messeigneurs, je reviens ici auprès de vous, et je veux vous raconter de point en point ce pour quoi j'ai été à Rome. Il y a maint bons hommes d'armes; l'empereur y est, il n'y a pas de doute, et plusieurs nobles forment son cortége. Je le vis assis sur son trône, et près de lui (se trouvaient) le marquis d'Ancône, le prince de Tarente, le comte de Sainte-Rente, Béranger le roi d'Espagne, et le comte de Mondanger. Bref, il y avait, à mon compte, de vingt à trente grands barons; ils ont une grande multitude de gens, et ils n'attendent que votre venue pour combattre.

LA FILLE.

Messeigneurs, avant de nous engager plus avant dans la guerre, je vous prie de me laisser aller parler à l'empereur. Je tiens pour certain que je vous mettrai d'accord, si j'y vais; et je puis vous dire que vous pourriez encore voir (n'en doutez pas), sire, votre

---

* Ce titre est maintenant porté par la famille de Pracomtal, dont les armoiries sont accompagnées d'une devise telle que nous serions tenté de croire qu'elle a été fournie par Rabelais, lors de son voyage en Italie.

Vostre fille, jà n'en doubtez,
Que vous si souvant regretez,
　A ce qu'entens.
　　ALFONS.
E, Diex! verray-je jà le temps?
Pour li souvent pleur et souspir;
N'est riens dont j'aye tant desir
　Ne soie engrès.
　　ROY DE GRENADE.
Frere, en paiz laissiez telz regrez,
Je vous em pri.
　　LA FILLE.
S'il vous plaist, donnez-moy l'ottri
Que vous demant.
　　ALFONS.
Biau frere, par vostre commant,
Voit où il dit.
　　ROY DE GRENADE.
Voit! je n'y met nul contredit.
— Denis, alez.
　　LA FILLE.
Messeigneurs, puisque vous le voulez,
Aler tout seul n'y doy-je mie:
Il me fault avoir compagnie,
　Vous le savez.
　　ALFONS.
Mon chier ami, voir dit avez.
Cez ij-cy avec vous iront,
Qui compagnie vous feront,
　S'il vous souffist.
　　LA FILLE.
Sire, oïl, par Dieu qui me fist!
— Alons, ains que gaires s'eslongne
Le temps; nous ferons la besongne
　Bien, se Dieu plaist.
　　OSTES.
E, Mere Dieu! com me desplaist
Le temps que j'ay si mal gasté!
L'ennemi m'avoit bien tasté;
Mais, Dieu mercy, ne suis pas mors.
La repentence et le remors
Que j'ay, avec l'affeccion
De faire ent satiffacion
Selon ce que on me chargera,
Se Dieu plaist, si me sauvera
Et la paine que g'y mettray.
Romme voy, où pieça n'entray:
Or me fault estre diligens
D'aler y avecques ces gens
　Que venir voy.

fille que vous regrettez si souvent, à ce que j'entends.

ALPHONSE.

Eh, Dieu! verrai-je ce moment? je pleure et je soupire souvent pour elle; il n'est rien dont j'aie un aussi vif désir et dont je sois si impatient.

LE ROI DE GRENADE.

Frère, laissez en paix de tels regrets, je vous en prie.

LA FILLE.

S'il vous plaît, donnez-moi la permission que je vous demande.

ALPHONSE.

Mon frère, avec votre consentement, qu'il aille où il dit.

LE ROI DE GRENADE.

Qu'il aille! je n'y mets aucune opposition. — Denis, allez.

LA FILLE.

Messeigneurs, puisque vous le voulez, je ne dois pas y aller tout seul: il me faut avoir de la compagnie, vous le savez.

ALPHONSE.

Mon cher ami, vous avez dit vrai. Ces deux hommes-ci iront avec vous; ils vous tiendront compagnie, si cela vous suffit.

LA FILLE.

Oui, sire, par le Dieu qui me fit! — Allons-nous-en avant qu'il s'écoule beaucoup de temps; nous ferons bien la besogne, s'il plaît à Dieu.

OTHON.

Eh, Mère de Dieu! comme je regrette d'avoir si mal employé mon temps! Le diable m'avait bien tâté; mais, Dieu merci, je ne suis pas mort. Le repentir et le remords que j'ai, avec le scrupule que je mettrai à donner la satisfaction que l'on m'imposera, ainsi que la peine que j'y prendrai, me sauveront, s'il plaît à Dieu. Je vois Rome, où je ne suis pas entré il y a long-temps: maintenant il me faut être diligent d'y aller avec ces gens que je vois venir.

LA FILLE.
Diex vous gart! Amis, dites-moy,
  Dont venez-vous?
OSTES.
Je vien d'oultre mer, sire doulx,
  Et vois à Romme.
LA FILLE.
Biaux seigneurs, prenez-moy cest homme
Et avec nous l'en amenez.
Vous ne savez que vous tenez,
Je le cognois miex qu'il ne cuide;
Gardez qu'il n'eschappe ne vuide
  D'entre voz mains.
PREMIER CHEVALIER ALFONS.
Marie! il n'en ara jà mains.
—Sà! rendez-vous à nous, biau maistre;
S'à deffense vous voulez mettre,
  Vous estes mors.
ij^e CHEVALIER ALFONS.
Ami, je te lo que ton corps
Offres et ren de bon voloir:
Tu n'en porras que miex valoir,
  Je te promet.
OSTES.
Biaux seigneurs, en vos mains me mect
Et me rens à vous touz ensemble.
Nobles gens estes, ce me semble,
  S'en valez miex.
LA FILLE.
N'y a plus; nous sommes tiex quieulx.
Avec nous vous convient venir,
Sanz nous plus cy endroit tenir
  Ny arrester.
OSTES.
G'yray voulentiers, sanz doubter,
Et vous serviray: c'est raison.
Ne me mettez point en prison,
  Je vous em pri.
PREMIER CHEVALIER ALFONS.
Avant! avec nous sanz detri
  Vous en venez.
OSTES.
Quel chemin que voulrez tenez:
  Je vous suivray.
LA FILLE.
Sire emperiere, Dieu le vray
Vous doint honneur et bonne vie
Et à toute la baronnie
Que je cy voy! nul n'en espergne,
Fors Berengier, le roy d'Espaigne!

LA FILLE.
Dieu vous garde! Ami, dites-moi, d'où venez-vous?

OTHON.
Je viens d'outre-mer, doux sire, et je vais à Rome.

LA FILLE.
Beaux seigneurs, prenez-moi cet homme et emmenez-le avec nous. Vous ne savez pas qui vous tenez, je le connais plus qu'il ne pense; prenez garde qu'il ne s'échappe et ne s'enfuie d'entre vos mains.

LE PREMIER CHEVALIER D'ALPHONSE.
Marie*! il n'aura rien de moins.—Çà! rendez-vous à nous, beau maître; si vous voulez vous mettre en défense, vous êtes mort.

LE DEUXIÈME CHEVALIER D'ALPHONSE.
Ami, je te conseille d'offrir et de présenter ton corps de bonne volonté: tu ne t'en trouveras que mieux, je te promets.

OTHON.
Beaux seigneurs, je me remets entre vos mains et je me rends à vous tous ensemble. A ce qui me paraît, vous êtes de nobles personnes, et vous n'en valez que mieux.

LA FILLE.
C'est tout; nous sommes tels quels. Il vous faut venir avec nous, sans nous tenir plus long-temps ni nous arrêter ici.

OTHON.
Je veux y aller volontiers, sans balancer, et je vous servirai: c'est raison. Ne m'emprisonnez pas, je vous en prie.

LE PREMIER CHEVALIER D'ALPHONSE.
En avant! venez-vous-en avec nous sans difficulté.

OTHON.
Prenez le chemin que vous voudrez: je vous suivrai.

LA FILLE.
Sire empereur, que le vrai Dieu vous

---

* Il nous semble que cette exclamation est le prototype du *marry* anglais que l'on rencontre si souvent dans les œuvres dramatiques de Shakspeare.

Mais contre li baille mon gage,
Present tout ce noble barnage,
Et l'appelle de traïson ;
Car, comme faux et sanz raison
D'une moye suer se vanta
Qu'à li charnelment habita :
Dont ma suer prist telle fraeur,
Tel paeur et telle douleur
Que hors du pays s'en foy,
Ains puis nouvelles n'en oy.
Vostre niez Espaigne en perdy,
Qui bon homme estoit et hardy,
Et de dueil si se desvoya
C'on ne scet où il s'avoya ;
Et pour ce que le cuer m'en serre,
Le traistre en champ vueil conquerre :
 Faites-m'en droit.
   OSTES.
Sire, je vous pri cy-endroit
Que le champ faire me laissiez.
— Oncle, ne me recongnoissiez ?
Sachiez Oston vostre niez sui,
Qui ay puis souffert maint annuy;
 D'oultre mer vien.
   L'EMPEREUR.
Ostes, biaux niez, puisque vous tien,
Certes, mon cuer est appaisiez.
Acolés-me tost et baisiez;
 Bien veigniez-vous.
   OSTES.
Sire, je me plain devant touz
Voz barons qu'assemblez voy cy
De ce traître faux icy,
Et dy qu'à tort il tient ma terre :
Si l'en vueil corps à corps conquerre
 Et desregnier.
   BERENGIER.
Ostes, je croy que au derrenier
Vous vous trouverez deceu.
Il est verité qu'ay jéu
A vostre femme charnelment.
N'en parlez jà si haultement;
Car je prouveray que c'est voir,
En champ, se l'en voulez avoir
Et il conviengne qu'il se face.
Je ne prise vostre menace
 De riens, Oston.
   L'EMPERIERE.
Or paiz ! ce debat-cy oston.
— Berengier, soit ou joie ou deulx,

donne honneur et bonne vie, à vous et à tous les barons que je vois ici! et qu'il n'en excepte aucun, hors Bérenger, le roi d'Espagne ! au contraire, en présence de tout ce noble baronnage, je donne mon gage contre lui et je l'accuse de trahison ; car, comme un imposteur et sans raison, il s'est vanté d'avoir cohabité charnellement avec une sœur à moi : ce dont elle prit une frayeur, une peur et une douleur telles qu'elle s'enfuit hors du pays, et que je n'en entendis plus parler. Votre neveu, qui était brave et hardi, en perdit l'Espagne, et le chagrin l'égara tellement qu'on ne sait où il alla; comme j'en ai le cœur serré, je veux vaincre le traître en champ-clos. Faites-m'en justice.

   OTHON.

Sire, je vous prie ici de me laisser entrer dans la lice. — Oncle, ne me reconnaissez-vous pas? Sachez que je suis Othon, votre neveu, qui depuis ai souffert mainte peine. Je viens d'outre-mer.

   L'EMPEREUR.

Othon, beau neveu, puisque je vous tiens, certes, mon cœur est soulagé. Embrassez-moi vite et baisez-moi; soyez le bienvenu.

   OTHON.

Sire, je me plains devant tous vos barons que je vois assemblés ici , de ce traître félon, et je dis qu'il retient ma terre à tort: je veux le combattre corps à corps et réfuter son témoignage.

   BÉRENGER.

Othon, je crois qu'à la fin vous vous trouverez déçu. La vérité est que j'ai cohabité charnellement avec votre femme. N'en parlez pas si haut; car je vous prouverai en champ-clos que c'est vrai, si vous voulez le combat et s'il faut qu'il ait lieu. Othon, je ne fais aucun cas de votre menace.

   L'EMPEREUR.

Allons, paix! terminons ce débat-ci.
— Bérenger, soit joie ou douleur, il faut

Il convient que l'un de ces deux
Vous combatez.
BERENGIER.
Sire, jà plus n'en debatez.
Trop voulentiers, mais que me dites
Pour lequel d'eulx je seray quittes
Avoir affaire.
L'EMPERIERE.
Auquel de vous deux cest affaire
Adjugeray?
OSTES.
Sire, par droit je le feray,
Car c'est mon fait. — Et je vous pri,
Chier sire, faites-m'en l'octri,
Qui pris m'avez.
LA FILLE.
Je n'y vueil, puisque vous le voulez,
Point contredire.
OSTES.
Grant merciz plus de cent foiz, sire,
De cest accort.
L'EMPERIERE.
Or tost! pour savoir qui a tort,
Seigneurs; alez monter bonne erre,
Et en celle piece de terre
Là revenez.
OSTES.
Puisque le congié m'en donnez,
Sire, g'y vois.
BERENGIER.
Esgardez, fait-il grant harnoys!
Il m'a jà conquis, ce li semble;
Mais s'en champ povons estre ensemble,
Je li cuit faire tel cembel
Qu'il n'ara pas si le quaquel.
Je vois monter.
LA FILLE.
Certes, sire, j'oy compter
A ceulx qui ma seur congnoissoient
Et qui son estat bien savoient
Qu'en Espaigne n'avoit pas fame
En qui éust mains de diffame;
Et quant la gagéure avint,
Et la chose dire on li vint,
Et qu'Espaigne ot Ostes perdu,
Elle ot le cuer si esperdu
Qu'elle se pasma contre terre.
Et la nuit s'en fouy bonne erre
Par divise (sic) inspiracion;
Car on li ot fait mencion

que vous vous battiez avec l'un des deux.
BÉRENGER.
Sire, ne discutez plus à ce sujet. Très-volontiers, pourvu que vous me disiez avec lequel d'eux j'aurai affaire pour être quitte.
L'EMPEREUR.
Auquel de vous deux adjugerai-je cette affaire?
OTHON.
Sire, il est juste que je combatte, car c'est mon fait. — Et je vous prie, cher sire qui m'avez pris, de m'accorder cette grâce.
LA FILLE.
Puisque vous le voulez, je ne veux point m'y opposer.
OTHON.
Sire, grand' merci plus de cent fois pour ce consentement.
L'EMPEREUR.
Allons, vite! pour savoir qui a tort, seigneurs; allez promptement monter à cheval, et revenez en cet endroit.
OTHON.
Puisque vous m'en donnez la permission, sire, j'y vais.
BÉRENGER.
Regardez, fait-il de l'embarras! il lui semble qu'il m'a déjà vaincu; mais si nous pouvons être ensemble en champ-clos, je compte l'attaquer de telle sorte qu'il n'aura pas autant de caquet. Je vais monter.
LA FILLE.
Certes, sire, j'ouïs conter à ceux qui connaissaient ma sœur et qui savaient quelle était sa manière d'être, qu'il n'y avait pas en Espagne de femme qui eût une meilleure réputation; et quand la gageure eut lieu, qu'on vint à lui dire la chose, et qu'Othon eut perdu l'Espagne, elle eut le cœur si brisé qu'elle se pâma contre terre. Et la nuit elle s'enfuit au plus vite, par l'inspiration du ciel; car on lui avait annoncé que, si Othon pouvait la tenir, il la ferait périr honteusement, sans l'épargner.

Que, se Ostes la povoit tenir,
A honte la feroit fenir,
    Sanz espargnier.

PREMIER CHEVALIER L'EMPERIERE.

En ce n'éust péu gaignier,
Et si fust laide convenue;
Or la chose est advenue,
    Se Dieu plaist, bien.

ij⁰ CHEVALIER.

Certainement, ainsi le tien,
Et pour le miex, à mon cuidier;
Et Diex en vueille en droit aidier
    Encore ennuit!

L'EMPERIERE.

Nous en verrons, ne vous ennu[i]t,
    Qu'en pourra estre.

OSTES.

Dame de la gloire celestre,
Vierge, en qui toute grace habonde,
Mere, telle c'onques seconde
Ne fu devant toy ni après,
Rose de lis, de biauté cyprès,
Souuef flairant par bonnes euvres,
Tes yex de doulceur vers moy euvres
Et en ta pitié me regardes
Et de mort vilaine me gardes.
Dame, en ce champs que je vois faire
Me donnes de mon adversaire
Telle victoire qu'il gehisse
Et que de la bouche li isse
Comment il a par traïson
Tenu ma terre et sanz raison.
Dame, en toy seule est m'esperance;
Dame, en toy ay si grant fiance,
Et en t'aïde tant me fy
Que de ma force je dy fy
Et de mes armes (Dame, entens),
Envers l'aïde que j'atens
    Avoir de toy.

BERENGIER.

Ostes, Ostes, puisque vous voy
En champ, jamais n'en partirez
Devant ce qu'à honte mourrez
    Et par mes mains.

OSTES.

A, traïstre! menaces mains,
    Si feras sens.

L'EMPEREUR.

Or tost, seigneurs! c'est mes assens
Que descendez touz deux à terre.

LE PREMIER CHEVALIER DE L'EMPEREUR.

Il n'eût pu gagner à cela, et c'eût été une vilaine affaire; maintenant, s'il plaît à Dieu, la chose est venue à bien.

LE DEUXIÈME CHEVALIER.

Certainement, je le pense ainsi, et (c'est) pour le mieux, suivant mon opinion; et Dieu veuille prêter son aide au droit encore aujourd'hui!

L'EMPEREUR.

Ne vous chagrinez point, nous verrons ce qui pourra en être.

OTHON.

Dame de la gloire céleste, Vierge, en qui toute grâce abonde, Mère, qui n'eus ni n'auras jamais de pareille, rose de lis, cyprès de beauté, qui répands un parfum de bonnes œuvres, ouvre vers moi tes yeux de douceur, regarde-moi dans ta pitié et garde-moi de mort honteuse. Dame, dans ce combat que je vais livrer, donne-moi sur mon adversaire une victoire telle qu'il confesse et qu'il lui sorte de la bouche comment il a par trahison et à tort tenu ma terre. Dame, en toi seule est mon espérance; Dame, j'ai en toi une confiance si grande, et je me fie tellement en ton aide que je fais fi de ma force et de mes armes (Dame, écoute-moi), en les comparant à l'aide que j'attends de toi.

BÉRENGER.

Othon, Othon, puisque je vous vois dans la lice, vous n'en partirez jamais que vous ne soyez mort avec ignominie et par mes mains.

OTHON.

Ah, traître! menace moins, tu agiras sagement.

L'EMPEREUR.

Allons vite, seigneurs! ma volonté est que vous descendiez tous deux à terre.

Voz chevaulx renvoiez bonne erre
    Delivrément.

OSTES.

Sire, je feray bonnement
    Vostre plaisir.

BERENGIER.

Autre chose aussi ne desir :
    C'est fait, jus sui.

L'EMPEREUR.

Biaux seigneurs, il fault que au jour d'uy
Vostre prouesce soit véue
Et que la verité scéue
Soit de vostre fait, ce me semble.
Il n'y a plus, alez ensemble,
Et face chascun son devoir,
Puisque vous ne povez avoir
    Autrement paix.

OSTES.

Je te deffy, traître ; huymais
    Gars-te de moy.

BERENGIER.

Je ne te prise ce ne quoy :
Contre toy bien me deffendray,
Et assez tost je te rendray
    Pris et vaincu.

OSTES.

Non feras, tant com j'ay escu
    N'espée ou poing.

(Cy se combatent.)

BERENGIER.

Ne puis plus durer : je vous doing,
Ostes, m'espée et me rens pris
Comme celi qui a mespris
    Et qui a tort.

OSTES.

Certes, je vous mettray à mort,
Traîstre, ains que je cesse mais.
Ne ferez traïson jamais,
Quant de ce champ departirez ;
Car sur le corps n'emporterez
    De teste point.

L'EMPEREUR.

Ostes, Ostes, ho ! en ce point,
Je vous deffens à le destruire ;
Il nous dira, avant qu'il muire,
    Tout son meffait.

OSTES.

Puisqu'il vous plaist, que ainsi soit fait.
    — Géhis, larron !

Renvoyez vos chevaux tout de suite.

OTHON.

Sire, je ferai de bon cœur ce qui vous plaît.

BÉRENGER.

Moi aussi, je ne désire rien autre. C'est fait, je suis à terre.

L'EMPEREUR.

Beaux seigneurs, il faut, ce me semble, qu'aujourd'hui votre prouesse soit vue et que l'on sache la vérité touchant votre conduite. Il n'y a plus à (dire), allez ensemble et que chacun fasse son devoir, puisque vous ne pouvez avoir autrement la paix.

OTHON.

Je te défie, traître ; dès à présent garde-toi de moi.

BÉRENGER.

Je ne te prise pas le moins du monde. Je me défendrai bien contre toi, et bientôt je te rendrai prisonnier et vaincu.

OTHON.

Tu n'en feras rien, tant que j'aurai écu ou épée au poing.

(Ici ils combattent.)

BÉRENGER.

Je ne puis plus résister : Othon, je vous remets mon épée et je me rends prisonnier comme un homme qui a mal agi et qui a tort.

OTHON.

Certes, je vous mettrai à mort, traître, avant que je cesse. Vous ne commettrez jamais de trahison ; car vous n'emporterez point de tête sur le corps.

L'EMPEREUR.

Othon, Othon, ho ! (puisque les choses en sont) à ce point, je vous défends de le faire périr ; avant de mourir, il nous dira tout son méfait.

OTHON.

Puisque tel est votre plaisir, qu'il en soit fait ainsi. — Avoue, larron !

BERENGIER.

Mercy te-pry, noble baron :
Mon meffait tout regehiray,
Ne jà de mot n'en mentiray.
Quant je gagay par mon oultrage
Qu'i n'estoit femme, tant fust sage,
De qui ma voulenté n'éusse,
Pour tant que à li parler péusse,
Et je parlay à vostre fame,
Elle vit bien qu'en grant diffame
De moy croire pourroit cheoir,
Si ne me daigna plus veoir
N'escouter, comme bonne et belle.
Lors me tray vers sa damoiselle,
Qui Esglantine avoit à non ;
Et tant li promis et fis don
Que les enseignes m'apporta
Et du sain aussi m'enorta
Que vostre preude femme porte,
Et où siet, se elle n'est morte ;
Mais onques je ne la vy nue,
Ne par mauvaise convenue
Onques à elle n'abitay,
Jà soit ce que je m'en ventay.
    Dont je menty.

OSTES.

Traïstre, bien m'as anienti ;
Par toy l'ay-je perdue, voir,
Car onques puis ne po savoir
    Où elle ala.

LA FILLE.

Sire emperiere, ce faulx-là,
Ne souffrez point que Ostes l'acore ;
Faites-le cy venir encore
Devant vous : assez tost verrez
Une chose dont vous sererez (sic)
    Moult merveilliez.

L'EMPERIERE.

Puisque vous le me conseilliez,
Il sera fait. — Ostes, biaux niez,
Je vueil que vous .ij ci vegniez ;
Mais Berengier premier istra,
Qui encores nous congnoistra
    Quelque meffait.

OSTES.

Or soit, sire, à vostre gré fait.
— Sus, traître ! ce champ vuidiez ;
N'estes pas pour ce, ne cuidiez,
    Quitte de mort.

BÉRENGER.

Je te demande grâce, noble baron : je te déclarerai tout mon méfait, et je ne mentirai pas d'un seul mot. Quand j'eus la présomption de gager qu'il n'était femme, quelque sage qu'elle fût, dont je ne disposasse au gré de mes désirs, pourvu que je pusse lui parler, et que je m'entretins avec votre femme, elle vit bien qu'en me croyant elle pourrait tomber dans un grand déshonneur, et ne daigna plus me voir ni m'écouter, comme bonne et belle (qu'elle est). Alors je me tournai vers sa demoiselle, qui avait nom Églantine ; je lui promis et lui donnai tant qu'elle m'apporta les marques (stipulées) et m'informa aussi du signe que porte votre respectable femme, et de la place où il est, si elle n'est pas morte ; mais je ne la vis pas nue et je ne cohabitai jamais avec elle, bien que je m'en sois vanté. Alors je mentis.

OTHON.

Traître, tu m'as bien anéanti ; par toi je l'ai perdue, en vérité, car jamais je ne pus savoir où elle alla.

LA FILLE.

Sire empereur, ce fourbe-là, ne souffrez point qu'Othon le tue ; faites-le venir encore devant vous : vous verrez bientôt une chose dont vous serez fort émerveillé.

L'EMPEREUR.

Puisque vous me le conseillez, cela sera fait. — Mon cher neveu Othon, je veux que vous veniez ici tous deux ; mais Bérenger sortira le premier, et nous révélera encore quelque méfait.

OTHON.

Sire, qu'il soit fait selon votre volonté. — Debout, traître ! sortez du champs-clos ; vous n'êtes point cependant, ne le croyez pas, quitte de la mort.

LA FILLE.

Très chier sire, par vostre accort
Congié me donnez et liscence
Que je vous die en audience
    Que cy vieng querre.

L'EMPERIERE.

Il me plaist : or, dites bonne erre,
    Mon ami chier.

LA FILLE.

Sire, ge y vieng con messagier
Pour eschiver, se je puis, guerre
Et pour la paiz mettre et acquerre
Entre vous et voz ennemis,
Qui se sont en ce païs mis.
Si vous plaist, .ij. en manderay,
Et icy venir les feray ;
Mais il aront, à brief parler,
De vous sauf venir et aler ;
    Je le conseil.

L'EMPERIERE.

Mandez-les, amis, je le vueil
    Et si l'ottroy.

LA FILLE.

Biaux seigneurs, or tost ! je vous proy,
A noz seigneurs les roys alez,
Et faites tant qu'à eulx parlez.
Dites-leur que sanz detriance
Chascun de ci venir s'avance :
Si verront leur fille et leur niepce
Qu'ilz ont desiré si grant piece,
    A jà de temps.

PREMIER CHEVALIER ALFONS.

Sire, nous ferons sanz contens
Et tantost ce que commandez.
— Messeigneurs, cy plus n'attendez ;
Mais à touz deux vous plaise et siesse
Que veigniez veoir vostre niepce
    Et vostre fille.

ALFONSE.

Nous jeues-tu d'un tour de quille,
    Par moquerie ?

ij^e CHEVALIER ALFONS.

Non, sire, par sainte Guerie !
Denis le vous mande par nous,
Qui a pris séurté pour vous
    De l'emperiere.

ROY DE GRENADE.

Puisqu'il est en telle maniere,
    Frere, alons-y.

LA FILLE.

Très-cher sire, veuillez me donner la permission et la liberté de vous dire en public ce que je viens chercher ici.

L'EMPEREUR.

Je le veux bien : allons, dites vite, mon cher ami.

LA FILLE.

Sire, je viens ici comme messager pour empêcher, si je puis, la guerre, et pour mettre et amener la paix entre vous et vos ennemis, qui ont fait invasion dans ce pays. Si cela vous plaît, j'en manderai deux et je les ferai venir ici ; mais, en peu de mots, ils auront de vous un sauf-conduit pour l'aller et le retour. Je le conseille.

L'EMPEREUR.

Ami, mandez-les, je le veux, et j'y consens.

LE FILLE.

Beaux seigneurs, je vous prie, allez vite à nos seigneurs les rois, et faites tant que vous leur parliez. Dites-leur que chacun vienne ici sans retard : ils verront leur fille et leur nièce qu'ils ont désirée pendant si longtemps.

LE PREMIER CHEVALIER D'ALPHONSE.

Sire, nous ferons sans objection et tout de suite ce que vous commandez. — Messeigneurs, n'attendez plus ici ; mais veuillez, tous deux, venir voir votre nièce et votre fille.

ALPHONSE.

Nous joues-tu un tour de quille, par moquerie ?

LE DEUXIÈME CHEVALIER D'ALPHONSE.

Non, sire, par sainte Guerie ! Denis vous le mande par nous, après avoir pris de l'empereur une sûreté pour vous.

LE ROI DE GRENADE.

Puisqu'il en est ainsi, frère, allons-y.

ALFONS.

Alons, frere, je vous em pry.
Quanque j'ay perdu ne pris bille,
Mais que veoir puisse ma fille,
    Que tant desir.

PREMIER CHEVALIER ALFONS.

Si ferez-vous, au Dieu plaisir.
Suivez-nous, nous alons devant.
— Sire, avançons-nous, or avant !
    Alons par cy.

LA FILLE.

Sire emperiere, puisque cy
Sont ces .ij seigneurs-cy venuz,
Or entendez, gros et menuz,
Ce que vueil dire en amistié ;
Et vous verrez joie et pitié
Merveilleuse, si com me semble,
Ains que nous departons d'ensemble.
Je m'adresce à vous, sire Alfons,
Qui me sui porté comme uns homs
En servant vous et vostre frere.
S'ay bien véu qu'aviez la chiere
Et les yex sur moy, sanz tarder,
Plus qu'à nul autre regarder,
Sanz avoir de moy congnoissance ;
Mais s'a fait Diex de sa puissance :
Si n'en aiez jà cuer marri.
Vez ci mon seigneur, mon mari,
Ostes, qui est niez l'emperiere.
Ne (sic) scé combien vous m'avez chiere ;
Vostre fille sui que laissastes
A Burs, quant à Grenade alastes.
Ne cuidez pas que je devine ;
Tenez, regardez ma poitrine :
G'y ay mamelle comme fame ;
Du monstrer n'est point de diffame.
Les autres membres secrez tous
Femenins ay, ce savez-vous.
— Ostes, plus parler n'en convient ;
Mais, puisque la chose ainsi vient
Que la trayson est prouvée
Dont je estoie à tort reprouvée,
    Loez soit Diex !

ALFONS.

Fille, plourer me fais des yex
De pitié et de joie, voir ;
Ne l'un ne puis sanz joie avoir
    Quant te regart.

OSTON.

Ha, biau sire Diex ! tost ou tart

ALPHONSE.

Allons-y, frère, je vous en prie. Je ne prise pas tout ce que j'ai perdu la valeur d'une bille, pourvu que je puisse voir ma fille, que je désire tant.

LE PREMIER CHEVALIER D'ALPHONSE.

Vous l'aurez, s'il plaît à Dieu. Suivez-nous, nous allons devant. — Sire, avançons-nous, en avant ! allons par ici.

LA FILLE.

Sire empereur, maintenant que ces deux seigneurs sont venus ici, écoutez, grands et petits, ce que je veux dire d'amitié ; et avant que nous nous séparions, vous serez témoins d'un spectacle qui vous inspirera de la joie et de la pitié d'une façon extraordinaire. Je m'adresse à vous, sire Alphonse, moi qui me suis fait passer pour homme en vous servant, vous et votre frère. J'ai bien vu que vous aviez le visage et les yeux tournés vers moi, sans relâche, occupé à me regarder plus que tout autre, et sans me reconnaître ; mais c'est Dieu qui en est l'auteur par sa puissance : ainsi, n'en ayez pas le cœur marri. Voici mon seigneur, mon mari, Othon, qui est neveu de l'empereur. Je sais à quel point vous me chérissez ; je suis votre fille que vous laissâtes à Burgos, quand vous allâtes à Grenade. Ne croyez pas que j'en impose ; tenez, regardez ma poitrine : j'y ai des mamelles comme une femme ; il n'y a pas de honte à les montrer. J'ai, sachez-le, tous les autres membres secrets du sexe féminin. — Othon, il n'en faut plus parler ; mais, puisque la chose en est venue au point que la trahison dont j'étais accusée à tort est prouvée, Dieu soit loué !

ALPHONSE.

Fille, en vérité, tu me fais pleurer de pitié et de joie ; et je ne puis m'empêcher d'avoir de la joie quand je te regarde.

OTHON.

Ah, beau sire Dieu ! tôt ou tard tu récom-

Rens-tu des biens faiz les merites,
Et de punir les maux t'aquittes.
Aussi bien, ma très doulce suer,
Baise-moy; pour toy tout le cuer
　　En pleur me font.

L'EMPERIERE.

De pitié larmoier me font.
Or avant, avant! c'est assez.
De plorer maishuy vous cessez :
Diex a ceste assemblée fait.
Or pensons de mettre à effect
　　Le residu.

ALFONS.

Chier sire, j'ay bien entendu
Comment Ostes (n'en vueil pas istre)
A conquis ou champ le traïstre
Qui nous a mis sanz cause en guerre,
Dont vengence venoie querre
Par l'aïde de mes amis;
Mais je tien que Dieu nous a mis
En la voie, si com me semble,
Qu'apaisier nous pourrons ensemble.
Vez cy comment je le feray :
Dès maintenant je delairay
A Ostes et à sa compaigne
En paiz le royaume d'Espaigne;
Mais le traïstre en enmenrons,
Et la damoiselle querrons
Compaigne de son malefice;
Si ferons de touz .ij. justice
Là où fait ont la traïson.
Et c'est chose bien de raison,
　　Ce m'est advis.

L'EMPERIERE.

Je m'assens à vostre devis,
Alfons, sanz plus avant aler;
Et si vous doing, à brief parler,
Le royaume de Mirabel
Qui m'est eschéu de nouvel,
Et la conté des Vaux-Plaissiez,
Puis qu'à Espaigne renonciez
　　Du tout en tout.

LE ROY DE GRENADE.

Et je pense, ains qu'il soit le bout
D'un moys, li en tel estat mettre
Qu'il sera d'une terre maistre
Dont il ara .iij. m. livres
Chascun an touz franz et delivres :
　　Telle est m'entente.

penses les bonnes actions, et tu ne manques pas de punir les mauvaises. Aussi bien, ma très-douce sœur, baise-moi; pour toi tout le cœur me fond en larmes.

L'EMPEREUR.

Ils me font verser des pleurs de pitié. En avant, en avant! c'est assez. Cessez désormais de pleurer : c'est Dieu qui a opéré cette réunion. Pensons maintenant à effectuer le reste.

ALPHONSE.

Cher sire, j'ai bien entendu comment Othon (je n'en veux pas sortir) a vaincu en champ-clos le traître qui sans cause nous a mis en guerre, et dont je venais tirer vengeance par l'aide de mes amis; mais je tiens que Dieu nous a mis, ce me semble, en voie d'accommodement. Voici comment je m'y prendrai : dès maintenant je délaisserai en paix à Othon et à son épouse le royaume d'Espagne; mais nous emmènerons le traître, et nous rechercherons la demoiselle complice de son crime, puis nous ferons justice de tous deux là où ils ont fait la trahison. Et c'est, ce me semble, chose bien raisonnable.

L'EMPEREUR.

Alphonse, je suis de votre avis, sans aller plus avant; et je vous donne, en un mot, le royaume de Mirabel qui m'est nouvellement échu, et le comté des Vaux-Plaissiez, puisque vous renoncez à l'Espagne du tout au tout.

LE ROI DE GRENADE.

Quant à moi, je pense, avant qu'un mois soit écoulé, le mettre en un état tel qu'il sera maître d'une terre dont il aura un revenu annuel de trois mille livres, clair et net : telle est mon intention.

L'EMPERIERE.

Ore, alons-m'en sanz plus d'atente,
Puisque Dieu nous a apaisiez.
Ainçois que vous vous envoisiez,
Avecques moy touz dinerez.
Vez cy Berengier qu'enmenrez;
En vostre voulenté le met.
E, gardez! de li me desmet,
Et le vous baille.

LA FILLE.

Il n'eschappera pas, sanz faille;
Je vueil ordener qui le garde.
— Seigneurs, je le vous baille en garde
Et le vous livre.

LE PREMIER CHEVALIER ALFONS.

Dame, nous ferons à delivre
Tout vo vouloir.

L'EMPERIERE.

Ici ne vueil plus remanoir;
Alons-m'en touz diner bonne erre.
Je voy aussi c'om me vient querre :
Vez ci mes gens, il en est heure.
— Seigneurs, je vueil que sanz demeure
Vous chantez, en nous conduisant,
Un motet qui soit deduisant,
Plaisant et bel.

LES CLERS.

Sire, nous le ferons ysnel.
— Avant! chantons.

EXPLICIT.

L'EMPEREUR.

Maintenant, allons-nous-en sans plus de retard, puisque Dieu nous a réconciliés. Avant que vous vous en alliez, vous dînerez tous avec moi. Voici Bérenger que vous emmènerez; je le mets à votre discrétion. Eh, regardez! je me dessaisis de lui, et vous le donne.

LA FILLE.

Il n'échappera pas, je vous l'assure; je veux commettre quelqu'un à sa garde. — Seigneurs, je vous le confie et vous le livre.

LE PREMIER CHEVALIER D'ALPHONSE.

Dame, nous ferons entièrement tout ce que vous voudrez.

L'EMPEREUR.

Je ne veux plus rester ici; allons-nous-en vite dîner tous. Aussi bien je vois que l'on me vient chercher : voici mes gens, il en est temps. — Seigneurs, je veux que sans tarder vous chantiez, en nous conduisant, un motet qui soit récréatif, agréable et beau.

LES CLERCS.

Sire, nous le ferons tout de suite. — En avant! chantons.

FIN.

F. M.

UN MIRACLE DE NOSTRE-DAME.

NOTICE.

Cette pièce est extraite du même manuscrit que les précédentes, c'est-à-dire du volume 7208. 4. B; elle commence au folio 84 recto, au dessous d'une petite miniature.

L'auteur de ce drame en a puisé le sujet dans le *Roman de la Manekine*, de Philippe de Rei mes, trouvère du xiiie siècle, dont les œuvres sont conservées dans un manuscrit de la Bibliothèque Royale. L'on trouvera à la suite de ce Miracle des extraits de ce roman, qui est encore inédit. F. M.

UN MIRACLE DE NOSTRE-DAME.

NOMS DES PERSONNAGES.

LE CONTE.
LE ROY DE HONGRIE.
PREMIER CHEVALIER DE HONGRIE.
ij^e CHEVALIER DE HONGRIE.
REMON.
LE PAPE.
LE PREMIER CARDINAL.
ij^e CARDINAL.
JOUYE, ou LA FILLE ROYNE.
GUYOT, premier sergent.
JOURDAIN, ij^e sergent.

COCHET, le bourrel.
LE PREVOST au roy d'Escosse.
LE ROY D'ESCOSSE.
LA MÈRE du roy d'Escosse.
LEMBERT ou LEMBIN, escuier.
LE PREMIER CHEVALIER D'ESCOSSE.
ij^e CHEVALIER D'ESCOSSE.
NOSTRE-DAME.
LE HERAUT.
LA PREMIERE DAMOISELLE.
YOLENT, ij^e damoiselle.

GODEFROY.
BON, secrétaire.
DIEU.
GABRIEL, premier ange.
MICHIEL, ij^e ange.
LE SENATEUR.
LA FEMME DU SENATEUR.
GODEMAN, escuier.
L'ENFANT.
COLIN, le clerc.
LE CHAPELLAIN.

Cy commence un Miracle de Nostre-Dame, comment la fille du roy de Hongrie se copa la main pour ce que son pere la vouloit espouser, et un esturgon la garda vij. ans en sa mulete.

LE CONTE.
Sire roys, à nous entendez:
Que pensez? Vous trop attendez
A marier, si comme semble
Et à touz voz barons ensemble.
Regardez où femme truissiez
A qui hoir masle avoir puissiez;
 Il appartient.

Ici commence un miracle de Notre-Dame, comment la fille du roi de Hongrie se coupa la main parce que son père voulait l'épouser, et un esturgeon la garda sept ans dans sa mulette.

LE COMTE.
Sire roi, écoutez-nous : à quoi pensez-vous? Il nous semble à moi et à tous vos barons, que vous attendez trop long-temps à vous marier. Voyez à trouver une femme de qui vous puissiez avoir un héritier mâle; il le faut.

PREMIER CHEVALIER.
Il dit voir, sire, il esconvient.
Estre pieça le déussiez,
Afin qu'un filz nous laississiez
Qui tenist après vous la terre,
Et qui nous deffendist de guerre,
   S'estoit besoing.
        LE ROY.
Seigneurs, sachiez ne près ne loing
Femme nulle n'espouseray,
Se telle n'est com vous diray :
Que semblable soit à ma femme
Trespassée (dont Diex ait l'ame !),
De maniere, de sens et de vis ;
Car je li juray et plevis
Que jà femme n'espouseroie
Nè ma compaigne n'en feroye,
Se elle n'estoit de sa semblance,
De son sens et de sa puissance ;
Et se une telle point savez,
Hardiement la me mandez :
   Je la prendray.
        LE CONTE.
Sire, je vous y respondray :
Vous nous parlez cy d'un affaire
Tel qu'il ne se peut pas bien faire,
C'on vous puist trouver une femme
De biauté ressamblant ma dame,
De façon et de meurs aussy.
Deportez-vous de ce point-cy,
Car on n'en pourroit recouvrer ;
Et où la pourroit-on trouver ?
   Je ne scé, voir.
        LE ROY.
Conte, je vous fas assavoir
Puisque j'en ay fait serement,
Je le tenray certainement,
   Comment qu'il aille.
        LE CONTE.
Puisqu'il vous plaist, vaille que vaille,
   Je m'en tairay.
        ij^e CHEVALIER.
Or nous traions çà ; j'en diray
A vous deux ce que bon m'en semble.
Autre foiz, vous et moy, ensemble
L'avons-nous de marier point,
Dont il nous dit tout en ce point
Con maintenant response avez ;
Et dès lors nous deux, ce savez,
Envoyasmes par le pays

LE PREMIER CHEVALIER.
Il dit vrai, sire, il le faut. Vous devriez être marié depuis long-temps, afin de nous laisser un fils qui tînt la terre après vous, et qui nous garantît de guerre, s'il était besoin.

LE ROI.
Seigneurs, sachez que ni près ni loin je n'épouserai aucune femme, à moins qu'elle ne soit comme je vous dirai : c'est-à-dire semblable à ma femme défunte (dont Dieu ait l'ame !), de manières, d'esprit et de visage ; car je lui jurai de n'épouser une femme et de n'en faire ma compagne qu'autant qu'elle lui ressemblerait d'extérieur, d'esprit et de puissance. Si vous en connaissez une pareille, envoyez-la-moi hardiment : je la prendrai.

LE COMTE.
Sire, je vous répondrai à cela : Vous nous parlez ici d'une affaire qui ne peut pas bien se faire, savoir qu'on vous puisse trouver une femme ressemblant à ma dame de beauté, de figure et de mœurs. Renoncez à cela, car on n'y poürrait réussir ; et où pourrait-on la trouver ? En vérité, je ne sais.

LE ROI.
Comte, je vous fais savoir que, puisque j'en ai fait le serment, certes, je le tiendrai, quoi qu'il advienne.

LE COMTE.
Puisque c'est votre plaisir, vaille que vaille, je me tairai là-dessus.

LE DEUXIÈME CHEVALIER.
Eh bien ! retirons-nous à l'écart ; je vous dirai à vous deux ce que bon m'en semble. Autrefois, vous et moi, nous l'avons excité à se marier, et il nous a fait, dans cette circonstance, la même réponse que tout à l'heure. Alors, vous le savez, nous envoyâmes tous deux par le pays des personnes qui ne sont ni sottes ni étourdies : elles ont

Telz qui ne sont folz n'esbahys,
Qui ont esté en mainte terre
Pour demander et pour enquerre
S'il péussent femme trouver
C'on péust ressamblant prouver
A la royne trespassée.
Longue saison a jà passée,
 Et n'ont fait rien.
  PREMIER CHEVALIER.
Vous dites voir, je le sçay bien :
C'est chose aussi qui ne peut estre.
Brief, il nous y fault conseil mettre
 Par quelque voye.
  LE CONTE.
Il esconvient c'on y pourvoie :
Ce seroit à nous grant meschief
S'il mouroit et fussions sanz chief
Et sanz hoir venu de son corps.
A mettre y conseil bien m'accors,
 Ains que plus tarde.
  ij^e CHEVALIER.
Seigneurs, vez ci que je regarde :
Sa fille est assez sage et belle,
Et si est jà grant damoiselle;
De meurs ressamble et de faiture
A sa mere miex que painture.
Qui li conseilleroit à prendre,
En feroit-il ore à reprendre
 Trop malement?
  PREMIER CHEVALIER.
Je croy que non, certainement,
Mais que Diex ne s'en courrouçast
Et que aussi dire on li osast.
 Qui li dira?
  LE CONTE.
Je sui celui qui le fera
Hardiement, par sainte Crois !
R'alons-nous-ent à li touz trois ;
Si orrez comment parleray.
— Sire, sire, je vous diray
Nulle part trouver ne povons
Femme pour vous; et si avons
Fait chercher jusques oultre mer,
Qui que nous en doye blamer.
Et puisqu'avoir ne voulez femme
Se elle ne ressemble ma dame
Et qu'en touz cas soit sa pareille,
Je vous lo (mais que Dieu le vueille,
Et sainte Eglise s'i consente)
Que vostre fille, qui est gente

été en mainte terre pour demander et pour s'enquérir si elles pourraient trouver une femme que l'on pût prouver ressemblante à la feue reine. Il s'est déjà écoulé une longue saison, et ils n'ont rien fait.

  LE PREMIER CHEVALIER.

Vous dites vrai, je le sais bien : c'est aussi une chose qui ne peut être. Bref, il faut nous en aviser par quelque moyen.

  LE COMTE.

Il faut y pourvoir : ce serait pour nous un grand malheur s'il mourait et que nous fussions sans chef et sans héritier issu de son corps. Je suis bien d'avis d'en délibérer, sans tarder davantage.

  LE DEUXIÈME CHEVALIER.

Seigneurs, voici ce que je pense : sa fille est assez sage et belle; c'est une demoiselle déjà assez grande, et, sous le rapport des mœurs et des traits, elle ressemble à sa mère mieux qu'une peinture. Celui qui lui conseillerait de la prendre, commettrait-il maintenant une action trop répréhensible?

  LE PREMIER CHEVALIER.

Je crois que non, certainement, pourvu que Dieu ne s'en courrouce pas et que l'on ose le lui dire? Qui le lui dira?

  LE COMTE.

C'est moi qui le ferai avec hardiesse, par la sainte Croix ! Allons-nous-en tous les trois à lui; vous entendrez comment je lui parlerai. — Sire, sire, je vous dirai que nous ne pouvons vous trouver une femme nulle part; et cependant, nous blâme qui voudra, nous avons fait chercher jusque outre-mer. Puisque vous ne voulez en avoir une qu'autant qu'elle ressemblera à ma dame et qu'elle lui sera pareille en tous points, je vous conseille (pourvu que Dieu le permette, et que sainte Église y consente) d'épouser, en vérité, votre fille, qui est une gentille demoiselle et assez grande ; car nous ne connaissons

Damoiselle et assez d'aage,
Prenez, voire, par mariage ;
Car plus n'en savons qui ressemble
La royne : si qu'il nous semble
  Qu'ainsi le fault.

LE ROY.
Seigneurs, ains que par mon deffault
Mon regne sanz hoir demourast
Ne qu'estrange roy s'i boutast,
Je feroye ce que vous dites.
Si croy-je que pieça n'oïstes
Parler de fille femme à pere ;
Et nonpourquant, mais qu'il m'appere
Que du pape en aie l'ottroy,
A la prendre à femme m'ottroy
  Sanz contredit.

PREMIER CHEVALIER.
Or avant ! puisqu'il a ce dit,
Il ne nous fault que un homme sage
Qui face au pape ce message
  Tost et isnel.

ij^e CHEVALIER.
J'en bailleray un bon et bel
Et sage assez, à un mot court ;
Et si scet l'estat de la court
  De par delà.

LE CONTE.
Faites-le-nous venir or çà,
  Je vous em pri.

PREMIER CHEVALIER.
Je le vois querre sanz detry.
— Remond, je vous truis bien à point :
Venez-vous-en, sanz tarder point,
  Avecques moy.

REMON.
Voulentiers, monseigneur, par foy !
Mais quelle part ne pour quoy faire ?
Est nul qui me vueille meffaire ?
  Dites-me voir.

ij^e CHEVALIER.
Remon, je vous fas assavoir
Pour vostre prouffit vous vien querre.
Venez-ent avec moy bonne erre.
— Vez ci celui que dit vous ay,
Seigneurs ; dites-li sanz delay
  Qu'avez à faire.

LE CONTE.
Il fault, mon ami debonnaire,
Que pour le roy au pape alez ;
Et faites tant qu'à li parlez.

personne autre qui ressemble à la reine : il nous semble donc qu'il faut en agir ainsi.

LE ROI.
Seigneurs, plutôt que par ma faute mon trône demeurât sans héritier et qu'un roi étranger ne s'en emparât, je ferais ce que vous me dites. Je crois qu'il y a long-temps que vous n'ouïtes parler d'une fille qui fût la femme de son père ; et néanmoins, si l'on me montre la permission du pape, je consens à la prendre pour femme sans difficulté.

LE PREMIER CHEVALIER.
En avant ! puisqu'il a dit cela, il ne nous faut qu'un homme sage qui remplisse promptement ce message auprès du pape.

LE DEUXIÈME CHEVALIER.
J'en fournirai un qui est bon et bel et assez habile, sans en dire plus ; il connaît très-bien l'allure de la cour de là-bas.

LE COMTE.
Faites-le-nous venir tout de suite ici, je vous en prie.

LE PREMIER CHEVALIER.
Je vais le chercher sans retard. — Rémond, je vous trouve bien à point : venez-vous-en avec moi, sans retard.

RÉMOND.
Volontiers, monseigneur, par (ma) foi ! mais en quel endroit et pour quoi faire ? Est-il quelqu'un qui veuille me maltraiter ? Dites-moi la vérité.

LE DEUXIÈME CHEVALIER.
Rémond, je vous fais savoir que je viens vous chercher pour votre profit. Venez-vous-en vite avec moi. — Voici celui dont je vous ai parlé, seigneurs ; dites-lui sans délai ce que vous avez à faire.

LE COMTE.
Il faut, mon bon ami, que vous alliez pour le roi auprès du pape ; et faites en sorte de lui parler. Vous lui direz que le

Si li direz du roy comment
Il a voué que nullement
Femme n'ara par mariage,
Se ressamblant n'est de corsage
A celle qu'il ot espousée
Ja pieça, qui est trespassée;
Et comment, par mer et par terre,
Ses gens ont fait cerchier et querre,
Et si n'en treuve-on point de telle
Fors une fille qu'il a bele ;
Qu'il consente qu'il ait à femme
Ceste fille, puisque autre dame
Ne peut-on nulle part trouver
C'on puist si ressamblant prouver
A la royne devant dite,
Ne de quoy soit de son veu quitte
Si bien con de sa fille avoir :
Or en faites vostre devoir.
Vez ci la supplication
Qui contient nostre entencion.
   Amis, alez.

    REMON.

Messeigneurs, plus ne m'en parlez,
J'en feray quanque je pourray,
A Dieu touz vous commanderay.
Dès maintenant me met à voie.
Diex et ma dame sainte Avoye
Me doint grace, quant je venray
Au pape et li supplieray,
Que ma supplicacion passe,
Et la besongne du roy face !
S'aray bien mon temps emploié.
Mon sens fault estre desploié.
Puisque là voy estre saint pere,
Il fault que devant li m'appere,
Sanz moy plus mettre en negligence.
— A vostre sainte reverence
Soit honneur, très saint pere, faite !
Oïr vous plaise une requeste
   Que faire entens.

    LE PAPE.

S'escripte l'as, si la me tens
   Sanz plus riens dire.

    REMON.

Oïl, je l'ay. Tenez, chier sire,
   Et la veez.

    LE PAPE.

Biaux seigneurs, ne me deveez
Conseil : vez ci une grant chose.
Ceste requeste cy propose :

roi a fait vœu de ne jamais prendre de femme en mariage à moins qu'elle ne ressemble de corps à celle qu'il a jadis épousée et qui est morte. Vous ajouterez comment, par mer et par terre, ses gens ont fait chercher et fouiller, et que l'on n'en trouve point de semblable, sinon une fille qu'il a et qui est belle ; (et vous lui demanderez) qu'il consente à ce qu'il (le roi) ait cette fille pour femme, puisque l'on ne trouve nulle part une autre dame que l'on puisse prouver aussi ressemblante à la reine déjà nommée, et qu'il ne sera aussi bien dégagé de son vœu qu'en ayant sa fille. Voici la supplique qui contient nos raisons. Ami, allez.

    RÉMOND.

Messeigneurs, ne m'en parlez plus, je ferai à ce sujet tout ce que je pourrai. Je vous dis adieu à tous. Dès maintenant je me mets en route. Que Dieu et ma dame sainte Avoie me fassent la grâce que, quand je viendrai vers le pape et que je lui adresserai ma supplique, elle passe, et que je remplisse les désirs du roi ! j'aurai bien employé mon temps. Il me faut déployer mon habileté. Puisque je vois là-bas le saint père, il faut que je paraisse devant lui, sans y mettre plus de retard. — Très saint père, honneur à votre sainte révérence ! veuillez ouïr une requête que j'ai à vous faire.

    LE PAPE.

Si tu l'as en écrit, remets-la-moi sans parler davantage.

    RÉMOND.

Oui, je l'ai. Tenez, cher sire, et regardez-la.

    LE PAPE.

Beaux seigneurs, ne me refusez pas vos conseils : voici une affaire importante. Telle est la teneur de cette requête : le roi de Hon-

Le roy de Hongrie une femme
Ot jà pieça (dont Diex ait l'ame!)
Qui morte est. Le roy veu fait a
Que jamais plus femme n'ara,
Se ressamblant n'est la premiere,
De façon, de corps, de maniere.
Or ne la peut-on trouver tele;
Mais quoy? une fille a de celle
Qui trespassée est, ce me semble,
Qui sa mere en touz cas ressemble,
Qu'il me requiert à femme prendre :
Ce peut-il faire sanz mesprendre
  Contre la foy?

LE PREMIER CARDINAL.

Je vous respons, quant est de moy,
Il n'est pas personne commune
En tant comme il est roy, c'est une;
Ains est un homme singulier,
Si que à tel pot tel cuillier.
Je tien qu'il duit bien c'on li face
Plus qu'à homme d'autre estat grace;
  Et vous, qu'en dites?

ij^e CARDINAL.

Pour estre miex de son veu quittes,
Peut-on ottrier sa demande;
Mais une autre chose demande.
— Amis, a-il, faites m'en sage,
Plus d'enfanz nez en mariage
  Que la fillette?

REMON.

Nanil, et c'est ce qui debaite
Le peuple et met en grant soussi;
Car, sire, s'il mouroit ainsi
Sanz avoir masle hoir de son corps,
Meschiez, annuiz, guerrez, descors,
Entre le peuple et les seigneurs
Se mouveroient, les greigneurs
  Que vous sachiez.

ij^e CARDINAL.

Je lo donc que vous li faciez,
Saint pere, ce qu'il vous requiert,
Puisque vostre licence quiert
  Du mariage.

PREMIER CARDINAL.

Vous avez droit, sire, aussi fas-je;
C'est du miex, à bien regarder,
Tant pour le veu qu'a fait garder,
Comme pour faire son devoir,
S'à Dieu plaist, de lignie avoir

grie eut autrefois une femme qui est morte (Dieu ait son ame!). Le roi a fait vœu de n'avoir jamais d'autre épouse, à moins qu'elle ne ressemble à la défunte, de figure, de corps, de manières. On ne peut en trouver une pareille; mais quoi? il a, ce me semble, une fille de celle qui est trépassée, laquelle ressemble en tous points à sa mère. Il me demande (la permission) de la prendre pour femme : peut-il le faire sans offenser la foi?

LE PREMIER CARDINAL.

Quant à moi, je vous réponds que, roi comme il l'est, ce n'est pas une personne commune, c'est tout simple; mais un homme en dehors de la règle; en sorte qu'à tel pot tel cuiller. Je tiens qu'il convient de lui accorder une faveur plus qu'à un homme d'un autre état; et vous, qu'en dites-vous?

LE DEUXIÈME CARDINAL.

On peut lui accorder sa demande pour mieux le dégager de son vœu; mais je demande une autre chose. — Amis, apprenez-le-moi, a-t-il eu de son mariage d'autres enfans que la fillette?

RÉMOND.

Nenni, et c'est ce qui chagrine le peuple et le met en grand souci; car, sire, s'il mourait en cet état, sans avoir d'héritier mâle de son sang, il s'élèverait entre le peuple et les seigneurs des difficultés, des désagrémens, des dissentions, des guerres, les plus grandes que vous sachiez.

LE DEUXIÈME CARDINAL.

Je suis donc d'avis, saint père, que vous lui accordiez sa requête, puisqu'il vous demande votre permission pour ce mariage.

LE PREMIER CARDINAL.

Vous avez raison, sire, et je pense de même; c'est ce qu'il y a de mieux, à bien considérer, tant pour qu'il observe son vœu, que pour qu'il fasse son devoir en procréant, s'il plaît à Dieu, des enfans qui gardent et

Qui le peuple gart et deffende
Qu'estrange seigneur ne l'offende
 Ne ne mefface.

LE PAPE.
Or soit fait. Et, sanz plus d'espace,
Je vueil que vous le delivrez,
Et de ce bulle li livrez
 Que je le vueil.

ij^e CARDINAL.
Sire, je feray vostre vueil.
— Amis, le saint pere gracies,
Et prenant congié le mercies
 Sanz detriance.

REMON.
Saint pere, Dieu, par sa puissance,
Vous ottroit longue et bonne vie,
Et vous vueille de male envie
 Aussi deffendre !

LE PAPE.
La benéiçon Dieu descendre
Puist sur toy! la moie te doing.
Amis, or va, pren cure et soing
 De ton retour.

ij^e CARDINAL.
Alons-m'ent là en ce destour,
Amis, je t'y deliverray
Et ta bulle te liverray.
 Or tien, va-t'en.

REMON.
Sire, Dieu vous mette en bon an !
Par vostre congié m'en iray.
— Or sçay-je bien ne fineray
Tant que je resoie en Hongrie.
Mais qu'essoinne ne me desdie,
G'y pense assez briément à estre ;
Car à errer lié me fait mettre
Ce que bonnes nouvelles porte.
C'est fait. Je voy de cy la porte
Ouverte du manoir le roy :
Bouter me vueil enz sanz desroy,
Combien que soie traveilliez.
— Messeigneurs, touz vous face liez
 Dieu de lassus !

ij^e CHEVALIER.
Remon, bien veignant ! lieve sus.
 Quelles nouvelles ?

REMON.
Quelles, sire ? bonnes et belles.
 Vez ci de quoy.

défendent le peuple contre les insultes et les agressions d'un seigneur étranger.

LE PAPE.
Eh bien! que cela soit. Et, sans plus de retard, je veux que vous l'expédiez, et que vous lui délivriez une bulle à ce sujet contenant mon assentiment.

LE DEUXIÈME CARDINAL.
Sire, je ferai votre volonté. — Ami, rends grâces au saint père, et en prenant congé remercie-le sans retard.

RÉMOND.
Saint père, que Dieu, par sa puissance, vous octroie une vie longue et heureuse, et veuille aussi vous défendre des traits de l'envie !

LE PAPE.
Que la bénédiction de Dieu puisse descendre sur toi ! je te donne la mienne. Ami, à cette heure, va-t'en, aie soin de t'en retourner.

LE DEUXIÈME CARDINAL.
Allons-nous-en là-bas dans ce recoin, ami, je t'y expédierai et je te livrerai ta bulle. Allons ! tiens, va-t'en.

RÉMOND.
Sire, que Dieu vous donne une bonne année ! avec votre permission, je m'en irai. — Maintenant je sais bien que je ne m'arrêterai pas que je sois en Hongrie. Si des retards ne me donnent pas un démenti, je pense y être assez promptement ; car j'ai le cœur à la marche de ce que je porte de bonnes nouvelles. C'est fait. Je vois d'ici la porte du manoir royal tout ouverte : je veux y entrer sans retard, bien que je sois harassé. — Messeigneurs, que Dieu, qui est au dessus de nous, vous comble tous de joie !

LE DEUXIÈME CHEVALIER.
Rémond, sois le bienvenu ! lève-toi. Quelles nouvelles ?

RÉMOND.
Quelles (nouvelles), sire ? de bonnes et de belles. Voici de quoi.

LE CONTE.
Traions-nous çà plus à recoy,
Et veons que c'est. C'est latin.
Tenez; nient plus que un viel matin
N'y congnois rien.

LE PREMIER CHEVALIER.
Çà, çà ! je le vous diray bien,
Mais qu'en po l'aie pourvéu.
Selon ce que j'ay ci léu,
Le roy sa fille espouser peut;
Car le pape le mande et veult
Par ceste bulle.

ij° CHEVALIER.
Sanz cy faire arrestoison nulle,
Alons-li dire.

LE CONTE.
Alons, sanz plus cy estre, sire,
— Le saint pere, de sa puissance,
Vous donne congié et liscence
De vostre fille à femme prendre
Par ceste lettre.

LE ROY.
Puisque c'est la chose qui peut estre
Faitte par le gré de l'Eglise,
De moy sera à femme prise,
Je vous promet. Venir la voy :
— Çà, pucelle ! parlez à moy :
Des barons touz de ce païs
Sui d'espouser vous envays;
Si sera fait.

LA FILLE.
Pere, jà, se Dieu plaist, tel fait
N'avenra qu'en baillons noz foiz.
Vous m'engendrastes une foiz;
Et, se vous n'estiez pas mon pere,
Si espousastes-vous ma mere :
Par ce point devez-vous savoir
Que la fille et la mere avoir
Ne povez mie.

LE ROY.
Il fault qu'il soit fait, belle amie,
Je le vous dy brief sanz ruser;
Et fole estes de refuser
Chose que vueille.

LA FILLE.
De faire chose dont se deulle,
Quant mort serez, l'ame de vous,
Pour Dieu vous gardez, pere doulx.
De moy arez povre solaz,
S'en la fin en dites : « Halaz ! »

LE COMTE.
Retirons-nous là plus à l'écart, et voyons ce que c'est. C'est du latin. Tenez; je n'y connais pas plus qu'un vieux mâtin.

LE PREMIER CHEVALIER.
Allons, allons ! je vous dirai bien ce qu'il y a, pourvu que je l'aie déchiffré. Selon ce que j'ai lu ici, le roi peut épouser sa fille; car le pape le mande et le veut par cette bulle.

LE DEUXIÈME CHEVALIER.
Allons le lui dire, sans nous arrêter ici le moins du monde.

LE COMTE.
Allons-y, sire, sans plus demeurer ici. — En vertu de sa puissance, le saint père vous donne, par cette lettre, permission et licence de prendre votre fille pour femme.

LE ROI.
Puisque c'est une chose qui peut se faire avec le gré de l'Église, elle sera épousée par moi, je vous le promets. Je la vois venir. — Ici, pucelle ! parlez-moi : je suis pressé par tous les barons de ce pays de vous épouser; et cela sera fait.

LA FILLE.
Père, s'il plaît à Dieu, jamais il n'arrivera que nous nous engagions notre foi l'un à l'autre. Vous m'engendrâtes autrefois; et vous ne seriez pas mon père, que vous auriez épousé ma mère : par ce point vous devez savoir que vous ne pouvez avoir la fille et la mère.

LE ROI.
Il faut que cela ait lieu, belle amie, je vous le dis brièvement sans détour; et vous êtes une sotte de vous refuser à faire une chose que je veux.

LA FILLE.
Pour (l'amour de) Dieu, mon doux père, gardez-vous de faire une chose dont votre ame souffre quand vous serez mort. Vous aurez peu de plaisir avec moi, si à la fin vous en dites : « Hélas ! » et je tiens que

Et je tien n'en serés pas quittes,
S'à effect mettez ce que dites ;
Et oultre, si fault que j'assemble
Avec vous, quant serons ensemble,
Comment arez char si osée
Que de vous je soie adesée
Comme il est de commun usage
Ès assemblez en mariage?
 Dites-me voir.

LE ROY.
C'est pour nient : je vous vueil avoir.
Et n'en parlez plus au contraire ;
Car nulz ne me pourroit retraire
 De ce courage.

LA FILLE.
Pere, puisque ce mariage
Ne puis nullement destourner,
Il fault que me voise atourner
 Dont autrement.

LE ROY.
Vous dites voir ; alez briément.
Vous avez robes et joiaux
Des plus riches et des plus biaux :
Faites que vous soiez parée,
Et revenez sans demourée
 Icy à moy.

LA FILLE.
Voulentiers, sire, par ma foy !
— E, Dieux ! où a pris ce courage
Mon pere, qui par mariage
Me veult avoir et prendre à femme?
Ce me semble si grant diffame
Qu'à touz jours reprouche en aray.
Conseilliez-moy que je feray,
Vierge qui sanz pechié naquistes
Et sanz pechié aussi vesquistes
Tant comme fustes en ce monde.
Vierge sur toutes pure et monde,
Ne consentez jà qu'il appere
Que je soie femme mon pere ;
Car miex vouroie mort souffrir
Que mon corps à ce faire offrir,
Tant me semble estre orrible chose !
Et avant qu'il soit, je propose
Que ceste main me copperay
Et en la mer la jetteray,
Afin qu'il n'ait plus de moy cure.
Mais je vous depri, Vierge pure,
Que de ce meshaing soie quitte,
Et vers Dieu me tourt à merite ;

vous n'en serez pas quitte, si vous mettez ce que vous dites à exécution. En outre, s'il faut que je m'unisse avec vous, comment aurez-vous le corps assez osé pour vous joindre à moi, comme c'est l'usage entre époux? Dites-moi la vérité.

LE ROI.
C'est inutile : je veux vous avoir. Et ne cherchez plus à me contredire ; car personne ne pourrait me retirer de cette détermination.

LA FILLE.
Père, puisque je ne puis nullement détourner ce mariage, il faut bien que j'aille m'apprêter autrement.

LE ROI.
Vous dites vrai ; allez vite. Vous avez robes et bijoux des plus riches et des plus beaux : faites en sorte d'être parée, et revenez vite ici vers moi.

LA FILLE.
Volontiers, sire, par ma foi ! — Eh, Dieu ! où donc mon père a-t-il pris l'idée de m'avoir et de me prendre pour femme? Cela me semble une si grande infamie que j'en aurai des reproches pour toujours. Conseillez-moi ce que j'ai à faire, Vierge dont la naissance comme la vie dans ce monde fut sans péché. Vierge pure et chaste, ne consentez pas qu'il arrive que je sois la femme de mon père ; car j'aimerais mieux souffrir la mort que d'offrir mon corps pour qu'il en soit ainsi, tant cette chose me semble horrible ! Je me propose, avant que cela arrive, de me couper cette main et de la jeter dans la mer, afin qu'il ne se soucie plus de moi. Mais je vous prie, Vierge pure, de faire en sorte que je sois quitte par ce mal, et qu'il me soit un mérite auprès de Dieu ; car j'aime mieux perdre une main que de contracter un mariage qui, pour un peu de vaine gloire, me livrerait au supplice éternel : c'est pourquoi, sans plus tarder, je vais m'en débarrasser tout de suite.

Car j'ay plus chier une main perdre
Qu'à tel mariage moy erdre,
Qui, pour un po de gloire vaine,
Me mette en pardurable paine :
Pour ce, sanz plus terme ne jour,
Delivrer m'en vois sanz sejour
 Et sanz respit.

LE ROY.
Seigneurs, je ne sçay se en despit
Ma fille a ce que la vueil prendre ;
Elle me fait yci attendre,
Si m'ennuie que tant demeure :
Je vous em pri que sanz demeure
 La m'alez querre.

PREMIER CHEVALIER.
Mon chier seigneur, je vois bonne erre,
 Puisqu'il vous plaist.

LA FILLE.
Or devera cesser le plait
A mon pere dès ores mais
Qu'il me prengne à femme jamais ;
Car, voir, il n'ara riens gangnié,
S'il espouse un corps meshangnié
 Comme je suy.

PREMIER CHEVALIER.
Dame, ne prenez à annuy
Se de venir vous vien haster :
Le roy, ce sachiez, sanz doubter,
 Si m'y envoie.

LA FILLE.
Sire, à li aussi m'en venoie,
Toute pensant, ysnel le pas.
Or y alons ysnel le pas
 Par ceste voie.

LE ROY.
Fille, tart m'est que je vous voie
 Mon espousée.

LA FILLE.
D'une chose moult desguisée
Et qui trop est contre raison
Parlez, si faites mesprison.
Quelle l'arez-vous gaangnée,
Se prenez une meshangnée ?
Regardez : j'ay perdu un membre.
Or vous pri, pour Dieu, qu'il vous membre
Que une foiz engendrée m'avez ;
Et se Dieu congnoistre savez,
Doubte arez, ains que m'aiez pris,
Que de li n'en soiez repris ;
 Bien dire l'ose.

LE ROI.
Seigneurs, je ne sais si ma fille est fâchée de ce que je veux la prendre ; elle me fait attendre ici, et je suis ennuyé de ce qu'elle demeure tant : je vous en prie, allez sans retard me la chercher.

LE PREMIER CHEVALIER.
Mon cher seigneur, puisque tel est votre plaisir, j'y vais bien vite.

LA FILLE.
Mon père devra désormais cesser de me tourmenter pour faire de moi sa femme ; car, en vérité, il n'aura rien gagné, s'il épouse un corps mutilé comme est le mien.

LE PREMIER CHEVALIER.
Dame, ne vous formalisez point si je viens vous presser de venir : sachez, à n'en pas douter, que le roi m'y envoie.

LA FILLE.
Sire, aussi bien je m'en venais auprès de lui, toute pensive, à grands pas. Eh bien ! allons-y tout de suite par ce chemin.

LE ROI.
Fille, il me tarde que je vous voie ma femme.

LA FILLE.
Vous parlez d'une chose bien honteuse et qui est trop contre la raison. Qu'aurez-vous gagné en prenant une estropiée? Regardez : j'ai perdu un membre. Maintenant je vous prie, pour (l'amour de) Dieu, de vous souvenir que vous m'avez engendrée autrefois ; et si vous savez connaître Dieu, vous craindrez, avant de me prendre, d'être puni par lui ; j'ose bien le dire.

LE ROY.

As-tu pour ce fait ceste chose
Que tu ne soies pas ma femme?
Voir, tu en mourras à diffame,
Par mon chief! depiteuse garce!
— Je vous commans qu'elle soit arse,
Seneschal, tost, sanz plus attendre;
Ou, certes, je vous feray pendre,
   S'il n'est ainsi.

ij^e CHEVALIER.

Sire, n'en soiez en soussi,
Je ne vous vueil en riens desdire;
Mais, pour Dieu, refraingniez vostre yre :
   C'est vostre fille.

LE ROY.

Brief, je n'y aconte une bille.
De devant moy, plus ne tardez,
L'ostez, alez et si l'ardez
   Isnellement.

ij^e CHEVALIER.

Sire, à vostre commandement,
Puisqu'il vous plaist, obéiray;
En riens ne vous contrediray.
— Avant, Guyot, et toy, Jourdain!
Mettez vous .ij. à li la main,
   Menez-la là.

LE PREMIER SERGENT.

Sire, tantost fait vous sera.
— Jourdain, il fault que la prenons
Nous deux et que nous l'enmenons
   En celle place.

ij^e SERGENT.

Or soit donques fait sanz espace.
N'y a plus, venez-vous-ent, dame.
Voir, c'est pitié quant telle fame
Com vous estes, fille de roy,
Convient mourir à tel desroy
   Com vous venez.

ij^e CHEVALIER.

Ho, seigneurs! touz coyz vous tenez.
— Guiot, Cochet querir iras,
Le bouriel, et si li diras
Ce qu'il a cy à besongnier,
Et qu'il face, sanz eslongnier,
Apporter cy ce qu'il li fault,
Et qu'il n'y ait point de deffault.
   Or va bonne erre.

LE PREMIER SERGENT.

Je ne fineray de le querre,

LE ROI.

As-tu fait cette chose pour ne pas être ma femme? En vérité, tu en mourras honteusement, (je le jure) par ma tête, entêtée coquine! — Sénéchal, je vous commande que, sans attendre davantage, elle soit vite brûlée; ou, certes, je vous ferai pendre, s'il n'en est pas ainsi.

LE DEUXIÈME CHEVALIER.

Sire, n'en soyez pas en peine, je ne veux vous dédire en rien; mais pour (l'amour de) Dieu, retenez votre colère : c'est votre fille.

LE ROI.

Bref, je n'en fais pas le cas d'une bille. Ne tardez pas davantage; ôtez-la de devant moi, allez et brûlez-la sur-le-champ.

LE DEUXIÈME CHEVALIER.

Sire, puisque tel est votre plaisir, j'obéirai à votre commandement; je ne vous contredirai en rien. — En avant, Guyot, et toi, Jourdain! mettez la main sur elle; menez-la là.

LE PREMIER SERGENT.

Sire, cela sera bientôt fait. — Jourdain, il faut que nous la prenions tous les deux et que nous l'emmenions en cet endroit.

LE DEUXIÈME SERGENT.

Cela sera fait sans délai. C'est fini, venez-vous-en, madame. En vérité, c'est pitié qu'il faille qu'une femme comme vous êtes, fille de roi, meure misérablement ainsi que cela va vous arriver.

LE DEUXIÈME CHEVALIER.

Holà, seigneurs! tenez-vous tout cois. — Guyot, tu iras quérir Cochet, le bourreau, et tu lui diras ce qu'il a ici à faire, qu'il fasse apporter ici, sans retard, ce qu'il lui faut, et qu'il n'y manque pas. Allons, va vite.

LE PREMIER SERGENT.

Sire, je ne cesserai pas de le chercher

Sire, tant que trouvé l'aray.
En sa maison querre l'iray
   Premierement.

LA FILLE.

Vray Diex, qui sanz commencement
Et sanz fin es en trinité
Une essance, une déité ;
Qui homme à ton semblant féis,
Et en paradis le méis
Terreste, où povoit à delivre,
Sanz mort, en santé touz jours vivre
(Mais de ce lieu, pour son meffait,
Fu chacié et mis hors de fait ;
Et depuis, pour li pardonner
Son meffait, voulz ton filz donner,
Lequel de nostre humanité
Voult, par excellent charité,
Sa déité sà jus couvrir
Pour nous des cieulx l'entrée ouvrir,
Et pour faire à Dieu d'omme accorde) ;
Ha ! pere de misericorde,
Confortez la triste et dolente
Qui se complaint et se lamente
Et est en grant confusion
Et en grant desolacion.
Très doulce mere Dieu, comment
Me pourroit-il estre autrement
Que grant doleur en moy n'appere ?
Je voy que de mon propre pere
Je sui condampnée à ardoir ;
Celui qui plus déust avoir
Par nature de moy pitié,
M'a en si grant ennemistié
Qu'il commande que je soie arse,
Con fusse une murtriere garse.
Lasse ! n'est-ce pas cruauté ?
Si est, et povre feaulté,
Mesmement que c'est sanz meffait,
Mais pour pechié fouir de fait
Me suis copée ceste main.
Très doulx Diex, encores miex l'aim
Avoir perdue et mort sentir
Que mon pere me cogneúst
Ne charnelment à moy jéust ;
Et se pour ce mourir me fault,
Doulx Diex qui est lassus en hault,
Quoy que le corps soit mis en cendre,
Doulx Dieu, vueilles m'ame deffendre
   Des ennemis.

que je ne l'aie trouvé. Je l'irai chercher d'abord dans sa maison.

LA FILLE,

Vrai Dieu, qui sans commencement et sans fin es en trois personnes une essence, une divinité; toi qui fis l'homme à ta ressemblance, et le mis dans le paradis terrestre, où il pouvait à son aise vivre toujours en santé sans mourir (mais à cause de son crime, il en fut réellement chassé et mis dehors; et depuis, pour lui pardonner son méfait, tu daignas donner ton fils, lequel, animé par une charité infinie, voulut déguiser sa divinité ici-bas pour nous ouvrir l'entrée des cieux et pour réconcilier l'homme avec Dieu); ah ! père de miséricorde, réconfortez la malheureuse affligée qui se plaint et se lamente et qui est dans une grande confusion et dans une désolation profonde. Très-douce mère de Dieu, comment pourrait-il se faire que je ne fusse pas dans une très-grande douleur ? Je vois que je suis condamnée au feu par mon propre père ; celui qui naturellement devrait avoir davantage pitié de moi, m'a prise tellement en haine qu'il me condamne à être brûlée, comme si j'étais une misérable homicide. Hélas ! n'est-ce pas une cruauté ? Certes, oui, et c'est un pauvre hommage, surtout puisque c'est sans avoir commis de méfait, mais pour fuir réellement le péché, que je me suis coupé cette main. Très-doux Dieu, j'aime encore mieux l'avoir perdue et subir la mort que d'être connue par mon père et de cohabiter charnellement avec lui; et s'il me faut mourir pour cela, doux Dieu qui es là-haut, bien que le corps soit mis en cendres, doux Dieu, veuille défendre mon ame des démons.

LE BOURREL.
Se j'ay à ci venir trop mis,
Sire, ne vous vueille desplaire.
De qui voulez justice faire?
  Dites-le-moy.
    ij^e CHEVALIER.
Ne te haste pas; tien te coy.
— Seigneurs, sachiez, vouloir ne euer
N'ay de consentir à nul fuer
Que ceste damoiselle muire,
Et me déust le roy destruire
Et mon corps ardoir ou noier.
De pitié m'ont fait larmoier
Ses complains et ses doulx regrez;
Si vueil que vous soiez engrez,
Sanz ce que cy plus la tenez,
Mais qu'en ma prison la menez.
Encore ennuit ordonneray
Comment, se puis, ly sauveray
  La vie. Alez.
    LE PREMIER SERGENT.
Puisqu'il vous plaist, plus n'en parlez;
Je tien que bien dittes, par m'ame!
— Levez sus de cy, levez, dame,
  Venez-vous-ent.
    LA FILLE.
Sire, à vostre vueil bonnement
  Obéiray.
    ij^e CHEVALIER.
Tu feras ce que te diray,
Cochet, et riens n'y perderas :
Un grant feu cy m'alumeras,
Comme s'ardisses une famme;
Et se, d'aventure, aucune ame
Te dit : « De qui fait-on justice? »
Ne soies de respondre nice;
Mais en appert et en recoy
Dy que arse est la fille le roy
  Pour son meffait.
    LE ROY (sic).
Sire, en l'eure vous sera fait,
Puisque vous le me commandez,
Ainsi que vous le demandez.
Or çà! je me vueil entremettre
De la buche eslire et la mettre
Aussi comme entasser se doit,
Afin que le feu partout voit
  Et par tout arde.
    ij^e SERGENT.
Sire, mise est en sauve-garde

LE BOURREAU.
Si j'ai tardé à venir ici, sire, ne vous courroucez pas. De qui voulez-vous faire justice? dites-le-moi.

LE DEUXIÈME CHEVALIER.
Ne te hâte pas; tiens-toi coi. — Seigneurs, sachez que je n'ai ni la volonté ni le cœur de consentir en aucune manière à ce que cette demoiselle meure, dût le roi me détruire et brûler ou noyer mon corps. Ses plaintes et ses doux regrets m'ont fait verser des larmes. Ainsi, je veux que, sans la tenir ici davantage, vous la meniez dans ma prison. Je m'arrangerai encore aujourd'hui de manière à lui sauver la vie. Allez.

LE PREMIER SERGENT.
Puisque tel est votre plaisir, qu'il n'en soit plus question; je tiens que vous parlez comme il faut, par mon ame! — Debout! levez-vous, dame, venez-vous-en.

LA FILLE.
Sire, j'obéirai volontiers à votre volonté.

LE DEUXIÈME CHEVALIER.
Cochet, tu feras ce que je te dirai, et tu n'y perdras rien : tu allumeras ici un grand feu, comme si tu brûlais une femme; et si, par hasard, quelqu'un te dit : « De qui fait-on justice? » ne sois pas embarrassé à répondre; au contraire, dis publiquement et en secret que c'est la fille du roi qu'on brûle pour son méfait.

LE BOURREAU.
Sire, puisque vous me le commandez, cela vous sera fait ainsi que vous le demandez. Allons! je veux m'appliquer à choisir des bûches et à les placer comme il faut, afin que le feu aille et prenne partout.

LE DEUXIÈME SERGENT.
Sire, la fille du roi est en sauvegarde en

En vostre ostel la fille au roy,
Moult esbahie et sanz arroy
　　Fors de tristesse.
　　　　ij· CHEVALIER.
Tandis que le bourrel adresce
Son feu, tenez-vous ci touz deux ;
Oster li vois, se puis, ses deulx,
Et par mer l'en envoieray,
Et à mon povoir li donrray
　　Au cuer leesce.
　　　　LE ROY.
Seigneurs, je voy là grant feu : qu'est-ce ?
Alez-y savoir, je vous pri,
Et me rapportez sanz detry
　　Que c'est c'on art.
　　　　LE PREMIER CHEVALIER.
Je vois, sire, se Diex me gart.
— Sire, de savoir sui engrans
Pour quoy on a fait feu si grans
　　Ici endroit.
　　　　ij· CHEVALIER.
Commandé m'a, soit tort ou droit,
Le roy que sa fille ardoir face ;
Et je l'ay fait. Jamais en face
　　Ne la verra.
　　　　PREMIER CHEVALIER.
Certes, mal encore en venra.
Pour li m'en vois triste et dolent.
De le dire au roy n'ay talent.
Ha ! Jouye doulce et courtoise,
De vostre mort, certes, me poise ;
Se je le péusse amender !
Dieu ce meffait vueille amender !
　　Si fera-il.
　　　　LE ROY.
Vien avant ; dy-moy, qu'i a-il ?
　　Qu'i as esté.
　　　　LE PREMIER CHEVALIER.
Je n'en puis savoir verité ;
Mais vostre seneschal y est :
Mandez-le, il vous dira que c'est
　　De point en point.
　　　　LE ROY.
Tu qui as ce doublet pourpoint,
Vaz bien tost mon seneschal dire
Qu'à moy viengne sanz contredire
　　Parler un poy.
　　　　REMON.
Je vois, très chier sire, par foy !
— Cy endroit plus ne vous tenez,

votre maison, tout ébahie et plongée dans la tristesse.

　　　　LE DEUXIÈME CHEVALIER.

Tandis que le bourreau attise son feu, vous deux tenez-vous ici ; je vais, si je puis, dissiper son chagrin ; je la ferai échapper par mer, et, autant que je le pourrai, je lui donnerai de la joie au cœur.

　　　　LE ROI.

Seigneurs, je vois là un grand feu : qu'est-ce ? Allez, je vous prie, le savoir, et rapportez-moi sur-le-champ ce que c'est qu'on brûle.

　　　　LE PREMIER CHEVALIER.

J'y vais, sire, Dieu me garde ! — Sire, je désire savoir pourquoi on a fait ici un si grand feu.

　　　　LE DEUXIÈME CHEVALIER.

Le roi m'a commandé, à tort ou à raison, de faire brûler sa fille, et je l'ai fait. Jamais il ne la verra en face.

　　　　LE PREMIER CHEVALIER.

Certes, il en arrivera encore malheur. Je m'en vais triste et affligé à cause d'elle. Je n'ai pas le courage de le dire au roi. Ah ! douce et courtoise Jouye, certes, j'éprouve du chagrin de votre mort, et je voudrais pouvoir y remédier. Que Dieu veuille pardonner ce méfait ! Il le fera.

　　　　LE ROI.

Approche ; dis-moi, toi qui y as été, qu'y a-t-il ?

　　　　LE PREMIER CHEVALIER.

Je ne puis en savoir la vérité ; mais votre sénéchal y est : mandez-le, il vous dira de point en point ce que c'est.

　　　　LE ROI.

Toi qui as ce pourpoint doublé, va promptement dire à mon sénéchal qu'il vienne sans faute me parler un peu.

　　　　RÉMOND.

Par (ma) foi ! j'y vais, mon très-cher sire. — Sénéchal, ne vous tenez plus ici ;

Seneschal; mais au roy venez
 Tost: il vous mande.
 ij^e CHEVALIER.
Si yray de voulenté grande,
Puisque c'est, amis, son commant.
— Sire, je vien à vostre mant :
 G'y sui tenuz.
 LE ROY.
Dy-me voir, puisqu'es cy venuz :
 Est ma fille arse?
 ij^e CHEVALIER.
Sire, oïl. Miex amasse en Tarse
Avoir esté prisonnier pris
Que ce que éust telle mort pris;
Mais je ne vous osay desdire.
En gloire avec Dieu, nostre Sire,
 Soit l'ame d'elle!
 LE ROY.
Ha! mere Dieu, Vierge pucelle,
En ses laz m'a bien Sathan pris!
J'ay trop vilainement mespris
D'avoir fait sanz cause mourir
Celle que tenser et garir
De mort encontre touz déusse,
S'en moy raison ne sens éusse :
Dont se pour li me desconforte,
J'ay droit; car je doubt ne m'emporte
En enfer l'ennemi touz vis.
Haïr doy bien, ce m'est avis,
Qui de elle prendre m'enorta
Et nouvelles m'en apporta
 Premierement.
 LE CONTE.
Sire, sire, qu'est-ce? comment
Vous pensez-vous à demener?
Voulez touz jours tel dueil mener?
Autrement faire vous esteut,
Puisque ceste chose on ne peut
Amender. C'est tout dit en somme;
Laissiez se dueil, monstrez-vous homme,
 Et l'oubliez.
 LE ROY.
Conte, jamais ne seray liez,
Et j'ay bien cause en verité :
J'ay fait trop grant iniquité
Contre Dieu, si m'aviseray
Comment à Dieu m'apaiseray
 De mon meffait.

mais venez promptement auprès du roi : il vous mande.

LE DEUXIÈME CHEVALIER.

Je m'y rendrai de très-bon cœur, puisque c'est, ami, son commandement. — Sire, je viens à votre ordre : j'y suis tenu.

LE ROI.

Dis-moi la vérité, puisque tu es venu ici : ma fille a-t-elle été brûlée?

LE DEUXIÈME CHEVALIER.

Oui, sire. J'eusse préféré être prisonnier à Tarse plutôt qu'elle subît une pareille mort; mais je n'osai vous contredire. Que son ame soit en gloire avec Dieu, notre Seigneur!

LE ROI.

Ah! mère de Dieu, Vierge pucelle, Satan m'a bien pris dans ses lacs! J'ai très-vilainement agi en faisant mourir sans cause celle que j'eusse dû défendre et garantir de mort contre tous, si j'eusse eu en moi de la raison et du sens : c'est pourquoi, si je me désole à son sujet, j'ai raison ; car je crains que le démon ne m'emporte tout vivant en enfer. Il me semble que je dois bien haïr celui qui me conseilla de la prendre et qui m'en parla le premier.

LE COMTE.

Sire, sire, qu'est-ce? comment pensez-vous vous conduire? Voulez-vous toujours nourrir une douleur pareille? Il vous faut agir autrement, puisque cette chose est irréparable. C'est tout dit en un mot; laissez ce chagrin, montrez-vous homme, et oubliez-le.

LE ROI.

Comte, jamais je n'aurai de joie, et j'ai bien des raisons pour qu'il en soit ainsi : j'ai commis une grande iniquité contre Dieu, et j'aviserai à obtenir de lui le pardon de mon méfait.

LE COMTE.
Sire, ce sera le miex fait
Que puissiez faire.
LE PREVOST AU ROY D'ESCOSSE.
Très chier sire, mais que desplaire
Ne vous vueille, je vous diray
Nouvelles; pas n'en mentiray,
Mais est tout voir.
LE ROY D'ESCOSSE.
Prévost, je le vueil bien savoir.
Dites, amis.
LE PREVOST.
Hyer, chier sire, m'estoie mis,
Avec de mes gens .iij. ou quatre,
Jusques sur le port pour esbatre.
Ainsi que je fu là, avint
Qu'une nasselle par mer vint
Sanz gouvernement par mer nul,
Sanz trait de cheval ne de mul,
Sanz mast, sanz aviron, sanz voille,
Quel qu'il fust, de soie ou de toille;
Et si s'arriva droit au port.
Et je, qui estoie en desport,
M'en alay là sanz attendue,
Quant à rive la vy venue.
Dedans n'avoit q'une pucelle;
Mais je croy que c'est la plus bele
Creature, se Dieu me gart,
C'on péust trouver nulle part.
Et ne demandez pas comment
Elle est vestue richement,
Car nulle royne terrestre
Ne pourroit plus richement estre.
En mon hostel l'en amenay,
De son estat li demanday
Et qui l'avoit çà amenée
Et de quelles gens estoit née;
Mais riens ne m'en a volu dire.
Toutesvoies je pense, sire,
Que, s'il vous plaist, cy l'amenroye
Et si vous la presenteroye
Pour sa biauté.
LE ROY D'ESCOSSE.
Prevost, se Dieu vous doint santé,
Puisque si belle est con vous dites,
Faites tost et ne me desdites;
Alez la querre.
LE PREVOST.
Sire, pour vostre amour acquerre,
Vostre commandement feray:

LE COMTE.
Sire, ce sera ce que vous pourrez faire de mieux.
LE PRÉVÔT DU ROI D'ÉCOSSE.
Très-cher sire, pourvu que cela ne vous déplaise pas, je vous dirai des nouvelles; je ne vous mentirai point, au contraire, tout cela est vrai.
LE ROI D'ÉCOSSE.
Prévôt, je désire bien le savoir. Dites, ami.
LE PRÉVÔT.
Hier, cher sire, j'étais allé, avec trois ou quatre de mes géns, jusque sur le port pour m'ébattre. Pendant que j'étais là, il advint qu'une nacelle vint par mer sans être gouvernée par personne, ni tirée par un cheval ou un mulet, sans mât, sans aviron, sans voile, quelle qu'elle fût, de toile ou de soie; et elle arriva droit au port. Et moi, qui étais à m'amuser, je m'en allai là sans attendre, quand je vis qu'elle était venue à la rive. Il n'y avait dedans qu'une jeune fille; mais, Dieu me garde! je crois que c'est la plus belle créature qu'on puisse trouver en quelque endroit que ce soit. Et ne demandez pas si elle est richement vétue : nulle reine sur la terre ne pourrait l'être davantage. Je l'emmenai dans mon logis, la questionnai sur sa position et lui demandai qui l'avait amenée ici et quels étaient ses parens; mais elle n'a rien voulu m'en dire. Toutefois, sire, je pense que, s'il vous plaisait, je l'amènerais ici et je vous la présenterais pour sa beauté.

LE ROI D'ÉCOSSE.
Prévôt, Dieu vous donne santé! puisqu'elle est si belle que vous le dites, allez la chercher; faites vite et ne me contredites pas.
LE PRÉVÔT.
Sire, pour acquérir votre amour, je ferai ce que vous me commandez : je vous l'amè-

En l'eure la vous ameneray.
— Vez-ci ce que vous ay dit, sire ;
A vostre avis, me vueilliez dire,
    Est-elle belle ?

LE ROY.
Levez sus, levez, damoiselle !
Vous soiez la très bien venue.
Grant joie ay de vostre venue,
    Se Dieu me voie.

LA FILLE.
Mon chier seigneur, honneur et joie,
Vie de bien en miex touz dis,
Vous octroit Diex de paradis
    Par son plaisir !

LE ROY D'ESCOSSE.
Sus, sus ! j'ay de savoir desir,
M'amie, dont vous estes née
Et qui vous a cy amenée
    En ceste terre.

LA FILLE.
Pour Dieu ! vous deportez d'enquerre,
Très chier sire, de mon ancestre
Ne de quelles gens je puis estre.
S'en estrange lieu m'a mis Diex,
Une autre foiz me fera miex,
    Quant li plaira.

LE ROY D'ESCOSSE.
M'amie, voirement fera.
Au moins me direz vostre nom :
Je tien que de gens de renom
    Estes estraicte.

LA FILLE.
Quoy qu'estrange soie ore faicte,
Chier sire, j'ay nom Berthequine.
Or vous suppli, par amour fine,
Que plus avant ne m'enquerez ;
Car par moy rien plus n'en sarez,
    N'omme vivant.

LE ROY.
Je m'en tenray d'ore en avant,
Jà pour ce ne vous esmaiez.
— Mere, je vueil que vous l'aiez
    En vostre garde.

LA MERE AU ROY.
Filz, se elle-mesmes ne se garde,
Je ne la pourroie garder.
A ce point devra regarder,
    Se fait que sage.

LA FILLE.
Dame, se Dieu plait, mon courage

nerai sur l'heure. — Voici ce que je vous ai annoncé, sire ; veuillez me le dire, à votre avis, est-elle belle ?

LE ROI.
Debout ! levez-vous, demoiselle ! soyez la très-bienvenue. Dieu me protége ! j'éprouve beaucoup de joie de votre venue.

LA FILLE.
Mon cher seigneur, qu'il plaise à Dieu de paradis de vous octroyer honneur, joie et vie, toujours de bien en mieux !

LE ROI D'ÉCOSSE.
Debout, debout ! m'amie, j'ai le désir de savoir d'où vous êtes née et qui vous a amenée en cette terre.

LA FILLE.
Pour (l'amour de) Dieu ! très-cher sire, dispensez-vous de vous enquérir de mes ancêtres et de quelles gens je puis être (issue). Si Dieu m'a mise en pays étranger, une autre fois, quand cela lui plaira, il me traitera mieux.

LE ROI D'ÉCOSSE.
M'amie, certainement il le fera. Au moins, vous me direz votre nom. Je tiens que vous êtes née de gens illustres.

LA FILLE.
Bien que je sois maintenant devenue étrangère, cher sire, j'ai nom Béthequine. A présent, je vous supplie, par amour extrême, de ne pas m'interroger plus longtemps ; car ni vous ni homme vivant n'en saurez rien de plus.

LE ROI.
Je m'en abstiendrai dorénavant, ne vous en tourmentez plus. — Ma mère, je veux que vous l'ayez en votre garde.

LA MÈRE DU ROI.
Mon fils, si elle-même ne se garde, je ne pourrais la garder. Elle devra faire attention à ce point, si elle agit sagement.

LA FILLE.
Dame, s'il plaît à Dieu, mon cœur ne

A mal faire ne tournera ;
Mais sui celle qui vous sera
　　Com chamberiere.
　　　LE ROY D'ESCOSSE.
Non serez pas, m'amie chiere ;
Mais vous serez sa damoiselle.
Tant quant, une bonne nouvelle
　　Vous puist venir !
　　　LA FILLE.
A Dieu en vueille souvenir !
Chier sire, il m'en fust bien besoing ;
Mais ne peut estre, car trop loing
　　Sui de mon lieu.
　　　LE ROY D'ESCOSSE.
Se loing en estes, de par Dieu !
Par aventure vous avez
Des amis que pas ne savez
　　Bien près de vous.
　　　LA FILLE.
Ceulx que g'y ay, Dieu les gart touz
De mal, d'annuy et d'encombrier !
Et vous, chier sire, le premier,
Pour tant que moy vous a pléu,
Ce me semble, avoir recéu
　　En vostre grace !
　　　LE ROY D'ESCOSSE.
Il n'est rien que pour vous ne face,
M'amie, c'est à brief propos.
Un po vois prendre de repos ;
Avec ma mere demourez
Ceens : ce sachiez, vous n'arez
　　Pis qu'elle ara.
　　　LA FILLE.
Je feray ce qu'il lui plaira,
　　Et à vous, sire.
　　　LA MERE AU ROY.
Damoiselle, je vous vueil dire
Que vous estes une musarde
Et une avolée coquarde.
Comment cuidez-vous estre amée
D'un roy de telle renommée
Qu'est mon filz et de tel puissance ?
J'ay bien véu la contenance
Qu'entre vous deux vous avez fait
De regart, de parler, de fait.
Dame esmoingnie et sauvage,
Qui ne scet de vostre lignage
Ne de vous aussi qui vous estes,
Et pareille à mon filz vous faites !
　　Ostez, ostez !

tournera point à faire mal ; mais je vous servirai en qualité de chambrière.

　　　LE ROI D'ÉCOSSE.
Non pas, ma chère amie ; mais vous serez sa demoiselle. En tous les cas, qu'une bonne nouvelle vous puisse venir !

　　　LA FILLE.
Que Dieu veuille s'en souvenir ! cher sire, j'en aurais bien besoin ; mais cela ne peut être, car je suis trop loin de mon pays.

　　　LE ROI D'ÉCOSSE.
De par Dieu ! si vous en êtes loin, vous avez peut-être bien près de vous des amis que vous ne connaissez pas (comme tels).

　　　LA FILLE.
Ceux que j'y ai, que Dieu les préserve tous de mal, de peine et de tribulations ! et vous, cher sire, le premier, pour avoir bien voulu, à ce qu'il me semble, me recevoir en vos bonnes grâces !

　　　LE ROI D'ÉCOSSE.
Pour tout dire en un mot, il n'est rien que je ne fasse pour vous, m'amie. Je vais prendre un peu de repos ; demeurez céans avec ma mère : sachez que vous ne serez pas traitée plus mal qu'elle.

　　　LA FILLE.
Je ferai ce qu'il lui plaira, et à vous, sire.

　　　LA MÈRE DU ROI.
Demoiselle, je veux vous dire que vous êtes une coureuse et une fille effrontée. Comment vous imaginez-vous être aimée d'un roi renommé et puissant, tel que l'est mon fils ? J'ai bien vu comment vous vous êtes comportés l'un vis-à-vis de l'autre en paroles, en regards et en actions. Dame manchotte et étrangère, personne ne sait ni quel est votre lignage ni qui vous êtes, et vous vous comparez à mon fils ! sortez, sortez !

LA FILLE.

Certes, ma dame, ne doubtez :
Ma pensée oncques ne m'entente
Ne fu à ce. Lasse, dolente !
Certes, je seroie bien fole
Se de ce tenoie parole.
Ne sui pas digne d'estre amée
De lui ne s'amie clamée,
N'onques, certes, je n'y pensay :
Je ne vail pas tant, bien le say ;
Et vous avez dit verité,
Que ne savez mon parenté ;
Et, se j'ay une main perdue,
Tant sui-je plus povre esperdue
   Sanz reconfort.

LA MERE.

Or plourez ileuc bien et fort ;
   Il ne m'en chaut.

LE ROY D'ESCOSSE.

N'ay péu dormir, tant ay chaut.
— Qu'est-ce là ? Qu'avez, Bethequine,
Qui si plourez ? Par amour fine,
   Dites-le-moy.

LA FILLE.

Sire, j'ay cause, en bonne foy,
Se je pleure et fas mate chiere :
On ne m'a pas ceens moult chiere,
   Ce m'est avis.

LE ROY D'ESCOSSE.

Et qui ? faites-m'en tost devis ;
   Savoir le vueil.

LA FILLE.

Sire, de nullui ne me dueil ;
Mais ma chiere dame m'a dit,
Vostre mere, par grant despit
Qui me fait estre si osée
Qui sui une garce avolée,
Qu'amée cuide estre de vous.
Certainement, mon seigneur doulx,
Onques n'y pensay, Dieu le scet.
Je ne sçay pas se elle me het ;
Mais, comme dame à moy irée,
M'a appellée esmoignonnée,
Et c'on ne scet de mon ancestre,
Qui il est ne qui il peut estre.
Et telz paroles mal me font
Tant que tout ou ventre me font
   Le cuer en lermes.

LE ROY D'ESCOSSE.

Par mon chief ! ainçois que li termes

LA FILLE.

Certes, ma dame, ne craignez rien : jamais ma pensée ni mes intentions n'ont visé à cela. Hélas, malheureuse ! je serais, certes, bien folle d'en parler. Je ne suis pas digne d'être aimée de lui ni d'être appelée son amie, et, certes, jamais je n'y songeai : je ne vaux pas tant, je le sais bien ; et vous avez dit la vérité en déclarant que vous ne connaissez pas mes parens ; et si j'ai perdu une main, je n'en suis que plus malheureuse et sans consolation.

LA MÈRE.

Maintenant, pleurez ici et bien fort ; cela m'est indifférent.

LE ROI D'ÉCOSSE.

Je n'ai pu dormir, tant j'ai chaud. — Qu'est-ce que cela ? Qu'avez-vous, Béthequine, pour pleurer ainsi ? Par amitié, dites-le-moi.

LA FILLE.

Sire, réellement j'ai raison de pleurer et d'être triste : je crois que l'on ne me chérit pas beaucoup ici.

LE ROI D'ÉCOSSE.

Et qui ? dites-le-moi sur-le-champ ; je veux le savoir.

LA FILLE.

Sire, je ne me plains de personne ; mais ma chère dame, votre mère, m'a demandé fort aigrement qu'est-ce qui me rendait présomptueuse, moi qui suis (dit-elle) une vile créature, au point de me croire aimée de vous. Certainement, mon doux seigneur, jamais je n'y pensai, Dieu le sait. J'ignore si elle me hait ; mais, comme une dame irritée contre moi, elle m'a appelée manchotte et (m'a reproché) que l'on ne connaît pas l'auteur de ma race, qui il est ou qui il peut être. Ces paroles me font un mal tel que le cœur me font en larmes tout entier au ventre.

LE ROI D'ÉCOSSE.

Par ma tête ! avant que le terme de huit

De huit jours, non pas de vj, se passe,
Se j'ay de vie tant d'espace,
Estat et non arez assez.
De ce qu'elle a dit vous passez
Par amour, doulce Bethequine;
D'Escosse vous feray royne,
   Foy que doy Dieu !

LA FILLE.

Sire, je suy de trop bas lieu :
Tel estat ne m'appartient mie.
Que dira vostre baronnie,
S'une meshaingnie prenez?
Il diront qu'estes forcenez
   De cecy faire.

LE ROY D'ESCOSSE.

Dame, à qui qu'il doie desplaire,
Je vous ains tant de bonne amour
Qu'il sera fait et sanz demour.
— Venez avant, venez, Lambert;
Savoir vueil con serez appert.
Alez tost, sanz estre esbahys,
Dire au vesque de ce pays
Qu'à moy viengne à l'ostel de Chestre,
Et que là marié vueil estre
   A ce jour d'huy.

LEMBERT, escuier.

Sire, se Dieu me gart d'anuy,
G'y vois, et si ne fineray
Tant que mené je li aray
   Et dedens mis.

LE ROY D'ESCOSSE.

Seigneurs, qui estes mes amis,
En l'ostel de Chestre adresciez
Ceste dame, et là la laissiez,
Et revenez à moy icy.
Or vous delivrez, sanz nul sy,
   Je vous em pri.

LE PREMIER CHEVALIER D'ESCOSSE.

Il vous sera fait sanz detry,
   Mon seigneur chier.

ij^e CHEVALIER D'ESCOSSE.

Ça, dame, çà ! sanz plus preschier,
Venez-vous-ent, puisqu'au roy haitte.
Onques mais si grant honneur faitte
Ne fu à femme comme arez,
Qu'au jour d'uy royne serez
   De touz clamée.

LE PREMIER CHEVALIER D'ESCOSSE.

Il pert bien que de cuer amée
   L'a loyaument.

jours, non pas de six, se passe, si je vis, vous aurez une position et un nom à souhait. Oubliez de grâce ce qu'elle vous a dit, douce Béthequine; je vous ferai reine d'Écosse, par la foi que je dois à Dieu !

LA FILLE.

Sire, je suis de trop basse extraction : une position pareille n'est pas faite pour moi. Que diront vos barons, si vous prenez une estropiée ? ils diront que vous êtes fou.

LE ROI D'ÉCOSSE.

Dame, quel que soit celui à qui cela déplaise, je vous aime d'un amour tel que cela sera fait sans retard. — Approchez, Lembert, venez; je veux savoir combien vous serez intelligent. Allez vite, sans être intimidé, dire à l'évêque de ce pays qu'il se rende auprès de moi à l'hôtel de Chester, et que là je veux être marié aujourd'hui.

LEMBERT, écuier.

Sire, Dieu me garde de chagrin ! j'y vais, et je ne m'arrêterai pas que je ne l'y aie mené et fait entrer.

LE ROI D'ÉCOSSE.

Seigneurs, qui êtes mes amis, conduisez cette dame à l'hôtel de Chester, et, après l'y avoir laissée, revenez ici auprès de moi. Allons ! dépêchez-vous, sans répliquer, je vous en prie.

LE PREMIER CHEVALIER D'ÉCOSSE.

Mon cher seigneur, vous serez obéi sans retard.

LE DEUXIÈME CHEVALIER D'ÉCOSSE.

Allons, dame, allons ! sans discourir davantage, venez - vous - en, puisque cela plaît au roi. Jamais on ne fit à une femme le grand honneur que vous aurez, car vous serez aujourd'hui proclamée reine par tout le monde.

LE PREMIER CHEVALIER D'ÉCOSSE.

Voilà bien la preuve qu'il l'a aimée de cœur et loyalement.

ij° CHEVALIER.
Nous avons ci fait ; r'alons-m'ent
　　Devers le roy.
LE PREMIER CHEVALIER.
De ce nous fault mettre en arroy.
Or avant ! n'y ait sejourné !
— Sire, à vous sommes retourné
　　Tost, ce me semble.
LE ROY.
C'est voirs ; or en alons ensemble,
Tant que de Chestre soions près.
Je vois devant, venez après
　　Et me suivez.
LA MERE AU ROY.
Bien est mon filz du sens desvez,
Qui femme prent par mariage
C'on ne congnoist ne son lignage ;
Mais est venue d'aventure.
C'est si deffaitte creature
Que d'un braz la main a perdue.
De dueil en sui trop esperdue,
Comment l'a péu tant amer.
Maloite soit l'eure qu'en mer
Ne noya quant elle y estoit !
Royne sera, or voit, voit.
Pour mon honneur aux noces vois ;
Mais, certes, ains qu'il soit i. mois,
De touz poins je les laisseray
Et loing d'eulx demourer iray,
　　Puisqu'ainsi est.
LEMBERT.
Sà, menesterez ! estes-vous prest ?
　　Faites mestier.
PREMIER CHEVALIER.
Sire, huimais ne vous est mestier
Fors que de faire lie chiere ;
Ne vous aussi, ma dame chiere.
　　Je vous di voir.
LE ROY D'ESCOSSE.
Pour ce que puisse miex avoir
Les nobles d'Escosse à ma feste,
Et que faite soit plus honneste,
De huit jours la voulray retarder
Et les nobles partout mander
　　Qu'il viengnent cy.
ij° CHEVALIER.
Chier sire, c'est bien dit ainsi
　　Et est grant sens.
LA MERE.
Biau filz, un petit mal me sens :

LE DEUXIÈME CHEVALIER.
Nous avons terminé ici ; allons-nous-en vers le roi.
LE PREMIER CHEVALIER.
Il faut nous mettre en mesure de le faire. Allons ! en avant ! pas de retard ! — Sire, nous sommes, ce me semble, promptement revenus vers vous.
LE ROI.
C'est vrai ; maintenant allons-nous-en ensemble, tant que nous soyons près de Chester. Je vais devant ; venez après et suivez-moi.
LA MÈRE DU ROI.
Mon fils est bien fou de prendre en mariage une femme que l'on ne connaît pas, elle ni sa race ; mais qui est venue par hasard. C'est une créature tellement difforme qu'elle a perdu l'une de ses mains. Je suis bien navrée de ce qu'il a pu tant l'aimer. Maudite soit l'heure qu'elle fut en mer sans s'y noyer ! Elle sera reine, en dépit de tout. Pour mon honneur je vais aux noces ; mais, certes, avant qu'il soit un mois, je les abandonnerai tout-à-fait et j'irai demeurer loin d'eux, puisqu'il en est ainsi.

LEMBERT.
Eh bien, ménétriers ! êtes-vous prêts ? faites votre métier.
LE PREMIER CHEVALIER.
Sire, désormais il ne vous faut que vous livrer à la joie ; et vous aussi, ma chère dame. Je vous dis la vérité.
LE ROI D'ÉCOSSE.
Pour mieux avoir les nobles de l'Écosse à ma fête, et afin qu'elle soit plus éclatante, je veux la retarder de huit jours et mander partout aux nobles qu'ils viennent ici.

LE DEUXIÈME CHEVALIER.
Cher sire, c'est bien dit ainsi et c'est fort sensé.
LA MÈRE.
Mon cher fils, je me sens un peu mal : je

Je vous pri plus ne me tenez
Ici ; mais congié me donnez
Que je voise au chastel de Gort
Reposer et prendre deport
 Trois jours ou quatre.

  LE ROY D'ESCOSSE.

Dame, bien vueil qu'ailliez esbatre ;
Mais n'y faites pas tant demour,
Qu'à nostre feste, par amour,
 Ne soiez cy.

  NOSTRE-DAME (sic).

De ce ne soiez en soussi :
G'y pense estre, s'il plaist à Dieu.
— Puisque je sui hors de son lieu,
Mais em piece ne m'y verra ;
Face tel feste qu'il voudra :
 Riens n'y aconte.

  LE HERAUT.

Or oiez, seigneurs, roy et conte,
Chevaliers et ceulx à qui duit,
La cause qui ci m'a conduit.
Savoir vous fas, et n'est pas doubte,
Qu'à quinzaine de Penthecouste,
Lez Senliz le tournay sera ;
Un puissant roy si le fera,
Qui n'iert pas de chevaliers seulx ;
Il ara les François et ceulx
Qui se dient de Picardie,
Et s'ara d'autres, quoy c'on die ;
Siques qui acquerre voulra
Honneur, viengne et il trouvera
A qui se pourra donoier,
S'il a desir de tournoier
 Ne d'avoir pris.

  LEMBERT.

Monseigneur, un tournoy est pris
A faire après la Penthecouste :
D'un roy qui de gent a grant route,
Ainsi comme dit un heraut
Qui là hors l'a crié bien hault
 Trestot en l'eure.

  LE ROY D'ESCOSSE.

Or me dy, se Dieu te sequeure,
 Se fera-il ?

  LEMBERT.

Puisque herault le crie, oïl.
Et dit qu'il sera lez Senliz,
En la terre des fleurs de liz ;
 Je vous dy voir.

vous prie de ne plus me retenir ici ; mais de me donner la permission d'aller au château de Gort me reposer et prendre de la distraction trois ou quatre jours.

  LE ROI D'ÉCOSSE.

Dame, je veux bien que vous alliez vous ébattre ; mais n'y demeurez pas long-temps, afin que, par amour (pour moi), vous soyez ici à notre fête.

  LA MÈRE.

Sire, ne soyez pas en peine à ce sujet : je compte y être, s'il plaît à Dieu. — Puisque je suis hors du lieu où il est, il ne m'y reverra pas de long-temps ; qu'il fasse telle fête qu'il voudra : je n'en tiens aucun compte.

  LE HÉRAUT.

Écoutez, seigneurs, roi et comte, chevaliers, et ceux à qui cela importe, la cause qui m'a conduit ici. Je vous fais savoir, et il n'y a pas à en douter, que, dans la quinzaine de la Pentecôte, le tournoi aura lieu près de Senlis ; il sera maintenu par un roi puissant, qui ne sera pas sans chevaliers ; il aura les Français et ceux qui se disent de Picardie, et il en aura d'autres, quoi qu'on en dise ; en sorte que celui qui voudra acquérir de l'honneur, peut venir, et il trouvera contre qui joûter, s'il a le désir de s'essayer et d'obtenir le prix.

  LEMBERT.

Monseigneur, un tournoi est fixé pour avoir lieu après la Pentecôte : il est donné par un roi qui a une grande suite de gens, ainsi que l'a dit un héraut qui tout à l'heure l'a crié bien haut là dehors.

  LE ROI D'ÉCOSSE.

Dieu te secoure ! dis-moi, se fera-t-il ?

  LEMBERT.

Oui, puisque le héraut le crie. Et il dit que ce sera près de Senlis, en la terre des fleurs de lis ; je vous dis vrai.

LE ROY D'ESCOSSE.
Ne lairoie pour grant avoir
Que n'y voise certainement;
Estre y vueil du commencement
 Jusqu'en la fin.
LE PREMIER CHEVALIER.
Sire, je vous pri de cuer fin
Que vous me faciez ceste grace
Que compagnie je vous face:
 Si verray France.
LE ROY D'ESCOSSE.
Il me plaist, amis, sanz doubtance;
Mais ce que je diray ferez:
Dès maintenant mes gens yrez
Ordener et moy pourveoir
Du harnoys qu'i me fault avoir
 Pour ce voiage.
LE PREMIER CHEVALIER.
Se je devoie mettre en gage
Ma terre toute, très chier sire,
Si feray-je sanz contredire
Ce que dites. Sire, g'y vois
Ordener et gens et harnoys
 Et quanque il fault.
LE ROY D'ESCOSSE.
Or gardez bien par vous deffault
De riens n'y ait.
LA FILLE.
Mon chier seigneur, en mal dehait
Me mettez et en grant effroy
Qui voulez aler au tournoy
Si loing qu'est le païs de France.
Je ne gart l'eure, sanz doubtance,
Se Dieu plaist, que doye enfanter.
Pour Dieu vous pri, monseigneur chier,
 Souffrez-vous-ent.
LE ROY D'ESCOSSE.
Ce ne peut estre, vraiement,
Dame; puisque je l'ay dit, g'yray.
Mon maistre d'ostel vous lairay
Et mon prevost; ces .ij. seront
Qui du tout vous gouverneront.
 Il souffira.
LE PREMIER CHEVALIER.
Monseigneur, quant il vous plaira,
Mouvoir povez d'ore en avant.
Vostre harnoys s'en va devant
 A bon conduit.
LE ROY D'ESCOSSE.
Ce point y affiert bien et duit.

LE ROI D'ÉCOSSE.
Je ne me priverai pas, quoi qu'il m'en coûte, d'y aller; je veux y être dès le commencement jusqu'à la fin.

LE PREMIER CHEVALIER.
Sire, je vous prie de tout mon cœur de me faire la grâce de vous accompagner: ainsi je verrai la France.

LE ROI D'ÉCOSSE.
Je le veux bien, ami, n'en doutez pas; mais vous ferez ce que je vous dirai : dès maintenant, vous irez faire préparer mes gens et pourvoir aux choses qu'il me faut avoir pour ce voyage.

LE PREMIER CHEVALIER.
Dussé-je mettre en gage toute ma terre, très-cher sire, je ferai sans contradiction ce que vous dites. Sire, je vais commander les gens, les équipages et tout ce qu'il faut.

LE ROI D'ÉCOSSE.
Et prenez bien garde que rien n'y manque par votre faute.

LA FILLE.
Mon cher seigneur, vous me mettez bien mal à mon aise et dans un grand effroi en voulant aller au tournoi aussi loin qu'est le pays de France. N'en doutez pas, je suis au moment où, s'il plaît à Dieu, je dois enfanter. Je vous prie, pour (l'amour de) Dieu, mon cher seigneur, de vous en désister.

LE ROI D'ÉCOSSE.
En vérité, dame, cela ne peut être; puisque je l'ai dit, il me faut y aller. Je vous laisserai mon maître d'hôtel et mon prévôt; ces deux (hommes) seront là pour vous protéger. Cela suffira.

LE PREMIER CHEVALIER.
Monseigneur, quand il vous plaira, vous pouvez dorénavant vous mettre en route. Vos équipages s'en vont devant bien escortés.

LE ROI D'ÉCOSSE.
Ce point-ci est bien nécessaire. — Maî-

— Maistre d'ostel, venez avant,
Et vous, prevost. D'ore en avant
Ma compaigne vous baille en garde
Preste d'enfanter. Or regarde
Chascun à faire ent son devoir,
Si qu'il y puist honneur avoir
Quant Dieu m'ara cy retourné;
Et si vous pri, quant sera né
L'enfant et delivre en sera
La mere, ce que en ara
Dessoubz voz seaulx me rescripsiez.
C'est tout. — Çà, dame! et me baisiez:
　Aler m'en vueil.

LA FILLE.
Certes, s'il en fust à mon vueil,
Sire, ne vous en alissiez
Tant que mon enfant eussiez
　Véu sur terre.

ij^e CHEVALIER.
Sire, pour touz vous vueil requerre
Que ne soiez pas engaigniez
Se de nous estes compaigniez
Deux liues ou .iij., sire, au mains,
Ou tant qu'aiez voz gens attains;
　Pour bien le dy.

LE ROY D'ESCOSSE.
Amis, pas ne vous en desdy.
Alons-m'en tost. — Ho! c'est assez.
Seigneurs, plus avant ne passez;
　Ne le vueil point.

LE PREVOST.
Puisque le voulez en ce point,
Sire, à Dieu vous commanderons;
De ma dame penser yrons
　Pour vostre honneur.

LE ROY D'ESCOSSE.
Vous dites bien. Alez, seigneur;
　A Dieu, trestouz.

ij^e CHEVALIER.
Dame, le roy nous a de vous
Garder prié songneusement:
Si vous prions fiablement
Que quanque vous voulrez avoir,
Vous le nous faciez assavoir
　Hardiement.

LA FILLE ROYNE.
Seigneurs, sachiez certainement
Selon mon estat me tenray
Le plus simplement que pourray,

tre d'hôtel, approchez, et vous, prévôt. A partir d'aujourd'hui je vous donne en garde ma compagne, qui est prête d'enfanter. Maintenant que chacun s'applique à faire son devoir en ce point, afin qu'il en soit récompensé quand Dieu m'aura ramené ici; et je vous prie, quand l'enfant sera né et que la mère en sera délivrée, de m'apprendre par lettres closes ce qu'il en sera. C'est tout.
— Allons, dame! baisez-moi: je veux partir.

LA FILLE.
Certes, si ma volonté eût été suivie, sire, vous ne vous en seriez allé que lorsque vous auriez vu mon enfant sur terre.

LE DEUXIÈME CHEVALIER.
Sire, au nom de tous, je veux vous prier de ne pas vous courroucer si nous vous accompagnons deux ou trois lieues, sire, au moins, ou tant que vous ayez atteint vos gens. Je le dis pour le bien.

LE ROI D'ÉCOSSE.
Amis, je ne le vous défends pas. Allons-nous-en vite. — Halte, seigneurs, n'allez pas plus avant, je ne le veux point.

LE PRÉVÔT.
Puisque vous le voulez ainsi, sire, nous vous recommanderons à Dieu; nous irons nous occuper de ma dame pour votre honneur.

LE ROI D'ÉCOSSE.
Vous dites bien. Allez, seigneur; adieu, vous tous.

LE DEUXIÈME CHEVALIER.
Dame, le roi nous a priés de vous garder soigneusement: ainsi nous vous prions en confiance que tout ce que vous voudrez avoir, vous nous le fassiez savoir hardiment.

LA FILLE REINE.
Seigneurs, soyez certains que je me tiendrai, selon mon rang, le plus simplement que je pourrai, jusqu'à ce que monseigneur

Tant que monseigneur du tournoy
Retourné sera cy à moy
Et que l'arons.
LE PREVOST.
Commandez, dame ; nous ferons
Quanque direz.
LA FILLE.
Seigneurs, s'il vous plaist, vous irez
Jusqu'à l'eglise Saint-Andry.
Là requerrez que sanz detry
Soit pour monseigneur celebrée
Une haulte messe ordenée,
Afin que Diex de mal le gart.
En meilleur garde, ce regart,
Ne le puis mettre.
ij^e CHEVALIER.
Nous y alons sanz plus cy estre,
Ma chiere dame.
LA FILLE.
Damoiselles, je croy, par m'ame !
Que je me muir : tant sui malade !
J'ay le cuer si vain et si fade
Qu'avis m'est de touz poins me fault :
Tant m'a pris ce mal en sursault !
Que feray-je ? Diex ! les rains ! Diex !
Confortez-moy, Dame des cielx :
Trop sans d'angoisse.
LA PREMIERE DAMOISELLE.
Avant que ce mal plus vous croisse,
Ma dame, apuiez-vous sur moy
Et vous en venez tost : je voy
Que traveilliez certainement.
En vostre chambre appertement
Or tost entrez.
LA FILLE ROYNE.
Diex, le ventre ! Diex, les costez !
Trop sens d'angoisse et grant ahan.
Amy Dieu, sire saint Jehan,
Et vous, Mere Dieu debonnaire,
Jettez-me hors de ceste haire.
Certes, je muir, bien dire l'os.
Diex ! or me prent l'angoisse au dos.
Que pourray faire ?
ij^e DAMOISELLE.
E, doulce Vierge debonnaire,
Port de salut aux desvoiez,
Vostre grace à nous envoiez,
Et si ma dame secourez
Que Dieu et vous, Dame, honnourez
En puissiez estre.

soit revenu du tournoi ici auprès de moi et que nous l'ayons.

LE PRÉVÔT.
Commandez, dame ; nous ferons tout ce que vous direz.

LA FILLE.
Seigneurs, s'il vous plaît, vous irez jusqu'à l'église Saint-André. Là vous prierez que sans retard l'on célèbre une grand'messe pour monseigneur, afin que Dieu le garde de mal. Je ne puis, à mon avis, le mettre en meilleure garde.

LE DEUXIÈME CHEVALIER.
Ma chère dame, nous y allons sans demeurer davantage ici.

LA FILLE.
Demoiselles, sur mon ame ! je crois que je me meurs : tant je suis malade ! J'ai le cœur si faible et si affadi que je crois qu'il me manque en tous points : tant ce mal m'a pris en sursaut ! Que ferai-je ? Dieu ! les reins ! Dieu ! Reconfortez-moi, Dame des cieux : je souffre trop.

LA PREMIÈRE DEMOISELLE.
Avant que ce mal n'augmente, ma dame, appuyez-vous sur moi et venez-vous-en vite : je vois que certainement vous êtes en travail. Allons ! entrez sans balancer et tout de suite dans votre chambre.

LA FILLE REINE.
Dieu, le ventre ! Dieu, les côtés ! Je sens trop d'angoisses et trop de douleur. Ami de Dieu, sire saint Jean, et vous, bonne Mère de Dieu, tirez-moi de ce supplice. Certes, je meurs, j'ose bien le dire. Dieu ! maintenant le mal me prend au dos. Que pourrai-je faire ?

LA DEUXIÈME DEMOISELLE.
Eh, douce et bonne Vierge, port de salut pour les égarés, envoyez-nous votre grâce et secourez notre maîtresse de telle sorte que Dieu et vous, Dame, vous puissiez en être honorés.

LA FILLE.
E, Mere au très doulx Roy celestre!
Or sui-je à ma fin, bien le voy.
Doulce Vierge, confortez-moy,
　Je vous en prie.

LA PREMIERE DAMOISELLE.
Or paiz, de par le Filz Marie!
Dame, cessez-vous de crier.
Je vous dy, sanz plus detrier,
Je ne scé se vous le savez,
Demandez quel enfant avez;
　Car il est né.

LA FILLE.
Puisque Dieu m'a enfant donné,
Je vueil bien quel il est savoir,
Filz ou fille : dites-m'en voir,
　M'amie chiere.

ij^e DAMOISELLE.
Dame, faites-nous bonne chiere,
Que vous avez i. très biau filz,
Soit-en voz cuers certains et fiz :
　Regardez cy.

LA FILLE.
La Vierge de cuer en gracy;
Certes, je l'ay bien acheté.
Couchez-me tost, qu'en verité
　Je tremble toute.

LA PREMIERE DAMOISELLE.
Vez ci le lit prest (n'aiez doubte,
Ma dame), où je vous coucheray.
— Tandis que l'assemilleray,
Yolent, alez sanz detry
Dire à Lembert qu'à Saint-Andry
Voit au maistre d'ostel batant
Dire que un filz, n'en soit doubtant,
　Avons nouvel.

ij^e DAMOISELLE.
Je le feray de cuer ysnel.
— Lembert, mon ami doulx, alez
Dire au maistre d'ostel que nez
Nous est un biau filz de ma dame :
Grant joie li ferez, par m'ame!
　Je n'en doubt mie.

LEMBERT.
Voulentiers, Yolent, m'amie.
E, Diex! qu'il en sera joieux!
— Je vous truis bien à point touz deux,
　Je aloie à vous.

LA FILLE.
Eh, Mère du très-doux Roi des cieux!.
maintenant je suis à ma fin, je le vois bien.
Douce Vierge, reconfortez-moi, je vous en
prie.

LA PREMIERE DEMOISELLE.
Allons, paix, de par le Fils de Marie!
Dame, cessez de crier. Je vous le dis sans
plus tarder, je ne sais si vous en êtes in-
struite, demandez quel enfant vous avez;
car il est né.

LA FILLE.
Puisque Dieu m'a donné un enfant, je
désire fort savoir quel il est, fils ou fille : dites-m'en la vérité, ma chère amie.

LA DEUXIÈME DEMOISELLE.
Dame, faites-nous bon visage, car vous
avez un très-beau fils, que votre cœur en soit
sûr et certain : regardez ici.

LA FILLE.
J'en remercie la Vierge de (tout mon)
cœur; certes, je l'ai bien acheté. Couchez-
moi vite, car, en vérité, je tremble toute.

LA PREMIÈRE DEMOISELLE.
Voici tout prêt le lit (n'en doutez pas, ma
dame) où je vous coucherai. — Tandis que
je l'endormirai, Yolande, allez sans retard
dire à Lembert qu'il aille tout de suite à
Saint-André dire au maître d'hôtel que nous
avons (qu'il n'en doute pas) un fils nouveau-
né.

LA DEUXIÈME DEMOISELLE.
Je le ferai de grand cœur. — Lembert,
mon doux ami, allez dire au maître d'hôtel
qu'il nous est né un beau fils de ma dame.
Sur mon ame! vous lui causerez une grande
joie; je n'en doute pas.

LEMBERT.
Volentiers, Yolande, mon amie. Eh,
Dieu! qu'il en sera joyeux! — Je vous
trouve bien à point tous deux : j'allais vers
vous.

ij^e CHEVALIER.
Pour quoy, Lembert, mon ami doulx?
Ne le nous celes.
LEMBERT.
Je vous apport bonnes nouvelles,
Et si sont vraies, j'en sui fis :
La royne a éu un filz
Tout maintenant.
ij^e CHEVALIER.
Tu soiez le très bien venant ;
Grant joie ay de ce que t'oy dire.
— Prevost, aler nous fault escripre
Et ces nouvelles envoier
Au roy pour son cuer avoier
En plus grant joie.
LE PREVOST.
Vostre voulentez est la moye.
Alons, sire ! ici m'asserray,
Je mesmes les lettres feray ;
N'est mestier c'on les me divise.
C'est fait ; scellez à vostre guyse :
Il souffira.
ij^e CHEVALIER.
C'est scellé ; qui la portera ?
Or y verrons.
LE PREVOST.
Je lo que nous y envoions
Lembert ; il est assez appert.
— Venez avant, venez, Lembert,
A nous parler.
LEMBERT.
Voulentiers, sanz ailleurs aler
Mais que à vous droit.
ij^e CHEVALIER.
Mouvoir vous fault de cy endroit,
Lembert, et vous à voie mettre
Pour porter au roy ceste lettre,
Amis ; et quant li baillerez,
De par ma dame li direz
Qu'elle gist d'un filz : ce li mande
Et que à li moult se recommande
Et nous aussi.
LEMBERT.
Si tost que partiray de cy,
Sachiez d'errer ne fineray
Tant que bailliée li aray
Et mise ou poing.
LE PREVOST
Nous vous prions qu'en aiez soing
Et diligence.

LE DEUXIÈME CHEVALIER.
Pourquoi, Lembert, mon doux ami? ne nous le cache pas.
LEMBERT.
Je vous apporte de bonnes nouvelles, et elles sont vraies, j'en suis certain : la reine a eu un fils à l'instant même.
LE DEUXIÈME CHEVALIER.
Sois le très-bien venu ; j'éprouve une grande joie de ce que je t'entends dire. — Prévôt, il nous faut aller écrire et envoyer ces nouvelles au roi, pour réjouir davantage son cœur.
LE PRÉVÔT.
Votre volonté est la mienne. Allons, sire ! je m'asseoirai ici, j'écrirai les lettres moi-même ; il n'est pas besoin qu'on me les dicte. C'est fait ; scellez à votre guise : cela suffira.
LE DEUXIÈME CHEVALIER.
C'est scellé ; qui la portera? maintenant nous y aviserons.
LE PRÉVÔT.
Je suis d'avis que nous y envoyions Lembert ; il est assez prompt. — Approchez, Lembert, venez nous parler.
LEMBERT.
Volontiers, sans aller ailleurs que vers vous tout droit.
LE DEUXIÈME CHEVALIER.
Lembert, mon ami, il vous faut partir de céans tout de suite et vous mettre en route pour porter cette lettre au roi ; et quand vous la lui donnerez, vous lui direz de la part de ma dame qu'elle est accouchée d'un fils : elle le lui fait savoir et se recommande fortement à lui, et nous de même.
LEMBERT.
Aussitôt que je serai parti d'ici, sachez que je ne cesserai de marcher que je ne la lui ai donnée et mise entre les mains.
LE PRÉVÔT.
Nous vous prions d'y mettre soin et diligence.

LEMBERT.

Je vous promet, la negligence
N'en sera pas moie, que puisse;
Ne fineray tant que le truisse.
    A Dieu, trestouz.

ij^e CHEVALIER.

Lembert, à Dieu, mon ami doulx.
— Or s'en va-il.

LEMBERT.

Sera-ce bon, je croy que oïl,
Qu'à la mere au roy me transporte
Et que ces nouvelles li porte?
Je tien que j'en amenderay
D'aucun bon don; et pour ce vray,
Je ne me delaieray point.
Je la voy là : c'est bien à point;
Devant li me vois enclin mettre.
— Ma dame, Dieu le roy celestre
De mal vous gart.

LA MERE.

Lembin, biau sire, quelle part
En alez et dont venez-vous?
Je vous em pri, dites-le-nous,
    Et qui vous maine.

LEMBERT.

Chiere dame, soiez certaine
Je m'en vois au roy mon seigneur
Dire-li la joie greigneur
Dont s'ame fust pieça touchiée,
Que d'un filz ma dame acouchée
    E[s]t de nouvel.

LA MERE.

Diz-tu voir, Lembin? ce m'est bel,
Foy que je doy sainte Bautheuch !
De la joie qu'en ay, t'esteut
Maishuit avec moy demourer :
Je te vueil donner à souper.
    Portes-tu lettres?

LEMBERT.

Oïl, que baillié m'ont les maistres
D'ostel, ma dame.

LA MERE.

De ce que tu m'as dit, par m'ame !
Ay moult grant joie et le cuer lié.
— Or tost ! s'il est appareillié,
Je vueil qu'il souppe, Godefroy;
Et de ce bon vin dont je boy
    Ly apportez.

GODEFFROY.

Ma dame, un po vous deportez :

LEMBERT.

Je vous promets que la négligence, autant que je le pourrai, ne sera pas de mon fait; je ne m'arrêterai pas que je ne le trouve. Adieu, vous tous.

LE DEUXIÈME CHEVALIER.

Lembert, adieu, mon doux ami. — Maintenant il s'en va.

LEMBERT.

Sera-ce bon, je crois que oui, que je me transporte chez la mère du roi et que je lui porte ces nouvelles? Je tiens que j'y gagnerai quelque bon cadeau : c'est pourquoi je veux y aller sans retard. Je la vois là-bas : c'est bien à point; je vais lui faire la révérence. — Ma dame, que Dieu, le roi des cieux, vous garde de mal !

LA MÈRE.

Lembin, beau sire, en quel endroit allez-vous et d'où venez-vous? Je vous prie de nous le dire, aussi bien que ce qui vous mène.

LEMBERT.

Chère dame, soyez-en certaine, je m'en vais auprès du roi mon seigneur lui annoncer la plus grande joie dont son ame ait été depuis long-temps affectée, car ma dame est nouvellement accouchée d'un fils.

LA MÈRE.

Dis-tu vrai, Lembin? J'en suis charmée, par la foi que je dois à sainte Bathilde ! Pour la joie que j'en ai, il te faut aujourd'hui demeurer avec moi : je veux te donner à souper. Portes-tu des lettres?

LEMBERT.

Oui, ma dame; ce sont les maîtres d'hôtel qui me les ont données.

LA MÈRE.

Sur mon ame ! j'ai une très-grande joie et le cœur enchanté de ce que tu m'as dit.
— Allons ! si le souper est prêt, Godefroy, je veux qu'il soupe ; et apportez-lui de ce bon vin dont je bois.

GODEFROY.

Ma dame, patientez un peu : c'est comme

Ce vault fait. Veez, je mect la table.
Çà ! je vueil estre entremettable
   De li servir.

LA MERE.

S'à mon gré le veulz bien servir,
Apporte-li cy un bon mès.
Vien avant, s'acoute et li mès
De ce que t'ay baillié en garde,
Si qu'il ne s'en doingne de garde,
   Dedans son vin.

GODEFFROY.

Voulentiers, dame, et de cuer fin ;
   Vez cy de quoy.

LA MERE.

Verse cy pour l'amour de moy.
— Je vueil que vous buvez, Lembin,
Et me direz ce est bon vin ;
   Tout vous fault boire.

LEMBIN.

Chiere dame, par saint Magloire !
Je ne bu si bon vin pieça ;
Ce remanant buray or çà,
   Puisqu'il vous haitte.

LA MERE.

Vez cy viande bonne et nette,
Dont mengier vous convient, Lembert.
Or monstrez con serez appert
   De bien mengier.

LEMBERT.

Je n'en feray mie dangier,
Chiere dame ; et vous, que ferez ?
   (Cy menjue.)
— Amis, à boire me donrez,
   S'il vous agrée.

LA MERE.

Verse ci bonne haneppée,
   Car je le vueil.

GODEFFROY.

Buvez : le hanap jusqu'à l'ueil,
   Lembin, est plain.

LEMBERT.

Vez ci bon vin. Çà, vostre main !
Je vous jur et creant, ma dame,
De vous feray demain ma femme
   Par mariage.

LA MERE.

Voire, mais qu'il n'y ait lignage.
— Il est yvre, je te promet.
Maine-le couchier et le met
   En un bon lit.

si c'était fait. Voyez, je mets la table. Allons ! je veux m'occuper à le servir.

LA MÈRE.

Si tu veux le bien servir à mon gré, apporte-lui ici un bon mets. Approche, écoute, et mets-lui dans son vin de ce que je t'ai donné à garder, de manière à ce qu'il ne s'en aperçoive pas.

GODEFROY.

Volontiers, dame, et de tout mon cœur ; voici de quoi.

LA MÈRE.

Verse ici pour l'amour de moi. — Lembin, je veux que vous buviez, et vous me direz si ce vin est bon ; il vous faut tout boire.

LEMBIN.

Chère dame, par saint Magloire ! il y a long-temps que je ne bus d'aussi bon vin ; je vais boire ce reste, puisque cela vous fait plaisir.

LA MÈRE.

Voici de la viande qui est bonne et appétissante ; il vous faut en manger, Lembert. Allons ! montrez-nous que vous vous acquitterez bien de cet office.

LEMBERT.

Je ne ferai pas de difficultés, chère dame ; et vous, que ferez-vous ! (*Ici il mange.*) — Ami, vous me donnerez à boire, si vous le voulez bien.

LA MÈRE.

Verse ici un plein hanap, car telle est ma volonté.

GODEFROY.

Buvez : le hanap, Lembin, est plein jusqu'à l'œil.

LEMBERT.

Voici de bon vin. Allons, votre main ! Je vous jure et vous assure, ma dame, que demain je ferai de vous ma femme par le mariage.

LA MÈRE.

Oui vraiment, pourvu que nous n'ayons pas d'enfans. — Il est ivre, je te le promets. Mène-le coucher et mets-le dans un bon lit.

GODEFFROY.
Lembert, il vous fault par delit
Venir couchier.
LEMBERT.
Si feray-je, mon ami chier,
Moy et ma dame.
GODEFFROY.
Voire, aussi est-ce vostre femme.
Alons devant.
LEMBERT.
Alons, mon ami, or avant!
— Venez couchier aussi, ma belle;
Hurtez bellement, je chancelle.
Qui estes-vous?
GODEFFROY.
Çà! couchiez-vous, mon ami doulx,
En ce lit; je vous couverray.
—Ains que m'en parte je verray
Sa contenance et son effort.
Par m'ame! c'est bien dormi fort;
Je le vois à ma dame dire.
—Ma dame, Lembin m'a fait rire;
Certes, il est à grant meschief.
Plus tost n'a pas éu le chief
Sur le lit qu'il s'est endormy.
Diex! com il sera estourdy
Demain, ce croy!
LA MERE.
Or paiz, et te tais cy tout coy!
Je le vueil aler visiter.
Puisqu'il dort si bien, sanz doubter,
Je verray quelz lettres il porte,
Ains que jamais passe ma porte.
Je les tien; dormir le lairay;
Avec moy les emporteray.
— Or tost, Godeffroy! sanz retraire
Vaz me querre mon secretaire
Ysnellement.
GODEFFROY.
Dame, voulentiers vraiement.
— Maistre, Bon, plus ne vous tenez
Cy; mais à ma dame venez
Tantost bonne erre.
LE SECRETAIRE.
Alons, puisque m'envoie querre.
— Dame, vous m'avez fait mander:
Que vous plaist-il à commander?
Dites-le-moy.
LA MERE.
En secré vueil savoir de toy

GODEFROY.
Lembert, il vous faut par plaisir vous venir coucher.
LEMBERT.
Oui, mon cher ami, ma dame et moi.
GODEFROY.
Oui, en vérité; aussi bien est-ce votre femme. Allons devant.
LEMBERT.
Allons, mon ami, en avant! — Ma belle, venez aussi vous coucher; heurtez doucement, je chancelle. Qui êtes-vous?
GODEFROY.
Allons! mon doux ami, couchez-vous dans ce lit, je vous couvrirai. — Avant de m'en aller, je verrai sa contenance et ses grimaces. Par mon ame! il dort fort bien; je vais le dire à ma dame. — Ma dame, Lembin m'a fait rire; certes, il est bien pris. Il n'a pas eu plus tôt la tête sur le lit qu'il s'est endormi. Dieu! comme demain, à ce que je crois, il sera étourdi!

LA MÈRE.
Allons, paix, et tiens-toi coi! Je veux aller le visiter. Puisqu'il dort si bien, sans hésiter, je verrai de quelles lettres il est porteur, avant qu'il passe jamais ma porte. Je les tiens; je le laisserai dormir, après les avoir emportées. — Allons, Godéfroy, sans répliquer, va me chercher mon secrétaire tout de suite.

GODEFROY.
Dame, volontiers, en vérité. — Maître, Bon, ne vous tenez plus ici; mais venez bien vite vers ma dame.
LE SECRÉTAIRE.
Allons-y, puisqu'elle m'envoie chercher.
— Dame, vous m'avez fait mander: que vous plaît-il de m'ordonner? dites-le-moi.
LA MÈRE.
Je veux savoir en secret de toi ce qu'il y a

LE SECRETAIRE.

Il y a : « Mon très chier amy
Et seigneur, je me recommans
A vous, et de saluz vous mans
Tant com je puis, et fas savoir
Que vous avez un nouvel hoir
Masle, que Dieu fist de moy naistre
Le jour c'on escript ceste lettre,
Qui vous ressamble de faitture
Miex que nulle autre creature.
D'autres choses fais cy restat.
Rescripsez-moy de vostre estat,
 Par ce message. »

LA MERE.

Çà ! que de ce nouviau lignage
Puist-il estre courte durée !
—Or tost fay-m'en sanz demourée
Une autre telle con diray.
Ne doubtes, bien te paieray ;
 Fay mon plaisir.

LE SECRETAIRE.

Chiere dame, de grant desir
Vostre vouloir acompliray.
Avant ! devisez, j'escripray
 Lettre assez grosse.

LA MERE.

Tu mettras : « Au roy d'Escosse,
Nostre chier seigneur, reverence,
Salut et toute obedience.
Nous vous mandons que la royne
Vostre femme gist de jesine :
Dont point de feste ne faisons,
Car deviser ne vous savons
Quelle chose est sa portéure,
Tant est hideuse creature !
N'onques, voir, ne l'engendra homme.
Ars l'éussions, c'est tout en somme,
Ne fust pour vous ; si nous mandez
Qu'en ferons, si le commandez :
Nous l'arderons, il n'y a el.
De par les grans maistres d'ostel,
 Les vostres touz. »

LE SECRETAIRE.

C'est fait.

LA MERE.

 Bien est, mon ami doulx.

Qu'il a escript en ceste lettre,
Sanz trespasser ne sanz y mettre
 Mot ne demy.

écrit dans cette lettre, sans omettre ni ajouter un mot ni la moitié.

LE SECRÉTAIRE.

Il y a : « Mon très-cher ami et seigneur, je me recommande à vous, et vous transmets autant de saluts que je le puis. Je vous fais savoir que vous avez un nouvel héritier mâle, que Dieu fit naître de moi le jour qu'on écrit cette lettre, et qui vous ressemble, quant aux traits, plus qu'aucune autre créature. Je ne vous parle de nulle autre chose. Par le retour du messager, écrivez-moi au sujet de votre santé. »

LA MÈRE.

Là ! puisse cette nouvelle race être de courte durée ! —Allons ! fais-moi sans retard une autre lettre comme je te dirai. N'aie pas peur, je te paierai bien ; fais ma volonté.

LE SECRÉTAIRE.

Chère dame, j'exécuterai de grand cœur votre volonté. Allons ! dictez, j'écrirai en assez grosses lettres.

LA MÈRE.

Tu mettras : « Au roi d'Écosse, notre cher seigneur, respect, salut et obéissance entière. Nous vous mandons que la reine, votre femme, est en couches : ce dont nous ne faisons point de fête, car nous ne savons dire quelle chose est sa portée, tant c'est une hideuse créature ! et, en vérité, jamais elle ne fut engendrée par un homme. En somme, nous l'eussions brûlée, si ce n'eût été pour vous ; mandez-nous donc ce que nous en devons faire, et commandez : nous la brûlerons, il n'y a pas d'autre parti à prendre. De la part des grands maîtres-d'hôtel, tout à vous. »

LE SECRÉTAIRE.

C'est fait.

LA MÈRE.

C'est bien, mon doux ami. Allons, ferme-

Or la clos sanz dilacion,
Et fay la superscription;
Puis la me baille.

LE SECRETAIRE.

Tost m'en delivreray sanz faille.
Dame, tenez.

LA MERE.

Vous estes clerc gent et senez;
Hardiement alez esbatre.
Scellée sera sanz debatre
Du scel qui est en ceste lettre,
Et si l'iray en l'estui mettre
Où je pris ceste maintenant.
Ma besongne est trop bien venant.
Tant con Lembert encore dort
Et ronfle en son lit bien et fort,
Me vueil de mon fait delivrer.
C'est fait : voit sa lettre livrer
A qui vouldra.

LEMBERT.

Il est jour, lever me fauldra
Et aler-m'en sanz plus attendre.
A ma dame vois congié prendre :
C'est raison. — Chiere dame, à Dieu!
Grans merciz! j'ay en vostre lieu
Esté tout aise.

LA MERE.

Lembert, je vous pri qu'il vous plaise
Par cy venir au retourner;
Quoy que soit vous voulray donner.
Et gardez que ne sache nulz
Que vous soiez par cy venuz;
Je vous em pri.

LEMBERT.

Ma dame, et je le vous ottry;
Jà par moy ne sera séu.
A Dieu. — Tant que j'aie véu
Le roy et qu'à Senliz seray,
De cheminer ne cesseray,
Ains y vueil mettre cure et paine.
Avis m'est qu'en my celle plaine
Le voy là; c'est mon : à ly vois.
Plus l'aprouche, et miex le congnois.
— Mon seigneur, Dieu par bonté
Vous doint joie, honneur et santé
Et bonne fin!

LE ROY D'ESCOSSE.

Bien puisses-tu venir, Lembin!

la sans retard, et mets la suscription; puis donne-la-moi.

LE SECRÉTAIRE.

Je m'en acquitterai promptement et sans faute. Dame, tenez.

LA MÈRE.

Vous êtes clerc gentil et sensé; allez sans crainte vous ébattre. Elle sera scellée sans difficulté avec le sceau qui est en cette lettre, et j'irai la mettre en l'étui où je pris celle-ci tout à l'heure. Mon affaire va bien. Pendant que Lembert dort encore et ronfle bien et fort dans son lit, je veux en finir. C'est fait. Qu'il aille livrer sa lettre à qui il voudra.

LEMBERT.

Il est jour, il faudra me lever et m'en aller sans plus attendre. Je vais prendre congé de madame : c'est juste. Chère dame, adieu! grand merci! j'ai été très-bien traité chez vous.

LA MÈRE.

Lembert, veuillez, je vous prie, venir ici à votre retour; je veux vous donner quoi que ce soit. Et prenez garde que personne ne sache que vous êtes venu ici, je vous en prie.

LEMBERT.

Ma dame, je le veux bien; personne ne le saura par moi. Adieu. — Jusqu'à ce que je sois à Senlis et que j'aie vu le roi, je ne cesserai de marcher; au contraire, je veux m'y appliquer soigneusement. Je crois que je le vois là-bas au milieu de cette plaine; oui, vraiment : je vais à lui. Plus j'approche de lui, mieux je le reconnais. — Monseigneur, que Dieu par sa bonté vous donne joie, honneur, santé et bonne fin!

LE ROI D'ÉCOSSE.

Sois le bienvenu, Lembin! Dieu te donne

Se Dieu te doint bonne sepmaine,
Dy-moy verité : qui te maine
  Par cy endroit?
           LEMBERT.
Sire, je vien d'Escosse droit.
Voz maistres d'ostel, voz amis,
M'ont de venir à vous commis
Et vous envoient ceste lettre.
Ce qu'ilz ont volu dedanz mettre
  Ne sçay-je pas.
           LE ROY D'ESCOSSE.
Ouvrir la vueil ysnel le pas
Et verray qu'il y a escript.
Ha, très doulx pere Jhesu-Crist!
Bien doy avoir cuer esperdu :
J'ay honneur à touz jours perdu.
Comment à si très belle femme
Est advenu si lait diffame,
  Biaux sire Diex?
           LE PREMIER CHEVALIER.
Monseigneur, je vous voy des yex
Plourer et les lermes cheoir ;
Sire, que povez-vous avoir?
  Dites-le-nous.
           LE ROY D'ESCOSSE.
J'ay tant de dueil et de courrouz,
Certes, que je ne le sçay dire.
Je meismes vueil icy escripre ;
Pourveez-moy, mon ami chier,
D'enque, de penne et de papier;
  Avoir m'en fault.
           LE PREMIER CHEVALIER.
Assez en arez sanz deffault.
Vez cy enque et escriptouere
Et papier. Faites bonne chiere,
  Pour l'amour Dieu.
           LE ROY D'ESCOSSE.
Onques mais je ne fu en lieu
Où je fusse autant courrouciez.
Escripre tout seul me laissiez ;
  Traiez-vous là.
           LE PREMIER CHEVALIER.
Je feray ce qu'il vous plaira,
  Mon seigneur chier.

       (Icy escript le roy.)

           LE ROY D'ESCOSSE.
Lembert, pour toy brief depeschier,
Ce mandement reporteras

une bonne semaine ! Dis-moi la vérité : quelle affaire t'amène par ici ?

LEMBERT.

Sire, je viens directement d'Écosse. Vos maîtres d'hôtel, vos amis, m'ont chargé de venir vers vous et vous envoient cette lettre. Je ne sais pas ce qu'ils ont voulu y mettre dedans.

LE ROI D'ÉCOSSE.

Je veux l'ouvrir tout de suite, et je verrai ce qu'il y a d'écrit. Ah! Jésus-Christ, mon très-doux père, je dois bien avoir le cœur navré : j'ai perdu l'honneur à jamais. Beau sire Dieu, comment une chose si honteuse est-elle arrivée à une aussi belle femme?

LE PREMIER CHEVALIER.

Monseigneur, je vous vois pleurer et les larmes tomber de vos yeux ; sire, que pouvez-vous avoir? dites-le-nous.

LE ROI D'ÉCOSSE.

Certes, j'ai tant de douleur et de colère, que je ne sais le dire. Je veux écrire ici moi-même ; procurez-moi, mon cher ami, de l'encre, une plume et du papier : il m'en faut.

LE PREMIER CHEVALIER.

Vous en aurez assez, sans faute. Voici de l'encre, une écritoire et du papier. Tenez-vous en joie, pour l'amour de Dieu.

LE ROI D'ÉCOSSE.

Je n'ai jamais été nulle part où je fusse autant courroucé. Laissez-moi écrire tout seul; retirez-vous là-bas.

LE PREMIER CHEVALIER.

Mon cher seigneur, je ferai ce qui vous plaira.

       (Ici le roi écrit.)

LE ROI D'ÉCOSSE.

Lembert, pour t'expédier promptement, tu reporteras cet ordre à mes gens, et tu leur

A mes gens, et si leur diras
Qu'il ne facent en nulle guise
Fors ainsi con je le divise
 Icy dedans.

LEMBERT.

Se jamais n'aie mal ès dens,
Mon chier seigneur, bien leur diray.
Ici plus ne sejourneray;
 Je m'en vois, sire.

LE ROY D'ESCOSSE.

Or, vas! et leur saches bien dire
 Ce que t'ay dit.

LEMBERT.

Sy feray-je sanz contredit.
— Or me fault-il d'errer penser
Ferme et fort, et ne vueil cesser
Tant qu'au chastel de Gort m'appere
Que g'y voie du roy la mere,
Qui m'a fait de donner promesse :
Dont elle m'a mis en leesce.
Je vois savoir que me donrra
Ne quelle bonté me fera,
Ains que plus tarde ne demeure.
Hé! g'y seray d'assez bonne heure.
Devant moy voy le chastel estre :
Dedans me vois bouter et mettre ;
G'y seray bien venuz, ce tien.
— Ma dame, Diex y soit! je vien :
 Aray-je boire?

LA MERE.

Oïl, Lembin, par saint Magloire!
 Que fait le roy?

LEMBERT.

Bien, ma dame, foy que vous doy!
Au moins pour lors que le laissay;
Mais de son estat riens ne say
Ne comment la feste se passe,
Car je n'oy d'estre à court espasse
Que tant comme ma lettre fist
Et qu'il la me bailla et dist
Que songneux fusse et diligens
De la rapporter à ses gens
 De par de çà.

LA MERE.

Ne peut chaloir. — Çà, le vin, çà,
 Et des espices!

GODEFFROY.

Ma dame, je seroie nices

diras qu'ils ne fassent rien autre chose que ce qui est prescrit là-dedans.

LEMBERT.

Que je n'aie jamais mal aux dents! mon cher seigneur, je le leur dirai bien. Je ne resterai plus ici; je m'en vais, sire.

LE ROI D'ÉCOSSE.

Allons, va! et sache bien leur répéter ce que je t'ai dit.

LEMBERT.

C'est ce que je ferai, sans y manquer. — Maintenant il me faut penser à marcher fort et ferme, et je ne veux m'arrêter que lorsque je serai arrivé au château de Gort et que j'y verrai la mère du roi, qui m'a promis un présent : ce qui m'a rendu joyeux. Avant qu'il soit plus tard, je vais savoir ce qu'elle me donnera et à quel point elle sera libérale à mon égard. Eh! j'y serai d'assez bonne heure. Je vois le château devant moi : je vais m'y glisser; je tiens pour certain que j'y serai bien reçu. — Ma dame, que Dieu soit céans! me voici : aurai-je à boire?

LA MÈRE.

Oui, Lembin, par saint Magloire! Comment se porte le roi?

LEMBERT.

Bien, ma dame, par la foi que je vous dois! au moins il en était ainsi quand je le laissai; mais je ne sais rien de sa position au tournoi, ni comment la fête se passe; car je n'eus pour rester à la cour que le temps qu'il prit à faire ma lettre, à me la donner et à me dire que je fusse soigneux et diligent à la reporter à ses hommes de l'autre côté du détroit.

LA MÈRE.

Cela ne fait rien. — Holà, le vin, holà, et des épices!

GODEFFROY.

Ma dame, je serais un imbécile si je re-

Se je disoie : « Non feray. »
En l'eure vous en porteray ;
Querre le vois.

LEMBERT.
Que peut ce estre ? je n'oy des moys
Si grant sommeil comme il m'est pris
Puis que j'entray en ce pourpris,
Et si ne scé dont ce me vient.
— Ma dame, dormir me convient
Avant toute heuvre.

LA MERE.
Il ne fault mie qu'i requeuvre.
Une foiz avant buverez
Et des espices mangerez,
Foy que doy m'ame !

GODEFFROY.
Prenez les espices, ma dame,
Devant le vin.

LA MERE.
Sà ! j'ay pris : or porte à Lembin,
S'en prendera.

LEMBERT.
Je ne sçay se bien me fera,
Tant ay sommeil !

LA MERE.
Mais que nous arons beu, je vueil,
Godeffroy, que couchier le maines,
Et que de li couvrir te paines,
Et qu'il dorme aise.

(Yci boivent sanz riens dire.)

LEMBERT.
Chiere dame, ne vous desplaise,
Se ci ne sui plus longuement,
Je m'en vois dormir ; vraiement,
Je n'en puis plus.

LA MERE.
Or alez, Lembert ; que Jhesus
Vous doint, amis, bon somme prendre !
— Alez avec li sanz attendre
Tost, Godeffroy.

GODEFFROY.
Voulentiers, ma dame, par foy !
— Lembert, alons.

LEMBERT.
Je vous pri que des piez balons
Pour y aler.

GODEFFROY.
Or reposez sanz plus parler ;
Puisque couchié estes, Lembert,

fusais de vous obéir. Je vous en apporterai sur l'heure ; je vais les chercher.

LEMBERT.
Qu'est-ce que cela peut être ? voici plusieurs mois que je n'ai pas eu une envie de dormir aussi violente que celle qui m'a pris depuis que je suis entré dans cet appartement, et je ne sais d'où cela me vient. — Ma dame, avant tout il me faut dormir.

LA MÈRE.
Je ne veux pas m'y opposer. Auparavant vous boirez un coup et vous mangerez des épices, par la foi que je dois à mon ame !

GODEFROY.
Ma dame, prenez les épices avant le vin.

LA MÈRE.
Allons ! j'en ai pris : maintenant présente à Lembin, il en prendra.

LEMBERT.
Je ne sais pas si cela me fera du bien, tant j'ai sommeil !

LA MÈRE.
Dès que nous aurons bu, je veux, Godefroy, que tu le mènes coucher, et que tu aies soin de le couvrir, de manière à ce qu'il dorme à son aise.

(Ici ils boivent sans rien dire.)

LEMBERT.
Chère dame, ne vous déplaise, si je n'ai pas à rester plus long-temps ici, je m'en vais dormir ; en vérité, je n'en puis plus.

LA MÈRE.
Eh bien ! allez, Lembert ; que Jésus vous donne un bon somme, mon ami ! — Godefroy, allez vite sans retard avec lui.

GODEFROY.
Volontiers, ma dame, par (ma) foi ! — Allons, Lembert.

LEMBERT.
Travaillons des pieds, je vous prie, pour y aller.

GODEFROY.
Allons ! reposez-vous sans parler davantage ; Lembert, puisque vous êtes cou-

Et que vous estes bien couvert,
Yci vous lais.
LA MERE.
Tu n'as pas fait trop grant relais
Avec Lembert.
GODEFFROY.
Puisque couchié l'ay et couvert,
Ma dame, n'est-ce pas assez?
Il n'a mestier (tant est lassez!)
Que de repos.
LA MERE.
Bien est; or entens mon propos :
J'aray encore un po à faire
De maistre Bon, mon secretaire;
Va le querir.
GODEFFROY.
Je vois sanz moy plus ci tenir,
Ma dame chiere.
LA MERE.
Et je vois savoir quelle chiere
Fait Lembert tout secréement.
Bien va; puisqu'il dort vraiement,
Sa boiste et ses lettres prenray,
Et ce que devisent saray
Bien tost, ce puis.
GODEFFROY.
Maistre Bon, bien à point vous truis.
Encore à ma dame venir
Vous fault sanz vous plus ci tenir,
Puisque vous mande.
LE SECRETAIRE.
Si iray de voulenté grande,
Godefroy, car g'y sui tenuz.
— Chiere dame, je sui venuz
A vostre mant.
LA MERE.
Maistre Bon, à savoir demant
Que ceste lettre-cy divise.
Lisez-la-moy, que la divise
En puise entendre.
LE SECRETAIRE.
Voulentiers, dame, sanz attendre.
— « A noz feaulx maistres d'ostel.
Un mandement vous faisons tel :
Pour ce que mandé nous avez
Que dire à droit ne nous savez
Quel hoir la royne a éu,
Dont elle gist ou a géu
(Tant est hideus à regarder!),

ché et bien couvert, je vous laisse ici.

LA MÈRE.
Tu n'as pas fait une trop longue pause avec Lembert.

GODEFROY.
Ma dame, je l'ai couché et couvert : n'est-ce pas assez? Il est si las qu'il n'a besoin que de repos.

LA MÈRE.
C'est bien; maintenant écoute-moi: j'ai encore quelque chose à faire avec mon secrétaire, maître Bon; va le chércher.

GODEFROY.
Ma chère dame, j'y vais sans me tenir plus long-temps ici.

LA MÈRE.
Et moi je vais savoir secrètement quelle figure fait Lembert. Tout va bien; puisqu'il dort tout de bon, je vais prendre sa boîte et ses lettres, et je saurai bientôt, si je puis, ce qu'elles portent.

GODEFROY.
Maître Bon, je vous trouve bien à propos. Il vous faut encore venir sans tarder auprès de ma dame, elle vous mande.

LE SECRÉTAIRE.
Je vais y aller de bon cœur, Godefroy, car j'y suis tenu. — Chère dame, je suis venu à votre commandement.

LA MÈRE.
Maître Bon, je voudrais savoir ce que cette lettre porte. Lisez-la-moi, que je puisse en entendre la teneur.

LE SECRÉTAIRE.
Dame, volontiers, sans retard. — « A nos féaux maîtres d'hôtel. Nous vous faisons ce commandement : comme vous nous avez mandé que vous ne savez nous dire positivement quel enfant la reine a eu, qu'elle soit en couches ou qu'elle en soit relevée (tant son aspect est hideux!), faites-nous garder dans quelque lieu écarté la mère

Que vous le nous faciez garder
Et la mere en aucun destour,
Car veoir à nostre retour
　Les desirons. »
　　LA MERE.
Est-ce cela? Nous en ferons
Une autre, moy et vous, en l'eure.
Avant! escripsez sanz demeure
Ce que je vous deviseray.
Voir, miex vous sattiffieray
　Que ne pensez.
　　LE SECRETAIRE.
Chiere dame, j'aray assez
Tant con Dieu vie vous donra.
Divisez ce qui vous plaira,
　Prest sui d'escripre.
　　LA MERE.
Mettez : « Le roy d'Escosse et sire.
Maistre d'ostel, point ne tardez,
Ces lettres veues, que n'ardez
La Bethequine et sa portée
Sanz attendre heure ne journée ;
Car, se son fruit n'ardez et elle
Et oïr en povons nouvelle,
Sachiez si tost que nous serons
Retourné, pendre vous ferons ;
　N'en doubtez point. »
　　LE SECRETAIRE.
Marie! c'est le plus fort point
　De la besongne.
　　LA MERE.
Avant! ploiez-la sanz prolongne
Et la cloez.
　　LE SECRETAIRE.
Voulentiers, quant le me loez.
　Vez la ci close.
　　LA MERE.
Or ne m'y fault-il que une chose :
C'est le seel ; bien l'i metteray
Et cy dedans le bouteray.
Vouc (sic)! et sanz moy plus deporter,
Vois tost à Lembert reporter.
La Manequine male joye
Ara, se fas ce que queroie.
　Fait ay par temps.
　　LEMBERT.
Se autrement à errer n'entens,
Je pourray villenie avoir ;
Il m'en fault faire mon devoir.

et l'enfant, car nous désirons les voir à notre retour. »
　　LA MÈRE.
Est-ce cela ? A l'instant même, moi et vous nous en ferons une autre. Allons ! écrivez sans retard ce que je vous dicterai. En vérité, vous serez plus satisfait que vous ne le pensez
　　LE SECRÉTAIRE.
Chère dame, j'aurai assez tant que Dieu vous prêtera vie. Dictez ce qu'il vous plaira, je suis prêt à écrire.
　　LA MÈRE.
Mettez : « Le roi et sire d'Écosse. Maître d'hôtel, ne tardez point, après avoir vu ces lettres, de brûler la Béthequine et sa progéniture sans attendre un seul jour ni même une heure ; car, si vous ne la brûlez pas, elle et son fruit, et si nous pouvons en apprendre nouvelle, sachez que, aussitôt que nous serons de retour, nous vous ferons pendre ; n'en doutez point. »
　　LE SECRÉTAIRE.
Marie ! c'est le plus fort de l'affaire.
　　LA MÈRE.
Allons ! pliez-la sans commentaire et fermez-la.
　　LE SECRÉTAIRE.
Volontiers, puisque vous me l'ordonnez. La voilà close.
　　LA MÈRE.
Maintenant il n'y manque plus qu'une chose : c'est le sceau ; je l'y mettrai bien et je le placerai ici dedans. Voilà ! et sans m'amuser davantage, je vais vite reporter (cela) à Lembert. La Manequine aura une joie de mauvais aloi, si je réussis. J'ai fini à temps.

　　LEMBERT.
Si je ne m'applique à voyager autrement, je pourrai avoir des reproches ; il me faut remplir mon devoir en ce point.

— Ma dame, prendre vien congié ;
De ce que j'ay beu et mengié
　　Je vous mercy.

LA MERE.

Lembert, puisque tu pars de cy,
Ne sçay quoy t'avoie promis ;
Vez cy cent florins, tien, amis,
　　Ayde-t'en.

LEMBERT.

Grans merciz, ma dame ! en bon an
　　Vous mette Diex !

LA MERE.

Va-t'en, va ; je te feray miex
　　Une autre foiz.

LEMBERT.

A Dieu, ma dame, je m'en vois.
Ne sera mais rien qui me tiengne
Jusqu'à tant qu'à Bervic viengne.
La cité voy, tant en sui près ;
De m'y bouter vueil estre engrès.
— Messeigneurs, Dieu qui de Marie
Voult faire sa mere et s'amie
　　Vous soit amis !

LE PREVOST.

Lembert, amis, et il t'ait mis
　　Huy en bon jour !

ij^e. CHEVALIER D'ESCOSSE.

Lembert, dites-nous sanz sejour
Comment fait monseigneur le roy,
Et comment il va du tournoy,
　　S'en savez rien.

LEMBERT.

Du roy, messeigneurs, vous dy bien
Que je les (sic) laissay en bon point ;
Mais du tournay ne sçay-je point ;
S'il se fist ou nom, c'est à court ;
Car de monseigneur à la court
Ne fu que tant qu'il fist ma lettre
Ly-meismes, sanz autre commettre.
Tenez, sire, je la vous baille ;
Mais de tant me charga sanz faille
Que vous die que ne laissiez
Pour riens que vous n'acomplissiez
　　Ce qu'est escript.

ij^e CHEVALIER.

Ha ! très doulx pere Jhesu-Crist,
Vez-ci lettre où a trop dur mot.

— Ma dame, je viens prendre congé ; je vous remercie de ce que j'ai bu et mangé chez vous.

LA MÈRE.

Lembert, puisque tu pars de céans, je t'avais promis quelque chose : voici cent florins ; tiens, mon ami, fais-en usage.

LEMBERT.

Grand merci, ma dame ! que Dieu vous mette en bonne année !

LA MÈRE.

Va-t'en, va ; je te donnerai plus une autre fois.

LEMBERT.

Adieu, ma dame, je m'en vais. Rien ne m'arrêtera jusqu'à ce que je vienne à Berwick. Je vois la ville, tant j'en suis près ; je veux me hâter d'y entrer. — Messeigneurs, que Dieu qui de Marie voulut faire sa mère et son amie, soit votre ami !

LE PRÉVÔT.

Lembert, mon ami, qu'il te mette aujourd'hui en un bon jour !

LE DEUXIÈME CHEVALIER D'ÉCOSSE.

Lembert, dites-nous sans retard comment se porte monseigneur le roi, et comment le tournoi se comporte, si vous en savez quelque chose.

LEMBERT.

Quant au roi, messeigneurs, je vous assure que je le laissai en bon état ; mais relativement au tournoi, je vous dirai en peu de mots que je ne sais pas s'il se fit ou non ; car je n'ai été à la cour de monseigneur que le temps qu'il mit à faire lui-même ma lettre, sans confier ce soin à un autre. Tenez, sire, je vous la donne ; mais il me chargea de vous dire que vous ne manquiez pour rien au monde d'accomplir ce qui y est écrit.

LE DEUXIÈME CHEVALIER.

Ah ! très-doux père Jésus-Christ, voici une lettre où il y a des mots bien durs.

—Venez avant, venez, prevost;
Tenez, lisez.

LE PREVOST.
Voulentiers, se j'en sui aisiez.
Laz! vez ci chose trop amere,
Que nous ardons et filz et mere.
Hé, biaux sire Diex qui ne ment!
Esbahiz suis que estre ce peut,
Trop m'en merveil.

ij⁰ CHEVALIER D'ESCOSSE.
Certes, se voir dire vous vueil,
Prevost, c'est nostre mort escripte;
Car, se d'ardoir on les respite,
Et ne faisons son mandement.
Mourir nous fera laidement;
Se nous les ardons, mal sera;
Car le peuple sur nous courra :
Ainsi n'y puis-je regarder
Que de mort nous puissons garder,
Se Dieu n'en pense.

LE PREVOST.
E las! vez ci dure sentence.
Voir, je plain le filz et la dame
Autant com je fas moy, par m'ame!
Et plus assez.

LA FILLE.
Seigneurs, dites-moy que pensez.
A-il que bien en ce païs?
Faire vous voy comme esbahiz
Trop mate chiere.

ij⁰ CHEVALIER.
Qu'en povons-nous, ma dame chiere?
Si devrez-vous faire, pour voir.
Le roy, sur corps et sur avoir,
Nous mande que point ne tardons
Que vous et vostre filz n'ardons
Sanz demourée.

LA FILLE.
Ha, mere Dieu, Vierge honnourée!
Me dites-vous voir, mes amis?
A-il en ceste lettre mis
Tel mandement?

LE PREVOST.
Chiere dame, oïl, vraiement;
Et y a qu'i nous fera pendre,
Et n'acomplissons sanz attendre
Ce qu'i nous mande.

LA FILLE.
Or me ressourt angoisse grande.
E, très doulce Vierge Marie!

— Prévôt, venez, avancez; tenez, lisez.

LE PRÉVÔT.
Volontiers, si je le puis. Hélas! voici une chose bien terrible, s'il nous faut brûler le fils et la mère. Eh, beau sire Dieu qui ne mens pas! je suis tout étonné de ce que ce peut être, je m'en émerveille fort.

LE DEUXIÈME CHEVALIER D'ÉCOSSE.
Certes, prévôt, à vous dire vrai, c'est notre mort qui est ici écrite; car, si on diffère de les brûler, et si nous n'exécutons pas son ordre, il nous fera mourir honteusement. Si nous les brûlons, ce sera un mal; car le peuple courra sur nous : ainsi je ne vois pas comment nous pourrons nous garantir de la mort, si Dieu n'y pourvoit pas.

LE PRÉVÔT.
Hélas! voici une dure sentence. En vérité, je plains le fils et la dame autant et encore plus, sur mon ame, que s'il s'agissait de moi.

LA FILLE.
Seigneurs, dites-moi ce que vous pensez. Tout ne va-t-il pas bien dans ce pays? Je vous vois tout stupéfaits et le visage morne.

LE DEUXIÈME CHEVALIER.
Nous n'en pouvons mais, ma chère dame; et, en vérité, vous devrez en faire autant. Le roi nous mande, sous peine de perdre nos biens et notre vie, de ne pas différer à faire brûler votre fils et vous.

LA FILLE.
Ah, mère de Dieu, Vierge honorée! mes amis, dites-vous la vérité? A-t-il mis un ordre pareil dans cette lettre?

LE PRÉVÔT.
Oui vraiment, chère dame; et il y a qu'il nous fera pendre, si nous n'accomplissons pas sans retard ce qu'il nous mande.

LA FILLE.
A cette heure je suis de nouveau en proie à une vive douleur. Eh, très-douce Vierg

Je croy qu'il ne soit femme en vie
Plus malfortunée de moy.
E, doulx roy d'Escosse! et pour quoy
M'avez jugée à telle mort
Com d'ardoir? Certes, c'est à tort;
Car je ne sçay en dit n'en fait
Que je vous aie tant meffait
Que ainsi par vous mourir déusse.
Encore, se seulle morusse,
N'en fusse pas si adolée;

(Cy baise son filz.)

Mais de ceste doulce rousée
Qui est un si pur inocent
Vostre voulenté si consent
Qu'il soit ars et la mere ensemble.
Ha, bon roy! par foy! ce me semble
Trop dure chose et trop amere
Qu'un tel inocent et sa mere
Soient ars. Diex! le cuer me fent
De douleur. Ha, mon doulx enfent!

(Cy le baise.)

— Doulx filz, est-ce par vos dessertes
Ne par les moies? Nanil, certes :
Et pour ce je tien c'est envie.
— E, biaux seigneurs! ma povre vie
Respitez, qu'ainsi pas ne fine
Ne cest enfant; par amour fine
Et pour Dieu le vous vueil requerre.
Le cuer pour li de dueil me serre,
Quant je voy qu'il déust tenir
Comme roy terre au parvenir,
S'envie n'i méist discorde :
Si vous pri pour misericorde
Souffrez que loing de ceste terre
Je puisse aler noz vies querre
    Com povre femme.

ij. CHEVALIER.

Que ferons-nous de ceste dame,
Dites, prevost, en amistié?
Elle m'a fait si grant pitié
En faisant ses doulces clamours
Que le cuer me font tout en plours;
Et si fait l'enfant vraiement :
Si vous pri, regardons comment
    Nous en ferons.

LE PREVOST.

Sire, bien nous en chevirons
A nostre honneur, se me creez.
Se je dy bien, ne recreez
De mon conseil.

Marie, je ne crois pas qu'il y ait en vie une femme plus infortunée que moi. Eh, doux roi d'Écosse! pourquoi m'avez-vous condamnée à mourir par un supplice comme celui du feu? Certes, c'est à tort; car je ne sache pas vous avoir offensé en paroles et en actions, au point de mériter que vous me mettiez ainsi à mort. Encore, si je mourais seule, je n'éprouverais pas tant de chagrin (*Ici elle baise son fils.*); mais votre volonté est que cette douce rosée, cet innocent sans tache, soit brûlé avec sa mère. Ah, bon roi! par (ma) foi! ce me semble chose trop dure et trop douloureuse qu'un tel innocent et sa mère soient brûlés. Dieu! le cœur me fend de douleur. Ah, mon doux enfant! (*Ici elle le baise.*) — Doux fils, est-ce par suite de vos crimes ou des miens? Nenni, certes : c'est pourquoi je tiens que c'est par envie. — Eh, beaux seigneurs, épargnez ma pauvre vie, que je ne meure pas ainsi, ni cet enfant non plus; je vous en prie pour l'amour de Dieu et de moi. J'ai le cœur serré de chagrin à son sujet, quand je vois que plus tard il devrait tenir le pays comme roi, si l'envie n'y mettait opposition : je vous en prie donc, au nom de la pitié, souffrez que loin de cette terre je puisse aller chercher mon pain comme une pauvre femme.

LE DEUXIÈME CHEVALIER.

Prévôt, dites-moi en ami, que ferons-nous de cette femme? elle m'a inspiré tant de pitié par ses douces lamentations que le cœur me fond tout en larmes; et, vraiment, l'enfant a produit sur moi le même effet : je vous prie donc de voir comment nous ferons.

LE PRÉVÔT.

Sire, nous nous en tirerons bien à notre honneur, si vous m'en croyez. Si je dis bien, ne repoussez pas mon avis.

ij^e CHEVALIER D'ESCOSSE.
Nanil ; mais assentir m'y vueil.
Prevost, or dites.

LE PREVOST.
De sa mort serons trop bien quittes,
Se nous faisons en ceste guise :
Qu'en un batel soit en mer mise
Ou en une vieille nacelle,
Et n'y ait que l'enfant et elle,
Et n'ait gouvernail n'aviron
N'autres gens entour n'environ ;
Ainsi par my la mer s'en voit
Au Dieu plaisir, qui la convoit
   Où li plaira.

ij^e CHEVALIER.
Vous dites bien ; ainsi sera.
— Dame, pour vos piteux regrez,
De vous dire sommes tout prez
Que d'ardoir vous espargnerons ;
Mais une autre chose ferons :
Il vous faudra, soit lait ou bel,
Que vous entrez en ce batel,
Vous et l'enfant ; et si n'arez,
Quant esquippée en mer serez,
Gouvernement ce n'est de Dieu :
Ainsi relenquirez ce lieu ;
   Le voulez-vous ?

LA FILLE.
Puisqu'il [vous] plaist, messeigneurs
   doulx,
Je vous mercy plourant des yeux.
Puisqu'à mourir vient, j'ayme mieux
Que noyons en la mer parfonde
Que prendre à la veue du monde
   Par ardoir mort.

LE PREVOST.
Dame, vous n'avez mie tort.
Or avant ! vostre enfant prenez
Et faites tost, si en venez
   Ysnel le pas.

LA PREMIÈRE DAMOISELLE.
Ha, chiere dame debonnaire !
Departir de vous tant me greve
Qu'a po que le cuer ne me creve.
Certes, mie ne vous lairay ;
Avec vous vivray et mourray.
Amée m'avez de cuer fin ;
Et puisque de vous voy la fin,
Certainement je seray celle
Qui enterray en la nascelle

LE DEUXIÈME CHEVALIER D'ÉCOSSE.
Nenni ; au contraire, je veux m'y ranger. Allons, prévôt, parlez.

LE PRÉVÔT.
Nous serons entièrement quittes de sa mort, si nous agissons de cette manière : qu'elle soit mise en mer dans un bateau ou dans une vieille nacelle, et qu'il n'y ait qu'elle et l'enfant, sans gouvernail ni aviron ou qui que ce soit autour d'eux ; qu'elle s'en aille ainsi sur la mer au gré de Dieu, qui la conduise où il lui plaira.

LE DEUXIÈME CHEVALIER.
C'est bien parlé ; il en sera ainsi. — Dame, en raison de vos plaintes qui nous ont inspiré de la pitié, nous sommes tout prêts à vous dire que nous ne vous livrerons pas au feu ; mais nous ferons autre chose : il vous faudra, que cela vous plaise ou non, entrer dans ce bateau, vous et votre enfant ; et, quand vous serez en mer, vous n'aurez d'autre protection que celle de Dieu : ainsi vous quitterez cet endroit ; le voulez-vous ?

LA FILLE.
Puisque tel est votre plaisir, mes doux seigneurs, je vous remercie les larmes aux yeux. Puisqu'il me faut mourir, j'aime mieux que nous soyons noyés dans la mer profonde que de périr par le feu à la vue de tous.

LE PRÉVÔT.
Dame, vous n'avez pas tort. Allons, en avant ! prenez votre enfant, faites vite et venez-vous-en promptement.

LA PREMIÈRE DEMOISELLE.
Ah, ma chère et bonne dame ! j'éprouve tant de peine de me séparer de vous que peu s'en faut que le cœur ne me fende. Certes, je ne vous abandonnerai pas ; je vivrai et mourrai avec vous. Vous m'avez aimée de tout votre cœur ; et puisque je vois votre fin, certainement j'entrerai dans la nacelle aussitôt que vous, et je mourrai si vous mourez ; tant je vous aime d'une amitié sincère !

Aussi tost comme vous ferez,
Et si mourray se vous mourez:
Tant vous ayme de bonne amour!
Entrer cy dedens sanz demour
  Vueil, puisqu'y estes.
   ij°. CHEVALIER.
M'amie, grant folie faites;
Ne scé comment vous abelist:
Se vent leve et mer s'orgueillist,
Vous noierez ysnel le pas.
Pour Dyeu mercy! n'y alez pas;
  Creez conseil.
  LA PREMIERE DAMOISELLE.
Sire, aler avecques li vueil
Et moy pour elle à mort offrir,
S'il fault que la doie souffrir:
  Tant l'aime, voir!
   LE PREVOST.
M'amie, je vous fas savoir
De ce faire vous tien pour sote.
— Boutons ce batel si qu'il flote.
Ho! la mer de nous le depart.
Sire, alons-nous-ent d'autre part
  Vers noz hostiex.
  ij° CHEVALIER D'ESCOSSE.
Alons! à Dieu, dame gentiex,
Qui vous soit aïde et confort!
Et, si li plaist, vous vueille à port
  Saine mener!
   LA FILLE.
Mere Dieu, de dueil demener
Ay-je cause? Certes, oïl,
Quant cy me voy en tel peril
Que ne gars l'eure qu'en mer verse.
Ha, Fortune! tant m'es perverse
A bon droit se de toy me plains
Et com dolente me complains,
Qui m'as mis ou hault de ta roe
Et m'as puis jetté en la boe;
Mais pis, car sanz gouvernement
Suy de haulte mer en tourment
Qui trop malement sur nous queurt.
— Biau filz, se Dieu ne nous sequeurt,
Vous ne moy ne povons durer
Ne ceste mer cy endurer;
Et s'il estoit que je scéusse
De certain qu'en séur lieu fusse,
Si ay-je bien cause de pleur
Et assez angoisse et doleur,
Et tout pour vous, mon enfant chier;

Je veux entrer céans sans retard, puisque vous y êtes.

LE DEUXIÈME CHEVALIER.

Mon amie, vous faites une grande folie; je ne sais pas comment cela peut vous plaire: si le vent s'élève et la mer s'enfle, vous vous noyerez tout de suite. Pour l'amour de Dieu! n'y allez pas; croyez mon avis.

LA PREMIÈRE DEMOISELLE.

Sire, je veux aller avec elle et m'exposer pour elle à la mort, s'il me faut la subir: tant je l'aime, en vérité!

LE PRÉVÔT.

Mon amie, je vous fais savoir que je vous tiens pour une sotte, si vous faites cela.
— Mettons ce bateau à flot. Holà! la mer le sépare de nous. Sire, allons-nous-en d'un autre côté vers nos logis.

LE DEUXIÈME CHEVALIER D'ÉCOSSE.

Allons! (je vous recommande) à Dieu, gentille dame; qu'il vous aide et vous console, et, si tel est son plaisir, qu'il veuille vous conduire saine et sauve au port!

LA FILLE.

Mère de Dieu, ai-je sujet de m'affliger? Certes, oui, puisque je me trouve dans un péril tel que je ne vois l'heure que je chavire en mer. Ah, Fortune! tu m'es si contraire que j'ai bien raison de te faire des reproches et de me plaindre amèrement de ce que tu m'as mis au haut de ta roue pour me jeter ensuite dans la fange; mais il y a pis, car je suis abandonnée sans pilote à la tourmente en pleine mer, qui court terriblement sur nous. — Cher fils, si Dieu ne nous secourt pas, ni vous ni moi, nous ne pouvons résister ni endurer cette mer; et même si je pouvais savoir, à n'en pas douter, que je suis en lieu sûr, j'aurais encore bien raison de pleurer et j'éprouverais assez d'angoisses et de douleur, tout cela pour vous, mon cher enfant: je ne puis ni vous lever ni vous coucher, et je ne sais de quoi vous nourrir.
— Ah, Vierge de qui Dieu voulut naître! ne

Ne vous sçay lever ne couchier,
Ne si ne vous sçay de quoy paistre.
— Ha, Vierge de qui Dieu volt naistre !
De nous aidier ne soies lente ;
Reconfortes ceste dolente
Et menes à port de salut.
Fleur de qui le fruit tant valut,
Qu'il fu souffisant pour le monde
Jetter de la prison parfonde,
Jettez-nous de ce peril, Dame,
Et faites com piteuse femme.
Vierge, perir ne me laissiez ;
Mais à droit port nous adressiez
    De sauveté.

NOSTRE-DAME.

Fil, pour l'infinie bonté
Qui en vous est, soiez d'accort
Que nous aillons donner confort
Celle dame-là sanz attente,
Que paour de noier tourmente
    En celle mer.

DIEU.

Mere, vous la devez amer,
Car je voy qu'elle le dessert :
Vous et moy de cuer prie et sert,
Et porte en très grant pacience
Le mechief, l'inconvenience
Et la dure maléurté
Qui, sanz abatre, l'a hurté
Et encore la hurte fort.
Sus ! alons li faire deport,
    Sanz plus attendre.

NOSTRE-DAME.

Anges, pensez de jus descendre,
Et chantez, en nous convoiant,
Si hault c'on vous soit cler oyant
    Que chanterez.

LE PREMIER ANGE.

Dame, quanque commanderez
    De cuer ferons.

ij^e ANGE.

Gabriel, or çà ! que dirons
    En là alant ?

LE PREMIER ANGE.

Mon ami, nous irons disant
Ce rondel-ci sanz retraire.

Rondel.

Très doulce Vierge debonnaire,
Sejour de vraie humilité,

mets pas de lenteur à nous aider ; reconforte cette malheureuse et mène-la au port de salut. Fleur dont le fruit eut tant de valeur qu'il suffit pour arracher le monde à la profonde prison, Dame, tirez-nous de ce péril, et agissez en femme miséricordieuse. Vierge, ne me laissez pas périr ; mais dirigez-nous droit au port de salut.

NOTRE-DAME.

Mon fils, au nom de la bonté infinie qui est en vous, consentez à ce que nous aillons reconforter sur-le-champ cette dame, que tourmente la peur d'être noyée dans cette mer.

DIEU.

Ma mère, vous devez l'aimer, car je vois qu'elle le mérite : elle prie et sert de cœur vous et moi, et supporte avec beaucoup de patience le malheur, l'embarras et la rude infortune qui, sans l'abattre, l'a frappée et la frappe encore. Debout ! allons la soulager sans plus de retard.

NOTRE-DAME.

Anges, pensez à descendre, et chantez, en nous accompagnant, si haut que l'on entende clairement ce que vous chanterez.

LE PREMIER ANGE.

Dame, nous ferons de bon cœur tout ce que vous commanderez.

LE DEUXIÈME ANGE.

Gabriel, eh bien ! que dirons-nous en allant là-bas ?

LE PREMIER ANGE.

Mon ami, nous dirons ce rondeau-ci tout d'une haleine.

Rondeau.

Très-douce et bonne Vierge, séjour d'humilité véritable, en qui Dieu prit humanité ;

En qui Dieu prist humanité ;
Pour les humains d'enfer retraire
Soffri vo fil mort à vilté :
Très doulce Vierge debonnaire,
Sejour de vraie humilité,
Pour ce à chascune et chascun plaire
Doit qu'il vous serve, en verité,
Et qu'il die par charité :
Très doulce Vierge debonnaire ;
Sejour de vraie humilité,
En qui Dieu prist humanité.

DIEU.

Pour ce qu'en ta necessité,
Belle amie, m'ayde as quis
Et de cuer ma mere requis
Qu'elle te gardast de noier,
Ne te vueil-je point denoier
Que n'acomplise ta requeste.
Ne crain plus de mer la tempeste,
Confortes-toy.

LA FILLE.

Sire, sire, raison pour quoy ?
N'est merveille se je la doubte.
Je voy puis çà, puis là, me boute :
Une heure hausse, une autre abesse.
De paour ay telle tristesce
Ne sçay que faire ne que dire.
Qui estes-vous qui parlez, sire,
Si seurement ?

DIEU.

Je sui qui fis le firmament,
Je sui qui toutes choses fis
De nient, je sui celui qui pere et filz
Sui de ma fille et de ma mere,
Je sui celui qui mort amere
En croiz souffri pour toy, retien ;
La fontaine sui de tout bien,
Sanz commencement et sanz fin,
Qui par amour et de cuer fin
Vien cy pour toy donner confort.
Aiez en Dieu bon cuer et fort :
Passé as ton plus grant meschief.
Ne t'en diray plus, mais que à chief
Venras de ce païs (sic) briefment.
— Anges et vous, mere, alons-m'ent
Es cieulx arriere.

NOSTRE-DAME.

Belle amie, fay bonne chiere ;
Je te dy, ne te doubte pas,
Que briefment en estat seras

pour retirer les hommes de l'enfer votre fils souffrit une mort ignominieuse : c'est pourquoi, très-douce et bonne Vierge, séjour d'humilité véritable, il doit plaire à chacun et à chacune, en vérité, de vous servir et de dire par charité : Très-douce et bonne Vierge, séjour d'humilité véritable, en qui Dieu prit humanité.

DIEU.

Belle amie, attendu que tu as réclamé mon secours dans ta nécessité et que tu as prié ma mère de te garantir d'être noyée, je ne veux point différer d'accomplir ta requête. Ne crains plus la tempête de la mer, rassure-toi.

LA FILLE.

Sire, sire, j'ai bien raison de la craindre, il n'y a pas à s'en étonner. Je vois qu'elle me pousse çà et là : un moment elle m'élève, un autre elle m'abaisse. La peur me donne une telle tristesse que je ne sais que faire ni que dire. Qui êtes-vous, sire, vous qui parlez avec tant d'autorité ?

DIEU.

Je suis celui qui fit le firmament, je suis celui qui fit toutes choses de rien ; je suis le père et le fils de ma fille et de ma mère ; je suis celui, retiens-le, qui souffrit pour toi sur la croix une mort douloureuse ; je suis la fontaine de tout bien, sans fin ni commencement, qui par amour et de tout cœur viens ici pour te reconforter. Aie en Dieu un cœur bon et ferme : tu as passé le plus fort de tes tribulations. Je ne t'en dirai plus rien, sinon que tu sortiras bientôt de ce pas. — Anges et vous, ma mère, retournons aux cieux.

NOTRE-DAME.

Belle amie, du courage ! je te dis que, sois-en sûre, tu seras bientôt dans une position aussi haute que celle où tu fus jamais.

Aussi hault comme onques tu fus.
N'aies pas cuer vers Dieu confus.
    M'amie, à Dieu.

PREMIER ANGE.

Michiel, au partir de ce lieu,
    Chanter nous fault.

ij^e ANGE.

Si chanterons donc sanz deffault.
Or avant ! disons sanz nous taire.

Rondel.

Pour ce à chascune et chascun plaire
Doit qu'il vous serve, en verité,
Et qu'il die par charité :
Très doulce Vierge debonnaire,
Sejour de vraie humilité,
En qui Dieu prist humanité.

LA FILLE.

Sire Dieu, de la grant bonté
Qui par vous m'a cy esté faitte
Mon cuer à vous loer s'affaitte :
C'est droiz, quant il vous a pléu,
Sire, que vous aie véu
Et celle qui vous a porté,
Qui si doulcement conforté
M'a, Sire, et vous qu'il m'est advis
Qu'en gloire soit mon corps raviz.
Ce que m'avez dit bien perçoy,
Car à seiche terre me voy
    Estre arrivée.

LE SENATEUR.

Vous soiez la très bien trouvée,
Dame. Vous venez-vous embatre
En ceste cité pour esbatre,
    Ou pour quoy querre ?

LA FILLE.

Sire, pour Dieu vous vueil requerre
Et pour pitié ne me rusez
N'à moy rigoler ne musez ;
Car en moy n'a ris ne jeu, certes.
J'ay fait puis un po trop de pertes,
Et si grans que n'espere mais
Que je les recuevre jamais,
    Se à Dieu ne plaist.

LE SENATEUR.

Dame, je vous dy à court plait,
De vous rigoler n'ay courage ;
Car je croy que de hault lignage,
A vostre semblant et maintien,
Estes estraitte ; ainsi le tien :

N'aie pas le cœur ingrat envers Dieu. Adieu, mon amie.

LE PREMIER ANGE.

Michel, en quittant ce lieu, il nous faut chanter.

LE DEUXIÈME ANGE.

Nous chanterons donc sans y manquer. Allons, en avant ! chantons sans retard.

Rondeau.

C'est pourquoi il doit plaire à chacun et à chacune, en vérité, de vous servir et de dire par charité : Très-douce et bonne Vierge, séjour d'humilité véritable, en qui Dieu prit humanité.

LA FILLE.

Sire Dieu, mon cœur s'apprête à vous louer de la grâce signalée qui m'a été faite ici par vous : c'est raison, puisqu'il vous a plu, Sire, que je vous aie vu ainsi que celle qui vous a porté. Elle et vous, Sire, vous m'avez si doucement consolée qu'il me semble que mon cœur est ravi en gloire. Je reconnais bien la vérité de ce que vous m'avez dit, car je me vois arrivée sur la terre ferme.

LE SÉNATEUR.

Je suis heureux de vous trouver, dame. Vous venez dans cette ville pour vous ébattre, ou pour chercher quelque chose ?

LA FILLE.

Sire, pour (l'amour de) Dieu, je veux vous prier, au nom de la pitié, de ne pas me tromper ni de ne pas vous moquer de moi ; car, certes, il n'y a en moi nul sujet de rire ou de jouer. Depuis peu j'ai fait trop de pertes, et de si grandes que je n'espère pas les réparer jamais, à moins que Dieu n'en décide autrement.

LE SÉNATEUR.

Dame, je vous le dis en un mot, je n'ai pas l'intention de me jouer de vous ; car à votre extérieur et à votre maintien, je crois que vous êtes issue de haut lignage ; je le pense ainsi : c'est pourquoi je vous mènerai en mon

Pour ce en mon hostel vous menray
Et si vous y hebergeray,
S'il vous agrée.

LA FILLE.
Pour Dieu, sire! en quelle contrée
Sui-je venue?

LE SENATEUR.
Dame, vous estes descendue
A Rome droit.

LA FILLE.
Or me vueille Diex orendroit
Conseillier et reconforter!
— Biau filz, nous avons à porter
De haire assez.

LE SENATEUR.
Je voy les corps avez lassez :
Venez-vous-ent avec moy, belle,
Et vous et vostre damoiselle ;
N'y povez avoir deshonneur :
De la ville sui senateur
Et si ay femme.

LA FILLE.
Vous et li gart Diex de diffame!
Or alons dont.

LE SENATEUR.
Ne ferez pas chemin trop long :
Dame, nous y serons en l'eure.
Vez-cy l'ostel où je demeure.
— Dame, faites-nous chiere lie :
Je vous amaine compagnie,
Regardez quelle.

LA FEMME DU SENATEUR.
Elle me semble bonne et belle,
Monseigneur, foy que doy à Dieu!
— Bien veigniez, dame, en nostre lieu,
Et vous, m'amie.

LA FILLE.
Dame, humble vierge Marie
Soit de vous et du seigneur garde!
Certes, quant je pense et regarde
Comment de mon estat je change
Et que suis en païs estrange,
Ne scé comment me dure vie ;
Car je soloie estre servie,
Et il me fault devenir serve,
Se je vueil vivre, et que je serve,
Ce qu'apris n'ay.

LE SENATEUR.
M'amie, je vous retenray

logis et vous hébergerai, si cela vous est agréable.

LA FILLE.
Pour (l'amour de) Dieu, sire! en quelle contrée suis-je venue?

LE SÉNATEUR.
Dame, vous êtes descendue tout droit à Rome.

LA FILLE.
Que Dieu veuille ici me conseiller et me réconforter! — Mon fils, nous avons à supporter assez de tribulations.

LE SÉNATEUR.
Je vois que vous êtes lasse : belle, venez-vous-en avec moi, vous et votre demoiselle; vous ne pouvez en être déshonorée : je suis sénateur de la ville et j'ai une femme.

LA FILLE.
Que Dieu garde d'outrage vous et elle! Allons-nous-en donc.

LE SÉNATEUR.
Vous ne cheminerez pas trop longuement : dame, nous y serons tout de suite. Voici le logis où je demeure. — Dame, faites-nous bon visage : je vous amène compagnie, regardez de quelles gens.

LA FEMME DU SÉNATEUR.
Monseigneur, par la foi que je dois à Dieu! elle me semble bonne et belle. — Dame, ainsi que vous, m'amie, soyez les bienvenues en notre maison.

LA FILLE.
Dame, que l'humble vierge Marie vous garde, vous et votre mari! Certes, quand je pense et regarde combien ma position est changée et que je suis dans un pays étranger, je ne sais comment ma vie dure ; car j'étais accoutumée à être servie, et il me faut devenir servante, si je veux vivre, et faire un service que je n'ai pas appris.

LE SÉNATEUR.
M'amie, je vous retiendrai volontiers, si

Voulentiers, se, pour desservir
Argent, vous pensez à servir.
    Qu'en dites-vous?
        LA FILLE.
Grant merciz. De quoy, sire doulx,
    Serviray-je?
        LE SENATEUR.
A ce point vous responderay-je :
Vous arez office ligiere;
Vous serez, sanz plus, claceliere
De ceens : c'est ligier office
Et à femme trop bien propice.
Vostre enfant nourrirez emprès.
De vostre damoiselle après
Je vous diray qu'il en sera :
En un mien autre hostel venra,
Où elle sera comme dame,
Se elle veult estre preude femme.
    Est-ce assez dit?
        LA PREMIÈRE DAMOISELLE.
Sire, n'y met nul contredit,
    S'il plaist ma dame.
        LA FILLE.
Il me plaist, et de corps et d'ame,
Mon chier seigneur, vous serviray,
Par m'ame! au miex que je pourray,
    N'en doubtez point.
        LA FEMME AU SENATEUR.
Puisque nous sommes à ce point,
Monseigneur, or en amenez
La damoiselle où dit avez
    Isnellement.
        LE SENATEUR.
Or sà, damoiselle! alons-m'ent
    Ysnel le pas.
        LA DAMOISELLE.
Sire, ne refuseray pas
    A y aler.
        LE ROY D'ESCOSSE.
Godemen, entens me parler :
En Escosse à mes gens iras,
Mon retour savoir leur feras
    Et que les truisse.
        GODEMAN, escuier.
Sire, ne fineray que puisse
De faire tant que seray quittes
De leur dire ce que me dittes.
A Dieu! je m'en vois pié batant.
— Dieu mercy! or ay-je erré tant
Qu'en Escosse sui arrivé.

pour gagner de l'argent, vous pensez à servir. Qu'en dites-vous?
        LA FILLE.
Grand merci. Doux sire, quel service ferai-je?
        LE SÉNATEUR.
Je vous répondrai sur ce point : vous aurez des fonctions faciles; vous serez, sans plus, célerière de céans : c'est un service aisé et convenable pour une femme. Ensuite vous nourrirez votre enfant. Après, je vous dirai ce qu'il en sera de votre demoiselle : elle ira dans un autre logis à moi, où elle sera comme la maîtresse, si elle veut être honnête femme. En ai-je assez dit?
        LA PREMIÈRE DEMOISELLE.
Sire, je n'y mets aucune opposition, si cela plaît à ma dame.
        LA FILLE.
Cela me plaît, mon cher seigneur, et, sur mon ame! je vous servirai de toutes mes forces le mieux que je pourrai, n'en doutez point.
        LA FEMME DU SÉNATEUR.
Puisque nous en sommes là-dessus, monseigneur, allons! emmenez promptement la demoiselle où vous avez dit.
        LE SÉNATEUR.
Allons, demoiselle, allons-nous-en vite.
        LA DEMOISELLE.
Sire, je ne refuserai pas d'y aller.
        LE ROI D'ÉCOSSE.
Godeman, écoute-moi : tu iras en Écosse auprès de mes gens, tu leur feras savoir mon retour, et (qu'il faut) que je les trouve.
        GODEMAN, écuyer.
Sire, selon mon pouvoir, je n'aurai pas de repos que je ne leur aie répété ce que vous me dites. Adieu! je m'en vais bon pas.
— Dieu merci! j'ai tant marché qu'à cette heure je suis arrivé en Écosse. — Messeigneurs, je vous ai trouvés ici bien à propos.

— Messeigneurs, bien à point trouvé
Vous ay ci. Le roy vous salue
Et vous fait savoir sa venue ;
   De cy est près.
     ij^e CHEVALIER D'ESCOSSE.
Godeman, et nous sommes prestz
D'aler à lui.
     LE PREVOST.
Ce sommes mon ; n'y a celui.
Or avant ! mettons-nous à voie.
Ne fineray tant que le voie.
   Est-il tout sain ?
     GODEMAN.
Oïl, sire, par saint Germain !
   La Dieu mercy !
     ij^e CHEVALIER.
Prevost, par foy ! je le voy ci ;
De venir tost ne vous faingniez.
—Mon très chier seigneur, bien vegniez
   Et voz gens touz.
     LE ROY D'ESCOSSE.
Maistre d'ostel, avançons-nous
Tant que soions en mon manoir.
— Or çà ! vous ij., dites-me voir :
Comment va-il de la royne
Et de son fruit ? tout le convine
   En vueil savoir.
     ij^e CHEVALIER.
Sire, ardoir la féismes, voir,
Ainsi con le nous escripsistes.
Et, certes, grant pechié féistes
De la faire ardoir, j'en sui fis ;
Mais plus grant pechié fu du filz :
Tant estoit belle créature !
Miex vous ressembloit que painture
   C'on sceust faire.
     LE ROY D'ESCOSSE.
Ne vous mandé pas ainsi faire,
Mais qu'ilz fussent en une tour
Touz ij. jusques à mon retour.
   Très bien gardez.
     LE PREVOST.
Vez cy la lettre : regardez
   Se voir disons.
     LE ROY D'ESCOSSE.
E, Diex ! si est grant traïsons !
Qui s'en est osé entremettre ?
Ne me mandastes-vous par lettre
Que dire à droit vous ne saviez
Quel enfant d'elle en aviez,

Le roi vous salue et vous fait savoir son arrivée ; il est près d'ici.

     LE DEUXIÈME CHEVALIER D'ÉCOSSE.

Godeman, nous sommes prêts d'aller à lui.

     LE PRÉVÔT.

Oui, nous le sommes tous. Allons, en avant ! mettons-nous en route. Je ne m'arrêterai pas que je ne le voie. Est-il en bonne santé ?

     GODEMAN.

Oui, sire, par saint Germain ! Dieu merci !

     LE DEUXIÈME CHEVALIER.

Prévôt, par (ma) foi ! je le vois ici ; ne balancez pas à venir promptement. — Mon très-cher seigneur, soyez le bienvenu, ainsi que tous vos gens.

     LE ROI D'ÉCOSSE.

Maître d'hôtel, avançons tant que nous soyons en mon manoir. — Allons, vous deux, dites-moi la vérité : comment vont la reine et son fruit ? je veux savoir tout ce qui les concerne.

     LE DEUXIÈME CHEVALIER.

Sire, en vérité, nous la fîmes brûler, ainsi que vous nous l'écrivîtes. Et, certes, j'en suis sûr, vous commîtes un grand péché en la faisant brûler ; mais c'en fut un bien plus grand relativement au fils : tant c'était une belle créature ! Il vous ressemblait mieux que peinture qu'on sût faire.

     LE ROI D'ÉCOSSE.

Je ne vous mandai pas de faire cela, mais de les tenir dans une tour tous les deux, très-bien gardés, jusqu'à mon retour.

     LE PRÉVÔT.

Voici la lettre : regardez si nous disons vrai.

     LE ROI D'ÉCOSSE.

Eh, Dieu ! voilà une grande trahison ! Qui a osé s'en mêler ? Ne me mandâtes-vous pas par lettre que vous ne saviez au juste dire quel enfant vous aviez d'elle, et que, si ce n'eût été la crainte de m'offenser,

Et, ne fust pour moy mesaisier,
Ars les eussiez en un brasier?
Je vous rescrips c'on retardast
Mere et filz et c'on les gardast
 Tant que venisse.
  ij^e CHEVALIER.
Sire, ce n'est pas nostre vice,
Si m'aïst li Pere haultismes ;
Voir est que nous vous escripsimes
Que ma dame un hoir masle avoit
Qui de fourme vous ressembloit :
 C'est le contraire.
  LE ROY D'ESCOSSE.
Lembert, dy-me voir sanz retraire,
Ou tu mourras, certes, à rage.
Quant à moy venis en message,
 Où fu ta voie?
  LEMBERT.
Mon chier seigneur, se Dieu me voie,
Du droit chemin ne destournay
Onques, fors tant que je tournay
A vostre mere pour li dire
Que ma dame avoit un filz, sire :
De quoy ma venué ot tant chiere
Qu'elle me fist moult bonne chiere ;
Celle nuit jus en son hostel.
Au retour de vous autretel,
 Monseigneur, fis.
  LE ROY D'ESCOSSE.
Certes, par elle et femme et fis
Ay perdu, si comme je croy.
— Alez la querre, je vous proy,
Maistre d'ostel, et vous, prevost,
Et la m'amenez cy bien tost,
 Sanz li riens dire.
  ij^e CHEVALIER.
Nous le ferons voulentiers, sire.
 — Prevost, alons.
  LE PREVOST.
Soit, sire ! — Avant ! des piez balons
 Touz ij. ensemble.
  ij^e CHEVALIER.
Seoir la voy là, se me semble :
Nous sommes venuz bien à point.
— Dame, ne vous mentirons point,
Monseigneur est venu de France,
S'a de vous veoir desirance :
Si vous prie, ne vous tenez
Qu'avec nous à li ne venez
 Comme s'amie.

vous les auriez fait brûler dans un brasier ? Je vous écrivis qu'on suspendît l'exécution de la mère et du fils, et qu'on les gardât jusqu'à ma venue.

  LE DEUXIÈME CHEVALIER.

Sire (que le Très-Haut m'aide), ce n'est pas notre faute ; la vérité est que nous vous écrivîmes que ma dame avait un héritier mâle qui vous ressemblait de formes : c'est le contraire.

  LE ROI D'ÉCOSSE.

Lembert, dis-moi l'entière vérité, ou, certes, tu mourras dans les tourmens. Quand tu vins en message auprès de moi, par où passas-tu ?

  LEMBERT.

Mon cher seigneur, Dieu me garde ! je ne me détournai pas du tout du droit chemin, sinon que j'allai, sire, vers votre mère pour lui dire que ma dame avait un fils : ce qui lui rendit ma venue si agréable qu'elle me fit très-grande fête ; cette nuit-là je couchai dans son logis. En revenant d'auprès de vous, monseigneur, je fis de même.

  LE ROI D'ESCOSSE.

Certes, comme je le crois, c'est par elle que j'ai perdu et ma femme et mon fils. — Allez la chercher, je vous en prie, maître d'hôtel, et vous, prévôt, et amenez-la-moi ici bien vite, sans lui rien dire.

  LE DEUXIÈME CHEVALIER.

Nous le ferons volontiers, sire. — Prévôt, allons-y.

  LE PRÉVÔT.

Soit, sire ! — En avant ! travaillons des pieds tous deux ensemble.

  LE DEUXIÈME CHEVALIER.

Il me semble que je la vois assise là-bas : nous sommes venus bien à propos. — Dame, nous ne mentirons point, monseigneur est venu de France, et il a le désir de vous voir : je vous prie donc de ne pas différer à venir vers lui avec nous comme son amie.

LA MERE.

Ce ne vous refusé-je mie,
Acomplir vueil vostre requeste.
Alons; de li veoir me haitte.
— Filz, bien vegniez.

LE ROY D'ESCOSSE.

Dame, près de moy vous joingniez.
Je vous jur, ou voir me direz,
Ou maintenant arse serez.
Comment fu ceste lettre faitte
Et une autre que n'ay pas traitte
  Ne avant mise?

LA MERE AU ROY D'ESCOSSE.

Me tenez-vous pour ce si prise?
Certes, mentir n'en deigneray:
La verité vous en diray.
J'avoie grant dueil qu'aviez pris
Une femme de si bas pris
Que ce n'estoit que une avolée
C'on ne savoit dont estoit née,
Que la mer cy jettée avoit.
Encore si meschant estoit
Qu'elle avoit perdu une main;
Et, pour le dueil que soir et main
Avoie d'elle, ay-je bracié
Ce dont sa mort ay pourchacié.
Il n'appartient point non à roy
Avoir femme de tel arroy.
Marier, biau filz, vous pourrez
Plus haultement quant vous voulrez,
  Puisqu'elle est morte.

ROY D'ESCOSSE.

Est-ce quanque de vous emporte?
Par mon chief! j'en seray vengiez,
Ains que mais buvez-ne mengiez;
Jamais ne ferez traison.
— Alez la me mettre en prison;
Alez, faittés tost sanz attente.
N'en partira mais, c'est m'entente,
  Jour que je vive.

PREMIER CHEVALIER.

Mon très chier seigneur, pas n'estrive
De faire ce que commandez.
— Dame, pardon li demandez
  De ce meffait.

ROY D'ESCOSSE.

Jà pardon ne l'en sera fait,
  Se Dieu m'aïst.

LA MÈRE.

Je ne vous refuse pas cela, je veux accomplir votre requête. Allons, je suis joyeuse de le voir. — Fils, soyez le bienvenu.

LE ROI D'ÉCOSSE.

Dame, approchez-vous de moi. Je vous jure que, ou vous me direz la vérité, ou vous serez brûlée. Comment s'est faite cette lettre, ainsi qu'une autre que je n'ai ni tracée ni expédiée?

LA MÈRE DU ROI D'ÉCOSSE.

Est-ce pour cela que vous me tenez ainsi prisonnière? Certes, je ne daignerai pas mentir sur ce sujet: je vous dirai la vérité. J'avais beaucoup de chagrin de ce que vous aviez pris une femme de si bas étage, qui n'était qu'une coureuse, dont on ne connaissait pas l'extraction et que la mer avait jetée ici. En outre elle était si méchante qu'elle avait perdu une main; et, en raison du chagrin qu'elle me faisait éprouver soir et matin, j'ai comploté ce qui a amené sa mort. Il ne convient point à un roi d'avoir une femme de telle sorte. Mon cher fils, vous pourrez vous marier plus hautement quand vous voudrez, puisqu'elle est morte.

LE ROI D'ÉCOSSE.

Est-ce tout ce que je puis obtenir de vous? Par ma tête! j'en serai vengé avant que vous ne mangiez ou que vous ne buviez davantage; jamais vous ne ferez de trahison. — Allez me l'incarcérer; allez, faites vite et sans retard. Elle ne sera pas élargie tant que je vivrai: c'est mon intention.

LE PREMIER CHEVALIER.

Mon très-cher seigneur, je ne refuse pas de faire ce que vous commandez. — Dame, demandez-lui pardon de ce méfait.

LE ROI D'ÉCOSSE.

Dieu m'aide! il ne lui sera jamais pardonné.

PREMIER CHEVALIER.

Alons-m'en donc, puis qu'en son dit
 Se tient si ferme.

ROY D'ESCOSSE.

Se elle t'eschappe, je t'afferme,
 Pour li mourras.

LA MERE.

Filz, s'il te plaist, parler m'ourras
 Une autre foiz.

ROY D'ESCOSSE.

Et vous, foy que doy sainte Foiz!
Puis qu'avez ars ma femme en cendre
Et mon filz, je vous feray pendre
 Touz deux aussi.

ij^e CHEVALIER.

Ha, chier sire! pour Dieu, mercy!
Se nous mourons, c'est mal fait.
Entendez comment l'avons fait :
Quant on nous bailla celle lettre
De ma dame et de son filz mettre
A mort, nous fusmes touz pensis;
Mais le prevost, qui fu sensis,
Dist qu'ainsi pas ne le ferions,
Mais qu'en la mer nous les mettrions,
Et ainsi les lairions aler
Sanz ostilz pour les gouverner,
Comme avirons, voille ne mat.
Au departir fu chascun mat,
 Dolens et tristes.

ROY D'ESCOSSE.

Puisqu'il est ainsi con vous dites,
J'espoir que Diex sauvée l'a.
Et puisque j'en sçay jusques là,
De mourir vous respiteray;
Mais avecques moy vous menray
 Pour la querir.

LE PREVOST.

Et nous irons de grant desir,
Sire; mais où pourrons aler
Que puissions de elle oïr parler?
 Si est le fort.

LE ROY D'ESCOSSE.

Seigneurs, je pren en Dieu confort,
Et li fas veu et à saint Pierre
Qu'à Rome je l'iray requerre
Et deprier tout avant euvre
Que de elle avoiement recuevre,
Se elle est en vie ne son filz.
Alons-m'en, alons; je suy fiz
 Dieu m'aydera.

LE PREMIER CHEVALIER.

Allons-nous-en donc, puisqu'il persiste si fortement dans ce qu'il a dit.

LE ROI D'ÉCOSSE.

Si elle t'échappe, je t'affirme que tu mourras à sa place.

LA MÈRE.

Fils, s'il te plaît, tu m'écouteras parler une autre fois.

LE ROI D'ÉCOSSE.

Et vous, par la foi que je dois à sainte Foi! puisque vous avez mis en cendres ma femme et mon fils, je vous ferai pendre tous deux aussi.

LE DEUXIÈME CHEVALIER.

Ah, cher sire, miséricorde, pour (l'amour de) Dieu! Si nous mourons, c'est à tort. Écoutez comment nous avons agi : Quand on nous donna cette lettre (qui nous ordonnait) de mettre à mort ma dame et son fils, nous fûmes tout pensifs; mais le prévôt, qui fut sensé, dit que nous ne le ferions pas, mais que nous les mettrions en mer et que nous les laisserions aller ainsi sans agrès pour se gouverner, comme avirons, voiles ou mât. A leur départ chacun fut abattu, triste et chagrin.

LE ROI D'ÉCOSSE.

Puisqu'il en est ainsi que vous le dites, j'espère que Dieu l'a sauvée. Et puisque j'en sais jusque là, je surseoirai à votre exécution; mais je vous mènerai avec moi pour la chercher.

LE PRÉVÔT.

Sire, nous le ferons de tout notre cœur; mais où pourrons-nous aller pour avoir de ses nouvelles? C'est là le principal.

LE ROI D'ÉCOSSE.

Seigneurs, je prends courage en Dieu, et je lui fais vœu ainsi qu'à saint Pierre d'aller en pélerinage à Rome et de le prier avant tout de me mettre sur la voie de ma femme, si elle est en vie ainsi que son fils. Allons-nous-en, allons; je suis convaincu que Dieu m'aidera.

ij^e CHEVALIER.
S'il lui plaist, voirement fera ;
Je n'en doubt goute.
LE ROY DE HONGRIE.
Seigneurs, je vueil aler sanz doubte
Moy confesser à Romme au pape,
Ains que mort me prengne, ne hape.
Je senz mon cuer trop empeschié
Pour ma fille de grant pechié,
Que j'ay fait sanz cause mourir ;
Si en vueil aler requerir
Remission.
ij^e CHEVALIER DE HONGRIE.
Sire, c'est vostre entencion,
Je le voy bien, qu'elle soit morte ;
Mais, pour verité, vous ennorte,
De la faire ardoir n'oy talent :
Ainçois en un petit chalent
Toute seule en mer l'envoyay,
Et ainsi envoïe l'ay
Au Dieu vouloir.
LE ROY DE HONGRIE.
E[s]t-il voir, amis ?
ij^e. CHEVALIER.
Oïl, voir ;
Mais sachiez, sire, que puis de elle
Ne fu qui me déist nouvelle ;
Je vous dy bien.
LE ROY DE HONGRIE.
Or va miex. Mon ami, je tien
Que Diex où que soit l'ait sauvée,
Et qu'encore sera trouvée.
— Vous et vous qui estes my homme,
Avecques moy venrez à Romme :
C'est mes assens.
LE PREMIER CHEVALIER DE HONGRIE.
Sire, de bon cuer me consens
A y aler.
LE ROY DE HONGRIE.
An avant ! mouvons sanz plus parler ;
Tart m'est qu'i soye.
LE SENATEUR.
Sire, se Jhesus vous doint joie,
Qui est ce seigneur qui ci vient ?
Il se porte et si se maintient
En grant arroy.
PREMIER CHEVALIER D'ESCOSSE.
Amis, c'est d'Escosse le roy,
Je vous promet.

LE DEUXIÈME CHEVALIER.
Si tel est son plaisir, en vérité, il le fera ; je n'en doute nullement.

LE ROI DE HONGRIE.
Seigneurs, je veux aller sans y manquer me confesser au pape à Rome, avant que la mort ne me prenne et ne me happe. Je sens mon cœur trop bourrelé du péché que j'ai commis en faisant mourir ma fille sans cause ; je veux en aller demander la rémission.

LE DEUXIÈME CHEVALIER DE HONGRIE.
Sire, je le vois bien, c'est votre idée qu'elle est morte ; mais en vérité, je vous le dis, je n'eus pas l'intention de la faire brûler : au contraire, je l'envoyai en mer toute seule dans un petit bateau, et ainsi je l'ai abandonnée à la volonté de Dieu.

LE ROI DE HONGRIE.
Est-ce vrai, mon ami ?

LE DEUXIÈME CHEVALIER.
Oui, vraiment ; mais sachez, sire, que depuis je n'ai trouvé personne qui m'en donnât des nouvelles ; je vous le dis bien.

LE ROI DE HONGRIE.
Allons, cela va mieux. Mon ami, je tiens que Dieu l'a sauvée quelque part, et qu'elle sera retrouvée. — Vous et vous qui êtes mes hommes, vous viendrez à Rome avec moi : je l'ai décidé.

LE PREMIER CHEVALIER DE HONGRIE.
Sire, je consens de bon cœur à y aller.

LE ROI DE HONGRIE.
En avant ! mettons-nous en route sans plus parler ; il me tarde que j'y sois.

LE SÉNATEUR.
Sire, que Jésus vous donne joie ! quel est ce seigneur qui vient ici ? Il s'avance et se montre en grand équipage.

LE PREMIER CHEVALIER D'ÉCOSSE.
Ami, c'est le roi d'Écosse, je vous assure.

AU MOYEN-AGE.

LE SENATEUR.
Sire, touz mes biens vous soubzmet.
Puisqu'en ceste ville venez,
Je vous pri, mon hostel prenez :
Je sui celui qui diligens
 Seray d'aisier vous et voz gens
  Bien, n'en doubtez.
  LE ROY D'ESCOSSE.
Doulx sires, qui telles bontez
M'offrez, je vous tien à courtoys.
Estes-vous marchant ou bourgoys
  Ou du commun ?
  LE SENATEUR.
Sire, des senateurs sui l'un :
C'est de la ville conseillier.
Devant vous vois appareillier
  Chambre et estables.
  LE ROY D'ESCOSSE.
Puisque m'estes si amiables,
Or alez ; nous vous suiverons,
Ne moy ne mes gens ne prendrons
  Point d'autre ostel.
  LE SENATEUR.
Dame, or tost ! ne pensez à el
Fors comment nous receverons
A honneur un hoste qu'arons
  Tout maintenant.
  LA FEMME AU SENATEUR.
Monseigneur, bien soit-il venant !
  Qui est-il, sire ?
  LE SENATEUR.
Dame, je le vous puis bien dire :
C'est le roy d'Escosse sanz doubte ;
Nous avons li et sa gent toute
  A noz despens.
  LA FEMME.
De par Dieu ! monseigneur, je pens
Que nous porterons bien le fais ;
Et si serons touz aises fais,
  S'en sui créue.
  LE SENATEUR.
Je sçay qu'estes bien pourvéue
Assez de linge et de vaisselle
Et d'autres choses. Comme celle
Qui scet bien qu'à tel seigneur fault,
Gardez que de riens n'ait deffault
  Qu'il vueille avoir.
  LA FEMME.
Monseigneur, non ara-il, voir ;
  N'en doubtez mie.

LE SÉNATEUR.
Sire, je mets tous mes biens à votre disposition. Puisque vous venez dans cette ville, je vous en prie, prenez votre logement chez moi : j'aurai soin, n'en doutez pas, de vous bien traiter, vous et vos gens.

LE ROI D'ÉCOSSE.
Doux sire, qui m'offrez ainsi vos services, je vous tiens pour courtois. Êtes-vous marchand, ou bourgeois, ou du peuple ?

LE SÉNATEUR.
Sire, je suis l'un des sénateurs, c'est-à-dire l'un des conseillers de la ville. Je vais devant vous apprêter chambre et écuries.

LE ROI D'ÉCOSSE.
Puisque vous êtes si aimable pour moi, allez donc ; nous vous suivrons, et ni moi ni mes gens nous ne prendrons d'autre logis.

LE SÉNATEUR.
Dame, allons ! ne pensez à rien autre qu'à recevoir avec honneur un hôte que nous aurons tout à l'heure.

LA FEMME DU SÉNATEUR.
Monseigneur, qu'il soit le bienvenu ! Sire, qui est-il ?

LE SÉNATEUR.
Dame, je puis bien vous le dire : c'est, n'en doutez pas, le roi d'Écosse ; nous l'avons, lui et tout son monde, à nos frais.

LA FEMME.
De par Dieu ! monseigneur, je pense que nous supporterons bien ce faix, et que nous serons tous contens, si l'on s'en rapporte à moi.

LE SÉNATEUR.
Je sais que vous êtes suffisamment pourvue de linge, de vaisselle et d'autres choses. Comme vous savez ce qu'il faut à un tel seigneur, prenez garde que rien de ce qu'il souhaitera ne lui manque.

LA FEMME.
Monseigneur, en vérité, rien ne lui manquera ; n'en doutez point.

LA FILLE.
E, très doulce Vierge Marie!
Dame, comment me cheviray?
Se le roy me treuve, j'aray
Honte du corps, j'en ay grant doubte.
Miex vault qu'en ma chambre me boute
Et là me tiengne toute coye
Que ce qu'il me treuve ne voye.
Voir, j'ay de li paour trop grant :
Pour ce de moy mucier engrant
    Vueil en l'eure estre.

ROY D'ESCOSSE.
Sà, biaux hostés! je me vien mettre
En vostre hostel, mais qu'il vous siesse.
Icy vueil seoir une piece :
    D'errer sui las.

LE SENATEUR.
Monseigneur, par saint Nycolas!
Vous soiez li très-bien venuz,
Et ne vous soussiez : se nulz
A rien de bon, vous en arez;
De quanque vous demanderez
    Je fineray.

LA FEMME AU SENATEUR.
De vous servir me peneray,
    Chier sire, aussi.

ROY D'ESCOSSE.
M'amie, la vostre mercy!
Or me dites voir, par vostre ame!
Estes-vous de ceens la dame?
    Je croy que oïl.

LA FEMME.
Se je respondoie nanil,
Je fauldroie à verité dire;
Car une foiz m'espousa, sire,
    D'annel benoit.

LE SENATEUR.
Sire, puisqu'elle le congnoit,
Je confesse qu'elle dit voir;
Car elle me vouloit avoir
    A toutes fins.

LA FEMME.
Diex! que vous, hommes, estes fins!
Certes, je n'y pensoie mie,
Sire; mais une seue amie
Se trait vers ceulx de mon lignage
Et fist tant que le mariage
    Se consomma.

LA FILLE.
Eh, très-douce Vierge Marie! Dame, comment m'arranger? Si le roi me trouve, je serai honnie, j'en ai grand'peur. Il vaut mieux que je m'enferme en ma chambre et que je m'y tienne coi, plutôt qu'il me trouve et me voie. En vérité, j'ai trop grand'peur de lui : c'est pourquoi je veux me hâter d'aller me cacher à l'instant même.

LE ROI D'ÉCOSSE.
Holà, bel hôte! je viens m'établir en votre logis, pourvu que cela vous convienne. Je veux m'asseoir ici un instant : je suis las de marcher.

LE SÉNATEUR.
Monseigneur, par saint Nicolas! soyez le très-bienvenu, et ne vous mettez pas en peine : si quelqu'un a rien de bon, vous en aurez; je vous satisferai sur tout ce que vous demanderez.

LA FEMME DU SÉNATEUR.
Cher sire, je m'appliquerai aussi à vous servir.

LE ROI D'ÉCOSSE.
M'amie, je vous remercie! Maintenant, dites-moi la vérité, par votre ame! Êtes-vous la dame de céans? Je crois que oui.

LA FEMME.
Si je répondais nenni, je manquerais à la vérité; car autrefois, sire, il m'épousa d'un anneau bénit.

LE SÉNATEUR.
Sire, puisqu'elle le reconnaît, je confesse qu'elle dit vrai; car elle me voulait avoir à toute force.

LA FEMME.
Dieu! que vous autres hommes vous êtes fins! Certes, je n'y pensais pas, sire; mais ce fut une de ses amies qui rechercha ceux de ma famille et fit tant que le mariage se consomma.

LA FEMME (sic).
E, gar comment ma chose va !
Ho ! je la voy.

(Ici jette l'annel et s'en jeue.)

LE ROY D'ESCOSSE.
Qui est ce valleton ? Par foy !
Il a un gracieux visage,
Et si est appert de son aage.
Qui est-il filz ?

LE SENATEUR.
On me met sus que je le fis.
— Di-je voir, femme ?

LE ROY D'ESCOSSE.
Vien avant, mon enfant. Par m'ame !
Tu es bel et doux, dire l'ose.
Or sus ! donnes-moy celle chose
Que tiens ; çà vien.

LA FEMME.
Donnez-li, biau filz, donnez.

L'ENFANT.
Tien ;
Est-il belle ?

LE ROY D'ESCOSSE.
Oïl, par la Vierge pucelle !
E, Diex ! c'est l'annel que une foiz
Donnay, moult bien le recongnoiz,
A m'amie que j'ay perdue.
— Ha, dame ! qu'es-tu devenue ?
Pour toy sui triste et en douleur
Par ceste enseigne.

LE SENATEUR.
Sire, qu'avez-vous qu'il conveigne
Que les lermes des yeux vous cheent ?
Ne voz honneurs point ne decheent,
Ne mal n'avez.

LE ROY D'ESCOSSE.
Ha, biaux hostes ! vous ne savez
A quoy je pense maintenant.
Engendrastes-vous cest enfant,
Par vostre foy !

LE SENATEUR.
Oïl, mon chier seigneur. Pour quoy
Le demandez ?

LE ROY D'ESCOSSE.
Par celle foy qu'à Dieu devez,
Et par vostre crestienté,
Dites-m'en pure verité
Sanz alentir.

L'ENFANT.
Eh, voyez comment mon joujou va ! Oh ! je le vois.

(Ici il jette l'anneau et joue avec.)

LE ROI D'ÉCOSSE.
Quel est cet enfant ? Par ma foi ! il a un gracieux visage, et pour son âge il est éveillé. De qui est-il fils ?

LE SÉNATEUR.
On le met sur mon compte. — Femme, dis-je vrai ?

LE ROI D'ÉCOSSE.
Approche, mon enfant. Par mon ame ! tu es bel et doux, j'ose le dire. Allons ! donne-moi l'objet que tu tiens ; viens ici.

LA FEMME.
Donnez-le-lui, beau fils, donnez.

L'ENFANT.
Tiens ; est-ce beau ?

LE ROI D'ÉCOSSE.
Oui, par la sainte Vierge ! Eh, Dieu ! c'est l'anneau que je donnai autrefois à mon amie que j'ai perdue ; je le reconnais bien. — Ah, dame ! qu'es-tu devenue ? Je suis triste et accablé de douleur à ton sujet à la vue de ce gage.

LE SÉNATEUR.
Sire, qu'avez-vous pour que les larmes tombent de vos yeux ? Votre puissance ne baisse pas, et vous n'avez aucun mal.

LE ROI D'ÉCOSSE.
Ah, bel hôte ! vous ne savez pas à quoi je pense maintenant. Par votre foi ! êtes-vous le père de cet enfant ?

LE SÉNATEUR,
Oui, mon cher seigneur. Pourquoi le demandez-vous ?

LE ROI D'ÉCOSSE.
Par la foi que vous devez à Dieu, et par votre qualité de chrétien, dites-m'en la vérité sans retard.

LE SENATEUR.

Voulentiers, sire, et senz mentir.
Il a bien .iij. ans, voire quatre,
Que sur la mer m'aloie esbatre ;
Là vy venir une nasselle
A tout une dame très belle ;
Mais elle n'avoit que une main,
Et estoit entre soir et main.
Je ne scé dont elle venoit ;
Mais aviron ne mat n'avoit :
Merveille oy qu'en mer ne noya.
Et quant je vy ce, j'alay là,
Si la trouvay comme esgarée,
Moult dolente et moult esplourée ;
En ses braz cel enfant tenoit,
Dont nouviaument jéu avoit.
Je ne scé qu'en mer li avint ;
Mais pitié de elle au cuer me vint
Si grant que je l'en amenay.
Seens depuis gardée l'ay
Moult, chiere dame ; et à voir dire,
Elle est femme de grant bien, sire,
Et po parliere.

LE ROY D'ESCOSSE.

Pour Dieu ! se riens y vault priere,
M'ostesse, je vous vueil requerre
Que vous l'ailliez où elle est querre
Et amener.

LA FEMME.

Pour vostre amour m'en vueil pener,
Chier sire, et si ne demourray
Point que cy la vous amainray.
Vez-la ci, sire.

(Ici ira le roy acoler sa femme sanz riens dire, et se pasmeront.)

LE SENATEUR.

L'un ne l'autre ne peut mot dire :
Tant ont les cuers de pitié plains !
Après orrez-vous uns complains
Doulx, sanz demour.

LE ROY D'ESCOSSE.

Ma doulce compaigne, m'amour,
Mon bien, ma joie, mon solaz,
Pour Dieu ! comment t'est-il ? Helaz !
Assez m'as fait souffrir mescief ;
Mais ne m'en chaut : j'en suis à chief,
Quant je te tien.

LA FILLE.

Mais moy, mon chier seigneur, combien
Cuidez-vous que j'en aie eu ?

LE SÉNATEUR.

Volontiers, sire, et sans mentir. Il y a bien trois ans, voire même quatre, que j'allais m'ébattre sur la mer ; là je vis venir une nacelle avec une très-belle dame (dedans) ; mais elle n'avait qu'une main, et c'était vers le milieu du jour. Je ne sais d'où elle venait ; mais elle n'avait ni aviron ni mât. Je m'étonnai qu'elle ne se fût pas noyée dans la mer. Quand je vis cela, j'y allai et je la trouvai comme dans l'égarement, toute chagrine et fort éplorée ; elle tenait entre ses bras cet enfant dont elle était nouvellement accouchée. Je ne sais pas ce qu'il lui advint en mer ; mais elle m'inspira une telle pitié que je l'emmenai (avec moi). Depuis, je l'ai gardée céans comme une dame qui nous était très-chère ; et, à vrai dire, sire, elle est grandement femme de bien et peu parleuse.

LE ROI D'ÉCOSSE.

Pour (l'amour de) Dieu ! si une prière a quelque pouvoir (sur vous), mon hôtesse, je veux vous prier de l'aller chercher où elle est et de l'amener.

LA FEMME.

Pour l'amour de vous je veux m'en occuper, cher sire, et je ne tarderai point à vous l'amener. La voici, sire.

(Ici le roi ira embrasser sa femme sans rien dire, et ils se pâmeront.)

LE SÉNATEUR.

Ni l'un ni l'autre ne peuvent dire un mot : tant ils ont le cœur plein de pitié ! Bientôt, vous entendrez de douces plaintes.

LE ROI D'ÉCOSSE.

Ma douce compagne, mon amour, mon bien, ma joie, ma consolation, pour (l'amour de) Dieu ! comment vas-tu ? Hélas ! tu m'as fait souffrir assez de tribulations ; mais peu m'importe : j'en suis à bout, puisque je te tiens.

LA FILLE.

Mais moi, mon cher seigneur, combien pensez-vous que j'en aie eu ? On voulut m

C'on me voult ardoir sanz desserte,
Et mon filz aussi mettre à perte;
Et puis, quant je fu respitée
Et que je fu en mer boutée
Sanz avoir qui me gouvernast,
Cuidiez-vous que point me grevast?
Car souvent la mer par mainte onde
Jouoit de moy comme à la bonde
Et me jettoit puis çà, puis là,
Jusqu'à tant que Diex m'amena
Au port où me prist se seigneur,
Qui m'a fait voir bonté greigneur
Que desservir ne li pourroye;
Mais tournez sont mes pleurs en joie,
 Quant je vous voy.
 LE ROY D'ESCOSSE.
M'amie, ainsi est-il de moy:
Et pour ce vueil, sanz plus attendre,
Aler ent à Dieu graces rendre
 Et à saint Pierre.
 LA FILLE ROYNE.
Aussi vueil-je. Alons-y bonne erre,
Monseigneur, tantost y serons.
Sachiez le pape y trouverons;
Car faire y doit le Dieu servise
Et le saint cresme : c'est la guise,
Pour ce qu'il est le jeudy saint,
Que Diex après la cene saint
Le drap dont les piez qu'il lava
A ses apostres essuia;
Et pour l'absolte aussi qu'il donne
Des pechiez à toute personne
 Vray repentant.
 LE ROY D'ESCOSSE.
Or sus! sanz plus ci estre estant,
 Seigneurs, mouvez.
LE PREMIER CHEVALIER DE HONGRIE.
Sire, grant joie avoir devez
Que aujourd'ui nous sommes à Romme;
Car le pape, qui est preudomme,
En l'eglise Saint-Pierre ira,
Où l'absolte au peuple fera,
 Si comme on dit.
 ij^e CHEVALIER DE HONGRIE.
C'est pour ce qu'à la sene fist
A ce jour Jhesus li grans maistres,
Où il fist ses apostres prestres;
Et, pour celle solempnité,
Fait hui le pape, en verité,
 Tout le servise.

brûler sans que je l'eusse mérité, et faire aussi périr mon fils; et puis, quand ma mort fut différée et que je fus mise en mer sans pilote, croyez-vous que je n'éprouvasse point de peine? Souvent les ondes de la mer jouaient avec moi comme avec une bonde et me jetaient de côté et d'autre, jusqu'à ce que Dieu m'amena au port où me prit ce seigneur, qui m'a montré plus de bonté que je ne pourrais l'en récompenser; mais mes pleurs sont changés en joie, puisque je vous vois.

 LE ROI D'ÉCOSSE.
M'amie, il en est de même de moi : c'est pourquoi je veux, sans attendre davantage, m'en aller rendre grâces à Dieu et à saint Pierre.

 LA FILLE REINE.
Je le veux aussi. Allons-y bien vite, monseigneur, nous y serons bientôt. Sachez que nous y trouverons le pape; car il doit y célébrer le service divin et y consacrer le saint chrême : c'est l'usage, vu que nous sommes au jeudi-saint, où Dieu après la cène ceignit le drap dont il essuya les pieds de ses apôtres qu'il lava. Le pape doit aussi donner à toute personne vraiment repentante l'absolution de ses péchés.

 LE ROI D'ÉCOSSE.
Allons, debout! sans plus de retard, seigneurs, mettez-vous en route.

 LE PREMIER CHEVALIER DE HONGRIE.
Sire, vous devez avoir une grande joie de ce que nous sommes à Rome aujourd'hui; car le pape, qui est prud'homme, ira à l'église Saint-Pierre, où il fera l'absoute au peuple, comme on le dit.

 LE DEUXIÈME CHEVALIER DE HONGRIE.
C'est parce que ce jour-là Jésus, ce grand-maître, fit la cène, où il ordonna prêtres ses apôtres; et vraiment, c'est pour cette solennité que le pape fait aujourd'hui tout le service.

LE ROY DE HONGRIE.
Je vous dy voulenté m'est prise
Que ne buvray ne mengeray
Tant qu'au servise esté aray :
　Pensons d'aler.

LE PAPPE.
Vien avant, entens-me parler.
Colin, vaz-me de l'iaue querre
Tant que m'emples les fons Saint-Pierre.
　Or le fay brief.

LE CLERC.
Ce n'est pas commandement grief :
　G'y vois, saint pere.

LA FILLE.
Monseigneur, je voy là mon pere ;
Suivez-moy : certes à li vois.
— Très-chier sire, bien vous congnoys ;
　Regardez-moy.

LE ROI DE HONGRIE.
Ma doulce fille ! Et, Diex ! pour toy
Ay souffert en vij. ans passez
Pene et doulour et mal assez,
Annuy, courroux et grant mesaise.
Acole-moy, fille, et me baise.
　Comment t'est-il ?

LA FILLE.
Bien ; mais j'ay puis en maint peril
Esté que vous ne me véistes,
Et depuis que vous me perdistes
Ay-je éu grant estat aussy :
Le roy d'Escosse, que vez cy,
Seue mercy, m'a espousée ;
Pour lui sui royne clamée
　D'Escosse et dame.

LE ROY DE HONGRIE.
Sire, puisqu'elle vostre femme,
Je vous puis bien tenir pour filz.
Estes-vous ne certain ne filz
　Dont elle est née ?

LE ROY D'ESCOSSE.
Nanil, par la Royne honnourée !
De son lignage rien ne sçay ;
Mais, s'il vous plaist, je le saray
　A ceste foiz.

LE ROY DE HONGRIE.
Biau filz, de Hongrie sui roys ;
Sa mere aussi en fu royne,
Qui fu dame de franche orine,
　Courtoise et sage.

LE ROI DE HONGRIE.
Je vous le dis, il m'a pris envie de ne boire ni manger que je n'aie été au service : pensons à y aller.

LE PAPE.
Approche, écoute-moi parler. Colin, va me chercher de l'eau jusqu'à ce que tu aies rempli les fonts de Saint-Pierre. Allons, fais vite.

LE CLERC.
Ce n'est pas un ordre pénible à (exécuter) : j'y vais, saint père.

LA FILLE.
Monseigneur, je vois mon père là-bas ; suivez-moi : certes, je vais à lui. — Très-cher sire, je vous connais bien ; regardez-moi.

LE ROI DE HONGRIE.
Ma douce fille ! Eh, Dieu ! j'ai souffert pour toi, ces sept dernières années, assez de peines, de douleur, de mal, d'ennui, de chagrin et de grandes contrariétés. Fille, presse-moi dans tes bras et baise-moi. Comment vas-tu ?

LA FILLE.
Bien ; mais depuis que vous m'avez vue j'ai été en maint péril, et depuis que vous me perdites j'ai eu aussi une haute position. Le roi d'Écosse, que vous voyez ici, m'a épousée : grâces lui soient rendues ! à cause de lui je suis appelée reine et maîtresse d'Écosse.

LE ROI DE HONGRIE.
Sire, puisqu'elle est votre femme, je puis bien vous regarder comme mon fils. Savez-vous d'une manière certaine d'où elle est issue ?

LE ROI D'ÉCOSSE.
Nenni, par la Vierge honorée ! je ne sais rien de son extraction ; mais, s'il vous plaît, je le saurai cette fois.

LE ROI DE HONGRIE.
Mon cher fils, je suis roi de Hongrie sa mère en était aussi reine : c'était une femme de race noble, courtoise et sage.

LE ROY D'ESCOSSE.
Sire, puisque sçay son lignage,
Plus grant joie en ay que devant;
Onques mais jour de mon vivant
　Ne le seu mais.

LE PREMIER CHEVALIER D'ESCOSSE.
D'aler nous avançons huymais,
Messeigneurs, se voulez venir
A temps pour le servise oïr:
　Il est haulte heure.

LA FILLE.
Il dit voir: alons sanz demeure,
De ceci bien recouvrerons;
A parler pas ne partirons
　Si tost d'ensemble.

LE PREMIER CHEVALIER DE HONGRIE.
Le pape voy là, se me semble,
Où se siet: c'est trop bien à point.
Son service encore n'a point
　Encommencié.

LE CLERC.
Saint pere, sachiez j'ay laissié
Les fonz touz vuiz. Dire vous vien
Une chose dont moult me crien:
A la riviere n'ay péu
Puiser, pour povoir qu'aie éu,
Goute d'yaue; ains la me toloit
Une main, qui touz jours venoit
En flotant jusques à ma seille:
Dont j'ay éu trop grant merveille;
Et quant j'ay véu qu'autrement
N'en cheviroye nullement,
En mon siau l'ay laissie entrer
Pour la vous, saint pere, apporter:
Vez la ci, je la vous apport;
Dites, s'il vous plaist, sanz deport,
　C'on en fera.

LE PAPE.
Je tien que Dieu nous monsterra
(Met cy) par elle aucun miracle
De fait qui m'est encore ostacle
　Et non scéu.

LA FILLE.
Celle main que vous ay véu
Bailler et que tenir vous voy
Fu, saint pere, jadis de moy;
De ce braz-ci la me copay
Pour mon pere, que je n'osay
Contredire de son vouloir,

LE ROI D'ÉCOSSE.
Sire, puisque je sais quelle est sa famille, j'éprouve à son sujet plus de joie qu'auparavant; je ne le sus jamais de ma vie.

LE PREMIER CHEVALIER D'ÉCOSSE.
Messeigneurs, hâtons-nous maintenant, si vous voulez venir à temps pour entendre le service: l'heure est avancée.

LA FILLE.
Il dit vrai: allons-y sans retard, nous nous en trouverons bien; (si nous continuons) à parler, nous ne nous séparerons pas de si tôt.

LE PREMIER CHEVALIER DE HONGRIE.
A ce qu'il me semble, je vois le pape là-bas, où il est assis: c'est fort à propos. Il n'a pas encore commencé son service.

LE CLERC.
Saint père, sachez que j'ai laissé les fonts tout vides. Je viens vous dire une chose qui me fait grand' peur: quelque force que j'y aie mise, je n'ai pu puiser à la rivière une (seule) goutte d'eau; mais une main, qui toujours venait en flottant jusqu'à ma seille, m'empêchait d'en prendre: ce qui me surprit étrangement; et quand j'ai vu qu'autrement je n'en viendrais nullement à bout, je l'ai laissé entrer en mon seau pour vous l'apporter, saint père: la voici, je vous l'apporte; dites, s'il vous plaît, sans retard, ce qu'on en fera.

LE PAPE.
Je crois que Dieu nous montrera (mets-la ici) par cette main quelque miracle au sujet d'un fait qui m'est encore inexplicable et ignoré.

LA FILLE.
Cette main que je vous ai vu donner et que je vous vois tenir fut, saint père, autrefois la mienne; je me la coupai de ce bras-ci à cause de mon père, dont je n'osai contredire la volonté, qui était de m'avoir pour femme; n'en doutez pas.

Qui me vouloit à femme avoir ;
Ce n'est pas doubte.
LE PAPE.
Trai-te çà, ma fille, s'acoute.
Où fuz-tu née, dy-le-moy,
Et de quelx gens es, ny à quoy
Tu la cognois ?
LA FILLE.
Saint pere, à la façon des dois.
Le roy de Hongrie est mon pere
Et royne aussi fu ma mere.
Vez-le là, faites-le venir.
Se je mens, faites-moy punir :
Je le vueil bien.
LE PAPE.
Belle fille, or entens : çà vien.
Tu te méis en grant peril.
Je te demans, combien a-il
Que la copas ?
LA FILLE.
Saint pere, n'en mentiray pas :
Il a vij. ans, voire, passez ;
Et sachiez j'ay plus chier d'assez
Qu'en mon corps ce meshaing appere
Que éusse esté femme à mon pere
Ne qu'il faulsist que le congnusse
Ne li moy, ne qu'e[n]fans éusse
De sa semence.
LE PAPE.
Or paiz, touz ! et faites scillence,
Et priez Dieu devotement
Qu'il nous face demonstrement
Se c'est la main que ce copa
Ceste dame, si con dit a.
— Çà, se braz ! sà, ma fille belle !
Je vueil esprouver se c'est elle ;
Tost le verray.
LA FILLE.
Sire, mon braz deslieray,
Si verrez dont elle parti
Quant de la coper m'aparti.
Veez, saint pere.
(Cy toucle (*sic*) le pape la main au braz.)
LE PAPE.
Royne des cieulx, de Dieu mere,
Vez ci miracle trop appert :
La main s'est rejointe, et n'y pert
Gouté c'onques partist du braz.
— Fille, ton cuer en grant solaz
Doit bien orc estre.

LE PAPE.
Viens-là, ma fille, et écoute. Dis-moi, où fus-tu née, quels sont tes parens, et à quoi la connais-tu ?

LA FILLE.
Saint père, à la façon des doigts. Le roi de Hongrie est mon père, et ma mère aussi fut reine. Voyez-le là-bas, faites-le venir. Si je mens, faites-moi punir : je le veux bien.

LE PAPE.
Ma chère fille, écoute-moi : viens ici. Tu te mis en grand danger. Je te demande, combien y a-t-il que tu la coupas ?

LA FILLE.
Saint père, je ne mentirai pas : en vérité, il y a sept ans passés ; et sachez que j'aime infiniment mieux que cette mutilation paraisse sur mon corps que d'avoir été la femme de mon père, forcée de le connaître et d'avoir des enfans de ses œuvres.

LE PAPE.
Allons, paix, vous tous ! faites silence, et priez Dieu dévotement qu'il nous manifeste si c'est la main que cette dame se coupa, ainsi qu'elle l'a dit. — Allons, ce bras ! allons, ma chère fille ! je veux éprouver si c'est elle ; je le verrai bientôt.

LA FILLE.
Sire, je vais délier mon bras, et vous verrez d'où elle partit quand je me pris à la couper. Voyez, saint père.

(Ici le pape touche la main au bras.)
LE PAPE.
Reine des cieux, mère de Dieu, voici un miracle bien éclatant : la main s'est rejointe, et il n'y paraît en rien qu'elle ait jamais été séparée du bras. — Fille, à cette heure ton cœur doit bien être dans un grand plaisir.

LA FILLE.

Loez soit Diex, le Roy celestre !
Contre les meschïez grant et troubles
Qu'ay porté me rent à cent doubles
Aujourd'uy noble guerredon :
Trouver m'a fait mon compaignon
Qui de son bien me golousa
Tant que par amour m'espousa ;
Si ne savoit-il qui je estoie,
Quant me prist, ne quel non j'avoie.
De ceste treuve cy endroit
Se j'ay joie, j'ay trop bien droit :
Je servoie comme meschine,
On me servira con royne.
Après, mon pere voy cy près
De moy festoier cy engrès
Qu'il ne scet que faire me doye :
Ce m'est une seconde joie,
Car ne le vy mais puis vij. ans ;
Mais celle que plus sui sentans
Et que plus à mon cuer amain,
C'est que recouvré ay ma main
Et que du tout m'en puis aidier
Aussi que faisoie au premier :
Dont je graci le Roy de gloire
Et sa très doulce Mère encore
Et touz les sains.

LE PREMIER CARDINAL.

Saint pere, on en doit les sains
Sonner de joye.

ij^e CARDINAL.

Vous dites voir, se Dieu me voie ;
Et hault chanter.

LE PAPE.

Seigneurs, pensons de nous haster
D'aler endroit en ma chappelle,
Tandis que la chose est nouvelle,
Et avant que nous aions presse :
Là, pourrons chanter par leesse,
A nostre aise et devotement.
— Vaz dire, vaz appertement,
A mes chappellaims (sic) que cy viengnent
Et que compaignie nous tiengnent ;
Si chanteront à haulte alaine
En alant une belle antaine.
Vas-les-me querre.

LE CLERC.

Saint pere, voulentiers, bonne erre.
— Seigneurs, cy plus ne vous tenez ;

LA FILLE.

Que Dieu, le Roi des cieux, soit loué ! en compensation des grandes et rudes tribulations que j'ai supportées il me donne aujourd'hui une noble récompense : il m'a fait trouver mon compagnon qui me combla de tant de bien qu'il m'épousa par amour ; et, quand il me prit, il ne savait pas qui j'étais, ni quel nom je portais. Maintenant si j'éprouve de la joie de cette rencontre, j'ai bien des motifs pour cela : je servais comme domestique, (à présent) on me servira comme reine. De plus, je vois près d'ici mon père si empressé de me faire fête qu'il ne sait comment s'y prendre : c'est pour moi une seconde joie, car je ne l'ai pas vu depuis sept ans ; mais celle que je ressens davantage et qui me touche le plus au cœur, c'est que j'ai retrouvé ma main et que je puis m'en servir tout aussi bien qu'auparavant : ce dont je rends grâces au Roi de gloire, à sa très-douce Mère et à tous les saints.

LE PREMIER CARDINAL.

Saint père, il faut de joie en faire sonner les cloches.

LE DEUXIÈME CARDINAL.

Dieu me protége ! vous dites vrai ; et il faut aussi chanter d'une manière solennelle.

LE PAPE.

Seigneurs, pensons à nous hâter d'aller maintenant en ma chapelle, tandis que la chose est récente, et avant qu'il y ait presse : là nous pourrons chanter une hymne de joie, à notre aise et dévotement. — Va dire, va tout de suite, à mes chapelains qu'ils viennent ici et qu'ils nous tiennent compagnie ; ils chanteront en allant une belle antienne à haute voix. Va me les chercher.

LE CLERC.

Saint père, volontiers, (j'y vais) bien vite.
— Seigneurs, ne vous tenez plus ici ; ve.

Devant le saint pere venez
  Touz : il vous mande.
      L'UN POUR TOUZ.
Si yrons, puisqu'il nous demande :
  C'est de raison.
        LE PAPE.
Tost, seigneurs ! Sanz arrestoison,
En alant jusqu'à ma chappelle,
Chantez-me une louenge belle
De la mere Jhesu le roy.
Avant ! mettez-vous en arroy.
  Qui l'emprendra ?
      LE CHAPPELAIN.
Je sui qui la commencera,
  Quant vous plaist, sire.

        EXPLICIT.

nez tous devant le saint père : il vous mande.
      L'UN POUR TOUS.
Nous irons, puisqu'il nous demande : c'est juste.
        LE PAPE.
Vite, seigneurs ! En allant jusqu'à ma chapelle, chantez-moi sans retard une belle hymne à la louange de la mère du roi Jésus. En avant ! mettez-vous en ordre. Qui commencera ?
      LE CHAPELAIN.
C'est moi qui commencerai, quand il vous plaira, sire.

        FIN.

F. M.

ROMAN DE LA MANEKINE.

(MANUSCRIT DE LA BIBLIOTHÈQUE ROYALE n° 7609—2, fol. 2 recto, col. 1.)

L'auteur de cet ouvrage débute ainsi :

Phelippes de Rim ditier
Veut un roumans, ù delitier
Se porront tuit cil qui l'orront ;
Et bien sacent qu'il i porront
Assés de bien oïr et prendre,
Se il à chou voelent entendre ;
Mais s'aucuns est ci qui se dueille
De bien oïr, pour Dieu ! ne voelle
Ci demorer, anchois voist s'en.
Ce n'est courtoisie ne sen
De nul conteur destourber.
Autant ameroie tourber
En .j. marès, comme riens dire
Devant aucune gent qui d'ire,
D'envie, d'orgueil sont si plain
Que tenu en sont pour vilain.
Par tel gent sont tuit revelé
Li mal qui amont sont levé,

Car du bien qu'il sevent se taisent.
Et pour çou que il poi me plaisent,
Leur voel ançois que je commans
La matere de mon roumans
Priier de ci que il s'en voisent
Ou qu'il ne tencent ne ne noisent ;
Car biaus contes si est perdus,
Quant il n'est de cuer entendus
Méismement à chiaus qui l'oent :
Pour çou leur requier-jou qu'il oent
Ce conte que je met en rime.
Et se je ne sui leonime,
Mervcillier ne s'en doit mie ;
Car molt petit sai de clergie,
Ne onques mais rime ne fis ;
Mais ore m'en sui entremis.
Pour çou que vraie est la matere
Dont je voel ceste rime fere,

N'il n'est mie drois c'on se taise
De ramembrer cose qui plaise.
Dès or voel-jou à Dieu priier
Que il me doinst bien definer
Ce conte que j'ai ci empris
Et par moi est en rime mis,
Et à trestous chiaus grans biens doigne
Qui loeront ceste besoigne.
Dès or mais vous commencerai,
Que jà de mot n'en mentirai,
Se n'est pur ma rime alongier,
Si droit com je porrai lignier.
 Jadis avint qu'il ert .j. rois
Qui molt fu sages et courtois ;
Toute Hongrie ot en demaine,
Feme avoit qui n'ert pas vilaine :
Fille estoit au roi d'Ermenie ;
De grant biauté iert si garnie
Et de bonté, si com j'entens,
Que on errast avant lonc tans
Que sa parelle fust trouvée.
A li deviser demourée
Ne voel faire : trop demourroie.
Aler m'en voeil la droite voie
Ainsi comme je truis ou conte,
Qui ainsi me retrait et conte.
Qu'il furent ensanle .x. ans,
Qu'avoir ne porent nus enfans
Fors une fille seulement ;
Mais cele, au mien enscient,
Fu la plus bele qui ains fust
Qui d'omme conceüe fust.
La damoisiele ot mon Joïe,
Por mainte gent qui esjoïe
Fu ou païs pour sa naissance ;
Et Diex, qui tous les bons avance,
Mist en li quanque mettre i dut
Nature, qui pas ne recrut,
Ançois i mist tout à devise
Biauté, bonté, sens et francise.
Onques feme de son eagé
Ne fu tenue pour si sage.
 Dont vint la mort, qui jà n'ert lasse
De muer haute cose en basse,
Ne n'espargne roi ne roïne,
Ançois fait de biau tans bruine :
Bruine fait bien de biau tans
Quant elle fait de liés dolans ;
Ne jà ne prendra raenchon
De nului qu'ele ait en prison,
Fors que le cors nu, pale et taint,
Joiel dont cascuns se plaint.

N'a mie atendu la viellece
De la roïne, ançois s'adrece
Vers li, et si l'a empainte
Qu'ele la fait et pale et tainte ;
La coulour qui estoit si bele
Riens n'i vausist rose nouvele.
Au lit est du tout acoucie.
Or ne quidiés mie qu'il siée
A chiaus du païs ne au roy,
Qui pour li demainent desroi :
Devant li est, partir n'en puet ;
De plourer tenir ne se puet,
Quant ne troeve fusiciien
Qui sace du garir rien.
.J. jour li dist : « Ma dame ciere,
Molt me fait mal icele ciere
Que je voi en vous si palie ;
Par eage ne deüsciés mie
Issi tost departir de moi. »
Ele li a dit : « Sire, ayoi !
Ne viellece ne joneté
Ne tolent la Dieu volenté ;
Souvent fait la biere premiere
Que les gens cuident darreniere.
Quant Diex le veut et jou le voeil ;
De sa volenté ne me doeil.
Je sai molt bien morir m'estuet
N' autrement estre ne puet ;
Mais par cele très grant amour
Que m'avés monstrée maint jor,
Vous pri que me donés .i. don
De tous mes biens en gherredon. »
 — « Certes, dame, li rois respont,
Il n'est nule riens en cest mont
Que nus hom puist faire pour femme
Que je ne face pour vous, dame ;
Mais dites vostre volenté :
Du faire sui en volenté,
Sur ma loialté le vous jur. »
— « Or en sui-je bien asseür,
Sire ; si vous requier et proi
Que vous jamais femme après moi
Ne voelliés prendre à nesun jor ;
Et se li prince et li contour
De ce païs ne voelent mie
Que li roialmes de Hongrie
Demeurt à ma fille après vous,
Ançois vous requierrent que vous
Vous mariés pour fil avoir,
Bien vous otroi, se vous avoir
Poés femme de mon sanlant,
Qu'à li vous alés assanlant ;

Et des autres bien vous gardés,
Se vous mon convenant gardés. »
— « Certes, dame, jou l'otroi bien;
Jà ne mefferai de rien. »
Quant la roïne ot çou pourquis,
Son pensé et son cuer a mis
A s'ame, si se confessa;
Bien sent la mort qui l'apressa :
Se droitures a demandées,
Et on li a toutes données;
Puis est du siecle trespassée.
Pour li s'est mainte gens lassée
De plourer. Meismement li rois
Se pasma sur li mainte fois,
Ne nus ne le puet conforter.
Quant devant li en voit porter
La roïne en biere morte,
Molt se plaint, molt se desconforte;
Ains plus grans deuls ne fu véus
Que cil qui par li fu méus.
Enfoïe fu noblement.
Sa tombe fu faite d'argent,
D'or et de pieres precieuses,
Boines, cieres et precieuses.
Li duc, li prelat, sans mentir,
Qui furent à li enfoïr
I furent d'yvoire entailliet.
Merveilleusement soutilliet;
Deus et .ij. ensanle parolent,
Et sanle que de doel s'affolent.
Quant on ot canté le service,
Retorné s'en sont del eglize.
De teus i ot qui s'en alerent;
Mais li grant signeur demourerent
Por reconforter lor signour,
Qui le cuer a plain de dolour.

Toutes mors oublier convient.
Li rois le convenent bien tient
Qu'il avoit fet à la roïne.
Après sa mort fu lonc termine
Avoeques sa fille Joïe,
Qui l'a moût amée et cierie;
Pour l'amour qu'il ot à sa mere
Ne li monstra pas vie amere,
Et molt l'ama de grant amour.
La damoisiele cascun jour
Crüt en sens et en grant biauté,
En valour et en loialté.
.xvi. ans ot, molt fu bele et gente;
En la virge Marie entente
Mist de servir et d'onnourer;
Tous les jours l'aloit aourer

D'orisons que ele savoit,
A une ymage qu'ele avoit,
Qui en sa sanlance ert pourtraite.
Ensi se deduist et affaite.
Le conte de li vous lairai;
Des barons du païs dirai,
Qui ensanle ont pris pallement;
Molt i ascanla de grant gent.
Quant il furent assanlé tout,
Si ont ellit le mains estout
Et le plus sage pour moustrer
Ce qui les a fait assanler :
« Seignour, fait-il, escoutés-moi.
En cest païs avons .i. roy
Qui ot feme molt boine et sage;
En se mort avons grant damage.
De cele femme n'a nul hoir
Fors une fille, au dire voir,
Qui est molt boné et molt courtoise;
Et nonpourquant à briquetoize
Ert li roialmes de Hougrie,
Se feme l'avoit en baillie :
Por c'est-il bon que nous alons
Au roi et de cuer li prions
Qu'il pregne feme à nostre los. »
Il respondent tout : « C'est bon los. »
A ce conseil trestout s'acordent,
N'en i a nul qui s'en descordent;
Au roi sont venu au tierc jor
Là où il tenoit son sejor,
Si li requierent que il famme
Pregne pour l'ounour du roialme.
Il lor dist : « Signor, non ferai,
Jamais femme ne prenderai;
Car à ma femme euc en convant
Que jamais jor de mon vivant
Feme espousée n'iert de moi,
Se ensi n'est, mentir n'en doi,
Que je trouvaisce son pareil
De biauté, de fait, d'apareil.
Et je ne quie mie que une
En trouvast-on desous la lune;
Mais s'ele puet estre trouvée,
Pour le pourfit de la contrée
Vés moi prest et entalenté
De faire vostre volenté. »

Quant li baron ont entendu
Ce que li rois a respondu,
Sont .xij. messages ellis,
Courtois et sages et ellis,
Qui pluseurs langage savoient.
La roïne véu avoient,

Norris les ot et alevés;
Si se tinrent mains agrevés
Des grans paines qu'il endurerent,
Por çou que son per querre alerent.
Et cil .xij., tuit doi et doi,
Par le commandement le roi
Et par les barons de la terre
Vont en maint lieu la muse querre.
Quant il orent or et argent
Et garnisons à lor talent,
S'ont devisé qu'il le querront
.I. an et puis si revenront.
Vers orient en vont li .vi.,
En trois parties se sont mis;
Et li autre vers occident
S'en vont maint païs reverchant.
Fille à roy et à maint conte
Virent, dont il ne tinrent conte.
Maint duel, maint anui et maint grief
Orent; mais ne vinrent à chief
De la queste qu'enpris avoient,
Estoit çou dont grant doel avoient.
Se je contoie leur anuis,
Del escouter seroit anuis.
Quant il ont en maint lieu cerkié,
Maint païs quis et reverchié,
Ne ne poeent oïr nouveles
Qui leur soient bones ne beles,
Au chief del an sont revenu,
Non ensi com erent méu :
Riche s'esmurent et joiant;
Povre revienent et dolant;
En .ij. nés en erent tourné,
Mais en .vi. en sont retourné.
  A .i. Noel troevent le roy
Et tous ses barons avoec soi,
Où il tenoit grant court pleniere.
Gent i ot de mainte maniere,
Dames et mainte damoisiele
Qui cuidoit estre la plus bele.
Au disner vinrent li message,
S'ont au roi conté leur musage;
Et li baron, quant il l'oïrent,
De çou mie ne s'esjoïrent;
Mais li message n'i ont coupes,
Ne furent pas paié d'estoupes;
Blanc argent orent et rouge or,
Dont cascuns puet faire tresor.
D'aus vous lairai; dirai du roy
Et des barons qui sont od soi.
Od li furent maint archevesque
Et maint abbé et maint evesque.

Laiens estoit bele Joïe,
Mainte dame ot en sa compaignie;
Al mangier seoit la dansele.
Uns des barons del escuele
Le servi, cui Dieus destourbier
Doinst! qu'il avint grant encombrier
A la damoisele par lui,
Ainsi com vous orrés ancui.
A ce baron forment pesoit
De çou que li rois fil n'avoit,
Les messages avoit oïs
Dont il n'estoit mie esjoïs;
La damoisiele a regardée,
Qui ert blance et encoulourée :
Avis li est ce soit sa mere,
Fors que de tant que plus jone ere.
  Quant par laiens ont tuit mengié,
A conseil se sont tuit rengié
Tout li baron de la contrée;
Et li quens, qui avoit portée
L'escuele bele Joïe,
Lor dist : « Se Dix me beneïe,
Signeur, li rois jamais n'aura
Femme n'on ne le trouvera
Tele comme il le veut avoir,
S'on ne fait tant, au dire voir,
Que il puist sa fille espouser :
Ou monde n'a fors li son per;
Mais se li prelat qui ci sont,
Qui en grant orfenté seront
Se malvais sires vient sor aus,
Voloient faire que loiaus,
Fust li mariages d'auls deus,
Je croi que ce seroit li preus
A tous chiaus de ceste contrée. »
A tant a sa raison finée.
De tex i a qui s'i acordent
Et de tex qui molt s'en descordent.
Longuement entr'eus desputerent,
En la fin li clerc s'acorderent
Que il le roy en prieroient
Et sur aus le pecié penroient;
A l'apostole monterront
Le grant pourfit por quoi fait l'ont.
  A tant en sont au roi venu,
Se l'ont à .i. consel tenu,
Et li dient : « Biaus sire ciers,
Por çou que vous nous tenés ciers,
Vaudriiens-nous de vous avoir
Hoir qui ce regne doie avoir;
Mais vous avés fait serement
Femme n'aurés, fors d'un sanlant

A cele qu'éustes premiere.
Bien veés qu'en nule maniere
N'en poet-on nis une trouver,
Fors une que devés amer :
Çou est vostre fille la sage.
Si vous prions qu'en mariage
Le prendés, nous le vous loons
Et sur nous l'affaire prendons.
Prions vous ne vous en soit grief,
Car on doit bien faire un meschief
Petit pour plus grant remanoir. »
— « Signor, ce dist li rois, pour voir,
Saciés pour riens ne le feroie ;
Trop durement me messeroie. »
— « Si ferés : sire, vos clergiés
Velt que ensi vous le faciés ;
Et se vous ne le volés faire,
Vo homme vous seront contraire. »
Quant li rois voit que si baron
Voelent qu'il facent dusqu'en son
Tout lor bon et lor volenté,
Si leur a respit demandé,
Sans plus, dusc'à la Candelier ;
Adonc si reviegnent arrier,
Si lor dira qu'il volra faire
U del escondire ou du faire.
Il li otroient tout ensi ;
Du consel se sont departi,
A lendemain se departirent,
Vont s'ent et au roy congié prisent.
  Li rois od sa fille demeure,
Molt le cierist et molt l'ouneure.
.I. jor vint li rois en sa cambre,
Qui estoit pavée de l'ambre ;
La damoisiele se pinoit.
Ele se regarde, si voit
Son pere qui est dalés li ;
De la honte que ele a rougi :
« Sire, dist-ele, bien vigniés. »
— « Fille, fait-il, boin jour aiiés. »
Li peres a sa fille prise
Par le main, et lés lui assisse ;
Molt le regarde ententieuement,
Et voit c'onques plus soutilment
Nature feme ne fourma,
Fors Joïe, qu'ele aourna
De plus grant biauté que Elayne,
Dont as Troiiens crut tel paine
Qu'il en furent tout perillié,
Mort et vaincu et escillié :
Dont ce fu tristeurs et dolors ;
Mais avenu est as pluisours

Que par feme ont esté destruit
Li plus sage et li miex estruit
Et tel qui coupes n'i avoient.
Les femmes pour qu'il emprenoient
Les folies et les outrages,
S'en tournoit sur euls li damages
Et sur eles tout ensement ;
Car on retrait et dist souvent :
« Souvent compere autrui pecié
Teuls qui n'i a de riens pecié. »
Ausi fist Joïe la bele ;
Car ses peres del estincele
Dont Amors seit si les siens batre
Le* fait en son cemin embatre
Si soutilment qu'il ne s'en garde,
Fors que de tant que il l'esgarde
Plus volentiers c'ainc mais ne fist.
Raisons, qui d'autre part se mist,
Li dist que il d'iloc s'en voise,
Qu'il ne chiée en briquetoise.
Issi a fait, congié demande ;
Et ele à Jhesu le commande.
A tant de sa fille se part ;
Mais od lui emporte le dart
D'Amours, qui grant anui li fait ;
Car si soutilment li a trait
Par mi les iex que dusc'al cuer
Le feri ; mais ains puis à nul fuer
N'en pot trouver la garison,
S'en eut mainte grant marison.
  Un jour à dementer se prist
Por Raison qui en li se mist,
Et dist : « Pour fol me puis tenir,
Quant à çou ne doi avenir
Que mes fols cuers aime et covoite.
Par outrequiderie esploite
Amors, qui ensi me demaine ;
Car d'une amor qui est vilaine
Et encontre toute raison
Me fait amer, ou vœille ou non.
Je sai bien que cele est ma fille,
Dont li pensers si fort m'escille.
En cel pensé, qui n'est pas gens,
M'ont mis mi baron et mes gens ;
Si m'ont en tel folie empaint
Dont li miens cuers souspire et plaint.
Et pour quoi ne souspiré-gié ?
En ai-ge des prelas congié
Et proiere que je la pregne ;

---

* Le manuscrit porte *les*, ce qui nous semble une erreur du copiste.

Mais que il en moi ne remaigne,
Bien puis alegier ma dolour
Al gré des plus grans de m'ounour.
L'autr'ier otroier ne lor vaus,
Je fis que nices et que faus.
Que faus? non fis; ains fis que sages;
Car ce n'est mie li usages
Que nus doie sa fille prendre.
A folie me font entendre,
A folie, voir, ce me font mon;
Car je n'i voi nule raison.
Donques ne la prendrai-je mie:
Ce seroit outrequiderie,
Por que raison ne droit n'i voi.
Legierement oster m'en doi
Mon cuer, qui tous jors à li pense;
Mais dès or li mech en deffense. »
    Ainsi li rois par lui devise;
Mais Amours, qui en li s'est mise,
Li raporte une autre novele;
Car la grant biauté de la bele
Li dist et son contenement,
Si que tout li met à noient
Le pensé qu'il avoit orains:
Ne l'en souvient, que c'est du mains;
Si est espris ne puet estaindre,
El fol voloir le convient maindre:
Ensi a contraire voloir.
Sens et Amours le font doloir,
Qui dedens sen cuer se combatent
Si que le roi souvent embatent
Une eure en sens, l'autre en folie,
C'Amors de fol voloir le lie,
Et Sens le rassaut d'autre part
Et li monstre que il se gart
De chou qu'Amors li loe à faire,
Car tost en aroit* grant contraire;
Mais c'est pour noient, ne li vaut,
Qu'Amors si asprement l'assaut
Que çou que Sens li monstre et dist
Li met du tout en contredit.
Et quant voit que li rois plaise
Vers Amours et lui entre-laisse,
Dolans du roi se departi;
Mais Amours pas ne s'en parti,
Ains est lié quant Sens s'enfuit,
C'ore est li rois en son estruit;
Si le demaine à son voloir,
Sovent li fait le cuer doloir.
Tant l'a destraint et demené

Que le roy a à chou mené
Que il en pallera à sa fille,
Pour qui Amour son cuer essille.
    En sa cambre ès-le vous venu.
Com son pere l'a recheü
La damoisele boinement;
Et li rois par le main le prent,
Seur une keute-pointe bele
S'assiet, et lès lui la pucele;
Avoec aus n'a qui noise faice.
« Bele fille, or ne vous desplace,
Fait li rois, çou que vous voeil dire,
Ne jà n'en aiés au cuer ire. »
— « Certes, sire, de vo voloir
Oïr ne me doi pas doloir.
Dites-moi ce que bien vous ert,
Car ma volentés me requiert
De tout quanque fille doit faire
Pour pere ne soie contraire. »
— « Ma fille, vous respondés bien,
Et je ne vous dirai jà rien
Que ne doiés faire pour moi;
Car par le gré et par l'otroi
De mes barons baron vous doing,
Qui n'est mie de vous trop loing.
J'euch à vostre mère en convant
Que jamais jour de mon vivant
Femme après li n'espouseroie,
Se jou son parel ne trouvoie;
Mais el ne puet estre trovée,
Fors vous, n'i a mestier celée;
Et mi baron ne voelent mie
Que li roialmes de Hongrie
Demeurt sans hoir malle après moi:
Por ce ai du clergié l'otroi
Que de moi soiés espousée.
Roïne serés courounée
Au Noel. Ne l' vauch otroier,
Ains lor dis que à la Candelier
Qui vient lor en responderoie
Selonc ce que consel aroie;
Et j'ai or bien consel du faire,
Mais que il à vous voeille plaire. »
    Li damoiziele ot et entant
Çou que ses peres va contant;
Mais en Dieu a mise s'entente.
Se ne li plaist ne atalente
Çou dont ses pere li parole,
Ains li dist: « Peres, tel parole,
S'il vous plaist, poés bien laissier;
Car ce ne me porroit plaisier
Nus que ce me sanlast droiture

* Avoit, Ms.

Que nus hom péust s'engereure
Espouser selonc nostre loy ;
Et tout cil sont plain de derroy
Qui contre Dieu consel vous donnent
Et de tel cose vous semounent.
Por riens ne m'i acorderoie,
La mort avant en sufferroie :
Ne sui mie tenue à faire
Ce qu'à m'ame seroit contraire.
Miex vous vient prendre penitance
Du covent et de la fiance
Que vous à ma dame féistes,
Car fol convent li praméistes.
Se prenés feme à vostre los,
U monde n'a home si os,
Se vous volés sa fille avoir,
Qui n'en soit liés, au dire voir :
Si vous pri qu'en pais me laissiés.
Mes cuers n'ert jà à cou laissiés
Pour nului que prenge mon pere ;
Car qui s'ame pert, trop compere. »
    Quant li rois ot que riens n'esploite
De la riens que il plus couvoite,
Plus engrans en est que devant ;
Se li respont iréement :
« Certes, fille, je le ferai,
Puisque je le congié en ai.
Folement respondu m'avés ;
Mais bien sai que miex ne savés.
Se mon voloir ne volés faire,
Tost vous tournera à contraire ;
Ne vous em prierai jamais.
La Candelier est assez prés,
Que tuit mi baron revenront,
Et bien sai qu'il me prieront:
Adonques vous espouserai,
Devant là plus ne vous dirai. »
Ains qu'ele plus li respondist,
Li rois hors de la cambre en ist;
Onques congié n'i demanda.
La damoisiele demoura.
En sa cambre, plaine de duel,
Morte voldroit estre son voel:
« Lasse ! dist-ele, mar fui née,
Quant je sui ore à ce menée
Que mes peres m'espousera.
Jà pour raison ne le laira,
Puisque il l'a si en gros pris
Et que si homme l'ont empris ;
Mais miex ameroie morte estre,
Car c'est contre le Roy celestre,
Ne par raison nus ne puet faire

Ce qu'il me* voldront faire faire.
Bien pens faire le me feront,
Jà pour mon dit ne le lairont,
S'aucune chose en moi ne voient
Par quoi de ce voloir recroient. »
    En tels voloirs, en tex pensers
Est li tans si avant passés
Que venue est la Candelier.
Si baron et si chevalier
Et li prelat de la contrée,
Sans plus faire de demourée,
Sont trestout à court revenu ;
A joie furent retenu
Du roi, qui grant gent assambla,
Et tant que il à tous sambla
Qu'ainques mais ne tint si grant court:
Tous biens, toute riquece i sourt ;
Cascuns tant comme il veut en a.
Li rois ainsi le commanda,
Que bien cuide Iués acomplir
Le volenté de son desir.
Del escondit ne li caloit
Que sa fille fait li avoit,
Car il metoit en son pourpens
Que pensés de feme c'est vens.
Bien li cuide oster son corage
A la requeste du barnage
Et des prelas qu'ilueques sont,
Qui au roi sont venu ; si l'ont
Requis que il Joïe pregne
Et que leur consel ne desdaigne.
Li rois leur respont volentiers
Le fera, puisqu'il est mestiers
Et que communalment li loent.
Molt en sont lié tout cil qui l'oent
Que li rois est entalentés
De faire les lor volentés,
Si li dient qu'il iront querre
Joïe; « Ne nul respit querré
Ne volons de ces espousailles,
Que eles ne tournent à failles. »
    Or quident bien tenir ou poing
Tel cose dont il sont molt loing.
Joïe ot illoeques tramis
Une espie, qui embramis
Fu de tout lor conseil aprendre ;
Et si tost com il pot entendre
Le consel qu'il orent éu,
Es-le vous ariere venu
A Joïe ; si li reconte

---

* Le manuscrit porte ne, ce qui est évidemment une erreur de l'ancien copiste.

Ainsi com li rois et li conte
Le vienent querre pour le roy.
Quant ele l'ot, en tel effroi
Est qu'ele ne scet qu'ele face.
En petit d'eure fu sa faice
Des larmes de ses iex couverte.
Or est-ele séure et certe,
Se ele ne troeve occoison,
Petit li vaurra sa raison;
Mais ele ne 's atendra mie:
El n'a soig de leur compaignie.
De ses puceles se depart,
Nule d'eles n'en prist regart,
Et ele s'est d'eles emblée,
De cambre en cambre en est alée;
Ains ne fina dusqu'ele vint
En une quisine qui tint
D'une part au mur de la sale,
Et del autre partie avale
Li seaus en une riviere
Qui ert rade de grant maniere;
De la mer estoit assés près.
Tuit li quisinier ou palès
Estoient alé pour véir
Leur signeur sa fille plevir,
Si que toute seule estoit Joïe
Deseur tous triste et esbahie.
Un grant coutel à quisinier,
Qui sert de la car despicier,
A sour le dreceoir trouvé;
Par maintes fois l'ont esprouvé
Ses maistres pour bon et taillant:
D'un cisne merveillous et grant
En colpast à .i. cop l'esquine.
En sa main le prent la meschine,
Et pense que elle colpera
Son puing, et caoir le laira
Et (sic) l'iawe qui est apelée
Yse la parfonde et la lée.
Dont se commence à dementer:
« Lasse ! or me puis-je bien vanter
C'à malvais port sui arrivée;
Car se jou ai ma main colpée,
De moi nule pitié n'aura
Li rois, car vraiement saura
Que colpée l'arai pour lui
Escondire. Lasse ! mar fui !
Bien sai qu'il me fera ardoir;
Autre trezor n'en aurai, voir.
Bien sui fole, qui moi ocirre
Voel à dolor et à martire;
Et se me puis bien respiter

De ceste dolour eschiever.
Comment ? par espouser mon pere.
Mon pere ! lasse ! vie amere
Avoir, pour péur, de m'ame !
Virge Marie, douce dame,
Conseu vous demanc et requier;
Voelliés-ent vostre fil proier.
Puisque de cuer requier aïe,
Bien sai que je n'i faurrai mie. »
Ensi se demaine et tourmente
Joïe la bele jouvente;
En cel pensé a atendu
Tant qu'ele a oï le hu
De chiaus qui en sa cambre estoient,
Qui au roy mener le voloient:
Or voit bien n'i a plus caloigne;
Son puing senestre * tant alonge
Qu'ele le met seur la fenestre,
Le coutel tint en sa main destre :
Onques mais feme çe ne fist;
Car le coutel bien amont mist,
S'en fiert si son senestre puing
Qu'ele l'a fait voler bien loing
En la riviere là aval.
De la grant dolor et du mal
Que ele senti s'est pasmée.
Ains que ele se fust relevée,
Englouti sa main .j. poissons
Qui est apelés esturjons;
Molt en estoit liés par sanlant,
Aval l'ewe s'en va jouant.
Del esturjon ci vous lairai,
Et à Joïe revenrai,
Qui de pasmisons releva.
Son moignon, qui molt li greva,
Entortillie d'un cuevre-chief
A l'autre main à grant meschief.
Sa coulor, qui estoit vermeille,
Pali : ce ne fu pas merveille.
De la quisine en est issue,
En sa cambre en est revenue,
Où .iiij. conte l'atendoient;
Molt en sont lié quant il le voient;
Si li dient : « Ma damoisele,
Une nouvele boine et bele
Vous aportons ; mais soiés lie :
Roïne serés de Hongrie.
Li rois ou palais vous atent ;
Par nous vous mande qu'erramment
Venés à lui, n'i demorés.

---

* Le manuscrit porte, à tort, *destre*.

Bien doi de vous estre honnourés
Li rois et tout cil du païs,
Que tant ont pourcacié et quis
Que d'or aurés u cief couronne :
Qui ce vous fait, biau don vous donne.
Or en venés, car tuit vous mandent
Li prelat qui là vous atendent ;
Ce lignage departiront,
Vous et le roy marieront. »

Ainsi qu'on a pu le voir, le miracle est fidèlement calqué sur le roman : aussi croyons-nous devoir terminer ici l'extrait que nous donnons de celui-ci * : il suffira, nous l'espérons du moins, pour faire juger du style et du faire de Philippe de Reimes **.

Le *Roman de la Manekine* se termine, au folio 56 recto, par ce paragraphe :

Par ce rommans poés savoir,
Vous ki le sens devés avoir,
Que cascune nécessité
C'on a en sa carnalité
Ne se doit-on pas desperer,
Mais tous jours en bien esperer
Que de çou qui griefment nous point
Nous remetra Dix en bon point.
Anemis est *** mout engigneus
Et de nous avoir couvoiteus,
Si fait sen pooir de nous mettre
En desespoir pour nous demetre
Hors de priiere et d'esperance.
Que Dius nous ost nostre grevance !
Se vous tentation avés
Ou aucun grief en vous savés,

Prendés garde à la Manequine,
Qui en tant d'anuis fu si fine
Que par deus fois fu si tentée ;
N'onques puis n'eut cuer ne pensée
De cheoir en nul desespoir,
Ains ert tous jors en Dieu espoir
Et en sa benoite mere,
Qui de pitié n'est mie avere.
Tant se tint en bien, tant peia
Q'assés plus qu'ele ne pria
Li rendi Dix en petit d'eure :
Pour çou lo que chascuns labeure
A soi tous jors en bien tenir,
Car si grans biens en puet venir
Qu'il n'est nus ki le séust dire
Ne clers qui le séust descrire ;
N'il n'est riens que Dix hée tant
Comme le fol desesperant,
Car icil qui se desespoire
Il samble qu'il ne voelle croire
Que Diex n'ait pas tant de pooir
Qu'il puist alegier son doloir.
Mout est fox qui en a redout,
Car Dix puet bien restorer tout ;
Toutes pertes et tous tormens
Et tous pechiés, petis et grans,
Puet bien Dix et veut pardonner,
Mais que on li voelle donner
Le cuer et c'on se fie en lui
Et que on croie que sans lui
Ne puet venir biens en ce monde :
Nus biens n'est, se Dix ne l'abonde.
Il fait bon tel maistre servir
Et sa volenté poursivir :
Se li prions que tex nous face
Qu'il nous voelle doner sa grasce
Et que de desespoir nous gart,
Que nous n'aillons à male part ;
Et vous, priiés Dieu qui tout voit
Que il celui grant joie otroit
Qui de penser se vaut limer
Pour la Manequine rimer ;
Dix li doinst joie et bone vie !
Amen cascuns de vous en die.
Ici endroit Phelippes fine
Le Rommant de la Manekine.

Explicit le Rommant de la Manekine.

---

* Le *Bannatyne Club*, à Edinburgh, vient de charger M. Francisque Michel de la publication de ce roman, qui sera imprimé à Paris, en un volume in-4.

** Voyez, en outre, sur Philippe de Reimes et sur ses ouvrages, l'article que l'abbé de la Rue a consacré à ce trouvère dans ses *Essais historiques sur les Bardes, les Jongleurs et les Trouvères normands et anglo-normands*, t. II, p. 366-374.

*** Le manuscrit porte *anemi sont*.

UN MIRACLE DE NOSTRE-DAME.

NOTICE.

Nous avons tiré ce miracle du même volume qui nous a fourni la plupart des précédens, c'est-à-dire du manuscrit 7208. 4. B, où il commence au folio 139 recto. Il y est précédé de deux autres pièces*, que nous n'avons pas données ici, parce que la première ne nous a pas semblé assez intéressante pour devoir occuper une place dont il nous faudra désormais nous montrer avare, et que l'autre paraîtra bientôt, publiée par nous, dans une petite collection d'anciennes pièces dont s'occupe depuis quelques mois le libraire Silvestre.   F. M.

*En voici les titres :

Cy commence un Miracle de Nostre-Dame, de saint Jehan le Paulu, hermite, qui par temptacion d'ennemi occist la fille d'un roy et la jetta dans un puiz; et depuis par sa penance la resuscita Nostre-Dame. Folio 103 recto.

Cy commence un Miracle de Nostre-Dame, de Berthe, femme du roy Pepin, qui ly fu changée; et puis la retrouva. Folio 117 recto.

UN MIRACLE DE NOSTRE-DAME.

NOMS DES PERSONNAGES.

OSANNE.
ROY THIERRY.
LA MERE DU ROY.
BETHIS, damoiselle.
RENIER, charbonnier.
LA CHARBONNIERE.
NOSTRE-DAME.
DIEU.
SAINT JEHAN.
LE PREMIER ANGE.

MICHIEL, ij^e ange.
ALIXANDRE.
RAINFROY.
GOBIN.
LE PREMIER CHEVALIER.
ij^e CHEVALIER.
L'OSTELLIER DE JERUSALEM.
DAME SEBILLE, ostelliere.
LE PREMIER FIL.
RENIER, ij^e fil.

iij^e FIL.
GROSSART, premier sergent d'armes.
LUBIN, premier veneur.
RIGAUT, ij^e sergent.
ij^e VENEUR.
LE MESSAGIER.
PILLE-AVAINE.
PIERRE LE PAGE, tabellion.
LE VALET ESTRANGE.

Cy commence un Miracle de Nostre-Dame, du roy Thierry, à qui sa mere fist entendant que Osanne, sa femme, avoit eu .iij. chiens; et elle avoit eu iij filz : dont il la condampna à mort; et ceulx qui la dorent pugnir la mirent en mer; et depuis trouva le roy ses enfans et sa femme.

Ici commence un Miracle de Notre-Dame au sujet du roi Thierry, à qui sa mère fit entendre qu'Osanne, sa femme, avait eu trois fils : par suite de quoi il la condamna à mort; et ceux qui durent la punir la mirent en mer; et depuis le roi trouva ses enfants et sa femme.

OSANNE.

Mon très chier seigneur, s'il vous plaist,
Ne vous puis longues tenir plait;
Plaise-vous un po espartir

OSANNE.

Mon très-cher seigneur, s'il vous plaît, je ne puis longuement causer avec vous; veuillez vous décider à partir d'ici et à aller ail-

A vous de ci endroit partir
Et aler en autres parties,
Car je doubt bien que deux parties
De mon corps faire ne me faille.
Ha, Diex! vraiement, je travaille
 D'enfant, chier sire.
  ROY THIERRY.
Dame, je ne vous sçay que dire;
Je m'en vois sanz pluz de demeure.
La Mere Dieu vous doint bonne heure!
— Mere, tenez-vous avec elle,
Et vous et vostre damoiselle:
Compagnie li convient-il
Pour garder son corps de peril,
 Vous le savez.
  LA MERE AU ROY.
Biau filz, verité dit avez:
On compaigne bien mendre dame;
Mais ne nous envoiez plus ame,
Par amour, pour estre avec elle:
Entre moy et ma damoiselle
 Serons assez.
  LE ROY.
Mere, se à tant vous en passez,
Ne vous envoieray plus ame;
Mais comment pourray savoir, dame,
Quel enfant elle aura éu?
Quant sera né, or soit véu,
 Je vous en pri.
  LA MERE AU ROY.
Je mesmes avant, sanz detri,
Biau filz, en seray messagiere.
Alez et faites bonne chiere.
— Dame, or sà! comment vous sentez?
Ce dos, ces reins ne ces costez
 Vous doulent-il?
  OSANNE.
S'il me deulent? certes, oïl;
Et y sens tant mal et angoisse
Qu'il n'est fors Dieu qui la congnoisse.
— E, Mere Dieu! secourez-moy!
Diex, les reins! Dieu! je muir, ce croy:
Tant sens de peine et de labite!
Ha, dame sainte Marguerite!
Et vous, glorieux saint Jehan!
En ceste paine et cest ahan
 Me secourez.
  LA MERE.
Dame, en voz grans maulx labourez;
S'en estes malade plus fort,

leurs, car j'ai bien peur que mon corps ne se sépare en deux parties. Ah, Dieu! en vérité, je suis en mal d'enfant, cher sire.

  LE ROI THIERRY.

Dame, je ne sais que vous dire; je m'en vais sans plus tarder. Que la Mère de Dieu vous rende heureuse! — Mère, tenez-vous avec elle, votre demoiselle et vous: vous le savez, il lui faut de la compagnie pour garantir son corps de péril.

  LA MÈRE DU ROI.

Cher fils, vous avez dit la vérité: on tient bien compagnie à une dame d'un rang moins élevé; mais, de grâce, ne nous envoyez personne pour être avec elle: ma demoiselle et moi, ce sera suffisant.

  LE ROI.

Mère, si vous vous en chargez, je ne vous enverrai plus personne; mais comment, dame, pourrai-je savoir quel enfant elle aura eu? Quand il sera né, qu'on le voie; je vous en prie.

  LA MÈRE DU ROI.

Moi-même, sans tarder, mon cher fils, je serai la messagère de cette nouvelle. Allez et tenez-vous en joie. — Dame, eh bien! comment vous sentez-vous? Ce dos, ces reins et ces côtés vous font-ils mal?

  OSANNE.

S'ils me font mal? certes, oui; et j'y sens tant de douleur qu'il n'y a que Dieu qui le sache. — Eh, Mère de Dieu! secourez-moi. Dieu, les reins! Dieu! je crois que je meurs: tant je sens de souffrance et de faiblesse! Ah, dame sainte Marguerite! et vous, glorieux saint Jean! secourez-moi dans cet état de douleur et de torture.

  LA MÈRE.

Dame, aidez-vous au milieu de vos maux cruels; si vous en souffrez davantage, pre-

Prenez en vous bon cuer et fort,
  Puisqu'à ce vient.
    LA DAMOISELLE.
Très chiere dame, il l'esconvient
Que un petit encore endurez.
L'eure garde ne vous donrez
Que Dieu si grant bien vous fera
Qu'à joie vous delivrera,
  J'en sui certaine.
    OSANNE.
Certes, je seuffre tant de peine
Que vie humaine en moy deffault
Et que la parole me fault;
  Je me muir, voir.
    LA MERE DU ROY.
Or, Bethis, je vueil savoir
Maintenant se tant m'amerez
Q'une chose pour moy ferez
  Que vous diray.
    LA DAMOISELLE.
Quoy, dame? dites, je feray
Quanque vous me commanderez;
Si que je croy gré m'en sarez,
  Se le puis faire.
    LA MERE DU ROY.
Ceste femme ne me peut plaire
Ne ne plut onc en mon aé,
Jà soit qu'a mon filz espousé.
Ne scé se ce fu de par Dieu,
Car n'est pas venue du lieu
Que déust estre sa compaigne;
S'en ay au cuer dueil et engaigne,
Et ce n'est mie de merveilles.
Je vueil que tantost t'apareilles,
Tandis comme elle est en ce point,
Qu'elle n'ot ne ne parle point,
Que ces enfans ici me portes
Au bois, et là ne te deportes
D'eulx touz les gorges si serrer
Et après de les enterrer,
Si que jamais n'en soit nouvelle.
Au revenir je seray celle
Qui te pense à donner, par m'ame!
Tant que te feray riche femme
  Pour touz jours mais.
    LA DAMOISELLE.
Vostre vueil feray, dame; mais,
Pour Dieu mercy! qu'il soit secré,
Et aussi que m'en sachiez gré
  Çà en arriere.

nez en vous de la force et du courage, puisqu'il le faut.

LA DEMOISELLE.

Très-chère dame, il faut que vous souffriez encore un peu. Au moment où vous y penserez le moins, Dieu vous fera la grâce de vous délivrer heureusement, j'en suis certaine.

OSANNE.

Certes, je souffre tant que la vie s'éteint chez moi et que la parole me manque; en vérité, je me meurs.

LA MÈRE DU ROI.

Allons, Béthis, je veux maintenant savoir si vous m'aimerez au point de faire pour moi une chose que je vous dirai.

LA DEMOISELLE.

Qu'est-ce, dame? dites, je ferai tout ce que vous me commanderez; en sorte que, je le crois, vous m'en saurez gré, si je puis le faire.

LA MÈRE DU ROI.

Cette femme ne peut me plaire et ne me plut jamais de ma vie, bien qu'elle ait épousé mon fils. Je ne sais si ce fut de la part de Dieu, car elle n'est pas issue d'assez bon lieu pour être sa compagne; j'en ai du chagrin et de la colère au cœur; et il n'y a pas à s'en étonner. Je veux, tandis qu'elle est en cet état, qu'elle n'entend ni ne parle, que tu me portes au bois ces enfans-ci, et que tu ne mettes aucun retard à leur serrer la gorge à tous et à les enterrer, en sorte qu'il n'en soit jamais question. Par mon ame! je veux tant te donner à ton retour que je ferai de toi une femme riche à jamais.

LA DEMOISELLE.

Dame, je ferai votre volonté; mais, pour (l'amour de) Dieu! que cela soit secret, et de même sachez-m'en gré plus tard.

LA MERE.
N'en doubte pas, m'amie chiere;
Si saray-je, je te promet.
Or avant ! à voie te met
　Appertement.
LA DAMOISELLE.
Je m'en vois delivrer briefment;
　Tost revenray.
LA MERE AU ROY.
Puisqu'elle s'en va, querre iray
Trois des chiens qu'a éus ma chienne :
Dont mourir à honte prochaine,
Se je ne fail, feray ma bruz :
Mon filz a trop esté ses druz;
Par dyable l'ait-il tant amée !
E, gar ! encore gist pasmée
Com la laissay : c'est bien à point.
Ne la quier mouvoir de ce point
　Ne li riens dire.
LA DAMOISELLE.
Or çà ! il fault que je m'atire
A ces enfans executer,
Et puis les en terre bouter;
En ce bois suis assez parfont.
E gar ! ces enfans-ci me font
Feste et me rient par accort;
Et comment les mettray-je à mort,
Quant me rient si doulcement?
Je n'en feray riens, vraiement,
Quant me font signe d'amistié.
— Doulx enfans, plourer de pitié
Me faites. De vous que feray ?
A mort pas ne vous metteray;
Car je tien, se vous y mettoye,
Pire que murtriere seroye;
Et se à l'ostel je vous reporte,
Du corps seray honnie et morte;
Siques ne je ne vous feray
Mal, ne ne vous reporteray;
Mais de feuchiere et d'erbe vert
Serez ici par moy couvert:
Je n'i scé miex ore trouver.
C'est fait : Dieu vous vueille sauver !
Je vous lais et si m'en iray;
A ma dame entendre feray,
Afin de plus s'amour acquerre,
Qu'ocis les ay et mis en terre.
　Sà ! je revien.
LA MERE DU ROY.
Bethis, comment va?

LA MÈRE.
N'en doute pas, ma chère amie; je n'y manquerai pas, je te promets. En avant! mets-toi en route sur-le-champ.

LA DEMOISELLE.
Je vais m'en acquitter tout de suite; je reviendrai bientôt.

LA MÈRE DU ROI.
Puisqu'elle s'en va, j'irai chercher trois des chiens qu'a eus ma chienne; et par là, si je réussis, je ferai prochainement mourir ma bru. Mon fils en a été trop épris; il faut que le diable s'en mêle pour qu'il l'ait tant aimée. Eh, voyez! elle est encore évanouie comme je la laissai : c'est bien à point. Je ne veux ni la tirer de cet état ni lui rien dire.

LA DEMOISELLE.
Allons! il faut que je m'apprête à exécuter ces enfans, et puis à les mettre en terre; je suis assez enfoncée dans ce bois. Eh, voyez! ces enfans s'accordent à me faire fête et à me sourire; et comment les mettrai-je à mort, alors qu'ils me sourient si doucement? En vérité, je n'en ferai rien, puisqu'ils me donnent des témoignages d'amitié. — Doux enfans, vous me faites pleurer de pitié. Que ferai-je de vous? Je ne vous mettrai pas à mort; car je tiens, si je vous y mettais, que je serais pire qu'une homicide; et si je vous reporte au logis, je serai maltraitée et punie de mort. Eh bien! je ne vous ferai pas de mal et ne vous reporterai pas; mais vous serez couverts ici par moi de fougère et d'herbes vertes : je ne sais pour le moment rien faire de mieux. C'est fait : que Dieu vous veuille sauver ! Je vous laisse et m'en irai; je ferai entendre à ma maîtresse, afin d'acquérir davantage son amour, que je les ai tués et mis en terre. Allons! je reviens.

LA MÈRE DU ROI.
Béthis, comment ça va-t-il?

LA DAMOISELLE.

Comment? bien.
J'ai fait ce que onques ne fist femme,
Pour vostre amour. Qu'est-ce, ma dame?
Ne mut-elle puis de ce point?
Dites, ne ne parle-elle point?
Ne scé se m'ot.

LA MERE DU ROY.

Bethis, elle ne dist pui mot.
En tel estat trouvée l'as
Comme estoit quant tu t'en alas:
Dont me merveil.

OSANNE.

Pour Dieu! monstrez-moy, veoir vueil
Le fruit qui de mon corps est né;
Puis que Dieu m'a enfant donné,
Que je le voie.

LA MERE DU ROY.

C'est bien raison c'on le vous doie
Monstrer. Tenez, pour Dieu, merci!
Dame, regardez : vez le ci.
En devons-nous bien faire feste
Et joie avoir? Par ceste teste!
Se je estoie comme du roy,
Mourir vous feroye à desroy
Tel que seriez arse en un feu;
Et je promet à Dieu et veu
Que ci n'ailleurs n'arresteray
Tant que monstré je li aray
Vostre portée.

OSANNE.

E, Mére Dieu, Vierge honnourée,
Secourez-moi : je sui trahie !
Bien voi c'on a sur moy envie,
Et ne scé pour quelle achoison
On m'a fait ceste traïson;
Car, certes, ce ne pourroit estre
Que homme péust en femme mettre
Ne engendrer autre creature
Que telle q'umaine nature
A ordené; et on me monstre
Que mere sui de plus d'un monstre,
Les quelx ont semblance de chien.
Ha, biau sire Diex! tu scez bien
C'onques ne pensay tel oultrage
Qu'aie brisié mon mariage;
Et je t'en appelle à tesmoing,
Sire; et te pri qu'à ce besoing
Me vueilles secourre et aidier,

LA DEMOISELLE.

Comment? bien. Pour l'amour de vous, j'ai fait ce que jamais femme ne fit. Qu'est-ce, ma dame? dites, ne bougea-t-elle pas depuis ce moment, et ne parla-t-elle point? Je ne sais si elle m'entend.

LA MÈRE DU ROI.

Béthis, elle ne dit pas un mot depuis. Tu l'as trouvée dans le même état qu'elle était quand tu t'en es allée : ce dont je m'émerveille.

OSANNE.

Pour (l'amour de) Dieu ! montrez-moi le fruit qui est né de mon corps, je veux le voir; puisque Dieu m'a donné un enfant, que je le voie.

LA MÈRE DU ROI.

C'est bien juste qu'on doive vous le montrer. Tenez, miséricorde, bon Dieu! dame, regardez : le voici. Devons-nous bien en faire fête et en avoir de la joie? Par cette tête! si j'étais le roi, je vous ferais mourir sur un bûcher; et je promets à Dieu et lui fais vœu que je ne m'arrêterai pas ici ni ailleurs tant que je lui aie montré votre portée.

OSANNE.

Eh, Mère de Dieu, Vierge honorée, secourez-moi : je suis trahie! Je vois bien que l'on a de l'envie contre moi, et je ne sais pour quelle cause on m'a fait cette trahison ; car, certes, il ne pourrait arriver qu'un homme pût mettre dans une femme ou engendrer une autre créature que celle que la nature humaine a ordonnée; et l'on me montre que je suis la mère de plus d'un monstre, lesquels ressemblent à des chiens. Ah, beau sire Dieu ! tu sais bien que jamais je ne songeai à être criminelle au point de violer la foi conjugale; je t'en prends à témoin, Sire; et je te prie de vouloir bien me secourir et m'aider dans cette nécessité, car tu sais que j'en ai besoin, beau sire Dieu.

Si com tu scez qu'il m'est mestier,
Biau sire Diex.

LA MERE DU ROY.

Je vous ay pieça dit, biau fiex,
Qui ne croit à mere et à pere
Il ne peut qu'il ne le compere.
Espousée avez une femme
Que royne avez fait et dame :
Dont tout le monde se merveille,
Car n'estoit pas vostre pareille
Ne de lignage ne d'avoir,
N'aussi de meurs, je vous di voir;
Et quant son mal je vous ay dit,
Vous m'avez touz jours contredit,
Et m'en avez souvent tenu
Mal gré : dont il a convenu
Que je m'en soie deportée.
Or tenez ! vez ci sa portée :
En devez-vous grant joie avoir?
Certes, elle est digne d'ardoir,
Quant teulx .iij. cheaux vilz et ors
Sont nez et issuz de son corps,
    Con je voi ci.

LE ROY.

Mucez, mere, pour Dieu mercy !
Je vueil avecques vous aler
Où elle est et à vous parler.
— Comment jeues-tu de tieulx faiz ?
Est-ce l'onneur que tu me faiz,
Faulse, mauvaise sodomite ?
Je t'afy, tu n'en es pas quitte.
Or ne fu-il onques mais femme
Qui à roy féist tel diffame.
E[s]t-ce pour ce que tant t'amoie
Que ma compaigne fait t'avoie
Que tu m'as fait ceste laidure,
Qu'en lieu d'umaine creature
Sont nez de ton corps ces cheaux ?
Faulse plus que autre desloyaux,
Jamais avec toy, se Dieu plaist,
N'auray compagnie ne plait;
    Je te reni.

OSANNE.

Vueilliez avoir de moi merci,
Chier sire; certes, ne peut estre
Voir le fait que sus me voy mettre
    De vostre dame.

LA MERE DU ROY.

Escoutez de la faulse femme !

LA MÈRE DU ROI.

Voici long-temps que je vous ai dit, cher fils, que celui qui ne croit ni son père ni sa mère ne peut que le payer. Vous avez épousé une femme que vous avez faite reine et maîtresse : ce dont tout le monde s'émerveille; car elle n'allait pas de pair avec vous ni pour la naissance ni sous le rapport de la fortune et des mœurs non plus, je vous dis la vérité; quand je vous ai mal parlé d'elle, vous m'avez toujours contredite et vous m'en avez souvent gardé rancune : ce qui m'y a fait renoncer. Eh bien, tenez ! voici sa portée : en devez-vous avoir beaucoup de joie? Certes, elle mérite le feu pour avoir donné naissance à ces trois chiens, vils et dégoûtans, que je vois ici.

LE ROI.

Ma mère, cachez-les, pour l'amour de Dieu ! Je veux aller avec vous où elle est et vous parler. — Comment t'amuses-tu à de pareilles choses? Est-ce l'honneur que tu me fais, trompeuse et méchante sodomite? Tu n'en es pas quitte, je t'assure. Il n'y eut jamais de femme qui fît un pareil outrage à un roi. Est-ce parce que je t'aimais au point d'avoir fait de toi ma compagne, que tu m'as fait l'outrage de donner le jour à ces petits chiens, au lieu d'une créature humaine? Femme plus fausse que toute autre déloyale, s'il plaît à Dieu, jamais je n'aurai avec toi de rapports en paroles ni en action; je te renie.

OSANNE.

Cher sire, veuillez avoir pitié de moi; certes, l'action que je me vois imputer par votre mère ne peut pas être vraie.

LA MÈRE DU ROI.

Écoutez la menteuse ! Celui qui la croit est

Qui la croit bien est decéuz :
Vez ci qui les a recéuz.
— Di-je voir? di.
LA DAMOISELLE.
Dame, oïl; pas ne vous desdi.
— Sachiez de li sont nez, chier sire,
A grant paine et à grant martire
Qu'elle a souffert.
LE ROY.
Mere, celé soit et couvert
Ce fait-ci, et je vous em pri;
Mais nient moins vueil que sanz detri
La faciez, pour sa mesprison,
Mettre en si très male prison
Com vous li pourrez pourveoir,
Car jamais ne la quier veoir.
De ci m'en vois et la vous lais :
Ordenez-en, si que jamais
N'en soit nouvelle.
LA MERE.
Puisqu'il vous plaist, je seray celle,
Biau filz, qui vous en chemiray,
Si que vostre honneur garderay,
Et tellement que on ne sara
Que elle devenue sera,
Je vous promet.
LE ROY.
C'est bien dit; je la vous commet.
De ci m'en vois.
LA MERE DU ROY.
Osanne, n'arez pas un mois
Pour vous efforcier de jesine.
Maintenant, sanz plus de termine,
Ne sanz vous plus ici tenir,
Vous fault en autre lieu venir
Où vous menray.
OSANNE.
Puisqu'il le fault, dame, g'iray,
Soit pour ma mort ou pour ma vie.
S'on a ore sur moy envie,
J'espoir qu'un autre temps venra,
Se Dieu plaist, qu'elle cessera
Et que miex ira ma besongne.
Alons-m'en, alons sans eslongne ;
A Dieu m'atens,
LA MERE DU ROY.
Or avant! entrez ci dedans
Appertement.
OSANNE.
Puisqu'il ne me peut autrement

bien trompé : voici celle qui les a reçus. —
Dis-je vrai? dis.
LA DEMOISELLE.
Oui, ma dame; je ne vous dédis pas. —
Cher sire, sachez qu'elle les a mis au jour
avec beaucoup de peine et de grandes douleurs qu'elle a souffertes.
LE ROI.
Ma mère, que ce fait-ci soit celé et tenu
caché, je vous en prie; mais néanmoins je
veux que, pour son crime, vous la fassiez
mettre dans la prison la plus dure que vous
pourrez lui procurer, car je ne veux plus
la voir. Je m'en vais d'ici et vous la laisse :
ordonnez-en, de manière qu'il n'en soit
plus parlé.

LA MÈRE.
Puisque tel est votre plaisir, cher fils, c'est
moi qui vous en débarrasserai de manière
à garder votre honneur, et tellement qu'on
ne saura ce qu'elle sera devenue, je vous
promets.

LE ROI.
C'est bien dit ; je vous l'abandonne, et
m'en vais d'ici.
LA MÈRE DU ROI.
Osanne, vous n'aurez pas un mois pour
vous relever de couches. Maintenant, sans
plus tarder, ni sans plus demeurer ici, il
vous faut venir dans un autre lieu où je vous
mènerai.

OSANNE.
Puisqu'il le faut, dame, je m'y rendrai,
que ce soit pour ma mort ou pour ma
vie. Si l'on a maintenant de l'envie contre
moi, j'espère qu'il viendra un autre temps,
s'il plaît à Dieu, où elle cessera et où mes
affaires iront mieux. Allons-nous-en, allons
sans retard ; je m'en remets à Dieu.

LA MÈRE DU ROI.
Allons, en avant! entrez ici dedans tout
de suite.

OSANNE.
Puisqu'il ne peut rien m'arriver sinon de

Venir se n'est au pis du miex,
Quant à ores, loez soit Diex
  De quanque j'ay !

LA MERE DU ROY.

Je ne scé se estes pie ou jay,
Ou mauviz ou coulon ramage ;
Mais puisque vous estes en cage,
Cest huis à la clef fermeray
Et la clef en emporteray,
Afin que nulz à li ne viengne.
Je m'en vois. Ilecques se tiengne,
Et runge le mur se elle a faim ;
Car dès ore mais po de pain
Et po d'yaue ara pour son vivre
Chascun jour, afin que delivre
  Plus tost en soie.

LE CHARBONNIER.

E, gar ! j'oy vers celle houssoie,
Ce m'est avis, enfans crier :
G'y vueil aler, sans detrier.
Dont viennent-il ore en ce bois ?
Il sont plus d'un, et à leur vois,
Que venir de ci endroit sens,
Semblent qu'ilz soient inocens.
Certainement, ains que soit soir,
G'iray tant qu'en saray le voir.
Escoute comme ilz crient fort !
Pour certain j'ay à ce mon sort
Qu'avec eulx n'ait pere ne mere.
Ne fineray tant qu'il m'appere
Et que veoir les puisse en face.
Je croy qu'ilz sont en celle place :
G'y vois ; se sont mon, vez les ci,
Et sont trois, sire Dieux, merci !
Il sont de feuchiere couvers.
De lonc, de lé et de travers
Vueil regarder si venroit ame ;
C'est nient, n'y voy homme ne femme.
— Enfans, n'avez gaires d'amis,
Quant on vous a ci-endroit mis.
Par foy ! j'ay de vous grant pitié
Et telle que, pour l'amistié
De Dieu, je vous emporteray
Touz trois et norrir vous feray.
Ne demourrez plus en ce bois ;
Puisque vous tien, à tout m'en vois.
— Je vous truis bien à point, ma fame.
E ! gardez que vous apport, dame ;
  Je les vous doins.

mieux au pis, quant à présent, que Dieu soit loué de tout ce que j'ai !

LA MERE DU ROI.

Je ne sais si vous êtes pie ou geai, alouette ou pigeon ramier ; mais maintenant que vous êtes en cage, je fermerai cette porte à clef, et j'emporterai celle-ci, afin que nul ne vienne auprès d'elle. Je m'en vais. Qu'elle se tienne ici, et qu'elle ronge le mur si elle a faim ; car désormais elle aura peu de pain et peu d'eau pour sa nourriture de chaque jour, afin que j'en sois plus tôt débarrassée.

LE CHARBONNIER.

Eh, voyez ! j'entends, à ce que je crois, des enfans crier par ce taillis : je veux y aller sans délai. D'où viennent-ils pour être maintenant dans ce bois ? Ils sont plus d'un, et à leur voix, que j'entends venir de là, il me semble que ce sont de petits enfans. Certainement, avant ce soir, j'irai tant que j'en saurai la vérité. Écoute comme ils crient fort ! Je tiens pour certain qu'avec eux il n'y a ni père ni mère. Je ne m'arrêterai pas que je ne m'en assure et que je ne puisse les voir en face. Je crois qu'ils sont en cet endroit : j'y vais ; ce sont eux, les voici, et ils sont trois, miséricorde, bon Dieu ! Ils sont couverts de fougère. Je veux regarder en long, en large et en travers s'il viendra quelqu'un ; c'est inutile, je ne vois ni homme ni femme. — Enfans, vous n'avez guère d'amis, puisqu'on vous a déposés en ce lieu. Par ma foi ! j'ai grandement pitié de vous, tellement que, pour l'amour de Dieu, je vous emporterai tous trois et vous ferai nourrir. Vous ne demeurerez plus en ce bois ; puisque je vous tiens, je m'en vais.
— Ma femme, je vous trouve bien à propos. Eh ! regardez, dame, ce que je vous apporte ; je vous les donne.

LA CHARBONNIERE.

Vous nous pourveez bien de loing,
Renier, qui m'aportez ici
Trois enfans. Et, pour Dieu merci,
Dont viennent-il?

LE CHARBONNIER.
Le voulez-vous savoir?

LA CHARBONNIERE.
    Oïl,
Je vous em pri.

LE CHARBONNIER.
Je le vous diray sanz detry :
Ainsi com par le bois passoie
Pour m'en venir vers la houssoie,
Oy de ces enfans les vois;
Et, sanz plus dire, là m'en vois,
Pour ce que trop forment crioient.
Si les trouvay où ilz estoient,
Touz trois de feuchiere couvers,
Couchiez l'un delez l'autre envers
Sur l'erbe vert et arengiez ;
Et pour la doubte que mengiez
Des bestes sauvages ne fussent
Ou de mesaise ne morussent,
Ne m'a fait pitié deporter,
Mais contraint de les apporter,
  En bonne foy.

LE CHARBONNIERE.
Loé soit Diex! Renier, bien voy,
Puisqu'ainsi est, nous en ferons
Noz enfans et les norrirons ;
N'en avons nulz, bien m'y accorde :
Ce sera grant misericorde;
  Pour Dieu soit tout !

LA CHARBONNIER.
Vous dites voir ; mais je me doubt
Que crestiens ne soient pas,
Si que je lo que ynel le pas
Moy et vous ne nous deportons
Qu'à l'eglise ne les portons
Et les façons crestienner ;
Je le vous suppli et requier,
  Ne laissons pas.

LA CHARBONNIERE.
Ce ne vous refusé-je pas,
Sire Renier : c'est bon conseulx.
Prenez-en un, j'en prendray deux ;
  Alons-m'en, sus !

LA CHARBONNIÈRE.
Vous vous pourvoyez bien d'avance, Renier, pour m'apporter ici trois enfans. Et, pour l'amour de Dieu, d'où viennent-ils?

LE CHARBONNIER.
Le voulez-vous savoir?

LA CHARBONNIÈRE.
Oui, je vous en prie.

LE CHARBONNIER.
Je vous le dirai sans retard : comme je passais par le bois pour m'en venir vers le taillis, j'entendis les voix de ces enfans ; et, pour être bref, j'y allai, car ils criaient très-fort. Je les trouvai là où ils étaient, tous trois couverts de fougère, couchés à l'envers l'un à côté de l'autre et arrangés sur l'herbe verte ; et craignant qu'ils ne fussent mangés des bêtes sauvages ou qu'ils ne mourussent de misère, en vérité, je n'ai pas balancé à les apporter.

LA CHARBONNIÈRE.
Dieu soit loué! Renier, je le vois bien, puisqu'il en est ainsi, nous en ferons nos enfans et nous les nourrirons ; je le veux bien, car nous n'en avons pas : ce sera une œuvre de grande miséricorde, le tout pour Dieu.

LE CHARBONNIER.
Vous dites vrai ; mais je crains qu'ils ne soient pas chrétiens : je suis donc d'avis que sur-le-champ vous et moi nous ne différions pas à les porter à l'église et que nous les fassions baptiser ; je vous le demande et vous en prie, n'y manquons pas.

LA CHARBONNIÈRE.
Je ne vous refuse pas, sire Renier : c'est bon conseil. Prenez-en un, j'en prendrai deux; allons-nous-en, en route!

LE CHARBONNIER.

Alons! je n'en vois point en sus,
Passez devant.

OSANNE.

E, Mere Dieu! trop m'est grevant
La paine que je seuffre et port
En ceste prison, et à tort.
— Biau sire Diex, à toy m'en plaing;
Je n'en puis mais se me complaing.
Estre soloie une royne,
Et il n'a si povre meschine
En ce monde comme je sui
Ne qui tant ait meschief n'ennuy
Con je sueffre en ceste prison;
Car, chascun jour, de livroison
N'y ay qu'un poi d'yaue et de pain.
E, Mere au doulx Roy souverain !
Ce m'est moult petite livrée.
Après, pour punir, sui livrée
A la personne de ce monde
Qui plus me het, Dieu la confonde!
Et qui plus m'est grant ennemie.
Ha, roy Tierry! ne vous ay mie
Desservi que tel me fussiez
Qu'à celle baillié m'éussiez
Pour justicer qui tant me het
Et sanz raison, si com Diex scet,
Et qui tant m'est perverse et dure,
Qui tant me fait souffrir laidure,
Et m'a fait puis un an en çá;
Onques journée n'en cessa
Que ne m'ait fait honte et meschief
Assez, et dit que par tel chief
Fera mon corps aler à fin:
Pour ce, Mere Dieu, de cuer fin
A vous devotement m'ottri,
Et tant comme je puis vous pri
Qu'en ceste grief peine et bataille
A vostre aïde pas ne faille
    N'à vostre grace.

NOSTRE-DAME.

Chier filz, ains que plus avant passe
Heure ne terme de ce jour,
Plaise vous qu'alons sanz séjour
Conforter en celle prison
Celle qui est sanz mesprison,
Que si devotement me tent
Cuer et corps et à moy s'atent
    Que la sequeure.

LE CHARBONNIER.

Allons! je n'en vois point d'autre, passez devant.

OSANNE.

Eh, Mère de Dieu! elle m'est trop dure la peine que je souffre et subis dans cette prison, sans l'avoir méritée. — Beau sire Dieu, c'est à toi que je m'en plains; je n'en puis mais si je gémis. J'étais accoutumée à être reine, et il n'y a pas dans le monde de fille aussi pauvre que moi ni qui ait autant de peines et de chagrin que j'en souffre dans cette prison; car, chaque jour, l'on ne m'y donne pour aliment qu'un peu de pain et d'eau. Eh, Mère du doux et souverain Roi! ce m'est une bien petite provision. En outre, je suis livrée, pour être punie, à la personne de ce monde qui me hait le plus et qui est ma plus grande ennemie, que Dieu la confonde! Ah, roi Thierry! je n'ai pas mérité que vous fussiez cruel à mon égard, au point de charger de me punir celle qui me hait tant et sans raison, Dieu le sait, qui est si acharnée contre moi, et qui me fait tant souffrir d'outrages depuis un an; elle n'a pas cessé un seul jour de m'accabler d'injures et de mauvais traitemens, et elle dit qu'en agissant ainsi elle me fera périr: c'est pourquoi, Mère de Dieu, je me recommande dévotement à vous d'un cœur plein d'amour, et je vous prie tant que je puis de ne pas me refuser votre aide dans cette peine cruelle et dans cette lutte.

NOTRE-DAME.

Cher fils, avant que le jour et l'heure ne s'écoulent davantage, si tel est votre plaisir, nous irons, dans cette prison, réconforter cette femme innocente qui me tend si dévotement son cœur et son corps et qui compte sur moi pour la secourir.

DIEU.

Il me plaist. Alons sanz demeure,
Mere ; je vueil ce que voulez.
Le sien corps est trop adolez ;
Et, pour voir, sanz cause n'est pas.
— Sus, anges ! descendez bon pas,
  Jehan et vous.

SAINT JEHAN.

Vray Dieu, pere de gloire, nous
Touz ferons sanz contredit
Vostre voloir ; or nous soit dit
  Quel part irons.

DIEU.

Ce chemin devant nous tenrons.
— Anges, alez vous .ij. devant,
Et Jehan vous ira suivant
  Et nous après.

LE PREMIER ANGE.

Sire Dieu, nous sommes touz prestz
  De voz grez faire.

NOSTRE-DAME.

Il ne nous convenra pas taire ;
En alant un chant de musique
Gracieuse à voiz angelique
  Vueil que chantez.

ij^e ANGE.

Puisque telle est vo voulentez,
Si ferons-nous, ma dame chiere.
— Avant ! disons à liée chiere
Ce rondel-ici par amour.

LE ROY (sic).

Moult emploie bien son labour
Qui vous sert, Vierge precieuse,
De cuer et pensée songneuse ;
S'ame met hors de la paour
Qu'en peine ne voit tenebreuse.
Moult emploie bien son labour
Qui vous sert, Vierge precieuse,
Et si acquiert de Dieu l'amour ;
Après li estes tant piteuse
Que ès cieulx a vie glorieuse.
Moult emploie bien son labour
Qui vous sert, Vierge glorieuse,
De cuer et pensée songneuse.

DIEU.

Fille, ne soies paoureuse
De nous, se ensemble ici nous vois ;
Je croi bien pas ne nous congnois.
Ne te met plus en desconfort :
Cy vien pour toy donner confort,

DIEU.

Je le veux bien. Allons-y sans retard, Mère ; je veux ce que vous voulez. Son corps est trop endolori ; et, à vrai dire, ce n'est pas sans cause. — Allons, anges ! descendez bon pas, Jean et vous.

SAINT JEAN.

Vrai Dieu, père de gloire, nous ferons tous sans contredit votre volonté ; maintenant dites-nous où nous irons.

DIEU.

Nous suivrons ce chemin devant nous. — Anges, allez vous deux devant, Jean viendra à votre suite et nous après.

LE PREMIER ANGE.

Sire Dieu, nous sommes tout prêts à faire vos volontés.

NOTRE-DAME.

Il ne faudra pas nous taire ; je veux que vous chantiez en vous en allant un gracieux cantique avec vos voix d'anges.

LE DEUXIÈME ANGE.

Puisque telle est votre volonté, nous le ferons, ma chère dame. — En avant ! disons avec allégresse et amour ce rondeau-ci.

Rondeau.

Vierge sans prix, il emploie bien sa peine celui qui vous sert avec soin de cœur et de pensée ; il délivre son ame de la peur d'aller au ténébreux séjour. Vierge sans prix, celui qui vous sert emploie bien sa peine, et il acquiert l'amour de Dieu ; après vous êtes si miséricordieuse à son égard qu'il a une vie glorieuse dans les cieux. Vierge glorieuse, il emploie bien sa peine celui qui vous sert avec soin de cœur et de pensée.

DIEU.

Fille, n'aies pas peur de nous, si tu nous vois ensemble ici ; je crois bien que tu ne nous connais pas. Ne te désespère plus : je viens pour te donner des consolations, moi qui suis le fils, le frère, l'ami, l'époux et le

Qui sui de ma fille et ma mere
Filz, frere, ami, espoux et pere.
Or me peuz congnoistre par temps,
Se tu bien ma parole entens
Et en toy la scès concepvoir,
Qui je sui et appercevoir;
Ce n'est pas doubte.

NOSTRE-DAME.

Osanne, m'amie, or escoute:
Pour ce que tu as t'esperance
Mis en moy et éu fiance
En ta grant tribulacion,
Te vien-je consolacion
Faire pour ton cuer esjoïr;
Et se plus oultré veulz oïr,
Je te dy gardé ne donras
Que de ceulx vengée seras
Qui en ceste peine t'ont mis.
Dieu te sera touz jours amis,
Se bien l'aimes en verité;
Et, se plus as d'aversité,
Seuffre-la pour Dieu doucement:
Ton prouffit feras grandement.
Plus ne te diray quant à ore.
— Or sus! touz .iij. dites encore
Ce chant qu'avez dit en venant,
Et nous en r'alons or avant
Sanz plus cy estre.

LE PREMIER ANGE.

Dame de la gloire celestre,
Voulentiers, puisque bon vous semble.
— Alons, Michiel! prenons ensemble
Et ne faisons ci plus demour.

Rondel.

Et si acquiert de Dieu l'amour;
Après li estes si piteuse
Qu'ès cieulx a vie glorieuse.
Moult emploie bien son labour
Qui vous sert, Vierge precieuse,
De cuer et pensée songneuse.

OSANNE.

Ha! doulce Vierge glorieuse,
Tresor d'infinie bonté,
En qui, par vraie charité,
Dieu se fist homme à nous semblable,
Quant huy m'estes si secourable
Que m'estes venu conforter
Et si doulcement enorter
De bonne pacience avoir,
Je doy bien mettre paine, voir,

père de ma fille et de ma mère. Si tu entends bien ma parole et que tu saches la concevoir, tu pourras me connaître un jour et comprendre qui je suis; il n'y a pas à en douter.

NOTRE-DAME.

Osanne, mon amie, écoute: attendu que tu as mis en moi ton espérance et eu confiance dans ta grande tribulation, je viens te donner des consolations pour réjouir ton cœur; et si tu veux en apprendre davantage, je te dis que, sans t'en occuper, tu seras vengée de ceux qui t'ont mise en cette peine. En vérité, Dieu sera toujours ton ami, si tu l'aimes bien; et si tu as d'autres adversités, souffre-les avec résignation pour l'amour de Dieu: tu feras par là grandement ton profit. Je ne te dirai plus rien quant à présent. — Allons! répétez tous trois ce chant que vous avez fait entendre en venant, et allons-nous-en sans plus rester ici.

LE PREMIER ANGE.

Volontiers, Dame de la gloire céleste, puisque bon vous semble. — Allons, Michel, commençons ensemble et ne demeurons plus ici.

Rondeau.

Et il acquiert l'amour de Dieu; après vous êtes si miséricordieuse à son égard qu'il a dans les cieux une vie glorieuse. Vierge sans prix, il emploie bien sa peine celui qui vous sert avec soin de cœur et de pensée.

OSANNE.

Ah! douce et glorieuse Vierge, trésor de bonté infinie, en qui Dieu, mu par une charité véritable, se fit homme semblable à nous, puisque aujourd'hui vous m'êtes secourable au point d'être venue me consoler et m'exhorter si doucement à avoir de la patience, en vérité, je dois bien m'efforcer de vous louer et de vous rendre grâces et de remercier votre doux fils; aussi le ferai-je

A vous louer et gracier
Et vostre doulx filz mercier ;
Et si feray-je vraiement
De cuer devot, plus ardenment
Que n'ay fait, c'est m'entencion,
Et de plus humble affection
Que onques ne fis.

LA MERE AU ROY.

Se de touz poins ne desconfis
Ma bruz, si qu'elle en prison muire,
Je doubt qu'encor me pourra nuire ;
Si ne peut-elle gueres vivre
Par raison, car je ne li livre
Pour jour q'un po d'yaue et de pain ;
Et tant comme je puis me pain
Que de personne n'ait confort,
Car la clef de là où est port,
Si c'on ne la peut conforter.
Sa livroison li vois porter ;
Je ne vueil point que autre personne
Y voit, afin c'on ne li donne
Nulle autre chose que yaue et pain.
Morte fust-elle ore de fain !
Entrer vueil dedans avec elle.
— Es-tu ci, orde telle quelle ?
Tien, mengüe en male santé ;
Que fust ore en terre planté
Ton puant corps !

OSANNE.

Se Dieu, qui est misericors
Et doulx, ne m'éust soustenu,
Ce que desirez advenu
Fust pieça, dame.

LA MERE AU ROY.

Je pri Dieu dampnée soit l'ame
Sanz fin de celui ou de celle
Qui premier apporta nouvelle
A mon filz que fusses sa femme,
Car onques mais si grant diffame
N'avint à roy.

OSANNE.

La villenie et le desroy
Que me faites et me mettez sus,
Dame, vous pardoint de lassus
Dieu, si lui plaist !

LA MERE DU ROY.

Tien-te là ; tu as trop de plait,
Qui t'a grevé et grevera.
— Mais hui personne ne verra,
Combien qu'il lui tourt à annuy.

en vérité, d'un cœur dévot, plus ardemment que je ne l'ai fait, c'est mon intention, et avec une plus humble affection que je ne le fis jamais.

LA MÈRE DU ROI.

Si je ne maltraite pas en tous points ma bru, de manière à ce qu'elle meure en prison, je crains qu'elle puisse encore me nuire ; et raisonnablement elle ne peut guère vivre, car je ne lui donne par jour qu'un peu d'eau et de pain ; et autant que je le puis, je tâche qu'elle n'ait de consolation de personne, car je porte la clef de là où elle est, en sorte qu'on ne peut la reconforter. Je vais lui porter sa pitance ; je ne veux point qu'aucune autre personne y aille, afin qu'on ne lui donne rien autre chose que du pain et de l'eau. Plût à Dieu qu'elle fût à présent morte de faim ! Je veux entrer dans l'endroit où elle est. — Es-tu ici, sale telle quelle ? Tiens, mange, et puisses-tu en crever ! Plût à Dieu que ton corps puant fût à cette heure planté en terre !

OSANNE.

Si Dieu, qui est miséricordieux et doux, ne m'eût soutenue, ce que vous désirez, madame, fût arrivé depuis long-temps.

LA MÈRE DU ROI.

Je prie Dieu que l'ame de celui ou de celle qui apporta le premier à mon fils la nouvelle que tu serais sa femme, soit damnée éternellement, car jamais une aussi grande honte n'arriva à un roi.

OSANNE.

Dame, que le Roi des cieux, si tel est son bon plaisir, vous pardonne les outrages et le mal que vous me faites !

LA MÈRE DU ROI.

Tiens-toi là ; tu as trop de caquet : cela t'a nui et te nuira. — Désormais elle ne verra personne, quelque chagrin que cela lui fasse. Je suis très-étonnée d'une chose,

De ce trop esbahie sui
Que, pour paine qu'elle ait éue,
N'a riens de sa biauté perdue ;
Ains a la cher polie et fresche.
Il fault que autrement m'en despesche ;
Et vraiement je si feray,
Qu'en la mer jetter la feray ;
Trop l'ay souffert et enduré,
Et aussi elle a trop duré :
Delivrer m'en vueil sanz attendre.
— Venez çà, venez, Alixandre,
Et vous, Rainfroy, et vous, Gobin.
Se onques m'amastes de cuer fin,
A ce cop-ci l'esprouveray.
Ce que je vous commanderay,
    Le ferez-vous ?

ALIXANDRE.

Je croy n'y a celui de nous
Qui ne face, ma dame chiere,
Vostre commant à liée chiere ;
    Ainsi le tien.

RAINFROY.

Quant est de moy, vous dites bien
    Et voir, amis.

GOBIN.

Si feray-je pour estre mis,
    Certes, à mort.

LA MERE DU ROY.

Puisque chascun se fait si fort
De mon vouloir executer,
Je vueil que vous m'alez jetter
En mer Osanne la chetive :
N'est pas digne qu'elle plus vive ;
C'est une bougre meschant garce
Qui a bien desservi estre arse,
    Tant a meffait !

ALIXANDRE.

Chiere dame, il vous sera fait
Voulentiers et brief, sanz attendre,
Se vous nous en voulez deffendre
    Et delivrer.

LA MERE DU ROY.

Alons ! je la vous vueil livrer,
Et vous promet à m'enchargier
Et vous de touz point deschargier :
    Vous souffist-il ?

RAINFROY.

Souffist, dame ? certes, oïl.

c'est que, malgré toutes les peines qu'elle a souffertes, elle n'a rien perdu de sa beauté ; au contraire, elle a la figure polie et fraîche. Il faut que je m'en débarrasse autrement ; et en vérité, j'en viendrai à bout, car je la ferai jeter à la mer ; je l'ai trop long-temps soufferte et endurée, et aussi bien elle a trop vécu : je veux m'en débarrasser sans retard. — Venez ici, venez, Alexandre, et vous, Rainfroy, et vous, Gobin. Je verrai en ce moment si vous eûtes jamais de l'affection pour moi. Ferez-vous ce que je vous commanderai ?

ALEXANDRE.

Ma chère dame, je crois qu'il n'y a personne de nous qui n'exécute vos ordres avec joie ; je le tiens pour certain.

RAINFROY.

Pour ce qui est de moi, vous parlez bien et dites vrai, mon ami.

GOBIN.

Je le ferai, certes, dussé-je être mis à mort.

LA MÈRE DU ROI.

Puisque chacun se fait tellement fort d'exécuter ma volonté, je veux que vous alliez me jeter dans la mer la malheureuse Osanne : elle n'est plus digne de vivre ; c'est une mauvaise et impudique coquine qui a bien mérité d'être brûlée, tant elle a commis de crimes !

ALEXANDRE.

Chère dame, vous serez obéie volontiers et promptement, sans retard, si vous voulez en prendre la responsabilité et nous protéger.

LA MÈRE DU ROI.

Allons ! je veux vous la livrer, et je vous promets de prendre la responsabilité de l'action et de vous en décharger en tous points : cela vous suffit-il ?

RAINFROY.

Si cela nous suffit, dame ? oui. C'est dit,

N'y a plus, nous le vous ferons ;
Le païs en delivrerons
　　Pour vostre amour.
　　　　LA MERE AU ROY.
Issez hors, issez sanz demour,
Bonne et belle, je mens, sanz faille.
— Tenez, seigneurs, je la vous baille ;
Menez l'en tost où vous savez,
Et me faites ce que devez
　　Appertement.
　　　　GOBIN.
Bien. — Çà, dame ! venez avant !
Ci-endroit plus ne nous tenrons ;
Avecques nous vous enmenrons
　　Un po esbatre.
　　　　OSANNE.
Plaise vous, seigneurs, sanz debatre,
Par vostre doulceur et bonté,
A moy dire la verité
　　Où me menez.
　　　　ALIXANDRE.
Dame, puisqu'en ce monde nez
Sommes, une foiz nous convient
Touz et toutes mourir, c'est nient ;
Passer nous fault touz par ce pas.
Il me semble qu'il ne plaist pas
Au roy n'à ma dame sa mere,
(Se je vous di parole amere
Pardonnez-le-moy, je vous pri)
Que vivez plus ; mais sanz detri
Vous fault huy par mort trespasser.
Ne vous en povons repasser,
Dame ; et puis donc qu'il est ainssi
Priez à Diex de cuer merci,
Que touz voz meffaiz vous pardoint
Et à vostre ame gloire doint ;
　　Je n'y voi miex.
　　　　OSANNE.
Ha, biaux seigneurs ! merci ! que Diex
Vous soit à touz misericors !
Espargniez par pitié mon corps,
Et ne me tolez pas la vie ;
Car par haïne et par envie,
Sanz cause nulle et sanz desserte,
Vous sui baillie à mettre à perte.
Et se pour pitié me daigniez
Tant que de morir m'espargniez,
Certes, Dieu si le vous rendra
Et bien le vous guerredonnera ;
　　Je n'en doubt mie.

nous vous obéirons ; nous en délivrerons ce pays pour l'amour de vous.

LA MÈRE DU ROI.

Venez dehors, sortez sans retard, bonne et belle, je mens, sans aucun doute. — Tenez, seigneurs, je vous la livre ; emmenez-la vite où vous savez, et faites-moi promptement votre devoir.

GOBIN.

Bien. — Allons, dame ! avancez. Nous ne nous tiendrons plus ici ; nous vous emmènerons avec nous pour vous distraire un peu.

OSANNE.

Veuillez, seigneurs, être assez doux et bons pour me dire sans difficulté où vous me menez véritablement.

ALEXANDRE.

Dame, puisque nous sommes venus dans ce monde, nous devons mourir un jour, tous tant que nous sommes, ce n'est rien ; il nous faut tous en passer par là. Il me semble qu'il ne plaît ni au roi ni à ma dame sa mère (si je vous tiens un langage désagréable, pardonnez-le-moi, je vous prie) que vous viviez davantage ; mais il vous faut mourir aujourd'hui sans faute. Nous ne pouvons vous sauver, dame : or, puisqu'il en est ainsi, implorez de tout votre cœur la miséricorde de Dieu, afin qu'il vous pardonne tous vos péchés et donne la gloire à votre ame ; je ne vois rien de mieux.

OSANNE.

Hélas, beaux seigneurs ! miséricorde ! que Dieu soit compatissant pour vous tous ! Épargnez mon corps par pitié, et ne m'ôtez pas la vie ; car si l'on m'a livrée à vous pour être mise à mort, c'est par haine et par envie, sans cause et sans que je l'aie mérité. Si par pitié vous voulez ne pas me faire mourir, certes, Dieu vous le rendra et vous en récompensera bien ; je n'en doute pas.

RAINFROY.

Seigneurs, tout le cuer me lermie
De pitié qu'ay de ceste famme.
Je me doubt bien, par Nostre-Dame!
Que, se nous à mort la mettons,
Que nous ne nous en repentons.
　　Au paraler.

GOBIN.

A ce que l'ay oy parler,
Certes, je ne sui point d'accort
Aussi qu'elle soit mise à mort,
　　Se Dieu me voye.

ALIXANDRE.

Et je vous demant quelle voie
A nostre honneur pourrons trouver
Que de mort la puisson sauver,
　　Dites-le-moy.

RAINFROY.

Je ne scé... Si fas bien : j'en voy
Une que je vous vueil compter.
En la mer la devons jetter,
Je vous diray que nous ferons :
En un batelet la mettrons
Sanz gouvernement de nullui,
Et si n'ara avecques lui
Perches ne voille n'avirons;
Et ainsi aler la lairons
Où la mer porter la voulra,
Qui tost la nous eslongnera,
Si que point ne sera trouvée ;
Et, se elle doit estre sauvée,
Diex en fera sa voulenté ;
Et si nous serons acquicté
　　De nostre fait.

GOBIN.

Alixandre, il dit voir : soit fait
　　Comme il a dit.

ALIXANDRE.

Soit! je n'y met nul contredit.
Avant! alons querir batel.
Sà! veez-en ci un bon et bel
　　Qu'ai ci trouvé.

GOBIN.

C'est voir, tu t'en es bien prouvé.
Du remenant nous fault penser.
— Dame, pour vous de mort tenser,
Entendez que nous vous ferons :
En ce batelet vous mettrons,
Puisque de vivre avez desir,
Et vous lairons au Dieu plaisir

RAINFROY.

Seigneurs, tout le cœur me fond en larmes de la pitié que je ressens pour cette femme. Par Notre-Dame! j'ai bien peur, si nous la mettons à mort, que nous ne nous en repentions à la fin.

GOBIN.

Après ce que je lui ai ouï dire, certes, je ne suis point d'avis non plus qu'elle soit mise à mort, Dieu me protége!

ALEXANDRE.

Et je vous demande quelle voie nous pourrons honorablement trouver pour la sauver de la mort, dites-le-moi.

RAINFROY.

Je ne sais... Si fait bien : j'en vois une que je veux vous indiquer. Nous devons l'abandonner à la mer, je vous dirai comment : nous la mettrons dans un batelet sans pilote, et elle n'aura avec elle ni perches, ni voile, ni avirons; et ainsi nous la laisserons aller où la mer la voudra porter, et les flots l'éloigneront bientôt, en sorte qu'on ne la trouvera pas. Et, si elle doit être sauvée, Dieu fera sa volonté à cet égard; et nous nous serons acquittés de notre mission.

GOBIN.

Alexandre, il dit vrai : qu'il soit fait comme il a dit.

ALEXANDRE.

Soit! je n'y mets pas d'opposition. En avant! allons chercher un bateau. Eh! en voici un bon et bel que j'ai trouvé ici.

GOBIN.

C'est vrai, tu t'en es bien tiré. Il nous faut penser au reste. — Dame, entendez ce que nous ferons pour vous garantir de la mort : puisque vous avez le desir de vivre, nous vous mettrons dans ce batelet, et nous vous laisserons aller au (bon) plaisir de Dieu où la mer vous mènera. S'il lui plaît,

Aler où la mer vous menra.
S'à Dieu plaist, il vous sauvera;
Ou ci endroit vous noyerons
En l'eure, plus n'attenderons;
Siques dites-nous qu'en ferez,
Lequel de ces .ij. amerez
 Mieulx à eslire.
  GOBIN (sic).
Seigneurs, de ij. maux le mains pire
Doit-on eslire pour le miex.
Puisqu'ainsi est, loez soit Diex!
Quant ne puis autre chose avoir
Fors que mal, je vous fas savoir
J'aim miex ens ou batel descendre
Et les aventures attendre
Qui me pourront de mer venir
Que ce qu'ainsi doie fenir
 Que me noyez.
  RAINFROY.
Or tost! donc si vous avoiez
 A rentrer ens.
  OSANNE.
Voulentiers, seigneurs, sanz contens.
 G'y sui, veez.
  ALIXANDRE.
Dame, savoir gré nous devez
De ce fait. Or nous en irons
Et à Dieu vous conmanderons,
Qui vous soit aïde et confort
Et vous vueille mener à port
 De sauvement!
  GOBIN.
Ainsi soit-il! Or alons m'ent:
D'aler tost avons bien besoing.
E! gar comme la mer jà loing
 L'a de nous mise!
  RAINFROY.
C'est de la mer, Gobin, la guyse.
S'encore un petit y musoies,
Je te dy que tu ne verroyes
 Batel ne femme.
  ALIXANDRE.
Ho! souffrez-vous: vez là ma dame
Qui nous attent, je n'en doubt pas.
Avançons un po nostre pas
 D'aler à li.
  RAINFROY.
Si faisons-nous, n'y a celi,
 Si com moy semble.

Dieu vous sauvera; ou nous vous noyerons ici, sans tarder davantage : ainsi, dites-nous ce que vous voulez faire, lequel des deux vous aimez mieux choisir.

  OSANNE.

Seigneurs, de deux maux on doit choisir le moindre. Puisqu'il en est ainsi, Dieu soit loué! Comme je ne puis avoir rien que du mal, je vous fais savoir que j'aime mieux descendre dans le bateau et attendre les accidens qui pourront me venir de la mer, plutôt que d'être noyée.

  RAINFROY.

Allons vite! apprêtez-vous donc à y entrer.

  OSANNE.

Volontiers, seigneurs, sans difficulté. J'y suis, voyez.

  ALEXANDRE.

Dame, vous devez nous savoir gré de cette action. Maintenant nous nous en irons et nous vous recommanderons à Dieu; qu'il vous donne aide et consolation, et qu'il veuille vous mener au port de salut!

  GOBIN.

Ainsi soit-il! Maintenant allons-nous-en. Nous avons bien besoin de nous en aller vite. Eh! regardez comme la mer l'a déjà portée loin de nous!

  RAINFROY.

Gobin, c'est l'habitude de la mer. Si tu restais encore un peu de temps ici, je te dis que tu ne verrais ni bateau ni femme.

  ALEXANDRE.

Ho! arrêtez: voilà ma dame qui nous attend, je n'en doute point. Pressons un peu le pas pour aller à elle.

  RAINFROY.

C'est ce que nous faisons tous, à ce qu'il me semble.

LA MERE DU ROY.
Bien veigniez-vous touz iij ensemble.
Or comment va?
GOBIN.
Bien, ma chiere dame; cela
Venons de faire que savez,
Ainsi que dit le nous avez,
Je vous promet.
LA MERE.
C'est bien fait; et puisqu'ainsi est,
Je vous deffens (ame ne m'ot)
Que de ceci ne sonnez mot
A personne qui en enquiere,
Sur quanque m'amez n'avez chiere,
Fors qu'à entre nous qui ci sommes;
Et je vous feray riches hommes,
Foy que doy m'ame !
ALIXANDRE.
De ce ne doubtez, chiere dame,
Jà n'iert scéu.
LA MERE DU ROY.
Ore, tant qu'aray pourvéu
Ce de quoy vous pens riches faire,
Chascun de vous en son repaire
Si s'en ira.
RAINFROY.
Nous ferons ce qu'il vous plaira,
Dame; de vous prenons congié.
— Alons-m'en, n'y ait plus songié,
Partons de ci.
LA MERE.
Sanz faille, puisqu'il est ainsi
Que ma bruz est morte à hontage,
Maintenant en seray message
Et l'iray denuncer au roy.
— Berthiz, venez avecques moy;
Delivrez-vous.
LA DAMOYSELLE.
Voulentiers, dame. Où irons-nous
A la bonne heure ?
LA MERE DU ROY.
Nous irons sanz point de demeure
Vous et moy par devers mon filz;
Je le ferai certains et fiz
D'une chose qu'i ne scet mie,
Comment va d'Osanne s'amie.
— Filz, Dieu vous gart !
LE ROY.
Mere, bien veigniez. De quel part
Venez-vous ? dites.

LA MÈRE DU ROI.
Soyez tous trois ensemble les bienvenus.
Comment cela va-t-il?
GOBIN.
Bien, ma chère dame ; nous venons de faire ce que vous savez, ainsi que vous nous l'avez dit, je vous promets.
LA MÈRE.
C'est bien ; et puisqu'il en est ainsi, je vous défends (nul autre que vous ne m'écoute), si vous m'aimez quelque peu, de dire mot de ceci à personne qui s'en informe, autre que nous qui sommes ici; et, sur la foi que je dois à mon ame, je ferai de vous de riches hommes.
ALEXANDRE.
Ne doutez pas de cela, chère dame, on n'en saura rien.
LA MÈRE DU ROI.
En attendant que je me sois procuré ce dont je pense vous enrichir, que chacun de vous retourne chez lui.
RAINFROY.
Dame, nous ferons ce qui vous plaira; nous prenons congé de vous.—Allons-nous-en, ne rêvons pas davantage, partons d'ici.
LA MÈRE.
Assurément, puisque ma bru a péri d'une mort honteuse, maintenant je serai messagère de cette nouvelle et j'irai l'annoncer au roi. — Béthis, venez avec moi; dépêchez-vous.
LA DEMOISELLE.
Volontiers, dame. Où irons-nous bien ?
LA MÈRE DU ROI.
Vous et moi, nous irons sans tarder vers mon fils; je l'informerai d'une chose qu'il ne sait pas et qui est relative au sort de son amie Osanne. — Fils, que Dieu vous garde !
LE ROI.
Mère, soyez la bienvenue. De quel endroit venez-vous? dites.

LA MERE DU ROY.

Biau filz, delivre estes et quittes
D'Osanne qui fu vostre femme,
Qu'en prison ay pour son diffame
Gardée par vostre congié.
Sy po y a bu et mengié,
Pour Dieu, qu'elle est à fin alée.
Enterrer l'ay fait à celée
 Et coyement.

LE ROY.

Mere, par vostre enortement
M'avez tant dit et envay
Qu'il faut que je l'aie hay
Et menée jusqu'à la mort.
Je ne scé se avez droit ou tort;
Si l'amoie-je moult, par m'ame!
Donc je pri Dieu et Nostre-Dame,
Pleurant des yeulx et de cuer fin,
Que, se l'avez fait mettre à fin
A tort, que longuement n'atende
Que tel loier ne vous en rende,
Qu'il appere de vostre fait
Se bien ou mal li arez fait.
 A tant me tais.

LA MERE DU ROY.

Fil, de vous pren congié huy mais.
Je voy qu'à moy vous courroucez
Pour bien faire; or laissez, laissez.
Par saint George! le jour venra
Que de ceci me souvendra,
 S'il chiet à point.

(Yci se laisse che[oir].)

LA DAMOISELLE.

Doulce Mere Dieu, par quel point
Puet estre ma dame chéue?
Diex! quelle est-elle devenue?
Sa biauté ne fait que obscurcir,
Ne son viaire que noircir.
Lasse! elle meurt à grief desroy.
— Venez çà, monseigneur le roy,
 A vostre mere.

LE ROY.

Qu'est-ce là, Bethis? Pour saint Pere!
 Qu'a-elle, dy?

LA DAMOISELLE.

Je ne scé; onques mais ne vy
Femme ainsi laidement cheoir.
Pour Dieu, sire! venez veoir
 Qu'il vous en semble.

LA MÈRE DU ROI.

Cher fils, vous êtes délivré et débarrassé de votre femme Osanne, que j'ai pour son crime gardée en prison, comme vous me l'avez permis. Grâce à Dieu, elle a si peu bu et mangé qu'elle est morte. Je l'ai fait enterrer en secret et sans bruit.

LE ROI.

Mère, vous m'avez tant poursuivi de vos insinuations qu'il m'a fallu la haïr et la persécuter jusqu'à la mort. Je ne sais si vous avez tort ou raison; mais, sur mon ame! je l'aimais beaucoup. Or, pleurant des yeux et du cœur, je prie Dieu et Notre-Dame que, si vous l'avez fait périr à tort, ils ne tardent pas long-temps à vous en donner une récompense telle qu'il soit évident si vous avez agi bien ou mal à son égard. Maintenant je me tais.

LA MÈRE DU ROI.

Fils, je prends à l'instant congé de vous. Je vois que vous vous courroucez contre moi pour avoir bien fait; cessez, cessez. Par saint Georges! un jour viendra, si l'occasion se rencontre, qu'il me souviendra de ceci.

(Ici elle se laisse tomber.)

LA DEMOISELLE.

Douce Mère de Dieu, comment ma dame peut-elle être tombée? Dieu! qu'est-elle devenue? Sa beauté ne fait que décroître, et son visage que noircir. Hélas! elle se meurt bien cruellement. — Venez ici vers votre mère, monseigneur le roi.

LE ROI.

Qu'est-ce que cela, Béthis? Par saint Pierre! qu'a-t-elle, dis?

LA DEMOISELLE.

Je ne sais; je ne vis jamais femme choir aussi lourdement. Pour (l'amour de) Dieu, seigneur! venez voir ce qu'il vous en semble.

LE PREMIER CHEVALIER.
Bon est qu'i alons touz ensemble,
Sanz faire yci plus lonc devis,
Et si en dirons nostre advis;
Je le conseil.
    ij^e CHEVALIER.
Chier sire, il vous dit bon conseil
Et qui fait bien à ottrier;
Alons tost sanz plus detrier :
C'est bon à faire.
    LE ROY.
Alons, nous verrons son affaire.
— Sainte Marie! qu'est-ce ci?
Diex! con le vis li est noirci
Et tout le corps!
    PREMIER CHEVALIER.
Doulx li soit et misericors
Dieu, par sa bonté infinie !
Certainement elle est finie
A grant martire.
    ij^e CHEVALIER.
Biau sire Diex, que veult ce dire?
Comment li peut estre la face,
Pour cheoir en si belle place,
Ne le corps devenu si noir?
Le cuer m'en effraie, pour voir,
Et m'esbahist.
    LE ROY.
Seigneurs, puisque ci morte gist
(Plus la regars, plus ay grant hide),
Faites que vous aiez aïde
Et que l'emportez là derriere
Et li pourveez une biere;
Sempres enterrer la ferons,
De son obseque ordenerons
Tout à loisir.
    PREMIER CHEVALIER.
Chier sire, tout à vostre plaisir
Ferons bonne erre.
    ij^e CHEVALIER.
Je vois ij. ou iij. hommes querre
Qui hors de cy l'emporteront
Et qui sempres l'enterreront
Pour eulx donner un po d'argent;
Vous et moy ne sommes pas gent
De tel besongne.
    PREMIER CHEVALIER.
C'est voir. Or alez sanz eslongne,
Mon ami doulx.

LE PREMIER CHEVALIER.
Il est bon que nous y allions tous ensemble, sans tenir ici de plus longs discours, et nous en dirons notre avis; je le conseille.
    LE DEUXIÈME CHEVALIER.
Cher sire, il vous donne un conseil qui est bon à suivre; allons-nous-en vite sans plus tarder : c'est chose à faire.
    LE ROI.
Allons, nous verrons comment elle va. — Sainte Marie! qu'est-ce que ceci? Dieu! comme son visage et tout son corps sont noircis!
    LE PREMIER CHEVALIER.
Que Dieu, par sa bonté infinie, lui soit doux et miséricordieux! Certainement elle est morte dans de grandes souffrances.
    LE DEUXIÈME CHEVALIER.
Beau sire Dieu, que veut dire ceci? Comment, pour être tombée dans une si belle place, sa face et son corps peuvent-ils être devenus si noirs? En vérité, j'en ai le cœur étonné et effrayé en même temps.
    LE ROI.
Seigneurs, puisqu'elle est étendue morte ici (plus je la regarde, plus j'ai de frayeur), faites-vous aider, emportez-la hors de céans et procurez-lui un cercueil; nous la ferons enterrer tout de suite, et réglerons ses obsèques tout à loisir.
    LE PREMIER CHEVALIER.
Cher sire, nous ferons sur-le-champ tout ce qui vous plaira.
    LE DEUXIÈME CHEVALIER.
Je vais chercher deux ou trois hommes qui l'emporteront hors d'ici et qui l'enterreront tout de suite pour un peu d'argent; vous et moi nous ne sommes pas gens à nous charger d'une pareille besogne.
    LE PREMIER CHEVALIER.
C'est vrai. Allez-y donc tout de suite, mon doux ami.

ij'. CHEVALIER.

Çà, je vien, seigneurs; mettez-vous
A point et ne vous deportez,
Ce corps jusques çà m'apportez;
    Or faites brief.

ALIXANDRE.

Prenez vous deux devers le chief;
Et je les jambes porteray.
Or sus! tournez, devant iray:
    Il appartient.

GOBIN.

Nous le savons bien qu'il convient
Que les piez s'en voisent devant.
Tournez sommes; or vaz avant,
    Sanz deporter.

RAINFROY.

Onques mais n'aiday à porter
Corps si pesant con cesti-ci,
Je croy que non fis-tu aussi.
    Diex en ait l'ame!

GOBIN.

Se ne fis mon, par Nostre-Dame!
Se gaires avions à aler,
Je perdroie tost le parler
    Du tout sanz faille.

ALIXANDRE.

Hé! d'ainsi plaindre ne vous chaille:
A l'eure delivre en serons.
Vez leuc où jus la metterons:
    Venez bon pas.

PREMIER CHEVALIER.

Sire, ne vous courroucez pas;
Car ne vous en seroit jà miex.
Ainsi fera, s'il li plaist, Diex
    De nous trestouz.

LE ROY.

J'ay bien matere de courroux
Certainement, amis: pour quoy?
Non pas pour ma mere que voy
Qu'est morte si sodainement,
Car c'est du juste jugement
De Dieu; mais pour autre achoison:
Elle a fait morir sanz raison
Ma très chiere compaigne Osanne.
N'avoit de ci jusques Losanne
Plus vaillant dame qu'elle estoit:
Elle junoit, point ne vestoit
De linge, mais ceignoit la corde;
Elle mettoit paix et concorde
Tant com povoit entre les gens,

LE DEUXIÈME CHEVALIER.

Allons, je viens, seigneurs; mettez-vous en mesure et ne vous amusez pas, apportez-moi ce corps jusque là-bas, et faites vite.

ALEXANDRE.

Prenez vous deux vers la tête; pour moi, je porterai les jambes. Allons, debout! tournez, j'irai devant: c'est comme il faut.

GOBIN.

Nous savons bien qu'il faut que les pieds s'en aillent devant. Nous sommes tournés; allons! va devant, sans t'amuser.

RAINFROY.

Jamais je n'aidai à porter un corps aussi pesant que l'est celui-ci, ni toi non plus, je crois. Dieu en ait l'ame!

GOBIN.

Non vraiment, par Notre-Dame! Si nous avions à aller un peu loin, je perdrais bientôt haleine assurément.

ALEXANDRE.

Eh! cessez de vous plaindre ainsi : nous en serons débarrassés dans l'instant. Voici le lieu où nous la déposerons : venez bon pas.

LE PREMIER CHEVALIER.

Sire, ne vous emportez point; car cela ne vous avancerait en rien. Dieu, s'il lui plaît, nous traitera tous de même.

LE ROI.

Certainement, amis, j'ai bien matière à courroux : pourquoi? non pas à cause de ma mère que je vois morte si soudainement, car c'est par suite du juste jugement de Dieu; mais pour une autre chose: elle a fait mourir sans raison Osanne, ma très-chère épouse. Il n'y avait d'ici jusqu'à Lausanne une dame plus vertueuse qu'elle: elle jeûnait et ne portait point de linge, mais ceignait la corde; autant qu'elle le pouvait elle mettait la paix et la concorde entre les gens, et toujours elle était diligente à repaître et à soutenir les pauvres. Je dois bien me considérer comme un fou

Et touz jours estoit diligens
Des povres paistre et soustenir.
Je me doy bien pour fol tenir
Quant je la mis en la baillie
De celle qui si l'a trahie.
Il pert bien c'onques ne l'ama :
Maintes foiz la me diffama,
Et en la parfin a tant fait
Qu'elle l'a fait morir de fait :
Dont dolent sui, n'en doubtez mie.
— Ha, Osanne, ma chere amie !
Vostre mort plain et plainderay
Tous les jours que je viveray :
 C'est bien droiture.
  ij^e CHEVALIER.
Sire, sachiez, j'ay tant mis cure
Que vostre mere gist en biere
En la chappelle là-derriere ;
Demain son service on fera,
Et sempres on l'enterrera,
 Se vous voulez.
  LE ROY.
Certes, je sui si adolez
Qu'il ne m'en chaut : soit mise en terre,
Et vous en delivrez bonne erre
 Ligierement.
  ij^e CHEVALIER.
Sire, vostre commandement
 De cuer feray.
  DIEU.
Michiel, entens que te diray :
Je vueil que t'en voises ysnel,
Scez-tu où ? là en ce batel,
Où toute seule est celle dame.
Je l'ains, car elle est preude fame.
Ne li dy mot ; mais sanz deport
La maine et conduiz jusqu'au port
Qu'est de Ierusalem le plus près :
Ce fait, vien-t'en tantost après,
 Sanz li riens dire.
  MICHIEL.
Vostre commant vois faire, Sire,
 Sanz arrester.
  OSANNE.
E Diex ! je me doy bien doubter
Et avoir paour que n'afonde
Et verse en ceste mer parfonde
Et qu'il ne faille que g'y muire.
N'ay de quoy ce batel conduire ;
Et se j'avoie bien de quoy

pour l'avoir mise à la discrétion de celle qui l'a ainsi trahie. Il paraît bien qu'elle ne l'aima jamais : mainte fois elle la diffama auprès de moi, et à la fin elle a tant fait qu'elle a causé sa mort : ce dont je suis affligé, n'en doutez pas. — Ah, Osanne ! ma chère amie ! je regrette et regretterai votre mort autant que je vivrai : c'est bien juste.

  LE DEUXIÈME CHEVALIER.

Sire, sachez que j'ai tellement hâté les choses que votre mère est couchée dans une bière, là-bas en la chapelle ; demain l'on fera son service, et on l'enterrera tout de suite, si vous voulez.

  LE ROI.

Certes, je suis si chagrin que cela m'importe peu : qu'elle soit mise en terre, et débarrassez-vous-en bien vite.

  LE DEUXIÈME CHEVALIER.

Sire, je ferai de tout mon cœur votre commandement.

  DIEU.

Michel, écoute ce que je te dirai : je veux que tu t'en ailles tout de suite, sais-tu où ? là dans ce bateau, où est cette dame toute seule. Je l'aime, car c'est une honnête femme. Ne lui dis pas un mot ; mais sans retard mène-la et conduis-la jusqu'au port qui est le plus près de Jérusalem : cela fait, viens-t'en tout de suite après, sans lui rien dire.

  MICHEL.

Sire, je vais sans retard faire ce que vous me commandez.

  OSANNE.

Eh Dieu ! je dois bien trembler et avoir peur de sombrer dans cette mer profonde et qu'il ne faille que j'y meure. Je n'ai pas de quoi conduire ce bateau ; et même, quand j'aurais de quoi, je ne le saurais, par ma foi ! C'est pourquoi mon sort est bien

Si ne saroie-je, par foy!
Dont sui-je bien en aventure.
E, femme, povre creature!
Le monde à touz ses biens te fuit,
Fortune à son povoir te nuit,
La mer contre toy s'enorgueille :
N'est riens qui nuire ne te vueille;
Nis de pain ay-je grant deffault,
E lasse! et Famine m'assault
Si fort, pour soy de moy vengier,
Que je doubt que mes mains mengier
Né me conviengne par famine.
E, Mere Dieu, Vierge benigne
Qui estes preste à tout besoing,
Qui secourez et près et loing
Ceulx qui ont en vous esperance,
Dame, si com j'ay ma fiance,
Du tout en tout ne me failliez;
Vostre doulx filz pour moy vueilliez
Prier qu'il me face confort,
Si voir comme il scet bien qu'à tort
Sui ci mise en douleur amere,
Dont n'atens que mort par la mere
Principalment de mon mari.
Ha, bon roy d'Arragon Thierry!
La vostre amour m'est bien changiée ;
Et vostre mere est bien vengiée
De moy, quant par elle on m'a mis
En tel peril. A Dieu, amis!
Ne vous verray plus, ne vous moy;
Car, certes, je ne scé ne voy
De quelle part secours me viengne
Que ci morir ne me conviengne :
Dont le cuer de douleur me serre.

(Ci se taist un po.)

E, biau sire Diex! je voy terre,
Où ce batel va tout à trait
Aussi comme s'il y fust trait.
Ha, sire Diex! je vous merci
Quant à port sui venue ci.
Descendre vueil de ci bonne erre.
— Mere Dieu doulce, en quelle terre
Sui-je ore? Certes, je ne scé.
Celle doy bien avoir en hé
Par qui j'ay esté si trahie;
Qu'aussi q'une beste esbahie
Sui ci, et ce n'est pas merveille.
Ore Diex adrescier me vueille !
Puisque suis en païs estrange,
Il convera bien que je change

aventuré. Eh, femme, pauvre créature! le monde te fuit avec tous ses biens, la Fortune te nuit autant qu'elle peut, la mer se gonfle contre toi : il n'est rien qui ne vueille te nuire; voire même j'ai grand besoin de pain, hélas! et Famine me presse si fort, pour se venger de moi, que je crains qu'il ne me faille manger mes mains par nécessité. Eh, Mère de Dieu, bonne Vierge qui êtes prête à toute misère, qui secourez de près et de loin ceux qui espèrent en vous, Dame, puisque j'ai confiance, ne m'abandonnez pas entièrement ; veuillez prier pour moi votre doux fils qu'il me console ; aussi bien sait-il qu'à tort je suis plongée ici en douleur amère, dont je n'attends que la mort, surtout par la mère de mon mari. Ah, Thierry, bon roi d'Aragon ! l'amour que vous avez pour moi est bien changé ; et votre mère est bien vengée de moi, depuis que l'on m'a mise par ses ordres en un danger pareil. Adieu, amis! nous ne nous verrons plus ; car, certes, je ne sais ni ne vois de quel côté le secours me viendra pour qu'il ne me faille pas mourir ici : ce qui me serre le cœur de douleur. (*Ici elle se tait un peu.*) Eh, beau sire Dieu! je vois la terre, où ce bateau va tout droit comme s'il y était attiré. Ah, sire Dieu! je vous remercie puisque je suis venue à ce port. Je veux descendre bien vite d'ici. — Douce Mère de Dieu, en quelle terre suis-je maintenant? certes, je ne sais. Je dois bien éprouver de la haine pour celle qui m'a trahie ainsi; car je suis ici aussi ébahie qu'une bête, et il n'y a pas à s'en étonner. Maintenant que Dieu veuille me diriger! Puisque je suis dans un pays étranger, il faudra bien que je change les manières de ma haute position; car, si je puis être chambrière et avoir pour maître un prud'homme, il me suffira d'être ainsi toute ma vie.

De mon grant estat la maniere;
Car, se puis estre chamberiere
Et avoir un preudomme à maistre,
Il me souffira ainsi estre
    Toute ma vie.

L'OSTELLIER DE JERHUSALEM.

Dame, se Dieu vous benéie,
Dites-moy dont estes-vous née
Ne qui vous a ci amenée.
    Toute seule estes?

OSANNE.

Sire, une demande me faites
Dont vous vous povez bien cesser
Et moy en paiz de ce laisser;
Mais, s'il vous plaist, vous me direz
En quel païs sui : si ferez
    Grant charité.

L'OSTELLIER.

M'amie, en bonne verité,
Je le vous diray sanz deport :
Sachiez que vous estes au port
Plus prouchain de Jerusalem.
Je vous dy voir, par saint Jehan !
Pour ce qu'i arrivent esclaves
Et autres gens c'on dit espaves,
Esbatre ici venu m'estoie
Pour savoir se g'y trouveroie
Personne qui voulsist servir
Ma femme et moy pour desservir
Qu'elle eust bon loier et grant.
Ariez-vous point le cuer engrant
    De servir, dame?

OSANNE.

S'il vous plaist, sire, oïl, par m'ame !
Voulentiers, de cuer, sanz envie,
Serviray pour gaingnier ma vie;
Et si croy que je feray tant
Que vous tenrés à bien content
    De mon service.

L'OSTELLIER.

Je tien qu'i estes bien propice.
Avant ! ci plus ne vous tenez,
Avecques moy vous en venez :
Je demeure ou miex de la ville.
— Estes-vous là, dame Sebille?
Faites-nous bonne chiere et haulte.
E gardez ! n'arez pas deffaulte
    De chamberiere.

L'OSTELLIERE.

Bien veigniez-vous, m'amie chiere.

L'HÔTELIER DE JÉRUSALEM.

Dame, Dieu vous bénisse ! dites-moi d'où vous êtes née et qui vous a amenée ici. Vous êtes toute seule ?

OSANNE.

Sire, vous me faites une demande dont vous pouvez bien vous abstenir, et laissez-moi en paix sur ce point ; mais, s'il vous plaît, vous me direz en quel pays je suis : vous ferez ainsi une grande charité.

L'HÔTELIER.

Mon amie, en bonne vérité, je vous le dirai sans retard : sachez que vous êtes au port le plus prochain de Jérusalem. Je vous dis vrai, par saint Jean ! Attendu qu'il y arrive des esclaves et d'autres gens qu'on appelle épaves, j'étais venu m'ébattre ici pour savoir si j'y trouverais quelqu'un qui voulût nous servir, ma femme et moi, pour gagner de bons et gros gages. Dame, n'auriez-vous par le cœur désireux de servir?

OSANNE.

Ne vous déplaise, oui; sire, par mon ame ! je servirai volontiers de tout mon cœur et sans répugnance pour gagner mon pain ; et je crois que je ferai tant que vous vous tiendrez pour fort satisfait de mon service.

L'HÔTELIER.

Je tiens que vous y êtes bien propre. En avant ! ne vous tenez plus ici, venez-vous-en avec moi : je demeure dans le plus beau quartier de la ville. — Dame Sibylle, êtes-vous là? Faites-nous bonne et joyeuse mine. Eh regardez ! vous ne manquerez pas de chambrière.

L'HÔTELIÈRE.

Ma chère amie, soyez la bienvenue. Il

A certes dire me devez
Se pour ce que vous nous servez
  Venez ici.

OSANNE.
Oïl, dame, s'il est ainsi
  Qu'il vous agrée.

L'OSTELLIERE.
Vous soiez la très bien trouvée,
Je croy que vous aray bien chiere ;
Car il me semble à vostre chiere
Que ne pourrez fors que bien faire.
Se vous m'estes de bon affaire,
Jamais de nous ne partirez
Tant que riche et comble serez ;
  Je vous promet.

OSANNE.
Dame, en vostre grace me met,
Et je feray tant, se Dieu plaist,
Que n'arez ne noise ne plait
Par moy ; mais tout à vostre guise,
Si tost con je l'aray aprise,
  Vous serviray.

L'OSTELLIERE.
Or venez, je vous monstreray
En quoy vous embesongnerez.
Esgardez : ces liz me ferez,
Puis nettoiez ceste maison ;
Mais aussi je vueil vostre nom
  Savoir, m'amie.

OSANNE.
Je ne le vous celeray mie :
Osannette m'appellerez,
S'il vous plaist, dame ; voir direz :
  C'est mon droit nom.

L'OSTELLIERE.
Bien faites, tant que bon renom
Je puisse de vous tesmoingnier.
Je m'en vois ailleurs besongnier ;
  Or faites bien.

OSANNE.
Ne vous en soussiez de rien,
Dame : quant de ci partiray,
Riens à ordener n'y lairay
  N'à nettoier.

LE PREMIER FIL.
De r'aler me vueil avoier
Tant que soie en nostre maison,
Puisque j'ay vendu mon charbon.
  Sà, avant, sà !

faut que vous disiez sérieusement si c'est pour nous servir que vous venez ici.

OSANNE.
Oui, dame, si cela peut vous être agréable.

L'HÔTELIÈRE.
Soyez la très-bien venue, je crois que je vous aimerai beaucoup ; car à votre visage il me semble que vous ne pourrez que bien vous conduire. Si vous m'êtes utile, jamais vous ne quitterez de chez nous que vous ne soyez riche et comblée (de biens) ; je vous promets.

OSANNE.
Dame, je me mets en votre grâce, et je ferai tant, s'il plaît à Dieu, que vous n'aurez par moi ni bruit ni querelle ; mais je vous servirai tout-à-fait à votre guise, aussitôt que je la connaîtrai.

L'HÔTELIÈRE.
Allons, venez, je vous montrerai à quoi vous vous emploierez. Regardez : vous me ferez ces lits, ensuite nettoyez cette maison ; mais aussi, m'amie, je veux savoir votre nom.

OSANNE.
Je ne vous le célerai pas : dame, s'il vous plaît, vous m'appellerez Osannette ; vous direz bien : c'est mon vrai nom.

L'HÔTELIÈRE.
Faites bien, tant que je puisse donner un bon témoignage sur votre compte. Je m'en vais travailler ailleurs ; allons ! conduisez-vous bien.

OSANNE.
Dame, ne soyez en peine d'aucune chose : quand je sortirai d'ici, je n'y laisserai rien à arranger ou à nettoyer.

LE PREMIER FILS.
Je veux me mettre en route et marcher jusqu'à ce que je sois en notre logis, puisque j'ai vendu mon charbon. Holà, en avant, holà !

ij⁼ FIL.
Si tost ne vendi mais pieçà
Mon charbon comme j'ay fait huy.
Je m'en vois à l'ostel mais huy
Liement : ma journée est faicte.
Mon cheval d'aler tost s'affaitte
　Pour ce qu'est vuit.
　　iij⁼. FIL.
Je ne cuit pas avoir ennuit
De mon pere chiere rebourse :
Je li porte argent en ma bourse,
Ne me devra pas laidangier.
Hé ! mon frere voy.—Ho, Renier !
　Arreste, arreste !
　　ij⁼. FIL.
Es-tu là, mon frere ? or t'apreste
　Dont de venir.
　　iij⁼ FIL.
Je m'en saray bien convenir.
Alons-m'en : sui-je tost venu ?
Se Dieu t'aïst, combien as-tu
　Vendu ta somme ?
　　ij⁼ FIL.
Combien ? iij. solz, à un bon homme
Qui me semble doulx et courtois,
Car il m'a fait une grant fois
　De son vin boire,
　　LE iij⁼ FIL.
Plus aise du cuer en doiz, voire,
　Estre et plus lié.
　　ij⁼ FIL.
Je ne sui goute traveillié,
De ce ne fault-il pas parler.
Çà ! pensons de nous en r'aler :
　C'est nostre miex.
　　PREMIER FIL.
Pere, bon vespre vous doint Diex !
Est-il bon que voise establer
Ce cheval-ci et afforrer
　Tout avant euvre ?
　　LE CHARBONNIER.
Oïl, filz ; mais point ne le cuevre :
　Mestier n'en a.
　　LE PREMIER FIL.
De par Dieu ! point ne le sera,
　Au mains par moy.
　　LE iij⁼ FIL.
E gar ! nostre frere là voy
Qui son cheval establer maine :
Il nous fault aussi mettre paine

LE DEUXIÈME FILS.
Voici long-temps que je n'ai vendu mon charbon comme j'ai fait aujourd'hui. Je m'en vais donc joyeusement au logis : ma journée est faite. Mon cheval va lestement par la raison qu'il est sans charge.

LE TROISIÈME FILS.
Je ne pense pas avoir aujourd'hui de mon père une mine renfrognée : je lui porte de l'argent dans ma bourse, il ne devra pas me gourmander. Eh ! je vois mon frère.—Ho, Renier ! arrête, arrête !

LE DEUXIÈME FILS.
Es-tu là, mon frere ? allons, apprête-toi donc à venir.

LE TROISIÈME FILS.
Je saurai bien m'y prendre. Allons-nous-en : suis-je bientôt venu ? Dieu t'aide ! combien as-tu vendu ta charge ?

LE DEUXIÈME FILS.
Combien ? trois sous, à un brave homme qui me semble doux et courtois, car il m'a fait boire un grand coup de son vin.

LE TROISIÈME FILS.
En vérité, tu dois en être plus aise et plus joyeux dans ton cœur.

LE DEUXIÈME FILS.
Je ne suis pas le moins du monde fatigué, il ne faut pas en parler. Allons ! songeons à nous en retourner : c'est notre meilleur (parti).

LE PREMIER FILS.
Père, que Dieu vous donne une bonne soirée ! Est-il bon que j'aille mettre ce cheval-ci à l'écurie et lui donner à manger avant toute chose ?

LE CHARBONNIER.
Oui, fils ; mais ne le couvre pas : il n'en a pas besoin.

LE PREMIER FILS.
De par Dieu ! il ne le sera point, au moins par moi.

LE TROISIÈME FILS.
Eh regardez ! je vois là-bas notre frère qui mène son cheval à l'écurie : il faut aussi nous occuper à aller rentrer les nô-

D'aler les nostres establer,
Et puis si pourrons retourner
  Touz .iij. ensemble.

LE ij^e FIL.

Alons donc; puisque bon vous semble
A faire, aussi je m'y ottroy.
— Pere, nous sommes cy touz troy,
Qui bonne chiere avoir devons :
Noz .iij. sommes vendu avons
De charbon, je vous compte voir ;
Mais je vous fas bien assavoir
Que orains vi un cheval baucent ;
Mais, par monseigneur saint Vincent !
Biau pere, se un tel en avoie,
Sachiez que je ne le donroye
  Pour nul avoir.

PREMIER FIL.

Mon pere, vous diray-je voir ?
Certainement je vi orains
Un escuier qui sur ses mains
Portoit un faucon par la voie ;
Mais, par m'ame ! se j'en avoie
Un tel, je l'aroye plus chier
Que cent muis, ce puis affichier,
  De bon charbon.

iij^e FIL.

Et je un levrier si bel et bon,
Si gentil et si netelet,
Ay hui encontré que un vallet
Assez matin menoit en destre,
Que sohaiday qu'il péust estre
Que cent livres pour lors éusse
Et toutes donner les déusse
Par convent que le chien fust mien ;
Car, certes, il le valoit bien,
  A mon advis.

LE CHARBONNIER.

Mes enfans, laissiez voz devis :
Ce sont choses où avenant
Ne povez estre maintenant.
Seez-vous : si reposerez.
Assez tost à diner arez,
  Mais qu'il soit prest.

LE ROY.

Seigneurs, je vous diray qu'il est :
Sachiez, je vueil aler chacier ;
Mandez aux veneurs qu'adresser
  Vueillent la chace.

tres, et puis nous pourrons revenir tous les trois ensemble.

LE DEUXIÈME FILS.

Allons donc ; puisque cela vous semble bon à faire, j'y consens aussi. — Père, nous sommes ici tous les trois, et nous devons avoir un bon accueil : nous avons vendu nos trois charges de charbon, je vous dis vrai ; mais je vous fais bien savoir que je vis tout à l'heure un cheval gris ; par monseigneur saint Vincent ! cher père, si j'en avais un pareil, sachez que je ne le donnerais pour aucun trésor.

LE PREMIER FILS.

Mon père, vous dirai-je vrai ? certainement je vis tantôt un écuyer qui sur son poing portait un faucon par la route ; par mon ame ! si j'en avais un pareil, je le préférerais, je puis l'affirmer, à cent muids de bon charbon.

LE TROISIÈME FILS.

Et moi, j'ai rencontré aujourd'hui un lévrier si bel et bon, si gentil et si propret, qu'un valet menait en dextre assez matin, que je souhaitai d'avoir pour lors cent livres et d'être obligé de les donner à la condition que le chien fût à moi ; car, certes, il les valait bien.

LE CHARBONNIER.

Mes enfans, cessez votre conversation : ce sont choses où vous ne pouvez atteindre maintenant. Asseyez-vous : vous vous reposerez. Vous aurez bientôt votre dîner, quand il sera prêt.

LE ROI.

Seigneurs, je vous dirai de quoi il s'agit : sachez que je veux aller chasser ; mandez aux veneurs de vouloir bien guider la chasse.

LE PREMIER SERGENT D'ARMES.
Sire, vous plaist-il que je face
Ce message? Tantost iray,
Et ce que dites leur diray
　　En l'eure, sire.
　　　　LE ROY.
Oïl; tu diz bien : vaz leur dire
　　Que je leur mant.
　　　PREMIER SERGENT.
Je vois faire vostre commant.
— Seigneurs, il vous fault tout laissier
Pour venir en au boys chacier ;
Mettez tost voz chiens en arroy,
Et vous en venez : car le roy
　　Si le vous mande.
　　　PREMIER VENEUR.
Tantost ferons ce qu'il commande.
Hardiement li alez dire
Que avant y serons que li sire
　　Voit s'en devant.
　　　LE PREMIER SERGENT.
Voulentiers, seigneurs ; or avant !
— Chier sire, à voie vous mettez :
Les veneurs, ne vous en doubtez,
Et les chiens au bois trouverez
Touz prez, jà si tost n'y venrez ;
　　Avancez-vous.
　　　　LE ROY.
C'est bien dit.—Sus, aux chevaulx touz !
　　Alons monter.
　　　　ij^e SERGENT.
Faites ci voie, sanz doubter ;
Je vous serviray sur les dos
De ceste mace-ci grans cops.
　　Alez arriere.
　　　　ij^e VENEUR.
Alons-nous-ent par ci derriere,
Lubin, et noz chiens enmenons,
Si que avant que le roy venons
　　En la forest.
　　　PREMIER VENEUR.
Alons ! je m'i accors : dit est
　　Et fait sera.
　　　　LE ROY.
Seigneurs, maishuy nous en fauldra
Aler, puisque sommes montez ;
D'aler devant moy vous hastez
　　Trestouz ensemble.
　　　PREMIER CHEVALIER.
Alons ! je voy là, ce me semble,

LE PREMIER SERGENT D'ARMES.
Sire, vous plaît-il que je fasse ce message ? Je vais sur-le-champ y aller, et je leur répéterai tout de suite ce que vous me dites, sire.
LE ROI.
Oui ; tu parles bien : va leur dire ce que je leur mande.
LE PREMIER SERGENT.
Je vais faire votre commission. — Seigneurs, il vous faut tout laisser pour vous en venir chasser au bois ; mettez tous vos chiens en état, et venez-vous-en : car le roi vous l'ordonne.
LE PREMIER VENEUR.
Nous ferons de suite ce qu'il commande. Allez hardiment lui dire que nous y serons avant que notre sire se mette en chemin.
LE PREMIER SERGENT.
Volontiers, seigneurs ; allons, en avant ! — Cher sire, mettez-vous en route : n'en doutez pas, vous trouverez au bois les veneurs et les chiens tout prêts, quelque célérité que vous mettiez à y venir ; dépêchez-vous.
LE ROI.
C'est bien dit. — Allons, à cheval, vous tous ! Allons monter.
LE DEUXIÈME SERGENT.
Laissez le chemin libre, sans tarder ; sinon je vous appliquerai sur le dos de grands coups de cette masse-ci. Allez en arrière.
LE DEUXIÈME VENEUR.
Lubin, allons-nous-en par ici derrière, et emmenons nos chiens, de manière à venir avant le roi en la forêt.
LE PREMIER VENEUR.
Allons ! j'y consens : c'est dit et ce sera fait.
LE ROI.
Seigneurs, il nous faudra maintenant partir, puisque nous sommes montés ; hâtez-vous d'aller devant moi tous ensemble.
LE PREMIER CHEVALIER.
Allons ! je vois là-bas, ce me semble, les

Les veneurs en ce quarrefour :
Il nous diront se ci entour
    Ont rien véu.
      ij^e CHEVALIER.
C'est voir ; tantost sera scéu :
    Alons à eulx.
      LE ROY.
Avant dites-moy voz conseulz,
Seigneurs, ne m'en faites debatre :
Quelle part nous pourrons embatre
A ce que ne puissions faillir
D'une grosse beste assaillir,
    Cerf ou sanglier.
      ij^e VENEUR.
Sire, se Dieu me vueille aidier,
Ne fauderez en nulle fin,
Se vous alez par ce chemin,
Que briefment assez n'en truissiez ;
Mais gardez que vous ne laissiez
    Point ceste sente.
      LE ROY.
Nanil, ce n'est mie m'entente.
J'en vois, biaux seigneurs ; or avant !
Alez-en par ci au devant,
Afin que, se riens vous envoie,
Que vous li estoupez la voie
    Quanque pourrez.
      PREMIER CHEVALIER.
Si ferons-nous, bien le verrez,
    S'il chiet à point.
      ij^e CHEVALIER.
De ma part, je n'en faudray point,
    Mon chier seigneur.
      LE ROY.
E gar ! je voy leuc le greigneur
Senglier que onques mais je véisse ;
Avant que de ce bois mais ysse,
Tant qu'il soit pris ne finéray.
De li plus près m'aproucheray
Pour li faire sentir m'espée.
Il s'en fuit en celle valée,
Dès si tost comme il m'a véu ;
Mais je ne sui pas recréu :
    Après m'en vois.
      LE PREMIER CHEVALIER.
E gar ! je n'oy dedans ce bois
De monseigneur frainte nesune.
Au mains, se je véisse aucune
Grosse beste par ci saillir,
J'esperasse que sanz faillir

veneurs dans ce carrefour : ils nous diront
s'ils n'ont rien vu aux alentours d'ici.

      LE DEUXIÈME CHEVALIER.
C'est vrai ; nous le saurons bientôt : allons
à eux.

      LE ROI.
Auparavant dites-moi votre avis, seigneurs, ne me le refusez pas : en quel endroit faudra-t-il que nous pénétrions pour ne pas manquer d'attaquer une grosse bête, cerf ou sanglier ?

      LE DEUXIÈME VENEUR.
Sire, Dieu me veuille aider ! vous ne manquerez nullement d'en trouver assez, si vous allez par ce chemin ; mais gardez-vous d'abandonner ce sentier.

      LE ROI.
Nenni, ce n'est pas mon intention. J'en vois, beaux seigneurs ; en avant ! allez-vous-en par ici au-devant, afin que si je vous envoie quelque chose, vous lui barriez le chemin tant que vous pourrez.

      LE PREMIER CHEVALIER.
C'est ce que nous ferons, vous le verrez bien, s'il s'en trouvé l'occasion.

      LE DEUXIÈME CHEVALIER.
Pour ma part, je n'y manquerai point, mon cher seigneur.

      LE ROI.
Eh regardez ! je vois ici le plus grand sanglier que je vis jamais ; avant que je sorte de ce bois, je n'aurai pas de repos qu'il ne soit pris. Je m'approcherai plus près de lui pour lui faire sentir mon épée. Sitôt qu'il m'a vu, il s'est enfui dans cette vallée ; mais je n'abandonne pas la partie : je m'en vais après lui.

      LE PREMIER CHEVALIER.
Eh regardez ! je n'entends dans ce bois aucun bruit qui annonce monseigneur. Au moins, si je voyais quelque grosse bête s'élancer par ici, j'espérerais que sans manquer il dût bientôt venir après ; mais je n'en-

Il déust tost venir après;
Mais ne je n'oy ne loing ne près,
Ne voiz d'omme ne corre beste.
Je doubt, je vous jur sur ma teste,
    Qu'il ne s'esgare.

    ij^e CHEVALIER.

Aussi fas-je ; courons à hare
    Après, pour Dieu !

    PREMIER CHEVALIER.

Mais, sanz nous partir de ce lieu,
Cornons, savoir s'il nous orra
Ne se point il nous huera ;
    Je le conseil.

    ij^e CHEVALIER.

Vous avez bien dit : corner vueil
Si hault con faire le pourray;
Cornez aussi com je feray,
    Par quoy nous oye.

    LE PREMIER CHEVALIER.

Toute la teste me tournoye
De corner fort à longue alaine,
Et si m'est avis que ma paine
    Pers : je n'oy ame.

    ij^e CHEVALIER.

Non fas-je aussi, par Nostre-Dame!
Or regardez que nous ferons,
Se plus avant querir l'irons,
    Car il est tart.

    PREMIER CHEVALIER.

Se nous séussions quelle part
Il est, je déisse, « Alons-y; »
Mais nanil, et n'y a celui
Qui ne se mette en aventure;
Si alons, car la nuit obscure
    Sera et noire.

    ij^e CHEVALIER.

Certainement, c'est chose voire :
Ainsi serions mal ordené ;
Et espoir qu'il est retourné
En son palais : si lo ainsi
Que nous en retournons aussi
    Droit à la ville.

    PREMIER CHEVALIER.

Je tien c'est le miex ; par saint Gille !
    Alons-m'ent, sire.

    LE ROY.

E Diex ! où sui-je ? Or puis-je dire
Que de touz poins sui attrappé :
Je cuidié proie avoir happé;

tends ni près ni loin, ni la voix d'un homme ni le bruit de la course d'une bête. Je vous le jure sur ma tête, je redoute qu'il ne s'égare.

    LE DEUXIÈME CHEVALIER.

Moi aussi ; courons vite après lui, pour (l'amour de) Dieu !

    LE PREMIER CHEVALIER.

Mais, sans nous en aller de ce lieu, donnons du cor pour savoir s'il nous entendra ou s'il ne nous appellera point ; c'est mon avis.

    LE DEUXIÈME CHEVALIER.

Vous avez bien dit : je veux sonner du cor aussi fort que je pourrai le faire; cornez aussi comme moi, afin qu'il nous entende.

    LE PREMIER CHEVALIER.

Toute la tête me tourne d'avoir corné si fort et si long-temps, et je crois que je perds ma peine : je n'entends ame (qui vive).

    LE DEUXIÈME CHEVALIER.

Ni moi non plus, par Notre-Dame ! Maintenant voyez ce que nous ferons, si nous l'irons chercher plus avant, car il est tard.

    LE PREMIER CHEVALIER.

Si nous savions où il est, je dirais, « Allons-y; » mais nenni, et il n'y a personne qui ne s'expose; allons-nous-en, car la nuit sera obscure et noire.

    LE DEUXIÈME CHEVALIER.

Certainement, c'est chose véritable : de sorte que nous serions mal arrangés ; et j'espère qu'il sera retourné dans son palais : je suis donc d'avis que nous nous en retournions aussi droit à la ville.

    LE PREMIER CHEVALIER.

Je tiens ce parti pour le meilleur ; par saint Gilles ! allons-nous-en, sire.

    LE ROI.

Eh Dieu ! où suis-je ? Je puis bien dire à présent que je suis attrapé en tous points je croyais avoir happé une proie ; mai

Mais je me voy si entrepris
Que puis dire en chaçant sui pris,
Dont je me voy tout esperdu.
Tout seul sui, mes gens ay perdu ;
Par ici m'en retourneray
Savoir se je les trouveray.
Voir, je croy Dieu m'a desvoié
Et c'est encombrier envoié
Pour l'amour de Osanne, ma femme,
Qui estoit une vaillant dame,
Que je baillay ès mains ma mere,
Qui li a tant duré et amere
Esté qu'elle morir l'a fait
Sanz ce qu'elle éust riens meffait,
A mon cuidier ; car point ne tiens
Qu'elle portast onques les chiens
Que ma mere entendant me fist ;
Mais croy miex que Diex desconfit
De mort honteuse ma mere a
Pour le pechié qu'elle fist là ;
Et en tant que je m'assenti
A li croire et me consenti
Qu'à ma femme féist grief lors,
Doulx Dieu, pere misericors,
Pardon vous requier et merci
Et qu'adressier me vueilliez ci
Que aucun habitacle je truisse
Où esconser maishui me puisse,
Car nuit est plaine d'oscurté.
E, Diex ! là voy de feu clarté :
Ne peut estre qu'il n'y ait gens ;
D'aler y seray diligens
Tout maintenant sanz plus ci estre.
— Ouvrez, ouvrez, varlet ou maistre ;
   C'est huis ouvrez.

LA PREMIER FIL.

Qui est là, qui ? — Pere, souffrez,
Seez-vous quoy ; g'iray savoir
Qui c'est. — Demandez-vous avoir
   Du charbon, sire ?

LE ROY.

Tantost le te saray à dire.
Diau filz, puisque descendu sui,
Dieu soit ceens ! je vueil meshui
   Ceens gesir.

LE CHARBONNIER.

Très chier sire, vostre plaisir
Ferons : nous y sommes tenuz.
Vous soiez le très bien venuz ;

je me vois si embarrassé que je puis dire que je suis pris en chassant, ce qui me rend tout éperdu. Je suis tout seul, j'ai perdu mes gens ; je m'en retournerai par ici pour savoir si je les trouverai. Vraiment, je crois que Dieu m'a égaré et envoyé ce malheur pour l'amour de ma femme Osanne, qui était une dame vertueuse, et que je remis aux mains de ma mère, qui a été si dure et si cruelle à son égard qu'elle l'a fait mourir sans qu'elle eût mérité en rien son sort : c'est là mon opinion ; car je ne tiens pas pour vrai qu'elle ait porté des chiens, comme ma mère me le fit entendre ; mais je crois, au contraire, que Dieu a fait mourir celle-ci d'une mort honteuse à cause du péché qu'elle commit en cela ; et comme je me prêtai à la croire et que je consentis qu'elle fît alors souffrir ma femme, doux Dieu, père miséricordieux, je requiers de vous pardon et merci ; veuillez me guider ici de manière à ce que je trouve quelque habitation où je puisse me retirer, car la nuit est pleine d'obscurité. Eh, Dieu ! je vois là-bas briller du feu : il ne peut être autrement qu'il n'y ait du monde ; je serai diligent à y aller tout de suite sans plus rester ici. — Ouvrez, ouvrez cette porte, valet ou maître ; ouvrez.

LE PREMIER FILS.

Qui est là ? qui ? — Pere, attendez, tenez-vous coi ; j'irai savoir ce que c'est. — Sire, voulez-vous avoir du charbon ?.

LE ROI.

Je saurai bientôt te le dire. Mon cher fils, puisque je suis descendu, Dieu soit céans ! je veux aujourd'hui coucher ici.

LE CHARBONNIER.

Très-cher sire, nous ferons ce qui vous plaira : c'est notre devoir. Soyez le très-bienvenu ; nous nous appliquerons à vous ser-

De vous servir metterons paine.
Sainte Marie ! qui vous maine,
 Sire, à ceste heure ?
   LE ROY.
Je le vous diray sanz demeure.
Un sanglier ay hui tant chacié
Que j'ay toutes mes gens laissié
Et me sui ou bois esgaré :
Tant ay fort le sanglier haré,
 Et sanz li prendre !
   LA CHARBONNIERE.
Renier, faites-moy voir entendre
 Qui est cest homme.
   LE CHARBONNIER.
Dame, par saint Pierre de Rome !
C'est le roy nostre chier seigneur.
Honneur li faites la greigneur
 Que vous pourrez.
   LE PREMIER FIL.
Sire, voz esperons dorez
 Vous vueil oster.
   ij^e FIL.
Vez ci biau surcot, sanz doubter ;
Mon frere, esgarde : di-je voir ?
Par m'ame ! j'en vouldroie avoir
 Un tel pour moy.
   iij^e. FIL.
Si feroye-je, par ma foy !
Je le vestiroie demain.
— Quelle chose est-ce en vostre main,
 Sire, si belle ?
   LE CHARBONNIER.
Chascun donray une onquielle,
Se de li vous n'alez en sus.
Vous estes trop ennuyeux : sus !
 Fuiez de ci.
   LE ROY.
Preudon, seuffre pour Dieu merci :
Voir plus de .xxx. ans a entiers
Qu'enfans ne vi si voulentiers
 Com ceulx-ci voy.
   LE CHARBONNIER.
Sire, je me tays dont tout coy,
Puisqu'i prenez esbatement.
Je ne doubtoie vraiement
Fors qu'il ne vous fust à grevance
Et que n'éussiez desplaisance
 De ce qu'il font.
   LE ROY.
Nanil, que pour certain ilz sont

vir. Sainte Marie ! sire, qui vous amène (ici) à cette heure ?

   LE ROI.

Je vous le dirai tout de suite. J'ai aujourd'hui tellement poursuivi un sanglier que j'ai laissé en arrière tous mes gens et que je me suis égaré dans le bois : tant j'ai vivement traqué le sanglier, et encore sans le prendre !

   LA CHARBONNIÈRE.

Renier, apprenez-moi d'une manière certaine quel est cet homme.

   LE CHARBONNIER.

Dame, par saint Pierre de Rome ! c'est le roi notre cher seigneur. Faites-lui le plus d'honneur que vous pourrez.

   LE PREMIER FILS.

Sire, je veux vous ôter vos éperons dorés.

   LE DEUXIÈME FILS.

Voici un beau surcot, il n'y a pas à en douter ; mon frère, regarde : dis-je la vérité ? Par mon ame ! j'en voudrais avoir un pareil pour moi.

   LE TROISIÈME FILS.

Moi aussi, par ma foi ! je le vêtirais demain. — Qu'est-ce que vous avez dans la main, sire, qui est si beau ?

   LE CHARBONNIER.

Je donnerai une taloche à chacun de vous, si vous ne vous éloignez pas de lui. Vous êtes trop ennuyeux : allons ! sortez d'ici.

   LE ROI.

Prud'homme, souffre-les pour l'amour de Dieu : voici plus de trente ans entiers que je n'ai pas vu des enfans aussi volontiers que je vois ceux-ci.

   LE CHARBONNIER.

Sire, je me tais donc (et me tiens) coi, puisque vous y prenez plaisir. En vérité, je craignais que cela ne vous fût désagréable et que ce qu'ils font ne vous déplût.

   LE ROI.

Nenni, car certainement ils sont on ne

Si gracieux c'on ne peut miex :
D'eulx regarder ne puis mes yeux
    Saouler assez.

LA CHARBONNIERE.
Très chier sire, en paiz les laissiez ;
Venez soupper, s'il vous agrée :
La viande est toute aprestée
    Que mangerez.

LE ROY.
Dame, ce que vous me donrez
    En gré prendray.

LA CHARBONNIERE.
Nappe blanche vous estendray,
Chier sire : elle vauldra un mès.
Je tien qu'en gré prendrez huimais
Ce qui sera appareillié.
Onques mais n'oy le cuer si lié
Comme j'ay de vostre venue,
Et g'y sui par raison tenue
Que j'en aie joye sanz faille.
— Tien, mon filz, tien ceste touaille ;
— Et toy à laver li donras
A ce pot que li verseras
    Dessus ses mains.

PREMIER FIL.
Si con le dites, plus ne mains,
    Bien le feray.

LE ROY.
Puisqu'il est prest, laver yray.
— Versez. Dieu vous face preudomme,
Biau filz, et saint Pierre de Romme !
    Ho ! il souffist.

LE CHARBONNIER.
Certes, onques mais tant n'en fist ;
Prenez en gré, sire, pour Dieu.
Sà ! seés-vous, sire, en ce lieu :
    C'est vostre place.

LE ROY.
Voulentiers, puisqu'il fault que face
    Cy mon souper.

LE CHARBONNIER.
Onques mais n'eustes son per,
Chier sire, ce croy vraiement.
— Dame, à mengier appertement
    Cy apportez.

LA CHARBONNIERE.
Tantost ; un po vos deportez.
    Tenez, Renier.

LE CHARBONNIER.
C'est bien fait. Çà ! je vueil tranchier

peut plus gracieux : je ne puis assez rassasier mes yeux à les regarder.

LA CHARBONNIÈRE.
Très-cher sire, laissez-les en paix ; venez souper, si cela vous est agréable : les mets que vous mangerez sont tout apprêtés.

LE ROI.
Dame, j'accepterai avec plaisir ce que vous me donnerez.

LA CHARBONNIÈRE.
Cher sire, je vous étendrai une nappe blanche : elle vaudra un mets. Je crois que vous voudrez bien agréer ce qui sera préparé. Jamais je n'eus le cœur aussi joyeux comme je l'ai de votre venue, et il n'y a pas à douter que je doive naturellement en avoir de la joie. — Tiens, mon fils, tiens cette serviette ; — et toi, tu lui donneras à laver avec ce pot que tu lui verseras sur les mains.

LE PREMIER FILS.
Je le ferai bien comme vous me le dites, ni plus ni moins.

LE ROI.
Puisqu'il est prêt, j'irai me laver. — Versez. Que Dieu et saint Pierre de Rome fassent un prud'homme de vous ! Ho ! cela suffit.

LE CHARBONNIER.
Certes, jamais il n'en fit tant ; excusez-le, sire, pour (l'amour de) Dieu. Allons, sire ! asseyez-vous ici : c'est votre place.

LE ROI.
Volontiers, puisqu'il faut que je fasse ici mon souper.

LE CHARBONNIER.
Cher sire, vous n'en n'eûtes jamais un pareil, j'en suis bien persuadé. — Dame, apportez vite ici à manger.

LA CHARBONNIÈRE.
Bientôt ; attendez un peu. Tenez, Renier.

LE CHARBONNIER.
C'est bien. Allons ! je veux découper de-

Devant vous, sire : c'est raison
Sanz doubte. Vez ci un oison
   Fin, gras et tendre.

LE ROY.

Puisqu'il est si bon, je vueil prendre ;
Mais avant l'essay en ferez :
Ce morsel ici mangerez
   Premierement.

LE CHARBONNIER.

Chier sire, par commandement
   Le mengeray.

LE ROY.

Ce morsel-ci essaieray ;
Et puis j'en diray mon avis.
Il est très bon, je vous plevis :
   J'en vueil mengier.

LE CHARBONNIER.

Or avant ! sire, sanz dangier.
Il fu né en ceste maison ;
Et vez ci de ma garnison,
Quant vous plaira, dont buverez ;
Mais hui point d'autre vin n'arez,
Car je n'en pourroye finer
Qu'il ne me faulsist cheminer
   Troys liues loing.

LE ROY.

Hostes, tout est bon au besoing.
De moy point ne vous esmaiez.
Versez. Ho ! tenez, essaiez ;
   Puis buveray.

LE CHARBONNIER.

Très chier sire, j'obéiray
   A vostre vueil.

LE ROY.

Versez, sus ! cesti boire vueil ;
Mais il en y a trop petit,
Et cest oison m'a appetit
   Donné de boire.

LE CHARBONNIER.

Chier sire, ce fait bien à croire.
Tenez, or buvez en santé.
Pour ce que apris l'ay et hanté
   Me semble-il bon.

LE ROY.

Hostes, je vous tien pour preudon
Qui garniz estes de tel vin :
Il est sain et net, cler et fin.
   Sà, vin ! Assez.

LA CHARBONNIERE.

Très chier sire, huymais vous passez

---

vant vous, sire : c'est juste sans aucun doute.
Voici un oison fin, gras et tendre.

LE ROI.

Puisqu'il est si bon, j'en veux prendre ; mais auparavant vous en ferez l'essai : vous mangerez ce morceau premièrement.

LE CHARBONNIER.

Cher sire, vous l'ordonnez : je le mangerai.

LE ROI.

Je tâterai de ce morceau-ci, et puis j'en dirai mon avis. Il est très-bon, je vous assure : j'en veux manger.

LE CHARBONNIER.

En avant ! sire, sans façons. Il naquit dans ce logis ; et voici de mes provisions dont vous boirez, quand il vous plaira ; mais aujourd'hui vous n'aurez point d'autre vin, car je n'en pourrais trouver qu'il ne me fallût faire trois lieues de chemin.

LE ROI.

Hôte, tout est bon quand on a besoin. Ne vous embarrassez point de moi. Versez. Holà ! tenez, essayez ; je boirai ensuite.

LE CHARBONNIER.

Très-cher sire, j'obéirai à votre volonté.

LE ROI.

Allons, versez ! je veux boire celui-ci ; mais il y en a trop peu, et cet oison m'a donné envie de boire.

LE CHARBONNIER.

Cher sire, cela est bien croyable. Tenez, buvez, à votre santé ! C'est pour l'avoir étudié et m'être familiarisé avec lui qu'il me semble bon.

LE ROI.

Hôte, je vous tiens pour prud'homme d'avoir une provision d'un vin pareil : il est sain et net, clair et fin. Allons, du vin ! Assez.

LA CHARBONNIÈRE.

Très-cher sire, aujourd'hui contentez-

De tel qu'il est, pour l'amour Dieu ;
Car il n'y a ci entour lieu
Où point d'autre l'en recouvrast
Pour denier nul c'on en donnast;
　Je vous promet.
　　　LE ROY.
Biaux hostes, il est bon et net
Et me souffist, soiez-ent fis ;
Mais je demande où sont ces filz,
　Pour saint Amant !
　　　LA CHARBONNIERE.
Vez les là. — Çà ! passez avant
Touz .iij. or tost sanz detriance
Et faites ici contenance,
L'un lez l'autre vos acostez,
Et ces chapperons jus m'ostez :
　Ne fait pas froit.
　　　LE ROY.
M'amie, ostez de ci endroit :
J'ay pris assez ci mon repas.
—Biaux hostes, ne me mentez pas :
Qui sont ces enfans? Sanz mentir,
Le cuer ne me peut assentir
Que onques vous les engendrissiez
Ne que leur droit pere fussiez
Ne que du corps de vostre femme
Soient nez ; je vous jur par m'ame
　Ne le puis croire.
　　　LE CHARBONNIER.
Très chier sire, une chose voire
Vous diray, se Dieu me doint joie :
De Sarragoce m'en venoie,
Bien a xij. ans ou environ,
Où j'avoie vendu charbon.
Quant un pou fu dedans ce bois,
De ces enfans oy les vois,
Qui sus un po d'erbe gisoient ;
Et tien que nouveaux nez estoient.
Je ne sçay s'ilz ont nulz amis ;
Mais couchiez estoient et mis
L'un delez l'autre touz envers
Et de feuchiere assez couvers.
Et quant je les oy crier,
Je m'en alay sanz detrier
Par assens de leur voiz, et ting
Le chemin si qu'à eulz droit ving.
Si les trouvay con dit vous ay ;
Par pitié les en apportay,
Si les fis touz .iij. baptizier ;
Et puis tantost, pour eulz aisier,

vous-en, tel qu'il est, pour l'amour de Dieu ; car il n'y a aux alentours aucun endroit où l'on en trouvât d'autre, quelqu'argent que l'on donnât ; je vous promets.

　　　LE ROI.
Bel hôte, il est bon et net et me suffit, soyez-en sûr ; mais, par saint Amant ! je demande où sont ces fils.

　　　LA CHARBONNIÈRE.
Les voilà. — Allons ! avancez vite tous trois sans retard et tenez-vous bien, mettez-vous à côté l'un de l'autre, et ôtez-moi ces chaperons : il ne fait pas froid.

　　　LE ROI.
M'amie, desservez ; j'ai assez pris ici mon repas. — Bel hôte, ne me mentez point : quels sont ces enfans? Sans mentir, mon cœur ne peut jamais croire que vous les ayez engendrés, que vous soyez leur père véritable, ou qu'ils soient nés du corps de votre femme ; je vous jure par mon ame que je ne puis le croire.

　　　LE CHARBONNIER.
Très-cher sire, Dieu me donne joie ! je vous dirai une chose vraie : Il y a bien douze ans, ou environ, que je m'en revenais de Saragosse, où j'avais vendu du charbon. Quand je fus un peu dans ce bois, j'entendis les voix de ces enfans, qui étaient couchés sur un peu d'herbe ; et je crois que c'étaient des nouveau-nés. Je ne sais s'ils ont des amis ; mais ils étaient couchés et placés l'un à côté de l'autre à la renverse, et assez couverts de fougère. Quand je les entendis crier, je m'en allai sans tarder en suivant la direction de leur voix, et je cheminai jusqu'à ce que je vins droit à eux. Je les trouvai comme je vous l'ai dit ; ému de pitié, je les emportai, et je les fis baptiser tous trois ; bientôt après, pour leur bien, je cherchai une nourrice à chacun d'eux : ce dont je ne me repens pas, bien qu'ils m'aient coûté beaucoup d'argent, plusieurs personnes le savent ; et depuis qu'ils furent sevrés

Qūis à chascun une norrice,
Dont je ne me tien point à nice,
Combien qu'il m'aient grant argent
Cousté, ce scevent pluseurs gent;
Et depuis qu'il furent sevrez
Les ay norriz et alevez :
Pour ce m'appellent-il leur pere.
Diex vueille que briément m'appere
Que savoir puisse de certain
S'ilz ont pere, mere, n'antain!
Car se le povoie savoir,
Grant joie en aroye pour voir.
E gar! sire, plorer vous voy.
  (Cy s'agenoulle.)
Pour Dieu mercy! pardonnez-moy
S'encontre vostre majesté
J'ay fait ne dit; qu'en verité,
 Nul mal n'y pense.

LE ROY.

Nanil; mais j'ay en remambrance
Un fait qui pour ce temps advint,
Duquel ains puis ne me souvint
Que de pitié je ne plorasse.
Sà! je vueil que sanz pluz d'espace
Ces enfans soient avoiez
Et que eulz et toy me convoiez
Tant que je soie en Sarragosse.
Là vous feray-je, par saint Josce!
 Don bel et grant.

LE CHARBONNIER.

Très chier sire, de cuer engrant
Feray vostre commandement.
—Sà, enfans! trestouz alons-m'ent;
Par ce bois le roy conduirons
Et le droit chemin lé menrons
 De Sarragosse.

LE PREMIER FIL.

Pere, se prune ne beloce,
Poires, pommes, freres ne nois
Truis en alant aval ce boys,
 J'en mengeray.

LE CHARBONNIER.

Saches, biau filz, bien le voulray.
Or tost! à voie nous fault mettre.
—Sire, alons par ce sentier destre;
 Je le conseil.

LE ROY.

Alez devant; suivre vous vueil,
 Mon ami chier.

je les ai nourris et élevés : c'est pourquoi ils m'appellent leur père. Dieu veuille que je puisse bientôt savoir d'une manière certaine s'ils ont père, mère ou tante! car si je pouvais le savoir, en vérité, j'en aurais une grande joie. Eh regardez, sire, je vous vois pleurer. (*Ici il tombe aux genoux du roi.*) Pour l'amour de Dieu! pardonnez-moi, si j'ai rien dit ou rien fait contre votre majesté; car en vérité, je ne pense nullement à mal.

LE ROI.

Nenni; mais il me revient en mémoire un fait qui eut lieu jadis, et dont je ne me souviens jamais sans pleurer de pitié. Allons! je veux que, sans plus de retard, ces enfans se mettent en route, et qu'eux et toi vous m'accompagniez jusqu'à ce que je sois à Saragosse. Là, par saint Josse! je vous ferai un bel et grand présent.

LE CHARBONNIER.

Très-cher sire, je ferai votre commandement de tout mon cœur. — Allons, enfans! allons-nous-en tous; nous conduirons le roi par ce bois et nous le mènerons droit à Saragosse.

LE PREMIER FILS.

Père, si je trouve en allant au travers de ce bois prune ou beloce, poires, pommes, nèfles ou noix, j'en mangerai.

LE CHARBONNIER.

Cher fils, sache que je le veux bien. Allons! il faut nous mettre en route. — Sire, allons par ce sentier à droite; je le conseille.

LE ROI.

Allez devant; je veux vous suivre, mon cher ami.

ij^e CHEVALIER.

Sire, je lo qu'alons treschier
Par le bois haies et buissons,
Tant que le roy trouver puissons
    En quelque part.

PREMIER CHEVALIER.

Alons, sire; car il m'est tart,
Certes, que je l'aie véu.
Où a-il ore ennuit jéu?
    G'y pense moult.

ij^e CHEVALIER.

Je ne scé; mais c'est ce que doubt.
S'il n'a trouvé aucun recet
Où ait esté, par m'ame ! c'est
Pour prendre une grant maladie :
Si que je ne scé que j'en die
    Tant que le voye.

PREMIER CHEVALIER.

Venir le voy par celle voye,
Et avec li le charbonnier.
Avançons-nous, mon ami chier,
    D'aler à li.

ij^e CHEVALIER.

Sire, n'y a de nous celui
Que n'aiez fait plourer des yeux.
Par saint George! j'amasse mieux
Qu'à commencer fust ce deduit.
Avez gardé ce bois ennuit?
    Je croy que oïl.

LE ROY.

Biaux seigneurs, souffrez-vous ; nanil.
Ici endroit plus ne parlons;
Mais à mon hostel en alons
    Sanz plus ci estre.

PREMIER CHEVALIER.

Alons, de par le Roy celestre !
Aussi est, si com moy semble,
Le mieux; car là pourrons ensemble
    Assez parler.

LE ROY.

Grossart, ne te fault pas d'aler,
Ne toy, Rigaut, estre faintiz;
Vouz deux m'alez querre Bethiz,
Que ma mere fist damoiselle;
Dites-li qu'elle soit ysnelle
D'un po venir parler à moy,
Et que ce doit que ne la voy
    Plus que ne fas.

LE DEUXIÈME CHEVALIER.

Sire, je suis d'avis que nous allions battre haies et buissons par le bois, jusqu'à ce que nous trouvions le roi quelque part.

LE PREMIER CHEVALIER.

Allons-y, sire; car, certes, il me tarde de le voir. Où a-t-il couché cette nuit? j'en suis fort en peine.

LE DEUXIÈME CHEVALIER.

Je ne sais; mais c'est ce qui m'inquiète. S'il n'a pas trouvé quelque retraite où il ait été, par mon ame! il y a de quoi prendre une grande maladie : c'est pourquoi je ne sais qu'en dire jusqu'à ce que je le voie.

LE PREMIER CHEVALIER.

Je le vois venir par ce chemin, avec lui est le charbonnier. Mon cher ami, hâtons-nous d'aller vers lui.

LE DEUXIÈME CHEVALIER.

Sire, il n'y a personne de nous à qui vous n'ayez fait verser des larmes. Par saint Georges! j'aimerais mieux que cette chasse fût à commencer. Êtes-vous resté dans ce bois cette nuit? je crois que oui.

LE ROI.

Beaux seigneurs, je vous demande pardon; non pas. Ne parlons pas davantage ici ; mais allons-nous-en à mon palais sans plus de retard.

LE PREMIER CHEVALIER.

Allons, de par le Roi des cieux! Aussi bien, à ce qu'il me semble, c'est le meilleur (parti); car là nous pourrons assez parler ensemble.

LE ROI.

Grossart, et toi, Rigaut, ne manquez pas d'aller vous deux quérir promptement Béthis, que ma mère fit demoiselle; dites-lui qu'elle se dépêche de venir me parler un peu, et (demandez-lui) d'où vient que je ne la vois pas plus souvent.

PREMIER SERGENT.
Très chier sire, g'y vois bon pas,
Sanz plus ci estre.
ij^e. SERGENT.
A voie avec vous me vueil mettre,
Puisque commandé l'a li roys :
Honte me seroit et desroys,
Se n'y aloye.
PREMIER SERGENT.
Savez de son hostel la voie?
Dites, Rigaut.
ij^e SERGENT.
Oïl, Grossart, ou qui le vault.
Alons par ceste rue ensemble.
E, gardez! Grossart, il me semble
Que là la voy.
PREMIER SERGENT.
Vous dites voir, par saint Eloy!
Vous la congnoissez bien : c'est elle.
— Bethis, Dieu vous gart, damoiselle,
Et ame et corps!
LA DAMOISELLE.
Et il vous soit misericors
Quant besoing en arez, Grossart!
Dites-me voir : se Dieu vous gart,
Quel vent vous boute?
ij^e SERGENT.
Bethis, vous le sarez sanz doubte:
Le roy si vous envoie querre,
Si que venez à li bonne erre;
Et nous .ij. avec vous irons
Et compagnie vous ferons,
Ma chiere amie.
LA DAMOISELLE.
De dire que je n'yray mie,
Seigneurs, n'est pas m'entencion.
Alons-m'en sanz dilacion,
Plus n'atendez.
PREMIER SERGENT.
Vez ci Bethiz que demandez,
Sire, qui ne s'est point tenue
Qu'à vous ne soit si tost venue
Comme elle nous a oy dire
Que vous l'envoiez querre, sire,
Par entre nous.
LE ROY.
Damoiselle, bien veigniez-vous.
Levez la main; sur sains jurez
Que verité vous me direz
De ce que vous demanderay,

LE PREMIER SERGENT.
Très-cher sire, j'y vais bon pas, sans plus me tenir ici.
LE DEUXIÈME SERGENT.
Je veux me mettre en route avec vous, puisque le roi l'a commandé : ce serait honteux et coupable de ma part de ne pas y aller.
LE PREMIER SERGENT.
Savez-vous le chemin de son logis? dites, Rigaut.
LE DEUXIÈME SERGENT.
Oui, Grossart, ou à peu près. Allons ensemble par cette rue. Eh, regardez! Grossart, il me semble que je la vois là-bas.
LE PREMIER SERGENT.
Vous dites vrai, par saint Éloi! vous la connaissez bien : c'est elle. — Demoiselle Béthis, que Dieu vous garde l'ame et le corps!
LA DEMOISELLE.
Et qu'il vous soit miséricordieux quand vous en aurez besoin, Grossart! Dites-moi la vérité: Dieu vous garde! quel vent vous pousse?
LE DEUXIÈME SERGENT.
Béthis, vous allez le savoir : le roi vous envoie chercher, venez bien vite auprès de lui; et nous deux, ma chère amie, nous irons avec vous et nous vous tiendrons compagnie.
LA DEMOISELLE.
Seigneurs, ce n'est pas mon intention de dire que je n'irai pas. Allons-nous-en sans plus tarder, n'attendez plus.
LE PREMIER SERGENT.
Sire, voici Béthis que vous demandez; elle s'est empressée de venir aussitôt qu'elle nous a entendu dire que vous la mandiez par nous.
LE ROI.
Demoiselle, soyez la bienvenue. Levez la main; jurez sur les reliques que vous me direz la vérité au sujet de ce que je vous demanderai, et je vous donne ma pa-

Et je vous convenanceray
Jà de pis ne vous en sera ;
Mais sui qui vous pardonnera
Toutes vos males façons quictes,
Se pure verité me dites;
Et se mentez, sachiez de voir,
Je vous feray du corps avoir
  Grant vilenie.
   LA DAMOISELLE.
Chier sire, pour perdre la vie,
Certes, point ne vous mentiray ;
Mais de tout ce que je saray
  Vous diray voir.
   LE ROY.
Je vueil que me faciez savoir
Comment ma mere se porta
Quant ma femme Osanne enfanta,
Car veoir ne puis par raison
Que faicte n'y fust traïson.
  Quy y estoit ?
   LA DAMOISELLE.
Certes, chier sire, il n'y avoit
Que ma dame à l'enfantement
Vostre mere tant seulement,
Et je qui là estoie aussi.
Mais, sire, aiez de moy merci :
Bien voi, s'il vous plaist, je sui morte
Se la verité vous enorte
  Et la vous euvre.
   LE ROY.
Hardiement la me descuevre ;
Et je te jure, par ma foy,
Tu n'en aras jà mal par moy,
  Je te promet.
   LA DAMOISELLE.
Sire, en vostre merci me met.
Je vous dy qu'à celi termine
Et à ce jour que la royne
T[r]aveilla et dubt enfanter,
Elle ot si griefs maulx, sanz doubter,
Que je ne scé comment les pot
Endurer, fors que Dieu le volt ;
Et ce ne fu mie merveille,
C'onques je ne vi sa pareille ;
Car de .iij. filz se delivra,
Et moult de paine nous livra ;
Moult longuement pasmée jut,
C'onques ne bouja ne ne mut,
Ne mot, com fust morte, ne dit.
Lors vostre mere sanz respit

role qu'il ne vous en arrivera rien de pire ; au contraire, je vous tiendrai quitte de tous vos méfaits, si vous me dites la pure vérité ; et si vous mentez, sachez, à n'en pas douter, que je ferai traiter votre corps très-ignominieusement.

   LA DEMOISELLE.
Cher sire, dussé-je en perdre la vie, certes, je ne vous mentirai point ; mais je vous dirai la vérité au sujet de tout ce que je saurai.

   LE ROI.
Je veux que vous me fassiez savoir comment se comporta ma mère quand ma femme Osanne enfanta, car je ne puis raisonnablement m'empêcher de croire que l'on n'y ait commis une trahison. Qui y était ?

   LA DEMOISELLE.
Certes, cher sire, il n'y avait à l'enfantement que ma dame votre mère ainsi que moi ; mais, sire, usez de pitié à mon égard : je vois bien que, suivant votre bon plaisir, je suis morte si je vous dis et découvre la vérité.

   LE ROI.
Fais-la-moi connaître hardiment ; et je te jure, par ma foi, que tu n'auras de moi aucun mal, je te promets.

   LA DEMOISELLE.
Sire, je me mets à votre discrétion. Je vous dis qu'au jour et au moment que la reine fut en travail et qu'elle dut enfanter, elle éprouva des souffrances si cruelles, il n'y a pas à en douter, que je ne sais comment elle put les endurer, si ce n'est par la permission de Dieu ; et ce ne fut pas étonnant, car je ne vis jamais chose pareille : elle se délivra de trois fils, et nous donna beaucoup de peine ; elle resta pendant fort longtemps étendue sans connaissance, privée de mouvement, et sans prononcer un seul mot, comme si elle fût morte. Alors, votre mère me commanda de prendre les enfants et de les porter sur-le-champ, sans atten-

Me commanda les enfans prendre
Et que en l'eüre sanz plus attendre
Dedans la forest les portasse,
Et là touz trois les estranglasse,
Et puis les couvrisse de terre ;
Et je qui pour doubte d'aquerre,
Chier sire, s'indignacion,
Les iij. filz sans dilacion
Pris et ou boys les emportay,
Ne d'aler ne me deportay,
Tant que je ving à la houssoye ;
Là m'arrestay-je toute coye,
Et là mettre à mort les cuiday ;
Mais ainsi que les regarday,
Il me commencerent à rire ;
Lors à moy-meismes pris à dire :
« Voir, je seray bien hors du sens,
Se fas mal à ces ynocens
Qui me riens (sic) et belle chière
Me font. Retourneray-je arriere
A tous ? Nanil, ci les lairay,
De feuchiere les couverray. »
Ainsi le fis, si les laissay ;
Mais qu'il en fu puis je ne sçay.
Tant vous di-je, ma chiere dame
La royne, dont Diex ait l'ame !
A tort a souffert mort amere
Par l'envie de vostre mere,
 Certes, chier sire.

  LE CHARBONNIER.
Certainement je puis bien dire,
Seigneurs, que vez les ci touz trois ;
Car je vous jur par ceste croys,
Lorsque de terre les levay,
Lez la houssoie les trouvay.
Si les ay volu pourveoir,
Tant qu'enfans sont biaux à veoir :
Je n'en doy pas, si com me semble,
Pis valoir entre vous ensemble ;
 Qu'en dites-vous ?

  PREMIER CHEVALIER.
Vous dites voir, mon ami doulx ;
N'est pas raison.

  ij^e CHEVALIER.
Vraiement, sire, ce n'est mon ;
Ains en devera miex valoir,
Et je croy que c'est le voloir
 Du roy aussi.

  LE ROY.
Preudon, de ce n'aies souci :

dre davantage, dans la forêt, de les y étrangler tous trois, et puis de les couvrir de terre ; et moi, cher sire, craignant de m'attirer son ressentiment, je pris sans retard les trois fils, je les emportai au bois, et je ne cessai point de marcher jusqu'à ce que je vins à la houssaie. Là je m'arrêtai tout coi, et je voulus les mettre à mort ; mais au moment que je les regardai, ils commencèrent à me sourire ; alors je me pris à dire à moi-même : « En vérité, je serai bien insensée, si je fais du mal à ces innocens qui me sourient et me font bonne mine. Reviendrai-je sur mes pas avec eux ? Non, je les laisserai ici après les avoir couverts de fougère. » C'est ce que je fis, et je les laissai ; mais je ne sais ce qu'ils devinrent depuis. Je vous dis seulement que la reine, ma chère maîtresse, dont Dieu ait l'âme ! a souffert à tort une mort cruelle par (suite de) la haine de votre mère ; croyez-le, cher sire.

  LE CHARBONNIER.
 Certainement, seigneurs, je puis bien dire que les voilà tous trois ; car, par cette croix, je vous le jure, lorsque je les levai de terre, ils étaient près de la houssaie. J'ai voulu les élever, et maintenant ce sont de beaux enfans : je n'en dois pas, suivant ce qu'il me semble, en valoir moins à vos yeux ; qu'en dites-vous ?

  LE PREMIER CHEVALIER.
 Vous dites vrai, mon doux ami ; ce ne serait pas juste.

  LE DEUXIÈME CHEVALIER.
 Oui vraiment, sire, ce ne le serait pas ; au contraire, il devra en être récompensé, et je crois que c'est aussi la volonté du roi.

  LE ROI.
 Prud'homme, n'aie à cet égard aucun

Ce qu'as fait bien te renderay ;
Car saches du mien te donray
Tant, ains que soit tier jour entier,
Que plus ne te sera mestier
　　De charbon vendre.

LE CHARBONNIER.

Tout le bien vous vueille Dieu rendre
　　Que me ferez !

LE ROY.

Touz les jours à despendre arez
Dix livres : c'est le premier point ;
A ce ne faulderez-vous point.
Après de mes gens vous feray,
Robes et chevaulx vous donrray
　　Et autres biens.

PREMIER CHEVALIER.

Preudom, pour riche homme te tiens
　　Dès ores mais.

LE MESSAGIER.

Parler me fault à vous huymais.
Chier sire, nouvelles apport :
Sachiez que Sarrarins (sic) au port
Sont arrivez, sire, de Bance,
De Parpignen et de Valance
Et jusques au port de Gironde,
Et sont tant que c'est un grant monde ;
A brief, on ne les peut nombrer.
Au païs font grant encombrer,
Par armes le veulent acquerre.
Ou il fault, sire, que la terre
Veigniez mettre de eulx à delivre
Et que tost bataille on leur livre,
Ou il fault que les gens se rendent :
Sanz plus, vostre response attendent.
Vez ci les lettres du païs ;
Trop forment sont d'eulx envaïz
　　De jour en jour.

LE ROY.

Messagier, sanz faire sejour
Revas-t'en, je le te commans ;
Dy aux bonnes gens que leur mans
Que tant con pourront se deffendent,
Et que seurement m'attendent :
Ne leur faudray à ce besoing ;
Mais dedans quinsaine au plus loing
　　A eulx seray.

LE MESSAGIER.

Ce message bien vous feray ;
　　A Dieu, chier sire.

souci : je reconnaîtrai bien ce que tu as fait ; car sache que je te donnerai tant du mien, avant qu'il s'écoule trois jours entiers, que tu n'auras plus besoin de vendre du charbon.

LE CHARBONNIER.

Dieu veuille vous rendre tout le bien que vous me ferez !

LE ROI.

Vous aurez tous les jours dix livres à dépenser : c'est le premier point ; cela ne vous manquera pas. Après je ferai de vous l'un de mes gens, et je vous donnerai robes, chevaux et autres biens.

LE PREMIER CHEVALIER.

Prud'homme, considère-toi comme riche désormais.

LE MESSAGER.

Il faut aujourd'hui que je vous parle. Cher sire, je vous apporte des nouvelles : sachez, sire, que les Sarrasins sont arrivés au port de Bance, de Perpignan et de Valence et jusqu'au port de Gironde ; ils sont en si grand nombre que c'est un monde ; en un mot, on ne peut les compter. Ils font grant mal au pays, et ils veulent le conquérir par les armes. Il faut, sire, ou que vous veniez en délivrer le royaume et qu'on leur livre bientôt bataille, ou que les gens se rendent. Sans (en dire) plus, ils attendent votre réponse. Voici les lettres du pays ; ils sont de jour en jour trop fortement harcelés par les Sarrasins.

LE ROI.

Messager, retourne sans t'arrêter, je te le commande ; dis aux bourgeois que je leur mande qu'ils se défendent tant qu'ils pourront, et qu'ils m'attendent en toute confiance : je ne leur manquerai pas dans cette nécessité ; mais je serai près d'eux dans une quinzaine, au plus tard.

LE MESSAGER.

Je vous ferai bien ce message ; adieu, cher sire.

LE ROY.

Seigneurs, il fault que je m'atire
A aler deffendre ma terre
Que Sarrazins veullent conquerre
Se n'y mez remede et secours.
Je vueil que par les quarrefours
Soit crié que nul ne remaingne
Que tantost après moy ne veigne ;
Je dy de ceulx qui aage aront
Et qui armes porter pourront.
Alez me querre sanz detri
Pille-Avoine, qui à tel cri
 Faire est commis.

ij^e SERGENT.

Vez me là, sire, à voie mis ;
Ne fineray tant que l'amaine.
Je le voy là. — Sà, Pille-Avoine !
Le roy vous mande que crier
Alez partout sanz detrier
Que touz ceulx qui aront puissance
D'armes porter, sanz detriance
 Voisent en l'ost.

PILLE-AVAINE.

Sire, je le feray tantost,
De ce mie ne vous doubtez.
— Petiz et grans, or escoutez :
Le roy si vous fait assavoir,
Sarrazins sont venu, pour voir,
Dessus sa terre à grans effors :
Si mande à touz, feibles et fors,
Que tantost, sanz dilacion,
Le suivent ; car s'entencion
Si est que bataille leur livre,
Par quoy le païs en delivre.
Et qui mettera en detri
D'aler après li puis ce cri,
En la merci sera du roy :
Si vous mettez touz en conroy
 Ysnellement.

ij^e. SERGENT.

Quant vous plaira, sire, alons-m'ent :
 Le cri est fait.

LE ROY.

Seigneurs, pour ce que de ce fait
Dieu me vueille donner victoire
A mon honneur et à sa gloire,
Je li fas un veu et promesse
Que se la victoire m'adresse,
Si tost que conquis les aray,

LE ROI.

Seigneurs, il faut que je m'apprête à aller défendre ma terre que les Sarrazins veulent conquérir si je n'y apporte remède et secours. Je veux que l'on crie par les carrefours que nul ne se dispense de venir sur-le-champ après moi ; je parle de ceux qui seront en âge et qui pourront porter les armes. Allez me chercher tout de suite Pille-Avoine, qui est chargé de faire de telles proclamations.

LE DEUXIÈME SERGENT.

Sire, me voilà en route ; je ne m'arrêterai pas que je ne l'amène. Je le vois là-bas. — Holà, Pille-Avoine ! le roi vous mande que vous alliez partout crier sur-le-champ que tous ceux qui pourront porter les armes se rendent à l'armée sans retard.

PILLE-AVOINE.

Sire, je le ferai tout de suite, n'en doutez nullement. — Petits et grands, écoutez : Le roi vous fait savoir que, en vérité, les Sarrasins sont venus en force sur sa terre : il commande à tous, faibles et forts, de le suivre immédiatement et sans retard ; car son intention est de leur livrer bataille pour en débarrasser le pays. Et celui qui différera de le suivre après que cette proclamation aura été faite, sera à la merci du roi : mettez-vous donc tous en mesure sur-le-champ.

LE DEUXIÈME SERGENT.

Sire, quand il vous plaira, allons-nous-en : la proclamation est faite.

LE ROI.

Seigneurs, pour que dans cette occasion Dieu veuille me rendre victorieux à son honneur et à sa gloire, je lui fais le vœu et la promesse que, s'il me donne la victoire, je m'en irai en pélerinage au Saint-Sépulcre aussitôt que je les aurai battus.

Au Saint-Sepulcre m'en iray
 Com pelerin.

LE PREMIER CHEVALIER.
Sire, mettons-nous à chemin
D'aler, se povons, à Valance ;
Car certainement j'ay fiance
Que Dieu victoire nous donra
Et les paiens desconfira
 Du tout en tout.

LE ROY.
Se Dieu plaist, d'eulx venrons à bout.
Alons-m'en, sus ! sanz delaier,
Et sanz nous de riens esmaier :
 C'est nostre miex.

ij^e. CHEVALIER.
Alons, or nous conduie Diex
 En ce voyage.

L'OSTELLIER.
Je vous vueil dire mon courage :
Ma femme, escoutez-me un petit ;
Pieça que j'éu appetit
 De le vous dire.

L'OSTELLIERE.
Dites ce qui vous plaira, sire :
Voulentiers vous escouteray,
N'à riens je ne contrediray
 Qui bon vous semble.

L'OSTELLIER.
Il n'a ci que nous .ij. ensemble :
Si vous demande vostre avis.
D'Osanne que vous est avis,
 Par vostre foy ?

L'OSTELLIERE.
Sire, par la foy que vous doy !
Ne la devons en riens blamer,
Mais la devons touz ij. amer ;
Car grant bien le jour nous avint
Qu'elle ceens demourer vint.
Pour quoy le me demandez, sire ?
S'il vous plaist, vueillez le me dire ;
 Je vous em pri.

L'OSTELLIER.
Je le vous diray sanz detri.
Je me voy un homme. Quel ? un
Sanz fille ne sanz filz nesun ;
Et si n'ay pas laissié passer
Le temps sanz des biens amasser,
Et s'ay fait po de bien pour Dieu,
Si que, quoy que je soie au lieu
Où Jhesus souffri passion,

LE PREMIER CHEVALIER.
Sire, mettons-nous en route pour aller, si nous le pouvons, à Valence ; car certainement j'ai la confiance que Dieu nous donnera la victoire et défera les païens du tout au tout.

LE ROI.
S'il plaît à Dieu, nous en viendrons à bout. Holà ! allons-nous-en sans délai, et sans nous effrayer de rien : c'est ce que nous avons de mieux à faire.

LE DEUXIÈME CHEVALIER.
Allons, et que Dieu nous conduise dans ce voyage !

L'HÔTELIER.
Je veux vous dire ce que je pense : ma femme, écoutez-moi un peu ; voici long-temps que j'ai le désir de vous le dire.

L'HÔTELIÈRE.
Sire, dites ce qui vous plaira : je vous écouterai volontiers, et ne vous contredirai en rien de ce qui vous semble bon.

L'HÔTELIER.
Il n'y a ici que nous deux ensemble : je vous demande donc votre avis. Par votre foi ! que pensez-vous d'Osanne ?

L'HÔTELIÈRE.
Sire, par la foi que je vous dois ! nous ne devons la blâmer en rien, au contraire nous devons tous deux l'aimer ; car il nous arriva beaucoup de bien le jour qu'elle vint demeurer céans. Sire, pourquoi me le demandez-vous ? Veuillez, s'il vous plaît, me le dire ; je vous en prie.

L'HÔTELIER.
Je vous le dirai sans retard. Je vois en moi un homme. Qui ? un homme sans fils ni fille. Je n'ai pas laissé passer le temps sans amasser du bien, et toutefois j'ai fait peu de bonnes œuvres pour Dieu, en sorte que, quoique je sois au lieu où Jésus souffrit sa passion, je vous dis que mon intention est d'aller jusqu'à Rome la grande ; voici long-

Je vous dy c'est m'entencion
D'aler jusqu'à Romme la grant;
Pieça en ay esté engrant:
Et pour ce me vueil ordener
Et mes biens Osanne donner
Touz et d'elle faire mon hoir;
Car, dame, il me semble pour voir
 Qu'elle vault bien.

L'OSTELIERE.

Vostre entencion bonne tien,
Monseigneur, car la créature
Si a touz jours mis paine et cure
A les garder songneusement
Et à nous servir bonnement;
Et les hostes qu'avons éu,
Si benignement receu
Que ceens l'un l'autre envoioit
Pour le bien qu'en elle en voioit;
Et puis que n'avons nulz enfans,
Et il a jà plus de xij. ans
Que sanz loier nous a servi,
C'est droit qu'il li soit desservi.
Dieu merci! nous avons assez;
Mais, puisqu'à Romme aler pensez,
S'il vous plaist, avec vous yray,
Et ma part des biens li lairay
Aussi que li laissez la vostre,
Si que dame sera du nostre,
Se trespassons en ce voyage;
Et je la scé de tel courage
Qu'elle pas ne les retenra,
Mais des aumosnes en fera
 Pour nous assez.

L'OSTELLIER.

Dame, se vous la mer passez,
J'ay doubte que mal ne vous face;
Car nulz à paine ne la passe
Qu'il ne faille qu'il mette hors
Par vomite ce qu'a ou corps
 Jusqu'au cler sanc.

L'OSTELIERE.

Tant comme j'aie ami si franc
Comme vous, ne me doubteray;
La paine trop bien porteray,
 Ne vous doubtez.

L'OSTELLIER.

Il convient donc (or m'escoutez)
Que de ceci nous li parlons
Avant que nous nous en alons

temps que j'en ai le désir : c'est pourquoi je veux me mettre en mesure, donner tous mes biens à Osanne et en faire mon héritière ; car, dame, en vérité, il me semble qu'elle le mérite bien.

L'HÔTELIÈRE.

Monseigneur, je tiens votre intention pour bonne, car la (douce) créature a toujours employé ses peines et ses soins à garder soigneusement nos biens et à nous servir fidèlement ; elle a reçu si gracieusement les hôtes que nous avons eus, que l'on s'envoyait céans à l'envi pour les bonnes qualités qu'on remarquait en elle ; et puisque nous n'avons pas d'enfans et que depuis plus de douze ans elle nous sert sans salaire, il est juste qu'elle soit récompensée. Dieu merci ! nous avons assez; mais, puisque vous pensez à aller à Rome, si tel est votre plaisir, j'irai avec vous et je lui laisserai ma part des biens, comme vous lui laissez la vôtre, en sorte qu'elle sera maîtresse de notre avoir, si nous trépassons en ce voyage. Je la connais femme à ne pas le garder ; au contraire, elle en fera des aumônes à notre intention.

L'HÔTELIER.

Dame, si vous passez la mer, je crains qu'elle ne vous fasse mal ; car il n'y a presque personne qui la passe sans rejeter, en vomissant jusqu'au sang, ce qu'il a dans le corps.

L'HÔTELIÈRE.

Tant que j'aurai un ami aussi franc que vous, je ne craindrai rien ; je supporterai très-bien la fatigue (du voyage), n'ayez pas peur.

L'HÔTELIER.

Maintenant écoutez-moi : il est donc nécessaire que nous lui parlions avant de nous en aller et que nous lui fassions un acte de

Et que nous li en façons lettre,
Ou autrement y pourroit mettre
　　Juge la main.

　　　　L'OSTELLIERE.
Faisons-le annuit ains que demain,
　　Sire, pour Dieu !

　　　　L'OSTELLIER.
Nous alons en un po de lieu :
Osanne, de ci ne mouvez ;
Si vient gent, si les recevez,
　　M'amie chiere.

　　　　OSANNE.
Voulentiers, sire, à lie chiere,
　　Bien et à point.

　　　　L'OSTELLIERE.
Voire, nous ne demourrons point ;
　　Tost revenrons.

　　　　L'OSTELLIER.
Dame, de ci nous en irons
Droit à maistre Pierre le Page :
Il est homme subtil et sage,
Et s'est tabellion de Romme ;
Nostre fait li dirons en somme,
Et instrument nous en fera
Et si le nous apportera
　　Fait et signé.

　　　　L'OSTELLIERE.
Ne scé s'il a ore digné
　　En sa maison.

　　　　L'OSTELLIER.
Ce sarons sans arrestoison.
Bien va, à son huis le voy estre.
Alons. — Dieu vous doint bon jour, maistre !
Il nous faulsist que, sanz eslongne,
Nous feissiez un po de besongne
　　Que vous diray.

　　　　LE TABELLION.
Dites, et je la vous feray
　　Sanz demourée.

　　　　L'OSTELLIER.
Moy et ma femme, avons pensée
D'aler à Romme, se Dieu plaist ;
Mais de ce ne quier faire plait,
Si voulons une lettre avoir
Par laquelle nous ferons hoir
De noz biens et dame planiere
Osanne, nostre chamberiere,

cette donation, autrement le juge pourrait y mettre la main.

　　　　L'HÔTELIÈRE.
Sire, pour l'amour de Dieu, faisons-le aujourd'hui plutôt que demain.

　　　　L'HÔTELIER.
Nous nous en allons pour quelques instans : Osanne, ne bougez pas d'ici ; s'il vient quelqu'un, recevez-le, ma chère amie.

　　　　OSANNE.
Sire, volontiers, à bras ouverts et comme il faut.

　　　　L'HÔTELIÈRE.
En vérité, nous ne tarderons point ; nous reviendrons bientôt.

　　　　L'HÔTELIER.
Dame, nous nous en irons d'ici tout droit chez maître Pierre le Page : c'est un homme sage et subtil, et il est tabellion de Rome ; nous lui exposerons sommairement notre affaire, et il nous en dressera un acte et nous l'apportera fait et signé.

　　　　L'HÔTELIÈRE.
Je ne sais pas si, à cette heure, il a dîné chez lui.

　　　　L'HÔTELIER.
Nous le saurons tout de suite. Cela va bien, je le vois qui se tient à sa porte. Allons. — Maître, que Dieu vous donne un bon jour ! Il faudrait que vous nous fissiez, sans retard, un peu de besogne que je vous dirai.

　　　　LE TABELLION.
Dites, et je vous la ferai sans délai.

　　　　L'HÔTELIER.
Ma femme et moi, nous avons résolu d'aller à Rome, s'il plaît à Dieu ; mais c'est une chose arrêtée, nous voulons avoir un acte par lequel nous ferons héritière et maîtresse absolue de nos biens notre chambrière Osanne, en sorte que personne ne puisse élever de discussion à ce sujet. Mai-

Par quoy nulz n'y puist debat mettre.
Vous m'entendez assez bien, maistre,
 Quant en ce cas.
  LE TABELLION.
C'est voir, ne vous en doubtez pas;
Un instrument vous en feray
Bon et bel, que vous porteray :
 Jà souffist-il?
  L'OSTELLIERE.
C'est bien dit, maistre Pierre, oil.
Or soit! nous vous attenderons,
Et de vous congié prenderons
 Pour maintenant.
  LE TABELLION.
Alez, je vous enconvenant
 A vous iray.
  L'OSTELLIER.
Bien est, et je vous paieray
Si con direz très volentiers,
Si qu'il n'y fauldra point de tiers
 Entre nous estre.
  L'OSTELLIERE.
Nous avons donc fait. A Dieu, maistre.
— R'alons-m'en, sire.
  L'OSTELLIER.
Aussi le vouloie-je dire.
 Or sus, marchiez!
  L'OSTELLIERE.
Voulentiers, sire, ce sachiez,
 Legierement.
  L'OSTELLIER.
N'avons pas demouré granment
Là où esté, Osanne, avons;
Je croy que bien tost revenons :
 Qu'en dites-vous?
  OSANNE.
Il me semble, mon seigneur doulx,
Ce n'avez mon, en verité;
En quel lieu avez puis esté,
 Pour Dieu merci?
  L'OSTELLIER.
Damé, seez-vous lez moy ci.
— Je le [te] diray, or entens:
J'ay en voulenté de long temps
D'aler jusqu'à Romme requerre
Saint Pierre pour pardon acquerre,
Et avec moy venra ta dame;
Et pour ytant que bonne fame
T'avons trouvée, coye et taisant
En nostre service faisant,

tre, vous m'entendez assez bien dans cette circonstance.

  LE TABELLION.
Oui vraiment, n'en doutez pas; je vous en dresserai un bon et bel acte que je vous porterai : est-ce suffisant?

  L'HÔTELIÈRE.
Bien dit, maître Pierre, oui. Soit! nous vous attendrons, et pour le moment nous prendrons congé de vous.

  LE TABELLION.
Allez, je vous promets que j'irai chez vous.

  L'HÔTELIER.
C'est bien, et je vous paierai très-volontiers ce que vous me direz, en sorte qu'il ne faudra point d'arbitre entre nous.

  L'HÔTELIÈRE.
Nous avons donc fini. Adieu, maître. — Retournons-nous-en, sire.

  L'HÔTELIER.
Aussi voulais-je le dire. Allons, en marche!

  L'HÔTELIÈRE.
Volontiers, sire, et sans difficulté, sachez-le.

  L'HÔTELIER.
Osanne, nous n'avons pas demeuré longtemps où nous avons été; je crois que nous revenons promptement : qu'en dites-vous?

  OSANNE.
Mon doux seigneur, en vérité, vous n'êtes pas restés long-temps; pour l'amour de Dieu! en quel lieu êtes-vous allés depuis (que je ne vous ai vus)?

  L'HÔTELIER.
Dame, asseyez-vous ici près de moi. — Je te le dirai, maintenant écoute: j'ai depuis long-temps l'intention d'aller jusqu'à Rome en pélerinage à Saint-Pierre pour obtenir le pardon (de mes péchés), ta dame viendra avec moi ; et comme nous t'avons reconnue honnête, tranquille et discrète à notre service, aussi bien que loyale, si je ne me trompe, nous te laissons pour indivis tous les biens

Et loyal, si com m'est advis,
Nous te laissons pour indivis
Touz les biens que povons avoir
Et te faisons seule nostre hoir,
Et de ce te baillerons lettre
Pour toy miex en saisine mettre
Tant de meubles con de heritages.
Or pense comment, par suffrages,
Par aumosnes, messes, prieres,
Et par biens faiz d'autres manieres,
Tu faces tant que nous puissons,
Se de ce siecle trespassons,
Venir au repos de lassus
Et de purgatoire estre ensus
    Et Dieu veoir.

OSANNE.

Je vous promet d'y pourveoir,
S'il est que faire le conviengne;
Laquelle chose pas n'aviengne!
    Et grans merciz.

LE TABELLION.

Diex y soit! Je vous voy assis:
Ho! ne vous mouvez de vostre estre.
Je vous apporte vostre lettre;
    Sire, tenez.

L'OSTELLIER.

C'est bien fait, tout à point venez.
Or çà! combien en paieray?
Dites, et je le paieray
    Voulentiers, voir.

LE TABELLION.

Je n'en puis mains d'un franc avoir:
    C'est bon marchié.

L'OSTELLIER.

A tant m'estoie-je chargié;
    Tenez, mon maistre.

LE TABELLION.

En bon an vous vueille Dieu mettre!
    Ailleurs m'en vois.

L'OSTELLIERE.

Il me semble homme assez courtoys,
    En nom de moy.

L'OSTELLIER.

Dame, il est bon sire, par foy!
— Vez ci ta lettre, Osanne, tien.
Ore, se nous te faisons bien,
    Fai-nous aussi.

OSANNE.

Monseigneur, la vostre merci.

que nous pouvons avoir, nous te faisons notre unique héritière, et nous te remettrons un acte relatif à cette donation, afin de mieux te mettre en possession tant des meubles que des immeubles. Maintenant songe à faire en sorte, par de pieuses pratiques, des aumônes, des messes, des prières, et des bonnes œuvres d'autres espèces, que nous puissions, si nous passons de ce monde (dans un autre), venir au repos d'en-haut, être délivrés du purgatoire et voir Dieu.

OSANNE.

Je vous promets d'y pourvoir, si cela est nécessaire; mais je désire que cela n'arrive pas, et vous remercie beaucoup.

LE TABELLION.

Dieu soit céans! Je vous vois assis: oh! ne bougez pas de votre place. Je vous apporte votre acte; tenez, sire.

L'HÔTELIER.

C'est bien, vous venez fort à propos. Allons! combien vous donnerai-je pour cela? dites, et je le paierai volontiers, en vérité.

LE TABELLION.

Je ne puis en avoir moins d'un franc: c'est bon marché.

L'HÔTELIER.

Je m'étais muni en conséquence; tenez, mon maître.

LE TABELLION.

Que Dieu veuille vous mettre en bonne année! Je m'en vais ailleurs.

L'HÔTELIÈRE.

En vérité, il me semble un homme assez courtois.

L'HÔTELIER.

Dame, il est bon diable, par (ma) foi!
Tiens: voici ton acte, Osanne. Maintenant, si nous te faisons du bien, fais-nous-en aussi.

OSANNE.

Monseigneur, je vous remercie. Certai-

Certainement, j'en feray tant
Qu'estre en deverez pour contant
Quant revenrez.

L'OSTELLIERE.

Pour ce que vous bien le ferez
Et que nous y fions, m'amie,
Vous laissons-nous, n'en doubtez mie,
Tout en vos mains.

L'OSTELLIER.

C'est voir, dame; il n'i a pas mains.
Ore de ce plus ne parlons;
Delivrez-vous, si en alons
Nostre voyage.

L'OSTELLIERE.

Je le feray de bon courage.
C'est fait. Dites par amour fine,
Semblé-je estre bien pelerine
En cest estat?

L'OSTELLIER.

Oïl; sus, sanz plus de debat
Alons-nous-ent: il en est heure.
— Osanne, à Dieu. Hé, dia! ne pleure
Point après nous.

OSANNE.

Si feray voir, monseigneur doulx;
Certes, tenir ne m'en pourroie.
Souffrerez-vous que vous convoie
Mille ne pas?

L'OSTELLIER.

Nanil, voir, je ne le vueil pas;
Demeure, toy.

OSANNE.

Certes, sire, ce poise moy.
Puisqu'ainsi est, alez à Dieu.
Or me fault penser de ce lieu
Gouverner le miex que pourray.
Decheoir pas ne le lairay;
Mais de maintenir l'ostellage,
Com l'ai fait puis xij. ans d'usage,
C'est bien m'entente.

LE ROY.

Seigneurs, r'alons-m'en sanz attente
En mon palays, dont nos partismes
Quant en ces parties venismes
Pour les des Sarrasins deffendre,
Et faites venir sanz attendre
Les menestrez : pour nous deduire
Et pour nous à joie conduire
Feront mestier; je le vueil, voire,

nement, j'en ferai tant que vous devrez être satisfait quand vous reviendrez.

L'HÔTELIÈRE.

M'amie, nous croyons que vous le ferez bien : c'est pourquoi nous laissons tout en vos mains, n'en doutez pas.

L'HÔTELIER.

C'est vrai, dame; il n'y a pas moins. Maintenant ne parlons plus de cela; dépêchez-vous, et mettons-nous en voyage.

L'HÔTELIÈRE.

Je le ferai de bon cœur. C'est fait. Dites-le-moi en ami, ressemblé-je bien à une pélerine en cet équipage?

L'HÔTELIER.

Oui; alons, sans plus de retard, partons: il en est temps. — Adieu, Osanne. Eh, bon Dieu! ne pleure point après nous.

OSANNE.

Si, mon doux seigneur; certes, je ne pourrais m'en empêcher. Souffrirez-vous que je vous accompagne pendant un mille ou quelques pas?

L'HÔTELIER.

Nenni, en vérité, je ne le veux point; demeure, toi.

OSANNE.

Certes, sire, cela me fait de la peine. Puisqu'il en est ainsi, allez à (la garde de) Dieu. Maintenant il me faut penser à gouverner ce lieu le mieux que je pourrai. Je ne le laisserai pas déchoir; mais je m'efforcerai d'en maintenir l'achalandage, comme je l'ai fait depuis douze ans que j'en ai l'habitude, c'est bien mon intention.

LE ROI.

Seigneurs, retournons sans retard en mon palais, dont nous partimes quand nous vinmes dans ce pays pour le défendre des Sarrasins, et faites venir tout de suite les ménestrels : ils feront ce qu'il faut pour nous amuser et nous exciter à la joie; en vérité, je le veux pour l'amour de la grande victoire que nous avons remportée.

Pour l'amour de la grant victoire
  Qu'avons éue.
    ij^e SERGENT D'ARMES.
Querre les vois sanz attendue.
— Avant, seigneurs! touz en conroy
Vous mettez de venir au roy,
De tost venir chascun se paine.
— Vez ci les menestrez qu'amaine,
  Très chier sire.
    LE PREMIER CHEVALIER.
Sus! faites mestier, sanz plus dire,
Pour le peuple esmouvoir à joie,
Et en alez par ceste voie
  Sanz plus ci estre.
    LE ROY.
Biaux seigneurs, je ne doy pas mettre
En obli le veu que j'ay fait :
Ce seroit trop vilain meffait.
La victoire qu'avons éue
N'est pas, certes, de nous venue,
Mais de Dieu : ainsi je le tien.
Vez ci pour quoy : Vous savez bien
N'avons pas esté deux à paine
Encontre bien une douzaine;
Et il est voir que je promis
A Dieu, se de noz ennemis
Povoie la victoire acquerre,
Que prier l'iroie et requerre
Au Saint-Sepulcre et mercier,
Si que mon veu sanz detrier
Vueil acomplir, je vous promez;
Ne d'errer ne fineray maiz
Tant qu'au lieu soie, que je sache,
Où Dieu fu batuz en l'estache
Et où il souffri passion;
Et aussi est m'entencion,
Mes enfans, que vous y veigniez
Et compagnie me tiengniez.
  Le ferez-vous?
    LE PREMIER FIL.
Oïl, mon très chier seigneur, nous
  Touz trois irons.
    ij^e CHEVALIER.
Entre nous pas ne vous lairons;
  Au mains g'iray.
    PREMIER CHEVALIER.
Très chier sire, et je si feray,
  Sachiez de voir.
    PREMIER SERGENT.
Certes, se n'y devoie avoir

LE DEUXIÈME SERGENT D'ARMES.

Je vais les chercher sans retard. — En avant, seigneurs! mettez-vous tous en route pour venir auprès du roi, que chacun se hâte de venir. — Très-cher sire, voici les ménestrels que j'amène.

LE PREMIER CHEVALIER.

Allons! faites votre métier, sans un mot de plus, pour mettre le peuple en joie, et allez-vous-en par ce chemin sans plus vous arrêter ici.

LE ROI.

Beaux seigneurs, je ne dois pas oublier le vœu que j'ai fait ; ce serait une trop vilaine action. La victoire que nous avons obtenue, certes, n'est pas venue de nous, mais de Dieu : j'en suis persuadé. Voici pourquoi : Vous savez bien que nous étions à peine deux contre une douzaine; et il est vrai que je promis à Dieu que, si je pouvais remporter la victoire sur mes ennemis, j'irais le prier et le remercier au Saint-Sépulcre : je veux donc, je vous le promets, accomplir mon vœu sans retard; et je ne m'arrêterai pas, que je sache, que je ne sois au lieu où Dieu fut battu au poteau et où il souffrit sa passion. C'est aussi mon intention, mes enfans, que vous y veniez et que vous me teniez compagnie. Le ferez-vous?

LE PREMIER FIL.

Oui, mon très-cher seigneur, nous irons tous les trois.

LE DEUXIÈME CHEVALIER.

Pour nous, nous ne vous laisserons pas ; au moins, j'irai (avec vous).

LE PREMIER CHEVALIER.

Très-cher sire, je ferai de même, en vérité, sachez-le.

LE PREMIER SERGENT.

Certes, dussé-je n'y avoir pour vivre que

Que pain et yaue pour mon vivre,
Se Dieu santé du corps me livre,
   Si yray-je.
      ij^e. SERGENT.
Mon très chier seigneur, si feray-je,
  Mais qu'il vous plaise.
      LE ROY.
Bien est, chascun en paix se taise.
Alez-me Pille-Avaine querre :
Il a esté en mainte terre,
   Ce me dit-on.
      PREMIER SERGENT.
Très chier sire, g'y vois. — Sà, mon !
Sà, Pille-Avaine ! sà, bonne erre !
Le roy si vous envoie querre,
   Qui vous demande.
      PILLE-AVAINE.
Si iray de voulenté grande.
  — Que vous plaist, sire ?
      LE ROY.
Pille-Avaine, j'ay oy dire
Qu'avez véu mains lieux sauvages
Et si savez plusieurs langages,
S'avez en mainte terre esté.
De passer mer ay voulenté,
Si vous vueil avec moy mener
Et nouvel office donner :
Forrier vous fas de prendre hostiex
Pour moy et pour mes gens; car miex
Le ferez, ce tien à mot court,
Que nul autre home de ma court :
   Pour ce le di.
      PILLE-AVAINE.
Chier sire, pas ne vous desdi :
Je m'en vois donc sauz plus attendre
Hostiex pour vous et voz gens prendre,
Ès quiex meshui descenderez,
Sire, et vous y reposerez
   Jusqu'à demain.
      LE ROY.
Seigneurs, en loing païs vous main :
Toutes noz aises pas n'arons ;
Prenons tout ce que avoir pourrons
   En souffisance.
      ij^e. CHEVALIER.
Il le fault, sire, sanz doubtance
Et est raison.
      LE VALET ESTRANGE.
N'est-ce pas ici la maison,
Dites, m'amie, à un preudomme

du pain et de l'eau, je veux y aller, si Dieu me donne la santé.

      LE DEUXIÈME SERGENT.

Mon très-cher seigneur, je le ferai, pourvu que cela vous plaise.

      LE ROI.

C'est bien, que chacun se taise et se tienne coi. Allez-moi chercher Pille-Avoine : il a été dans un grand nombre de pays, à ce qu'on me dit.

      LE PREMIER SERGENT.

Très-cher sire, j'y vais. — Holà, holà, Pille-Avoine ! holà, bien vite ! le roi vous envoie chercher, il vous demande.

      PILLE-AVOINE.

Je vais y aller de grand cœur. — Que désirez-vous, sire ?

      LE ROI.

Pille-Avoine, j'ai ouï dire que vous avez vu maints lieux sauvages, que vous savez plusieurs langues et que vous êtes allé en mainte terre. J'ai la volonté de passer la mer, et veux vous emmener avec moi et vous donner un nouvel office : je vous fais mon fourrier, et vous aurez à retenir des logis pour moi et mes gens ; car je crois, en un mot, que vous remplirez mieux cet emploi que nul autre homme de ma cour : c'est pourquoi je le dis.

      PILLE-AVOINE.

Cher sire, je ne vous dédis pas : je m'en vais donc, sans attendre davantage, prendre des logemens pour vous et pour vos gens ; vous y descendrez aujourd'hui, sire, et vous vous y reposerez jusqu'à demain.

      LE ROI.

Seigneurs, je vous mène dans un pays lointain : nous n'aurons pas toutes nos aises ; contentons-nous de tout ce que nous pourrons avoir.

      LE DEUXIÈME CHEVALIER.

Sans doute, il le faut, sire, et c'est raison.

      LE VALET ÉTRANGER.

Dites, m'amie, n'est pas ici la maison d'un prud'homme qui va à Rome avec sa

Qui va, li et sa femme, à Romme
Et qui à chamberiere avoit
Une que Osanne on appelloit,
　　Ce dient-il ?
　　　　OSANNE.
Mon ami, bien veigniez, oïl ;
Tenez pour certain je sui celle.
Pour Dieu merci, quelle nouvelle
　　Me direz de eulx ?
　　　　LE VALET.
Dame, trespassez sont touz deux,
Ce vous fas-je bien assavoir ;
Se ne creés que die voir,
Vez ci lettres que vous apport
Comment, à l'issue d'un port
Qui est en Chipre, trespasserent ;
Mais avant leur mort m'alouerent
Pour vous ces lettres apporter
Et pour vous dire et ennorter
Qu'acomplissez vostre promesse,
Pour quoy Dieu les giet de tristesse
　　Et mette ès cieulx.
　　　　OSANNE.
Certes, j'en feray tant que Diex
　　Gré m'en sara.
　　　　LE VALLET.
S'il ont bien, miex vous en sera.
Dame, je n'en vueil plus parler ;
Mais à Dieu ; je m'en vueil r'aler
　　Dont je vien, dame.
　　　　OSANNE.
Le corps vous sanne Diex et l'ame,
　　Mon ami chier !
　　　　PILLE-AVAINE.
Seigneurs, sanz vous longues preschier,
Tenez pour vray comme evangille
Que vous ne venrez mais en ville
Que n'entrez en Jerusalem.
Je vous y vail un drugeman,
Pour ce que j'entens bien latin
Et que je parle sarrasin
　　Et turquien*.

femme et qui avait pour chambrière une (femme) que l'on appelait Osanne, à ce qu'ils disent ?

OSANNE.

Oui, mon ami, soyez le bienvenu ; tenez pour certain que je suis celle-là. Pour l'amour de Dieu, quelle nouvelle me direz-vous à leur sujet ?

LE VALET.

Dame, je vous fais bien savoir qu'ils sont trépassés tous deux ; si vous ne croyez pas que je dise la vérité, voici des lettres que je vous apporte (et qui marquent) comment ils trépassèrent à l'issue d'un port qui est en Chypre ; mais avant leur mort ils me louèrent pour vous apporter ces lettres et pour vous dire et vous prier d'accomplir votre promesse, afin que Dieu les retire de la tristesse et les mette dans les cieux.

OSANNE.

Certes, j'en ferai tant que Dieu m'en saura gré.

LE VALET.

S'ils en éprouvent du bien, il ne vous en sera que mieux. Dame, je ne veux plus en parler ; mais adieu ; je veux m'en retourner au lieu dont je viens, dame.

OSANNE.

Mon cher ami, que Dieu vous guérisse le corps et l'ame !

PILLE-AVOINE.

Seigneurs, sans vous prêcher longuement, tenez pour vrai comme évangile que la première ville dans laquelle vous entrerez sera Jérusalem. J'y vaux pour vous un drogman, puisque j'entends bien le latin et que je parle le sarrasin et le turc.

---

* Au moyen-âge, la connaissance des langues étrangères était moins rare qu'on ne le pense. Un romancier, parlant d'une héroïne qu'il nomme Dorame la pucelle, dit :

Et si savoit parler et franchois et latin,

Lonbart et rommion, breton et limozin ;
De .xiiii. langages avoit eu doctrini.

(*Roman de Charles-le-Chauve*, Ms. La Vallière, n° 49, fol. 19 r°, col. 1, v. 15.)

Les chroniques offrent plusieurs passages analogues.

LE PREMIER CHEVALIER.

Loez soit Diex! or nous va bien,
Quant nous avons si bien marchié
Que tant en sommes approuchié,
 Comme tu dis.

LE ROY.

Or t'en va bellement tandis
Qu'après toy bellement irons,
Savoir où nous habergerons;
 Delivres-toy.

PILLE-AVAINE.

Très-chier sire, g'y vois, par foy!
— Dame, se voulons hebergier
Ceens, nous pourrez-vous aisier
De vivre et de lis pour dis hommes
Qu'en une compagnie sommes?
 Q'en dites-vous?

OSANNE.

Oïl, certes, mon ami doulx;
Et si pourrez dire, sanz guille,
Que ou meilleur hostel de la ville
 Serez logiez.

PILLE-[A]VAINE.

Bien est, de ci ne vous bougiez:
En l'eure à vous retourneray.
— Mon chier seigneur, je vous diray
J'ay pris pour vous hebergerie
En la meilleur hostellerie
Qui soit en toute la cité,
Ce m'a l'en dit pour verité.
 Venez-vous-ent.

PREMIER CHEVALIER.

Alons avant, premierement,
Sire, au temple Dieu gracier
Et devotement mercier:
 Il l'esconvient.

ij. CHEVALIER.

Mais de raison il appartient
A tel seigneur comme vous estes.
Va tendis, pren les plus honnestes
Chambres et les plus agreables,
Fay faire liz et mettre tables
 Pour le diner.

PILLE-AVAINE.

De ce saray-je bien finer;
 G'y vais le cours.

LE ROY.

Avant! alons-nous-en touz jours
Tant qu'au temple puissons venir;

LE PREMIER CHEVALIER.

Dieu soit loué! cela va bien, puisque nous avons tellement marché que nous en sommes si près, comme tu dis.

LE ROI.

Allons, va-t'en doucement savoir où nous nous logerons, pendant ce temps-là nous te suivrons à notre aise; dépêche-toi.

PILLE-AVOINE.

Très-cher sire, j'y vais, par (ma) foi! — Dame, si nous voulons nous loger ici, pourrez-vous nous procurer des vivres et des lits pour dix hommes dont se compose notre compagnie? qu'en dites-vous?

OSANNE.

Oui, certes, mon doux ami; et vous pourrez dire, sans tromperie, que vous serez logés dans le meilleur hôtel de la ville.

PILLE-AVOINE.

C'est bien, ne bougez pas d'ici: je reviendrai auprès de vous tout à l'heure. — Mon cher seigneur, je vous dirai que j'ai pris un logement pour vous dans la meilleure hôtellerie qui soit en toute la ville; c'est la vérité, à ce que l'on m'a dit. Venez-vous-en.

LE PREMIER CHEVALIER.

Sire, allons premièrement au temple pour rendre grâces à Dieu et le remercier dévotement; c'est notre devoir.

LE DEUXIÈME CHEVALIER.

C'est raison de la part d'un seigneur tel que vous. Pendant ce temps-là, va, prends les chambres les plus décentes et les plus agréables, fais faire les lits et mettre les tables pour le dîner.

PILLE-AVOINE.

Je saurai bien m'en acquitter. J'y vais sur-le-champ.

LE ROI.

En avant! allons-nous-en toujours tant que nous puissions venir au temple; je ne

Nule part ne me vueil tenir,
Tant que je soie ens.
LE PREMIER SERGENT.
Mon chier seigneur, entrez ceens :
Vez ci le temple tout ouvert,
Et sur l'autel à descouvert
A des reliques.
LE ROY.
Doulx Jhesus, qui es ès cantiques
Appellé l'espoux et l'ami
Des saintes ames, quant en my
Ton saint temple je me voi estre,
Je t'en merci, doulx Roy celestre,
Et de touz les autres biens faiz
C'onques me fis et que me fais
De jour en jour et sanz cesser.
Ha, Sire ! vueillez adresser
Mes euvres çà jus telement
Que ce soit à mon sauvement.
Ici vueil m'oroison finer.
— Seigneurs, temps est d'aler diner;
Demain ci endroit revenrons,
Se Dieu plaist, et messe y orrons.
Alons-nous-ent.
ij⁰. SERGENT.
De vous desdire n'ay talent,
Par sainte Helaine.
PREMIER CHEVALIER.
Je voy çà venir Pille-Avaine
Comme homme appert.
PILLE-AVAINE.
Vostre viande si se pert,
Monseigneur : le penser laissez.
— Seigneurs, de venir l'avancez;
Avant, avant!
ij⁰ CHEVALIER.
Nous alons; vaz touz jours devant
Jusques à l'uis.
PILLE-AVAINE.
Si fas-je tant comme je puis;
N'ay talent de moy ci tenir.
— Dame, vez ci noz gens venir
Trestouz ensemble.
OSANNE.
Au mains, sire, à ce le me semble
Que touz vous suivent.
PILLE-AVAINE.
Je vous promet que pas ne cuident
Estre si bien comme ilz seront

veux m'arrêter nulle part que je n'y sois entré.
LE PREMIER SERGENT.
Mon cher seigneur, entrez céans: voici le temple tout ouvert, et sur l'autel il y a des reliques découvertes.
LE ROI.
Doux Jésus, qui dans les cantiques es appelé l'époux et l'ami des saintes ames, puisque je me vois au milieu de ton saint temple, je t'en remercie, doux Roi des cieux, comme des autres bienfaits dont tu m'as comblé et que tu me prodigues sans cesse de jour en jour. Ah, Sire! veuillez diriger mes actions ici-bas de manière à ce qu'elles profitent à mon salut. Je veux ici terminer mon oraison. — Seigneurs, il est temps d'aller dîner; demain nous reviendrons ici, s'il plaît à Dieu, et nous y entendrons la messe. Allons-nous-en.
LE DEUXIÈME SERGENT.
Par sainte Hélène! je n'ai pas envie de vous dédire.
LE PREMIER CHEVALIER.
Je vois là-bas Pille-Avoine qui vient comme un homme pressé.
PILLE-AVOINE.
Votre dîner se gâte, monseigneur : cessez de rêver. — Seigneurs, engagez-le à venir; en avant, en avant!
LE DEUXIÈME CHEVALIER.
Nous y allons; va toujours devant jusqu'à la porte.
PILLE-AVOINE.
C'est ce que je fais tant que je peux; je n'ai pas envie de me tenir ici. — Dame, voici venir nos gens tous ensemble.
OSANNE.
Au moins, sire, il me semble qu'ils vous suivent tous.
PILLE-AVOINE.
Je vous promets qu'ils ne croient pas être aussi bien qu'ils seront quand ils se ver-

Quant en leurs chambres se verront.
— Chier sire, vous serez ceens.
— Avant! seigneurs, entrez touz ens,
S'alez à table.

PREMIER SERGENT.

Pour estre au roy plus agreable,
Voulray servir.

ij^e SERGENT.

Aussi feray-je et desservir,
Quant temps sera.

LE ROY.

Entre vous touz chascun sera
A ma table hui à ce diner.
Sà, de l'iaue! sà! pour laver,
Ains qu'à table aille.

PREMIER SERGENT.

Tantost, sire, en arez sanz faille
Bien largement.

OSANNE.

Biau sire Diex, merci! comment
Me cheviray, n'en quel arroy
Me mettray-je? Vez ci le roy
D'Arragon, moult bien le congnois
Et à sa chiere et à sa vois.
Certes, morte sui, si m'avise;
Mais en ma chambre en telle guise
Me vois lier d'un cuevrechief
Et couvrir ma face et mon chief
Qu'il pourra bien assez muser
Avant qu'il me puist aviser
Ne recongnoistre.

PREMIER SERGENT.

Lavez, sire; que Diex acroistre
Vous vueille en grace!

LE ROY.

Seigneurs, je vueil que l'en me face
Cy venir mon hoste et m'ostesse
Pour diner: ce seroit simplesce
S'avecques moy ne les avoye.
— Pille-Avaine, or tost met-te à voie
D'aler les querre.

PILLE-AVAINE.

Vostre commant feray bonne erre,
Sire; mais n'arez que la dame.

LE ROY.

Pour quoy?

PILLE-AVAINE.

Pour ce qu'est veuve fame;
Dit le vous ay.

ront dans leurs chambres. — Cher sire, vous serez céans. — En avant, seigneurs! entrez touz ici et mettez-vous à table.

LE PREMIER SERGENT.

Pour être plus agréable au roi, je veux servir.

LE DEUXIÈME SERGENT.

Moi aussi, et je veux desservir, quand il en sera temps.

LE ROI.

Vous tous, vous dinerez aujourd'hui à ma table. Holà, de l'eau! Holà! je veux me laver les mains avant de m'y mettre.

LE PREMIER SERGENT.

Certainement, sire, vous allez en avoir en abondance.

OSANNE.

Beau sire Dieu, miséricorde! comment m'en tirerai-je, et en quel costume me mettre? Voici le roi d'Aragon, je le connais très-bien à sa figure et à sa voix. Certes, je suis morte, s'il m'envisage; mais je vais en ma chambre m'affubler d'un bonnet et couvrir ma tête et ma face de telle sorte qu'il pourra bien attendre long-temps avant de pouvoir m'examiner et me reconnaître.

LE PREMIER SERGENT.

Lavez-vous, sire; que Dieu veuille vous combler de grâces!

LE ROI.

Seigneurs, je veux qu'on me fasse venir ici mon hôte et mon hôtesse pour dîner: ce serait ridicule que je ne les eusse pas avec moi. — Pille-Avoine, allons! mets-toi vite en route pour aller les chercher.

PILLE-AVOINE.

Je ferai tout de suite votre commandement; mais vous n'aurez que la dame.

LE ROI.

Pourquoi?

PILLE-AVOINE.

Parce que c'est une femme veuve; je vous l'ai dit.

LE ROY.
Ne m'en chaut non; va sanz delay,
   Fai-la venir.
PILLE-AVAINE.
Dame, sanz vous plus ci tenir,
Monseigneur vous prie et vous mande
Qu'avecques li de sa viande
   Venez diner.
OSANNE.
En l'eure vien de desjuner,
Et si me faut garder ici.
Dites-li la seue merci;
   Mie n'iray.
PILLE-AVAINE.
Sy ferez, car je vous diray
Il vous en sara très mal gré,
Se n'i venez; mais soit secré
   Ce que vous di.
OSANNE.
Sire, g'iray donc, puis ce dy
Qu'il m'en pourroit mal gré savoir.
Ne vueil pas sa haïne avoir:
   Sà donc! g'y vois.
LE ROY.
M'ostesse, sà! pour ceste fois
Je vueil que ceez devant moy;
Car quant femme à ma table voy,
   J'en sui plus aise.
OSANNE.
Sire, je vous pri qu'il vous plaise
   Que pas n'i siesse.
LE ROY.
Vous serrez, voir, aussy grant piece
Con nous; n'en faites jà dangier.
Or avant! pensez de mangier,
Et faites bonne chiere, dame.
Comment avez nom, par vostre ame?
   Dites-le-moy.
OSANNE.
Servante, sire, en bonne foy,
Pour ce que voulentiers je sers
Grans et petiz, et frans et sers;
   Servante ay non.
LE ROY.
C'est pour vous un noble renom
Et dont miex valoir vous devrez.
E gar! dame, pour quoy plorez,
   Se Dieu vous voie?
OSANNE.
Certes, sire, morir voulroie

LE ROI.
Peu m'importe; va sans délai, fais-la venir.
PILLE-AVOINE.
Dame, ne restez plus ici: monseigneur vous prie et vous mande que vous veniez dîner à sa table avec lui.
OSANNE.
Je viens de déjeûner à l'instant même, et il faut que je surveille ici. Remerciez-le de ma part; je n'irai point.
PILLE-AVOINE.
Si fait, car je vous dirai que, si vous n'y venez pas, il vous en saura très-mauvais gré; mais que ce que je vous dis soit secret.
OSANNE.
Sire, j'irai donc, puisqu'il pourrait m'en savoir mauvais gré. Je ne veux pas m'attirer sa haine : eh bien donc! j'y vais.
LE ROI.
Allons, mon hôtesse! je veux que, pour cette fois, vous soyez assise devant moi; car quand je vois une femme à ma table, j'en suis plus joyeux.
OSANNE.
Sire, je vous prie de vouloir bien me dispenser de m'y asseoir.
LE ROI.
En vérité, vous serez assise aussi longtemps que nous; ne faites pas de cérémonies. Allons! pensez à manger, et faites bonne mine, dame. Par votre ame! comment vous nommez-vous? dites-le-moi.
OSANNE.
Servante, sire, en vérité, attendu que je sers volontiers grands et petits, libres et serfs; je m'appelle Servante.
LE ROI.
Ce vous est un noble renom et qui devra de plus en plus vous être profitable. Eh, regardez! dame, Dieu vous protége! pourquoi pleurez-vous?
OSANNE.
Certes, sire, je voudrais mourir quand je

Quant me souvient de mon mari,
Qui mors est : pour ce ay cuer marri,
Je n'en puis mais.
LE ROY.
Je n'en parleray, dame, huymais :
Je voy que n'estes pas en joye ;
De vostre corrouz il m'annoye,
Si ne vous peut-il que grever.
— Avant ! apportez à laver ;
Ostez de ci.
ij^e SERGENT.
Tantost, chier sire. Çà ! vez ci
Tout prest : lavez.
LE ROY.
Tempré ceste yaue bien avez.
Verse, verse ! Diex ! qu'elle est bonne !
Or avant ! à m'ostesse en donne.
— Lavez, m'ostesse.
OSANNE.
Combien qu'en mes mains n'ait pas
gresse,
Sire, feray vostre commant ;
Mais cel annel mettray avant
Cy devant moy.
LE ROY.
Dame, c'est annel que ci voy
Vous plaira-il à le me vendre ?
Dites, m'amie, sanz attendre :
S'il vous plaist, je l'achateray ;
Et sachiez je vous en donray
Plus qu'il ne vaille.
OSANNE.
Sire, je vous pri, ne vous chaille
De le plus ainsi barguignier ;
Car pour amour d'un chevalier,
Qui le m'a, sire, en verité,
Donné (et en ceste cité
Encore est), je le garderay ;
Jà, certes, ne le venderay
Jour de ma vie.
LE ROY.
Dont il li vint ne sçay-je mie ;
Mais une foiz je le donnay
Une dame que moult amay,
Qui de cest siecle est trespassée.
En paradis soit repassée
De gloire avec les sains son ame !
Car c'estoit une vaillant dame ;
Mais ma mere, par traïson,
La fist morir et sanz raison,

me souviens de mon mari, qui est mort : c'est pourquoi j'ai le cœur chagrin, je n'en puis mais.

LE ROI.
Dame, je n'en parlerai plus désormais : je vois que vous n'êtes pas en joie ; votre chagrin m'affecte, et il ne peut que vous faire du mal. — Allons ! apportez-moi de quoi me laver ; desservez.

LE DEUXIÈME SERGENT.
Tout de suite, cher sire. Allons ! tout est prêt : lavez-vous.

LE ROI.
Vous avez bien fait tiédir cette eau. Verse, verse ! Dieu ! qu'elle bonne ! Allons ! donnez-en à mon hôtesse. — Lavez-vous, mon hôtesse.

OSANNE.
Sire, bien qu'il n'y ait pas de graisse à mes mains, j'obéirai à votre commandement ; mais auparavant je mettrai cet anneau ici devant moi.

LE ROI.
Dame, vous plairait-il de me vendre cet anneau que je vois ici ? m'amie, répondez sur-le-champ : si cela vous plaît, je vous l'achèterai, et sachez que je vous en donnerai plus qu'il ne vaut.

OSANNE.
Sire, je vous en prie, veuillez ne plus le marchander ainsi ; car je le garderai pour l'amour d'un chevalier, qui, en vérité, me l'a donné, sire, et qui est encore dans cette ville. Certes, je ne le vendrai jamais de ma vie.

LE ROI.
Je ne sais pas d'où il lui vint ; mais autrefois je le donnai à une dame que j'aimais fort (et) qui est passée de ce monde (en l'autre). Que son ame soit en paradis nourrie de gloire avec les saints ! car c'était une brave dame ; mais ma mère la fit mourir traîtreusement et sans raison, en lui imputant par haine une action très-honteuse qu'elle n'avait pas commise et en me don-

Qui par haïne un trop lait fait
Li mist sus que n'avoit pas fait,
Et faulcement m'en enorta.
Et vous dy bien qu'elle porta
Neuf mois entiers et sanz sejour
Ces .iij. filz, et touz en un jour
Les enfanta, la bonne et belle !
Certes, quant il me souvient de elle,
Le cuer tant me serre et destraint
Qu'à plorer sui forment contraint.
Haa, Osanne, très chiere suer !
Pour vous souvent, m'amie, ou cuer
 Grant douleur sens.

OSANNE.
Ho, sire roys ! je vous deffens
Le plourer : ne le puis souffrir.
A descouvert vous vueil offrir
Ma face et à vous touz ensemble.
Sui-je Osanne ? que vous en semble ?
 Dites-le-moy.

LE ROY.
Chiere amie, quant je vous voy,
Je sui hors de doleur amere.
— Mes enfans, vez ci vostre mere,
N'en peut de nul estre blasmée.
E Diex ! de pitié s'est pasmée.
— Osanne, ma très chiere amie,
A moy baisier ne laissiez mie.
 — Ne scé se m'ot.

LE PREMIER CHEVALIER.
Sire, elle ne peut dire mot
Tant de joie com de pitié ;
Laissiez-la tant, par amistié,
 Qu'à soy reviengne.

LE ROY.
Ne peut estre que plus me tiengne
De la baisier et acoler.
— Ma suer, sanz vous plus adoler,
 Parlez à moy.

OSANNE.
Ha, mon très chier seigneur le roy !
Assez ay éu paine amere
Sanz cause, et tout par vostre mere,
 Vous le savez.

LE ROY.
C'est voir, dame, et vous en avez
Esté vengée tellement
Que Dieu de son vray jugement,
Qui rent à chascun son merite,
La fist morir de mort sobite ;

nant de faux avis sur son compte. Et je vous dis bien qu'elle porta neuf mois entiers ces trois fils, et qu'elle les enfanta tous en un jour, la bonne et la belle ! Certes, quand elle me revient en mémoire, mon cœur se serre et se déchire tellement que je suis forcé de pleurer. — Ah, Osanne, très-chère sœur ! souvent, mon amie, je sens pour vous une grande douleur au cœur.

OSANNE.
Ah, sire roi ! je vous défends de pleurer : je ne puis le souffrir. Je veux vous offrir ma face à découvert, et à vous tous tant que vous êtes. Suis-je Osanne ? que vous en semble ? dites-le-moi.

LE ROI.
Chère amie, puisque je vous vois, je suis délivré de (mon) amère douleur. — Mes enfans, voici votre mère, elle ne peut être blâmée de personne. Eh Dieu ! elle s'est pâmée d'attendrissement. — Osanne, ma très-chère amie, je t'en prie, baise-moi. — Je ne sais si elle m'entend.

LE PREMIER CHEVALIER.
Sire, elle ne peut dire (un seul) mot, autant de joie que d'attendrissement ; laissez-la, au nom de l'amitié, jusqu'à ce qu'elle revienne à elle.

LE ROI.
Je ne puis plus m'empêcher de la baiser et de la serrer entre mes bras. — Ma sœur, faites trève à votre chagrin et parlez-moi.

OSANNE.
Ah, mon très-cher seigneur le roi ! j'ai eu sans cause assez d'amères douleurs, et le tout par votre mère, vous le savez.

LE ROI.
Dame, c'est vrai, et vous en avez été tellement vengée que Dieu, qui par ses jugemens équitables donne à chacun ce qu'il mérite, la fit mourir subitement ; et son corps devint aussi noir que de l'encre, je

Et devint son corps aussi noir
Comme arrement, je vous dy voir.
Ore plus ci n'arresterons ;
Mais à joie vous enmenrons
En Arragon, qu'est nostre terre.
Faites-me tost venir bonne erre
Les menesterez qui joueront,
Ou mes clers qui bien chanteront,
Tandis qu'en irons nostre voie.
Onques mais je n'o si grant joie,
   N'en doubte nulz.
      ij^e CHEVALIER.
Vez-les ci où sont jà venuz.
Alons tout droit par ce sentier.
—Avant, seigneurs! faites mestier
   Pour nous esbatre.

Icy jeuent les menesterez, et s'en va le jeu.

      EXPLICIT.

vous dis la vérité. Maintenant nous ne nous arrêterons plus ici ; mais nous vous emmènerons avec joie en Aragon, qui est notre terre. Faites-moi promptement venir mes ménestrels pour jouer, ou mes clercs pour bien chanter, pendant que nous ferons route. Jamais je n'eus une aussi grande joie, personne ne doit en douter.

      LE DEUXIÈME CHEVALIER.

Les voici, ils sont déjà venus. Allons tout droit par ce sentier.— En avant, seigneurs ! faites votre métier pour nous ébattre.

Ici les ménestrels jouent, et les acteurs s'en vont.

      FIN.

      F. M.

UN MIRACLE
DE NOSTRE-DAME.

NOTICE.

Ce miracle se trouve dans le manuscrit 7208. 4. B, et commence folio 262 recto. Il est précédé de six pièces dont voici les rubriques.

Cy commence un Miracle de Nostre-Dame, de Robert le Dyable, filz du duc de Normendie, à qui il fu enjoint pour ses meffaiz que il feist le fol sanz parler; et depuis ot Nostre-Seigneur mercy de li, et espousa la fille de l'empereur *. Folio 157 recto.

Cy commence un Miracle de Nostre - Dame et de sainte Bautheuch, femme du roy Clodoveus, qui, pour la rebellion de ses deux enfans, leur fist cuire les jambes: dont depuis se revertirent et devindrent religieux**. Folio 173 recto.

Cy commence un Miracle de Nostre-Dame, comment Nostre-Seigneur tesmoingna que un marchant, qui avoit emprunté argent d'un Juif à paier à jour nommé, l'avoit bien et deuement paié, combien que le Juif lui reniast; et, pour ce, se fist le Juif crestienner. Folio 192 recto.

* Cette pièce a été publiée à Rouen, par Édouard Frère, en 1836, en un volume in-8°.

** Ce miracle a été pareillement publié in-8°, à Rouen, par le même libraire, en 1838, à la suite de l'*Essai sur les Énervés de Jumièges*, par E.-Hyacinthe Langlois du Pont-de-l'Arche.

Cy commence un Miracle de Nostre-Dame, d'un marchant nommé Pierre le Changeur, qui par lonctemps avoit vesqui de mauvaise vie, qui fu si malade que il cuidoit morir; et en sa maladie vit en avision les dyables qui le vouloient emporter, et Nostre-Dame l'en garenti à la priere d'un ange qui le gardoit; et depuis vint à santé, et fist tant de bien qu'il converti un Sarrazin. Folio 205 recto.

Cy commence un Miracle de Nostre-Dame, de la fille d'un roy qui se parti d'avec son pere pour ce que il la vouloit espouser; et laissa habit de femme, et se maintint com chevalier, et fu sodoier de l'empereur de Constantinoble, et depuis fu sa femme. Folio 221 recto.

Cy commence un Miracle de Nostre-Dame, de saint Lorens que Dacien fist morir; et Philippe l'empereur fist-il morir pour estre emperiere. Folio 246 recto.

Enfin le Miracle de Clovis, que nous publions ci-après, est suivi de celui-ci, qui termine le manuscrit de la Bibliothèque Royale.

Cy commence un Miracle de Nostre-Dame, de saint Alexis qui laissa sa femme le jour qu'il l'ot espousée, pour aler estre povre par le païs pour l'amour de Dieu et garder sa virginité; et depuis revint chiez son pere, et là morut soubz un degré, et ne le cognut l'en devant qu'il fu mort. Folio 280 recto.

F. M.

UN MIRACLE DE NOSTRE-DAME.

NOMS DES PERSONNAGES.

AURELIAN.
LE ROY CLOVIS.
PREMIER CHEVALIER.
ij^e CHEVALIER.
iij^e CHEVALIER.
HUCHON PASSE-PORTE, escuier.
GIEFFROY, premier povre.
RENIER, ij^e povre.
CLOTILDE.
YSABEL, la damoiselle.
LIENART, iij^e povre.
GONDEBAUT, roy.

PREMIER CONSEILLIER GONDEBAUT.
ij^e CONSEILLIER.
YTIER, chamberlant.
PREMIER SERGENT.
ij^e SERGENT.
LES MENESTREZ.
ROBERT, escuier.
KATHERINE, ventriere.
DIEU.
NOSTRE-DAME.
GABRIEL.

MICHIEL.
SAINT-JEHAN.
UN PREVOST.
LE ROY DES ALEMANS.
PREMIER CHEVALIER ALEMANT.
L'ESCUIER AURELIAN.
ij^e CHEVALIER ALEMANT.
iij^e CHEVALIER ALEMANT.
iiij^e ALEMANT.
REMI, arcevesque.
PREMIER CLERC.
ij^e CLERC.

Cy comence un Miracle de Nostre-Dame, coment le roy Clovis se fist crestienner à la requeste de Clotilde, sa femme, pour une bataille que il avoit contre Alemans e[t] Senes, dont il ot la victoire; et en le crestiennent envoia Diex la sainte Ampole.

AURELIAN.

Mon très chier seigneur redoubté,
Mahon, par la quelle bonté
Vous tenez le regne de France,
Vous maintiengne en ceste puissance;
Et, aussi qu'il fait les biens croistre,
Vous vueille-il en honneur accroistre
Et en bonne vie tenir
Et de voz emprises venir,
 Sire, à bon chief!

LE ROY.

Et il vous vueille de meschief,
Amis Aurelian, deffendre!
Quoy qui soit, me faictes entendre
Coment se porte la besongne
De nouvel, amis, de Bourgongne.
Vous n'estes pas si mal senez
Que ne sachez, puis qu'en venez,
De l'estat du roy Gondebaut;
Quelque chose savoir m'en fault
 Ysnel le pas.

AURELIAN.

Sire, ne vous mentiray pas,
Et je croy que bien le savez.
Selon ce qu'escript li avez,
Vez ci qu'il vous rescript, chier sire;
Toutes voies vous vueil-je dire
Une chose que j'ay véu:
J'ay tant enquis que j'ay scéu
Que Gondebaut a une niece,
Et si vous jur qu'il a grant piece
Ne vi si sage damoiselle,
Ne si gracieuse pucelle:
Biau maintien a en son aler,
C'est tant courtoise en son parler,
Que le monde s'en esmerveille;
De lis et de rose vermeille
Porte couleur entre-meslée,
Et monstre bien qu'elle fu née
De royal gent et de sanc hault.
Combien que le roy Gondebault
Occist Chilperic son pere,
Non obstant qu'il fussent frere,
Vous affermé-je tout pour voir

Ici commence un Miracle de Notre-Dame, comment le roi Clovis se fit baptiser à la requête de Clotilde, sa femme, à la suite d'une bataille qu'il avait contre les Allemands et les Saxons, sur lesquels il remporta la victoire; et à son baptême Dieu envoya la sainte Ampoule.

AURÉLIEN.

Mon très-cher et redouté seigneur, que Mahomet, par la bonté duquel vous tenez le royaume de France, vous maintienne dans cette dignité; et, de même qu'il fait croître les biens (de la terre), qu'il veuille accroître votre honneur, vous donner une bonne vie et vous faire venir, sire, heureusement à bout de vos entreprises.

LE ROI.

Ami Aurélien, qu'il veuille aussi vous deffendre de tout mal! Quoi qu'il en soit, apprenez-moi comment vont depuis quelque temps les affaires de Bourgogne. Puisque vous en venez, vous n'êtes pas sans connaître la situation du roi Gondebaut; j'ai besoin d'en savoir tout de suite quelque chose.

AURÉLIEN.

Sire, je ne vous mentirai pas, et je crois que vous le savez bien. Relativement à ce que vous lui avez écrit, voici, cher sire, ce qu'il vous répond; toutefois je veux vous dire une chose que j'ai vue: je me suis tellement enquis que j'ai su que Gondebaut a une nièce, et je vous jure qu'il y a longtemps que je ne vis une demoiselle aussi sage et aussi gracieuse: sa démarche est noble, et son langage est si courtois que le monde s'en émerveille; son teint est entremêlé de lis et de roses, et il montre bien qu'elle est issue de parens sur le trône et d'un sang élevé. Bien que le roi Gondebaut ait tué son père Chilpéric, nonobstant qu'ils fussent frères, je vous affirme comme une chose vraie qu'elle est digne d'avoir un roi pour mari.

Qu'elle est digne d'un roy avoir
    Par mariage.
        CLOVIS.
Seigneurs, je vous vueil mon courage
Descouvrir. Touz à moy tendez,
Et ce que diray entendez,
    Je vous em pry.
        PREMIER CHEVALIER.
Chier sire, dites sanz detri
Vostre vouloir secretement :
Nous vous orrons touz bonnement,
    N'en doubtez point.
        ij⁰ CHEVALIER.
Voire, et si diray ci un point :
Se conseil y fault, vous l'arez
Tel comme à vostre honneur sarez
    Demander, sire.
        CLOVIS.
Bien est ; vez ci que je vueil dire :
Je tieng que suis assez d'aage
Pour femme avoir par mariage
Dont lignie me puist venir
Royal qui ou temps avenir
Gouverne mon royaume et tiengne
Et le deffende et le soustiengne
Comme sien après mon obit.
Roy Gondebaut, si comme on dit,
A une niece bele et gente ;
De la demander est m'entente
A femme, se le conseilliez :
Si vous pri dire m'en vueilliez
    Que vous en semble.
        PREMIER CHEVALIER.
Respondez pour nous touz ensemble,
Sire, nous nous y assentons ;
Quanque direz nous consentons
    A estre fait.
        iij⁰. CHEVALIER.
Seigneurs, vous me chargiez d'un fait
Qui ne m'est mie trop ligier ;
Mais nient moins, pour vous abregier,
Je vous en diray mon avis.
— Se vous me creez, roy Clovis,
Certes, vous vous marierez
Tout au plus tost que vous pourrez.
Se Gondebaut vous veult sa niece
Donner à femme, et qu'il li siesse,
Prenez-la, je le vous enorte,
Pour le bon renom c'on li porte

CLOVIS.

Seigneurs, je veux vous découvrir ma pensée. Approchez-vous tous de moi, et écoutez ce que je dirai, je vous en prie.

LE PREMIER CHEVALIER.

Cher sire, faites-nous part tout de suite et secrètement de votre volonté. Nous vous écouterons tous de bon cœur, n'en doutez pas.

LE DEUXIÈME CHEVALIER.

Oui, vraiment, et à cela j'ajouterai que, si vous avez besoin de conseil, vous l'aurez tel que vous pourrez le demander, sire, dans l'intérêt de votre honneur.

CLOVIS.

C'est bien ; voici ce que je veux dire : je pense que je suis d'âge à épouser une femme dont il me puisse venir une lignée royale qui dans l'avenir gouverne et tienne mon royaume et le défende et le soutienne comme sien après ma mort. Le roi Gondebaut, à ce qu'on dit, a une nièce belle et gentille ; mon intention est de la demander pour femme, si vous me le conseillez : je vous prie donc de vouloir me dire ce qu'il vous en semble.

LE PREMIER CHEVALIER.

Sire, répondez pour nous tous ensemble, nous nous en rapportons à vous ; nous consentons que tout ce que vous direz soit fait.

LE TROISIÈME CHEVALIER.

Seigneurs, vous me chargez d'un fardeau qui ne m'est pas trop léger ; mais, néanmoins, pour vous abréger le temps, je vous dirai mon avis à cet égard. — Si vous me croyez, roi Clovis, certes, vous vous marierez le plus tôt que vous pourrez. Si Gondebaut veut vous donner sa nièce pour femme, et que cela lui convienne, prenez-la, je vous le conseille, en raison de sa bonne renommée et du grand bien qu'on en dit ; et s'il ne veut pas consentir à cela, il faudra en chercher

Et pour le grant bien c'on en dit;
Et s'à ce faire contredit,
Il en fauldra une autre querre
Bonne pour vous en autre terre
De sanc royal.

ij^e. CHEVALIER.
Ce conseil est bon et loyal
En verité.

PREMIER CHEVALIER.
Par m'ame! il s'est bien acquitté,
Chier sire, sanz autre recort;
Nous sommes touz de son accort,
Je vous di bien.

CLOVIS.
Or vien avant, Aurelian.
Il fault que voises en Bourgongne
Encore pour ceste besongne;
N'y scé, pour la bien avoier,
Meilleur legat y envoier.
Si te diray que tu feras :
Tu diligence metteras
De parler à la damoiselle
Dont m'as apporté la nouvelle,
En secré ; garde que ne failles.
Ces vestemens pour espousailles,
Qui sont d'or, li presenteras ;
Cest annel aussi li donras
De par moy, ce n'est nul diffame,
Par si qu'elle sera ma femme :
Avoir la vueil.

AURELIAN.
Sire, je feray vostre vueil
Aux miex et au plus sagement
Que faire pourray, vraiement.
De vous congié ci prenderay;
Mon escuier appelleray.
— Vien avant, Huchon Passe-Porte;
Tien, ce fardelet-ci emporte
Dessoubz t'esselle.

L'ESCUIER.
Voulentiers, monseigneur ; c'est telle,
Ce m'est avis.

AURELIAN.
Que c'est n'en fault jà ci devis
Faire, que nous l'emporterons
Avec nous quant nous en irons.
Va touz jours. — Chier sire, entendez :
A Mahon soiez commandez !
Je m'en vois; mais je revenray

ailleurs une autre qui soit digne de vous et de sang royal.

LE DEUXIÈME CHEVALIER.
En vérité, ce conseil est bon et loyal.

LE PREMIER CHEVALIER.
Par mon ame! cher sire, il s'en est bien acquitté, sans dire plus ; nous sommes tous de son avis, je vous le dis bien.

CLOVIS.
Allons ! avance, Aurélien. Il faut que tu ailles encore en Bourgogne pour cette affaire ; je ne sais, pour la mettre en bon chemin, y envoyer de meilleur ambassadeur. Je te dirai ce que tu feras : tu te hâteras de parler en secret à la demoiselle dont tu m'as entretenu ; garde-toi d'y manquer. Tu lui présenteras comme don de noces ces vêtemens, qui sont d'or; tu lui donneras aussi cet anneau de ma part, il n'y a rien de honteux (à l'accepter), moyennant qu'elle sera ma femme : je veux l'avoir.

AURÉLIEN.
Sire, en vérité, je ferai votre volonté le mieux et le plus sagement que je pourrai. Je prendrai ici congé de vous ; j'appellerai mon écuyer. — Avance, Huchon Passe-Porte; tiens, emporte ce paquet-ci sous ton bras.

L'ÉCUYER.
Volontiers, monseigneur; je crois que c'est de la toile.

AURÉLIEN.
Il ne faut pas s'occuper de ce que c'est; nous l'emporterons avec nous quand nous nous en irons. Va toujours. — Cher sire, écoutez-moi : que Mahomet vous ait en sa garde ! Je m'en vais ; mais je reviendrai le plus tôt possible, sans aucun doute.

Tout le plus tost que je pourray,
Sanz nulle doubte.
CLOVIS.
Or vas et me rapporte toute
Sa voulenté de ce fait-ci,
Et s'il li plaira bien aussi
Ma compaigne estre.
AURELIAN.
Mon redoubté seigneur et maistre,
Ne doubtez, en mon cuer sera
Escript quanqu'elle me dira,
Si que riens n'en oblieray,
Et si le vous recorderay
Au revenir.
CLOVIS.
Or tost! sanz toy plus ci tenir,
Vaz besongnier.
PREMIER POVRE.
Attens-me, attens, Renier, Renier!
Arreste, que je parle à toy.
Où vas-tu si tost, par ta foy?
Ne me mens pas.
ij^e. POVRE.
Quanque puis j'avance mon pas
Et me paine com diligens
D'estre avecques les autres gens
A la donnée.
PREMIER POVRE.
Pour qui sera-elle donnée
Ne quelle part?
ij^e. POVRE.
Ne scez-tu pas bien, di, coquart,
Que Clotilde, la niece au roy,
Aus povres qui sont devant soy,
Qu'elle voit qui en ont mestier,
Si tost comme elle ist du moustier,
Donne s'ausmosne de ses mains,
Aux uns plus et aus autres mains,
Selon ce que s'affection
Y est et sa devocion?
Si vois savoir, c'est ma parclose,
Se d'elle aray aucune chose
Par charité.
PREMIER POVRE.
Renier, saches, pour verité,
Que nulle part huy ne verti
Ne de son hostel ne parti,
Je l'ay scéu certainement;
Si que alons-m'en tout bellement
Devant le moustier pour l'attendre,

CLOVIS.
Allons, va et rapporte-moi toute sa volonté au sujet de ceci, et de même s'il lui plaira bien d'être ma compagne.

AURÉLIEN.
Mon redouté seigneur et maître, n'ayez pas d'inquiétude, tout ce qu'elle me dira sera écrit en mon cœur, en sorte que je n'en oublierai rien, et je vous le rapporterai au retour.

CLOVIS.
Allons vite! sans te tenir ici davantage, va à ta besogne.

LE PREMIER PAUVRE.
Attends-moi, attends, Renier, Renier! arrête, que je te parle. Par ta foi! où vas-tu si tôt? ne me mens pas.

LE DEUXIÈME PAUVRE.
Je presse le pas tant que je peux et fais diligence pour être avec les autres à la distribution.

LE PREMIER PAUVRE.
Par qui sera-t-elle faite, et où?

LE DEUXIÈME PAUVRE.
Ne sais-tu pas bien, dis, nigaud, que Clotilde, la nièce du roi, aussitôt qu'elle sort de l'église, donne de ses mains son aumône aux pauvres qui sont devant elle et qu'elle voit en avoir besoin, plus aux uns et moins aux autres, suivant que son goût et sa dévotion l'y portent? Je vais savoir, c'est mon dernier mot, si j'aurai quelque chose d'elle par charité.

LE PREMIER PAUVRE.
Renier, sache, en vérité, qu'elle n'est allée nulle part aujourd'hui ni sortie de son logis, j'en suis bien informé; allons-nous-en donc tout doucement devant l'église pour l'attendre, et tendons nos mains aux autres personnes pour demander.

Et aux autres gens noz mains tendre
Pour demander.
ij^e POVRE.
C'est bien dit, n'y voy qu'amender.
Alons, amis!
CLOTILDE.
De là où mon livre avez mis,
Ysabel, tantost le prenez,
Et au moustier vous en venez
Avecques moy.
LA DAMOISELLE.
Voulentiers, ma dame, par foy!
Prendre le vois, je vous di bien.
S'il vous plaist, mouvez; je le tien:
Vez-le ci, dame.
CLOTILDE.
Alons-m'en. Que Diex soit à m'ame
Debonnaire et misericors !
Avant que je passe plus hors
De ci endroit, me seigneray
Et à Dieu me commanderay
Qui m'aïst si com j'ay mestier.
—Damoiselle, puisqu'au moustier
Sui, sà mon livre !
LA DAMOISELLE.
Tenez, dame, je le vous livre ;
La bource aray.
CLOTILDE.
Gardez-la tant que m'en voulray
Raler de cy.
LA DAMOISELLE.
Si feray-je, dame, et aussi
Derriere vous si m'asserray
Et mes patenostres diray
A basse vois.
iij^e. POVRE.
Je ne scé se trop tart je vois
Au moustier, que la belle née
Clotilde n'ait fait sa donnée ;
Avancier me convient mes pas.
E! je croy qu'encore n'est pas
Departie, puisque là voy
En estant Renier et Gieffroy.
J'ay esperance qu'il l'attendent,
Puisque je voy que les mains tendent ;
Ne font pas de prendre dangier.
— Seigneurs, lez vous me vien rengier.
Dites-me voir, s'il vous agrée :
A Clotilde fait sa donnée,
Se Dieu vous gart?

LE DEUXIÈME PAUVRE.
C'est bien dit, je ne vois rien de mieux à faire. Allons, amis !

CLOTILDE.
Isabelle, prenez tout de suite mon livre où vous l'avez mis, et venez-vous-en à l'église avec moi.

LA DEMOISELLE.
Volontiers, ma dame, par (ma) foi ! Je vais le prendre, je vous le dis bien. S'il vous plaît, mettez-vous en route ; je le tiens : le voici, dame.

CLOTILDE.
Allons-nous-en. Que Dieu soit débonnaire et miséricordieux pour mon ame! Avant que je m'éloigne davantage d'ici, je me signerai et me recommanderai à Dieu pour qu'il m'aide comme j'en ai besoin. — Demoiselle, puisque je suis à l'église, donnez-moi mon livre.

LA DEMOISELLE.
Tenez, dame, je vous le livre ; j'aurai la bourse.

CLOTILDE.
Gardez-la jusqu'à ce que je veuille m'en aller d'ici.

LA DEMOISELLE.
Dame, je le ferai ainsi ; je m'assiérai aussi derrière vous et je dirai mes patenôtres à voix basse.

LE TROISIÈME PAUVRE.
Je ne sais si je vais trop tard à l'église : peut-être Clotilde, cette belle créature, a-t-elle fait sa distribution ; il me faut hâter le pas. Eh ! je crois qu'elle n'est pas encore partie, puisque je vois Renier et Geoffroy debout là-bas. Je pense qu'ils l'attendent, vu qu'ils tendent les mains ; ils ne font pas de difficulté de prendre. — Seigneurs, je viens me ranger près de vous. Dites-moi la vérité, s'il vous plaît : Dieu vous garde ! Clotilde a-t-elle fait sa distribution ?

PREMIER POVRE.
Nanil, nous l'attendons, Lienart;
Bien veigniez-vous.
iij^e. POVRE.
Et Dieu vous soit piteux et doulx,
Qui vous doint bien!
ij^e POVRE.
En renc con nous te mez; çà vien,
Lienart amis.
iij^e POVRE.
Voulentiers. Çà! vez me ici mis.
Avez-vous maille ne denier?
Encore en dites, Renier,
Se Dieu vous voie.
ij^e. POVRE.
Par foy! huy fourme de monnoie
Ne teing, Lienart.
PREMIER POVRE.
Non fis-je, moy, se Dieu me gart,
C'om m'ait donné.
iij^e. POVRE.
E! depuis que nous fusmes né,
Diex nous a si bien pourvéu
Que noz vies avons éu,
Comment que soit, jusques à ore;
Et si nous pourverra encore :
Laissons en paix.
AURELIAN.
Huchon, mettre me vueil huymais
Et vestir d'un habit tel comme
Il me fault pour sembler povre homme.
Sanz de ceste place partir,
Sà! aide-moy à devestir,
Afin que j'aye plus tost fait;
Aviser me fault que mon fait
Caultement face et sagement.
(Ici vest un povre habit.)
Or me dy voir, se Diex t'ament :
Semblé-je ore homme, sanz ruser,
A qui aumosne refuser
Point on ne doie?
L'ESCUIER.
Sire, oïl, se Mahon me voie,
Vous semblez bien un povre corps.
Comment! voulez-vous aler hors
Donques ainsi?
AURELIAN.
Oïl; tu m'atenderas ci
Jusqu'à tant que je revenray.
Dessoubz m'essaille emporteray

LE PREMIER PAUVRE.
Nenni, nous l'attendons, Liénard; soyez
le bienvenu.
LE TROISIÈME PAUVRE.
Que Dieu vous soit miséricordieux et
doux, et qu'il vous donne du bien!
LE DEUXIÈME PAUVRE.
Mets-toi en rang comme nous; viens ici,
ami Liénard.
LE TROISIÈME PAUVRE.
Volontiers. Allons! me voici en place.
Avez-vous maille ou denier? Dieu vous protége! dites-le-moi, Renier.
LE DEUXIÈME PAUVRE.
Par (ma) foi! Liénard, je n'ai tenu d'aujourd'hui aucune figure de monnaie.
LE PREMIER PAUVRE.
Ni moi non plus, Dieu me garde! on ne
m'a rien donné.
LE TROISIÈME PAUVRE.
Eh! depuis que nous sommes nés, Dieu
nous a si bien pourvus que nous avons
vécu, tant bien que mal, jusqu'à présent; et
il nous pourvoira encore : restons en paix.

AURÉLIEN.
Huchon, je veux aujourd'hui m'affubler
d'un habit tel qu'il me le faut pour ressembler à un pauvre homme. Sans quitter la
place, allons! aide-moi à me déshabiller,
afin que j'aie plus tôt fait; il me faut aviser
à exécuter mon dessein avec précaution et
sagesse. (Ici il revêt un habit de pauvre.) A
cette heure dis-moi la vérité et que Dieu te
protége! sans détour, semblé-je maintenant
un homme auquel on ne doive point refuser
l'aumône?

L'ÉCUYER.
Oui, sire, Mahomet me protége! vous
ressemblez bien à un pauvre diable. Comment! voulez-vous donc sortir en cet équipage?

AURÉLIEN.
Oui; tu m'attendras ici jusqu'à ce que je
revienne. J'emporterai ce sachet sous mon
aisselle, j'en aurai besoin; mais fais bien

Ce sachet, j'en aray à faire;
Mais garde bien qu'à mon repaire
Ici te treuve.

L'ESCUIER.

Ne doubtés que de ci me meuve
Si revenrez.

CLOTILDE.

Ysabel, vous que me direz?
Avis m'est temps est de r'aler;
Assez avons, à brief parler,
Yci esté.

LA DAMOISELLE.

Dame, vous dites verité.
Avant qu'aiez vostre donnée
Faicte, midi sera sonnée,
Jà n'en doubtez.

CLOTILDE.

Tenez, mon livre en sauf mettez;
Je vueil attaindre de l'argent,
Que donrray celle povre gent
Quant passeray.

AURELIAN.

De tost aler ne fineray
Tant que je soie là venuz
Entre ces gens povres et nuz.
Je voy Clotilde, qu'il attendent,
Venir à eulx; et ilz li tendent
Les mains touz pour l'aumosne avoir.
Je vois faire aussi pour savoir
S'achoison aray ne querelle
Que je puisse parler à elle
Secretement.

CLOTILDE.

Tenez, priez Dieu bonnement
Qu'en gré, seigneurs, ce que fas prengne,
Et en s'amour touz jours me tiengne
Et en sa foy.

PREMIER POVRE.

Amen! Dame, de cuer l'en proy
Très humblement.

ij^e. POVRE.

Dame, par ce commencement
Vous soit Dieux amis si à fin
Qu'en sa gloire, qui est sanz fin,
Mette vostre ame!

iij^e POVRE.

Pour ceste aumosne, chiere dame,
Que me faites, vous octroit Diex
Qu'en la fin la gloire des cieulx
Puissiez avoir!

attention que je te trouve ici à mon retour.

L'ÉCUYER.

N'ayez pas peur que je bouge d'ici jusqu'à ce que vous reveniez.

CLOTILDE.

Ysabelle, que me direz-vous? Je crois qu'il est temps que je m'en aille; en un mot, nous avons été ici assez long-temps.

LA DEMOISELLE.

Dame, vous dites la vérité. Avant que vous ayez fait votre distribution, midi sera sonné, n'en doutez pas.

CLOTILDE.

Tenez, serrez mon livre; je veux prendre de l'argent pour le donner à ces pauvres gens quand je passerai.

AURÉLIEN.

Je ne m'arrêterai pas que je ne sois là-bas parmi ces pauvres gens qui sont nus. Je vois Clotilde, qu'ils attendent, venir à eux; et ils tendent tous les mains vers elle pour avoir l'aumône. Je vais faire de même pour voir si j'aurai une occasion quelconque de lui parler en secret.

CLOTILDE.

Tenez, seigneurs, priez Dieu de tout votre cœur qu'il voie d'un bon œil ce que je fais, et qu'il me tienne toujours en son amour et en sa foi.

LE PREMIER PAUVRE.

Amen! Dame, je l'en prie de cœur très-humblement.

LE DEUXIÈME PAUVRE.

Dame, pour ce commencement que Dieu soit tellement votre ami qu'il mette votre ame dans sa gloire, qui est sans fin!

LE TROISIÈME PAUVRE.

Chère dame, pour cette aumône que vous me faites, que Dieu vous accorde à la fin la gloire des cieux!

CLOTILDE.
Tu qu'apris n'ay pas à veoir,
Plus qu'aux autres te feray bien :
Tu aras ce denier d'or ; tien,
Fay-toy bien aise.

AURELIAN.
Il convient que ceste main baise,
Et trairay ce mantel arriere ;
Ne vous desplaise, dame chiere,
De ce qu'ay fait.

CLOTILDE.
J'ay mon vueil acompli de fait :
Alons-m'en sanz arrestoison.
Ore puisque suis en maison,
Ysabel, savez que ferez ?
A ce povre-là dire irez
Qu'à moy parler viengne un petit :
J'ay de savoir grant appetit
Dont est né ne de quelle terre.
Delivrez-vous, alez le querre,
Je vous en pri.

LA DAMOISELLE.
Ma dame, je vois sanz detri.
— Amis, ci plus ne vous tenez ;
A ma dame parler venez :
Clotilde par moy le vous mande.
Bien devez, puisque vous demande,
Venir à elle.

AURELLIAN.
Et g'iray voulentiers, ma bele ;
Devant alez.

LA DAMOISELLE.
Je vois. — Chiere dame, or parlez
A cest homme que vous amaine ;
Venuz est en vostre demaine
Par vostre mant.

CLOTILDE.
Sà, sire ! traiez-vous avant.
— Ysabel, alez un po hors :
De conseil vueil à ce bon corps
Un po parler.

LA DAMOISELLE.
Donques m'en vueil de ci aler,
Sanz plus estre y.

AURELIAN.
Ce sac derrier cest huis ici
Vueil jus laissier.

CLOTILDE.
Dites-me voir, mon ami chier :
Quelle cause vous a fait mettre

CLOTILDE.
Toi que je n'ai pas appris à voir, je te ferai plus de bien qu'aux autres : tu auras ce denier d'or ; tiens, réjouis-toi.

AURÉLIEN.
Il faut que je baise cette main, et je tirerai ce manteau en arrière ; dame, puisse ce que j'ai fait ne pas vous déplaire !

CLOTILDE.
J'ai réellement accompli ma volonté : allons-nous-en sans retard. Maintenant que je suis au logis, Isabelle, savez-vous ce que vous ferez ? Vous irez dire à ce pauvre-là qu'il vienne me parler un peu : j'ai grand désir de savoir d'où il est natif. Dépêchez-vous, allez le chercher, je vous en prie.

LA DEMOISELLE.
Ma dame, j'y vais tout de suite. — Ami, ne vous tenez plus ici ; venez parler à ma maîtresse : Clotilde vous l'ordonne par ma bouche. Puisqu'elle vous demande, vous devez bien venir à elle.

AURÉLIEN.
Je vais y aller volontiers, ma belle ; marchez devant.

LA DEMOISELLE.
Je vais. — Chère dame, parlez maintenant à cet homme que je vous amène ; il s'est rendu par votre ordre auprès de vous.

CLOTILDE.
Allons, sire ! avancez. — Isabelle, allez un instant dehors : je veux parler un peu en particulier à ce brave homme.

LA DEMOISELLE.
Je vais donc m'en aller d'ici, sans y être davantage.

AURÉLIEN.
Je vais déposer ce sac derrière cette porte-ci.

CLOTILDE.
Dites-moi la vérité, mon cher ami : quelle cause vous a fait mettre un costume tel que

En estat que semblez povre estre?
Ne pour quoy, voir m'en soit retrait,
Mon mantel arriere avez trait?
　　Dites-le-moy.

　　　　AURELIAN.

Se vous voulez savoir pour quoy,
Chiere dame, en un lieu secré
Nous mettez, où par vostre gré
　　Parlons ensemble.

　　　　CLOTILDE.

Vous povez bien ci, ce me semble,
Séurement à moy parler:
N'y verrez venir ny aler
　　Homs qui soit vis.

　　　　AURELIAN.

Dame, mon chier seigneur Clovis,
Qui est homme de grant puissance
Et tele qu'il est roy de France,
M'envoie faire vous savoir
Qu'il lui plaist vous à femme avoir;
Et pour ce qu'avec li vous voie,
Vez ci, dame, qu'il vous envoie,
Par amour, sanz plus preeschier,
Son annel d'or qu'avoit moult chier
Et vestemens dont aournée
Serez, quant serez s'espousée,
Que je vous bailleray aussi.

　　(Ici va querre son sac.)

E gar! qui m'a osté de ci
Un sachet qu'i avoie mis?
Ceens n'ay pas trop bons amis,
　　Se l'ay perdu.

　　　　CLOTILDE.

Esbahi et tout esperdu
Vous voy, ce me semble, ami doulx.
Qu'avez perdu? dites-le-nous
　　Appertement.

　　　　AURELIAN.

Ici, ma dame, vraiement
Avoie laissié un sachet;
Et sachiez, pour voir, dedans est
Ce que presenter vous cuidoie
Et que monseigneur vous envoie
　　Par grant amour.

　　　　CLOTILDE.

Venez çà, venez sanz demour,
Ysabel; avez-vous osté
De ci le sac, en verité,
　　De ce bon homme?

vous semblez être un pauvre? et pourquoi, dites-moi vrai, avez-vous tiré mon manteau en arrière? Dites-le-moi.

　　　　AURÉLIEN.

Chère dame, si vous voulez savoir pourquoi, conduisez-nous en un lieu secret où, sous votre bon plaisir, nous parlions ensemble.

　　　　CLOTILDE.

Il me semble que vous pouvez bien ici me parler à votre aise: vous n'y verrez venir ni aller ame qui vive.

　　　　AURÉLIEN.

Dame, mon cher seigneur Clovis, qui est un homme très-puissant et de plus roi de France, m'envoie vous faire savoir qu'il lui plaît de vous avoir pour femme; et afin de vous voir avec lui, voici, dame, qu'il vous envoie, comme don d'amour, sans en dire davantage, son anneau d'or auquel il tenait beaucoup, et des vêtemens dont vous serez parée quand vous serez son épouse; je vous les donnerai aussi. (Ici il va chercher son sac.) Eh regarde! qui a ôté d'ici un sachet que j'y avais déposé? Je n'ai pas céans de très-bons amis, si je l'ai perdu.

　　　　CLOTILDE.

Mon doux ami, je vous vois ébahi et tout éperdu, ce me semble. Qu'avez-vous perdu? dites-le-nous tout de suite.

　　　　AURÉLIEN.

Ma dame, en vérité, j'avais laissé ici un petit sac; et sachez bien qu'il renferme ce que je comptais vous présenter et que monseigneur vous envoie par grand amour.

　　　　CLOTILDE.

Venez ici, venez sans retard, Isabelle; en vérité, avez-vous ôté d'ici le sac de ce brave homme?

LA DAMOISELLE.
Dame, oïl; ore sachiez comme
De vostre chambre me parti;
Car je doubtay, quant je le vi,
C'on n'en féist torchon à piez,
Pour ce qu'il est et sale et viez.
　L'iray-je querre?
　　　AURELIAN.
Oïl, m'amie. Hélas! quant je erre,
Je boute ens, ce sachiez, pour voir,
Ce que puis pour ma vie avoir.
　Que je le r'aie.
　　　LA DAMOISELLE.
Si aras-tu, ne t'en esmaie,
Amis; querre le vois en l'eure.
— Tenez, je n'ay pas fait demeure
　— De l'apporter.
　　　AURELIAN.
De courroux me vueil deporter,
Puisque j'ay mon sac. — Grans merciz!
Dame, en paix est mon cuer rassis,
　— Par vous, m'amie.
　　　CLOTILDE.
Ysabel, icy ne vueil mie
Que plus soiez : pensez d'aler.
Encore à cest homme parler
　Un petit vueil.
　　　LA DAMOISELLE.
Dame, je feray vostre vueil;
　De cy me part.
　　　AURELIAN.
Tenez et mettez d'une part,
Chiere dame, ces vestemens;
Ce seront vos aournemens
Le jour que serez mariée:
Au roi plaist ainsi et agrée
　Que le faciez.
　　　CLOTILDE.
En ce sac, amis, tout laissiez;
Je sçay bien comment j'en feray.
Mais, biau sire, je vous diray :
Au roy Clovis vous en irez
Et si le me saluerez
Et après li dites ce point :
« Clotilde dist qu'il ne loist point
Crestienne estre à paien femme,
Pour quoy c'est une chose infame. »
Nient moins gardez que ceste chose
A nul homme ne soit desclose,
Car ce qu'à monseigneur plaira

LA DEMOISELLE.
Oui, madame; et sachez que je l'emportai quand je sortis de votre chambre; car je craignis, en le voyant, qu'on n'en fît un torchon à pieds, vu qu'il est sale et vieux. Irai-je le chercher?

AURÉLIEN.
Oui, m'amie. Hélas! quand je suis en route, sachez, en vérité, que j'y mets ce que je puis avoir pour vivre. Faites-le-moi ravoir.

LA DEMOISELLE.
N'aie pas peur, tu l'auras, mon ami; je vais sur l'heure le chercher. — Tenez, je n'ai pas tardé à l'apporter.

AURÉLIEN.
Je veux oublier ma colère, puisque j'ai mon sac. — Grand merci! Dame, mon cœur est redevenu calme, — et c'est par vous, m'amie.

CLOTILDE.
Isabelle, je ne veux pas que vous soyez davantage ici : pensez à vous en aller. Je veux encore parler un peu à cet homme.

LA DEMOISELLE.
Dame, je ferai votre volonté; je m'en vais d'ici.

AURÉLIEN.
Chère dame, tenez et mettez à part ces vêtemens; ils serviront à vous orner le jour de votre mariage : il plaît et il est agréable au roi que vous le fassiez ainsi.

CLOTILDE.
Ami, laissez tout en ce sac; je sais bien ce qu'il faut en faire. Mais, beau sire, je vous dirai ceci : Vous vous en irez au roi Clovis, vous le saluerez de ma part et vous lui répéterez ces paroles : « Clotilde dit qu'il n'est point permis à une chrétienne d'être la femme d'un païen, car c'est une chose infâme. » Néanmoins ayez soin que cette chose ne soit divulguée à personne, car, en un mot, ce qui plaira à monseigneur mon oncle sera fait.

Mon oncle faire fait sera,
A brief parler.
AURELIAN.
De vous à tant pour m'en r'aler,
Chiere dame, congié prendray.
Monseigneur vous salueray,
Et si li conteray de fait
Tout ce qu'avons ci dit et fait.
J'en vois huymais.
CLOTILDE.
Vostre chemin aler en pais
Puissiez, amis !
AURELIAN.
Grant piece et longue à faire ay mis
La besongne à quoy je tentoye ;
Or est faite, dont j'ay grant joye.
— Huchon, de ci nous fault partir.
Cest habit-ci vueil desvetir
Et moy remettre en mon estat ;
De ma robe autre sanz restat
Vestir me fault.
L'ESCUIER.
Vez-la ci, sire, sanz deffault ;
Tenez, vestez.
AURELIAN.
Or çà ! puisque suis aprestez,
Pren cest habit de pelerin,
Et si nous mettons à chemin
D'aler en France.
L'ESCUIER.
Pour moy ne faites detriance,
Mouvez : tout cecy prenderay
Et soubz mon braz l'emporteray
Avecques nous.
AURELIAN.
Mon chier seigneur, de noz diex touz
Aiez si l'amour et la grace
Que tout le monde honneur vous face
Qu'à roy vous tiengne.
CLOVIS.
Aurelian amis, aviengne
Ce qui en pourra avenir,
Je ne puis pas roy devenir
De tout le monde n'estre sire :
Laissons ester ; vueilliez me dire,
Puisque vous venez de Bourgongne,
Qu'avez-vous fait de ma besongne ?
Dites-le-moy.
AURELIAN.
Voulentiers, chier sire, par foy !

AURÉLIEN.
Maintenant, chère dame, je vais prendre congé de vous pour m'en retourner. Je saluerai monseigneur de votre part, et je lui conterai de point en point tout ce que nous avons dit et fait. A présent je m'en vais.
CLOTILDE.
Ami, puissiez-vous aller votre chemin en paix !
AURÉLIEN.
J'ai mis beaucoup de temps à terminer l'affaire que j'avais entreprise ; maintenant qu'elle est faite, j'en ai beaucoup de joie.— Huchon, il nous faut partir d'ici. Je veux quitter cet habit-ci et me remettre en mon costume ordinaire ; il me faut vêtir mon autre robe sans plus de retard.
L'ÉCUYER.
Sire, la voici sans faute ; tenez, habillez-vous.
AURÉLIEN.
Allons ! puisque je suis apprêté, prends cet habit de pélerin, et mettons-nous en chemin pour retourner en France.
L'ÉCUYER.
Ne vous attardez pas pour moi, partez : je prendrai tout ceci et je l'emporterai sous mon bras avec nous.
AURÉLIEN.
Mon cher seigneur, puissiez-vous avoir tellement la grâce et l'amour de tous nos dieux que le monde entier vous fasse honneur en vous reconnaissant pour son roi !
CLOVIS.
Mon ami Aurélien, advienne que pourra, je ne puis pas devenir roi de tout le monde ni en être le seigneur : laissons cela ; veuillez me dire, puisque vous venez de Bourgogne, comment vous avez fait mes affaires. Dites-le-moi.
AURÉLIEN.
Volontiers, cher sire, par (ma) foi ! Je

A Clotilde m'en sui alé
Comme un povre, et si ay parlé
A elle assez de vostre fait,
Et si li ay le present fait
De l'annel et des draps de pris.
Et vous di, sire, elle a tout pris ;
Mais elle m'a dit une chose
Qui convient que je vous expose,
Mais secré soit. Vez ci le point :
Elle m'a dit qu'il ne loist point
(Combien que c'est chose possible,
Toutevoie n'est pas loysible)
Que crestienne se varie
Tant qu'à un paien se marie ;
Nient moins m'a dit ce que voulra
Son oncle faire elle fera,
Qui est homme de grant value.
Oultre, sire, elle vous salue
Moult de foiz, la bonne et la belle ;
Et certainement je croy qu'elle
 Vous a bien chier.

CLOVIS.

Aurelian, sanz plus preschier,
Huymais de ceci me tairay.
Seons-ci : je m'aviseray
 Qu'en pourray faire.

CLOTILDE.

Doulx Jhesu-Crist, roy debonnaire,
Sire qui conguoys les pensées,
Les presentes et les passées,
Quoy qu'à marier me consente
A Clovis, si est-ce en l'entente
Que je le puisse à ce mener
Qu'il se face crestienner.
Ha ! Sire qui es touz parfaiz,
Je te pri, mon desir parfaiz.
S'il est ainsi qu'il esconviengne
Que le mariage s'aviengne,
Sire, par qui les choses bonnes
Se font, ceste grace me donnes
Que le puisse faire venir
A baptesme et ta loy tenir :
Ne te vueil ore plus prier.
Ces vestemens, sanz detrier,
Vueil mucier ; mais cest annel d'or
Mettray de mon oncle ou tresor,
Ains que face mais autre chose.
Temps est maishuy que me repose :
 J'ay fait mon fait.

m'en suis allé vers Clotilde comme un pauvre ; je lui ai assez parlé de votre affaire et lui ai fait présent de l'anneau et des vêtemens de prix. Je vous le dis, sire, elle a tout accepté ; mais elle m'a dit une chose dont il faut que je vous fasse part, pourvu que ce soit en secret. Voici le point : elle m'a dit qu'il n'est pas permis (bien que ce soit chose possible, toutefois ce n'est pas licite) qu'une chrétienne se fourvoie jusqu'à épouser un païen ; néanmoins elle m'a dit qu'elle fera ce que voudra son oncle, qui est un homme d'une grande valeur. En outre, sire, la bonne et la belle vous salue mille fois ; et certainement je crois qu'elle vous chérit fort.

CLOVIS.

Aurélien, sans en dire davantage, je me tairai aujourd'hui sur ce sujet. Asseyons-nous ici : j'aviserai ce que je pourrai faire à cet égard.

CLOTILDE.

Doux Jésus-Christ, roi débonnaire, Sire, toi qui connais les pensées présentes et passées, si je consens à me marier avec Clovis, c'est dans le but de l'amener à se faire chrétien. Ah ! Sire qui es toute perfection, je t'en prie, accomplis mon désir. S'il faut que ce mariage ait lieu, Sire, par qui les bonnes choses se font, donne-moi la grâce de l'amener à se faire baptiser et à garder ta loi. Maintenant je ne veux plus te prier. Je vais, sans tarder, cacher ces vêtemens ; mais je mettrai cet anneau d'or dans le trésor de mon oncle, avant de faire autre chose. A présent il est temps que je me repose : j'ai fait ce que j'avais à faire.

CLOVIS.

Aurelian, trop mal me fait
Ce que sui tant en cest estat.
Encore, sanz plus de restat,
Te convient en Bourgongne aler
A Gondebaut le roy parler
Et sa niepce pour moy requerre;
Si te pri qu'aprestes ton erre,
   Sanz plus ci estre.

AURELIAN.

Par les diex qui me firent naistre,
Sire, voulentiers le feray,
Et dès maintenant mouveray,
   Puisqu'il vous haitte.

CLOVIS.

Vas et pense comment soit faicte
La chose sanz point de delay;
Que je tien, s'espousée l'ay,
   J'en seray miex.

AURELIAN.

Je vous commant à touz noz diex;
Ne vous quier cy plus tenir resne.
— Huchon, nous fault r'aler ou regne,
   Voir, de Bourgongne.

L'ESCUIER.

Puisqu'à faire y avez besongne,
Qu'aler vous y fault, sire doulx,
Soit pour un autre ou soit pour vous,
   De cuer iray.

AURELIAN.

Alons-m'en; je ne fineray
   Si seray là.

CLOVIS.

Seigneurs, Aurelian s'en va
En Bourgongne pour ma besongne :
Alez après li sanz eslongne
Et faites que vous l'attaigniez.
Je vueil que vous l'acompaigniez,
Car de li me suis appensez
Qu'il maine trop po gens d'assez;
   Alez après.

ij^e CHEVALIER.

Appareilliez sommes et près
De faire ce que commandez,
Chier sire; et se plus demandez,
   Fait vous sera.

iij^e CHEVALIER.

Sire, en la ville où il jerra
Ennuit jerrons, s'il plaist à Dieu;

CLOVIS.

Aurélien, cela me fait trop de mal d'être si long-temps dans cet état. Il te faut aller encore, sans plus de retard, en Bourgogne, parler au roi Gondebaut et demander sa nièce pour moi; je te prie donc de préparer ton voyage sans être davantage ici.

AURÉLIEN.

Sire, par les dieux qui me firent naître, je le ferai volontiers, et dès à présent je me mettrai en route, puisque tel est votre bon plaisir.

CLOVIS.

Va et pense à faire la chose sans délai; car je tiens que, en l'épousant, je n'en serai que mieux.

AURÉLIEN.

Je vous recommande à tous nos dieux; je ne veux pas retenir plus long-temps les rênes (de mon cheval). — Huchon, vraiment, il nous faut aller de nouveau dans le royaume de Bourgogne.

L'ÉCUYER.

Puisque vous y avez à faire et qu'il vous faut y aller, mon doux seigneur, soit pour un autre, soit pour vous, j'y vais de bon cœur.

AURÉLIEN.

Allons-nous-en; je ne m'arrêterai pas que je n'y sois.

CLOVIS.

Seigneurs, Aurélien s'en va en Bourgogne pour mes affaires : allez après lui sans retard et faites en sorte de l'atteindre. Je veux que vous l'accompagniez, car j'ai réfléchi qu'il mène trop peu de gens avec lui; suivez-le.

LE DEUXIÈME CHEVALIER.

Cher sire, nous sommes en mesure et prêts à faire ce que vous commandez; et si vous demandez plus, vous serez obéi.

LE TROISIÈME CHEVALIER.

Sire, s'il plaît à Dieu, nous coucherons aujourd'hui dans la même ville que lui; et

Et vous promet en quelque lieu
Qu'il voulra aler, nous irons,
Et compagnie li ferons
 De vouloir fin.
   ij^e CHEVALIER.
Alons-m'en. Vez ci le chemin
Qu'i nous fault tenir sans cesser,
Ne nous est mestier du laisser;
 Marchons, or sus!
   iij^e. CHEVALIER.
Avis m'est que le voy lassus
Devant nous, où ne se faint pas
D'aler : avançons nostre pas
 Pour estre à li.
   ij^e. CHEVALIER.
C'est bien dit, et je suis celui
Qui voulentiers m'avanceray.
   (Ici vont un po.)
Ho, sire! arrester le feray;
Puisque de li sommes si près,
Ne soiez d'aler si engrès.
— Aurelian, arrestez-vous,
Biau sire, et si parlez à nous
 Mais qu'il vous plaise.
   AURELIAN.
E, mes amis! je suis bien aise,
Voire, et bien liez quant je vous voy.
Où alez-vous? dites-le-moy,
 Je vous en pri.
   iij^e CHEVALIER.
Je le vous diray sanz detri;
Alons-m'en touz jours nostre voie.
Le roy avec vous nous envoie
Et veult que nous aillons ensemble;
Et la cause est, car il li semble,
Quoy qu'il vous ait son fait commis,
Qu'à trop po gent vous estes mis
 En ce voiage.
   ij^e CHEVALIER.
Il a fait com vaillant et sage;
 Laissons en pais.
   AURELIAN.
Voire, nous approuchons huymais
De là où nous devons aler,
Seigneurs, et si me fault parler
A tel homme qu'est Gondebaut,
Le roy, qui est et sage et caut,
 Je vous dy bien.
   iij^e. CHEVALIER.
Aurelian sire, je tien

je vous promets que, en quelque lieu qu'il veuille aller, nous irons (avec lui) et l'accompagnerons de bon cœur.

  LE DEUXIÈME CHEVALIER.

Allons-nous-en. Voici le chemin qu'il nous faut constamment tenir, et nous n'avons pas besoin de le laisser; allons! marchons.

  LE TROISIÈME CHEVALIER.

Je crois que je le vois là-haut devant nous; il n'est point paresseux à marcher : hâtons le pas pour l'atteindre.

  LE DEUXIÈME CHEVALIER.

C'est bien parlé, et j'avancerai volontiers. (*Ici ils marchent un peu.*) Ho, sire! je le ferai s'arrêter; puisque nous sommes si près de lui, ne vous hâtez pas tant. — Aurélien, arrêtez-vous, beau sire, et veuillez nous parler.

  AURÉLIEN.

Eh, mes amis! je suis bien aise, en vérité, et bien joyeux de vous voir. Où allez-vous? dites-le-moi, je vous en prie.

  LE TROISIÈME CHEVALIER.

Je vous le dirai sans difficulté; allons toujours notre chemin. Le roi nous envoie avec vous et veut que nous aillons ensemble; la raison est qu'il lui semble, quoiqu'il vous ait chargé de son affaire, que vous vous êtes mis en route avec trop peu de monde.

  LE DEUXIÈME CHEVALIER.

Il a agi comme (un roi) vaillant et sage; n'en parlons plus.

  AURÉLIEN.

Seigneurs, en vérité, nous approchons maintenant de là où nous devons aller, et il faut que je parle au roy Gondebaut, qui est sage et rusé, je vous le dis bien.

  LE TROISIÈME CHEVALIER.

Sire Aurélien, je tiens que vous saurez

Que vous le sarez moult bien faire
Et sanz riens en parlant meffaire
    Vostre raison.
        ij*e*. CHEVALIER.
Paix maishui ! vez là sa maison :
Alons nous y de fait bouter
Sanz nous de li de riens doubter
    D'avoir desroy.
        AURELIAN.
Soit ! je voys devant. — Sire roy,
Mahon qu'avez com Dieu servi,
Vous ottroit qu'aiez deservi
    S'amour avoir !
        GONDEBAUT ROY.
Bien veignes-tu. Fais-me savoir
Qui es-tu né de quelle terre,
Ne que viens-tu ci endroit querre ;
    Ne me mens pas.
        AURELIAN.
Ce vous diray-je isnel-le-pas.
Sire, Clovis, le roi de France,
Qui est un roy de grant puissance,
Vous demande sanz point d'oultrage
Clotilde avoir par mariage,
    Qu'est vostre niepce.
        GONDEBAUT.
Seigneurs, se jà ne vous meschiece,
Considerez l'entencion
Et regardez l'occasion
Que Clovis encontre moy quiert,
Qui ma niece à femme requiert,
C'onques ne cognut en sa vie.
De nous courir sus a envie,
Ce puis-je pour voir affier ;
— Et tu es venuz espier
Quel païs j'ay, je te dy voir,
Soubz l'ombre que demande avoir
Clovis femme que onques ne vit.
Ne scé de quele vie il vit ;
Mais va-t'en, et si li denonces
Qe quanque me diz et ennonces
Je repute et tiens à frivoles,
Et ne sont toutes que paroles
    De tricherie.
        AURELIAN.
Sire, ne vous celeray mie,
Mon chier seigneur, Clovis le roy
Si vous mande ainsi de par moy,
S'ainsi est que vous li vueilliez
Donner un lieu appareilliez

très-bien vous en tirer et sans faire tort en rien à votre affaire dans vos paroles.

        LE DEUXIÈME CHEVALIER.

Allons, paix ! voici sa maison : entrons-y sans aucune crainte d'être mal reçus de lui.

        AURÉLIEN.

Soit ! je vais devant. — Sire roi, que Mahomet, que vous avez servi comme dieu, vous accorde d'avoir mérité son amour !

        LE ROI GONDEBAUT.

Sois le bienvenu. Fais-moi savoir qui tu es, de quel pays, et ce que tu viens chercher ici ; ne me mens pas.

        AURÉLIEN.

Je vous le dirai tout de suite. Sire, Clovis, le roi de France, qui est un roi très-puissant, vous demande en mariage de bonne foi Clotilde, votre nièce.

        GONDEBAUT.

Seigneurs, Dieu vous garde de mal ! considérez l'intention de Clovis et voyez l'occasion qu'il cherche contre nous en demandant en mariage ma nièce, qu'il ne connut jamais de sa vie. Il a envie de nous courir sus, je puis bien l'assurer ; — et tu es venu espionner quel pays j'ai, je te dis la vérité, sous prétexte que Clovis demande une femme qu'il ne vit jamais. Je ne sais quelle vie il mène ; mais va-t'en et fais-lui part de ceci : que tout ce que tu me dis et exposes, je le considère comme des frivolités, et que ce n'est que paroles de fourberie.

        AURÉLIEN.

Sire, je ne vous le célerai pas, mon cher seigneur, le roi Clovis vous demande par ma bouche de vouloir bien lui fixer un endroit pour y épouser Clotilde ; et si vous ne voulez pas qu'il en soit ainsi, je vous dis de

Où Clotilde à espouse preugne ;
Se vous ne voulez qu'il aviengne,
De par li vous dy que bien tost
L'arez ici, li et son ost,
　　Pour vous combatre.
　　　GONDEBAUT.
Et je le saray bien debatre,
S'il vient ici, et tant feray
Que le sanc de ceulx vengeray
Qui par li ont esté occis.
Malement est son cuer assis
　　En grant orgueil.
　　PREMIER CONSEILLIER GONDEBAUT.
Chier sire, un mot dire ici vueil ;
— Mais, seigneurs, traiez-vous arriere
Un petit jusques là derriere.
—S'il vous plaist, vous m'escouterez :
A voz menistres enquerrez
Et à voz chamberlans aussy
S'il scevent riens qu'il soit ainsi,
Que Clovis ait par dedeçà
Envoié dons ore ou pieçà
Par ses legaz et par engin
Qu'il ait pensé qu'à ceste fin
Il ait sur vous occasion
De venir à s'entencion :
C'est que son subjet doiez estre
Et vostre regne à li soubzmettre ;
　　Je vous di voir.
　　　ij^e. CONSEILLIER.
Voire que vous devez savoir,
Sire, que quant Clovis s'aïre
Il forcene, ce vous puis dire,
Comme un lion bien atené ;
N'il n'est homme de mere né
　　Qu'il ne le doubte.
　　　GONDEBAUT.
Ytier, vien avant et m'escoute.
Longuement as à moy esté :
Scez-tu point, par ta verité,
Qu'envoié m'ait nul don Clovis ?
Se tu me mens, il est touz vifz :
　　Je le saray.
　　　CHAMBERLANC.
Mon chier seigneur, voir vous diray
De ce que vous me demandez,
Puisque vous le me commandez.
Je vous jur par Mahon, mon dieu,
C'onques en place ny en lieu
Ne fu où riens vous envoyast

sa part que bientôt vous l'aurez ici, lui et son armée, pour vous combattre.

GONDEBAUT.

S'il vient ici, je saurai bien l'arrêter, et je ferai tant que je vengerai le sang de ceux qu'il a tués. Son cœur est outrageusement gonflé d'orgueil.

LE PREMIER CONSEILLER DE GONDEBAUT.

Cher sire, je veux dire ici un mot. — Mais, seigneurs, retirez-vous un peu jusque là derrière. — S'il vous plaît, vous m'écouterez : vous vous informerez auprès de vos ministres, aussi bien qu'auprès de vos chambellans, s'ils n'ont pas connaissance que Clovis ait envoyé quelques dons, maintenant ou autrefois, par ses députés, dans le but de voir s'il n'aurait pas l'occasion de mettre à exécution le dessein qu'il a contre vous : c'est de faire de vous son sujet, et de soumettre votre royaume ; vous dis vrai.

LE DEUXIÈME CONSEILLER.

En vérité, vous devez savoir, sire, que quand Clovis s'irrite, il devient furieux, je puis vous le dire, comme un lion bien excité ; et il n'est nul homme qui ne le redoute.

GONDEBAUT.

Ytier, approche et écoute-moi. Tu as été longuement à mon service : ne sais-tu point, dis-moi la vérité, si Clovis m'a envoyé quelque présent ? Si tu me mens, il est en vie : je le saurai.

LE CHAMBELLAN.

Mon cher seigneur, je vous dirai la vérité au sujet de ce que vous me demandez, puisque tel est votre ordre. Je vous jure par mon dieu Mahomet que je n'ai jamais été nulle part où Clovis vous ait envoyé ou donné quelque chose de la valeur d'un

Clovis ne chose ne vous donnast
Qui vaulsist un povre harenc;
S'ay-je esté vostre chamberlenc,
Il a jà des ans plus de vint
Que l'office premier me vint
 De vostre grace.

GONDEBAUT.
Biaux seigneurs, or tost sanz espace
Alez en mes tresors savoir
Se du sien y puet riens avoir
Qui par quelque voie y soit mis,
Et m'en rapportez, mes amis,
 Ce qu'en sarez.

PREMIER CONSEILLIER.
Chier sire, jà mains n'en arez.
— Alons-m'en faire son voloir;
De riens n'en povons pis valoir,
 Mais de tant miex.

LE CHAMBERLANC.
Vous dites voir, par touz noz diex!
Alons-m'en ceste foiz premiere
Garder ou tresor là-derriere
 Nous touz ensemble.

ij^e. CONSEILLIER.
Alons (c'est le miex, ce me semble)
 Isnellement.

PREMIER SERGENT.
Mon chier seigneur, trop malement
Vous voy, ce me semble, pensis
Depuis que vous fustes assis
 Illeuc, chier sire.

GONDEBAUT.
Je pense à ce qu'ay oy dire,
Que Clovis veult venir sur moy;
Mais, s'il vient, mal sera pour soy,
 Je te dy bien.

ij^e. SERGENT.
Certes, mon chier seigneur, je tien
Qu'il n'y venra pas n'en doubtez;
Et s'il y venoit, escoutez:
Ne l'ara-il pas davantage,
Car vous arez tant de barnage
Et de sodoiers compaignons
Et alemans et bourguignons,
Que je tien tout biau li sera
Quant retourner il s'en pourra
 A sauveté.

GONDEBAUT.
Par Mahon! tu dis verité.
 Ester laissons.

pauvre hareng; et voici déjà plus de vingt ans que, par votre grâce, je suis votre chambellan.

GONDEBAUT.
Beaux seigneurs, allez vite sans retard savoir si dans mes trésors il peut y avoir quelque chose de son bien qui y ait été mis d'une manière quelconque, et rapportez-moi ce que vous saurez à cet égard.

LE PREMIER CONSEILLER.
Cher sire, vous serez obéi. — Allons-nous-en faire sa volonté; nous ne pouvons y perdre, au contraire.

LE CHAMBELLAN.
Vous dites vrai, par tous nos dieux! Allons-nous-en cette première fois regarder tous ensemble au trésor là-derrière.

LE DEUXIÈME CONSEILLER.
Allons vite; c'est, à ce qu'il me semble, le meilleur parti.

LE PREMIER SERGENT.
Mon cher seigneur, je vous vois plongé dans des réflexions fort tristes, à ce qu'il me paraît, depuis que vous êtes assis là, cher sire.

GONDEBAUT.
Je pense à ce que j'ai ouï dire, que Clovis veut venir sur moi; mais, s'il vient, le mal sera pour lui, je te le dis bien.

LE DEUXIÈME SERGENT.
Certes, mon cher seigneur, je suis certain qu'il n'y viendra pas, n'en doutez point; et s'il y venait, écoutez: il ne l'emportera pas davantage, car vous aurez tant de barons et de simples soldats allemands et bourguignons, que, à mon avis, il sera enchanté de pouvoir s'en retourner sain et sauf.

GONDEBAUT.
Par Mahomet! tu dis la vérité. N'en parlons plus.

PREMIER CONSEILLIER.

Chier sire, à vous nous r'adressons.
Nous venons de vostre tresor
Cerchier : sachiez q'un annel d'or
Où est escript le nom Clovis
(Et son corps pourtrait et son vis
Y est moult bien taillié aussi)
Y avons trouvé ; vez le cy !
 Regardez, sire.

GONDEBAULT.

Or entendez que je vueil dire :
Je suppose qu'en verité
Ma niece ne li ait bouté ;
Si vous diray que nous ferons :
Cy devant nous la manderons,
Et sarons se elle nous dira
Que mis ou non elle l'ara
 Où pris l'avez.

CHAMBERLANC.

Mon chier seigneur, bien dit avez :
 Ainsi soit fait.

GONDEBAUT.

Vaz-la-me querre, vaz de fait ;
 Dy que la mande.

PREMIER SERGENT.

Je vois. — Vostre oncle vous demande,
Dame, qui querre vous envoie ;
Faites que devant li vous voie
 Appertement.

CLOTILDE.

Je sui toute preste : alons-m'ent.
— Chier oncle, qui me demandez,
Vez-me cy preste : commandez
 Vostre plaisir.

GONDEBAUT.

La verité savoir desir
Qui ce a fait qui en mon tresor
A mis un annel qui est d'or
Où est l'image de Clovis
Et son nom, si com m'est avis.
Scez-tu qui ce peut avoir fait ?
Touz esbahiz sui de ce fait
 Et trespensez.

CLOTILDE.

Mon chier seigneur, j'en scé assez
Que vous diray, mentir n'en quier.
Il a jà plus d'un an entier
Que roy Clovis, sanz guerredon,
Drapz d'or vous donna en pur don,
Qu'envoia par certains messages,

LE PREMIER CONSEILLER.

Cher sire, nous nous présentons à vous de nouveau. Nous venons de fouiller dans votre trésor : sachez que nous y avons trouvé un anneau d'or où est écrit le nom de Clovis, où son corps est représenté et où son visage est bien sculpté ; le voici : regardez, sire.

GONDEBAUT.

Allons, entendez ce que je veux dire : je suppose, en vérité, que ma nièce l'y a mis ; je vous dirai donc ce que nous ferons : nous la manderons ici devant nous, et nous saurons d'après ce qu'elle nous dira, si elle l'a mis ou non où vous l'avez pris.

LE CHAMBELLAN.

Mon cher seigneur, vous avez bien dit : ainsi soit fait.

GONDEBAUT.

Va me la chercher, va ; dis que je la mande.

LE PREMIER SERGENT.

J'y vais. — Votre oncle vous demande, dame, il vous envoie chercher ; faites qu'il vous voie sur-le-champ devant lui.

CLOTILDE.

Je suis toute prête : allons-nous-en. — Cher oncle, qui me demandez, me voici prête : commandez ce qui vous plaira.

GONDEBAUT.

Je désire savoir, en vérité, quel est celui qui a mis en mon trésor un anneau d'or où est l'image de Clovis et son nom, à ce que je crois. Sais-tu qui peut avoir fait cela ? Je suis tout étonné et frappé de cette chose.

CLOTILDE.

Mon cher seigneur, j'en sais assez à cet égard, et je vous le dirai sans chercher à mentir. Il y a déjà plus d'un an entier que le roi Clovis vous donna en pur don, sans retour, des vêtemens d'or qu'il envoya par des messages sûrs, qui me semblèrent des hom-

Qui me semblerent hommes sages;
Cel annel ou doy me bouterent
Et de par li le me donnerent.
Cel annel, pour ce qu'estoit d'or,
Je le mis en vostre tresor
    Certainement.
GONDEBAUT.
Ce fu fait assez nicement
Et sans conseil, que tu déusses
Avoir pris, se nul bien scéusses;
Mais, puisque, sanz moy appeller,
La chose fault ainsi aler,
Aviengne qu'en peut avenir.
— Faites ces messages venir,
    Que je là voy.
ij^e CONSEILLIER.
Voulentiers, sire, en bonne foy.
— Seigneurs, or tost! venez bonne erre
Au roy, qui vous envoie querre;
    Delivrez-vous.
ij^e CHEVALIER DE CLOVIS.
Puisqu'il li plaist, si ferons-nous
    Sanz point attendre.
iij^e. CHEVALIER.
Sire, en desdain ne vueillez prendre
    Nostre demeure.
GONDEBAUT.
Nanil, assez venez à heure;
Mais ce que vueil dire entendez :
Ma niece à avoir demandez
A femme pour Clovis le roy,
Qui secretement par desroy
Ly a envoié par ses gens
Son annel et vestemens gens
De drap d'or et sanz mon scéu,
Par quoy la fille à decéu :
Pour ce, seigneurs, je la vous livre
Et de elle du tout me delivre;
Amenez-l'en ysnel le pas,
Et si ne vous attendez pas
Que je li face compagnie
Ne gent nule de ma mesnie;
    Nanil, sanz faille.
AURELIAN.
Que nulz, sire, aussi s'en traveille:
N'est jà mestier, s'il ne vous haite;
S'en soit vostre voulenté faite.
Et, s'il vous plaist, nous en irons
Et la damoiselle enmenrons
    Au roy de France.

mes sages; ils me mirent cet anneau au doigt et me le donnèrent de sa part. Comme il était d'or, je le mis en sûreté dans votre trésor.

GONDEBAUT.
Cela se fit assez niaisement et sans conseil, lorsque tu aurais dû en prendre, si tu avais eu quelque peu de sens; mais, puisque, sans me consulter, tu en as agi ainsi, advienne que pourra. — Faites venir ces messagers, que je vois là-bas.

LE DEUXIÈME CONSEILLER.
Volontiers, sire, de tout mon cœur. — Seigneurs, allons vite! venez promptement au roi, qui vous envoie chercher; dépêchez-vous.

LE DEUXIÈME CHEVALIER DE CLOVIS.
Puisque tel est son bon plaisir, nous le ferons sans attendre davantage.

LE TROISIÈME CHEVALIER.
Sire, veuillez ne pas prendre notre retard en mauvaise part.

GONDEBAUT.
Nenni, vous venez assez à temps; mais entendez ce que je veux vous dire : vous demandez ma nièce en mariage pour le roi Clovis, qui lui a envoyé par ses gens, secrètement, dans un but coupable et à mon insu, son anneau et de riches vêtemens : c'est pourquoi, seigneurs, je vous la livre et me décharge tout-à-fait d'elle; emmenez-la sur-le-champ, et ne vous attendez pas à ce que ni moi ni personne de ma maison nous lui tenions compagnie; nenni, certes.

AURÉLIEN.
Aussi bien, sire, que nul ne s'en mette en peine : c'est inutile, si cela ne vous est pas agréable; et que votre volonté soit faite. Si tel est votre bon plaisir, nous nous en irons et nous emmènerons la demoiselle au roi de France.

GONDEBAUT.

Faites-ent à vostre ordenance,
De elle ne me quier plus mesler :
Soit où elle pourra aler,
    Riens n'y aconte.

ij^e. CHEVALIER.

Sire, sanz plus faire ici compte,
De vous prenons congié, c'est fin;
A Mahon et à Appolin
    Vous commandons.

iij^e. CHEVALIER.

Puis qu'avons ce que demandons,
Ne nous fault penser que d'aler;
Alons monter, sanz plus parler,
    Nostre espousée.

AURELIAN.

Vostre monture est ordenée,
Dame; ne vous soussiez mie,
Et s'arez bonne compagnie
    De nous trestouz.

CLOTILDE.

Vostre merci, mes amis doulx;
Et j'espoir que le temps venra
Que guerredonné vous sera,
    Se je onques puis.

AURELIAN.

Seigneurs, escoutez-moy : depuis
Deux jours pour certain j'ay sceu
Que le roy Clovis est méu
De Paris et va à Soissons :
Si fault que le chemin laissons
De Paris, quant serons monté,
Et qu'à Soissons droit la cité
    Aillons à li.

ij^e. CHEVALIER.

Bien est; n'y a de nous celi
Qui ne le face voulentiers.
Alons monter en dementiers
    Qu'avons espace.

iij^e. CHEVALIER.

Et n'est-il pas bon c'on li face
Savoir, afin qu'il ne s'eslongne,
Ce qu'avons fait de sa besogne ?
    Qu'en dites-vous ?

AURELIAN.

Si est, par foy ! Mon ami doulx,
Je vous suppli, s'il vous agrée,
Sanz lui faire autre lettre secrée,
Que devant nous vous en ailliez

GONDEBAUT.

Faites-en ce que vous voudrez, je ne veux plus me mêler d'elle; qu'elle soit où elle pourra aller, je ne m'en inquiète pas.

LE DEUXIÈME CHEVALIER.

Sire, sans plus causer ici, nous prenons congé de vous, c'est tout; nous vous recommandons à Mahomet et à Apollon.

LE TROISIÈME CHEVALIER.

Maintenant que nous avons ce que nous demandons, il ne nous faut songer qu'à marcher; allons mettre en selle nostre épousée, sans plus parler.

AURÉLIEN.

Dame, votre monture est prête; ne vous inquiétez pas, et vous aurez en nous tous une bonne compagnie.

CLOTILDE.

Merci, mes doux amis; et j'espère que le temps viendra où, si jamais je le peux, vous serez récompensés.

AURÉLIEN.

Seigneurs, écoutez-moi : depuis deux jours j'ai appris de source certaine que le roi Clovis a quitté Paris et va à Soissons : il nous faut donc laisser le chemin de Paris, quand nous serons à cheval, et aller droit à la cité de Soissons auprès de lui.

LE DEUXIÈME CHEVALIER.

C'est bien; il n'y a parmi nous personne qui ne le fasse volontiers. Allons monter à cheval pendant que nous avons le temps.

LE TROISIÈME CHEVALIER.

Et n'est-il pas bon, afin qu'il ne s'éloigne pas, qu'on lui fasse savoir comment nous avons terminé son affaire ? Qu'en dites-vous ?

AURÉLIEN.

Oui, ma foi ! Mon doux ami, je vous supplie de vouloir bien, sans lui faire d'autres lettres secrètes, vous en aller devant nous et lui dire où nous en sommes.

Et l'estat dire li vueilliez
De nostre fait.
iij^e. CHEVALIER.
Voulez-vous? il vous sera fait,
Et me péneray d'avancier;
Pensez de vous y adressier
Plus que pourrez.
ij^e. CHEVALIER.
Tant ferons que nouvelle ourrez
De nous, sire, et de nostre arroy,
Ains qu'avoir puissiez fait au roy
Vostre message.
iij^e. CHEVALIER.
Bien est. Sachiez, com fol ou sage,
Je vous dy, je ne fineray
D'aler tant qu'à li parleray.
Ici vous lais.
AURELIAN.
Avant! alons penser huimais
De nous monter et de le suivre,
Si que le puissons aconsuivre
Brief et trouver.
iij. CHEVALIER.
Mahon, bien vous doy aourer
Quant venu sui par telle voie
Que le roy voy, dont j'ay grant joie,
Qui en sa majesté se siet.
A! que cel estat bien li siet!
D'aler parler à li me vent.
— Sire, Mahon et Tervagant
Vous facent lié!
CLOVIS.
Bien vegnant! Qui t'a conseillié,
Qu'ainsi seul vient?
iij^e. CHEVALIER.
Aurelian, sire, et les siens
Qui devant m'ont fait avancer
Pour vous compter et annoncer
Ce qu'avons fait.
CLOVIS.
Vous ont rien Bourgongnons meffait
Ne bas ne hault?
iij^e. CHEVALIER.
Nanil, sire; mais Gondebaut
Vi courroucié et mal méu :
Et dist c'on avoit deceu
Sa niece par son annel d'or,
Que elle avoit mis en son tresor.
D'autres choses, voir, vous dira
Assez, quant ci venu sera,

LE TROISIÈME CHEVALIER.
Le voulez-vous? il sera fait ainsi, et je m'efforcerai d'avancer; pensez à vous y rendre le plus tôt possible.

LE DEUXIÈME CHEVALIER.
Nous ferons tant que vous entendrez parler de nous et de notre voyage avant que vous puissiez avoir fait votre message au roi.

LE TROISIÈME CHEVALIER.
C'est bien. Sachez que (fou ou sage, je vous le dis) je ne cesserai pas de marcher que je ne lui parle. Ici je vous laisse.

AURÉLIEN.
En avant! allons penser désormais à monter à cheval et à le suivre, en sorte que nous puissions bientôt l'atteindre et le trouver.

LE TROISIÈME CHEVALIER.
Mahomet, je dois bien vous rendre grâces d'être venu par un chemin tel que je vois le roi assis dans sa majesté : ce dont j'ai grand'joie. Ah! que cet état lui sied bien! Je vais m'aventurer à lui parler. — Sire, que Mahomet et Tervagant vous donnent joie!

CLOVIS.
Sois le bienvenu! Qui t'a conseillé de venir ainsi seul?

LE TROISIÈME CHEVALIER.
Sire, (c'est) Aurélien et les siens qui m'ont envoyé en avant pour vous raconter et vous annoncer ce qu'ils ont fait.

CLOVIS.
Les Bourguignons vous ont-ils fait quelque mal, aux petits ou aux grands?

LE TROISIÈME CHEVALIER.
Nenni, sire; mais je vis Gondebaut courroucé et mal disposé; il dit qu'on avait déçu sa nièce par votre anneau d'or, qu'elle avait mis en son trésor. En vérité, Aurélien vous dira beaucoup d'autres choses, quand il sera venu ici; mais, je vous dis seulement qu'il amène avec lui la (jeune)

Aurelian; mais tant vous di
La fille amaine avecques li
  Qu'avoir devez.
          CLOVIS.
Or me dites, se vous savez,
  Quant ilz venront.
          iij⁰ CHEVALIER.
En ceste ville annuit seront,
Ou demain, sire, à la disnée;
Si que, s'il vous plaist et agrée,
En l'ostel où doivent descendre
Iray veoir, sanz plus attendre,
  Qu'il en peut estre.
          CLOVIS.
Oïl, va-t'en en paine mettre,
Sanz toy plus ci endroit tenir;
Et les fay touz à moy venir,
  S'ilz sont venuz.
          iij⁰. CHEVALIER.
A voz grez faire suis tenuz.
Sire, je vois.
          AURELIAN.
Dame, je tien que puis .ij. mois
Et plus qu'avons ensemble esté,
Ne devez joie, en verité,
Tele comme huy avoir éu.
Et la raison qui m'a méu
De le vous dire, vez la ci :
Je voy qu'en ceste ville-ci
Nous alons, où vous trouverez
Celui à qui femme serez,
Et qui tant vous honnourera
Que royne estre vous fera
De tel royaume comme est France,
Qui est, ce tien-je sanz doubtance,
Plus renommée qu'autre terre :
Si que avançons, damme, nostre erre
  D'aler ensemble.
          CLOTILDE.
Aurelian sire, il me semble
Que je voy là celui que vous
Aviez commis d'aler pour nous
  Devers le roy.
          ij⁰. CHEVALIER.
Dame, voirement est, par foy!
Il a bien avancé son erre.
Je pense qu'il nous viengne querre.
  Quel le ferons?
          AURELIAN.
Souffrez, venir ci le lairons;

fille que vous devez avoir.

CLOVIS.

Maintenant dites-moi, si vous le savez quand ils viendront.

LE TROISIÈME CHEVALIER.

Sire, ils seront en cette ville aujourd'hui ou demain, à l'heure du dîner; en sorte que, si cela vous plaît et vous est agréable, j'irai dans l'hôtel où ils doivent descendre voir tout de suite ce qu'il en peut être.

CLOVIS.

Oui, va-t'en occuper, sans te tenir ici plus long-temps; et fais-les tous venir auprès de moi, s'ils sont arrivés.

LE TROISIÈME CHEVALIER.

Je suis tenu de faire votre volonté. Sire, j'y vais.

AURÉLIEN.

Dame, je tiens que depuis deux mois et plus que nous sommes ensemble, vous ne devez pas avoir eu, en vérité, une joie pareille à celle d'aujourd'hui. Et voici la raison qui m'a excité à vous le dire : je vois que nous allons en cette ville-ci, où vous trouverez celui dont vous serez la femme, et qui vous honorera tant qu'il vous fera reine de France, royaume qui est, je vous le dis en vérité, plus renommé que toute autre terre : c'est pourquoi, dame, hâtons-nous tous deux.

CLOTILDE.

Sire Aurélien, il me semble que je vois là celui que vous avez chargé d'aller pour nous auprès du roi.

LE DEUXIÈME CHEVALIER.

Dame, c'est la vérité, par (ma) foi! Il a bien fait diligence. Je pense qu'il vient nous chercher. Que ferons-nous?

AURÉLIEN.

Attendez, nous le laisserons venir ici; et

Et quant avecques nous sera,
Ce qu'ara trouvé nous dira
    De point en point.
        iij^e. CHEVALIER.
E gar! je vous truis bien à point :
De devers le roy vien tout droit,
Qui m'a envoié çà endroit
Pour dire vous et annuncier
Que vous ne vueilliez pas laissier,
Puisqu'estes venuz en sa terre,
Que ne veigniez à li bonne erre
    En son palais.
        AURELIAN.
D'aler à li à grant eslais,
Sire, nous estions ordenez :
Il fault qu'avec nous retournez
    Sanz plus parler.
        iij^e. CHEVALIER.
Ne pensez que de tost aler;
    Je vous suivray.
        AURELIAN.
De Mahon qui nostre dieu vray
Est, monseigneur, et qui valu
Vous a en mains lieux, vous salu :
    C'est de raison.
        CLOVIS.
Bien soiez en nostre maison
Venuz, et vous touz que cy voy
Assemblez. Or çà! dites-moy,
Je vous em pri, mais qu'il vous siesse,
Est-ce de Gondebaut la niece
    Que ci voy estre?
        ij^e CHEVALIER.
Sire, sanz plus debat y mettre,
    Oïl, c'est elle.
        CLOVIS.
Bien puissez venir, damoiselle :
De vostre venue ay grant joie.
Puisque vous devez estre moie
Et que vostre mari seray,
De France vous ordonneray
    Royne et dame.
        CLOTILDE.
Chier sire, au sauvement de l'ame
De vous, premier, et puis de moy
Soit fait ce que dire vous oy,
    Non autrement!
        CLOVIS.
Or tost, seigneurs, appertement!
Faites qu'en sa chambre menée

quand il sera avec nous, il nous dira de point en point ce qu'il aura trouvé.

LE TROISIÈME CHEVALIER.

Eh voyez! je vous trouve bien à point : je viens tout droit de vers le roi, qui m'a envoyé ici pour vous dire et vous annoncer de vouloir bien, puisque vous êtes arrivés dans son royaume, ne pas manquer de venir promptement auprès de lui dans son palais.

AURÉLIEN.

Sire, nous étions en marche pour nous y rendre en toute hâte : il faut que, sans un mot de plus, vous vous en retourniez avec nous.

LE TROISIÈME CHEVALIER.

Ne pensez qu'à aller vite; je vous suivrai.

AURÉLIEN.

Monseigneur, je vous salue au nom de Mahomet, qui est notre véritable dieu et qui vous a prêté secours en maints endroits : c'est raison.

CLOVIS.

Soyez le bienvenu en notre maison, ainsi que vous tous que je vois rassemblés ici. Çà! je vous en prie, veuillez me le dire, est-ce la nièce de Gondebaut que je vois ici?

LE DEUXIÈME CHEVALIER.

Oui, sire, sans plus de débats, c'est elle.

CLOVIS.

Demoiselle, soyez la bienvenue : j'ai une grande joie de votre arrivée. Puisque vous devez être à moi et que je serai votre mari, je vous couronnerai reine et maîtresse de la France.

CLOTILDE.

Cher sire, que ce que je vous entends dire soit pour le salut de votre ame, d'abord, et de la mienne ensuite, et non pas autrement!

CLOVIS.

Allons, vite, seigneurs! faites qu'elle soit menée en sa chambre là-derrière et pa-

Soit là-derriere et ordenée
Comme une espousée doit estre,
Car de l'espouser entremettre
　Me vueil en l'eure.
AURELIAN.
Sire, nous ferons sanz demeure
Ce qui vous plaist à demander.
— Dame, venez-ent sanz tarder
En vostre chambre, où vous menrons,
Et puis nous en retournerons
　Arriere ici.
CLOTILDE.
Mes chiers amis, soit fait ainsi
Plainement com vous divisez.
— Ysabel, et vous me suivez,
　M'amie chiere.
LA DAMOISELLE.
Voulentiers, dame, à lie chiere.
Alez devant, après iray;
A atourner vous aideray :
　C'est de raison.
CLOVIS.
Seigneurs, j'ay de dire achoison
Que mon bien et mon honneur croist,
Dont en mon cuer joie s'acroist,
Puisque j'aray ceste pucelle
Qui m'a semblé merveilles belle
　En son visage.
ij^e. CHEVALIER.
Depuis qu'emprismes le voyage,
Sire, de la vous amener,
Ne me puis pas garde donner
Qu'aie en li véu contenance,
Parole, fait ny ordenance
Ne maintien, ce vous jur par m'ame,
Fors que de bonne et sage dame
　Et très honneste.
AURELIAN.
Mon chier seigneur, ma dame est preste,
Ce vous puis-je bien annoncier :
D'espouser vous fault avancier,
　Car temps en est.
CLOVIS.
Puisqu'est preste, aussi suis-je prest.
Alons sanz nous plus ci tenir.
Faites les menestrelz venir
　Ci devant nous.
PREMIER SERGENT.
Tantost, sire. — Delivrez-vous,
Seigneurs, mettez-vous en arroy

rée comme une épousée doit l'être, car je veux me mettre en mesure de l'épouser à l'instant même.

AURÉLIEN.
Sire, nous ferons sans délai ce qu'il vous plaît de demander. — Dame, venez-vous-en sans tarder en votre chambre, où nous vous mènerons, et puis nous reviendrons ici.

CLOTILDE.
Mes chers amis, qu'il soit fait entièrement comme vous le dites. — Quant à vous, Isabelle, suivez-moi, ma chère amie.

LA DEMOISELLE.
Volontiers, dame, et avec joie. Passez devant, j'irai après ; je vous aiderai à vous habiller : c'est mon devoir.

CLOVIS.
Seigneurs, j'ai des motifs pour dire que mon bien et mon honneur augmentent, ce qui fait que la joie s'accroît dans mon cœur, puisque j'aurai cette jeune vierge qui m'a semblé merveilleusement belle de visage.

LE DEUXIÈME CHEVALIER.
Sire, depuis que nous nous sommes mis en route pour vous l'amener, je ne me souviens pas d'avoir vu en elle une contenance, une conduite, des manières, ou entendu une parole, je vous le jure par mon ame, autres qu'il convient à une bonne, sage et très-honnête dame.

AURÉLIEN.
Mon cher seigneur, ma dame est prête, je puis bien vous l'annoncer : il vous faut procéder au mariage, car il en est temps.

CLOVIS.
Puisqu'elle est prête, je le suis aussi. Allons sans nous tenir davantage ici. Faites venir les ménestrels devant nous.

LE PREMIER SERGENT.
Tout de suite, sire. — Dépêchez-vous, seigneurs, disposez-vous pour conduire

De mener espouser le roy;
N'atentque vous.
LES MENESTREZ.
Nous y allons, mon ami doulx,
Quanque povons.
iij^e. CHEVALIER.
Vez-lez cy : sus! or en alons,
Sire, il est heure.
CLOVIS.
Alons-m'en sanz plus de demeure;
Je vois devant.
ij^e CHEVALIER.
Et nous touz vous irons suivant
Par compagnie.

(Ici s'en va hors de sa [place], et, une petite interval[le] faite, s'en revient e[n la] sale; et Aurelian [li] maine l'espousée et d[it]* :)

AURELIAN.
Sire, vez-cy vostre partie
Que vous amaine et que vous lais.
Vostre femme est dès ore mais,
Nul autre n'y peut droit clamer :
Or pensez de vous entre-amer,
Que c'est un fait très noble et sage
De vivre en paiz en mariage
Et en amour.
CLOVIS.
Sanz faire cy plus de demour,
Je vueil qu'entre vous trois ailliez
Au Louvre, et là m'appareilliez
Ce qui fault pour faire ma feste :
Il y a bon lieu et honneste,
Et si est près.
iij^e. CHEVALIER.
Chier sire, nous sommes touz prestz
D'aler ordener la besongne.
—Alons-m'en touz .iij. sanz eslongne,
Partons de cy.
AURELIAN.
Alons de ci; muser aussi
N'est temps huis mais.
CLOTILDE.
Mon chier seigneur, dès ore mais
Me tien pour vostre chamberiere.
Je vous pri ceste foiz premiere,
Chier sire, q'un don m'octroiez
Et ce que je demande oiez

le roi à l'autel; il n'attend que vous.
LES MÉNESTRELS.
Nous y allons, mon doux ami, le plus vite que nous pouvons.
LE TROISIÈME CHEVALIER.
Les voici : debout! Allons-nous-en à cette heure, il en est temps.
CLOVIS.
Allons-nous-en sans plus de retard; je vais devant.
LE DEUXIÈME CHEVALIER.
Quant à nous, nous vous accompagnerons tous.

(Ici le roi quitte sa place, et, après un court intervalle, il revient dans la salle; et Aurélien lui mène l'épousée, et dit :)

AURÉLIEN.
Sire, voici votre moitié que je vous amène et vous laisse. Elle est désormais votre femme, nul autre ne peut y réclamer de droits : maintenant pensez à vous entr'aimer, car c'est une très-noble et sage action dans le mariage de vivre en paix et en amour.

CLOVIS.
Sans faire un plus long séjour ici, je veux que vous alliez tous les trois au Louvre, et que là vous prépariez ce qu'il faut pour faire ma fête : c'est un lieu commode et décent, et c'est près d'ici.

LE TROISIÈME CHEVALIER.
Cher sire, nous sommes tout prêts d'aller ordonner la fête. — Allons-nous-en tous trois sans plus de retard, partons d'ici.

AURÉLIEN.
Allons-nous-en d'ici; aussi bien n'est-il plus temps de muser.

CLOTILDE.
Mon cher seigneur, désormais je me regarde comme votre servante. Cher sire, je vous prie tout d'abord de m'octroyer un don, d'entendre ma demande et d'être as-

---

* La partie du manuscrit que nous avons tenté de restituer ici est tombée sous le couteau du relieur.

Et me soit fait de vostre grace,
Avant que service vous fasse
Tel comme est tenue de faire
Femme à son mari, sanz meffaire,
    Quant il leur plaist.
        CLOVIS.
Demandez, Clotilde : à court plait,
    Je le feray.
        CLOTILDE.
Ma requeste dont vous diray,
Sire. De vostre or point ne quier ;
Mais premierement vous requier
Qu'en Dieu le Pere vueilliez croire,
Qui sanz fin regne ou ciel en gloire,
Qui vous crea et qui tout fist
Et qui onques rien ne meffist.
Après, sire, pas ne laissez
Jhesu-Crist ; mais le confessez
Vray Dieu, fil de Dieu le Pere estre,
Qui çà jus voult de vierge naistre
Et y fu du Pere envoiez
Pour nous estre à Dieu ravoiez,
Et qui nous a, c'est verité,
Par sa sainte mort racheté.
Oultre, je vous requier ainsi
Saint-Esperit creez aussi,
Qui touz les justes enlumine
Et conferme en grace divine ;
Et que ces .iij., Peres et Filz
Et Saint-Esperit, soiez fiz,
Sont une seule majesté,
Une essance, une déité,
Une perdurable puissance :
Ce tenez par ferme creance,
Et voz ydoles delaissez
Et d'aourer les vous cessez,
Car vanitez sont et faintises ;
Mais, sire, les saintes eglises
Qu'avez ars et fait destablir
Faites refaire et restablir,
Et soiez de Dieu filz et membre.
Après vous requier qu'il vous membre
De demander ma porcion
Qu'avoir de la succession
Doi par droit de pere et de mere,
Que fist morir de mort amere
Mon oncle, qui tant desvoya
Que mon pere occist, et noya
Ma mere pour le regne avoir
De Bourgongne, je vous dy voir.

sez gracieux pour me l'accorder, avant que je vous serve comme une femme est tenue de le faire envers son mari, sans commettre le mal, quand cela leur plaît.

        CLOVIS.

Demandez, Clotilde : je le ferai sans hésiter.

        CLOTILDE.

Sire, je vous exposerai donc ma requête. Je ne veux point de votre or ; mais en premier lieu je vous prie de vouloir croire en Dieu le Père, qui règne sans fin au ciel dans la gloire, qui vous créa, qui fit tout et qui jamais ne commit le mal. Après, sire, ne laissez pas Jésus-Christ ; mais confessez-le pour vrai Dieu, fils de Dieu le Père, qui voulut naître ici-bas d'une vierge, qui y fut envoyé du Père pour nous ramener à Dieu, et qui nous a, c'est chose véritable, rachetés par sa sainte mort. En outre, je vous prie de croire aussi au Saint-Esprit, qui éclaire tous les justes et les confirme dans la grâce divine ; et que ces trois, le Père, le Fils et le Saint-Esprit, soyez-en sûr, sont une majesté unique, une essence, une divinité, une puissance éternelle : croyez fermement ceci, délaissez vos idoles et cessez de les adorer, car ce sont des choses vaines et trompeuses ; mais, sire, faites rétablir les saintes églises que vous avez brûlées et abattues, et soyez fils et membre de Dieu. Après, je vous prie de vous souvenir de demander la part que je dois avoir légalement de la succession de mes père et mère, que fit mourir d'une mort cruelle mon oncle, qui se rendit coupable au point de tuer mon père et de noyer ma mère pour avoir le royaume de Bourgogne, je vous dis vrai. Dieu veuille que je voie l'heure où je serai vengée de leur mort, et cela bientôt !

Et Diex vueille que l'eure voie
Que de leur mort vengée soie,
  Et briefment!

CLOVIS.

Clotilde, entendez que vueil dire :
D'une chose ci me touchiez
Trop fort à faire, ce sachiez,
Que j'aoure con crestien
Vostre Dieu. Je n'en feray rien ;
Mais l'autre chose vous feray :
De Gondebaut vous vengeray
Briefment, et le vous menray si
Qu'il venra requerre mercy,
  Vueille ou ne vueille.

CLOTILDE.

Tout avant, ce que vous conseille,
Vous pri, chier sire, que faciez :
A voz ydoles renonciez
Et vueilliez Dieu croire et amer
Qui le ciel fit, air, terre et mer,
  Femmes et hommes.

CLOVIS.

Je n'y aconte pas ij. pommes
  En ce que dites.

ij^e CHEVALIER.

Tenir nous devez bien pour quittes,
Chier sire, de vostre appareil :
Tel l'avons fait c'onques pareil
  Je ne vi faire.

CLOVIS.

Laissons en pais, il m'en fault taire ;
Tendre à autre chose me fault.
Entre vous iij. à Gondebaut
Vueil qu'ailliez sanz contredire,
Et de par moy li direz : « Sire,
De par Clovis, de qui tenons
Terres et fiez, ici venons,
Et vous dirons pour quoy bonne erre :
Demander venons et requerre
Le tresor Clotilde qu'avez,
Et qu'avoir doit, vous le savez,
De la succession son pere
Et de celle de par sa mere :
  C'est de raison. »

iij^e CHEVALIER.

Sire, sanz plus d'arrestoison,
Ferons vostre commandement.
— Or avant, seigneurs ! alons-m'ent
  Touz iij. ensemble.

CLOVIS.

Clotilde, entendez ce que je veux dire :
vous me touchez ici un mot relativement à
une chose trop difficile à faire, sachez-le :
c'est que j'adore Dieu comme chrétien. Je
n'en ferai rien ; mais j'exécuterai l'autre
chose : je vous vengerai bientôt de Gondebaut, et je vous le mènerai si bien qu'il viendra demander merci, qu'il le veuille ou non.

CLOTILDE.

Auparavant je vous prie, cher sire, de
faire ce que je vous conseille : renoncez à
à vos idoles et veuillez croire en Dieu et l'aimer ; c'est lui qui fit le ciel, l'air, la terre
et la mer, les femmes et les hommes.

CLOVIS.

Je ne fais pas plus de cas de ce que vous
me dites que de deux pommes.

LE DEUXIÈME CHEVALIER.

Cher sire, vous devez bien nous considérer comme quittes de vos préparatifs :
nous les avons faits tels que jamais je n'en
vis faire de semblables.

CLOVIS.

Brisons là-dessus, il faut que je me taise
à ce sujet et que je m'occupe d'autre chose.
Je veux que tous trois, sans faire d'objections, vous alliez vers Gondebaut, et vous
lui direz pour moi : « Sire, nous venons ici
de la part de Clovis, de qui nous tenons terres et fiefs, et nous vous dirons tout de suite
pourquoi : nous venons demander et réclamer le trésor de Clotilde que vous avez, et
qu'elle doit avoir, vous le savez, de la succession de ses père et mère : c'est raison. »

LE TROISIÈME CHEVALIER.

Sire, sans plus de retard, nous exécuterons vos ordres. — Allons, en avant, seigneurs ! partons tous trois ensemble.

ij^e. CHEVALIER.

C'est bien à faire, ce me semble,
Mettre de nous paine greigneur
Au fait de nostre chier seigneur
    Que d'un estrange.

AURELIAN.

Son fait de tout autre s'estrange,
Et est trop plus noble et plus hault.
Cessez-vous; là voy Gondebaut.
Alons-m'en, parler vueil à li.
— Mahon, sire, qui est celui
Qui les biens de terre fait croistre,
En honneur et en joie accroistre
    Vous vueille et brief!

GONDEBAUT.

Et aussi te gart de meschief!
    Que viens-tu querre?

AURELIAN.

Sire, nous vous venons requerre
Que la porcion delivrez
Des tresors et la nous livrez
Qu'à Clotilde sont et partiennent,
Et de la succession viennent
Tant de son pere com de mere;
Voulenté ne devez amere
    Du faire avoir.

GONDEBAUT.

Comment! mon regne et mon avoir
Cuide avoir donc ainsi Clovis?
Nanil, tant com je soie vis.
Ne scez-tu pas, Orelian,
Que deffendu t'ay dès ouan
A plus venir en ceste terre
Pour le mien demander ne querre?
Je te jur, se ne t'en retournes
Et d'aler t'en bien tost t'aournes
De devant moy, je t'occirray;
Jà autre n'y attenderay.
    Vuide, va-t'en.

AURELIAN.

Roy, je vous dis bien dès anten
Que tant com mon chier seigneur vive,
Clovis le roy pour qui je estrive,
De rien voz menaces ne crieng,
Car je fas mon devoir, ce tieng.
Par moy le tresor vous demande
De sa femme avoir, et vous mande
Quant voulrez dire qu'il l'ara.
Ordenez lieu, et il venra
    Où vous direz.

LE DEUXIÈME CHEVALIER.

Il est convenable, ce me semble, que nous nous donnions plus de peine pour les affaires de notre cher seigneur que pour un étranger.

AURÉLIEN.

Ses intérêts diffèrent de tout autre et sont bien plus nobles et plus élevés. Taisez-vous; je vois là-bas Gondebaut. Allons-nous-en, je veux lui parler. — Sire, que Mahomet, qui fait croître les biens de la terre, veuille vous faire monter en honneur et en joie, et cela bientôt!

GONDEBAUT.

Qu'il te garde aussi de mal! Que viens-tu chercher?

AURÉLIEN.

Sire, nous venons vous prier d'abandonner et de nous livrer la portion des trésors qui sont et appartiennent à Clotilde, et qui viennent de la succession tant de son père que de sa mère; vous ne devez pas avoir l'esprit éloigné d'en agir ainsi.

GONDEBAUT.

Comment! Clovis pense donc avoir ainsi mon royaume et mon bien? Nenni, tant que serai vivant. Ne sais-tu pas, Aurélien, que je t'ai défendu depuis un an de revenir en cette terre pour demander ou réclamer ce qui est à moi? Si tu ne t'en retournes point et que tu ne te prépares pas à t'en aller bientôt de devant moi, je te jure que je te tuerai; je n'attendrai pas d'autre personne pour cela. Vide la place, va-t'en.

AURÉLIEN.

Roi, je vous dis bien dès l'an passé que tant que mon cher seigneur le roi Clovis, pour qui je me donne du mal, vivra, je ne crains nullement vos menaces, car je fais mon devoir, j'en suis convaincu. Il vous demande par mon organe le trésor de sa femme, et vous prie de vouloir lui dire quand il l'aura. Donnez-lui un rendez-vous, et il viendra où vous direz.

PREMIER CONSEILLIER.
Sire, s'il vous plaist, vous ferez
Ce que diray.
GONDEBAUT.
Or dites, et je vous orray :
Qu'en voulez dire?
PREMIER CONSEILLIER.
Aurelian, traiez-vous, sire,
Un po en sus.
AURELIAN.
Sire, moult voulentiers. Or sus !
Parlez ensemble.
PREMIER CONSEILLIER.
Chier sire, vez ci qui me semble
Que Clovis raison vous requiert.
Se, pour sa femme, à avoir quiert
Ce qu'elle avoir peut de tresor,
De vostre argent et de vostre or
Li soit par son legat tramis,
Tant que vous soiez bons amis
Et que Clovis en ceste terre
Ne viengne pour nous faire guerre,
Car François sont cruex forment
Et le font touz jours vaillamment,
Vous le savez.
ij°. CONSEILLIER.
Certes, sire, voir dit avez :
De guerre sont sages et fors,
Et ont gaingnié par leurs effors
Mainte ville et maint bon chastel,
Si que c'est pour vous le plus bel
Que de ce qui li appartient
Ly envoiez; il esconvient
Le satisfait.
GONDEBAUT.
Or avant ! il vous sera fait,
Puisque vous me le conseilliez.
Aurelian ici vueilliez
Faire venir.
ij°. CONSEILLIER.
En l'eure, sanz plus plait tenir,
Sera ci, de voir le tenez.
— Aurelian amis, venez
A Gondebaut.
AURELIAN.
Alons ! je feray de cuer haut
Quanque direz.
ij°. CONSEILLIER.
Sire, d'Aurelian ferez
Vostre ami, que ci vous amaine,

LE PREMIER CONSEILLER.
Sire, s'il vous plaît, vous ferez ce que je dirai.
GONDEBAUT.
Allons, dites, et je vous écouterai : que voulez-vous dire?
LE PREMIER CONSEILLER.
Sire Aurélien, retirez-vous un peu à l'écart.
AURÉLIEN.
Sire, très-volontiers. Allons! parlez ensemble.
LE PREMIER CONSEILLER.
Cher sire, il me semble que Clovis vous adresse une demande raisonnable. Si, au nom de sa femme, il prétend avoir ce qu'elle peut posséder en fait de trésor, envoyez-lui de votre or et de votre argent par son ambassadeur, afin que vous soyez bons amis et que Clovis ne vienne pas dans ce pays pour nous faire la guerre, car les Français sont très-belliqueux, et se conduisent toujours vaillamment, vous le savez.
LE DEUXIÈME CONSEILLER.
Certes, sire, vous avez dit vrai : ils sont habiles et courageux dans la guerre, et ils ont gagné par leurs efforts mainte ville et maint bon château, en sorte que votre meilleur parti est de lui envoyer ce qui lui appartient ; il faut le satisfaire.
GONDEBAUT.
Allons, en avant ! cela sera fait, puisque vous me le conseillez. Veuillez faire venir ici Aurélien.
LE DEUXIÈME CONSEILLER.
Il sera ici à l'instant même, sans plus de discours, tenez cela pour vrai. — Ami Aurélien, venez auprès de Gondebaut.
AURÉLIEN.
Allons, je ferai de bon cœur tout ce que vous direz.
LE DEUXIÈME CONSEILLER.
Sire, vous ferez votre ami d'Aurélien que je vous amène ici, et je vous conseille

Et lo que du vostre demaine
Li soit livré comme à message
De Clovis : vous ferez que sage;
Tant que content Clovis se tiengne
Et que guerroier ne vous viengne :
   Je le conseil.
      GONDEBAUT.
Puisque le dites, je le vueil.
— En l'eure, amis, serez delivre.
Tenez, premierement vous livre
Ces draps d'or et ceste vaisselle
D'argent, qui est et bonne et belle;
Après, cest or sanz deporter
Ferez monnoié emporter,
Ces poz aussi, ces coulpes d'or;
N'y a mais riens en mon tresor.
A tant de moy vous deportez;
Car à vostre seigneur portez
Et joiaux et biens plus assez
Qu'il n'a ne gangnié ne amassez,
   Ce vous puis dire.
      AURELIAN.
Clovis est com vostre filz, sire :
Pour ce voz biens communs seront;
Ainsi par païs le diront
   Gens de raison.
      iij CHEVALIER.
Paiz! il est de raler saison :
Sire, de vous congié prendrons
Et d'aler en France tendrons,
   Il en est temps.
      PREMIER CONSEILLIER.
Monseigneur n'i met nul contens :
Alez-vous-ent quant vous plaira;
Il ne vous y contredira,
   Sachiez, de rien.
      ij CHEVALIER.
Certes, sire, je le croy bien.
— Or çà! sanz nous plus deporter,
Ces joiaulx nous fault emporter,
Et quant en nostre hostel venrons,
Sur .ij. sommiers les trousserons
   Jusques en France.
      AURELIAN.
Or le faisons sanz delaiance
Et n'y ait plus dit ne songié.
— Chier sire, par vostre congié
   Nous en alon.

de lui donner de votre avoir comme à un messager de Clovis : vous ferez sagement ; en sorte que ce roi se tienne pour content et qu'il ne vienne pas vous guerroyer : c'est mon avis.

      GONDEBAUT.

Puisque vous le dites, je le veux bien. — Ami, vous serez libre à l'heure même. Tenez, premièrement, je vous remets ces étoffes d'or et cette vaisselle d'argent, qui est bonne et belle ; après, vous ferez emporter sans délai cet or monnayé, ces pots aussi, ces coupes d'or ; mon trésor ne contient plus rien. Maintenant séparez-vous de moi ; car vous portez à votre seigneur en joyaux et en biens plus qu'il n'a gagné ou amassé, je puis bien vous le dire.

      AURÉLIEN.

Sire, Clovis est comme votre fils : c'est pourquoi vos biens seront communs ; ainsi le diront par le pays les gens raisonnables.

      LE TROISIÈME CHEVALIER.

Paix ! il est temps de s'en retourner : sire, nous prendrons congé de vous et nous nous mettrons en route pour la France, il en est temps.

      LE PREMIER CONSEILLER.

Monseigneur n'y met aucune opposition : allez-vous-en quand il vous plaira ; sachez qu'il ne s'y opposera en rien.

      LE DEUXIÈME CHEVALIER.

Certes, sire, je le crois bien. — Allons ! sans nous amuser davantage, il nous faut emporter ces joyaux-ci, et quand nous viendrons en notre logis, nous les chargerons sur deux chevaux jusqu'en France.

      AURÉLIEN.

Eh bien ! faisons-le sans délai, sans parler ou songer davantage. — Cher sire, avec votre permission nous nous en allons.

GONDEBAUT.
Alez. — J'ay plus chier le talon
Que les visages.

AURELIAN.
Biaux seigneurs, faisons comme sages :
Alons-nous maishui reposer
Et ces joiaus en sauf poser,
Et demain matin les ferons
Trousser, tant qu'à Paris serons,
Au roy Clovis.

iij^e. CHEVALIER.
Alons; que, selon mon avis,
Vous dites bien.

CLOTILDE.
Mon très chier seigneur, e ! combien
Que vous aie requis souvent
Que éussiez talent et couvent
A Dieu du ciel de devenir
Crestien et sa foy tenir,
Et de ce ne voulez rien faire
Pour ce que vous doubtez meffaire,
Je vous di, se ne la pernez
Et que soiez crestiennez,
Venir ne pourrez en la gloire
Des cieulx, ceci est chose voire ;
Mais vous mettez en aventure
D'estre sanz fin en paine dure:
Si vous pri, sire, aussi que moy
Prenez la crestienne loy,
Je le vous lo.

CLOVIS.
Dame, ne m'en parlez plus, ho !
Rien n'en feray.

CLOTILDE.
Non, sire ? Donques m'en tairay
Pour maintenant, vaille que vaille.
Han ! certes, il fault que m'en aille
De ci en ma chambre, chier sire :
Par les reins sanz tant de martire
Que trop. — Faites tost, Ysabel ;
Or en alons ensemble isnel,
Ne puis plus ci.

LA DAMOISELLE.
Alons, dame ; ne vous desdy
De chose que faire vueilliez.
Certainement vous traveilliez
De mal d'enffant, si con je pens.
Vez ci vostre chambre : entrez ens
En la bonne heure.

GONDEBAUT.
Allez. — J'aime mieux leurs talons que leur visage.

AURÉLIEN.
Beaux seigneurs, agissons sagement : allons maintenant nous reposer et mettre ces joyaux en sûreté, et demain matin nous les ferons charger, tant que nous soyons à Paris, auprès du roi Clovis.

LE TROISIÈME CHEVALIER.
Allons ; car, à mon avis, vous dites bien.

CLOTILDE.
Eh ! mon très-cher seigneur, bien que je vous aie souvent prié d'avoir le projet arrêté et de promettre au Dieu du ciel de devenir chrétien et d'embrasser sa foi, et que vous n'en vouliez rien faire, dans la crainte de commettre une mauvaise action, je vous dis que, si vous ne vous y décidez point et n'êtes pas baptisé, vous ne pourrez venir en la gloire des cieux, ceci est chose véritable ; mais vous vous exposez à être sans fin en proie à un cruel supplice : je vous prie donc, sire, d'embrasser comme moi la loi chrétienne ; je vous le conseille.

CLOVIS.
Holà ! dame, ne m'en parlez plus ; je n'en ferai rien.

CLOTILDE.
Non, sire ? Eh bien ! je ne dirai plus rien sur ce sujet, vaille que vaille. Hem ! certes, il faut, cher sire, que je m'en aille d'ici dans ma chambre : je sens tant de mal dans les reins que je ne puis le supporter. — Isabelle, faites vite ; allons-nous-en ensemble sur-le-champ, je n'en puis plus ici.

LA DEMOISELLE.
Allons-y, dame ; je ne vous contredis en rien que vous veuilliez faire. Certainement vous êtes, à mon avis, en mal d'enfant. Voici votre chambre : entrez-y pour votre bien.

AURELIAN.
Seigneurs, sanz plus faire demeure
Soit à Clovis l'avoir porté
Qu'avons de Bourgongne apporté,
　Car raison est.

ij^e. CHEVALIER.
C'est mon ; d'aler y sui tout prest,
　Si estes, vous.

iij^e. CHEVALIER.
Vous dites voir, mon ami doulx ;
Mais se, sanz porter li l'avoir,
Nous li alons faire savoir,
Je croy, certes, qu'il souffira ;
Et puis querre l'envoiera,
　Se bon li semble.

ij^e. CHEVALIER.
C'est voir ; alons-m'en touz ensemble
　Par devers li.

AURELIAN.
Alons, seigneurs ; je suis celi
Qui à vostre dit me consens.
— Chier sire, honneur et grace et sens
Acroissé en vous par sa bonté
Mahon, qui est en déité
　Regnant sanz fin !

CLOVIS.
Bien veigniez touz, vous mi affin.
Or çà ! comment va la besongne ?
Que dit Gondebaut de Bourgongne ?
　Dites-le-moy.

AURELIAN.
Sire, il ne dit que bien, par foy !
Et c'est à raison avoié,
Car il vous a, sire, envoié,
Ce tieng, le plus de son tresor
En vaisselle d'argent et d'or,
Et en grans sas plains de florins
Et en poilles riches et fins
　D'or et de soie.

ij^e. CHEVALIER.
Mais que de vous escoutez soie,
Sire, je vous diray tout voir
De ce tresor et cel avoir :
Ne nous sommes pas deporté
Que tout ne l'aions apporté
　Avecques nous.

iij^e. CHEVALIER.
Chier sire, il dit voir, et à vous

AURÉLIEN.
Seigneurs, portons sans retard à Clovis les richesses que nous avons apportées de Bourgogne, car c'est raison.

LE DEUXIÈME CHEVALIER.
C'est vrai ; je suis tout prêt à y aller, si vous l'êtes, vous.

LE TROISIÈME CHEVALIER.
Vous dites vrai, mon doux ami ; mais si, sans lui porter les richesses, nous allons l'en informer, je crois, certes, que cela suffira : et puis il les enverra chercher, si bon lui semble.

LE DEUXIÈME CHEVALIER.
C'est vrai ; allons-nous-en tous ensemble vers lui.

AURÉLIEN.
Allons, seigneurs ; je partage votre avis. — Cher sire, que Mahomet, qui est une divinité régnant sans fin, soit assez bon pour accroître en vous honneur, grâce et sens !

CLOVIS.
Mes amis, soyez tous les bienvenus. Eh bien ! comment vont les affaires ? Que dit Gondebaut de Bourgogne ? dites-le-moi.

AURÉLIEN.
Sire, par (ma) foi ! il ne dit que du bien ; et il est revenu à la raison, car il vous a, sire, envoyé, à ce que je crois, la meilleure partie de son trésor en vaisselle d'or et d'argent, en grands sacs pleins de florins et en étoffes d'or et de soie riches et fines.

LE DEUXIÈME CHEVALIER.
Écoutez-moi, sire, et je vous dirai toute la vérité au sujet de ce trésor et de cet avoir : nous ne nous sommes point arrêtés que nous ne l'ayons apporté en entier avec nous.

LE TROISIÈME CHEVALIER.
Cher sire, il dit vrai, et il vous sera en-

Entierement rendu sera
Toutes les foiz qu'il vous plaira
   Le demander.

        CLOVIS.

Bien ! Je le vueil sempres mander
   Privéement.

        AURELIAN.

Baillié sera certainement
A ceulx que vous envoierez.
Gardez qui vous ordenerez
   A venir y.

        CLOVIS.

N'en doubtez, si feray-je si.
Ore je vueil, sanz plus debatre,
Qu'alez souper et vous esbatre
   Jusqu'à la nuit.

      ij^e. CHEVALIER.

Alons-m'en, qu'il ne li annuit
   Nous trop ci estre.

      LA DAMOISELLE.

Robert, il vous fault entremettre
(Je vous truis ici bien à point)
D'aler au roy, ne tardez point;
Dites-li soit séur et fis
Que ma dame a éu un filz,
Qu'elle a volu si ordener
Qu'elle l'a fait crestienner,
Et est appellé Nigomire ;
Et ne le prengne pas en ire,
   Ce li prie-elle.

      ROBERT, escuier.

M'amie, de ceste nouvelle
Feray voulentiers le message.
G'y vois. — Vous et vostre bernage
Tiengne Mahon en honneur, sire !
De par ma dame vous vieng dire,
Qui à vous moult se recommande,
Q'un filz a éu, ce vous mande,
Qu'à son Dieu a volu donner
Pour le faire crestienner;
Et est nommé, ce vous puis dire,
En son baptesme Nigomire,
   Si comme on dit.

        CLOVIS.

Je n'y puis mettre contredit,
Puisque c'est fait. A li r'iras,
Et de par moy tu li diras
Qu'à l'enfant quiere telle garde
Qui le norrisse et bien le garde
   Songneusement.

tièrement rendu toutes les fois qu'il vous plaira de le demander.

        CLOVIS.

Bien ! Je veux le demander tout de suite en particulier.

        AURÉLIEN.

Certainement il sera donné à ceux que vous enverrez. Prenez garde à ceux à qui vous ordonnerez de venir ici.

        CLOVIS.

N'en doutez pas, j'en agirai ainsi. Maintenant je veux, sans discuter davantage, que vous alliez souper et vous ébattre jusqu'à la nuit.

    LE DEUXIÈME CHEVALIER.

Allons-nous-en, qu'il ne soit pas fatigué de nous voir trop long-temps ici.

      LA DEMOISELLE.

Robert, je vous trouve ici bien à propos : il faut vous charger d'aller auprès du roi, ne tardez point; dites-lui qu'il soit sûr et certain que ma dame a eu un fils, qui, par ses ordres, a reçu le baptême et le nom de Nigomire ; et elle le prie de ne pas s'en courroucer.

      ROBERT, écuyer.

Mon amie, je serai volontiers le messager de cette nouvelle. J'y vais. — Sire, que Mahomet tienne en honneur vous et votre baronnie ! Je viens vous dire de la part de ma dame, qui se recommande fort à vous, qu'elle a eu un fils : voilà ce qu'elle vous mande; elle a voulu le donner à son Dieu pour le faire chrétien ; et, je puis vous le dire, il a reçu le nom de Nigomire au baptême, comme on dit.

        CLOVIS.

Je ne puis y mettre opposition, puisque c'est fait. Tu retourneras auprès d'elle, et tu lui diras de ma part qu'elle cherche à l'enfant une garde qui le nourrisse et le veille bien soigneusement.

L'ESCUIER.
Sire, vostre commandement
Vois mettre à fin.
CLOVIS.
Vous deux, je vous pri de cuer fin
Qu'à Aurelian à delivre
Alez dire que ce vous livre
Qu'i m'a apporté de Bourgongne,
Et revenez ci sanz eslongne;
Or faites brief.
LE PREMIER SERGENT CLOVIS.
Très chier sire, qui qu'il soit grief,
Ce que vous commandez ferons
En l'eure; plus n'attenderons
Pas ne demi.
ij^e. SERGENT.
Vous dites voir, mon chier ami,
Mais qu'il le nous vueille livrer.
Alons savoir se delivrer
Le nous voulra.
PREMIER SERGENT.
Je pense bien que si fera,
Puisque le roy nous y envoie.
E gar! je le voy là en voie
Et .ij. chevaliers; n'est pas seulx :
Avançons-nous d'aler à eulx.
—Sire, Mahon vous soit amis !
Le roy nous a à vous tramis
Et vous mande que vous bailliez
Pour li porter et ne failliez,
Mais nous delivrez sanz eslongne
Ce qui est venu de Bourgongne
Par my voz mains.
AURELIAN.
Mes amis, n'en arez jà mains.
—Seigneurs, alons livrer bonne erre
A ces .ij. ce qu'ilz viennent querre,
Que Gondebaut baillié nous a.
Je vois devant. — Mes amis, çà !
Tenez, troucez, portez au roy;
Nous nous metterons en arroy
D'aler après.
PREMIER SERGENT.
Alons-m'en, puisque sommes prestz;
Je n'y voy miex.
ij^e. SERGENT.
Tenez, sire; par touz noz dieux!
Je ne fu onques mais portant
Chose qui me pesast autant
Com ceste a fait.

L'ÉCUYER.
Sire, je vais mettre à exécution votre commandement.
CLOVIS.
Vous deux, je vous prie de cœur d'aller tout de suite dire à Aurélien qu'il vous remette ce qu'il m'a apporté de Bourgogne, et revenez ici sans délai; allons! faites vite.
LE PREMIER SERGENT DE CLOVIS.
Très-cher sire, quelque peine que l'on en puisse éprouver, nous ferons sur l'heure ce que vous commandez; nous n'attendrons plus du tout.
LE DEUXIÈME SERGENT.
Vous dites vrai, mon cher ami, pourvu qu'il veuille nous le remettre. Allons savoir s'il le voudra.
LE PREMIER SERGENT.
Je pense bien qu'il le fera, puisque le roi nous y envoie. Eh regarde! je le vois là-bas en chemin avec deux chevaliers, il n'est pas seul; avançons-nous à leur rencontre. — Sire, que Mahomet soit votre ami! le roi nous a envoyés auprès de vous pour vous mander de donner ce qui est venu de Bourgogne en vos mains; c'est afin de le lui porter; ne manquez pas de nous le remettre, sans délai.
AURÉLIEN.
Mes amis, vous aurez tout. — Seigneurs, allons sur-le-champ livrer à ces deux hommes ce qu'ils viennent chercher, c'est-à-dire ce que Gondebaut nous a donné. Je vais devant. — Allons, mes amis! tenez, chargez, portez au roi; nous nous mettrons en marche pour vous suivre.
LE PREMIER SERGENT.
Allons-nous-en, puisque nous sommes prêts; je ne vois rien de mieux à faire.
LE DEUXIÈME SERGENT.
Tenez, sire; par tous nos dieux! je n'ai jamais rien porté qui pesât autant que ceci.

PREMIER SERGENT.
Ce fais aussi; suer me fait
Et ens et hors.

ij^e. SERGENT.
Chier sire, de touz les trésors
Gondebaut je vueil que sachiez
Touz les avez auques sachiez
Par devers vous.

iij^e. CHEVALIER.
Mahon scet la pene que nous
Y avons mis à l'apporter;
Vous vous avez biau deporter
Jusqu'à grant temps.

CLOVIS.
Biaux seigneurs, escoutez : j'entens
Que la ville de Meléun
Et la duchié et le commun
Veulent à moy estre rebelles;
Si vous y vueil touz envoier :
Pensez de vous tost avoier
Pour les sousprendre.

CLOTILDE.
Mon chier seigneur, je vous vien rendre
Graces de ce que vous m'avez
Mandé. Ne scé se le savez,
Nostre hoir qu'amoie de cuer fin,
Nigomire, est alé à fin
Et mis en terre.

CLOVIS.
De ceste nouvelle me serre
Le cuer et ay douleur amere.
Vous avez trop hestive, mere,
Esté de le crestienner.
Et tien de vray, se dedier
L'eussiez fait, dame, quoy c'on die,
A mes diex, encore fust en vie;
Mais pour ce qu'a baptesme éu,
Je voy plus vivre n'a péu :
Dont mal me fait.

CLOTILDE.
Chier sire, je rens de ce fait
Graces à Dieu quant m'a fait digne,
Qui sui sa petite meschine,
Qu'en sa gloire mon premier hoir
A deigné prendre et recevoir;
Et c'est la cause, ce sachiez,
Pour quoy de dueil mon cuer touchiez
N'en est en rien.

LE PREMIER SERGENT.
Ni moi non plus; j'en sue en dedans et en dehors.

LE DEUXIÈME SERGENT.
Cher sire, je veux que vous sachiez que vous avez tous les trésors de Gondebaut rassemblés devant vous.

LE TROISIÈME CHEVALIER.
Mahomet sait la peine que nous avons eue à les apporter; vous avez beau jeu à vous réjouir long-temps.

CLOVIS.
Beaux seigneurs, écoutez : j'apprends que la ville, le duché et la commune de Mélun veulent se révolter contre moi; je veux tous vous y envoyer : pensez à vous mettre bientôt en route pour les surprendre.

CLOTILDE.
Mon cher seigneur, je viens vous rendre grâces de ce que vous m'avez mandé. Je ne sais si vous le savez, notre héritier, que j'aimais de tout mon cœur, Nigomire, est mort et enterré.

CLOVIS.
Cette nouvelle me serre le cœur et me cause une vive douleur. Mère, vous vous êtes trop pressée de le baptiser. Et je suis convaincu, dame, que, si vous l'eussiez fait consacrer à nos dieux, quoi qu'on en dise, il serait encore en vie; mais je vois que, en raison de ce qu'il a reçu le baptême, il n'a pu vivre plus long-temps : ce dont je suis chagrin.

CLOTILDE.
Cher sire, je rends grâces à Dieu, dans cette circonstance, de m'avoir honorée, moi qui suis son humble servante, au point d'avoir daigné prendre et recevoir dans sa gloire mon premier né; et, sachez-le, c'est la cause pour laquelle mon cœur n'en est en rien douloureusement affecté.

CLOVIS.
Puisque le dites, or est bien ;
A tant me tais.
AURELIAN.
Sire, congié prenons huimais
De vous ; et, sanz nul contredit,
Faire ce que nous avez dit,
Chier sire, alons.
CLOVIS.
Alez, monstrez-leur que valons
Et quelles gens sommes en guerre ;
Et, s'ilz veullent la paiz requerre
Et noz bons subjez devenir,
Si faites la guerre fenir
Par contrat et par ordenance
Qu'ilz seront touz soubz ma puissance
Dès ores mais.
ij^e. CHEVALIER.
Bien, chier sire ; alons-m'en huymais
Sanz plus debatre.
CLOVIS.
Ainçois que me voise combatre,
Dame, à Ville-Juive iray,
Et là mes gens ordeneray
Et d'ilec m'en iray en l'ost ;
Quant je revenray, tart ou tost,
Souffise vous.
CLOTILDE.
Si fera-il, monseigneur doulx,
Quoy que vostre demour m'ennuye.
Je pri à Dieu qu'il vous conduye
Et vous ramaint par sa bonté,
Com je desir, à sauveté
D'ame et de corps.
CLOVIS.
Mahon, mon dieu misericors
Me soit ! — Biaux seigneurs, or avant !
Pour voie faire, alez devant
Moy, que le voie.
PREMIER SERGENT.
Vuidiez de ci, faites-nous voie,
Que ne vous fiere.
ij^e. SERGENT.
Sus, devant ! traiez-vous arriere ;
Donnez-nous cy d'aler espace,
Ou je vous donray de ma mace,
Certainement.
LA DAMOISELLE.
Chiere dame, trop malement
Vous voy souvent muer couleur :

CLOVIS.
Puisque vous le dites, allons, c'est bien ;
je n'en parle plus.
AURÉLIEN.
Sire, nous prenons maintenant congé de
vous ; et nous allons, cher sire, faire sans
objection ce que vous nous avez dit.
CLOVIS.
Allez, montrez-leur ce que nous valons
et quelles gens nous sommes en guerre ; et,
s'ils veulent demander la paix et devenir
nos fidèles sujets, faites finir les hostilités en
stipulant pour conditions qu'ils seront tous
désormais sous ma puissance.
LE DEUXIÈME CHEVALIER.
Bien, cher sire ; allons-nous-en maintenant sans plus de débats.
CLOVIS.
Dame, avant d'aller combattre, j'irai à
Villejuif ; là je mettrai mes gens en ordre et
de là je m'en irai à l'armée ; qu'il vous suf-
fise de savoir que je reviendrai tôt ou tard.
CLOTILDE.
Oui, mon doux seigneur, quoique votre
absence me soit pénible. Je prie Dieu d'ê-
tre assez bon pour vous conduire et vous
ramener sain et sauf d'ame et de corps,
comme je le désire.
CLOVIS.
Que mon dieu Mahomet me soit miséricordieux ! En avant, beaux seigneurs ! allez
devant moi pour m'ouvrir la route, que je
le voie.
LE PREMIER SERGENT.
Sortez d'ici, faites-nous place, que je ne
vous frappe.
LE DEUXIÈME SERGENT.
Allons, devant ! retirez-vous en arrière ;
laissez-nous le chemin libre, ou, certainement, je vous donnerai de ma masse.
LA DEMOISELLE.
Chère dame, je vous vois souvent changer de couleur d'une manière alarmante :

Aucun mal avez ou doleur,
    Si com je pens.
CLOTILDE.
Ysabel, m'amie, je sens
Par les rains, sachiez, tel angoisse
Qu'il m'est avis c'on les me froisse
Et que le dos par my me fent;
Ausi de mon premier enfent
    M'avint, m'amie.
LA DAMOISELLE.
Dame, ne nous decevez mie;
La ventriere mander vueilliez,
Que je tien que vous traveilliez
    D'enfant, sanz doubte.
CLOTILDE.
Je ne scé se ce seroit goute;
Mais, voir, je sui mal atournée.
— Ha, Mere Dieu, vierge honnourée!
    Secourez-moy.
LA DAMOISELLE.
Pour certain, ma dame, bien voy
Que traveilliez : je vois bonne erre
Envoier la ventriere querre.
— Puisque je vous truis ci, Robert,
D'aler querre soiez appert
Katherine, la sage-femme;
Et que tantost viengne à ma dame,
    Ceci li dites.
ROBERT.
Ne cesseray s'en seray quittés,
Et la vous menray ains que fine.
Là la voy aler. — Katherine,
    Parlez à moy.
KATHERINE.
Voulentiers, biau sire, par foy!
    Que me voulez?
ROBERT.
Il fault qu'à la roïne alez :
Je vous vien querre à grant besoing.
Venez-vous-en : ce n'est pas loing.
Ma suer, jusques là vous menray.
Entrez leens; cy vous lairay,
    M'amie chiere.
LA VENTRIERE.
Diex y soit! Qu'est-ce? quelle chiere,
    Ma chiere dame!
CLOTILDE.
Je sens de paine assez, par m'ame!
M'amie, en moy n'a ris ne jeu.

vous éprouvez du mal ou quelque douleur, à ce que je crois.
CLOTILDE.
Isabelle, mon amie, sachez que je sens par les reins une souffrance telle qu'il me semble qu'on me les froisse et que mon dos se fende par le milieu, exactement comme cela m'arriva, mon amie, lors de mon premier enfant.
LA DEMOISELLE.
Dame, ne nous trompez pas; veuillez mander la sage-femme, car je tiens, à n'en pas douter, que vous êtes en mal d'enfant.
CLOTILDE.
J'ignore si c'est cela; mais, vraiment, je suis bien mal. — Ah, Mère de Dieu, Vierge honorée! secourez-moi.
LA DEMOISELLE.
Ma dame, je vois bien d'une manière certaine que vous êtes en travail : je vais bien vite envoyer chercher la sage-femme. — Robert, puisque je vous trouve ici, hâtez-vous d'aller chercher Catherine, la sage-femme, et dites-lui qu'elle vienne auprès de ma dame sur-le-champ.
ROBERT.
Je ne cesserai pas (de marcher) que je ne m'en acquitte, et je vous l'amènerai avant de m'arrêter. Je la vois qui va là-bas. — Catherine, parlez-moi.
CATHERINE.
Volontiers, beau sire, par (ma) foi! Que me voulez-vous?
ROBERT.
Il faut que vous alliez auprès de la reine : je viens vous chercher pour un besoin pressant. Venez-vous-en : ce n'est pas loin. Ma sœur, je vous mènerai jusque-là. Entrez là dedans; je vous laisserai ici, ma chère amie.
LA SAGE-FEMME.
Dieu soit céans! Qu'est-ce? quelle mine, ma chère dame!
CLOTILDE.
Par mon ame! je souffre beaucoup! mon amie, je n'ai envie ni de rire ni de jouer.

— Aidiez-moy, doulce Mere Dieu,
  Par vostre grace.
    LA VENTRIERE.
Ma chiere dame, en po d'espace
Serez de voz griefs maux delivre.
Ne dites pas que je soie yvre;
Souffrir encore un po vous fault :
Je voy que serez sanz deffault
  Delivre en l'eure.
    CLOTILDE.
Diex! quant sera-ce? trop'demeure
Ceste alejance à moy venir.
— Vueille vous de moy souvenir,
  Vierge Marie.
    LA VENTRIERE.
Maisbui ne vous debatez mie,
Dame : voz grans maux sont passez.
Demandez quel enfant avez,
  Si ferez miex.
    CLOTILDE.
Puisqu'enfant ay, loué soit Diex,
Quoy que j'aye éu grant destresce!
— M'amie, dites-me voir, est-ce
  Ou fille ou filz?
    LA VENTRIERE.
Séur soit vostre cuer et fiz
Que c'est un fiz, ma chiere dame.
Diex li octroit de corps et d'ame
  Amendement!
    CLOTILDE.
Faites, couchiez-me appertement;
Et puis ce filz emporterez
Et crestienner le ferez,
  Que je le vueil.
    LA DAMOISELLE.
Nous ferons du tout vostre vueil
En l'eure et de voulenté fine.
— Prenez contre moy, Katherine,
Et dedans son lit la mettons;
De elle maishuy ne nous doubtons.
Puisque couchiée est et couverte,
Pensons chascune d'estre apperte
De faire à cest enfant donner
Baptesme et li crestienner :
  Il est raison.
    LA VENTRIERE.
Si soit fait sahz arrestoison.
Nous .ij. alons-m'en au moustier.
Porter le vueil : c'est mon mestier
  Et mon office.

— Aidez-moi, par votre grace, douce Mère de Dieu.
    LA SAGE-FEMME.
Ma chère dame, en peu de temps vous serez délivrée de vos maux cruels. Ne dites pas que je sois ivre; il vous faut souffrir encore un peu : je vois qu'à l'instant vous serez sans faute délivrée.
    CLOTILDE.
Dieu! quand sera-ce? ce soulagement tarde trop long-temps à venir. — Veuillez vous souvenir de moi, vierge Marie.
    LA SAGE-FEMME.
Dame, ne vous tourmentez pas davantage : vos grands maux sont passés. Demandez quel enfant vous avez eu, vous ferez mieux.
    CLOTILDE.
Puisque j'ai un enfant, Dieu soit loué, quoique j'aie beaucoup souffert! — Mon amie, dites-moi la vérité, est-ce un fils ou une fille?
    LA SAGE-FEMME.
Ma chère dame, que votre cœur soit sûr et convaincu que c'est un fils. Que Dieu lui accorde le bien du corps et de l'ame!
    CLOTILDE.
Allons! couchez-moi tout de suite; puis vous emporterez ce fils et vous le ferez baptiser, car je le veux.
    LA DEMOISELLE.
Nous ferons votre volonté en tout point sur l'heure et de tout notre cœur. — Prenez contre moi, Catherine, et mettons-la dans son lit; maintenant n'ayons plus de crainte à son sujet. Puisqu'elle est couchée et couverte, pensons chacune à faire donner tout de suite le baptême à cet enfant et à le rendre chrétien : c'est raison.
    LA SAGE-FEMME.
Qu'il soit fait ainsi sans retard. Nous deux allons-nous-en à l'église. Je veux le porter : c'est mon métier et mon office.

LA DAMOISELLE.
De ce ne vous tieng pas à nice.
Tant dis que ma dame repose,
Delivrons-nous de ceste chose
  Faire briefment.
LE VENTRIERE.
Dame, je l'accors : alons-m'ent
  Au moustier droit.
(Yci vont derriere, et puis viennent en sale.)
LA DAMOISELLE.
R'alons-nous-ent de cy endroit,
Katherine, j'en sui d'accort.
C'est bien à point : ma dame dort,
  Et sire aussi.
LA VENTRIERE.
C'est bien. Or la laissous ainsi,
  Tant que s'esveille.
LA DAMOISELLE.
Je ne dy pas que ne le vueille
  De vouloir fin.
CLOTILDE.
E! sire Diex qui es sanz fin,
Quant d'enfant m'avez delivré,
Quelle paine qu'il m'ait livré,
De cuer humblement vous mercy
De l'enfant et du mal aussy
  Que j'ay souffert.
LA VENTRIERE.
Chiere dame, lez vous couvert
Dort vostre filz le crestien ;
Et est nommez, je vous di bien,
  Clodomire.
CLOTILDE.
Ore loez soit Nostre-Sire
De ce qu'il a crestienté ;
Mais que Dieu le tiengne en santé !
  Il me souffist.
LA DAMOISELLE.
Ma dame, celi qui le fist
  Le laist bien vivre !
LA VENTRIERE.
Ma dame, puis qu'estes delivre
Et que je n'ay cy plus que faire,
Mais qu'il ne vous vueille desplaire,
  Je m'en iray.
CLOTILDE.
Bien, soit ! Alez ; je penseray
D'envoier vous, m'amie chiere,
Une de mes robes entiere
  Pour vostre paine.

LA DEMOISELLE.
Je ne vous en blâme pas. Tandis que ma dame repose, accomplissons sa volonté promptement.
LA SAGE-FEMME.
Dame, j'y consens : allons-nous-en droit à l'église.
(Ici ils vont derriere, et puis ils viennent en la salle.)
LA DEMOISELLE.
Catherine, si vous m'en croyez, allons-nous-en d'ici. C'est bien à propos : ma dame dort et monseigneur aussi.
LA SAGE-FEMME.
C'est bien. Maintenant ! laissons-la ainsi, tant qu'elle s'éveille.
LA DEMOISELLE.
Je ne dis pas que je ne le veuille de tout mon cœur.
CLOTILDE.
Eh ! sire Dieu qui es sans fin, puisque tu m'as délivrée, quelque souffrance que j'aie eue, je vous remercie de cœur humblement de l'enfant et du mal aussi que j'ai souffert.
LA SAGE-FEMME.
Chère dame, votre fils le chrétien dort couvert près de vous ; et, je vous le dis bien, il est nommé Clodomire.
CLOTILDE.
Maintenant que Notre-Seigneur soit loué de ce qu'il a reçu le baptême ; mais que Dieu le tienne en santé ! cela me suffit.
LA DEMOISELLE.
Ma dame, que celui qui le fit le laisse bien vivre !
LA SAGE-FEMME.
Ma dame, puisque vous êtes débarrassée et que je n'ai plus rien à faire ici, ne vous déplaise, je m'en irai.
CLOTILDE.
Bien, soit ! Allez ; je penserai, ma chère amie, à vous envoyer une de mes robes tout entière pour votre peine.

LA VENTRIERE.

Chiere dame, en bonne sepmaine
Vous mette la vierge Marie !
Plus me ferez de courtoisie,
Et plus pour vous Dieu pr[i]eray.
Chiere dame, à Dieu vous diray
 Pour maintenant.

CLOVIS.

Sanz moy plus estre cy tenant,
R'aler vueil, ains que mès je fine,
Savoir comment fait la royne.
Par ceste voie aler nous fault :
Gardez que n'aie pas deffault
 De large voie.

PREMIER SERGENT.

Non, non, se Mahon me voie.
— Ou vous ferez devant nous place,
Ou vous sentirez se ma mace
 Sera ligiere.

ij^e. SERGENT.

Ne desservez pas c'on vous fiere ;
 Alez-en sus.

CLOVIS.

Puisqu'en mon palais suis, or sus !
Que je sache, par amour fine,
En quel estat est la royne,
 Par l'un de vous.

PREMIER SERGENT.

Je vueil estre appert plus que touz :
 Sire, g'i vois.

CLOVIS.

Or va tost, foy que tu me dois,
 Sanz arrestage.

PREMIER SERGENT.

Chier sire, je n'en ay courage ;
Tost seray venu et alé,
Mais que j'aie à elle parlé ;
Et ce sera, sachiez, bien brief.
— Ma dame, Diex vous gart de grief !
Le roy si m'envoie savoir
Se de parler pourra avoir
 Accès à vous.

CLOTILDE.

Oïl assez, mon ami doulx ;
Di-li viengue quant li plaira :
Toute preste me trouvera
 Sanz contredire.

PREMIER SERGENT.

Bien est : je li vois donques dire.
— Sire, se à ma dame parler

LA SAGE-FEMME.

Chère dame, que la vierge Marie vous comble de joie ! Plus vous me ferez de largesses, et plus je prierai Dieu pour vous. Chère dame, je vous dirai adieu quant à présent.

CLOVIS.

Sans me tenir davantage ici, je veux m'en retourner, avant de m'arrêter, savoir comment va la reine. Il faut nous en aller par ce chemin : ne manquez pas de m'ouvrir largement la route.

LE PREMIER SERGENT.

Non, non, Mahomet me protége ! — Ou vous ferez place devant nous, ou vous sentirez si ma masse sera légère.

LE DEUXIÈME SERGENT.

Ne méritez pas que l'on vous frappe ; retirez-vous.

CLOVIS.

Puisque je suis en mon palais, allons ! que je sache par l'un de vous, je vous en prie, en quel état est la reine.

LE PREMIER SERGENT.

Je veux être plus expéditif que tous les autres : sire, j'y vais.

CLOVIS.

Allons, va vite, par la foi que tu me dois, sans t'arrêter.

LE PREMIER SERGENT.

Cher sire, je n'en ai pas envie ; je serai bientôt allé et venu, le temps seulement de lui parler ; et sachez que ce ne sera pas long. — Ma dame, que Dieu vous garde de chagrin ! Le roi m'envoie savoir s'il pourra être admis à vous parler.

CLOTILDE.

Oui, bien, mon doux ami ; dis-lui qu'il vienne quand cela lui plaira : il me trouvera toute prête, sans aucun doute.

LE PREMIER SERGENT.

C'est bien : je vais donc le lui dire. — Sire, si vous voulez parler à ma dame, vous pou-

Voulez, bien y povez aler
Sanz nulle empesche.
CLOVIS.
Alons! il fault que m'en depesche.
Alez devant.
ij^e. SERGENT.
Vostre vueil après et avant,
Sire, ferons.
PREMIER SERGENT.
Et ce qui vous plaira dirons,
Chier sire, aussi.
CLOVIS.
Dame, je vous vien veoir cy
Pour savoir de vostre portée
Comment vous estes deportée
Et quel enfant avez éu,
Et s'il est taillié ne méu
De vivre, dame.
CLOTILDE.
Chier sire, je ne say, par m'ame!
Je say bien j'ay éu un filz
(De ce, sire, vous fas-je fis),
Qui a esté crestienné,
Et li a-on le nom donné
De Clodomire.
CLOVIS.
Que je le voie, sanz plus dire,
Par amour, dame.
CLOTILDE.
Voulentiers, chier sire, par m'ame!
— Ysabel, tost alez le querre,
Et l'apportez ici bonne erre
Enmailloté.
LA DAMOISELLE.
Je vois, ma dame, en verité.
— Vez-le ci, monseigneur, gardez.
Par foy! se bien le regardez,
Il vous ressemble.
CLOVIS.
Je vous diray ce qui m'en semble :
Je le voy malade forment ;
De li ne peut estre autrement,
Puisqu'il a recéu baptesme
Ou nom vostre Dieu. C'est mon esme
Qu'il ne s'en voit à mort le cours,
Com son frere fist, sanz secours ;
Je vous dy voir.
CLOTILDE.
Il peut bien maladie avoir ;

vez bien y aller sans nul empêchement.
CLOVIS.
Allons! il faut que je me hâte. Allez devant.
LE DEUXIÈME SERGENT.
Sire, nous ferons votre volonté après et avant.
LE PREMIER SERGENT.
Et nous dirons aussi ce qui vous plaira, cher sire.
CLOVIS.
Dame, je viens vous voir ici pour savoir comment vos couches se sont passées, quel enfant vous avez eu, et si, dame, il est taillé et animé pour vivre.
CLOTILDE.
Cher sire, je ne sais, par mon ame! Je sais bien que j'ai eu un fils (je vous en informe, sire), lequel a été baptisé, et on lui a donné le nom de Clodomire.
CLOVIS.
Dame, de grâce, que je le voie, sans en dire davantage.
CLOTILDE.
Volontiers, cher sire, par mon ame! — Isabelle, allez tout de suite le chercher, et apportez-le bien vite ici emmaillotté.
LA DEMOISELLE.
J'y vais, ma dame, en vérité. — Le voici, monseigneur, regardez. Par (ma) foi! regardez-le bien, il vous ressemble.

CLOVIS.
Je vous dirai ce qui m'en semble : à ce que je vois, il est fort malade ; il n'en peut être autrement, puisqu'il a reçu le baptême au nom de votre Dieu. J'ai peur qu'il ne s'en aille tout droit à la mort, comme fit son frère, sans ressource ; je vous dis vrai.
CLOTILDE.
Il peut bien avoir une maladie ; mais,

Mais, se Dieu plaist, pas ne mourra.
Je tien, sire, qu'il garira ;
G'y ay fiance.

CLOVIS.

Puisqu'il est mis en la puissance
De vostre Dieu premièrement
Par vostre crestiennement,
Il ne peut qu'il ne le compere
Par mort, aussi que fist son frere.
Gardez-le bien, je le vous lais.
— Avant, seigneurs ! à grant eslais
Partons de cy.

ij^e. SERGENT.

Soit, chier sire, puisqu'est ainsi
Que vous le dites.

CLOTILDE.

Hé ! Mere Dieu, par voz merites,
Qui le fruit de vie portastes,
Et home et Dieu, vierge, enfantastes,
A cest enfant donnez santé
Par la vostre benignité,
Si que le pere en vouloir truisse
Tel que briefment faire li puisse
La foy catholique tenir
Et vray crestien devenir.
— Ysabel, tost, sanz plus preschier,
Reportez cest enfant couchier
Ysnellement.

LA DAMOISELLE.

Dame, vostre commandement
Du tout feray.

CLOTILDE.

Or alez, et tant dis g'iray
A tout mon livre Dieu prier.
Venez à moy sanz detrier,
Quant arez fait.

LA DAMOISELLE.

Dame, vostre voloir de fait
Vueil acomplir.

CLOTILDE.

Sire Diex, qui, pour raemplir
Les sieges de ton paradis,
Desquelx trebuchierent jadis
Les mauvais anges par orgueil,
Puis fu d'omme fourmer ton vueil,
Tel que les sieges possessast
Et sanz fin de ta gloire usast ;
Tu qui es sire, vie et voie,
A mon enfant santé renvoie
Tele qu'il soit sanz maladie,

s'il plaît à Dieu, il ne mourra pas. Je crois, sire, qu'il guérira ; j'en suis persuadée.

CLOVIS.

Puisqu'il est placé tout d'abord en la puissance de votre Dieu par le baptême que vous lui avez donné, il ne peut éviter de le payer par sa mort, de même que son frère. Gardez-le-bien, je vous le laisse. — En avant, seigneurs ! partons d'ici bien vite.

LE DEUXIÈME SERGENT.

Soit, cher sire, puisque vous le dites.

CLOTILDE.

Eh ! Mère de Dieu qui avez mérité de porter le fruit de vie, et qui, vierge, enfantâtes l'Homme-Dieu, soyez assez bonne pour donner la santé à cet enfant, de manière à ce que je trouve le père disposé à embrasser bientôt la foi catholique et à devenir chrétien. — Isabelle, vite, sans plus discourir, reportez promptement cet enfant coucher.

LA DEMOISELLE.

Dame, je ferai en tout votre commandement.

CLOTILDE.

Eh bien ! allez, et pendant ce temps-là j'irai prier Dieu avec mon livre. Venez auprès de moi sans tarder, quand vous aurez fait.

LA DEMOISELLE.

Dame, je veux accomplir votre volonté.

CLOTILDE.

Sire Dieu, qui, pour remplir les places de ton paradis, dont les mauvais anges furent jadis précipités par leur orgueil, eus ensuite la volonté de former l'homme pour occuper ces places et jouir sans fin de ta gloire ; toi qui es seigneur, vie et chemin, renvoie la santé à mon enfant, en sorte qu'il soit sans maladie et que le père ne dise plus que, parce qu'il est chrétien, vous ne pouvez pas lui donner la vie aussi bien que la mort,

Par quoy le pere plus ne die
Que pour ce, s'il est crestien,
Que ne li puissiez aussi bien
Donner la vie com la mort,
Et qu'en ce cas faille son sort.
— Ha, Dame des cieulx! en ce cas
Vueilliez estre mon advocas
Et ma petticion entendre;
Et je sui celle qui vueil tendre
A dire, ains que de ci me parte,
Voz heures, soit ou gaing ou perte,
    Devotement.

DIEU.

Mere, et vous, Jhesus, alons-m'ent;
Descendez jus, sanz plus ci estre.
Je voy là Clotilde soy mett[r]e
En telle lamentacion
Et en telle contriccion
Que de lermes moulle sa face.
Il convient que grace li face.
— Or sus, trestouz!

NOSTRE-DAME.

Mon Dieu, mon pere, mon filz doulz,
Nous ferons vostre voulenté.
— Sus, anges! soiez apresté
De tost descendre.

GABRIEL.

Dame, qui peustes comprendre
Ce que ne pevent pas les cieulx,
Chascun de nous est ententiex
De voz grez faire.

MICHIEL.

En ce ne povons-nous meffaire.
— Jehan, aussi qu'en esbatant,
Alons devant nous .iij. chantant:
Je le conseil.

SAINT JEHAN.

Il me plaist très bien et le vueil.
Sus! commençons, mes amis doulx.

Rondel.

Royne des cieulx, qui en vous
Servir met son entencion,
Moult fait bonne opperacion:
Il acquiert vertus et de touz
Ses vices a remission,
Royne des cieulx, qui en vous
Servir met son entencion;

et qu'en ceci son sort est malheureux. — Ah, Dame des cieux! veuillez, en cette circonstance, être mon avocate et entendre ma supplique; et je veux m'appliquer à dire dévotement vos heures, avant de m'en aller d'ici, que j'y gagne ou que j'y perde.

DIEU.

Mère, et vous, Jésus, allons-nous-en; descendez, sans rester plus long-temps ici. Je vois là-bas Clotilde qui se livre à une lamentation et à une douleur telles que sa face se mouille de larmes. Il faut que je lui accorde une grâce. — Allons, vous tous!

NOTRE-DAME.

Mon Dieu, mon père, mon doux fils, nous ferons votre volonté. — Allons, anges! soyez prêts à descendre bientôt.

GABRIEL.

Dame, qui pûtes comprendre ce que ne peuvent (embrasser) les cieux, chacun de nous est décidé à faire votre volonté.

MICHEL.

En cela nous ne pouvons errer. — Jean, allons-nous-en tous les trois en chantant, aussi bien qu'en nous livrant à nos jeux: c'est mon avis.

SAINT JEAN.

Cela me plaît très-fort et je le veux. Allons! commençons, mes doux amis.

Rondeau.

Reine des cieux, celui qui s'applique à vous servir fait une très-bonne opération: il acquiert des vertus et obtient la rémission de tous ses vices, Reine des cieux, celui qui s'applique à vous servir; et à la fin il trouve Dieu si doux qu'il est repu de gloire là où est toute perfection *.

---

* Ce rondeau, ainsi que quelques-unes des répliques qui le précèdent, se trouve déjà dans un autre Miracle du même manuscrit. Voyez ci-devant, p. 467, 468.

Et Dieu treuve en la fin si doulx
Que de gloire a reffeccion,
Où est toute perfeccion.

DIEU.

N'est pas d'aler m'entencion,
Mere, à Clotilde là endroit ;
Mais où son filz gist irons droit.
— Tenez-vous ci en ceste voie ;
Il souffist assez que le voie
 Et vous, Marie.

NOSTRE-DAME.

Je ne contredi ne varie,
Chier filz, à vostre voulenté ;
Ouvrez de vostre poosté
 Com vous plaira.

DIEU.

De ma presence te sera
Si bien, filz, que tu es gueriz
Et que ton mal est touz tariz
Par humble et devote priere
De Clotilde, ta mere chiere,
Qui en a fait si son devoir
Qu'elle doit bien ce don avoir :
Pour ce l'en est fait li ottrois.
— Or tost, mere, faites ces trois
 Aler devant.

NOSTRE-DAME.

Mon Dieu, voulentiers. — Or avant !
Anges, alez si com venistes ;
Et, en alant, le chant pardistes
 Qu'avez empris.

GABRIEL.

Excellente Vierge de pris,
Puisqu'il vous plaist, si ferons-nous.

Rondel.

Et Dieu treuve en la fin si doulx
Que de gloire a refeccion,
Où est toute perfeccion.
Royne des cieulx, qui en vous
Servir met son entencion
Moult fait bonne opperacion.

LA DAMOISELLE.

Sanz plus ci faire mension,
Aler à ma dame me fault ;
Mais avant verray que deffault
N'ait de riens son filz Clodomire.
E gar ! comme il se prent à rire !
Dieu mercy ! il est en bon point,

DIEU.

Mère, mon intention n'est pas d'aller là-bas vers Clotilde ; mais nous irons droit où son fils est couché. — Tenez-vous ici en ce chemin ; il suffit de moi et de vous, Marie, pour le voir.

NOTRE-DAME.

Cher fils, je ne mets ni opposition ni obstacle à votre volonté ; exercez votre puissance comme il vous plaira.

DIEU.

Fils, ma présence te sera si profitable que tu es guéri et que ton mal a disparu entièrement par la prière humble et dévote de Clotilde, ta chère mère, qui a fait en cela si bien son devoir qu'elle doit bien obtenir ce don : c'est pourquoi il lui est accordé. — Allons, mère, faites vite marcher ces trois devant.

NOTRE-DAME.

Volontiers, mon Dieu. — Allons, en avant ! anges, allez-vous-en comme vous vîntes ; et, en allant, achevez le chant que que vous avez commencé.

GABRIEL.

Vierge excellente et sans prix, puisque cela vous plaît, nous le ferons.

Rondeau.

Et, à la fin, il trouve Dieu si doux qu'il est repu de gloire (là) où est toute perfection. Reine des cieux, celui qui s'applique à vous servir fait une très-bonne opération*.

LA DEMOISELLE.

Il me faut, sans rester ici plus long-temps, aller auprès de ma dame ; mais avant j'aviserai à ce que son fils Clodomire ne man-

---

* L'observation précédente s'applique de même ici. Voyez ci-devant, p. 468, 469.

Dire li vois, sanz tarder point,
Ains que mais siesse.

CLOTILDE.

Ysabel, vous avez grant piece
Mis à venir.

LA DAMOISELLE.

Dame, ce qui m'a fait tenir
En la chambre un poy longuement,
S'a fait vostre filz vraiement,
Qui m'a tant ris, c'est chose voire,
Que vous ne le pourriés croire,
Et d'un ris sade.

CLOTILDE.

Donques n'est-il mie malade.
Ysabel, sanz plus ci seoir,
Alons-m'en; je le vueil veoir
Tout avant euvre.

LA DAMOISELLE.

Soit! Or veez comment il euvre
Doulcement, ma dame, la bouche
En riant. N'a mal qui li touche,
Ce tiens-je, dame.

CLOTILDE.

Aourée soit Nostre-Dame!
Au mains, quant le roy ci venra
Et en santé le trouvera,
N'ara-il de dire raison
Que pour baptesme ait achoison
Que mourir doie.

AURELIAN.

Mon chier seigneur, honneur et joye
Vous vueillent noz diex envoier,
Et vous en puissance avoier
Noble et haultaine!

CLOVIS.

Voir, j'ai oppinion certaine
Que vous me voulriez bien assez.
Bien veigniez touz; avant passez
Cy delez moy.

ij^e. CHEVALIER.

Mon chier seigneur, quant je vous voy,
Certainement j'ay le cuer lié
De ce que gay et esveillié
Je vous voy si.

CLOVIS.

Que me direz de nouvel cy?

que de rien. Eh regardez! comme il se prend à rire! Dieu merci! il est en bon état. Je vais le lui dire sans tarder, avant de m'asseoir.

CLOTILDE.

Isabelle, vous avez mis grand temps à venir.

LA DEMOISELLE.

Dame, ce qui m'a retenue dans la chambre un peu longuement, c'est votre fils, en vérité; il m'a tant souri que vous ne pourriez le croire, et son sourire était doux.

CLOTILDE.

Il n'est donc pas malade. Isabelle, ne restons plus assises ici, allons-nous-en; je veux le voir avant de rien faire.

LA DEMOISELLE.

Soit! Maintenant, madame, voyez comme il ouvre doucement la bouche en souriant. Dame, je crois qu'il n'a aucun mal.

CLOTILDE.

Louée soit Notre-Dame! Au moins, quand le roi viendra ici et qu'il le trouvera en santé, il ne sera pas fondé à dire que par suite de son baptême il doive mourir.

AURÉLIEN.

Mon cher seigneur, vueillent nos dieux vous envoyer honneur et joie, et vous amener à une noble et haute puissance!

CLOVIS.

En vérité, je suis convaincu que vous me voudriez beaucoup de bien. Soyez tous les bienvenus; avancez ici près de moi.

LE DEUXIÈME CHEVALIER.

Mon cher seigneur, quand je vous vois, certainement j'ai le cœur joyeux de vous voir si gai et si éveillé.

CLOVIS.

Que me direz-vous de nouveau ici? Qu'a-

Qu'avez fait? où esté avez?
Aucune chose m'en devez-
    Vous rapporter.

      ij^e. CHEVALIER.

Vous vous avez biau depporter
Con se vous fussiez le roy Daire;
Car jusqu'à la riviere d'Aire,
Sire, vostre regne s'estent,
Et tout le plat païs si tent
    A soubz vous estre.

      AURELIAN.

Sire, j'ay fait gens d'armes mettre
Aux fors garder et du commun,
S'avez le chastel de Meleun
Sur Saine, que moult los et pris,
Que de nouvel je vous ay pris
    Et conquesté.

      CLOVIS.

Aurelian, en verité,
Je tien que partout où pourriez
Mon bien et mon honneur voulriez;
Et aussi j'ay plus de fiance
En vous, ce sachiez, sanz doubtance,
Qu'en homme qui hante ma court,
Et plus d'amitié, c'est à court,
    Que je dit l'ay.

      UN PREVOST.

Chier sire, entendez sanz delay
Les nouvelles que vous vueil dire :
Senes et Alemans, chier sire,
Sont venuz en vostre païs.
Pour eulz sommes touz esbahis;
Car ilz sont trop grant multitude,
Et il ne mettent leur estude
Chascun jour qu'à nous faire guerre,
Prandre les gens, piller la terre;
Et, se brief ne nous secourez,
Vous verrez que vous perderez
    Et païs et gens.

      CLOVIS.

Seigneurs, il nous fault diligens
Estre de secourre ma terre :
De ci nous fault partir bonne erre.
—Mon ami, devant t'en iras,
Et partout tu commenderas
Qu'avant qu'il soient embatuz
Es villes, soient combatuz
    Bien et forment.

vez-vous fait? où avez-vous été? Vous devez m'en rapporter quelque chose.

      LE DEUXIÈME CHEVALIER.

Vous avez beau jeu comme si vous étiez le roi Darius; car, sire, votre royaume s'étend jusqu'à la rivière d'Aire, et tout le plat pays tend à être sous votre domination.

      AURÉLIEN.

Sire, j'ai fait mettre des gens d'armes et du peuple pour garder les forts, et vous avez le château de Melun-sur-Seine, que j'estime et prise fort, et que j'ai pris et conquis nouvellement pour vous.

      CLOVIS.

Aurélien, en vérité, je suis persuadé que partout où vous pourriez vous voudriez mon bien et mon honneur; aussi ai-je plus de confiance en vous, sachez-le à n'en pas douter, qu'en tout autre qui hante ma cour, et, en un mot, j'ai plus d'amitié (pour vous) que je ne l'ai dit.

      UN PRÉVÔT.

Cher sire, entendez sans délai les nouvelles que je veux vous dire. Cher sire, les Saxons et les Allemands sont venus en votre pays. Nous sommes tout stupéfaits de les voir; car ils sont en très-grand nombre, et ils ne s'appliquent chaque jour qu'à nous faire la guerre, à prendre les gens, à piller le pays; et, si vous ne nous secourez bientôt, vous verrez que vous perdrez et terre et gens.

      CLOVIS.

Seigneurs, il nous faut être diligens à secourir ma terre, et partir bien vite. — Mon ami, tu t'en iras devant, et partout tu commanderas qu'on les combatte vigoureusement, avant qu'ils aient pénétré dans les villes.

PREVOST.
Sire, vostre commandement
Vois faire en l'eure.
CLOVIS.
Alons-m'en sanz plus de demeure,
Ne estre plus cy.
ij^e CHEVALIER.
Sire, se bon vous semble ainsi,
Par ma dame nous en irons ;
Ne savons se la reverrons
Jamès journée.
CLOVIS.
Soit y vostre voie tournée,
Il me plaist bien.
AURELIAN.
Alons dont par ci, que je tien
C'est nostre miex.
CLOVIS.
Or çà, dame ! que fait ce fiex ?
Dites-le-nous.
CLOTILDE.
Mon chier seigneur, bien veigniez-vous ;
Il est en bon point, Dieu mercy.
Dites, où alez-vous ainsi
Et ces gens touz ?
CLOVIS.
Nous alons pour combatre nous
A Alemens et pour eulz nuire,
Qui mon païs viennent destruire
Et essillier.
CLOTILDE.
Ore ne vous puis conseillier ;
Mais, certes, se me créussiez,
Comme moy crestien fussiez
Et eussiez recéu baptesme
Et pieça d'uille et du saint cresme
Fussiez enoint.
CLOVIS.
Souffrez, je ne vous en vueil point ;
En vain gastez vostre langage.
Vous estes en ce cas trop sage ;
Depportez-vous à ceste foiz.
A Mahon vous dy ; je m'en vois,
Sanz plus ci estre.
CLOTILDE.
Chier sire, Dieu vous vueille mettre
En vouloir de tenir sa foy,
Par quoy nous soions, vous et moy,
D'une creance !

LE PRÉVÔT.
Sire, je vais faire sur l'heure votre commandement.
CLOVIS.
Allons-nous-en sans plus tarder, ne restons plus ici.
LE DEUXIÈME CHEVALIER.
Sire, s'il vous semble bon, nous nous en irons par (où est) ma dame ; nous ne savons pas si nous la reverrons jamais.
CLOVIS.
Tournez-y vos pas, cela me plaît fort.
AURÉLIEN.
Allons-nous-en donc par ici, car je crois que c'est notre meilleur parti.
CLOVIS.
Eh bien, dame ! comment va ce fils ? dites-le-nous.
CLOTILDE.
Mon cher seigneur, soyez le bienvenu ;
Dieu merci, il est bien portant. Dites, où allez-vous ainsi, vous et tout ce monde ?
CLOVIS.
Nous allons combattre et repousser les Allemands, qui viennent détruire et saccager mon pays.
CLOTILDE.
Maintenant, je ne puis vous conseiller ; mais, certes, si vous me croyiez, vous seriez chrétien comme moi, vous auriez reçu le baptême et seriez oint d'huile et du saint chrême depuis long-temps.
CLOVIS.
Permettez, ce n'est point à vous que j'en veux ; vous dépensez vainement vos paroles. Vous êtes trop sage en cette circonstance ; cessez pour le moment. Je vous dis adieu ; je m'en vais sans m'arrêter ici plus long-temps.
CLOTILDE.
Cher sire, que Dieu veuille vous inspirer la volonté d'embrasser sa foi, pour que, vous et moi, nous ayons la même croyance !

ij%. CHEVALIER.
Hé! Dieu, en qui avez fiance,
Chiere dame, par son plaisir
Acomplisse vostre desir
  Par bon affaire!
CLOTILDE.
Telle besongne puissiez faire
Là où vous alez, mes amis,
Qu'en honneur en soit chascun mis
  De corps et d'ame!
ij%. CHEVALIER.
A Mahon vous commans, ma dame;
Qui si vous vueille regarder
Que touz jours vous vueille garder
  En son conduit!
CLOTILDE.
De toute rien qui vous ennuit,
Biaux seigneurs, vous deffende Diex,
Et vostre fait de bien en miex
  Touz jours adresce!
LE ROY DES ALEMANS.
Seigneurs, trop sommes oiseux; qu'est-ce?
Entre nous qui tant de gens sommes,
Courir nous convient sus aux hommes
De ce païs et les pillier,
Femmes et enfans essillier;
Et se nul contre nous rebelle,
D'une espée ait, soit il, soit elle,
  Par mi le corps.
PREMIER CHEVALIER ALEMANT.
Chier sire, à ce trop bien m'acors;
Mais or avisons tout à trait
Où nous ferons nostre retrait,
  C'est neccessaire.
ij%. CHEVALIER ALEMANT.
En celle place l'alons faire,
Et considerons par quel tour
Nous pourrons touz jours, sanz retour,
  Avant aler.
LE ROY ALEMANT.
Bien est. Alons, sanz plus parler,
  Je m'y assens.
CLOVIS.
Seigneurs, à ce que voy et sens,
Combatre nous convient sanz faille.
Autre foiz avons en bataille
Esté, sanz estre mors ne pris:
Or nous fault, pour acquerre pris,

LE DEUXIÈME CHEVALIER.
Eh, chère dame! que Dieu, en qui vous avez confiance, veuille accomplir heureusement votre désir!

CLOTILDE.
Mes amis, puissiez-vous, où vous irez, faire une besogne telle que chacun y acquière de l'honneur pour son corps et pour son ame!

LE DEUXIÈME CHEVALIER.
Madame, je vous recommande à Mahomet; puisse-t-il vous regarder de manière à vous avoir toujours en sa garde!

CLOTILDE.
Beaux seigneurs, que Dieu vous défende de tout ce qui pourrait vous être désagréable, et qu'il dirige toujours vos affaires de bien en mieux!

LE ROI DES ALLEMANDS.
Seigneurs, qu'est-ce que cela? nous sommes trop oisifs. Nombreux comme nous le sommes, il nous faut courir sus aux hommes de ce pays et les piller, et massacrer femmes et enfans; et si quelqu'un se révolte contre nous, homme ou femme, qu'il soit passé au fil de l'épée.

LE PREMIER CHEVALIER ALLEMAND.
Cher sire, je consens très-bien à cela; mais maintenant avisons tout de suite où nous ferons notre retraite, si elle est nécessaire.

LE DEUXIÈME CHEVALIER ALLEMAND.
Nous allons le placer en cet endroit, et considérons comment nous pourrons toujours aller en avant, sans être forcés de retourner sur nos pas.

LE ROI ALLEMAND.
C'est bien. Allons, sans plus de paroles, je suis de votre avis.

CLOVIS.
Seigneurs, à ce que je vois et sens, il nous faut absolument combattre. Autrefois nous avons assisté à des batailles, sans être ni morts ni pris: maintenant il nous faut, pour acquérir de l'honneur, attaquer nos

Contre noz ennemis rengier
Et de eulx nostre païs vengier
    Qu'à tort assaillent.
            AURELIAN.
Sire, je tien, pour ce que faillent,
Qu'il decherront de leur affaire.
Donner nous pourront bien affaire;
Mais vous verrez que tant feront
Qu'en la fin desconfiz seront.
Envoiez savoir, bien ferez,
Quelle part vous les trouverez,
Afin que ne puissons faillir
De les en sursault assaillir,
    Non pas eulz nous.
            CLOVIS.
C'est bien dit. — Huchon, ami doulx.
Or sachiez, se Mahon vous gart,
De ces Alemans quelle part
    Nouvelle ourrez.
        L'ESCUIER AURELIAN.
Chier sire, jamais n'en arez;
Obéir vueil à voz commans.
G'y vois; à Mahon vous commans.
— Seigneurs, n'y a plus, je revien.
Trouvé les ay, je vous dy bien,
Où viennent droit çà sanz faillir
Pour vous combatre et assaillir:
    C'est leur entente.
            CLOVIS.
Or tost! rengons-nous sanz attente,
Et puis irons sur eulx après.
Je les pense à tenir si près
Et si court que n'eschaperont
De mort, ou ilz se renderont
    En ma mercy.
        ij^e CHEVALIER CLOVIS.
Chier sire, venir les voy ci:
Rengons-nous serrez tellement
Que ne se puissent nullement
    En nous embatre.
        iij^e. CHEVALIER ALEMANT.
Rendez-vous, rendez sanz combatre:
C'est vostre miex, à verité;
Car de gens si grant quantité
Sommes c'on ne nous peut nombrer,
Ne de nous jamais descombrer
    Ne vous pourrez.
        iij^e. CHEVALIER CLOVIS.
Non, non, au jour d'ui touz mourrez.
— Ferons sur eulx sanz espargnier:

ennemis et venger notre pays de ceux qui l'envahissent à tort.

AURÉLIEN.

Sire, puisqu'ils s'arrêtent, je tiens (pour certain) que leurs affaires iront mal. Ils pourront bien nous donner du tracas; mais vous verrez qu'ils feront tant qu'à la fin ils seront battus. Voulez-vous bien faire ? Envoyez savoir en quel lieu vous les trouverez, afin que nous ne puissions pas manquer de les attaquer à l'improviste, et qu'ils ne nous surprennent point.

CLOVIS.

C'est bien dit. — Huchon, mon doux ami, maintenant, Mahomet vous garde ! sachez où vous aurez des nouvelles de ces Allemands.

L'ÉCUYER D'AURÉLIEN.

Cher sire, jamais vous n'en aurez; je veux obéir à vos ordres. J'y vais, et vous recommande à Mahomet. — Seigneurs, c'est fini, me voici de retour. Je vous le dis bien, je les ai trouvés qui viennent tout droit ici sans faute pour vous attaquer et vous combattre: c'est leur intention.

CLOVIS.

Allons vite! rangeons-nous (en bataille) sans tarder, et puis après nous marcherons sur eux. Je compte les tenir si près et si court qu'ils n'échapperont à la mort, qu'en se mettant à ma merci.

LE DEUXIÈME CHEVALIER DE CLOVIS.

Cher sire, je les vois venir ici : serrons tellement nos rangs qu'ils ne puissent nullement y pénétrer.

LE TROISIÈME CHEVALIER ALLEMAND.

Rendez-vous, rendez-vous sans combattre : c'est ce que vous avez de mieux à faire, en vérité; car nous sommes une si grande quantité de gens qu'on ne peut nous nombrer, et que vous ne pourrez jamais vous débarrasser de nous.

LE TROISIÈME CHEVALIER DE CLOVIS.

Non, non, vous mourrez tous aujourd'hui. — Frappons sur eux sans quartier: ils

Il sont ci venuz barguignier
Ce que mie n'emporteront;
Nient moins si chier l'acheteront
    Com de la vie.

LE ROY ALEMANT.

De toy occire ay grant envie,
Et si feray ains que je cesse.
Tien, va, ta veue felonnesse
    Changier feray.

AURELIAN.

Mon chier seigneur, je vous diray,
S'en noz forces nous aerdons,
Je ne voy pas que ne perdons.
Ces gens ne sont en riens lassez,
Et sont trop plus que nous d'assez.
Je ne voy qu'en ceste bataille
Soit force humaine qui nous vaille,
Que n'aions le pis de la guerre.
Je vous conseil, vueilliez requerre
D'umble cuer la vertu divine
(Je dy le Dieu que la royne
Ma dame si souvent vous presche)
Que de ceste gent vous depesche;
Et li promettez à delivre
Que, se à honneur vous en delivre,
    En li croirez.

CLOVIS.

Aurelian, et que ferez?
    Dites-le-moy.

AURELIAN.

Et je feray com vous, par foy!
    Se je tant vif.

CLOVIS.

Jhesu-Crist, filz de Dieu le vif,
Qui mez de tribulacion
Les cuers en consolacion,
Et à ceulx qui leur esperance
Mettent en toy et ont fiance
Sequeurs et leur donnes t'ayde,
Se me dit ma femme Clotilde;
Sire, humblement te requier, voire,
Que me vueilles donner victoire
De mes ennemis qui sont cy;
Et se je voy qu'il soit ainsi,
Je te promet que me feray
Baptizer et en toy croiray:
J'ay trop bien appellé mes diex;
Mais ne voy qu'il m'en soit riens miex,
Ains se sont esloigié de moy:
Et pour ce dy, quant ce ci voy,

sont venus ici marchander ce qu'ils n'emporteront pas; ils ne l'achèteront pas moins qu'au prix de leur vie.

LE ROI ALLEMAND.

J'ai grand'envie de te tuer, et je le ferai incontinent. Tiens, va, je te ferai changer ton regard menaçant.

AURÉLIEN.

Mon cher seigneur, je vous dirai que, si nous comptons sur nos forces, je ne vois pour nous que de la perte. Ces gens ne sont nullement las, et ils sont en bien plus grand nombre que nous. Je ne vois pas que dans cette bataille aucune force humaine nous soit de quelque utilité et nous empêche d'avoir le dessous. Je vous le conseille, veuillez prier d'un cœur humble la vertu divine (je dis le Dieu que la reine ma maîtresse vous prêche si souvent) qu'elle vous débarrasse de ces gens; et promettez-lui tout de suite que, s'il vous en tire honorablement, vous croirez en lui.

CLOVIS.

Aurélien, et que ferez-vous? dites-le-moi.

AURÉLIEN.

Par (ma) foi! je ferai comme vous, si je vis assez (pour cela).

CLOVIS.

Jésus-Christ, fils du Dieu vivant, qui ôtes de tribulation et consoles les cœurs, et qui prêtes aide et secours à ceux qui mettent leur espoir et leur confiance en toi, à ce que me dit ma femme Clotilde; Sire, je te prie humblement de me faire remporter la victoire sur mes ennemis qui sont ici; et si je vois que cela arrive, je te promets que je me ferai baptiser et que je croirai en toi. J'ai bien invoqué mes dieux; mais je ne vois pas ce que j'y ai gagné, au contraire ils se sont éloignés de moi: c'est pourquoi je dis, en voyant ceci, que ce sont des dieux sans puissance, en qui nul ne doit croire, puisqu'ils n'aident ni ne secourent dans l'occasion ceux qui les implorent: en conséquence j'ai le désir de croire en toi; mais

Ce sont diex de nulle puissance,
Où nul ne doit avoir creance,
Puisqu'ilz n'aident ne sequeurent
Au besoing ceulx qui les acurent :
Pour ce de toy croire ay desir;
Mais qu'il te soit, Sire, à plaisir
Que mes adversaires tu livres,
Si qu'à mon honneur m'en delivres
 Pour touz jours mais.

ij^e. CHEVALIER CLOVIS.

Avant, seigneurs ! avant ! huymais,
Pensons de fort combatre : or sus !
Je voy de eulx sommes au dessus,
Le plus bel avons de la guerre;
Car je voy là leur roy par terre
 Tout mort gisant.

iiij^e ALEMANT.

Ne scé que voise plus disant;
De ceste guerre avons le pis.
E las ! que nous serons despis !
 Voir, je m'en fui.

CLOVIS.

Avant, biaux seigneurs ! au jour d'uy
Pensez touz de si bien ouvrer
Que puissons honneur recouvrer,
 Et moy et vous.

PREMIER ALEMANT.

Sanz plus combatre escoutez-nous,
Sire roys, com doulx et propice :
Nous vous supplions ne perisse
Par guerre plus nulz de noz hommes;
A vous nous rendons, vostres sommes,
 Chier sire, à plain.

CLOVIS.

Ho, seigneurs ! je met en ma main
Ces gens-cy : ne vous debatez
Plus à eulx ne ne combatez;
Puisqu'à ma voulenté se rendent
Et pais et mercy me demandent,
 Je vueil qu'ilz l'aient.

ij^e. CHEVALIER CLOVIS.

Si aront-il, ne s'en esmaient,
 Quant le voulez.

CLOVIS.

Seigneurs, maishuy vous en alez;
Par mon conseil ordeneray
Quel tréu sur vous prenderay
 Com mes subgiez.

ij^e ALEMANT.

Tel, sire, qu'il sera jugiez,

LE DEUXIÈME CHEVALIER DE CLOVIS.

En avant, seigneurs ! en avant ! dès ce moment, songeons à bien combattre : allons ! Je vois que nous avons le dessus, et le plus beau côté de la guerre; car j'aperçois là par terre leur roi étendu mort.

LE QUATRIÈME ALLEMAND.

Je ne sais que dire de plus; nous avons le pire dans cette guerre. Hélas ! comme nous serons honnis ! Oui vraiment, je m'en fuis.

CLOVIS.

En avant, beaux seigneurs ! aujourd'hui songez à si bien faire que nous puissions, vous et moi, recouvrer l'honneur.

LE PREMIER ALLEMAND.

Sire roi, sans combattre davantage, prêtez-nous une oreille favorable et propice : nous vous supplions de ne pas souffrir que la guerre fasse périr plus de nos hommes; nous nous rendons à vous, nous sommes entièrement à votre merci, cher sire.

CLOVIS.

Holà, seigneurs ! je mets ces gens-ci sous ma protection : ne combattez plus contre eux; puisqu'ils se rendent à moi et qu'ils me demandent paix et merci, je veux qu'ils les aient.

LE DEUXIÈME CHEVALIER DE CLOVIS.

Qu'ils n'aient pas peur, ils les auront, puisque vous le voulez.

CLOVIS.

Seigneurs, allez-vous-en maintenant; après avoir ouï mon conseil, je réglerai quel tribut je prendrai sur vous comme mes sujets.

LE DEUXIÈME ALLEMAND.

Sire, nous vous le paierons désormais

veuille, Sire, me livrer mes adversaires, de manière à m'en délivrer pour toujours à mon honneur.

Dès ores mais vous paierons
Chascun an ; n'i contredirons
En rien, pour voir.
AURELIAN.
Alez, il vous fera savoir
Ce qu'il voulra que li faciez.
— Sire, il est bon que vous lessiez
Ce païs et que retournons
En France : trop miex i serons
Assez que cy.
ij^e. CHEVALIER CLOVIS.
C'est voir, c'est nostre aïr aussi ;
Avecques noz paiens serons :
Pour quoy souvent nous viverons
Des cuers plus liez.
CLOVIS.
Ore, puisque le conseilliez,
Je vueil qu'il soit à vostre dit :
Alons-m'en tost sans contredit
Par ceste voie.
iij^e. CHEVALIER.
Alons. Certes, mais que vous voie,
La royne grant joie ara,
Quant la victoire dire orra
Qu'avez éu.
CLOVIS.
N'en doubtez, bien ramentéu
Li sera ; mais qu'à elle viengne.
— Dame royne, Dieu vous tiengne
En s'amitié !
CLOTILDE.
Chier sire, pour la Dieu pitié,
Qui vous a ce salut apris,
Ne où avez-vous vouloir pris
De le me dire?
CLOVIS.
Ce a fait Jhesu-Crist, nostre sire,
M'amie, qu'à vray Dieu je tieng :
Savez pourquoy? D'un païs vieng
Où guerres ay fait si grevaines
Contre Alemans et contre Senes
Que c'est merveille à raconter.
Telle heure ay véu, sanz doubter,
Que rangiez fumes pour combatre ;
Mais ilz estoient plus de quatre
Hommes contre un que j'en avoie.
Alors que faire ne savoie ,
Toutesvoies ne detriay :
Mes diex devotement priay
Que par eulx fusse secoruz ;

tous les ans tel qu'il sera fixé ; en vérité, nous ne nous y refuserons en rien.

AURÉLIEN.

Allez, il vous fera savoir ce qu'il voudra que vous fassiez à son égard. — Sire, il est bon que vous laissiez ce pays et que nous retournions en France : nous y serons bien mieux qu'ici.

LE DEUXIÈME CHEVALIER DE CLOVIS.

C'est vrai, c'est aussi notre avis ; nous serons avec nos compatriotes : ce qui fait que nous vivrons le cœur souvent plus joyeux.

CLOVIS.

Eh bien, puisque vous me le conseillez, je veux qu'il soit fait selon votre parole : allons-nous-en vite sans réplique par cette route.

LE TROISIÈME CHEVALIER.

Allons. Certes, lorsque la reine vous verra, elle aura beaucoup de joie à entendre raconter la victoire que vous avez remportée.

CLOVIS.

N'en doutez pas, cela lui sera bien rapporté ; mais (il faut) que je vienne auprès d'elle. — Dame reine, que Dieu vous conserve son amitié !

CLOTILDE.

Cher sire, pour l'amour de Dieu, qui vous a appris ce salut, et où avez-vous pris l'idée de me l'adresser ?

CLOVIS.

Mon amie, notre seigneur Jésus-Christ, que je tiens pour vrai Dieu, en est l'auteur : savez-vous pourquoi? Je viens d'un pays où j'ai soutenu des guerres si terribles contre les Allemands et les Saxons que c'est merveilleux à raconter. J'ai vu l'heure, n'en doutez pas, où nous fûmes en rang pour combattre ; mais ils étaient plus de quatre hommes contre un que j'avais. Alors je ne savais que faire, toutefois je ne reculai pas : je priai dévotement mes dieux de me secourir ; mais, bien que j'eusse recouru à eux, ils ne me firent ni chaud ni froid. Quand je me vis en cette extrémité et qu'ils

Mais, quoy qu'à eulx fusse coruz,
Ne me firent ne chaut ne froit.
Quant je me vy à ce destroit
Et qu'il m'ocioient mes gens,
Aurelian, li preuz, li gens,
S'en vint à moy, qui me vint dire :
« Requerez l'aïde, chier sire,
De Jhesu-Crist qui vous sequeure. »
Dame, je le fis, et en l'eure
De mes ennemis s'en fouirent
Les uns ; les autres se rendirent.
Ainsi les conquis à ce pas ;
Et, puisque oblié ne m'a pas
Jhesus, pas ne l'oublieray :
Pour s'amour baptizé seray,
 Et bien brief, dame.

CLOTILDE.

Par ce point sauverez vostre ame,
Chier sire, et arez Dieu ami.
Souffrez, je manderay Remi,
Qui de Reins est dit arcevesque,
Qui vous enseignera (maïs que
Il le vous plaise à escouter)
Comment ne devez point doubter,
Mais séur devez estre et fis,
Que Dieu le pere et Dieu le filz
Et Dieu Sains-Esperiz aussi
Sont trois personnes ; mais icy,
En ceste haulte trinité,
N'a qu'une seule déité :
 Or m'entendez ?

CLOVIS.

Dame, pour Dieu ! tost le mandez,
 Que je le voie.

CLOTILDE.

Qui voulez-vous que g'y envoie,
 Mon seigneur chier ?

CLOVIS.

Envoiez-y ce chevalier,
 Sanz nul detri.

CLOTILDE.

Voulentiers. — Sire, je vous pri
Que m'ailliez l'arcevesque querre
De Reins, et qu'il viengne bonne erre
 Yci à moy.

PREMIER CHEVALIER.

Voulentiers, dame, par ma foy !
G'y vois ; sachiez, ne fineray
Jusqu'à ce que ci l'amenray.
— Je le voy là, c'est bien à point.

me tuaient mes gens, Aurélien, le preux, le noble, s'en vint me dire : « Cher sire, implorez l'aide et le secours de Jésus-Christ. » Dame, je le fis, et sur l'heure une partie de mes ennemis s'enfuit ; les autres se rendirent. Ainsi je les conquis du coup ; et, puisque Jésus-Christ ne m'a pas oublié, je ne l'oublierai pas : je me ferai baptiser pour l'amour de Dieu, et cela bientôt, dame.

CLOTILDE.

Ce faisant, cher sire, vous sauverez votre ame et vous aurez Dieu pour ami. Permettez, je manderai Remi, qui a le titre d'archevêque de Reims ; il vous enseignera, pourvu qu'il vous plaise de lui prêter attention, comment vous ne devez point douter, mais être sûr et convaincu, que Dieu le Père, Dieu le Fils et Dieu le Saint-Esprit aussi sont trois personnes ; mais ici, dans cette haute Trinité, il n'y a qu'une divinité unique : maintenant m'entendez-vous ?

CLOVIS.

Dame, pour (l'amour de) Dieu ! mandez-le vite que je le voie.

CLOTILDE.

Qui voulez-vous que j'y envoie, mon cher seigneur ?

CLOVIS.

Envoyez-y ce chevalier, sans nul délai.

CLOTILDE.

Volontiers. — Sire, je vous prie de m'aller chercher l'archevêque de Reims ; dites-lui qu'il vienne bien vite ici vers moi.

LE PREMIER CHEVALIER.

Volontiers, dame, par ma foi ! J'y vais ; sachez que je ne m'arrêterai pas que je ne l'amène ici. — Je le vois là-bas, c'est bien à propos. — Sire, ne tardez point : je viens.

— Sire, ne vous demourez point :
Je vien cy de par la royne,
Qui vous mande par amour fine
Qu'à li veigniez.
L'ARCEVESQUE.
Sire, d'aler ne vous faingniez,
Et je toutes choses lairay
Pour vous suivre. — Là où g'iray
Vous deux, venez.
PREMIER CLERC.
Sire, pour verité tenez
Si ferons-nous.
ij^e. CLERC.
Mais nous alons avecques vous
Dès maintenant.
PREMIER CHEVALIER.
Vez ci l'arcevesque venant,
Chiere dame, que vous amain ;
N'a pas de venir à demain
Mis n'atendu.
CLOTILDE.
Ore, il soit le très bien venu.
— Sà, sà ! arcevesque Remi,
Seez-vous ci decoste mi
Sanz plus debatre.
L'ARCEVESQUE.
De moy en si hault siege embatre,
Dame, ne me requerez pas ;
De me seoir ici em bas
Me doit souffire.
CLOTILDE.
Marie ! vous serrez ci, sire :
Dignité avez comme j'ay.
Vez ci pour quoy mandé vous ay :
Monseigneur a fain de venir
A baptesme et veult devenir
Crestien ; mais il ne scet pas
Des articles quelx sont les pas
Qu'il convient c'on croie et c'on tiengne :
Pour ce vous pri qu'il vous souviengne,
Quant devers li serez entrez,
Que de son salut li monstrez
La droite voie.
L'ARCEVESQUE.
Certes, dame, j'aray grant joie,
S'il li plaist à moy escouter ;
Et si vous dy bien, sanz doubter,
A tele ne le lairay pas ;
Mais m'en vois devers li le pas

ici de la part de la reine, qui vous prie, au nom de l'amitié, de venir auprès d'elle.

L'ARCHEVÊQUE.
Sire, mettez-vous en route tout de suite, et je laisserai tout pour vous suivre. — Vous deux, venez où j'irai.

LE PREMIER CLERC.
Sire, tenez pour vrai que nous le ferons.

LE DEUXIÈME CLERC.
Mais nous allons avec vous dès maintenant.

LE PREMIER CHEVALIER.
Chère dame, voici l'archevêque, que je vous amène ; il n'a pas remis la chose ni attendu à demain.

CLOTILDE.
Or, qu'il soit le très-bien venu. — Allons, allons ! archevêque Remi, asseyez-vous à côté de moi sans plus de difficultés.

L'ARCHEVÊQUE.
Dame, ne me priez pas de me placer dans un siége aussi élevé ; il doit me suffire de m'asseoir ici en bas.

CLOTILDE.
En vérité, vous vous asseoirez ici, sire : comme moi, vous êtes élevé en dignité. Voici pourquoi je vous ai mandé : Monseigneur brûle d'être baptisé et veut devenir chrétien ; mais il ne sait pas quels sont les articles qu'il faut croire et observer : c'est pourquoi je vous prie de vous souvenir, quand vous serez admis en sa présence, de lui montrer le vrai chemin du salut.

L'ARCHEVÊQUE.
Certes, dame, j'aurai grand'joie, s'il lui plaît de m'écouter ; et je vous dis bien, n'en doutez pas, que je ne le laisserai point en chemin ; mais je m'en vais tout de suite auprès de lui pour lui dire ce à quoi j'ai

Dire-li ce qu'ay empensé,
Puisque dit m'avez son pensé
 Et son courage.
CLOTILDE.
Sire, vous estes homme sage :
Monstrez-li par tele maniere
Qu'il ne retourne pas arriere
 A ces faux diex.
L'ARCEVESQUE.
Dame, à Dieu ; j'en feray le miex
Que pourray, foy que doy saint Pere !
— Jhesu-Crist, filz de Dieu le Pere,
Qui pour nous voult de mort l'angoisse
Souffrir en croiz, honneur vous croisse,
 Roy de puissance !
CLOVIS.
En ce salut preng grant plaisance
Que vous m'avez fait de Jhesu,
Sire, car il m'a moult valu :
Dont jamais ne l'oblieray ;
Autre foiz pour quoy vous diray
 Plus à loisir.
L'ARCEVESQUE.
Vous venroit-il, sire, à plaisir
Qu'à vous un petit cy parlasse,
Et avant que je m'en alasse
 Moy escouter ?
CLOVIS.
Sire, oïl, dites sanz doubter :
Voulentiers vous escouteray,
Et après je vous parleray
 D'une autre chose.
L'ARCEVESQUE.
Sire, vez ci que vous propose :
Il est un Dieu sanz finement,
Qui onques n'ot commencement ;
De cesti est venuz un filz,
De ces .ij. un Sains-Esperiz ;
Et ces .iij., je vous di pour voir,
Ne son[t] c'un Dieu et c'un vouloir.
Par ces .iij. fu creé le monde
Et tout ce qui ès cieulx habonde.
Voir est que de terre fu fait
Homme, qui par son grief meffait
En si grief servage se mist
Que de paradis se desmist ;
De telle debte s'endebta
C'onques puis ne s'en acquitta,
Ne depuis aussi ne fu homme
Souffisant d'acquitter la somme,

songé, puisque vous m'avez dit sa pensée et son intention.

CLOTILDE.
Sire, vous êtes un homme sage : instruisez-le de manière à ce qu'il ne retourne pas à ses faux dieux.

L'ARCHEVÊQUE.
Dame, adieu ; (par la) foi que je dois à saint Pierre ! je ferai à cet égard le mieux que je pourrai. — Que Jésus-Christ, fils de Dieu le Père, qui voulut pour nous souffrir en croix le supplice de la mort, accroisse vos honneurs, roi puissant !

CLOVIS.
Sire, ce salut, que vous m'avez fait au nom de Jésus, me plaît fort ; car il m'a été très-utile : ce qui fait que jamais je ne l'oublierai ; une autre fois je vous dirai plus à loisir pourquoi.

L'ARCHEVÊQUE.
Sire, vous plairait-il que je vous parlasse un peu ? veuillez m'écouter avant que je m'en aille.

CLOVIS.
Oui, sire, parlez sanz crainte : je vous écouterai volontiers, et après je vous parlerai d'une autre chose.

L'ARCHEVÊQUE.
Sire, voici ce que je vous annonce : Il est un Dieu sans fin, qui jamais n'eut de commencement ; de celui-ci est venu un fils, de ces deux un Saint-Esprit ; et ces trois, en vérité je vous le dis, ne sont qu'un Dieu et qu'une volonté. Par ces trois fut créé le monde et tout ce qui abonde dans les cieux. Il est vrai que l'homme fut fait de terre. Par suite de son crime énorme il se mit dans un esclavage si rigoureux qu'il se ferma le paradis ; il contracta une dette telle que depuis il ne s'en acquitta jamais, et depuis aussi il n'y eut aucun homme capable de l'acquitter, jusqu'à ce qu'en la Vierge descendit le Fils de Dieu, qui y devint homme et qui, par sa sainte passion, fit la rédemption de l'homme en offrant son

Jusqu'à tant qu'en la Vierge vint
Le Filz Dieu, qui homme y devint,
Qui par sa sainte passion
Fist de homme la redempcion,
Quant à mourir offrit son corps.
Ha! c'est li doulx misericors,
Qui nul temps ne fault au besoing;
Mais qui sequeurt et près et loing
Ceulx qui l'aiment et qui ne l'aiment,
Puisque de bon cuer le reclaiment;
 Ce n'est pas doubte.

CLOVIS.

Pere saint, voulentiers t'escoute
Et croy pour vray ce que tu dis.
— Seigneurs, assentez-vous aus diz
Que ce saint homme ci nous fait;
Prenons touz baptesme de fait,
Et soit chascun bon crestien :
Plus noble fait, je vous dy bien,
 Ne pouvons prendre.

PREMIER CHEVALIER.

Chier sire, vueilliez-moy entendre :
Pour nous touz vous fas ce recort,
Que touz sommes de cest accort
De nous les mortelx diex laissier
Et nous au vray Dieu adressier
Que Remi presche Dieu celestre;
Et ainsi nous le creons estre
 Dès ore mais.

CLOVIS.

Remi, sanz plus attendre huymais,
De moy baptiser vous prenez,
Et crestienté me donnez
 Appertement.

L'ARCEVESQUE.

Sire, je feray bonnement
Vostre plaisir et loing et près.
Or çà ! vez ci les sains fons près :
 Depoulliez-vous.

CLOVIS.

Tout en l'eure, mon ami doulx,
Me devestiray de cuer lié.
Or çà! vez me ci despoullié :
 Qu'ay plus à faire?

L'ARCEVESQUE.

Pour vous nouvel homme refaire,
Faut que vous mettez ci dedans
A genoulz, et non pas adens,
 A jointes mains.

corps à la mort. Ah! c'est le doux miséricordieux, qui jamais ne manque dans la nécessité; mais qui secourt et près et loin ceux qui l'aiment ou non, pourvu qu'ils l'implorent de bon cœur; il n'y a pas de doute.

CLOVIS.

Saint père, je t'écoute volontiers, et crois comme vrai ce que tu dis. — Seigneurs, ayez foi aux paroles de ce saint homme; recevons tous réellement le baptême, et que chacun soit bon chrétien : je vous le dis bien, nous ne pouvons rien faire de plus noble.

LE PREMIER CHEVALIER.

Cher sire, veuillez m'entendre : pour nous tous, je vous fais cette déclaration : Nous sommes d'accord de laisser les dieux mortels et de nous adresser au vrai Dieu que prêche Remi et qui est céleste; dès à présent nous le croyons tel.

CLOVIS.

Remi, maintenant sans plus attendre, prenez la peine de me baptiser, et donnez-moi tout de suite la qualité de chrétien.

L'ARCHEVÊQUE.

Sire, je ferai de bon cœur, de loin et de près, ce qui vous plaira. Allons! voyez les saints fonts prêts : dépouillez-vous.

CLOVIS.

Mon doux ami, je me déshabillerai tout à l'heure d'un cœur content. Allons! me voici déshabillé : qu'ai-je à faire de plus?

L'ARCHEVÊQUE.

Pour refaire de vous un nouvel homme, il faut que vous vous mettiez ici dedans à genoux, non pas la face contre terre, et les mains jointes.

CLOVIS.

Sire, vous n'en arez jà mains :
Vez m'y là mis.

(Ici vient un coulon à tout une fiole.)

L'ARCEVESQUE.

Ha! doulx Jhesu-Crist, vraiz amis,
Comme de bien en miex avoies
Tes euvres! Sire, bien savoies
Et as véu du ciel là hault
Ce de quoy j'avoie deffault :
C'est de cresme. Teue mercy,
Sire, que tu m'envoies cy
Par ce coulon!

CLOVIS.

Qu'est-ce que je flaire si bon,
Sire, qu'entre voz mains tenez?
Onques mais puis que je fu nez
Je ne senti si noble odeur;
Le cuer m'a mis en grant baudeur.
Certes, je tien c'est sainte chose.
N'est violete, lis ne rose,
Basme, ciprès, terebentine,
Fleur de canelle, tant soit fine,
N'autre espice que je nommasse,
Que ceste odeur toute ne passe
Et ne surmonte.

L'ARCEVESQUE.

Dites que Dieu, sire, à brief conte,
Vous aime, ne mentirez point,
Quant il veult que soiez enoint
De si precieuse liqueur
Et de qui vient si noble odeur
Com vous sentez.

CLOVIS.

De moy baptiser vous hastez,
Je vous em pri.

L'ARCEVESQUE.

Delivre en l'eure sanz detri
Serez, chier sire ; or vous cessez.
Dites-moy se vous renoncez
Au Sathenas.

CLOVIS.

G'y renonce, n'en doubtez pas,
Sire, pour voir.

L'ARCEVESQUE.

Il me convient aussi savoir
Se à ses pompes et à ses faiz,
Comme bon crestien parfaiz,
Vous renoncez.

CLOVIS.

Sire, vous serez obéi en tout point : m'y voilà mis.

(Ici vient un pigeon avec une fiole.)

L'ARCHEVÊQUE.

Ah! doux Jésus-Christ, ami véritable, comme tu amènes tes œuvres de bien à mieux! Sire, tu savais bien et tu as vu du haut du ciel ce qui me manquait : c'est le chrême. Grâces te soient rendues, Sire, de ce que tu m'envoies ici par ce pigeon!

CLOVIS.

Sire, que tenez-vous entre vos mains qui sent si bon? Jamais, depuis que je suis né, je ne sentis une aussi noble odeur; elle m'a mis le cœur en grande allégresse. Certes, je suis convaincu que c'est une sainte chose. Il n'y a ni violette, ni lis, ni rose, ni baume, ni cyprès, ni térébenthine, ni fleur de cannelle, quelque pure qu'elle soit, ni tout autre épice que je pourrais nommer, que cette odeur ne les surpasse et ne les laisse derrière elle.

L'ARCHEVÊQUE.

Sire, dites en un mot que Dieu vous aime, vous ne mentirez point, puisqu'il veut que vous soyez oint d'une liqueur aussi précieuse et d'où vient une si noble odeur comme vous sentez.

CLOVIS.

Hâtez-vous de me baptiser, je vous en prie.

L'ARCHEVÊQUE.

Cher sire, vous serez expédié sur l'heure et sans difficulté; maintenant tenez-vous coi. Dites-moi si vous renoncez à Satan.

CLOVIS.

J'y renonce, n'en doutez pas, sire, c'est vrai.

L'ARCHEVÊQUE.

Il me faut aussi savoir si vous renoncez à ses pompes et à ses œuvres, comme un bon et parfait chrétien.

CLOVIS.
Oïl, mes accors est assez
Que j'y renonce.
L'ARCEVESQUE.
Seigneurs, il fault, je vous denonce,
Changier li son nom de Clovis :
Comment ara-il non?
ij^e. CHEVALIER.
Loys :
C'est biau nom, sire.
L'ARCEVESQUE.
Loys, croiz-tu en Nostre-Sire,
Dieu le Pere, di-le bonne erre,
Qui crea le ciel et la terre,
Et toy et moy?
CLOVIS.
Oïl, voir, sire, je le croy
Certainement.
L'ARCEVESQUE.
Et que Jhesu-Crist seulement
Si est son fils naturel, qui
De la Vierge homme et Dieu nasqui,
Et pour nostre redempcion
Souffry de mort la passion
En croiz avoir.
CLOVIS.
Sire, je tien que c'est tout voir,
Et si le croy.
L'ARCEVESQUE.
Et que Saint-Esperit, di-moy,
Est diex, le croiz-tu en tel guise?
Et en la catholique eglise,
Et des sains la communion,
Des pechiez la remission,
Et que touz resusciteront,
Et adonques les bons seront
Mis en corps et en ame en gloire,
Et les mauvais en tourment, voire,
Touz jours durable?
CLOVIS.
Tout ce croy-je estre veritable,
Et n'en doubt point.
L'ARCEVESQUE.
Que me requier-tu sur ce point?
Di-m'en ton esme.
CLOVIS.
Je requier avoir le baptesme
De sainte Eglise.
L'ARCEVESQUE.
Sy l'aras. Çà ! je te baptize

CLOVIS.
Oui, je suis très-décidé à y renoncer.
L'ARCHEVÊQUE.
Seigneurs, il faut, je vous le déclare, lui changer son nom de Clovis : comment s'appellera-t-il ?
LE DEUXIÈME CHEVALIER.
Louis : sire, c'est un beau nom.
L'ARCHEVÊQUE.
Louis, crois-tu en Notre-Seigneur, Dieu le Père, qui créa le ciel et la terre, toi et moi? dis-le bien vite.
CLOVIS.
Oui, en vérité, sire, je le crois certainement.
L'ARCHEVÊQUE.
Et que Jésus-Christ seulement est son fils véritable, qu'il naquit de la Vierge homme et Dieu, et que, pour nous racheter, il souffrit sur la croix le supplice de la mort?
CLOVIS.
Sire, je suis convaincu que c'est entièrement la vérité, et je le crois ainsi.
L'ARCHEVÊQUE.
Et, dis-moi, crois-tu de même que le Saint-Esprit soit Dieu? (Crois-tu) à l'Église catholique, à la communion des saints, à la rémission des péchés? (Crois-tu) que tous ressusciteront, et qu'alors les bons seront mis en corps et en ame dans la gloire (céleste), et les mauvais, en vérité, dans un (lieu de) tourment éternel?

CLOVIS.
Je crois tout ceci véritable, et je n'en doute point.
L'ARCHEVÊQUE.
Que me demandes-tu dans cette circonstance? Dis-moi ton idée.
CLOVIS.
Je demande d'avoir le baptême de sainte Église.
L'ARCHEVÊQUE.
Tu l'auras. Eh bien! je te baptise comme

Con crestien, soies-en fis,
Ou nom Dieu, le Pere et le Filz
(.I. po d'intervale.)
Et le Saint-Esperit aussi.
Dieu le tout puissant, qui t'a cy
Par ceste yaue regeneré,
Et par Saint-Esperit donné
De tes pechiez remission
Par mi ceste sainte unccion
Que me sens faire et ton chief oindre,
Te vueille en gloire avec lui joindre
Sanz finement !

CLOVIS.
Amen! Je l'em pri bonnement
De cuer entier.

L'ARCEVESQUE.
Seigneurs, d'un drap large a mestier
Pour sa teste, ce vous recors,
Enveloper et tout son corps
Jusques à terre.

ij^e CHEVALIER.
Je l'ay (n'en fault point aler querre),
Sire, tout prest.

L'ARCEVESQUE.
Bailliez-le-moy, bailliez : bien est.
—Sire, de ce drap-ci vous fault
Estre envelopé dès le hault
De la teste jusques à terre.
—Seigneurs, entre vous touz bonne erre
Le levez hault entre voz braz.
L'un de mes clers prengne ses draps,
Dont autre foiz vestu sera,
Quant le jour d'ui passé sera.
Or avant ! ne vous deportez
Qu'en son palais ne l'emportez.
Mes clers et moy vous suiverons
Et en louant Dieu chanterons,
Qui de sa grace a si ouvré
Que sainte Eglise a recouvré
Si noble champion. Or sus !
Chantons *Te Deum laudamus.*

EXPLICIT.

chrétien, sois-en convaincu, au nom de Dieu le Père, le Fils (*Un peu d'intervalle.*) et le Saint-Esprit aussi. Que le Dieu tout-puissant, qui t'a ici régénéré par cette eau, et qui t'a donné par le Saint-Esprit la rémission de tes péchés par le moyen de cette onction que tu me sens faire sur ta tête, te veuille joindre à lui dans la gloire éternelle !

CLOVIS.
Amen! Je l'en prie de tout mon cœur.

L'ARCHEVÊQUE.
Seigneurs, je vous le déclare, il faut un grand drap pour envelopper sa tête et son corps jusqu'à terre.

LE DEUXIÈME CHEVALIER.
Il ne faut point en aller chercher : sire, je l'ai tout prêt.

L'ARCHEVÊQUE.
Donnez-le-moi, donnez : c'est bien. — Sire, il vous faut être enveloppé de ce drap-ci depuis le haut de la tête jusqu'à terre. — Seigneurs, vous tous levez-le bien vite entre vos bras. Que l'un de mes clercs prenne ses habits ; il s'en revêtira une autre fois, quand ce jour-ci sera passé. En avant ! ne tardez pas à l'emporter en son palais. Mes clercs et moi nous suivrons et nous chanterons les louanges de Dieu, qui a fait à sainte Église la grâce de gagner un aussi noble champion. Allons ! chantons *Te Deum laudamus.*

FIN.

F. M.

ADDITIONS ET CORRECTIONS.

Pag. 26, col. 1, lig. 17 et 18. Nous avons été fort étonné de lire dans une note de M. le marquis de Villeneuve-Trans, sur son *Histoire de Saint-Louis*, Paris, Paulin, 1839, in-8°, tom. III, p. 520, que le Jeu du Pèlerin était *attribué à Rutebeuf*. Ce savant omet toutefois de citer son autorité.

Roquefort donne les Jeux du Pèlerin et de Robin et de Marion à Jean Bodel (*de l'État de la Poésie Françoise dans les XII*^{e} *et XIII*^{e} *siècles*, pag. 261); mais c'est une erreur évidente, car, pour ne parler que de la première de ces pièces, Jean Bodel, devenu lépreux, ne put suivre Louis IX à la deuxième croisade, et il mourut vraisemblablement peu après ce roi, tandis que l'auteur du *Jeu du Pèlerin* a survécu à maître Adam de la Halle, mort vers 1286. Voy. pag. 158 de ce volume.

Pag. 27, col. 2, lig. 21 et 22. Les deux vers

> Douce Mere Dé,
> Gardez-moi ma chastée,

forment le refrain de tous les couplets d'une chanson de Raoul de Beauvais, contenue dans le manuscrit du Roi, fonds de Cangé, n° 65, folio 126 verso, col. 2.

Pag. 28, col. 2. Nous croyons devoir donner encore ce passage, qui constate plus que tout autre combien le proverbe relatif à Robin et à Marion était répandu en France :

« *L'un ne va pas sans l'autre non plus que Robin sans Marion*, se dit de deux choses qu'on voit communément ensemble.

> « Toujours Dieu meine et adresse
> Le pareil à son semblable,
> Dont après mainte caresse
> Naist amitié perdurable;
> Et si est tant favorable
> Qu'entre plus d'un milion
> Par sa bonté secourable

> Robet trouve Marion *. »

(*Ducatiana*, tom. II, pag. 535, 536.)

Pag. 32, col. 2, première pastourelle. Elle a été publiée dans *les Poètes François depuis le XII*^{e} *siècle jusqu'à Malherbe*. Paris, Crapelet, 1824, t. II, pag. 42.

Pag. 57, col. 2, lig. 34. Lisez : des traits.

Pag. 60, col. 1, lig. 21. Lisez : sans poil, blanc et gros de maniere.

Pag. 60, col. 2, lig. 18. Lisez : d'un bel ongle rose, près de la chair uni et net.

Pag. 62, col. 1, lig. 5. Mettez en note, avec un renvoi au mot *canebustin*, que Baudouin de Condé, dans son *Dit des Hiraus*, donne ce nom à un chambellan :

> Et li sires Canebustin
> Apela, .i. sien chambellenc.

(Manuscrit de l'Arsenal, Belles-Lettres Françaises, n° 175, in-fol., fol. 319 recto, col. 1, v. 37.)

Pag. 158, col. 2, lig. 25. Lisez : croisade.

— — lig. 36. Lisez : du.

Pag. 161, au bas de la colonne 1. Ajoutez ceci :

3° *Li Sohaiz desvez*. Cet ouvrage est de Jean Bodel, et non de Jean de Boves, comme Méon l'a imprimé dans son *Nouveau Recueil de Fabliaux et Contes*, t. I, pag. 293.

> Que landemain lo dist par tot,
> Tant que lo sot JOHANS BEDIAX **,

---

* « *Socrate* dans le *Lysis* de Platon de la traduction de Bon. Des Periers. »

** « Ce nom Johans Bediax serait-il le même que *Jehan de Boves* ? » Non certainement.

Uns rimoieres de flabiax;
Et por ce qu'il li sembla boens,
Si l'asenbla avoc les suens.

Pag. 201, en note. Dam, ville de Flandre, dans le Franconnat, au nord-est et à une lieue de Bruges.

Pag. 218, ajoutez à la notice ce qui suit:
On lit dans *les Triomphes de l'Abbaye des Conards*, etc. A Rouen, chez Nicolas Dvgord, 1587, petit in-12, cette singulière énonciation sous cette rubrique : *Blanqve de plvsievrs pieces excellentes et rares, trovvez dedans les vieilles Aumoires de l'abbaye, et addirez depuis le temps de Noé, jusques a présent qu'ils ont esté recouuertes* :

« La Rondache de Milles et Amis, estimee par Catherine la petote, à dix huit mil huit sols aux huict Vaches. »

TABLE

DES MATIÈRES CONTENUES DANS CE VOLUME.

Préface.	j
Les Vierges sages et les Vierges folles.	
Notice	1
Les Vierges sages et les Vierges folles	3
La Résurrection du Sauveur. (Fragment de mystère.)	
Notice	10
La Résurrection du Sauveur	11
Jeux, par Adam de la Halle.	
Notice sur Adam de la Halle	21
Appendice. (Choix de motets et de pastourelles du xiiie siècle, dont le sujet roule sur les amours de Robin et de Marion.)	31
Notice sur Adam de la Halle, musicien	49
Li Jus Adan, ou de la Feuillie	55
Fragmens du Jeu Adam	92
Li Jus du Pelerin	97
Li Gieus de Robin et de Marion, c'Adans fist	102
Le Miracle de Theophile.	
Notice	136
Ci commence le miracle de Theophile	139
Jeu de saint Nicolas, par Jean Bodel.	
Notice sur Jean Bodel	157
C'est li Jus de saint Nicholai	162
De Pierre de la Broche qui dispute a Fortune par devant Reson.	
Notice	208
De Pierre de la Broche qui dispute à Fortune par devant Reson	209
Un Miracle de Nostre-Dame d'Amis et d'Amille.	
Notice	216
Cy conmence i. Miracle de Nostre-Dame, d'Amis et d'Amille, lequel Amille tua ses .ij. enfans pour gairir Amis son compaignon, qui estoit mesel; et depuis les resuscita Nostre-Dame	219
Un Miracle de saint Ignace.	
Notice	265
Cy conmence un Miracle de saint Ignace	Ib.
Un Miracle de saint Valentin.	
Notice	294
Cy conmence un Miracle de saint Valentin, que un empereur fist decoler devant sa table, et tantost s'estrangla l'empereur d'un os qui lui traversa la gorge, et dyables l'emporterent	Ib.
Un Miracle de Nostre-Dame, comment elle garda une femme d'estre arse.	
Notice	327
Cy conmence un Miracle de Nostre-Dame, comment elle garda une femme d'estre arse.	Ib.
Un Miracle de Nostre-Dame, de l'empereris de Romme.	
Notice	365
Cy conmence .i. Miracle de Nostre-Dame, de l'empereris de Romme que le frere de l'empereur accusa pour la fere destruire, pour ce qu'elle n'avoit volu faire sa voulenté; et depuis devint mesel, et la dame le garit quant il ot regehy son meffait	Ib.
Un Miracle de Nostre-Dame.	
Notice	417
Cy conmence .i. Miracle de Nostre-Dame,	

comment Ostes, roy d'Espaingne, perdi sa terre par gagier contre Berengier qui le tray et li fist faux entendre de sa femme, en la bonté de laquelle Ostes se fioit; et depuis le destruit Ostes en champ de bataille.... 431

Un Miracle de Nostre-Dame.

Notice.. 481

Cy commence un Miracle de Nostre-Dame, comment la fille du roy de Hongrie se copa la main pour ce que son pere la vouloit espouser, et un esturgon la garda vij. ans en sa mulete................................. *Ib.*

Extraits du Roman de la Manekine........... 542

Un Miracle de Nostre-Dame.

Notice.. 551

Cy commence un Miracle de Nostre-Dame, du roy Thierry, à qui sa mere fist entendant que Osanne, sa femme, avoit eu .iij. chiens; et elle avoit eu iij filz : dont il la condampna à mort; et ceulx qui la doient pugnir la mirent en mer; et depuis trouva le roy ses enfans et sa femme. 551

Un Miracle de Nostre-Dame.

Notice.. 609

Cy comence un Miracle de Nostre-Dame, coment le roy Clovis se fist crestienner à la requeste de Clotilde, sa femme, pour une bataille que il avoit contre Alemans e[t] Senes, dont il ot la victoire; et en le crestiennent envoia Diex la sainte Ampole.. 610

Additions et Corrections. 669

FIN DU VOLUME.

PARIS. — IMPRIMERIE ET LITHOGRAPHIE DE MAULDE ET RENOU, RUE BAILLEUL, 9-11.

www.ingramcontent.com/pod-product-compliance
Lightning Source LLC
Chambersburg PA
CBHW061958300426
44117CB00010B/1385